KRÖNUNGEN
KÖNIGE IN AACHEN
GESCHICHTE UND MYTHOS

Katalog der Ausstellung

herausgegeben von Mario Kramp

Krönungen

Könige in Aachen – Geschichte und Mythos

Katalog der Ausstellung

in zwei Bänden

herausgegeben von Mario Kramp

Verlag Philipp von Zabern · Mainz

Krönungen
Könige in Aachen – Geschichte und Mythos

Eine Ausstellung des Vereins Aachener Krönungsgeschichte e. V. in Zusammenarbeit mit der Stadt Aachen, dem Domkapitel Aachen und der RWTH-Aachen

Im Krönungssaal des Aachener Rathauses, in der Domschatzkammer und im Aachener Dom
vom 11.6. – 3.10. 2000

aus Anlaß der 1200-Jahrfeier der Krönung Karls des Großen

Die Ausstellung wurde gefördert durch:

STADT AACHEN
LEISTUNGSSTARK UND BÜRGERNAH

LVR Der Landschaftsverband Rheinland

STIFTUNG KUNST UND KULTUR DES LANDES NRW

Ministerium für Arbeit, Soziales und Stadtentwicklung, Kultur und Sport des Landes Nordrhein-Westfalen
NRW.
Gefördert vom Ministerium für Arbeit, Soziales und Stadtentwicklung, Kultur und Sport des Landes Nordrhein-Westfalen

Gefördert von der KulturStiftung der Länder
aus Mitteln des Beauftragten der Bundesregierung für Angelegenheiten der Kultur und der Medien

Katalog-Handbuch in zwei Bänden

Band 1: XXIX, 458 Seiten mit 174 Farb- und 86 Schwarzweißabbildungen

Band 2: 463 Seiten (459–921) mit 213 Farb- und 170 Schwarzweißabbildungen

Umschlag Vorderseite:
Josef Kehren nach Alfred Rethel: Krönung Karls des Großen (1856–58)
(vgl. Bd. 2, S. 758)

Vorsatz:

Band 1: Karlsschrein (vgl. Kat.Nr. 4 · 29)
Band 2: Marienschrein (vgl. Kat.Nr. 5 · 43)

Die Objekte zu den folgenden Katalognummern konnten aus konservatorischen Gründen leider nicht ausgeliehen werden: Kat.Nr. 5 · 31, 5 · 32, 6 · 15, 6 · 16, 6 · 51, 7 · 3, 9 · 6, 9 · 7 und 9 · 21

Die Deutsche Bibliothek – CIP-Einheitsaufnahme

Krönungen : Könige in Aachen – Geschichte und Mythos ; Katalog der Ausstellung in 2 Bänden ; [eine Ausstellung des Vereins Aachener Krönungsgeschichte e.V. in Zusammenarbeit mit der Stadt Aachen ... im Krönungssaal des Aachener Rathauses, der Domschatzkammer und dem Aachener Dom vom 11.6.–3.10.2000 aus Anlaß der 1200-Jahrfeier der Krönung Karls des Großen] / hrsg. von Mario Kramp. – Mainz : von Zabern ; ISBN 3-8053-2617-3
ISBN 3-8053-2695-5 (Museumsausgabe)

© 2000 by Verein Aachener Krönungsgeschichte e.V. und Verlag Philipp von Zabern, Mainz

Katalogkonzeption: Dr. Mario Kramp
Produktion: Verlag Philipp von Zabern, Mainz am Rhein
Lothar Bache (Gestaltung), Dr. Klaus Rob (Lektorat), Erik Schüßler (Scans), Peter Bottelberger (Technik)
Lithos: Schmidt + more Medientechnik
Druck: Druckerei Ollig GmbH und Co KG, Köln
ISBN 3-8053-2617-3
ISBN 3-8053-2695-5 (Museumsausgabe)
Alle Rechte, insbesondere das der Übersetzung in fremde Sprachen, vorbehalten. Ohne ausdrückliche Genehmigung des Verlages ist es auch nicht gestattet, dieses Buch oder Teile daraus auf photomechanischem Wege (Photokopie, Mikrokopie) zu vervielfältigen.
Printed in Germany
Printed on fade resistant and archival quality paper (PH 7 neutral) · tcf

Der Bundespräsident der Bundesrepublik
Deutschland

Herr Dr. h.c. Johannes Rau

gewährte der Ausstellung

Krönungen
Könige in Aachen – Geschichte und Mythos

sein hohes Patronat

Die Reichskrone – Mythos und Motiv

jeweils von links nach rechts:

Reichskrone, Original, Wien, KHM, Weltliche Schatzkammer (vgl. S. 6)
Albrecht Dürer, Aquarell der Reichskrone (vgl. S. 37)
Simon Peter Tilemann, Detail aus Porträt (vgl. S. 672)

Johann Adam Delsenbach, Tafel aus »Wahre Abbildung der sämtlichen Reichskleinodien …« (vgl. S. 143 und S. 145)
Philipp Veit, Detail aus »Germania« (vgl. S. 14)
Joseph Schönbrunner, Tafel aus Franz Bock »Kleinodien …« (vgl. S. 765–784)

Louis und Peter Beschor, Beck, von Dassbach und Gertenbach, Kopie der Reichskrone, Frankfurt am Main, Historisches Museum
Paul Beumers, Kopie der Reichskrone, Aachen (vgl. S. 7 und S. 162)
Gerda Glanzner, Kopie der Reichskrone, Idar-Oberstein, Edelsteinschleiferei Ruppenthal KG

10./11. Jh.    1510/11    1653

1751    1835    1864

1913    1915    1985/86

Inhaltsverzeichnis

BAND 1

XIII	Leihgeber
XVI	Förderer und Sponsoren
XVII	Dank für Rat und Unterstützung
XIX	Verein Aachener Krönungsgeschichte e.V.
XX	Katalog
XXI	Management und Logistik
XXIII	Autorensiglen

XXV Vorwort
Dipl.-Kfm. Michael Wirtz · Stolberg
Präsident der Industrie- und Handelskammer zu Aachen
1. Vorsitzender des Trägervereins

XXVII Grußwort
Dompropst Dr. Hans Müllejans · Aachen

XXIX Grußwort
OB Dr. Jürgen Linden · Aachen

Einführung

Mario Kramp · Köln/Aachen
2 Krönungen und Könige in der Nachfolge Karls des Großen
Eine Geschichte und ihre Bilder

Andreas Beyer · Aachen
19 Corona visibilis et invisibilis

Karl Ferdinand Werner · Rottach-Egern
25 Charlemagne – Karl der Große.
Eine französisch-deutsche Tradition

Nikolaus Gussone · Münster/Ratingen
35 Ritus, Recht und Geschichtsbewußtsein.
Thron und Krone in der Tradition Karls des Großen

Silvinus Müller · Aachen
49 Die Königskrönungen in Aachen (936–1531).
Ein Überblick

Georg Minkenberg · Aachen
59 Der Aachener Domschatz und die sogenannten Krönungsgeschenke

Gudrun Pamme-Vogelsang · Much
69 Consors regni –
»... und machte sie zur Genossin seiner Herrschaft«

Alain Erlande-Brandenburg · Paris
77 Das Herrscherbild im Mittelalter –
Erbe oder Aneignung?

Armin Wolf · Frankfurt a. Main
87 Die Kurfürsten des Reiches

Ernst-Dieter Hehl · Mainz
97 Die Erzbischöfe von Mainz bei Erhebung, Salbung und Krönung des Königs (10. bis 14. Jahrhundert)

Klaus Militzer · Köln
105 Der Erzbischof von Köln und die Krönungen der deutschen Könige (936–1531)

Winfried Weber · Trier
113 Der Erzbischof von Trier

Krone und Krönung

Joachim Ott · Frankfurt a. Main
122 Die Frühgeschichte von Krone und Krönung

Alain Dierkens · Brüssel
131 Krönung, Salbung und Königsherrschaft im karolingischen Staat und in den auf ihn folgenden Staaten

Hermann Fillitz · Wien
141 Die Reichskleinodien

Jürgen Petersohn · Marburg
151 Die Reichsinsignien im Krönungsbrauch und Herrscherzeremoniell des Mittelalters

161 *Katalog*

Karl der Große und Aachen
Der historische Hintergrund

Max Kerner · Aachen
174 Karl der Große und die Grundlegung Europas

Rudolf Schieffer · München
185 Die europäische Welt um 800: Byzanz-Rom-Islam und die Kaiserkrönung in Rom

Egon Boshof · Passau
195 Die Kaiserkrönungen von Ludwig dem Frommen bis Ludwig II.

Die kaiserliche Residenz

Sven Schütte · Köln
203 Überlegungen zu den architektonischen Vorbildern der Pfalzen Ingelheim und Aachen

Sven Schütte · Köln
213 Der Aachener Thron

Harald Müller · Berlin
223 Karolingisches Aachen

233 *Katalog*

Renovatio Imperii und Investiturstreit
Die Ottonen

Johannes Fried · Frankfurt a. Main
252 Politik der Ottonen im Spiegel der Krönungsordnungen

Hagen Keller · Münster
265 Die Einsetzung Ottos I. zum König (Aachen, 7. August 936) nach dem Bericht Widukinds von Corvey

Knut Görich · Tübingen
275 Kaiser Otto III. und Aachen

Rainer Kahsnitz · München
283 Herrscherbilder der Ottonen

Jürgen Hoffmann · Aachen
295 Der junge Kaiser und der Heilige – Otto III. und die Anfänge des Adalbertskultes in Aachen

Die Salier

Wilfried Hartmann · Tübingen
303 Heinrich IV. (1054–1106)

Rolf Lauer · Köln
313 Kunst und Herrscherbild in der Salierzeit

323 *Katalog*

Sacrum Imperium:
Das Reich der Staufer und Friedrich I. Barbarossa

Odilo Engels · Köln
348 Karl der Große und Aachen im 12. Jahrhundert

	Ursula Nilgen · München		*Thomas R. Kraus · Aachen*
357	Herrscherbild und Herrschergenealogie der Stauferzeit	485	Krone und Geld

	Wolfgang Schenkluhn · Halle		*Jiří Fajt · Prag*
369	Monumentale Repräsentation des Königtums in Frankreich und Deutschland	489	Karl IV. – Herrscher zwischen Prag und Aachen Der Kult Karls des Großen und die karolinische Kunst

379	*Katalog*

	Christoph Cluse – Matthias Schmandt · Trier
501	Stadtbürger und Kammerknechte: Zur Geschichte der Juden in den spätmittelalterlichen Rheinlanden

Doppelwahlen und europäische Konflikte

	Ernst Günther Grimme · Aachen
509	Das gotische Rathaus der Stadt Aachen

	Hans Martin Schaller · Zorneding
398	Der deutsche Thronstreit und Europa 1198–1218. Philipp von Schwaben, Otto IV., Friedrich II.

517	*Katalog*

	Rolf Große · Paris
407	Parallele und Kontrast: Reims und Aachen

	Jan W. J. Burgers · Amsterdam
417	Wilhelm von Holland (1248–1256)

Die Habsburger in Aachen

	Klaus Herbers · Erlangen/Nürnberg		*Heinrich Koller · Salzburg*
425	Alfons von Kastilien (1252–1284)	554	Die Herrschaft der Habsburger im Spätmittelalter

	Manfred Groten · Köln		*Paul-Joachim Heinig · Mainz/Gießen*
433	Richard von Cornwall (1257–1272)	563	Die letzten Aachener Krönungen: Maximilian I., Karl V. und Ferdinand I.

441	*Katalog*

	Claudia Rotthoff-Kraus · Aachen
573	Krönungsfestmähler der römisch-deutschen Könige

	Hans Holländer · Berlin
583	Memoria und Repräsentation in der frühen Neuzeit

BAND 2

593	*Katalog*

Ludwig der Bayer und Karl IV.: Das 14. Jahrhundert

Tradition und Erbe

	Bernhard Schimmelpfennig · Augsburg
460	Ludwig der Bayer (1314–1347): Ein Herrscher zwischen Papst und Kurfürsten

	Heinz Duchhardt · Mainz
636	Krönungen außerhalb Aachens: Die Habsburger bis 1806

	Alexander Markschies · Aachen
469	Ludwig IV., der Bayer (1314–1347): Krone und Krönungen

	Iselin Gundermann · Berlin
643	Via Regia – Preußens Weg zur Krone

	František Kavka · Prag		
477	Karl IV. (1349–1378) und Aachen	649	*Katalog*

Königsmord und Kaiserkult: Französische Revolution und Napoleon

Jean-Michel Leniaud · Paris
690 Der zweite Tod der französischen Könige oder: die *damnatio memoriae*

Thomas R. Kraus · Aachen
699 Napoleon – Aachen – Karl der Große
Betrachtungen zur napoleonischen Herrschaftslegitimation

709 *Katalog*

Das Zeitalter des Nationalismus

Ingeborg Schnelling-Reinicke · Düsseldorf
740 Aachen – die Stadt des Königs?
Aachen im preußischen Rheinland und in der Revolution von 1848/49

Annette Fusenig · Aachen
751 »Denn diese Malerei bedarf des geweihten Auges…« –
Die Karlsfresken im Aachener Rathaus

Wolfgang Cortjaens · Aachen
765 Kanonikus Franz Bock und die »Kleinodien des Heiligen Römischen Reiches Deutscher Nation« (1864)

Carola Weinstock · Aachen
775 Die Regotisierung des Aachener Rathauses

Jürgen Kocka – Jakob Vogel · Berlin
785 Bürgertum und Monarchie im 19. Jahrhundert

Michael Bringmann · Mainz
795 Das neue Deutsche Reich und die Kaiserkrone –
Realität und Mythos

Rüdiger Haude · Aachen
809 Das Rheinland als »Krongeschmeide auf dem mütterlichen Haupte Germaniens«

Rüdiger Haude · Aachen
819 »Es ist ja hier das reine Hindernisrennen«
Die Nachbildungen der deutschen Reichskleinodien durch die Stadt Aachen in den Jahren 1914–1920

Hans-Ulrich Thamer · Münster
829 Mittelalterliche Reichs- und Königstraditionen in den Geschichtsbildern der NS-Zeit

Michael Borgolte · Berlin
839 Historie und Mythos

847 *Katalog*

Anhang

Hartmut Hilden · Leverkusen
883 Mit digitaler Fototechnik stellt Agfa drei Karlsfresken des Aachener Krönungssaales wieder her

Wolfgang Cortjaens · Aachen
Manfred Koob – Peter Liebsch · Darmstadt
887 Der Modelle Tugend. 3D CAD-Rekonstruktion und -Simulation der Kaiserpfalz zu Aachen

895 Abkürzungsverzeichnis

897 Literaturverzeichnis

Silvinus Müller · Aachen
915 Die Königswahlen und Königskrönungen

919 Abbildungsnachweis

Leihgeber

AACHEN
Domkapitel Aachen
RWTH Aachen, Hochschulbibliothek
RWTH Aachen, Institut für Kunstgeschichte, Fotosammlung
Öffentliche Bibliothek der Stadt Aachen
Stadt Aachen
Stadtarchiv Aachen
Suermondt-Ludwig-Museum
Sammlung Prof. Dr. Irene Ludwig
Museum Burg Frankenberg
Verein Aachener Münzfreunde e.V.
Privatsammlung Gerhard Bücken
Privatsammlung Dr. Heribert Lepper
Privatsammlung Peter Rong

BERLIN
Deutsches Historisches Museum
Geheimes Staatsarchiv Preußischer Kulturbesitz
Staatliche Museen zu Berlin, Skulpturensammlung und Museum
    für Byzantinische Kunst
SMPK, Kunstbibliothek
SMPK, Kunstgewerbemuseum
Staatsbibliothek zu Berlin, Preußischer Kulturbesitz
Plansammlung der Universitätsbibliothek der Technischen
    Universität Berlin

BODENHEIM
Privatsammlung Prof. Dr. Michael Bringmann

BREMEN
Staats- und Universitätsbibliothek

BRÜSSEL
Bibliothèque Royale de Belgique

BUDAPEST
Museum der Bildenden Künste, Szépművészeti Múzeum Budapest
Ungarisches Nationalmuseum, Magyar Nemzeti Múzeum

DARMSTADT
Hessisches Landesmuseum

DRESDEN
Sächsische Landesbibliothek

DÜSSELDORF
Nordrhein-Westfälisches Hauptstaatsarchiv, Land NRW

ESCHWEILER
Privatsammlung Nikolaus Maximilian Steinberger

ESSEN-BREDENEY
Privatsammlung Prof. Dr. Wolfgang Vollrath

EUSKIRCHEN
Privatsammlung Willi Rupperath

FRANKFURT AM MAIN
Ascoli-Club der Messe Frankfurt am Main
Historisches Museum der Stadt Frankfurt am Main

FULDA
Hessische Landesbibliothek Fulda

GÖPPINGEN
Städtisches Museum Göppingen

HANNOVER
Niedersächsisches Hauptstaatsarchiv

HEIDELBERG
Kurpfälzisches Museum der Stadt Heidelberg

IDAR-OBERSTEIN
Museum Idar-Oberstein

KOBLENZ
Landeshauptarchiv Koblenz

KÖLN
Diözesan- und Dombibliothek
Historisches Archiv der Stadt Köln
Kölnisches Stadtmuseum
Metropolitankapitel der Hohen Domkirche Köln
Museum für Angewandte Kunst
Römisch-Germanisches Museum
Schnütgen-Museum

LONDON
Sotheby's

MAILAND
Civiche Raccolte d'Arte Antica, Castello Sforzesco
Civiche Raccolte d'Arte Applicata ed Incisioni, Castello Sforzesco

MAINZ
Bischöfliches Dom- und Diözesanmuseum

METZ
Musée Diocésain, Trésor de la cathédrale de Metz

MINDEN
Katholische Dompropstei – Pfarramt

MÜNCHEN
Bayerische Staatsbibliothek, Bayerische Landesstiftung

MÜNSTER
Privatsammlung Dr. Nikolaus Gussone

NÜRNBERG
Germanisches Nationalmuseum

PARIS
Bibliothèque Nationale de France
– Département des Estampes
– Département des Manuscrits
– Cabinet des Médailles et des Antiquités
Bibliothèque Saint-Geneviève
Musée National du Moyen Age, Thermes & Hôtel de Cluny
Musée de l'Armée, Hôtel National des Invalides
Musée du Louvre, Département des Objets d'Art
Musée Carnavalet
Privatsammlung Raymond Bachollet

PRAG
Ehemaliges Prämonstratenser-Kloster Strahov – Královská Kanonie premonstrátů na Strahově
Hradschin, Kunstsammlungen der Prager Burg, Správa Pražského hradu
Metropolitankapitel zu Sankt Veit
Museum der Hauptstadt Prag, Muzeum Hlavního Města Prahy
Nationalmuseum, Národni Muzeum
– Lapidarium
– Abteilung für Numismatik
– Lobkowitz-Palais, Abteilung für Ältere Geschichte
Staatsarchiv, Státní Ustřední Archiv v Praze

RAVENNA
Museo Nazionale Ravenna

REIMS
Musée du Palais du Tau

RIJSWIJK
Sammlung René Brus

RUEIL-MALMAISON
Musée National des Châteaux de Malmaison & Bois-Préau

SCHAFFHAUSEN
Stadtbibliothek Schaffhausen, Ministerialbibliothek

SELM-CAPPENBERG
Schloßkirche Cappenberg, Katholische Kirchengemeinde St. Johannes

SIEGEN
Privatsammlung Hans-Martin Flender

SPEYER
Historisches Museum der Pfalz

ST. PAUL IM LAVANTTAL
Stiftsmuseum, St. Pauls Stift im Lavanttal

STRASSBURG
Musée de l'Œuvre Notre-Dame

TRIER
Bischöfliches Dom- und Diözesanmuseum

UTRECHT
Museum Catharijnenconvent, Museum für mittelalterliche Kunst in Utrecht

WESEL
Preußen-Museum Wesel Nordrhein-Westfalen

WIEN
Akademie der Bildenden Künste Wien – Kupferstichkabinett
Graphische Sammlung Albertina
Kunsthistorisches Museum Wien
– Gemäldegalerie
– Hofjagd- und Rüstkammer
– Kunstkammer
– Münzkabinett
Museen des Mobiliendepots, Kaiserliches Hofmobiliendepot
Österreichische Nationalbibliothek, Handschriften-, Autographen-
  und Nachlaß-Sammlung
Österreichisches Staatsarchiv, Haus-, Hof- und Staatsarchiv
MAK, Österreichisches Museum für angewandte Kunst

WIESBADEN
Friedrich-Wilhelm-Murnau Stiftung

WOLFENBÜTTEL
Herzog August Bibliothek
Niedersächsisches Staatsarchiv

WUPPERTAL
Kronen- und Insigniensammlung Abeler

sowie private Leihgeber, die nicht genannt werden möchten

Förderer und Sponsoren

Aachener und Münchener Versicherung AG, Aachen

Agfa-Gevaert AG, Leverkusen

Alte Leipziger Versicherung AG, Oberursel

A. Ollig GmbH & Co. KG, Offsetdruckerei, Köln

Arxes AG, Aachen

BBDO Interactive GmbH, Düsseldorf

Commerzbank AG, Aachen

Deutsches Historisches Museum Berlin

Dorint Quellenhof Aachen

Dresdner Bank AG, Aachen

ERCO Leuchten GmbH, Lüdenscheid

Grünenthal GmbH, Aachen

Parat-Werk Schönenbach GmbH & Co. KG, Remscheid

IHK Aachen

IHK Maastricht

König-Brauerei, Duisburg

Moers GmbH Offsetdruck, Korschenbroich

Münchener Rückversicherungsgesellschaft AG, München

Sparkasse Aachen

Theod. Mahr Söhne GmbH, Aachen

VEGLA-Saint-Gobain
Generaldelegation für Deutschland und Mitteleuropa, Aachen

Michaela und Michael Wirtz, Stolberg

Dank für Rat und Unterstützung

Ingrid Adam, Aachen
Ursula Aden, Aachen
Daniel Alcouffe, Paris
Lothar Altringer, Bonn
Heidemarie Anderlik M.A., Berlin
Uschi Assent, Stolberg
Lothar Bache, Mainz
Dr. Jutta Bacher, Kornelimünster
Iris Bachhofen, Aachen
Dipl.-Design. Guntram Bauer, Aachen
Leonie Becks, Köln
Franco Bettin, Aachen
Hofrat Dr. Birnberger, Wien
Dr. Susanne Blöcker, Brühl
Dela von Boeselager, Köln
Hartmut Böttcher, Stolberg
Prof. Dr. Alain Erlande-Brandenburg, Paris
Dr. Christian Bremen, Aachen
Wolfgang Breyther, Aachen
Prof. Dr. Michael Bringmann, Bodenheim
Réné Brus, Rijswijk
Dipl.-Ing. Simone Buchholz, Aachen
Gerhard Bücken, Aachen
Colette Buffière, Bad Honnef
Colonel Gérard-Jean Chaduc, Paris
Dr. Bernhard Chevallier, Malmaison
Willi Claassen, Aachen
Dr. Oliver Claes, Paderborn
Dr. Horst Claussen, Bonn
Gabriele Cosler M.A., Aachen
Birgit Dangela, Aachen
Margot Daniels, Aachen
Matthias Deml, Köln
Aleth Depaz, Paris
Gabriele Derichs, Aachen
Archivamtfrau Margarethe Dietzel, Aachen
Dr. Michael Drewniok, Paderborn
Dr. Peter Droste, Aachen
Gerhard Dünnwald, Aachen
Prof. Dr. Arne Effenberger, Berlin
Dipl.-Ing. Robert Eiermanns, Aachen
Peter Engisch, Aachen

Prof. Dr. Arnold Esch, Rom
Dr. Jiří Fajt, Prag
Dr. Birgitta Falk, Detmold
Renate Faßbender, Journalistin, Aachen
Prof. Dr. Horst Fuhrmann, Wörthsee
Hans-Joachim Funken, Aachen
Dr. Thomas Fusenig, Detmold
Gérard Gabert, Köln
Dieter Gahn, Aachen
Marc van Gassen, Aachen
Dr. Marianne Gechter, Brühl
Anne Gold, Aachen
Henriette Goossens, Stolberg
Dr. Rolf Große, Paris
Prof. Dr. Manfred Groten, Köln
Achim Grothen, Aachen
Heribert Grouls, Stolberg
Dipl.-Ing. Michael Grube, Aachen
Nina Grünewald, Aachen
Dr. Isabel Gundermann, Berlin
Dr. Nikolaus Gussone, Münster
Anne Hamane, Aachen
Rudolf Hansmann, Köln
Dr. Klaus Hardering, Köln
Sigrid Hardt, Aachen
Karl Havermann, Aachen
Doris Hautermanns, Aachen
Prof. Dr. Ernst-Dieter Hehl, Mainz
Prof. Dr. Armin Heinen, Aachen
Peter Hennig, Aachen
Albert Hirmer, München
Barbara Holländer, Berlin
Dipl.-Archivarin Eva-Maria Huertgen, Aachen
Dr. Albert Huiskes, Köln
Bernd Hundsdorf, Würselen
Dr. Klara Hurková, Aachen
Patrick Jeune, Aachen
Wilfried Jocham, Aachen
Dr. Peter Jörissen, Köln
Wilfried Juchem, Aachen
Franz Käfer, Aachen
Regina Keßel, Stolberg

Ludwig Kirsch, Mainz
Jürgen Kleber, Aachen
Dipl.-Kfm. Dieter Klemeit, Stolberg
Dr. Angelika König, Wien
Dr. Petra Koch, Paderborn
Prof. Dr. Rainer Koch, Frankfurt
Prof. Dr. Dietrich Kötzsche, Berlin
Wienfried Konnertz, Köln
Frédéric Lacaille, Paris
Lothar Lambacher, Berlin
Birgit Lambert, Köln
Hannelore Larosch, Aachen
Dr. Rolf Lauer, Köln
Prof. Dr. Jean-Michel Leniaud, Paris
Jean-Marc Léri, Paris
Leo Leuchtenberg, Simmerath
Isai Liven, Köln
Dr. Kurt Löcher, Köln
Alexander Lohe, Aachen
Prof. Dr. Dietrich Lohrmann, Aachen
Hans Lüttgens, Aachen
Stefan Lüttgens, Leverkusen
Dipl.-Ing. Joachim Ludwig, Aachen
Annemarie Mager, Stolberg
Dipl.-Ing. Helmut Maintz, Aachen
Dr. Lutz Malke, Berlin
Friedhelm Meier, Paderborn
Horst Mildenberger, Aachen
Dipl.-Ing. FH Sofia Mockel, Aachen
Georg Mölich M.A., Köln
Dr. Harald Müller, Berlin
Rüdiger Müller, Köln
Silvinus Müller M.A., Aachen
Dr. Rita Müllejans, Aachen
Katharina Nettekoven, Frechen
Prof. Dr. Leo Noethlichs, Aachen
Dr. Adam C. Oellers, Aachen
Dr. Wolf B. Oerter, Prag
Jochen Ollig, Köln
Dr. Joachim Ott, Frankfurt
Gustav Palzer, Aachen
Prof. Dr. Werner Paravicini, Paris
Dr. Peter Parenzan, Wien
Diplomarchivarin Angelika Pauls, Aachen
Prälat Arnold Poll, Aachen
Ingo Presse, Aachen
Achim Ramm, Stolberg
Gertrud Reinartz, Aachen
Annette Reiter M.A., Marburg
Walter Rhode, Würselen
Dr. Klaus Rob, Mainz

Dr. Ing. Heinz Jörg Röttger, Aachen
Colonel Francis Rogé, Valenciennes
Elisabeth Roosens M.A., Berlin
Bruno Rütten, Aachen
Winfried Rüttgers, Stolberg
Franz Rutzen, Mainz
Dr. Werner Schäfke, Köln
Dr. Hermann Schefers, Lorsch
Birgit Schings, Aachen
Walter Schlepütz, Aachen
Ralf Schmetz, Aachen
Lothar Schmitt, Aachen
Dr. Wolfgang Schmitz, Köln
Prof. Dr. Ulrich Schneider, Aachen
Dr. Barbara Schock-Werner, Köln
Dr. Richard Schönenbach, Aachen
Dr. Sven Schütte, Köln
Theo Schweitzer, Stolberg
Elisabeth Sevenich, Aachen
Pit Siebigs, Aachen
Heinz Spees, Aachen
Elisabeth Stadtler, Daxweiler
Dr. Norbert Staudacher, Stolberg
Dr. Christoph Stiegemann, Paderborn
Franz-Georg Temme, Aachen
Hans-Josef Thelen, Stolberg
Dipl.-Ing. Dirk Thiele, Aachen
Van Chinh Tran, Aachen
Bettina Ungerecht, München
Bernhard Urbanski, Aachen
Domkapitular Hans-Günther Vienken, Aachen
Prof. Dr. Wolfgang Vollrath, Essen-Bredeney
Elisabeth Voß, Aachen
Peter Vosseberg, Stolberg
Paul Wagner M.A., Zülpich
Rita Wagner, Köln
Reinhold Walbert, Aachen
Jan Erik Weinekötter, Paderborn
Dr. Matthias Wemhoff, Paderborn
Theodor Wenders, Aachen
Roland Wentzler M.A., Aachen
Prof. Dr. Karl-Ferdinand Werner, Rottach-Egern
Hans-Guenter Wiedau, Aachen
Agnes Wirtz M.A., Stolberg
Prof. Dr. Armin Wolf, Frankfurt am Main
Jürgen Wruck, Aachen
Herbert Zantis, Stadt Aachen, Wassenberg
Magret Zimmermann, Aachen

unserer besonderer Dank gilt Herrn Hubert Mehr

Verein Aachener Krönungsgeschichte e.V.

1. VORSITZENDER
Dipl.-Kfm. Michael Wirtz

2. VORSITZENDE
Isabel Pfeiffer-Poensgen

SCHATZMEISTER
Dr. Jochen Bräutigam

SCHRIFTFÜHRER
Roland Wentzler M.A.

KURATORIUM
Prof. Dr. Andreas Beyer
Vera Blazek
Prof. Dr. Hans Holländer
Prof. Dr. Max Kerner
Dr. Mario Kramp
Dr. Thomas R. Kraus
OB Dr. Jürgen Linden
Dr. Georg Minkenberg
Dompropst Dr. Hans Müllejans
Olaf Müller M. A.
Hans Joachim Ramm
Ingrid Sievers
Dr. Hans Stercken †
Herbert Zantis

WISSENSCHAFTLICHER BEIRAT
Prof. Dr. Andreas Beyer
Dr. Nikolaus Gussone
Prof. Dr. Hans Holländer
Prof. Dr. Max Kerner
Dr. Mario Kramp
Dr. Thomas R. Kraus
Dr. Georg Minkenberg

AUSSTELLUNG

KURATOR
Dr. Mario Kramp

LEIHVERKEHR, AUSSTELLUNGSKOORDINATION TRANSPORTE,
AUF- UND ABBAU
Kai-Uwe Holze M.A.

AUSSTELLUNGSARCHITEKTUR UND GESTALTUNG
Ingrid Bussenius, Köln und Günter Marquardt, Köln

AUSSTELLUNGSBÜRO
Dr. Mario Kramp
Barbara Jacobs M.A.
Annette Fusenig M.A.

Dr. Dirk Tölke
Dr. Werner Tschacher
Dr. Wolfgang Cortjaens
Monika Mager
Verena von Langen M.A.

Freie Mitarbeiter:
Dr. Bernd Andermahr
Bernd Kurz
Karin Ruhmöller M.A.
Simone Steinmeier

Praktikantinnen:
Susanne Hartmann M.A.
Cornelia Kompe
Bettina Gramm
Suzan Schäfers
Sophie Bourgon DEA

Katalog

KONZEPT

Dr. Mario Kramp

KONZEPTIONELLE GESTALTUNG

martello … agentur für werbung & design, Aachen

KATALOGREDAKTION

Annette Fusenig M.A.

TEXTREDAKTION

Dr. Werner Tschacher
Annette Fusenig M.A.
Dr. Mario Kramp
Monika Mager
Verena von Langen M.A.
Annemarie Mager

BILDREDAKTION

Dr. Dirk Tölke
Annette Fusenig M.A.
Verena von Langen M.A.
Monika Mager

WISSENSCHAFTLICHE RECHERCHE

Dr. Mario Kramp
Dr. Werner Tschacher
Dr. Dirk Tölke
Annette Fusenig M.A.
Dr. Wolfgang Cortjaens
Dr. Rüdiger Haude

ÜBERSETZUNGEN

Renita Feeney (engl.)
Klara Hurková (engl./tschech.)
Marie-Claude Declerck (franz.)
Stephanie Heimburg (franz.)
Barbara Holländer (franz.)
Dr. Mario Kramp (franz.)
Gudrun Venema B.Tr. (nl.)
Dr. Wolf B. Oerter (tschech.)

ÖFFENTLICHKEITSARBEIT

Annette Fusenig M.A.
Renate Faßbender, Journalistin
Bernd Kurz
Dr. Wolfgang Cortjaens

INTERNET

Dr. Wolfgang Cortjaens (Texte und Lektorat)
Dr. Dirk Tölke (Bildredaktion)
Christian Berg (Projektleiter)
Sabine Hoentzsch (Screen-Design)
Liz Ketzer-Eiling (Programmierung)
Linda Löser (Screen-Design)

MUSEUMSDIDAKTIK

Dr. Mario Kramp
Dr. Wolfgang Cortjaens
Dr. Dirk Tölke
Dr. Werner Tschacher
Verena von Langen M.A.
Heike Nelsen

Management und Logistik

AUSSTELLUNGSARCHITEKTUR UND GESTALTUNG

Ingrid Bussenius, Köln und Günter Marquardt, Köln

PROJEKTLEITUNG

Ingrid Bussenius, Köln

ASSISTENZ UND KOORDINATION

Gabriele Blome, Köln

VITRINENBELEUCHTUNG

Daniel Zerlang-Rösch, Offenbach

AUSFÜHRUNG VITRINEN/BELEUCHTUNG

Vitrinen Glas und Spiegel Schulz, Kiel
Display International, Schwendinger & Co KG, Würselen

MANAGEMENT

Hubert Mehr, Grünenthal GmbH, Stolberg

Herbert Grouls, Grünenthal GmbH, Stolberg

Walter Schlepütz, Grünenthal GmbH, Stolberg

LOGO

Prof. Dr. Klaus Endrikat, Aachen

CORPORATE DESIGN/GESTALTUNG

martello… agentur für werbung und design, Aachen

LICHTGESTALTUNG

Susanne Weber, Köln

AUSSTELLUNGSAUFBAU

Display International, Würselen
Firma Norbert Reitz, Aachen

MODELLBAU

maßstab
architektur + modellbau
Dipl.-Ing. Architekt Günter Mainz, Aachen
Barbara Jacobs M.A. (wissenschaftliche Beratung)

RESTAURATOREN

Gernot Eckert, Aachen
Simone Busche, Köln
Akad. Restauratorin Regina Urbanek M.A., Brühl
Monica Vroon, Textilrestauratorin, Aachen
Silberschmiedemeister Lothar Schmitt, Aachen
Dipl.-Rest. Michael Rief, Aachen
Dipl.-Rest. Ulrike Villwock, Aachen
Dipl.-Rest. Julia Rief, Aachen
Dipl.-Rest. Christina Sodermanns, Aachen
Heinz Hanisch, Aachen

KLIMATECHNIK

Theod. Mahr Söhne GmbH

Prof. Dr.-Ing. Manfred Zeller, Aachen (Beratung)
Dr. Ing. Heinz-Jörg Röttger, Aachen (Beratung)

KLIMATECHNIK/AUFBAU

Theod. Mahr Söhne GmbH

VIRTUELLE PFALZ

CAD-Rekonstruktion und -Simulation

Prof. Dr. Manfred Koob, Darmstadt
Dipl.-Ing. Egon Heller, Darmstadt
Dipl.-Ing. Peter Liebsch
Maritta Schall
Manuela Stelljes
Claudia Prömmel

Text

Heidemarie Anderlik M.A., Berlin
Dr. Mario Kramp, Aachen
Dr. Georg Minkenberg, Aachen
Dr. Sven Schütte, Köln
Widukind von Corvey

Koordination

Barbara Jacobs M.A., Aachen

PROJEKT KARLSFRESKEN

Dr. Ubbo Wernicke, Leverkusen
Rolf-Dieter Stracke, Leverkusen

Dr. Mario Kramp (wissenschaftliche Beratung)
Barbara Jacobs M.A. (wissenschaftliche Beratung)
Annette Fusenig M.A. (wissenschaftliche Beratung)

AUDIOFÜHRUNG

Dr. Mario Kramp
Dr. Wolfgang Cortjaens

FÜHRUNGSKOORDINATION

Ingrid Adam, Aachen
Anne Hamane, Aachen
Dipl.-Ing. FH Sofia Mockel, Aachen

TRANSPORTE

Hasenkamp Internationale Transporte GmbH & Co KG

VERSICHERUNGEN

Aachener und Münchener Versicherung AG

BEGLEITENDE PUBLIKATIONEN

Annette Fusenig und Barbara Jacobs:
Kurzführer »Krönungen. Könige in Aachen – Geschichte und Mythos«

Annette Fusenig:
»Wie kommt der Zacken in die Krone?« –
Ein ABC der Krönungen für junge Leser ab 10 Jahren, Aachen 2000

Sven Schütte:
»... nach eigenem Entwurf und besser als die Bauten der Römer...«.
Der Thron und die Vorbilder der Aachener Marienkirche in Aachen, Aachen 2000

Rüdiger Haude:
»Kaiseridee« oder »Schicksalsgemeinschaft«. Geschichtspolitik beim Projekt »Aachener Krönungssaustellung 1915« und bei der »Jahrtausendausstellung Aachen 1925«, Aachen 2000

IDEE, KONZEPT UND TEXT DER CITYFÜHRUNG

»Krönungen. Könige in Aachen – Geschichte und Mythos«:
Annette Fusenig M.A. und Lydia Koneggen M.A.

Autorensiglen

AF	Annette Fusenig		LB	Leonie Becks
AW	Armin Wolf		LL	Lothar Lambacher
BB	Beket Búkovinská		MA	Michael Alram
BH	Barbara Holländer		MB	Milena Bravermanová
BL	Birgit Lambert		MBr	Michael Bringmann
BSW	Barbara Schock-Werner		MD	Matthias Deml
CW	Caroline Weber		MK	Mario Kramp
DS	Dana Stehlíková		MM	Monika Mager
DT	Dirk Tölke		NF	Norbert Franken
DvB	Dela von Boeselager		RD	Roswitha Denk
GC	Gérard-Jean Chaduc		RL	Rolf Lauer
GH	Georg Hauser		SS	Sven Schütte
GM	Georg Minkenberg		VP	Victor Procházka
HB	Hans Böker		VvL	Verena von Langen
HN	Heike Nelsen		WC	Wolfgang Cortjaens
HZW	Hannelore Zowislo-Wolf		WV	Wolfgang Vollrath
IH	Ivo Hlobil		WW	Winfried Weber
KH	Klaus Hardering		WT	Werner Tschacher
KL	Kurt Löcher			

XXIV

Vorwort

Etwa 600 Jahre lang wurden im mittelalterlichen Aachen die deutschen Könige gekrönt. Nirgendwo sonst ist die deutsche Krönungsgeschichte von den mittelalterlichen Anfängen bis in die Neuzeit so deutlich greifbar.

Der Ort, an dem der legendäre Karlsthron stand, wurde schon bald zum politischen Symbol. Die Ottonen stellten sich in die Nachfolge des großen Karl und begründeten damit eine Tradition, die von 936 bis 1531 verbindlich blieb. Wer hier zum König gekrönt wurde, besaß das Recht, sich danach in Rom zum Kaiser krönen zu lassen. Die in Aachen gekrönten Könige stammten nicht allein aus Deutschland, sondern auch aus England, Burgund, Böhmen, Ungarn und den Niederlanden, Österreich oder Spanien. Auf dem Boden des karolingischen Aachen entwickelte sich ein historischer Mythos, der weit über das Mittelalter hinaus bis in unsere Zeit reicht. Er führt von den letzten in Aachen gekrönten Königen über die Franzosenzeit bis hin zur Wiederaufnahme des Themas »Krone und Reich« im Nationalismus des 19. und 20. Jahrhunderts.

Der historische Gebäudekomplex von Rathaus, Dom und Domschatzkammer bietet einen einzigartigen Rahmen für die Ausstellung »Krönungen. Könige in Aachen – Geschichte und Mythos«. Er umfaßt das Gelände der Pfalzanlage Karls des Großen mit ihren baulichen Ergänzungen vom Hochmittelalter bis in das 19. Jahrhundert. An diesem geschichtsträchtigen Schnittpunkt führt ein kulturhistorischer Rundgang mit zahlreichen Exponaten aus ganz Europa durch 1200 Jahre Geschichte und Mythos der königlichen Tradition.

Das Herzstück der Ausstellung bildet der Krönungssaal des Rathauses, in dem die Krönungsfestmähler mit großer Pracht gefeiert wurden. Anhand kostbarer Exponate aus den großen europäischen Museen – Goldschmiedekunst, Gemälde, Grafiken, Skulpturen, Königsurkunden und Buchmalerei – werden hier die Krönungen in Aachen und ihre historische Bedeutung für die Geschichte Europas anschaulich gemacht. Der weitere Weg führt über die Domschatzkammer mit hochkarätigen Kunstwerken zur religiösen und politischen Verehrung Karls des Großen zum Dom und zum Karlsthron.

Abb.: Karl der Große, Codex Heidelbergensis, fol. 32 (vgl. S. 491, Kat.Nr. 6 · 51)

Unser herzlicher Dank gilt Herrn Dr. Hans Stercken, ehemaliger Vorsitzender des Auswärtigen Ausschusses des Deutschen Bundestages und ehemaliges Mitglied des Deutschen Bundestages, der die Idee anregte, Aachen als Stadt Karls des Großen mit ihrer Bedeutung für die europäische Geschichte im Jubiläumsjahr in einer Ausstellung zu präsentieren. Leider war es ihm verwehrt, die Realisierung dieser Idee zu erleben.

Die Verwirklichung des Projektes verdanken wir dem Kurator Dr. Mario Kramp, der das Konzept der Krönungsausstellung entwickelte und gemeinsam mit einem engagierten Team realisierte, das sich den Erfolg der Ausstellung zu seinem persönlichen Anliegen gemacht hat. Stellvertretend möchte ich den beiden wissenschaftlichen Mitarbeiterinnen Frau Barbara Jacobs und Frau Annette Fusenig danken und ihnen meine Hochachtung und Anerkennung aussprechen. Das gesamte Ausstellungsteam machte das scheinbar Unmögliche möglich.

Stadt, Domkapitel, Hochschule und engagierte Bürger haben das große Projekt als gemeinsame Sache zum Erfolg geführt.

Viele Wissenschaftler und anerkannte Kapazitäten aus dem In- und Ausland haben als Autoren die Realisierung von Ausstellung und Katalog begleitet. Zu nennen sind insbesondere die Mitglieder des wissenschaftlichen Beirats, Herr Prof. Andreas Beyer, Herr Dr. Nikolaus Gussone, Herr Prof. Hans Holländer, Herr Prof. Max Kerner, Herr Dr. Mario Kramp, Herr Dr. Thomas R. Kraus und Herr Dr. Georg Minkenberg. Sie haben sich mit fachlicher Kompetenz und hohem persönlichen Einsatz große Verdienste um die gemeinsame Sache erworben.

Nicht zuletzt gilt unser Dank den zahlreichen Sponsoren und Förderern. In Zeiten knapper Kassen haben sie erhebliche Mittel für die Realisierung der Ausstellung bereitgestellt.

Mit ganz besonderer Freude erfüllen uns die bereitwilligen Zusagen der Leihgeber aus ganz Europa, sich für die Dauer der Ausstellung von ihren Schätzen zu trennen. Ohne ihre kollegiale Kooperation wäre eine Ausstellung dieser Qualität nicht denkbar gewesen.

Dipl.-Kfm. Michael Wirtz
Präsident der Industrie- und Handelskammer zu Aachen
Vorsitzender des Trägervereins »Aachener Krönungsgeschichte e. V.«

XXVI

Grußwort

Aachen feiert im Jahre 2000 das eintausendzweihundertjährige Jubiläum des Aachener Domes, ein Jubiläum, das uns verpflichtet, auch und nicht zuletzt unzähliger Menschen zu gedenken, die für, an und mit dieser Kirche gelebt haben, sie erlebt und vielleicht auch manchmal erlitten haben, darunter – daran sei im Jahr der Heiltumsfahrt besonders erinnert – Hunderttausende namen-, aber nicht antlitzloser Pilger und eben jener dreißig, die, beginnend mit Otto I. 936, endend mit Ferdinand I. 1531, in dieser Kirche am Grabe Karls des Großen zum römisch-deutschen König gekrönt wurden und damit gleichsam in die Fußstapfen des 1165 hier in Aachen heiliggesprochenen »Reichsgründers« traten. In Karls Nachfolge erhoben sie den Anspruch auf den römischen Kaisertitel, in Karls Nachfolge den Anspruch, gleichsam von Gottes Hand gekrönt als dessen irdische Sachwalter das heilige Reich zu regieren.

Gedanken dieser Art sind uns fremd geworden. Wir wissen in unseren Tagen – aber auch nicht anders als der mittelalterliche Mensch – genug von der dunklen Seite der Macht, um ihnen eher verklärenden bzw. verunklärenden Alibicharakter zu unterstellen. So mancher in Aachen Gekrönte hat sich ja auch mit bemerkenswerter Skrupellosigkeit seinen Weg zum Thron gebahnt. Andererseits, die Anziehungskraft der Macht ist ungebrochen. Beides, der Zweifel an der Macht und die Sehnsucht nach der Macht, ist nicht neu und war wohl keinem der in Aachen Gekrönten fremd.

Die Krönungszeremonie selbst, wie sie sich in der Krönungkirche, dem heutigen Dom, im Rahmen eines Gottesdienstes, einer Eucharistiefeier, abspielte, betont in ihrer Angleichung an das Zeremoniell der Bischofsweihe beidem gegenüber die ungeheure Verantwortung des Gekrönten: »a deo coronatus«, »von Gott gekrönt«, so heißt es in den Kaiserlaudes, die beim Karlsfest erklingen und bei jeder Krönung erklangen. Das Lotharkreuz in der Domschatzkammer, die den Schatz der Krönungskirche birgt, wurde nach der Tradition bei den Krönungen vor dem Herrscher einhergetragen. Auf ihm krönt die Hand Gottes vom Himmel her den gekreuzigten Christus; auf der Widmungsseite des ottonischen Evangeliars krönt die gleiche Hand den mit ausgespannten Armen christusgleich thronenden irdischen Herrscher; auf der Stirnseite des Karlsschreins segnet der den Kosmos bewegende Gott den thronenden heiligen Herrscher.

Durch die Krönung, genauer durch die Salbung mit Chrisam, wird der König zu einem Christus, einem Gesalbten, einem »alter Christus«, wie es in der Krönungszeremonie heißt, einem Bild Christi, so wie Christus auf dem Lotharkreuz im Bild des irdischen Herrschers Augustus erscheint. Was uns heute fremd anmutet, der Herrscher als Bild Christi, dürfte uns eigentlich sehr nahe sein, denn so, wie Christus das Bild Gottes ist, so trägt jedes Menschenantlitz das Bild Christi und Christus das Antlitz eines jeden Menschen.

Die Krone wiegt schwerer als manchem, der nach ihr strebte und sie trug, je bewußt war! Wer in Aachen bei der Krönung den Thron Karls des Großen bestieg, der war – um ein Wort Erich Stephanys aufzunehmen – nicht nur erhöht, sein Blick mußte unweigerlich auf jenen fallen, in dessen Namen er regierte und vor dem sich alle Herrschaft rechtfertigen muß. Macht bedurfte und bedarf des Auftrags, der Verantwortung und der Rechtfertigung. In dieser Kirche ist sie Königen in diesem Sinne übertragen und aufgetragen worden. »Per me reges regnant«, »Durch mich herrschen die Könige«, heißt es auf der Reichskrone nach biblischer Vorgabe. »Krönungen. Könige in Aachen – Geschichte und Mythos« – das sind auch Erinnerungen an damals wie heute keineswegs Selbstverständliches.

Mein herzlicher Dank gilt all' denen, die diese Ausstellung und die vorliegende Publikation geschaffen und ermöglicht haben.

Dr. Hans Müllejans
Dompropst in Aachen

Abb.: Liutharevangeliar, Widmungsblatt, Detail (vgl. S. 261, Kat.Nr. 3 · 38)

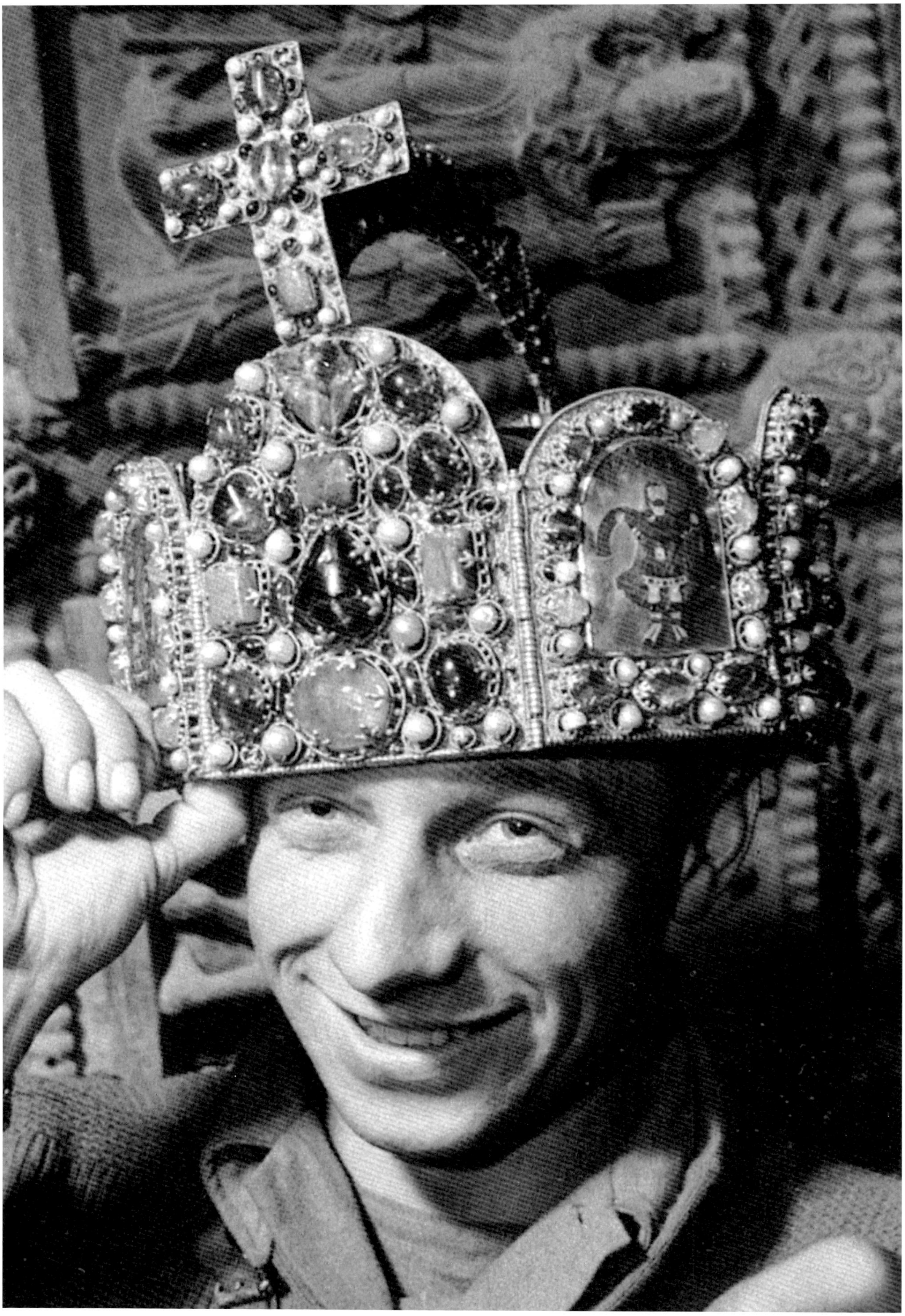

Grußwort

Aachen blickt im Jahr 2000 zurück auf 1200 Jahre Kaiserdom, 1200 Jahre Krönung des Frankenkaisers, 1000 Jahre Öffnung des Kaisergrabes. Die Stadt erinnert sich auch an rd. 750 Jahre Stadtwerdung.

Aachen war als Hauptsitz Karls des Großen die erste, sozusagen heimliche Hauptstadt eines Reiches mit europäischen Dimensionen. Von Aachen gingen Impulse zur politischen und religiösen Einheit des Okzidents aus. Hier wurden eine intellektuelle Renaissance für Laien und Kleriker initiiert und die neue politische Struktur, die Rechtsgewalt, das Finanzsystem, das kulturelle und wirtschaftliche Fundament für das gesamte Mittelalter geschaffen.

Die Bedeutung des Ortes wurde durch die Krönungen der Könige des Heiligen Römischen Reiches Deutscher Nation über sechs Jahrhunderte und durch drei europäische Friedensverträge noch bis ins 19. Jahrhundert hinein bestätigt.

Dom und Rathaus bilden bis heute die zentralen Monumente des Stadtbildes, an denen Geschichte und Entwicklung Europas ablesbar sind.

Die Stadt Aachen, die Aachener Hochschulen und die christlichen Kirchen, vor allem das Domkapitel haben sich bemüht, für das Jahr 2000 ein Veranstaltungsprogramm zu erstellen, das sich mit dem Gestaltungswillen und der schöpferischen Kraft Karls des Großen und seiner Nachfolger beschäftigt, mit den verschiedenen Epochen der europäischen Geschichte, der Veränderung der Herrschaftsstrukturen, insbesondere aber auch mit den Zukunftsfragen, die sich unserer Generation zur Gestaltung der europäischen Einheit stellen.

Die Ausstellung »Krönungen. Könige in Aachen – Geschichte und Mythos« ist in diesem Rahmen die zentrale Präsentation mit den Fakten der aus der Antike erwachsenen Kultur des christlichen Abendlandes, den politisch-strukturellen Entwicklungen des Mittelalters bis ins zweite Kaiserreich, bis zum endgültigen Ende der mit der Krone verbundenen Reichsidee, der Geistes- und der technischen Wissenschaften, aber auch der Legenden, die bis in die Gegenwart nachwirken.

Die Ausstellung stellt die Frage, auf welchen Grundwerten Europa aufbaut und welche Erfahrungen wir umsetzen müssen, um dauerhaft zu einer friedlichen, freiheitlichen und demokratischen Gesellschaft der europäischen Völker und Kulturen zu kommen. Sie will erinnern und dokumentieren und Impulse zur historischen Aufarbeitung geben. Sie will die Besucher anregen, ihren Standpunkt zu den ethischen und kulturellen Ursprüngen, zu den Herrschaftsformen der unterschiedlichen Epochen, zur Teilhabe der Menschen an den Entwicklungen zu finden, um sich den vor uns liegenden Aufgaben stellen zu können.

Nur wer die eigene Herkunft kennt, wird die Gegenwart verstehen und die Zukunft gestalten können.

Die Vermittlung neu gewonnener Einsichten wäre der beste Erfolg dieser Ausstellung.

Dr. Jürgen Linden
Oberbürgermeister der Stadt Aachen

Abb.: Amerikanischer Soldat mit Aachener Kopie der Reichskrone, 1945 (vgl. S. 878, Kat.Nr. 10 · 66)

Abb: Umschlagseite einer Schrift zur Krönung Maximilians I., Augsburg 1521, Aachen, Sammlung Crous gGmbH im AKV-Haus, vgl. Kat.Nr. 7 · 61

Einführung

Einführung

Mario Kramp (Köln/Aachen)

Krönungen und Könige in der Nachfolge Karls des Großen

Eine Geschichte und ihre Bilder

»Bedenk ich die Sache ganz genau,
So brauchen wir gar keinen Kaiser.«
Heinrich Heine 1844[1]

Im Anfang war Karl der Große. Mit ihm kamen die Krönungen. Dies gilt in dreifacher Hinsicht. Zunächst wurde seine Kaiserkrönung in Rom im Jahr 800 zum epochalen Einschnitt in der Geschichte Europas. Von nun an war der König der Franken in der Nachfolge der römischen Cäsaren im Bund mit dem Papsttum und in Abgrenzung zum oströmischen Kaisertum in Byzanz das weltliche Oberhaupt der katholischen Christenheit, versehen mit einem universalen Führungsanspruch *(Schieffer)*. Zum zweiten wurde seit der Zeit Karls des Großen dem bis dahin im westlichen Europa bestimmenden Ritus der Herrschererhebung, der Salbung, der Ritus der Krönung als wirkmächtiges Element hinzugefügt. Drittens schuf die Erinnerung an Karl den Großen, sein Grab und seinen legendären Thron (Abb. 1) in der Aachener Marienkirche die Grundlage für die Tradition der Krönungen der römisch-deutschen Könige in Aachen von Otto I. im Jahr 936 bis zu Ferdinand I. im Jahr 1531. Wer in Aachen zum König gekrönt wurde, konnte von nun an in Rom die Kaiserwürde erlangen.

Annäherungen an einen historischen Mythos

Karl der Große wurde in den Jahrhunderten nach seiner Herrschaft stilisiert zum christlichen Held, zum ersten deutschen Kaiser, zur Identifikationsfigur der französischen Monarchie, zum katholischen Heiligen, zum antimuslimischen Kämpfer, zum brutalen Sachsenschlächter, zum germanischen Recken und schließlich zum Vater Europas. Jede Epoche hat sich ihren Karl geschaffen, historisch gedeutet, religiös überhöht und politisch instrumentalisiert im Umkreis jener, die sich als seine Nachfolger wähnten oder als solche feiern ließen. Diese Instrumentalisierungsversuche haben sich wie Schleier über Karl den Großen geworfen und die historische Gestalt darunter verdeckt oder allenfalls noch in groben Umrissen erahnen lassen.

Den Mythos Karl der Große zu entschleiern, ist zur Zeit *en vogue*. Aktuelle Versuche dieser Art haben dazu geführt, das gesamte Zeitalter Karls des Großen und mithin ihn selbst als bloße Erfindung zu bezeichnen. Die kritische Entschleierung gehört zu den vornehmsten Aufgaben der historischen Wissenschaften. Sie beinhaltet jedoch auch die Zurückweisung gelehrter Kapriolen, die ungeachtet der zugegebenermaßen wenigen existierenden Quellen und Überreste hinter den Schleiern der Geschichte rein gar nichts vermuten. Seiner Schleier beraubt mag der Kaiser nackt sein – doch er existierte.

Der seriösen Beschreibung einer derartigen historischen Gestalt kann man sich auf zwei Arten nähern. Man kann sich bemühen, möglichst umfassend die authentischen Zeugnisse seiner Epoche – Kunstwerke, Dokumente, archäologische Überreste – zusammenzutragen. Dieser Weg wurde in Aachen 1965 mit der vielbeachteten Europaratsausstellung und in Paderborn 1999 mit der großen Karolingerausstellung beschritten. Die zweite Methode der Annäherung besteht darin, sich mit den historischen Folgen, den Instrumentalisierungsversuchen, den Verschleierungen, kurz: dem historischen Mythos auseinanderzusetzen. Dieser Weg wurde hier gewählt. Er steht keineswegs in Konkurrenz zu dem im vorigen Jahr in Paderborn präsentierten Ansatz, sondern ist dessen konsequente und sinnvolle Ergänzung.

Die so verstandene Darstellung von Geschichte und Mythos der in Aachen gekrönten Könige in der Nachfolge Karls des Großen erfordert zahlreiche vertiefende Beiträge von Historikern, Kunsthistorikern und Archäologen aus verschiedenen europäischen Staaten. Der vorliegende Band ist das Fazit dieser Bemühungen. Einige der

Abb. 1   Kat.Nr. 2 · 23
Sogenannter Thron Karls des Großen. Der legendäre Thron Karls des Großen im karolingischen Oktogon der Aachener Marienkirche stand von 936 bis 1531 im Zentrum der Herrschererhebungen der römisch-deutschen Könige. Neuere Forschungen schließen seine Aufstellung bereits in der Zeit Karls nun nicht mehr aus. Antike Marmorplatten, tertiäre Verwendung in Aachen zwischen 760 und 825. Aachen, Dom, Empore des karolingischen Oktogons

Analysen sind notwendigerweise epochenübergreifend. Sie sind hier vorangestellt. Die Mehrzahl folgt der historischen Chronologie und somit auch den Epochenthemen der Ausstellung, wie sie sich im Krönungssaal des Rathauses und in der Domschatzkammer präsentiert.

Vom Kaiserreich zum Jahr 2000 – Vorgeschichte einer Ausstellung

Eine Ausstellung über römisch-deutsche Könige in der Nachfolge Karls des Großen hat in Aachen in besonderer Weise das Spannungsfeld von Geschichte und Mythos zu reflektieren. Sie hat nämlich hier eine ganz eigene Vorgeschichte. Geplant war eine große »Krönungsausstellung« in Aachen bereits für das Jahr 1915. Anlaß war damals die hundertjährige Zugehörigkeit des Rheinlandes zu Preußen. Wilhelm II., preußischer König und deutscher Kaiser, war Schirmherr des hochkarätigen Unternehmens, das im Geist der Zeit ganz unter monarchistischen Vorzeichen stand. Die erste »Krönungsausstellung« fand in Anbetracht des 1914 entfesselten Ersten Weltkrieges nicht statt. Sie wurde weitgehend integriert in die 1925 in Aachen gezeigte »Jahrtausendausstellung«, die die 1000jährige Zugehörigkeit der nach dem verlorenen Krieg besetzten Rheinlande zu Deutschland dokumentieren sollte – eine Akzentverschiebung von monarchistischen hin zu völkischen Motiven in einer epochal konstruierten historischen Perspektive *(Haude, Rheinland)*. 1965 schließlich wurde unter den Auspizien des Europarates hier die Karlsausstellung präsentiert und wieder war die zeithistorische Konstellation – die junge Bundesrepublik befand sich auf dem Weg nach Europa, die deutsch-französische Verständigung war endlich eingeleitet – bestimmend. Karl der Große wurde gepriesen als Gründergestalt eines geeinigten Europa *(Borgolte)*. In den 70er Jahren vollzog sich ein Umbruch in der öffentlichen Erinnerungskultur der Bundesrepublik. Das Reich war nun nicht länger historischer Anknüpfungspunkt. Historiker wie Karl Dietrich Bracher erklärten, daß die zweite Demokratie in Deutschland nicht denkbar und möglich sei ohne das endgültige Scheitern der Reichskonzeption.

Das Jahr 2000 bringt mit dem Umzug der Bundesbehörden vom Rhein an die Spree und mit der vielbeschworenen »Berliner Republik« einen spürbaren und in seinen Folgen noch nicht völlig einschätzbaren Einschnitt in die Geschichte der Nation – zu einem Zeitpunkt, da zehn Jahre nach der deutschen Vereinigung die Nachkriegsgeschichte für beendet erklärt wird und die europäische Einigung voranschreitet. Es lohnt sich, dieses Jahr zum Anlaß zu nehmen, um einen kritischen Blick zurück auf die Anfänge und deren Entwicklung zu werfen. Dieser Blick richtet sich auf Aachen, wo man in diesem Jahr den 1200. Jahrestag der Kaiserkrönung Karls des Großen in Rom und der Fertigstellung des Baus von Pfalz und Marienkirche (dem späteren Dom) begeht.

Könige in Aachen – Geschichte und Mythos

Die historisch bedeutendste Konsequenz beider Vorgänge war zweifellos die im gesamten Mittelalter verbindliche Tradition der Krönungen der römisch-deutschen Könige in Aachen *(Silvin Müller)*. Nirgendwo sonst ist die Geschichte der mittelalterlichen Krönungen »deutscher« Könige so deutlich greifbar und darstellbar wie in Aachen, am Ort der Pfalz Karls des Großen. Der Gebäudekomplex von Dom und Rathaus spiegelt wichtige Etappen der Entwicklung Aachens als Krönungsstadt, die eng mit der Karlstradition und der Mythisierung des »Reiches« verbunden sind.

Der Akt der Königskrönung war untrennbar mit dem stetigen Rückbezug auf die historische Leitfigur Karls des Großen verbunden. Somit stand die Entwicklung und Verbreitung des historischen Mythos Karl bereits am Beginn der Aachener Krönungsgeschichte, um sich mit dieser in der Folgezeit beinahe unauflöslich zu verbinden. Wer es unternimmt, Geschichte und Mythos der Könige in Aachen darzustellen, sollte diese Darstellung mit der letzten Aachener Krönung von 1531 nicht enden lassen. Zum einen ist unsere Vorstellungswelt vor allem in bezug auf das Mittelalter und die sogenannte Nationalgeschichte heute noch stark geprägt von den Bildern und Beschreibungen des 19. und 20. Jahrhunderts, zum anderen wirkten die mit Karl dem Großen und der Reichskrone verbundenen Ideen und Ideale weit über die Epoche der Aachener Krönungen hinaus.

Die Königskrönungen

Was aber bedeutete eine Krönung? Jeder von uns hat spontan eine zumeist unreflektierte Vorstellung vom Ablauf und vom Glanz einer Krönung, gespeist aus der überkommenen Bilderwelt des 19. Jahrhunderts und genährt von Fernsehberichten und Fotoreportagen der Regenbogenpresse unserer Zeit. Das, was wir gewohnt sind, als Krönung zu beschreiben, war ein Akt, der sich aus verschiedenen Ritualen zusammensetzte: dem Einzug in die Stadt, der kollektiv ausgerufenen Zustimmung der Eliten (»Akklamation«), der feierlichen Liturgie im Oktogon der Marienkirche, der Salbung, dem Schwur des Königs auf das Evangeliar, der Einkleidung in die Krönungsgewänder, der Übergabe einer im Laufe der Zeit immer deutlicher umrissenen Anzahl von Insignien – darunter Szepter, Schwert und Reichsapfel – der eigentlichen Krönung im engeren Sinn, d. h. dem Aufsetzen der Krone, der Thronsetzung auf den legendären Thron Karls des Großen auf der Empore des Oktogons, der Entgegennahme der Huldigungen, dem feierlichen Zug zur Palastaula (dem späteren Rathaus), dem Krönungsfestmahl und dem Auszug aus der Stadt. Begleitet wurde die aufwendige Zeremonie durch weitere Rituale, an denen auch die Öffentlichkeit beteiligt war – dem Braten eines Ochsens, dem Auswurf von Münzen und der Installation eines Brunnens, aus dem Wein floß.

Die Vorbedingung zur Krönung in Aachen war die zumeist in Frankfurt am Main vollzogene Wahl durch die Kurfürsten. Das Kolleg

Krönungen und Könige in der Nachfolge Karls des Großen

Abb. 2   Kat.Nr. 1 · 26
Eiserne Krone von Monza. Die Krone der Langobarden ist eines der ältesten erhaltenen königlichen Herrschaftszeichen. Karl der Große soll mit ihr zum König des Langobardenreichs gekrönt worden sein.
Norditalien, 5.–9. Jh. (?), Gold, Edelsteine, Zellenschmelz, im Innern ein Eisenring vermeintlich aus einem Nagel vom Kreuze Christi.
Kopie Wuppertal, Sammlung Abeler

der sieben Kurfürsten bildete sich im komplexen Spannungsfeld von Krönung und Wahl im Verlauf des Mittelalters *(Wolf)*. Die drei geistlichen Kurfürsten, vor allem der Erzbischof von Mainz und der Erzbischof von Köln, stritten sich um das Vorrecht der Krönung in Aachen, wobei der Kölner sich seit dem 11. Jahrhundert meist durchsetzte *(Hehl, Militzer, Weber)*.

Zur Tradition von Krönung und Salbung

Die historischen Ursprünge der Krönungszeremonie selbst sind ebenso vielschichtig wie der historische Akt der Krönung vielgestaltig war. Die Tradition der Bekrönung oder Bekränzung stammt aus der Antike. Der Lorbeerkranz, später auch das Diadem galt als Herrschaftszeichen der römischen Cäsaren. Manche der frühchristlichen Könige und die Kaiser in Byzanz hatte Kronreife. Das Christentum bewirkte eine Umdeutung und Anreicherung dieser Symbolik. Schon in Byzanz wurde die Zeremonie der Bekrönung in den sakralen Raum verlegt und liturgisch erhöht. Die im Diesseits verliehene Krone stand nun auch stellvertretend für die himmlische Krone im Jenseits *(Ott)*.

Mit der Königssalbung galt der Herrscher als Gesalbter des Herrn, er wurde in einen quasi-geistlichen Stand erhoben. Die Salbung war bis zur Zeit Karls des Großen der eigentliche Akt der Königserhebung. Erst nach und nach wurde die Bekrönung der Salbung hinzugefügt. Hierfür war die Kaiserkrönung Karls des Großen vor 1200 Jahren ein entscheidender Akt. Dazu trugen auch die in Aachen erfolgten Erhebungen Ludwigs des Frommen zum Mitkaiser und die von diesem betriebene Erhebung Lothars zum Mitkaiser bei wie auch die Kaiserkrönung Ludwigs II. durch den Papst im Jahr 850. Seitdem war die Vergabe des Kaisertitels ohne den Papst nicht mehr denkbar *(Boshof)*.

Im Rahmen der Königserhebung war die Krönung im Osten des Karolingerreiches – im späteren Deutschland – jene Handlung, die der Herrschererhebung den Namen gab, während im Westen – dem späteren Frankreich – die Salbung und Weihe (»Sacre«) im Vordergrund stand *(Dierkens)*. Frankreich und Deutschland als Nachfolgestaaten der karolingischen Teilreiche konnten sich berechtigterweise beide auf die Tradition Karls des Großen stützen. Die »Aktualität einer überholten Fragestellung« *(Werner)* gebietet es dagegen, in diesem Zusammenhang entschieden darauf hinzuweisen, daß dem solcherart im Laufe der Nationalgeschichte(n) vereinnahmten Franken Karl der Gedanke an eine »Nation« oder gar ein »deutsches« oder »französisches« Volk *avant la lettre* völlig fremd gewesen sein muß. In Reims, der Stätte der Weihe der französischen Könige, berief man sich auf das fränkische Erbe und die Legende vom heiligen Salböl, mit dem einst Karls Vorgänger Chlodwig getauft worden sein soll. In Aachen, der Stätte der Krönung der römisch-deutschen Könige, berief man sich auf Karl den Großen und seinen legendären Thron *(Große)*.

Der Aachener Thron und der Beginn der Königskrönungen

Die »Kaiserloge« (ein irreführender Begriff des ausgehenden 19. Jahrhunderts) im oberen Umgang des Aachener Oktogons ist Bestandteil der Ausstellung. Hier stand der legendäre Thron jenes

Abb. 3
Reichskrone. Die »Wiener« Reichskrone gilt als Herrschaftszeichen der römisch-deutschen Könige und Kaiser. Sie wurde bei Aachener Königskrönungen und zum Teil auch bei Kaiserkrönungen in Rom benutzt. Seit dem 14. Jh. galt sie als Krone Karls des Großen. Westdeutsch, Platten 2. H. 10. Jh. (?), Bügel und Kreuz 11. Jh. (?), Gold, Email, Edelsteine, Perlen. Wien, KHM, Weltliche Schatzkammer

vielberufenen Vorfahren, der in der Aachener Marienkirche beigesetzt worden ist. Der Thron begründete im wahrsten Sinne des Wortes Aachens Funktion als »Sitz des Reiches« *(Gussone)*. Er galt lange als authentischer Thron Karls des Großen, bis dendrochronologische Untersuchungen der im Thron erhaltenen Hölzer ihn auf die Zeit um 935 datierten und somit in das unmittelbare Umfeld der ersten Königskrönung in Aachen, derjenigen Ottos I. im Jahr 936 rückten. Das Reich Karls war zerfallen. Die neuen Herren des ostfränkischen Teilreiches hatten gerade erst das mittlere Teilreich, in dem Aachen lag, unter ihre Herrschaft gebracht. Sollte man den Aachener Thron eigens für diese ersten Aachener Königskrönungen als vermeintlichen Thron Karls des Großen geschaffen haben? Oder hat man ihn

vorgefunden, neu zusammengesetzt oder wiederbenutzt? Bis vor kurzem galt als sicher, daß der Bericht Widukind von Corveys über die traditionsbildende Krönung Ottos I. in Aachen authentisch und unbezweifelbar ist, und der Thron galt als Werk eben dieser Epoche. Inzwischen meldet die Forschung Zweifel an. Der dreißig Jahre nach der Krönung Ottos I. verfaßte Bericht Widukinds erscheint heute nicht mehr als authentischer Augenzeugenbericht über die erste Aachener Königskrönung von 936, sondern läßt zumindest auch Beobachtungen anläßlich der Kaiserkrönung Ottos I. 962 in Rom und der zweiten Aachener Königskrönung Ottos II. 961 in Aachen einfließen *(Keller)*. Im Falle des Throns hingegen haben neue Untersuchungen die Datierung auf das Jahr 935 hinfällig gemacht, während

Abb 3 a
Reichskrone. Die Kopie der Reichskrone entstand anläßlich der für 1915 geplanten »Krönungsausstellung« in Aachen. Paul Beumers 1915, Gold, EmaiL, Edelsteine, Perlen, Glas, Aachen, Rathaus

Kat.Nr. 1 · 1

viele Indizien ihn vielmehr wieder in die historische Nähe zu Karl dem Großen rücken *(Schütte, Thron)*. Die Wahl Aachens zum Ort der Königskrönung hatte einen aktuell politisch motivierten und einen sich auf die Vergangenheit Karls berufenden Charakter der Herrschaftslegitimation. Sie sollte von Dauer sein.

Schon die Zeit der Ottonen zeigt in aller Deutlichkeit, wie eng Geschichte und Mythos ineinander verwoben sind. Im Jahr 1000 ließ Otto III. das Grab seines großen Vorgängers öffnen, und er selbst wählte Aachen zu seiner Grablege *(Görich)*. Im Verlauf der symbolischen Aneignung der karolingischen Tradition soll Otto III. in der Gruft Karls des Großen jene legendären Erinnerungsstücke vorgefunden haben, die später als deren Aachener Bestandteile der Reichskleinodien bezeichnet wurden und bei keiner Krönung fehlen durften: das Säbel Karls des Großen, das Reichszepter und die Stephansburse.

Mythos Krone

Die sogenannten »Reichskleinodien« befinden sich in der weltlichen Schatzkammer in Wien. Sie stehen für auswärtige Ausstellungen grundsätzlich nicht zur Verfügung. Eine Ausstellung mit dem Titel »Krönungen. Könige in Aachen – Geschichte und Mythos« hat sich daher mit den Aachener Kopien zu begnügen. Die Unmöglichkeit, die Wiener Originale zu präsentieren, ist kein Hinderungsgrund, in

Aachen die Geschichte der Könige und ihrer Krönungen durch Ausstellung und Begleitband zu dokumentieren *(Beyer)* – im Gegenteil: Der Verschluß der Originale in Wien und die Existenz der Kopien in Aachen hat berechtigte historische Gründe, die wiederum Teil der darzustellenden Geschichte sind.

Darüber hinaus sind auch die Originale der Reichskleinodien selbst zum historischen Mythos geworden. Dies gilt vor allem für jenes Symbol, das zum Sinnbild des Reiches geworden ist: die Reichskrone. Die aus acht Platten zusammengesetzte Bügelkrone entstand – folgt man der Mehrzahl der Wissenschaftler in einer immer noch schwelenden und mitunter heftig geführten Datierungsdebatte – in ottonischer Zeit, während Bügel und Kreuz in salischer Zeit hinzugefügt wurden *(Fillitz)*. Eine Minderheit geht von der Anfertigung der Reichskrone in salischer Zeit aus, während in der jüngeren Diskussion sogar deren Entstehung in frühstaufischer Zeit erwogen wird *(Hans Martin Schaller)*. Es ist nicht belegbar, wann und zu welchem Anlaß sie bei einer Aachener Königskrönung erstmals benutzt wurde. Mit Sicherheit existierten Kronen und weitere Insignien zeitlich vor den in Wien aufbewahrten Reichskleinodien. Diese stellen in ihrer Gesamtheit einen im Laufe der Jahrhunderte gewachsenen Bestand unterschiedlicher Herkunft und Datierung dar. Erst vom späteren Mittelalter an galt die als Reichskrone bezeichnete Wiener Bügelkrone als »Krone Karls des Großen«. Nach der auch heute noch weitverbreiteten Auffassung war dies die Krone, die für die Nachfolger Karls des Großen im Reich als verbindliches Herrschaftszeichen galt. Die Schriftquellen sprechen von ihrem Gebrauch durch die römischdeutschen Könige jedoch erst um das Jahr 1200. Ihre erste sicher identifizierbare bildliche Darstellung findet sich auf Dürers Idealbildnis des großen Karl als Träger eben dieser Krone, entstanden zu Anfang des 16. Jahrhunderts, als die Prachtentfaltung der Aachener Krönungen ihrem Höhepunkt und historischem Ende zustrebte *(Petersohn)*. Damals war die »Reichskrone« im kollektiven Selbstverständnis der Herrscher und der Beherrschten längst zum Bestandteil einer allgemeinverständlichen Symbolik geworden. Sie blieb es lange.

Zudem war im Gegensatz zur sich allmählich herausbildenden und auch heute noch populären Auffassung der Gebrauch einer bestimmten Krone im Mittelalter keineswegs verbindlich. Allgemeines Kennzeichen des Kaisertums war die Form einer Bügelkrone. Die Reichskrone wurde im späteren Mittelalter offenbar sowohl anläßlich einiger Kaiserkrönungen in Rom als auch für Königskrönungen in Aachen benutzt. Doch keineswegs immer. Nie hat sich ein Herrscher ein zweites Mal mit der Reichskrone in Aachen krönen lassen, weil sie bei seiner ersten Krönung noch nicht greifbar war. Wohl aber haben einige Könige, die nicht in Aachen gekrönt werden konnten, ihre Krönung dort später nachgeholt. Ausschlaggebend war die Krönung am »rechten« Ort, in der Kirche und am Thron Karls des Großen, nicht die Krönung mit der »rechten« Krone. So spricht zum Beispiel vieles dafür, daß Karl IV. bei seiner 1349 in Aachen nachgeholten Krönung jene Krone benutzte, die sich heute auf der Karlsbüste im Aachener Domschatz befindet und mit der auch einige seiner Nachfolger in Aachen gekrönt worden sind *(Kavka)*. Den Aachener Domschatz, der ebenfalls in die Ausstellung integriert ist, als Ansammlung von Stiftungen der hier gekrönten Könige oder von hier bei den Krönungen benutzten Objekten zu bezeichnen, wäre indes ein weiterer Mythos und eine durch Schriftquellen oder Bildzeugnisse nicht zu belegende Kennzeichnung *(Minkenberg)*.

Eine Krönungsausstellung muß daher mit im wahrsten Sinne des Wortes hochkarätigen Exponaten die Vielgestaltigkeit der »Kronen« zeigen: Kronen, die gestiftet wurden, Grabkronen, Funeralkronen, Kronen, die Herrscher trugen, die schließlich auch in Aachen zum deutschen König gekrönt wurden, Kronen, die lediglich in bildlichen Darstellungen überliefert wurden, nicht aber als Realie erhalten sind, Kronen, die eigens zu einer Krönung mit Bezug auf Karl den Großen angefertigt wurden. Ohne eine »Kronen-Schau« zu sein, ist das Thema »Geschichte und Mythos der Krone« eines der Leitmotive der Ausstellung.

Geschichte und Mythos von Königtum und Krone und die zunehmende Bildvermehrung

Das Ausgangsmaterial zum Jahr 800 ist mager. Kurz sind die Einträge in den Annalen zur Kaiserkrönung Karls des Großen, spärlich die zeitgenössischen Berichte über Aachen in der Karolingerzeit *(Harald Müller)*. Was wirklich bleibt an authentischen Texten würde allenfalls einige Manuskriptseiten füllen, Einträge in Annalen, Dokumente, Briefstellen, Teile von Chroniken, literarische Zeugnisse. Was außer der grandiosen karolingischen Marienkirche an archäologischen Überresten geblieben ist, ist größtenteils Fragment – wenn auch von staunenswerter Qualität und zu ahnender Monumentalität – oder aber verformt, verändert, überbaut vom Geschmack und Kunstsinn späterer Epochen. Einhard, beredt und detailfreudig, richtete seine nach dem Tod Karls entstandene »Vita Karoli« an dem antiken Vorbild der Kaiserbiographien Suetons aus. Einhards Beschreibung etwa der Kaiserkrönung Karls gegen dessen Willen hat nicht nur viel zu unserer Kenntnis beigetragen, sondern auch zu Mißdeutungen Anlaß gegeben *(Kerner)*.

Der fragmentarische Charakter dieses Erbes steht in einem auffälligen Kontrast zu dem, was spätere Jahrhunderte daraus gemacht haben. Je weiter man sich zeitlich vom historischen Karl entfernte,

Abb. 4   *Kat.Nr. 4 · 13*
Sogenannte Barbarossa-Büste. Die vergoldete Büste ist eine Schenkung Friedrich I. Barbarossas an seinen Taufpaten. Sie gilt frühes Beispiel eines Herrscherportraits. Möglicherweise stellt sie Barbarossa und Karl den Großen in Form eines Idealbildes dar. Aachen (?), um 1155/60, Basis um 1170 hinzugefügt (?), vergoldete Bronze. Cappenberg, Schloßkirche St. Johannes Evangelista

Krönungen und Könige in der Nachfolge Karls des Großen

desto umfassender, prächtiger, kostbarer und reicher an Bildern und literarischer Ausschmückung werden die auf ihn bezogenen Kunstwerke, Schriften und Zeugnisse.

Eine ähnliche Beobachtung läßt sich in bezug auf die Aachener Krönungen machen. Beschreibende Schriftquellen sind für die Zeit des Frühen und Hohen Mittelalters – von Widukind von Corvey abgesehen – spärlich und meist beschränkt auf kurze Erwähnungen. Frühe bildliche Darstellungen von Krönungen sind selten. Sie zeigen, wie im Fall des Krönungsbildes im Sakramentar Karls des Kahlen oder im Fall der ottonischen Elfenbeintafel aus dem Pariser Musée Cluny, idealtypische Darstellungen von Gekrönten bzw. eine Krönung mit sakralem, überzeitlich symbolischem Sinngehalt. Die frühen Krönungsordnungen legen idealtypisch den Verlauf einer hochkomplexen liturgischen Zeremonie dar und können als Darstellungsmuster gottgefälliger Königsherrschaft gelesen werden (Fried) – jedoch kaum als Beschreibung eines historischen Vorgangs in Aachen oder als konkrete Anweisung für dessen Ablauf, wie es später etwa die Goldene Bulle 1356 vorschrieb. Ähnlich sind auch die ältesten Illustrationen zum römisch-deutschen Krönungsordo im Schaffhauser Pontifikale zu verstehen.

Zu erwarten, es gäbe zu jeder Aachener Krönung von 935 an bildliche Darstellungen und authentische Detailbeschreibungen, hieße den damaligen Medien Schrift und Bild die Funktion von Reportagen oder den Charakter von Historienmalerei zu unterstellen, den sie nicht besaßen, auch wenn sich leichte Tendenzen der Entwicklung von den idealtypischen Darstellungen der ottonischen Königs- und Kaiserbilder auf allerhöchstem Niveau (Kahsnitz) hin zu mehr historisierenden Darstellungen bereits in der Salierzeit beobachten lassen (Lauer). Dementsprechend existieren selbstverständlich auch für die frühe Zeit keine Portraits der in Aachen Gekrönten im modernen Sinne einer physiognomischen Ähnlichkeit. Allmählich erst entwickelte sich der Übergang vom Idealtypus zum Portrait. Wohl aber ist, verstärkt seit der Zeit der Staufer in Deutschland und in Frankreich, eine Zunahme von Herrscherbildnissen im sakralen Zusammenhang ebenso zu beobachten wie eine wachsende Vielfalt dieser Bildnisse – als Herrschergenealogien, in denen der Amtierende in die Reihe seiner Vorgänger gestellt wurde, wobei Karl der Große oft die entscheidende Bezugsfigur war. Eine der politischen Voraussetzungen hierfür war die kultische Verehrung heiliger Könige als Vorfahren der eigenen Herrschaft in England, Frankreich und Deutschland im 12. Jahrhundert. Die von Barbarossa im Jahr 1165 betriebene Heiligsprechung Karls des Großen war hierbei eine entscheidende Wegmarke (Engels). Auf dieser Grundlage steigerte sich die Produktion entsprechender Bildwerke auf höchstem künstlerischen Niveau – in der Buchmalerei, in der Goldschmiedekunst und von nun an auch vermehrt in der monumentalen Plastik, in Deutschland wie auch in Frankreich (Schenkluhn). Vor diesem Hintergrund kann auch die Deutung der berühmten Cappenberger Büste (Abb. 4) – in der Aachener Ausstellung erstmals seit Jahrzehnten wieder im Original zu sehen – neue Impulse gewinnen (Nilgen). Der deutsche Thronstreit von 1198, eingebettet in einen Konflikt von europäischer Tragweite (Schaller), gab dem Bedürfnis nach herrscherlicher Selbstdarstellung weitere Nahrung. Zu Beginn der Herrschaft Friedrich II. entstanden zahlreiche Bestandteile der Reichskleinodien, vor allem des Krönungsornats aus dessen sizilianischer Hofproduktion. Die in dieser Zeit entstandenen Ornate wurden – wie auch die prachtvolle *cappa* aus dem Metzer Domschatz – vielfach als Gewänder Karls des Großen betrachtet.

Karl IV., dessen monumentale Statue mit der Reichskrone auf dem Haupt vom Altstädter Brückenturm in Prag gewissermaßen als Präludium zur Ausstellung im Treppenhaus des Rathauses die Besucher empfängt, steht am Schnittpunkt der Entwicklung vom Typus zum Portrait. Er hat, auch im Pontifikale aus Strahov und im Votivbild des Očko von Vlašim aus der Prager Nationalgalerie, bereits eine deutlich wiedererkennbare Physiognomie (Fajt). Aus dem gleichen Jahrhundert stammt die älteste bekannte Darstellung eines Krönungsaktes in Aachen. Der »Codex Balduini« zeigt den Vorgang der Wahl Heinrichs VII. in Frankfurt und seiner Krönung in Aachen.

Zwei Jahrhunderte später hat sich bereits vieles verändert. Die Zeit der letzten in Aachen gekrönten Habsburger Maximilian I., Karl V. und Ferdinand I. ist in vielfacher Weise im modernen Sinne besser dokumentiert. Von der Krönung und vom Krönungsfestmahl in Aachen liegen ausführliche Berichte vor, die diese Ereignisse in ihrer ganzen Pracht farbenfroh und detailliert schildern (Heinig, Rotthoff-Kraus). Die 1486 erfolgte Krönung Maximilians I. in Aachen wurde zu Beginn des 16. Jahrhunderts in der Form eines Holzschnittes dargestellt als Teil des von Albrecht Dürer und anderen geschaffenen gigantischen Werks der »Ehrenpforte« zur Verherrlichung des Kaisers. Portraits der habsburgischen Könige zeigen diese mit ihren unverwechselbaren Gesichtszügen in vielfältigen Formen – als Münzbild, als Medaille, als gemaltes Einzelportrait, als allegorische Darstellung, als Familienbildnis und, vor allem, im relativ neuen Medium der Druckgrafik. In Kupfer gestochen oder in Holz geschnitten wurde den herrscherlichen Portraits, der Schilderung ihrer Taten oder auch der Darstellung der letzten Krönungen in Aachen nun eine neue, bisher nicht gekannte Verbreitung zuteil.

Kosten der Krönung

»Alle zehn Jahre ein großer Mann. Wer bezahlte die Spesen? So viele Berichte. So viele Fragen.«[2] Die ungeheure Prachtentfaltung der Aachener Krönungen läßt diese oft gestellte Frage Bertolt Brechts aufkommen. Tatsächlich bleiben trotz vieler Berichte viele Fragen offen. Da die Wahl die Voraussetzung zur Krönung war, sind zunächst hier von den Kandidaten gewaltige Summen zur Gewinnung der Stimme der Kurfürsten aufgebracht worden. Belegbar ist dies seit dem 12. Jahrhundert. Rudolf von Habsburg mußte, da er nicht genügend Geld aufbringen konnte, 1273 sogar die Königskrone verpfänden. Der veranschlagte Gegenwert einer solchen Krone kann nur geschätzt werden – zwei ganze Dörfer oder eine Burg mit Mühle wären dafür sicher zu haben gewesen. Richard von Cornwall, einer der reichsten Männer seiner Zeit, kündigte nicht nur an, die Kurfürsten mit Gold zu überhäufen – er tat es auch, um 1257 in Aachen gekrönt zu werden. Die Wahl Karls V. 1519 wurde durch die Mittel der Fugger und italienischer Bankiers erkauft. In der Ausstellung präsentiert werden Aachener Stadtrechnungen, welche die Kosten der Krönungen von 1349 und 1376 auflisten. Mit deren Gegenwert hätte man einem einfachen Handlanger 29 Jahre lang Brot und Arbeit geben können *(Kraus, Krone)*. Angesichts eines stundenlang dauernden Krönungsfestmahls mit zahlreichen Gängen und angesichts der Überlieferung, daß hungrige Volksmassen auf dem Markt auf die nicht mehr benötigten Speisen warteten, läßt sich die Präsentation von Teilen eines Festbuffetaufbaus deutlich mit der Präsentation des Eßgeschirrs des einfachen Volkes kontrastieren: hier kunstvoll gearbeitete Pokale in Gold und Silber, dort wie seit Jahrhunderten einfache Holznäpfe, aus denen man Hirse aß. Die »Spesen« im Brechtschen Sinne zahlten auch die Juden, die eigentlich unter dem Schutz des Königs standen. Im Jahr der Krönung Karls IV. wurden sie zu Sündenböcken für die Verbreitung der Pest gestempelt. Die Aufhebung des Königsschutzes war geradezu eine Ermunterung, sich am Besitz dieser seit Jahrhunderten etablierten Stadtbürger zu bereichern. Die Pogrome in Köln, Nürnberg und weiteren Städten leiteten 1349 das Ende der städischen jüdischen Kultur des Mittelalters ein *(Cluse/Schmandt)*.

Krone und Reich in der Neuzeit

Vieles hatte sich gewandelt, als die letzten Könige in Aachen gekrönt wurden. Die Eroberung der Welt hatte begonnen. Karl V. regierte seit seiner Krönung in Aachen 1520 in einem Reich, in dem die Sonne nicht unterging. Er hielt am universalen Anspruch des römisch-deutschen Kaisertums fest, doch die Gesellschaftsordnung wurde erschüttert durch den Aufstand der Bauern, das Weltbild nachhaltig beeinflußt durch die sich verbreitende Reformation. Der sakral überhöhte Sinngehalt des alten römisch-deutschen Kaisertums verlor an Bedeutung, mithin auch der direkte Bezug zum legendären Ort Karls des Großen. Die Wahl in Frankfurt durch die Kurfürsten war bedeutender geworden als die Krönung in Aachen. Folgerichtig wurde die Krönung an den Ort der Wahl verlegt, auch wenn die Bestimmungen der Goldenen Bulle die Krönung in Aachen verbindlich gemacht hatten *(Duchhardt)*. Entschuldigend beeilte sich der 1531 in Aachen zum König gekrönte Kaiser Ferdinand I., den Aachenern zu versichern, die Krönung seines Sohnes Maximilian in Frankfurt 1562 sei selbstverständlich eine Ausnahme und berühre nicht die Rechte Aachens als Krönungsstadt. Der frisch gekrönte Maximilian II. schickte eine ähnlich lautende Bestätigung hinterher, desgleichen alle sieben Kurfürsten mit Brief und Siegel. Allein: es war vorbei.

Abb. 5   Kat.Nr. 7 · 47
Lucas Cranach: Bildnis Karls V. Das Bildnis zeigt Kaiser Karl V. etwa sieben Jahre vor seiner Abdankung. Die charakteristische Physiognomie des bärtigen Herrschers im fortgeschrittenen Alter war damals bereits allgemein verbreitet. Links erkennt man seinen Wahlspruch zwischen den Säulen des Herakles, rechts das kaiserliche Wappen. Die Druckgrafik erlaubte eine weite Verbreitung solcher Herrscherportraits. Holzschnitt um 1548, Aachen Stadtarchiv, III 31

Nicht vorbei war es mit der Darstellung von Krönungen und von den Krönungsritualen, die sich in Aachen herausgebildet hatten – im Gegenteil. Interessanterweise stellen die bildlichen und schriftlichen Darstellungen der in Frankfurt vollzogenen Krönungen diese Zeremonien vor allem in Kupferstichen und Krönungsdiarien, also in gedruckter Form, detailreicher dar als dies in Aachen je der Fall gewesen ist – so als wolle man eigens dokumentieren, daß man in Frankfurt auch alles so machte, wie es einst in Aachen Sitte und althergebrachter Brauch gewesen war: den feierlichen Einzug, die Übergabe der Reichskleinodien, die Krönung, die Thronsetzung, das Ochsenbraten, den Geldauswurf, das Festmahl. Gleiches galt für die Krönung der böhmischen Könige in Prag. Selbst Preußens Weg zur Krone verlief anläßlich der Königsberger Krönung von 1701 in der Form, die einst in Aachen entwickelt worden war *(Gundermann)*.

Der legendäre Thron Karls des Großen jedoch hatte seine Funktion für immer eingebüßt. Für die Frankfurter Krönungen baute man Ähnliches als temporäre Konstruktion nach. Der Königsthron der

Frühen Neuzeit war zum Bestandteil repräsentativer Schloßanlagen geworden, zum Möbel – oder zur Mobilie, wie der hier gezeigte Reisethron (Abb. 6) der Habsburger, unter dessen goldenem Überwurf sich ein zusammenklappbarer Faltstuhl verbirgt. Die mittelalterlichen Kronen wurden kopiert, um als sogenannte Funeralkronen beim Begräbnis eines Herrschers dessen Sarg zu umgeben und dessen Macht zu demonstrieren – im Himmel wie auf Erden. Sie waren zu wiederverwendbaren Zeichen geworden.

Zur gleichen Zeit betrieben vor allem die Habsburger – doch nicht allein diese – eine kunstfertige Produktion von Bildern der Herrschermemoria für die Kunstkammern ihrer Residenzen. Spielsteine, Schmuckstücke und Kameen wurden mit Bildnissen römisch-deutscher Könige und Kaiser versehen, von Karl dem Großen bis zur jeweils lebenden zahlreichen Verwandtschaft (Holländer). Aus den mittelalterlichen Genealogien waren Stammbäume geworden. Die französischen Bourbonen sahen sich mit mindestens ebenso großem Recht in der Nachfolge des großen Karl, eine Auffassung, die nicht nur in Frankreich geteilt wurde. Geehrt fühlten sich die Aachener, als die französischen Könige im 18. Jahrhundert die Leichentücher ihrer soeben verstorbenen Vorgänger dem Aachener Marienstift, der Kirche Karls des Großen, überließen – *à l'honneur de Charlemagne*.

Auf die nahezu explosionsartige Vermehrung der Königsbilder und der damit verbundenen Erinnerungskultur – oft im Rückgriff auf Karl den Großen als eine Art historischer Urvater – folgte der Paukenschlag der Französischen Revolution. Sie führte zur Hinrichtung der Königsfamilie, zur Schändung der Gräber der Nachfolger Karls des Großen in Saint-Denis, zur Zerstörung der mittelalterlichen Kunstwerke, die Königsbilder darstellten oder als solche betrachtet wurden (Leniaud). Dem Königsmord folgte der Kaiserkult um Napoleon als zweiten Karl den Großen – nicht nur von Paris aus verordnet, sondern auch im nun französischen Aachen mit Nachdruck betrieben, das zeitweise sogar als Ort seiner Kaiserkrönung zur Debatte stand (Kraus, Napoleon). Mit Nachdruck bemühte sich der Korse um die Legitimation seiner Herrschaft, unterstützt von einer expansiven Bildproduktion, gespeist aus den Vorbildern der antiken und frühmittelalterlichen Symbolik. Sogar eine neue »Krone Karls des Großen« ließ er sich für seine Kaiserkrönung anfertigen, da das Exemplar der französischen Könige in der Revolution zerstört worden war (Abb. 7). Auch die französischen Könige hatten nämlich ein als »Krone Karls des Großen« bezeichnetes Herrschaftszeichen besessen, eine Zuweisung, die ebenso weitverbreitet wie historisch falsch im kollektiven Gedächtnis verankert war wie im Falle der Reichskrone des Heiligen Römischen Reiches Deutscher Nation. Letztere wurde vom letzten römisch-deutschen Kaiser Franz II. angesichts der napoleonischen Expansion niedergelegt. Dies bedeutete das juristisch-faktische Ende des Reiches.

Weder der gewaltsame Einschnitt der Revolution noch die gesellschaftliche Modernisierung bewirkte ein erlahmendes Interesse an der Beschwörung der Vergangenheit des alten Reiches. Im Gegenteil – nun, im Zeitalter der Romantik, wuchs die entsprechende Text- und Bilderflut erst richtig an, auch und gerade im preußisch gewordenen Rheinland (Schnelling-Reinicke). Die Reichskrone war inzwischen mitsamt den übrigen Reichskleinodien inklusive der drei bis zum Ende des Reiches in Aachen aufbewahrten Stücke nach einer langen Odyssee in der Wiener Schatzkammer angelangt. Sie wurde zur Projektionsfläche für die unterdrückten und betrogenen politischen Sehnsüchte. Nachdem kein Kaiser sie mehr trug, zierte sie nun das Haupt der Germania, jener mythischen Allegorie einer vielbeschworenen vorreformatorischen Vergangenheit, in der Deutschland noch einig gewesen war. Die träumerische Germania auf Philipp Veits Gemälde (Abb. 8) erwachte in der Revolution von 1848/49, in deren Verlauf das Frankfurter Paulskirchenparlament dem preußischen König Friedrich Wilhelm IV. die Kaiserkrone anbot. Dieser lehnte es mit despektierlichem Unterton ab, die »Krone Karls des Großen« aus der Hand des Volkes oder einer revolutionären »Nazional-Versammlung«[3] entgegenzunehmen.

Das romantische Mittelalterbild lieferte das Material für die ge-

Abb. 6   Kat.Nr. 8 · 69
Reisethron. Dieser Reisethron der Habsburger besteht aus einem zusammenklappbaren Faltstuhl, der mit Überwürfen aus Goldschabracken versehen ist. Der Thron der römisch-deutschen Könige und Kaiser war im 18. Jahrhundert zum Möbelstück geworden. Wien, Ende 18. Jh., hölzerner Klappstuhl, Goldbrokatschabracken. Wien, MMD, Museen des Mobiliendepots, Kaiserliches Hofmobiliendepot

Abb. 7 (Kopie) *Kat.Nr. 9 · 40*
Sog. Krone Karls des Großen.
Anläßlich seiner Kaiserkrönung ließ
Napoleon sich von seinen Hofjuwelieren eine neue »Krone Karls
des Großen« schaffen. Damit wurde
das in der Revolution zerstörte
Exemplar aus dem Besitz der
französischen Könige ersetzt. Im
letzten Augenblick wählte Napoleon
jedoch einen vergoldeten Lorbeerkranz für seine Selbstkrönung 1804.
Biennais oder Nitot (?): sogenannte
»Krone Karls des Großen«,
Paris 1804, Paris, Louvre

waltigen Fresken Alfred Rethels, in denen Karl der Große als Begründer des ersten deutschen Kaiserreichs gezeigt wurde. Sein Gehilfe Joseph Kehren vollendete den Zyklus im Krönungssaal des Aachener Rathauses und zeigte Karl den Großen als Begründer des christlichen Abendlandes und als Diener der katholischen Kirche – ein im katholischen Rheinland unter der Herrschaft der protestantischen Preußen nicht unbedeutender Aspekt *(Fusenig)*. Das Aachener Rathaus wurde im Sinne des Historismus regotisiert. Über die Auswahl und Gestaltung der Kaiserfiguren an der Fassade kam es zu heftigen Streitigkeiten. Die preußische Regierung in Berlin und die tonangebenden Protagonisten in Aachen vertraten verschiedene Konzepte. Schließlich wurden alle römisch-deutschen Kaiser dargestellt, nicht nur die in Aachen gekrönten *(Weinstock)*. Vor diesem Hintergrund war es nicht verwunderlich, daß ausgerechnet Franz Bock als katholischer Rheinländer und Mitglied des Aachener Marienstiftes die wissenschaftliche Erfassung der Reichskleinodien durch ein Prachtwerk einleitete und verbreitete *(Cortjaens)*.

Preußen jedoch sollte das Erbe des alten Kaiserreiches antreten. Nicht durch eine Krönung, sondern durch eine von Militärs dominierte Proklamation wurde 1871 im siegreichen Krieg gegen Frankreich das zweite Kaiserreich begründet. Was nun folgte, ist symptomatisch für den veränderten Umgang mit historischen Symbolen und Insignien königlich-kaiserlicher Macht, wie sie einst bei den Krönungen in Aachen Verwendung fanden. Nachdem die Gestalt der alten Reichskrone auch die Proklamation des neuen Kaiserreiches zunächst begleitete, wurde nun eine neue Reichskrone entworfen, die

Einführung · Zur Ausstellung

Abb. 8 Kat.Nr. 10 · 1
Germania 1835. Die Gestalt der Germania mit der mittelalterlichen Reichskrone wurde in der Romantik zur Projektionfigur unerfüllter politischer Sehnsüchte nach einem einigen deutschen Reich. Joseph Nicolaus Peroux nach Philipp Veit: Germania, rechte Bildtafel des Triptychons »Die Einführung der Künste in Deutschland durch das Christentum«, 1835.
Frankfurt am Main, Historisches Museum, B 79: 1c.

sich in ihrer Gestalt deutlich an der Wiener Reichskrone orientierte. Von Wilhelm I. bis Wilhelm II. haben die preußischen Könige und deutschen Kaiser deren Entwürfe aktiv mitbestimmt *(Bringmann)*. Mit historischer Akribie fabriziert und mit den neuen Mitteln der Massenproduktion verbreitet, war die Krone im Alltag des Zweiten Kaiserreiches allgegenwärtig. Auf dem Haupt der zunehmend kriegerischen Germania ebenso wie auf Briefmarken Bilderrahmen und Gardinen hielt sie Einzug in die Häuser eines Bürgertums, das trotz eingeschränkter Rechte der Monarchie überwiegend positiv gegenüberstand *(Kocka/Vogel)*. Besonders populär war durch Stauferkult und Barbarossamythos der Rückgriff auf die einst in Aachen gekrönten Herrscher zu deren Nachfolger die Hohenzollern stilisiert wurden — von Friedrich I. Barbarossa bis zu Wilhelm I. Barbablanca.

Von der Verbindung von sakralem Königtum und universalistischer Herrschaftsauffassung des Mittelalters war zur Zeit des Hohenzollernkaisers Wilhelm II. allenfalls noch die imperiale Geste übrig, als die Stadt Aachen erwägte, anläßlich der für 1915 geplanten »Krönungsausstellung« die Originale der Reichskleinodien, darunter auch die Reichskrone, die Heilige Lanze und das Reichsschwert, nach Aachen zu entleihen. Da Wien dies verweigerte, fertigte man die heute in Aachen aufbewahrten Kopien an *(Haude, Reichskleinodien)*.

Auch am Beginn der Epoche der in Aachen gekrönten Könige hatte eine Kopie gestanden, jene Nachbildung der heiligen Lanze, die sich nachweislich seit dem 13. Jahrhundert im Krakauer Domschatz befindet und die Otto III. im Jahr 1000 für den polnischen König Boleslaw Chrobry anfertigen ließ. Zu Beginn des 20. Jahrhunderts jedoch hatte der Begriff der Kopie einen tiefgreifenden Bedeutungswandel vollzogen. Historischer Mythos war bei beiden im Spiel, doch auf gänzlich verschiedene Weise. Kam es 1900 Jahre zuvor noch darauf in die Nachbildung Partikel der »echten« bzw. zweifellos für echt gehaltenen Lanze einzufügen und gleichzeitig eine weitgehend ähnliche Replik anfertigen zu lassen, so ging es 1915 nur noch um die Anfertigung von täuschend echten Kopien. Eine Translation oder Transferierung von Reliquienpartikeln wäre nicht nur in Wien niemals genehmigt worden, sondern sie stand selbstverständlich nie zur Debatte. Statt dessen spricht aus den erhaltenen Akten allein die Sorge, auf möglichst akribische Weise optisch völlig den Originalen entsprechende Kopien mit authentischen Materialien (Gold, Perlen, Edelsteine) anzufertigen, ein Ziel, das bis an den Rand des finanziell Tragbaren von Aachen aus mit Vehemenz verfolgt und nicht zuletzt auch Dank der finanziellen Hilfe Kaiser Wilhelms II. verwirklicht wurde. Identisch sollte das Material sein, während die Identifikation mit dem transzendentalen Sinngehalt keine Rolle spielte. Die »Aachener Kleinodien« waren in den erstmals 1925 präsentierten Kopien zu hochwertigen dekorativen Symbolen geworden.

Im »Dritten Reich« haben sich die nationalsozialistischen Machthaber in ihrer Propaganda bekanntlich auch auf die mittelalterliche Königs- und Kaisergeschichte bezogen. Karl der Große, dessen Bund mit dem Papsttum den kirchenfeindlichen Bestrebungen der NS-Ideologen suspekt war, wurde zunächst geschmäht als undeutscher »Sachsenschlächter«, schließlich aber doch als »germanischer Held« der deutschen Geschichte von der Propaganda vereinnahmt. Das Vorbild des Karolingerreichs diente im Krieg dazu, ein Europa unter Hitlers Führung gegen »den Bolschewismus« zu mobilisieren. Ein Zierteller der Porzellanmanufaktur Sèvres zeigte das Bild der Metzer Karls-Statuette und pries in lateinischen Lettern Hitler als Vollender dieses Reiches. Er wurde an verdiente französische Freiwillige einer SS-Division verliehen, die den bezeichnenden Namen »Division Charlemagne« führte.

In bezug auf die Symbolik der Insignien einer beschworenen Vergangenheit hat die Geschichte der Aachener Reichskleinodienkopien ein historisches Nachspiel. Diese wurden bereits 1934 als »Reichskleinodien« und propagandistisches Dekor zum Reichsparteitag der NSDAP nach Nürnberg entliehen. 1938, nach dem bejubelten «Anschluß» Österreichs, überführte man in einer Nacht- und Nebelaktion die Originale der Reichskleinodien aus Wien nach Nürnberg. In der «Stadt der Reichsparteitage» hatte man niemals ganz aufgegeben, die dort von 1424 bis 1801 aufbewahrten Teile der Reichskleinodien aus Wien zurückzufordern. Auch Aachen hatte sich bis in die

Abb. 9
Werbemonument für die 1915 geplante Krönungsausstellung vor dem Aachener Hauptbahnhof, bekrönt von einer monumentalen Reichskrone. Die Inschrift verweist darauf, daß nach der nicht stattgefundenen Ausstellung es nun gelte, dem Kaiser »durch Not und Tod zum Sieg« zu folgen. Das Monument war gegen Ende des Ersten Weltkrieges verfallen und wurde abgetragen. Postkarte nach 1915, Aachen, Privatsammlung

Kat.Nr. 10 · 36a

1960er Jahre erfolglos bemüht, an Wien Rückgabeansprüche zu stellen. Von Rückgabeforderungen Aachens an Nürnberg 1938–1945 ist dagegen nichts bekannt. Mit den dort zum propagandistischen Dekor degradierten Kunstschätzen konnte nun die NS-Propaganda den »Führer« als Vollender der alten Reichsidee feiern.

Doch bereits anläßlich des Reichsparteitags 1935 hatte man Adolf Hitler persönlich eine Kopie des Reichsschwertes überreicht. Angefertigt hatte sie der gleiche Aachener Goldschmied, der bereits an der Fertigung der Kopien 1915 beteiligt war. Daß es sich hierbei um die laut Vertrag mit den Wienern ausdrücklich untersagte Anfertigung der Kopie der Kopie von 1915 handelte, wurde selbstverständlich nicht erwähnt. Nach Kenntnis der Akten war der Umgang mit den Symbolen der «großen Vergangenheit» in Wahrheit jedoch noch entstellender. Der Aachener Goldschmied war mit der Herstellung der Kopienkopie nicht rechtzeitig fertig geworden, weshalb dem «Führer» auf dem Parteitag zunächst die Aachener Kopie von 1915 überreicht wurde: das Reichsschwert als »Schwert der deutschen Freiheit« auf dem gleichnamigen Reichsparteitag. Die Kopie von 1915 wurde im Besitz Hitlers dann erst nachträglich durch die Kopienkopie ersetzt. Doch damit nicht genug. Auf den erhaltenen Fotos deutlich zu erkennen ist nämlich nicht die Übergabe des Reichs- bzw. Mauritiusschwertes, sondern der Aachener Kopie eines anderen Schwertes aus dem Bestand der Reichskleinodien, des im Original aus der Zeit Friedrichs II. stammenden, kurz nach 1200 entstandenen Zeremonienschwertes. Dieses wurde 1935 als »Reichsschwert« ausgegeben. Die zunehmend beliebige Verfügbarkeit von künstlerischen Symbolen im Zeitalter ihrer technischen Reproduzierbarkeit war damit zur Kenntlichkeit entstellt.

[1] Heine, Heinrich: Deutschland. Ein Wintermärchen, cap. XVI (1844), in: Ders.: Sämtliche Schriften, Bd. 4, hg. von Klaus Briegleb, München ²1978, S. 616.
[2] Brecht, Bertolt: Fragen eines lesenden Arbeiters, in: Die Gedichte von Bertolt Brecht in einem Band, Frankfurt a. Main 1981, S. 656f.
[3] Brief Friedrich Wilhelms IV. an Carl von der Groeben vom 4.12. 1848, Berlin Staatliche Museen Preußischer Kulturbesitz, Geheimes Staatsarchiv, Rep. 91, Graf Carl von der Groeben B, Nr. 4e, 1848, fol. 20ᵛ–21, vgl. auch 1848. Aufbruch zur Freiheit (Ausstellungskatalog Frankfurt 1998), hg. von Lothar Gall, Berlin – Frankfurt a. Main 1998, Kat.Nr. 577, S. 379f.

Kantorowicz, Ernst H.: Die zwei Körper des Königs. Eine Studie zur politischen Theologie des Mittelalters, München 1990.
Karl der Große. Lebenswerk und Nachleben, Bd. 4, hg. von Wolfgang Braunfels und Percy Ernst Schramm, Düsseldorf 1967.
Karl der Große als vielberufener Vorfahr, hg. von Liselotte Saurma-Jeltsch, Sigmaringen 1994.
Mythen der Nationen. Ein europäisches Panorama, hg. von Monika Flacke (Begleitband zur Ausstellung im Deutschen Historischen Museum), Berlin 1998.
Schramm, Percy Ernst/Mütherich, Florentine: Denkmale der deutschen Könige und Kaiser, Bd. 1, München ²1981.
Ders./Fillitz, Hermann: Denkmale der deutschen Könige und Kaiser, Bd. 2, München 1978.
Stiegemann, Christoph/Wemhoff, Matthias (Hgg.): 799. Kunst und Kultur der Karolingerzeit. Karl der Große und Papst Leo III. in Paderborn, Bd. 1–3, Mainz 1999.
Wolfrum, Edgar: Geschichtspolitik in der Bundesrepublik Deutschland. Der Weg zur bundesrepublikanischen Erinnerung 1948–1990, Darmstadt 1999.

Kurzfassung

Vor 1200 Jahren wurde Karl der Große in Rom zum Kaiser gekrönt. Gleichzeitig erfolgte in Aachen die Vollendung seiner Pfalz und der Marienkirche (des heutigen Doms). Die Ausstellung »Krönungen. Könige in Aachen – Geschichte und Mythos« widmet sich aus diesem Anlaß der bedeutendsten historischen Folge beider Ereignisse: der über 600 Jahre währenden Tradition der Königskrönungen der römisch-deutschen Könige in Aachen.

Ausschlaggebend für diese Tradition war seit der Königskrönung Ottos I. im Jahr 936 bis zur Krönung Ferdinands I. 1531 das Grab und der legendäre Thron Karls des Großen in der Aachener Marienkirche. Reims wurde zur Stätte der Weihe (»Sacre«) der französischen Könige, Aachen zur Krönungsstätte der römisch-deutschen Könige. Beide beriefen sich auf die fränkische Vergangenheit. Wer in Aachen zum König gekrönt wurde, konnte danach in Rom die Kaiserwürde erlangen. Karl der Große wurde so schon bald zum historischen Mythos, auf den man sich immer wieder berief.

Die Krönung am «rechten» Ort, am legendären Thron Karls des Großen in Aachen, war bedeutender als die Krönung mit einer bestimmten Krone. Der Gebrauch der heute in Wien aufbewahrten sogenannten «Reichskrone», die vermutlich im 10. Jahrhundert entstanden und im 11. Jahrhundert ergänzt wurde, ist erst seit etwa 1200 nachweisbar. Sie wurde sowohl bei vielen Aachener Königskrönungen als auch bei einigen Kaiserkrönungen in Rom benutzt. Seit dem 14. Jahrhundert galt die Reichskrone als Krone Karls des Großen. Sie war zum verbindlichen Herrschaftszeichen des Reichs und damit selbst zum historischen Mythos geworden.

Die Erinnerung an Karl den Großen blieb. Dem fragmentarischen Wissen über seine tatsächliche historische Gestalt steht die wachsende Flut von Zeugnissen und Bildern gegenüber, mit denen sich die Nachwelt auf ihn berief. Bildliche Darstellungen von Krönungen und Gekrönten folgten im frühen Mittelalter einem Idealtypus. Sie sind weder als Reportage des Krönungsgeschehens in Aachen, noch als Portraits der Gekrönten im modernen Sinne zu verstehen. Beides entwickelte sich erst allmählich. Entscheidende Etappen zur Vermehrung der entsprechenden Bilder und Berichte waren die von Barbarossa betriebene Heiligsprechung Karls des Großen 1165 und der von Karl IV. geförderte Karlskult in Aachen und Prag im 14. Jahrhundert. Die Krönungen der Habsburger Maximilian I., Karl V. und Ferdinand I. bildeten Höhepunkt und Ende der Aachener Krönungen; begleitet von detaillierten Berichten und Portraits der Könige auch in den neuen Medien der Druckgrafik.

Diese Text- und Bilderflut stieg mit den Krönungen in Frankfurt weiter an. Es folgte das Ende des Reiches 1806 und der Aufstieg Napoleons als stilisierter Nachfolger Charlemagnes. Im 19. Jahrhundert folgte eine verstärkte Rückbesinnung auf das deutsche Mittelalter. Germania als Projektionsfigur dieser Sehnsüchte wurde zur Trägerin der mit Karl dem Großen verbundenen Reichskrone. Seit 1871 wurde im Zweiten Kaiserreich bewußt an das mittelalterliche Reich angeknüpft, auch in der Form einer eigens neu entwickelten, doch real nie angefertigten Krone.

Die alten in Aachen einst bei den Krönungen benutzten Herrschaftszeichen wurden für die 1915 geplante Krönungsausstellung »originalgetreu« kopiert. Sie waren zu beliebig verfügbaren dekorativen Zeichen geworden. Ihre Verfügbarkeit im Zeitalter der technischen Reproduzierbarkeit wurde in der Propaganda des «Dritten Reiches» zur Kenntlichkeit entstellt.

Résumé

Voici 1200 ans, Charlemagne fut couronné empereur à Rome. Simultanément, son palais impérial et l'église Notre-Dame – l'actuelle cathédrale – furent enfin achevés : des événements qui ont fait date. Dans le cadre de leur commémoration, l'exposition »Rois et couronnements à Aix-la-Chapelle – Histoire et mythe« est dédiée à leur conséquence historique majeure : la tradition – qui s'est perpétuée pendant plus de 600 ans –, du sacre et du couronnement des rois romains germaniques à Aix-la-Chapelle.

Une tradition qui repose sur la présence, de l'accession d'Otton Ier à la dignité royale en 936 au couronnement de Ferdinand Ier en 1531, du sépulcre et du trône légendaire de Charlemagne dans la cathédrale Notre-Dame d'Aix-la-Chapelle. Reims devint la ville du sacre des rois de France tandis qu'Aix-la-Chapelle devenait la cité du couronnement des rois romains germaniques. Deux traditions qui plongent leurs racines dans l'histoire franque. Le roi couronné à Aix pouvait par la suite accéder à Rome à la dignité impériale : de ce fait, Charlemagne ne tarda pas à devenir une figure historique mythique à laquelle on fit toujours référence par la suite.

Il importait que le couronnement fût célébré »au lieu idoine«, le futur souverain siégeant à Aix-la-Chapelle sur le trône de Charlemagne : au fond, le choix de la couronne était secondaire. La »couronne impériale« conservée aujourd'hui à Vienne date probablement du Xème siècle : elle fut encore embellie au XIème siècle. Son utilisation est attestée depuis l'an 1200 environ. Elle servit à de nombreux couronnements royaux aixois, et même à quelques intronisations impériales à Rome. Dès le XIVème siècle, il était admis que cette couronne était celle dont s'était ceint Charlemagne. Emblème incontournable de l'Empire, elle était passée elle-même au rang de mythe historique.

Charlemagne resta dans toutes les mémoires. Qu'importe que sa figure historique ne soit connue que de façon fragmentaire, qu'importe, en effet, puisque ces lacunes sont largement compensées par le flux de témoignages et d'images invoqués par la postérité. A l'aube du Moyen Age, les représentations iconographiques des couronnements et des couronnés se rapportaient à un modèle idéal. Elles ne prétendaient ni se faire l'écho des solennités du couronnement à Aix-la-Chapelle, ni être le portrait du souverain nouvellement intronisé, tel que le concevrait un esprit moderne. L'évolution ne fut que très progressive. La canonisation de Charlemagne par Barberousse, ainsi que la vénération de l'empereur carolingien, encouragée par Charles IV à Aix-la-Chapelle et à Prague au XIVème siècle, furent les étapes décisives de la popularisation des portraits et des chroniques du couronnement. Les couronnements des Habsbourgeois Maximilien Ier, Charles-Quint et Ferdinand Ier sont à la fois l'apogée et le point final des couronnements aixois ; les documents d'époque, grâce en particulier aux nouveaux moyens d'impression graphique, nous livrent les portraits des rois et des chroniques détaillées.

Cette pléthore de textes et d'images ne fit que croître et embellir avec les couronnements francfortois. 1806 vit à la fois la fin de l'Empire et l'ascension de Napoléon : une sorte de Charlemagne des temps modernes, stylisé, revu et corrigé. Le XIXème siècle est marqué par un regain d'intérêt pour le Moyen Age. Ceignant la couronne impériale associée, dans l'esprit du peuple, à Charlemagne, Germania incarne alors toutes les nostalgies. Dès 1871, le second Empire romain germanique renoue délibérément avec le vieil empire médiéval : on ira même jusqu'à concevoir une couronne à son intention. Une couronne qui, en fait, restera à l'état de projet.

Les anciens insignes et emblèmes du couronnement furent copiés à l'identique pour l'exposition des couronnements prévue pour 1915. Dégradés au rang de simples insignes décoratifs, ils seront employés de toutes les façons possibles et imaginables. A une époque où la technique autorisait de multiples reproductions, mis au service de la propagande du troisième Reich, ils furent défigurés jusqu'à en devenir méconnaissables.

Samenvatting

1200 Jaar geleden werd Karel de Grote in Rome tot keizer gekroond. Tegelijk volgde in Aken de voltooiing van zijn palts en van de Mariakerk (de huidige dom). De tentoonstelling »Kroningen. Koningen in Aken – geschiedenis en mythe« is zodoende aan het belangwekkendste historische gevolg van deze twee mijlpalen gewijd: de meer dan 600 jaar lang voortgezette traditie van de koningskroningen te Aken.

De belangrijkste reden voor deze traditie was sinds de koninklijke kroning van Otto I in het jaar 936 tot en met de kroning van Ferdinand I in 1531, het graf en de legendarische troon van Karel de Grote in de Akense Mariakerk. Reims werd tot inwijdingsplaats (»Sacre«) voor de Franse koningen en Aken tot kroningsoord voor de Rooms-Duitse koningen. In beide landen beriep men zich op het Frankische verleden. Wie in Aken tot koning werd gekroond, kon daarna in Rome de keizertitel verkrijgen. Karel de Grote werd zo al gauw tot historische mythe, op wie men zich keer op keer beriep.

De kroning op de 'juiste' plaats, bij de legendarische troon van Karel de Grote in Aken, was belangrijker dan de kroning met een bepaalde kroon. Het gebruik van de tegenwoordig in Wenen bewaarde, zogenaamde »Reichskrone«, die vermoedelijk in de 10e eeuw ontstaan en in de 11e eeuw uitgebreid is, is pas vanaf ongeveer het jaar 1200 aantoonbaar. Ze is bij vele Akense koningskroningen gebruikt, evenals bij enkele keizerkroningen in Rome. Sinds de 14e eeuw werd de »Reichskrone« gezien als kroon van Karel de Grote. De kroon werd het bindend symbool voor de macht in het rijk en daarmee zelf tot historische mythe.

De herinnering aan Karel de Grote bleef. Tegenover de fragmentarische kennis die we over de werkelijke historische persoon bezitten, staat de nog toenemende vloed aan getuigenissen en beelden waarmee het nageslacht zich op hem beriep. Afbeeldingen van kroningen en gekroonden volgden in de vroege middeleeuwen een ideaalbeeld. Ze zijn geen reportages van de kroningsplechtigheid, noch portretten van de gekroonden in de moderne zin van het woord. Dat ontwikkelde zich pas heel geleidelijk aan. Belangrijke fases bij de vermeerdering van de bijbehorende beelden en berichten waren de door Frederik Barbarossa geïnitieerde heiligverklaring van Karel de Grote (1165) en de door Karel IV bedreven cultus rond Karel de Grote in Aken en Praag in de 14e eeuw. De kroningen van de Habsburgers Maximiliaan I, Karel V en Ferdinand I vormden het hoogtepunt en tegelijk het slotakkoord voor de Akense kroningstraditie. Daarvan verschenen ook in de nieuwe gedrukte media gedetailleerde berichten en portretten van de koningen.

Deze vloed van teksten en afbeeldingen werd met de kroningen in Frankfurt nog sterker. Vervolgens kwam het einde van het rijk (1806) en de opkomst van Napoleon als gestileerde opvolger van Charlemagne. In de 19e eeuw heerste er een sterke tendens van terugbezinning op de Duitse middeleeuwen. De figuur van Germania was het zinnebeeld van deze gevoelens en werd tot draagster van de met Karel de Grote verbonden Rijkskroon. Sinds 1871 werd in het tweede keizerrijk bewust op het middeleeuwse rijk teruggegrepen, ook al door middel van een speciale, nieuw ontwikkelde, maar nooit in echt materiaal uitgevoerde kroon.

De oude, in Aken vroeger bij de kroningen gebruikte, tekens van de macht werden voor de in 1915 geplande kroningsexpositie »getrouw naar het origineel« gekopieerd. Ze waren tot willekeurig beschikbare decoratieve tekens verworden. Hun beschikbaarheid leidde er in het tijdperk van de technische reproductie toe, dat ze door de propaganda van het »Dritte Reich« tot pure herkenbaarheid verminkt werden.

Shrnutí

Před 1200 lety byl Karel Veliký v Římě korunován císařem. Současně byla v Cáchách dokončena stavba jeho paláce a mariánského kostela (dnešního dómu). Výstava »Korunovace. Králové v Cáchách – Dějiny a mýtus« je proto věnována nejdůležitějšímu historickému důsledku obou těchto událostí: více než 600 let trvající tradici královských korunovací římsko-německých králů v Cáchách.

Rozhodující pro tuto tradici, od korunovace Oty I. v roce 936 až po korunovaci Ferdinanda I. roku 1531, byl hrob a legendární trůn Karla Velikého v cášském mariánském kostele. Remeš se stala místem zasvěcení (»Sacre«) francouzských králů, Cáchy místem korunovací římsko-německých králů. Obě místa se dovolávala francké minulosti. Kdo byl v Cáchách korunován králem, mohl pak dosáhnout císařské hodnosti v Římě. Karel Veliký se tak brzy stal historickým mýtem, na nějž bylo možno se vždy znovu odvolávat.

Korunovace na »správném« místě, na legendárním trůně Karla Velikého v Cáchách, bylo důležitější než korunovace určitou korunou. Použití tak zvané »říšské koruny«, dnes uchovávané ve Vídni, která byla vyrobena patrn v 10. století a dokončena v 11. století, je doloženo asi od roku 1200. Byla používána jak při mnohých korunovacích v Cáchách, tak i při některých císařských korunovacích v Římě. Od 14. století byla říšská koruna považována za korunu Karla Velikého. Stala se závazným panovnickým znakem říše a tím rovněž historickým mýtem.

Vzpomínka na Karla Velikého zůstala. S fragmentárními znalostmi o skutečné historické postavě Karla Velikého kontrastuje množství dokumentů a obrazů, jejichž prostřednictvím se pozdější svět na něj dovolával. Výtvarná vyobrazení korunovací a korunovaných v raném středověku ukazovala určitý ideální typ. Nelze je chápat ani jako reportáže korunovačního dění v Cáchách ani jako portréty korunovaných v moderním smyslu. Obojí teprve postupně vznikalo. Důležité etapy rozšíření určitých vyobrazení a zpráv tvořilo jednak svatořečení Karla Velikého Fridrichem Barbarossou v roce 1165, jednak kult Karla Velikého podporovaný Karlem IV. v Cáchách a v Praze ve 14. století. Korunovace Habsburků Maxmiliána I., Karla V. a Ferdinanda I. tvořily vrchol a zakončení cášských korunovací a byly doprovázeny též podrobnými zprávami a portréty králů za použití nového prostředku, tištěné grafiky.

Tato záplava textů a zobrazení stoupala i nadále při frankfurtských korunovacích. Následoval konec říše roku 1806 a vzestup Napoleona jakožto stylizovaného následníka Karla Velikého. V 19. století pak došlo k zřetelnému ideovému návratu k německému středověku. Germania jakožto symbolická postava těchto tužeb se stala nositelkou říšské koruny spojené s Karlem Velikým. Od roku 1871 se v Druhém císařství vědomě navazovalo na středov kou říši, také ve form nově navržené, ale nikdy nevyrobené koruny.

Staré panovnické odznaky byly pro korunovační výstavu plánovanou roku 1915 »věrně« napodobeny. Staly se tak libovolně použitelnými dekorativními znaky. Jejich použitelnost v době možností technické reprodukce byla propagandou »Třetí říše« zneužita.

Summary

1200 years ago Charlemagne was crowned emperor in Rome. At the same time in Aachen his palace was being completed and the Mary Church (of today's cathedral). The exhibition »Coronations, kings in Aachen – history and myth« is dedicated to the most important historical consequence of these two events: the tradition that lasted 600 years of the royal coronations of Roman-German kings in Aachen.

One of the main reasons for this tradition was the tomb and the legendary throne of Charlemagne in the Aachen Mary Church, ever since Otto I. was crowned king in 936 up to Ferdinand I. was crowned in 1531. Reims became the place of ordination for French kings, Aachen became coronation place for Roman-German kings. Both appealed to their Frank past. Whoever was crowned king in Aachen, was able to subsequently become emperor in Rome. Charlemagne thus soon became a historical myth which people harked back to again and again.

The coronation at the »right place«, at the legendary throne of Charlemagne in Aachen, was more important than being crowned with a certain crown. The use of the so-called »imperial crown« which is now kept in Vienna and presumably derives from the 10th century and was altered in the 11th century, can only be proven from after around 1200. It was used both at many royal coronations as well as during some imperial coronations in Rome. After the 14th century the imperial crown was held to be the crown of Charlemagne. It had become an essential sign of rule for the empire and in this way also a historical myth.

The memory of Charlemagne remained. All fragmented knowledge about his real historical existence is countered by the growing flood of testimonies and images which the world had of him after his death. Pictures of coronations and of the people who were crowned adhered to an ideal type during the Middle Ages. They can neither be taken as accounts of the event of coronations in Aachen, nor as portraits of the crowned. Both developed very slowly. Main stages that led to a proliferation of images and accounts were due to Barbarossa's sanctification of Charlemagne in 1165 and the Charles cult in Aachen and Prague that was encouraged by Charles IV. in the 14th century. The coronations of the Habsburgers Maximillian I., Charles V. and Ferdinand I. were highlights and the end of the Aachen coronations; also accompanied by detailed accounts and portraits of royalty in the new media of printing.

This flood of texts and pictures increased with the coronations in Frankfurt. The end of the Reich ensued in 1806 and Napoleon's rise as the stylised successor of Charlemagne. In the 19th century there was an increased reflection on German medieval times. Germania as projection figure for this longing became the bearer of Charlemagne's crown. Since 1871 the Second Empire harked back to the medieval empire consciously, and developed ist own new crown that was in fact never produced.

The former signs of rule that had once been used in Aachen during the coronations, were copied for the coronation exhibition that was planned in 1915. They had become decorative symbols. Their availability during a time of technical means to reproduce was abused in the propaganda of the »Third Reich«.

Andreas Beyer (Aachen)

Corona visibilis et invisibilis

Abb. 1
Dokumentationsfoto eines Schadensfalls von 1987 an der im Aachener Rathaus aufbewahrten Kopie der Reichskrone von Paul Beumers. Aachen 1915, Aachen, SLM, Archiv zu RCK 3

Von sichtbaren und unsichtbaren Kronen*

Ausstellungen sind temporäre Veranstaltungen, die sonst häufig verstreut aufbewahrte Gegenstände versammeln und in einen neuen oder rekonstruierten Sinnzusammenhang zu stellen versuchen, der anders nicht oder wenigstens nicht anschaulich herstellbar ist. Bei Kunstausstellungen ist die Autopsie dieser Gegenstände – ihre unmittelbare Anschauung – unverzichtbar. Denn Kunstwerke stellen nicht nur Inhalte vor, sondern erlauben auch und besonders durch die Art und Weise ihrer Beschaffenheit erhellende Rückschlüsse auf die Intentionen ihrer Besteller und Schöpfer. Keine Replik, auch nicht die so oft beschworene »Original-Kopie«, kann an die Stelle des Originals treten, da Kunstwerke immer auch von jener Aura geprägt sind, die in der an sie gebundenen Zeit und in ihrer Unwiederholbarkeit begründet liegt. Noch die geglückteste Nachschöpfung müßte erkannt werden und kann allenfalls in ihrem Täuschungsanspruch in ein eigenes Recht gesetzt werden. Sosehr man den die Substanz gefährdenden »Kunstwerkstourismus« beargwöhnen muß, den eine zunehmend schonungslosere Ausstellungsindustrie mit ihren immer radikaleren

Forderungen nach Zurschaustellung von Originalwerken und -dokumenten ausgelöst hat, so wenig läßt sich doch, selbst im Zeitalter der schier grenzenlosen Möglichkeiten der technischen Reproduzierbarkeit, auf die Konfrontation mit dem Unikat verzichten. Vom Original wird nicht absehen dürfen, wer Kunstwerken noch immer ein besonderes Erkenntnispotential zuspricht, darin kommen Initiatoren von Ausstellungen und deren Besucher stillschweigend überein.

Original und Replik

Kulturhistorische Ausstellungen dürfen Ausnahmen machen. So sind etwa anläßlich der legendären Stuttgarter »Staufer«-Ausstellung im Jahre 1977 die Bildwerke des 13. Jahrhunderts fast ausnahmslos in Gips-Kopien gezeigt worden, schon weil die Verbringung der meist im Verbund mit Architektur aufgestellten Statuen unmöglich war. Dennoch hätte man kaum auf die solchermaßen inszenierte Evokation der Skulptur verzichten mögen, weil nur so der umfassende Eindruck der Epoche und ihrer Bildwelten wenigstens annähernd anschaulich wurde. Diese Praxis folgt der Überzeugung, daß weniger die ästhetische Wirkkraft und das Kunstwerk in seiner Integrität Gegenstand dieser Ausstellungen sind als vielmehr die Gesamtschau auf eine Epoche in ihrer Geschichtlichkeit, in dem Maße, in dem sie zu rekonstruieren der Zeitgenossenschaft möglich ist. Dabei sind es zumal die großen Schauen zum Mittelalter, die in der jüngsten Zeit den Kanon der zu präsentierenden Objekte erheblich erweitert und bis zu Zeugnissen der sogenannten Alltagskultur ausgedehnt haben.

Das zentrale Thema der Aachener Ausstellung ist die Krönung in Geschichte und Mythos. Es sollte sich von selbst verstehen, daß sie stattfindet, obschon ihr der vermeintlich prominenteste Gegenstand, der seit zweihundert Jahren in der Weltlichen Schatzkammer des Wiener Kunsthistorischen Museums verwahrte Insignienschatz der Reichskleinodien, aus mancherlei Gründen zu zeigen nicht möglich ist. Gewiß, seine zeitweise Verbringung nach Aachen wäre mehr als gerecht gewesen und hätte die Schau um eine erhebliche Attraktion bereichert. Diese Ausstellung muß aber nicht nur, sondern sie darf getrost auch ohne die »Wiener Krone« auskommen, und zwar ohne aus dieser Not erst umständlich eine Tugend konstruieren zu müssen. Gerade die Abwesenheit der originalen Reichskleinodien und nicht weniger deren im Krönungssaal ausgestellte Kopie aus dem frühen zwanzigsten Jahrhundert bezeichnen auf ihre Weise prägnant die wesentliche Eigenart des hier verhandelten Gegenstands: gewissermaßen nie Original gewesen zu sein, sondern immer schon Replik. Die Wiener Krone ist, wie andere Kronen auch, ein ikonisches Zeichen und nicht der Prototyp des Kopfschmucks des Kaisers – sie ist vergleichsweise spät nachgewiesen und wird selbst auf uns unbekannt bleibende Vorgänger rekurrieren. Auch wird man sie ehrlicherweise nicht ein ästhetisches Erlebnis nennen wollen – sie verdankt ihren Ruhm gewiß mehr den sich um sie rankenden Legenden als etwa unübertroffener Goldschmiedekunst. So umstritten war und ist die Datierung dieser Krone – hier in Abbildung die Dokumentation eines Schadensfalls an der in Aachen aufbewahrten Kopie der Reichskrone aus dem Jahre 1987 (Abb. 1) –, daß über den gelehrten Streit eine wirkliche Beschäftigung mit ihrem künstlerischen Rang weitgehend unterblieben ist. Bekannt ist die Äußerung des Karl Heinrich Lang aus dem Jahre 1790 anläßlich der Krönung Leopolds II.: Ihm erschien das kaiserliche Ornat, als sei es auf dem Trödelmarkt zusammengekauft worden, und die Reichskrone machte ihm den Eindruck, als habe sie der »allerungeschickteste Kupferschmied (...) zusammengeschmiedet und mit Kieselsteinen und Glasscherben besetzt«.

Der unsichtbare Prototyp

Aber selbst eine solch ketzerische Stellungnahme, die wie ein Präludium des nahen Endes des Alten Reiches klingt, hat das kostbare Diadem nicht auf Dauer beschädigen können. Die Wiener Krone darf als schillerndster Ausdruck des an Aachen und seine Krönungstradition gebundenen Mythos gelten. Schon Hartmut Boockmann stellte fest, daß die konkrete Faszination der Krone in der Wiener Präsentation sich wohl vor allem ihrer auratischen Inszenierung, dem stets nur flüchtig gewährten Blick sowie der Tatsache verdanke, daß für ihre Sicherheit nicht ein einfacher Museumsaufseher, sondern ein bewaffneter Polizist zu sorgen scheint. So sehr mit Bedeutung und Erwartung aufgeladen ist dieses juwelenbesetzte Prunkstück, daß es vielen nicht mehr als Zeichen für etwas anderes gilt, sondern nur noch sich selbst zu meinen und das von ihm ja nur symbolhaft bezeichnete Reich selbst zu vergegenwärtigen scheint. Viele Kronen haben die Häupter der Könige und Kaiser dieses Reiches bedeckt – als deren eindrucksvolle Reminiszenz erscheinen die »Funeralkronen« der Habsburger massiert im Hofmobiliendepot in Wien (Abb. 2) –, und keine darf Anspruch machen, ihre Urform darzustellen. Denn der eigentliche Prototyp all dieser Kronen ist abstrakt – niemand hat ihn je gesehen, weshalb sie sämtlich im Sinne von Charles Sanders Peirce als *replica* anzusprechen sind: nicht allein im Sinne von Wiederholungen eines unbekannten Urbilds, sondern nicht zuletzt auch als Antworten, Erwiderungen auf eine darauf bezogene Erwartung.

Die Krone zählt, zusammen mit den anderen Reichskleinodien, zu den *signa*, die die den Herrscher meinen, sie ist ein zeremonielles Zeichen und sichtbarer Ausweis herrscherlicher Funktionen. Immer kommt ihr zugleich freilich ein Surrogatcharakter zu. Denn die irdische Krone galt ja nur als Vorzeichen der erstrebten Himmlischen Krone, der eigentlichen Krone des Lebens. Ihre Rundform verweist auf den Erdkreis, ihre Materialien – Gold, Edelsteine und Perlen – dagegen signalisieren himmlische Seligkeit, weshalb ihr Radius auch die symbolische Umschreibung des himmlischen Jerusalem darstellt. Joachim Ott hat beschrieben, wie während des Krönungsablaufs die teleologische Ausrichtung der irdischen Regentschaft auf die ewige Mitherrschaft an der Seite Christi betont und damit auf die Bedeu-

Abb. 2
Sammlung der Funeralkronen der Habsburger aus dem 19. Jh. im Depot der Sammlungen der Bundesmobilienverwaltung Wien. Fotografie um 1993, Wien, MMD, Museen des Mobiliendepots, Kaiserliches Hofmobiliendepot

tung der Herrscherkrone als auf Erden sichtbares Unterpfand der unsichtbaren Himmelskrone hingewiesen wurde.

Anschaulichkeit der Fiktion

Der unausgesetzte Streit um den Verbleib der Reichskleinodien – der nicht wenig auch im immensen materiellen Wert der Objekte begründet liegt – hat dazu beigetragen, ihre wirkliche politische Bedeutung maßlos zu übersteigern, und verschleiert, daß ihnen kaum rechtliche Bedeutung beim Krönungzeremoniell selbst zugesprochen werden kann. Nichts relativiert den vermeintlichen auratischen Anspruch der Wiener Reichskrone mehr als der von Jürgen Petersohn revidierte Wissenschaftstopos in dem von ihm geführten Nachweis, daß durchaus nicht alle Könige mit der Reichskrone gekrönt wurden, sondern statt dessen anderen zum Einsatz gekommenen Kronen nicht weniger Rechtswirksamkeit zukam. Und das nicht, weil sie etwa einen Ersatz darstellten, sondern vielmehr weil jede andere Krone im Moment der Krönung gleichermaßen wirkmächtig wurde.

Vermutlich ist es auch die ab dem Jahre 1438 und dann jährlich bis 1522 wiederholte »Heiltumsweisung« der Krone in Nürnberg – als vermeintliche Sekundärreliquie des heiliggesprochenen Karl des Großen –, die zu ihrer erheblichen ideologischen Bedeutungssteigerung und Mythisierung beigetragen hat. Darüber hinaus ist sie als exponiertes Requisit bei Trauerzeremonien für verstorbene Könige oder Kaiser zum dauerhaften Speichermedium der durch sie verliehenen Macht geraten – siehe etwa die Aufbahrung Karl VI. von 1740 (Abb. 3), wo die verschiedenen Insignien als »Funeralkronen« des Herrschers den Leichnam flankieren. Und wenn sich in dieser Geste auch der dynastische Anspruch auf die »Krone als Fiktion« (Ernst H. Kantorowicz) ebenso wie die unverzichtbare Machtversicherung: *Corona non moritur* (Die Krone stirbt nicht) nachhaltig zu visualisieren suchte, haben allein die Reichskleinodien überlebt und hat die Dauerhaftigkeit der Realien über die Fiktion triumphiert.

Wie wenig andere »Herrschaftszeichen« (Percy Ernst Schramm) eignet sich die Krone als Paradebeispiel einer politischen Ikonographie und Zeichenlehre der Macht: »Die Krone als bestimmendes Zeichen des Kaisers bzw. des Königs wird offenbar eher als Gattungsgegenstand denn als Einzelding dargestellt. Mit anderen Worten: Für die monarchische Semiotik des Mittelalters reichte das Quid aus, erst der individualisierende Blick der beginnenden Neuzeit verlangte das Haec« (Jürgen Petersohn).

Die Aachener Ausstellung umkreist das Thema Krone und Krönung gerade unter diesem Gesichtspunkt. Deshalb kann es ihr nicht um das eine Original zu tun sein, sondern um die Vielzahl von Objekten – ja selbst um »Nachahmungen«, weil es »falsche« Insignien im

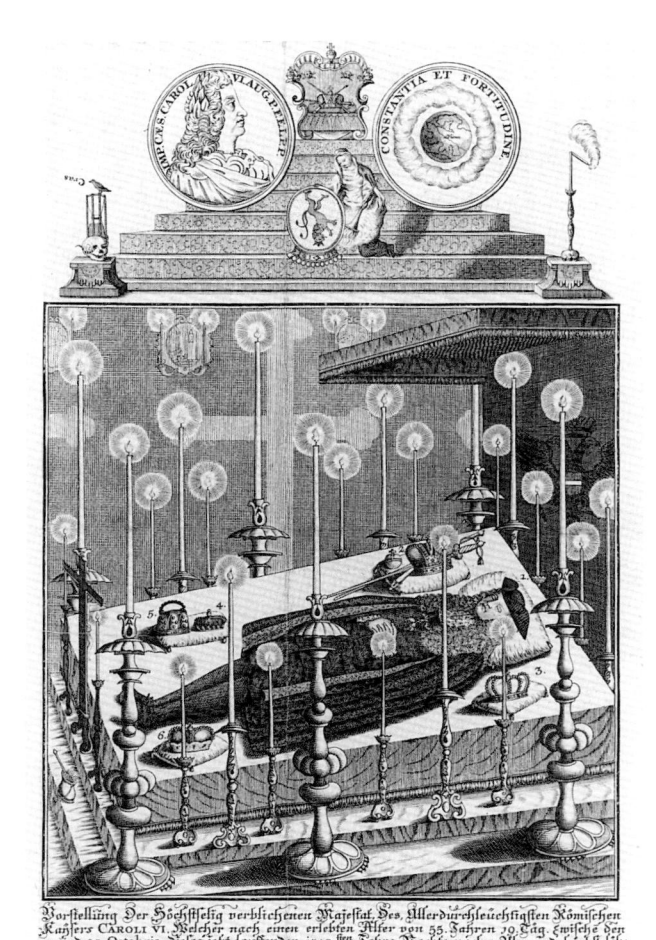

Abb. 3
Aufbahrung Karls VI. von 1740 mit Funeralkronen als Insignien (Reichskrone und Reichsapfel, spanische, böhmische, ungarische und österreichische Krone), Kupferstich von A. Reinhardt, Sohn, gedruckt bei W.C. Mulzen in Frankfurt, 1740, Aachen, Stadtarchiv, Krönungsausstellung III 48

zur Schau stellt. Sie waren Ausstattungsobjekte und weniger Protagonisten einer Bühne, auf der jetzt viele jener Gegenstände wieder zu Gast sind. Aber als *signa* haben erst sie diesen Ort in einer immer wieder aufgenommenen Inszenierung auratisch gezeichnet.

* Vgl. zum Thema dieses Beitrages die Katalogbeiträge von Jürgen Petersohn, Nikolaus Gussone, Joachim Ott und Hermann Fillitz.

Boockmann, Hartmut: Geschichte im Museum? Zu den Problemen und Aufgaben eines Deutschen Historischen Museums, München 1987.
Colapietro, Vincent M. u. a. (Hg.): Peirce's Doctrine of Signs, Berlin – New York 1996.
Fillitz, Hermann: Bemerkungen zu Datierung und Lokalisierung der Reichskrone, in: Zeitschrift für Kunstgeschichte 56 (1993), S. 313–334.
Haussherr, Hans (Hg.): Die Memoiren des Ritters von Lang 1774–1835, Stuttgart 1957.
Kantorowicz, Ernst H.: Die zwei Körper des Königs. Eine Studie zur politischen Theologie des Mittelalters, Stuttgart 1992.
Ott, Joachim: Krone und Krönung. Die Verheißung und Verleihung von Kronen in der Kunst von der Spätantike bis um 1200 und die geistige Auslegung der Krone, Mainz 1998.
Ders.: Vom Zeichencharakter der Herrscherkrone. Krönungszeremoniell und Krönungsbild im Mittelalter: Das *Mainzer Ordo* und das *Sakramentar Heinrichs II.*, in: Berns, Jörg Jochen /Rahn, Thomas (Hg.): Zeremoniell und höfische Ästhetik in Spätmittelalter und Früher Neuzeit, Tübingen 1995, S. 535–571.
Peirce, Charles Sanders: Collected Papers, Cambridge 1931–35.
Petersohn, Jürgen: »Echte« und »falsche« Insignien im deutschen Krönungsbrauch des Mittelalters? Kritik eines Forschungsstereotyps, Stuttgart 1993.
Schramm, Percy Ernst: Herrschaftszeichen und Staatssymbolik. Beiträge zu ihrer Geschichte vom 3. bis zum 16. Jahrhundert, Bd. 1–3, Stuttgart 1954–56, Nachträge München 1978.
Schulze-Dörrlamm, Mechthild: Die Kaiserkrone Konrads II. (1024–1039). Eine archäologische Untersuchung zu Alter und Herkunft der Reichskrone, Sigmaringen 1991.

strengen Sinne nie gegeben hat –, die auf die über die Jahrhunderte unausgesetzten Bemühungen verweisen, der kaum faßbaren (Rechts-)Fiktion dauernde Anschaulichkeit zu verleihen, wie sie sich nicht nur, aber prominent in den Kronen, den sichtbaren, manifestiert. Und noch die tatsächlich unsichtbaren, die gewissermaßen »magisch« aufgeladenen Grabkronen, beispielsweise die Ottokars II. (Abb. 4), sind Insignien, wechselnde Ikonen eines Abstraktums, und damit Kunstwerke in ihrem eigenen Recht.

Nicht austauschbar dagegen ist der Ort der Ausstellung selbst. Denn wenn sich an die Reichsinsignien keine unmittelbare Rechtsgültigkeit band, so doch um so mehr an den Ort der Krönung. Mit dem Karlsthron, dem Herrschersitz im umfassenden Sinne, ist mit Aachen das Zentrum einer politischen Landschaft bezeichnet, das über einen Zeitraum von 600 Jahren die unverzichtbare Station auf dem Weg zur Kaiserwürde darstellte. Die Ausstellungsobjekte konstituieren und rekonstruieren damit einen unverrückbaren Raum, der sich so selbst

Kurzfassung

Die kulturhistorische Ausstellung »Krönungen – Könige in Aachen« hat als zentrales Thema die Krönung in Geschichte und Mythos. Ihr geht es bei ihren Exponaten weniger um die ästhetische Wirkkraft und die Kunstwerke in ihrer Integrität als vielmehr um die Gesamtschau auf eine über Jahrhunderte reichende Tradition, die sie in ihrer Geschichtlichkeit in dem Maße anschaulich zu fassen versucht, in dem diese zu rekonstruieren der Zeitgenossenschaft möglich ist. Der wahrscheinlich prominenteste Gegenstand der Ausstellung, der in Wien verwahrte Insignienschatz der Reichskleinodien, wird dabei nicht zu sehen sein, sondern in der in Aachen verwahrten Kopie gezeigt. Dieser nur vermeintliche Mangel taugt dagegen in besonderen Maße dazu, prägnant die wesentliche Eigenart des hier verhandelten Gegenstands zu beschreiben: gewissermaßen nie Original gewesen zu sein, sondern immer schon Replik. Die Wiener Krone nämlich ist, wie andere Kronen auch, ein ikonisches Zeichen und nicht der Prototyp des Kopfschmucks des Herrschers. Allen Kronen kommt ein eigentümlicher Surrogatcharakter zu: Zusammen mit den anderen Herrschafts-

Corona visiblis et invisibilis

Abb. 4   Kat.Nr. 5 · 33 – 5 · 35
Krone, Reichsapfel und Szepter, Begräbnisinsignien aus dem Grab König Přemysl Otakars II. († 1278) im Veitsdom zu Prag, 1976 dem Grab entnommen, vergoldetes Silber. Prag, Hradschin, Kunstsammlung der Prager Burg, PHA 30

zeichen zählen sie zu den *signa*, die den irdischen Herrscher bezeichnen und zugleich auf die erstrebte himmlische Krone verweisen. Die Kronen sind daher ebenso prachtvolle wie austauschbare Ausstattungsstücke beständiger Inszenierungen. Rechtswirksamkeit kam allein dem Ort der Krönung selbst, dem Aachener Thron, dem Herrschaftssitz insgesamt zu, den die hier wieder versammelten Requisiten des Zeremoniells auratisch rekonstituieren.

Résumé

L'exposition historique »Aix-la-Chapelle : rois et couronnements« s'articule autour d'un thème central : le couronnement dans le mythe et l'histoire. Peu importe au fond, dans cette optique, la valeur artistique des objets présentés ; peu importe, également, que les œuvres d'art soient intactes ou non. Il s'agit, par-delà l'importance ou la portée esthétique des témoins qui reflètent une époque, de les replacer dans leur contexte historique, proposant ainsi une vaste fresque, étalée sur des siècles, qui permettra, autant que faire se peut, de faire revivre le passé sous nos yeux éblouis. Une exposition donc, qui aurait mérité de s'intituler »Des couronnes visibles et invisibles«, ou, plus simplement, pastichant Guitry »Ah, si Aix-la-Chapelle m'était contée, j'y prendrais un plaisir extrême« …

L'objet phare, le témoin essentiel, est sans doute le Trésor des insignes remis au souverain lors du couronnement : un trésor conservé à Vienne, qui sera aussi le grand absent de l'exposition. Pourtant, il y sera tout de même représenté, puisque l'exposition nous en proposera la copie conservée à Aix-la-Chapelle. Une lacune qui, en dernière analyse, n'est donc qu'apparente, puisqu'elle fait de nécessité vertu : l'objet exposé se donne pour ce qu'il est ; conçu en tant que réplique, il se présente comme tel, sans chercher à usurper le rôle de l'original qu'il n'est pas. En effet, la couronne conservée à Vienne est elle-même – tout comme d'autres couronnes – une image iconique : elle ne saurait à aucun titre passer pour le prototype de la couronne impériale. Or, toutes les couronnes présentent un caractère commun, inhérent à leur nature même : elles ont – par essence et tout comme les autres emblèmes de la souveraineté – valeur de symbole. Elles sont le »signe« visible de la puissance du monarque, celui qui préfigure la couronne céleste à laquelle nous aspirons tous. Partant, les couronnes, pour splendides qu'elles soient, ne sont que les prestigieux accessoires – interchangeables – de merveilleuses mises en scène, à la fois mouvantes et permanentes. Leurs effets juridiques ne peuvent être liés qu'au lieu du couronnement, au trône aixois, au siège de l'Empire tout entier, que les accessoires du cérémonial du couronnement reconstituent ici dans un nimbe de gloire.

Samenvatting

De cultuurhistorische tentoonstelling »Kroningen – koningen in Aken« heeft als centraal thema de kroning in geschiedenis en mythe. Bij de tentoongestelde stukken gaat het de organisatie niet zozeer om de esthetische werking en de integriteit van de kunstwerken, als wel om het globale overzicht van een eeuwenoude traditie. Zo goed als het ons heden mogelijk is, willen we de historische werkelijkheid van toen proberen plastisch en helder weer te geven. Het wellicht voornaamste onderwerp van deze tentoonstelling, de insigneschat van de kleinodiën die in Wenen wordt bewaard, zal hier niet echt te zien zijn. Getoond worden de in Aken bewaarde kopieën ervan. Dit vermeende mankement blijkt echter juist uitermate geschikt, het ware wezen van de hier behandelde voorwerpen aan te geven: omdat deze in zekere zin nooit als origineel zijn bedoeld, maar altijd al als replica. De Weense kroon is namelijk, net als andere kronen, een iconisch teken en niet het prototype van de hoofdtooi van de heerser. Alle kronen hebben een merkwaardig surrogaat-karakter: samen met de andere vorstentekens horen ze bij de *signa*, die de aardse vorst aanduiden en tegelijk naar de nagestreefde hemelse kroon verwijzen. Kronen zijn zodoende prachtige maar toch uitwisselbare rekwisieten van voortdurende ensceneringen. Rechtsgeldig was alleen de plaats waar de kroning werd voltrokken, de troon te Aken, de residentie als geheel. De uitstraling daarvan wordt door de hier wederom verzamelde rekwisieten van de ceremonie nieuw leven ingeblazen.

Shrnutí

Ústředním tématem kulturněhistorické výstavy »Korunovace – králové v Cáchách« je korunovace v dějinách a mýtu. Výstava se ani tak nesnaží ukázat estetickou působivost exponátů a integritu uměleckých děl, jako spíše podat názorný přehled o staleté tradici v jejím dějinném vývoji do té míry, jak je v současnosti možné ji rekonstruovat. Pravděpodobně nejvýznamnější předmět výstavy, insignie říšských korunovačních klenot uchovávaných ve Vídni, zde vystaveny nebudou, pouze jejich cášská kopie. Tento zdánlivý nedostatek vhodně charakterizuje podstatnou zvláštnost popisovaného předmětu: v určitém smyslu to nikdy nebyl originál, nýbrž vždy jen replika. Vídeňská koruna, stejně jako ostatní koruny, je totiž ikonický znak, nikoliv prototyp ozdoby hlavy panovníka. Všechny koruny mají zvláštní povahu náhražky: spolu s dalšími odznaky panovnické moci patří k znakům (*signa*), které charakterizují pozemského panovníka a zároveň poukazují na vytouženou nebeskou korunu. Koruny jsou proto právě tak přepychové zaměnitelné rekvizity stálých představení. Právní platnost mělo oproti tomu samo místo korunovace, cášský trůn a panovníkovo sídlo vůbec, jehož někdejší podobu naznačují zde shromážděné obřadní rekvizity.

Summary

The art-historical exhibition »Coronations- Kings in Aachen« mainly deals with coronations seen from an historical and mythical point of view. The exhibits serve less to show aesthetic effects and the integrity of works of art, but rather to reveal the complete perspective over a tradition that went through centuries. The exhibition attempts to depict the historical aspect as much as possible for contemporaries to reconstruct. The allegedly most prominent object of the exhibition, the insignia treasure that is preserved in Vienna, will not be exhibited; instead a copy will be shown which is kept in Aachen. This small insufficiency however does go to describe the essential character of the object in question: in a way it never was original but always a replica. The Vienna crown, like other crowns, was an iconic sign and not the prototype of the ruler's head-dress. All crowns have this strange surrogate quality: alongside the other signs of rule they are counted as *signa* which mark the ruler on earth and point at the same time to the heavenly crown that is sought. The crowns are thus both splendid as well as exchangeable requisites of unchanging scenes. The place of coronation alone was legally effective, the throne in Aachen, the ruling seat, the aura of which is being reconstructed here with the requisites of the ceremony.

Karl Ferdinand Werner (Rottach)

Charlemagne – Karl der Große.
Eine französisch-deutsche Tradition

Abb. 1　　　　　　　　　　　　　　　　　　　　　　　Kat.Nr. 10 · 54
Titelblatt, Karl der Große oder Charlemagne – Acht Antworten deutscher Geschichtsforscher, hg. von Karl Hampe, Martin Lintzel, Hermann Aubin, Carl Erdmann, Wolfgang Windelband, Albert Brackmann, Friedrich Baethgen und Hans Naumann, Berlin 1935

Der Streit um das Erbe Karls des Großen zur Zeit des Nationalsozialismus

Karl war für die Deutschen im 12. Jahrhundert »Carolus Magnus« und für die Franzosen »Charlemagne«. Beide sahen in ihm den Begründer ihres Reiches, seiner Macht und seines Ranges in Europa. Dadurch ergibt sich eine Karls-Triade: ein deutscher »Karl der Große«, ein französischer »Charlemagne« und ein fränkischer Karl. Dieser lebte, ehe die Nachfolgereiche aus seinem 843 geteilten Reich entstanden waren und mit ihnen die Völker der Westfranken (Franzosen) und der Ostfranken (Deutsche). Karl konnte also weder Deutscher noch Franzose gewesen sein; er war Franke. Die im 11./12. Jahrhundert aus Karls Reich hervorgehenden beiden Nationen fanden ein Bewußtsein ihrer selbst erst aus dem Mythos ihres Gründervaters Karl bzw. Charlemagne, sahen sich als Erben Karls und stritten um den Vater, den jede für sich allein beanspruchen wollte. »Regnum Francorum« und »Imperium Romanorum« beanspruchten als Gründungen Karls den Vorrang in Europa, der ihnen auch nicht bestritten wurde.

Der deutsche Anspruch manifestiert sich noch 1935 in der

Abb. 2
Verdienstkreuz der »Division Charlemagne«. Hierbei handelte es sich um eine im September 1944 für den Kampf an der Ostfront gegründete SS-Division, die unter anderem aus französischen Freiwilligen bestand. Paris, Musée de l'Armée, 09447 Ka 890.1

Kat.Nr. 10 · 63

Schrift »Karl der Große oder Charlemagne. Acht Antworten deutscher Geschichtsforscher« (Abb. 1). Seine Autoren wehren sich gegen die von den Nazis (Alfred Rosenberg, Parteipresse, SA- und HJ-Heimabende) lancierten Verunglimpfungen »ihres« Kaisers als »undeutsch«, »Sachsenschlächter« (als Anspielung auf das Blutbad bei Verden a.d. Aller), Vernichter germanisch-sächsischer Freiheit durch Unterwerfung unter den »römisch-orientalischen Christenglauben« — was danach alles der Beginn der »Überfremdung« deutschen Wesens gewesen sei. Der geistige Vater der Ehrenrettung des christlichen Kaisers war Carl Dietrich Erdmann. Wegen nicht regimekonformer Einstellung bereits gemaßregelt, kam er als Herausgeber nicht in Betracht. Diese Rolle fiel dem Heidelberger Professor Karl Hampe zu, der über Karl den Großen bemerkte: »Seiner moselfränkischen Abkunft entsprechend, fühlte sich Karl als ein von irgendwelcher Romanisierung noch gänzlich unberührter Germane.« Um die NS-Machthaber zu befriedigen, war Hampe sogar bereit, Karls europäische Leistung für Kirche und Kultur (fast) zu verleugnen: »Er (...) war viel zu sehr urwüchsig-germanischer Laie, um in einem kirchlich-klassischen Bildungsideal aufzugehen«; von seiner »deutschen Sendung« sei zu reden. Wie mutig war da ein Martin Lintzel, der mit Carl Erdmann die jüngere Generation vertrat und das eigentliche Ziel der Aktion nicht vergaß: »Zur Zeit Karls gab es kein deutsches Volk«; »weder Karl noch sein Gegner Widukind dachten noch konnten

deutsch denken«; sowie: »daß eine vollständige Ablehnung der Christianisierung und der fränkischen Eroberung Sachsens nichts anderes bedeutet als die Verneinung (...) einer mehr als 1000jährigen deutschen Geschichte.«

Auch wenn man sich heute, im Geiste deutsch-französischer Verständigung, nicht mehr offen um Karl streitet: das Ringen um Karl geht weiter. Gewiß, Karl war Franke. Aber war er mehr Westfranke/Franzose oder Ostfranke/Deutscher? Im »Kampf um Karl« ist es besser, Differenzen auf den Grund zu gehen, als Eintracht vorzutäuschen. Wohin eine solche Täuschung führt, zeigt der Fortgang der Karlsbeurteilung unter Hitler. Hat doch dieser vermeintliche Karlsfeind schon auf dem Parteitag 1935 die Ablehnung Karls zurückgewiesen und seine Rolle bei der Entstehung Deutschlands betont: »Die erste staatliche Zusammenfügung deutscher Menschen konnte nur über eine Vergewaltigung des volklichen Eigenlebens der einzelnen deutschen Stämme zustandekommen. Es ist daher auch falsch, zu wehklagen über die Opfer, die dieser Weg der deutschen Volkswerdung erforderte. Was in diesen Jahrhunderten fiel, es mußte fallen.« So wurde Karl namentlich seit 1939 zum Mustergermanen: Seine Persönlichkeit, hieß es in unnachahmlicher NS-Pädagogendiktion, sei »in ihrer blutlich-charakterlichen Substanz bestimmt durch das germanisch-deutsche Erbe.« Der nächste Schritt erfolgte nach Beginn des Rußlandfeldzugs, als auf deutsche Veranlassung eine »Légion des volontaires français contre le bolchévisme« gegründet worden war, aus der die »Division Charlemagne« hervorging. Wohl um deren Offizieren eine Freude zu machen (etwa bei EK-Verleihungen), ließ Hitler 1943 durch die Manufaktur von Sèvres 80 Exemplare einer »Soucoupe« (Platzteller) herstellen, die auf einer Seite die Metzer Reiterstatuette, auf der anderen folgenden Text zeigt (Abb. 3):

IMPERIUM CAROLI MAGNI	DAS REICH KARLS DES GROSSEN
DIVISUM PER NEPOTES	VON SEINEN ENKELN GETEILT
ANNO DCCC XL° III°	IM JAHRE 843
DEFENDIT ADOLPHUS HITLER	VERTEIDIGTE ADOLF HITLER
UNA CUM OMNIBUS EUROPAE POPULIS	GEMEINSAM MIT ALLEN VÖLKERN EUROPAS
ANNO MCM XL° III°	IM JAHRE 1943

+

1944 konnte man zum »Gestaltwandel Europas« lesen, Karl habe über ein »germanisch-romanisches Gesamtreich« geherrscht, er sei nicht nur Ahnherr Deutschlands und Frankreichs, sondern Vater Europas. Peinlich, den Streit um Karl durch Hitler und die Seinen geschlichtet zu sehen. Wer Hitlers Haß gegen Frankreich kennt, möchte ehrlichen Disput über Karl einer solchen Verlogenheit vorziehen.

Die historische Vaterfigur: Karl der Große, ein Franke und Herrscher Europas

Kehren wir zu Karl, dem Franken, zurück. In seinem Testament bedachte er vor allem die Erzbistümer, mit deren Hilfe er sein Reich regiert hatte. Auch nach seinem Tod sollten sie die Säulen des Reichs sein. Alles, was sich 811 in seiner Schatzkammer fand an Gold, Silber, Edelsteinen, wurde den Metropolitansitzen in versiegelten Kisten vorbehalten, so, daß jedem ein Drittel des Inhalts zufalle, die beiden andern ihren Suffragankirchen. Von 21 Metropolitankirchen zählen später nur sechs zum Kapetingerreich in den Grenzen bis zum 13. Jahrhundert. Man erkennt die Kluft zwischen Karlsreich und kapetingischem Frankreich. Karl war eben kein »König von Frankreich« (jenes Reich, das ja erst 843 aus der Teilung des Karlsreichs hervorgegangen war), sondern Herrscher Europas. Nicht Karls Reich war ein Teil der Geschichte Frankreichs, wie es französische Historiker erscheinen ließen, sondern umgekehrt war das spätere Frankreich ein Teil des Karlsreichs.

Der französische Historiker Robert-Henri Bautier hat beobachtet, wie sich Karl geradezu vom Gebiet des heutigen Frankreich ab- und der »Germania« und »Italia« zugewendet hat. Karls Wendung zum Osten manifestierte sich 794 in der Synode in Frankfurt. Er berief sie in die »Germania«, um zu demonstrieren, daß er dort herrsche, wo die Römer einst gescheitert waren. Planung und Politik des Herrschers hat mit Straßburg, Worms, Mainz, Ingelheim, Frankfurt, Köln und Aachen eine Erschließungsbasis für die »Germania« errichtet, die in der Folge das »Rückgrat« des römisch-deutschen Imperiums blieb, das die Zeitgenossen des 9.–14. Jahrhunderts gerne mit »Tota Gallia et Germania« umschrieben, gelagert um die Trennungs- und Einungslinie des Rheins.

Lag der Schwerpunkt der fränkischen Welt vor Karl in der »Gallia« oder in der »Germania«? Die franko-gallische Welt, in die Karl hineingeboren wurde, ist durch eine unglaubliche Verklammerung von Ost und West, und durch die Wechselwirkung beider gekennzeichnet. »Gallia« und »Germania« sind beide kelto-germanisch geprägt, mit der östlichen Spezifizität eines hohen Anteils von Menschen slawischen Ursprungs. Caesar schuf politisch-geographisch-administrative Klarheit, indem er den Rhein zur Grenze zwischen »Gallia« und »Germania« erklärte, was diese beiden Großräume mit ihrem Namen erst in die Welt gesetzt hat. Sie blieben, durch den Rhein getrennt, rein geographische Begriffe ohne Präjudiz über die Sprach- und Reichszugehörigkeit. Erst die Humanisten haben »Gallia« mit Frankreich gleichgesetzt und »Germania« mit Deutschland, ein Irrtum, der das »moderne Geschichtsbild« nicht weniger verfälschte als der Begriff des »germanischen Mittelalters«, der die historische Wirklichkeit einer »europäischen Völkerwelt« verdrängte.

Ost und West haben sich wechselseitig ihren Staat gegeben, und dies unter dem gleichen Frankennamen! Teile der Franken, unter sächsischem Druck über den Rhein ins römische Gallien gekommen, gaben den Galloromanen den ersten eigenen Staat mit der ersten Hauptstadt. In diesem Pariser Frankenreich Chlodwigs erwuchs durch Symbiose der Oberschicht, der Verfassungsstrukturen mit fränkischem Gerichtsverfahren und römischem Privatrecht, bei weitgehender sprachlicher Romanisierung der Franken und Germanisierung der Rechtsbegriffe, Waffen- und Personennamen, eine neue fränkische Identität. Diese Gallofranken sind dann in der anderen Richtung über den Rhein gegangen und haben die Völker der »Germania«, schon vor Karl, aber entscheidend unter ihm – in ein Reich gezwungen – aus dessen Ostteil später Deutschland hervorging. Im Hin und Her über den Rhein entstanden ein fränkisches Nordgallien – dessen »französische« Sprache sich von der des Midi dauernd unterscheiden sollte – und ein fränkisch geprägtes Südgermanien mit gemeinsamer hochdeutscher Lautverschiebung, von der die zu spät integrierten Sachsen ausgeschlossen blieben. Ohne diese »fränkische Verklammerung« von West und Ost bei gleichzeitiger Spaltung (oder »Dopplung«!) der fränkischen Identität können weder Deutschlands noch Frankreichs Ursprünge begriffen werden.

Kronzeuge für die sekundäre Rolle der »deutschen« Ostvölker im karolingischen Frankenreich ist Karls Biograph Einhard, der selbst aus Ostfranken (dem seit dem 7. Jahrhundert fränkisch kolonisierten Maingebiet) stammt. Über die »Germania« schreibt er, sie erstrecke sich zwischen Rhein, Donau, Weichsel und dem Meer und sei voller »barbarischer und wilder Völker« (u. a. die Sachsen). Karl habe von diesen die Wilzen, Sorben, Abodriten und Böhmen tributpflichtig gemacht, andere unterworfen. Eine dauerhafte Verbindung der »Germania« mit den Erzbistümern der Rheinachse stellt einen Gründungsakt Deutschlands dar, den wir historisch nicht recht wahrnehmen, weil wir als längst vorhanden voraussetzen, was es noch gar nicht gab: die Deutschen. Vollendet wurde diese Gründung erst mit dem Aufstieg der Sachsen zur Vormacht des Ostens, mit Otto dem Großen.

Kaiser Karl kam aus einer ganz anderen, zeitlich davor liegenden Welt. Sein Großvater Karl Martell hatte sich zum alleinigen Herrn Austrasiens aufgeschwungen und dann auch Neustrien unterworfen. Dort mußte er im einstigen Zentrum des Merowingerreichs den Reichsheiligen und sein Kloster, Saint-Denis, für sich gewinnen. Er ließ seinen Sohn Pippin dort ausbilden und sich selbst in seiner Kirche beisetzen. Pippin hat über Saint-Denis das Bündnis mit dem Papsttum eingeleitet, mit dessen Zustimmung die Königswürde erlangt und dies ausdrücklich der Gnade des Heiligen zugeschrieben. Das pippinidische Machtzentrum hat sich damit von Ost-Gallien (Köln/Rheinland bzw. Lüttich/Maasgebiet bzw. Metz/Moselraum) nach Paris verschoben: Pippin hat sich in Saint-Denis vom Papst krönen lassen. Er hat seinen älteren Sohn, Karl, zum König des Westens, der »Neustria«, bestimmt, hat ihm zwischen Loire und Seine seine ersten Grafschaften verliehen und ihm den Schutz der Abtei Saint-Calais anvertraut. Noyon war Krönungsort Karls, Soissons der seines Bruders Karlmann. Über die »Heimat« Karls wissen wir, daß sein Vater kurz vor der Geburt des Sohnes (2. April 748, nicht 742) in der Pfalz Ver zwischen Paris und Compiègne nachweisbar ist. Karls Mutter Bertha starb in ihrem Witwensitz bei Compiègne. Seine Schwester Gisela war Äbtissin von Chelles im Nordosten von Paris. Dieser »Lebensraum der Karolinger« wird durch die politische Reichsstruktur bestätigt. So wurde 785 Widukind in Attigny in Gegenwart Karls getauft, weil diese Pfalz zuständig war für die Angelegenheiten der »Germania«. Schon 762 hat Pippin mit dem »Gebetsbund von Attigny« den Reichsklerus von der »Gallia« bis in die »Germania« integriert.

768, mit seiner ersten Überwinterung in Aachen (Weihnachts- und Osterfest) begründete Pippin als Etappenzentrum für die Unterwerfung Sachsens die Pfalz Aachen, die unter Karl Reichszentrum wurde. Aachens Stellung machte die Rheinachse zur Mitte des Imperiums.

Die politische Vaterfigur: Deutsche und Franzosen

Die Gemeinsamkeit der politischen Vaterfigur Karls hat Deutsche und Franzosen zu Brudervölkern gemacht. Im 12. Jahrhundert ist das Selbstbewußtsein des »Regnum Francorum« der Kapetinger und des »Imperium Romanorum« der Staufer gegründet auf der beiderseitigen Gewißheit, daß Karl (»Karolus imperavit tam Romanis quam Francis«) sowohl »Rex Francorum« als auch »Imperator Romanorum« war.

Im 11. Jahrhundert sprach der Cluniazenser Radulf Glaber von »zwei Reichen« (»duo regna«), deren Herrscher gemeinsam mit ihrem Episkopat und dem Papst die Probleme der Christenheit zu regeln hätten. Ihr Zusammenwirken bedeutete Sicherheit der »Christianitas« vor den »exteris nationibus« (Normannen, Araber, Ungarn), die nur darum so gefährlich geworden seien, weil die Karolinger zerstritten waren. Nicht etwa »Deutsche und Franzosen« führten Europa an, sondern das »Imperium« (Romanorum) und das »Regnum« (Francorum), d. h. aber die Karlsreiche unter ihrem *populus* (Reichsvolk), hüben die »Romani«, drüben die »Franci«. Symbol ihrer zweigeteilten Zusammengehörigkeit blieb Aachen, die durch Karl quasi gemeinsame Hauptstadt, in der die Herrscher beider Reiche sich stets zu Hause fühlten. Französische Könige sandten Geschenke und Privilegien an »ihre« Stadt. Ein neuer König zeigte den Tod des Vorgängers an durch ein (symbolisches) Leichentuch, das er an die Kirche sandte, in der die Karlsreliquien ruhten. Der Kult des heiligen Karl galt Frankreichs Königen wie den deutschen Herrschern viel. Auch französische Karlsbilder zeigen Karl mit dem Reichsadler, oder mit ihm und der kapetingischen Lilie – beide finden sich auch auf Dürers Karlsportrait. Karls »Europa« lebte in beiden Reichen fort.

Mit Auftreten und zunehmenden Verwendungen eines eigenen Sammelnamens für die »Deutschen« (»Teutones«, »Theotisci«, bzw. »Alemanni«) seit dem 12. Jahrhundert wird die Rivalität der Könige zum Streit der Reichsvölker, wie ihn die englische Kreuzzugshistorie[1] treffend definiert: »In einem alten und hartnäckigen Zwist stehen sich Deutsche und Franzosen (»Alemanni et Franci«) gegenüber, denn »Regnum« und »Imperium« streiten sich um den Vorrang. Doch es sind nicht die Völker, die sich streiten, sondern ihre Eliten, denen es um den Primat in der Christenheit geht, den Vorrang des eigenen Herrschers und den Ruhm seiner Ritterschaft. Man mißgönnt sich, was der andere voraus hat: der eine das Imperium, der andere die vornehme Dynastie (denn das Imperium ist nicht erblich), der eine die Vorherrschaft in Italien und im Osten, der andere die vom Adel aller Reiche nachgeahmte vorbildliche »Ritterschaft«. Jeder mokierte sich über ein Mißgeschick des anderen, oder über seine mangelnde Lebensart: noch im 15. Jahrhundert spottete man in Frankreich über den Hang selbst der Fürsten in Deutschland zu maßlosem Saufen. Um sich so unsympathisch zu werden, mußte man in Berührung gekommen sein, und das geschah zunächst auf Kreuzzügen, die an sich die Einigkeit des christlichen Rittertums demonstrieren sollten. Direkte Kriege nämlich hat es in diesem Jahrhundert zwischen den beiden Großmächten kaum gegeben. Die Herrscher waren oft jahrzehntelang verbündet, so die Staufer mit den Kapetingern im 12. und 13. Jahrhundert. Streit im Grenzgebiet wurde erst im 15. Jahrhundert durch die im Elsaß plündernden Armagnaken (»arme Gecken«) hervorgerufen: von Frankreichs König nach dem 100jährigen Krieg entlassene Söldner. Große Kriege zwischen Ost und West hatten zur Voraussetzung das neue dynastische Machtgebilde der Habsburger, das mit dem Burgund-Erbe Maximilians (1479/82) einen Teil Frankreichs zu entreißen drohte. Eben dieser Habsburger erklärt, König geworden, 1507 Frankreich zu »des Römischen Reichs und der deutschen Nation Erbfeind«, womit er den Namen »erbevint« in die Politik einführt, mit dem man auch die Türken bezeichnete. Nicht das politisch zersplitterte Deutschland (»les Allemagnes«) ist der Feind Frankreichs, sondern »La Maison d'Autriche«, mit ihm allerdings auch der Kaiser, der damals in der Regel ein Habsburger ist. Wiens Propaganda suchte, etwa mit dem Freiherrn von Lisola, aus dem Kampf gegen Frankreich eine Angelegenheit der Deutschen zu machen. Das blieb in den gegen Habsburg, England und die Niederlande gerichteten Kriegen Ludwigs XIV. mit dem Höhepunkt der Zerstörung der Pfalz nicht ohne Wirkung. Von einer Erbfeindschaft der »Franzosen« und »Deutschen« kann jedoch nicht die Rede sein. Erst die nationale Propaganda namentlich seit 1840 und erneut 1866/1870 hat die alte Rivalität von »Regnum« und »Imperium« zeitweilig zur Feindschaft zweier Völker werden lassen. Der deutsche Begriff »Erbfeind« wurde in Frankreich gern aufgegriffen (»ennemi né« oder »héréditaire«), sei es gegen Preußen oder gegen Deutschland.

Die Doppelgestalt Karolus Magnus: »Charlemagne« und »Karl der Große«

Karl war also nicht nur der Begründer »Europas«, sondern auch seiner beiden Großreiche »Regnum« und »Imperium«, mit den Nationen der Franzosen und Deutschen. Sie nahmen ihn entsprechend für sich in Anspruch. 1495 feierte Robert Gaguin Karl als Frankreichs Begründer. Für den Abt Johannes Trithemius († 1516), ein Humanist, ist Karl Deutscher (»natione alemanus«), in Ingelheim geboren. 1501/02 begann im Elsaß der Humanistenstreit um Karl zwischen Jakob Wimpfeling und Thomas Murner († 1537): dem einen ist er erster Kaiser der Deutsche, wenn auch linksrheinisch aufgewachsen, dem andern ist er »Franzose wie auch Deutscher« (»Gallus atque Germanus«). Der universale Karl ist nicht vergessen, wenn 1519 Gattinara den neugewählten namensgleichen Kaiser an ihn anknüpft: Gott habe Karl V. über alle christlichen Könige und Fürsten erhoben »seit der Teilung des Reichs Karls des Großen Eures Vorgängers«. Hinter Karl V. steht das mächtige Spanien, das Frankreich in Mailand, Vorderösterreich, Franche-Comté und den Niederlanden umklammert. Dieses wehrt sich, indem es sich mit deutschen Fürsten, aber auch mit den Türken verbündet.

In diesen innereuropäischen Kämpfen nach der Zerstörung der karolingischen Einheit hat sich eine Doppelgestalt Karls entfaltet. Sie konkretisierte sich in den beiden Namen, den die beiden um ihren Ahnherrn ringenden Brudervölkern ihrem Helden gaben, »Charlemagne« drüben, Karl der Große hüben. Voraussetzung beider Schlagwortnamen war die lateinische Namensform »Karolus Magnus«. Viele glauben, so sei Karl schon von den Zeitgenossen genannt worden. Daß dem nicht so war, hat schon 1883 Bernhard Simson, Bearbeiter der »Jahrbücher« Karls, vermutet. Georg Waitz, Paul Lehmann und Walter Kienast vertraten die Gegenthese. 1993 konnte der Verfasser die Genese der Namensform näher verfolgen, ausgehend vom Faktum, daß »Karolus Magnus« bis um 1000 nur in gefälschten Urkunden auftritt – also spät sein muß. Auch die Erstüberlieferung des Titels von Einhards Biographie lautet »Vita Karoli«. »Vita Karoli

Abb. 3   Kat.Nr. 10 · 64
Platzteller, den Adolf Hitler im Jahr 1943, zur 1100sten Wiederkehr der Teilung von Verdun 843, an die Légion des volontaires français contre le bolschevisme, die spätere SS-Division »Charlemagne«, ausgeben ließ. Von diesen Platztellern wurden in einer Manufaktur in Sèvres nur 80 Stück gefertigt. Dieses Exemplar war im persönlichen Besitz Adolf Hitlers auf dem Berghof. Paris, Musée de l'Armée, 997 777.1

Magni« tritt erst in den späten Handschriften auf, und ähnlich verhält es sich mit dem Titel der »Gesta Karoli Magni« Notkers von St. Gallen. Dennoch wurde dies auch in »kritischen« Editionen beibehalten. Das Epos »Karolus Magnus et Leo Papa« – so einst von Dümmler ediert – trug diesen Titel nicht und wird jetzt wenigstens anders benannt. Im Text kommt zwar »Magnus« als Attribut vor – aber nur für Papst Leo III., während Karl »Pius« ist, eines der Beiwörter, die ihm vor anderen zuerkannt wurden (Rudolf Schieffer).

Die Idee »Karl der Große« (als ein mit seiner Person verbundenes Prädikat) entstand erst am Ende des 9. Jahrhunderts. Der anonyme »Poeta Saxo« erklärt in seinem die Reichsannalen neugestaltenden Epos gegen Ende, nicht ohne Feierlichkeit, keiner der Alten, ob Scipio, Cato, Caesar oder Pompeius, sei »größer« (»maior«) als Karl gewesen, dieser aber habe, mit der »Davitica virtus« (dank der Kraft des Gotterwählten Königs David), den Gipfel christlicher Größe erreicht, und mit Constantinus und Theodosius als Christenkaiser die Palme davongetragen. Ohne Karl ausdrücklich »Magnus« zu nennen, feiert er ihn als Apostel der Sachsen. Ganz ohne Hintergedanken war es nicht, daß gerade die Sachsen Karl in den Himmel hoben und ihn zugleich für sich beanspruchten. War damit ihre Bekehrung nicht als sein größtes Werk erkannt, für das Gott den Kaiser auserwählt hatte? Es war nämlich einst von Karl den als unzuverlässig eingestuften Sachsen zunächst ein eigenes »Regnum« – im Unterschied zu Aquitaniern und Baiern – verwehrt worden. 919 einigten sich diese »Franci et Saxones« als engerer Verband auf den Sachsen Heinrich I. als ostfränkischen König. So haben sich die spätbekehrten, spät integrierten Sachsen als gotterwählte Nachfolger der Franken begriffen, ausersehen, um an deren Stelle die Christenheit vor den Heiden (Dänen, Ungarn und Slaven) zu schützen. Hatte Gott nicht längst ein Zeichen gesetzt, wie Widukind von Corvey erzählt, vor ihm die »Translatio s. Viti« (Veit): Dessen Gebeine, von Corbie, der Mutterkirche, in die »Nova Corbeia«, Corvey, transferiert, hätten Gottes Heil und Schutz von den Franken auf die Sachsen übertragen. Bevor überhaupt Deutsche und Franzosen sich um Karl streiten konnten, haben die Sachsen den Franken das Karlserbe streitig gemacht. So begreift sich die Krönung Otto I. in Aachen, die Ausstellung der ersten (echten) Diplome, die von »Karolus Magnus« sprechen, durch Otto II., und die Öffnung des Karlsgrabs durch Otto III., mit einer quasi einem Heiligen zukommenden Verehrung.

Um 1100 wurde der Erstbeleg von »deutsches Volk« auf Karl zurückgeführt. Eine Sammelbezeichnung für das Großvolk der »Deutschen« wurde von Abt Norbert von Iburg geschaffen, in einem Imperium, unter fränkischen (»salischen«) Kaisern, die ihre Abkunft von Karl dem Großen betonten. In der Vita des Bischofs Benno von Osnabrück konfrontierte er die eben noch vom völkerbeherrschenden Sachsenkaiser träumenden, aber erneut unterworfenen Sachsen mit ihrer Geschichte, wie er sie sah. Karl und seinen Nachfolgern wird hier ein neues »deutschen Gesamtvolk« zugeordnet, als eine Schöpfung Karls des Großen.

Auch als Ahnherr hat Karl zum Werden eines identitätsstiftenden Reichsbewußtsein beigetragen. Die Salier, machtvolle Kaiser wie die Ottonen, haben über die Ehe Konrads II. mit Gisela, von Karl abstammend, von der »Rückkehr« (»reditus«) des Reiches an die »stirps Karoli Magni« gesprochen. Die Staufer knüpften über die Saliertochter Agnes an die Salier an. Mächtige dynastische Motive haben in der staufischen Reichspropaganda gewirkt, mit dem auf Karlsabkunft basierenden Traum, erbliche Stauferkaiser zur vornehmsten Dynastie Europas zu machen. Friedrich Barbarossa betrieb die Kanonisation seines heiligen Ahnen Karl, beraten von Reinhard von Dassel. 1152 und 1158 nennt der Staufer Karl in Diplomen »Sanctus, Sanctissimus«, noch vor der Kanonisation, mit Billigung und Unterstützung Heinrichs II. von England. Damals wollten (so Petersohn 1975) England (mit Westminster und dem heiligen Edward dem Bekenner) und das Reich (mit Aachen und dem heiligen Karl) gleichziehen mit St. Denis und dem dort von den Kapetingern geschaffenen spirituellen Zentrum. Es blieb, trotz des Scheiterns des staufischen Erbreiches, die enge Verbindung des heiligen Karl mit dem von Gott gestifteten »Sacrum Imperium«. Das Reich ist nun auch institutionell Karls Reich und bleibt es bis zu seinem Ende ein Jahrtausend nach Karl. Aus Karl dem Ahnherrn wurde der Begründer aller zentraler Ordnungen des Reichs, auch der Wahlordnung (endlich in Form des Kurfürstenkollegs), auch der Rechtsstühle (»Kaiserstuhl«) und zahlloser reichsstädtischer Rechte und Freiheiten.

Die oben erwähnte salische Formel vom »reditus« (des Reiches) an die »stirps Karoli Magni« wurde um 1200 vom Flamen Andreas von Marchiennes auf die Kapetinger angewendet: Die Kapetinger sahen sich in den »Grandes Chroniques« als Nachkommen Karls und überwanden den von Hugo Capet gemachten Vorwurf, die Karolinger gestürzt zu haben. In den Streit zwischen »regnum« und »imperium« um Karl, griff das Papsttum zugunsten des von ihm gekrönten Kaisers ein. Innozenz III. hat 1202 in seiner Dekretale »Venerabilem fratrem« erklärt, daß der Apostolische Stuhl das Römische Imperium von den Griechen (Konstantinopel) »in persona ›Magnifici Karoli‹« auf die Deutschen übertragen habe (»transtulit in Germanos«). Gegen die ältere Lesart der »Translatio« auf die Franken wird hier Karl zum Kaiser aus dem Volk der Deutschen: Selbstbewußter Affront gegen die »Franci«/Franzosen, ihren Charlemagne und König Philipp II. August. Zwei sich ausschließende Karlsbilder standen sich offiziell gegenüber.

Die Legitimation der Vorherrschaft

Im Westen sind Charakterzüge der beiden ersten Träger des Karlsnamens, Karl I. (Charlemagne) und Karl II. (der Kahle) miteinander verschmolzen, auch in der Epik (Chansons de geste/zu deutsch Heldenepos). So konnte der durchaus auch als römischer Kaiser begriffene Karl ganz natürlich zu einem primär französischen König werden. Karl war zugleich Sarazenenbekämpfer (zusammen mit Roland) und »erster Kreuzfahrer«. In seine Figur war auch Karl Martell eingeflossen, der Araberbezwinger. Karl der Kahle wird in der Epik wie der Ahn ein Pilger nach Jerusalem und Konstantinopel und bringt von dort aus Kreuzesreliquien und Marienschleier mit. Die Karlsepik eroberte ganz Europa und ließ Karl überall zum französischen Herrscher werden, auch wenn er außer »Rois de doulce France« auch »Emperiere de Rome et d'Allemaigne« war und seine Residenz einmal »Ais en France«, einmal »Aix en Allemaigne« heißt. Im 12. Jahrhundert hat Suger, Abt von St. Denis, die »reges Francorum« als wahre Erben Karls angesehen, denen, wenn der Kaiser versage, auch der Schutz des Papsttums zukomme. Unter Ludwig VII. war im

Anschluß an Adsos Prophezeiung eines (west-)fränkischen Endkaisers (Mitte des 10. Jahrhunderts) die Vision von einem letzten französischen Kaiser aufgetreten. Selbstbewußt ließ der französische König Philipp II. August den Papst 1204 zu seinem Eingreifen in südfranzösische Verhältnisse wissen, daß »ein Rex Francorum in weltlichen Dingen niemand über sich« (»rex francorum in temporalibus nullum superiorem«) anerkenne (also weder Papst noch Kaiser). Die Kurie blieb bei der Translation »ad Germanos«: nur der römische (deutsche) König könne durch den Papst Kaiser werden und sei der Herr über alle Könige (auch über die französischen!). So hat denn auch Bonifaz VIII. gegen Philipp IV. die Forderung auf Unterordnung des Königs unter den »päpstlichen Imperator« (Albrecht, römischer König) erneuert, so als sei der seit 843 »imperiale« »Rex Francorum« ein König wie jeder andere. Er traf damit den Kern des französischen Geschichts- und Selbstverständnisses und mußte mit seiner Demütigung in Anagni erfahren, wie sich die Zeiten geändert hatten.

Die Übermacht der französischen Kardinäle an der Kurie, die Eroberung beider Sizilien durch Karl von Anjou, der Tag von Anagni, das Exil des Papsttums in Avignon sind Stationen des französischen Triumphes und eines Selbstbewußtseins, das auch später Abhängigkeit von Rom zuließ. Dieser Rang war nach dem Sieg der erwähnten »reditus regni Francorum ad stirpem Karoli« auch dynastisch untermauert: die jetzt quasi offizielle Lehre der erneuerten karolingischen Herrschaft in Frankreich. Vom jetzt wieder den Karlsnamen tragenden französischen König Karl IV. hat der Luxemburger Böhmenprinz Wenzel in Paris den Namen Karl IV. empfangen. Was die Staufer gewollt hatten, den Platz der ersten Dynastie Europas, die Kapetinger hatten es erreicht. Charlemagne begründet in ihren Augen den Anspruch ihres Reiches auf Vorrang in Europa. Als Karlserbe hat sich Ludwig XIV. gesehen und den Nachfolgern gelehrt, daß das Empire in Wahrheit Frankreich zukomme. Was er beanspruchte, Napoleon, der Nicht-Kapetinger, hat es verwirklicht. Für ihn war Karls Reich nur eine Erweiterung der bereits von »Clovis« begründeten »France«. Napoleon sah sich zugleich als ein wiedergeborener Karl der Große (»Charlemagne redivivus«), durch den Frankreich wieder die Grenzen des Karlsreiches erhielt. Er hat Aachen zum Bistum erhoben. Er hat wie einst Karl Könige in der »Germania« kreiert und zum Gedenken eine Medaille prägen lassen, die ihn »Empereur des Français«, neben Charlemagne, und auf dem Revers den »Roi de Saxe« neben Widukind zeigt (Abb. 4). So wies er den Völkern jenseits des Rheins den ihnen in seinen Augen zukommenden Platz zu: bekehrte Barbaren bzw. mit den Errungenschaften französischer Modernität beglückte Satelliten Frankreichs. So schien die Totalidentität fränkisch-französischer Geschichte realisiert. Der Korse bezog sich ebenso auf die goldene Bienen im Grab von Chlodwigs Vater Childerich wie auf Charlemagne als Gründer eines Empire, das er in seinen einstigen Grenzen erneuerte – nicht ohne den Papst zu zwingen, seinen Segen zur kaiserlichen Selbstkrönung zu geben. Seinen Sohn machte er zum »Roi de Rome«, was allerdings etwas anderes ist als ein römischer König mit päpstlicher Wahlbestätigung. Dafür hat dies alles nicht tausend Jahre gedauert, sondern deren zehn.

»Karl der Große« wie »Charlemagne« sind aus Europas Geschichte nicht mehr wegzudenken. Es ist eine Verklammerung einer in sich heterogenen (!) fränkischen Welt, um von den anderen Völkern (»gentes«) im einstigen Großreich zu schweigen. Es ist die ständige Interferenz zwischen West und Ost – kurz, die Nähe, und nicht die Ferne der beiden Nachbarvölker (und ihrer Genese), denen Karl als Reichsgründer gemeinsam ist, in der Zwiegestalt seines Fortlebens zugleich als Symbol der Verschiedenheit ihrer Geschichte. »Karl

Abb. 4   Kat.Nr. 9 · 50
Vorder- und Rückseite einer Goldmedaille. Auf einer Seite werden Napoleon und Karl der Große, auf der anderen Seite Widukind und Friedrich August von Sachsen gezeigt. 1806, Aachen, Privatsammlung

der Große« wie »Charlemagne« sind seit dem 11./12. Jahrhundert gegenwärtig in unserem beiderseitigen Bewußtsein, auch in unserem heutigen Selbstverständnis: beide »Ahnherren« bleiben aktuell. Wir müssen den Nachbarn respektieren, der Teil der europäischen Vielfalt ist. Nicht Karl oder, vielmehr Karl und Charlemagne muß es heißen.

Itinerarium Peregrinorum, c. 44, MGH Scriptores 27, hg. von Reinhold Pauli und Felix Liebermann, 1885, ND Stuttgart 1975, S. 191 ff.

Abel, Sigurd: Jahrbücher des fränkischen Reiches unter Karl den Großen, bearbeitet von Bernhard Simson, Bd. 1–2, 1883 – ²1888, ND Berlin 1969.

Braunfels, Wolfgang (Hg.): Karl der Große. Lebenswerk und Nachleben, Bd. 1–5, Düsseldorf 1965–68.

Butzer, Paul Leo/Kerner, Max/Oberschelp, Walter (Hgg.): Karl der Große und sein Nachwirken. 1200 Jahre Kultur und Wissenschaft in Europa, Bd. 1–2, Turnhout 1997–98.

Einhard. Studien zu Leben und Werk, hg. von Hermann Schefers, Darmstadt 1997.

Favier, Jean: Charlemagne, Paris 1999.

Fleckenstein, Josef: Die Bildungsreform Karls des Großen, Freiburg i. Breisgau 1953.

Folz, Robert: Le souvenir et la legende de Charlemagne dans l'Empire germanique médiéval, Paris 1951.

Hampe, Karl (Hg.): Karl der Große oder Charlemagne? Acht Antworten deutscher Geschichtsforscher, Berlin 1935.
Pirenne, Henri: Mahomet et Charlemagne, Paris 1937 (dt. 1941).
Werner, Karl Ferdinand: Karl der Große oder Charlemagne?, Sitzungsberichte der Bayerischen Akademie der Wissenschaften, Heft 4, München 1995 (mit allen Belegen).
Ders.: Karl der Große in der Ideologie des Nationalsozialismus, in: Zeitschrift des Aachener Geschichtsvereins 101 (1997/98), S. 9–64.
Ders.: Vom Frankenreich zur Entfaltung Deutschlands und Frankreichs, Sigmaringen 1984.

Kurzfassung

Seit dem 11. Jahrhundert sind sich die »Franceis« (westfränkische, »französisch« sprechende Bewohner Nordostgalliens), ihrer Zusammengehörigkeit bewußt durch ihre Heldengestalten »Challemaigne« und »Roland«. Die »Chanson de Roland« steht am Beginn von Sprache und Literatur eines Reichsvolkes, das sich für die Elite des Christentums hält, durch seinen von Gott erwählten Herrscher Europas. Ihre Sprache haben die »Franzosen« erst bis zum 14. Jahrhundert über den Süden des Landes ausgedehnt. Von ihrem »Regnum Francorum« sind sie überzeugt, daß es einst von Kaiser Karl geschaffen wurde.

Seit dem 12. Jahrhundert gibt es für die »gentes« (Völker) des Ostens (Baiern, Alemannen/Schwaben, Sachsen, Lothringer/Franken/Rheinländer, Thüringer) einen gemeinsamen Namen: »Teutonici« und/oder »Alemanni« (Deutsche), und sie sind davon überzeugt, daß Ihr Reich das »Imperium Romanorum«, mit der Herrschaft über Italien und Rom, einst von Kaiser Karl geschaffen wurde.

Beide Reiche und Nationen sahen sich zu Recht als Erben Karls und beanspruchten den Vorrang in Europa, der ihnen nicht bestritten wurde. Beide Völker haben sich ihren Gründervater geschaffen, hier »Charlemagne«, dort »Karl der Große«. Jedes hat in ihm sein Selbstbewußtsein gefunden. Karl lebte in doppelter Gestalt fort, als »Besitz« zweier verschiedener Völker.

Aber der Karl, der gelebt hat, war weder Franzose noch Deutscher. Denn diese Völker entstanden erst nach der Teilung von Karls Reich 843. Karl der Große war Franke, aus einer zweisprachigen Mittelzone (Austrasien) seines Reiches, der er in Aachen eine Hauptstadt gab. Karl, den Herrscher Europas, den sie »Vater Europas« nannten, gab es, bevor es Deutsche und Franzosen gab. Europa war vor seinen Nationen da.

Résumé

Depuis le XIème siècle, les »Franceis« – entendez les »Francs de l'ouest«, ceux qui parlent »français« et qui habitent le nord-est de la Gaule – ont pris conscience de leurs affinités, de leur solidarité, de leurs points communs : bref, de tout ce qui les lie. Une prise de conscience due aux héros des chansons de geste, les fameux »Challemaigne« et »Roland«. Car la »Chanson de Roland« se trouve à l'origine de la langue et de la littérature d'un peuple de l'empire qui ne pèche pas par excès de modestie : à travers son souverain, monarque de droit divin qui domine l'Europe, il se prend ni plus ni moins – excusez du peu – pour l'élite de la chrétienté. Jusqu'au XIVème siècle, ces »Français« ont commencé par propager leur langue en direction du sud du pays. Ils sont convaincus du bon droit de ce »Royaume des Francs« naguère fondé par Charlemagne.

Depuis le XIIème siècle, on désigne les gens de l'est, Bavarois, Souabes et Alamans, Saxons, Lorrains, Francs, Rhénans, Thuringiens, tous confondus, sous un vocable commun : ce sont les »Teutons« – ou encore les »Alamans«. Et ils croient dur comme fer que leur »Empire romain«, qui étend sa domination à Rome et à l'Italie, fut jadis fondé par Charlemagne.

Les deux royaumes, les deux nations, se considéraient à bon droit comme les héritiers de Charlemagne, revendiquant tous deux en Europe une primauté que nul ne songeait à leur contester. Et tous deux se réclamaient du même fondateur : ici, on parlait de »Charlemagne« – que l'on nommait là-bas »Karl der Grosse«. Et c'est bien en effet à Charlemagne qu'ils doivent cette conscience de leur propre valeur qui les caractérise. Car Charlemagne a doublement survécu dans le cœur de deux peuples différents.

Mais Charles, le vrai, celui qui a vécu, n'était ni Français ni Allemand. Car ces peuples ne se constituèrent qu'après le partage du royaume de Charlemagne en 843. Charlemagne était tout simplement un Franc, originaire d'une région médiane bilingue – l'Austrasie – de son royaume, une région où il choisit d'établir sa capitale, Aix-la-Chapelle. Charlemagne, maître de l'Europe, celui que l'on nomma le »père de l'Europe«, a existé bien avant les Allemands et les Français. Car l'Europe était là bien avant les nations européennes.

Samenvatting

Sinds de 11e eeuw zijn de »Franceis« (West-Frankische, »Frans« sprekende bewoners van Noord-Oostgallië) zich van hun samenhorigheid bewust door hun heldenfiguren »Challemaigne« en »Roland«. De »Chanson de Roland« markeert het begin van de taal en literatuur van een volk binnen het rijk, dat zich vanwege de door God gekozen heerser van Europa voor de elite van het christendom houdt. Hun taal hebben de »Fransen« pas tegen de 14e eeuw tot in het Zuiden van het land weten door te zetten. Wat betreft hun »Regnum Francorum« zijn ze ervan overtuigd, dat het lang geleden door Keizer Karel in het leven is geroepen.

Sinds de 12e eeuw heeft men voor de »gentes« (volken) van het Oosten (Beieren, Alemannen/Schwaben, Saksen, Lotharingers/ Franken/Rijnlanders, Thuringers) een gemeenschappelijke naam: »Teutonici« en/of »Alemanni« (Duitsers), en zijn ze ervan overtuigd, dat hun rijk, het »Imperium Romanorum«, heersend in Italië en Rome, eens door Karel is geschapen.

Beide rijken en naties stonden in hun recht met hun aanspraak, erfgenaam van Karel te zijn. Ze eisten een voorname positie in Europa op, die hen ook niet werd bestreden. Beide volkeren hebben hun eigen grondlegger geschapen, hier »Charlemagne«, daar »Karl der Große«. Elk voor zich heeft op hem zijn eigen zelfbewustzijn kunnen vestigen. Karel leefde in verdubbelde gestalte voort, als »bezit« van twee verschillende volkeren.

Maar de echte Karel, degene die geleefd heeft, was noch Fransman, noch Duitser. Deze volkeren ontstonden immers pas na de deling van Karels' rijk in 843. Karel de Grote was een Frank, uit een tweetalig middengebied (Austrasië) van zijn rijk. Met Aken gaf hij dit rijk een hoofdstad. Karel, de heerser over Europa, die ze de naam »Vader van Europa« gaven, leefde voordat er sprake was van Duitsers en Fransen. Europa was realiteit lang voordat haar naties ontstonden.

Shrnutí

Od 11. století jsou si »Franceis« (západofrančtí, »francouzsky« mluvící obyvatelé severovýchodní Galie) vědomi své pospolitosti díky svým hrdinům »Challemaigne« a »Roland«. »Píseň o Rolandovi« stojí na počátku jazyka a jednoho lidu říše, který se považuje za elitu křesťanstva díky svému Bohem zvolenému panovníkovi Evropy. Svůj jazyk rozšířili »Francouzi« po jihu země teprve ve čtrnáctém století. Jsou přesvědčeni, že jejich »Regnum Francorum« vytrvořil kdysi císař Karel.

Od 12. století existuje pro kmeny (»gentes«) východu (Bavory, Alemanny, Šváby, Sasy, Lotrince/Franky/Poryňany, Durynce) společné jméno: »Teutonici« nebo »Alemanni« (Němci) a tento lid je přesvědčen o tom, že jejich říše, »Imperium Romanorum«, s vládou nad Itálií a Římem, byla kdysi vytvořena císařem Karlem.

Obě říše a oba národy se právem považovaly za dědice Karla a činily si nárok na přední místo v Evropě, které jim nebylo upíráno. Oba národy si stvořily svého zakladatele, u jedněch to byl »Charlemagne«, u druhých »Karl der Große«. Oba národy v něm nalezly své sebevědomí. Karel žil v dvojí podobě dál, jako »vlastnictví« dvou různých národů.

Ale Karel, který skutečně existoval, nebyl ani Francouz ani Němec. Tyto národy totiž vznikly až po rozdělení Karlovy říše roku 843. Karel Veliký byl Frank, z dvoujazyčné střední zóny (Austrasie) své říše, které dal hlavní město – Cáchy. Karel, vládce Evropy, kterého nazývali »otcem Evropy«, existoval dříve než Němci a Francouzi. Evropa existovala dřív než její národy.

Summary

After the 11th century the »Franceis« (west Frank, French-speaking inhabitants of north-eastern Gaulle) were aware of belonging together because of their heroic figures »Challemaigne« and »Roland«. The »Chanson de Roland« was the beginning of language and literature for a group of people in the empire who believed they were the elite of Christendom and the rulers of Europe – chosen by their God. The French only extended their language in the 14th century beyond the south of the country. Their »Regnum Francorum« conveys their conviction that their country was once created by emperor Charles.

Since the 12th century there was a common name for the »gentes« (people) of the East (Bavarians, Alemannic/Schwaben, Saxons, Lothringer/Franks/Rhineländer, Thüringer): »Teutonici« and/or »Alemanni« (Germans), and they were convinced that their empire, the »Imperium Romanorum«, with rule over Italy and Rome, was once created by Emperor Charles.

Both empires and nations rightly considered themselves to be entitled to Charles' heritage and claimed hegemony in Europe, which was granted them. Both groups established their founding fathers for themselves, here »Charlemagne«, there »Charles the Great«. Each discovered their own self-esteem in him. Charles continued to live torn in two, »owned« by two different national communities of people.

However the Charles who really lived was neither French nor German. These two national communities in fact only came into existence after Charles' empire was divided in 843. Charles was Frank, from the bilingual central area (Austrasia) within his empire, which he gave a capital city in Aachen. Charles, the ruler of Europe, who was called the »father« of Europe, existed before there were Germans or French. Europe was thus there before its nations were.

Nikolaus Gussone (Münster/Ratingen)

Ritus, Recht und Geschichtsbewußtsein

Thron und Krone in der Tradition Karls des Großen

Abb. 1 Kat.Nr. 2 · 23
Der Marmorthron im westlichen Obergeschoß der Aachener Marienkirche ist eines der wichtigsten Herrschaftszeichen, die die römisch-deutsche Krönungstradition auf Karl den Großen zurückführte. Antike Marmorplatten, tertiäre Verwendung in Aachen zwischen 760 und 825. Aachen, Dom, Empore des karolingischen Oktogons

Aachen – Sitz des Reiches und Ort der Erhebung der deutschen Könige

»Urbs Aquensis, urbs regalis, regni sedes principalis, prima regum curia« – mit dieser Sequenz aus dem 12. Jahrhundert preisen noch heute die Aachener am traditionellen Karlsfest ihre Stadt als königliche Stadt, als Hauptsitz des Reiches, und mit ihr Karl den Großen, der in ihr gegenwärtig ist.

Als »Sitz« wurde Aachen schon zur Zeit Karls des Großen bezeichnet. Man meinte damit seine Pfalz und die Marienkirche, vielleicht auch den Kreis bedeutender Berater, Gelehrter und Künstler, die er dort um sich versammelt hatte. Diese umfassende begriffliche Bedeutung des »Sitzes« Aachen hat ihre Vorstufen in der Antike, hat kirchliche Parallelen in Begriffen wie »Heiliger Stuhl« oder »Bischofssitz« und ihr heutiges Gegenstück in der Bezeichnung »Regierungssitz«.

In diesen bildhaften Begriffen ursprünglich eingeschlossen und mitgemeint sind reale auszeichnende Sitze oder Throne, denn: zu sitzen, wenn andere stehen müssen, oder sich eines besonderen

Sitzes, z. B. der herausgehobene Sitz des deutschen Bundeskanzlers an der Spitze der Regierungsbank, bedienen zu dürfen, ist in vielen Kulturen ein Ausdruck des Vorrangs. Dieser lebt in der Bezeichnung »Vorsitzender« noch heute fort.

In diesem Sinn hat man auch in Aachen als »Sitz« Karls des Großen mit realen Thronen zu rechnen, in der Pfalz und in der Marienkirche. Doch läßt die Überlieferung wegen der Vielschichtigkeit des Begriffes »Sitz« oft nur schwer erkennen, ob ein realer Sitz oder die übertragene Bedeutung gemeint ist.

Die Aachener Überlieferung sieht im Marmorthron (Abb. 1), der noch heute auf der Westseite des Obergeschosses der Aachener Marienkirche steht, den Thron Karls des Großen. Das ist aufgrund der letzten Untersuchungen (siehe Schütte) durchaus möglich, ebenso, daß er durch Reliquien geheiligt war. Der Thron erinnert an eine Bischofskathedra, doch hat diese ihren Platz im Chor der Kirche in der Nähe des Altars.

Wichtig ist, daß die Leitfigur Karl der Große und die Tradition seines »Sitzes« so wirksam waren, daß sie die Erhebung der deutschen Könige an sich zogen und für Jahrhunderte an Aachen banden.

Die Königserhebung war ein komplexes Verfahren, eine Kette von weltlichen und kirchlichen Handlungen, darunter Wahl, Huldigung, Befragung und Versprechen des Gewählten, Befragung und Zustimmung des »Volkes«, Salbung, Übergabe des Schwertes und anderer Insignien, Krönung, Thronsetzung und in den ersten Jahrhunderten der Umritt des neuen Herrschers durch das Reich, um Anerkennung zu gewinnen. Diese Handlungen konnten an verschiedenen Orten stattfinden. So zogen Herrscher, die anderswo gekrönt worden waren oder als schon Gekrönte nach dem Tod des Vorgängers die Herrschaft übernahmen, nach Aachen, um auf dem Thron Platz zu nehmen.

Die Krone

Manchmal wurden und werden die Handlungen in Aachen mit dem Begriff »Krönung« zusammengefaßt. Dies ist ein Hinweis auf die Bedeutung der Krone als das neben dem Thron wichtigste Herrschaftszeichen (siehe Ott).

Kronen können als reale Objekte und – bis heute – in übertragener Bedeutung Inbegriff des Gemeinwesens sein. Wie bei »Sitz« ist in der Überlieferung oft schwer zu erkennen, ob eine reale Krone oder die übertragene Bedeutung gemeint ist.

Eine besonders ehrwürdige Krone, die sogenannte Reichskrone, heute in der Weltlichen Schatzkammer in Wien, wurde bei vielen Krönungen verwendet. Ihre Datierung ist strittig. Keinesfalls stammt sie aus der Zeit Karls des Großen, wie die Tradition meinte. Meist wird sie der Zeit der Ottonen zugeschrieben, aber auch der Konrads II.

Wie immer man dazu steht, hier geht es darum, welche Rolle der Aachener Thron und die Reichskrone bei der Erhebung der deutschen Könige spielten, welche Bedeutung der Erinnerung an Karl den Großen dabei zukam und was sich daraus für die Verfassung des Reiches ergibt.

Quellen sind zunächst die Gestalt von Thron und Krone sowie die an ihnen vorgenommenen Veränderungen und dann die schriftliche Überlieferung. Es ist zu prüfen, ob und wie dort Thron und Krone bezeugt sind. Dabei sind die unterschiedlichen Textsorten und das historisch variable Verhältnis von Ritus, Recht und Schrift zu berücksichtigen.

Die Aachener Throne und die Karlstradition

Die wichtigsten Schriftzeugnisse sind die Ordines für den kirchlichen Ritus der Herrschereinsetzung, dann Urkunden als Selbstzeugnisse der Könige und schließlich die Geschichtsschreibung. In ihr sind Schilderungen von Herrschererhebungen oft zentrale Bestandteile des Gesamtwerks und kunstvoll mit diesem verwoben. Sie sind damit nicht nur Beschreibungen von Ereignissen, sondern auch Sinndeutung innerhalb eines historiographischen Gesamtentwurfs. Dies ist besonders aufschlußreich, wenn der Autor dem Herrscherhaus nahestand.

Ordines sind liturgische Texte mit Gebeten und Anweisungen für den Ritus gottesdienstlicher Handlungen. Dazu gehören die Krönungsordines für die Krönungen von Kaisern und Kaiserinnen, von Königen und Königinnen. Nach älteren fränkischen Vorstufen entstanden sie im westfränkischen Reich – zunächst für einzelne Krönungen, dann in allgemeiner Fassung, also vom Einzelfall zur Norm –, vielleicht auch bei den Angelsachsen. Neu redigiert wurden sie nach der Mitte des 10. Jahrhunderts, als im St. Alban-Kloster in Mainz das sogenannte »Pontificale Romano – Germanicum« zusammengestellt wurde, ein Buch für die Liturgie des Bischofs, mit vielen zusätzlichen Texten. Dieses Pontificale, die bedeutendste liturgische Leistung der ottonischen Kirche, gewann weite Verbreitung und damit auch der darin enthaltene Ordo für die Krönung eines Königs. Auch wenn er ganz allgemein für die Krönung eines Königs bestimmt war, soll er für die Krönung des deutschen Königs maßgebend geworden sein.

Die Ordines bezeugen die religiös-kirchliche Prägung des Herrschaftsantritts und die damit gegebene Auffassung vom Herrscheramt. Die Gebete bei der Übergabe der einzelnen Herrschaftszeichen sind Beispiele für deren geistliche Deutung.

Dies gilt nach dem Ordo im »Pontificale Romano-Germanicum« auch für die Übergabe der Krone und – zum Ende der Feier – des Throns. Zur Krone heißt es: »Danach soll der Metropolit ehrerbietig die Krone auf das Haupt des Königs setzen und sprechen: ›Nimm hin die Krone des Königreichs, die von den – wenn auch unwürdigen – Händen der Bischöfe Deinem Haupt aufgesetzt wird. Du mögest erkennen, daß sie Ruhm der Heiligkeit, Ehre und Werk der Tapferkeit bezeichnet. Dir bleibe nicht unbemerkt, daß Du durch sie Teilhaber unseres Amtes wirst: So wie wir im Inneren als Hirten und Lenker der Seelen

Abb. 2
Albrecht Dürer (1471–1528), aquarellierte Zeichnung der Reichskrone. Dürer zeichnete die Reichsinsignien als Studien zu seinen monumentalen Gemälden Karls des Großen und Sigismunds, die für die Nürnberger Heiltumskammer bestimmt waren. Aquarellierte Federzeichnung auf Papier, Feder in Blau, aquarelliert und mit Lichtocker laviert, um 1510/11, Nürnberg, Germanisches Nationalmuseum, Hz 2574

angesehen werden, so sollst Du im Äußeren als wahrer Verehrer Gottes und als starker Verteidiger gegen alle Widersacher der Kirche immer erscheinen, ebenso für das Königreich, daß Dir von Gott gegeben und durch den Dienst unserer Weihe in Stellvertretung der Apostel und aller Heiligen Deiner Herrschaft anvertraut wurde, als nützlicher Verwalter und geeigneter Herrscher, damit Du unter den ruhmreichen Kämpfern, mit den Edelsteinen der Tugenden geschmückt und mit dem Siegespreis der ewigen Seligkeit gekrönt, mit dem Erlöser Jesus Christus, dessen Namen Du trägst und dessen Stellvertretung Du innehast – wie man glaubt –, ohne Ende gerühmt wirst. Der lebt und herrscht als Gott mit Gott dem Vater in der Einheit des Heiligen Geistes durch alle Ewigkeit.‹«[1]

Zur Thronsetzung heißt es: »Dann soll der Gekrönte ehrerbietig durch den Chor vom Altar zum Thron geführt werden. Dabei singt der Klerus das Responsorium: ›Den Wunsch seiner Seele hast Du ihm erfüllt.‹ Dann soll der Metropolit sprechen: ›Stehe und halte von nun an den Platz, den Du bisher aufgrund väterlicher Nachfolge innehattest, nach Erbrecht Dir übertragen, durch die Autorität des allmächtigen Gottes und unsere gegenwärtige Übergabe, nämlich der Bischöfe und übrigen Diener Gottes. Und wie Du den Klerus den heiligen Altären näher siehst, so sollst Du Dich um so mehr erinnern, ihm an geeigneten Orten die gebührende Ehre zu erweisen. So möge der Mittler zwischen Gott und den Menschen Dich als Mittler zwischen Klerus und Volk‹ – auf diesem Sitz soll der Metropolit ihn Platz nehmen lassen, wobei er spricht – ›auf diesem Thron des Königreichs bestätigen und im ewigen Königreich mit sich herrschen lassen, Jesus Christus, unser Herr, der König der Könige und Herr der Herrschenden, der mit Gott dem Vater und dem Heiligen Geist lebt und regiert in Ewigkeit zu Ewigkeit – Amen.‹ Dann soll er ihnen den Friedenskuß geben. Die ganze Schar der Kleriker aber soll aus Freude über einen solchen Herrscher mit vollem Klang und erhobener Stimme lobsingen: ›Großer Gott, wir loben Dich‹«[2]

Beide Texte sprechen von der Übertragung der Herrschaft an den König durch Gott und betonen – mehr als die übrigen Texte zur Übergabe der anderen Insignien – die Rolle der Bischöfe dabei. Sie verkünden die Teilhabe des Königs am bischöflichen Amt, in der Kronenfomel direkt, bei der Thronsetzung indirekt durch ihre Ähnlichkeit mit der Thronsetzung eines Bischofs bei seiner Weihe, die auch sonst die Königsweihe beeinflußt hat. Dadurch und durch den Bezug von Krone und Thron auf das Königreich und weniger auf die Person des Königs wird dieser – anknüpfend an den kirchlichen Amtsgedanken – auf ein über ihn hinausweisendes Amt verpflichtet.

Der älteste ausführliche Bericht aus nachkarolingischer Zeit über eine Krönung in Aachen ist die Schilderung der Krönung Ottos des Großen im Jahre 936, die der Corveyer Mönch Widukind († nach 973) in seiner »Sachsengeschichte« gibt, die er 967/68 verfaßte, nach 973 ergänzte und zuvor Mathilde, der Tochter Ottos des Großen gewidmet hatte. Der Krönungsbericht ist kunstvoll in das Gesamtwerk komponiert (siehe Keller). Das führt zu den Fragen, ob Widukind ein Ereignis genau schildert, das er selbst kaum miterlebt haben konnte, ob er Gewährsleute befragte, ob er einen Ordo zu Rate zog oder vielmehr den Ordo des »Pontificale Romano-Germanicum« beeinflußte und schließlich, ob er die Krönung Ottos II. im Jahre 961, die er wahrscheinlich miterlebte, aus Gründen der Gesamtkonzeption seines Werkes in das Ereignis von 936 hineinsah. Auf jeden Fall schildert er die Aachener Tradition, die sich im 10. Jahrhundert ausgebildet hatte.

Widukind schreibt im Rahmen des als »universalis electio« (allgemeine Wahl) bezeichneten Gesamtvorgangs von zwei Thronerhebungen: Zunächst im Atrium der Marienkirche Karls des Großen; dort erhoben die Großen den vom Vorgänger bestimmten und vom ganzen Volk gewählten neuen Herrscher »auf einen dort errichteten Thron, reichten ihm die Hand, versprachen ihm Hilfe gegen alle Feinde und machten ihn nach ihrem Brauch zum König.«[3] Die Vorbilder dieses Aktes sind strittig, ebenso, wie lange diese Tradition in Aachen weiterwirkte. Meist denkt man an einen germanisch-weltlichen Brauch, die Lehnshuldigung, aber auch an das biblische Vorbild eines Throns des Königs Salomon vor dem Tempel wurde erinnert. Zu erwägen sind auch die Formen der spätantiken Kaisererhebung im Heerlager, die in den germanischen Nachfolgestaaten des römischen Reiches – vermischt mit eigenen Bräuchen – nachgewirkt haben könnten und die Widukind kannte, wie seine Schilderung der Ausrufung Ottos des Großen zum Kaiser nach seinem Sieg in der Lechfeldschlacht deutlich macht.

Die zweite Thronsetzung, die Erhebung auf den Thron im Obergeschoß der Aachener Marienkirche zum Abschluß der kirchlichen Krönungsfeier entspricht der Anweisung des Krönungsordo, ist hier aber deutlich auf Aachen bezogen.

Die Erhebung Ottos des Großen in Aachen nach dem Bericht Widukinds von Corvey ist offensichtlich eine Neubildung, gespeist aus unterschiedlichen biblischen, kirchlichen und weltlichen Traditionen.

Die zwei dort geschilderten Thronsetzungen spiegeln zwei Grundmuster, die im weltlichen und geistlichen Bereich in Varianten und Kombinationen immer wiederkehren: als Teil der Wahl die demonstrative Erhöhung des Gewählten und die Huldigung einerseits und andererseits die Besitzeinweisung und Besitzergreifung, die mit Anerkennungshandlungen verbunden sein konnten.

Otto der Große selbst pries in einer Schenkungsurkunde für die Marienkirche vom 1. August 972 Aachen, das Karl der Große gegründet habe, wo er die Marienkirche errichtet und sie großzügig ausgestattet habe, »den Ort, den er mit Kaisersitzen würdig hervorgehoben hat und wo er selbst im Grabe ruht.«[4] Er verbindet so kaiserliche Throne mit Karl dem Großen.

Otto III., der sich Karl dem Großen und Aachen besonders verbunden fühlte (siehe Görich), hat die Aachener Marienkirche, »wo unser Sitz von unserem Vorfahren, nämlich von Karl, dem hochberühmten Kaiser und Augustus bekanntlich aufgestellt und eingerichtet wurde«[5], mit Kunstwerken und Gütern reich beschenkt. Dies ist – wenn »Sitz« nicht in übertragenem Sinn gemeint ist – der erste Hinweis auf die Verbindung eines Throns Karls des Großen in Aachen mit seinem aktuellen Inhaber, der sich offensichtlich als Nachfolger des Throngründers fühlt.

Wenig später schreibt der sächsische Bischof und Geschichtsschreiber Thietmar von Merseburg rückblickend auf die Erhebung Ottos des Großen in ähnlichem Sinne: »Als sie sich (Aachen) näherten, kam ihnen der ganze Senat entgegen, versprach Treue und Gehorsam, führte ihn an den Kaiserthron, setzte ihn an die Stelle seiner Vorfahren, wählte sich ihn zum König und sagte dann Gott Dank«[6]

Heinrich II. war 1002 in Mainz gekrönt worden. Als er den Umritt durch das Reich vollzog, um Anerkennung zu gewinnen, kam er auch nach Aachen. Dort erkannten ihn die Lothringer an und erhoben ihn auf den Königsthron. Das berichten übereinstimmend Thietmar von Merseburg und Adalbold von Lüttich, der Biograph des Kaisers. Es ist das erste Beispiel einer nach der Krönung an einem anderen Ort nachträglich in Aachen vollzogenen Huldigung und Thronsetzung, die auch beim nächsten Herrscherwechsel und dann noch öfter vorkommt. Die feierliche und mit der allgemeinen Anerkennung verbundene nachträgliche Thronsetzung an anderem Ort war – und ist – auch üblich bei Bischofserhebungen.

Konrad II. war 1024 in Mainz gekrönt worden. Wipo, sein Kaplan und Biograph, vielleicht auch Erzieher seines Sohnes Heinrich III., dem er in den Jahren 1040–1046 sein Werk »Taten Kaiser Konrads II.« widmete, berichtet, daß Konrad II. nach der Krönung zur Pfalz Aachen gezogen sei, »wo ein öffentlicher Königsstuhl von den alten Königen und besonders von Karl dem Großen errichtet worden war, der als Erzstuhl des ganzen Reiches gilt.«[7] Neu ist hier die Qualifizierung des Thrones als »öffentlicher Königsthron« und als »Erzstuhl des Reiches«.

Ob bei den in der Überlieferung genannten Thronen jeweils der heute noch in Aachen erhaltene Marmorthron gemeint ist – oder vielleicht der Thron im Atrium der Marienkirche – ist nicht sicher. Jedenfalls hatte der Marmorthron ein solches Ansehen gewonnen, daß er auswärts nachgeahmt wurde, in seiner Form im Bronzethron in der Goslarer Pfalz (Ende 11. Jahrhundert), in seinem Standort vielleicht in den Westemporen von Kirchen, die dem Herrscherhaus nahestanden.

Im Gegensatz zu dem Thron oder den Thronen in Aachen, die den neuen Herrscher anzogen, ist für seine Krönung noch keine bestimmte Krone erkennbar.

Zusammenfassend läßt sich für die Zeit der Ottonen und ersten Salier feststellen: In den Herrschaftszeichen wie Krone und Thron waren nach Ausweis des Krönungsordo von kirchlichem Amtsdenken geprägte Vorstellungen angelegt, die auf das Gemeinwesen zielten, über die Person des Herrschers hinaus, der Krone und Thron nur gleichsam treuhänderisch verwaltete. In Aachen verband sich damit die Vorstellung der von einem verehrten Gründer – nämlich Karl dem Großen – ausgehenden ununterbrochenen Nachfolge, die den Herrscher legitimiert und dem Reich Dauer verleiht. Dies erinnert wiederum an Begriffe aus dem biblisch-kirchlichen Bereich wie »Thron Davids« oder »Cathedra Petri«.

Der Kampf zwischen Papsttum und Kaisertum im Investiturstreit stellte die geistliche Stellung des Herrschers in Frage und erzwang die Begründung der weltlichen Herrschaft nach eigenem Recht.

Karlsthron und Reichskrone im »Heiligen Reich« der Staufer

Friedrich I. Barbarossa, in dessen langjähriger Regierung das Reich neue Kraft gewinnen sollte (siehe Engels), zeigte Papst Eugen III. im Jahre 1152 an, daß er in Frankfurt einträchtig gewählt, dann in Aachen unter Zustimmung des Volkes zum König gesalbt und feierlich auf den »Thron des Königreichs«[8] gesetzt worden war.

Otto von Freising berichtet ein halbes Jahrzehnt später in seinen »Taten Friedrichs« von der Krönung in Aachen; dabei sei Friedrich I. Barbarossa »auf den Sitz des Königsreiches der Franken gesetzt worden, der in dieser Kirche von Karl dem Großen aufgestellt worden ist.«[9]

Im Umkreis Barbarossas entstand vor 1158 ein gefälschtes Privileg Karls des Großen für Aachen: Auf einer Versammlung in Aachen geht Karl in Gegenwart der Großen des Reiches und Papst Leos III. in einer Rede zunächst auf die Ordnung des weltlichen und geistlichen Rechts ein, dann auf das antik-heidnische Aachen und seine christliche Wiederbegründung, sodann auf die Marienkirche, ihren Reliquienschatz und schließlich auf ihre Weihe durch den Papst. Dann sagt der Kaiser, er habe erreicht, »daß in diesem Tempel der königliche Stuhl aufgestellt wird und er als königlicher Ort und Haupt Galliens jenseits der Alpen gelten soll, daß in diesem Sitz die Könige als Nachfolger und Erben des Reiches eingesetzt werden und daß sie, so eingesetzt, von da an mit Recht die kaiserliche Macht in Rom ohne jeden Widerspruch sicher erlangen sollen.« Dies wurde von Papst und Kaiser bestätigt, damit es unverletzt gültig bleibe und Aachen Sitz des Reiches jenseits der Alpen und Haupt aller Städte und Provinzen Galliens sei.[10]

Die Bezeichnung Aachens als Haupt (*caput*) hat ihre Vorbilder und Parallelen in der Hervorhebung von Saint-Denis, Westminster, Monza und Arles, die ebenfalls Krönungsorte waren oder – wie Saint-Denis – diesen Rang anstrebten. Bemerkenswert ist die Verbindung eines realen Thrones – hier sicher der Marmorthron – mit der Funktion als Hauptort, der dann mit »Sitz« in übertragenem Sinn bezeichnet wird. Es ist wieder ein Beispiel für die Reales und bildhafte Rede umgreifende Vorstellung von »Sitz«. Dies erinnert an die in die christliche Spätantike, auf Papst Leo den Großen, zurückgehende Auffassung, daß Rom durch den Sitz des Heiligen Petrus zum Haupt der Welt geworden ist. Dieser Sitz des Heiligen Petrus war sicher bildlich gemeint, doch beginnt im späten 12. Jahrhundert die Verehrung einer Reliquie der Cathedra Petri, die ursprünglich ein Thron Kaiser Karls des Kahlen war.

Die Bestimmung, daß der auf dem Aachener Thron Erhöhte damit im Besitz der Kaisermacht ist, richtete sich gegen den päpstlichen Anspruch auf Vermittlung der Kaiserwürde. Sie gehört in die Auseinandersetzung zwischen Papsttum und Kaisertum, das nach Anfechtung seiner sakralen Stellung versuchte, sein eigenes Recht zu begründen und ist damit ein Zeugnis des staufischen Reichsgedankens, auch des Problems, wie sich deutsches Königtum und römisches Kaisertum voneinander abgrenzen lassen. Dieses Motiv bestimmte die Theorie und auch die Praxis der deutschen Königswahl in den kommenden Jahrhunderten und setzte sich nach der letzten Kaiserkrönung durch den Papst im Jahr 1530 bis zum Ende des Reiches 1806 endgültig durch.

Das Karlsprivileg diente einer Urkunde Papst Hadrians IV. für das Aachener Marienstift vom 22. September 1158 als Grundlage und gewann so Autorität.[11] Friedrich I. Barbarossa übernahm es am 8. Januar 1166 in einer Urkunde mit Privilegien für das Marienstift und für die Bürger von Aachen[12], das er als »caput et sedes regni Theutonici« (»Haupt und Sitz des Deutschen Reiches«) bezeichnet. Die Urkunde eröffnet er mit der Bekanntmachung der Heiligsprechung Karls des Großen am 29. Dezember 1165. Diese Heiligsprechung, im päpstlichen Auftrag, allerdings eines Gegenpapstes, an der der Kaiser sich persönlich beteiligte, folgte dem Vorbild der Heiligsprechung König Edwards des Bekenners in Westminster 1161 und erinnert an die Erhebung des Heiligen Dionysius in Saint-Denis 1144. Beide Orte waren königliche Grablegen und Krönungsstätten bzw. erhoben den Anspruch, es zu sein, und waren dadurch als Hauptorte hervorgehoben. Die Heiligsprechung war ein hochpolitischer Akt, der die Dynastie und das Reich heiligte. In einem Marktprivileg vom folgenden Tag begründete Barbarossa den Vorrang Aachens als königlicher Ort mit der Ruhestätte des heiligen Karls des Großen »und mit dem königlichen Thron, in dem zuerst die Kaiser der Römer gekrönt wurden.«[13]

Kaiser Friedrich II., der 1215 nach seiner Krönung in Aachen an der Schließung des eben vollendeten Karlsschreins teilnahm, bestätigte im August 1244 die erstgenannte Urkunde seines Großvaters.[14]

Die Bedeutung des Karlsthrons blieb gewahrt, auch in der Doppelwahl von 1198 und sogar im Interregnum (siehe Schaller, Burgers und Groten).

Seit dem 12. Jahrhundert zeigt sich (siehe Fillitz und Petersohn) die in den Insignien angelegte über die Person ihres jeweiligen Trägers hinausweisende Bedeutung in einem Insignienschatz des Reiches, der von den persönlichen Insignien der einzelnen Herrscher abgesetzt ist. Zwischen kaiserlichen und königlichen Insignien wurde dabei nicht unterschieden, wie ja auch der Aachener Thron als kaiserlich und als königlich galt, entsprechend dem besonderen Verhältnis von deutschem Königtum und römischem Kaisertum.

Wie in Frankreich wurden die Insignien zunehmend sakralisiert, d. h. teils auf Christus und seine Passion bezogen, teils – später – mit dem heiligen Karl dem Großen in Verbindung gebracht.

Zeugnisse aus dem Ende des 12. Jahrhunderts legen eine Gleichsetzung der – z. B. in den Ordines so genannten – »Krone des Reiches« mit der Wiener Krone nahe. Der abstrakte Begriff »Krone« als Inbegriff des Reiches fand in der Wiener Krone sein dingliches Gegenstück, so wie Aachen, als »Sitz« des Reiches bezeichnet, der reale Thron gegenüberstand, den man Karl dem Großen zuschrieb. Seit dem 13. Jahrhundert gilt die Krone als heilig.

Karlsthron und Reichskrone im Zeitalter der Staufer spiegeln bei dem Versuch der Herrscher, ihre Stellung nach eigenem Recht zu festigen eine zunehmende Sakralisierung des weltlichen Bereichs, sowohl durch Anleihen bei der Kirche als auch durch einen Rückgriff auf die Heiligkeit der römischen Kaiser, von der man im wiederentdeckten römischen Recht las. Das Reich wurde zum »Sacrum Imperium«, zum Heiligen Römischen Reich Deutscher Nation, wie es zuletzt genannt wurde. Konkurrenz und Austausch zwischen dem weltlichen und geistlichen Bereich sind ein Grundthema der europäischen Geschichte.

Karlsthron und Karlskrone im Spannungsfeld von Kaiser und Reich

Die Wende vom 13. zum 14. Jahrhundert brachte für die Krönung und Thronsetzung in Aachen, für Thron und Krone, kommen bemerkenswerte Neuerungen. Darin spiegelt sich der Wandel der Verfassung des Reichs.

Der Krönungsordo wurde neu redigiert, wahrscheinlich zur Krönung Heinrichs VII. 1309. Vor der Krönung Sigismunds 1414 wurden in Aachen einige Änderungen vorgenommen, die den neuen Raumverhältnissen nach dem Anbau der gotischen Chorhalle Rechnung trugen. Die Handschriften der Neuredaktion gehen auf zwei Gruppen zurück, auf Pontifikalien, also Bücher für die Liturgie des Bischofs im Gefolge des berühmten ottonischen »Pontificale Romano-Germanicum« einerseits und andererseits auf Bücher, die nur den Text des Krönungsordo enthalten und für die Teilnehmer der Krönungshandlungen bestimmt waren. Manche Handschriften lassen sich einzelnen Teilnehmern und damit bestimmten Krönungen zuordnen. Kaiser Friedrich III. hat in seine »Handregistratur« mit für ihn wichtigen Texten auch den Krönungsordo aufnehmen lassen. Kaiser Maximilian I. besaß in seiner Bibliothek ein Exemplar. Eine Handschrift aus Aachen mit einem Krönungsordo und zusätzlichen Anweisungen für das Zeremoniell in Aachen, wohl aus der Mitte des 14. Jahrhunderts, die heute in London aufbewahrt wird, wurde 1804 von Napoleon und Talleyrand in Aachen requiriert, wohl um als Vorlage für die Krönung Napoleons zu dienen, da man den Text als Ritus der Krönung des als Vorbild verehrten Karls des Großen ansah.

Die Formel beim Aufsetzen der Krone wird von den Erzbischöfen von Köln, Mainz und Trier gesprochen, im Ordo des ottonischen Pontifikale war es der Metropolit. Sonst ist der Text im wesentlichen unverändert geblieben. Die Formel zur Einweisung auf den Thron ist gegenüber der Fassung im ottonischen Pontifikale zumindest in einigen Handschriften eindeutig auf die Aachener Marienkirche bezogen und in ihrem Anfang entscheidend geändert: »So halte von nun an den königlichen Platz, der Dir – so sollst Du wissen – nicht durch Erbrecht, nicht durch väterliche Nachfolge, sondern durch die Kurfürsten im Königreich Deutschland übertragen wurde, besonders durch die Autorität Gottes und durch unsere gegenwärtige Übertragung, nämlich die aller Bischöfe und übrigen Diener Gottes.« Der weitere Text ist im wesentlichen unverändert.[15]

In der Betonung des Wahlrechts der Kurfürsten zu Lasten der Erbfolge bei der Erlangung der Königswürde spiegelt sich die Entwicklung sowohl der Reichsverfassung hin zu größerer Macht der Fürsten gegenüber dem König als auch die Einschränkung des Rechts der Königswahl ursprünglich aller Fürsten auf einen Kreis bevorzugter Wähler, der sieben Kurfürsten. Diese Ausbildung eines bevorzugten Wählerkreises hat ihre Parallele im Kardinals-Kollegium für die Papstwahl und im Domkapitel für die Bischofswahl. Einflüsse des Kirchenrechts sind in der Entwicklung des Rechts der deutschen Königswahl immer wieder festzustellen. Das gilt für die juristische Durchdringung der Erhebungsakte, besonders der Wahl, mit dem Ergebnis der seit der Mitte des 13. Jahrhunderts greifbaren Auffassung, daß schon die Wahl die Rechte des Königs vermittelt. Das mußte die Bedeutung der Krönungsfeier in Aachen mittelfristig mindern. Doch wurde 1356 in der Goldenen Bulle, die die Wahl des römisch-deutschen Königs und künftigen Kaisers dauerhaft bis zum Ende des Reiches regelte, bestimmt, daß die Wahl in Frankfurt, die erste Krönung in Aachen und der erste Reichstag in Nürnberg stattfinden solle.[16]

Nach wie vor zogen die gewählten Könige zur Krönung nach Aachen. Dies blieb besonders bei Doppelwahlen wichtig. 1531 wurde mit Ferdinand I. zum letzten Mal ein deutscher König in Aachen gekrönt. Für einige Krönungsfeste in Aachen gibt es ausführliche Berichte, seit der Krönung Maximilians I. 1486 auch in gedruckter Form.

Neu war bei der Wahl die Erhebung des Gewählten auf einen Altar – ähnlich wie bei der Erhebung von Päpsten, Bischöfen und Äbten –, erstmals bei der Wahl Heinrichs VII. 1309 nachweisbar und bis in das späte 17. Jahrhundert durchgeführt, auch die Präsentation des Gewählten auf dem im späten 14. Jahrhundert – anstelle eines hölzernen – errichteten steinernen Königsstuhl in Rhens (Abb. 3), zuerst bei Ruprecht von der Pfalz 1400 und zuletzt bei Maximilian I. 1486. Es waren demonstrative Erhöhungen nach der Wahl wie einst im 10. Jahrhundert im Atrium der Aachener Marienkirche.

1306 wurde an der Rückseite des Karlsthrons ein dem heiligen Nikasius geweihter Altar angefügt, auf dem um 1400 ein Retabel, der sogenannte Falkenstein-Altar, aufgestellt wurde – durch den Altar war der Karlsthron in die Liturgie des Marienstifts einbezogen. Abnutzungen an den Pfeilern, die den Thron tragen, weisen darauf hin, daß man zur Verehrung unter dem Thron hindurchkroch. Alles das läßt die »Heiligkeit« des Throns erkennen. Im frühen 15. Jahrhundert erhielt der Thron einen später erneuerten Schutzkasten.

Die Sakralisierung und die Zuschreibung an Karl den Großen setzte sich bei den meisten Insignien fort. Ab der Wende vom 13. zum 14. Jahrhundert wurde auch die Reichskrone als Krone Karls des Großen angesehen. So war es folgerichtig, daß Albrecht Dürer auf dem einen seiner beiden Kaiserbilder für den Nürnberger Rat Karl den Großen im Schmuck der Reichsinsignien darstellte.

Die Krone, die das Büstenreliquiar Karls des Großen (siehe Minkenberg) in der Aachener Schatzkammer schmückt, trug wahrscheinlich Karl IV. 1349 in Aachen. Später zugefügt wurden der kaiserliche Bügel und das Stirnkreuz, die an die Reichskrone erinnern. Das wohl ebenfalls später geschaffene Reliquiar diente der Aufbewahrung der Krone wie in Prag das Wenzelreliquiar der Aufbewahrung der Wenzelskrone. Über die traditionelle Verbindung von Büstenreliquiar und Krone hinaus konnte wie in Prag so auch in Aachen die Krone für Krönungen entnommen werden und so die Verbindung von heiligem Gründer und Nachfolger sichtbar machen. Das geschah bei den Krönungen Sigismunds 1414, Friedrichs III. 1442 und Ferdinands I. 1531. Die Aachener Krone trat also zeitweilig an die Stelle der Reichskrone.

Karl IV. gab den Reichsinsignien auf Burg Karlstein einen kapellenartigen Aufbewahrungsort. In dieser Zeit begannen auch die Heiltumsweisungen des Reichsschatzes, die auch in Nürnberg, wohin die Insignien 1423 gebracht worden waren, bis zur Reformation durchgeführt wurden. In Nürnberg verblieben die Insignien bis zum Ende des Reichs, getrennt vom Herrscher, der sie nur zu besonderen Anlässen erhielt, vor allem zur Krönung. Die über die Person des Herrschers hinausweisende Bedeutung der Insignien führte folgerichtig dazu, daß sie seit der Mitte des 14. Jahrhunderts als »Reich« bezeichnet wurden. In das Zeremoniell der Reichsinsignien wollten auch die Kurfürsten einbezogen werden. Hierin spiegelt sich ihr Anteil am Reich, gebildet aus Haupt und Gliedern, sichtbarer Ausdruck der Formel »Kaiser und Reich«.

Abb. 3 Kat.Nr. 6 · 9
Der Königsstuhl bei Rhens am Rhein wurde im späteren Mittelalter zur demonstrativen Erhöhung des Königs nach der Wahl genutzt. Sein hölzerner Vorgängerbau ist im 15. Jh. durch eine steinerne Architektur ersetzt worden. Frühe Darstellung des steinernen Königsstuhls, Druckgraphik in einem Buch von 1735, Münster, Privatsammlung

Karlsthron und Karlskrone nach dem Ende der Aachener Krönungen

Nach 1531 fanden in Aachen keine Krönungen mehr statt. Seit der letzten Kaiserkrönung durch den Papst 1530 fielen deutsche Königs- und römische Kaiserkrönung zusammen, eine Entwicklung, die sich seit dem 12. Jahrhundert angebahnt hatte. Die Krönung erfolgte unter ausdrücklicher Wahrung der Aachener Rechte jetzt am Wahlort, meistens in Frankfurt (siehe Duchhardt). Der Karlsthron wurde ersetzt, die Karlskrone blieb zur Verfügung.

Die gedruckten Berichte über die Wahlen und Krönungen wurden immer ausführlicher. Das gilt besonders für die z.T. mit kaiserlichem Privileg erschienenen Diarien. Auch Juristen widmeten sich der Krönung. Ein Beispiel ist Johann Jacob Mosers »Teutsches Staatsrecht«, das im 2. Teil (1738) auf über 70 Seiten »Von dem Crönungs-Actu« handelt, darunter auch der Thronsetzung. Die Schilderung folgt im Wesentlichen dem um 1309 neu redigierten Krönungsordo. Dabei erscheinen die rituellen Anweisungen in deutscher Sprache, die Formeln im lateinischen Original: »Nach vollendeter Meß hat der Consecrator, annoch wie bei der Meß bekleidet, und das Pedum in der Hand haltend, sodann Chur-Trier, mit Begleitung Chur-Pfalz, der Chur-Fürstlichen Gesandten und Assistenten, auch Erb-Aemter in ihrer Ordnung, Ihro Kayserliche Majestät auf den nebenseits aufgerichteten Thron in Procession geführt, und ist inmittels durch die Capell das Responsorium: ›Desiderium animae ejus, tribuisti ei, Domine, et voluntate labiorum ejus non fraudasti eum‹ gesungen, und damit Ihro Kaiserliche Majestät auf sothanen an statt Caroli Magni Aachischen Stuhls verordneten Thron, durch die geistlichen Chur-Fürsten, in Beyseyn Chur-Pfalz und der Gesandten, gesetzt und installirt worden, darzu der Consecrator die Wort gesprochen (...).« Während danach das »Te Deum« gesungen wurde, erteilte der Gekrönte auf dem Thron sitzend mit dem »Schwert Caroli Magni« ausgewählten Adeligen den Ritterschlag.[17]

Die rechtliche Bedeutung der Krönung schwand, das minderte nicht den Glanz der Feier im Rahmen der höfischen Gesellschaft, wie die Diarien bezeugen. Gestützt wurde das durch die »Ceremoniel-Wissenschaft«, die in den ersten Jahrzehnten des 18. Jahrhunderts blühte. Sie war Anleitung zur Selbstdarstellung und Machtsicherung der Fürsten, machte aber auch deren Mechanismen durchschaubar. Infolge sich wandelnder Auffassungen über Staat und Gesellschaft verfiel sie. Die alten Riten verloren ihre Legitimität und wurden unverständlich.

Das zeigt sich bei Johann Wolfgang von Goethe, der die Krönung Josephs II. 1764 miterlebte, in »Dichtung und Wahrheit« rückblickend schilderte und dabei auch Augenzeugen der Krönung von Franz I. 1745 (Abb. 4) zu Wort kommen läßt: »Ältere Personen, welche der Krönung Franz' des Ersten beigewohnt, erzählten: Maria Theresia, über die Maßen schön, habe der Feierlichkeit an einem Balkonfenster

Abb. 4
Krönung Franz' I. im Frankfurter Dom im Jahr 1745. Unter Wahrung der Aachener Rechte fanden die Krönungen seit 1562 am Wahlort statt, meistens in Frankfurt a. Main. Öl/Lwd., um 1745. München, Bayerische Verwaltung der staatlichen Schlösser, Gärten und Seen, G 1251

des Hauses Frauenstein, gleich neben dem Römer, zugesehen. Als nun ihr Gemahl in der seltsamen Verkleidung aus dem Dome zurückgekommen, und sich ihr sozusagen als ein Gespenst Karls des Großen dargestellt, habe er wie zum Scherz beide Hände erhoben und ihr den Reichsapfel, den Szepter und die wundersamen Handschuh hingewandt, worüber sie in ein unendliches Lachen ausgebrochen, welches dem ganzen zuschauenden Volke zur größten Freude und Erbauung gedient, indem es darin das gute und natürliche Ehegattenverhältnis des allerhöchsten Paares der Christenheit mit Augen zu sehen gewürdiget worden.«[18]

Das Heilige Römische Reich Deutscher Nation ist 1806 untergegangen. Auf seine ehrwürdigen Riten zurückblickend schrieb Goethe: »Eine politisch-religiose Feierlichkeit hat einen unendlichen Reiz. Wir sehen die irdische Majestät vor Augen, umgeben von allen Symbolen ihrer Macht; aber indem sie sich vor der himmlischen beugt, bringt sie uns die Gemeinschaft beider vor die Sinne. Denn auch der einzelne vermag seine Verwandtschaft mit der Gottheit nur dadurch zu bestätigen, daß er sich unterwirft und anbetet.«[19]

Das Ende des Heiligen Römischen Reichs Deutscher Nation bedeutete auch das Ende der Funktion von Thron und Krone bei der Krönung. Die Krone Karls des Großen blieb als Reichskrone Inbegriff des alten Reichs über die Hohenzollernmonarchie hinaus bis in die Zeit des Nationalsozialismus. Der Marmorthron in der Aachener Marienkirche wurde vom »Erzstuhl des Reichs« zum Gegenstand historischer Forschung und von Restaurierungsmaßnahmen einerseits und andererseits – nicht zuletzt durch die Gestaltung seiner Umgebung und der ganzen Kirche durch Wilhelm II. – zum Nationaldenkmal.

So schreibt 1931 in den Geisteskämpfen der Weimarer Republik, die sich auch in der Deutung des Mittelalters spiegelten, Theodor Haecker – ein christlicher Humanist, der sich in der Zeit des Nationalsozialismus als geistiger Führer der Widerstandsgruppe »Die weiße Rose« in München bewährte – in seinem Buch »Vergil – Vater des Abendlands«, das nach dem Zweiten Weltkrieg mehrfach nachgedruckt wurde: »Aus dem Imperium Romanum ward das Sacrum Imperium des christlichen Abendlandes. Und der Stuhl Karls des Großen steht auf deutschem Boden. Dieser Stuhl ist das schauererregendste, inhaltsvollste Nationaldenkmal der Deutschen. Aachen ist für das Fatum der Deutschen mehr als Weimar und Potsdam.«[20]

[1] Aus dem »Ordo ad regem benedicendum, quando novus a clero et populo sublimatur in regnum«, in: Le Pontifical Romano-Germanique du dixième siècle, hg. von Cyrille Vogel und Reinhard Elze, Bd. 1, Città del Vaticano 1963, Nr. 22, S. 257.
[2] Aus dem »Ordo ad regem benedicendum« (wie Anm. 1), Nr. 24–27, S. 258f.
[3] Die Sachsengeschichte des Widukind von Korvei, in Verbindung mit H.-E. Lohmann, neu bearbeitet von Paul Hirsch, Hannover [5]1935 (MGH Scriptores Rerum Germanicarum in usum scholarum [60]), S. 63–67.
[4] MGH Diplomata, Die Urkunden der deutschen Könige und Kaiser, Bd. 1: Die Urkunden Konrad I, Heinrich I. und Otto I., hg. von Theodor Sickel, Hannover 1879–1884, Nr. 417, S. 569f., hier S. 569.
[5] MGH Diplomata, Die Urkunden der Deutschen Könige und Kaiser, Bd. 2,2: Die Urkunden Otto des III., hg. von Theodor Sickel, Hannover 1893, Nr. 347, S. 776f., hier S. 776.
[6] Die Chronik des Bischofs Thietmar von Merseburg und ihre Korveier Überarbeitung, cap. II,1 (1), hg. von Robert Holtzmann, Berlin [2]1955 (MGH Scriptores rerum Germanicarum, NS, Bd. 9), S. 38.
[7] Die Werke Wipos, c. VI, hg. von Harry Bresslau, Hannover-Leipzig [3]1915 (MGH Scriptores Rerum Germanicarum in usum scholarum [61]), S. 28.
[8] MGH Constitutiones et acta publica imperatorum et regum, Bd. 1, hg. von Ludwig Weiland, Hannover 1863, Nr. 137, S. 141f.
[9] Ottonis et Rahewini Gesta Friderici imperatoris II,3, hg. von Georg Waitz und Bernhard von Simson, Hannover [3]1912 (MGH Scriptores rerum Germanicarum in usum scholarum [46]), S. 83.
[10] Aachener Urkunden 1101–1250, bearbeitet von Erich Meuthen, Bonn 1972, Nr. 1–2, S. 81–119, hier S. 115.
[11] Aachener Urkunden 1101–1250 (wie Anm. 10), Nr. 29, S. 185–193.
[12] Aachener Urkunden (wie Anm. 10), Nr. 1–2, S. 81–119; auch in MGH Diplomata, Die Urkunden der Deutschen Könige und Kaiser, Bd. 10,2: Die Urkunden Friedrichs I. 1158–1167, bearb. von Heinrich Appelt, Hannover 1979, Nr. 502, S. 430–434, hier S. 433.
[13] Aachener Urkunden (wie Anm. 10), Nr. 3, S. 123–127, hier S. 125; auch in: MGH Diplomata, Die Urkunden der Deutschen Könige und Kaiser, Bd. 10,2: Die Urkunden Friedrichs I. 1158–1167, bearb. von Heinrich Appelt, Hannover 1979, Nr. 503, S. 434f., hier S. 434.
[14] Aachener Urkunden (wie Anm. 10), Nr. 8, S. 135–137.
[15] Coronatio Aquensis, hg. von Georg Heinrich Pertz, Hannover 1837, MGH Leges, Bd. 2, S. 384–392, hier S. 389f.
[16] Die Goldene Bulle, XXIX,1: Die Goldene Bulle Kaiser Karls IV. vom Jahre 1356. Text bearbeitet von Wolfgang D. Fritz, Weimar 1972 (MGH Fontes iuris Germanici antiqui in usum scholarum, [11]), S. 87.
[17] Moser, Johann Jacob: Teutsches Staats-Recht. Zweyter Theil, Frankfurt – Leipzig 1738, S. 420–491, hier S. 479f.
[18] Goethe, Johann Wolfgang von: Dichtung und Wahrheit (Goethes Werke, Bd. 9. Autobiographische Schriften, Bd. 1, hg. von Liselotte Blumenthal und Erich Truntz), München [9]1981, S. 201.
[19] Goethe (wie Anm. 18), S. 202.
[20] Haecker, Theodor: Vergil – Vater des Abendlands [zuerst 1931], München 1947, S. 126f.

Beumann, Helmut: Grab und Thron Karls des Großen zu Aachen, in: Karl der Große. Lebenswerk und Nachleben, Bd. 4: Das Nachleben, hg. von Wolfgang Braunfels und Percy Ernst Schramm, Düsseldorf 1967, S. 9–38.
Classen, Peter: Corona Imperii. Die Krone als Inbegriff des römisch-deutschen Reiches im 12. Jahrhundert, in: Festschrift Percy Ernst Schramm, Bd. 1, hg. von Peter Classen und Peter Scheibert, Wiesbaden 1964, S. 90–101 (wieder abgedruckt in: Ausgewählte Abhandlungen von Peter Classen, hg. von Josef Fleckenstein, Sigmaringen 1983, S. 503–514).
Goldinger, Walter: Das Zeremoniell der deutschen Königskrönung seit dem späten Mittelalter, in: Mitteilungen des Oberösterreichischen Landesarchiv 5 (1957), S. 91–111.
Gussone, Nikolaus: Thron und Inthronisation des Papstes von den Anfängen bis zum 12. Jahrhundert. Zur Beziehung von Herrschaftszeichen und bildhaften Begriffen, Recht und Liturgie im christlichen Verständnis von Wort und Wirklichkeit, Bonn 1978.
Ders.: Die Krönung von Bildern im Mittelalter, in: Jahrbuch für Volkskunde NF 13 (1990), S. 150–176.
Hoffmann, Hartmut: Die Krone im hochmittelalterlichen Staatsdenken, in: Festschrift für Harald Keller zum sechzigsten Geburtstag dargebracht von seinen Schülern, Darmstadt 1963, S. 71–85.
Ott, Joachim: Krone und Krönung. Die Verheißung und Verleihung von Kronen in der Kunst von der Spätantike bis um 1200 und die geistige Auslegung der Krone, Mainz 1998.
Petersohn, Jürgen: Über monarchische Insignien und ihre Funktion im mittelalterlichen Reich, in: Historische Zeitschrift 266 (1998), S. 47–96.
Schmidt, Roderich: Königsumritt und Huldigung in ottonisch-salischer Zeit, Stuttgart 1961.
Ders.: Zur Geschichte des fränkischen Königsthrons, in: Frühmittelalterliche Studien 2 (1968), S. 45–66.
Schneider, Reinhard: Wechselwirkungen von kanonischer und weltlicher Wahl, in: Wahlen und Wählen im Mittelalter, hg. von Reinhard Schneider und Harald Zimmermann, Sigmaringen 1990, S. 135–171.
Ders.: Bischöfliche Thron- und Altarsetzungen, in: Papstgeschichte und Landesgeschichte. Festschrift für Hermann Jakobs zum 65. Geburtstag, hg. von Joachim Dahlhaus und Armin Kohnle, Köln – Weimar – Wien 1995, S. 1–15.
Schramm, Percy-Ernst: Herrschaftszeichen und Staatssymbolik. Beiträge zu ihrer Geschichte vom dritten zum sechzehnten Jahrhundert, Bd. 1–3, Stuttgart 1954–1956; Nachtragsheft, München 1978.
Ders.: Kaiser, Könige und Päpste. Gesammelte Aufsätze zur Geschichte des Mittelalters. Beiträge zur allgemeinen Geschichte, Bd. 1–5, Stuttgart 1968–1971.
Vec, Milos: Zeremonialwissenschaft im Fürstenstaat. Studien zur juristischen und politischen Theorie absolutistischer Herrschaftsrepräsentation, Frankfurt a. Main 1998.
Der verschleierte Karl. Karl der Große zwischen Mythos und Wirklichkeit, hg. von Max Kerner und Heike Nelsen, Aachen 1999.
Volk, Otto: Von Grenzen ungestört – auf dem Weg nach Aachen. Die Krönungsfahrten der deutschen Könige im späten Mittelalter, in: Grenzen erkennen – Begrenzungen überwinden. Festschrift für Reinhard Schneider zur Vollendung seines 65. Lebensjahrs, hg. von Wolfgang Haubrichs, Kurt-Ulrich Jäschke und Michael Oberweis, Sigmaringen 1999, S. 263–297.
Wolf, Gunter G.: Die Wiener Reichskrone, Wien 1995.

Kurzfassung

Thron und Krone sind die wichtigsten Herrschaftszeichen. In der deutschen Geschichte werden sie repräsentiert durch den Marmorthron im westlichen Obergeschoß der Aachener Marienkirche und durch die sogenannte Reichskrone in der Weltlichen Schatzkammer in Wien. Beide führt die Tradition auf Karl den Großen zurück. Für den Thron ist dies kürzlich als sehr wahrscheinlich dargelegt worden. Die Reichskrone stammt nicht aus der Zeit Karls des Großen, ihre Datierung ist umstritten, mehrheitlich gilt sie als ottonisch.

Der Beitrag skizziert, welche Rolle der Thron und die Krone bei der Erhebung der deutschen Könige spielten, welche Bedeutung die Erinnerung an Karl den Großen dabei hatte und was sich daraus für die Verfassung des Reiches ergibt.

Zu beachten ist dabei, daß in der schriftlichen Überlieferung Thron und Krone nicht nur ein Objekt beschreiben, sondern auch in übertragenem Sinn begegnen können, ein Spannungsverhältnis, das nicht immer erkennen läßt, welche Bedeutung gemeint ist.

Ein durchgehendes Motiv ist Konkurrenz und Austausch zwischen dem weltlichen und geistlichen Bereich auf dem Feld von Recht, Ritus und der Ausbildung von Institutionen, ein Grundthema der europäischen Geschichte.

Der ottonische Krönungsordo, der Ritus für die kirchliche Krönungsfeier, läßt die über die Person des Herrschers hinausweisende Bedeutung von Krone und Thron erkennen, betont den geistlichen Charakter des Königtums und die damit gegebene Verpflichtung.

Den ältesten ausführlichen Bericht über eine Krönung in Aachen bringt Widukind von Corvey in seiner Sachsengeschichte zur Erhebung Ottos des Großen 936. Er beschreibt zwei Thronsetzungen, eine weltliche durch die Fürsten im Atrium der Marienkirche, eine kirchliche im Rahmen der Krönungsfeier im Sinne des Krönungsordo in der Kirche selbst, und zwar auf einen Thron – wahrscheinlich der Marmorthron – im westlichen Obergeschoß.

Der Thron in Aachen wird in ottonischer und salischer Zeit zunehmend mit Karl dem Großen in Verbindung gebracht. Er gilt als öffentlicher Königsthron und Erzstuhl des Reiches. Wahrscheinlich ist der Marmorthron gemeint.

Die Verbindung des verehrten Gründers mit dem Thron, auf dem die Herrscher einander nachfolgen, hilft den über die Person des jeweiligen Herrschers hinausweisenden Amtscharakter der Herrschaft und die Dauer des Reiches zu begreifen und zu begründen.

Die Auseinandersetzung zwischen Papsttum und Kaisertum im Investiturstreit stellt die geistliche Stellung des Herrschers infrage und zwingt – verstärkt seit der Zeit der Staufer – zu einer Begründung weltlicher Herrschaft nach eigenem Recht. Das Reich wird durch Anleihen bei der Kirche und durch Rückgriff auf das wiederentdeckte römische Recht zum »Sacrum Imperium«, zum Heiligen Römischen Reich Deutscher Nation, wie es zuletzt hieß.

Das spiegelt sich in Thron und Krone. Der Thron, jetzt eindeutig der Marmorthron in der Marienkirche, macht als Thron Karls des Großen Aachen zum Hauptsitz des Reiches. Realer Thron und bildhafter Begriff sind einander zugeordnet. Die Erhebung auf den Thron, die deutsche Königskrönung, soll auch die Rechte eines Kaisers übertragen, ein gegen päpstliche Ansprüche auf Vermittlung der Kaiserwürde gerichtetes, die Zukunft prägendes Prinzip. Karl der Große wird heiliggesprochen und heiligt so den Thron und das Reich. Es bildet sich ein Schatz von Insignien – wobei kaiserliche und königliche nicht unterschieden werden –, die dem Reich und nicht dem einzelnen Herrscher zugeordnet werden und zunehmend sakralen Charakter annehmen.

Die Wiener Krone wird als Reichskrone faßbar und kann als dingliches Gegenstück zum Begriff »Krone« als Inbegriff des Reiches angesehen werden. Seit dem 13. Jahrhundert gilt sie als heilig.

Um 1309 wird der Krönungsordo neu redigiert. Die Formel zur Thronsetzung betont jetzt den Anteil der Kurfürsten und spiegelt so den Wandel der Reichsverfassung. Nach wie vor ziehen die neu gewählten Herrscher zur Krönung nach Aachen. Neu ist bei der Wahl die Erhöhung des Gewählten auf einen Altar – erstmals 1308 – und im 15. Jahrhundert die Präsentation des Gewählten auf dem seit dem 14. Jahrhundert bestehenden Königsstuhl in Rhens.

Dem Karlsthron wird 1305 ein Altar angefügt, sein heiliger Charakter so betont. Die Sakralisierung auch der übrigen Herrschaftszeichen nimmt zu. Die meisten werden Karl dem Großen zugeschrieben, vor allem die Reichskrone.

1531 ist die letzte Krönung in Aachen. Unter Wahrung der Aachener Rechte findet sie jetzt am Wahlort statt, meistens in Frankfurt. Der Karlsthron wird ersetzt, die Krone Karls des Großen steht weiter zur Verfügung. Die rechtliche Bedeutung der Krönung schwindet zunehmend; das mindert nicht ihren prächtigen Vollzug im Rahmen der höfischen Gesellschaft, unterstützt von der »Ceremoniel-Wissenschaft«.

Das Ende des Heiligen Römischen Reichs Deutscher Nation 1806 bedeutet auch das Ende der Rolle von Thron und Krone bei der Krönung. Die Wiener Krone bleibt Inbegriff des Alter Reichs über die Hohenzollernmonarchie bis in die Zeit des Nationalsozialismus. Der Marmorthron wird vom Erzstuhl des Reichs sowohl zum Gegenstand wissenschaftlicher Forschung als auch zum Nationaldenkmal.

Résumé

Le trône et la couronne sont les principaux emblèmes de la royauté. Ils sont représentés, dans l'histoire allemande, par le trône de marbre qui se trouve dans la tribune ouest de la cathédrale Notre-Dame d'Aix-la-Chapelle, ainsi que par la couronne dite impériale conservée au Trésor public de Vienne. La tradition les fait tous deux remonter à Charlemagne. Des recherches ont établi récemment que, pour le trône, la tradition était très probablement dans le vrai. La couronne, bien que sa datation soit controversée, serait quant à elle de fabrication plus récente : la plupart des érudits s'accordent à la considérer comme ottonienne.

La présente contribution se propose d'esquisser le rôle du trône et de la couronne lors de l'intronisation des rois germaniques ; elle s'attache par ailleurs à préciser, dans ce contexte, l'importance et la signification du souvenir laissé par Charlemagne, ainsi que ses incidences sur la Constitution de l'Empire.

Dans ce même ordre d'idées, il convient de noter que, pour la tradition écrite, loin d'être de simples objets, le trône et la couronne sont chargés d'une valeur hautement symbolique : est générée ainsi une ambiguïté qui ne permet pas toujours d'identifier la signification et la teneur visées par la tradition.

Dans le domaine du droit, des rites et de la genèse des institutions, la rivalité et les échanges entre les domaines spirituel et temporel apparaissent comme l'un des thèmes fondamentaux de l'histoire européenne, la parcourant de bout en bout tel un fil rouge.

L'*ordo* du couronnement ottonien – le cérémonial du sacre – permet de cerner, par-delà la personne du souverain, la signification suprême du trône et de la couronne, mettant ainsi en relief le caractère religieux de la royauté et les obligations morales qu'elle implique.

C'est Widukind de Corvey qui, dans son *Histoire des Saxons*, nous a laissé la plus ancienne chronique détaillée d'un couronnement célébré à Aix-la-Chapelle : il s'agissait de l'accession au trône d'Otton le Grand en 936. Widukind y décrit deux intronisations, un couronnement temporel, célébré par les Princes dans le narthex de la cathédrale Notre-Dame, et un sacre conforme à l'*ordo* du couronnement, célébré dans la cathédrale même, le souverain siégeant sur un trône – vraisemblablement sur le trône en marbre – dans la tribune ouest de l'édifice.

Aux époques salienne et ottonienne, le trône aixois fut, dans l'esprit de tous, de plus en plus fréquemment associé à Charlemagne. Il fut considéré comme le trône royal officiel et comme le premier siège de l'Empire. En l'occurrence, il s'agissait sans doute du trône en marbre.

Le fait d'associer Charlemagne, fondateur vénéré de la dynastie, au trône sur lequel se succèdent les souverains, aide à comprendre et à établir le caractère officiel de la souveraineté et la pérennité de l'Empire – un caractère qui dépasse de très loin la personne du souverain régnant.

Lors de la querelle des investitures, les polémiques qui opposèrent la papauté à la royauté remirent en question l'attitude spirituelle du souverain et imposèrent – plus encore sous les Staufen – un pouvoir temporel reposant sur le droit personnel. De par le recours à l'intervention de l'Église et au droit romain que l'on venait de redécouvrir, l'Empire se transforma en un *Sacrum Imperium* : le Saint Empire romain germanique, comme on l'appela finalement, était né.

Une évolution que reflètent le trône et la couronne. En sa qualité de trône de Charlemagne, le trône – et il s'agit maintenant, de façon univoque, du trône en marbre de la cathédrale Notre-Dame – fait d'Aix-la-Chapelle la capitale du royaume. Le trône de pierre est dorénavant indissociable de son contenu symbolique. Désormais, l'intronisation, le couronnement des rois allemands, doivent aussi transférer et conférer les droits impériaux : un principe qui, allant à l'encontre des revendications du pape en matière d'élévation à la dignité impériale, marquera l'avenir de son sceau. Charlemagne est canonisé, sanctifiant du même coup le trône et l'Empire. Un Trésor se constitue, mêlant indistinctement insignes et emblèmes royaux et impériaux qui se rapportent, non au souverain, mais à l'Empire et qui revêtiront de plus en plus un caractère sacré.

La couronne impériale conservée à Vienne est bel et bien réelle : elle peut être considérée à la fois comme le pendant tangible du concept abstrait de »couronne« et comme l'incarnation de l'Empire. Depuis le XIIIème siècle, elle passe pour sacrée.

L'*ordo* du couronnement est remanié vers 1309. La nouvelle formule d'intronisation met en lumière le rôle des princes-électeurs : elle reflète l'évolution de la Constitution de l'Empire. Tout comme par le passé, les nouveaux souverains se rendront à Aix-la-Chapelle pour le couronnement. Par contre – et c'est là une innovation –, lors de l'élection, l'intronisation du souverain devra se faire sur un autel : un cérémonial qui se déroulera pour la première fois en 1308. Autre innovation, au XVème siècle, le nouveau souverain devra, pour la présentation officielle, siéger sur le trône royal qui se trouve à Rhens depuis le XIVème siècle.

En 1305, un autel sera ajouté au trône de Charlemagne, accentuant son caractère sacré. Les autres emblèmes feront eux aussi l'objet d'une sacralisation croissante : la plupart d'entre eux seront attribués à Charlemagne, en particulier la couronne impériale.

Aix-la-Chapelle célébrera un ultime couronnement en 1531. Sans qu'il soit porté atteinte aux droits de la cité carolingienne, le couronnement sera désormais célébré sur les lieux mêmes de l'élection, la plupart du temps à Francfort. Le trône de Charlemagne sera remplacé, mais sa couronne restera. Certes, au plan juridique, le couronnement perd beaucoup de son importance. Mais cela ne lui enlève rien de sa splendeur d'antan : célébré avec une solennité sans pareille devant la foule des courtisans, il se déroule conformément au protocole d'usage.

1806 verra la fin du Saint Empire romain germanique : la couronne et le trône seront à jamais dépouillés de leur rôle. En tant que symbole de l'ancien Empire, la couronne conservée à Vienne survivra à la monarchie des Hohenzollern et subsistera jusque sous le national-socialisme. Premier siège de l'Empire, le trône de marbre deviendra à la fois un objet d'étude pour les chercheurs et un monument national.

Samenvatting

De troon en de kroon zijn de belangrijkste symbolen voor de macht. In de Duitse geschiedenis zijn dit de marmeren troon op de westelijke bovenverdieping van de Akense Mariakerk en de zogenaamde »Reichskrone« (rijkskroon) in de wereldlijke schatkamer te Wenen. Beiden herleiden de traditie tot Karel de Grote. Voor wat betreft de troon is dit kortgeleden nog als zeer waarschijnlijk bewezen. De rijkskroon stamt echter niet uit de tijd van Karel de Grote, de datering ervan is omstreden, over het algemeen geldt ze als Ottoons.

Deze bijdrage beschrijft welke rol de troon en de kroon bij de installatie van de Duitse koningen hadden, welke betekenis de herinnering aan Karel de Grote daarbij had en de gevolgen die dit voor de grondwet van het rijk heeft gehad.

De schriftelijke overlevering beschrijft de troon en de kroon niet alleen als object, maar ook in overdrachtelijke zin. Door dit spanningsveld is het wel eens moeilijk te onderkennen, welke betekenis bedoeld is.

Een doorlopend motief is concurrentie en uitwisseling tussen de geestelijke en de wereldlijke macht op het gebied van recht, rite en de vorming van instellingen, een basisthema in de Europese geschiedenis.

De Ottoonse kroningsordo, de rite voor de kerkelijke kroningsviering, verwijst naar de, boven die van de persoon van de heerser uitstijgende, betekenis van kroon en troon, ze benadrukt het geestelijke karakter van het koningschap en de daarmee verbonden plichten.

Het oudste uitvoerige bericht over een kroning in Aken brengt Widukind van Corvey in zijn »Geschiedenis van de Saksen« over de installatie van Otto de Grote in 936. Hij beschrijft twee intronisaties: een wereldlijke door de vorsten in het Atrium van de Mariakerk en een kerkelijke in het kader van de kroningsviering volgens de voorschriften van de Kroningsordo in de kerk zelf, en wel op een troon – waarschijnlijk de marmeren troon – op de westelijke bovenverdieping.

De troon in Aken wordt in de Ottoonse en Salische tijd meer en meer met Karel de Grote in verband gebracht. Op de troon gezeten oefent de koning zijn openbare ambt uit, de troon is de aartsstoel van het rijk. Waarschijnlijk gaat het hierbij om de marmeren troon. De relatie tussen de vereerde grondlegger en de troon waarop de heersers elkaar opvolgen, helpt het boven de persoon van de heerser uitstijgende ambtelijke karakter van het koningschap en van de duurzaamheid van het rijk te begrijpen en voort te zetten.

Het conflict tussen pausdom en keizerdom in de investituurstrijd zet een vraagteken achter de positie van de heerser op geestelijk gebied en doet – vooral onder de Staufers – de dwingende behoefte ontstaan, de wereldlijke macht op eigen recht te baseren. Het rijk kreeg door een aanleunen aan de kerk en door een teruggrijpen op het herontdekte Roomse recht de naam »Sacrum Imperium«, en op het laatst zelfs »Heiliges Römisches Reich Deutscher Nation«.

Dit weerspiegelt zich in troon en kroon. De troon, waarvan nu zeker is dat het om de marmeren troon in de Mariakerk gaat, zorgt er als troon van Karel de Grote voor dat Aken de hoofdplaats van het rijk wordt. Werkelijke troon en figuurlijk begrip komen met elkaar overeen. De verheffing op de troon, de Duitse koningskroning, moest ook de keizerlijke rechten overdragen, een principe dat tegen de pauselijke aanspraken op het verlenen van de keizertitel gericht en voor de toekomst bepalend was. Karel de Grote werd heilig verklaard en heiligde zo de troon en het rijk. Er vormt zich langzamerhand een schat aan insignes – waarbij er geen onderscheid bestaat tussen keizerlijke en koninklijke tekens –, die het rijk en niet de individuele heerser toebehoren en die meer en meer een sacraal karakter krijgen.

De Weense kroon wordt als rijkskroon tastbaar en kan als reële tegenhanger van het begrip »kroon« en zo als alomvattende voorstelling van het rijk worden gezien. Sinds de 13^e eeuw geldt ze als heilig.

Rond 1309 wordt de kroningsordo opnieuw geredigeerd. De formule voor de troonsbestijging benadrukt nu het aandeel van de keurvorsten en weerspiegelt zo de verandering in de rijksgrondwet. Noch steeds reizen de nieuw gekozen vorsten naar Aken om gekroond te worden. Nieuw is, dat bij de verkiezing degene die gekozen is op een altaar wordt verhoogd – voor het eerst in 1308 – en in de 15ᵉ eeuw de 0presentatie van de gekozene op de sinds de 14ᵉ eeuw bestaande koningsstoel in Rhens.

In 1305 wordt er een altaar bij de koningstroon geplaatst, hetgeen het heilige karakter ervan benadrukt. Ook de sacralisering van de andere machtssymbolen neemt toe. De meeste worden aan Karel de Grote toegeschreven, vooral de rijkskroon.

In 1531 heeft de laatste kroning in Aken plaats. Met behoud van de Akense rechten wordt de kroning nu in de plaats van de verkiezing voltrokken, meestal in Frankfurt. Er komt een andere troon, maar de kroon van Karel de Grote wordt nog steeds gebruikt. De wettelijke betekenis van de kroning neemt zienderogen af; hetgeen de pracht en praal bij de voltrekking ervan, in gezelschap van de hoofse kringen en ondersteund door de »ceremoniële wetenschap«, echter zeker niet verminderd.

Het einde van het Heilige Roomse Rijk der Duitse Natie (1806) betekent ook het einde van de rol van de troon en de kroon bij de kroning. De Weense kroon blijft het symbool voor het oude rijk, zowel in de tijd van de Hohenzollernmonarchie als in de tijd van het Nationaalsocialisme. De marmeren troon verandert van de aartsstoel van het rijk, in een voor wetenschappelijk onderzoek belangwekkend object en ook in een nationaal monument.

Shrnutí

Trůn a koruna jsou nejdůležitější odznaky panovnické moci. V německých dějinách jsou reprezentovány mramorovým trůnem v západním horním ochozu mariánského chrámu v Cáchách a tak zvanou říšskou korunou ve Světské pokladnici ve Vídni. Tradice oba předměty spojuje s Karlem Velikým. Toto je podle nejnovějších vyzkumů ve vztahu k trůnu velmi pradědpodobné. Říšská koruna nepochází z doby Karla Velikého, její datace je sporná, převážně bývá zařazována do doby otonské dynastie.

Příspěvek ukazuje, jakou roli hrály trůn a koruna při dosazování německých králů na trůn, jaký význam přitom měla vzpomínka na Karla Velikého a co z toho plyne pro ústavu říše.

Přitom je třeba uvědomit si, že v písemných dokladech se setkáváme s korunou a trůnem nejen jako s určitými objekty, ale také v přeneseném slova smyslu, takže někdy nelze přesně rozeznat, který význam je míněn.

Stálým motivem je konkurence a vzájemné působení světské a duchovní oblasti na poli práva, ritu a budování institucí, základní téma evropských dějin.

Korunovační právo z doby otonské dynastie, ritus církevní korunovační slavnosti, odhaluje význam trůnu a koruny, který přesahuje osobu panovníka, zdůrazňuje duchovní charakter království a tím i danou povinnost.

Nejstarší podrobnou zprávu o cášské korunovaci (Oty Velikého v roce 936) přináší Widukind z Corvey ve své Historii Sasů. Popisuje dvě dosazení na trůn, jedno světské, které provedla knížata v atriu mariánského chrámu, a druhé církevní dosazení na trůn (pravděpodobně onen mramorový) v západním horním ochozu chrámu v rámci korunovační slavnosti ve smyslu korunovačního řádu.

Trůn v Cáchách je v době otonské a sálské dynastie stále častěji spojován s Karlem Velikým. Je považován za veřejný královský trůn a »arcistolec« (Erzstuhl) celé říše. Patrně je míněn mramorový trůn.

Spojení uctívaného zakladatele s trůnem, na němž se střídají panovníci, pomáhá pochopit a zdůvodnit úřední charakter vlády a trvání říše, které přesahují jednotlivé panovníky.

Spor mezi papežstvím a císařstvím v boji o investituru zpochybňuje duchovní postavení panovníka a nutí – zejména od doby Štaufů – ke zdůvodnění světské větské vlády podle vlastního práva. Říše se stává analogicky k církvi a návratem k znovuobjevenému římskému právu »Sacrum Imperium«, Svatou říší římskou národa německého, jak se naposledy nazývala.

To se odráží v chápání trůnu a koruny. Trůn – nyní jednoznačně mramorový trůn v mariánském chrámu – činí jakožto trůn Karla Velikého Cáchy hlavním sídlem říše. Skutečný trůn a obrazný pojem jsou si vzájemn přiřazeny. Dosažení na trůn, německá korunovace, mají přenášet i práva císaře, což je princip zaměřený proti papežským nárokům na zprostředkování císařské hodnosti, který měl významné důsledky pro budoucnost. Karel Veliký je svatořečen, čímž se posvěcuje i trůn a říše. Vzniká poklad insignií – přičemž se nerozlišuje mezi císařskými a královskými –, které příslušejí říši, nikoliv určitému panovníkovi a získávají postupně sakrální charakter.

Vídeňská koruna je považována za říšskou korunu a za věčný protějšek pojmu »koruny« jako podstaty říše. Od 13. století je pokládána za svatou.

Kolem roku 1309 je korunovační řád nově pozměněn. Korunovační průpověď zdůrazňuje nyní podíl kurfiřtů a odráží změny říšské ústavy. Jako dříve přicházejí nov zvolení králové ke korunovaci do Cách. Novým prvkem při volbě je vyzdvihování zvoleného na oltář – poprvé roku 1308 – a v 15. století ukazování zvoleného na královské stolici, která stojí od 14. století v Rhens.

Roku 1305 je ke Karlovu trůnu přičleněn oltář, který tak podtrhuje jeho svatý charakter. »Posvěcení« i ostatních znaků panovnické moci vzrůstá. Většina z nich je připisována Karlu Velikému, především říšská koruna.

Roku 1531 probíhá v Cáchách poslední korunovace. Poté se již koná na místě volby, většinou ve Frankfurtu, při zachování cášských práv. Trůn Karla Velikého je nahrazen jiným, koruna Karla Velikého se používá i nadále. Právní význam korunovace rychle zaniká; to však nesnižuje její honosné provedení v rámci dvorní společnosti, podporované »obřadní vědou«.

Konec Svaté říše římské národa německého roku 1806 znamená konec role, kterou hrály trůn a koruna při korunovaci. Vídeěská koruna však zůstává podstatou staré říše od doby monarchie Hohenzollernů až po dobu nacismu. Mramorový trůn se stává – místo arcistolce říše – předm tem vědeckých výzkumů a národní památkou.

Summary

Throne and Church are the most important signs of rule. In German history they are represented by the marble throne in the western upper floor of the Aachen Mary Church and by the so-called imperial crown in the Worldly Treasury. In Vienna. Both go back to the tradition of Charlemagne. This has recently been shown to be very likely for the throne. The imperial crown however does not date back to the times of Charlemagne, its date is still an issue, it predominantly is held to be Ottonic.

This contribution gives an outline on which parts the throne and the crown played in the rise of German kings, what the memory of Charlemagne meant, and what this meant for the imperial constitution.

It should be noted that all written renderings of the throne and crown do not merely describe an object but also include passages that are not always clear and reveal conflicting interpretations.

A constant motif is competition and exchange of secular and spiritual ideas in terms of lay, rites and the formation of institutions, a fundamental issue in European history.

The Ottonic coronation ordo, the rite for the churchly coronation festival reveals the importance of the throne and the crown beyond the ruler and stresses the spiritual character of royalty and the duties involved.

The oldest most thorough account about a coronation in Aachen is from Widukind of Corvey in his Saxon stories about the rise of Otto the Great in 936. He describes two throne sittings, one wordily one by the princes in the atrium of the Mary Church, and a churchly one during a coronation festival, i.e. a coronation ordo in the Church, on a throne – probably the marble throne – in the western upper floor.

The throne in Aachen was connected to Charlemagne during the Ottonic and Salians times. It was taken to be the public royal throne and arch-seat of the empire. The marble throne was probably meant.

The connection of the adored founder with the throne, which saw a succession of rulers, helps to understand the official character of the ruler in question and his rule and the length of the empire.

The conflicts between the pope and the empire during the investiture fights questions the spiritual stance of the ruler and forces us – more so since the Staufer – to question worldly power per se. The empire becomes a »sacrum imperium« due to the re-discovered Roman laws and loans from the Church; i.e. a Holy Roman empire of German Nation, as it was called in the end.

This is reflected in throne and crown. The throne, obviously the marble throne in the Mary Church, made Aachen the capital of the empire since it was the throne of Charlemagne. The rise on the throne rendered the rights of an emperor, a principle that went against the pope and was directed towards the future. Charlemagne was sanctified and so too the throne and the empire. A treasure of insignia developed – both imperial and royal –, which belong to the empire and not to single rulers, and thus take on secular character.

The Vienna crown was seen to stand for the whole empire. Since the 13th century it was taken to be holy.

Around 1309 the coronation ordo was re-directed again. The part played by the princes reflected the change in constitution. The newly elected rulers still went to Aachen for the coronation. What was new was the altar where the chosen one was elevated – first in 1308 – and in the 15th century the presentation of the elected on the royal chair of Rhens that has existed since the 14th century. An altar was joined to the Charles chair in 1305, stressing his holy character. The other insignia were also being secularised more and more. Most of the. Especially the crown, are ascribed to Charlemagne.

1531 saw the last coronation in Aachen. It now mostly took place in Frankfurt. The throne was replaced, the crown still available. The legal significance of the coronation disappeared. The end of the Holy Roman Emperor of German Nation in 1806 meant the end of the part played by the throne and the crown during coronations. The Vienna crown remained a symbol of the old empire up to the National-Socialist period. The marble throne became from being the arch-seat of the empire to being an object of scientific research as well as a national monument.

Silvinus Müller (Aachen)

Die Königskrönungen in Aachen (936–1531)
Ein Überblick

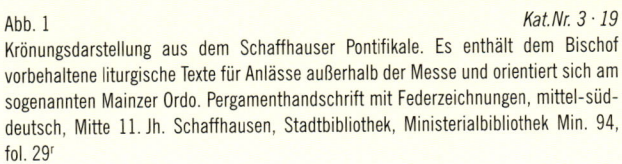

Abb. 1   Kat.Nr. 3 · 19
Krönungsdarstellung aus dem Schaffhauser Pontifikale. Es enthält dem Bischof vorbehaltene liturgische Texte für Anlässe außerhalb der Messe und orientiert sich am sogenannten Mainzer Ordo. Pergamenthandschrift mit Federzeichnungen, mittel-süddeutsch, Mitte 11. Jh. Schaffhausen, Stadtbibliothek, Ministerialbibliothek Min. 94, fol. 29ʳ

Aachen war zwischen den Jahren 936 und 1531 Krönungsort der mittelalterlichen deutschen Könige. Warum hielten die Könige nahezu 600 Jahre an dieser Tradition fest, obwohl die Stadt weder über eine verkehrsgünstige Lage verfügte, noch ein Kirchen-, Handels- oder Verwaltungszentrum war? Wußte doch Widukind von Corvey († nach 967/968) in seiner Sachsengeschichte von diesem Ort nur zu berichten, daß er in der Nähe von Jülich lag. Auch der Titel des in Aachen gekrönten Herrschers verlangt Erklärungen, lautete dieser in der Mitte des 12. Jahrhunderts »König der Römer« (*rex Romanorum*), 1520 aber »Erwählter römischer Kaiser« (*imperator Romanorum electus*). Hierbei stellt sich die Frage, wie es zu der in der Titulatur angezeigten Vermischung von König- und Kaisertum kommen konnte und wie der Herrschaftsraum bezeichnet wurde, über den der in Aachen Gekrönte gebot. Außerdem soll der Ablauf der Krönungszeremonie beschrieben werden, für den vor allem aus dem 15. und 16. Jahrhundert ausführliche Beschreibungen vorliegen. Schließlich muß noch darauf eingegangen werden, warum die Stadt im Jahr 1562 ihre Vorrangstellung an Frankfurt verlieren konnte.

Warum wurde in Aachen gekrönt?

Ein erster Hinweis auf die spätere Entwicklung Aachens zum Krönungsort der deutschen Könige kann in den beiden Aachener Kaiserkrönungen des 9. Jahrhunderts gesehen werden. 813 ließ Karl der Große im Obergeschoß der Marienkirche seinen Sohn Ludwig (814–840) zum Mitkaiser krönen. Der Vorgang wiederholte sich im Jahr 817 bei Lothar I. (840–855), dem Sohn Ludwigs des Frommen. Es waren Krönungen, die sich allein auf die Machtfülle der Herrscher gründeten und die Nachfolge sichern sollten. Von einem Aachener Krönungsrecht in karolingischer Zeit kann zwar noch nicht gesprochen werden, eine deutliche Bevorzugung der Aachener Pfalz wird jedoch schon aufgrund der zahlreichen Aufenthalte Karls des Großen und Ludwigs des Frommen erkennbar. Nachdem das in dieser Größe unregierbare Reich in die karolingischen Teilreiche (Westfrankenreich, Lotharingien, Ostfrankenreich) zerfallen war, verlor Aachen seine Bedeutung als Residenz, blieb aber ein zentraler Punkt Lotharingiens.

925 war das Mittelreich Lotharingien an das Ostfrankenreich gefallen. Für die Thronerhebung Ottos I. im Jahr 936, bei der auch die Großen des neuen Reichsteiles dem König huldigen sollten, wurde daher ein Ort ausgewählt, der im Herzen Lotharingiens lag. Im Gegensatz zu anderen Orten verfügte Aachen über repräsentative Großbauten. Die Marienkirche rief als architektonische Meisterleistung und als Stiftung Karls des Großen, die schon Karls Biograph Einhard († 840) in der »Vita Karoli Magni« besonders hervorgehoben hatte, im ganzen Mittelalter das Staunen und die Bewunderung der Menschen hervor. Außerdem befand sich hier neben dem Karlsgrab auch ein Thron, den die Ottonen direkt auf Karl den Großen zurückführten (Diplom Ottos III. vom 6. Februar 1000 für die Marienkirche). Mit der Inthronisation auf diesem Thron stellten sie sich in Karls Nachfolge. Die Rolle dieses legendären Karlsthrones wird besonders noch einmal von dem Hofkaplan Konrads II. und Heinrichs III., Wipo, betont, der ihn in seiner zwischen 1040 und 1046 verfaßten »Gesta Chuonradi« als »den Erzstuhl des ganzen Reiches« (»totius regni archisolium«) bezeichnete. Seit dem 13. Jahrhundert nannte sich die Stadt Aachen in Urkunden, Siegeln und Münzen selbstbewußt »königlicher Stuhl« oder »königlicher Stuhl und Stadt«. Der Versuch, die lothringischen Großen an das ostfränkische Reich anzubinden, war sicherlich ein wichtiger politischer Grund für die Wahl eines Ortes in Lotharingien als Krönungsstätte; für den Vorzug Aachens aber war das Vorbild Karls des Großen ausschlaggebend. So fand die Thronerhebung Ottos I. am 7. August 936 in Aachen statt.

Mit der Krönung der drei Ottonen (Otto I., Otto II. und Otto III.) in den Jahren 936, 961 und 983 war die Stellung Aachens als Krönungsort jedoch noch nicht gesichert. Es schien sich vielmehr nur um ein kurzes Intermezzo gehandelt zu haben, denn Heinrich II. (1002–1024) und Konrad II. (1024–1039) wurden in Mainz gekrönt. Die Auswahl des Krönungsortes war eng mit dem krönenden Erzbischof verbunden. Das Ansehen des Mainzer Erzbischofs war zu Beginn des 11. Jahrhunderts so groß geworden, daß dieser auch das Krönungsrecht für sich beanspruchen konnte. Da Aachen nicht in der Mainzer Kirchenprovinz lag, sondern zur Diözese Lüttich gehörte, die wiederum ein Teil der Kölner Kirchenprovinz war, wurde die Krönung in Mainz vorgenommen. Als sich der Mainzer Erzbischof Aribo (1021–1031) weigerte, die Ehe Konrads II. mit Gisela von Werl anzuerkennen, wandte sich der König für die Krönung seines Sohnes Heinrichs III. (1039–1056) an den Kölner Erzbischof Pilgrim (1021–1036). Dieser vollzog den Akt im Jahr 1028 in Aachen. Erst von diesem Zeitpunkt an kann von dem Beginn einer Tradition und einem Anspruch Aachens als Krönungsort gesprochen werden. Die Krönung in Aachen wurde zunehmend zwingend für den König. Wer nicht auf dem Thron Karls des Großen inthronisiert wurde, dem mangelte es an Legitimität. Daher versuchte der Herrscher, falls aus politischen oder militärischen Gründen keine Krönung in Aachen möglich war, diese möglichst schnell nachzuholen. Ein Beispiel dafür war die Auseinandersetzung zwischen Otto IV. (1198–1218) und Philipp von Schwaben (1198–1208). Beide waren von verschiedenen Fraktionen gleichzeitig zum König gewählt und an verschiedenen Orten gekrönt worden. Otto IV. hob nach seiner Krönung gegenüber seinem Konkurrenten hervor, daß er zwar nicht mit den eigentlichen Reichsinsignien, wohl aber vom Kölner Erzbischof in Aachen gekrönt worden war, und somit den Sitz des Reiches in seiner Gewalt habe. Nachdem Otto IV. unterlegen war, ließ sich Philipp noch einmal, nun vom »rechten Koronator«, dem Kölner Erzbischof, und am »rechten Ort«, in Aachen krönen. Der jeweilige Metropolit des Krönungsortes hatte das Recht zur Krönung. Nur wenn der Kölner Erzbischof verhindert war, wie zum Beispiel bei der Krönung Friedrichs II. im Jahr 1215 (der Stuhl des Kölner Erzbischofs war noch unbesetzt) oder bei der Krönung von Ludwig dem Bayern im Jahr 1314 (der Kölner Erzbischof stand auf der Seite des Gegenkönigs) durfte der Mainzer Erzbischof die Krönung vollziehen. Trotz Wahl scheint der König also nur dann vollständig anerkannt gewesen zu sein, wenn der Kölner Metropolit die Krönung in Aachen vollzogen hatte. Auch Friedrich II. belagerte zu diesem Zweck zweimal die Stadt (1214 und 1215). Bei Doppelwahlen war ausschlaggebend, daß der König vom »rechten« Koronator am »rechten Ort« gekrönt und auf den Karlsthron erhoben wurde. Die Goldene Bulle (1356) legte den Vorrang Aachens schließlich fest und bestimmte Frankfurt zum Ort der Wahl, Aachen zum Ort der Krönung und Nürnberg zum Ort des ersten königlichen Hoftages.

Ein wichtiges Element für das wachsende Ansehen Aachens war dessen deutliche Bevorzugung durch einzelne Herrscherpersönlichkeiten. Otto III., der 983 mit drei Jahren auf den Thron gehoben wurde, fand eine ganz besondere Beziehung zu Aachen und zu Karl dem Großen. Er öffnete im Jahr 1000 das Karlsgrab in der Marienkirche und gründete in Aachen ein Stift und zwei Klöster, vielleicht ein Zeichen dafür, daß er der Pfalz wieder die Bedeutung einer Residenz geben wollte. Die drei Stiftungen können als Hinweise für einen versuchten Ausbau des Pfalzortes zur Stadt gedeutet werden. Ottos früher Tod im Jahr 1002 in Paterno bei Rom machte diese Pläne zu-

Abb. 2 *Kat.Nr. 6 · 4*
Codex Balduini Trevirensis, zur Romfahrt Heinrichs VII., oben: Darstellung von der Königswahl Heinrichs VII., Altarsetzung in der Frankfurter Dominikanerkirche am 27.11. 1308, unten: Krönung Heinrichs VII. in Aachen am 6. Januar 1309. Kol. Federzeichnung, Trier vor 1354, Koblenz, Landeshauptarchiv, 1C Nr. 1, fol. 4

nichte. Sein letzter Wunsch war es, an der Seite Karls des Großen beerdigt zu werden. Heinrich II. dagegen reduzierte die großzügige Privilegierung der Marienkirche und der drei neuen Klöster. Als Ausgleich – so scheint es – schenkte er der Marienkirche eine komplette liturgische Ausstattung. Hierzu zählt neben der Heinrichskanzel wahrscheinlich auch das goldene Antependium Pala d'Oro und der Goldene Buchdeckel, vielleicht auch das ottonische Evangeliar, das aus dem Besitz Ottos III. stammte. Auch der Staufer Friedrich I. Barbarossa (1152–1190) hatte eine besondere Beziehung zu Karl dem Großen. Nach seinem Willen und unter seiner aktiven Mitwirkung bei der Translation der Gebeine wurde Karl der Große im Jahr 1165 heiliggesprochen. Barbarossa stiftete der Marienkirche den berühmten Kronleuchter, unter dem sich fortan jeder zu krönende König niederwarf, nachdem er die Kirche betreten hatte. Unter dem Leuchter stand auch der Karlsschrein bis zum Bau des gotischen Chores (1355–1414). Friedrich I. verlieh Aachen im Jahr 1166 städtische Privilegien und befahl die Errichtung einer Stadtmauer.

Die Bedeutung Aachens für das Königtum darf jedoch nicht überbewertet werden. Aachen besaß im Mittelalter nicht den Charakter einer Hauptstadt. Im Gegensatz zu Paris kam es in Aachen nicht zu einer festen Ansiedlung von Verwaltungsbehörden des Königtums (zentrales königliches Gericht oder Kanzlei). Auch übernahm die Marienkirche nicht die Funktion einer exklusiven Königsgrablege wie Saint-Denis bei Paris oder Westminster in London. Das Vorbild Karls des Großen und Ottos III. reichte hierfür nicht aus. Allerdings war Aachen der einzige Ort, den alle mittelalterlichen Herrscher wenigstens einmal aufsuchten, um hier symbolisch ihre Herrschaft zu begründen.

Zur Königstitulatur

Mit dem sich verändernden Selbstverständnis des Königtums variierte auch die Königstitulatur und die Bezeichnung des Reiches, über das der Herrscher gebot.

Seit Heinrich I. war der alleinige Königstitel *rex* ohne nähere Kennzeichnung vorherrschend. Durch die Briefe Gregors VII. (1073–1085) an Heinrich IV. (1056–1106) wurden die Begriffe »König der Deutschen« (*rex Teutonicorum*) und »Königreich der Deutschen« (*regnum Teutonicorum*) in Deutschland verbreitet. Dies war eine Zurücksetzung. Heinrich IV. wurde vom Papst in seine Schranken und auf ein Gebiet nördlich der Alpen verwiesen. Dabei war die Bezeichnung »der Deutschen« (*Teutonicorum*) durchaus abfällig gemeint. Als Antwort darauf nannte sich Heinrich V. (1106–1125) »König der Römer« (*rex Romanorum*). Mit dem Zusatz *Romanorum*, der schon von Otto II., Otto III. und Heinrich II. in der Kaisertitulatur verwendet worden war, setzte sich dieser Name als verbindlicher Titel für den noch nicht zum Kaiser gekrönten König durch. Er spiegelte den Anspruch des in Aachen gekrönten Königs auf die in Rom zu erlangende Kaiserwürde und auf die Rechtsnachfolge des alten römischen Weltreiches wider.

König und Kaiser

Im sogenannten »Traktat über das romanisch-fränkische Ämterwesen« aus dem 6. oder 7. Jahrhundert wird der König als derjenige bezeichnet, der über ein Volk oder mehrere regiere, Kaiser aber sei, wer über die ganze Welt herrsche oder in ihr den ersten Rang einnehme und dem die Könige anderer Reiche unterständen. Mit der Kaiserkrönung Ottos I. im Jahr 962 wurde die römische Kaiserwürde dauerhaft mit dem deutschen Königtum verbunden, so daß man im Laufe des Mittelalters faktisch nicht immer genau zwischen König und Kaiser unterschied. Der deutsche König besaß einen Rechtsanspruch auf die Kaiserkrönung, auch wenn diese erst nach Jahren oder manchmal überhaupt nicht erfolgte. Der an der päpstlichen Kurie tätige Kanoniker von St. Maria im Kapitol in Köln, Alexander von Roes, erklärte sogar 1281 in seiner Denkschrift über den Vorrang des Römischen Reiches, es sei die Anordnung Gottes, daß die Römer das Papsttum, die Franzosen das Studium der Wissenschaften, die Deutschen aber das Kaisertum erhalten hätten, um den katholischen Glauben zu verteidigen. Deutlich wurde der Anspruch des deutschen Königs auf die Kaiserwürde im Lehnsrecht. Die Lehnsmänner des deutschen Königs hatten die Heeresfolgepflicht für das Königreich, das bis zu den Alpen reichte. Damit dem König aber Truppen für einen Alpenübergang zur Kaiserkrönung zur Verfügung standen, zählte zur Heeresfolge auch der sogenannte Romzug oder die Romfahrt.

Da die Kaiserwürde ein höheres Ansehen als die Königswürde hatte, wurde der Herrscher in den nach der Kaiserkrönung ausgestellten Urkunden nur noch mit *imperator* bezeichnet. Der Name *rex* wurde von dort an nicht mehr verwendet. Diesen Unterschied belegen auch die Herrscherbezeichnungen auf dem Aachener Karlsschrein in der Marienkirche. Während die meisten der Herrscherfiguren die Überschrift »Kaiser der Römer« (*imperator Romanorum*) tragen, erscheint die Figur des bei der Fertigstellung des Schreins noch nicht zum Kaiser gekrönten Friedrichs II. (1212–1250) als »König der Römer und Siziliens« (*rex Romanorum et Siciliae*).

Nachdem sich der Herrschaftsraum mit der Ablösung von Burgund, der Provence, dem Dauphiné und Reichsitalien verkleinert hatte, und das Papsttum nach dem Tod Bonifaz VIII. (1303) unter dem Einfluß des französischen Königs stand, verstärkte sich im Spätmittelalter die Tendenz zu einer fehlenden Differenzierung zwischen Königs- und Kaiserwürde. Aus der Königswahl wurde zugleich auch eine Kaiserwahl. Nach der Königskrönung herrschte der König nominell schon über das ganze Imperium, auch wenn er erst durch die Kaiserkrönung die Würde erhielt. Zur Erlangung der Kaiserwürde war zuletzt Heinrich VII. nach Italien gezogen (1310-13). Da es Kaiser Maximilian I. (1486–1519) nicht gelang, die Alpen zu überqueren, konnte er nicht in Rom zum Kaiser gekrönt werden, sondern erklärte sich 1508 im Dom zu Trient zum »Erwählten Römischen Kaiser« (*electus Romanorum imperator*). Die Nachfolger Maximilians I. benutzten den Titel sogar unmittelbar nach der Krönung in Aachen. König und Kaiser waren von nun an faktisch eins geworden und die Romfahrt war für die Erlangung der Kaiserwürde nicht mehr notwendig. Der Titel des deutschen Königs ging damit vollständig in dem Kaisertitel auf. Vergleicht man die Anzahl der Königskrönungen mit der Anzahl der Kaiserkrönungen und besonders deren Abnahme in der nachstaufischen Zeit, könnte umgekehrt jedoch auch gesagt werden, daß die Kaiserwürde zu einem Attribut des deutschen Königtums wurde. Die Tendenz zur Verschmelzung von Königs- und Kaiserwürde zeigte sich u. a. in der Wiederverwendung der Krone. Eine deutliche Unterscheidung von Kaiserkrone und Königskrone existierte nicht. Einmal kamen verschiedene Kronen zum Einsatz, zum andern wurde die gleiche Krone sowohl in Aachen zur Königskrönung als auch in Rom zur Kaiserkrönung benutzt. Mit der Kaiserwürde übernahm der deutsche König auch den Kaisergedanken (Verhältnis von geistlicher und weltlicher Gewalt, Stellung des Kaisers im göttlichen Heilsplan, Beziehung zum Papsttum, Theorie der Universalherrschaft des Kaisers und der damit verbundenen Stellung über andere Könige, Rolle als Verteidiger des Christentums).

Zur Titulatur des Herrschaftsraumes

Auch die Bezeichnung des Reiches, über das der in Aachen gekrönte König gebot, war einem Wandel unterworfen. »Die Intitulatio der ostfränkischen und deutschen Könige, die in ihren Urkunden gebrauchte Selbstbezeichnung, hat nahezu drei Jahrhunderte lang, von Ludwig dem Deutschen bis zu Heinrich IV., keine Antwort auf die Frage ›König wovon?‹ gegeben.«[1]

Waren anfangs noch personale Konzeptionen ausschlaggebend, die für eine enge Bindung an den Herrscher sorgten, der sich wiederum Gott und seinem Volk verpflichtet fühlte, konnte sich erst langsam eine von der Person unabhängige Vorstellung von einem Reich als Institution durchsetzen. Ein erster Schritt dieser transpersonalen Reichsidee war das seit dem 10. Jahrhundert geltende Prinzip der Unteilbarkeit des Reiches. Weitere Hinweise finden sich in der Bezeichnung der Reichskleinodien als »das Reich« und im Selbstverständnis der Kurfürsten, die sich als »Zierde« und »Säulen des Reiches« sahen.

Auch bei der Bezeichnung des Herrschaftsraumes kam es zu Vermischungen zwischen Königreich (regnum) und Kaiserreich (imperium). Schon die deutschsprachigen Quellen kannten diese Unterscheidung nicht mehr. Sie sprachen nur vom *riche*.

Seit der ottonischen Zeit nannte man das Reich »römisch« (imperium Romanum). 1157 wurde unter dem Einfluß von Rainald von Dassel, dem Erzbischof von Köln († 1167), das Beiwort *sacrum* als Gegenstück zur päpstlichen »heiligen römischen Kirche« (sancta Romana ecclesia) hinzugesetzt. Diese Sakralisierung des Reiches richtete sich vor allem gegen das Papsttum, aber auch gegen das Erstarken der Fürsten und die selbstbewußten italienischen Städte. Darüber hinaus diente es zur Darstellung des Vorranges des deutschen Königs gegenüber den Königen von England und Frankreich.

Die Bezeichnungen *Romanum imperium* und *sacrum imperium* wurden gemeinsam benutzt und verbanden sich zum *sacrum Romanum imperium*, erstmals schriftlich belegt 1180 bei kaiserlichen Urkundenschreibern in Italien. Seit Karl IV. (1346–1378) tauchte mit dem Gebrauch der deutschen Sprache auch »Heiliges Reich« und »Heiliges Römisches Reich« auf. Im 15. Jahrhundert wurde der Zusatz »Deutscher Nation« in der Reichsbezeichnung verwendet, belegt im sog. Frankfurter Reichslandfrieden von 1486. Der Ausdruck »Deutsche Nation« steht stellvertretend für die unter Kaiser Friedrich III. († 1493) zu beobachtende Tendenz zu einer Nationalisierung der Herrschaftsgebiete. Trotzdem existierte immer noch die Idee vom universellen Kaisertum mit der Berufung zur Verteidigung der gesamten Christenheit, die sich z. B. im Kampf gegen die Türken ausdrückte. Bis zur Niederlegung der deutschen Kaiserkrone durch Franz II. im Jahr 1806 blieb das Reich jedoch ein Gebilde, das Bestandteile mehrerer Nationen in sich vereinigte. Die Form »Heiliges Römisches Reich Deutscher Nation« wurde neben anderen Reichsbezeichnungen nur bis in die zweite Hälfte des 16. Jahrhunderts verwendet. Im 19. und 20. Jahrhundert dagegen war diese Form als politischer Begriff prägend für den Sprachgebrauch, Geschichtsschreibung und Geschichtswissenschaft.

Die Zeremonie der Aachener Königskrönung

Ausführliche Beschreibungen der Krönungszeremonie existieren erst für die Krönungen des Spätmittelalters und der Frühen Neuzeit (1414–1531). Für die ersten Königskrönungen muß auf den Bericht Widukinds von Corvey zurückgegriffen werden. Allerdings ist in der Forschung umstritten, ob Widukind wirklich die Krönung Ottos I. beschrieb, eine allgemeine Stilisierung der Krönungszeremonie vornahm oder vielmehr Vorgänge der Krönungszeremonie Ottos II. in die Zeit Ottos I. zurückprojizierte. Im 11. und 12. Jahrhundert dagegen blieben die Geschichtsschreiber wortkarg. Erst im 13. Jahrhundert stieg die Neigung zu einer detaillierteren Beschreibung. Neben den Berichten über die einzelnen Königskrönungen existieren die sogenannten »Krönungsordines«, schriftlich fixierte Regeln für den Ablauf der einzelnen Akte der Krönung. Sie geben genaue Auskunft über die rituellen Handlungen, die verwendeten liturgischen Lieder, Gebete und Formeln. Diese Ordnungen wurden meistens vor einer Krönung erstellt. Ob die Krönung dann wirklich so wie vorgeschrieben erfolgte, kann nur mit Hilfe der wenigen erhaltenen Krönungsberichte überprüft werden. In Aachen wurden die Krönungen bis 1531 offenbar nach einem Ordo vollzogen, der in St. Alban vor Mainz um 961 entstand und zwischen 961 und 1000 überarbeitet wurde. Auf der Grundlage der älteren Ordnung entstand dann wahrscheinlich 1309 eine jüngere Ordnung, die sich an die Dreikönigsliturgie anlehnte. In den Jahren 1099, 1205, 1309 und 1401 fand die Krönung auch am Dreikönigstag statt. Stand kein besonderer Feiertag zur Verfügung, wurde für die Krönung der Sonntag bevorzugt.

Die verschiedenen Herrscherauffassungen des Königtums spiegeln sich in der unterschiedlichen Betonung von einzelnen Elementen der Königserhebung und des Krönungsablaufes.

Abb. 3   Kat.Nr. 7 · 51
Hans von Reutlingen (um 1440 – nach 1524), Einband des Reichsevangeliars. Darstellung des Weltenherrschers mit der Habsburger Krone, möglicherweise für die Kaiserkrönung Maximilians I. angefertigt. Aachen um 1500, Kopie von Bernhard Witte, Silber getrieben und vergoldet, Aachen 1914. Aachen, Krönungssaal des Rathauses, Aachen, SLM, RCK 8

Da ursprünglich der König von den Stammesführern durch die Wahl erhoben wurde, war diese Wahl auch das konstituierende und legitimierende Element im Vorgang der Königserhebung. Hinzu kam das Treueversprechen der verschiedenen Stammesführer. Mit dem öffentlichem zustimmenden Jubel der versammelten Teilnehmer und der Schilderhebung wurde der König in sein Amt eingesetzt. Diese ältere Form dominierte noch bei den ersten Ottonen, Konrad I. und Heinrich I.

Die Thronerhebung Ottos I. im Jahr 936 in Aachen läßt sich in kirchliche und weltliche Akte untergliedern. Vor der Marienkirche fand zuerst eine weltliche Inthronisation mit einer Huldigung der Vasallen statt. Darauf folgte in der Kirche die Salbung, die Übergabe der Insignien, die Krönung und eine zweite Inthronisation. Eine doppelte Inthronisation ist für die späteren Königserhebungen nicht mehr nachweisbar. Der Empfang von sakralen Weihen manifestierte die Legitimation des Herrscher durch Gott.

Das Gleichgewicht zwischen Wahl und Krönung verschob sich durch die Sakralisierung des Königtums zugunsten des kirchlichen Elements, das in Verbindung mit der Liturgie stark ritualisiert wurde. Während es ursprünglich nicht wichtig war, mit welcher Krone der König eingesetzt wurde, bekamen im 14. und 15. Jahrhundert die Insignien zunehmend den Charakter von Reliquien und wurden zum Teil direkt auf Karl den Großen zurückgeführt.

In den Beschreibungen der Königserhebungen des 14., 15. und 16. Jahrhunderts läßt sich eine starke Ausweitung der Krönungszeremonie erkennen, die mit dem Zug des Herrschers vom Wahlort Frankfurt nach Aachen begann und schließlich in einem prunkvollen Krönungsmahl mit anschließender Weisung der Reliquien endete. Besonders durch die späte Verbindung mit der Zeigung der vier großen und drei kleinen Aachener Heiligtümern und dem feierlichen Einzug des Königs in die Stadt konnte dem kirchlichen Akt der Königserhebung ein besonderer Glanz verliehen werden, der über den kirchlichen Akt hinaus auch eine größere Öffentlichkeit mit einbezog.

Trotz einzelner Abweichungen scheint sich die Abfolge der Handlungen bei der Krönung verfestigt zu haben und bietet daher die Möglichkeit einer Rekonstruktion: Nachdem der König in der Regel vom Rhein über Düren, bzw. Karl V. aus den Niederlanden über Maastricht nach Aachen gekommen war, lagerte er zuerst innerhalb einer variierenden Frist (zwischen 3 Tagen und 6 Wochen) vor der Stadt. Dieses sogenannte Königslager ist seit dem 13. Jahrhundert bezeugt; seine Funktion ist nicht eindeutig. Jedenfalls gab es dem König Gelegenheit, sein zahlreiches Gefolge (bei Karl V. ungefähr 5000 Personen) für den Einzug zu ordnen. Oft entbrannte um die verschiedenen Positionen im Zug ein Streit. So war die Ordnung beim Einzug in die Stadt nicht immer gleich. Auch die Anzahl und die Zusammensetzung der Teilnehmer wechselte ständig.

Bis an die Stadtgrenze kamen dem König, der auf einem Pferd ritt, der Bürgermeister und die Vertreter der Stadt entgegen (belegt 1376). Hier zeigte der König sein Wahldekret (belegt 1520). Die zweite Station war eines der äußeren Stadttore (meistens das Kölntor), wo die Kanoniker des Marienstiftes und des Adalbertstiftes zusammen mit den Mönchen der vier Bettelorden warteten (belegt 1414). Der König verneigte sein Haupt vor der von den Kanonikern des Marienstiftes mitgeführten Karlsbüste (belegt 1414), stieg vom Pferd ab, küßte das ihm entgegengehaltene Kreuz – wahrscheinlich das um 1000 entstandene Lotharkreuz – und bestieg ein neues Pferd, während das alte dem Torwächter überlassen wurde (belegt 1442). Der Zug führte bis zum Eingangstor des Atriums der Marienkirche am Fischmarkt, wo der König erneut vom Pferd stieg, das nun der Marschall des Erzbischofs von Köln oder der Inhaber der Aachener Vogtei, d. h. der Herzog von Jülich, erhielt (belegt 1442). Der Erzbischof von Köln und der Abt von Kornelimünster begleiteten den König bis zur karolingischen, bronzenen Eingangstüre der Marienkirche (belegt 1414). Hier erklärte der Dekan und der älteste Kanoniker des Marienstiftes dem König die Bedeutung von Bronzetier und Zapfen: Der König solle sein Reich so beschützen, wie die Wölfin ihre Jungen beschützt und herrsche über ein Reich, in dem es so viele Sprachen gebe, wie »Zungen« am Pinienzapfen (belegt 1486). Der König ging daraufhin bis in die Mitte des Oktogons und legte sich unter dem Barbarossaleuchter mit ausgebreiteten Armen in Kreuzform auf den Boden, während das »Gott wir loben Dich« (*Te Deum laudamus*) gesungen wurde (belegt 1414). Nach einem Gebet und Opfer am Marienaltar begab sich der König bis zum nächsten Tag in seine Herberge; im Jahr 1414 war dies die ehemalige Propstei.

Die eigentliche Krönungszeremonie folgte am nächsten Tag. Der Erzbischof von Mainz und der Erzbischof von Trier begleiteten den König von der Nikolauskapelle bis zum Marienaltar, wo der Kölner Erzbischof als Leiter der Zeremonie wartete und betete (belegt 1414). Der König leistete den Schwur auf das Reichsevangeliar, worauf auch die Fürsten dem König Treue und Gehorsam gelobten. Nach der Salbung wurde der König zum Abwaschen des Öles in die Sakristei geführt und mit den Gewändern des Königsornates bekleidet. Am Altar erhielt der König Zepter, Reichsapfel und Reichsschwert. Die Krone setzten ihm alle drei Bischöfe gemeinsam auf. Der Mainzer und der Trierer Erzbischof führten den König in das Hochmünster, wo dieser auf dem Karlsthron Platz nahm. Nach der Inthronisation wurde er als Kanoniker in das Marienstift aufgenommen und legte den hierzu notwendigen Eid auf das ottonischen Evangeliar ab. Als erste Handlung im Königsamt erteilte er mit dem sogenannten Karlssäbel Anwärtern den Ritterschlag. Insgesamt dauerte der Vorgang in der Kirche circa vier Stunden.

Hierauf folgte das Krönungsmahl, bei dem die Kurfürsten symbolisch in den Erzämtern dienten: der Herzog von Sachsen als Marschall, der Markgraf von Brandenburg als Kämmerer, der Pfalzgraf bei Rhein als Truchseß, der König von Böhmen als Mundschenk und der Erzbischof von Mainz als Kanzler. Am folgenden Tag erfolgte die Belehnung der Fürsten und die Reliquienzeigung (belegt 1442).

Warum wurde nach 1531 nicht mehr in Aachen gekrönt?

Mit der Erhebung von Ferdinand I. fand im Jahr 1531 die letzte Königskrönung in Aachen statt. Schon bei der Krönung Karls V. 1520 wurden Bedenken an einer Krönung in Aachen im Hinblick auf die damals in der Stadt herrschende Seuchengefahr geäußert. Ein erster Schritt für die Bedeutungszunahme von Frankfurt war vielleicht auch die dort durchgeführte Erhebung Ferdinands I. zum Erwählten römischen Kaiser im Jahr 1558 nach der Abdankung Karls V.

Der endgültige Bruch mit der Aachener Krönungstradition erfolgte im Jahr 1562. Gleich bei der Wahl Maximilians II. wurde eine anschließende Krönung in Frankfurt in Betracht gezogen. Mehrere Gründe sprachen gegen einen Zug nach Aachen. Der Stuhl des Kölner Erzbischofs war nach dessen Tod am 2. November 1562 noch nicht neu besetzt. Somit fiel das Krönungsrecht an den Mainzer Erzbischof, in dessen Diözese Frankfurt lag. Darüber hinaus verhinderte das Hochwasser des Rheins die traditionelle Schiffahrt über Bonn. Aachen lag auch zu nah an den politisch instabilen Niederlanden. Hinzu kam eine persönliche Abneigung Maximilians gegen bestimmte Aspekte des katholischen Kults und somit auch die Ablehnung einer katholischen Stadt, in der ein starker Marien- und Reliquienkult praktiziert wurde.

Die Situation wiederholte sich nach der Wahl Rudolfs II. im Jahr 1575. Auch bei ihm war der neue Kölner Erzbischof noch nicht geweiht, und so vollzog wiederum der Mainzer Erzbischof die Krönung. Dieses Mal fand die Krönung in Regensburg statt, da für Maximilian II., den Vater des neuen Königs eine Reise nach Frankfurt oder gar nach Aachen zu beschwerlich geworden war.

Neben aktuellen mußten jedoch auch ideelle Gründe vorhanden sein, die eine Aachenkrönung nicht mehr zwingend notwendig machten. So ist die Verlegung der Krönung in die Bartholomäuskirche in Frankfurt auch mit dem Erstarken der Kurfürsten und dem dadurch entstandenen Bedeutungsverlust der Krönung und Inthronisation gegenüber dem Element der Wahl zu erklären. Seit Karl IV. war der Bezug der zu krönenden Könige zu Karl dem Großen allmählich schwächer geworden, so daß nicht mehr unbedingt der Karlsthron für die Inthronisation notwendig war. Nachdem sich der Reichsschwerpunkt unter den Habsburgern nach Süden verlagert hatte, und die Niederlande aus dem Reichsverband ausgeschieden waren, geriet Aachen in eine Randlage. Die durch den Zug und den Aufenthalt in Aachen entstehenden zusätzlichen Kosten konnten mit einer örtlichen Verschmelzung von Wahl und Krönung umgangen werden. Neben der günstigeren geographischen Lage bot Frankfurt als Messestadt auch Vorteile in der Infrastruktur.

Am Ablauf der Krönung wurde in Frankfurt jedoch grundlegend nichts geändert. Es wurde sogar versucht, die örtlichen Gegebenheiten von Aachen in Frankfurt nachzuahmen: Bei der Erhebung Ferdinands I. zum »Erwählten römischen Kaiser« wurde dieser in der Frankfurter Bartholomäuskirche in Anlehnung an den Karlsthron in Aachen zu einem Thron geführt, der auf einem Holzgerüst stand.

Abb. 4   Kat.Nr. 7 · 61
Hans Weiditz d. J. (um 1495 – nach 1538), Holzschnitt zu einer vierseitigen Schrift über Einzug und Krönung Karls V. in Aachen 1520 mit Darstellung Karls V. und den drei geistlichen und vier weltlichen Kurfürsten mit Symbolen ihrer Krönungsämter, Augsburg 1521. Aachen, Stadtarchiv, D5

Nachdem Maximilian II. zum neuen König gewählt worden war, erfolgte eine Altarsetzung und der Gang zu einem Thron auf einer Holztribüne, wo die Proklamation stattfand. Zu den Krönungen wurde das Marienstift und die Stadt Aachen von den Kurfürsten eingeladen, die Aachener Teile der Reichsinsignien zu überbringen. Neben anderen Privilegien und Ersatzleistungen erhielten die Aachener Gesandten beim Krönungsmahl einen hervorgehobenen Platz am Kopf des Tisches der Reichsstädte – ein Vorrecht, das ihnen häufig von der Stadt Köln bestritten wurde. Bis zur letzten deutschen Königskrönung im Jahr 1792 sollte die Zeremonie nie wieder in Aachen stattfinden, obwohl jeder der außerhalb von Aachen gekrönten Könige den Aachenern offiziell immer wieder bestätigte, daß sie das einst in der Goldenen Bulle 1356 festgelegte Recht der Krönung immer noch besäßen.

[1] Beumann (1981), S. 39.

Berbig, Hans Joachim: Der Krönungsritus im alten Reich (1648–1806), in: Zeitschrift für bayerische Landesgeschichte 38 (1975), S. 639–700.

Beumann, Helmut: Der deutsche König als »Romanorum Rex«, in: Sitzungsberichte der wissenschaftlichen Gesellschaft an der Johann Wolfgang Goethe-Universität Frankfurt am Main, Bd. 18, Nr. 2, Wiesbaden 1981, S. 39–84.

Dotzauer, Winfried: Die Ausformung der frühneuzeitlichen deutschen Thronerhebung. Stellenwert, Handlung und Zeremoniell unter dem Einfluß von Säkularisation und Reformation, in: Archiv für Kulturgeschichte 68 (1986), S. 25–80.

Erkens, Franz-Reiner: Der Erzbischof von Köln und die deutsche Königswahl. Studien zur Kölner Kirchengeschichte, zum Krönungsrecht und zur Verfassung des Reiches (Mitte 12. Jahrhundert bis 1806), Siegburg 1987.

Goldinger, Walter: Das Zeremoniell der deutschen Königskrönung seit dem späten Mittelalter, in: Mitteilungen des Oberösterreichischen Landesarchivs 5 (1957), S. 91–111.

Petersohn, Jürgen, Rom und der Reichstitel »Sacrum Romanum imperium«, Stuttgart 1994.

Schulte, Aloys: Die Kaiser- und Königskrönungen zu Aachen 813–1531, Bonn-Leipzig 1924.

Stephany, Erich: Über den Empfang des Römischn Königs vor seiner Krönung in der Kirche der hl. Maria zu Aachen, in: Miscellanea pro arte, Düsseldorf 1965, S. 272–278.

Schulze, Hans K.: Grundstrukturen der Verfassung im Mittelalter, Bd. 3: Kaiser und Reich, Stuttgart-Berlin-Köln 1998.

Kurzfassung

Die Krönung Ottos I. im Jahr 936 fand in Aachen statt, um das im Jahr 925 neu hinzugekommene Teilreich Lothringien fest an das Ostfrankenreich zu binden. Ausschlaggebend für die Ortswahl war auch die Anbindung an die Tradition Karls des Großen und der mit dessen ehemaliger Residenz und dem in der dortigen Marienkirche aufgestellten Karlsthron verbundene Herrschaftsanspruch. Doch erst mit der Krönung Heinrichs III. im Jahr 1028, nachdem noch Konrad II. und Heinrich II. in Mainz die Krone vom Mainzer Erzbischof erhalten hatten, konnten sich endgültig Aachen als Krönungsort und der Kölner Erzbischof als Koronator durchsetzen. Kam es zu Doppelwahlen, war für die Legitimität des Herrschers entscheidend, daß er in Aachen gekrönt und auf dem Karlsthron inthronisiert worden war. Das Ansehen Aachens reichte jedoch nicht aus, um durch eine Institutionalisierung von königlichen Verwaltungsorganen in den Rang einer Hauptstadt aufzusteigen.

Der Titel des in Aachen gekrönten Herrschers lautete im 10. und 11. Jahrhundert *rex* (König), ab dem 12. Jahrhundert zur Verdeutlichung des Anspruches auf die Kaiserkrone *rex Romanorum* (König der Römer). Aus der stetigen Vereinigung von deutschem Königtum und römischer Kaiserwürde leitete sich ein Gewohnheitsrecht ab, aufgrund dessen sich Maximilian I. ab dem Jahr 1508 auch ohne Kaiserkrönung »Erwählter römischer Kaiser« nannte. Auch bei der Benennung des Herrschaftsraumes ging der Unterschied zwischen Königs- und Kaiserreich verloren. Das *imperium Romanum* (Römische Reich) erhielt 1157 eine antipäpstliche Erhöhung durch den Zusatz *sacrum*, so daß 1254 vom *sacrum Romanum imperium* (Heiliges Römisches Reich) gesprochen wurde. Allgemeinen nationalen Tendenzen im 15. Jahrhundert folgend, tauchte auch der Begriff »Heiliges Römisches Reich Deutscher Nation« auf, der aber nur bis in die zweite Hälfte des 16. Jahrhunderts verwendet wurde.

Für das Abbrechen der langen Aachener Krönungstradition nach dem Jahr 1531 muß eine Vielzahl von Gründen verantwortlich gemacht werden. Gleichzeitig mit dem Bedeutungsverlust von Rom als Ort der Kaiserkrönung wurde auch kein Wert mehr auf den am Rande des Reiches gelegenen Krönungsort Aachen gelegt. Nachdem der Herrscher schon mit der Wahl vollständig anerkannt war, verursachte eine Trennung von Wahl- und Krönungsort nur zusätzliche Kosten. Da sich die Herrscher immer weniger auf Karl den Großen beriefen, war die Inthronisation auf dem Aachener Karlsthron nicht mehr unbedingt notwendig. Direkter Auslöser für das Abreißen der Krönungen in Aachen war eine Vakanz auf dem Stuhl des Erzbischofes von Köln bei der Krönung von Maximilian II. (1562) und von Rudolf II. (1575). Der Mainzer Erzbischof vollzog die Krönungen in seiner Erzdiözese in den Städten Frankfurt und Regensburg. Auf das Recht als Krönungsort verzichteten die Aachener jedoch nicht. Sie ließen sich dieses Recht bei den noch folgenden 14 Krönungen bis 1792 immer wieder durch eine Urkunde bestätigen.

Résumé

Otton Ier – Otton le grand – fut couronné en l'an 936 à Aix-la-Chapelle : il s'agissait en fait d'entériner de façon univoque le rattachement, en 925, de la Lotharingie au royaume oriental des Francs. Le choix d'Aix-la-Chapelle pour célébrer le couronnement ne doit rien au hasard : il visait à perpétuer la tradition établie par Charlemagne et à renouer avec l'esprit de domination symbolisé par l'ancienne résidence aixoise de l'empereur carolingien et le trône impérial placé dans la cathédrale Notre-Dame. Il fallut pourtant attendre le couronnement d'Henri III en 1028 pour qu'Aix-la-Chapelle puisse s'affirmer définitivement en tant que cité du couronnement, l'archevêque de Cologne devenant de plein droit maître de cérémonie, seul habilité à couronner l'empereur. Auparavant, Conrad II et Henri II avaient reçu leur couronne des mains de l'archevêque de Mayence. Était considéré comme seul souverain légitime, en cas de double élection, celui qui avait été couronné à Aix-la-Chapelle et avait pris place sur le trône pour être élevé à la dignité royale ou impériale. Néanmoins, le prestige d'Aix-la-Chapelle se révéla impuissant, même par le biais d'une institutionnalisation des organes administratifs de la royauté, à hisser Aix-la-Chapelle au rang de capitale.

Aux Xème et XIème siècles, le souverain couronné à Aix-la-Chapelle portait le tire de roi. Mais dès le XIIème siècle, pour bien préciser que ledit souverain revendiquait en fait la couronne impériale, il fut appelé *rex Romanorum* – »roi des Romains«. L'association permanente de la royauté germanique et de la dignité impériale romaine donna naissance à un droit coutumier qui, dès 1508, permit à Maximilien Ier de s'intituler »Roi romain élu« – même sans se faire couronner. La dénomination même de l'aire géographique à laquelle s'étendait le pouvoir cessa de faire la différence entre le royaume et l'empire. L'antipape décréta en 1157 que l'*imperium Romanum* – l'Empire romain – serait désormais »saint« : une décision qui aboutit en 1254 à la naissance du *sacrum Romanum imperium* - du Saint Empire romain. Dans la foulée des tendances nationalistes qui se firent jour au XVème siècle, on vit apparaître la notion de »Saint Empire romain germanique« : une désignation qui ne fut cependant utilisée que jusqu'à la seconde moitié du XVIème siècle.

L'abolition de la longue tradition aixoise des couronnements, après 1531, s'explique par de nombreuses raisons. Rome perdit peu à peu son importance en tant que ville du sacre : parallèlement, Aix-la-Chapelle, la cité des couronnements, située aux confins du royaume, fut reléguée dans l'ombre. Puisque le souverain était, de par l'élection, d'ores et déjà reconnu en tant que souverain légitime, la répartition – entre deux villes différentes – des cérémonies de l'élection et du couronnement n'était plus qu'une source de frais supplémentaires. Et comme les souverains se réclamaient de moins en moins de Charlemagne, l'élévation à la dignité impériale sur le trône de Charlemagne n'était plus absolument indispensable. En fait, c'est la vacance du siège épiscopal de l'archevêché de Cologne, lors des couronnements de Maximilien II en 1562 et de Rodolphe II en 1575, qui interrompit la tradition des couronnements aixois. L'archevêque de Mayence célébra les cérémonies dans son propre diocèse à Francfort et à Ratisbonne. Les Aixois ne renoncèrent pourtant pas à leur privilège. Jusqu'en 1792, à l'occasion des 14 couronnements suivants, ils se firent reconnaître officiellement ce droit par un acte officiel.

Samenvatting

De kroning van Otto I in het jaar 936 werd in Aken georganiseerd om het in 925 nieuw erbij gekomen deelrijk Lotharingië vast met het Oostfrankenrijk te verbinden. Belangrijk bij de keus voor Aken was ook, dat de troon van Karel de Grote in de Mariakerk aldaar staat opgesteld en deze plaats de residentie van Karel was geweest, zodoende greep Otto op de macht en de met Karel verbonden traditie terug. Maar pas met de kroning van Hendrik III in het jaar 1028, nadat Koenraad II en Hendrik II in Mainz de kroon van de aartsbisschop aldaar hadden gekregen, konden zich eindelijk Aken als kroningsstad en de Keulse aartsbisschop als coronator doorzetten. Wanneer er twee koningen gekozen waren, dan was voor de legitimiteit van de heerser beslissend, dat hij in Aken gekroond en op de troon van Karel geïntroniseerd was. Het aanzien van Aken was echter niet groot genoeg om door een institutionalisering van regeringsorganen tot de rang van hoofdstad op te stijgen.

De titel van de in Aken gekroonde heerser luidde in de 10^e en 11^e eeuw *rex* (koning) en vanaf de 12^e eeuw ter verduidelijking van de aanspraak op de keizerskroon *rex Romanorum* (koning der Romeinen). Uit de constante vereniging van het Duitse koningschap en de Romeinse keizertitel kwam een gewoonterecht tot stand, op grond waarvan Maximiliaan I zich vanaf het jaar 1508 ook zonder keizerlijke kroning »gekozen Romeinse keizer« noemde. Ook bij de benoeming van het heerschappelijk gebied ging het verschil tussen konings- en keizerrijk verloren. Het *imperium Romanum* (Romeinse Rijk) kreeg in 1157 een anti-pauselijke verhoging door de toevoeging *sacrum*, zodat er in 1254 van het *sacrum Romanum imperium* (Heilige Romeinse Rijk) gesproken werd. In navolging van algemene nationale neigingen van de 15^e eeuw, dook ook het begrip »Heilig Rooms Rijk van de Duitse Natie« op, dat echter slechts tot in de tweede helft van de 16^e eeuw werkelijk gebruikt werd.

Voor het afbreken van de lange Akense kroningstraditie na het jaar 1531 zijn een groot aantal factoren verantwoordelijk. Tegelijk met het verlies van de betekenis van Rome als plaats van de keizerkroning, vond men het aan de rand van het rijk gelegen kroningsoord Aken kennelijk ook niet meer zo belangrijk. Aangezien de heerser reeds op grond van de verkiezing volledig erkend was, bracht een scheiding van de plaats van verkiezing en die van kroning maar extra kosten met zich mee. De heersers beriepen zich ook steeds minder op Karel de Grote, waardoor de intronisatie op de troon van Karel in Aken niet meer zo belangrijk meer was. De directe aanleiding voor het loslaten van de kroningstraditie in Aken was het feit, dat de aartsbisschopszetel van Keulen vacant was tijdens de kroningen van Maximiliaan II (1562) en van Rudolf II (1575). De aartsbisschop van Mainz voltrok de inhuldigingen in zijn aartsdiocees in respectievelijk Frankfurt en Regensburg. De Akenaren hielden echter vast aan hun kroningsrecht. Ze lieten zich dit recht bij de nog volgende kroningen tot 1792 keer op keer opnieuw door een oorkonde bevestigen.

Shrnutí

Korunovace Oty I. roku 936 se konala v Cáchách, čímž měla být zabezpečena návaznost nově vzniklého Lotrinska (Lotharingien) na Východofranckou říši. Rozhodující pro volbu tohoto místa byl charakter paláce jakožto rezidence Karla Velikého, významné postavení mariánského kostela a Karlova trůnu, který v něm byl umístěn. Avšak teprve s korunovací Jindřicha III v roce 1028, poté, co ještě Konrád II. a Jindřich II. obdrželi v Mohuči korunu od mohučského arcibiskupa, se mohl prosadit biskup z Kolína jako korunující biskup a Cáchy jako místo korunovace. Pokud došlo k dvojím volbám, bylo rozhodující pro legitimitu panovníka, že byl korunován v Cáchách a dosazen na trůn Karla Velikého. Postavení města Cách však nestačilo k tomu, aby se jeho status změnil prostřednictvím královských institucí v hlavní město.

Titul panovníka korunovaného v Cáchách zněl v 10. a 11. století »rex« (král), od 12. století »rex Romanorum« (král Římanů), čímž se zdůraznil nárok na císařskou korunu. Z trvalého sjednocení hodností německého krále a římského císaře se odvozovalo zvykostní právo, na jehož základě se Maxmilián I. od roku 1508 nazýval »volený římský císař«, aniž byl korunován císařem. Také při vymezení panství se vytratil rozdíl mezi královstvím a císařstvím. »Imperium Romanum« (Římská říše) získala roku 1157 antipapežské povýšení dodatkem »sacrum«, takže roku 1254 je zmiňována jako »sacrum Romanum imperium« (Svatá říše římská). V souladu se všeobecnou nacionální tendencí se v 15. století objevuje také pojem »Svatá říše římská národa německého«, který se však používá pouze do druhé poloviny 16. století.

Pro přerušení dlouhé tradice korunovací v Cáchách po roce 1531 je třeba uvést řadu důvodů. Současně se ztrátou významu Říma jakožto místa korunovace ztratily svůj význam též Cáchy, ležící na okraji Říše. Když byl panovník již na základě volby plně uznán, znamenalo provádění volby a korunovace na různých místech jen dodatečné náklady. Protože se panovníci již neodvolávali na Karla Velikého, nebylo dosažení na Karlův trůn nutné. Bezprostřední příčinou přerušení korunovací v Cáchách byla nepřítomnost kolínského arcibiskupa při korunovaci Maxmiliána II. (1562) a Rudolfa II. (1575). Mohučský arcibiskup provedl korunovace ve své arcidiecézi ve městech Frankfurt a Regensburg (Řezno). Práva korunovace se však občané Cách nezřekli. Při příležitosti následujících 14 korunovací až do roku 1792 si toto právo nechávali vždy znovu písemným dokladem potvrdit.

Summary

Otto I's coronation in the year 936 took place in Aachen, so that Lorraine, which had become part of the Empire in the year 925, became more strongly attached to the East Frank Empire. The deciding factor for choosing Aachen was the style of Charlemagne's residential palace, the esteem of the Church of the Holy Mary with Charles' throne inside. However, when Henry III was crowned in 1028, after Conrad II and

Henry II had obtained the crown from the archbishop of Mainz, Aachen was accepted as a place of coronation and the archbishop of Cologne as coronator. When there were two simultaneous elections, it became important for the ruler's legitimacy whether he had been crowned in Aachen and been enthroned on Charlemagne's throne. Aachen's reputation however was not sufficient to rise to the status of capital city by institutionalising the royal administrative organs. The title of the ruler who was crowned in Aachen was »rex« (king) in the 10th and 11th centuries. After the 12th century it became »rex romanorum« (king of the Romans) to stress the claim to the imperial crown. A common law developed out of the unification of German royalty with Roman imperial honour, which after 1508 led to Maximilian I calling himself »elected Roman Emperor«, even though he had not been crowned emperor. The difference between royal and imperial empires also disappeared when the territories were named. The »imperium romanum« (Roman Empire) was elevated in 1157 without the Pope's agreement when the word »sacrum« was added, which meant that after 1254 it was known as »sacrum Romanum imperium« (Holy Roman Empire). Resulting from a general wave of national tendencies in the 15th century, the concept »Holy Roman Empire of German Nations« emerged, but was only in use until the second half of the 16th century.

There were many reasons after 1531 for the end of the tradition of crowning kings in Aachen. At the same time that Rome lost its significance as the place where emperors were crowned, Aachen became less important since it was a town on the periphery of the empire. Once it became obvious that the ruler was fully recognised after he was elected, it was believed to be too expensive to separate the place where he was elected and the place where he was crowned. Since the ruler no longer looked up to Charlemagne, enthroning him on Charlemagne's throne no longer seemed necessary. An immediate result of the end of coronations in Aachen, was a vacancy on the archbishop of Cologne's chair when Maximilian II (1562) and Rudolf II (1575) were crowned. The archbishop of Mainz carried out the coronations within his arch diocese in the towns of Frankfurt and Regensburg. The Aacheners however still insisted on Aachen's right as a place of coronation. They continued to obtain confirmation of their rights during the next 14 coronations up to 1792, when each time they were handed a written statement.

Georg Minkenberg (Aachen)

Der Aachener Domschatz und die sogenannten Krönungsgeschenke

Abb. 1   Kat.Nr. 6 · 18
Krone der Karlsbüste. Diese Krone wurde mit an Sicherheit grenzender Wahrscheinlichkeit 1349 von Karl IV. bei seiner Aachener Inthronisation getragen, danach von Sigismund 1414 und Ferdinand 1531. Getriebenes, vergoldetes Silber, Edelsteine. Prag, vor 1349. Aachen, Domschatz, G 69

Die zentrale Bedeutung der Aachener Marienkirche

Der Aachener Marienkirche erwuchsen als Stiftskirche schon aus dem Willen ihres Gründers Karls des Großen zentrale Verpflichtungen, versammelte er doch in ihr, wie Angilbert berichtet, nicht nur jene Reliquien, »die seine Vorfahren beständig mit sich führten«, sondern erweiterte diesen Reliquienschatz nach den Reichsannalen um bedeutende »Reliquien vom Orte der Auferstehung des Herrn«. Mit der materiell hervorragend ausgestatteten Aachener Kirche entstand auch in baulich-propagandistischer Hinsicht in gewisser Weise ein »heiliges Zentrum des Reiches«, in dem nicht nur dem unablässigen Fürbittgebet (*laus perennis*) der Stiftskanoniker für den Herrscher, seine Familie und das Reich bei den Reliquien in Karls Sicht »staatstragende« Bedeutung zukam. Die nach neuesten Forschungen (siehe Beitrag Schütte) keineswegs mehr unwahrscheinliche Errichtung eines Thrones nach römisch-byzantinischem Vorbild im oberen westlichen Umgangsjoch der Kirche zu Karls Lebzeiten und die Erhebung Ludwigs des Frommen zum Mitkaiser 813 am Salvatoraltar in dem dem Thron unmittelbar gegenüberliegenden östlichen oberen Umgangsjoch, ein Vorgang der sich 817 bei Lothar I., dem Sohn Ludwigs des Frommen, wiederholte (siehe Beitrag S. Müller), unterstützen diese Überlegung.

Durch die Bestattung am 28. Januar 814 zur Grabeskirche des 1165 hier heiliggesprochenen Karl geworden, erwuchs der Aachener Marienkirche seit der Krönung Ottos I. 936 bis zur Krönung Ferdinands I. 1531 erneut zentrale Bedeutung als Krönungskirche von dreißig römischen Königen, die mit der Krönung am Grabe und der Inthronisation auf dem – vermeintlichen? – Thron Karls als Herrscher gleichsam in seine Fußstapfen traten, wie es das Darstellungsprogramm des Karlsschreins auf einzigartige Weise veranschaulicht. Die Krönung in Aachen wurde, nicht erst in Karls IV. Goldener Bulle 1356 so formuliert, zur Krönung »am rechten Ort«.

In ganz anderer Weise verhalfen die Reliquien der Marienkirche ihr im späten Mittelalter als einer der großen Wallfahrtskirchen zu sogar europäisch zentraler Bedeutung.

Daß Karl, Krönungen und Wallfahrten für den Ort und später die Stadt Aachen von nicht nur wirtschaftlich immenser Bedeutung waren, dokumentiert sich nicht bloß in ihrem Rathaus mit seinem Krönungsfestsaal, sondern auch etwa in ihrem seit 1425 bestehenden Konkustodienrecht an den Hauptreliquien der Marienkirche, den sogenannten Heiligtümern.

Der Kathedralcharakter der Aachener Marienkirche ist hingegen vergleichsweise jung, wurde doch das Bistum Aachen erst in napoleonischer Zeit erstmals und 1930 wiedererrichtet.

Stift und Kirchenschatz

All dem steht mit dem Stiftskapitel, dem heutigen Aachener Domkapitel, eine Institution von bemerkenswerter ungebrochener eintausendzweihundertjähriger Kontinuität und zeitweise hoher Bedeutung, die sich nicht zuletzt im heutigen Aachener Domschatz dokumentiert, gegenüber.

Der Aachener Domschatz gilt trotz großer, noch weitgehend unerforschter Verluste, etwa im Bereich der Bücher, Bilder und Skulpturen zu Recht als einer der größten und bedeutendsten Kirchenschätze Europas. Immer wieder, so auch in vielen Beiträgen des vorliegenden Buches, werden einzelne Kunstwerke des Schatzes ob ihrer *materialiter* und *idealiter* besonderer Qualität als sogenannte Krönungsgeschenke an die Krönungskirche der römisch-deutschen Könige bezeichnet.

Die Frage der Krönungsgeschenke

Selbstverständlich spiegeln sich Rang und Bedeutung des Aachener Marienstiftes in zahlreichen und vielfältigen königlichen Stiftungen wider, an denen es daher auch dem Schatz nicht mangelt. Ebenso fand die Funktion der Marienkirche als Krönungskirche in zahlreichen Schatzstücken ihren Niederschlag. Doch wie verhält es sich mit den eigentlichen Krönungsgeschenken, d. h.: Wer hat aus Anlaß seiner Krönung wann was warum gestiftet? Diese Frage ist erstaunlicherweise unerforscht.

Tatsächlich ist nach heutigem Kenntnisstand kein einziges erhaltenes Aachener Schatzstück durch Quellen zweifelsfrei als Krönungsgeschenk zu identifizieren, und nicht nur das: Kein einziges Schatzstück weist sich selbst, etwa durch Inschriften, Embleme oder durch seine Ikonographie, als königliches Krönungsgeschenk aus – ganz im Gegensatz zu anders gearteten königlichen Stiftungen im Schatz. Gab es überhaupt Krönungsgeschenke und wenn, woher rührt dann die bemerkenswerte Zurückhaltung ihrer Stifter? Oder ist es denkbar, daß die Aachener Krönungen auf der einen und kostbare »imperiale« Schatzstücke auf der anderen Seite in Synthese zur wissenschaftlichen Fiktion der Krönungsgeschenke führten?

Als Krönungsgeschenke, denen zugleich der Charakter von Krönungsutensilien zukam, gelten mehr oder minder *communis opinio* im Aachener Schatz das Lotharkreuz als Vortragekreuz, die Elfenbeinsitula als Weihwassergefäß, das ottonische Evangeliar, das Büstenaquamanile, das sogenannte Zepter des Richard von Cornwall, die Krone der Karlsbüste (Abb. 1) und die Büste selbst, die »Cappa Leonis« (Abb. 2) als Krönungsmantel, und die Wappentruhe als Behältnis für Krönungsinsignien. Weiterhin werden das Karlsreliquiar und die drei Reliquiare mit den sogenannten Kleinen Heiligtümern als Krönungsgeschenke Karls IV. und die Monstranz des Hans von Reutlingen als Krönungsgeschenk Karls V. betrachtet.

Gesichert ist davon lediglich, daß das ottonische Evangeliar bei den Krönungen als Schwurevangeliar für den König als Mitglied des Marienstiftes Benutzung fand, die Karlsbüste dem *electus* bei der Einholung zur Krönung zur Verehrung dargeboten und vorangetragen wurde, daß Sigismund 1414, Friedrich III. 1442 und Ferdinand I. 1531 bei ihrer Krönung die Krone der Karlsbüste und Karl V. 1520 als Krönungsmantel die »Cappa Leonis« trugen.

Gesichert ist weiter, daß der am 17. Mai 1257 in Aachen gekrönte Richard von Cornwall während seines Aachener Aufenthaltes vom 13. Juli bis zum 9. August 1262 für den Gebrauch bei den Krönungen seiner Nachfolger bestimmte Insignien, nämlich »unam coronam auream (...) et unum par regalium vestium de armis suis cum uno sceptro et uno pomo deauratis«, also eine goldene Krone, einen Teil seiner königlichen Gewänder, ein vergoldetes Zepter und einen vergoldeten Reichsapfel, zu stiften versprach, zu deren gemeinsamer Obhut sich Stift und Stadt verpflichteten, und daß Karl IV. bei seiner Aachener Inthronisation 1349 in Ermangelung der Reichskrone eine andere Krone trug. Doch ist in beiden Fällen nicht einmal deren Dedikation an die Aachener Kirche wirklich gesichert. Ohnehin möchte man hier nicht von eigentlichen Krönungsgeschenken sprechen, mag doch der Wunsch ausschlaggebend gewesen sein, die den benutzten Insignien fehlende traditionsbedingte Legitimation durch ihre Stiftung an den Ort der Krönung und deren spätere Verwendung dort wenigstens in gewisser Weise auszugleichen.

Abb. 2
Sogenannte Cappa Leonis. Der Krönungsmantel wurde höchstwahrscheinlich 1349 von Karl IV. bei seiner Aachener Inthronisation getragen, danach in jeweils umgearbeiteter Form von Sigismund 1414 und Karl V. 1520. Seide, Seidensamt, Stickerei, vergoldetes Silber, Edelsteine, Perlen. Saumborte, Köln, Mitte 14. Jh.; Seidensamt und Seide, Venedig, Mitte 14. Jh.; Stabstickerei, vor 1520. Aachen, Domschatz, G 88

Die Krönungsgewänder

Allein die Stiftung des jeweiligen Krönungsgewandes aus Anlaß der Krönung scheint sicher, denn nach der Krönung Heinrichs VII. am 8. Mai 1220 bestätigte der Hofkanzler Konrad von Scharfeneck, Bischof von Metz und Speyer, im Juni, daß altem Herkommen gemäß das Krönungsgewand des Königs dem Marienstift für Paramente zu überlassen sei und daß den Kanonikern zwei Fuder Wein als Krönungsspende zustünden. Hier wird allerdings deutlich, daß die Krönungsgewänder in der Regel keineswegs in Erinnerung an die

Abb. 3
Sogenannte Lupa. Der wohl spätantike Bronzeguß, der wahrscheinlich in karolingischer Zeit nach Aachen gelangte, wurde hier in Analogie zur kapitolinischen Wölfin in imperialer Weise als Wölfin aufgefaßt. Bronze, Hohlguß, römisch, 2. Jh. (?). Aachen, Dom, G 1

Kat. Nr. 2 · 26

Krönungen aufbewahrt, sondern zu Paramenten für den liturgischen Gebrauch umgearbeitet wurden.

Bei der Krönung Ferdinands I. am 11. Januar 1531, der letzten Krönung in Aachen, legt sich der König unter dem Barbarossaleuchter »auff ein kostlich tapett (...); dasselbig tapet (...) pleibt darnach der kirchen«, und ein weiteres Mal »auff ein tapet, das vor dem altar gespreit von dem konig dahin geordent und auch der kirchen pleibt«. Nachdem der König das Pallium ablegt, nimmt es der Stiftspropst

Abb. 4
Barbarossaleuchter. Zu Beginn der Krönungszeremonie lag der *electus* wie bei einer Priester- und Bischofsweihe in eine Albe gekleidet unter dem Leuchter mit ausgebreiteten Armen auf dem Boden. Graviertes, vergoldetes Kupfer, Eisen, Aachen, nach 1165. Aachen, Dom, G 42

Kat.Nr. 4 · 28

gleich an sich, »da es gepurt der kirchen«. Möglicherweise bildeten Teppiche und Pallium den Ersatz für das traditionell zu stiftende Krönungsgewand, das ja nur leihweise von Nürnberg für die Krönung überbracht worden war.

Das eigentliche Krönungsgeschenk hingegen scheint jenes Geld gewesen zu sein, das der König im Rahmen der Krönungszeremonie nach seinem Ermessen auf dem Marienaltar niederlegte. Dieser wohl ältere Brauch ist seit der Krönung Sigismunds 1414 als verbindlicher Bestandteil der Krönungszeremonie bezeugt.

Festzuhalten ist, daß aus Anlaß der Krönung selbst lediglich die Überlassung des Krönungsgewandes zur Umarbeitung für liturgische Zwecke sowie eine Geld- und Weinspende an das Marienstift üblich war. Nur für die letzte Aachener Krönung 1531 sind weitere Geschenke, nämlich zwei Bodenteppiche und das Pallium, diese aber möglicherweise als Ersatz für das Krönungsgewand, bezeugt.

Im heutigen Schatz darf daher die sogenannte »Cappa Leonis«, der Krönungsmantel Karls V., mit an Sicherheit grenzender Wahrscheinlichkeit als Krönungsgeschenk im engeren Sinne gelten, dies um so mehr, als sie noch bis in das 19. Jahrhundert mit einer Vielzahl dann undokumentiert entfernter metallener, heraldischer Embleme besetzt war. Da das heutige Gewand sich aus Textilien der Mitte des 14. sowie des frühen 15. und 16. Jahrhunderts zusammensetzt, mag es sich tatsächlich um jenen Krönungsmantel handeln, den Karl IV. 1349 und dann in veränderter Form Sigismund 1414, von dessen Krönung bezeugt ist, daß er die Krone der Karlsbüste und einen Mantel aus dem Bestand der Kirche benutzte, trug. Sicher bezeugt ist allerdings lediglich die Verwendung als Krönungsmantel bei der Krönung Karls V. 1520. Doch mag 1520 die Tradition des Textils dessen erneute Überarbeitung und Verwendung legitimiert haben.

Die Krone der Karlsbüste

Ebenso groß ist die Wahrscheinlichkeit, daß es sich bei der Krone der Karlsbüste um jene handelt, die Karl IV. 1349 in Aachen trug. Sie ist ungeachtet ihrer Größe – sie ist erheblich größer als die Reichskrone! – eine benutzbare und mindestens von Sigismund 1414 – die erste identifizierbare Erwähnung der Krone –, Friedrich III. 1442 und Ferdinand I. 1531 ja auch benutzte Krone. Darauf weisen seitliche Löcher, die zweifellos der Befestigung von Pendilien dienten und im Inneren rundum angebrachte Ösen, mit denen die Krone auf ein Trägertextil aufgenäht werden konnte. Die Krone ist mithin nicht für die Büste entstanden und sie ist der Büste auch nicht durch spätere Veränderung des Durchmessers, wie in solchen Fällen nahezu stets üblich, angepaßt worden, was bedeutet, daß die Büste für die Krone und in genauer Kenntnis von deren Maßen gearbeitet wurde, mit größter Wahrscheinlichkeit also am Aufbewahrungsort der Krone selbst.

Die Lilienkrone weist allerdings eine ursprünglich nicht geplante nachträgliche Veränderung auf, den großen Blattbügel mit dem Stirnkreuz, was die Krone sicher nicht grundlos dem Erscheinungsbild der Reichskrone annähert, wie schon die erste bekannte Erwähnung des Bügels bei der Krönung Friedrichs III. am 17. Juni 1442 durch den Augenzeugen Johann Bürn von Mohnhausen bezeugt: »des großen heiligen kayser Karls haubt, darauf ein guldin kron, die hett über das haubt ein pogen und vorn an der styrn ein kräwz als auch einem kayser zugehört.« Von Mohnhausen bezieht also die Angleichung an die Reichskrone auf Karls als den Kaiser, wie ja tatsächlich die kaiserliche Bügelkrone unverzichtbar zur Karlsikonographie gehört. Wann vor 1442 diese Aufwertung der Krone zur Kaiserkrone erfolgte, ist unbekannt. Die handwerkliche Qualität von Bügel und Kreuz ist eher bescheiden, was keineswegs für die Krone selbst gilt. Die Kelchfassungen ihrer Steine haben ihre nächste Parallele an der 1347 auf Geheiß Karls IV. angefertigten Prager Wenzelskrone. Es mag sich daher bei der Krone der Karlsbüste tatsächlich um jene in Prag entstandene Hauskrone Karls IV. handeln, die dieser in Ermangelung der Reichskrone bei seiner Aachener Inthronisation am 25. Juli 1349 trug, zumal auch in der Goldenen Bulle zweimal von einer allerdings nicht näher charakterisierten Aachener Krone die Rede ist.

Die Karlsbüste und die Frage der Stiftungen Karls IV.

Die Aachener Lokaltradition, die Wissenschaft ist ihr gefolgt, sieht nun im Träger der Krone, der Karlsbüste, »das« Krönungsgeschenk par excellence: Die Karlsbüste sei im Auftrag und als Stiftung Karls IV. nach 1349 in Analogie zum Kopfreliquiar des heiligen Wenzel im Prager Dom als Träger der böhmischen Krone als Träger der Aachener Krone entstanden. Damit sei der Gedanke verbunden gewesen, Karls IV. Aachener Krone gleichsam durch die Art ihrer Aufbewahrung, nämlich auf dem Haupt des heiligen Kaisers Karl, zu legitimieren.

Und nicht nur das: Durch die Krone Karls IV. sei die Karlsbüste auch ein Abbild Kaiser Karls IV. in der Gestalt Karls des Großen. Oder, umgekehrt gesagt, in Karl IV., seinem rechtmäßigen Nachfolger, scheine das Bild Karls des Großen auf. Gemeint ist politische Legitimation durch Bezug auf Karl den Großen, ein Gedanke, der Karl IV. genauso wenig fremd war, wie vielen seiner Vorgänger und Nachfolger, mögen sie nun Barbarossa oder Karl V. heißen.

Aus der Tatsache, daß die Krone der Karlsbüste statt der Reichskrone für drei Aachener Krönungen benutzt wurde, hat man weiterhin geschlossen, daß nach dem Wunsch Karls IV. die Aachener Krone die Reichskrone eigentlich hätte ersetzen sollen. Tatsächlich scheint die Aachener Krone neben der Wenzelskrone die einzige zu sein, die ihrem zugehörigen Reliquiar zur »praktischen« Nutzung zeitweise entfremdet wurde.

Bedurfte die Krone zu ihrer Legitimation aber tatsächlich der Büste? Seit 1350 war Karl IV. im Besitz der Reichskrone, warum hätte es also nach diesem Zeitpunkt noch solcher Anstrengungen bedurft? Zumal die Aachener Krone nicht die Reichskrone war und durch die Karlsbüste auch nicht zu deren Ersatz wurde und werden konnte. Ohnehin ist man ja in der neueren Forschung nicht grundlos zu der Überzeugung gekommen, daß das Gewicht des rechten Koronators und der Krönung am rechten Ort, wie ja auch Karls IV. eigener Gang nach Aachen anschaulich beweist, wesentlich schwerer wog als das der rechten Krone; eine bei einer rechtsgültigen Krönung benutzte Krone war de facto die rechte Krone. Und warum sollte Karl IV. mit der Stiftung der Büste sich gleichsam kryptisch in die Nachfolge Karls des Großen stellen, wenn er das auch, wie anderswo ja geschehen, offenkundig hätte tun können?

Dem Aachener Lokalpatriotismus schmeichelt weiter nicht zu Unrecht die Vorstellung, daß der zweifellos gegebene Bezug Karls IV. zu Karl dem Großen und damit selbstverständlich zu Aachen, nicht bloß eine politisch-religiöse sondern auch eine persönliche Komponente besessen habe. Dies mag durchaus der Fall gewesen sein, doch hat es zumindest literarisch keinen beweiskräftigen Niederschlag gefunden, so daß letztlich völlig offen bleiben muß, wieweit etwa die sogenannte Chorhalle des Aachener Domes oder das Karlsreliquiar (Abb. 5) oder die Reliquiare für die sogenannten drei kleinen Heiligtümer im Domschatz Zeugnisse persönlicher Gunst Karls IV. sind. Ist schon das Fehlen schriftlicher Quellen erstaunlich, so ist noch befremdender, daß weder das Gebäude noch das Karlsreliquiar noch die Karlsbüste noch die drei anderen Reliquiare in irgendeiner Weise, sei es durch eine Darstellung, eine Inschrift, ein Wappen oder Ähnliches ihren Stifter kundtun.

Was die Chorhalle betrifft, zeigen der erhaltene Baubeschluß und die Ikonographie der Chorhalle auch deutlich, daß das Gebäude ausschließlich als Angelegenheit des Stiftes betrachtet wurde. Karls IV. Goldgabe anläßlich der Geburt seines Sohnes Wenzel im Jahre 1361 war die Auslösung eines nicht ausgeführten Wallfahrtsgelöbnisses – in kaiserlicher Höhe. Diese Gabe kann selbstverständlich der Chorhalle zugute gekommen sein, ebenso gut aber der Karlsbüste

Abb. 5   Kat.Nr. 6 · 66
Karlsreliquiar. Das Reliquiar stellt vorwegnehmend die Ikonographie der späteren gotischen Aachener Chorhalle dar und wird wie diese mit Karl IV. in Zusammenhang gebracht. Getriebenes, gegossenes, vergoldetes Silber, Edelsteine, Perlen, Email. Aachen, Mitte 14. Jh. Aachen, Domschatz, G 70

Der Aachener Domschatz und die sogenannten Krönungsgeschenke

oder dem Karlsreliquiar oder anderen Gegenständen. Fest steht jedenfalls, daß die Goldgabe nicht an einen bestimmten Verwendungszweck gebunden war, daher kann Karl IV. auch schwerlich durch sie als direkter Stifter bezeichnet werden.

Beim genannten Karlsreliquiar, dessen Ikonographie die gesamte Ikonographie der Chorhalle schon vorwegnimmt, wenn denn seine übliche Datierung stimmt, erstaunt übrigens, daß seine Inschrift von geradezu redseliger Ausführlichkeit nun ganz gewiß eine willkommene Möglichkeit geboten hätte, auch das Lob des Stifters zu singen – sofern man dies gewollt hätte!

Die Forschungsmeinung, daß wenigstens die Katharinenfigur des Karlsreliquiars ebenso wie die Krone der Karlsbüste jedem Betrachter Karl IV. als Stifter bedeutet hätten, ist leicht zu widerlegen, denn genau das haben sie ja nicht getan: Der Gedanke, daß Karl IV. möglicherweise der Stifter der Karlsbüste, des Karlsreliquiars, weiterer Reliquiare und anstoß- oder anteilhaft der Chorhalle war, ist vor nicht einmal einhundert Jahren zum ersten Mal geäußert worden. Andererseits fällt es beim Karlsreliquiar schwer, die nach der Madonna und Karl dem Großen an dritter, prominenter Stelle stehende Katharinenstatuette oder auch die Zähne Karls des Großen in diesem Reliquiar ohne Zuhilfenahme Karls IV. zu erklären. Hatte doch dieser zu seiner Inthronisation vom Krönungskapitel drei Zähne Karls des Großen geschenkt bekommen und hatte doch er durch seinen Sieg in der Schlacht bei San Felice an einem Katharinentag einen ganz besonderen Bezug zu dieser Heiligen während ihr in Aachen damals keine besondere Verehrung galt. Anders als in der Forschung behauptet, gilt dieser Umstand übrigens für die im Karlsreliquiar geborgenen Passionsreliquien nicht. Zwar war Karl IV. seit 1350 durch den Reichsschatz im Besitz entsprechender Reliquien, doch waren sie allesamt, durch ältere Reliquienverzeichnisse bezeugt, auch in Aachen vorhanden.

Wenn man sich eingesteht, daß die Karlsbüste das politisch-religiöse Interesse Karls IV., sich in die Nachfolge Karls des Großen gestellt zu sehen, nicht mit wünschenswerter Klarheit aussagt, wird der Blick offen für die Frage, wessen Interessen denn die Karlsbüste mit eben dieser Klarheit verdeutlicht; es sind ganz ohne Zweifel die der Krönungskirche in Aachen und ihres Stiftskapitels. Hier bewahrte man das Grab des heiligen Kaisers, hier stand sein Thron, hier war der Krönungsort, hier konnte und wollte man den eigenen Anspruch im Reich durch die Verherrlichung Karls als zeitloses Ideal christlicher Kaiserherrschaft Ausdruck geben. Was steht dagegen, ein Kronengeschenk Karls IV. 1349 für das Stift als Anstoß zur Schaffung der Karlsbüste mit dem Blick auf die Wenzelsbüste zu sehen?

Der oktogonale (!) hölzerne, metallverkleidete Untersatz der Büste hat eine durchlaufende Öffnung, die es, mittels eines hindurchgeführten Stabes, ermöglicht, zu zweit die Büste – liturgisch gesehen im Sinne einer flankierenden Assistenz – zu tragen. Diese, das wurde bislang nicht gesehen, bei Büstenreliquiaren völlig unübliche Trageweise muß in einer besonderen Verwendung der Karlsbüste begründet sein.

Von einer solchen besonderen Verwendung ist bei der Krönung Sigismunds 1414 die Rede. Zwei Stiftskanoniker hatten ihm am 5. November zum Empfang in der Stadt die Büste bis an das Kölntor entgegengetragen, wo Sigismund ihr, d. h. Karl, durch eine Verneigung seine Reverenz erwies. Am 8. November wurde er schließlich mit der Krone der Karlsbüste gekrönt. Das Stift präsentiert Karl bei dieser Einholung des *electus* gleichsam als *primus inter pares*!

Der Metallbeschlag des Sockels trägt in möglicherweise erneuerter Form in transluzidem Email goldene Lilien auf blauem Grund, in Jean de Montreuils Bericht über seine Deutschlandreise im Jahre 1400, übrigens der ersten Erwähnung der Karlsbüste überhaupt, erstmals genannt. Obwohl die Lilien des Sockels in keinem heraldischen Zusammenhang mit den Adlern der Büste, etwa im Sinne eines Wappens, stehen, sondern sogar im Gegenteil deutlich separiert sind, entstand der heraldische Zusammenhang geradezu von selbst: Adler und Lilien: Das Wappen Karls! So verstanden, wurde es ebenfalls nahezu zwangsläufig das Wappen der Aachener Marienkirche und bis heute des Domes. Zu überprüfen wäre allerdings, ob der Bezug von Adlern und Lilien auf Karl den Großen sich nicht schon vor der Karlsbüste in z. B. französischen Miniaturen findet.

Das Wappen des Krönungsstiftes

Erstaunlicherweise ist unbekannt, seit wann die Marienkirche ihre Form des sogenannten Karlswappens führte. Das 1347 entstandene Siegeltypar kennt es noch nicht, dafür aber das nachfolgende des Hans von Reutlingen aus dem Jahre 1528. Vermutet wird die Übernahme des Wappens zu Beginn des 15. Jahrhunderts, zum ersten in Aachen erhaltenen Mal findet es sich um 1460 auf dem Brustpanzer der Karlsdarstellung, die früher fälschlich als dem Schutzkasten des Marienschreines zugehörig bezeichnet wurde, tatsächlich aber die Tür eines Reliquienschrankes (für die Karlsbüste?) besetzte.

Krönungsutensilien

Können neben den drei heute in Wien aufbewahrten Aachener Stücken der Reichsinsignien »Cappa Leonis«, Krone und Karlsbüste als zumindest für einige Aachener Krönungen gesicherte Utensilien gelten, so ist dies ansonsten nur noch bei einigen Schatzstücken der Fall: In dem um 1000 auf der Reichenau entstandenen ottonischen Evangeliar folgt unmittelbar auf die berühmte doppelseitige Widmungsminiatur in einer der karolingischen Minuskel des Evangeliars sorgfältig angeglichenen Eintragung des 15. Jahrhunderts auf fol. 17^r der Eid des Königs als Kanonikus des Aachener Marienstiftes. Die spätestens seit dem 15. Jahrhundert in vielfältiger Weise als Schwurevangeliar des Stiftes benutzte Handschrift wird auch bei den Aachener Krönungen nach der Inthronisation für diesen Eid in entsprechender Weise benutzt worden sein, beantwortet aber nicht die Frage, seit wann es das Königskanonikat in Aachen überhaupt gab.

Auch dem vor 1014 entstandenen, nach seiner Inschrift von Heinrich II. gestifteten Ambo und dem nach 1165 als Stiftung Friedrich Barbarossas und seiner Gattin Beatrix entstandenen Kronleuchter kommen selbstverständlich bei den Aachener Krönungen Funktionen zu, ohne daß beide Gegenstände ausschließlich oder auch nur direkt auf die Krönungen bezogen wären. Unter dem Leuchter verharrte der König, mit ausgebreiteten Armen auf dem Boden liegend während des »Te Deum«, vom Ambo sang er, liturgisch gesehen als Diakon, den Evangelientext.

Für die Krönung Maximilians I. 1486 ist eine besondere Funktion der beiden Bronzebildwerke im Eingangsbereich der Kirche belegt: Zwei Mitglieder des Stiftes bedeuten dem König, er werde ein Reich beherrschen, in dem es so viele Sprachen wie »Zungen« am Pinienzapfen gebe, und er möge sein Reich so schützen wie die Wölfin ihre Jungen.

Der Schatz der Krönungskirche

Für alle anderen zu Beginn dieses Essays genannten Schatzstücke ist weder nachweisbar, daß sie Krönungsgeschenke gewesen wären, noch, daß sie als Krönungsutensilien fungierten: Bei dem ottonischen Lotharkreuz kann es sich um jenes Vortragekreuz handeln, daß der König bei der Einholung zur Krönung an einem der äußeren Stadttore küßte, belegbar ist das nicht. Gleiches gilt für die ottonische Elfenbeinsitula als Weihwassergefäß, das staufische Büstenaquamanile, das sogenannte Zepter und die sogenannte Wappentruhe des Richard von Cornwall oder die Monstranz des Hans von Reutlingen als Krönungsgeschenk Karls V.

Doch so, wie die Ikonographie des Lotharkreuzes und der Situla wohl nur im Herrschaftsverständnis eines Kaiser Otto III. ihre sinnfällige Deutung finden, veranschaulicht der Aachener Kirchenschatz in seiner Gesamtheit Rang und Bedeutung der Aachener Marienstiftskirche Karls des Großen als seiner Grabeskirche, als Krönungskirche der römisch-deutschen Könige und als Wallfahrtskirche von einst europäischer Bedeutung.

Grimme, Ernst Günther: Der Dom zu Aachen. Architektur und Ausstattung. Aachen 1994 (mit ausführlichem Literaturverzeichnis).

Kurzfassung

Der Aachener Domschatz dokumentiert die Geschichte der Aachener Marienstiftskirche Karls des Großen als seiner Grabeskirche, als Krönungskirche und als Wallfahrtskirche. Dementsprechend werden etliche Schatzstücke als Krönungsgeschenke bzw. als Krönungsutensilien betrachtet. Doch war das eigentliche Krönungsgeschenk eine Geld-, Wein- und Textilspende.

Im heutigen Schatz blieb die sogenannte »Cappa Leonis« erhalten: mit an Sicherheit grenzender Wahrscheinlichkeit der Krönungsmantel Karl IV. 1349, der in veränderter Form von Sigismund 1414, und von Karl V. 1520 benutzt wurde.

Die Krone der Karlsbüste, wohl jene, die Karl IV. 1349 in Aachen trug, wurde von Sigismund 1414, Friedrich III. 1442 und Ferdinand I. 1531 bei ihrer Krönung getragen, während die Karlsbüste selbst wohl durch das Aachener Stift in Anlehnung an die Prager Wenzelsbüste als Darstellung des eigenen Selbstverständnisses als Krönungskapitel in Auftrag gegeben wurde.

Von den sonst erhaltenen Schatzstücken kann neben den drei heute in Wien aufbewahrten Aachener Stücken der Reichsinsignien nur noch das ottonische Evangeliar als Schwurevangeliar für den König als Kanonikus des Aachener Marienstiftes in einen unmittelbaren Zusammenhang mit den Krönungen gebracht werden.

Doch auch wenn ein solcher Zusammenhang nicht belegbar ist, verstehen sich viele Aachener Schatzstücke wie etwa das ottonische Lotharkreuz oder die ottonische Elfenbeinsitula nur aus dem Bezug auf die Aachener Marienstiftskirche als Krönungskirche der römisch-deutschen Könige.

Résumé

L'histoire du Trésor de la cathédrale d'Aix-la-Chapelle, c'est aussi l'histoire tout court : car l'Église Notre-Dame de Charlemagne, le sanctuaire où il fut inhumé, c'est aussi l'église du couronnement, celle qui devint, au fil des siècles, un lieu de pèlerinage. C'est pourquoi certains des objets qu'il renferme sont considérés soit comme des présents faits à l'occasion du couronnement, soit comme des accessoires utilisés pour le sacre. Néanmoins, lors des couronnements, les véritables présents étaient des dons en nature : argent, vins ou étoffes de prix.

Le Trésor actuel renferme toujours la *Cappa Leonis* : il est pratiquement certain qu'elle servit de manteau de couronnement à Charles IV en 1349 et que, retaillée et modifiée, elle fut également portée par Sigismond en 1414 et par Charles-Quint en 1520.

La couronne qui surmonte le buste de Charlemagne est vraisemblablement celle que ceignit Charles IV à Aix-la-Chapelle en 1349 : elle servit également aux couronnements de Sigismond en 1414, de Frédéric III en 1442 et de Ferdinand Ier en 1531. Quant au buste de Charlemagne, il fut vraisemblablement commandé par le Chapitre d'Aix-la-Chapelle, sur le modèle du buste de Venceslas à Prague : sans doute faut-il y voir une autocélébration du Chapitre, pleinement conscient du rôle qui lui était imparti lors du couronnement.

Parmi les autres objets précieux du Trésor qui se rattachent directement au couronnement, on ne peut plus guère mentionner, outre les insignes de la royauté actuellement conservés à Vienne, que l'Évangéliaire ottonien sur lequel le souverain devait prêter serment en tant que chanoine du chapitre Notre-Dame d'Aix-la-Chapelle.

Mais même s'il n'est pas possible de prouver leurs liens directs avec le couronnement, certains objets du Trésor aixois tels que la croix de Lothaire ou la situle ottonienne en ivoire ne peuvent être appréhendés que dans le contexte de la cathédrale Notre-Dame d'Aix-la-Chapelle en tant qu'église du couronnement.

Samenvatting

De Akense domschat documenteert de geschiedenis van de Akense Mariastichtkerk van Karel de Grote als zijn grafkerk, als kroningskerk en als bedevaartskerk. Bijgevolg worden ettelijke voorwerpen uit de schat als kroningsgeschenken c.q. als kroningstoebehoren gezien. Het eigenlijke kroningsgeschenk bestond echter uit een gift in geld, wijn en textiel.

In de huidige schat bleef de zog. »Cappa Leonis« behouden: bijna zeker werd ze als kroningsmantel door Karel IV in 1349 en enigszins aangepast door Sigismund in 1414 en door Karel V in 1520 gedragen.

De kroon op de buste van Karel, waarschijnlijk de kroon die Karel IV in 1349 in Aken droeg, werd ook door Sigismund in 1414, Frederik III in 1442 en door Ferdinand I in 1531 bij hun kroningen gedragen. De buste zelf is vermoedelijk door het Akense sticht in navolging van de Praagse buste van Wenzel als toonbeeld van het eigen zelfbegrip als kroningskapittel, in opdracht gegeven.

Wat betreft de overige nog beschikbare voorwerpen uit de schat kan afgezien van de drie heden in Wenen bewaarde Akense delen van de rijksinsignes, alleen nog het Ottoonse evangeliarium als evangeliarium voor de koning om zijn eed op af te leggen als kanunnik van het Akense Mariasticht, in direct verband met de kroningen worden gebracht.

Ook in die gevallen waar zulk een directe samenhang niet aantoonbaar is, kan men vele Akense schatstukken, zoals bijvoorbeeld het Ottoonse Lotharkruis of de Ottoonse ivoren situla, alleen plaatsen wanneer men ze in verband met de Akense Mariastichtkerk als kroningskerk van de Rooms-Duitse koningen ziet.

Shrnutí

Poklad cášského dómu dokumentuje dějiny mariánského kostela jakožto místa, kde byl hrob Karla Velikého i jako korunovačního a poutního kostela. Vzhledem k omu se mnohé cenné předměty považují za korunovační dary nebo korunovační pomůcky. Vlastním korunovačním darem byly však buď peníze, víno nebo textil.

V dnešním pokladu se zachovala tzv. »Cappa Leonis«: s pravděpodobností, která hraničí s jistotou, ji oblékl Karel IV. roku 1349 jako korunovační oděv a v pozměněné podobě ji nosili též Zikmund roku 1414 a Karel V. roku 1520.

Korunu na Karlově bustě, kterou měl Karel IV. patrně nasazenu roku 1349 v Cáchách, nosili také Zikmund roku 1414, Fridrich III. roku 1442 a Ferdinand I. roku 1531 při svých korunovacích. Karlova busta sama byla zřejmě objednána církevním zařízením v Cáchách, podle vzoru pražské busty sv. Václava, jako symbol sebechápání korunovační kapituly.

Z ostatních dochovaných předmětů lze uvést v přímé souvislosti s korunovacemi – vedle tří cášských říšských insignií uchovávaných ve Vídni – již jen evangeliář z doby otonské dynastie, na který přísahal král ve funkci kanovníka cášského mariánského církevního zřízení.

Avšak přestože u dalších předmětů není přímá souvislost dokázána, je význam mnohých cenností, jako např. Lotharova kříže a nádobky na svěcenou vody z doby otonské dynastie, pochopitelný pouze ve vztahu k cášskému mariánskému chrámu jako korunovačnímu kostelu římskoněmeckých králů.

Summary

The Cathedral treasure in Aachen records the history of Charlemagne's Mary Church in Aachen since it was the church of his burial, his coronation church and thus a church for pilgrimage. This is why various treasure items are considered to be coronation gifts or coronation utensils. The real coronation gifts however were financial, wine and textile gifts.

In today's treasure the so-called »Cappa Leonis« has remained intact: it is almost certain that this was worn on two occasions as coronation coat by Charles IV. in 1349 and, slightly altered, by Sigismund in 1414, as well as by Charles V. in 1520.

The crown of the Charles' bust, probably the one which Charles IV. wore in Aachen in 1349, was worn by Sigismund in 1414, by Frederick III. in 1442 and by Ferdinand I. in 1531 at their coronations, whereby the bust of Charles itself in a similar way to the bust of Wenzel in Prague, was most likely commissioned by the Aachen foundation, in order to demonstrate their own indispensable role as coronation chapter.

Alongside the three items belonging to the treasure pieces which are kept in Vienna today, the imperial insignia, there are only the Ottonic Gospel writings which was an oath gospel book for the king who was the canon of the Aachen Mary foundation, that is directly related to the coronations.

However, even if such a connection cannot be proven, many Aachen treasure pieces such as the Ottonic Lothar Cross or else the Ottonic ivory situla, can only be appreciated and understood in relation to the Aachen Mary foundation as the coronation church of the Roman-German kings.

Gudrun Pamme-Vogelsang (Much)

Consors regni – »... und machte sie zur Genossin seiner Herrschaft«

Abb. 1
Karl der Kahle und Richildis. Widmungsbild der Bibel aus Rom, Reims (?), 870–875, Rom, S. Paolo fuori le Mura, fol. 1ʳ

Der Wandel in der Mitregentschaft der Herrscherin in ausgewählten Ehebildnissen des 9. bis 12. Jahrhunderts

Eine traditionelle Weihestätte, wie dies die von Karl den Großen gegründete Marienkirche für den deutschen König bedeutete, gab es für die Königinnen des Reiches nicht. Margarete von Österreich war die erste Herrscherin die 1227, zwei Jahre nach ihrer Eheschließung mit Heinrich, zur Königin in Aachen gekrönt wurde.

Bis zu diesem Zeitpunkt wurden die Herrscherinnen in den verschiedensten erzbischöflichen oder bischöflichen Städten des Reiches zur Königin erhoben.[1]

Praktische Erwägungen und politische Notwendigkeiten werden die Ortswahl bestimmt haben, und die Ablehnung Erzbischof Aribos von Mainz, die Gattin Konrads II. zur Königin zu salben, zeigt, daß mit der Königskrönung die Gattin nicht automatisch als Königin galt.

Konrad II. und Gisela waren 1024, dem Zeitpunkt ihrer Königserhebung, bereits seit acht Jahren vermählt. Trotzdem erfuhr die eheliche Verbindung wegen zu naher Verwandtschaft Widerspruch, weshalb Erzbischof Aribo der Gisela die Krönung verweigerte. Gemäß dem Bericht des Chronisten Wipo bedurfte Konrads Wunsch,

Gisela krönen zu lassen, der Einwilligung und des Votums der Fürsten.[2]

Hier hat also der Herrscherwille allein die Krönung der Gattin nicht bewirken können; vielmehr benötigte der König die Fürsprache der weltlichen und kirchlichen Fürsten, auf deren Loyalität sein Herrscheramt aufgrund des Dynastiewechsels ganz besonders angewiesen war. Gisela wurde dann, ohne daß sich Konrad mit Aribo überwarf, nur wenige Tage nach der Krönung ihres Gatten von Erzbischof Pilgrim in Köln zur Königin erhoben.

Das Beispiel zeigt zwei wesentliche Tatsachen, die als Voraussetzung für eine Königinnenweihe galten. Zum einen ist der Wille des Herrschers und gegebenenfalls die Zustimmung der Reichsfürsten für die Erhebung der Gattin zur Königin entscheidend. Als zweites gilt, daß das Königspaar den kirchlichen Anforderungen bezüglich einer christlichen Ehe entsprechen mußte. Daß Konrad, ohne ein Zerwürfnis mit Aribo, auf den Kölner Erzbischof zurückgreifen konnte, zeigt aber auch, daß zu dieser Zeit die kirchlichen Forderungen hinsichtlich der Ehe noch unterschiedlich ausgelegt und bewertet wurden.

Erst mit Innozenz III. und dem vierten Laterankonzil im Jahr 1215 wurden die Unsicherheiten in Ehefragen beseitigt, die Ehe als ein weiteres Sakrament aufgenommen und das kanonische Eherecht formal festgelegt.

Mit der Einführung der christlichen Ehe und der Abkehr von den bis dahin gültigen polygamen Beziehungen hat sich die Stellung der Herrscherin an der Seite des Königs bzw. Kaisers, und damit auch innerhalb des Reichsgefüges, entscheidend verändert. Diese Entwicklung ist in den zeitgenössischen Bildnissen des Herrscherpaares, die vom 9. bis zum 12. Jahrhundert entstanden sind, besonders anschaulich nachvollziehbar.[3] Die Art der bildlichen Präsentation und die Wahl des Bildträgers zeigen außerdem, welche Vorstellungen mit der christlichen Herrscherehe verbunden wurden.

Die monogame, christliche Ehe gab dem Herrscher ein Tugendmodell vor, dessen Verwirklichung als wesentliches Kriterium für die moralische Eignung zur Führung des Reiches galt. Als Papst Leo III. mit Karl dem Großen 799 in Paderborn unter anderem über dessen Kaiserkrönung verhandelte, ließ Karl seine Friedelfrau Liutgard zur rechtmäßigen Gattin und Königin erheben; Ludwig der Fromme änderte sein Konkubinat mit Ermengard anläßlich des Papstbesuches im Jahr 816 im Rahmen einer Festkrönung in eine Vollehe.[4]

Mit der Begründung des weströmischen Kaisertums wurde die christliche Ehe zu einem wichtigen Programmpunkt innerhalb der herrscherlichen Selbstdarstellung. Dies bestätigt deutlich das Widmungsbild in der Bibel von San Paolo fuori le mura (Abb. 1), die Karl der Kahle 875 aus Anlaß seiner Kaiserkrönung Papst Johannes VIII. schenkte.[5]

Das Widmungsbild ist die erste überlieferte Darstellung, die das in christlicher Ehe verbundene Herrscherpaar zeigt und ein Zeugnis für den Stellenwert, den Karl seiner christlichen Eheführung in dem Bemühen um die Kaiserkrone beimaß. Als *rex christianus* erfährt er neben der Hilfe von den *ministri* auch Unterstützung durch seine Ehefrau Richildis. Die Herrscherin steht – gleich den Waffenträgern – mit einer weiteren Frau im Hintergrund, außerhalb des mächtigen Thronbildes. Mit ihrer Rechten verweist sie auf ihren Gatten, der, erfüllt und geleitet von den christlichen Tugenden, wie kein anderer befähigt ist, das Reich zu führen und zu beherrschen. Nicht die Frau, nicht die Ehefrau, hat an Bedeutung gewonnen sondern die christliche Herrscherehe.

Heilsgemeinschaft der Herrschergatten

Die bildliche Aufnahme der *coimperatrix* Theophanu in die Elfenbeintafeln von Cluny und Mailand steht ebenfalls in engem inhaltlichen Zusammenhang mit dem weströmischen Kaisertum. Die Elfenbeintafeln visualisieren nach byzantinischem und italienischem Vorbild die Teilhabe der Herrscherin am Regierungsauftrag ihres Gatten. Dieser Rechtsanspruch auf Mitregentschaft, der eine eventuell notwendige Vormundschaftsregierung beinhaltete, wurde seit der Zeit der Ottonen bis in die staufische Epoche in unterschiedlicher Häufigkeit in den herrscherlichen Diplomen mit der Formulierung *consors regni* bzw. *consors imperii* festgeschrieben. Dennoch blieb Theophanu die einzige Herrscherin, die ihren Rechtsanspruch konsequent durchsetzen konnte.[6]

In der Zeit der Salier war neben der Präsentation der Herrschaftsgemeinschaft der Gatten und ihrer Nachkommen die Gebetsfürsorge ein wesentlicher Entstehungsanlaß für Paarbildnisse. Das Widmungsbild des Münchner Perikopenbuches von Heinrich II., das Baseler Antependium und auch das Evangeliar Heinrichs III. sind Zeugnisse dieser Gebetsfürsorge, an der die Herrscherin entschieden mitwirkte. Das Herrscherpaarbild im liturgischen Gerät hat damit den sakralen Charakter der christlichen Ehe und deren Bedeutung für das theokratisch verstandene Herrscheramt, besonders im Zusammenhang mit der Kaiserkrönung, betont.[7]

Die vor dem Investiturstreit überlieferten Darstellungen des königlichen Paares beziehen sich somit weder inhaltlich noch bezüglich ihrer Datierung unmittelbar auf die Hochzeit eines Paares. Dem entspricht, daß der Rechtsakt der Eheschließung in den Bildnissen nicht thematisiert wurde. Die Darstellungen zeigen vielmehr das in christlicher Ehe verbundene Herrscherpaar, das den kirchlichen Tugendpostulaten in höchster Vollkommenheit entsprach und das sich seiner Verantwortung als sittliches Vorbild bewußt war – ein Tugendmodell, das mit den Weihegebeten der Krönungsordines für die Königin sanktioniert wurde.

Ehepolitik – Bündnispolitik

Nach dem Investiturstreit und mit der Säkularisierung des Herrschers hat sich auch die Selbstdarstellung des Herrschers mit seiner Gattin entschieden verändert – die ›Medien‹ und die Themen sind

Consors regni – »… und machte sie zur Genossin seiner Herrschaft«

Abb. 2
Heinrich VI. und Konstanze. Aus Petrus de Ebulo, Liber ad honorem Augusti, Süditalien, Palermo?, 1195–1197. Bern, Burgerbibliothek, Cod. 120 II, fol. 96ʳ

Abb. 3
Friedrich I. Barbarossa und Beatrix. Vorderseite des Reliquienkastens für den Arm Karls des Großen, teilweise vergoldetes Silber- und Kupferblech sowie Grubenemails, maasländisch (Lüttich), 7. Jahrzehnt des 12. Jhs. Paris, Louvre, D 712

andere geworden. Die liturgischen Codices wurden von Historienbüchern abgelöst und die Präsentation der christlichen Herrscherehe mit der Visualisierung des Rechtsaktes der Eheschließung ausgetauscht.

Der zwischen 1194 und 1196 entstandene »Liber ad honorem augusti« bestätigt diese Veränderung deutlich.[8] Folio 96[r] enthält neben Szenen aus dem Leben Rogers II. von Sizilien die Geburt der Königstochter Konstanze und deren Vermählung mit Heinrich VI. Der herrscherliche Eheschließungsprozeß selbst wird, erstmalig, in zwei entscheidenden Szenen differenziert dargelegt (Abb. 2).

Die erste Szene des Vermählungsrituals bestimmt der *consensus de praesenti*. Mit dem Austausch des Ringes zeigt sie die persönliche Zustimmung der zu gleicher Zeit am gleichen Ort anwesenden Brautleute für die Einlösung des Eheversprechens.

Die folgende Szene zeigt die *traditio* der Braut in die Muntgewalt des Gatten – *ad terram imperatoris*. Dieser Bildabschnitt mit dem segnenden Papst Lucius III., der bereits 1185 verstorben war, ist historisch falsch, doch wird die Rechtsgültigkeit des Eheschließungsprozesses davon nicht berührt.

Erst die hier illustrierten Rechtsakte ließen die schon 1184 in Abwesenheit Konstanzes in Augsburg abgeschlossenen Eheverträge rechtswirksam werden. Die kirchenjuristisch korrekt, die Ereignisse jedoch verfälschend wiedergebende Vermählungsdarstellung erklärt sich vor allem aus dem Anspruch Heinrichs VI., das Herrschaftsrecht für seine Gattin im Königreich Sizilien wahrzunehmen.

Die Bildnisse dieser Handschrift belegen beispielhaft, daß sich die herrscherlichen Ehebildnisse nach dem Investiturstreit nicht auf die mit der christlichen Ehe verbundenen Tugendpostulate konzentrierten. Die für den Kaiser erstellten und am Hof verlesenen Epen heben vielmehr den Rechtsakt der Eheschließung hervor. Das Ereignis der Eheschließung wird im ›Historienbild‹ des 12. Jahrhunderts als wichtiges Argument für bestehende und zukünftige familien-, kirchen- und reichspolitische Bündnisse festgeschrieben.

Innerhalb dieses Herrschaftsgefüges gewann die Erbfolge der Herrscherinnen zunehmend an Bedeutung, weil sie die Hausmacht des Herrschers stärken und die Herrschaft ihrer Gatten vergrößern. Entsprechend rückten die Eheschließung und die damit verbundenen reichspolitischen Konsequenzen in das Interesse der zeitgenössischen Geschichtsschreiber und Illustratoren.

Das Armreliquiar Karls des Großen

Vor dem Hintergrund der innovativen Bildformulierungen für die Herrscherpaardarstellungen des 12. Jahrhunderts mutet die Präsentation Friedrichs I. Barbarossa und Beatrix' auf dem sogenannten Armreliquiar Karls des Großen, ebenso wie der Bildträger selbst, als Rückgriff auf Darstellungen an, wie sie aus der Zeit vor dem Investiturstreit überliefert sind. Diese Beobachtung fordert eine kritische Prüfung der allgemein anerkannten These heraus, wonach es sich bei dem Reliquienkästchen (Abb. 3 und 4) um eine Stiftung des Kaiserpaares handelt, dessen Empfänger das Marienstift in Aachen war. Die Untersuchung des Kästchens und der Schriftquellen bestätigen diese Annahme nicht.[9]

Die Stiftung des Armreliquiars steht zwar in ursächlichem Zusammenhang mit der Karlserhebung am 29. Dezember 1165, sie muß aber nicht zwingend die damit vom kaiserlichen Hof intendierten politischen Inhalte aufnehmen. Befreit von diesem Anspruch und vor dem Hintergrund der im nachfolgenden aufgeführten Dissonanzen wird augenscheinlich, daß Kaiser und Kaiserin als Stifter wohl kaum in Frage kommen.

Abb. 4
Konrad III. und Herzog Friedrich von Schwaben, Rückseite des Reliquienkastens für den Arm Karls des Großen, teilweise vergoldetes Silber- und Kupferblech sowie Grubenemails, maasländisch (Lüttich), 7. Jahrzehnt des 12. Jhs. Paris, Louvre, D 712

Kat.Nr. 4 · 16

Hier ist zunächst festzustellen, daß die vermeintlichen Stifter das zu stiftende Objekt weder in ihren Händen halten noch der Patronin der Marienkirche überreichen. Ebensowenig sind Friedrich I. und Beatrix in der klassischen, devoten Haltung des Dedikations- bzw. Gebetsgestus dargestellt, die sie als Stifter erkennen ließen. Auch fehlt jedes Zeichen einer Zuwendung von Seiten der Muttergottes. Statt dessen hat der Künstler, um eine ausgewogene Symmetrie bemüht, das Kaiserpaar in gleichberechtigter, repräsentativer Bedeutungsperspektive mit erhobenen Häuptern, dem Betrachter zugewandt, dargestellt.

Gegen eine Stiftung des Kästchens durch Friedrich I. und/oder Beatrix spricht weiterhin, daß entgegen sonstiger Gepflogenheiten keine über die Namens- und Amtsbezeichnung hinausgehende Inschrift überliefert ist, welche die mit der Stiftung verbundene Verheißung und Hoffnung zum Ausdruck bringen würde.

Indem Beatrix das byzantinische Doppelkreuz mit verhüllten Händen hält, mag es in seiner Bedeutung über die eigentliche Symbolik einer Herrschaftsinsignie hinausgehen. Daß es sich bei diesem Kreuz um eine von Beatrix gestiftete Kreuzreliquie handelt, für die das Kästchen dann bestimmt gewesen wäre, widerlegen die Bildnisse ebenso wie die Form und die Deckelinschrift des Reliquiars. In Kenntnis der üblichen Darstellungsweise mittelalterlicher Herrscherpaare ist die Annahme, daß Beatrix diese Stiftung auf einem derart repräsentativen Bildträger anführt, zurückzuweisen, denn bei gemeinsam vorgenommenen Stiftungen ist immer der Herrscher der aktive Handlungsträger, wohingegen die Frau die Stiftung nur betend, bittend begleitet.

Des weiteren ist zu fragen, weshalb die Herrscherin auf einem mit dem Bildtypus der ›Königsreihe‹ versehenen Kaiserreliquiar Aufnahme fand. In vergleichbaren Bildreihen ist die Herrschergattin nicht abgebildet! Warum aber erscheint Beatrix im Bildprogramm des Reliquiars, das allein auf die Amtsmacht und Regierungsgewalt des Herrschers Bezug nimmt?

Noch schwieriger ist die Aufnahme des Herzogs von Schwaben in ein solches dynastisches Programm zu erklären. Die fehlende Ordnungszahl in der seinem Bildnis zugehörenden Inschrift hat zu zahlreichen Spekulationen, um welchen Herzog von Schwaben es sich handeln könnte, geführt. Hier werden sowohl der Vater Konrads III. und Großvater Friedrichs I. als auch der Herzog Friedrich II., der Vater Friedrich Barbarossas, erkannt.

Unabhängig von der Entscheidung für den einen oder den anderen Herzog bleibt die bildliche Aufnahme eines Herzogs in dieser ›Königsreihe‹, die ganz auf die kaiserliche Amtsgewalt und die damit verbundene Idee der Erneuerung des weströmischen Kaisertums abgestimmt zu sein scheint, problematisch.

Gestiftet von Herzog Friedrich von Schwaben?

In Anbetracht der ungelösten Fragen hinsichtlich Funktion und Bildprogramm des Kästchens ist zu prüfen, ob nicht dieser Herzog von Schwaben als Stifter des Reliquiars in Frage kommt, zumal die huldigende, devote Haltung des Herzogs, die sich deutlich von den übrigen dargestellten Gesten unterscheidet, und mit der das auf Symmetrie ausgelegte Bildprogramm durchbrochen ist, zu einer solchen Ansicht berechtigt.

Dann aber müßte es sich bei dem dargestellten Herzog Friedrich von Schwaben um den Neffen des Kaisers handeln. Dieser, bei der Wahl Friedrichs I. erst achtjährige Sohn Konrads III., für den der Kaiser bis zu dessen Schwertleite 1157 das Herzogtum Schwaben verwaltete, stand in den darauffolgenden Jahren stets an der Seite des Kaisers. Er wurde nach seinem Stammsitz als Herzog von Rothenburg bezeichnet, doch die Diplome Friedrichs I., in denen der Herzog bis zu seinem Tod 1167 insgesamt achtundsiebzig mal vorwiegend als Zeuge erwähnt ist, nennen ihn unter Verzicht auf eine Ordnungszahl entweder *Dux Fredericus regis Conradi filius Suavie* oder noch häufiger und analog der Legende des Reliquienkästchens einfach *Fredericus Dux Suavorum*. Entsprechend seiner prominenten Stellung designierte ihn Friedrich Barbarossa 1160 als unmittelbaren Nachfolger; Heinrich der Löwe nahm nur die zweite Stelle ein.

Wenn Herzog Friedrich von Rothenburg als Stifter des Kästchens anerkannt wird, lassen sich die Unstimmigkeiten im Bildprogramm erklären. Anläßlich der Karlserhebung mag der designierte Thronnachfolger das Kästchen in Auftrag gegeben haben. Mit der Stiftung beehrte der Herzog von Schwaben das Kaiserpaar, das folglich als Initiator der Karlserhebung in repräsentativer Haltung auf der prominenten Seite des Reliquiars seinen Platz einnahm.

Wie Herzog Friedrich dem Kaiser bei seinen Italienzügen ritterlich zur Seite stand, steht er ihm auch auf dem Reliquienkästchen in kriegerischer Tracht nahe. Die enge Zusammenstellung der Bildnisse von Friedrich Barbarossa, Ludwig dem Frommen und Herzog Friedrich unterstreicht die Blutsgenealogie zu Kaiser Karl den Großen, auf dessen Abstammung sich der Herzog ebenso wie der Kaiser berufen konnte, und die Bedeutung, die sowohl Friedrich von Rothenburg und auch Kaiser Friedrich I. ihrem gemeinsamen Urahn Karl beimaßen.

Mit der Aufnahme seines Vaters, König Konrads III., dem Vorgänger Friedrich Barbarossas, wird der Auftraggeber die Verehrung seines Lehnsherrn und seiner Gattin mit der Memoria an den verstorbenen Vater verbunden haben.

Die bildliche Aufnahme von Kaiser Ludwig den Frommen und Kaiser Otto III. steht ursächlich mit der Karlskanonisation in Verbindung und fügt sich damit in das gesetzte Bildschema und die Bestimmung des Kästchens. Indem das sogenannte Armreliquiar als eine persönliche Stiftung des Herzogs Friedrich von Schwaben identifiziert wird, gewinnt die von Ursula Nilgen vorgebrachte Vermutung, daß das Reliquiar zum Reichsschatz gehört haben könnte, an Wahrscheinlichkeit.[10]

Als Motiv für diese Stiftung wird man am ehesten die Hoffnung des Herzogs auf eine Thronnachfolge sehen dürfen, die gleichsam eine Bestärkung der von Friedrich Barbarossa ausgesprochenen Designation im Bild intendiert. Die Geburt des Kaisersohnes Heinrichs im November 1165 und die zum Zeitpunkt der Karlserhebung von Friedrich Barbarossa noch nicht entschiedene Thronnachfolge zugunsten der eigenen Söhne können weitere wichtige Beweggründe für die Auftragsvergabe anläßlich der Karlskanonisation im Dezember 1165 gewesen sein.

Das aber würde bedeuten, daß ein *consortium imperii* des Herrscherpaares und der damit für die Mitregentin verbundene Rechtsanspruch einer eventuellen Vormundschaftsregierung zum Zeitpunkt der Auftragsvergabe am kaiserlichen Hof nicht thematisiert war.

Diese Beobachtung wird durch das Fehlen der auf Beatrix bezugnehmenden *consors regni*-Formel in den Diplomen Friedrich Barbarossas gestützt.

Die Gruppenzugehörigkeit in Amt und Familie, getragen von dem gemeinsamen Bestreben, die Interessen des Reiches und der Kirche zu vertreten, mag die wesentliche Botschaft des Kästchens und seiner Bilder gewesen sein. Damit zeugt das Reliquiar von dem ritterlich-königlichen Selbstverständnis der Angehörigen des kaiserlichen Hofes und ist Ausdruck davon, wie Friedrich von Rothenburg sich in seinem sozialen Umfeld und konkreten Handeln erfahren hat. Mit seinem Auftrag griff der Herzog von Schwaben, ähnlich wie Heinrich der Löwe mit dem berühmten Evangeliar, auf frühere Darstellungsformen zurück, in denen das theokratische Herrschaftsverständnis noch im Zentrum der Bildaussage stand.

In Konkurrenz zu König und Kaiser artikulierten die Reichsfürsten ihr neues Selbstverständnis, indem sie überholte Bildformulierungen der Herrscherdarstellung kopierten und so das Vakuum, das mit den Veränderungen des Herrschertums nach dem Investiturstreit entstanden war, selbst zu ihrem Vorteil auszufüllen suchten.

Für die Königin und Kaiserin hatte diese Entwicklung zur Folge, daß sie fortan immer seltener am Herrschaftsauftrag ihres Gatten beteiligt war. Kirchliche und karitative Stiftungen, die vormals das ›Tagesgeschäft‹ des *rex christianus* bestimmten, haben mit der Säkularisierung des Königs an Bedeutung verloren. Damit aber sank die Bedeutung der Königin als Mitregentin. Die Herrscherin nahm die vormals so bedeutenden Aufgaben, in denen Spiritualität und Transzendenzerfahrung konkrete Ausdrucksformen gefunden hatten, zunehmend alleine wahr. Armen- und Krankenspeisung – um nur einige religiösen Pflichten zu nennen – wurden nun zu einem vorrangig von der Gattin des Herrschers gestalteten Tätigkeitsfeld.

---

1 Siehe die Zusammenstellung bei Krull (1911), S. 55f.
2 Wipo, Gesta Chuonradi II. Imperatoris et Tetralogus, hg. von Harry Bresslau, in: MGH Scriptores rerum Germanicarum in usum scholarum [61], 1915, ND Hannover 1956, Kap. IV, S. 25.
3 Siehe die Zusammenstellung der Bildnisse bei Pamme-Vogelsang (1998), S. 308ff.
4 Zu den Ehen der Karolinger siehe Hellmann (1961).
5 Zur Selbstdarstellung Karls des Kahlen siehe Staubach (1993). Zum Widmungsbild der Bibel von San Paolo fuori le mura vgl. ebd. S. 236–242 und Pamme-Vogelsang (1998), S. 32–50.
6 Zur *consors regni*-Formel siehe Vogelsang (1954).
7 Zu den Herrscherpaardarstellungen der ottonisch-salischen Zeit siehe Pamme-Vogelsang (1998), S. 62–162.
8 Die jüngste vollständige Publikation der Bilderchronik des Petrus de Ebulo wurde hg. von Kölzer/Stähli (1994). Zur Herrscherpaardarstellung auf fol. 96ʳ vgl. ausführlich Pamme-Vogelsang (1998), S. 262–294.
9 Siehe Pamme-Vogelsang (1998), S. 239–257.
10 Nilgen (1985), S. 232.

Hellmann, Siegmund: Die Heiraten der Karolinger in: Ausgewählte Abhandlungen zur Historiographie und Geistesgeschichte des Mittelalters, hg. von Ders., Weimar 1961, S. 204–391.

Kölzer, Theo/Stähli, Marlis (Hgg.): Petrus de Ebulo. Liber ad honorem Augusti sive de rebus Siculis. Codex 120 II der Burgerbibliothek Bern. Eine Bilderchronik der Stauferzeit, Sigmaringen 1994.

Krull, Paul: Die Salbung und Krönung der deutschen Königinnen und Kaiserinnen im Mittelalter, Halle 1911.

Nilgen, Ursula: Amtsgenealogie und Amtsheiligkeit. Königs- und Bischofsreihen in der Kunstpropaganda des Hochmittelalters, in: Studien zur mittelalterlichen Kunst 800–1250. Festschrift für Florentine Mütherich zum 70. Geburtstag, hg. von Katharina Bierbrauer, Peter Klein, Willibald Sauerländer, München 1985, S. 217–234.

Pamme-Vogelsang, Gudrun: Die Ehen mittelalterlicher Herrscher im Bild. Untersuchungen zu zeitgenössischen Herrscherpaardarstellungen des 9. bis 12. Jahrhunderts, München 1998.

Staubach, Nikolaus: Rex Christianus. Hofkultur und Herrschaftspropaganda im Reich Karls des Kahlen, Köln-Weimar-Wien 1993.

Vogelsang, Thilo: Die Frau als Herrscherin im hohen Mittelalter, Graz 1954.

Kurzfassung

Die Einführung der christlichen Ehe im Abendland und die Begründung des weströmischen Kaisertums hat der Herrscherin an der Seite des Königs und Kaisers eine feste Aufgabe zugewiesen. Als tugendhafte Gattin und Mutter der legitimen Nachkommen unterstützte sie den christlichen Herrschaftsauftrag ihres Mannes. Entsprechend betonen die Bildnisse des Herrscherpaares, die vor dem Investiturstreit entstanden sind, den sakralen Charakter der Ehe und die Bedeutung der christlichen Ehe für das theokratisch verstandene Herrschertum.

Mit der Säkularisierung des Herrschers verlor die Königin als Mitregentin und Teilhaberin am Regierungsauftrag ihres Gatten zunehmend an Bedeutung. In der Zeit des Investiturstreites entwickelten sich neue Formen der herrscherlichen Selbstdarstellung und Präsentation der ehelichen Gemeinschaft. Jetzt rückt der Rechtsakt der Eheschließung selbst ins Zentrum des Bildgeschehens. Das Faktum der rechtsgültigen Ehe wird im ›Historienbild‹ des 12. Jahrhunderts als wichtiges Argument für bestehende und zukünftige reichspolitische Bündnisse festgeschrieben.

Das in der zweiten Hälfte des 12. Jahrhunderts entstandene Armreliquiar Karls des Großen fällt auf, weil es die vergangenen königlichen Repräsentationsformen aufgreift und kopiert. Die Analyse des Bildprogramms zeigt, daß der Reliquienkasten, an dessen Vorderseite das Kaiserpaar Friedrich Barbarossa und Beatrix abgebildet sind, mit großer Wahrscheinlichkeit von Herzog Friedrich IV. von Rothenburg, dem Neffen und designierten Thronnachfolger des Kaisers, gestiftet wurde.

Résumé

De par l'introduction du mariage chrétien en Occident et la fondation de l'Empire romain d'Occident, la souveraine se vit attribuer un rôle bien défini aux côtés du roi ou de l'empereur. En tant qu'épouse vertueuse et mère des descendants légitimes, il lui incombait désormais de collaborer à la royale mission chrétienne de son seigneur et maître. Avant la querelle des investitures, les statues représentant le couple de souverains soulignent le caractère sacré du mariage et l'importance du mariage chrétien pour une souveraineté conçue sous l'angle théocratique.

Mais avec la sécularisation du souverain – qui ne disposa plus désormais que du pouvoir temporel –, le rôle de la reine en tant que corégente associée à la mission gouvernementale de son époux se trouva de plus en plus réduit à la portion congrue.

Durant la querelle des investitures, la souveraineté commença à revêtir de nouveaux visages; la conception même de l'union conjugale évolua peu à peu. Dorénavant, on mit l'accent sur le mariage considéré en tant qu'acte juridique. Dans le paysage historique de XIIème siècle, au plan de la politique de l'Empire, la validité du mariage – argument de poids quant aux alliances politiques futures ou d'ores et déjà existantes – jouera un rôle capital et fera l'objet de prescriptions.

Réalisé dans la seconde partie du XIIème siècle, le reliquaire du bras de Charlemagne ne laisse pas de nous surprendre : il reproduit en effet des modèles royaux appartenant au passé. L'iconographie nous révèle que la face antérieure de la châsse représente le couple impérial formé par Frédéric Barberousse et Béatrice : or, c'est très vraisemblablement Frédéric IV de Rothenburg, neveu et successeur désigné de Barberousse, qui avait commandé le reliquaire.

Samenvatting

Door de invoering van het christelijke huwelijk in West-Europa en de instelling van het Westroomse keizerdom kreeg de vorstin aan de zijde van de koning en keizer een vaste taak toegewezen. Als deugdzame echtgenote en moeder van de wettige nakomelingen ondersteunde zij de christelijke missie en regeringstaak van haar man. Zodoende benadrukken de afbeeldingen van vorstenparen die voor de investituurstrijd ontstaan zijn, het sacrale karakter van het huwelijk en de betekenis van het christelijke huwelijk voor een theocratisch gedefinieerd vorstendom.

Door de secularisatie van de heerser verloor de koningin als maderegente en deelgenote in de regeringstaak van haar echtgenoot steeds meer aan betekenis. In de tijd van de investituurstrijd ontwikkelden zich nieuwe vormen van zelfportrettering van de heerser en weergave van de huwelijkse gemeenschap. Nu zien we dat de wettelijke voltrekking van het huwelijk zelf steeds meer in het middelpunt van de voorstelling is komen te staan. De voorstelling van het rechtsgeldig voltrokken huwelijk wordt in de 'historiestukken' van de 12e eeuw als belangrijk argument voor bestaande en toekomstige rijkspolitieke allianties vastgelegd.

Het uit de tweede helft van de 12e eeuw daterende armreliek van Karel de Grote valt op, doordat het vormen van koninklijke representatie uit het verleden opnieuw gebruikt en kopieert. De analyse van het beeldprogramma toont aan, dat de reliekkast, die aan de voorkant een voorstelling van het keizerpaar Frederik Barbarossa en Beatrix draagt, hoogstwaarschijnlijk door Hertog Frederik IV van Rothenburg, de neef en aangewezen troonopvolger van de keizer, geschonken is.

Shrnutí

Se zavedením křesťanského manželství v západních zemích a založením západořímského císařství získala vládkyně po boku krále a císaře pevně vymezené poslání. Jako ctnostná manželka a matka legitimních potomků spolupůsobila na křesťanské vládě svého manžela. Tomuto poslání odpovídají zobrazení vládnoucího páru, která vznikla před sporem o investituru a která zdůrazňují význam křesťanského maželství pro teokraticky chápanou vládu.

Se sekularizací vlády ztrácela královna své postavení spoluvládkyně, která se podílí na manželově úkolu. V době sporu o investituru se rozvinuly nové formy zobrazení vlády a manželství. Nyní se ústředním tématem zobrazení stává akt uzavření manželství. Skutečnost právoplatného uzavření manželství hraje v »historickém obraze« 12. století důležitou roli jako základ existujících i budoucích politických svazků v říši.

Relikviář paže Karla Velikého, který vznikl ve druhé polovině 12. století, se vyznačuje tím, že používá a napodobuje zašlé formy reprezentace. Analýza jeho obrazového programu ukazuje, že skříňka relikviáře, na jejíž přední straně je zobrazen manželský pár Fridrich Barbarossa a Beatrix, byla s velkou pravděpodobností vyrobena na objednávku vévody Fridricha IV. z Rothenburgu, synovcem císaře, který byl určen za následníka trůnu.

Summary

Introducing Christian marriage vows to the West and the foundation of the West Roman empire gave the woman at the side of the king and emperor a strong task. As a virtuous wife and as the mother of the legitimate descendants she would support her husband's Christian mission to rule. This is how the images of the ruling couple which came about before the investiture rows, stress the sacred aspect of marriage and the implications of Christian marriage for the theocratic reign of the day as it was envisaged then.

The secularism of the ruler meant that the queen became less and less important as co-ruler and in participating in her husband's task to govern. During the times of the investiture rows new forms of ruling self-representation and presentation of marital alliances developed. Now the legal act of marriage became central to all events. The fact of legitimate marriage bonds became an important argument for existing and future imperial political alliances in the ideology of the 12th century.

The arm relic of Charlemagne that emerged in the second half of the 12th century is conspicuous because it leans on past royal forms of representation and copies them. Having analysed the picture programme, the relic box which shows the imperial couple Frederick Barbarossa and Beatrice on the front, was probably donated by the Duke Frederick IV. from Rothenburg, the emperor's nephew and designated successor of the throne.

Alain Erlande-Brandenburg (Paris)

Das Herrscherbild im Mittelalter – Erbe oder Aneignung?

Abb. 1
Otto II. mit den huldigenden Provinzen Germania und Francia rechts und Allamania und Italia links. Trier, Meister des Registrum Gregorii, um 983. Chantilly, Musée Condé, einzelnes Pergamentblatt, 15654

Das karolingische Herrscherbild

Zu allen Zeiten gehen politische Machtwechsel im allgemeinen mit einem Gewaltstreich einher, der das vorherige Machtgefüge erschüttert, und mit der Ausarbeitung von Dokumenten, die diesen Umsturz legitimieren und der neuen Herrschaft solide Grundlagen verschaffen sollen. Vorher oder auch nachher führt dies zu angestrengter theoretischer Arbeit, die hervorragenden Theoretikern anvertraut wird. Auch die karolingische Epoche hat sich diesem dringenden Bedürfnis nicht entziehen können, und das besonders deshalb, weil die Veränderung dazu führte, daß zugunsten von Intriganten ein Geschlecht von der Herrschaft ausgeschlossen wurde, das als heilig galt. Damit war die zukünftige Entwicklung vorgezeichnet: Das frühzeitig erklärte Streben nach einer noch viel größeren und gefestigteren Macht, der Universalherrschaft. Bei diesen Überlegungen mußten außerdem die bis dahin sehr zweideutigen Beziehungen des neuen Herrschers zum Erben Petri, dem Papst, berücksichtigt werden. Schließlich mußte ein Konflikt mit dem Erben Konstantins, dem Kaiser, vermieden werden. Eine unerläßliche taktische Geschicklichkeit und Zeitplanung mußte die verschiedenen Etappen dieser Machtaneignung sichern. Auf die Fragen des Ostkaisertums soll hier nicht näher eingegangen werden, da sie unser Thema nicht weiter betreffen. Dagegen ist es unumgänglich, mit einigen Worten die Beziehungen, die König Karl der Große (768–814) dem Papst aufzwang, darzulegen. Sie sind für die damalige Gegenwart bestimmend, und sie tragen den Keim eines Dauerkonflikts in sich, der sich durch das ganze Mittelalter und darüber hinaus zieht. Zwei Umstände spielten hier – zunächst für die Anerkennung und dann für die Bestätigung des neuen Geschlechts – eine Rolle: Die Salbung und die Weihe. Beide Zeremonialhandlungen sind in der gedanklichen Anlage, der Inszenierung und der Interpretation kompliziert. In beiden ist die Rolle des Papstes bestimmend, da er sie legitimiert und ihnen einen einzigartigen Charakter verleiht. Bei der Salbung, die 754 in Saint-Denis stattfand, machte Papst Stephan II. (752–757) die beiden Söhne König Pippins (751–768), Karlmann und Karl, zu dessen Teilhabern. Gewiß erneuerte diese Salbung jene, die die Wahl des Königs 751 legitimiert hatte, aber durch die Anwesenheit des Papstes gewann sie eine gesicherte alttestamentliche Dimension. Vermutlich genügte das Bischofskollegium, um den Ursprung der Königsherrschaft zu bestätigen. Doch wurde der vom Stellvertreter Gottes auf Erden gesalbte König zum »sehr christlichen König« (*le roi très chrétien*), der in seiner Person die zweifache Macht – die weltliche und die geistliche – verkörperte. Einige Jahre später konnte Stephan III. (768–772) an Karlmann und Karl schreiben: »Ihr seid aus heiligem Geschlecht, ihr seid königliches Priestertum.«[1] Der anderen Zeremonie, der Weihe vom 25. Dezember 800, diesmal in St. Peter in Rom, präsidierte Leo III. (795–816); indem er Karl dem Großen die Krone aufs Haupt setzte, proklamierte er ihn zum Kaiser und »adorierte ihn nach der Art der alten Fürsten«.[2] Die Mehrdeutigkeit der einen wie der anderen Zeremonie erlaubte der einen wie der anderen Partei in Schriften und Bildern gegensätzliche Interpretationen. Die schriftliche Fixierung der Zeremonie beruht auf der jeweiligen Interpretation. Zwischen Zeremonie und Interpretation waren die karolingischen Überlegungen herangereift, nachdem sie Gegenstand einer Debatte gewesen waren, in der Alkuin (um 730–804) eine bedeutende Rolle spielte. Wie auch immer – die Auffassung von der Rolle und dem Ort des Herrschers im gesamten christlichen Bereich ist klar: Karl der Große ist der neue David, er ist König und Priester. Er ist der Vertreter Christi auf Erden.

Geschriebenes konnte in dieser Epoche eine eigentlich klare Botschaft nicht mehr zureichend vermitteln; man mußte, wie in der Antike, auf die bildliche Darstellung zurückgreifen. Der Rückgriff auf dieses Medium ist umso wichtiger, als gerade damals der Ikonoklasmusstreit in vollem Gange war. Die Beschlüsse des Kaisers von Konstantinopel in dieser Auseinandersetzung waren desto inakzeptabler, als er sie auf das Ganze der christlichen Welt anwenden wollte. Die karolingische Antwort, unter der Federführung Theodulfs (Bischof von Orléans, um 798–821), dem Wortführer einer ad hoc gebildeten Kommission, sorgfältig erarbeitet, ließ nicht auf sich warten. Das religiöse Bild war rehabilitiert, aber die Überlegungen dazu hatten zu einem genaueren Verständnis seiner Bedeutung für die Übermittlung einer politischen Botschaft geführt. Der ideologische Streit mittels des Bildes begann und setzte sich durch drei Jahrhunderte hindurch fort. Es erwies sich als notwendig, den Bildinhalt genau zu überdenken, bevor er ins Bild gesetzt wurde: Damit wurden die Mitarbeiter des Papstes und des Kaisers beauftragt. Leo III. bekräftigte seine Auffassung des politisch-religiösen Übereinkommens, das er mit dem neuen Kaiser geschlossen hatte, überdies durch die Dekoration des Tricliniums seines Lateranpalastes in Rom. Das Halbkuppelmosaik stellte den Apostelauftrag zur Mission dar. Auf der rechten Seite übergab Christus die Schlüssel an Silvester I. (314–335), die Fahne an Konstantin; auf der linken Seite vertraute der Heilige Petrus das Pallium Leo III., die Fahne Karl dem Großen an.

Das Karolingerreich hat kein ebenbürtiges visuelles Zeugnis hinterlassen, es gibt kein einziges Monumentalgemälde. Zwei erhaltene Skulpturen bereiten der Interpretation eine Vielzahl von Schwierigkeiten. Und doch hatte Karl der Große Wert darauf gelegt, für seinen Palast in Aachen eine Reiterstatue aus Ravenna zu holen. Sie beschwor die andere Reiterstatue des Lateranspalastes in Rom herauf, die man heute als Marc Aurel bezeichnet und damals als »Caballus Constantini« identifizierte. Das galt vermutlich auch für die Aachener Figur, deren Benennung dem politischen Wollen angepaßt wurde. Die kleine Bronzestatuette im Louvre aus der Kathedrale von Metz wurde im 17. Jahrhundert dem Karlskult zugeordnet.[3] Ihre Laboranalyse hat es erlaubt, das Pferd, das aus der Antike stammt, von der karolingischen Figur zu trennen. Wie bei antiken Skulpturen kann ihr Kopf abgenommen werden; dadurch ist es möglich, ihn nach Bedarf auszutauschen. Die in der Kirche von Müstair wiederverwendete Statue aus Stuck stellt, diesmal tatsächlich, den Kaiser dar, und zwar in einer sehr verwandten Haltung und einer ebenso ähnlichen Gewandung. Weder im einen noch im anderen Fall sollte man in diesen Bildern spezifische Züge einer Person suchen. Seit dem 4. Jahrhundert hatte sich die römische Portraitkonzeption verbraucht. In allen Fällen handelt es sich nicht um die materielle Unfähigkeit, die individuellen Züge einer Person wiederzugeben, sondern um eine Gleichgültigkeit ihnen gegenüber. Die platonische Konzeption nahm, mit dem Neoplatonismus und der neuen Religion, eine besondere Färbung an, in der die Idee und nicht mehr die menschliche Wirklichkeit dominierte. Der Geist, und nicht mehr die zum Verschwinden bestimmte fleischliche Hülle, war von Bedeutung. Diese Haltung, die verallgemeinert wurde, führte zu einer dem Ausdruck des inneren Lebens zugewandten Ästhetik. Es ging nicht mehr darum, einem Bild einen Namen einzuschreiben, sondern darum, die Person durch ihren Ort in der Gesellschaft, der durch ihre Funktion näher bestimmt ist, zu identifizieren. Von nun an bis in die Mitte des 14. Jahrhunderts war es nicht Aufgabe des Künstlers, das Besondere einer Individualität hervorzuheben, sondern sie einer bestimmten Situation zuzuordnen. Daher gewannen Pose, Gestik, Kleidung und Insignien eine viel stärkere Bedeutung als die Gesichtszüge, der Haarschnitt oder die Form des Körpers. In den genannten Bronze- und Stuckstatuen waren für die Zeitgenossen diejenigen Elemente wesentlich, die auf Konstantin

Abb. 2
Christus in der Mandorla krönt Heinrich II., dessen Arme von zwei Heiligen gestützt werden. Er hält in der Rechten die Lanze und in der Linken das Schwert.
Sakramentar Heinrichs II., München, Bayerische Staatsbibliothek, Clm 4456, fol. 11ʳ

verwiesen. Die Überzeugungskraft des Bildes führte über diese »Anpassung«.

In diesem Zusammenhang ist der Verlust der Darstellung Karls des Großen zu beklagen, die nach Einhard (um 770–840)[4] den Bogen über seinem Grabmal in Aachen schmückte. Sie wäre für ein endgültiges Urteil in dieser Frage entscheidend gewesen. Sie verschwand so früh, daß man im Jahr 1000 das Grab des Kaisers nicht mehr auffinden konnte. Vorsicht in der Einschätzung der Fakten ist für die Epoche Karls des Großen angebracht. Die folgende Epoche erlaubt eine größere Interpretationsfreiheit — wegen des Reichtums an Quellen und vor allem, weil jedes Bild dokumentiert ist. Der Befund ändert sich grundlegend, und diese Veränderung muß man in ihrem ganzen Umfang ermessen, um sie zu erfassen. Jetzt handelt es sich nicht mehr um Bilderfindungen, die dazu bestimmt sind, von sehr Vielen gesehen zu werden — wie das Lateranmosaik oder die Statue in Müstair; nun sind sie denen vorbehalten, die das Manuskript öffnen, in dem sie enthalten sind. Das vom Herrscher bestellte oder ihm gewidmete Bild findet sein eigentliches Ziel, wenn es vom Herrscher betrachtet wird. Es ist für ihn bestimmt, das Bild ist sein Spiegel oder besser gesagt, das Bild, in dem er zu erscheinen wünscht. Die Gestaltung wurde nach einem strengen Konzept ausgearbeitet und kontrolliert, so daß kein Bild Platz finden konnte, das nicht der politischen Konzeption, die es ausdrücken sollte, entsprach. Die erste, zumindest erhaltene, Anwendung dieses Prinzips scheint Karl den Kahlen zu betreffen; es gibt mehrere Illuminationen, die ihm gewidmet sind. Man kann schwanken zwischen der ältesten — dem Psalter Karls des Kahlen[5] — und der sogenannten Viviansbibel Karls des Kahlen (869–877)[6]. In der erstgenannten Miniatur sitzt der Herrscher auf einem Thron. Er ist gekrönt, trägt Reichsapfel und Szepter und ist mit einem auf der Schulter befestigten Mantel bekleidet. Ihn umgibt eine Giebelarchitektur, die man zweifellos als Ziborium deuten muß, aus der die segnende Hand Gottes hervorkommt. Dies ist das Herrscherbild, das sich fortan zumindest für den, in diesem Fall allein erscheinenden, Karl den Kahlen durchsetzt. Man muß dabei hervorheben, daß ihm das Bild des von seinen Musikanten umgebenen David vorausgeht (1ᵛ). Dieselbe Zusammenstellung findet sich in der Viviansbibel Karls des Kahlen. Durch den Widmungstext kennt man die Umstände, die zur Konzeption dieses außergewöhnlichen Werks führten. Der Abt Vivian und die Mönche von St. Martin in Tours wollten es anläßlich der Bestätigung des Immunitätsprivilegs für ihre Abtei im Jahre 845 überreichen. Tatsächlich findet sich diese Übergabeszene bereits im Buch: Der Abt und die Brüder haben drei Mönche beauftragt, die kostbare Bibel herbeizubringen. Der mit den Regalia bekleidete, über dem Boden in den Wolken thronende König nimmt sie entgegen. Er wird von zwei Ratgebern, die den Thron tragen, und von zwei gepanzerten Soldaten, die die Lanze und den Schild (auf der rechten Seite) und das Schwert (auf der linken Seite) tragen, begleitet. Darüber erscheint die Hand Gottes. Die beiden römischen Soldaten begleiten in Zukunft die offizielle Darstellung des Herrschers. Wie im Psalter entspricht dem Bild in fol. 215ᵛ die Darstellung des singenden und spielenden, von Musikanten begleiteten und von römischen Soldaten umgebenen Königs David. Der Künstler wollte zwischen dem alttestamentarischen und dem karolingischen König eine Beziehung herstellen, indem er beiden die gleiche Krone aufs Haupt setzte.

Durch ihre suggestive Kraft mußten diese Bilder überzeugen. Auch Lothar I. (Kaiser 840–855), der ältere Bruder Karls des Kahlen, wandte sich wegen der Herstellung eines Evangeliars an die Abtei St. Martin in Tours.[7] Die Zweckbestimmung des bestellten Werkes wird im Widmungstext deutlich. Er steht neben dem Kaiserbild, der Kaiser wendet sich zu ihm und weist mit dem Finger darauf. Dies ist nicht mehr Königs-, sondern Kaiser-Ikonographie. Sie übernimmt vieles aus den vorhergehenden Darstellungen, doch das Feld konzentriert sich nun auf den Kaiser, seinen Thron und die beiden römischen Soldaten hinter der Rückenlehne, die, zu obligaten Begleitfiguren geworden, rechts das Schwert und links die Lanze und den Schild tragen. Die Vergleichbarkeit geht so weit, daß die Krone auf den Häuptern Davids und Karls des Kahlen im vorerwähnten Manuskripts hier wiederverwendet wird.

Die ikonographische Entwicklung begleitete Karls des Kahlen Zugang zur Kaiserwürde, wenn man der Bibel aus San Paolo fuori le mura[8] und dem Codex Aureus oder Evangeliar aus St. Emmeram in Regensburg[9] glaubt, die man in die Jahre um 860 datieren kann. Man hat häufig auf die erstaunliche künstlerische Qualität des einen wie des anderen Manuskripts hingewiesen, doch ist ihre Ikonographie nicht minder wichtig. Der Wille des Bestellers, die politische Konzeption seines Ahnherrn ins Bild zu setzen, läßt keinen Zweifel zu. Die »Praefiguration« Karls des Kahlen ist nicht mehr David, sie ist Salomo. Er wird in fol. 188, am Beginn der »Sprüche«, auf seinem Thron sitzend unter einem Ziborium dargestellt. Auf der rechten Seite wird er vom Schwertträger, auf der linken vom Lanzenträger begleitet. Seine Haltung, seine Bekleidung sind die eines karolingischen Herrschers. Das ist nicht ohne Bezug zu der Darstellung Karls des Kahlen (fol. 1), wenn auch mit gewissen Unterschieden wie der Postierung des Schwertträgers und des Lanzen- und Schildträgers auf der rechten Seite. Folio 5 zeigt den thronenden Kaiser, der sich nach rechts wendet und auf die folgende Seite (fol. 6) zeigt. Die Inschrift, die die Szene umgibt, liefert den Namen des Bestellers, Karls des Kahlen, und genauere Angaben, die man schon erwartete: David und Salomo werden hier namentlich erwähnt. In der Kaiserszene findet man die bereits gewohnte Ikonographie, das Ziborium, die segnende Hand, den Schwertträger auf der rechten und den Lanzenträger auf der linken Seite. Tatsächlich ist dies die bildliche Ausformung des Denkens Karls des Großen, wie er es in einem Brief an Leo III. 796 und im Vorwort zu den »Libri Carolini« formulierte: »Dies ist unsere Aufgabe. Nach außen mit der Waffe in der Hand und mit Hilfe der göttlichen Gnade die heilige Kirche Christi gegen das Eindringen der Heiden und die Verwüstung durch die Ungläubigen beschützen und im Inneren den katholischen Glauben verteidigen.«

Dieses Konzept, zu manchen Zeiten schwächer, in anderen neu belebt, hat sich durch das gesamte Mittelalter gehalten. Manchen politischen Unternehmungen hat es eine besondere Färbung gegeben. Die wichtigeren unter ihnen haben eine bildliche Ausdrucksform gefunden, die ebenso instruktiv ist wie der karolingischen Epoche.

Das erneuerte Herrscherbild der Ottonenzeit

Das am 2. Februar 962 begründete ottonische Kaisertum kann nicht auf den Willen zur Fortsetzung des karolingischen reduziert werden, auch wenn der Bezug sehr eng war. Es mußte eine eigene Doktrin entwickeln, auf die es seine Macht gründen konnte. Es mußte vor allem die Beziehungen zwischen Kaiser und Papst klären, deren Mehrdeutigkeit anläßlich der Salbung und der Weihe hervorgehoben wurden. Sie waren Gegenstand einer Einigung, die, während eines Jahrhunderts, die Kontrolle der päpstlichen Institution durch den Kaiser sicherte. Der Machtverlust des letzteren trat dennoch deutlich zutage; er geht zusammen mit territorialer Einschränkung. Es war nicht mehr die Rede davon, die Universalherrschaft anzustreben, der griechische Kaiser hatte völlige Autonomie erlangt; schwerwiegender war die Entwicklung Frankreichs. Eine pragmatische und daher entwicklungsfähige Konzeption der Amtsgewalt wurde ausgearbeitet. Sie erstreckt sich nicht auf das Imperium, sondern wird über Völker ausgeübt, deren Unterschiedlichkeit eingeräumt und respektiert wird. Die Integration Polens und Ungarns (die ihre Autonomie behalten) ins Reich ist in dieser Hinsicht ein klarer Erfolg. Die Thronbesteigung des Papstes Gerbert von Aurillac unter dem erinnerungsträchtigen Namen Silvester II. (999–1003) schien für die anscheinend unlösbare Frage eine Lösung zu bringen. Wie in der karolingischen Epoche mußte der Kaiser auch jetzt seine Rolle auf Erden in Bezug auf die ganze Welt bekräftigen. Das Bild sollte dies beurkunden, aber auch politisches Manifest sein. Die berühmte Miniatur Ottos II. (961–983) aus dem »Registrum Gregorii« (Abb. 1)[10] ist ein beredtes Zeugnis für die Erneuerung der Herrscherikonographie. Wie es sich gehört, sitzt der Kaiser auf einem Thron unter einem Ziborium und hält Szepter und

Das Herrscherbild im Mittelalter – Erbe oder Aneignung?

Abb. 3   Kat.Nr. 3 · 13
Karl II. der Kahle thront zwischen zwei Waffenträgern und den weiblichen Personifikationen der Länder Francia und Gotia. Auf diese Miniatur aus dem 9. Jh. geht die Darstellung des thronenden Herrschers im jüngeren Sakramentar Heinrichs II. zurück.
Reims um 870, Codex Aureus von St. Emmeram. München, Bayerische Staatsbibliothek, Cod. lat. 1400, fol. 5ᵛ

Reichsapfel. Er ist von vier Gestalten umgeben, die das Imperium repräsentieren sollen: Germania, Francia (rechts); Allamania und Italia (links). Im Evangeliar Ottos III. (983–1002)¹¹ wurde die Szene zweigeteilt, um den Kaiser für sich allein darstellen zu können. Auf dem rechten Blatt thront er, umgeben von Ordensleuten (rechts) und dem Schwertträger sowie dem Schild- und Lanzenträger (links). Auf dem linken Blatt nähern sich, gebückt und ihre Gaben tragend, die vier Nationen in Gestalt weiblicher Figuren: Roma, Gallia, Germania, Scalvinia, die in gebeugter Haltung ihre Gaben darbringen wie die heiligen drei Könige der Jungfrau Maria. Diese Annäherung an die göttliche Sphäre wird im Liuthar-Evangeliar, das zur gleichen Zeit wie das vorige entstanden ist, noch weiter getrieben.¹² Der thronende Kaiser wird in einer Mandorla dargestellt. Er wird von Gott gesegnet und ist von den Evangelistensymbolen umgeben, die ein langes Phylacterium (ein Schriftband) verbinden. Bis zu diesem Zeitpunkt – dem Ende des 10. Jahrhunderts – erscheint das Kaiserbild als eine Variation des politischen Konzepts dessen, der als Gründervater betrachtet wird. Das Bild sucht das politische Denken jedes Herrschers wiederzugeben. Mit dem letzten ottonischen Kaiser, Heinrich II., vollzieht sich eindeutig ein Bruch. Das Sakramentar Heinrichs II. (1002–1024) (Abb. 2).¹³ enthält zwei Darstellungen des Kaisers. Die erste (11ʳ) zeigt den stehenden Herrscher, gekrönt und von dem in einer Mandorla erscheinenden Christus gesegnet. Seine Arme stützen zwei Geistliche; er hält in der Rechten die Lanze, in der Linken das Schwert, zwei Engel halten sie aufrecht. Die zweite Miniatur geht auf die Darstellung des Codex Aureus Karls des Kahlen zurück, die sich (vor 1012) in St. Emmeram in Regensburg befand (Abb. 3). Es handelt sich dabei nicht um eine Kopie im strengen Sinne. Die Unterschiede, die nicht auf einer irrtümlichen Interpretation beruhen, zeigen an, daß das Bild zugleich als Botschaft begriffen, aber in bestimmten Details verändert wurde. Es ist im übrigen wahrscheinlich, daß die Wahl des Bestellers auf den Codex Aureus fiel, weil er dachte, daß der dort erwähnte Karl nicht der Enkel, sondern Karl der Große selbst sei. Dies bekräftigte nicht eine familiale Kontinuität, sondern die Kontinuität der Amtsgewalt.

Das Herrscherbild im Wandel: Friedrich II.

Der langsame Prestigeverlust des Kaisers nahm unter der Herrschaft Ottos IV. (1198–1218) eine beunruhigende Wendung. Seine Thronbesteigung ist mit der Redaktion eines neuen Ordo (1208) verbunden, der bis zu Karl V. (1530) in Gebrauch blieb. Die Weihezeremonie macht sichtbar, daß dem Kaiser die Macht nicht von Gott verliehen wird, wie es bis zu diesem Zeitpunkt die Hand Gottes bezeugte. Sie rührt allein vom Papst her, wenn er dem Kaiser die Salbung und die Weihe erteilt. Der mit der Zeremonie von 800 in Rom entstandene Konflikt fand auf diese Weise seinen Abschluß: Drei Vertreter der Christenheit versicherten, ihre Macht allein von Gott erhalten zu haben – der griechische Kaiser, der Westkaiser und der Papst –, doch wurde allein die Autonomie des ersteren anerkannt. Der Papst ist der alleinige Stellvertreter Christi und Nachfolger der Apostel, während der römische Kaiser weltlicher Vollstrecker ist. Die »Falsche Konstantinische Schenkung« und die Zeremonie des Jahres 800 fanden von daher eine neue Interpretation. Konstantin hatte sein Herrschaftsgebiet dem Papst geschenkt. Der Papst hatte Karl dem Großen die Kaiserwürde übertragen. Das Tricliniumsmosaik hatte es im Verlauf einiger Jahrhunderte geschafft, seine Botschaft durchzusetzen.

Friedrich II. (1212–1250) versuchte darauf zu reagieren und wies eine Interpretation ab, die kaum mit seiner Herrschaftsauffassung in Einklang stand. Seine Haltung mußte zu einem offenen Konflikt mit dem Papst führen, der in Anbetracht der einander gegenüberstehenden Personen sofort eine europäische Dimension annahm. Um seine Herrschaft zu begründen, stützte Friedrich sich auf zwei starke Elemente: das römische Recht und eine territoriale Realität, auf die er seine Macht stützen konnte und die bisher gefehlt hatte, nämlich das durch seine Verwaltungsorganisation starke Sizilien. Der »Liber Augustalis« gibt in seiner Präambel eine sehr gedrängte Analyse der Institution der kaiserlichen Herrschaft. Der Kaiser, dem die Macht von Gott verliehen wurde, soll die Welt im weltlichen und geistlichen Bereich lenken. Im Unterschied zur karolingischen Epoche versteht sich die »Renovatio imperii« vor allem als römische. Rom und Italien sind ihre Basis. Die Kaiser-Ikonographie, im 9. Jahrhundert definiert und von den Ottonen in neuer Weise interpretiert, hatte ihre politische Bedeutung verloren. Die Notwendigkeit, Neuerungen einzuführen, endete damit, daß man in der Zeit zurückging, um der Dichotomie Papst-Kaiser auszuweichen und aus der Antike neue Quellen der Inspiration zu erschließen. Die Notwendigkeit einer größeren Verbreitung der Botschaft bedeutete den Verzicht auf den Gebrauch der in ihrer Verwendung zu eingeschränkten Manuskripte zugunsten der Monumentalskulptur. Die Präsenz großer Marmorstatuen in öffentlichen Denkmälern hatte darüber hinaus den Vorteil, eine sichtbare Verbindung mit der Antike herzustellen, indem sie den Abstand zwischen den beiden Epochen negierte. Daraus leitete sich ein Gefühl der Kontinuität und nicht des Bruchs ab, das noch verstärkt wurde durch die für beide Zeiten geltende Abwesenheit jeder physischen Ähnlichkeit. In der Statue Friedrichs II. wie in derjenigen Konstantins erscheint ein Kaiser, der für alle Ewigkeit die Aufgabe hat, die Welt zu regieren, ohne die Schicksalswenden zu beachten, deren Berücksichtigung den Verlauf verlangsamt hatten. Man kennt die Zurückhaltung der Kirche gegenüber der politischen Verwendung einer bis dahin streng begrenzten Ikonographie.

Der Appell Friedrichs II. an die Fürsten Europas, sich den hegemonialen Absichten des Papstes entgegenzustellen, sollte Früchte tragen. Die Konsequenzen zeigten sich nicht unmittelbar, waren aber schleichend. Vom Ende des 13. Jahrhunderts an versuchten die Herrscher, sich zu befreien. Das Scheitern des Jubiläums im Jahr 1300 lieferte den Vorwand. Was den Triumph des Papstes ausmachen sollte, wandte sich gegen ihn – so sehr war der Machtwille sichtbar und unerträglich geworden. Der Konflikt erreichte mit Philipp dem Schönen das bekannte Ausmaß, das für mehr als ein Jahrhundert das Papsttum schwächte. Die Herrscher mußten nun die Quellen ihrer Macht deutlicher definieren. Ihr Bild wurde daher Gegenstand einer erneuten Ausarbeitung. Schon Karl II. von Anjou (1258–1285) hatte mit seinem italienischen Königreich, das er geschaffen hatte, den Weg gezeigt; ihm folgten bald der König von Mallorca und Karl IV. (1349–1378) in Prag, der eine wie der andere begierig, eine sichtbare Interpretation seiner Herrschaft zu liefern. Im französischen Königreich überdachte König Charles V. (1364–1380) seine Herrschaftstheorie neu und begründete die mit einer schweren Krise konfrontierte Monarchie neu. Während seiner sehr kurzen Regierungszeit (1364–1380) setzte er einen Stab von Intellektuellen ein, die die neuen Ideen in schriftliche Form bringen sollten.

Die Erneuerung der französischen Herrscherikonographie: Charles V.

Diese theoretischen Überlegungen mußten mit einer neuen politischen Entwicklung, einer europaweiten politischen Krise und mit punktuelleren Problem rechnen. Sie sollten die Möglichkeiten einer zukünftigen Entwicklung begründen. Die Legitimität der königlichen Erbfolge – von den Kapetingern zu den Valois, mit Ausschluß der Frauen – war eines der größten Probleme. Die Veröffentlichung der Goldenen Bulle am 25. Dezember 1356 auf dem Reichstag von Metz mußte als ein Hinweis für den jungen Prinzen Charles verstanden werden, der damals Dauphin und Anwärter auf die französische Krone war. Er war 18 Jahre alt, nahm an der Zeremonie teil und schwor darauf, daß der Dauphiné Teil des Reiches sei. Der psychologische Schock war umso größer, als sein Vater wenige Tage zuvor, bei der Schlacht von Poitiers am 19. September gefangengenommen worden war. Die unerläßliche Neubegründung blieb nicht nur Theorie, sie umfaßte alle Bereiche und also auch das Herrscherbild. Die wichtigen Ereignisse seines Lebens wurden in Bildern festgehalten, nachdem sie reiflich durchdacht worden waren, so die Weihe von 1364, die einem neuen Ordo folgte, der Besuch des Kaisers Karls IV. in Paris im Jahre 1377, für den ein minutiöses Zeremoniell ausgearbeitet worden war. Überall wachte der König oder die dafür bestimmte Person darüber, daß die Botschaft der neuen Konzeption der Monarchie entsprach, die am vollendetsten im »Songe du Vergier« in der französischen Ausgabe (1378) zum Ausdruck kam. Dabei erneuerte sich die Königsikonographie vollständig durch die Aufnahme von Themen aus dem Familienleben, durch das überschwengliche Interesse an der Familie wie im Vis du Louvre oder der Bastille, durch die Betonung der Bedeutung des königlichen Paares im Leben (Louvre – Eglise des Célestin – Bastille – Vincennes) wie im Tod (das Grabmal in Saint-Denis – Rouen – Maubuisson) und im politischen Leben (der Beau Pilier an der Kathedrale von Amiens). Die Erneuerung der Ikonographie verläuft nun über das physische und nicht mehr idealisierte Abbild des Königs und durch die vollständige Erneuerung der Regalia. Der um den Hals geknotete Mantel wird zugunsten der auf der Schulter befestigten kaiserlichen Bekleidung aufgegeben, die die beiden Gewänder sehen läßt. Das Szepter (Abb. 4), die Hand der Gerechtigkeit und die Krone wurden für die Zeremonie der Weihe geschaffen: das Szepter endet in der sitzenden Figur Karls des Großen, der Szepter und Reichsapfel trägt, gekrönt ist und dessen Mantel auf der Schulter befestigt ist. Die Hand der Gerechtigkeit bekräftigt sichtbar die Richterrolle des Königs. Die Krone mit den vier Kreuzblumen ist von der in Saint-Denis aufbewahrten, als Krone Karls des Großen geltenden inspiriert. Damit niemand im Unklaren über die göttlichen Quellen seiner Macht bleibe, stellen eine große Anzahl von Urkunden den König, stehend und von Engeln gekrönt, im senkrechten Schaft des K dar.[14] Wie Friedrich II., der in der Antike seine Legitimation suchte, berief sich Charles V. auch hier, über die Zeiten hinweg, auf Karl den Großen. Im Vorwort des »Rationale« charakterisiert Jean Golain Karl noch besser, wenn er ihn den »wahren Schutzpatron« der französischen Könige nennt.

Übersetzt von Barbara Holländer.

[1] Bloch (1951), S. 51–76. Pange (1949), S. 129–150.
[2] Annales Fuldenses, in: MGH Scriptores rerum germanicarum in usum scholarum [7], 1891, ND Hannover 1993, S. 15. Vgl. auch Folz (1953), S. 25–46.
[3] Schramm/Mütherich (1962), Nr. 58.
[4] Einhard: Vita Karoli, Kap. XXXI.
[5] B.N.F., Cab. Ms. Lat 1152, fol. 3^v, datiert zwischen 842 und 869. Schramm/Mütherich (1962), Nr. 44; Les Manuscrits à peintures en France du VIIe au XIIe siècle, Paris 1954, Nr. 52.
[6] B.N.F., Cab. Ms. Lat 1, fol. 423^v; Les manuscrits à peintures (wie Anm. 5), Nr. 32, um 845.

Abb. 4
Das Szepter Charles V. endet in der sitzenden Figur Karls des Großen, die mit Krone, Szepter und Reichsapfel dargestellt ist. Der französische König ließ dieses Szepter für die Krönung seines Sohnes, des künftigen Charles VI., anfertigen. Die gewählte Ikonographie zeigt die Bedeutung der Karlsrezeption am Hof der Valois. Paris, vor 1380, Gold, Email, Perlen. Paris, Louvre, Ms. 83

7 B.N.F., Cab. Ms. Lat. 266, fol.1v; Les manuscrits à peintures (wie Anm. 5), Nr. 33; Schramm/Mütherich (1962), Nr. 25. Zwischen 849 und 851.
8 Schramm/Mütherich (1962), Nr. 56.
9 Schramm/Mütherich (1962), Nr. 52.
10 Schramm-Mütherich, (1962), Nr. 82: Chantilly, Musée Condé.
11 Schramm/Mütherich (1962), Nr. 108; München, Bayerische Staatsbibliothek Clm 4453.- Ende 10. Jahrhundert.
12 Schramm/Mütherich (1962), Nr. 103: Aachen, Domschatz.
13 Schramm/Mütherich (1962), Nr. 111; München, Bayerische Staatsbibliothek Clm 4456 fol. 11r und 11v.
14 Vincennes, Reims, Célestins de Limay. Vgl. Richter Sherman (1969).

Autrand, Françoise: Charles V, Paris 1996.
Beaune, Colette: Le Miroir du pouvoir, Paris 1989.
Bloch, Marc: Les rois thaumaturges, Paris 1951.
Cazelles, Raymond: Société politique, noblesse et couronne sous Jean le Bon et Charles V, Paris 1982.
Erlande-Brandenburg, Alain: La conquête de l'Europe. 1260–1380, Paris 1987.
Ders.: De pierre, d'or et de feu, Paris 1999.
Folz, Robert: L'idée de l'Empire en Occident du Ve au XIVe siècle, Paris 1953.
Ders.: Aspects du culte liturgique de Saint Charlemagne en France, in: Karl der Große. Lebenswerk und Nachleben, hg. von Wolfgang Braunfels, Bd. 4, Düsseldorf ²1967, S. 77–99.
Krautheimer, Richard: Idéologie de l'art antique du IVe au XVe siècle, Paris 1995.
Pange, Jean de: Le roi très chrétien, Paris 1949.
Richter Sherman, Claire: The Portraits of Charles V of France (1338–1380), New York 1969.
Schramm, Percy Ernst/Mütherich, Florentine: Denkmale der deutschen Könige und Kaiser, München 1962.

Kurzfassung

Der Herrschaftswechsel von den Merowingern zu den Karolingern – von einem, »heiligen Geschlecht« zu dem von »Usurpatoren« – bedurfte der Legitimation durch die Übernahme von Zeremonien. Diese bekamen durch die Mitwirkung des Papstes einen besonderen Charakter, zugleich jedoch eine Mehrdeutigkeit, die die Frage nach der Stellung des römischen Kaisers in seiner Beziehung zum Papst und zum byzantinischen Kaiser verschärfte. Mit der Ausbildung einer Tradition des Kaiserbildes, die für die karolingische und die ottonische Zeit, wenn auch mit Modifikationen, bestimmend war, wurde auf diese Frage geantwortet. Darstellungen des Kaisers, überwiegend in der Buchmalerei, waren Mittel in einer politischen Auseinandersetzung, die durch das gesamte Mittelalter hindurch andauerte.

Mit dem Staufer Friedrich II. änderte sich, im bewußten Rückgriff auf antike Vorbilder, die Darstellung des kaiserlichen Herrschaftsanspruchs, der sich nun in Monumentalskulpturen dokumentierte. Zwar verlor in der Folge der Streit zwischen Kaiser und Papst seine Bedeutung, doch blieb das Bild für die Herrscher der folgenden Jahrhunderte ein wichtiges Mittel ihrer Selbstrepräsentation, in dem der Rückgriff auf alte Zeichen und auf die bestimmende Ausgangsfigur, Karl den Großen, weiterhin ihre politisch legitimierende Rolle spielten.

Résumé

Le changement de dynastie qui, éliminant les Mérovingiens, amena les Carolingiens au pouvoir, s'effectua progressivement. La »race sacrée« se vit contrainte de céder la place aux »usurpateurs« : une passation des pouvoirs qui, résultant d'un coup de force, requérait de toute urgence une légitimation. Pour ce faire, les Carolingiens eurent recours à des rituels auxquels la participation du pape conférait un caractère particulièrement solennel. Néanmoins, les cérémonials en question n'étaient pas dépourvus d'une certaine ambiguïté, accrue par la question des rapports de l'empereur romain avec le pape et l'empereur byzantin.

Une question à laquelle l'iconographie fut chargée d'apporter une réponse : on assista donc à la genèse d'une effigie traditionnelle des empereurs qui, tout en évoluant dans le temps, joua un rôle décisif sous les Carolingiens et les Ottoniens. Pendant tout le Moyen Age, les représentations iconographiques de l'Empereur, surtout présentes dans les enluminures des manuscrits, furent mises au service d'enjeux politiques.

Sous Frédéric II – qui appartenait à la dynastie des Staufen –, la situation évolua. Faisant appel à la statuaire, la représentation symbolique des revendications impériales en matière de pouvoir emprunta délibérément ses modèles à l'Antiquité.

Certes, au fil du temps, les querelles entre le pape et l'empereur perdirent leur importance. Au cours des siècles suivants, l'iconographie resta un moyen d'expression privilégié qui permettait aux souverains de véhiculer ce que l'on appellerait aujourd'hui leur image de marque : une image de marque qui, faisant référence aux emblèmes du passé et à cette figure de proue que fut Charlemagne, leur permettait également de légitimer leur rôle politique.

Samenvatting

De overgang van de heerschappij van de Merovingers naar de Karolingers – van een »heilig geslacht« naar een »usurpatoren-geslacht« – zocht naar een legitimatie door het overnemen van ceremoniële uitingen. Door de medewerking van de paus kregen de kroningen een bijzonder karakter, maar tegelijk ook een meerduidigheid, die de kwestie van de positie van de Roomse keizer in zijn verhouding met de paus en met de byzantijnse keizer verscherpte. Verder werd door middel van de uitwerking van een traditie rond de keizervoorstelling die voor de Karolingische en (aangepast) voor de Ottoonse tijd bepalend was, op deze vraag geantwoord. Afbeeldingen van de keizer in vooral de boekschilderkunst, waren middelen in een politieke twist, die de gehele middeleeuwen voortduurde.

Doordat men bewust teruggreep op de antieke voorbeelden, veranderde de voorstelling van de keizerlijke macht ten tijde van de Staufer Frederik II uiteindelijk. De macht werd nu door monumentale standbeelden ten toon gespreid. De strijd tussen keizer en paus verloor later wel aan betekenis, maar het beeldende bleef ook voor de heersers van de volgende eeuwen een belangrijk middel voor hun zelfpresentatie, waarbij het teruggrijpen op oude tekens en op de bepalende voorganger, Karel de Grote, nog steeds hun politiek legitimerende rol speelden.

Shrnutí

Přechod moci Merovejců na Karlovce – tedy ze »svatého rodu« na »uzurpátory« – vyžad oprávnění v podobě převzetí obřadů. Díky spolupůsobení papeže získaly tyto obřady zvláštní význam, zároveň však i mnohoznačnost, která zostřila otázku postavení římského císaře ve vztahu k papežovi a byzantskému císaři. Vytvořením určité tradice zobrazení císaře, která byla i přes různé modifikace určující po dobu vlád karlovské a otonské dynastie, byla tato otázka zodpovězena. Vyobrazení císaře, která najdeme převážně v knižní malbě, byla prostředkem v politickém sporu trvajícím po celý středověk.

Za Štaufa Fridricha II. se změnilo vyobrazení císařského panovnického nároku vědomým napodobením antických vzorů, zejména v monumentálním sochařství.

Spor mezi císařem a papežem ztratil sice postupně svůj význam, ale zobrazení panovníka zůstalo i v následujících stoletích důležitým prostředkem panovníkovy vlastní reprezentace, přičemž napodobení starých znaků a určité výchozí postavy, Karla Velikého, hrálo nadále politicky opravňující roli.

Summary

The change of rulers from the Merowingers to the Carolinians – from a »holy gender« to one of »usurpators« – was in need of legitimisation via taking on ceremonies. These received a special meaning because the pope joined in, at the same time ambiguity which tempted people to question the Roman emperor's position in relation to the pope and to the Byzantine pope. By shaping a tradition of the way the emperor was represented that was decisive for the Carolinian and Ottonic times, albeit with modifications, this question was answered. Representations of the emperor, predominantly in book paintings, were means within political conflicts that lasted for the whole of the Middle Ages.

The Staufer Frederick II saw a change of the way imperial rulers' represented their claims, when antique models were consciously reviewed and brought about monumental sculptures.

After the quarrels between the emperor and the pope the pictorial representation of the rulers of the next centuries remained an important means for their self-representation, where they harked back to old signs and to the main starting figure, Charlemagne, which justified their messages politically.

Armin Wolf (Frankfurt a. Main)

Die Kurfürsten des Reiches

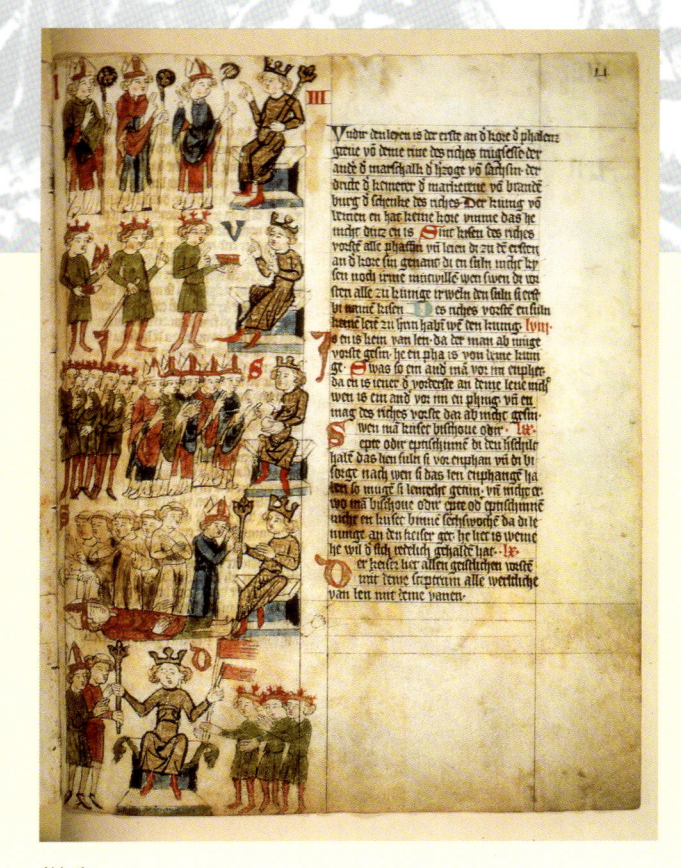

Abb. 1
Die drei Ersten Geistlichen, die drei Ersten Weltlichen und die übrigen Fürsten als Königswähler. Darstellung und Text zum Landrecht III 57 aus der Bilderhandschrift des Sachsenspiegels vor 1365 nach einem Archetyp von 1292/95. Die Textstelle entspricht der Königswahl von 1273. Wolfenbüttel, Herzog August Bibliothek, Cod. Guelf. 3.1. Aug. 2°, fol. 51ʳ

Die Kurfürsten des Reiches waren diejenigen Fürsten, die das Recht hatten, den römisch-deutschen König und künftigen römischen Kaiser zu wählen. Ihr offizieller Titel lautete »Kurfürsten des Heiligen Römischen Reiches« (*sacri Romani imperii principes electores*). Die Bezeichnung Kurfürsten kommt von dem alten deutschen Wort küren, d. h. wählen, und bedeutet Wahlfürsten. Zweimal beanspruchten die Kurfürsten sogar, den von ihnen erwählten König mehrheitlich wieder abzusetzen (1298 und 1400). Es ist daher zu Recht gesagt worden: »Nicht nur das Königtum, sondern auch die Kurfürsten repräsentierten (…) das Reich«.[1] Sie besaßen königsgleichen Rang und Anteil am Majestätsrecht (*ius majestatis*). Bei feierlichen Prozessionen wurde dies – ebenso wie in ihren Wappen – offensichtlich: Da trugen sie die königlichen Insignien (Reichsapfel, Reichsschwert und Reichsszepter).[2] Sie waren eine einzigartige Erscheinung der europäischen Geschichte; denn nirgendwo sonst in Europa gab es diesen besonderen Stand zwischen dem König und den Fürsten.

Das Kollegium der sieben Kurfürsten bestand aus drei geistlichen und vier weltlichen Fürsten, nämlich den drei Erzbischöfen von Mainz, Trier und Köln, dem König von Böhmen, dem Pfalzgrafen bei

Rhein, dem Herzog von Sachsen und dem Markgrafen von Brandenburg.[3]

Das Problem

Warum hatten gerade diese sieben Fürsten das Recht, den König zu wählen, andere aber nicht? Zur Lösung dieser Frage wurden mehrere Theorien vorgeschlagen (die Einsetzungs-, die Erzämter-, die kuriale, die Vierer-Quorum- und die Interesselosigkeits-Theorie). Dennoch erschien die Entstehung des Kurfürstenkollegs bisher als ein »unlösbares verfassungsgeschichtliches Problem«.[4] Für den Rechtshistoriker Heinrich Mitteis »galt das Schrifttum über diesen Gegenstand als unübersehbar, weiteres Bemühen als aussichtslos, das Thema als erschöpft«[5] Und Hugo Stehkämper stellte fest: »Das bisherige Ergebnis aller Mühen um dieses Fundamentalrätsel der deutschen Verfassungsgeschichte läßt freilich resignieren: auf eine abschließende Aufklärung hofft kein Kenner mehr«.[6] Man war sich nicht einmal einig, wann das Kurfürstenkolleg entstanden ist. Mindestens sieben Daten – 1196, 1198, 1209, 1237, 1239, 1252, 1256 – wurden vorgeschlagen.

Tatsache ist: Im Jahre 1198 werden die Königswähler bei der staufisch-welfischen Doppelwahl erstmals urkundlich faßbar. Damals waren es aber noch nicht die sieben Kurfürsten, sondern gut 50 Fürsten (neben zahlreichen Geistlichen 16 Weltliche), die – in zwei Parteien gespalten – jeweils ihren König wählten. Sie heißen »Vornehmste und Fürsten des Reiches, denen die Wahl von Rechts wegen zukommt« (*optimates et principes imperii, ad quos de iure spectat electio*). Im folgenden Jahrhundert verringerte sich die Zahl der Königswähler. Bisher ging man davon aus, daß das siebenköpfige Kurfürstenkolleg schon vor 1257 entstanden sei. Dabei projizierte man das erst später nachweisbare Kurkolleg zurück und wunderte sich, warum es über sein Entstehen keine Quellen gebe. Der angebliche Quellenmangel liegt aber einfach daran, daß man in der falschen Zeit suchte. Die Königswähler von 1257 waren noch kein Kurfürstenverein, sondern zerstrittene Fürstengruppen, die zwei Könige gegeneinander wählten und niemals an einem Ort gemeinsam versammelt waren. Die sieben Kurfürsten vereinten sich erstmals bei der Königserhebung von 1298, und dafür liegen die Quellen vor. Im gleichen Jahr trat auch der deutsche Ausdruck *kurfursten* erstmals auf. Daher sollte man erst für die Zeit nach 1298 von Kurfürsten sprechen und zuvor von Königswählern.

Es geht also um zwei Fragen: Warum waren ursprünglich alle Fürsten wahlberechtigt und warum reduzierte sich dann die Zahl der Königswähler auf die bekannten Sieben?

Das Problem liegt dabei weniger bei den drei geistlichen Kurfürsten. Es ist unstreitig, daß deren Vorrecht bei der Königswahl »offensichtlich mit deren Funktion bei der Königskrönung« zusammenhängt (Walter Schlesinger). Daß die drei rheinischen Erzbischöfe bei der Reduzierung der Wählerzahl als einzige Geistliche übrigblieben, liegt außerdem aber wohl auch daran, daß sie die ältesten Erzbischofssitze in Deutschland innehatten (Anciennitätsprinzip). Das Hauptproblem ist das Wahlrecht und die Zusammensetzung der weltlichen Kurfürsten.

Die bisherigen Theorien

Auch wenn die bisherigen Theorien zur Entstehung des Kurkollegs unbefriedigend blieben, so enthält jede von ihnen dennoch einen wahren Kern.

Die »Einsetzungstheorie« geht auf eine Stelle in der um 1268/71 am päpstlichen Hof verfaßten Papst-Kaiser-Chronik des böhmischen Dominikaners Martin von Troppau zurück. Unter dem Jahr 1002 heißt es dort: »Obwohl die drei Ottonen durch Erbfolge regiert hatten, wurde es danach so eingerichtet, daß der Kaiser durch ›Amtleute des Reiches‹ (*officiales imperii*) gewählt werden sollte. Dies sind sieben, nämlich drei Kanzler, d. h. der Mainzer als Kanzler Deutschlands, der Trierer (als Kanzler) Galliens und der Kölner (als Kanzler) Italiens, der Markgraf von Brandenburg als Kämmerer, der Pfalzgraf als Truchseß, der Herzog von Sachsen als Schwertträger, als Mundschenk der König von Böhmen.« Von dieser Theorie gab es später Varianten: Entweder habe der Papst die Kurfürsten eingesetzt, oder der Kaiser oder beide gemeinsam. Die Einsetzung der sieben Kurfürsten im Jahre 1002 wird seit langem mit Recht als »Kurfürstenfabel« abgelehnt.

Dennoch steckt in der Kurfürstenfabel ein wahrer Kern, insofern nach der Erbfolge der drei Ottonen und dem kinderlosen Tode Kaiser Ottos III. 1002 erstmals unter mehreren Kandidaten aus verschiedenen Dynastien zu wählen war und sich eine ganze Reihe von Fürsten an der Wahl beteiligten. Die geistlichen und weltlichen Königswähler von 1002 entsprachen aber weder in ihrer Zahl noch in ihrer Zusammensetzung den erst Jahrhunderte später auftretenden sieben Kurfürsten.

Zur Zeit Martins von Troppau führten die zwei 1257 gegeneinander gewählten Könige um ihre Anerkennung einen jahrelangen Prozeß vor der päpstlichen Kurie. Dabei beriefen sie sich auf verschiedene Parteien von Wählern, deren Summe erstmals den späteren Kurfürsten entsprach. Martin kam so auf sieben Fürsten, deren Wahlrecht er für ausschließlich und sehr alt hielt und denen er sieben Ämter zuordnete. Eine kausale Abhängigkeit des Wahlrechts von den Ämtern behauptete er aber nicht, ebensowenig wie der Sachsenspiegel. Dieser kannte noch keine sieben Kurfürsten, sondern drei geistliche und drei weltliche »Erste an der Kur«, nach denen dann die übrigen Fürsten wählten (Landrecht III 57). Pfalz, Sachsen und Brandenburg hatten hier die gleichen Ämter wie bei Martin von Troppau; aber der Böhmenkönig, obwohl Schenke, besaß kein Wahlrecht »da er nicht deutsch ist«. Weil der Böhme 1237, 1252 und 1257 mitwählte und nur 1273 ausgeschlossen wurde, »spiegelt« diese Stelle die Wahl von 1273 und muß um diese Zeit in den Sachsenspiegel eingefügt

Abb. 2
Die älteste von allen sieben Kurfürsten gemeinsam ausgestellte Urkunde. Erklärung über die Wahl Albrechts von Österreich zum König (Frankfurt a. Main, 28. Juli 1298) mit den Siegeln aller sieben Kurfürsten. Wien, Haus-, Hof- und Staatsarchiv, Allgemeine Urkundenreihe

Kat.Nr. 5 · 40

worden sein (Abb. 1). Sie wurde variiert in einer Glosse der Stader Annalen, die erstmals eine kausale Verknüpfung annahm: Die drei weltlichen »Ersten an der Kur« haben das Wahlrecht, »weil« (*quia*) sie die Ämter besitzen (»Erzämtertheorie«). Die einzige Handschrift stammt aus dem 14. Jahrhundert.

Erstmals auf dem Nürnberger Hoftag Albrechts von Österreich im November 1298 übten alle vier weltlichen Kurfürsten persönlich und in der dann traditionellen Zusammensetzung die vier Ämter an der königlichen Tafel aus: Der Herzog von Sachsen als Marschall hatte für das Pferd des Königs zu sorgen, der Markgraf von Brandenburg reichte als Kämmerer dem König Wasser zum Händewaschen, der Pfalzgraf brachte als Truchseß die Speisen und der König von Böhmen als Mundschenk den Wein. Gegen die Annahme, daß diese Ämter das Wahlrecht begründet hätten, spricht jedoch, daß in der vorausgehenden Frankfurter Wahlurkunde vom Juli 1298, die als erste von allen sieben Kurfürsten gemeinsam ausgestellt wurde, die Erzämter nicht einmal erwähnt werden (Abb. 2). Vor allem ist gegen die Erzämtertheorie einzuwenden: Sie verschiebt das Problem der

Entstehung des Kurkollegs nur und löst es nicht; denn selbst wenn die Kurrechte auf die Erzämter zurückgehen sollten, so entstünde die zweite Frage, warum denn bestimmte Fürsten die Erzämter innehatten, andere aber nicht. Die vier Ämter können auch nicht das Wahlrecht der ursprünglich größeren Zahl der Königswähler erklären.

Gute Gründe hat die »kuriale Theorie«. Sie diente jedenfalls dem Interesse der Kirche und konnte insofern auch wirksam werden. So erklärte Papst Bonifaz VIII. im Jahre 1300 gegenüber den Kurfürsten (unter Berufung auf die Bulle »Venerabilem« Innozenz' III. von 1202), daß der apostolische Stuhl das Recht zur Wahl des römischen Königs, der später zum Kaiser zu erheben ist, bestimmten geistlichen und weltlichen Fürsten gewährt habe. Diesen Anspruch hat Albrecht von Österreich, um die päpstliche Anerkennung als König zu erlangen, 1303 anerkannt. Für die päpstliche Kurie galt offenbar erst diese Zustimmung König Albrechts als Anerkennung ihres Anspruchs; denn als im 17. Jahrhundert im »Piano nobile« des vatikanischen Archivs 26 Fresken gemalt wurden, die den Erwerb der wichtigsten Rechte des Heiligen Stuhls in Europa darstellten, wurde für die Kurfürsten diese Szene ausgewählt. Die Kurfürsten haben diesen Anspruch jedoch nie anerkannt. Nach ihrem eigenen Selbstverständnis, wie sie es in Rhens 1338 bekannten, hatten sie ihre Rechte nicht von der Kirche, sondern »vom Reich«. Hier stand Anspruch gegen Anspruch. Noch im 17. Jahrhundert weigerte sich der Herzog von Baiern, als er anstelle des Pfalzgrafen 1623 die wittelsbachische Kurwürde erhielt, diese Erhebung vom Papst bestätigen zu lassen, obwohl er sonst treu zur katholischen Kirche stand. Übrigens nannte weder Innozenz III. 1202 noch Bonifaz VIII. 1300 die Fürsten im einzelnen, denen die Kirche das Wahlrecht gewährt habe. Die kuriale Theorie war ein politisches Programm, keine historische Erklärung für die Auswahl der zur Königswahl berechtigten Fürsten.

Nach Mitteis' Theorie vom »Vierer-Quorum« waren zunächst nur vier Wähler – die drei rheinischen Erzbischöfe und der Pfalzgraf – für eine gültige Königswahl erforderlich. Hierfür läßt sich anführen, daß es vor der Vereinigung der Sieben 1298 schon einmal 1273 eine Vereinigung (*uniti sumus*) dieser Vier gab. Sie beschlossen, gemeinsam einen König zu wählen und dabei untereinander das Mehrheitsprinzip anzuerkennen. Dennoch leuchtet das »Vierer-Quorum« als Erklärung für den Zusammenschluß der Sieben weniger ein, auch wenn vier von sieben Wählern die Mehrheit bilden.

Nach Lintzels »Interesselosigkeits-Theorie« blieb »das Wahlrecht an den Vorwählern, an den Kurfürsten, gewissermaßen hängen«, weil die übrigen Fürsten entweder im 13. Jahrhundert ausstarben (dies ist richtig) oder ihr »Interesse an der Königswahl« verschwand, so daß sie fortblieben. Diese zweite Annahme erklärt jedoch nicht, warum die späteren Kurfürsten ihr Interesse behielten, die anderen Königswähler es aber verloren haben sollen. Insbesondere die Herzöge von Baiern und die von Sachsen-Lauenburg gaben als frühere Königswähler keineswegs ihr Interesse an der Königswahl auf. Sie bemühten sich vielmehr intensiv um die Zugehörigkeit zum Kurkolleg, wenngleich vergeblich.

Die erbrechtliche Theorie

Einen neuen Weg, die Entstehung des Kurkollegs zu erklären, bietet die erbrechtliche Theorie.[7] Sie kann die von den bisherigen Theorien offen gelassene Begründung für das Wahlrecht überhaupt und für die Auswahl der Wahlberechtigten liefern. Sie beruht vor allem auf zwei Gegebenheiten:

1.) auf dem Grundsatz der »Goldenen Bulle« von 1356, daß das Wahlrecht der weltlichen Kurfürsten erblich ist, und

2.) auf der Tatsache, daß sowohl die 16 weltlichen Königswähler von 1198 als auch die 4 weltlichen Kurfürsten der »Goldenen Bulle« eine gemeinsame königliche Abstammung besitzen. Die ursprünglich vielen Königswähler repräsentierten die Tochterstämme des ottonischen Königs- und Kaiserhauses und die vier weltlichen Kurfürsten die Tochterstämme König Rudolfs von Habsburg.

Entscheidend ist eine neuentdeckte Quellengrundlage: die rekonstruierten Verwandtschaftsverhältnisse der beteiligten Personen, d. h. der Königswähler und der von ihnen gewählten Könige, und zwar – da die deutschen Königshäuser im Mittelalter immer nach wenigen Generationen im Mannesstamm ausstarben – einschließlich ihrer Tochterstämme, d. h. ihrer Nachkommen in weiblicher Linie. Diese zuvor nicht ausgeschöpfte Quelle hat gegenüber den meisten Textquellen den Vorzug, daß sie zum Zeitpunkt der Ereignisse bereits vorhanden war und daher tatsächlich deren »Quelle« sein kann und nicht bloß »Überrest« ist. Sie läßt die jeweiligen erbrechtlichen Situationen erkennen und damit Interessen langfristigen und generationsüberdauernden Charakters.

Zur Erklärung ist etwas weiter auszuholen. Das Königs- und Kaiserhaus der Ottonen war zwar im Mannesstamm zu Anfang des 11. Jahrhunderts ausgestorben, lebte jedoch über vier verheiratete Töchter fort. Eine hatte Kinder aus zwei Ehen. So entstanden fünf ottonische Tochterstämme. Auch diese starben in der männlichen Linie aus, lebten aber in weiblichen Linien fort. So vervielfältigte sich die Zahl der königlichen Tochterstämme und der königlichen Nachkommen. Noch im 13. Jahrhundert war bewußt, daß die gesamte Führungsschicht (*tota nobilitas*) der europäischen Länder von König Heinrich »dem ersten König der Römer« abstammte.

Wenn man nun systematisch untersucht, durch welche rechtlich relevanten Merkmale sich die weltlichen Königswähler von den übrigen – nicht-wählenden – Königsnachkommen unterscheiden, so ist festzustellen: »Tochterstämme«, die sich bereits 1152 unmittelbar (primär) vom Königshaus herleiten konnten (weil die Zwischenglieder ausgestorben waren oder im Ausland herrschten), stellten 1198 die Königswähler. Sekundäre, d. h. Tochterstämme noch lebender königlicher Tochterstämme, wurden als Wähler jedoch nicht genannt. Sie galten offenbar als nachgeordnet.

Die Bedeutung des Jahres 1152 liegt darin, daß damals nach drei Königen oder Kaisern aus drei verschiedenen Dynastien erstmals wieder ein Angehöriger der gleichen Dynastie, nämlich der Staufer folgte. Im Jahre 1152 hatte die Nachkommenschaft der otto-

Abb. 3
Türzieher vom Hauptportal des Lübecker Rathauses mit Darstellung des Königs und der sieben Kurfürsten, um 1350.
Lübeck, Museum für Kunst und Kulturgeschichte der Hansestadt Lübeck, 1978/13

nischen Könige und Kaiser nur aus Nachkommen in weiblicher Linie bestanden. Die Staufer waren lediglich einer von mehreren königlichen Tochterstämmen. Aber nur diese den Staufern ebenbürtigen Tochterstämme behielten ihr königliches Wahlrecht. Jüngere Dynastien, die erst nach der Etablierung der Staufer königliche Tochterstämme geworden waren, rückten nicht mehr nach, sie blieben sekundär.

Aus der Identität der Repräsentanten der älteren königlichen Tochterstämme mit den Königswählern von 1198 ergibt sich: Das Wahlrecht der Königswähler erwuchs aus ihrem erbrechtlichen Status innerhalb der Königsverwandtschaft. Die Königswähler repräsentierten die »Erbengemeinschaft Reich«. Dementsprechend erkannte Papst Innozenz III. 1202 denjenigen Fürsten das Königswahlrecht zu, denen dieses »von Rechts wegen« (nämlich ererbt) und »nach alter Gewohnheit« (d. h. schon seit drei Königswahlen bzw. seit 1152) zustand. Er bezeichnete die Königswähler als mit dem Königshaus der Staufer »gleich edel und mächtig«. Damit ist das Wahlrecht der zunächst vielen Königswähler zu erklären.

Wie kam aber dann die Reduktion auf die wenigen Kurfürsten zustande?

Im Laufe des 13. Jahrhunderts starben einige der Königswählerfamilien (Zähringen, Andechs, Ursin-Ronsberg, Dagsburg, Staufen, Thüringen, Babenberg, Flandern) aus, andere (Welfen, Wettin, Oberlothringen, Brabant) nahmen aus verschiedenen angebbaren Gründen an den Wahlen nicht mehr teil. Als 1273 Rudolf von Habsburg zum König erhoben wurde, waren Wittelsbacher (in Baiern und der Pfalz) und Askanier (in Sachsen und Brandenburg) die vornehmsten weltlichen Wähler und daher die »Ersten (Laien) an der Kur«. Sie verzichteten auf je eigene Kandidaturen, machten aber ihre Stimmen für den Habsburger von der Bedingung abhängig, Töchter des neuen Königs zur Ehe zu erhalten.

Dies zeigt, wie stark die Königswähler von dynastischem Bewußtsein und vom Denken in Erbansprüchen geprägt waren. Die beiden Hochzeiten wurden am gleichen Tag gefeiert. Dies war kein beliebiger Zeitpunkt, sondern der Abend des Krönungstages Rudolfs in Aachen. Juristisch erscheinen Königskandidatur und Eheforderung, Königswahl und Eheversprechen, Königskrönung und Ehevollzug der Königswähler mit den Königstöchtern wie ein Zug-um-Zug-Geschäft. Wittelsbacher (Pfalz und Baiern) und Askanier (Sachsen und Brandenburg) wurden auf diese Weise zu Tochterstämmen auch des ersten habsburgischen Königs. Der Böhmenkönig wurde später ebenfalls durch die Heirat mit einer Tochter Rudolfs versöhnt und erhielt 1289/90 sein Königswahlrecht bestätigt. Infolge dieser Heiratspolitik bildeten im Jahre 1298 die weltlichen Kurfürsten samt dem von ihnen

Abb. 4
Freskofragment mit dem ältesten Bild von König (Albrecht von Österreich) und den sieben Kurfürsten, Zürich 1299 oder bald darauf. Zürich, Schweizerisches Landesmuseum, LM 19713.2–4

zum König gewählten Albrecht von Österreich den Kreis der nächsten Erben König Rudolfs von Habsburg.

In diesem Jahr setzten Deutsche erstmals in der Geschichte ihren König ab. Früher waren römisch-deutsche Könige gelegentlich von Päpsten abgesetzt worden, und daraufhin hatten deutsche Fürsten neue Könige gewählt (1077, 1081, 1211/12, 1246, 1247). Im Jahre 1298 aber eröffneten sie selbst ein Gerichtsverfahren gegen König Adolf von Nassau und stießen ihn eigenmächtig vom Thron. Dessen Absetzung gilt daher zu Recht als »ein revolutionärer Akt«.

Nachdem König Adolf im Kampf gegen seinen Herausforderer Albrecht von Österreich gefallen war, vereinigten sich die Sieben erstmals im Juli 1298 in Mainz zu dem Beschluß, innerhalb dreier Tage in Frankfurt gemeinsam einen König zu wählen. Hier entstand das Kurfürstenkolleg durch die Vereinigung der habsburgischen Tochterstämme mit den drei rheinischen Erzbischöfen und der Anerkennung dieser Vereinigung durch den von ihnen zum König gewählten Vertreter des habsburgischen Mannesstammes. Durch diese Einigung löste sich eine kleine königliche Erbengemeinschaft aus der großen königlichen Erbengemeinschaft heraus. Die Vereinigung der Kurfürsten und des von ihnen gewählten Königs war eine »Erbengemeinschaft innerhalb einer Erbengemeinschaft«. Diese Herauslösung erklärt die bisher unlösbar scheinende Frage, wie aus den ursprünglich vielen Königswählern schließlich die wenigen Kurfürsten wurden. Das Wahlrecht ruhte in beiden Fällen auf deren königlichem Erbrecht.

Im nachhinein erweist sich die Königswahl Rudolfs von Habsburg zusammen mit den Heiraten seiner Töchter mit seinen Wählern als eine Neubegründung des Reiches nach dem Untergang der Staufer.

Die »Verfassungsreform des heiligen Reiches«

Im Jahre 1298 sind fünf wesentliche Neuerungen festzustellen, die für das Kurfürstenkolleg kennzeichnend sind:

1.) Die Königswähler werden anläßlich ihrer Versammlung in Mainz erstmals urkundlich ein *collegium* genannt.

2.) Sie werden erstmals mit dem Kurznamen »Kurfürsten« bezeichnet.

3.) Alle sieben Kurfürsten – Trier, Mainz, Köln; Böhmen, Pfalz, Sachsen und Brandenburg – stellen am 28. Juli 1298 in Frankfurt erstmals gemeinsam eine Urkunde aus. (Abb. 2)

4.) Alle sieben Kurfürsten sind im November 1298 in Nürnberg erstmals vollzählig an einem Ort versammelt. Diese Tatsache prägte sich auch Zeitgenossen – wie dem Chronisten Johann von Victring – als etwas ganz Besonderes ein.

5.) Die Verteilung der Erzämter wird geregelt und die vier weltlichen Kurfürsten üben erstmals alle *in persona* die (Erz)ämter an der königlichen Tafel aus.

6.) Bald darauf entsteht in Zürich das erste erhaltene Bild des Königs mit den sieben Kurfürsten, wahrscheinlich 1299 anläßlich des ersten feierlichen Besuchs König Albrechts in der damaligen Reichsstadt. (Abb. 4)

Aus der Häufung der Neuerungen ergibt sich, daß diese kein Zufall waren und daß die – bisher so schwer nach Zeit und Ort festzulegende – erste Vereinigung der sieben Kurfürsten im Jahre 1298 in Mainz, Frankfurt und Nürnberg stattfand.

Die sieben Kurfürsten waren sich der Tragweite ihrer Einigung durchaus bewußt. Als ersten »Tagesordnungspunkt« ihrer Mainzer Verhandlungen nannten sie eine *sacri status imperii reformacio*, frei übersetzt: eine Verfassungsreform des Heiligen Reiches. Um inhaltsleere Rhetorik handelte es sich dabei nicht; denn die ungewöhnlichen

Worte fehlten noch in der Vorurkunde; sie wurden also mit Bedacht eingefügt.

Die Goldene Bulle

Die Vereinbarungen der Kurfürsten von 1298 wurden weder in einem Notariatsinstrument (wie 1338 in Rhens) noch in einem »Reichsgrundgesetz« (wie in der »Goldenen Bulle« 1356 in Nürnberg und Metz) festgelegt, sondern nur durch Handschlag bekräftigt und in den Wahlurkunden dann vorausgesetzt. Die Vereinigung der Kurfürsten war durchaus noch gefährdet. Dies zeigte sich eine Generation später bei der Doppelwahl im Jahre 1314. Damals wurde zwar der Sohn Albrechts von Österreich, Friedrich der Schöne, von seinen blutsverwandten Vettern Pfalzgraf Rudolf und Herzog Rudolf von Sachsen-Wittenberg und dem verschwägerten Heinrich von Böhmen-Kärnten zum König erhoben. Der Kölner Erzbischof Heinrich von Virneburg, der den Habsburger krönte, verheiratete seine Nichte mit dem Bruder des Königs. Gegen den Habsburger wurde jedoch der 1298 »ausgestoßene« Ludwig der Baier von seinem Schicksalsgenossen, Johann von Sachsen-Lauenburg, und den mit den Habsburgern nur verschwägerten Waldemar von Brandenburg und Johann von Luxemburg-Böhmen zum König gewählt. Auf deren Seite standen der Erzbischof von Trier aus dem Hause Luxemburg und der Erzbischof von Mainz aus luxemburgischem Ministerialengeschlecht. Diese »luxemburgische Front« ist erbrechtlich als eine Reaktion auf die »habsburgische Union« von 1298 zu verstehen.

Im Kurverein von Rhens wurde 1338 die Kurvereinigung erneuert. In der »Goldenen Bulle« von 1356, die die Königswahl bis zum Ende des Reiches 1806 bestimmte, hielt Kaiser Karl IV. aus dem Hause Luxemburg die Erblichkeit des Wahlrechts der weltlichen Kurfürsten in zwei ausführlichen Artikeln fest (Kapitel VII und XXV). Seit langem ist bekannt, daß die »Goldene Bulle« weithin nicht neues Recht schuf, sondern bestehendes kodifizierte (Karl Zeumer). Der Abschluß des Kurfürstenkollegs und der Ausschluß Dritter wurde zum Reichsgesetz: »Kein anderer soll zu den Wahlen und allen anderen Handlungen (...) zugelassen werden.« (Kapitel XX).

Die habsburgischen Tochterstämme sicherten sich auf diese Weise ihr Wahlrecht. Der damalige Vertreter des habsburgischen Mannesstammes, Herzog Rudolf IV. von Österreich, empfand jedoch durch den Ausschluß die Ehre seines Hauses verletzt und führte für die Habsburger – mittels der Fälschung des »Privilegium maius« – besondere Rechte und den Titel Erzherzog ein. Erst als Erben der Luxemburger kamen die Habsburger im 15. Jahrhundert wieder auf den Thron.

Im Erbrecht liegt der Schlüssel sowohl für das Wahlrecht der Königswähler als auch für die Verringerung von deren ursprünglich großer Zahl auf die kleine Zahl der Kurfürsten. Das rechtliche Prinzip für die große (königlich-ottonische) und für die kleine (königlich-habsburgische) Erbengemeinschaft war das gleiche geblieben: Wahlberechtigt waren die Erbberechtigten.

Diese Lösung ergibt sich nicht allein aus der Interpretation der Verwandtschaftsverhältnisse als der »neuen Quelle«, sie steht bereits in der »Goldenen Bulle«. Die Kurfürsten werden dort nirgendwo *collegium* genannt, wohl aber *consortium* (Kap. I 6, II 5) und *unio* (Kap. VII 1, XX). *Consortium* bedeutet auch die fortgesetzte Erbengemeinschaft[8], *unio* die Vereinigung. Die Kurfürsten waren eine Vereinigung innerhalb der königlichen Erbengemeinschaft. Sie werden *imperii latera*, d. h. Seitenverwandte des Reiches genannt (Kap. XXXI). Auf diese Weise enthält bereits das »Fundamentalgesetz« des alten Reiches die Lösung des »Fundamentalrätsels der deutschen Verfassungsgeschichte«. Das Reich war ein Wahl-Königreich und zugleich ein Erb-Wählerreich.

Dieses Ergebnis hat auch für den Vergleich mit den übrigen europäischen Reichen Konsequenzen. Der Gegensatz von Wahlreichen und Erbreichen ist demnach nur graduell, nicht konträr. Im Grundsatz waren alle europäischen Königreiche erblich; aber es gab einfache und komplizierte Erbfälle. Wo es nur einen Erbberechtigten gab, war die Nachfolge in der Regel problemlos. Wo es aber mehrere Erbberechtigte gab, mußte unter den Anwärtern gewählt werden. Oder es wurde gekämpft. Als die »Goldene Bulle« 1356 Gesetz wurde, wütete in Frankreich ein 100jähriger Krieg zwischen dem näheren Tochterstamm (Anjou-England) und dem ferneren Mannesstamm (Valois-Frankreich) um die Krone Frankreichs. Die Königswahl durch das Kurfürstenkolleg konnte solche Erbfolgekämpfe vermeiden. Insofern war die Vereinigung des Kurfürstenkollegs auch ein friedenstiftendes Werk.

[1] Schubert (1975), S. 98.
[2] Goldene Bulle Kap. XXII und XXIV.
[3] Im Westfälischen Frieden 1648 wurde für den Pfalzgrafen, der seine Kurwürde 1622 an seinen bairischen Vetter verloren hatte, eine achte Kurwürde geschaffen, 1689/1708 für Braunschweig (Hannover) eine neunte Kur. Durch die Vereinigung der beiden wittelsbachischen Kurwürden (Pfalz und Baiern) 1777 waren es wieder nur acht. Im Reichsdeputationshauptschluß von 1803 wurden die Kurwürden von Köln und Trier aufgehoben und neue für Württemberg, Baden, Hessen-Kassel und Salzburg (1805 Würzburg) geschaffen. So gab es beim Ende des Reiches 1806 zehn Kurfürsten.
[4] Lintzel (1952), S. 47.
[5] Mitteis (1944), S. 11.
[6] Stehkämper (1973), S. 6–8.
[7] Ausführlich begründet von Wolf (1998).
[8] *consortium* kommt von *consors*, Teilhaber, im engeren Sinne: am Vermögen gleichen Anteil habend, insbesondere »von Geschwistern und Verwandten, die eine gemeinschaftlich angetretene Erbschaft noch nicht geteilt haben, ein ungeteiltes Erbe gemeinsam besitzen, in Gütergemeinschaft lebend«. Georges, Karl Ernst: Ausführliches lateinisch-deutsches Handwörterbuch, aus den Quellen zusammengetragen, Bd. 1, Leipzig [6]1869, Sp. 1138.

Becker, Winfried: Der Kurfürstenrat, Grundzüge seiner Entwicklung in der Reichsverfassung und seine Stellung auf dem Westfälischen Friedenskongreß, Münster 1973.
Boshof, Egon: Erstkurrecht und Erzämtertheorie im Sachsenspiegel, in: Historische Zeitschrift, Beiheft 2 NF, München 1973, S. 84–121.
Castorph, Bernward: Die Ausbildung des römischen Königswahlrechts. Studien zur Wirkungsgeschichte des Dekretale »Venerabilem«, Göttingen 1978.
Lintzel, Martin: Die Entstehung des Kurfürstenkollegs, Berlin 1952, Sonderausgabe Darmstadt 1957.
Mitteis, Heinrich: Die deutsche Königswahl. Ihre Rechtsgrundlagen bis zur Goldenen Bulle, Wien [2]1944, ND Darmstadt 1969.
Schubert, Ernst: Die Stellung der Kurfürsten in der spätmittelalterlichen Reichsverfassung, in: Jahrbuch für westdeutsche Landesgeschichte 1 (1975), S. 95–128.
Stehkämper, Hugo: Der Kölner Erzbischof Adolf von Altena und die deutsche Königswahl (1195–1205), Historische Zeitschrift, Beiheft 2 NF, München 1973, S. 5–83.
Wolf, Armin: Die Entstehung des Kurfürstenkollegs 1198–1298. Zur 700-jährigen Wiederkehr der ersten Vereinigung der sieben Kurfürsten, Idstein 1998.

Kurzfassung

Die Kurfürsten des Reiches waren diejenigen Fürsten, die das Recht hatten, den römisch-deutschen König und künftigen römischen Kaiser zu wählen. Das Kollegium der sieben Kurfürsten bestand aus drei geistlichen und vier weltlichen Fürsten, nämlich den drei Erzbischöfen von Mainz, Trier und Köln, dem König von Böhmen, dem rheinischen Pfalzgrafen, dem Herzog von Sachsen und dem Markgrafen von Brandenburg.

Warum hatten gerade diese sieben Fürsten das Recht, den König zu wählen, andere aber nicht? Diese Frage galt als »Fundamentalrätsel der deutschen Verfassungsgeschichte«.

Neue Forschungen ergeben nun: Das Wahlrecht der Königswähler erwuchs aus ihrem erbrechtlichen Status innerhalb der Königsverwandtschaft. Die Königswähler repräsentierten die königlichen »Tochterstämme«, d. h. die Nachkommen der Könige in weiblicher Linie, und insofern die Erbengemeinschaft Reich. Kurz: Wahlberechtigt waren die Erbberechtigten. Dieser offenbar schon lange geltende Grundsatz wurde dann in der Goldenen Bulle Kaiser Karls IV. 1356 kodifiziert. Das Reich war ein Wahl-Königreich und zugleich ein Erb-Wählerreich.

Dieses Ergebnis hat auch für den Vergleich mit den übrigen europäischen Reichen Konsequenzen. Der Gegensatz von Wahlreichen und Erbreichen ist demnach nur graduell, nicht konträr. Im Grundsatz waren alle europäischen Königreiche erblich; aber es gab einfache und komplizierte Erbfälle. Wo es nur einen Erbberechtigten gab, war die Nachfolge in der Regel problemlos. Wo es aber mehrere Erbberechtigte gab, mußte unter den Anwärtern gewählt werden. Oder es wurde gekämpft. Als die »Goldene Bulle« 1356 Gesetz wurde, wütete in Frankreich ein hundertjähriger Krieg zwischen dem näheren Tochterstamm (Anjou-England) und dem ferneren Mannesstamm (Valois-Frankreich) um die Krone Frankreichs. Die Königswahl durch das Kurfürstenkolleg konnte solche Erbfolgekämpfe vermeiden. Insofern war die Vereinigung des Kurfürstenkollegs auch ein friedenstiftendes Werk.

Résumé

Le privilège d'élire le Roi romain-germanique, futur Empereur romain, était réservé aux princes-électeurs de l'Empire. Composé de trois princes ecclésiastiques et de quatre princes séculiers, le collège des sept princes-électeurs réunissait les archevêques de Mayence, de Trèves et de Cologne, le roi de Bohème, le comte Palatin de Rhénanie, le duc de Saxe et le margrave de Brandebourg.

Pourquoi le privilège d'élire le roi était-il dévolu à ces princes plutôt qu'à d'autres ? Une question que l'on a longtemps considérée comme »l'énigme fondamentale de l'histoire de la Constitution allemande« …

Selon des recherches récentes, le droit de vote attribué aux princes chargés d'élire le roi découlait d'un état basé sur le droit successoral qui régissait la famille royale. Les électeurs du roi représentaient les »Tochterstämme« royales (la filiation par les femmes), autrement dit la descendance des rois par les femmes, ce qui revient à dire qu'ils étaient choisis parmi la communauté des héritiers du Saint-Empire. Le droit d'élire l'empereur s'inscrivait donc dans le cadre de la dévolution successorale. Ce principe – qui, de toute évidence, était en vigueur depuis longtemps – fut codifié en 1356 par la Bulle d'or, promulguée par Charles IV. C'est elle qui régira désormais l'organisation de l'Empire germanique : la couronne de l'Empire est donc à la fois élective et héréditaire.

Une conclusion qu'il convient également de prendre en compte si l'on veut établir une comparaison avec les autres royaumes européens. En effet, loin d'être absolue, l'opposition entre les royaumes électifs et les royaumes héréditaires apparaît comme graduelle. En principe, tous les royaumes européens étaient héréditaires. Mais en fait, tout dépendait du cas de figure, les successions étant plus ou moins compliquées. Lorsqu'il n'y avait qu'un seul prétendant au trône, la succession ne posait pas de problème. Mais dans le cas de plusieurs prétendants, il fallait bien en choisir un … à moins que l'on n'ait recours aux armes. La Bulle d'or fut édictée en 1356, en pleine guerre de Cent Ans : la couronne de France était alors l'objet d'un conflit entre la branche représentant la filiation plus proche en ligne cognatique ou féminine (Anjou-Angleterre) et la branche plus loine en ligne agnatique ou masculine (Valois-France). L'élection d'un roi par un collège de princes-électeurs permettait d'éviter de tels conflits : en ce sens, on peut affirmer que cette assemblée faisait œuvre de paix.

Samenvatting

De keurvorsten van het Rijk waren die Duitse geestelijke en wereldlijke vorsten die het recht hadden de Rooms-Duitse koning en toekomstige Roomse keizer te kiezen. Het college van zeven keurvorsten bestond uit drie geestelijke en vier wereldlijke vorsten, namelijk de drie aartsbisschoppen van Mainz, Trier en Keulen en de koning van Bohemen, de paltsgraaf van de Rijn, de hertog van Saksen en de markgraaf van Brandenburg.

Waarom bezaten juist deze zeven vorsten het recht de koning te kiezen? Deze vraag gold lang als het 'fundamentele raadsel van de Duitse constitutionele geschiedenis'.

Recent onderzoek heeft nu uitgewezen dat het kiesrecht van de keurvorsten voortvloeide uit hun erfelijke status binnen de koningsfamilie. De keurvorsten vertegenwoordigden de vrouwelijke lijn van de koninklijke familie en in die zin vertegenwoordigden ze de gezamenlijke erfgenamen van het Rijk. Kortom: erfgerechtigden mochten hun stem uitbrengen. Dit kennelijk al zeer oude principe is in 1356 in de Gouden Bul van keizer Karel IV vastgelegd. Het Duitse Rijk was dus niet het enige land met een gekozen monarch tegenover allemaal andere landen met erfopvolging. Nee: De kiesgerechtigde erfgenamen kozen een nieuwe koning uit de vele mogelijke kandidaten binnen de erfgemeenschap.

Deze uitkomst betekent dat er niet een contrair maar een gradueel verschil bestond tussen de opvolging in de Europese landen. In principe werd in elk Europees rijk erfopvolging toegepast, maar er waren zowel eenvoudige als ingewikkelde opvolgingskwesties. Als er maar één erfgenaam was, dan verliep de opvolging in de regel zonder problemen. Als er echter meerdere erfgenamen waren, dan moest één van hen tot opvolger worden gekozen. Of er volgde een strijd. Toen de Gouden Bul in 1356 wet werd, woedde in Frankrijk een honderdjarige oorlog tussen de nauwer verwante, vrouwelijke lijn van de familie (Anjou, Engeland) en de verder verwante, mannelijke lijn van de familie (Valois, Frankrijk) om de heerschappij over Frankrijk. Dit soort successieoorlogen kon worden vermeden doordat het college van keurvorsten een opvolger aanwees. In dit opzicht was het instituut van het keurvorstencollege ook bevorderlijk voor het behoud van de vrede in het Rijk.

Shrnutí

Říšští kurfiřti byla knížata, která měla právo volit římsko-německého krále a budoucího římského císaře. Sbor sedmi říšských kurfiřtů sestával ze tří duchovních a čtyř světských knížat: ze tří arcibiskupů, mohučského, trevírského a kolínského, z krále českého, falckrabí rynského, vévody saského a markrabí braniborského.

Proč právě těchto sedm knížat mělo právo volit krále a ostatní nikoliv? Tato otázka byla považována za »fundamentální hádanku historie německé ústavnosti«.

Nové výzkumy dokazují: volební právo královských voličů vyrůstalo z jejich právního statutu dědiců v rámci královského příbuzenství. Královští voliči reprezentovali královské *Tochterstämme* (»dceřiné kmeny«) a tudíž společenství říšských dědiců. Krátce: *oprávnění voliči byli oprávněnými dědici*. Tato zřejmě již dlouhou dobu platná zásada byla pak kodifikována ve Zlaté bule císaře Karla IV. v roce 1356. Říše byla tedy voleným královstvím a zároveň dědičnou říší voličů.

Toto zjištění má důsledky pro srovnání s ostatními evropskými říšemi. Protiklad mezi volenými a dědičnými říšemi se tak ukazuje pouze jako relativní, nikoliv absolutní. V zásadě byla všechna evropská království dědičná, ale existovaly jednoduché a složitější případy dědičnosti. Tam, kde byl pouze jeden oprávněný dědic, zpravidla nebylo nástupnictví problematické. Tam, kde však existovalo více oprávněných dědiců, muselo se volit mezi více čekateli. Nebo se bojovalo. Když byla roku 1356 uzákoněna Zlatá bula, zuřila ve Francii stoletá válka mezi »dceřiným kmenem« (Tochterstamm – Anjou-Anglie) a vzdáleným »mužským kmenem« (Mannesstamm – Valois-Francie) o francouzskou korunu. Volba krále sborem kurfiřtů mohla takovýmto bojům o dědictví zabránit. Proto bylo sjednocení sboru kurfiřtů také mírotvorným dílem.

Summary

The electors of the empire were the princes having the right to elect the Roman-German king and thus the future Roman emperor. The council of seven electors consisted of three clerical and four secular princes, namely the three archbishops of Mainz, Trier and Cologne, the king of Bohemia, the Count Palatine of the Rhine, the duke of Saxony and the margrave of Brandenburg.

Why did precisely these seven princes, in contrast to all others, have the right to elect the king? This question was regarded as »the fundamental riddle of German constitutional history«.

New research has shown that the right to elect the king originated in their legal status as heirs within the royal family. The electors of the king represented the royal »Tochterstämme« (descendants of the female line) and thus the community of heirs of the empire. In short: those having the right of inheritance also had the right of election. This rule, apparently binding for years previously, was codified by the Golden Bull of the emperor Charles IV in 1356. The empire was an elected kingdom and, at the same time, a hereditary electors' empire.

This outcome also has consequences when comparison is made to other European kingdoms. The contrast between elected and hereditary kingdoms is consequently only one of degree, not absolute. In principle, all European kingdoms were hereditary, but there were cases more simple as well as more complicated. If there was only one legal heir, the succession was mostly unproblematic. However, if there were more legal heirs, there had to be a choice among the aspirants. Or they fought against each other. When the Golden Bull became law in 1356, the Hundred Years War for the French crown was fought between the close »Tochterstamm« (female descendant, Anjou-England) and the distant male descendant (Valois-France) in France. The election of the king through the college of electors was able to prevent such wars of inheritance. Therefore, the unification of the college of electors also was a contribution to peace.

Ernst-Dieter Hehl (Mainz)

Die Erzbischöfe von Mainz bei Erhebung, Salbung und Krönung des Königs (10. bis 14. Jahrhundert)

Abb. 1
Grabmal Erzbischof Siegfrieds III. von Eppstein († 1249) mit den Königen Heinrich Raspe und Wilhelm von Holland, Mainz, Dom

Ungeklärte Anfänge: Pippin der Jüngere und Konrad I.

Die erste Königserhebung, die in der mittelalterlichen Überlieferung mit einem »Mainzer Erzbischof« in Verbindung gebracht wird, ist gleichzeitig eine der wichtigsten überhaupt. Als Pippin 750/751 den letzten Merowingerkönig stürzte und selbst die fränkische Königswürde erwarb, da soll Bonifatius ihn zum König gesalbt haben. Das berichten zwar nicht die unmittelbar zeitgenössischen Quellen, aber im Umkreis von Pippins Sohn und Nachfolger Karl dem Großen begegnet diese Nachricht.

Ob sie zutrifft, darauf kommt es hier nicht an. Die Forschung ist noch geteilter Ansicht. Ebensowenig muß es stören, daß Bonifatius bei der Salbung Pippins nicht als Erzbischof von Mainz fungierte (Mainz wurde erst nach seinem Tod Erzbistum), sondern als päpstlicher Legat, denn die späteren Mainzer Erzbischöfe sahen in Bonifatius ihren Vorgänger und sich mit ihrer Kirche in seiner Tradition stehend. Entscheidend ist vielmehr, daß Pippins Königserhebung durch einen genuin geistlich-religiösen Akt ergänzt wurde, nämlich durch die Salbung (Weihe). Vielleicht sollte das in der aktuellen Situation Pippin von der Schuld reinigen, einen König gestürzt zu haben, aber – und das wies in die Zukunft – die Salbung verlieh darüber hinaus dem neuen Herrscher eine Qualität, die ihn über seine adeligen Standesgenossen heraushob, aus deren Reihen er hervorgegangen war. Noch in der zweiten Hälfte des 8. Jahrhunderts trat dann zur Salbung die Krönung als weiteres zentrales Element der Königserhebung hinzu.

Nicht für jeden Herrscher aus dem karolingischen Haus ist eine Königssalbung bezeugt. Im ostfränkischen Teil des Karolingerreiches, aus dem dann im Verlauf des 10. und 11. Jahrhunderts das deutsche Reich hervorging, scheint keiner von ihnen zum König gesalbt worden zu sein, ihr Königtum war so etabliert, daß es dieses kirchlichen Ritus zu seiner Sicherung und Befestigung nicht mehr bedurfte. Konrad I., der erste ostfränkisch-deutsche Herrscher, der nicht mehr dem karolingischen Haus entstammte, wurde 916 von der Synode von Hohenaltheim immerhin mit einer biblischen Wendung als »Gesalbter des Herrn« (*christus domini*) angesprochen, ein Angriff auf den König galt den Synodalen als Angriff auf die göttliche Ordnung. Ein Legat des Papstes hat der Synode präsidiert, nach ihm war der Mainzer Erzbischof die wichtigste Person. Wenn aber die Bezeichnung des Königs als »Gesalbter des Herrn« eine Salbung Konrads bezeugen sollte und nicht nur darauf abzielte, daß der König unter besonderem Schutz Gottes stand, dann müßte Konrad auch vom Mainzer Erzbischof Salbung (und Krone) empfangen haben.

Der Vorrang des Mainzer Erzbischofs bei der Königskrönung im 10. Jahrhundert

Nach Konrads I. Tod begegnet ein Mainzer Erzbischof, dem die Quellen Salbung und Krönung des neuen Herrschers eindeutig zuweisen. 918 trat erstmals ein Nichtfranke die Nachfolge im Königtum an: der sächsische Herzog Heinrich (I.). Franken und Sachsen erhoben ihn in Fritzlar, das in der Mainzer Diözese lag, gemeinsam zum König, so berichtet es ausführlich Widukind von Corvey. Als der Mainzer Erzbischof Heriger dem neuen König aber Salbung und Krönung angeboten habe, da habe Heinrich darauf mit der Erklärung verzichtet, ihm reiche es aus, wenn er als erster seines Hauses den Königstitel führe.

Widukind hat das rund 50 Jahre nach den Ereignissen geschrieben. Da war Heinrich I. schon lange tot, das Königtum seines Sohns Otto nach schweren anfänglichen Krisen gesichert, und Otto der Große stand auf dem Gipfel seiner Macht, seit geraumer Zeit, seit 962, war er Kaiser. Deshalb ist heute nur schwer und vielleicht gar nicht mehr zu erkennen, auf welche Art und Weise Heinrich I. zum König aufgestiegen ist. Aber für Widukind und seine Zeitgenossen galt der Mainzer Erzbischof als der Geistliche, der den neuen König zu salben und zu krönen hatte.

Ottos des Großen Königserhebung im Jahre 936 beweist das zur Genüge. Wieder ist Widukind der wichtigste Berichterstatter, und wieder überlegt die moderne Forschung, ob er die Ereignisse so schildert, wie sie annähernd abgelaufen sind, oder ob er sie so »rekonstruierte«, wie sie nach seiner und seiner Zeitgenossen Überzeugung und Erinnerungsvermögen allein hätten ablaufen können. Widukind weiß aber von einem Streit darüber, welcher Erzbischof die Salbung und Krönung vornehmen solle. Aachen, der Ort der Handlung, liegt in der Diözese Lüttich und damit in der Kirchenprovinz Köln. Der Kölner Erzbischof hätte also kraft seiner kirchlichen Zuständigkeit diese geistlichen Handlungen im Aachener Münster ausüben können. Doch der Trierer Erzbischof beanspruchte sie für sich, denn seine Bischofskirche sei älter und damit vornehmer als die Kölner. Das Überraschende an dieser Geschichte ist, daß der Kölner Erzbischof den Angriff des Trierers nicht einfach abwehren und seine Zuständigkeit als Metropolit nicht durchsetzen kann. Vielmehr soll, so einigt man sich, der Mainzer Erzbischof diese Handlungen vollziehen. Immerhin assistiert ihm sein Kölner Amtsbruder dabei, während dem Trierer jede Mitwirkung versagt bleibt.

Wieder kommt es nicht darauf an, ob die Geschichte sich so abgespielt hat, wie Widukind sie erzählt. Denn der Kern seiner Erzählung ist, der Mainzer Erzbischof dürfe außerhalb seiner eigenen Kirchenprovinz bei der Krönung und Salbung des neuen Herrschers tätig werden. Die normale Jurisdiktionsgewalt des Kölner Erzbischofs in Aachen war davon nicht betroffen. Gegenüber seinen rheinischen Amtsbrüdern hatte aber der Mainzer Erzbischof eine besondere Nähe zum König gewonnen, denn bei der liturgischen Einweisung des neuen Herrschers in sein Amt übernahm er die führende Rolle; und als einzigem der Erzbischöfe des Reiches war es ihm erlaubt, eine geistliche Handlung außerhalb seiner eigenen Kirchenprovinz vollziehen zu dürfen, ohne zuvor die Genehmigung des zuständigen Bischofs einholen zu müssen.

Die Mainzer Erzbischöfe betrachteten sich in der Mitte des 10. Jahrhunderts als zuständig für Salbung und Krönung des Königs und trafen dementsprechend auch die Vorbereitungen zu deren ordnungsgemäßen Durchführung. An ihrem Bischofssitz, in dem unmittelbar vor der Stadt liegenden Kloster St. Alban, wurden in diesen Jahren die Gebetstexte und Anweisungen für die bischöfliche Liturgie in dem »Pontificale Romano-Germanicum« zusammengestellt, darunter auch die Vorschriften (Ordines) für die Salbung und Krönung des Königs, für die man auf westfränkische Vorbilder aus dem 9. Jahrhundert zurückgriff. Nach Ottos des Großen Kaiserkrönung ist dieses Pontificale, das ohnehin auf der liturgischen Tradition Roms aufbaute, nach Rom gelangt und zählte forthin zum Grundbestand der lateinischen Liturgie.

Der Krönungsordo des Pontificale läßt erkennen, welche Bedeutung gerade die Salbung für den König hatte. Denn durch die Salbung nähert er sich Christus an. Als »Gesalbter des Herrn« (*christus domini*) ist er auf diesen in besonderer Weise hingeordnet, und er soll sich dessen ständig bewußt sein. Ist Christus der »Mittler zwischen Gott und den Menschen«, so ist der König »Mittler zwischen Klerus und Volk«. Die Mittlerschaft Christi zwischen Gott und den Menschen beruhte aber darauf, daß er zugleich Gott und Mensch war. Ähnlich hatte der König als »Gesalbter des Herrn« die höchste Stellung im Klerus und im Volk inne und stand als solcher weit über den Bischöfen und den Großen seines Reichs. Bis zu dem Konflikt zwischen Gregor VII. und dem deutschen König Heinrich IV. in der zweiten Hälfte des 11. Jahrhunderts läßt sich eine zunehmende Sakralisierung der Königswürde beobachten.

An sämtlichen Königskrönungen und -salbungen des 10. Jahrhunderts waren die Mainzer Erzbischöfe beteiligt, alle fanden in Aachen statt. 961 ließ hier Otto der Große seinen Sohn Otto II. salben und krönen, die Erzbischöfe von Köln, Mainz und Trier vollzogen gemeinsam diese liturgischen Handlungen. Als Otto II. dann seinen Sohn, den erst drei Jahre alten Otto III. salben und krönen ließ, beauftragte er damit die Erzbischöfe Johannes von Ravenna und Willigis von Mainz. Sowohl ein Erzbischof des italienischen Reichsteils als auch einer aus dem nordalpinen Stammland sollte die Erhebung des Kindes zum König vollziehen. Die Verklammerung beider Teile des Reiches, ja ihre Verschmelzung zu dem 962 von Otto dem Großen neuerrichteten Kaiserreich sollte auf diese Weise deutlich werden. Weder der Kölner noch der Trierer Erzbischof waren an Ottos III. Erhebung in Aachen liturgisch beteiligt. Das fällt besonders bei dem Erzbischof von Köln auf. In seiner Obhut befand sich damals nämlich der kleine Otto III., und nach den feierlichen Akten von Aachen wurde er seiner Obhut wieder anvertraut.

Unter Willigis hat der Vorrang des Mainzer Erzbischofs vor seinen Amtsbrüdern das höchste Ausmaß erreicht. Unmittelbar nach seiner Erhebung zum Erzbischof 975 hatte sich Willigis diesen Vorrang in einem Privileg vom Papst bestätigen und als »Praeeminenz« definieren lassen. Mit dem Begriff Praeeminenz (*praeeminere*) hatte die kirchliche Tradition den jurisdiktionellen Vorrang Petri vor den übrigen Aposteln beschrieben, der dann an die römischen Bischöfe als Nachfolger Petri vor den übrigen Bischöfen als den Nachfolgern der übrigen Apostel weitergegangen sei. Willigis und seine Nachfolger sollten somit in der Kirche des Reiches der zweite Mann nach dem Papst sein. In diesem Privileg war auch das Recht des Mainzers festgehalten, den neuen König zu weihen, ihn liturgisch in seine sakrale Stellung einzuweisen.

Das Recht des Mainzer Erzbischof, den König zu krönen und zu salben und dies auch außerhalb der eigenen Kirchenprovinz tun zu dürfen, war somit seit 975, seit dem Amtsantritt des Willigis, durch ein Papstprivileg abgesichert. Und doch ist dieser Vorrang des Mainzer Erzbischofs noch unter Willigis in seine entscheidende Krise geraten und konnte nur mühsam und unter völlig veränderten Bedingungen behauptet werden.

Das Vorrecht des Mainzers in einer anderen Kirchenprovinz als der seinigen kraft eigenen Rechts eine liturgische Handlung, hier die Königskrönung und -salbung vornehmen zu dürfen, schien mit den Vorschriften des Kirchenrechts nur schwer vereinbar zu sein. Nach ihnen durfte ein Bischof in fremder Diözese keine Amtshandlungen ohne ausdrückliche Zustimmung des zuständigen Bischofs vornehmen. Seit der zweiten Hälfte des 10. Jahrhunderts ging es in einer ganzen Reihe kirchlicher Konflikte im Reich um dieses Problem. Vom Jahre 1000 an war Willigis selbst in einen Streit mit seinem Hildesheimer Suffraganbischof Bernward verwickelt, in dem sich Bernward auf diesen Grundsatz stützte. Zum anderen hatten sich durch den Erwerb der Kaiserkrone durch die Ottonen die Verbindungen zwischen dem Herrscher und dem Papst so verstärkt, daß der Herrscher an einer Stellung des Mainzer Erzbischofs zwischen dem Papst und den übrigen Bischöfen des Reiches immer weniger interessiert war. Das zeigt sich unmittelbar nach der Kaiserkrönung Ottos III. im Jahre 996.

Otto III. betrieb nun offen die Verdrängung des Mainzer Erzbischofs aus der Spitzenstellung im deutschen Episkopat, die dieser kraft seines Praeeminenzprivilegs und seines Krönungsrechtes inne hatte. Der Kaiser bediente sich dazu scheinbar unauffälliger Mittel. 997 erreichte er von Papst Gregor V., daß an dem Aachener Marienstift je sieben Kardinalpriester und Kardinaldiakone eingesetzt werden sollten. In Aachen sollte damit die römische Liturgie nachgeahmt werden, wie das in dieser Zeit auch den Bischofskirchen von Trier, Magdeburg und Ravenna ebenfalls durch die Etablierung von Kardinälen gestattet war. Diese Angleichung des Aachener Gottesdienstes an den römischer und den anderer Bischofskirchen, die dem römischen Vorbild folgten, dürfte auf einen Plan hindeuten, Aachen zu einem Bistum zu erheben, dessen Kirche den Königen als Krönungskirche und zumindest Otto III. als Grabeskirche dienen sollte. Pläne, den in Aachen bestatteten Karl den Großen zum Heiligen zu erheben, fügen sich in eine solche Konzeption ebenso ein wie die besondere Förderung Aachens durch den Kaiser.

Ottos III. baldiger Tod im Januar 1002 hat aus diesen Projekten nichts werden lassen. Aber gelungen ist es ihm, den Mainzer Erzbischof aus der Aachener Königskrönung zu verdrängen. Denn das Kardinalsprivileg für Aachen wurde verwirklicht, Aachener Kardinäle sind belegt. Das Privileg ordnete aber an, daß an dem Hauptaltar der Marienkirche allein die neuen Kardinäle Messe lesen dürften sowie der Lütticher Bischof, zu dessen Diözese Aachen bis zur Verwirklichung des Bistumsplanes ja noch gehörte, als der zuständige Ortsbischof und der Erzbischof von Köln, in dessen Kirchenprovinz Aachen lag. Das ist formal eine völlig harmlose und normale Regelung, die entsprechend auch an anderen Kirchen galt, an denen Kardinäle fungierten. Aber sie traf das Krönungsrecht des Mainzer Erzbischofs bis ins Mark. Denn sie verbot ihm, ohne die Zustimmung des Kölner Erzbischofs (bzw. des Lütticher Bischofs) am Hauptaltar des Münsters die Messe zu lesen, die zur Krönung des Königs gehörte; in Aachen einen König aus eigenem Recht zu krönen und zu salben, war dem Mainzer Erzbischof damit in Zukunft verwehrt.

Willigis hat reagiert, indem er seine eigene Bischofskirche in Mainz zu einer Krönungskirche ausbaute. Vermutlich hat er erst aufgrund des Aachener Privilegs mit der Errichtung eines neuen Domes in Mainz begonnen. Eindeutig ist dessen Ausrichtung am Vorbild Aachen. Denn erstmals nach dem Tod Karls des Großen hat Willigis wieder Bronzetüren gießen lassen, wie er es auf einer Inschrift der bis heute erhaltenen Türen des Domes verkündet (Abb. 2). Der Mainzer Dom sollte in die Karlsbezüge des Aachener Münsters eintreten und in Zukunft als Krönungskirche dienen. In Mainz aber konnte Willigis den König kraft des gleichen Rechtes krönen, wie es der Kölner Erzbischof in »seinem« Aachen tun konnte. Kein Bischof konnte dagegen protestieren, ohne seine Vollgewalt in der eigenen Diözese in Frage zu stellen.

In ihrer Bischofsstadt haben die Mainzer Erzbischöfe so denn auch die nächsten beiden Königskrönungen vorgenommen. Hier krönte noch Willigis selbst 1002 Heinrich II., den Nachfolger Ottos III. Erzbischof Aribo tat das Gleiche 1024 bei Konrad II., dem ersten Herrscher aus salischem Haus. Einige Zeit nach Heinrichs II. Krönung krönte Willigis auch dessen Gemahlin Kunigunde. Nicht in Mainz, sondern in Paderborn erhielt diese die Krone, aber Willigis vollzog auch diese liturgische Handlung in seinem Zuständigkeitsbereich, denn Paderborn gehörte zu seiner Kirchenprovinz. Aribo hingegen verweigerte Gisela, der Gemahlin Konrads, die mit ihrem Mann nach Mainz gekommen war, Salbung und Krone, ohne daß die Gründe im einzelnen bekannt sind.

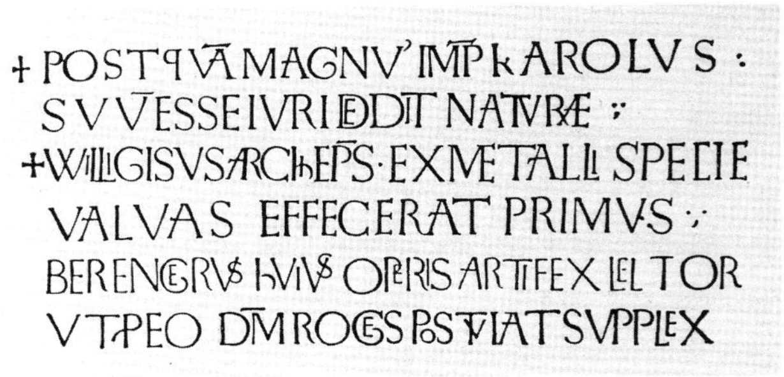

+ POSTQVAM MAGNV' IMP' KAROLVS :
SVVESSEIVRI DDIT NATVRÆ ⁘
+ WILLIGISVS ARCHEPS EX METALL SPECIE
VALVAS EFFECERAT PRIMVS ⁘
BERENGRVS HVIVS OPERIS ARTIFEX LECTOR
VT PEO DM ROGES POS FIAT SVPPLEX

Abb. 2
Stifterinschrift des Willigis auf dem rechten Flügel der Bronze-Türen der Liebfrauenkirche (um 1009), seit 1804 im Marktportal des Mainzer Doms angebracht (Nachzeichnung): »Nachdem der große Kaiser Karl sein Leben dem Recht der Natur gegeben hatte (= gestorben war), hat der Erzbischof Willigis als erster aus Metall Türflügel anfertigen lassen. Berenger, der Meister dieses Werkes, bittet, Leser, inständig, du mögest zu Gott für ihn beten.«

Die Dominanz des Kölner Erzbischofs bei den Königskrönungen vom 11. bis zum 13. Jahrhundert

Damit schlug die Stunde des Kölner Erzbischofs. Er trat an die Stelle des Mainzers, der sich verweigert hatte. Konrad übertrug ihm die Krönung Giselas, und 1028 ließ er seinen kleinen Sohn Heinrich III. zum König salben und krönen: in Aachen und durch den Erzbischof von Köln. Hier in Aachen fanden auch die weiteren Königskrönungen statt, der Kölner Erzbischof vollzog sie. 1052 bestätigte Papst Leo IX. dem Kölner Erzbischof das Recht, innerhalb seiner Kirchenprovinz die Königsweihe vollziehen zu dürfen. Die Lage des Krönungsortes war forthin dafür ausschlaggebend, welcher Bischof Krönung und Salbung vollziehen durfte, die kirchenrechtliche Kompetenz eines Erzbischofs für seine Kirchenprovinz umschloß auch diese kirchlichen Weihehandlungen.

Vergeblich versuchte der Mainzer Erzbischof 1054 die Krönung Heinrichs IV. mit Hinweis auf den Vorrang seiner Kirche an sich zu bringen. Hier zeigt sich die Schwäche seiner Position. Um in Aachen, das der traditionelle Krönungsort blieb, den König zu krönen und zu salben, mußte der Mainzer Erzbischof einen Vorrang seiner Kirche vor der Kölner behaupten, der ihn befähigt, die Zuständigkeit seines Kölner Amtskollegen in diesem Falle beiseite zu schieben.

Nur indem sich die Mainzer Erzbischöfe in den bald ausbrechenden Wirren des Investiturstreits der Opposition gegen Heinrich IV. anschlossen und an der Erhebung von Gegenkönigen gegen den Salier mitwirkten, konnten sie sich erneut in die Königskrönung einschalten. Sowohl Rudolf von Rheinfelden (1077) als auch Hermann von Salm (1081) erhielten vom Mainzer Erzbischof Salbung und Krone. Aber in beiden Fällen geschah das innerhalb des kirchlichen Zuständigkeitsbereichs des Mainzers: in Mainz selbst bzw. in Goslar.

Noch einmal hat aber im Hohen Mittelalter der Mainzer Erzbischof in Aachen als Koronator wirken können. Am 25. Juli 1215 salbte und krönte er hier Friedrich II. Zum zweitenmal vollzog Erzbischof Siegfried II. von Mainz diese liturgischen Handlungen an dem Staufer. Das erste Mal war das am 9. Dezember 1212 in Mainz geschehen, und damit war Friedrich, von Papst Innozenz III. unterstützt, zum Gegenkönig gegen Otto IV. erhoben worden, der sich unmittelbar nach seiner Kaiserkrönung mit seinem päpstlichen Gönner überworfen hatte. Nachdem sich Friedrich gegen Otto IV. durchgesetzt hatte, sollte 1215 die Eintracht im Reich durch eine erneute Königskrönung in Aachen demonstriert werden. Erzbischof Adolf von Köln war jedoch handlungsunfähig. Er hatte zwar Ottos Königtum propagiert und diesen auch 1198 gekrönt, war aber 1204 zur staufischen Partei übergetreten. Innozenz III. hatte ihn deshalb abgesetzt und exkommuniziert und diese Maßnahmen nicht zurückgenommen, als er sich selbst von Otto abwandte. Als einziger der rheinischen Erzbischöfe war Siegfried II. 1215 handlungsfähig, aber er agierte in Aachen nicht kraft seiner Stellung als Mainzer Erzbischof. Nachdrücklich betonen gerade Kölner Quellen, Siegfried habe in Aachen kraft seiner Position als päpstlicher Legat gehandelt. Ein Beauftragter des Papstes hatte also das »Kölner Krönungsrecht« in Aachen wahrgenommen, nicht ein konkurrierender Erzbischof von Mainz. Kölns Rechte waren durch die Vorgänge von 1215 nicht beeinträchtigt.

Seit dem Thronstreit nach Heinrichs VI. Tod (1197) haben die Kölner Erzbischöfe im 13. Jahrhundert vor allem die Weihe und Krönung als konstituierend für die Königsherrschaft betrachtet, denn damit gewannen sie gleichzeitig einen Vorrang vor allen anderen Fürsten, die sich ja nur an der Königswahl beteiligen konnten. Die Mainzer Erzbischöfe hingegen konnten sich darauf berufen, daß sie nach alter Tradition bei der Königswahl als erste ihre Stimme abgeben durften. Das war eine zeremonielle Stimmabgabe, die das Ergebnis der vorausgegangenen Beratungen verkündete, und deshalb schlossen sich die übrigen Wähler dieser Stimme an. Angestrebt war Einstimmigkeit der Wahl, und diese Einstimmigkeit zeigte, daß die Wahl vom Heiligen Geist gelenkt war. Erst die Goldene Bulle Karls IV. hat 1356 die Prinzipien der Königswahl grundlegend geändert.

Die Wahl als konstituierender Akt der Königserhebung im Spätmittelalter

Die Theorie der Kölner Erzbischöfe war, Weihe und Krönung machten den König. Sich selbst schrieben sie hierbei die Rolle zu, die der Papst mit der Kaiserkrönung bei der Erhebung des Kaisers habe. Und sie leiteten daraus den Anspruch ab, auch die erste Stimme bei der Wahl zu führen, mit anderen Worten: die Königswahl zu kontrollieren, damit ihnen kein Unwürdiger oder Mißliebiger zur Krönung präsentiert werde. Im 13. und frühen 14. Jahrhundert sind sie der Verwirklichung dieser Theorie sehr nahe gekommen.

Gegen solche Kölner Ansprüche beharrten die Mainzer Erzbischöfe auf der Bedeutung der Wahl, hier werde im eigentlichen Sinne der König gemacht. Sie propagierten das auch in Denkmälern, die auf den ersten Blick eine Krönung darzustellen scheinen. Noch heute stehen in ihrem Dom zwei Grabdenkmäler, die zeigen, wie der Mainzer Erzbischof den König »krönt«: Siegfried III. von Eppstein († 1249) mit den Königen Heinrich Raspe und Wilhelm von Holland (Abb. 1), Peter von Aspelt († 1320) mit Heinrich VII. und Ludwig dem Bayer sowie dem böhmischen König Johann (Abb. 3). Unproblematisch ist die Darstellung Johanns von Böhmen auf dem Grabdenkmal für Peter von Aspelt. Denn die böhmische Krönungsstadt Prag gehörte zur Kirchenprovinz Mainz, hier konnte der Mainzer den Böhmenkönig kraft des gleichen Rechtes krönen, wie der Kölner Erzbischof den deutschen König in Aachen, das zur Kölner Kirchenprovinz gehörte.

Problematisch sind aber die Darstellungen der deutschen Könige. Zwei von ihnen haben von dem Kölner die Königsweihe und -krönung erhalten: Wilhelm von Holland 1248 in Aachen, Heinrich VII. 1308 am gleichen Ort. Der Mainzer Erzbischof hatte zwar 1314 Ludwig den Bayern in Aachen gekrönt, aber aus einem einfachen Grund: 1314 war die Königswahl zwiespältig verlaufen. Außer Ludwig war auch der Habsburger Friedrich der Schöne zum König gewählt worden. Der Kölner Erzbischof hatte sich Friedrichs Wahl angeschlossen und ihn auch gekrönt, er stand so für Ludwigs Krönung nicht mehr zur Verfügung. Heinrichs Raspes Erhebung zum deutschen König war eine gemeinsame Aktion der Erzbischöfe von Köln und Mainz, die 1246 Heinrich zum Gegenkönig gegen Friedrich II. einsetzten. Möglicherweise ist er in Frankfurt oder in Mainz von Siegfried gekrönt worden – wohl deshalb, weil eine Krönung in Aachen durch den Kölner Erzbischof nicht möglich war.

Aber sollen die Mainzer Grabdenkmäler überhaupt eine konkrete Krönungshandlung darstellen und den Mainzer Anspruch auf das

Abb. 3
Grabmal Erzbischof Peters von Aspelt († 1320) mit den deutschen Königen Heinrich VII. und Ludwig d. Bayern sowie dem böhmischen König Johann (Ausschnitt), um 1352. Mainz, Dom

Krönungsrecht dokumentieren? Auf Peters von Aspelt Grabdenkmal steht geschrieben, was der Erzbischof tat: »Das Zepter des Reiches gibt er dem Heinrich, danach dem Ludwig, und endlich übergibt er fromm das Königreich Johann dem Böhmen.« Hätte das Denkmal das Mainzer Krönungsrecht dargestellt, dann hätte seine Inschrift auffällig die Begriffe »Krone« und »Krönung« vermieden. Sie benennt mit dem Zepter ein anderes Symbol für die königliche Machtstellung. Die Botschaft des Denkmals ist offensichtlich: der Mainzer Erzbischof hat drei Könige »gemacht«, ob er sie tatsächlich gekrönt hat, ist unerheblich.

Ein nur fragmentarisch erhaltenes Grabbild demonstriert, worum es den Mainzer Erzbischöfen ging. Es zeigte wahrscheinlich Erzbischof Gerhard II. von Eppstein (1289–1305), den Vorgänger Peters von Aspelt. Gerhard war mit zwei (?) Königen dargestellt, wohl wie er diese »krönt«. Nur der Kopf des Erzbischofs ist erhalten (Abb. 4). Auch Gerhard hat einen böhmischen König gekrönt, ganz im Bereich seiner kirchenrechtlichen Zuständigkeit, aber keinen deutschen. Denn sowohl Adolf von Nassau (1292) als auch der Habsburger Albrecht I. (1298) hatten vom Kölner Erzbischof die Krone erhalten. Gerhards Mitra trägt jedoch ein Symbol, das auf eine Wahlhandlung abhebt: eine von oben herabschwebende Taube, das Symbol des Hei-

Abb. 4 Kat.Nr. 5 · 39
Kopffragment vom Grabmal Erzbischof Gerhards II. von Eppstein (?) (1289–1305).
Mainz, Bischöfliches Dom- und Diözesanmuseum, PS 137

ligen Geistes. Die Königswahl, zu der der Mainzer Erzbischof einzuladen hatte und auf der er das Erststimmrecht ausüben durfte, begann aber mit der Anrufung des Heiligen Geistes, der die Wähler zu Einvernehmen untereinander und zu einer guten Wahl führen sollte. Gerhard hat sich auf seinem Grabmal als Leiter der Königswahl darstellen lassen. Das war die entscheidende Position, die der Mainzer Erzbischof nicht aus der Hand geben wollte.

Daß die Wähler und nicht der krönende Bischof den König machten, daraus hat Gerhard II. Konsequenzen gezogen. 1298 verkündete er die Absetzung König Adolfs, der sich als verbrecherischer Herrscher erwiesen habe. Alle Fürsten, die zusammen mit ihm »das Recht und die Befugnis haben, den König zu wählen«, habe er zusammen mit dem König nach Mainz eingeladen, um das Reich wieder in Ordnung zu bringen. Adolf sei nicht gekommen, die Fürsten hätten ihm die Königsherrschaft aberkannt, die ihm letztlich von Gott selbst entzogen worden sei. Nicht die Krönung durch einen einzelnen Bischof, sondern die Wahl durch die Fürsten legitimierte die Absetzung Adolfs. Der Mainzer Erzbischof trat hierbei als Sprecher der Wahlfürsten auf, organisierte und verkündete deren Willen. Von dem Kölner Erzbischof, der bei den Mainzer Verhandlungen über Adolfs Königtum fehlte, hatte sich Gerhard dessen Stimme übertragen lassen.

1338 erklärten schließlich die Kurfürsten in Rhense, sofort nach seiner Wahl sei der neue König zur Ausübung der vollen Regierungsgewalt berechtigt und dürfe den Königstitel führen. Die Goldene Bulle Karls IV. von 1356 ging in ihrer bis zum Ende des Alten Reiches gültigen Ordnung der Königswahl von dem gleichen Standpunkt aus und setzte fest, daß nur noch die sieben Kurfürsten das Recht hätten, den König zu wählen, und die Mehrheit der Stimmen entscheidend sei. Ignoriert wurde der päpstliche Anspruch, die deutsche Königswahl prüfen zu dürfen. Diesen Anspruch hatten die Päpste aus ihrem Recht, allein den Kaiser zu krönen, abgeleitet. Der Erzbischof von Köln hatte aus ähnlichen Gründen die Königskrönung als die maßgebliche Station im Prozeß der Königserhebung aufgefaßt. Auch sein Anspruch ist in der Erklärung von Rhense, die er selbst mitgetragen hatte, zurückgewiesen worden.

Dem Wahlgedanken, den die Grabdenkmäler der Mainzer Erzbischöfe verkündeten, gehörte die Zukunft. Krönung und Salbung verloren zunehmend ihren geistlichen und liturgischen Rang. Sie wurden mehr und mehr zu einem politischen und höfischen Zeremoniell. Als Aachen seinen Rang als Krönungsstadt verlor, konnten sich deshalb in der frühen Neuzeit die Erzbischöfe von Köln und Mainz darauf verständigen, sich bei der Königskrönung abzuwechseln, sofern diese nicht direkt in ihrer Diözese stattfand. Ihr geistlicher Rang war davon nicht mehr betroffen, ein Vorrang aus dem Krönungsrecht nicht mehr abzuleiten.

Boshof, Egon: Aachen und die Thronerhebung des deutschen Königs in salisch-staufischer Zeit, in: Zeitschrift des Aachener Geschichtsvereins 97 (1991) S. 5–32.
Erkens, Franz-Reiner: Der Erzbischof von Köln und die deutsche Königswahl. Studien zur Kölner Kirchengeschichte, zum Krönungsrecht und zur Verfassung des Reiches (Mitte 12. Jahrhundert bis 1806), Siegburg 1987.
Falkenstein, Ludwig: Otto III. und Aachen, München 1998.
Hehl, Ernst-Dieter: Herrscher, Kirche und Kirchenrecht im spätottonischen Reich, in: Otto III. – Heinrich II. Eine Wende?, hg. von Bernd Schneidmüller und Stefan Weinfurter, Sigmaringen 1997, S. 169–203.
Kessel, Verena: Sepulkralpolitik. Die Krönungsgrabsteine im Mainzer Dom und die Auseinandersetzung um die Führungsposition im Reich, in: Der Mainzer Kurfürst als Reichserzkanzler. Funktionen, Aktivitäten, Ansprüche und Bedeutung des zweiten Mannes im alten Reich, hg. von Peter Claus Hartmann, Stuttgart 1997, S. 9–34.
Stutz, Ulrich: Der Erzbischof von Mainz und die deutsche Königswahl. Ein Beitrag zur deutschen Rechts- und Verfassungsgeschichte, Weimar 1910.

Kurzfassung

Im zehnten Jahrhundert sind die Mainzer Erzbischöfe führend an jeder Königskrönung und -salbung beteiligt. Aachen, zur Kirchenprovinz Köln gehörend, ist der Ort dieser liturgischen Handlungen. Indem der Mainzer Erzbischof sie vornimmt, gewinnt er einen Vorrang vor seinen Amtsbrüdern in Köln und Trier. Denn als einzigem sind ihm hierbei geistliche Amtshandlungen außerhalb seiner eigenen Kirchenprovinz erlaubt.

Diese Sonderstellung des Mainzer Erzbischofs endet an der ersten Jahrtausendwende. Generell sollen die Bischöfe ihre Amts- und Weihegewalt nur noch in ihrer eigenen Diözese ausüben dürfen. Erzbischof Willigis von Mainz konzipiert deshalb den Neubau des Mainzer Domes als Krönungskirche und richtet ihn an Aachen als Vorbild aus. In Mainz finden 1002 und 1024 die Krönungen Heinrichs II. und Konrads II. statt. Konrad II. läßt jedoch seinen Sohn Heinrich III. wieder in Aachen krönen, womit das Krönungsrecht an die Kölner Erzbischöfe als für Aachen zuständige Metropoliten fällt.

Im 13. und frühen 14. Jahrhundert versuchen die Kölner Erzbischöfe, eine führende Rolle bei der Königserhebung insgesamt und so die erste Position unter den geistlichen und weltlichen Fürsten des Reiches zu erwerben. Sie bewerten die Krönung als die entscheidende Station bei der Erhebung eines Königs. Wer den König aber kröne und ihm damit das Herrscheramt übergebe, müsse auch dessen Wahl kontrollieren.

Die Mainzer Erzbischöfe hielten demgegenüber an der Bedeutung der Wahl durch die Fürsten fest, die traditionsgemäß von ihnen zu organisieren und zu leiten war. Auch die Grabdenkmäler von Mainzer Erzbischöfen, auf denen diese einen König zu krönen scheinen, beanspruchen nicht das Krönungsrecht für Mainz, sondern verkünden, daß der König in der Wahl der Fürsten »gemacht« werde – in einer Wahl, die von den Mainzer Erzbischöfen geleitet und vom Heiligen Geist gelenkt werde. Die Goldene Bulle Karls IV. übernahm 1356 diesen Wahlgedanken.

Résumé

Au Xème siècle, les archevêques de Mayence participent à tous les sacres et couronnements royaux : en fait, ce sont eux les véritables maîtres de cérémonie. Ces actes liturgiques ont lieu à Aix-la-Chapelle, qui ressortit à la province ecclésiastique de Cologne. Or, c'est l'archevêque de Mayence qui les célèbre, prenant ainsi le pas sur ses frères en l'épiscopat de Cologne et de Trèves. Ce faisant, il bénéficie d'une prérogative de poids : lui seul est habilité à exercer des fonctions ecclésiastiques en dehors de son propre diocèse.

Un privilège dont l'archevêque de Mayence se verra privé dès le début du nouveau millénaire. Dorénavant, les évêques ne pourront plus exercer leur ministère et leur droit de sacre que dans leur propre diocèse. C'est ce qui incitera Willigis, archevêque de Mayence, à concevoir la nouvelle cathédrale de Mayence en tant qu'église du couronnement : Aix-la-Chapelle lui servira de modèle. Henri II et Conrad II le Salien seront couronnés à Mayence, respectivement en 1002 et en 1024. Ce qui n'empêchera d'ailleurs pas Conrad II de faire couronner son propre fils, Henri III, à Aix-la-Chapelle. Le droit de sacre écherra donc de nouveau aux archevêques de Cologne qui, en tant que métropolitains, ont juridiction sur Aix-la-Chapelle.

Au XIIIème siècle et au début du XIVème siècle, les archevêques de Cologne mettent tout en œuvre pour obtenir la haute main sur l'intronisation à la dignité royale : ils acquerraient ainsi la prééminence sur les autres princes ecclésiastiques et séculiers du Royaume. A leurs yeux, le couronnement constitue l'apogée de l'avènement d'un roi. Et, juste retour des choses, celui qui couronne le roi a son mot à dire quant au choix du candidat.

A l'opposé, les archevêques de Mayence restent attachés à la tradition : pour eux, l'élection d'un monarque revient de plein droit aux princes. Même les tombes des archevêques de Mayence, sur lesquelles ils semblent couronner un roi, ne revendiquent nullement le droit de sacre pour Mayence. Elles se bornent à proclamer que l'élection des princes »fait le roi« : une élection dirigée, certes, par les archevêques de Mayence, mais inspirée par Dieu lui-même. En 1356, la Bulle d'or, promulguée par Charles IV, entérinera cette même conception de l'élection.

Samenvatting

In de 10e eeuw hebben de aartsbisschoppen van Mainz bij elke koningskroning en -zalving de leiding. Aken, dat bij de kerkprovincie van Keulen behoort, is de plaats waar deze liturgische handelingen worden verricht. Doordat de aartsbisschop van Mainz deze verricht, heeft deze schijnbaar een hogere positie dan zijn ambtsbroeders te Keulen en Trier. Hij mag namelijk als enige, ambtelijke handelingen buiten zijn eigen kerkprovincie verrichten.

Deze uitzonderingspositie van de Mainzer aartsbisschop eindigt rond de eerste millenniumwisseling. Er wordt bepaald, dat de bisschoppen hun ambtelijke en inwijdende functies nog uitsluitend binnen hun eigen diocees mogen uitoefenen. Aartsbisschop Willigis van Mainz concipieert de nieuwbouw van de dom te Mainz daarom als kroningskerk en gebruikt de kerk te Aken als voorbeeld. In Mainz vinden in 1002 en 1024 de kroningen van Hendrik II en Koenraad II plaats. Koenraad II liet zijn zoon, Hendrik III echter weer in Aken kronen, waardoor de Keulse aartsbisschop de bevoegde metropoliet werd en het kroningsrecht op hem overging. In de 13e en de vroege 14e eeuw doen de aartsbisschoppen van Keulen dan een poging, een leidende rol bij de koningsverheffing als geheel te krijgen, om zo de plaats van eerste vorst onder de geestelijke en wereldlijke vorsten van het rijk te verwerven. Zij verkondigden de stelling, dat de kroning het bepalende element bij de verheffing van een koning zou zijn en dat degene die de koning kroont, ook de leiding zou moeten hebben bij diens verkiezing.

De aartsbisschoppen van Mainz hielden daarentegen vol, dat de verkiezing door de keurvorsten belangrijker zou zijn. Die werd immers traditioneel door hen georganiseerd en geleid. Ook de grafmonumenten van aartsbisschoppen van Mainz waarop deze een koning lijken te kronen, claimen niet het kroningsrecht voor Mainz, maar maken er gewag van, dat de koning in een verkiezing door de vorsten »gemaakt« zou worden – een verkiezing die door de aartsbisschoppen van Mainz uitgevoerd, maar door de Heilige Geest beschikt werd. De Gouden Bul van Karel IV volgde deze grondgedachte met betrekking tot de verkiezing.

Shrnutí

V 10. století se arcibiskupové z Mohuče přednostně podílejí na všech královskych korunovacích a pomazáních. Cáchy, patřící k církevní provincii Kolín, jsou místem těchto liturgickych obřadů. Jejich vykonáváním získává mohučský arcibiskup nadřazené postavení oproti svým bratřím ve funkci z Kolína a Treviru. Je totiž jediným, kdo smí provádět tyto duchovní obřady mimo svou vlastní církevní provincii.

Toto výsadní postavení mohučských arcibiskupů končí na přelomu prvního tisíciletí. Všeobecně mají biskupové uplatňovat své úřední a zasv covací pravomoci jen ve své vlastní diecézi. Arcibiskup Willings z Mohuče proto koncipuje stavbu nového dómu v Mohuči jakožto korunovačního kostela a zřizuje jej podle cášského vzoru. V Mohuči se konají roku 1002 a 1024 korunovace Jindřicha II a Konráda II. Konrád II nechává však svého syna Jindřicha II korunovat opět v Cáchách, čímž přechází korunovační právo na arcibiskupy z Kolína, Cáchám příslušející metropole.

Ve 13. a raném 14. století se kolínští arcibiskupové snaží získat vedoucí roli při dosazování krále na trůn a přední pozici mezi duchovními a světskými knížaty Říše. Korunovaci považují za rozhodující krok při dosazování krále na trůn. Kdo korunuje krále a tím mu předává úřad vládce, musí také kontrolovat jeho volbu.

Mohučtí arcibiskupové naopak trvali na významu volby prováděné knížaty, kterou tradičně organizovali a řídili. Také náhrobky mohučských arcibiskupů, které se zdají zobrazovat arcibiskupy korunující krále, neznamenají nárok Mohuče na korunovační právo, ale zvěstují, že král byl »učiněn« (králem) volbou knížat – volbou řízenou mohučskými biskupy a ovlivněnou duchem svatým. Zlatá bula Karla IV převzala v roce 1356 tento koncept volby.

Summary

In the 10th century the archbishops of Mainz played a leading role in royal coronations and anointments. Aachen which belonged to the church province of Cologne, was the place for these liturgical acts. Because the archbishop of Mainz carried them out he gained primacy over his official brothers in Cologne and Trier. Since he was the only one who was permitted to carry out clerical acts outside of his own church province.

This exceptional position of the archbishop of Mainz came to an end at the turn of the first millennium. The bishops were only permitted to execute their official powers and rights to consecrate somebody within their own diocese. The archbishop Willigis of Mainz thus conceived building the cathedral of Mainz as a coronation church and designed it using Aachen as a model. The coronations of Henry II and Conrad II took place in Mainz in 1002 and 1024. However Conrad II's son Henry III was crowned in Aachen again which meant that the right to crown once again shifted to the archbishop of Cologne, the city that was responsible for Aachen.

In the 13th and early 14th centuries, the archbishops of cologne tried to attain a leading role in the election of the king and by doing so gain first place among the spiritual and worldly princes in the empire. They considered the coronation to be the decisive phase in the election of the king. Whoever crowned the king and thus awarded him rule, would also have to be able to guide his election.

The archbishops of Mainz therefore relied on the importance of the election via the princes who were traditionally there to be organised and guided by them. The gravestones of the archbishops of Mainz where they seem to be crowning a king did not claim the right to crown for Mainz but rather proclaimed that the king was »made« via the prince's election – an election that is geared by the archbishops of Mainz and guided by the Holy Spirit. The Golden Bull of Charles IV took up this idea on elections in 1356.

Klaus Militzer (Köln)

Der Erzbischof von Köln und die Krönungen der deutschen Könige (936–1531)

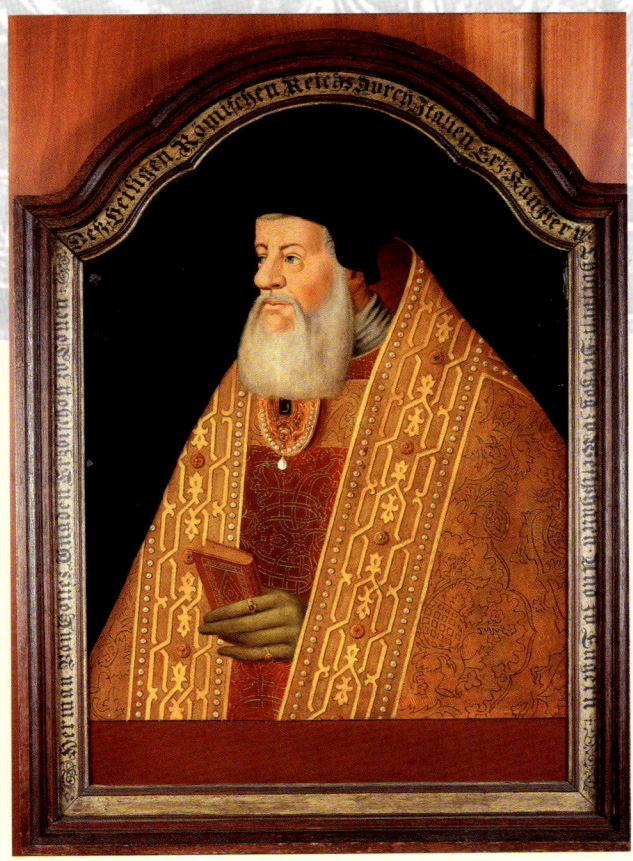

Abb. 1 Kat.Nr. 8 · 6
Portrait des Kölner Erzbischofs Hermann von Wied. Er krönte 1520 Karl V. und 1531 Ferdinand I. in Aachen. Dies waren die letzten Aachener Krönungen. Köln, Kölnisches Stadtmuseum, HM 1908/503

Die Rolle des Kölner Erzbischofs bei den Königskrönungen der Ottonen und Salier

Zum ersten Male wurde am 7. August 936 in Aachen ein König gesalbt und gekrönt. Der Akt war von Otto I., seinen Beratern und den Großen des Reiches sorgfältig geplant und ist von Widukind von Corvey mit vielen Details beschrieben worden. Laut Widukind erhob sich im Vorfeld der Beratungen Streit darüber, wer den König salben und krönen dürfe. Der Trierer Erzbischof begründete seinen Anspruch mit dem Alter seines Bistums, das er nach allgemeiner Auffassung auf St. Peter selbst zurückführte. Der Kölner schob die kirchenrechtliche Argumentation in den Vordergrund. Da Aachen in seiner Diözese liege, sei er allein zu der Handlung berechtigt. Beide verzichteten schließlich auf ihre Rechte und übertrugen sie dem Mainzer Erzbischof, der die Königskrönung vornahm, den Gewählten dem Volk in der Kirche präsentierte und ihm Schwert, Mantel und Szepter übergab. Daraufhin salbten ihn der Mainzer und Kölner Erzbischof, setzten ihm gemeinsam die Krone auf das Haupt und führten ihn über eine Wendeltreppe zum Karlsthron auf der Empore. Der Kölner Erzbischof Wichfried hatte

Abb. 2 Kat.Nr. 3 · 21
Münze des Erzbischofs Pilgrim, der das Recht der Kölner Erzbischöfe auf die Königskrönung durchsetzte. Köln 1020/30, Köln, Domschatz, L 310

chen für die Bedeutung, die den Erzbischöfen am Hofe Ottos I. zukam. Jede Änderung wurde genau beachtet und gedeutet.

Die Stellung des Kölners in der Zeremonie änderte sich unter den Ottonen nicht grundsätzlich. An der Krönung Ottos II. im Jahr 961 wirkte er in Aachen zusammen mit seinen Kollegen aus Mainz und Trier mit, an der Ottos III. im Jahr 983 war er gar nicht beteiligt. Die Weihe im Aachener Münster vollzogen der Mainzer und der Erzbischof von Ravenna. Heinrich II. ist gar nicht in Aachen, sondern in Mainz in Abwesenheit des Kölners gesalbt worden. Die schwache Stellung des Kölners bei der Krönung änderte sich auch unter dem ersten Salier nicht. Mit der Wahl Konrads II. war der Kölner Erzbischof Pilgrim nicht einverstanden und verließ den Wahlort. Daraufhin salbte der Mainzer Erzbischof den Gewählten 1024 im Mainzer Dom.

Allerdings unterwarf sich Pilgrim bald dem neuen König und erbat sich die Gnade, dessen Gemahlin Gisela im Kölner Dom die Krone aufsetzen zu dürfen. Durch die Krönung der Königin Gisela im Kölner Dom erreichte Erzbischof Pilgrim von Köln alsbald eine Aufwertung seiner Stellung in der Krönungszeremonie. Denn er salbte und krönte Heinrich III. am 8. September 1028 in Aachen. Die Mainzer und Trierer Erzbischöfe wurden daran nicht mehr beteiligt. Seine Stellung als Koronator nutzte der Kölner aus und verdrängte den Mainzer aus dessen dominierender Stellung bei Hofe. Zwar konnte Pilgrim den Mainzer nicht ganz ausschalten, aber doch einen wichtigen Rang einnehmen. Denn 1032 wurde ihm das Erzkanzellariat für Italien übertragen. Alle Urkunden des Königs oder Kaisers für italienische Empfänger wurden fortan vom Kölner Erzbischof als nominellen Oberhauptes der Kanzlei für italienische Angelegenheiten rekognosziert. Er wurde und blieb Erzkanzler für Italien. Der Mainzer dagegen wurde auf das Deutsche Reich beschränkt und Kanzler für diesen Bereich. Dem Kölner gelang es 1052 zudem, in einem umfassenden Privileg von Papst Leo IX. die Bestätigung zu erhalten, daß er allein in seinem Sprengel Königskrönungen vornehmen dürfe. Der Kölner hatte damit sein Recht nach mehreren Seiten hin abgesichert und gegenüber seinen Konkurrenten einen kaum mehr einzuholenden Vorsprung erlangt. Aber die in den Privilegien gewährten Rechte mußten umgesetzt und behauptet werden.

Zunächst konnte der Kölner seinen Anspruch aufrecht erhalten. Heinrichs III. Nachfolger aus dem salischen Geschlecht sind alle außer Heinrich V. in Aachen vom Kölner gesalbt worden. Allerdings haben die Mainzer versucht, dem Kölner sein Recht ohne durchschlagenden Erfolg streitig zu machen. Lothar von Supplingenburg empfing die Salbung 1125 in Aachen wieder vom Kölner Metropoliten.

also nicht wie sein Kollege aus Trier ganz auf seine Mitwirkung verzichtet, spielte aber in der Krönungszeremonie nur die zweite Rolle hinter dem Mainzer Metropoliten.

Man könnte über solche Kleinigkeiten hinweggehen, wenn nicht gerade solche Zeremonien von den Zeitgenossen genau beobachtet und aus der Beteiligung der führenden Persönlichkeiten an den feierlichen Handlungen Rückschlüsse auf deren politische Bedeutung und deren Einfluß gezogen wurden. In den öffentlich vollzogenen Zeremonien verdeutlichte sich den durch sonstige Medien noch nicht verwöhnten Menschen der soziale und politische Rang. Die Teilnahme am Krönungsakt war also nicht bloß eine belanglose Aktion, sondern ein Zei-

Kölns Bedeutung zur Zeit der Staufer

Als Lothars Nachfolger Konrad III. 1138 in Aachen gekrönt werden sollte, fehlte dem Kölner noch die Bischofsweihe. Er konnte daher die Salbung nicht selbst vornehmen. Damit er sein Recht nicht vergebe

Abb. 3
Werkstatt des Meisters Nikolaus von Verdun, Dreikönigsschrein. Die Reliquien der Heiligen Drei Könige wurden durch den Kölner Erzbischof Rainald von Dassel im Jahr 1164 nach Köln überführt. Viele Könige reisten nach ihrer Krönung in Aachen nach Köln, um den Heiligen Drei Königen ihre Aufwartung zu machen. Getriebenes Gold, Edelsteine, Email, Köln, 1198 – 1206. Köln, Hohe Domkirche

und ein Präjudiz schaffe, bat er den Kardinal Dietwin die Handlung vorzunehmen, wobei der Kölner Elekt assistierte. Ansprüche der Trierer und Mainzer Kollegen sollten zurückgewiesen werden. Konrads Nachfolger Friedrich Barbarossa und Heinrich VI. sind dann wieder in Aachen von Kölner Erzbischöfen ohne Einsprüche gekrönt worden.

Nach dem plötzlichen Tod Heinrichs VI. am 28. September 1197 entstand eine neue Situation. Heinrich hinterließ einen dreijährigen Sohn Friedrich Roger, der noch lange Zeit unmündig und damit regierungsunfähig bleiben würde. An seiner Statt sollte Philipp von Schwaben, der Bruder Heinrichs, die Statthalterschaft ausüben. Diese Lösung wurde bald zugunsten einer Wahl Philipps fallen gelassen. Trotz schon vorhandener Spannungen der Kölner Erzbischöfe mit dem staufischen Herrscherhaus scheint der damals regierende Erzbischof Adolf von Altena keine prinzipiellen Bedenken gegen eine Wahl Philipps gehabt zu haben. Er verlangte von den in Thüringen versammelten Stauferanhängern, mit der Wahl zu warten, bis er selbst eintreffe. Dahinter stand vermutlich die Absicht, das Adolf übertragene Erststimmrecht bei der Wahl auszuüben und dieses wichtige Vorrecht dem Mainzer Erzbischof auf längere Sicht zu nehmen. Jedoch wählten die in Thüringen anwesenden Fürsten im Mai Philipp zum König, ohne auf Erzbischof Adolf zu warten. Daraufhin ließ der Kölner Erzbischof seinen Kandidaten Otto von Poitou am 9. Juni 1198 in Köln zum König wählen und krönte ihn am 12. Juli desselben Jahres in Aachen. Philipp wurde dagegen erst am 8. September 1198 in Mainz von Erzbischof Aimo von Tarantaise gesalbt und gekrönt. Philipp hatte zwar die Mehrheit der Wähler hinter sich, war aber nicht am rechten Ort gekrönt worden, während sich Otto nur auf eine verschwindend geringe Minderheit der Fürsten stützen konnte, jedoch am rechten Ort vom rechten Koronator gekrönt und zum Thron Karls des Großen geleitet worden war.

Die Wahl durch die Fürsten und die Krönung am rechten Ort waren gerade von den Staufern in der Vergangenheit in den Vordergrund gerückt worden, um päpstliche Ansprüche gegenüber dem Reich und seinen Repräsentanten zurückzuschrauben. Bereits 1158 hatten die deutschen Bischöfe Papst Hadrian IV. geschrieben, daß bei der Königswahl die erste Stimme dem Mainzer, die Salbung des Königs dem Kölner zustünden und nur die Kaiserkrönung dem Papst vorbehalten sei. 1165 wurde Karl der Große heilig gesprochen und seine Gebeine im Dezember 1165 von Friedrich Barbarossa feierlich erhoben. Zu dem Anlaß stellte der Kaiser am 8. Januar 1166 eine Urkunde aus, in die er ein gefälschtes Karlsprivileg inserieren ließ. In der Urkunde Barbarossas wie der Fälschung wurde Aachen als Hauptstadt des Reiches und als Krönungsort herausgestellt. Damit hob sich aber auch die Bedeutung des Kölner Erzbischofs als Koronator. Die Stellung des Kölner Erzbischofs hatte sich gefestigt. Vermutlich hatte der Kölner Erzbischof Rainald von Dassel seine Hände bei der Herstellung des gefälschten Karlsprivilegs im Spiel.

Der Aufstieg des Kölner Erzbischof hatte noch andere Ursachen. Im 12. Jahrhundert überflügelte nämlich die Stadt Köln an Bevölkerungszahl wie an Wirtschaftskraft Mainz, das im frühen und hohen Mittelalter noch an erster Stelle gestanden haben mochte. Auch Trier, im frühen Mittelalter Köln überlegen, wurde weit überholt. Endgültig nach der Übertragung der Reliquien der heiligen Drei Könige durch Rainald von Dassel im Jahr 1164 galt Köln nicht nur in den Augen der Erzbischöfe und der Bewohner der Stadt wegen der Vielzahl der Reliquien als Wohnung der Heiligen, als heiliges Köln, sondern wurde auch von Auswärtigen so bezeichnet. Besonders die Reliquien der heiligen Drei Könige mußten auf die Herrscher anziehend wirken. In der Tat haben viele Könige nach der Krönung Köln aufgesucht und den heiligen Drei Königen ihre Aufwartung gemacht.

Die Macht der Kölner Erzbischöfe stieg, als sie nach dem Sturz Heinrichs des Löwen das Herzogtum Westfalen übertragen erhielten. Philipp von Heinsberg und Konrad von Hochstaden haben zunächst mit Erfolg daran gearbeitet, ihren Machtanspruch durchzusetzen, so daß der Kölner Metropolit zum mächtigsten Fürsten im Nordwesten aufstieg. Die Männer auf dem erzbischöflichen Stuhl entwickelten allmählich eine eigenständige Politik, die sich nicht mehr unbedingt in allen Teilen mit der der Könige und Kaiser deckte. Sie richteten ihre Politik nach Nordwesten und nach England aus. Gerade in England verfolgten zur gleichen Zeit auch die Kölner Kaufleute Handelsinteressen.

Wegen der Ausrichtung nach England war dem Kölner Erzbischof 1198 Otto von Poitou, der Neffe des englischen Königs Richard, als Kandidat willkommen, auch schon deshalb, weil der Kandidat auf den Kölner angewiesen war. Otto war zwar nicht der erste Gekrönte, der den heiligen Drei Königen im Kölner Dom seine Verehrung bezeugte, aber er war derjenige, der sich am Schrein der Drei Könige verewigen ließ. Er schenkte im Jahr 1200 Gold zur Herstellung des Schreins und bedang sich offenbar dafür aus, als vierter hinter den anbetenden Drei Königen dargestellt zu werden. Damit stellte er sich demonstrativ in eine Reihe mit den Heiligen, die als Vorgänger und Vorbilder aller weltlichen Herrscher galten. Zweifellos sollte die Darstellung außerdem seine von vielen bezweifelte Legitimation als rechter König steigern. Die zumindest anfangs devote Haltung Ottos mag den Kölner Erzbischof Adolf von Altena in seinen Vorstellungen bestärkt haben, daß ihm und der Kölner Kirche und nicht dem Mainzer der erste Rang im Reich gebühre. In der Tat konnte sich Adolf in seiner Haltung bestätigt fühlen. Denn nachdem er auf die Seite Philipps von Schwaben eingeschwenkt war, erreichte er, daß Philipp vor der Krönung auf sein Königtum verzichtete und sich nochmals wählen ließ. Dabei übte wohl der Kölner das Erststimmrecht aus, da Mainz ausfiel. Danach salbte er den König und krönte ihn samt seiner Frau Maria.

Wahl und Krönung im 13. und 14. Jahrhundert

Adolf von Altena konnte seine Ansprüche jedoch gegen den Mainzer Erzbischof nicht endgültig durchsetzen. An der Wahl Friedrichs II. in Frankfurt 1212 nahm Adolf nicht teil. Der Mainzer krönte den Gewählten noch im selben Jahr in Mainz und 1215 noch einmal in Aachen. Das Erststimmrecht hatte der Kölner nun verloren. Dagegen konnte der Mainzer dem Konkurrenten das Recht zur Krönung des Gewählten in Aachen nicht mehr streitig machen, auch wenn 1215 der Mainzer Erzbischof die Zeremonie vorgenommen hatte.

Adolfs unmittelbare Nachfolger konnten den hohen Anspruch nicht aufrechterhalten, da sie zu kurze Zeit amtierten oder infolge ihrer Verwicklung in die Territorialpolitik an einer aktiven Teilnahme an Reichsangelegenheiten behindert waren. Erst Konrad von Hochstaden (1238–1261) ergriff eine günstige Gelegenheit, um den Anspruch seines Erzstifts auf einen führenden Rang unter den Reichsfürsten einzumahnen. Als 1257 wieder eine Wahl anstand, entschied sich eine Partei unter der Führung Konrads von Hochstaden für Richard von Cornwall, eine andere für Alfons von Kastilien. Der Kölner Erzbischof und seine Parteigänger behaupteten später, Widerstand gegen einen gewählten König sei nur bis zu dessen Krönung in Aachen durch den Kölner Erzbischof zulässig. Die Krönung am rechten Ort (Aachen) durch den einzig dazu berechtigten Konsekrator (den Kölner Erzbischof) sollte der Akt sein, der die Herrschaft eines deutschen Königs begründete und legitimierte, die Wahl dagegen in den Hintergrund rücken. Wäre der Kölner Erzbischof mit dieser Auffassung durchgedrungen, hätte eine Königswahl erst durch die Krönung durch den Kölner Erzbischof ihren erfolgreichen Abschluß gefunden. Erst dann hätte der Gewählte die wahre Legitimation für seine Herrschaft erhalten. Damit wäre der Kölner Erzbischof zum ausschlaggebenden Wähler unter den Kurfürsten geworden und hätte eine Spitzenstellung im Reich über alle seine Mitkonkurrenten errungen.

Konrads Nachfolger Engelbert II. von Valkenburg und Siegfried von Westerburg auf dem Kölner Erzstuhl konnten die hochgesteckten Erwartungen nicht erfüllen. Beide hatten bittere Niederlagen eingesteckt und längere Aufenthalte in Gefängnissen ihrer Gegner verbracht. Die Schlacht bei Worringen 1288 schwächte dann die Position Kurkölns am Niederrhein und in Westfalen entscheidend. Das Erzstift blieb zwar eine Macht im Kräftespiel des Nordwestens, büßte jedoch seine hegemoniale Stellung ein. Dennoch bot sich Siegfried von Westerburg noch einmal eine Chance, die Verluste auszugleichen, als es ihm nach dem Tod Rudolfs von Habsburg 1291 gelang, Adolf von Nassau zum König wählen zu lassen. Der Thronprätendent versprach dem Kölner einen Ausgleich für die erlittenen Einbußen und bescheinigte ihm, daß dessen Wahlstimme ausschlaggebend sei. Siegfried von Westerburg hat vergeblich auf die Einlösung der Versprechungen gewartet und ihn 1293 trotzdem in Aachen gesalbt.

Noch einmal schlug einem Kölner Erzbischof 1308 eine gute Stunde, als der Trierer Erzbischof Balduin von Luxemburg und der Mainzer Erzbischof Peter von Aspelt, die Wahl Heinrichs von Luxemburg zum König durchzusetzen suchten. Dazu benötigten sie die Stimme des Kölner Erzbischofs Heinrich von Virneburg, der sich nicht nur teuer bezahlen, sondern auch durch die Hebung seiner Stellung im Wahlvorgang honorieren ließ. Der Kölner sammelte nämlich 1308 bei der Wahl in Frankfurt am Main die Stimmen der Kurfürsten ein, ein Recht, das eigentlich dem Mainzer zugestanden hätte. Dem Kölner war also ein Rang vor dem Mainzer eingeräumt worden, wie sich auch aus dem Wahlbericht Balduins von Trier entnehmen läßt. Heinrich von Luxemburg bezeichnete sich vor seiner Krönung stets als erwählter römischer König und datierte seine Regierungsjahre als König erst von seiner Krönung durch den Kölner Erzbischof in Aachen am 6. Januar 1309, also dem Dreikönigstag, an. Das Verhalten des Königs bestärkte den Erzbischof in seiner Auffassung über seinen ihm im Reichsgefüge gebührenden Rang, der ihm als Koronator zukomme. Außerdem schien das Recht zur Königssalbung durch die Reliquien der heiligen Drei Könige sakral legitimiert. Allerdings gelang es Heinrich von Virneburg noch nicht, den Rangstreit um den Platz an der rechten Seite des Königs oder Kaisers für sich zu entscheiden.

Nachdem Heinrich VII. 1313 in Italien gestorben war, stand wieder eine Wahl an. Abermals bot sich dem Kölner Erzbischof die Möglichkeit, seine überhöhten Forderungen durchzusetzen. Denn während der Trierer und der Mainzer Erzbischof sich schließlich mit anderen Kurfürsten auf Ludwig von Bayern verständigten, ließ der Kölner mit seinen Anhängern Friedrich den Schönen, einen Habsburger, küren. Nach der Doppelwahl versuchte der Kölner Erzbischof Heinrich von Virneburg nicht sofort, seinen eigenen Kandidaten

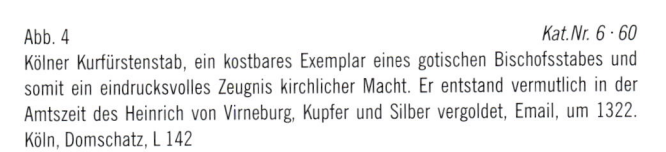

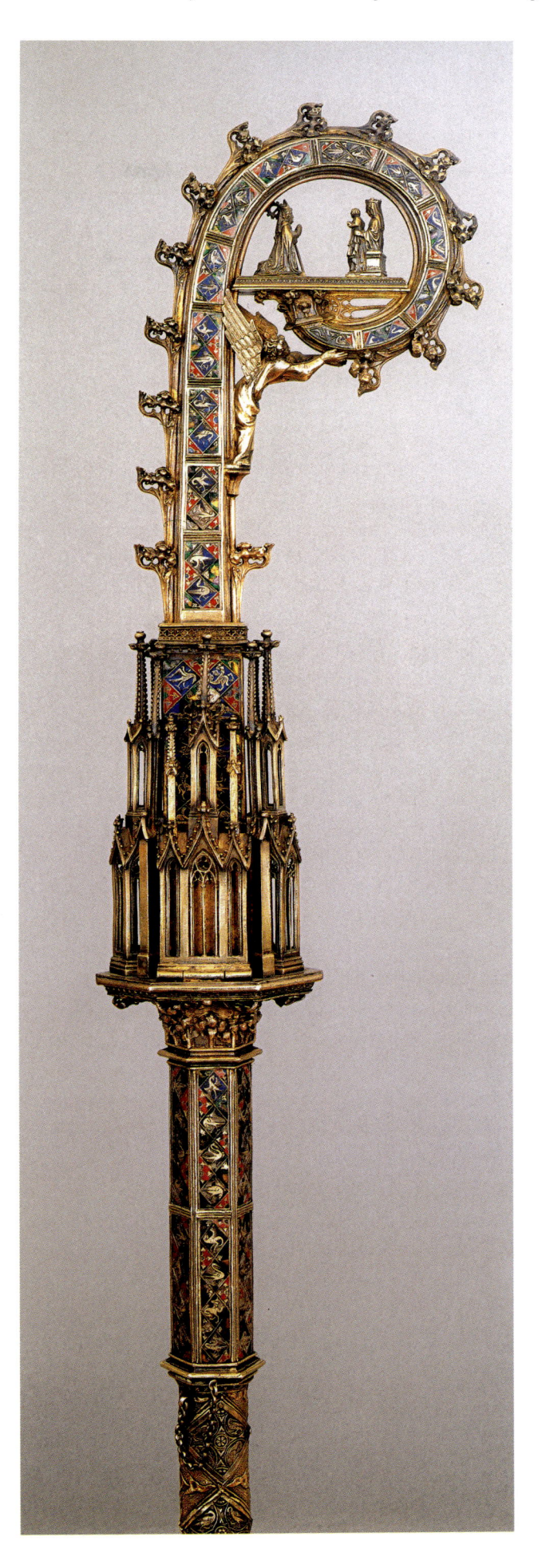

Abb. 4
Kölner Kurfürstenstab, ein kostbares Exemplar eines gotischen Bischofsstabes und somit ein eindrucksvolles Zeugnis kirchlicher Macht. Er entstand vermutlich in der Amtszeit des Heinrich von Virneburg, Kupfer und Silber vergoldet, Email, um 1322. Köln, Domschatz, L 142

Kat.Nr. 6 · 60

durchzusetzen, sondern lud Ludwig von Bayern und dessen Wähler nach Köln, damit sie ihre Entscheidung für den Bayern und gegen den Habsburger darlegen könnten. Der Kölner beanspruchte also eine richterliche Kompetenz über die Gewählten, wie auch der Papst eine solche Funktion über den König für sich in Anspruch nahm, bevor er ihn zum Kaiser weihte. Die Kurfürsten haben das Ansinnen des Kölners zurückgewiesen. Ihrer Meinung nach hatte der Kölner den von den Kurfürsten Gewählten ohne weitere Prüfung anstandslos zu krönen. Obwohl der Virneburger seinen Kandidaten nie hat durchsetzen können, hielt er an seinen Ansprüchen fest. Da ihm jedoch niemand folgte, stand er isoliert und mußte im Laufe der Zeit Abstriche machen, die seine Forderungen illusionär werden ließen.

Die Goldene Bulle und die Grenzen der Kölner Ansprüche

Die Nachfolger Heinrichs von Virneburg haben den überhöhten Anspruch nicht mehr aufrechterhalten. Walram von Jülich (1332–1349) und Wilhelm von Gennep (1349–1362) waren zu sehr mit der Konsolidierung ihres Territoriums beschäftigt und hatten an den Folgen der durch ihren Vorgänger Heinrich von Virneburg heraufbeschworenen politischen Isolation zu leiden. Als daher Karl IV. 1356 die Goldene Bulle, das »Grundgesetz« des Reiches, erließ, war von einem Vorrang des Kölner Erzbischofs bei der Königswahl nicht mehr die Rede. Die erste Stimme gebührte von nun an dem Trierer Metropoliten, die zweite dem Kölner, während der Mainzer die Wahlversammlung einberief, die Wahl leitete und die Voten abfragte. Dem Kölner blieb zwar das Krönungsrecht, er war aber nun zur Krönung verpflichtet, ohne daß daraus staatsrechtliche Konsequenzen zu erzielen gewesen wären. Ausschlaggebend für die Königserhebung blieb, wie schon von Ludwig dem Bayern behauptet und während der Kurfürstenversammlung in Rhens 1338 bekräftigt, die Wahl, in der der Mainzer und der Trierer den Ton angaben, nicht mehr die Weihe in Aachen, auf die die Kölner früher ihre Vorrangstellung begründet hatten.

Die Sitzverteilung wurde in der Goldenen Bulle ebenfalls geregelt. Der Mainzer sollte nun zur Rechten des Kaisers sitzen. In der Kölner Diözese jedoch, in Italien und Gallien gebührte dem Kölner der Ehrenplatz. Analog wurde dem Kölner ein Platz zur Linken oder Rechten des Herrschers bei feierlichen Einritten, Prozessionen oder offiziellen Umzügen zugewiesen. Es war damit ein Kompromiß gefunden worden, der zu Lasten des Kölners ging, wenn man die hochgespannten Erwartungen eines Heinrich von Virneburg als Maßstab zugrunde legt. Um den Sitz oder die Stellung der beiden Metropoliten war deshalb so lange und verbissen gerungen worden, weil daran der Rang für jedermann ablesbar war. Mit der Rückstellung im Zeremoniell waren eben auch politische Einbußen verbunden. Darum haben die Kölner Erzbischöfe bis Heinrich von Virneburg immer wieder versucht, den Platz zur Rechten des Königs zu erlangen und für sich und ihre Nachfolger zu sichern, was ihnen aber nur zeitweilig gelungen ist.

Das Krönungsrecht blieb dem Erzbischof von Köln. Er hat es nach der Goldenen Bulle von 1356 zwar nicht mehr zur Erhöhung seiner Stellung im Reichsgefüge eingesetzt, benutzte es jedoch weiterhin zur Durchsetzung seiner territorialen Ziele. Insofern blieb das ihm unbestritten zustehende Recht ein wertvolles Mittel seiner Politik im Rheinland und in Westfalen. 1531 salbte und krönte Erzbischof Hermann V. von Wied (Abb. 4) mit Ferdinand I. zum letzten Mal einen König in Aachen. Die folgenden Könige erhielten ihre Weihe nicht mehr an alter Stelle. Als Koronator trat nun der Mainzer Erzbischof auf. Einige Kölner Erzbischöfe protestierten zwar gegen die Mißachtung ihrer Rechte, konnten sich jedoch nicht mehr wirklich durchsetzen. Sie erreichten 1657 zwar einen Kompromiß und erhielten sogar zweimal die Gelegenheit, einen König zu salben, aber das blieben Ausnahmen. Tatsächlich hatten sie ihr in der Goldenen Bulle verbrieftes Krönungsrecht nach 1531 eingebüßt.

Boshof, Egon: Köln, Mainz, Trier – Die Auseinandersetzung um die Spitzenstellung im deutschen Episkopat in ottonisch-salischer Zeit, in: Jahrbuch des Kölnischen Geschichtsvereins 49 (1978), S. 19–48.

Erkens, Franz-Reiner: Der Erzbischof von Köln und die deutsche Königswahl, Siegburg 1987.

Kurzfassung

Als Otto I. 936 in Aachen zum König erhoben wurde, mußte der Kölner Erzbischof noch auf das Krönungsrecht verzichten. Unter den Saliern konnten die Kölner ihre Stellung allmählich stärken und durchsetzen, daß sie als einzige zur Krönung des Königs in Aachen befugt und die rechten Koronatoren seien. Sie sicherten ihre Stellung im Reich ab und ließen sich ihr Krönungsrecht von Papst Leo IX. bestätigen. In der nachstaufischen Zeit mit mehreren Prätendenten für den Königsthron suchten die Kölner Erzbischöfe, sich das Erststimmrecht bei der Wahl zu sichern, und leiteten aus ihrem Krönungsrecht in Aachen, das ihnen nun nicht mehr streitig gemacht wurde, die Befugnis ab, die Eignung des von den Fürsten gewählten Kandidaten zu überprüfen. Damit sind die Kölner Erzbischöfe nicht durchgedrungen, sondern wurde vielmehr verpflichtet, die Krönung nach der Wahl ohne weiteres durchzuführen. Seit der Mitte des 14. Jahrhunderts verfolgten die Kölner die Politik ihrer Vorgänger nicht mehr, um mit Hilfe des Krönungsrechts ihre Stellung im Reich zu erhöhen. 1531 krönte Erzbischof Hermann V. von Wied zum letzten Mal einen König in Aachen. Dessen Nachfolger haben nicht mehr als Koronatoren gewirkt. Gelegentliche Proteste änderten daran nichts.

Résumé

Lorsque Otton Ier fut couronné roi à Aix-la-Chapelle en l'an 936, l'archevêque de Cologne fut contraint, faisant une fois de plus contre mauvaise fortune bon cœur, de renoncer au droit de sacre. Par contre, sous les Saliens, les archevêques de Cologne progressent, affermissent leur position et finissent même par s'imposer : à eux seuls est désormais reconnu le droit de sacrer les rois à Aix-la-Chapelle. Sans céder un pouce de terrain, ils n'ont de cesse, poussant leurs avantages, que le privilège du droit de sacre ne leur soit reconnu par le pape Léon IX. Dans la période qui suivra l'hégémonie de la dynastie des Staufen, plusieurs prétendants se disputeront le trône : les archevêques de Cologne tenteront alors de s'assurer un droit de vote préférentiel lors de l'élection. Se prévalant du droit de sacre qu'ils détenaient à Aix-la-Chapelle – et que nul ne leur contestait plus –, ils revendiquent un droit de regard portant sur le candidat choisi par les princes-électeurs. Ce faisant, les archevêques de Cologne ne s'imposent pas coûte que coûte : ils sont en quelque sorte plutôt tenus de célébrer – sans autre forme de procès – le couronnement dans la foulée de l'élection. Vers le milieu du XIVème siècle, les archevêques de Cologne se distancèrent de la politique poursuivie par leurs prédécesseurs, une politique qui visait à mettre à profit le droit le sacre pour gravir les échelons du pouvoir dans le royaume. En 1531, l'archevêque Hermann V de Wied sacrera pour la toute dernière fois un roi à Aix-la-Chapelle. En dépit de protestations sporadiques, lors des sacres, ses successeurs ne joueront plus jamais le rôle de maîtres de cérémonie.

Shrnutí

Když byl Otto I v Cáchách roku 936 dosazen na trůn, musel se kolínský arcibiskup ještě práva korunovace vzdát. Za vlády sálské dynastie pak mohli kolínští arcibiskupové postupně posílit své postavení a prosadit, aby se jako jediní biskupové stali oprávněnými korunovat v Cáchách krále. Zabezpečili si tak své postavení v rámci říše a nechali si korunovační právo potvrdit papežem Lvem IX. V poštaufovské době, kdy existovalo více uchazečů o trůn, se kolínští biskupové pokoušeli zabezpečit si právo prvního hlasu při volbě a odvozovali z práva korunovace, které jim nyní už nebylo upíráno, oprávnění posuzovat vhodnost zvoleného kandidáta. To se jim však nepodařilo prosadit, ale byli povinni korunovat bezprostředně po volbě. Od poloviny 14. století už kolínští neprováděli politiku svých předchůdců, která spočívala ve snaze posílit své postavení v říši prostřednictvím korunovačního práva. 1531 korunoval arcibiskup Heřman V. z Wiedu naposled v Cáchách krále. Jeho následníci už jako korunující biskupové nepůsobili. Občasné protesty na tom nic nezměnily.

Samenvatting

Toen Otto I in 936 in Aken tot koning werd gekroond, had de aartsbisschop van Keulen bij de kroning nog het nakijken. Onder de Saliërs kregen de Keulenaren echter langzamerhand een sterkere positie. Ze wisten te bereiken, dat zij als enigen bevoegd waren de kroning in Aken te voltrekken. De aartsbisschop van Keulen werd nu gezien als de enige ware ›coronator‹. Zij consolideerden hun positie binnen het rijk en zorgden ervoor dat paus Leo IX hen dit kroningsrecht bevestigde. In de tijd na de Staufers, met meerdere pretendenten naar de koninklijke troon, probeerden de Keulse aartsbisschoppen het eerste kiesrecht bij de verkiezingen te verkrijgen, en probeerden zij hun kroningsrecht te Aken – waarover nu geen twijfel meer bestond – om te zetten in de bevoegdheid, te onderzoeken of de door de vorsten gekozen kandidaat wel geschikt was. Dit lukte de Keulenaren echter niet. Hen werd opgelegd om na de verkiezing, de kroning zonder meer door te voeren. In het midden van de 14e eeuw liet de aartsbisschop van Keulen zijn politieke streven om met behulp van het kroningsrecht zijn positie binnen het rijk te verbeteren, los. In 1531 kroonde aartsbisschop Herman V von Wied voor de laatste maal een koning te Aken. Zijn opvolgers fungeerden niet meer als 'coronator'. Van tijd tot tijd geuite protesten veranderden hieraan niets.

Summary

When Otto I was elected king in 936 in Aachen, the archbishop of Cologne still had to abstain from his rights to crown the king. Under the Salians the archbishops of Cologne were able to gradually consolidate and assert their position of being the only ones permitted to crown the king in Aachen and thus be lawful coronators. They safeguarded their rights within the empire and received confirmation by Pope Leo IX of their right to crown. In the period after the Staufer when there were several pretenders for the royal throne, the archbishops sought to secure their rights to have the first vote during the election. Since their coronation rights were no longer disputed, they gave themselves the authorisation of being allowed to check the candidate that was chosen by the princes in terms of his suitability. The archbishops were not successful in this and were ordered to carry out the coronation after the election without further ado.

After the mid 14th century, the archbishops of Cologne no longer adhered to the politics of their predecessors in raising their position within the empire because of their right to crown. In 1531 archbishop Hermann V of Wied was crowned king in Aachen for the last time. His successors were no longer coronators. Occasional protests did not make any difference.

Winfried Weber (Trier)

Der Erzbischof von Trier

Abb. 1   Kat.Nr. 6 · 6
Siegel Erzbischof Balduins von Luxemburg (amt. 1307–1354). Der Erzbischof trägt Mitra und Bischofsstab, 14. Jh. Trier, Bischöfliches Dom- und Diözesanmuseum

Die apostolische und kaiserliche Tradition

Als junger Mann erlebte Johann Wolfgang Goethe 1764 in seiner Heimatstadt Frankfurt die Wahl und Krönung Josephs II. zum Römischen König. Goethes eindrucksvolle Beschreibung dieses Ereignisses ist in mehrfacher Hinsicht aufschlußreich und zeigt, wie sehr man auf die Einhaltung des die Rangstellung der Reichsfürsten verdeutlichende althergebrachte Zeremoniells achtete, obwohl den Zeitgenossen mittlerweile vieles unverständlich und kurios vorkam. Dies geht aus zahlreichen Bemerkungen Goethes zu »jenem staatsrechtlichen Gegenstande, der Wahl und Krönung eines Römischen Königs«, hervor. Als Beleg sei nur die Beschreibung des Aufzuges der drei geistlichen Kurfürsten, der Erzbischöfe von Mainz, Trier und Köln angeführt, wo es heißt: »Bisher war alles noch ziemlich modern hergegangen: die höchsten und hohen Personen bewegten sich nur in Kutschen hin und wider; nun aber sollten wir sie, nach uralter Weise, zu Pferde sehen (...). Die stattlichsten, wohlzugerittenen Rosse waren mit reich gestickten Waldrappen überhangen und auf alle Weise geschmückt. Kurfürst Emmerich Joseph (von Mainz), ein schöner behaglicher

Mann, nahm sich zu Pferde gut aus. Der beiden anderen erinnere ich mich weniger, als nur überhaupt, daß uns diese roten mit Hermelin ausgeschlagenen Fürstenmäntel, die wir sonst nur auf Gemälden zu sehen gewohnt waren, unter freiem Himmel sehr romantisch vorkamen.«[1] Für den Trierer Kurfürsten und Erzbischof, der sonst seit langem in der Reichspolitik eine eher untergeordnete Rolle spielte, bot ein solches Ereignis neben den Reichstagen eine gute Gelegenheit, seinen besonderen Rang als Mitglied des höchsten Reichsfürstenkollegs darzustellen, Anlaß genug, um diese Ereignisse in publikumswirksamer Weise dokumentieren zu lassen, wie es jene »Erinnerungsbilder« der reitenden Kurfürsten zu zeigen vermögen.

Mit den Vorrechten des Trierer Erzbischofs und Kurfürsten befaßt sich auch eine Studie, die 1733 der einst am Gymnasium in Herborn tätige Jurist Johann Ludwig Wiederholdt veröffentlichte. Zunächst schildert er die allgemeinen Rechte der Kurfürsten des Heiligen Römischen Reiches, so wie sie ihnen in der Goldenen Bulle von 1356 verbrieft worden waren, um dann die besonderen Privilegien und Vorrechte der drei geistlichen Kurfürsten, der Erzbischöfe von Trier, Mainz und Köln, aufzulisten, denen der Vorrang vor den anderen Mitgliedern des Kurfürstenkollegs galt. Am Ende seiner Studie befaßt sich Wiederholdt ausführlich mit den Sonderrechten der Trierer Erzbischöfe und Kurfürsten. So sei die Würde des Erzbistums Trier auf seine bis in die Antike zurückreichenden Anfänge gegründet. Gegenüber Köln und Mainz habe Trier eindeutig das Vorrecht des ältesten Stadt: »An Alter gebührt Trier die erste Stelle, Köln aufgrund des Reichtums und Mainz wegen seiner Ehre« (»Treviris aetate, sed rerum proprietate gaudet Agrippina, sed honore Moguntia prima.«).[2] Als Beleg wird die Gründungslegende der Stadt angeführt, nach der Trier von Trebeta, dem Stiefsohn der Königin Semiramis, gegründet worden sei, 1300 Jahre vor Rom, so wie es auch heute noch am Roten Haus in der Nähe des Hauptmarktes in großen Lettern geschrieben steht.

Wiederholdt bezieht sich auf eine Tradition, die in Trier seit dem 11. Jahrhundert in Schriftquellen bezeugt ist. Andererseits gab es im 10. und 11. Jahrhundert noch eine Reihe anderer Argumente, die zur Darstellung der besonderen Würde Triers und der Trierer Kirche vorgebracht wurden, welche Wiederholdt aber nicht aufnahm. Dies war einmal die römische Vergangenheit und die kaiserliche Tradition der Stadt, die nicht nur in den eindrucksvollen antiken Ruinen den Besuchern vor Augen stand, sondern auch durch Schriftzeugnisse untermauert wurde. Man nannte Trier neben anderen Städten »Roma secunda«, ein auf Inschriften und in Münzlegenden bezeugter Ehrentitel, wobei Trier diejenige Stadt war, »die man am häufigsten mit diesem Titel gewürdigt hat.«[3] Ein weiteres wichtiges, von Wiederholdt ebenfalls nicht dargestelltes Argument war die apostolische Tradition des Trierer Bischofssitzes, denn danach habe der Apostel Petrus selbst seine Schüler Eucharius, Valerius und Maternus als Missionare nach Trier gesandt; sie gründeten die Trierische Kirche und waren ihre ersten Bischöfe. Um diese Überlieferung überzeugender darstellen zu können, bemühte man sich in Trier um den Besitz des sogenannten Petrusstabes, den einst Eucharius von Petrus erbat, um seinen auf der Reise verstorbenen Gefährten Maternus wieder zum Leben zu erwecken. Leider befand sich der Petrusstab zunächst nicht in Trier, sondern ist im 10. Jahrhundert erst in Toul nachweisbar, kam dann nach Metz, wo ihn schließlich der Kölner Erzbischof Brun erwarb. Erst nach dem Tode des mächtigen Brun von Köln gelang es im Jahre 980 dem Trierer Erzbischof Egbert (977–993) wenigstens eine Hälfte des Stabes zu erhalten, für die Egbert eine, die gesamte Länge des Stabes darstellende kostbare Hülle anfertigen ließ. Auf dem Reliquiar ließ er in einer ausführlichen Inschrift die »Stabgeschichte« dokumentieren und in einem reichen Bildprogramm auf die apostolische Sukzession der Trierer Bischöfe hinweisen. Fortan wurde dieses, ursprünglich im Domschatz aufbewahrte Reliquiar dem Trierer Erzbischof bei feierlichen Anlässen gewissermaßen als sichtbares Zeichen, als Insignie seiner apostolischen Würde vorangetragen, so wie dies eine der Miniaturen (fol. 2a) der dem sogenannten Balduineum 1 vorgebundenen Bilderchronik im Landeshauptarchiv Koblenz (Bestand 1 C Nr. 1) eindrucksvoll darstellt: beim erstmaligen Einzug des Erzbischofs Balduin in seine Bischofsstadt am 2. Juli 1308 tragen die Trierer ihm auch das Petrusstab-Reliquiar entgegen.

Trier als ehemalige Residenz Kaiser Konstantins bot jedoch noch eine weitere Möglichkeit, die besondere Stellung des Bischofssitzes zu untermauern. Es war dies die Helenalegende, nach der die Mutter Kaiser Konstantins nach ihrer Auffindung des heiligen Kreuzes in Jerusalem Papst Silvester bat, den Antiochener Patriarchen Agritius als Bischof nach Trier zu entsenden. Helena schenkte dem Bischof neben zahlreichen Reliquien auch ihren Palast, die *domus Helenae*, um hier die Domkirche zu errichten. Es ist jener Bischof Agritius, dem Papst Silvester für seine Person und die Trierische Kirche den Primat über Gallien und Germanien bestätigte, so wie es die in der Mitte des 10. Jahrhunderts entstandenen Lebensbeschreibungen der ersten Trierer Bischöfe und das gefälschte Silvesterprivileg belegen möchten, denn Petrus habe seinerzeit mit der Übergabe seines Stabes an Eucharius zugleich auch den Primat übertragen.

Der Streit mit Köln und Mainz um den Vorrang

Alle diese in Trier vorgetragenen Argumente weisen in eine Zeit, in der man sich mit Köln und Mainz um die Spitzenstellung im Reichsepiskopat stritt. Mit allen Mitteln bemühte man sich, den Ehrenrang des Trierer Bischofssitzes ins rechte Licht zu rücken. Als Karl der Große um 780 die auf den spätantiken Verwaltungsgliederungen basierenden Kirchenprovinzen wiederherstellte, wurde auch der Trierer Bischof Weomad (762–791) Metropolit einer Kirchenprovinz mit den Suffraganbistümern Metz, Toul und Verdun, da Trier einst Verwaltungszentrum der Provinz Belgica Prima war. Damit wurde auch die in der Antike begründete und sicherlich noch im 6. Jahrhundert wirksame Sonderstellung Triers in Gallien als kirchliches Zentrum mit »Metropolitanrang« wieder erneuert. Konnte auch Weomad seine neue Stel-

Abb. 2
Goldsolidus des römischen Kaisers Konstantin, Vorderseite: Kopf Konstantins mit Lorbeerkranz, Rückseite: Victoria mit Kugel und Speer. Gold. Trier, Bischöfliches Dom- und Diözesanmuseum, 103 (RIC VI Trier 816)

Kat.Nr. 1 · 9

lung zunächst noch nicht über den engeren Trierer Bereich hinaus wirksam werden lassen und mußten sogar unter seinen Nachfolgern die Metropolitanrechte zeitweilig ruhen, so beginnt doch im 9. Jahrhundert eine für den Trierer Erzbischof und seine spätere Rolle in der Reichspolitik wichtige Phase, die letztendlich auch das Verhältnis zu den beiden anderen geistlichen Fürsten im späteren Kurfürstenkolleg, den Erzbischöfen von Mainz und Köln, bestimmte. Mit Erzbischof Hetti (814–847) tritt der Trierer Bischof als Metropolit auf, fungierte als kaiserlicher Legat und ist fest in das sich unter Ludwig dem Frommen ausbildende Reichskirchensystem eingebunden. Unter seinem Nachfolger, Erzbischof Theutgaud (847–867/868), begann eine folgenreiche Entwicklung, denn aufgrund innerer Streitigkeiten in der Reimser Kirche unter Erzbischof Hinkmar wurden von seinen Gegnern die sogenannten pseudoisidorischen Dekretalen gefälscht, nach denen gemäß spätantiker Provinzeinteilung die Belgica Prima den Primat vor der Belgica Secunda, dessen Vorort Reims war, erhalten sollte. In Trier schloß man sich dieser Argumentation an und machte gegenüber Reims entsprechende Primatsansprüche geltend. Obwohl Hinkmar diesen Anspruch weitgehend abzuwehren wußte, erhob Papst Nikolaus I. gegen den Titel »primas Belgicae provinciae« des Trierer Erzbischofs offenbar keinen grundsätzlichen Einspruch.

Als auf einer Reichsversammlung in Worms 895 Zwentibold zum König »in Burgund im gesamten Lotharinigischen Reich« (»in Burgundia et omni Hlotharico regno«) erhoben wurde, war endlich für den Trierer Erzbischof Radbod (883–915) eine Möglichkeit gegeben, größeren politischen Einfluß zu gewinnen, da er Erzkanzler des *regnum Hlotharicum* wurde. Es gelangen ihm wohl aufgrund dieser Stellung nicht nur bedeutende Besitzerweiterungen, sondern Zwentibold gewährte darüber hinaus wichtige Privilegien, denen sich 902 das von Ludwig dem Kind erteilte Privileg anschloß, das dem Trierer Erzbischof wichtige Herrschaftsrechte und eine solide Machtbasis sicherte. Sein Nachfolger Ruotger (915–931), der ebenso wie sein Vorgänger im kirchlichen Bereich die Aufgaben eines Metropoliten bewußt wahrnahm, war ab 923 bemüht, Lothringen dem ostfränkischen-deutschen Reich unter Heinrich I. zuzuführen, was ihm Heinrich I. dankte, indem er die lothringische Erzkanzlerwürde »wiederaufleben« ließ und Ruotger in seinen Urkunden Erzkanzler für Lothringen nannte. Dieses »Sonderrecht« wurde auch seinem Nachfolger Erzbischof Ruotbert (931–956), Bruder der Königin Mathilde, zugestanden, wenn dies auch weiter keine realpolitische Bedeutung hatte, da Heinrich keine eigene lothringische Kanzlei eingerichtet hatte. Es wurde lediglich »die Erinnerung (...) an die einstige Sonderstellung und Selbständigkeit des *regnum Hlotharii*« wach gehalten.[4] So erlosch denn auch mit dem Tode Ruotberts 956 die lothringische Erzkanzlerwürde.

Trotz dieses »Sonderrechtes« und der engen verwandtschaftlichen Beziehungen zum König hatte Ruotbert in der Auseinandersetzung mit Mainz und Köln um den führenden Rang im Reichsepiskopat eine Niederlage einstecken müssen. Anlaß war die Krönung Ottos I., die feierlich am 7. August 936 im Aachener Münster vom Mainzer Erzbischof Hildebert unter Assistenz des Kölners vorgenommen wurde, während Ruotbert von Trier offenbar in den Weiheakt nicht unmittelbar einbezogen war. Im Vorfeld hatten alle drei rheinischen Erzbischöfe das Recht der Herrscherweihe für sich beansprucht, wobei Ruotbert gemäß der Schilderung des Widukind von Corvey das hohe Alter und die apostolische Tradition seiner Kirche (»quia antiquior sedes esset et tamquam a beato Petro apostolo fundata«) ins Feld führte, während Wichfried von Köln damit argumentierte, daß der

Abb. 3 Kat.Nr. 4 · 7
Bischofsstab aus dem Grab des Erzbischofs Gottfried von Vianden, † 1138. Drei Teile: Krumme/Blei sowie zwei Stabstücke/Holz, 12. Jh. Trier, Bischöfliches Dom- und Diözesanmuseum, L 401 (BM 2168)

Krönungsort in seinem Sprengel läge. Letztendlich gaben beide nach, ohne allerdings den Vorrang der Mainzer Kirche in diesem Punkte anzuerkennen; man wollte nur dem besonderen Ansehen Hildeberts von Mainz Rechnung tragen. Erstmals zeigte sich hier, daß das von Ruotbert vorgebrachte historische Argument offenbar nicht wirksam genug war, so daß man sich in Trier um eine neue Sicherung des Anspruches bemühen mußte. Eine Gelegenheit dazu bot das Reimser Schisma, als Erzbischof Ruotbert zur Beilegung des Streites zum päpstlichen Legaten bestellt wurde. Auch in der kaiserlichen Hofkapelle hatte Ruotbert seit 937 neben anderen zeitweilig das Amt des Erzkaplans inne und konnte auf diese Weise politischen Einfluß am Hofe ausüben. Diese Auseinandersetzungen zwischen den drei rheinischen Metropoliten zeigten in jenen Jahren, daß damals, wie es Egon Boshof formulierte, »im Hinblick auf die Spitzenstellung im deutschen Episkopat noch keine endgültige Klärung erfolgt war«.[5] Auch das Recht der Königsweihe, das sich Hildebert von Mainz bei der Krönung Ottos des Großen gesichert hatte, war keineswegs entschieden, denn bei der Krönung Ottos II. waren im Jahre 961 in Aachen alle drei rheinischen Erzbischöfe beteiligt, d. h. also auch der Trierer Erzbischof Heinrich, wobei unklar ist, wer damals der eigentliche Konsekrator war.

Nachdem die mächtigen Erzbischöfe Brun von Köln und Wilhelm von Mainz gestorben waren und keine ebenbürtigen Nachfolger erhalten hatten, versuchte der Trierer Erzbischof Theoderich (965–977) seine Position zu verbessern und erreichte 969 von Papst Johannes XIII. jenes Privileg, das ihm für seine Person, aber auch für seine Nachfolger den Primat in Gallien und Germanien zusicherte. Dies bedeutete den Vorrang auf Synoden vor den anderen Bischöfen, aber nach den päpstlichen Legaten und beinhaltete das Recht, bei Abwesenheit eines Legaten, aber nach dem Kaiser oder König den Vorsitz zu führen und die Synodalbeschlüsse zu verkünden. Begründet wurde der erneuerte Trierer Primat, der also nicht *ad personam*, sondern *ad sedem* gewährt wurde, mit der apostolischen und kaiserlichen Tradition Triers und der Trierischen Kirche. Papst Benedikt VI. bestätigte dieses Privileg im Jahre 973 ebenso wie Papst Benedikt VII., der 975 sogar noch eine Erweiterung vornahm, indem er dem Trierer Erzbischof als besonderes Ehrenrecht das Vortragen eines Kreuzes und den Gebrauch einer purpurnen Reitdecke (»in equitando cum nacco«) gewährte.

Die Reaktion von Mainz ließ nicht lange auf sich warten. Nachdem im Januar 975 Willigis Erzbischof in Mainz geworden war, ließ er sich durch Papst Benedikt VII. die Führungsrolle im deutschen Episkopat erneut übertragen. Obwohl man in Trier in den folgenden Jahrzehnten mit allen Mittel versuchte, die mühsam errungene Rechtsstellung propagandistisch, auch unter Mithilfe von Fälschungen, wie beispielsweise das schon genannte Silvesterprivileg, zu untermauern, gelang keine Stärkung im Reichsepiskopat. Dies zeigt der Streit um das Recht der Königskrönung, den in der Folgezeit der Mainzer und der Kölner Erzbischof ausfochten; der Trierer konnte in dieser Frage keinen Einfluß nehmen. Auch die Versuche der Trierer Erzbischöfe Eberhard (1047–1066) und Udo (1066–1078) erbrachten lediglich die Bestätigung des bisher Erreichten, auch wenn die besondere Würde der Trierer Kirche unter den Kirchen Galliens und Germaniens im päpstlichen Privileg eigens hervorgehoben wurde. Im Gegenteil, das 1120 für Erzbischof Bruno (1102–1124) ausgestellte päpstliche Privileg bestätigt zwar die besonderen Ehrenrechte des Vortragekreuzes und der Verwendung der purpurnen Reitdecke, bezieht aber im Gegensatz zu den älteren Primatsurkunden die Trierer Metropolitanstellung nur noch auf die Suffraganbistümer Metz, Toul und Verdun. Bezeichnend sind auch die Vorgänge um die Wahl und Krönung Konrads III., als die beiden Bischofsstühle Köln und Mainz vakant waren. Der einflußreiche Trierer Erzbischof Albero von Montreuil (1131–1152) hatte die Wahl 1137 wesentlich mitbestimmt und schickte sich an, die Gunst der Stunde zu nutzen, um den neuen König in Aachen zu krönen. Dies scheiterte jedoch am Einspruch des neu gewählten, aber noch nicht geweihten Kölner Erzbischofs, so daß die Krönung vom päpstlichen Legaten vorgenommen werden mußte.

Auch Balduin von Luxemburg, von 1308–1354 Erzbischof in Trier und einer der einflußreichsten Fürsten dieser Zeit, scheiterte mit seinen Versuchen, dem Trierer Erzbischof eine bedeutendere Rolle zuweisen zu lassen. Ihm gelang es zwar, seinen Bruder als Heinrich VII. und den Großneffen als Karl IV. zum König wählen zu lassen, er war 1338 Hauptakteur im Kurverein zu Rhense, konnte aber letztlich seine Machtposition nicht ausnutzen. Dies zeigt die Doppelwahl von 1314, als am selben Tag Friedrich der Schöne in Bonn vom Kölner Erzbischof und Ludwig der Bayer vom Mainzer Erzbischof in Aachen gekrönt wurde. Balduin widersprach dem Mainzer Erzbischof Peter von Aspelt und forderte auch für sich das Krönungsrecht im Falle der Abwesenheit des Kölners. Man trug König Ludwig die Sache zur Entscheidung vor, der sich jedoch zunächst vom Mainzer Erzbischof krönen ließ, diesem aber die Pflicht auferlegte, den Beweis für seinen Anspruch vorzulegen. Sollte dies nicht geschehen, so sei die Krönung so anzusehen, als ob Balduin sie vollzogen hätte. Obwohl Peter von Aspelt den geforderten Beweis nicht vorlegte und ein Gutachten vom 9. Mai 1315 feststellte, daß nunmehr dieses Recht Balduin zustehe, hatte dies keine weitere Bedeutung.[6] Es blieb auch eine Episode, als Balduin 1349 König Karl IV. ein zweites Mal in Aachen krönte, nachdem schon 1346, im Jahr der Königswahl, bereits von dem Kölner Erzbischof Walram in Bonn die Krönung vollzogen worden war.

Damit war deutlich geworden, daß Trier hinter Köln und Mainz rangierte. Die auf die apostolische Gründungslegende und die kaiserliche Tradition gestützten Primatsansprüche des Trierer Erzbischofs hatten sich, um ein Urteil Egon Boshofs zu zitieren, »nicht als tragfähig genug erwiesen, den machtpolitischen und gewohnheitsrechtlich gesicherten Vorsprung der Mainzer Kirche auszugleichen und die bessere kirchenrechtliche Begründung der Kölner Ansprüche zu entkräften«.[7] Das Krönungsrecht stand damals dem Kölner zu, den entscheidenden Einfluß bei der Wahl hatte der Mainzer; zudem waren beide als Erzkanzler im Besitz der höchsten Hofämter. Der Trierer Erzbischof erhielt wohl erst im 13. Jahrhundert das Erzkanzleramt für Gallien; 1308 ist der Trierer Erzbischof Balduin als Erzkanzler für das Arelat bezeugt. Es war dies wohl eine Notwendigkeit, da alle Mitglieder des Wahlkollegs Erzämter innehatten; insofern mußte auch für den Trierer Erzbischof ein entsprechendes Amt, vielleicht in Erinnerung an die ehemalige lothringische Erzkanzlerwürde, geschaffen werden, auch wenn dies nur eine Formalität war. Darauf nimmt der Jurist Wiederholdt in seiner Studie Bezug, wenn er schreibt, daß der Erzbischof und Kurfürst von Trier »Archicancellarius per Galliam et Regnum Arelatense«, Erzkanzler für Gallien (= Lothringen) und das Königreich Arelat (= Burgund) sei, ein Titel, der, so erkennt auch der Verfasser des 18. Jahrhunderts, keine Bedeutung mehr habe.

Abb. 4
Chorschrankenwand, Ausschnitt, Erzbischof Balduin von Luxemburg (amt. 1307 – 1354). Eine weitere Chorschranke zeigt Balduins Bruder, Kaiser Heinrich den VII., auf dessen Wahl der Erzbischof entscheidenden Einfluß nahm. So krönte er auch seinen Neffen Karl IV. 1349 in Aachen. Eichenholz, geringe Farbreste, Trier, ehem. Kartause St. Alban, um 1340. Trier, Bischöfliches Dom- und Diözesanmuseum, H1

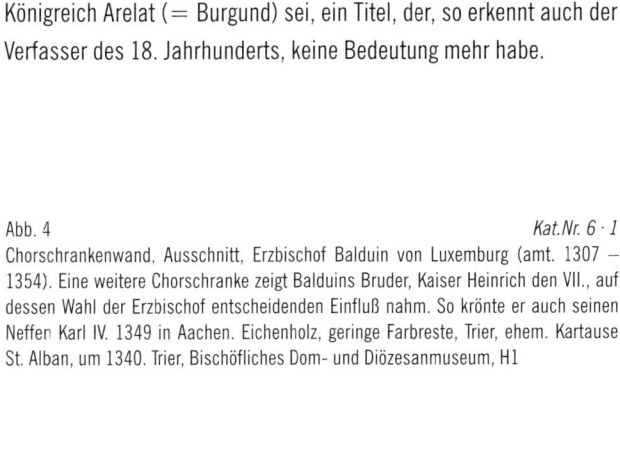

Kat.Nr. 6 · 1

Die Sonderrechte des Trierer Kurfürsten

Bei der Wahl und Krönung der Königs kamen dem Trierer Erzbischof schließlich nur untergeordnete Rechte zu. So verweist Wiederholdt auf die Festlegungen in der Goldenen Bulle von 1346, nach denen der Kurfürst von Trier beim Wahlvorgang die erste Stimme abzugeben habe, die der Mainzer Kurfürst abzufragen hatte; ursprünglich war das Erststimmrecht beim Mainzer Erzbischof gewesen. Der Mainzer Kurfürst seinerseits hatte den Wahleid in die Hand des Trierer Kurfürsten abzulegen. Wie bereits dargelegt, beschränkte sich die Funktion der Trierer Erzbischofs beim Krönungsakt auf eine Assistenz. Gemäß einer Notiz in den Marbacher Annalen hatte er zudem das Recht der Inthronisation des neuen Königs.[8]

Wiederholdt führt weiter aus, daß als Trierer Sonderrecht der Kurfürst allen weltlichen Kurfürsten, aber auch dem Kölner und Mainzer Kurfürsten vorausgehe, denn die Trierer Kirche sei nicht nur die ältere, sondern auch von Petrus selbst gegründet. Dies ist auch durch die zahlreichen Krönungsdiarien zu belegen, die den Trierer Kurfürsten an der Spitze des königlichen oder kaiserlichen Festzuges zeigen. Auch in der Sitzordnung war dem Trierer Kurfürsten ein besonderer Platz eingeräumt. So war der Sitz des Trierer Kurfürsten, wenn die Kurfürsten bei der Kaiser- oder Königswahl in einer Reihe angeordnet waren, hinter dem Mainzer, aber vor dem Kölner aufgestellt. Bemerkenswert war die Sitzordnung beim Krönungsmahl oder bei den Reichstagen. Während zur Rechten und zur Linken des Königs die Kurfürsten von Mainz und Köln saßen, an die sich die Sitze der weltlichen Kurfürsten anschlossen, war der Sitz des Trierer Kurfürsten stets dem Kaiser gegenüber angeordnet, ebenso unter einem Baldachin sitzend wie der Kaiser und die anderen Kurfürsten. Wichtiger als die Sitzordnung war wohl, daß der Trierer Kurfürst im 18. Jahrhundert gewisse, dem Mainzer Kurfürsten zustehende Funktionen dann zu übernehmen hatte, wenn der Mainzer verhindert war.

Zusammenfassend läßt sich sagen, daß es dem Trierer Erzbischof zwar gelang, in die Spitze des Reichsepiskopates aufzusteigen und Mitglied des Kurkollegs zu werden, daß aber alle Bemühungen um eine Vorrangstellung der Trierischen Kirche vor den Konkurrenten Mainz und Köln mißlangen. Gleichwohl war die Einbindung Triers in die Königswahl und -krönung immer wieder ein besonderes Ereignis, bei dem auf die Bedeutung der alten Kaiserstadt und der Trierischen Kirche hingewiesen werden konnte.

1 Goethe, Johann Wolfgang: Aus meinem Leben. Dichtung und Wahrheit. Erster Teil, 5. Buch.
2 Wiederholdt, Johann Ludwig: Commentatio iuris publici de praerogativis S:R:I: Electoris Trevirensis, Lipsiae 1733, S. 38.
3 Thomas (1968), S. 162–179.
4 Boshof (1983), S. 7; Ders. (1997), S. 7.
5 Boshof (1978), S. 26.
6 MGH Constitutiones, Bd. 5, hg. von Jakob Schwalm, 1909–11, ND Hannover 1981, Nr. 272: Gutachten vom 9. 5. 1315 über das Recht zur Königskrönung bei Abwesenheit des Kölner Erzbischofs (Landeshauptarchiv Koblenz Best. 1 A Nr. 4502); vgl. dazu: Katalog Balduin von Luxemburg. Erzbischof von Trier, Kurfürst des Reiches 1285–1354, Koblenz 1985, S. 43 Nr. B.11.
7 Boshof (1978), S. 48.
8 Annales Marbacenses ad a. 1198, hg. von Hermann Bloch, MGH Scriptores rerum Germanicarum in usum scholarum [9], 1907, ND Hannover 1979, S. 71f.; vgl. dazu: Boshof (1997), S. 80–81.

Anton, Hans Hubert: Trier im frühen Mittelalter, Paderborn 1987.
Ders.: Die Trierer Kirche und das nördliche Gallien in spätrömischer und fränkischer Zeit, in: La Neustrie. Les pays au nord de la Loire de 650 à 850. Colloque historique international, hg. von Hartmut Atsma, Sigmaringen 1989, S. 53–73.
Boshof, Egon: Das Erzstift Trier und seine Stellung zu Königtum und Papsttum im ausgehenden 10. Jahrhundert, Köln 1972.
Ders.: Köln, Mainz, Trier – Die Auseinandersetzung um die Spitzenstellung im deutschen Episkopat, in: Jahrbuch des Kölnischen Geschichtsvereins 49 (1978), S. 19–48.
Ders.: Ottonen- und frühe Salierzeit (919–1056), in: Rheinische Geschichte, Bd. 1,3: Hohes Mittelalter, hg. von Franz Petri/Georg Droege, Düsseldorf 1983, S. 1–119.
Ders.: Königtum und Königsherrschaft im 10. und 11. Jahrhundert. München 21997.
Bresslau, Harry/Harthausen, Hartmut: Die ältesten Zeugnisse für das Erzkanzleramt der Erzbischöfe von Trier, in: Archiv für mittelalterliche Kirchengeschichte 19 (1967), S. 27–40.
Clemens, Lukas: Zum Umgang mit der Antike im hochmittelalterlichen Trier, in: 2000 Jahre Trier, Bd. 2: Trier im Mittelalter, hg. von Hans Hubert Anton/Anselm Haverkamp, Trier 1996, S. 167–202.
Erkens, Franz-Reiner: Die Trierer Kirchenprovinz im Investiturstreit, Köln 1987.
Ewig, Eugen: Kaiserliche und apostolische Tradition im mittelalterlichen Trier, in: Trierer Zeitschrift 24–26 (1956–58), S. 147–186.
Heydenreich, Johanne: Die Metropolitangewalt der Erzbischöfe von Trier bis auf Baldewin, Marburg 1938.
Kentenich, Gottfried: Kurfürstliche Anfänge am Rhein, Rheinische Neujahrsblätter 9, Berlin 1930.
Stutz, Ulrich: Der Erzbischof von Mainz und die deutsche Königswahl, Weimar 1910.
Thomas, Heinz: Studien zur Trierer Geschichtsschreibung des 11. Jahrhunderts insbesondere zu den Gesta Treverorum, Bonn 1968.

Zum heute im Limburger Domschatz aufbewahrten Petrusstab und seiner Hülle:
Weiner, Andreas: Katalog der Kunstwerke um Erzbischof Egbert, in: Egbert, Erzbischof von Trier 977–993. Gedenkschrift der Diözese Trier zum 1000. Todestag, hg. von F. J. Ronig u. a., Trier 1993, S. 38–39 Nr. 43: Petrusstab-Reliquiar.

Zum »Kölner« Petrusstab:
Katalog Bernward von Hildesheim und das Zeitalter der Ottonen, Bd. 2, hg. von Michael Brandt/Arne Eggebrecht, Hildesheim – Mainz 1993, S. 220–221, Nr. IV-52 »Stab des hl. Petrus« (A.E.).

Zum Balduineum:
Heyen, Franz-Josef: Kaiser Heinrichs Romfahrt. Die Bilderchronik von Kaiser Heinrich VII. und Kurfürst Balduin von Luxemburg 1308–1313, Boppard 1965, ND München 1978.
Il viaggio di Enrico VII in Italia, hg. von M. Tosti-Croce, Città di Castello 1993.

Zum kurfürstlichen Zeremoniell:
Weber, Winfried: Der reitende Kurfürst. Studien zum kurfürstlichen Zeremoniell anhand einiger Objekte aus den Beständen des Bischöflichen Dom- und Diözesanmuseums Trier, in: Kataloge und Schriften des Bischöflichen Dom- und Diözesanmuseums Trier, Bd. 3: Neue Forschungen und Berichte, Trier 1994, S. 83–109.

Kurzfassung

Die Spitzenstellung im Reichsepiskopat war während des 10.–12. Jahrhunderts unter den rheinischen Erzbischöfen heftig umstritten. Hierbei gelang es dem Trierer Erzbischof trotz seiner auf die apostolische Gründungslegende gestützten und auf die kaiserliche Tradition begründeten Primatsansprüche nicht, sich gegenüber Köln und Mainz durchzusetzen. Ein äußeres Zeichen war die Mitwirkung bei der Königskrönung, bei der im Gegensatz zu dem Kölner und Mainzer Metropoliten dem Trierer Erzbischof keine bedeutende Rolle zufiel. So war ihm lediglich das Recht zuerkannt, den Neugekrönten zum Königsthron zu führen; bei der Krönung blieb ihm nur die Assistenz. Selbst Erzbischof Balduin, der einflußreichste Reichsfürst der ersten Hälfte des 14. Jahrhunderts, erreichte keine dauerhafte Verbesserung dieser Situation, auch wenn dem Trierer Erzbischof das Erzkanzleramt für Gallien zugestanden worden war, eine eher formale Würde, die kaum machtpolitische Bedeutung besaß. Schließlich wurde der Trierer Erzbischof durch die Goldene Bulle von 1356 Mitglied des Kurfürstenkollegs und erhielt gewisse Ehrenrechte, die die ehrwürdige Tradition des Trierer Bischofssitzes nach außen hin deutlich machten. Dazu zählt beispielsweise die besondere Anordnung seines Sitzplatzes im Angesicht des Kaisers.

Résumé

Du Xème au XIIème siècle, la prééminence de l'épiscopat de Trèves fut vivement combattue par les archevêques rhénans. Se basant sur la fondation apostolique – d'ailleurs légendaire – de son siège épiscopal et la tradition impériale qui venait étayer ses prétentions, l'archevêque de Trèves voulut à tout prix s'imposer en tant que primat, s'efforçant, d'ailleurs vainement, d'éclipser les archevêques de Cologne et de Mayence – qui arguèrent quant à eux des attributions qui leur étaient imparties lors du couronnement : ils y jouaient en effet un rôle essentiel tandis que l'archevêque de Trèves était relégué à l'arrière-plan. Sa seule et unique intervention consistait à accompagner à son trône le souverain nouvellement sacré ; lors du couronnement proprement dit, il devait se contenter d'un simple rôle d'acolyte. Le prince-archevêque Baudoin lui-même, qui fut pourtant le prince d'empire le plus influent de la première moitié du XIVème siècle, ne parvint pas à redresser la situation de façon durable. Et même lorsque l'archevêque de Trèves fut nommé archichancelier des Gaules, il s'agissait d'une distinction purement honorifique sans grande portée politique. Finalement, aux termes de la Bulle d'or promulguée en 1356, l'archevêque de Trèves devint membre du collège des princes-électeurs ; il reçut ainsi certains droits honorifiques destinés à symboliser, vis-à-vis du monde extérieur, la vénérable tradition épiscopale de l'antique cité de Trèves. Dans ce contexte, l'archevêque de Trèves se vit entre autres attribuer une place d'honneur en face de l'empereur.

Samenvatting

De toppositie van Trier binnen het rijksepiscopaat was tijdens de 10e – 12e eeuw tussen de Rijnse aartsbisschoppen zeer omstreden. Hierbij lukte het de Trierse aartsbisschop ondanks zijn op de apostolische stichtingslegende gefundeerde en de keizerlijke traditie gebaseerde oppergezag niet, dat gezag tegenover Keulen en Mainz te verwerven. Een zichtbaar teken hiervoor was zijn taak bij de kroningsplechtigheden. In tegenstelling tot de Keulse en de Mainzer metropolieten kreeg de aartsbisschop van Trier een onbelangrijke rol toegewezen. Hij had slechts het recht, de nieuwgekroonde naar de koningstroon te geleiden; tijdens de kroning zelf had hij alleen een assisterende functie. Zelfs aartsbisschop Balduïnus, de meest invloedrijke rijksvorst van de eerste helft van de 14e eeuw, slaagde niet in een duurzame verbetering van deze situatie, ook al kreeg de Trierse aartsbisschop het aartskanseliersambt voor Gallië toegekend, een eerder formele eer, die nauwelijks enige machtspolitieke betekenis had. Uiteindelijk werd de Trierse aartsbisschop door de Gouden Bul van 1356 lid van het keurvorstencollege en verkreeg hij bepaalde ererechten, die de eerwaardige traditie van de Trierse bisschopszetel naar buiten toe duidelijk moesten maken. Daartoe behoort bijvoorbeeld de speciale plaatsing van zijn zetel tegenover die van de keizer.

Shrnutí

O výsadní postavení v říšském episkopátu se b hem 10.–12. století mezi rýnskými arcibiskupy silně soupeřilo. Přitom se trevírskému arcibiskupovi nepodařilo prosadit se proti Kolínu a Mohuči, ani přes jeho nárok na primát založený na císařské tradici a apoštolské zakladatelské legendě. Vnějším znakem bylo spolupůsobení na královské korunovaci, při níž trevírský arcibiskup, na rozdíl od kolínského a mohučského metropolity, nehrál významnou roli. Bylo mu pouze přiznáno právo vést nově korunovaného krále k trůnu; při korunovaci pouze asistoval. Ani arcibiskup Balduin, nejvlivnější říšský kníže první poloviny 14. století, nedosáhl trvalého zlepšení této situace, i když byl trevírskému arcibiskupovi přiznán úřad arcikanléře pro Galii, což byla spíše formální hodnost bez velkého mocenskopolitického významu. Konečně roku 1356, díky Zlaté Bule, se trevírský arcibiskup stal členem sboru kurfiřtů a dosáhl určitých čestných pravomocí, které navenek zdůraznily úctyhodnou tradici trevírského biskupského sídla. K nim náleží například umístění arcibiskupova sedadla naproti císařově.

Summary

The top position within the imperial episcopate during the 10th and 12th centuries was a controversial issue for the Rhine archbishops. In this case the archbishop of Trier was not able to assert himself against Cologne and Mainz despite his claims to primacy which were based on apostolic fundaments and on imperial traditions. An outer sign was the co-operation during the royal coronation where the archbishop of Trier had no special part, unlike the metropolitans of Cologne and Mainz. He was only given the right to lead the newly crowned king to the royal throne; during the coronation he remained only an assistant. Even archbishop Baldwin, the most influential imperial prince during the first half of the 14th century, was not able to cause any lasting improvement of this situation, although the archbishop of Trier was granted the arch chancellery of Gaulle, which was more of a formal honour that had no political power. In the end The archbishop of Trier became a member of the elected princes' college through the Golden Bull of 1356 and obtained certain honorary rights which made the honourable tradition of the seat of the bishop in Trier more representative to the outside world. The special seating order with the archbishop facing the emperor is an example of these rights.

Krone und Krönung

Krone und Krönung

Joachim Ott (Frankfurt am Main)

Die Frühgeschichte von Krone und Krönung

Einleitung

Daß Könige andere Menschen überragen, gilt seit jeher als Grundsatz monarchischer Herrschaft. Erfahrungsgemäß reicht es nicht aus, diesen Vorrang durch Theorien wie etwa die des Gottesgnadentums zu definieren und es dabei zu belassen. Vielmehr empfiehlt es sich, die Auserwähltheit eines Herrschers augenfällig durch besondere Gegenstände zu demonstrieren. Diese Herrschaftszeichen oder Insignien treten erstmals bei der Einsetzung des Regenten in Erscheinung und begleiten ihn über die gesamte Dauer seiner Herrschaft. Da der vornehmste Körperteil des Menschen sein Kopf ist und somit jeglicher Kopfschmuck besonders beachtet wird, hat unter den Insignien die Krone eine herausragende Position erlangt. Spätestens seit dem Mittelalter setzt man das eigentlich in viele Teilhandlungen gegliederte Ereignis der Herrschererhebung mit dem Wort ›Krönung‹ gleich, womit ein Begriff Erweiterung erfuhr, der eigentlich nicht mehr als ›Aufsetzen einer Krone‹ meint.

Bevor jemand gekrönt werden kann, muß die Frage seiner Legitimität geklärt oder zumindest diskutiert werden. Die Geschichte zeigt, daß hier vielfältige Mechanismen wirkten. Man konnte von Geburt an zum Herrscher auserkoren sein oder erst durch Wahl dazu bestimmt werden; in konfliktanfälligen Zeiten, wenn mangels konkreter Nachfolgeregelungen mehrere Bewerber um die Krone stritten, galten andere Bedingungen als in Phasen dynastischer Kontinuität. Dem einmal erwählten Kandidaten übertrug man seine Herrschaft in der Regel an besonderen Orten im Rahmen eines festgelegten Zeremoniells. Es konnten dabei sinnfällige Akte der Auszeichnung stattfinden, etwa das Bekleiden mit kostbaren Gewändern, die Verleihung von Gegenständen wie Szepter und Krone; die Thronsetzung hob den Herrscher besonders hervor und war demnach ein idealer Ausgangspunkt für Huldigungen. Eine wirkungsvolle Präsentation des neuen Herrschers in der Öffentlichkeit ließ sich durch Festzüge oder ein Festmahl erreichen. Der wichtigste zeremonielle Erhebungsakt ist die Einsetzung eines Herrschers, einer Herrscherin oder eines Herrscherpaares bei Antritt der Herrschaft, die sogenannte Erstkrönung. Aus dynastischen Gründen konnte ein regierender Herrscher einen weiteren Herrscher, etwa seinen Sohn, einsetzen, was als Mitkrönung bezeichnet wird. Daneben gab es weitere, bereits gekrönten Herrschern geltende, nicht konstitutive Formen der Kronehrung, die sogenannten Wiederholungs- oder Festkrönungen, welche insbesondere an hohen kirchlichen Feiertagen stattfanden. Kronen konnten ferner an ausgewählte Personen oder, aus frommen Erwägungen, an Kirchen verschenkt werden.[1]

In allen historischen Kulturen gab es bestimmte feststehende Vereinbarungen über die Art und Weise, wie ein Herrscher über seine Untertanen zu erheben sei. Doch lassen sich immer wieder auch Versuche verzeichnen, das Herkommen in bestimmte Richtungen zu lenken, sich von einzelnen Prinzipien loszusagen und andere zu verfestigen. Nachfolgend sollen einige wichtige frühe Stationen dieser Entwicklung benannt werden, jeweils mit besonderem Blick auf die Rolle der Krone und deren Auslegung als Zeichen.

Abb. 1   Kat.Nr. 2 · 21
Die Hand Gottes krönt einen von zwei Geistlichen begleiteten Fürsten, Sakramentarfragment Karls des Kahlen, Metz (?) 869/70. Paris, Bibliothèque Nationale de France, Ms. Lat. 1141, fol. 2ᵛ

Vorgeschichte, Klassische Antike, Christliche Spätantike

Eine wichtige Station der Herrschererhebungsgeschichte ist die Übereinkunft, daß den Regenten vom Beginn bis zum Ende seiner

Herrschaft eine Krone schmücken solle, damit seine Regierungsgewalt in jedem Moment sichtbar bleibe. Bereits im Alten Orient und in Ägypten krönte man die Herrscher, die Krone blieb ihnen ständige Zier. Frühe Formen des Umgangs mit Kronen überliefert das Alte Testament. Dort wird zwar die Salbung als entscheidender Akt der Herrschererhebung dargestellt, doch finden sich auch Hinweise darauf, daß Königen dabei eine Krone aufgesetzt wurde. Von einigen heißt es, sie hätten sich selbst gekrönt, an anderen Stellen ist die Rede von Kronen oder Kränzen, die einem König huldvoll zugesandt oder diesem infolge von Konflikten geraubt werden. Sinnbild göttlicher Strafe ist die vom Kopf des Königs und der Königin gefallene Krone.

Schon immer haben Kulturen, deren Herrscher in Relation zur Göttlichkeit gesehen wurden, dazu geneigt, die Herrschaftszeichen aus göttlichem Ursprung herzuleiten. Aus altmesopotamischen Mythen erfährt man, die Insignien seien vor der Entstehung von Welt und Zeit beim höchsten Gott aufbewahrt gewesen und dann vom Himmel herab den dafür Auserwählten übereignet worden. Ähnlich dachte man in Ägypten, Kleinasien oder im fernen Osten. Auf vielen Bildwerken der griechischen und römischen Antike sind Zeus respektive Jupiter und andere Götter als diejenige Instanz gekennzeichnet, welche die Insignien verleiht. Ein eigener Kult entwickelte sich um die Personifikation des Sieges, Nike beziehungsweise Victoria, die den Herrscher als Sieger bekränzte und so dessen Werk göttlich bestätigte. Im römischen Kaiserreich wurde Victoria, als abstrakter Begriff ebenso wie in künstlerischer Formung als Statuette, zu einem Attribut des Kaisers, der damit sein siegreiches Wirken vor Augen führte.

Zum wichtigsten Kopfschmuck des antiken Herrschers, dargestellt auf zahllosen Münzen und etlichen Kunstwerken, wurde das Diadem, eine genuin textile Kopfbinde. Ihr Ursprung liegt in Griechenland, wo sie in vielen gesellschaftlichen Bereichen Verwendung fand, insbesondere im Agon, dem beliebten sportlichen Wettkampf. Das Bedürfnis, dem Diadem eine spezifizierte Bedeutung als Königszeichen zuzuweisen, läßt erstmals Alexander der Große (336–323 v. Chr.) erkennen. Er hatte die Idee, die allenthalben hohe Wertschätzung der Siegerbinde auszunutzen: Wenn im Stadion das Diadem ein Zeichen des erfolgreichsten Wettkämpfers war, so mußte es plausibel erscheinen, daß es auch in der Gesellschaft insgesamt dem Besten, mithin dem Herrscher zukommen mußte. Anders als die in der Stunde des Sieges verliehene Athletenbinde sollte und konnte das Königsdiadem jedoch ständig getragen werden. Dieser Ansatz Alexanders fand seinen Nachhall in der politischen Kultur Roms, in welcher sowohl der Kranz, besonders als militärisches Ehrenzeichen, als auch das Diadem des Wettkämpfers ihren festen Platz hatten. Bereits Gaius Iulius Caesar (100–44 v. Chr.) verfolgte offensichtlich die Absicht, das Diadem als permanentes Herrschaftszeichen wiedereinzuführen. Jedoch gelang es erst Kaiser Konstantin dem Großen (306–337), den entscheidenden Schritt zu vollziehen. Wohl seit 325/26 trug er anstelle des bis dahin üblichen kaiserlichen Lorbeerkranzes ein Diadem als festes Herrscherzeichen. Das Signal dieses vorbildhaften, als erster christlicher Kaiser angesehenen Herrschers wirkte nach, und so wurde das Diadem zum bedeutendsten Erkennungsmerkmal des Herrschers, wobei sich die textile Binde alsbald zum sogenannten Juwelenkranzdiadem und schließlich zu der bis heute geläufigen Form, der edelstein- und perlengeschmückten goldenen oder silbernen Krone wandelte. Wie aber konnte dieses so ausgemacht ›heidnische‹ Herrschaftszeichen überhaupt seinen Weg in das Christentum finden?

Tatsächlich meldeten christliche Schriftsteller, an ihrer Spitze Berühmtheiten wie Tertullian († nach 220) und Klemens von Alexandrien († vor 215), bereits früh sehr deutliche Zweifel am Sinn und an der moralischen Vertretbarkeit des Tragens von Kränzen jeglicher Art an. Ihr Fazit lautete: Jeder gerechte Christ wird ohnehin einmal eine Krone, nämlich die im Neuen Testament mehrfach verheißene Krone des ewigen Lebens von Gott beziehungsweise Christus erlangen, weshalb eine Bekränzung im Diesseits sinnlos ist. Als nun Konstantin der Große sein neues Diadem präsentierte, verstärkte dies zunächst die Ablehnung. Neben anderen hielt selbst Eusebius († um 339/40), Bischof von Caesarea und als Biograph Konstantins sonst voller Verehrung für seinen Kaiser, irdische Diademe für nutzlosen Pomp im Vergleich zu der einzig wahren Himmelskrone aus Gottes Hand. Daß solche Kritik nur eine Episode geblieben und das Diadem sich letztlich selbstverständlich durchsetzen und zur Herrscherkrone wandeln konnte, ist eines von vielen Phänomenen jener Zeit, in der aus dem heidnisch-antiken Gottkaisertum das Kaisertum christlicher Prägung erwuchs. Zweifellos war Konstantins Herrschaft der antiken Tradition verpflichtet, so auch die Einführung des Diadems. Doch war aus dem einst selbst als göttlich identifizierten Kaiser ein Herrscher geworden, der nun zugestand, daß seine irdische Machtbefugnis allein der Gunst des über ihm stehenden himmlischen Herrschers Christus, des Königs der Könige, zu verdanken sei und jegliches Handeln dieser Erwählung gerecht werden müsse. Das Gottesgnadentum verpflichtete den Kaiser zu einer besonders intensiven Beachtung des Gebots der Christusnachfolge (*Imitatio Christi*). Die Folge war, daß man begann, im Schrifttum Vergleiche zwischen dem diesseitigen und dem jenseitigen Herrscher zu ziehen und in der Kunst Elemente der Christusikonographie mit solchen der Kaiserikonographie zu vermischen. Beispielsweise wirkt der auf einem um 340 entstandenen Sarkophag im Lateranmuseum in Rom dargestellte Christus wie ein triumphierender Imperator, denn hinter ihm steht ein Soldat, der die Dornenkrone gleich wie einen Lorbeerkranz über Christi Haupt hält. Vielfach wurde Christus auch dargestellt, wie er von Gottes Hand einen Kranz empfängt, so etwa in dem sehr viel späteren, um 860 angefertigten Gebetbuch Karls des Kahlen in der Schatzkammer der Münchner Residenz: Auf fol. 39ʳ ist Christus am Kreuz unter der einen Kranz haltenden rechten Hand Gottes zu sehen (Abb. 1). Dies signalisiert, daß Christus als erstem jene Krone des Lebens zukommt, die er selbst am Ende der Tage im Himmel verleihen wird. Das Motiv stammt allerdings aus der Kaiserikonographie. Auf der Rückseite eines um 330 geprägten Goldmedaillons im Wiener Kunst-

Abb. 2
Medaillon Konstantius' II., Rückseite mit Krönungsdarstellung, 326/27 oder 330. Wien, KHM, Münzkabinett
Kat.Nr. 1 · 13

tallkrone zur Folge, daß sich die einfache, ideell bewertete Kopfbinde zu einem Objekt von hohem materiellen Wert wandelte. Die christlichen Exegeten haben hierauf positiv reagiert und die geschlossene Form des Kronringes mit seiner goldglänzenden und juwelengeschmückten Erscheinung geistig interpretiert. Die Form des Kreises galt, da sie weder Anfang noch Ende besitzt, als Zeichen für die Ewigkeit, aber auch als Parallele zum Erdkreis mitsamt den darauf versammelten Völkern. Reichhaltige Ergebnisse erbrachte die Auslegung der kostbaren Materialien und Bestandteile der Krone: des Goldes, der Perlen und der Edelsteine. Eine Orientierung gab die Bibel mit ihrer Schilderung des goldglänzenden Himmlischen Jerusalem, dessen Mauern und Tore Edelsteine und Perlen schmücken (Apokalypse 21,18–21; Jesaja 54,11–12). Bedeutende Kirchenschriftsteller rühmten das Gold als wertvollstes aller Metalle. Da es nicht rostet, sei es Sinnbild für die Unsterblichkeit und Seligkeit, außerdem Zeichen der Weisheit. Ähnliches ließ sich über die Edelsteine der Krone aussagen, die man mit den Tugenden, Seligen und Heiligen gleichsetzte. Als Ausdruck der Hoffnung auf dieses ewige Dasein galten die an der Krone befestigten Perlen.

historischen Museum ist Konstantin der Große zwischen seinen Söhnen abgebildet. Über seinem Kopf erscheint die göttliche Hand, die einen Kranz hält – vielleicht ein erstes Anzeichen für eine christliche Interpretation der althergebrachten Vorstellung vom göttlich gekrönten Herrscher (Abb. 2).

Für das christliche Herrscherbild traditionsbildend waren die Erzählungen über die alttestamentlichen Könige, namentlich David und Salomo galten als Typen des gottestreuen Königs. Große Bedeutung erlangte Psalm 20 (21), 4: »Du setzest eine goldene Krone auf sein Haupt«. Die Interpretation dieses Verses – Gott selbst verleiht David eine Krone – ließ sich auf die christliche Herrschaftstheologie übertragen. Damit war die Krone als Herrschaftszeichen faktisch legitimiert: Sie galt als von Gott beziehungsweise Christus gegeben, und zwar, worauf noch einzugehen sein wird, im Sinne eines irdischen Unterpfands der zukünftig im Himmel verliehenen Lebenskrone. Paradoxerweise half also genau die von frühen Kirchenschriftstellern als Argument gegen das Diadem vorgebrachte Gegenüberstellung von irdischer und himmlischer Krone, ins Positive gewendet, das neue Herrschaftszeichen zu legitimieren. Ein weiterer Punkt ist, daß man sich darauf verlegte, das Diadem als religiöses Zeichen geistig zu überhöhen, um damit christlichen Maßstäben gerecht zu werden. Gemäß einem Bericht des Kirchenvaters Ambrosius († 397) schenkte Kaiserin Helena ihrem Sohn Konstantin dem Großen ein mit einem Kreuzesnagel Christi verziertes Diadem[2], das somit Träger einer hohen Reliquie und dadurch selbst ein verehrungswürdiges Objekt war. In diese Richtung zielte auch die Tradition, die Herrscherkrone mit einem an der Stirnseite aufgesetzten Kreuz zu schmücken. Zudem hatte die nicht lange nach dem Tod Konstantins des Großen einsetzende Umgestaltung des textilen Diadems zu einer festen Me-

Byzanz

Die Herrschaftszeichen und die Richtlinien für die Erhebung des oströmischen respektive frühbyzantinischen Kaisers sind der römischen Tradition, hier überwiegend dem militärischen Bereich verpflichtet, mit Ausnahme des ursprünglich hellenistischen Diadems. Diese Rückbesinnung blieb ein fester Wesenszug des byzantinischen Reiches, doch fanden, was das Erhebungszeremoniell betrifft, über die Jahrhunderte allmählich bedeutsame Veränderungen statt. Anfangs waren Wahl und Einsetzung des Kaisers gänzlich Sache der Machthaber des Heeres. Im Kreis der Soldaten erhob man den neuen Herrscher, was ganz wörtlich zu verstehen ist. Als Julian im Jahr 360 als Kaiser ausgewählt worden war, stellte man ihn auf einen großen Schild, den mehrere Soldaten in die Höhe stemmten. Außerdem legte man Julian den sogenannten Torques, einen gedrehten Metallreifen, um den Hals. Das hier erstmals überlieferte, möglicherweise jedoch schon länger zuvor gebräuchliche Prinzip der militärischen Schilderhebung und Torqueskrönung konnte sich bis zur Wende vom 6. zum 7. Jahrhundert halten. Zu dieser Zeit begann sich ein fester Ort herauszubilden, an dem die Einsetzung des Kaisers stattfand. Waren es früher wichtige öffentliche städtische Plätze in Konstantinopel gewesen, so verlagerte sich das Geschehen zunehmend in den Bereich der Kirche. Seit der Mitte des 5. Jahrhunderts waren die Kaiser bestrebt, nach ihrer Erhebung durch Heer und Senat in einer Kirche Opfer darzubringen; als Krönender (Coronator) trat zunehmend der Patriarch von Konstantinopel in Erscheinung. Zu der Überzeugung, daß die Krönung im sakralen Raum einer Kirche vom Patriarchen vollzogen werden müsse, gelangte man im beginnenden 7. Jahrhundert. 602 empfing Kaiser Phokas in der Kirche Johannis des Täufers die Krone; als

Konstans II. im Jahr 641 Kaiser wurde, begann in Konstantinopel die lange Reihe der Kaiserkrönungen in der Hagia Sophia. Diese Tendenz zur Verkirchlichung des byzantinischen Erhebungszeremoniells darf allerdings nicht darüber hinwegtäuschen, daß nach wie vor die von den weltlichen Würdenträgern Konstantinopels initiierte Kaiserwahl das konstituierende Moment war. Die Krönung in der Kirche blieb gewissermaßen eine aus religiösen Erwägungen erwünschte Bestärkung. Hierin konnte der Glaube, daß der Kaiser direkt durch Gott eingesetzt sei, sichtbaren Ausdruck gewinnen: Gott hatte seine Wahl getroffen, und der Patriarch als Repräsentant der Kirche mußte diesen Willen durch den Vollzug liturgischer Handlungen anzeigen und bekräftigen. Dem Patriarchen war dabei jedoch keinesfalls die Rolle des unentbehrlichen Coronators zugestanden. Sowie nämlich die Krönung eines Mitkaisers anstand, war es der jeweils amtierende Kaiser, der in der Kirche das Aufsetzen der Krone übernahm. Dies entsprach dem Dogma des byzantinischen Sakralkaisertums. Um die seit jeher bestehende göttlichen Lenkung des christlichen Kaisertums zu veranschaulichen, erzählte um 950 der byzantinische Kaiser Konstantin VII. Porphyrogennetos († 959) die Legende, Gott habe Konstantin dem Großen zum Zeichen, daß er ihn als Kaiser erwählen wolle, einen Engel gesandt. Dieser habe Konstantin nicht von Menschenhand gefertigte Kronen, sogenannte Kamelaukien, überreicht.[3] Seit dem 5. Jahrhundert wurden die byzantinischen Kaiser mit der Titulatur »von Gott gekrönt« geehrt, wie übrigens seit der karolingischen Zeit auch die Herrscher des Westens. In der byzantinischen Kunst wurde diese Theorie anschaulich vergegenwärtigt. Es entstanden bildliche Darstellungen, auf denen die Hand Gottes, Christus, Engel oder ein Heiliger eine Krone an einen Herrscher verleihen. Kaiser Alexandros (912–913) ist auf einer Münze neben Johannes dem Täufer zu sehen, der seine Hand ebenso an die Krone des Basileus legt, wie dies erstmals Christus auf einer Münze Romanos' I. (920–944) tut. Das bekannteste Beispiel für diese Ikonographie ist ein im Moskauer Puschkin-Museum verwahrtes Elfenbeinrelief, in Konstantinopel um 945 entstanden, auf dem Konstantin VII. neben Christus steht, der seine Rechte an die Krone des Kaisers legt.

Über den Ablauf und die Regeln der kirchlichen Erhebung des Kaisers und der Kaiserin in Konstantinopel sind wir, besonders in Bezug auf die weitgehend verfestigte Ausprägung des 10. Jahrhunderts, sehr gut unterrichtet. Die wichtigsten Quellen sind zwei Kapitel im Zeremonienbuch Kaiser Konstantins VII. und das sogenannte »Euchologion« oder »Rituale Graecorum«, eine bis zum 10. Jahrhundert angewachsene Sammlung von Gebeten und Handlungsanweisungen für verschiedene Formen des liturgischen Zeremoniells.[4] Ausgangspunkt der Krönungszeremonie war demnach das feierliche Geleit des Kaisers aus seinem Palast über mehrere Stationen bis hin zur Hagia Sophia, wo ihn der Patriarch erwartete. Dann schritt man gemeinsam bis zum Ambo der Kirche, wo Krone und Purpurgewand bereitlagen. Kurz bevor und während der Patriarch dem Kaiser die Krone aufsetzte, wurden Gebete gesprochen, die den Herrscher als Nachfolger des alttestamentlichen Königs David und als von Gott eingesetzt rühmen. Anschließend erfolgten Thronsetzung und Akklamation, zuletzt die Feier der Eucharistie. Kaiserinnen erhielten ihre Krone in der Stephanskirche zu Konstantinopel. Die für die westlichen Herrschererhebungen seit 751 so maßgebliche Salbung führte man in Byzanz erst im 13. Jahrhundert ein. Recht differenziert war die formale Gestaltung der byzantinischen Kronen, im Gegensatz zum Westen existierten unterschiedliche Bezeichnungen. Als wichtigste Typen galten das Kamelaukion, eine geschlossene, helmartige Form, und das Stemma, ein hoch aufragender Stirnreif, der insbesondere die Kaiserin schmückte.

Das Abendland bis zum 9. Jahrhundert

Auf welche Weise im Westen beziehungsweise im Zentrum Europas vor der Mitte des 8. Jahrhunderts die Herrscher erhoben wurden und inwieweit Kronen dabei eine Rolle spielten, entzieht sich weitgehend unserer Kenntnis. Deutlich ist immerhin, daß germanische Stammesführer Kronen zumindest besessen haben. In der Regel waren dies helmförmige Kopfbedeckungen; als Auszeichnung im Sinn einer Krone konnte auch schlicht das lange Haar eines Fürsten gelten. Nur sehr wenige Objekte aus dieser Epoche haben die Zeiten überdauert. Hierbei handelt es sich zumeist um Votiv- oder Weihekronen, die insbesondere von Herrschern an Kirchen verschenkt wurden, wo man sie an liturgisch wichtigen Stellen aufhängte. Die bekanntesten Beispiele sind zwei einer alten Überlieferung zufolge vom langobardischen König Agilulf (591–615/16) und seiner Frau Theodelinde († 627) der Basilika in Monza gestiftete Kronen, erstere ist verloren, letztere befindet sich noch heute im Domschatz von Monza. Eine ganze Reihe westgotischer Votivkronen, unter ihnen eine König Reccesvinth (653–672) zugeschriebene, wurden in Fuente de Guarrazar bei Toledo gefunden (Madrid, Archäologisches Museum). Unklar bleibt, ob auch nur eine dieser Kronen, die sämtlich die einfache Reifenform aufweisen, zuvor von einem der Stifter als Königskrone benutzt worden war.

Mit der Einsetzung Pippins des Jüngeren zum ersten karolingischen König im Jahr 751 verbindet sich die Einführung der Salbung als konstitutives Element der westlichen Herrschererhebung. Man ließ sich hier von Berichten des Alten Testaments leiten, aus denen hervorging, daß die Salbung Zeichen göttlicher Zustimmung zur Einsetzung und somit legitimatorische Grundlage der Königsherrschaft sei. Das Aufsetzen einer Krone hingegen war offensichtlich zunächst nicht als grundlegender Bestandteil der Herrschererhebung anerkannt. Erstmals sicher bezeugt ist eine hervorgehobene Rolle der Krone für das Jahr 781, als König Karl der Große seine Söhne Pippin und Ludwig den Frommen in Rom zu Königen erheben ließ, wobei ihnen Papst Hadrian Kronen aufsetzte. Weihnachten 800 wurde Karl der Große in Rom zum Kaiser und gleichzeitig sein Sohn Karl zum König eingesetzt. Ob man damals das in beiden Fällen von Papst Leo III. durchgeführte Aufsetzen von Kronen als unverzichtbaren, Legitimität

Abb. 3
Schilderhebung und Krönung Leóns V. durch Michael Rhangabe, aus: Johannes Skylitzes, Chronicon, Sizilien (?), Mitte 12. Jh. Madrid, Bibl. Nac., Cod. Vitr. 26–2, fol. 10ᵛ (Detail)

schaffenden Akt ansah oder eher als Wiederholungs- oder Festkrönung, die erst durch die anschließende Akklamation zu einer Kaisererhebung überhöht wurde, kann nicht recht entschieden werden. 813 war es wiederum Karl der Große selbst, der in Aachen seinen Sohn Ludwig den Frommen nach byzantinischem Muster zum Mitkaiser erhob. Nicht lange nach Karls Tod erfolgte 816 in Reims im Beisein Papst Stephans IV. die Krönung und Salbung Ludwigs des Frommen und seiner Frau Irmingard. Ludwig seinerseits trat 817 und 838 als Coronator seiner Söhne Lothar und Karl in Erscheinung. Auch aus dieser Epoche sind Kronen nur vereinzelt erhalten. Eine Datierung in die karolingische Zeit wurde vorgeschlagen für die berühmte Eiserne Krone im Domschatz von Monza, eine Reifenkrone, die ihren Namen einem an ihrer Innenseite befestigten, der Legende nach aus einem Kreuzesnagel Christi geschmiedeten Eisenring verdankt.

Im weiteren Verlauf des 9. Jahrhunderts konnte sich der von Salbung und Krönung bestimmte, im Sakralraum der Kirche gefeierte karolingische Erhebungsbrauch festigen. Sekundäre zeremonielle Formen der Kronehrung wie die Wiederholungs- oder Festkrönung traten in der Folge der karolingischen Reichsteilung stärker hervor, da mehrere konkurrierende Herrscher darauf bedacht waren, an Legitimität zu gewinnen. In dieser Zeit begann man außerdem, die einzelnen Handlungsschritte der Herrschererhebung wie Salbung und Insignienübergabe und die dabei zu sprechenden Formeln und Gebete in eigenen Regelwerken, den sogenannten Krönungsordines, schriftlich zu fixieren. Damit stellte man das komplexer gewordene Zeremoniell nicht länger allein der mündlichen Weitervermittlung anheim und legte allgemeingültig fest, welche liturgischen Akte einem legitimen Herrscher zukommen mußten. Umstritten ist, ob die ersten ausführlichen Krönungsordines in Angelsachsen oder in Westfranken entstanden. Die treibende Kraft der Verschriftlichung in Westfranken jedenfalls war Hinkmar, Erzbischof von Reims (845–882). Er hatte bereits 856 und 866 zwei Ordines für weibliche Angehörige Karls des Kahlen, des späteren Kaisers († 877) geschaffen, bevor er die Ordines für Karls eigene Krönung zum König über das fränkische Mittelreich Lothringen im Jahr 869 und Ludwigs des Stammlers Krönung zum westfränkischen König 877 entwarf. In diesen Texten verbinden sich konstitutive Elemente wie Eid, Insignienvergabe und Akklamation mit geistlich-theologischen Passagen, den christlichen Herrscher und die Erwartungen an ihn betreffend.

Gemäß Hinkmars Metzer Ordo für Karl den Kahlen von 869 lief

Abb. 4
Krönungsdarstellung aus dem Sakramentar des Bischofs Warmund von Ivrea, um 1000. Ivrea, Bibl. Capit., Ms. LXXXVI, fol. 2ʳ

eine karolingische Königserhebung etwa folgendermaßen ab: Zu Beginn sagten der Erzbischof und andere Bischöfe Benediktionen auf, also Segenssprüche, in denen Gott darum gebeten wird, dem neuen Herrscher Schutz und die Fähigkeit zu gerechter Regentschaft zu verleihen. Anschließend salbte der Erzbischof den König an Ohren, Stirn und auf dem Kopf mit Salböl (*Chrisma*), begleitet von der in einem Gebet formulierten Bitte, der König möge dereinst in das Himmelreich und somit in die Gesellschaft der Heiligen eintreten, geschmückt mit Ruhmeskrone und Siegespalme. Danach erfolgten die Krönung, die Übergabe von Palme und Szepter sowie die Feier der Messe. Eine zentrale Rolle kommt in diesem Zeremoniell der Krone zu (Abb. 4). Karl der Kahle bekam 869 in einem Gebet, das Erzbischof Hinkmar während des Aufsetzens der Krone sprach, die folgende Verheißung zu hören: »Es möge dich Gott mit der Krone des Ruhms und der Gerechtigkeit krönen, auf daß du nach treuer und gerechter Erfüllung deiner Herrschaft zur Krone des ewigen Königreichs Gottes gelangen mögest.«[5] Der geistliche Gehalt dieses und aller übrigen Krönungsordines, aber auch unzähliger weiterer Quellen belegt, daß man während des gesamten Mittelalters die irdische Krone als Vorstufe der jenseitigen Krone des Lebens und als diesseitiges Abbild des Himmlischen Jerusalem bewertete. Hierauf verweisen nachdrücklich die seit der frühchristlichen Zeit in Kirchen hängend angebrachten Leuchterkronen, deren Aussehen zuweilen exakt den biblischen Angaben über das Himmlische Jerusalem entsprach. Wenn ein König oder Kaiser sich mit einer Krone schmückte, so trug er auf seinem Kopf gleichsam das Himmlische Jerusalem sichtbar zur Schau. Ihm selbst und denen, die ihn sahen, wurde damit sichtbar beziehungsweise – im wahrsten Sinn des Wortes – begreifbar gemacht, daß jedem gerechten und gottestreuen Herrscher der Lohn der Mitherrschaft mit Christus im Himmel in Aussicht stehe. Die Krone war demzufolge keineswegs allein ein Zeichen der weltlichen, diesseitigen Macht des Herrschers, sondern zugleich in einem geistlichen

Sinn das Unterpfand seines Fortwirkens im Jenseits. Kein anderes Insigne war besser geeignet, die theologischen Grundlagen des mittelalterlichen Herrschertums zu offenbaren.

Wie schon in der Spätantike und analog zu Byzanz fanden solche Theorien seit dem 9. Jahrhundert ihren Niederschlag in der abendländischen Kunst. Das erste erhaltene Beispiel für die Darstellung eines von Gott gekrönten westlichen Herrschers ist eine vielleicht nicht zufällig dem bereits erwähnten Wiener Goldmedaillon mit Konstantin dem Großen ähnliche Miniatur (Abb. 1) in einem unvollendeten Sakramentar in der Pariser Bibliothèque Nationale (Ms. lat. 1141, fol. 2ᵛ): In der Mitte steht ein nicht namentlich benannter Herrscher, flankiert von zwei Geistlichen; Nimben hinterfangen die Köpfe der drei Männer. Am oberen Bildrand hält die rechte Hand Gottes eine mit Perlen und Edelsteinen verzierte große Reifenkrone über den Kopf des Herrschers. Das Bild entstand wohl anläßlich der Erhebung Karls des Kahlen zum König von Lothringen 869 und damit in enger Nachbarschaft zum oben vorgestellten Ordo Hinkmars; die Handschrift wurde vielleicht angesichts der nur wenig später erfolgten Wiederabsetzung Karls nicht vollendet.

Nach dem Niedergang der karolingischen Herrschaft fand im ehemaligen östlichen Teilreich ein Neuanfang unter den sächsisch-ottonischen Herrschern statt. Otto der Große konnte das abendländische Kaisertum wiederherstellen, am 2. Februar 962 wurde er in Rom vom Papst gekrönt. Eine der von diesem Ereignis ausgehenden Neuerungen war die in Mainz initiierte Revision der Krönungsordines und ihre Eingliederung in das sogenannte Ottonische Pontifikale oder *Pontifikale Romano-Germanicum*, ein zeitgemäßes Kompendium liturgischer Texte.[6] Damit wurde eine Leitlinie geschaffen, welche den Ablauf der Herrschererhebungen der folgenden Jahrhunderte nachhaltig bestimmte. Spätestens seit dem ausgehenden 10. Jahrhundert waren – und sind es bis heute – Salbung und Krönung unabdingbar für die Erhebung von Königen und Kaisern, von denen es heißt, daß sie durch den Ruhm der Weihe und der Krone alle Sterblichen überragen.[7]

---

[1] Schramm, Percy Ernst: Herrschaftszeichen: gestiftet, verschenkt, verkauft, verpfändet. Belege aus dem Mittelalter, in: Nachrichten der Akademie der Wissenschaften in Göttingen, 1. Phil.-hist. Kl., 1957, 5, S. 162–226.

[2] Ambrosius: De obitu Theodosii, Kap. XLVIIf., hg. von Otto Faller, Wien 1955, S. 396 f.

[3] Konstantin VII. Porphyrogennetos: De administrando imperio, Kap. XIII, hg. von G. Moravcsik, R.J.H. Jenkins, Washington, D. C. ²1985, S. 66.

[4] Konstantin VII. Porphyrogennetos: De cerimoniis, Buch 1, Kap. XXXVIII (Krönung des Kaisers), Kap. XL (Krönung der Kaiserin) nach der Ausgabe Constantini Porphyrogeniti imperatoris de cerimoniis aulae byzantinae libri duo, hg. von J. J. Reiske, Bd. 1, Bonn 1829, S. 191–196, S. 202–207; Jacobus Goar: Euchologion sive rituale Graecorum, Venedig 1730 (Repr. Graz 1960), S. 726–730.

[5] »Coronet te Dominus corona gloriae atque iustitiae, ut cum fide recta et multiplici bonorum operum fructu ad coronam pervenias regni perpetui ipso largiente, cuius est regnum et imperium in secula seculorum«. – Ordo coronationis Karoli II. in regno Hlotharii II. factae, hg. von Alfred Boretius, Viktor Krause, MGH Capitularia Regum Francorum, Bd. 2,2, Hannover 1897, S. 457, Z. 23–25.

[6] Vogel, Cyrille/Elze, Reinhard: Le pontifical Romano-Germanique du dixième siècle. Le Texte, vol. 1, Città del Vaticano 1963.

[7] So formuliert es Thietmar von Merseburg († 1018), Chronicon, Lib. 1, cap. XXVI, hg. von Robert Holtzmann: Die Chronik des Bischofs Thietmar von Merseburg und ihre Korveier Überarbeitung, MGH Scriptores Rerum Germanicarum, Nova Series, Bd. 9, Berlin 1935, S. 34.

Kurzfassung

Der Vorrang von Königen und Kaisern wird sichtbar durch Herrschaftszeichen bzw. Insignien – allen voran die Krone –, die im Mittelalter im Rahmen eines Zeremoniells (Erstkrönung, Mitkrönung, Festkrönung) verliehen wurden. Bereits in der Klassischen Antike hatte sich das textile Diadem als ständig getragenes Kaiserinsigne durchgesetzt, in nachantiker Zeit wandelte es sich zur prächtigen Metallkrone. In Konstantinopel kam im 7. Jahrhundert die Sitte auf, das Krönungszeremoniell in den sakralen Raum der Kirche zu verlegen. Im Abendland war seit 751 die Salbung und spätestens seit dem 10. Jahrhundert auch die Krönung unabdingbarer Bestandteil der Herrschererhebung; die dabei zu sprechenden Formeln und Gebete wurden damals in Krönungsordines verbindlich festgelegt. Seit dem Altertum glaubte man, die Krone und die übrigen Insignien seien von Gott verliehen; in der Spätantike kam eine christliche Deutung der Herrscherkrone als irdische Vorstufe der jenseitigen Lebenskrone auf. Solche Gedanken spiegeln sich auch in der spätantiken und der mittelalterlichen Kunst, etwa wenn Kronen als getreues Abbild des Himmlischen Jerusalem gestaltet werden oder die himmlische Verleihung der Krone an einen Herrscher dargestellt wird.

Résumé

La primauté des rois et des empereurs se reconnaît aux emblèmes ou aux insignes du pouvoir – en tout premier lieu la couronne –, qui, au Moyen Age, étaient remis dans le cadre d'un cérémonial (premier couronnement, double couronnement et sacre). Dès l'Antiquité classique, le diadème en tissu s'était imposé en tant qu'insigne impérial porté en permanence. Il fit place, durant la période qui suivit l'Antiquité, à une somptueuse couronne en métal. Au VIIème siècle, c'est à Constantinople que s'instaura la coutume de célébrer le rituel du couronnement dans l'espace sacré de l'Église. En Occident, l'onction avec le saint chrême, dès 751, et, au plus tard à partir du Xème siècle, le couronnement ont fait partie intégrante de l'intronisation à la dignité royale. Dès cette époque, les formules et prières du rituel furent consignées dans l'*Ordo* du couronnement. Depuis l'Antiquité, on croyait en effet que la couronne et les autres insignes du pouvoir étaient remis par Dieu lui-même. Vers la fin de l'Antiquité, selon l'interprétation chrétienne, la couronne du monarque n'est autre que la préfiguration terrestre de la couronne de gloire de l'au-delà.

L'art de la fin de l'Antiquité et du Moyen Age reflète des pensées analogues : pensons dans ce contexte aux couronnes représentées comme la fidèle reproduction de la Jérusalem céleste ou à la remise divine de la couronne à un souverain.

Samenvatting

De voorrang van koningen en keizers wordt zichtbaar door vorstelijke tekens c.q. insignes – als eerste door de kroon –, die in de middeleeuwen in het kader van een ceremonie (eerste kroning, medekroning, feestkroning) werden verleend. In de klassieke oudheid was al de traditie ontstaan een diadeem van textiel constant als keizerteken te dragen. Na de klassieke tijd ontstond de prachtige praalkroon van metaal. In Constantinopel ontstond in de 7^e eeuw het gebruik, de kroningsceremonie in de sacrale ruimte van de kerk te vieren. In het Westen was vanaf 751 de zalving en op zijn laatst vanaf de 10^e eeuw ook de kroning een basisgegeven van de verheffing van de vorst. De formules en gebeden die daarbij uitgesproken dienden te worden werden toentertijd bindend in zogenaamde »Ordines« vastgesteld. Sinds de oudheid beschouwde men de kroon en de overige insignes als door God gegeven; in de late oudheid kwam er een christelijke duiding van de vorstenkroon als een aards voorstadium van de levenskroon die in het hiernamaals verleend zou worden. Dergelijke gedachten worden ook door de laatklassieke en de middeleeuwse kunst weerspiegeld, bijvoorbeeld met kronen in de vorm van een getrouwe afbeelding van het Hemelse Jeruzalem of met afbeeldingen waarin de heerser de kroon vanuit de Hemel krijgt aangereikt.

Shrnutí

Postavení králů a císařů je vyjádřeno znaky moci (insigniemi) – především korunou –, které se ve středověku předávaly v rámci obřadu (první korunovace, spolukorunovace, slavnostní korunovace). Již v době klasické antiky se prosadila látková čelenka jakožto stále nošený odznak císařské moci, později byla nahrazena skvostnou kovovou korunou. V Konstantinopoli (Cařihradě) se od 7. století konaly korunovační slavnosti v sakrálním prostoru kostela. Nedílnou součástí předávání moci bylo v západních zemích od roku 751 pomazání a nejpozději od 10. století také korunovace; proslovy a modlitby, které se přitom pronášely, byly závazně předepsány v korunovačních řádech. Od starověku se věřilo, že koruna a jiné insignie jsou propůjčovány Bohem; v době pozdní antiky vzniklo chápání panovnické koruny jako pozemského předstupně nebeské koruny života. Tyto myšlenky se odrážejí také v pozdně antickém a středověkém umění, v podobě korun jako věrného obrazu nebeského Jeruzaléma nebo v zobrazeních nebeské korunovace panovníka.

Summary

The primacy of kings and emperors could be seen by signs of rule or insignia – above all the crown – which in the Middle Ages were awarded within a ceremony (First Coronation, Co-Coronation, Coronation Feast). Already in Classical Antiquity the textile diadem had become dominant as the constantly worn imperial insignia; in post-Antiquity times this changed into a splendid metal crown. In Constantinople in the 7th century, the custom emerged of transferring the coronation ceremony to the sacred place of the church. In the West since 751 anointing, and by the latest since the 10th century crowning too were necessary components for becoming a ruler; the phrases and prayers which had to be said during the ceremony were officially fixed in a coronation order. Since antiquity people believed that the crown and other insignia were granted by God; in late antiquity the ruler's crown was then given the Christian rendering of the step on earth to the heavenly crown of eternal life. Such thoughts are also reflected in late antiquity and medieval art, i.e. where crowns are portrayed as an exact copy of the heavenly Jerusalem or else the heavenly crown is awarded to a ruler.

Alain Dierkens (Brüssel)

Krönung, Salbung und Königsherrschaft im karolingischen Staat und in den auf ihn folgenden Staaten

Abb. 1
Bucheinbanddeckel mit der Darstellung der »Wunder des Hl. Remigius«, dem bei der Taufe Chlodwigs durch eine Taube eine Ampulle mit Salböl gebracht wird. Elfenbein, Reimser (?) Werkstatt, um 887 – 880. Amiens, Musée de Picardie

Die konstitutiven Elemente der Herrschererhebung

Verschiedene rituelle Elemente bezeichnen im Westen des frühen Mittelalters den Eintritt eines Herrschers in sein Amt. Ihre jeweilige Bedeutung entwickelt sich im Lauf der Zeit und je nach geographischem Raum weiter und führt im Königreich Frankreich und im deutschen Kaiserreich zu sehr unterschiedlichen Konzeptionen: Salbung, Krönung und Übergabe der *regalia*, Akklamation, Eidesleistung haben zu verschiedenen Zeiten verschiedene Grade der Wichtigkeit. Diese wesentliche Frage, die an die Beschaffenheit der königlichen und/oder der kaiserlichen Macht rührt, hatte eine umfangreiche Literatur zur Folge, aus der sich – neben den Schriften Marc Blochs oder Percy Ernst Schramms – die neueren Studien Carlrichard Brühls (der geradezu eine Typologie der Krönungen erstellte und bei dieser Gelegenheit zu heilsamen Nuancierungen fand), Janet Nelsons und Robert-Henri Bautiers herausheben. Die Veranstaltungen zur 1500. Wiederkehr des vermuteten Taufdatums Chlodwigs (1996) vor allem in Frankreich führten ebenfalls zu einer erneuten Überprüfung der Überlieferungen, die in Bezug auf das mittelalterliche Frankreich, eine Verbindung zwischen Salbung, Weihe und Krönung herstellten.

In der byzantinischen Welt ist die Krönung der wesentliche, notwendige und ausreichende Akt für den kaiserlichen Amtsantritt: Wenn es sich darum handelt, einen Mitkaiser an der Macht zu beteiligen, legitimiert seine durch den Vorgänger vollzogene Krönung den Nachfolgeprozess. Handelt es sich um einen neuen Kaiser, beginnt der in diesem Falle komplexere Vorgang mit der formellen Proklamation (in der Form einer mehr oder weniger ritualisierten Akklamation oder der realen oder symbolischen Erhebung auf den Schild), wodurch die göttliche Inspiration bei der Wahl des neuen Kaisers sich manifestiert. Der Vorgang setzt sich fort im Empfang der Krone aus den Händen des Patriarchen von Konstantinopel und in neuerlichen Lobgesängen zu Ehren Gottes, die die Anerkennung der Legitimität des Herrschaftsantritts bedeuten. In dieser Zeremonie wird der Anteil der Institution der Kirche immer größer und ist durch eine – wie man sagte – zunehmende »Liturgisierung« geprägt.

Im Westen erlauben dagegen die fehlende Kontinuität in der Ausübung des Kaiseramtes nach 476 und die Rolle der germanischen Königtümer es nicht, diese Tradition der Herrschaftsnachfolge aufrecht zu erhalten und zu entwickeln. Die schriftlichen Quellen sind, was die Weitergabe des Königsamtes betrifft, für diese Zeit lakonisch. So weiß man, daß im Merowingerreich die relative Stabilität dazu führte, Erbe und Blutsverwandtschaft (zusammen mit gewissen Äußerlichkeiten wie dem Tragen langer Haare) als implizite Nachfolgeregel zu werten. Die Thronbesteigung zeichnet sich durch Feierlichkeit aus; Erinnerung daran haben gewisse Texte, in denen nähere Einzelheiten jedoch ungewiß bleiben, bewahrt. Die Zustimmung der Adligen, häufig indirekt oder *a contrario* wahrnehmbar (Mißerfolg des Staatsstreiches Grimoalds 656; Änderungen von Allianzen in der zweiten Hälfte des 7. Jahrhunderts; der Aufstieg bestimmter Familien zur Macht über die Ausübung des Amts einer Hausmaiers; endgültiger Erfolg der Familie der Pippiniden in der ersten Hälfte des 8. Jahrhunderts), mochte das dynastische System schwächen, ohne es jedoch grundsätzlich in Frage zu stellen. Wie man weiß, sind es die Ereignisse von 751/754, die zu der Notwendigkeit führten, die Thronbesteigung einer Familie, die aus dem Adel hervorgegangen war, zu rechtfertigen, indem man zu ihren Gunsten ein wirkliches dynastisches Prinzip etablierte; sie haben auch bewirkt, daß mehr als ein Jahrhundert später die Herrschaft Chlodwigs insofern neu interpretiert wurde, als Taufe, Salbung und Weihe miteinander verbunden wurden.

Die Erhebung Pippins des Kurzen zum fränkischen König

Im Jahre 751 also, nach intensiven Verhandlungen zwischen dem Bischof von Rom und dem damaligen Hausmaier ganz Galliens, konkretisierte dieser – Pippin der Kurze – sein Projekt: Die Eliminierung des Königs Childerichs III., der, geschoren, in die Abtei Saint-Bertin verbannt wurde, Zustimmung des merowingischen Adels zu seiner Machtübernahme, erste Weihe in Saint-Médard im Namen des fränkischen Episkopats und aus den Händen des päpstlichen Legaten (dem Heiligen Bonifaz? die Frage ist weit davon entfernt, gelöst zu sein). Gewiß, die Weihe eines Herrschers war im Westen keine neue Erscheinung; sie ist besonders im westgotischen Spanien bezeugt (seit 672, sie ist aber sehr wahrscheinlich älter und steht in Verbindung mit dem Konzil von Toledo von 633), für die man zugleich nachweisen konnte, daß sie ein Indiz für die Christianisierung/Katholisierung des Königreiches war und besonders dann vollzogen wurde, wenn die Legitimierung einer schlecht abgesicherten Herrschaft erforderlich war. Im allgemeinen gestehen die Historiker übereinstimmend diesem westgotischen Vorbild ebenso wenig Wirkung auf die Weihe von 751 wie dem hypothetischen angelsächsischen Einfluß des Bonifaz oder seiner Umgebung zu. Sie ziehen biblische Modelle vor, besonders das der Könige Saul und (vor allem) David. Durch die Salbung mit einer höheren Macht ausgestattet, ist der König von nun an der geheiligte Vermittler zwischen Gott und seinem Volk. Diese Salbung wird noch nicht als wirkliche Weihe verstanden und kann daher wiederholt, bestätigt und in einen neuen Kontext eingesetzt werden.

In der Tat ist es im Jahre 754 der Papst Stefan II. selbst, der die Weihe in der von Pippin so geschätzten Abteikirche von Saint-Denis wiederholt. Beide Parteien hatten ein Interesse daran: Stefan II. brauchte die Franken, um seine Stellung in Italien zu stärken, außerdem wollte er seinen moralischen Einfluß auf den neuen Herrscher bekräftigen; Pippin erreichte eine Erweiterung der Weihe, die von der höchsten geistlichen Autorität des westlichen Christentums vollzogen wurde, auf seine beiden Söhne Karlmann und Karl (den Großen), damals beide noch Kinder von sechs und drei Jahren, denen die Versammlung eidlich den ausschließlichen Anspruch auf die Herrschaftsnachfolge garantierte. Dies schloß jede Möglichkeit einer Herrschaftsausübung durch die Kinder Karlmanns, Pippins Bruder, aus, jenes Hausmaiers, der 747 auf die Macht zwar verzichtete, aber dennoch einflußreich blieb, und dessen Bild und Wichtigkeit daher seit der zweiten Hälfte des 8. Jahrhunderts absichtlich und systematisch verdunkelt wurde. Die Königin ihrerseits wurde nicht gesalbt, jedoch, in königliche Prunkgewänder gekleidet, vom Papst gesegnet. Es ist nicht unwahrscheinlich, daß der Papst im Jahre 754 die Kinder Pippins und Bertrades auch getauft hat, bevor er sie salbte, und daß er sie in gewisser Weise adoptierte. In diesem Fall hätte man eine ähnliche Situation vor sich wie die der gut beglaubigten der Söhne Karls des Großen, Ludwig und Pippin, die 781 von Papst Hadrian I. in Rom geweiht wurden, und von denen der jüngere (fünf Jahre alt und noch nicht getauft) vor der Salbung getauft wurde. Robert-Henri Bautier weist darauf hin, daß es weder 751 noch 754 um eine Krönung ging (weil »das Tragen der Krone (damals) als eines der königlichen Insignien verstanden wurde, das sich *ipso facto* aus der Wahl der Großen des Reiches ergab«). Robert-Henri Bautier äußert auch die sehr überzeugende Hypothese, daß der Salbung ein Gelöbnis (»serment de sacre« – Weihegelöbnis) vorausgegangen sei, jenem ähnlich, das von den Westgotenkönigen und, in gewisser Weise, von den byzantinischen Kaisern gefordert wurde: Es habe sich dabei um ein

Krönung, Salbung und Königsherrschaft im karolingischen Staat und in den auf ihn folgenden Staaten

Abb. 2
Das Stundenbuch des französischen Königs Henri II., Handauflegung.
Der Legende nach konnten die französischen Könige allein durch Handauflegung Skrofeln heilen. Hier ist es Henri II., der in der Kirche Corbény bei Reims zum ersten Mal die Kranken durch Handauflegung von ihrem Leiden erlöst.
Paris, Bibliothèque Nationale de France, LAT 1429, fol. 107ᵛ

dem Heiligen Petrus gegebenes Versprechen gehandelt, die Kirche und den rechten Glauben, und somit den römischen Bischof und das »Erbe des heiligen Petrus« zu verteidigen. Die vertraglichen Bindungen zwischen dem Papst und den Frankenkönigen waren dadurch fester geworden; sie sind, im Vergleich zu der merowingischen Epoche, Teil der generellen Entwicklung zu einer Klerikalisierung des Staates und bekräftigen vor allem die Auffassung Pippins (und danach Karls des Großen und Ludwigs des Frommen), seine Herrschaftsausübung sei legitim, da sie auf dem göttlichen Ursprung seiner Berufung, zu regieren, beruhe.

Die Herrschererhebungen Karls des Großen und Ludwigs des Frommen

Es ist daher nicht erstaunlich, daß beim Tode Pippins im Jahre 768 Karl der Große und Karlmann – die beide, der eine in Noyon, der andere in Saint-Denis, die Zustimmung der Großen des Reiches, die damit den Schwur von Saint-Denis aus dem Jahre 754 bekräftigten, bekommen und die Zeichen ihres Amtes (darunter vermutlich die Krone) übernommen hatten – bei dieser Gelegenheit von den Bischöfen forderten, die Salbung zu wiederholen. Karl sollte ein drittes Mal beim Tod seines Sohnes die Salbung empfangen, diesmal aus den Händen des Erzbischofs von Sens, bevor er – nun tatsächlich – die Herrschaft über die *pars regni* Karlmanns übernahm. Die Akte über die Kaiserkrönung Karls des Großen an Weihnachten 800 (von der in diesem Band an anderer Stelle die Rede ist) ist komplex, auch wenn sie, vor allem nach den Studien von Robert Folz, keinen Zweifel daran läßt, daß der König die Krone von Papst Leo III. – vielleicht nach byzantinischem Vorbild – erhielt, und daß die Zeremonie, außer Gebeten, Akklamationen und Lobpreisungen (*laudes*), die *adoratio* des neuen Kaisers durch den Papst umfaßte. Am Ende der Zeremonie erhielt der älteste Sohn Karls des Großen, Karl (der, im Gegensatz zu seinen beiden jüngeren Brüdern, die 781 gesalbt worden waren, die Weihe noch nicht erhalten hatte), die königliche Salbung. War die Kaiserkrönung mit einer neuen Salbung, diesmal mit dem Titel und der Stellung eines *imperator et augustus*, verbunden? Das erscheint mir sehr wahrscheinlich, auch wenn die Historiker in dieser Frage sehr uneins sind. Wie auch immer: Karl der Große hat offenbar die Salbung – die einen religiösen Charakter hatte und daher nur von einem ranghohen Geistlichen gespendet werden konnte .- von der Kaiserkrönung, die Träger einer universalistischen Ideologie war und die spätantiken oder byzantinischen Vorstellungen weiterführte, unterschieden; er hat daher im Jahre 813 selbst die Kaiserkrönung seines Sohnes und einzigen noch lebenden Erben, Ludwigs des Frommen, veranlaßt.

Diese Krönung, bei der Karl der Große vor den Generalversammlung der *potentes* (der »Mächtigen im Reich«), deren Zustimmung er zuvor eingefordert hatte, seinen Sohn an der kaiserlichen Herrschaft beteiligte, fand in der Kirche des Aachener Palastes statt. Folgt man Thegan, so hat Karl der Große, gekrönt und in seine königlichen Gewänder gekleidet, von Ludwig eine Reihe von moralischen Verpflichtungerklärungen verlangt. Dann habe er ihn aufgefordert, selbst, mit seinen eigenen Händen, eine goldene Krone, die man zuvor auf dem Hauptaltar niedergelegt hatte zu ergreifen und sich mit ihr zu krönen. Manche Texte ersetzen diese Version der »Selbstkrönung« durch eine Krönung des Sohnes durch den Vater, aber alle Quellen stimmen darin überein, daß es in dieser Zeremonie keine bischöfliche oder päpstliche Mitwirkung gab. Ludwig, der 781 in Rom zum König geweiht und 813 in Aachen zum Kaiser gekrönt wurde, trat 814 die Nachfolge seines Vaters an. Die institutionelle Unklarheit, mit der die Verleihung des Kaisertitels im Westen verbunden war, und vielleicht auch die Stärke der christlichen Überzeugungen Ludwigs des Frommen (der, wie man weiß, den frühen Tod seiner Brüder als Zeichen des göttlichen Willens, ihm allein die Herrschaft über ein geeintes *imperium* zu übertragen, interpretierte) nützend, begab sich der Papst auf dem schnellsten Wege nach Gallien, um dort mit dem neuen Herrscher zusammenzutreffen. Die Begegnung fand 816 in Saint-Remi in Reims statt und wird von Augenzeugen überliefert. Man weiß daher insbesondere, daß Ludwig sich dreimal vor dem Papst niederwarf (während im Jahr 800 sich der Papst, nach byzantinischem Muster, vor Karl dem Großen verbeugt hatte) und ihn feierlich empfing. Er wiederholte die Versprechen seiner *patres* (seines Vaters und seines Großvaters), die Römische Kirche und den Heiligen Stuhl zu schützen. Bei dieser Gelegenheit setzte Stefan IV. Ludwig die Krone aufs Haupt, die als jene Konstantins galt, und die er aus Rom mitgebracht hatte, vollzog die Salbung zum Kaiser und krönte (und segnete) daraufhin die Kaiserin Ermengard. Auf diese Weise »bekräftigte der Papst seine Autorität, indem er die Krönung mit einer von ihm selbst beigebrachten Krone wiederholte« (Robert-Henri Bautier). Ludwig muß sich der Mehrdeutigkeit der Situation, die das Risiko einer Beschneidung der kaiserlichen Macht einschloß, bewußt geworden sein. Schon im Juli 817 krönte er in Aachen seinen ältesten Sohn Lothar zum Kaiser, beteiligte ihn an der Herrschaft des Reiches und regelte die Modalitäten seiner Nachfolge im Sinn einer Einheit. Allem Anschein nach hatte der junge Mitkaiser vor der Kaiserkrönung keine königliche Salbung erhalten; auf jeden Fall enthalten die Texte, die die Zeremonie in Aachen überliefern, keine Erwähnung einer Königsweihe. Kann man darin, noch einmal, eine klare Unterscheidung zwischen dem religiösen Charakter der Salbung und der stärker politisch und ideologisch geprägten Auffassung vom Kaisertum sehen?

Der Papst mußte reagieren; er tat dies 823, als er Lothar (den Ludwig der Fromme nach Italien, zu dessen König er nach dem Willen des Vaters ausgerufen worden war, geschickt hatte) nach Rom rief und ihm in der Petersbasilika mit der Königskrone Italiens den Titel *imperator et augustus* verlieh, und ihn dazuhin salbte. Man kann nicht umhin zu denken, daß die Salbung nicht mehr so notwendig wie zu Zeiten Pippin des Kurzen oder Karls des Großen erschien; übrigens wurden die anderen Söhne Ludwigs erst sehr spät geweiht, und zwar nach dem Tode ihres Vaters und unter besonderen politischen Umständen: Ludwig der Deutsche 858, als er versuchte, sich der *Francia occidentalis* zu bemächtigen, und Karl der Kahle 848, als er seine Herrschaft über Aquitanien geltend machte. In der Zwischenzeit hatten sich die Kräfteverhältnisse im Inneren des Reiches verändert: Der Abdankung und dem öffentlichen Reuebekenntnis Ludwigs des Frommen 833 in Soissons war ein Jahr später eine Versöhnungszeremonie gefolgt, die vom Adel und vor allem von einer großen Zahl erstrangiger Bischöfen inszeniert wurde, unter denen sich der Bischof von Metz und päpstliche Legat Drogo hervortat; in Saint-Denis fand 834 eine »Befestigungskrönung« (um den Terminus C. Brühls zu benutzen) statt, der 835 in Thionville eine zweite folgte, in deren Verlauf Drogo den in seine Ämter wiedereingesetzten Kaiser mit der auf dem

Altar niedergelegten Krone krönte. Erneut ist anläßlich dieser herausragenden Veranstaltungen nirgends die Rede von einer Erneuerung der Salbung, die man, in einem anderen Kontext, nach den schwerwiegenden Ereignissen von 833 ja hätte erwarten können (hatte der Kaiser nicht Verbrechen gestanden, war er nicht erniedrigt und seiner königlichen Gewänder beraubt worden?). Krone und Herrschaftsinsignien scheinen also symbolisch bestimmend zu sein; das bischöfliche Milieu versucht, ihren Gebrauch zu kontrollieren. Kurz vor seinem Tod 840 schickte Ludwig der Fromme seinem ältesten Sohn seine *insignia regalia, hoc est sceptrum imperii et corona*, und übermittelte ihm damit seinen Wunsch, er möge die Einheit des Reiches aufrecht erhalten. Während der Wirren der Jahre 840 bis 843 mischt sich, bei der Aufteilung der Macht unter Lothar, Ludwig den Deutschen und Karl den Kahlen, niemals die Frage der Weihe ein. Wohl versuchte der Papst in einem bestimmten Augenblick, die Initiative wieder zu ergreifen: 844 erhielt der ältere Sohn Lothars, Ludwig II, der von seinem Vater zum König der Lombarden gemacht worden war, vom Papst in Rom die Salbung zum König; 850 wurde er erneut vom Papst geweiht, diesmal zum Kaiser; 872 war eine dritte Salbung nach einer politischen Krise Ausdruck seiner Rückkehr in den Stand der Gnade.

Die Entwicklung im westfränkische Reich

Auf dieser Basis muß man die Entwicklung in der *Francia occidentalis*, in der unter dem Einfluß Hinkmars von Reims die Königsweihe durch die Bischöfe ihre Bedeutung zurückgewann, und in der *Francia orientalis*, wo die Krönung die Salbung an Symbolkraft zu übertreffen scheint, beurteilen. Die Herrschaft Karls des Kahlen ist in dieser Hinsicht ist eine entscheidende Etappe. Am Lebensende Ludwigs des Frommen konnte Karl aus bedeutenderen politischen Verpflichtungen Nutzen ziehen: 837 erhielt er den Treueid der Großen der Belgica; 838 wurde er von seinem Vater zum König über die Region zwischen Seine und Loire gekrönt; 840 dehnte er seine Herrschaft über Aquitanien aus ... doch seine erste Weihe erhielt er, wie gesagt, erst 848 in Orléans. Diese Weihe ist mit Sicherheit kein Spezifikum seiner Herrschaft in Aquitanien, sondern betrifft die ganze *Francia occidentalis*. Nach diesem Vorbild und im selben Jahr ließ Nominoé sich von den Bischöfen der neuen Kirchenprovinz Dol zum bretonischen König salben. 855 ließ Karl der Kahle seinen Sohn Karl zum König von Aquitanien weihen, und zwar nach dem gleichen Procedere, das bei ihm 848 angewandt worden war: Wahl/Akklamation, Königsweihe, Krönung und Verleihung der Herrschaftsinsignien. 856 wurde seine Tochter Judith von Hincmar anläßlich ihrer Hochzeit mit König Ethelwulf von Wessex gesegnet, danach wurde sie feierlich gekrönt und zur Königin ausgerufen. 866 wurde, auf den ausdrücklichen Wunsch des Herrschers, in Saint-Médard in Soissons die Weihe der Frau Karls, Ermintrude, zuteil; dieser Vorgang erregte das Erstaunen der Bischöfe und bezeugt die Wichtigkeit, die Karl dieser Zeremonie beimaß. Man wird sich daher nicht darüber wundern, daß beim Tod seines

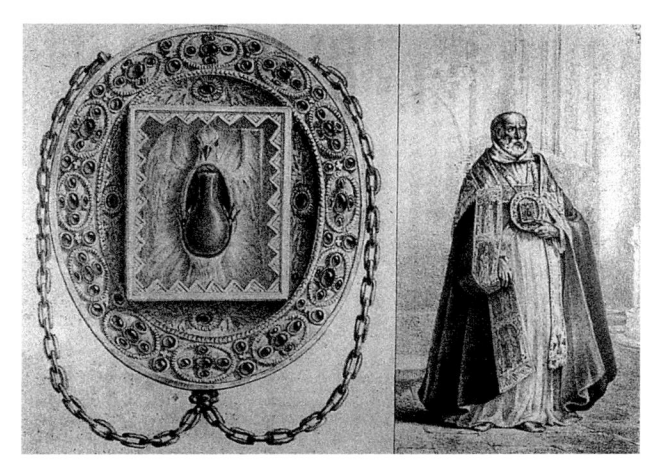

Abb. 3
Die heilige Ampulle. Mit dem Öl aus der heiligen Ampulle wurden die französischen Könige geweiht. Original zerstört, Rekonstruktionszeichnung und Lithographie von J. J. Marcquart, Reims, gedruckt bei Lemercier, Paris 1843

Neffen Lothar II. 855 (der selbst 855, als ihm das Königreich »Lotharingien« zugesprochen wurde, zum König geweiht worden war) Karl, der sich als König von Lotharingien hatte anerkennen lassen, den Wunsch nach einer erneuten Salbung äußerte, diesmal für Lotharingien – in Saint-Etienne in Metz: Der Zeremonie stand Hinkmar vor, der auch der Verfasser des dabei angewandten *ordo* war (Zustimmungen der bei der Zeremonie anwesenden *potentes*, »Weiheversprechen« von Seiten Karls, Segnung des Herrschers durch mehrere Bischöfe, Salbung, Krönung, Übergabe der *regalia*). Die Rede Hinkmars ist wesentlich: Explizit verbindet der Bischof von Reims darin die karolingische mit der merowingischen Dynastie und damit mit Chlodwig. Im Hinblick auf diesen wird die Legende der heiligen Ampulle und, vielleicht, die Verbindung von Taufe und Königsweihe entwickelt (und in der von Hinkmar 877 redigierten »Vita Remigii« erweitert).

In seiner Vita des Heiligen Remigius erinnert Hinkmar daran, daß bei der Taufe Chlodwigs in der Kathedrale von Reims durch den Bischof Remigius die sich andrängende Menge so groß war, daß der das Salböl herbeibringende Kleriker sich dem Taufbecken nicht nähern konnte. Da erschien eine Taube, die in ihrem Schnabel eine Ampulle voll Salböl von lieblichem Duft trug, die es dem Remigius erlaubte, zur Taufhandlung zu schreiten. In einem erhaltenen Text der Rede von 869 bestätigt Hinkmar, daß ein Teil dieses Salböls noch in (Saint-Remi) in Reims erhalten sei. Da Hinkmar die Ampulle bei der Weihe Karls des Kahlen offenbar nicht benutzt hat, hat man vermutet, es könne sich um eine Hinzufügung Hinkmars selbst anläßlich der Reinschrift der Rede in den Annalen von Saint-Bertin um 880 handeln, die daher später als die Redaktion der »Vita Remigii« zu datieren sei. Wie auch immer: Auch wenn Hinkmar nicht der Autor der schon im Jahrhundert zuvor bekannten Legende ist, so erfuhr sie durch seine Aktivität eine neue Bekräftigung. Nicht zufällig befindet sich die erste bildliche Darstellung der Taube, die dem Remigius die

1 Krone und Krönung

Abb. 4
Sogenannter Thron Karls des Großen. Auf diesem Thron nahmen die deutschen Könige nach der Krönungszeremonie im Krönungsornat Platz. Eichener Holzkern, antike Marmorplatten in tertiärer Verwendung, bronzene Klammern, zwischen 760 und 825. Aachen, Dom, Empore des karolingischen Oktogons

Kat.Nr. 2 · 23

Ampulle überbringt, auf einer Elfenbeintafel, die vermutlich aus einer Reimser Werkstatt hervorging und vom Ende des 9. Jahrhunderts stammt. Diese erbauliche Geschichte betrifft, bei erster Lektüre, nur die Taufe Chlodwigs, und das von der Taube herbeigebrachte Salböl wäre so nur für diese herausragende liturgische Zeremonie bestimmt gewesen. Doch in der Rede von 869 wird auch gesagt, daß Remigius Chlodwig taufte, ihn mit dem heiligen Öl salbte und ihn zum König weihte (*in regem sacrati*); zutreffend hat Claude Carozzi gezeigt, daß auch diese wenigen Worte eine Interpolation darstellen, die er an den Anfang des 10. Jahrhunderts datiert. Nach dieser Hypothese hätte Hinkmar der Königsweihe eine neue Form gegeben, die sich auf die Suprematie (Oberhoheit) des Reimser Bischofssitzes und auf vertragliche Bindungen zwischen dem geweihten König und der Kirche gründete; doch war es seinen Nachfolgern im Reimser Bischofsamt vorbehalten, das wahre und »organische« Band zwischen Weihe und heilige Ampulle herzustellen.

Die weitere Geschichte der Westfrankenkönige bezeugt, wie wirkmächtig die Konzeption der Weihe war, und dies umso mehr, als die Herrscher einander in rascher Folge und in einem oft schwierigen politischen Kontext ablösten. Der Fall des Sohnes Karls des Kahlen (der inzwischen in Rom 875 zum drittenmal, diesmal zum Kaiser, geweiht worden war), Ludwigs II., des Stotterers, ist exemplarisch: 875 Teilhaber an der Herrschaft seines Vaters (aber ohne geweiht worden zu sein), 877 von den erweiterten Machtbefugnissen profitierend (Kapitulare von Quierzy, das vorsah, daß Ludwig nach der Rückkehr Karls des Kahlen zum König gekrönt werden könne), unterschrieb er mit dem Titel eines Königs die Gründungsurkunde der Abtei Saint-Corneille in Compiègne (die nach den Wünschen Karls für seine Nachkommen das Pendant zu Aachen sein sollte); doch war er beim unerwartet plötzlichen Tod Karls, der aus Italien zurückkehrte, nicht geweiht. Es war Hinkmar, der schließlich diese Weihe in Compiègne vollzog, nachdem er sehr genau die Übertragung der königlichen Insignien auf den neuen Herrscher überwacht hatte und von diesem ein langes und ausführliches Versprechen, den Schutz der Kirche betreffend, erhalten hatte. Der Bischof von Reims wandte hier die Prozedur an, die er bei der Weihe Karls des Kahlen in Metz festgelegt hatte. 878 erhielt Ludwig der Stotterer im übrigen aus den Händen des Papstes, der jedoch die Krönung seiner Frau ablehnte, eine zweite Königsweihe. Im folgenden Jahr entschieden sich der Adel und der Episkopat – gegen den ausdrücklichen Willen Ludwigs II., der auf seinem Totenbett klar zu erkennen gegeben hatte, daß sein ältester Sohn, Ludwig III., gekrönt und geweiht werden und ihm als König nachfolgen sollte – dafür, die Macht den beiden Söhnen des toten Königs, Ludwig und Karlmann anzuvertrauen. Sie wurden zusammen vom Erzbischof von Sens geweiht, nachdem sie ihr »Weiheversprechen« abgegeben hatten.

Die schwierigen Beziehungen zwischen den Karolingern und Robertinern im Westfrankenreich am Ende des 9. Jahrhunderts und während des gesamten 10. Jahrhunderts zogen als logische Konsequenz eine besondere Beachtung der Weihe nach sich: Der Episkopat und in geringerem Maße auch der Adel fanden in dieser Zeremonie ein willkommenes Mittel, neue Konzessionen oder genauer definierte Verpflichtungen herauszuschlagen. So hat Robert-Henri Bautier zum Beispiel die Wichtigkeit des »Weiheversprechens« unterstrichen, das Eudes, der Graf von Paris vortrug, bevor 888 in Compiègne die Weihe aus den Händen des Erzbischofs von Sens erhielt; eine zweite, eine »Befestigungskrönung(- weihe)« erhielt er wenig später durch den Erzbischof von Reims. Es ist ebenso logisch, daß sich nun im Westfrankenreich die sehr ins Einzelne gehenden *ordines* vervielfachten und die Symbolik der verschiedenen königlichen Insignien (natürlich der Krone, aber auch des Rings, des Schwerts, des Szepters und des Stabs) präzisiert wurde; die Rolle der Bischöfe von Sens, Laon und Reims wurde gefestigt, jedoch ohne daß es schon eine feste Regel für den Ort und die Modalitäten der Weihe und der Krönung des Königs gegeben hätte (was insbesondere den Thron betrifft, für den jeder Bedeutungswert fehlt).

Auch mit der Thronbesteigung der Kapetinger und der (durch die Weihe) systematischen Einbindung des Sohnes in die Herrschaft des Vaters wird Reims erst nach und nach die »Stadt der Königsweihe« … und Saint-Denis die Grablege der französischen Könige. Mit der Kodifizierung des Weiheordo (Schwertleite, Salbung mit dem Salböl aus der heiligen Ampulle, Übertragung der königlichen Insignien, Krönung, aber auch Versprechen und Gelübde) nimmt der König eine Macht an, die, wenn nicht der eines Priesters vergleichbar (man ist weit entfernt vom Ideal des *rex-sacerdos* der ersten Karolingerzeiten), jedenfalls heiligmäßig ist und sich in einem spezifisches thaumaturgisches Vermögen äußert, das seit dem Ende des 11. und dem Beginn des 12. Jahrhunderts formell bezeugt ist, jedoch erst seit der Mitte des 13. Jahrhunderts zur regulären Praxis wird: Die Heilung der Skrofeln, einer von Tuberkulosebazillen hervorgerufenen Entzündung der Lymphknoten, die der König angeblich durch einfaches Handauflegen heilen konnte.

In der *Francia orientalis* scheinen die Herrscher vor der Königskrönung Konrads I. (911, doch handelte es sich dabei darum, die Machtübernahme des ersten Nicht-Karolingers zu legitimieren) und vor allem derjenigen Ottos I. in Aachen (936) nicht gesalbt worden zu sein. Ottos Vater, Heinrich der Vogelsteller, hatte bezeichnenderweise keine Notwendigkeit für eine Salbung gesehen. Mit Otto I. 936 und noch mehr mit der Kaiserkrönung 962 beginnt eine schöne Reihe von *ordines*, die der Übernahme des Kaisertitels einen besonderen Ton verleihen (27 Redaktionen, von 200 Manuskripten zwischen 960 und 1530 überliefert …). Man muß überdies beachten, daß die regelmäßige Verknüpfung des Königsamtes in »Germanien« mit dem Kaisertitel zu einer immer deutlicheren Unterscheidung zwischen Königskrönung (in Aachen) und Kaiserweihe (in Rom, aus den Händen des Papstes) geführt hat. Die Wahl Aachens zum bevorzugten Ort der Krönung ist offensichtlich mit der Person Ottos I. verknüpft, doch setzte sie sich erst wirklich im darauffolgenden Jahrhundert durch; man hat selbstverständlich auf der prägenden Wirkung des Kaisertums Karls des Großen und Ludwigs des Frommen bestanden; aber man muß auch die Lage Aachens im Herzen Lotharingiens, in jener Rhein-Maas-Mosel-Region in Betracht ziehen, die die Wiege der karolingischen Dynastie war. Die Existenz einer Kirche mit reicher Vergangenheit, deren Architektur selbst auf eine mächtige Herrschaftsideologie verweist, hat ebenfalls erlaubt, bestimmten festen Elementen eine markante Symbolik zu verleihen. Das betrifft vor allem den sogenannten Thron Karls des Großen (sicher ein Resultat von Ausbauarbeiten um 936), dessen Platz im ersten Geschoß mit Blick auf den Hauptaltar unten und auf das Kuppelmosaik mit dem thronenden Christus oben eine Funktion des Königs – die des Mittlers zwischen Gott und den Menschen – illustriert, ähnlich der, die der Verleihung der Weihe zugrunde liegt. Daß Otto I. sich in Aachen krönen und inthronisieren ließ, ist Teil einer internen Logik, die in anderen Beiträgen zu diesem Band entwickelt werden.

Übersetzung von Barbara Holländer

Bautier, Robert-Henri: Sacre et couronnements sous les Carolingiens et les Premiers Capétiens. Recherches sur la genèse du sacre royal français, in: Annuaire-Bulletin de la Société de l'Histoire de France (1987–1988), S. 7–56.

Brühl, Carlrichard: Fränkischer Krönungsbrauch und das Problem der ›Festkrönungen‹, in: Historische Zeitschrift 194 (1962), S. 265–326.

Ders.: Kronen und Krönungsbrauch im frühen und hohen Mittelalter, in: Historische Zeitschrift 234 (1982), S. 1–31.

Bur, Michel: Aux origines de la ›religion de Reims‹. Les sacres carolingiens: un réexamen du dossier (751–1131), in: M. Rouche (Ed.): Clovis. Histoire et mémoire, Vol. 2, Paris 1997, S. 45–72.

Carozzi, Claude: Du baptême au sacre de Clovis selon les traditions rémoises, in: M. Rouche (Ed.), Clovis. Histoire et mémoire, Vol. 2, S. 29–43.

Folz, Robert: Le sacre impérial et son évolution (Xe–XIIIe siècle), in: Le sacre des rois. Actes du colloque international d'histoire sur les sacres et couronnements royaux (Reims 1975), Paris 1985, S. 89–100.

Kramp, Mario: Zülpich-Reims-Paris: die Chlodwiglegende, der Remigiuskult und die Herausbildung des französischen Königsmythos, in: Clodwig und die »Schlacht bei Zülpich«. Geschichte und Mythos 496–1996, Zülpich 1996, S. 87–113.

Le Goff, Jacques: Aspects religieux et sacrés de la monarchie française, du Xe au XIIIe siècle, in: Boureau, A./Ingerflom, Cl. S. (Eds.): La royauté sacrée dans le monde chrétien (Colloque de Royaumont, mars 1989), Paris 1992, S. 19–28.

Nelson, Janet: Inauguration Rituals, in: Sawyer, P./Wood, I. (Eds.): Early Medieval Kingship, Leeds 1977, S. 50–71.

Dies.: Symbols in Context: Rulers' Inauguration Rituals in Byzantium and the West in the Early Middle Ages, in: Studies in Church History 13 (1976), S. 97–119.

Dies.: Hincmar of Reims on King-making. The Evidence of the Annals of St. Bertin, 861–882, in: Bak, J. (Ed.): Coronations, Medieval and Modern Monarchic Ritual, Berkeley-Los Angeles 1990, S. 16–34.

Kurzfassung

Dieser Beitrag beleuchtet die verschiedenen Traditionen, die im Mittelalter die Krönung und die Salbung des Herrschers in Frankreich und in Deutschland bestimmten.

Im Jahr 751 wurde Pippin der Jüngere nach einem Staatsstreich fränkischer König: Anläßlich der Krönung wurde – in enger Zusammenarbeit zwischen dem neuen Regime und dem Bischof von Rom – die Salbung erstmalig in Gallien eingeführt. Dabei handelte es sich keineswegs um eine einmalige Zeremonie, denn unter besonderen politischen bzw. ideologischen Umständen konnten die Salbungs- und Krönungsfeierlichkeiten wiederholt werden, um die Macht des Herrschers, des Papstes oder gar der Bischöfe zu festigen. Als Karl der Große im Jahr 800 in Rom zum Kaiser erhoben wurde, war die Salbung höchstwahrscheinlich ein begleitender Bestandteil der Zeremonie. Diese besondere Kaiserkrönung führte zu der grundsätzlichen Frage, wer ermächtigt sei, den kaiserlichen Titel zu verleihen: der Papst oder der regierende Herrscher? Sowohl Karl der Große als auch sein Sohn und Nachfolger Ludwig der Fromme versuchten ohne Erfolg, die Forderungen der Päpste zu übergehen und folglich auf deren Mitwirkung bei der Kaiserkrönung zu verzichten.

Unter Ludwig dem Frommen – vor allem gegen Ende seiner Herrschaft – verlor die Salbung allmählich an Bedeutung: Zwei seiner Söhne wurden nicht einmal zu Lebzeiten ihres Vaters geweiht. Unterdessen aber gaben die Bischöfe in Frankreich nicht nach: Unter Karl dem Kahlen setzten sie im Westfrankenreich ihren Standpunkt durch. Die wichtigste Rolle spielte in diesem Zusammenhang Hincmar von Reims, dessen Wirken als Vorstufe der kirchlichen Hegemonie betrachtet werden kann. Seitdem bestimmte die Kirche den Ablauf der Zeremonie. Die Salbung des Thronfolgers zum Herrscher während der Zeremonie bildete sowohl die Vorstufe als auch die unerläßliche Bedingung für die eigentliche Krönung. So behauptete sich Reims nach und nach als »Stätte der Salbung« und somit Krönungsstadt in Frankreich. Im deutschen Reich hingegen verlor der Akt der Salbung bis zum Anfang des 10. Jh. seine Bedeutung, vor allem als Otto I. im Jahre 936 sich in seiner Position in Lothringen zu behaupten versuchte. Seine Nachfolger bestätigten die Wahl von Aachen als Krönungsstadt bestätigen. Im Jahre 962 wurde durch die Kaiserkrönung Otto I. in Rom zwischen der königlichen Herrschaft im deutschen Reich und der kaiserlichen Funktion unterschieden. Es handelte sich fortan um zwei verschiedene Zeremonien, die sich unmittelbar ergänzten.

Résumé

Dans ce bref article, on s'est efforcé de donner quelques explications des traditions différentes en France et en Germanie médiévales relatives au couronnement et à l'onction du souverain.

En Gaule, l'onction a été introduite, dans le rituel d'inauguration, lors du coup d'Etat de Pépin le Bref en 751, dans un contexte d'étroite collaboration entre le nouveau régime et l'évêque de Rome. A l'époque, le sacre (comme le couronnement) était régulièrement répété et permettait de renforcer, dans des conditions politiques ou idéologiques particulières, à la fois le pouvoir du roi et celui du pape ou des évêques. Le couronnement impérial, probablement accompagné d'un sacre impérial, de Charlemagne à Rome en 800 a introduit un nouvel élément dans la réflexion relative à la légitimation divine du pouvoir dans l'Occident chrétien: qui, du pape ou de l'empereur en fonction, a-t-il le droit de conférer le titre impérial? Les papes ont fait échec aux tentatives de Charlemagne puis de Louis le Pieux de se passer de l'intervention pontificale en matière impériale.

Il n'en reste pas moins qu'alors que l'onction royale semble prendre moins d'importance à la fin du règne de Louis le Pieux (deux des fils de l'empereur ne sont pas sacrés du vivant de leur père), l'épiscopat impose ses vues dans la Francie occidentale de Charles le Chauve. Le rôle d'Hincmar de Reims est essentiel et prélude à un véritable contrôle par l'Eglise de l'accession au pouvoir des souverains de »France« par l'octroi de l'onction conditionnée à une »promesse de sacre«; la place de Reims comme »lieu du sacre« s'affirme progressivement. En Germanie, par contre, la tradition de l'onction perd de la vigueur jusqu'au début du Xe siècle et, en particulier, jusqu'en 936 quand Otton Ier veut affirmer son pouvoir en Lotharingie (le choix symbolique d'Aix sera assumé par ses successeurs); le couronnement impérial de 962 permet de séparer plus nettement royauté en Germanie et fonction impériale et donc de distinguer deux cérémonies de natures différentes mais ressentie comme complémentaires.

Samenvatting

In dit korte artikel geeft de auteur enkele verklaringen omtrent de verschillende tradities in het middeleeuwse Frankrijk en Duitsland met betrekking tot de kroning en de zalving van de vorst.

In Gallië werd de zalving in de inwijdingsriten ingevoerd na de staatsgreep van Pepijn de Korte in 751 in een context van nauwe samenwerking tussen het nieuwe regime en de bisschop te Rome. In die periode werd de zalving (evenals de kroning) regelmatig herhaald en diende zo bij specifieke politieke of ideologische omstandigheden, ter versterking van zowel de macht van de koning als die van de paus of de bisschoppen. De keizerlijke kroning, waarschijnlijk vergezeld van een keizerlijke zalving, van Karel de Grote in Rome in 800 gaf aanleiding tot een geheel nieuwe vraagstelling rond de goddelijke wettiging van de macht in het christelijke westen: wie heeft het recht de keizertitel te verlenen, de paus of de heersende keizer? De pausen hebben de pogingen van Karel de Grote en daarna van Lodewijk de Vrome weten te dwarsbomen, de paus bij de keizerkroning ongemoeid te laten.

Er scheen toen niets anders over te blijven, dan dat de koninklijke zalving minder belangrijk werd aan het einde van de regering van Lodewijk de Vrome (twee zonen van de keizer hebben tijdens het leven van hun vader geen sacre ontvangen), het episcopaat legt zijn zienswijze op aan het westelijke Francie van Karel de Kale. De rol van Hinkmar van Reims is wezenlijk en loopt vooruit op een ware controle van de kerk op de troonsbestiging van de heersers van »Frankrijk«. Dit door de voorwaarde van een »promesse de sacre« (kroningseed) en de toekenning van de zalving door de geestelijkheid. De plaats Reims zet zich langzamerhand als kroningsoord door. In Duitsland verliest de traditie van de zalving daarentegen tot aan het begin van de 10e eeuw aan belang, in het bijzonder wanneer Otto I in 936 zijn macht in Lotharingen wil versterken (de symbolische keuze voor Aken wordt door zijn opvolgers overgenomen). De keizerkroning van 962 laat een preciezere scheiding tussen koningschap en keizerfunctie toe en dus het onderscheiden van twee ceremonieën van verschillende aard, die echter als aanvullend worden ervaren.

Shrnutí

Příspěvek objasňuje odlišnost tradic, které určovaly ve středověku korunovaci a pomazání panovníků ve Francii a v Německu.

Po státním převratu v roce 751 se stal Pipin Mladší franckým králem. U příležitosti jeho korunovace – v úzké spolupráci mezi novým režimem a římským biskupem – se poprvé v Galii zavedlo svaté pomazání. Pomazání přitom zdaleka nebylo jedinečným obřadem, neboť za určitých politických nebo ideologických okolností se mohly korunovační slavnosti a pomazání opakovat, aby se upevnila moc panovníka, papeže nebo dokonce i biskupů. Když byl Karel Veliký roku 800 korunován v Římě císařem, bylo pomazání s velkou pravděpodobností doprovodnou součástí obřadu. Tato císařská korunovace vedla k zásadní otázce, kdo je oprávněn udělovat císařský titul: papež nebo vládnoucí panovník? Karel Veliký i jeho syn a následník Ludvík Pobožný se neúspěšně snažili přejít papeže a zříci se jeho spolupůsobení na císařské korunovaci. Za vlády Ludvíka Pobožného – především ke konci jeho vlády – ztratilo pomazání postupně na významu: dva z jeho synů nebyli zasvěceni ani za otcova života. Francouzští biskupové se však nevzdávali. Za vlády Karla Holého se v západofrancké říši prosadilo jejich stanovisko. Nejdůležitější roli hrál v tomto směru Hinkmar z Remeše, jehož působení lze hodnotit jako předstupeň církevní hegemonie. Od té doby určovala církev průběh obřadu. Pomazání následníka trůnu během obřadu tvořilo jak předstupeň, tak i nutnou podmínku vlastní korunovace. Tím se Remeš postupně prosazovala jako »místo svatého pomazání« a tím také město francouzských korunovací. V německé říši naproti tomu ztratilo pomazání až do začátku 10. století svůj význam, především tehdy, když se Ota I. v roce 936 pokusil potvrdit svou pozici v Lotrinsku. Jeho následníci potvrzují volbu Cách jako města korunovací. Roku 962, císařskou korunovací Oty I. v Římě, vznikl rozdíl mezi královskou mocí v německé říši a funkcí císaře. Od té doby to byly dva různé obřady, které se bezprostředně doplňovaly.

Summary

In this brief article we have attempted to give some explanations for the different traditions during the Middle Ages in France and Germany with regard to coronations and the unction of the sovereign.

In Gaul the unction was introduced within the ritual of inauguration, when Pippin the Shorter seized power in 751, i.e. within a context of direct collaboration between the new regime and the bishop of Rome. At that time, the consecrations (such as coronations) were repeated at regular intervals and made it possible to reinforce both the king's and the Pope's or the bishops' power, given the political or certain ideological circumstances. The imperial coronation, most likely accompanied by an imperial consecration of Charlemagne in Rome in 800 introduced a new element to reflecting the divine legitimacy of power in the Christian West: who, from the pope or the official emperor, had the right to confer the imperial title? The popes checked Charlemagne's attempts and then those of Louis the Pious to surpass pontifical intervention with reference to becoming emperor.

There is not much more to say than that while the royal unction seemed to have become less important by the end of Louis the Pious' rule (two of the emperors' sons were not consecrated during their father's life), the episcopate forced its plans on the western France of Charles the Bald. The part played by Hinkmar of Reims was essential and the prelude to real control by the church in terms of the rise to power by sovereign from »France« via bestowing an unction which was supposed to be a »promise of consecration«; the place of Reims as a »place of consecration« became progressively more accepted. In Germany on the other hand, the traditions of unction lost force up to the beginning of the 10th century and, especially up to 936 when Otto I. wanted to assert his power in Lorraine (the symbolic choice of Aachen was then made by his successors); the imperial coronation of 962 makes it possible to separate royalty in Germany and imperial functions, and thus to discern two ceremonies of a different nature that were nevertheless felt to be complementary.

Hermann Fillitz (Wien)

Die Reichskleinodien

Abb. 1
Illustration sämtlicher Reichskleinodien, die in den Reichsstädten Nürnberg und Aachen verwahrt und jedesmal an den Ort der Krönung gebracht wurden, aus dem Krönungsdiarium Josephs II. von 1764, Kupferstich. Aachen, Stadtarchiv

Die Reichskleinodien – der Bestand und der Begriff

Unter dem Begriff »Reichskleinodien« verbirgt sich der bedeutendste Kronschatz des Mittelalters, der des Heiligen Römischen Reiches. Er ist der einzige Schatz der großen Königreiche des Abendlandes, der in seinen wesentlichen Teilen über alle Kriege und Revolutionen hinweggerettet werden konnte. Bedeutend ist dieser Schatz einmal als der des mittelalterlichen Imperiums, das seine staatenübergreifende Kaiseridee vom römischen Weltreich der Antike ableitete und diese

Idee, wenngleich mehr und mehr verblassend, bis in das frühe 19. Jahrhundert tradierte. Von der Kaiserkrönung Karls des Großen am Weihnachtsfest des Jahres 800 bis zu der Erklärung der Auflösung des Reiches am 12. August 1806 durch Kaiser Franz II., erzwungen durch die damalige politische Situation, spannt sich der Bogen. Bedeutend ist der Schatz aber auch wegen des außerordentlichen künstlerischen Ranges, der die meisten seiner Objekte auszeichnet.

Man kann die Reichskleinodien in vier Gruppen unterteilen, nämlich:

1.) Die Insignien. Zu ihnen gehören die Reichskrone, das Reichsschwert (Mauritiusschwert), der Reichsapfel, das Szepter und das Zeremonienschwert. Eine etwas isolierte Stellung nimmt das Aspergile (Weihwassersprenger) ein, das im Gebrauch des Königs keinen Platz hat.

2.) Die Krönungsgewänder – vergleichbar dem bischöflichen Ornat. Sie bestehen aus der Alba, dem Cingulum (Gürtel), der Dalmatika (Tunicella), dem Mantel (Pluviale), den Strümpfen, Schuhen, Handschuhen und dem Schwertgurt. Dazu kommt noch die Adlerdalmatika von einem Ornat des 14. Jahrhunderts und die Stola, die in ihrer Form der byzantinischen Herrscherbinde (Loros) entspricht.

3.) Die Reliquiare und Reliquien: Das Reichskreuz und die Heilige Lanze sowie die Kreuzpartikel, die ursprünglich darin aufbewahrt wurden, die Reliquiare mit dem Zahn Johannes des Täufers und dem Armbein der heiligen Kunigunde (respektive der heiligen Anna, wie die Reliquie später bezeichnet wurde), die Reliquiare mit den Gliedern der Ketten der Apostel Petrus, Paulus und Johannes Evangelista von deren Gefangenschaft, sowie mit dem Gewandstück des Evangelisten Johannes und das Reliquiar mit dem Span der Krippe Christi, schließlich zwei Reliquienmonstranzen mit einem Stück vom Tischtuch des Letzten Abendmahles und des Schürztuches Christi von der Fußwaschung.

4.) Die der Legende nach im Grab Kaiser Karls des Großen gefundenen Objekte des Aachener Münsterschatzes, nämlich das Reichsevangeliar, der Säbel Karls des Großen und die Stephansbursa.

Die Objekte der Gruppen 1, 2 und 4 waren für die Liturgie der Königs- und Kaiserkrönung notwendig, wobei die beiden Dalmatiken wechselweise getragen werden konnten.

Zu den Krönungsgewändern und -insignien gehörten früher noch das Umreale (Schultertuch), die Armspangen (Armillae) und die Sporen. Diese Objekte sowie mehrere andere, die aber bei den Krönungen selbst in jüngeren Zeiten, über die genauere Berichte (Krönungs-Diarien) vorliegen, nicht mehr getragen wurden – sind seit der Flüchtung der in den Gruppen 1–3 aufgeführten Objekte aus Nürnberg 1796 verloren.

In der Regel wurden die Reichskleinodien bei den Königskrönungen verwendet, zunächst und vornehmlich in Aachen, dem das Recht, Krönungsort zu sein, bis zum Ende des Heiligen Römischen Reiches zustand, später vornehmlich in Frankfurt am Main, der Stadt, in der die Wahl des Königs stattfand, sowie in Regensburg. Eher fallweise dürften die Reichskleinodien auch für Kaiserkrönungen gebraucht worden sein, nachweislich für Kaiser Friedrich III. 1452 in Rom und für Kaiser Karl V. 1530 in Bologna, bei der letzten Kaiserkrönung. Kaiser Maximilian und alle Nachfolger Kaiser Karls V. bis zum letzten Kaiser des Heiligen Römischen Reiches Franz II. führten mit päpstlicher Genehmigung den Titel »Erwählter Römischer Kaiser« – das Recht der Kaiserkrönung lag beim Papst.

So wie bei allen bekannten mittelalterlichen Schätzen, namentlich Kirchenschätzen, handelt es sich bei den Reichskleinodien um einen in Jahrhunderten gewachsenen Bestand. Es sind Objekte, die aus der vorkarolingischen Zeit bis in das frühe 16. Jahrhundert aus sehr verschiedenen Werkstätten von Süditalien bis Norddeutschland kommen.

Man muß sich auch fragen, warum gerade diese Objekte Teil des Reichsschatzes geworden sind. Die Krönungsgewänder stammen aus dem Besitz Kaiser Friedrichs II., von denen einige wieder aus seinem Erbe der Könige Siziliens herkommen. Der Krönungsmantel wurde im Jahre 528 der Hedschra, das ist 1133/34 unserer Zeitrechnung, von muslimischen Webern und Stickern in Palermo für König Roger II. geschaffen. Mit ihm ist aller Wahrscheinlichkeit nach auch die blaupurpurne Dalmatika zu verbinden, während die Alba und vermutlich auch die Strümpfe für König Wilhelm II. von Sizilien angefertigt wurden. Nur die Schuhe, die Handschuhe und das zum Ornat gehörige Schwert, das Zeremonienschwert der Reichskleinodien, gehen auf Kaiser Friedrich II. zurück; die dazugehörige Kronenhaube, heute im Domschatz von Palermo, wurde im Sarkophag der Gemahlin des Kaisers, Constanze, gefunden. Im Bamberger Domschatz aber blieben sehr erhebliche Teile von verschiedenen Ornaten Kaiser Heinrichs II. erhalten, und im Braunschweiger Herzog Anton Ulrich-Museum wird ein Pluviale Ottos IV. gezeigt. Von einem Ornat Kaiser Ludwigs des Bayern kamen eine Dalmatika, die sogenannte Adlerdalmatika (Abb. 2) und die dazugehörige kapuzenartige Mütze, eine »Gugel«, nicht aber offenbar das Pluviale, der königliche Mantel, dieses Ornates, zu den Reichskleinodien. Ein Gürtel erinnerte an Kaiser Otto II., das älteste der Textilien unter den Reichskleinodien. Zu diesen gehörten auch drei Reichsäpfel, drei Paar Schuhe, zwei Paar Handschuhe und zwei Stolen, obwohl bei den Krönungen anscheinend immer dieselben Gegenstände beziehungsweise Kleidungsstücke verwendet wurden. Was hat ein Aspergile, ein Weihwassersprenger, im Reichsschatz zu tun? Wurde er einmal statt eines Szepters verwendet oder ist dieser liturgische Gebrauchsgegenstand, der nichts mit dem König oder Kaiser unmittelbar zu tun hat, irrtümlich zu den Reichskleinodien gelegt worden?

Vielleicht liegt der Grund für derartige Zufälligkeiten nicht zuletzt auch in der Art der Aufbewahrung des Schatzes. Wir wissen wohl von dem 1246 auf der Burg Trifels angelegten Inventar der *keyserlichen zeychen* an, wo jemals die Reichskleinodien aufbewahrt waren, wenig jedoch über die Art, wie sie aufbewahrt wurden. Das gilt vor allem dafür, ob sie etwa mit anderen Schatzteilen eines Herrschers zusam-

Abb. 2
Johann Adam Delsenbach (1687–1765), Adlerdalmatika der Reichskleinodien, süddeutsch, vor 1350 (1338?), nebst Kaiserdalmatika, Kaiserstola und Gugel (Kappe), kolorierter Kupferstich nach den von den Originalen gefertigten Zeichnungen von 1751, in: Johann A. Delsenbach, Wahre Abbildung der sämtlichen Reichskleinodien welche in der des Heil. Röm. Reichs freyen Stadt Nürnberg aufbewahret werden, Nürnberg 1790, Tafel VI. Nürnberg, Germanisches Nationalmuseum

mengelegt waren. Das könnte dann erklären, wieso bei deren Trennung einige Stücke zu den Reichskleinodien kamen, andere nicht. So könnte es mit mehreren Reliquiaren aus dem Besitz Kaiser Karls IV. gewesen sein. Von den drei Reliquiaren mit den von Papst Urban V. dem Kaiser Karl IV. geschenkten Reliquien, deren Goldschmiedearbeiten von derselben Werkstätte stammen, kamen das Reliquiar mit den Gliedern der Ketten und das Reliquiar mit dem Gewandstück Johannes des Evangelisten zu den Reichskleinodien, das Kreuzreliquiar dagegen in den Prager Domschatz.

Es ist auch unklar, von wann an man von Kleinodien des Reiches oder, wie es das Trifels-Inventar formuliert, von kaiserlichen Zeichen sprechen kann. Das älteste Kleinod darunter ist sicherlich die Heilige Lanze, ursprünglich als die heiligen Mauritius, in die ein Nagel des Kreuzes Christi eingearbeitet worden sei, verehrt. Sie besaß schon Heinrich I. Ihrer wunderwirkenden Kraft schrieb Otto der Große seinen entscheidenden Sieg auf dem Lechfeld 955 gegen die Ungarn zu. Als Otto III. mit seinem Heer von Regensburg nach Rom aufbrach, ließ er die Heilige Lanze dem Heer vorantragen und, als er von römischen Aufständischen im Jahre 1001 auf dem Aventin belagert wurde, trug er selbst beim Ausfall seinen Kriegern die Heilige Lanze voran. Man kann kaum zweifeln, daß sie damals schon für den König respektive für das Reich die Funktion einer heiligen Waffe hatte. Konrad II. ließ schließlich für sie und die große Kreuzreliquie das mächtige Reichskreuz anfertigen, dessen Umschrift auf den Seitenfeldern die Siegeskraft des Kreuzes Christi in der Hand des Kaisers bezeugt. Hier dürfte es sich bereits um einen beginnenden Reichsschatz handeln. Ihm ist damals auch die Reichskrone zuzuzählen. Sie ist 962 oder eher 967 im Auftrag Kaiser Ottos I. geschaffen worden. Ob sie von seinen Nachfolgern verwendet wurde, beziehungsweise wann und wie sie getragen wurde, wissen wir nicht. Es gab jedenfalls mehrere in der Form ganz verschiedene Reifenkronen, mit denen vor allem Otto III. und Heinrich II. mehrmals dargestellt sind. Konrad II. aber hat die Reichskrone bei seiner Kaiserkrönung im Jahre 1027 getragen. Auf ihn bezieht sich der perlenbesetzte Bügel, der den Namen des Kaisers verkündet. Wahrscheinlich waren es die salischen Herrscher, mit denen die Kontinuitäts-Funktion der Reichskrone einsetzte. Auch die Tatsache, daß für den Gegenkönig Heinrichs IV., dessen Schwager König Rudolf von Rheinfelden, gefallen in der Schlacht an der Elster 1080, ein vergleichbares »Reichskreuz« mit einer großen Kreuzpartikel angefertigt wurde, das sogenannte Adelheid-Kreuz (heute Stift St. Paul im Lavanttal, Kärnten), weist auf die hohe politische Bedeutung hin, die diesen Objekten damals zukam. Die Salier haben schließlich in der 2. Hälfte des 11. Jahrhunderts noch das Reichsschwert anfertigen lassen. So kann man den Reichsschatz in seinen wesentlichen Teilen bereits gegen Ende des 11. Jahrhunderts als existent annehmen.

In staufischer Zeit wurden die Kleinodien um den Reichsapfel, wohl eine Kölner Arbeit aus dem letzten Viertel des 12. Jahrhunderts, ergänzt. Ungefähr gleichzeitig wurden auch die Armspangen, die Armillae (Abb. 3), in einer Kölner Werkstätte für die Krönungsinsignien geschaffen. Die goldenen Sporen und die Gewänder Friedrichs II., zu denen das sogenannte Zeremonienschwert gehört, vervollständigen diese Krönungsinsignien und -gewänder. Im Inventar von 1246 werden neben der Kreuzpartikel und der Heiligen Lanze noch mehrere andere Reliquien unter den kaiserlichen Zeichen genannt, nämlich ein Zahn Johannes des Täufers und ein Armbein, zunächst als das der heiligen Kunigunde, später wurde als das der heiligen Anna verehrt. Auch hier muß man sich fragen, was der Grund war, um gerade diese Reliquien, die in keine unmittelbare Beziehung zur Idee des Königtums gebracht werden können, dem Reichsschatz einzufügen. Sicherlich spielte dabei die allgemeine Vorstellung von einem »Schatz« eine Rolle, in dem sich weltliche und geistliche Kostbarkeiten verbanden.

Eine Definition der Reichskleinodien nur im Sinne der für eine Krönung oder allgemeiner der entsprechend repräsentativen Erscheinung des Königs notwendigen Insignien und Gewänder ist vom Mittelalter nicht zu erwarten.

Die Funktion der Reichskleinodien zur Herrscherlegitimation

Die Reichskleinodien waren aber nicht nur für die Krönungen oder fallweise Festlichkeiten, da der König »unter der Krone« ging, wichtig, wobei bei allgemeinen Festlichkeiten, auch bei den Festkrönungen so gut wie immer private Insignien verwendet wurden.

Die Reichskleinodien wurden im Laufe der Zeit – und wohl schon bald – auch zu sichtbaren Beweisstücken für die Legitimität eines Herrschers. Das wird besonders dort deutlich, wo die Kontinuität einer Dynastie nicht mehr gegeben war oder wo es zu Doppelwahlen kam. Als bei der Königswahl nach dem Luxemburger Heinrich VII. 1314 ein Teil der Fürsten sich für Ludwig den Bayern entschied, der andere für Friedrich von Österreich, zeigte Friedrich, der in den Besitz der Reichskleinodien gekommen war, sie vom Münster in Basel als Beweis dafür, daß er rechtmäßiger König sei. Es war das die erste bekannte Weisung der Reichskleinodien. In der Folge wurde die fallweise, schließlich jährliche Weisung der Reichskleinodien zur Regel. Damit war verbunden, daß zunächst die Krone als die Kaiser Karls des Großen, der ja 1165 über Betreiben Kaiser Friedrichs I. als heilig erklärt worden war, zur Reliquie wurde. Nach und nach folgten die anderen Insignien, bis schließlich der gesamte Ornat als der des heiligen Karl des Großen verehrt wurde. So wandelte sich die Weisung der Reichskleinodien von einer Demonstration der Rechtmäßigkeit einer Herrschaft zu einer Heiltumsweisung.

Zunächst verfügte der jeweilige König über die Reichskleinodien. In der Regel verwahrte er sie an einem sicheren Ort seines unmittelbaren Herrschaftsbereiches. Unter den letzten Staufern – jedenfalls gilt das für Friedrich II. und seinen Sohn Konrad – lag der Reichsschatz auf der Burg Trifels in der Rheinischen Pfalz. Die ersten Habsburger brachten die Kleinodien auf die Kyburg bei Winterthur. Dann waren die Reichskleinodien kurzzeitig im Stift Stams im Inntal, bis sie Ludwig der Bayer nach München bringen ließ. Kaiser Karl IV. verwahrte sie zusammen mit dem böhmischen Kronschatz in besonders glanzvoller und sakraler Form in der Heilig-Kreuzkapelle von Karlstein bei Prag. Schließlich hütete Kaiser Sigismund sie auf seiner Burg Visegrad an der Donau in Ungarn. 1423 verlieh er der Freien Reichsstadt Nürnberg das Privileg der dauernden Aufbewahrung der Reichskleinodien, und so wurden diese 1424 nach Nürnberg gebracht, wo sie bis zum Jahre 1796 blieben. Warum Kaiser Sigismund seine Entscheidung traf, womit er die Kleinodien dem Verfügungsrecht des Königs entzog, der fortan nur einmal, nämlich bei seiner Krönung, die Möglichkeit hatte, die Insignien des Reiches zu tragen, weiß man nicht. Für alle anderen Festlichkeiten, bei denen der Herrscher im königlichen Ornat erscheinen mußte oder wollte, mußte er einen privaten Ornat tragen. Damit stieg natürlich auch die Bedeutung dieser privaten Ornate, die auch immer kostbarer wurden. Man kennt die Ornate Kaiser Friedrichs III. und Maximilians I. aus Beschreibungen und Abbildungen. Leider hat sie König Philipp II. von Spanien, in dessen Besitz sie auf dem Erbwege kamen, zerstören lassen. Die Reichskleinodien andererseits verloren ihre Bindung an ihren Träger und wurden noch mehr als zuvor zu selbständigen Symbolen des Reiches.

Kaiser Karl IV. ließ für die Heilige Lanze und die Kreuzpartikel neue Fassungen anfertigen, das Reichskreuz erhielt einen neuen Fuß, der Zahn Johannes des Täufers, der schon im Trifels-Inventar genannt wird, wurde in ein neues Ostensorium gefaßt, und schließlich gehen die Reliquiare mit den Kettengliedern und mit dem Gewandstück des Evangelisten Johannes sowie das Reliquiar mit dem Span der Krippe Christi – alles Geschenke Papst Urbans V. an den Kaiser – auf Karl IV. zurück. Er hat den Knauf des Zeremonienschwertes ergänzt und schließlich Futterale für die Krone und das Zeremonienschwert anfertigen lassen.

Von Kaiser Sigismund stammt ein Reichsapfel im Reichsschatz. Möglicherweise geht auf ihn auch das Szepter zurück. Jedenfalls läßt

Abb. 3
Johann Adam Delsenbach (1687–1765), Verlorene Armillae der Reichskleinodien, rheinisch, um 1170, kolorierter Kupferstich nach den von den Originalen gefertigten Zeichnungen von 1751, in: Johann A. Delsenbach, Wahre Abbildung der sämtlichen Reichskleinodien welche in der des Heil. Röm. Reichs freyen Stadt Nürnberg aufbewahret werden, Nürnberg 1790, Tafel VII, Nürnberg, Germanisches Nationalmuseum

sich dessen recht schlichte Form am ehesten mit dem Schaft eines Reliquiars vergleichen, das König Ludwig der Große von Ungarn 1367 nach Aachen gestiftet hatte. Vielleicht kam das Szepter aus Ludwigs Besitz in den seines Schwiegersohnes Kaiser Sigismund und über ihn in den Reichsschatz.

Die Reichskleinodien in Nürnberg

Auch Nürnberg hat hinsichtlich Verwahrung, Pflege und Vermehrung der Reichskleinodien gesorgt. Für die Reliquien des Reichsschatzes wurde nach der Übernahme 1424 ein großer silberner Schrein angefertigt, der im Chor der Heilig-Geist-Kirche hängend seinen Platz hatte (heute Nürnberg, Germanisches Nationalmuseum), so daß diese allgemein von den Gläubigen verehrt werden konnten. Auf der Unterseite des Schreines zeigt ein Gemälde die von Engeln getragenen Reliquien Christi, die Kreuzpartikel und die Heilige Lanze. Die Insignien wurden in dem oberhalb der Sakristei gelegenen Raum verwahrt, so wie das auch anderswo bei der Unterbringung von Kirchenschätzen üblich war. Die Stadt ließ für das Reichskreuz und die Kreuzpartikel neue Futterale und für die kleineren Reliquiare eine Kassette anfertigen. 1518 haben die für die Verwaltung der Reichskleinodien zuständigen *Lossvnger vnd oberste Havptlevt* dem Reichsschatz noch zwei Reliquienmonstranzen hinzugefügt, die eine mit einem Stück des Tischtuches vom Letzten Abendmahl, die andere mit einem Stück des Schürztuches Christi von der Fußwaschung. Geschaffen wurden die beiden Reliquienmonstranzen vom Nürnberger Goldschmied Hans Krug d.J., wobei hinsichtlich der Komposition ein Einfluß Albrecht Dürers nicht auszuschließen ist. Dieser hatte 1512 für den Raum im Schopper'schen Haus, vor dem die Heilstumsweisung stattfand, zwei große Tafelbilder geschaffen, deren eines Karl den Großen als den Gründer des Reiches mit den Insignien und Gewändern der Reichskleinodien zeigt, die damals mit ihm unmittelbar in Verbindung gebracht wurden, das andere Kaiser

Abb. 4
Zurschaustellung der Reichskleinodien vor dem Schopperschen Haus in Nürnberg, die 1315 belegt ist und durch Ratsbeschluß 1524 beendet wurde. Seit 1424 fanden die »Heiltumsweisungen« auf einem speziellen Gerüst, dem »Heiltumsstuhl« statt. Anlaß war die seit dem 14. Jh. nachweisbare fälschliche Zuweisung sämtlicher Reichskleinodien an den 1165 heiliggesprochenen Karl den Großen. Darstellung im Nürnberger Heiltumsbüchlein aus dem Jahr 1487 (Druck von Peter Vischer?), kolorierter Holzschnitt auf Pergament.
Nürnberg, Staatsarchiv, Reichsstadt Nürnberg, Handschriften Nr. 399a

stellt Sigismund, der der Stadt das Privileg der Verwahrung der Reichskleinodien erteilt hatte, in einem zumindest teilweise frei erfundenen Privatornat (beide Gemälde heute im Germanischen Nationalmuseum, Nürnberg) dar. Für diese Heiltumsweisung, die auf eine Einrichtung Kaiser Karls IV. zurückging, wurde 1497 ein Heiltumsbuch (Abb. 4) geschaffen und es wurden Einblattholzschnitte mit den wichtigsten Stücken der Reichskleinodien verkauft. 1523 schloß sich Nürnberg der Reformation an. Die jährliche Heiltumsweisung fand damit ebenso ein Ende wie die Geschichte der Erwerbungen und der Vergrößerung des Reichsschatzes. Nur mehr für die Krönungen verließen die Reichskleinodien ihren Aufbewahrungsort in der Heilig-Geist-Kirche.

Das Schicksal der Reichskleinodien seit dem Ende des 18. Jahrhunderts

1796 aber mußten sie aus Nürnberg geflüchtet werden, um sie vor der anrückenden französischen Armee des Generals Jourdan in Sicherheit zu bringen. Oberst Johann Georg von Haller, einer der in Nürnberg für die Reichskleinodien Verantwortlichen, brachte den Schatz in größter Heimlichkeit nach Regensburg, wo der Reichstag versammelt war, und übergab ihn dort dem kaiserlichen Konkommissär Freiherrn Johann Aloys Joseph von Hügel zur temporären Aufbewahrung. Als aber im 2. Koalitionskrieg die Franzosen auch gegen Regensburg vorrückten, flüchtete Freiherr von Hügel die Reichskleinodien zunächst nach Passau und dann von dort die Donau abwärts nach Wien, wo sie auf Weisung von Kaiser Franz II. im Jahre 1800 in der kaiserlichen Schatzkammer hinterlegt wurden.

Seit der Flüchtung der Reichskleinodien aus Nürnberg fehlen mehrere Stücke, zum Glück keines der zentralen. Man kennt sie recht genau aus der Beschreibung von Christoph Gottlieb von Murr 1790 und mehr noch durch die damals geschaffenen sehr genauen Kupferstiche von Johann Adam Delsenbach. Wann genau und wieso diese Objekte spurlos verschwunden sind, dafür gibt es keine belegbare Erklärung. Man muß aber zur damaligen Situation bedenken, daß der Abtransport aus Nürnberg sehr rasch in höchster Gefahr und im Geheimen erfolgte. Bei der Übergabe in Regensburg an den Freiherrn von Hügel fehlten auch das Reichs- und das Zeremonienschwert und mehrere Reliquiare, die erst nach Urgenz in einem zweiten Transport dem kaiserlichen Konkommissär übergeben werden konnten. Wie immer es gewesen sein mag, vom alten Kronschatz fehlen seither der Gürtel Kaiser Ottos II., ein zweiter Gürtel, die beiden Armspangen, die Sporen, eine Stola, die zur Adlerdalmatica gehörende Gugel, zwei Paar Schuhe und ein Paar Handschuhe, immerhin ein ansehnlicher Bestand. Man kann sich das spurlose Verschwinden dieser Objekte eigentlich nur so erklären, daß sie gemeinsam verpackt waren und in den Kriegswirren des endenden 18. und frühen 19. Jahrhunderts zerstört wurden – wohl am ehesten verbrannten.

Auch das Kapitel des Aachener Münsters hatte sich 1794 entschließen müssen, vor der anrückenden französischen Armee den kostbaren Schatz des Münsters in Sicherheit zu bringen. Er wurde nach Paderborn ausgelagert. Unter diesen Kostbarkeiten befanden sich auch drei, die den Rang von Reichskleinodien hatten. Auf Grund ihrer angenommenen unmittelbaren Verbindung mit Karl dem Großen – der Legende nach seien sie bei der Öffnung von Karls Grab durch Kaiser Otto III. beim Leichnam gefunden worden – mußten sie bei jeder Krönung anwesend sein: das Reichsevangeliar, auf das bei der Krönung der Eid abzulegen war, der Säbel Karls des Großen, mit dem der König gegürtet wurde, und schließlich die Stephansbursa, die einmal Erde, die mit dem Blut des Erzmärtyrers Stephanus getränkt war, enthalten haben soll. Das Reichsevangeliar ist tatsächlich am Hofe Karls des Großen in Aachen um 800 geschrieben worden; möglicherweise wurde die Stephansbursa noch zu Lebzeiten des Kaisers geschaffen; der Säbel dagegen ist eine Waffe aus dem Kiewer Gebiet aus dem 10. Jahrhundert. Vom Aachener Kanonikus Anton Joseph Blees, der den Münsterschatz in Paderborn betreute, auf die drei Reichskleinodien aufmerksam gemacht, meldete der kaiserliche Gesandte Graf Westphalen den Tatbestand zunächst nach Wien. Er übernahm 1798 die drei Kostbarkeiten, die den Berichten zufolge gesondert verpackt gewesen waren. Als er dann 1801 seine Funktion als kaiserlicher Gesandter niederlegte, ließ er über Auftrag des Kaisers auch diese drei Objekte der kaiserlichen Schatzkammer in Wien übergeben. Seit dieser Zeit bilden die beiden Bestände, die Nürnberger und die Aachener, eine Einheit.

Aber auch in Wien kamen diese nicht zur Ruhe. Als Napoleon in den Jahren 1805 und 1809 in Wien einrückte, brachte man die Reichskleinodien rechtzeitig in Sicherheit, das erste Mal nach Ofen, dann nach Temesvar (Siebenbürgen), hatte Napoleon doch sein Interesse an der Krone Charlemagnes niemals verhehlt. Mit der Erklärung von Kaiser Franz II. über die Auflösung des Heiligen Römischen Reiches am 6. August 1806 verloren die Reichskleinodien ihre politische Bedeutung. Das Reich, das sie letztlich symbolisierten, hatte zu bestehen aufgehört. Sie blieben Zeugnisse einer großen Geschichte, die über mehr als tausend Jahre von Karl dem Großen bis zu Kaiser Franz II. führt, der schon 1804 als Reaktion auf die Krönung Napoleons zum Kaiser der Franzosen den Titel eines Kaisers von Österreich angenommen hatte, als solcher Kaiser Franz I. Eigentumsforderungen des Aachener Kapitels, die mehrfach erhoben wurden, wurden immer wieder mit der Gegenbehauptung, daß es sich bei den drei Objekten um Reichskleinodien und mithin um Reichsbesitz gehandelt habe, zurückgewiesen. 1827 wurden die Reichskleinodien erstmals in der Wiener Schatzkammer ausgestellt.

Als Adolf Hitler 1938 Österreich dem Deutschen Reich eingliederte, ließ er auf Ersuchen des Nürnberger Oberbürgermeisters Willy Liebel die Reichskleinodien wieder nach Nürnberg bringen – auch die drei Aachener Stücke –, wo sie in der Heilig-Geist-Kirche ausgestellt wurden, bis die Kriegsereignisse dazu zwangen, sie in den Kasematten der Nürnberger Burg zu bergen. Sie wurden dort eingemauert. Bei Kriegsende konnten amerikanische Kunstschutzoffiziere mit Hilfe eines Mitgliedes der nationalsozialistischen Nürnberger Stadtregierung die Reichskleinodien in ihrem Versteck ausfindig machen. In der Folge wurden sie am 7. Januar 1946 der österreichischen Bundesregierung zurückgegeben. Seit der Neuaufstellung der Wiener Schatzkammer im Juli 1954 sind die Reichskleinodien dort wieder ausgestellt.

Bock, Franz: Die Kleinodien des Heiligen Römischen Reiches deutscher Nation nebst den Kroninsignien Böhmens, Ungarns und der Lombardei, Wien 1864.
Fillitz, Hermann: Katalog der Weltlichen und Geistlichen Schatzkammer, Wien 1954, Wien ^{5}1971.
Ders.: Die Insignien und Kleinodien des Heiligen Römischen Reiches, Wien-München 1954.
Ders.: Die Schatzkammer in Wien. Symbole abendländischen Kaisertums, Salzburg-Wien 1986.
Grimme, Ernst Günther: Der Aachener Domschatz (= Aachener Kunstblätter 42), (1973).
Kubin, Ernst: Die Reichskleinodien. Ihr tausendjähriger Weg, Wien-München 1991 (Lit.).
Murr, Christoph Gottlieb: Beschreibung der sämtlichen Reichskleinodien und Heiligtümer, welche in der des H.R. Reichs freyen Stadt Nürnberg aufbewahret werden, Nürnberg 1790.
Ders.: Beschreibung der ehemals in Aachen aufbewahrten drey kaiserlichen Krönungszierden, Nürnberg und Altdorf 1801.
Schlosser, Julius von: Die Schatzkammer des Allerhöchsten Kaiserhauses, Wien 1918.
Ders.: Die deutschen Reichskleinodien, Wien 1920.
Schramm, Percy Ernst/Mütherich, Florentine: Denkmale der deutschen Könige und Kaiser. Ein Beitrag zur Herrschergeschichte von Karl dem Großen bis Friedrich II, 768–1250, München 1962.

Ders./Fillitz, Hermann: Denkmale der deutschen Könige und Kaiser. Von Rudolf I. bis Maximilian I. 1273–1519, München 1978.

Die Weltliche und Geistliche Schatzkammer. Bildführer, hg. vom Kunsthistorischen Museum Wien, Salzburg – Wien 1987.

Weixlgärtner, Arpad: Geschichte im Widerschein der Reichskleinodien, Baden bei Wien-Leipzig 1938.

Kurzfassung

Unter den Reichskleinodien versteht man den Kronschatz des Heiligen Römischen Reiches, das seine Gründung auf Kaiser Karl den Großen (zum Kaiser gekrönt am Weihnachtsfest 800) zurückführte; 1806 erklärte Kaiser Franz II. unter dem Druck der übermächtigen Politik Napoleons das Reich für aufgelöst.

Ursprünglich verfügte der jeweilige König über den Reichsschatz. 1423 verlieh Kaiser Sigismund der Freien Reichsstadt Nürnberg das Privileg der ständigen Verwahrung der Reichskleinodien. Vor der französischen Armee mußten aber 1796 die Reichskleinodien in Sicherheit gebracht werden und so wurden sie 1800 der Wiener Schatzkammer zur Aufbewahrung übergeben. Den Reichskleinodien wurden auch drei Objekte des Aachener Münsterschatzes zugezählt, die der Legende nach von Kaiser Otto III. im Grabe Karls des Großen gefunden worden waren, nämlich das Reichsevangeliar und die Stephansbursa (das erstere noch um 800 am Hofe Karls des Großen geschrieben, das letztere möglicherweise noch in seiner Zeit geschaffen) und der Säbel Karls des Großen, eine Waffe des 10. Jahrhunderts aus dem Kiewer Bereich. Im Zuge der Wirren der Kriege des endenden 18. und beginnenden 19. Jahrhunderts wurden auch diese Kostbarkeiten aus Aachen weggebracht und schließlich 1801 in der Wiener Schatzkammer hinterlegt. Während der nationalsozialistischen Zeit 1938 bis 1945 wurden die Reichskleinodien nach Nürnberg gebracht, Anfang 1946 von der amerikanischen Armee wieder der österreichischen Bundesregierung übergeben.

Die Reichskleinodien bestehen 1.) aus den wichtigsten Insignien, die bei der Krönung dem König übergeben wurden, der Krone Ottos I. (962 oder 967), dem Reichsschwert (2. Hälfte 11. Jahrhundert), dem Reichsapfel (spätes 12. Jahrhundert), dem Szepter (2. Hälfte 14. Jahrhundert) und dem zum Ornat Kaiser Friedrichs II. gehörenden »Zeremonien«-Schwert; 2.) aus den Krönungsgewändern, hauptsächlich aus dem Besitz Kaiser Friedrichs II., jedoch mit älteren Gewändern, vor allem dem 1133/34 in Palermo geschaffenen Krönungsmantel. Die »Adler-Dalmatika« und die Stola stammen wahrscheinlich aus dem Besitz Kaiser Ludwigs des Bayern. 3.) ein Schatz an Reliquien, vor allem die Heilige Lanze und die Kreuzpartikel, die im Mittelalter als siegbringend in den Händen des Königs/Kaisers angesehen wurden.

Die Reichskleinodien wurden regelmäßig, soweit das belegbar ist, bei den deutschen Königskrönungen verwendet, fallweise auch bei den Kaiserkrönungen durch den Papst, so bei Friedrich III. 1452 und Karl V. 1530, der letzten Kaiserkrönung.

Résumé

Les joyaux de l'Empire constituent en fait le Trésor de la Couronne du Saint Empire romain dont la création remonte à Charlemagne, couronné Empereur le jour de Noël de l'an 800. En 1806, sous la férule de la politique – en tout point écrasante – de Napoléon, l'empereur François II proclama la dissolution de l'Empire.

A l'origine, c'était le souverain régnant qui disposait du Trésor du Saint Empire. En 1423, l'empereur Sigismond accorda à la ville libre de Nuremberg le privilège d'assumer en permanence la garde des joyaux. En 1796, il fallut les protéger de l'armée française : en 1800, pour les mettre à l'abri, on en confia la garde au trésor public de Vienne.

Mais, marqués par les guerres, la fin du XVIIIème siècle et le début du siècle suivant furent des périodes de troubles. En 1801, il fallut donc se résigner à priver le Trésor de la cathédrale d'Aix-la-Chapelle de trois autres objets, précieux entre tous, pour les mettre eux aussi en sécurité dans le trésor public de Vienne. Il s'agissait de trois souvenirs que, selon la légende, l'empereur Otton III avait découverts dans le tombeau de Charlemagne : l'évangéliaire impérial, rédigé vers l'an 800 à la cour de Charlemagne, l'aumônière de Saint Étienne, peut-être cousue du temps de l'empereur, et le sabre dit de Charlemagne, une arme du Xème siècle provenant de la région de Kiev. De 1938 à 1945, sous le nazisme, les joyaux de l'Empire furent transférés à Nuremberg. Au début de l'année 1946, l'armée américaine les restitua au gouvernement fédéral autrichien.

Les joyaux de l'Empire comportent : 1. les principaux insignes remis au roi lors du couronnement, la couronne d'Otton Ier (962 ou 967), l'épée impériale (seconde moitié du Xème siècle), le globe impérial (fin du XIIème siècle), le sceptre (seconde moitié du XIVème siècle), ainsi que l'épée d'apparat qui faisait partie des ornements de cérémonie de Frédéric II ; 2. certains habits du costume du couronnement, ayant pour la plupart appartenu à l'empereur Frédéric II, et quelques vêtements plus anciens, en particulier la cape de couronnement faite à Palerme en 1133–1134. La dalmatique ornée d'une aigle et l'étole proviennent vraisemblablement des biens de l'empereur Louis de Bavière ; 3. un trésor de reliques comprenant entre autres la Sainte Lance et un fragment de la Sainte Croix qui, au Moyen Age, étaient censés apporter la victoire au souverain qui s'en munissait pour partir au combat.

On sait, pour autant que les archives apportent des éclaircissements à ce sujet, que les joyaux de l'Empire étaient régulièrement utilisés en Allemagne lors des couronnements royaux ; ils servaient même exceptionnellement lors des couronnements impériaux célébrés par le pape. Ce fut entre autres le cas pour Frédéric III en 1452 et pour Charles-Quint en 1530 : un couronnement impérial qui sera d'ailleurs le dernier.

Samenvatting

Onder de rijkskleinodiën verstaat men de kroonschat van het Heilige Romeinse Rijk. Deze herleidt de stichting van dit Duitse rijk tot Keizer Karel de Grote (kerstmis 800 tot keizer gekroond). Het Heilige Romeinse Rijk kwam tot een abrupt einde toen Keizer Frans II onder druk van de overmachtige politiek van Napoleon in 1806 het rijk voor ontbonden verklaarde.

Oorspronkelijk beschikte de heersende koning over de rijksschat. In 1423 verleende Keizer Sigismund aan de vrije rijksstad Neurenberg het privilege om de rijkskleinodiën continu te bewaren. In 1796 moesten de rijkskleinodiën echter voor het Franse Leger worden gered. Ze werden zodoende in het jaar 1800 bij de Weense Schatkamer in bewaring gegeven. Bij de rijkskleinodiën hoorden ook drie objecten uit de Akener munsterschat, die volgens de legende door Otto III in het graf van Karel de Grote waren gevonden, namelijk het rijksevangeliarium en de stephansbursa (het eerste is nog rond 800 aan het hof van Karel de Grote geschreven, het laatste is mogelijkerwijs nog in zijn tijd gemaakt) en de sabel van Karel de Grote, een wapen uit de 10e eeuw uit de omgeving van Kiev. Als gevolg van de onlusten n.a.v. de oorlogen aan het eind van de 18e en het begin van de 19e eeuw werden ook deze kostbaarheden uit Aken weggebracht en tenslotte 1801 aan de Weense schatkamer in bewaring gegeven. In de nationaal-socialistische tijd zijn de rijkskleinodiën van 1938 tot 1945 naar Neurenberg gebracht. Begin 1946 zijn ze door het Amerikaanse leger weer aan de Oostenrijkse Bondsregering gegeven.

De rijkskleinodiën bestaan 1.) uit de belangrijkste insignes die bij de kroning aan de koning werden gegeven, de kroon van Otto I (962 of 967), het rijkszwaard (2e helft 11e eeuw), de rijksappel (late 12e eeuw), het scepter (2e helft 14e eeuw) en het bij het ornaat van keizer Frederik II behorende »ceremonie«-zwaard; 2.) uit de kroningsgewaden, voornamelijk uit de bestanden van keizer Frederik II, echter ook met oudere gewaden, vooral de 1133/34 in Palermo vervaardigde kroningsmantel. De »adelaarsdalmatica« en de stola zijn waarschijnlijk van keizer Lodewijk de Beier. 3.) een schat aan relikwieën, vooral de heilige lans en de stukjes van het kruis, die in de middeleeuwen de naam hadden, de keizer de overwinning te bezorgen.

Voorzover we dit kunnen nagaan werden de rijkskleinodiën regelmatig bij de kroningen van de Duitse keizers gebruikt. In sommige gevallen ook bij de keizerkroningen door de Paus, bijvoorbeeld bij Frederik III in 1452 en Karel V in 1530, tevens de laatste keizerkroning.

Shrnutí

Pojem říšské korunovační klenoty označuje korunovační poklad Svaté říše římské, která byla založena císařem Karlem Velikým (císařská korunovace se konala o vánočním svátku roku 800); v roce 1806 prohlásil císař František II. pod tlakem mocné Napoleolovy politiky říši za zrušenou.

Původně patřil říšský poklad jednotlivým králům. Roku 1423 udělil císař Zikmund svobodnému městu Norimberku privilegium trvale uchovávat korunovační klenoty. Roku 1796 se však musely říšské korunovační klenoty převézt do bezpečí před francouzskou armádou, proto byly předány k úschově do vídeňské pokladnice. K říšským korunovačním klenotům patřily též tři objekty z cášského církevního pokladu, které podle legendy nalezl císař Ota III. v hrobě Karla Velikého: říšský evangeliář (sepsaný kolem roku 800 na dvoře Karla Velikého), Štěpánův měšec (vyrobený možná ještě za Karlova života) a šavle Karla Velikého, zbraň z 10. století z oblasti Kyjeva. Ve zmatcích a válkách konce 18. a začátku 19. století byly tyto cenné předměty z Aachen odvezeny a konečně roku 1801 uloženy ve vídeňské pokladnici. V období nacismu 1938–1945 byly říšské korunovační klenoty převezeny do Norimberka, počátkem roku 1946 je pak americká armáda vrátila rakouské vládě.

Říšské korunovační klenoty sestávají 1.) z nejdůležitějších insignií, které se předávaly králi při korunovaci, koruny Oty I. (z roku 962 nebo 967), říšského meče (2. polovina 11. století), říšského jablka (pozdní 12. století), žezla (2. polovina 14. století) a »obřadního« meče, který patřil k ornátu císaře Fridricha II.; 2.) z korunovačních rouch, hlavně z majetku císaře Fridricha II., ale původem i starších, především korunovačního pláště vyrobeného v letech 1133–34 v Palermu. »Orlí dalmatika« a štóla pocházejí pravděpodobně z majetku císaře Ludvíka Bavora. 3.) z pokladu relikvií, především svatého kopí a částí kříže, o nichž se ve středověku věřilo, že v rukou krále či císaře přinášejí vítězství.

Říšské korunovační klenoty se pravidelně (pokud to lze doložit) používaly při korunovacích německých králů, v některých případech také při císařských korunovacích papežem, např. při korunovaci Fridricha III. v roce 1452 a při poslední císařské korunovaci Karla V. v roce 1530.

Summary

The imperial jewels were the crown treasures of the Holy Roman Empire, which was founded by Emperor Charlemagne (crowned during the Christmas festivities in 800); in 1806 Emperor Franz II. declared under the pressure of Napoleon's overbearing politics that the empire was dissolved.

Originally the king who was in power had control of the imperial treasures. In 1423 Emperor Sigismund passed the privilege of looking after the imperial jewels over to the free imperial town of Nuremberg. However in 1796 the imperial jewels had to be brought to safety away from the French army, and so they were given to the Viennese Treasury for safe-guarding in 1800. Three further objects of the Aachen Minster treasures also counted as imperial jewels, which according to legend had been discovered by Otto III in Charlemagne's grave, i.e. the imperial evangeliser and the Stephan bursa (the first of which was written around 800 in the court of Charlemagne, the latter possible created during his time) and the sabre of Charlemagne, a weapon of the 10th century from near Kiev. In the process of the chaos of the wars at the end of the 18th century and the beginning of the 19th, these valuables too were taken away from Aachen and finally brought to the Viennese treasury in 1801 for safekeeping. During the National Socialist regime during 1938 and 1945 the jewels were brought to Nuremberg; at the beginning of 1946 they were then passed on to the Austrian government once again by the American army.

The imperial jewels consist 1) of the most important insignia which were rendered to the king during the coronation, Otto I's crown (962 or 967), the imperial sword (2nd half of the 14th century) and the »ceremony«-sword which belonged to Emperor Frederick II.'s regalia; 2) of the coronation robes, mainly from Emperor Frederick II., however including older garments, in particular the coronation coat that was created in 1133/34 in Palermo. The »Adler-Dalmatika« and the stole probably originate from Emperor Louis the Bavarian. 3) a treasure of relics, particularly the Holy lance and the Cross particles which were considered to bring victory in the hands of the king of emperor in the Middle Ages.

The imperial jewels were deployed regularly, as far as can be recorded, during German imperial coronations by the Pope, i.e. with Frederick III. in 1452 and Charles V. in 1530 during the last imperial coronation.

Jürgen Petersohn (Marburg)

Die Reichsinsignien im Krönungsbrauch und Herrscherzeremoniell des Mittelalters*

Abb. 1 Kat.Nr. 5 · 2
Reichsapfel, westdeutsch (Köln?), letztes Viertel 12. Jh., Kopie von Paul Beumers, 1915, nach dem Original in Wien. Aachen, Krönungssaal des Rathauses. Aachen, SLM, RCK 9

»Welche Kaiserinsignien gibt es, und was bedeuten sie im einzelnen«?[1] Diese Frage, angeblich vom Kaiser an ihn gerichtet, beantwortete der staufische Hofkapellan, Notar und Geschichtsschreiber Gottfried von Viterbo in seinem »Pantheon«, indem er als Insignien, die das Reichsoberhaupt besitze, Kreuz, Schwert, Zepter, Krone, Lanze und Apfel nannte und in gereimten Metren ihre herrschaftstheologische Bedeutung erläuterte.

Wir nehmen diese Frage auf, übertragen sie jedoch in den Bereich des zeremoniellen Handelns und des politischen Denkens, indem wir uns über folgende Sachverhalte zu informieren versuchen: 1. Was waren, 2. wozu dienten, 3. welche Bedeutung hatten die mittelalterlichen Reichsinsignien?

Was waren die mittelalterlichen Reichsinsignien?

Die Reichsinsignien des Mittelalters, die heute in der Weltlichen Schatzkammer des Wiener Kunsthistorischen Museums verwahrt werden, stellen ein Ensemble von Objekten sehr uneinheitlicher Herkunft und Entstehungszeit dar. Der Reichsapfel stammt aus der Zeit um 1200, das Zepter aus dem 14. Jahrhundert. Die Reichskrone als solche läßt sich erst um das Jahr 1200, und zwar zunächst in der deutschen Dichtung, unverwechselbar aus schriftlichen Bezügen nachweisen, nämlich aufgrund ihres hervorstechenden Leitsteines, des Waisen. Sie hat sicher nicht die Anfänge des ostfränkisch-deutschen Königtums gesehen. Ab wann, wenn eine Krone im Ensemble von Kreuz und Heiliger Lanze genannt wird, an die Wiener Krone oder ein Vorgängerobjekt zu denken ist, hängt von der derzeit wieder umstrittenen Altersbestimmung dieses Stücks ab. Im Spätmittelalter ist sie durch ihre Bezeichnung als Karlskrone gesichert. Dasselbe gilt aufgrund der gleichen Zuweisung für das sogenannte Zeremonienschwert und in zunehmendem Maße für weitere Teile des Reichsschatzes.

Da die Zusammensetzung des Reichsschatzes, was die Gattungen der Herrschaftszeichen betrifft, seit dem Hochmittelalter festliegt, müssen vor den jüngeren Stücken andere der gleichen Art existiert haben, die nicht erhalten sind. Mit anderen Worten: Es gab »Reichsinsignien« vor den (Wiener) Reichsinsignien. Daneben besaßen die mittelalterlichen Herrscher meist mehr als eine Krone, hatten mindestens einen zweiten Insigniensatz, den sie konkurrierend zu den Reichsinsignien bei erforderlichen Gelegenheiten benutzten. Das bedeutet aber, daß mit Hilfe des Wiener Bestandes allein keine Geschichte der mittelalterlichen Reichsinsignien geschrieben werden kann.

Die Reichsinsignien standen das ganze Mittelalter hindurch in einer ständigen Insignienkonkurrenz. Jedes monarchische Abzeichen, das der deutsche Herrscher trug, war ein Königs- oder Kaiserinsigne. Die Reichskleinodien waren nur ein Teilbestand des herrscherlichen Insignienbesitzes überhaupt. Sie unterschieden sich von anderen Objekten gleicher Art – abgesehen von ihrer individuellen Formgebung – nur dadurch, daß sie dem Reich, jene dem Einzelherrscher oder seinem Hause gehörten.

Wenig Hilfe für eine Untersuchung des Insignienbrauches im mittelalterlichen deutschen Reich geben die zeitgenössischen Bildquellen. Man hat geglaubt, die Wiener Krone bereits auf Miniaturen, Siegeln oder Elfenbeinarbeiten des 10.-12. Jahrhunderts erkennen zu können, und hat dieses Ergebnis auch als Datierungsargument benutzt. Solche Identifikationsversuche sind insgesamt jedoch als gescheitert zu betrachten. Erst im ausgehenden Mittelalter lassen sich bewußte Bezugnahmen auf diese Krone erkennen. Ihre älteste exakte Wiedergabe findet sich sogar erst auf Albrecht Dürers Karlsbildnis (Abb. 2) und den hierzu gefertigten Vorarbeiten von etwa 1510/13. Aus diesem Befund den Schluß zu ziehen, die Reichskrone sei zu Anfang des 16. Jahrhunderts angefertigt worden, wäre ebenso verfehlt wie die Meinung, jene Kroninsignien, die Kaiser und Könige auf mittelalterlichen Darstellungen bis in die Holzschnittzeit hinein auf dem Kopfe tragen, seien die tatsächlichen, wenn auch verlorenen Kronen dieser Zeit gewesen. Die Krone als bestimmendes monarchisches Zeichen wird im Mittelalter als individuell gesehener Gattungsgegenstand, nicht als Abbildung einer Realie dargestellt. Gleiches gilt für Schwerter, Zepter oder Reichsäpfel. Nicht ein bestimmtes Zeichen, sondern Zeichen bestimmter Art waren wichtig.

Angesichts der skizzierten Methoden- und Erkenntnisprobleme im Umgang mit Realien und Bildquellen wächst der schriftlichen Überlieferung entscheidende Bedeutung zu. Aufmerksamkeit verdient in diesem Zusammenhang die Nomenklatur des Insignienbestandes als solchen. Die lateinischen Bezeichnungen für den königlichen beziehungsweise kaiserlichen Insignienschatz variieren im Hochmittelalter zwischen Ausdrücken wie: *insignia imperialia, regalia insignia, insignia imperialis celsitudinis, insignia imperialis capellae quae regalia dicuntur* u.s.w. Gelegentlich ist auch vom *apparatus imperialis* oder den *imperatoris ornamenta* die Rede. Die Besitzzugehörigkeit wird also vornehmlich adjektivisch zum Ausdruck gebracht. Man spricht von königlichen und kaiserlichen Insignien bzw. zu deutsch, wie es bereits im Trifelsinventar von 1246 heißt, *keiserlichen zeichen*. Der Bezug auf Person und Amt des Herrschers ist maßgeblich. Erst im Spätmittelalter tritt der Reichsbegriff in diesem Zusammenhang stärker hervor.

Beobachtungen wie diese zeigen an, daß der Begriff »Reichsinsignien« für das frühe und hohe Mittelalter eigentlich unangemessen ist. Die von den Zeitgenossen als königliche oder kaiserliche Zeichen angesehenen Herrschaftssymbole sind zunächst Insignien eines monarchischen Amtsträgers, nicht Attribute einer abstrakten Institution. Wenn wir trotzdem für das gesamte Mittelalter an der Bezeichnung »Reichsinsignien« festhalten, dann aus pragmatischen Gründen.

Weiterhin zeigt die Sprache der Quellen, daß die gleichen Objekte je nach Sichtweise und Bewertung sowohl als königliche als auch als kaiserliche Insignien bezeichnet werden. Es gab demnach keine gesonderten Herrschaftszeichen für den deutschen König und für den Kaiser. Je nach Funktion und Bezug dienten dieselben Gegenstände zur Darstellung beider Würden.

Der Insignienbestand wird in hochmittelalterlichen Aufzählungen in der Regel mit fünf oder sechs Objekten angegeben. Gottfried von Viterbo nannte als solche, wie erwähnt, das heilige Kreuz, die Lanze mit dem Kreuzesnagel, die Krone, das Zepter, den Apfel und das Schwert. Auf die Erwähnung des Schwertes verzichten andere Insignienlisten. Das entspricht dem Kanon der Herrschaftszeichen, wie ihn seit ottonischer Zeit die Majestätssiegel, das wichtigste Medium der mittelalterlichen Insignienpropaganda, zeigen: der thronende Monarch trägt die Krone auf dem Haupt und hält Zepter und Globus in seinen Händen – transportable Gegenstände also, die mitgeführt oder herbeigeschafft werden konnten. Ortsfeste Throne, die wir heute zu den Herrschaftszeichen rechnen, werden im Mittelalter nicht mit dem Insignienbegriff bedacht. Bei den Reichsinsignien ging es weiterhin nicht allein um monarchische Würdenzeichen im engeren Sinne. An der Spitze des deutschen Insignienbestandes standen vielmehr Reliquien, die wegen ihrer Einmaligkeit höher als die ersetzbaren Kronen, Zepter oder Schwerter standen.

Gemeinsam mit Reliquien und Insignien im engeren Sinne wurden im Reichsschatz zusätzliche Gegenstände verwahrt, die zur

Die Reichsinsignien im Krönungsbrauch und Herrscherzeremoniell des Mittelalters

Abb. 2 vgl. *Kat.Nr. 7 · 37*
Albrecht Dürer (1471–1528), Kaiser Karl der Große im Krönungsornat, Federzeichnung in Blau, leicht aquarelliert, 1510.
Wien, Graphische Sammlung Albertina, 3125

äußeren Ausstattung eines Königs und Kaisers gehörten. Das Trifelsinventar von 1246 nennt zwei Schwerter, dazu einen Ring, Sporen und Gewandstücke, aber merkwürdigerweise kein Zepter. Die Urkunden über die Auslieferung der Reichsreliquien und Kleinodien durch die Wittelsbacher an König Karl IV. aus dem Jahre 1350 zählen weitere Reliquien, Herrschaftszeichen und Gewänder auf. Der Vergleich beider Inventare läßt erkennen, wie der Insignienschatz durch Erneuerungen und Ergänzungen späterer Herrscher wuchs und sich vervielfältigte, ein Vorgang, der bis ins 15. Jahrhundert hinein andauerte.

Unter modernen Gesichtspunkten betrachtet, handelt es sich bei den deutschen – wie bei allen europäischen – Herrscherinsignien um Objekte, denen im Rahmen der monarchischen Semiotik des Mittelalters, ja teilweise schon des Altertums und des Alten Orients, eine zeichenhafte Funktion zukam. Es waren *signa*, die den Herrscher als solchen auswiesen; Zeichen, deren Gebrauch durch das König- und Kaisertum monopolisiert war; Kleinodien, die von gebildeten Zeitgenossen mit theologischen Sinndeutungen unterlegt wurden, deren politische Aussage aber auch für den Laien verständlich war.

1 Krone und Krönung

Wozu dienten die Herrscherinsignien im mittelalterlichen Reich?

Papst Gregor IX. traf in einem Brief an Kaiser Friedrich II. vom Jahre 1227, in dem er dem Staufer eine allegorische Ausdeutung der Reichsinsignien lieferte, eine grundlegende Unterscheidung über ihren Gebrauch: »Das Kreuz mit dem Holze des Herrn und die Lanze mit seinem Nagel werden Dir bei feierlichen Prozessionen vorausgetragen. Die goldene Krone mit den wertvollen Steinen hast Du auf dem Haupt, das Zepter in der Rechten, den goldenen Apfel in der Linken.« Zwischen den Reliquien und den eigentlichen Herrschaftszeichen bestand also, was den Umgang mit ihnen betraf, ein wesentlicher Unterschied. Beide zusammen machten den Insignienschatz des Kaisers aus. Nur die monarchischen Würdenzeichen aber – Krone, Zepter, Apfel, dazu das Schwert, mit dem der Herrscher umgürtet wurde – traten in eine körperliche Beziehung zu seiner Person. Im folgenden sollen die wichtigsten Formen der Verwendung der deutschen Königszeichen im Herrschaftsalltag und im Zusammenhang mit der kultischen Verehrung der Reichsreliquien erläutert werden.

Überweisung von Insignien als Mittel der Herrschaftsregelung

Widukind von Corvey erläutert den Herrschaftswechsel von Konrad I. auf Heinrich I. in den Jahren 918/19 mit einer vielleicht unter dem Einfluß des Ottonenhofes fingierten Erzählung, wie der sterbende König eine Neuverteilung der politischen Gewichte im Ostfrankenreich einleitete, indem er seinem Bruder Eberhard seinen bisherigen Rivalen, den Sachsenherzog Heinrich, als Nachfolger empfahl. »Nimm diese Insignien, die Heilige Lanze, die goldenen Armreifen und den Königsmantel samt Schwert und Krone der alten Könige, geh zu Heinrich, mach Frieden mit ihm, auf daß du ihn für alle Zeiten zum Bundesgenossen habest. Was nützt es, daß das Volk der Franken mit dir zugrundegehe. Er wird wahrhaftig König sein und ein Kaiser vieler Völker.« Der Versuch einer Herrschaftsübertragung mittels Überweisung der Königsinsignien war in jener Zeit durchaus nicht ungewöhnlich. Hinkmar von Reims berichtet für das Westfrankenreich zu den Jahren 877 und 879, daß Karl der Kahle und Ludwig der Stammler beim Herannahen ihres Todes die Königsherrschaft durch Übersendung bestimmter Insignien ihren jeweils ältesten Söhnen zuwiesen. Nach den Fuldaer Annalen hatte vorher schon Ludwig der Fromme die Kaiserwürde auf ähnliche Weise seinem Sohn Lothar übertragen.

Abb. 3   Kat.Nr. 6 · 50
Reichsszepter, deutsch, 1. H. 14. Jh., Kopie von Paul Beumers, 1915, nach dem Original in Wien. Aachen, Krönungssaal des Rathauses. Aachen, SLM, RCK 10

Festzuhalten ist somit, daß jene Zeit durchaus das designierende, dispositive oder legitimierende Ritual der Insignienzuweisung kannte, praktizierte und für rechtens hielt. Auch die Auslieferung der Reichsinsignien als Zeichen des Herrschaftsverzichtes, wie es Heinrich IV. zugemutet wurde, gehört in den Zusammenhang entsprechender Handlungen. Gemeinsam ist ihnen die Vorstellung eines festen, von Person zu Person tradierbaren Insignienbestandes, der Herrschaft anzeigt und mittels dessen die Übertragung von Herrschaft verdeutlicht werden kann.

Die kirchlich-liturgische Insignienübergabe

Bei der Insignienüberweisung durch einen regierenden an einen künftigen Herrscher handelten weltliche Fürsten unter sich. Anders ist es mit der liturgischen Insignienübergabe. Hier stand die aktive Rolle der Geistlichkeit zu.

Die für den deutschen Herrscher maßgeblichen Ordines der ostfränkisch-deutschen Königs- und der Kaiserkrönung haben im Detail unterschiedliche Formen ausgebildet, die teilweise auch hinsichtlich der Art der überreichten Insignien differierten. Dabei überlagern sich Entwicklungen der Abstoßung und der Hinzufügung bestimmter Objekte, beispielsweise von Ring und Stab einerseits, des Globus andererseits, mit dem Ergebnis, daß sowohl im römischen als auch im Aachener Übergaberitus sich der Insignienkanon schließlich auf die Vierheit von Krone, Schwert, Zepter und Globus beschränkte.

Der wesentliche Unterschied zwischen der deutschen Königskrönung und der Kaiserkrönung bestand darin, daß erstere eine Thronsetzung einschloß, während in Rom der Kaiser dem Papst im Anschluß an die feierliche Handlung den Dienst des Steigbügel- und Zügelhaltens erwies. In Rom stand kein Kaiserthron, durfte nach dem Verständnis der Konstantinischen Schenkung keiner stehen. Die geistliche Stuhlsetzung im Rahmen der deutschen Königskrönung aber, die sich seit dem 10. Jahrhundert auf Aachen fixierte, vollzog sich unter Formen einer Besitzeinweisung, die den Karlsthron eindeutig als insignienhaftes Kennzeichen des deutschen Königtums in Erscheinung treten ließen.

Wann trug der Herrscher die Insignien seiner Würde?

Die monarchischen Abzeichen sind dazu da, wie Papst Gregor IX. als Regelfall voraussetzte, vom Herrscher getragen zu werden. Ein König

Abb. 4
Zeremonialschwert, Palermo vor 1220, Schwertknauf verändert in Prag, 3. Viertel 14. Jh., Kopie von Paul Beumers, 1915, nach dem Original in Wien. Aachen, Krönungssaal des Rathauses. Aachen, SLM, RCK 7

Kat.Nr. 5 · 12

oder Kaiser wird im Mittelalter in nahezu allen Lebenslagen, »ob er tafelt, berät, zur Jagd reitet (...), ja selbst wenn er schläft« (P. E. Schramm), aber auch im Tode und im Jenseits, gleichgültig ob zu den Guten oder den Verdammten gehörig, mit einer Krone dargestellt. Konkrete Situationen waren neben der konstitutiven liturgischen Erstkrönung die Festkrönung, die Bei- oder Mitkrönung, die Befestigungskrönung und das Unter-Krone-Gehen. Die Logik des Insigniengebrauches verlangt eigentlich, daß ein Insigne nie allein, sondern im Ensemble der übrigen benutzt wird. Aber für die festlichen Auftritte Friedrich Barbarossas, etwa beim triumphalen Osterfest nach dem Sieg über Mailand 1162 in Pavia oder am großen Mainzer Hoftag von 1184, ist nur vom Aufhaben der Krone die Rede. Erst der genaueste Beobachter des staufischen Hofbrauches unter den zeitgenössischen Dichtern, Walther von der Vogelweide, schildert den Zug König Philipps am Magdeburger Weihnachtsfest des Jahres 1199 mit den Worten: »er truoc des rîches zepter und die krône«.[2] Das bedeutet: zur Krone traten andere Insignien.

Es ist fraglich, ob der Festkrönungsbrauch im Spätmittelalter in der bisherigen Dichte fortlebte. Wohl ist zu einzelnen hohen Kirchenfesten, zumal wenn diese mit politischen Anlässen verknüpft waren, belegt, daß Könige und Kaiser im Schmucke ihrer Insignien dem Gottesdienst beiwohnten. Insgesamt aber ist der Insignienbrauch des deutschen Königtums im ausgehenden Mittelalter stärker in der weltlichen als in der geistlichen Sphäre zu beobachten.

Das Tragen der Herrschaftszeichen durch Könige und Kaiser befolgte auch im spätmittelalterlichen Reich feste Regeln, die sich, wie aus einer Reihe von Insignienprivilegien Ludwigs des Bayern und Karls IV. hervorgeht, vor allem auf politisch wichtige Ereignisse bezogen: die Krönungsfeierlichkeiten in Aachen, Mailand und Rom, die Hoftage mit ihren öffentlichen Auftritten samt beratenden und richterlichen Sitzungen und Festmählern, der kaiserliche Weihnachtsdienst und die Formalakte der Fürstenbelehnung und der Erhebung in den Reichsfürstenstand.

Der Tod nimmt dem Herrscher die Insignien aus der Hand. Daß die Person des Königs und seine Herrschaftszeichen jedoch über ihr Erdenleben hinaus zusammengehören, haben die Nürnberger einprägsam vor Augen geführt, als die Nachricht vom Hinscheiden Kaiser Siegmunds bei ihnen eintraf. 1423/24 hatte er die Reichsinsignien bei ihnen deponiert. Anfang Januar 1438 ließen sie für ihn in der Kirche des Heilig-Geist-Spitals, wo die Kleinodien nunmehr ruhten, eine feierliche Totenmesse halten, bei der Lanze, Kreuz und die übrigen Reliquien des Reichsschatzes auf dem Altar standen. Auf einem Schausarg dagegen, zwischen mehr als 400 brennenden Wachskerzen, lagen »kaiser Carls kron, sein apfel, und ein gulden und silberin zepter, sein schwert und kaiser Carls stoll«. Das Nürnberger Trauerzeremoniell mit den Reichsinsignien, bis zur Reformation nach dem Tod des jeweiligen Königs und Kaisers gewissenhaft durchgeführt, schuf einen Königsdienst, bei dem nicht mehr die Herrscher die Königszeichen anlegten, sondern diese das Gedächtnis ihrer einstigen Träger an sich zogen.

Die Benutzung von Zepter und Schwert als Investitursymbole

Öffentliches Handeln im Mittelalter ist weitgehend symbolbezogenes Handeln. In diesem Zusammenhang tritt in der monarchischen Sphäre insbesondere die Rolle von bestimmten Einzelinsignien hervor.

Der Investiturstreit endete für Deutschland damit, daß die königliche Investitur der hohen Geistlichkeit, wenn auch auf die weltlichen Zubehörnisse ihres Amtes beschränkt, im Grunde beibehalten, aber die Einweisungssymbole geändert wurden. Im Wormser Konkordat (1122) verzichtete Kaiser Heinrich V. auf die Investitur mit den geistlichen Zeichen Ring und Stab; Papst Kalixt II. hingegen gestand ihm zu, daß der Gewählte (außerhalb des *regnum Teutonicum* der Geweihte) die Regalien *per sceptrum* von ihm empfange. Damit war für die Regalienbelehnung der geistlichen Fürsten das Zepter als Investitursymbol festgelegt. Für die Belehnung weltlicher Fürsten nennt Bischof Otto von Freising als Hofbrauch der staufischen Zeit: Königreiche werden durch das Schwert, Länder durch Fahnen vom Kaiser übergeben oder empfangen. Im Spätmittelalter tritt neben die Fahnenleihe jedoch ebenfalls die Zepterinvestitur weltlicher Fürsten. Sie ist in Deutschland wohl erstmals für das Jahr 1282 zu konstatieren, als König Rudolf I. seine Söhne auf diese Weise mit den Herzogtümern Österreich und Steiermark belehnte. Andererseits hat sich die Benutzung des Schwertes als Investitursymbol, anders als die Gesta Frederici lehren, keineswegs auf die Verleihung von Königswürden beschränkt. In Italien wird es für die Legitimierung einzelner Kommunen und Fürsten durch das Kaisertum gebraucht.

Die Verwendung von Schwert und Zepter als Investitursymbole macht eine Insignienregel deutlich: Vom Königtum abgeleitete Herrschaft wird mittels eines Herrschaftszeichens übertragen. Die Insignien der Königs- und Kaisergewalt dienen als Medien der Verleihung legaler Herrschaftsausübung im Reich. Diese wird wirksam, indem dem Belehnten das Schwert überreicht wird oder er das vom Kaiser gehaltene Zepter mit anfaßt.

Reichsfürsten tragen oder halten Insignien

Der König oder Kaiser legte die Insignien und Gewänder seiner Würde ab in Momenten der Demut und des Dienstes vor Gott und den Heiligen, so während der Krönung, wenn er das Offertorium darbrachte und die Eucharistie empfing, oder wenn er Reliquien trug und aus ihrem Grabe hob. Spätmittelalterliche Zeremonialberichte lassen erkennen, daß während der Krönungshandlung die abgenommenen Insignien Fürsten zum Halten gegeben wurden. Vielleicht hat sich von hier aus das Zeremoniell des fürstlichen Insignientragens oder -haltens in Situationen entwickelt, in denen der König oder Kaiser, als solcher gewandet und mit der Krone geschmückt, bestimmte manuelle Amtshandlungen vornahm.

Der wichtigste politisch-rechtliche Akt, der zwei freie Hände des Monarchen erforderte, war die feierliche Fürstenbelehnung. Ulrich Richental beschreibt in seiner Chronik des Konstanzer Konzils sehr anschaulich, wie König und Kurfürsten hierbei im Umgang mit den Herrscherinsignien zusammenwirkten.

Stärker von herrschaftstheoretischen Gesichtspunkten bestimmt erscheint der Akt des Schwerttragens vor dem unter der Krone einherschreitenden König oder Kaiser. Noch in der 1. Hälfte des 12. Jahrhunderts diente dieser Vorgang vor allem dazu, die Abhängigkeit auswärtiger Herrscher vom deutschen König zu dokumentieren. Das Schwerttragen konnte aber auch den Hoheitsanspruch des noch ungekrönten Monarchen ausdrücken, so, wenn dem Gewählten beim Einritt in Aachen durch den Kurfürsten von Sachsen, in Rom dem König durch den Stadtpräfekten das bloße Schwert vorausgeführt wurde. Hier allerdings hat sich die Darstellung vasallitischer Abhängigkeit bereits zu einem Ehrendienst gewandelt, der nunmehr eine begehrte Zeremonialfunktion der Reichsfürsten wurde. Sie verband sich im 13. Jahrhundert mit dem Erzmarschallamt der sächsischen Kurfürsten, hatte dabei jedoch mit konkurrierenden Ansprüchen der Herzöge von Brabant zu rechnen. Das Schwerthalten wird nun auch neben oder hinter dem thronenden König bei feierlichen Sitzungen, Rechtsakten und an der Festtafel ausgeübt.

Es bleibt jedoch nicht beim Fürstendienst mit dem Schwert allein. Der feierliche Aufzug des Königs bei geistlichen oder weltlichen Anlässen wird im Spätmittelalter zu einer wichtigen Gelegenheit, bei der die Fürsten neben dem Schwert weitere Königsinsignien trugen. Die Goldene Bulle hat die Formen und Rechte dieser Akte für die Zusammenkünfte von König und Kurfürsten genau kodifiziert. Kap. 22 des Nürnberger Gesetzbuches regelte die Zuordnung der Herrschaftszeichen zu den weltlichen Kurwürden: der Herzog von Sachsen habe das Schwert unmittelbar vor dem König zu tragen, der Pfalzgraf zur Rechten des Sachsen den Apfel, der Markgraf von Brandenburg zu dessen Linken das Zepter. Der Herrscher selbst, so ist zu schließen, trug bei solchen Gelegenheiten nur die Krone. Gerade diesen Sachverhalt hat Karl IV. auf dem Metzer Weihnachtshoftag des Jahres 1356 noch genauer zu bestimmen versucht. Wenn bei feierlichen Hoftagen der Kaiser zum Sitzungsort ziehe, sollten ihm in der schon festgelegten Weise von den Kurfürsten Zepter, Apfel und Schwert vorausgetragen werden. Vor dem (normalerweise den Zug anführenden) Erzbischof von Trier aber sollten, wenn der König bereits mit der Kaiserkrone geschmückt sei, jeweils vom Kaiser zu bestimmende Fürsten die Aachener und die Mailänder Krone tragen. Die *Mediolanensis corona* der Goldenen Bulle läßt sich als die von Karls Großvater Heinrich VII. für seine lombardische Königskrönung in Auftrag gegebene Krone identifizieren. Mit der Aachener Krone dürfte jene auf der Reliquiarbüste Karls des Großen im Aachener Domschatz gemeint sein. Im übrigen handelte es sich hier um eine Idealbestimmung, die nie angewendet wurde. Auch sonst darf man sich nicht der Vorstellung hingeben, daß Kap. 22 der Goldenen Bulle regelmäßig und wörtlich durchgeführt wurde. Könige und Kaiser ließen sich nicht nur bei Versammlungen mit den Kurfürsten, sondern auch sonst bei feierlichen Gelegenheiten, wie Fürstenbelehnungen und -kreationen, Krönungszügen und Prozessionen, die Insignien voraustragen bzw. halten, setzten deren Träger hier jedoch meist ad hoc nach Maßgabe der anwesenden Fürsten fest.

Die Fürsten entlasten den König oder Kaiser mit dem Insignientragen von einer körperlichen Bürde und ermöglichen ihm den Vollzug bestimmter Handlungen. Damit aber werden sie zugleich in die eigentlich dem Gesalbten vorbehaltene Insigniensphäre einbezogen. Symbolhaft erhalten sie Anteil an seiner *maiestas*. Der Kaiser entspricht damit dem im Hochmittelalter ausgebildeten Selbstverständnis der Fürsten, Mitträger des Reiches zu sein, bindet sie zugleich aber sichtbar an seine Hoheit. Das Insignienzeremoniell des Spätmittelalters erweist sich somit als Abbild der Reichsverfassung nach dem Ideal der Goldenen Bulle.

Die Verwendung der Insignien im Herrschaftsalltag unterstreicht noch einmal die Feststellung, daß es beim Auftreten des Herrschers auf Insignien bestimmter Art, nicht auf bestimmte Insignien ankam.

Die kultische Verehrung der Reichsreliquien und die Rolle der Reichsinsignien in diesem Zusammenhang

Zum Insignienbestand des mittelalterlichen deutschen Reiches gehörten von einem sehr frühen Stadium an Reliquien. Die Rede ist zunächst von der Heiligen Lanze, in deren ausgeschnittenes Blatt ein Knebelstift mit tauschierten Kreuzen eingefügt war, der als Kreuzesnagel galt, so daß die Lanze nicht nur Reliquie, sondern zugleich Reliquienträger war. Dazu kam in frühsalischer Zeit das Reichskreuz, in dem ein ansehnliches Stück vom Kreuzesholz verwahrt wurde, in das aber auch die Heilige Lanze selbst eingefügt werden konnte. Zu diesen zentralen Reliquien gesellten sich ergänzende Stücke, wie ein Zahn Johannes des Täufers und eine später auf die heilige Anna bezogene Armreliquie der heiligen Kaiserin Kunigunde.

Im Laufe des 13. Jahrhunderts vollzog sich dann eine zunehmende Sakralisierung der Reichszeichen. Sie ist dadurch gekennzeichnet, daß nunmehr einzelne Herrschaftsinsignien der Person Karls des Großen zugewiesen werden, die Heilige Lanze aber auf Christus bezogen wird: sie gilt jetzt als jene Waffe, mit der Longinus die Seite des Herrn geöffnet hatte. Zusammen mit Nagel und Kreuzesholz besaß der deutsche König damit in unausgesprochener Konkurrenz zum Kult der Dornenkrone durch die französischen Könige einen der wichtigsten Bestände von Passionsreliquien überhaupt.

Für die spätmittelalterliche Entwicklung aufschlußreich ist der Sprachgebrauch. Die Rede ist gesamthaft von Reliquien des Reiches oder als Paarformel von »des Reiches Heil(ig)tum und Kleinodien«. Die Reliquien sind zum Ober- und Leitbegriff des Insignienbestandes geworden. Das heißt jedoch nicht, daß die Herrscherinsignien des Reichsschatzes zu Objekten des Kultes wurden: Die Urkunde Karls IV. über die Gründung des Augustiner-Chorherrenstifts in der Pfalz zu

Ingelheim vom Jahre 1354 sagt, daß die Kaiser das legendäre Schwert, das ein Engel Karl dem Großen überreicht habe – das damals als Karlsschwert bezeichnete Zeremonienschwert – bei den Reliquien des heiligen Reiches »velud rem sacram« verwahren. *Res sacrae* sind Gegenstände, die dem Gottesdienst dienen, nicht aber Gegenstände kultischer Verehrung. In diese Sphäre wird man auch die übrigen Karlszeichen des Reichsschatzes einordnen dürfen. Sie galten als geheiligte Insignien. Aber Reliquien im strengen Sinn waren sie nicht. Die Einführung der Reformation in Nürnberg im Jahre 1524 hat ihre Funktion dann grundsätzlich wieder auf ihren Insigniencharakter reduziert, den sie bis zum Ende des Alten Reichs bewahrten.

Welche rechtliche Bedeutung hatten die Reichsinsignien im Mittelalter?

Namentlich im Zusammenhang mit den Doppelwahlen von 1198 und 1314 wurde in der Forschung immer wieder die Meinung vertreten, für die Rechtsgültigkeit der deutschen Königskrönung sei die Benutzung der heute in Wien verwahrten Reichsinsignien unerläßlich gewesen, bei Verwendung anderer Königszeichen – in der Literatur gern als »falsch« oder »nachgemacht« bezeichnet – habe diesem Akt ein entscheidender Rechtsmangel angehaftet. Diese Ansicht ist ein im Nationaldenken des 19. Jahrhunderts wurzelnder Irrglaube.

Weder im Einzelfall noch im allgemeinen hing der rechtliche Gehalt einer Krönung in Deutschland oder in Rom von der Art der dabei verwendeten Insignien ab. Jede Krone, jedes Schwert, jedes Zepter usw. war dafür recht. Die formalen Kriterien der Rechtsgültigkeit eines solchen Aktes lagen auf ganz anderen Ebenen: auf jener des richtigen Coronators und jener des richtigen Ortes. Der rechte Ort aber war im *regnum Teutonicum* durch den Aachener Karlsthron gegeben, und durch ihn war letztlich auch der Kölner Erzbischof als zuständiger Coronator bestimmt. Nicht auf die moviblen Insignien, sondern auf ein ortsfestes Herrschaftszeichen kam es also an. Den Karlsthron mußte »besitzen« – im realen wie übertragenen Sinne des Wortes –, wer als legitimer Herrscher in Deutschland gelten wollte. Schon Kaiser Otto III. spricht von ihm als »unserem Stuhl, der von unserem Vorgänger, dem hochberühmten Kaiser Karl, eingerichtet wurde«. Einige Zeit später gab Wipo dieser Vorstellung bereits die transpersonale Bedeutung eines »öffentlichen Königsthrones« und »Erzstuhles des ganzen Reiches«. Die Aachener Karlsfälschung des 12. Jahrhunderts schrieb dem Karlsthron die Rechtswirkung zu, daß der hier initiierte König in Rom ohne jede Einrede die Kaiserwürde erlange. Eike von Repgow endlich hat um 1224/25 als Rechtsnorm der deutschen Königserhebung definiert: »De dudeschen scolen dorch recht den koning kesen. Swen de gewiet wert van den biscopen de dar to gesat sin, unde op den stul to Aken kumt, so hevet he konigleke gewalt unde koningleken namen.«[3]

Wer normativen Quellen mißtraut, mag die Krönungspraxis der deutschen Könige und Kaiser befragen. Nie hat ein deutscher Herrscher, der erst nachträglich in den Besitz der Reichskrone gelangte, mit ihr eine neuerliche Krönung durchgeführt. Otto IV., Friedrich II., Wilhelm von Holland, Adolf von Nassau, Ludwig der Bayer, Karl IV. und Siegmund, sie alle haben zeitlebens ihr deutsches Königsrecht auf eine Krönung mit anderen Diademen gestützt. Andererseits aber hat jeder deutsche König von hinreichend langer Regierungszeit, der, mit welcher Krone auch immer, am ›falschen‹ Ort, das heißt außerhalb Aachens, gekrönt worden war, diesen Akt nach Möglichkeit später im Karlsmünster mit einer beliebigen Krone nachgeholt, so Philipp von Schwaben, Friedrich II. und Karl IV., oder wenigstens, wie Ruprecht von der Pfalz im Jahre 1407, hier eine Thronsetzung unter einer Krone durchgeführt. Einen an Kronenmagie gebundenen Sonderweg des Krönungsbrauches, wie in Ungarn, gab es in Deutschland nicht.

Welche tatsächliche Bedeutung hatten die Reichsinsignien für die Herrschaftspraxis und das Herrschaftsverständnis des Mittelalters? Die Argumente, die im Zusammenhang mit den Doppelwahlen der Jahre 1198 und 1314 vorgebracht wurden, stimmen darin überein, daß der Besitz der Herrschaftszeichen und der Reliquien des Kaisertums ihrem Träger einen Herrschaftsanspruch auf das Reich verleihe, der demjenigen abgehe, der nicht über sie verfüge. Noch zu Beginn des 15. Jahrhunderts rät Dietrich von Niem jedem Anwärter auf den deutschen Thron, er müsse sich vor allem um den Erwerb der *imperialia insignia* bemühen, da die Deutschen den nicht für einen Kaiser oder König hielten, der ihrer entbehre. Hier wird ein – auch sonst im Mittelalter vorkommendes – Herrschaftsdenken greifbar, das sich auf dingliche Unterpfänder im Königshort stützt. Die Reichsinsignien repräsentierten das *regnum*, ja sie werden als »Reich« selbst bezeichnet. Auf die Verfügung über sie kam es also an, um die Werschaft über das Reich zu demonstrieren, den Anspruch auf Ausübung der Königsherrschaft zu untermauern.

Seit der Durchsetzung des Wahlkönigtums war die Verfügung über die Reichsinsignien für die wenigsten Gewählten mit ihrer Thronbesteigung gewährleistet. Der Kampf um deren Inbesitznahme wurde nunmehr zu einem wesentlichen Bestandteil ihrer Bemühungen um die Erlangung der vollen Königsherrschaft. Bei Otto IV., Friedrich II., Ludwig dem Bayern und Karl IV. bezeichnet ihre Übereignung den erfolgreichen Abschluß der anfänglichen Durchsetzungsphase. Nun konnten sie getrost nach Rom ziehen und sich zum Kaiser krönen lassen. Auch dafür war die Art der verwendeten Insignien belanglos. Aber der Erwerb, der Besitz der Reichsinsignien war Voraussetzung dafür geworden, jenen Status politischen Erfolgs in Deutschland zu dokumentieren, der den durch keine innere Gegnerschaft belasteten Zug über die Alpen gestattete.

Freilich darf nicht übersehen werden, daß die Ansichten der Zeitgenossen über die herrschaftszusichernde Kraft der Reichsinsignien im Vorfeld verbindlicher Rechtsgrundsätze blieben. Kein Rechtsbuch nimmt auf sie Bezug. Die Goldene Bulle schweigt von ihnen.

Nirgends erwähnt sie ein Krönungsordo. Es waren Vorstellungen irrationaler Art, Verständnisinhalte politischer Gruppenmentalität, Kristallisationspunkte eines überindividuellen Zusammengehörigkeitsgefühls, in dem die Reichskleinodien als gemeinschaftsstiftende Symbole fungierten. Eine förmliche Herrschaftsbestellung ließ sich auf sie nicht gründen. Das deutsche Königtum war eben nicht, wie Josef Deér nach dem Beispiel der ungarischen Stephanskrone meinte, der Reichskrone »fast ... angeklebt«. Nicht Besitz oder Benutzung der Reichsinsignien machten den König, sondern die Königswürde und die angestammten Herrschaftszeichen fielen demjenigen zu, der durch Wahl und Erfolg seine Idoneität bewies.

Die Reichsinsignien hatten somit einen festen Platz im Herrschaftsalltag des Mittelalters. Aber dieser Herrschaftsalltag kreiste nicht um die Reichsinsignien, sondern stellte sie – zusammen mit anderen monarchischen Zeichen – in den Dienst seiner Aufgaben.

* Leicht gekürzte und überarbeitete Fassung meines Beitrages »Die Reichsinsignien im Herrscherzeremoniell und Herrschaftsdenken des Mittelalters« im Tagungsband »Die Reichskleinodien. Herrschaftszeichen des Heiligen Römischen Reiches« (Schriften zur staufischen Geschichte und Kunst, Bd. 16), Göppingen 1997, S. 162–183, abgedruckt mit freundlicher Genehmigung der Gesellschaft für staufische Geschichte e.V., Göppingen. Vgl. dazu als ausführliche und mit den notwendigen Belegen versehene Behandlung des Themas Jürgen Petersohn: Über monarchische Insignien und ihre Funktion im mittelalterlichen Reich, in: HZ 266 (1998), S. 47–96.
1 »Quae sint insignia imperialia, et quid significet unumquodque (...)?«, Gottfried von Viterbo, Pantheon, part. XXVI, hg. von Georg Waitz, MGH Scriptores, Bd. 22, 1872, ND Stuttgart 1976, S. 272.
2 Lied 9, II,6 (*rîches krone* = Handschrift B).
3 Sachsenspiegel Landrecht III,52, hg. von Karl August Eckhardt, MGH Fontes Iuris Germanici Antiqui, Nova Series, Bd. 1,1, ³Göttingen-Frankfurt 1973, S. 237.

Petersohn, Jürgen: »Echte« und »falsche« Insignien im deutschen Krönungsbrauch des Mittelalters? Kritik eines Forschungsstereotyps, Stuttgart 1993.
Ders.: Die Reichsinsignien im Herrscherzeremoniell und Herrschaftsdenken des Mittelalters, in: Die Reichskleinodien. Herrschaftszeichen des Heiligen Römischen Reiches, Göppingen 1997, S. 162–183.
Ders.: Über monarchische Insignien und ihre Funktion im mittelalterlichen Reich, in: HZ 266 (1998), S. 47–96.

Kurzfassung

Die monarchischen Insignien – vor allem Krone, Zepter, Apfel und Schwert – waren notwendige Objekte einer Königs- und Kaiserkrönung. Ihre Funktion und Verwendung schloß jedoch zahlreiche andere Akte öffentlichen Handelns des Königtums ein: formelle Herrschaftslegungen, Hoftage, Investitur- und Belehnungskate, Erhebungen in den Reichsfürstenstand usw. Dabei bürgerte sich der Brauch ein, daß Kurfürsten und andere Fürsten in bestimmten zeremoniellen Zusammenhängen einzelne Insignien vor dem Herrscher einhertrugen oder neben ihm hielten. Die verwendeten Insignien konnten zum Bestand der Reichsinsignien oder zu einem weiteren, wechselnden Bestand monarchischer Abzeichen gehören. In keinem Fall, auch nicht bei der Krönung, kam es auf bestimmte Insignien, vielmehr stets auf Insignien bestimmter Art an. Eine Ausnahme stellt der – indes erst von der neueren Forschung zu den »Herrschaftszeichen« gezählte – Aachener Karlsthron dar, auf dem gesessen zu haben für die Legitimität der deutschen Königserhebung notwendig war. Mit den Reichskleinodien wurden gemeinsam verwahrt und vielfach auch zu den Insignien gerechnet Reliquien hoher Verehrung wie die Heilige Lanze und das Reichskreuz, ohne daß, wie zuletzt der Nürnberger Heiltumsbrauch zeigte, die monarchischen Insignien konsequent in den sakralen Charakter der Reichsheiltümer einbezogen wurden.

Résumé

Aucun couronnement, qu'il soit royal ou impérial, ne pouvait être célébré sans les insignes et attributs de la monarchie – essentiellement la couronne, le sceptre, le globe et l'épée. Mais la fonction et l'utilisation de ces accessoires ne se limitaient pas au seul couronnement. En fait, elles allaient de pair avec nombre d'autres volets du protocole, tels que les actes et les cérémonies officiels : »joyeuses entrées« dans les villes, journées de réception à la cour, actes d'investiture, élévations à la dignité princière, la liste n'est pas limitative. Dans ce contexte, l'usage établi exigea bientôt que les princes-électeurs et les autres princes du sang, à l'occasion de cérémonies solennelles, apportassent certains insignes au souverain ou les présentassent à l'assemblée en se tenant aux côtés du monarque. Les insignes utilisés pouvaient soit faire partie de l'inventaire des insignes monarchiques répertoriés, soit être empruntés à d'autres trésors d'emblèmes monarchiques. Même lors des couronnements, il ne s'agissait d'ailleurs jamais de tel ou tel insigne précis : il fallait seulement que les insignes utilisés ressortissent à une catégorie donnée. Fait seul exception à cet usage le trône impérial de Charlemagne – ajouté récemment par les chercheurs à la liste des insignes, symboles et emblèmes officiels de l'empire : pour que le couronnement d'un souverain allemand soit validé, il fallait en effet que ledit souverain ait pris place sur le trône. Certaines reliques particulièrement vénérées, comme la Sainte Lance ou la croix impériale, étaient fréquemment conservées au même endroit que les joyaux de l'empire : il arrivait même qu'on les comptât au nombre des insignes officiels, sans pourtant, comme l'a prouvé en dernier lieu l'usage du sanctuaire de Nuremberg, revêtir systématiquement les insignes impériaux d'un caractère sacré.

Samenvatting

De monarchale insignes – vooral de kroon, de cepter, de appel en het zwaard – waren noodzakelijke objecten bij een konings- en keizerkroning. Zij werden echter bij talrijke andere publieke handelingen van de koning functioneel gebruikt: formele gezagsoverdrachten, hofdagen, investituur- en beleningsceremonies, verheffingen in de rijksvorstenstand enz. Daarbij ontwikkelde zich het gebruik, dat keurvorsten en andere vorsten in bepaalde ceremoniële situaties bepaalde insignes voor de heerser uit droegen of naast hem hielden. De gebruikte insignes konden het zij bij het bestand van de rijksinsignes, het zij bij een ander, wisselend bestand van monarchale attributen horen. In geen geval, ook niet bij de kroning, kwam het op bepaalde insignes aan, veeleer kwam het ten allen tijde op insignes van een bepaalde soort aan. Een uitzondering vormt de – weliswaar pas op grond van nieuwe inzichten tot de »machtssymbolen« gerekende – Akener Karelstroon, op die je gezeten moest hebben om wettig koning te kunnen zijn. Bij de rijkskleinodiën werden ook bijzonder hoog vereerde relieken bewaard, die vaak bij de insignes werden gerekend, zoals de heilige lans en het rijkskruis, zonder dat de monarchale insignes daarom consequent bij het sacrale karakter van de rijksheiligdommen werden inbegrepen.

Shrnutí

Monarchické insignie – především koruna, žezlo, jablko a meč – byly nezbytné předměty královské a císařské korunovace. Byly však používány i při mnoha dalších aktech veřejného jednání: při formálním udílení vlády, jednání u dvora, aktech investitury a udělování léna, jmenování říšských knížat atd. Přitom se zavedla zvyklost, že kurfiřti a další knížata v určitých částech obřadů nesli insignie před panovníkem nebo je drželi vedle něj. Používané insignie mohly patřit k říšským insigniím nebo k další, měnící se skupině monarchických odznaků. V žádném případě, dokonce ani v případě korunovace, nebylo důležité použití konkrétních insignií, nýbrž vždy jen insignií určitého druhu. Jedinou výjimku představuje Karlův trůn v Cáchách – řazený teprve novějším výzkumem k »panovnickým odznakům« – neboť pro uznání německého krále bylo nezbytné, aby zasedl na tento trůn. Spolu s říšskými korunovačními klenoty byly též uchovávány vzácné relikvie, velice uctívané a často počítané k insigniím, jako svaté kopí a říšský kříž, aniž by monarchické insignie (jak naposledy ukázal norimberský zvyk – Heiltumsbrauch) měly charakter říšských svatých předmětů.

Summary

The monarchic insignia – especially crown, sceptre, apple and sword – were necessary objects for a royal of imperial coronation. Their function and uses included many other official acts and public deeds of royalty: formal placements of reigns, court conferences, investiture and serfdom acts, elevations of imperial princes, etc. The custom became common for elected prince and other princes in certain ceremonial contexts to carry different insignia in before the ruler or to hold them next to him. The insignia that were used could belong to the imperial insignia or to a further changing stock of monarchic insignia. In no case, not even during the coronation, were certain insignia most important, instead insignia of a certain kind were important. An exception was the Aachen Charles' throne – albeit only added to »signs of rule« by recent research – since to have sat on it was necessary for the legitimacy of a German king. Relics that were honoured also counted as imperial jewels and were stored along with them, such as the Holy Lance and the Imperial Cross, without implying that the monarchic insignia, as was recently shown by the Nuremberg Holy Custom, had a consistently sacred nature.

Katalog

1 · 1
Reichskrone

Abb. S. 7 und S. 823

westdeutsch (?), 2. H. 10. Jh. (?) Stirnkreuz A. 11. Jh., Bügel um 1030 (?)
Gold, Goldfiligran, Email, Edelsteine, Perlen, 25,5 x 26, Stirnplatte H 15,5, Kreuz H 9,9
Original: Wien, Kunsthistorisches Museum, Weltliche Schatzkammer
Kopie: Paul Beumers, Düsseldorf 1915
Aachen, Rathaus, Inv.Nr. RCK 3

Die Krone läßt sich als Insignie von den antiken Kopfbedeckungen der römischen Kaiser herleiten. Zum Lorbeerkranz (vgl. Kat.Nr. 1 · 4, 1 · 7) traten in der Spätantike in Friedenszeiten das juwelenbesetzte Diadem (vgl. Kat.Nr. 1 · 6) und in Kriegszeiten der prunkvolle Helm mit Helmzier. Aus dem Diadem entwickelte sich der Kronreif (vgl. Kat.Nr. 1 · 26), aus der Helmzier der Kronenbügel. Die Reichskrone vereint die Traditionen der römisch-antiken Kaiserzeit, des byzantinischen Kaisertums und der frühmittelalterlichen Herrschaftszeichen und setzt diese in Bezug zu dem Vorbild der alttestamentarischen Könige und des Himmelskönigs Christus.

Der Kronenkörper der Reichskrone besteht aus acht durch Scharniere verbundene Goldplatten von unterschiedlicher Höhe. Die größeren Platten über Stirn, Nacken und Schläfen sind reich mit Edelsteinen und Perlen auf durchbrochenen Fassungen besetzt. Der Farbakkord von Grün, Blau und Weiß war in Byzanz dem Kaiser vorbehalten. Die niedrigeren Zwischenplatten sind mit Goldzellenemails verziert. Am unteren Rand der Schläfenplatten befinden sich Ösen, an die Pendilien gehängt wurden, am oberen Rand der Schläfenplatten und der Nackenplatten erkennt man längliche Hülsen zum Einstecken von tropfenförmigen Perlen. Die mit Inschriften versehenen Emails zeigen Christus als König der Könige (PER ME REGES REGNANT – Durch mich regieren Könige) und alttestamentarische Könige: Jesaia mit dem kranken König Ezechiel, dessen Leben um 15 Jahre verlängert wurde (ECCE ADICIAM SUPER DIES TVOS QVINDECIM ANNOS – Wohlan, ich will zu deinen Lebzeiten noch 15 Jahre hinzufügen), König David als Sinnbild der Gerechtigkeit (HONOR REGIS IVDICIUM DILIGIT – Der ehrenhafte König liebt den Rechtsspruch) und König Salomon als Sinnbild der Weisheit und Gottesfurcht (TIME DOMINUM ET RECEDE A MALO – Fürchte Gott und meide Unrecht). Alle inschriftlichen Bibelzitate sind der Krönungsliturgie entnommen. Der sichtbare Bezug zu den Königen und Priestern des Alten Testamentes und zu Christus als Himmelskönig verweist auf die Funktionen des Kaisers: stellvertretend für Christus vereinigt er in sich die weltliche Herrschaft (*regnum*) und das sakrale Priestertum (*sacerdotium*). Ursprünglich wurde eine Mitra unter der Krone getragen, dem Ornat der jüdischen Hohepriester entlehnt. Diese ist seit dem 18. Jh. durch eine Kronenhaube aus Stoff ersetzt. Die Mitra war über dem Scheitel eingekerbt und in ihrer Form dem Bügel angepaßt.

Erstmals beschrieben wird die Reichskrone um 1200. Die Datierung von Krone, Bügel und Kreuz ist nicht gesichert. Die Mehrheit der Wissenschaftler geht davon aus, daß der Kronenkörper in ottonischer Zeit entstanden ist – vielleicht zur Kaiserkrönung Ottos I. im Jahre 962. Der später entstandene Bügel trägt die Inschrift CHVONRADVS DEI GRATIA / ROMANORV(M) IMPERATOR AVG(VSTVS) – Konrad, von Gottes Gnaden Kaiser der Römer und Augustus. Er wird daher mit dem Salier Konrad II. (Thronsetzung in Aachen 1024, regiert bis 1039) in Verbindung gebracht. Das Stirnkreuz datiert man in die Zeit Heinrichs II. (1002 bis 1024). In der Symbolik des Kreuzes liegt der Schlüssel zum Verständnis der christlichen Heilsgeschichte, deshalb steht es über der Stirn des Herrschers. Die Vorderseite ist als siegbringendes prächtiges Juwelenkreuz gestaltet, auf der weitaus weniger aufwendig geschmückten Rückseite ist der Erlöser mit seinen Wunden zu sehen – ähnlich wie im Falle des um 1000 entstandenen Lotharkreuzes der Aachener Domschatzkammer (vgl. Kat.Nr. 3 · 36). Die These, die gesamte Krone sei ein Werk der salischen Zeit (Mechtild Schulze-Dörlamm), ist von der Mehrheit der Forschung scharf zurückgewiesen worden. Ebenso umstritten sind neuere Untersuchungen, die die Bügelinschrift nicht auf Konrad II., sondern auf Konrad III. (gekrönt in Aachen 1138, regiert bis 1152) beziehen und somit in der Krone ein Werk der frühen Stauferzeit sehen (Hans Martin Schaller). Mit Sicherheit ist die Reichskrone lange nach der Herrschaft Karls des Großen entstanden, auch wenn sie seit dem 14. Jh. als dessen Krone galt.

Der Gebrauch der Reichskrone bei Königskrönungen in Aachen und verschiedentlich auch bei Kaiserkrönungen in Rom kann nur vereinzelt sicher nachgewiesen werden. Wichtiger als der Gebrauch der Reichskrone war die Krönung am »rechten Ort«, in Aachen am Thron Karls des Großen. Bedeutender als die Krone war zunächst die Heilige Lanze. Beide gehörten zum Bestand der Reichskleinodien, die an wechselnden Orten aufbewahrt wurden (u. a. Trifels, Karlstein, Nürnberg). Gemeinsam mit den drei in Aachen aufbewahrten Stücken gelangte dieser Bestand in der napoleonischen Zeit nach Wien, wo er heute noch aufbewahrt wird.

Die hier gezeigte detailgerechte Kopie wurde für die für 1915 geplante »Krönungsausstellung« in Aachen aus originalen Materialien gefertigt und aus finanziellen Mitteln der Stadt Aachen, der Rheinprovinz und der Privatschatulle Kaiser Wilhelms II. bezahlt.

MK

1 · 2
Büste einer Stadtgöttin

Ägypten, 3.–4. Jh. n. Chr.
Kalkstein, 45 x 41,5
Berlin, Museum für Spätantike und Byzantinische Kunst SMPK, Inv.Nr. 4133

Mit den Attributen der Herrschaft waren in der Antike ebenfalls die Tychen versehen, die Schutzgöttinnen der Städte. Dazu gehörte auch eine Krone in Form des Sinnbildes einer befestigten Stadt. Die hier gezeigte Tyche stammt aus dem spätantiken Ägypten. Ihr Bildnistondo ist umgeben von einem Lorbeerkranz. Auf dem Haupt trägt sie die Mauerkrone. Die gewölbten Brüste und ihr reicher Halsschmuck kennzeichnen sie als eine der weitverbreiteten Tychen, die dem Bildtypus der Aphrodite von Aphrodisias folgte. Das Bildnisrelief zierte vermutlich ein Stadttor. Die starke Stilisierung ihrer harten Gesichtszüge diente der Steigerung des Ausdrucks, mit dem die Tyche alles Böse von ihrer Stadt abwenden sollte.

MK

1 · 3
Statuette der Venus-Isis

römisch, 2. Jh. n. Chr. ?
Bronze mit fleckig grüner Patina, H 38,8
Köln, Römisch-Germanisches Museum, Inv.Nr. N 4216

Venus war die römische Göttin der Liebe und die Personifikation weiblicher Schönheit. Ihr Kult vermischte sich mit dem der griechischen Göttin Aphrodite. Nach Homer soll sie den Apfel des Paris erhalten haben, da sie ihm die schöne Königstochter Helena versprochen hatte. Paris' Entführung der Helena löste den trojanischen Krieg aus. In der Ilias bezeichnete Homer Aphrodite als Mutter des Aeneas, von dem die Römer ihre Abstammung herleiteten. Seit Julius Cäsar galt daher die Venus Genetrix als Ahnherrin des römischen Volkes. Der Kult der altägyptischen Göttin Isis verbreitete sich in Griechenland und Rom. Im östlichen Mittelmeerraum trug die nackte Schönheit der Venus-Isis eine ägyptische Krone. Die hier gezeigte Statuette trägt ein zweistufiges Diadem mit eingraviertem Wellen- bzw. Zickzackmuster und einer Art Zinnenkranz. Da die Bekrönung nicht vollständig erhalten ist, bleibt deren ursprüngliche Form unklar. Aufgrund anderer erhaltener Statuetten darf man schließen, daß sie in der einen Hand einen Apfel und in der anderen vielleicht einen Spiegel gehalten hat.

MK

1 · 4
Lorbeerkranz

Italien, römische Antike
Kopie, Silber, H 4 x D 15
Rijswijk, Sammlung Brus, Inv.Nr. 109

Mit dem Lorbeerkranz wurden in der Antike verdiente Sportler und siegreiche Militärs ausgezeichnet. Der immergrüne Lorbeerbaum galt in der griechischen und römischen Antike als heilbringend und entsühnend, ein Lorbeerkranz als Symbol des Ewigen und Unvergänglichen. Als Sinnbild von Jugend und Schönheit war er das Attribut des Gottes Apollo bei Festzügen, Opfern und magischen Riten. Der

1 Krone und Krönung

1 · 4

Lorbeerkranz, auch nachgebildet aus Gold oder Silber, diente als Zeichen des Sieges, der Ehre und des Ruhmes. Er wurde zum Herrschaftszeichen der römischen Cäsaren. Seit frühchristlicher Zeit galt er auch als Symbol des Sieges Christi, in manchen Darstellungen verliehen aus der himmlischen Sphäre von der Hand Gottes. Kranz und Krone werden in der frühmittelalterlichen Kunst in diesem Sinne dargestellt.

MK

1 · 5
Büste eines römischen Kaisers mit Strahlenkrone

Fundort unbekannt, 1. Jh. n. Chr.
Bronze, H 5,5
Köln, Römisch-Germanisches Museum, Inv.Nr. 90,523

Die kleine Büste zeigt das Bildnis eines hageren Mannes. Ausgeprägte individuelle Gesichtszüge fehlen. Eine sichere Identifizierung ist daher nicht möglich. Durch die Form der Büste und der Haartracht kann die Büste in das 1. Jh. n. Chr. datiert werden. Die Strahlenkrone galt als Zeichen eines vergöttlichten römischen Kaisers der vorchristlichen römischen Antike. Sie geht auf Darstellungen des Sonnengottes zurück. Der griechische Helios und babylonische Bel wurde als »Sol invictus« unter Kaiser Aurelian 273 zum Reichsgott erhoben.

Sein Festtag am 25.12. wurde im Christentum zum Tag des Weihnachtsfestes.

MK

1 · 6
Bronzebüste eines spätantiken Kaisers

Fundort unbekannt, 4.–5. Jh. n. Chr.
Bronze, H 12
Köln, Römisch-Germanisches Museum, Inv.Nr. 91,511

Durch seine Tracht ist der Dargestellte als römischer Kaiser identifizierbar. Er trägt einen auf der rechten Schulter mit einer Prunkfibel zusammengehaltenen Mantel. Stilistisch ist die Büste in das 4. oder 5. Jh. n. Chr. zu datieren. Den Kopf des Kaisers ziert ein Diadem, versehen mit abwechselnd quadratischen und runden Schmucksteinen. Der mittlere Stein ist durch seine Größe hervorgehoben. Das Diadem, hervorgegangen aus der griechischen Stirnbinde, galt im Orient als Symbol der Herrschaft. Als Herrschaftszeichen wurde es von den römischen Kaisern übernommen. In Byzanz entwickelte sich aus dem Diadem die Krone. Die kleine Kaiserbüste weist Spuren von Durchbohrungen auf und dürfte als Teil eines römischen Feldzeichens benutzt worden sein.

MK

Kat.Nr. 1 · 5 – 1 · 9

1 · 6

1 · 7

1 · 7
Porträt eines Kaisers

Konstantinopel, 1. Drittel d. 4. Jh. n. Chr.
Marmor, H 27
Berlin, Museum für Spätantike und Byzantinische Kunst SMPK, Inv.Nr. 4694

Als Zeichen seiner Herrschaft trägt der Kaiser die *corona civica*, einen Kranz aus einer doppelten Reihe von Eichenblättern, über der Stirn verziert mit einem Juwel. Die Eiche galt in der Antike und im Mittelalter als Symbol der Ewigkeit, da man ihr Holz für unverwesbar hielt. Das Gesicht zeigt deutliche Spuren einer späteren Überarbeitung. Ursprünglich handelte es sich um ein Kaiserporträt in der Tradition klassischer Formgebung nach dem Vorbild der Bildnisse des Augustus und des Trajan. Vermutlich sollte Caesar Crispus, ein Sohn Konstantins des Großen, dargestellt werden. Dieser verfiel nach seiner Hinrichtung 326 der *damnatio memoriae*. Die Erinnerung an ihn wurde ausgelöscht. Daher vermutet man, daß sein Porträt nachträglich in das unvollendet gebliebene Bildnis eines anderen Kaisers umgearbeitet werden sollte.

MK

Der römische Kaiser Caracalla (198–217 n. Chr.) ist im Profil dargestellt und trägt den Lorbeerkranz. Die Umschrift ANTONINUS PIUS AVG GERM zeigt ihn in seiner Funktion als Augustus und Alleinherrscher, die er von 212 bis 217 n. Chr. ausübte. Die Münze wurde in

1 · 8

Caracallas Todesjahr geprägt. Besonders prächtige Goldmünzen mit Herrscherdarstellungen dieser Art wurden noch in der Antike zu Schmuckstücken verarbeitet. Diese erhielt eine Fassung aus Gold, bestehend aus durchbrochenem Blattwerk und einer Öse. Sie konnte so als Schmuckanhänger verwendet werden.

MK

1 · 8
Goldmünze mit der Darstellung Kaiser Caracallas

Rom, 217 n. Chr.
Gold, durchbrochene Goldfassung, D 3,2
Köln, Römisch-Germanisches Museum, Inv.Nr. 53,51

1 · 9   Abb. S. 115
Goldsolidus des Kaisers Konstantin I. (306–337 n. Chr.)

Prägeort: Trier, 310–313 n. Chr.
Gold, D 1,78
Trier, Bischöfliches Dom- und Diözesanmuseum, Inv.Nr. N 103

Dieser Goldsolidus des römischen Kaisers Konstantin des Großen zeigt auf der Vorderseite die Büste des lorbeerbekränzten Kaisers mit der Umschrift CONSTANTINUS P F AUG. Auf der Rückseite ist der Kaiser stehend abgebildet. Sein nach rechts gewandter Kopf trägt den Lorbeerkranz. In der Rechten hält er einen Speer, in der Linken den Globus. Auf beiden Seiten zu seinen Füßen erkennt man einen gefesselten Barbaren (Umschrift: VBIQUE VICTOR, im Abschnitt: PTR). Konstantin hatte in der Schlacht an der Milvischen Brücke den Usurpator Maxentius besiegt. Im darauffolgenden Jahr erließ er das sogenannte Mailänder Toleranzedikt, in dem die freie Religionsausübung verkündet wurde. Der christlichen Kirche wurde ihr beschlagnahmter Besitz zurückgegeben. Der Solidus (»solidus« heißt »solide«) wurde unter Konstantin eingeführt und erstmals in Trier geprägt.

WW

1 · 10
Goldsolidus des Kaisers Valentinian I. (364–375 n. Chr.)

Prägeort: Trier, 367–375 n. Chr.
Gold, D 2,07
Trier, Bischöfliches Dom- und Diözesanmuseum, Inv.Nr. N 91

Die Vorderseite der Münze mit der Umschrift: DN VALENTINIANVS P F AVG zeigt das Büstenbildnis des Kaisers. Er trägt ein Perl- und Rosettendiadem. Die Rückseite mit der Umschrift VICTORIA AVGG (im Abschnitt: TROBC) zeigt zwei Kaiser auf einer Thronbank sitzend und gemeinsam einen Globus haltend. Hinter ihnen erkennt man die Siegesgöttin Victoria.

WW

1 · 11
Goldsolidus des Kaisers Valens (364–378 n. Chr.)
(Vorderseite)

Prägeort: Trier, 367–375 n. Chr.
Gold, D 2,17
Trier, Bischöfliches Dom- und Diözesanmuseum, Inv.Nr. N 109

Die Vorderseite zeigt die nach rechts gewandte Kaiserbüste mit Paludament und Diadem mit der Umschrift DN VALENS P F AVG, die Rückseite zwei Kaiser im Dienstkostüm auf einer Thronbank sitzend und gemeinsam einen Globus haltend mit der Victoria dahinter und der Umschrift VICTORIA AVGG (im Abschnitt: TR.OB.).

WW

1 · 12
Goldsolidus des Kaisers Valens (364–378 n. Chr.)
(Rückseite)

Prägeort: Trier, 364–367 n. Chr.
Gold, D 2,19
Trier, Bischöfliches Dom- und Diözesanmuseum, Inv.Nr. N 67

Die Vorderseite zeigt die nach rechts gewandte Kaiserbüste mit Diadem und der Umschrift DN VALENS P F AVG, auf der Rückseite aber weicht die Darstellung von der bisherigen vorherrschenden Tradition ab. Man erkennt einen Kaiser in militärischer Tracht und Diadem; in der Linken trägt er einen Globus, darauf Victoria, die eine Siegespalme hält und dem Kaiser einen Siegeskranz reicht. In der Rechten hält Valens eine Standarte mit dem Christogramm. Die Umschrift lautet RESTITVTOR REI PVBLICAE (im Abschnitt: TR *).

Den Sieg an der Milvischen Brücke im Jahre 312 über seinen Widersacher Maxentius schrieb Konstantin I. der Hilfe des Christengottes zu. Dessen »heilbringendes Zeichen« hatte er in einer Vision gesehen und vor dem Kampf auf die Schilde seiner Soldaten aufmalen bzw. als Standarte – das sogenannte Labarum – anfertigen lassen. Es ist das aus den beiden griechischen Buchstaben Chi (X) und Rho (P) zusammengesetzte Monogramm, in welchem die Christen den Namen »Christus« wiedererkannten. Während das Christogramm auf den Münzen Konstantins I. noch selten ist, verwenden es die Söhne des Kaisers und erst recht die Nachfolger häufiger. Auf der Münzrückseite wird als Siegeszeichen weiterhin das aus der heidnischen Tradition stammende Symbol der den Siegeskranz reichenden Victoria weiterbenutzt. Sie zeigt aber auch den Kaiser Valens mit dem Labarum und unterstreicht damit die neue Funktion des christlichen Kaisers als »Vicarius Christi«, d. h. Stellvertreter Gottes auf Erden.

WW

1 · 13
Abb. S. 125
Medaillon mit Krönungsdarstellung

Konstantinopel, 326/27 oder 330 n. Chr.
Galvano, Kupfer vergoldet, 10 x 9,4
Wien, Kunsthistorisches Museum, Münzkabinett, Inv.Nr. 32 480

Dieses Medaillon des Kaisers Konstantius II. (337–361 n. Chr.) ist 342 oder 346 in Antiochia geprägt worden. Die Vorderseite zeigt ein

1 · 14
Westgotische Votivkrone

Guarrazar (Provinz Toledo), 2. H. 7. Jh.
Gold, Granat, Perlen, Saphire, H 10, D 20,5
Original: Madrid, Museo Arqueológico
Kopie: Rijswijk, Sammlung Brus Nr. 265

In der Zeit der Völkerwanderung errichteten die Westgoten in Spanien das Reich von Toledo. Im Jahr 587 traten der westgotische König, die Bischöfe und der Adel vom arianischen zum katholischen Christentum über. Das christliche westgotische Königreich erlebte im 7. Jh. eine letzte Blüte, bevor es von den muslimischen Arabern erobert wurde. Aus dieser Zeit stammt die hier gezeigte Votivkrone, die hängend präsentiert wurde.

MK

1 · 15
Goldsolidus des Kaisers Theodosius I.

Prägeort Mailand, 379–383 n. Chr.
Gold, D 2,1
Ravenna, Museo Nazionale, Inv.Nr. *2142
1-4-2 907

1 · 16
Goldsolidus der Galla Placidia

Prägeort Ravenna, 425–426 n. Chr.
Gold, D 2,1
Ravenna, Museo Nazionale, Inv.Nr. *2242

1 · 14

Brustbild des Kaisers mit Weltkugel und kränzender Victoria. Auf der Rückseite des Medaillons ist der Kaiser anläßlich des »processus consularis« dargestellt, mit Nimbus, Weltkugel und militärischer Bekleidung. Im Zentrum steht Kaiser Konstantin der Große (306–337) mit einer Lanze in der Rechten. Über dem Kopf des Kaisers erscheint von oben herab die göttliche Hand, die einen Kranz hält. Er wird flankiert von seinen beiden Söhnen, zu seiner Rechten Konstantin II. und zu seiner Linken Konstantius II. Beide Söhne werden jeweils von einer personifizierten Siegesgöttin Victoria bekränzt. Die Umschrift »D(ominus) N(oster) CONSTANTIVS VICTOR SEMPER AVG(ustus)« weist auf den immerwährenden Sieg des Imperators. Es handelt sich um ein erstes Bild der christlichen Interpretation der alten Vorstellung, daß der Herrscher von Gott gekrönt wird. Zugleich ist dies die früheste Krönungsdarstellung auf einem Medaillon und eine der ältesten Krönungsdarstellungen überhaupt.

CW

1 · 15
1 · 16

Theodosius I., genannt »der Große«, regierte von 379–395 als römischer Kaiser. Er schloß Frieden mit den Goten, die auf dem Boden des Reichs siedeln durften und zum Heeresdienst verpflichtet wurden. Er war der letzte Kaiser, dem es gelang, das römische Reich unter einheitlicher Herrschaft zu vereinigen. Sein Bildnis auf der Vorderseite mit der Umschrift DNTHEODO / SIVSPFAVC zeigt ihn mit Kronendiadem. Zusammen mit Valentinian II. (375–393) ist er auf der Rückseite der Münze thronend dargestellt. Zusammen halten beide einen Reichsapfel bzw. einen Globus, hinter ihnen erscheint die Personifikation der Siegesgöttin Victoria.

410 eroberten die Westgoten Rom und plünderten die Stadt. Galla Placidia, die Tochter des Theodosius, wurde gefangengenommen und als Geisel verschleppt. Sie heiratete den Westgotenkönig Athaulf und verbrachte ihre letzten Lebensjahre in Ravenna, wo ihre Grabkapelle steht. Ihr Bildnis auf dem Goldsolidus zeigt sie im herrscherlichen Selbstverständnis einer christlichen Kaisertochter in der Zeit des untergehenden römischen Reiches. Auf ihrem Münzbildnis mit der Umschrift DNGALLAPLA / CIDIAPFAVC trägt sie ein Perlendiadem und das Paludamentum. Ihr Scheitel ist bekrönt von der Hand Gottes. Auf der Rückseite erkennt man die Personifikation der Victoria mit einem großen Kreuz.

MK

1 · 17
Goldsolidus des Odoaker

Italien (?), 476–481 n. Chr.
Gold, D 2
Ravenna, Museo Nazionale, Inv.Nr. *2256

Der Skire Odoaker (476–493 n. Chr.) war der erste germanische König in Italien. Er setzte den letzten Kaiser des Weströmischen Reiches, Romulus Augustus (475–476 n. Chr.), ab. Der mit Ostrom verbündete Ostgotenkönig Theoderich (474–526 n. Chr.) wurde 488 vom byzantinischen Kaiser Zenon (474/75–491 n. Chr.) beauftragt, Odoaker zu bekämpfen, einigte sich mit diesem jedoch auf eine Herrschaftsteilung im Westreich. Im Jahre 493 erschlug Theoderich Odoaker im Streit. Sein Münzbildnis zeigt ihn in der Tradition oströmischer Kaiserbüsten.

CW

1 · 18
Goldsolidus des Theoderich

Italien, um 500 n. Chr.
Gold, D 2
Ravenna, Museo Nazionale, Inv.Nr. *2327

Der Ostgotenkönig Theoderich (474–526 n. Chr.), genannt »der Große«, residierte als Stellvertreter des byzantinischen Kaiserhauses in Ravenna. Die Goldmünze mit seinem Herrscherbild zeugt von seinem Selbstverständnis, dort wie ein König zu residieren. Sie zeigt ihn in der Tradition der Büstenbildnisse oströmischer Kaiser mit Krondiadem und Paludamentum.

CW

1 · 19
Fragment einer Bleiwasserleitung

Ravenna, um 500 n. Chr.
Blei, L 130, D ca. 20
Ravenna, Museo Nazionale, Inv.Nr. 339

Ravenna war zur Zeit der letzten weströmischen Kaiser zum kulturellen Zentrum geworden. Der Ostgote Theoderich (474–526 n. Chr.), aufgewachsen in Byzanz, war nominell Statthalter des oströmischen Kaisers in Ravenna. Tatsächlich aber trat er als König eines ostgotischen Reiches an die Stelle der weströmischen Kaiser. Von den später dort entstandenen byzantinischen Sakralbauten, vor allem San Vitale, und von Theoderichs legendärem Palast zeigte sich Karl der Große sehr beeindruckt. Der Palast des Theoderich wurde abgetragen. Material dieser Bauten sollen in Aachen zum Bau von Pfalz und Marienkirche gedient haben. Aus einem Aquädukt in der unmittelbaren Nähe des Palastes stammt dieses Fragment einer Bleiwasserleitung, das mit seiner Inschrift »REX THEODORICUS CIVITATI EDDIDIT« deutlich auf den Ausbau Ravennas hinweist und auf Theoderichs Anspruch einer Königsherrschaft.

MK

1 · 20
Goldsolidus der Kaiserin Konstanze II. und des Kaisers Konstantinus IV.

Byzanz, 649–650
Gold, D 1,9
Ravenna, Museo Nazionale, Inv.Nr. *2492

1 · 20

Der prächtige byzantinische Goldsolidus entstand in einer Zeit, als sich das oströmische Reich dem Ansturm des Islam im östlichen

Mittelmeerraum standhielt. Im Gegensatz zum Westen konnte in Byzanz die Tradition des römischen Kaiserreiches ungebrochen bis zum Ende des Mittelalters fortgesetzt werden – auch mit den klassischen Darstellungen der Herrscher, die den Kaisertitel führten, und ihrer Herrschaftszeichen. Mit dem Herrschaftsantritt des Kaisers Konstans II. (641–668) hatte in Byzanz die Tradition der Kaiserkrönungen in der Hagia Sophia begonnen. Die Herrschererhebung wurde in den sakralen Raum verlegt. Dessen Nachfolger, Konstanze II. und Konstantinus IV., werden auf dem Münzbildnis mit Kronen dargestellt, die von einem Kreuz überhöht werden.

MK

1 · 21
Vitta
Stirnbinde aus einem fränkischen Frauengrab

fränkisch, um 537
Gold, Granat, Silber, D 18 x H 2
Köln, Dom, Inv.Nr. DGF 1/11633

1 · 22
Armring aus einem fränkischen Frauengrab

fränkisch, um 537
Gold, D 7,0
Köln, Dom, Inv.Nr. DGF 1/11636

1 · 23
Szepter aus einem fränkischem Knabengrab

fränkisch, um 537
Holz, L 54, D 3
Köln, Dom, Inv.Nr. DGF 1/11766

1 · 24
Achat aus einem fränkischen Grab

fränkisch, um 537
Achat, D 3,3 x H 0,74–0,87
Köln, Dom, Inv.Nr. DGF 4/37653

Insignien fränkischer Herrschaft

In einem nur schwer zu deutenden Gegensatz zu archäologisch nachgewiesenen bronzezeitlichen Frühformen von Herrschaftszeichen und zur antiken Überlieferung der Herausbildung eines bis in die spätbyzantinische Zeit immer mehr erstarrenden höfischen Zeremoniells steht die Tatsache, daß sich die Insignien, die die Königsherrschaft des nachfolgenden Mittelalters symbolisieren, zunächst nicht einmal ansatzweise bei den nun auch namentlich faßbaren germanischen Völkern der römischen Kaiserzeit wiederfinden lassen. Das erscheint um so erstaunlicher, als von der historischen Forschung die Nachahmung des römischen Vorbilds, die *imitatio imperii*, in nahezu allen völkerwanderungszeitlichen Germanenreichen gesehen wird, insbesondere aber bei den Franken.

Was von archäologischer Seite als Beleg dafür herangezogen wird, ist jedoch weniger ein Zeichen für Herrschaft, sondern vielmehr ein Beweis der Einordnung in römische Rangfolgen, also eigentlich der Unterwerfung. So wurden ranghohe römische Offiziere der späten Kaiserzeit mit den sogenannten Zwiebelknopffibeln in unterschiedlich wertvoller Ausführung ausgezeichnet. Der ikonologische Nachweis dieser ordensähnlichen Dekoration für den wandalischen Heermeister (*magister peditum praesentalis*) Flavius Stilicho († 408) auf dem sogenannten Konsulardiptychon in Monza sowie das Vorkommen eines goldenen Exemplars unter den 1653 in Tournai entdeckten Grabbeigaben des fränkischen Königs Childerich († 482) sind ebenso zu deuten, wie die Tatsache, daß dessen Sohn und Nachfolger, der Reichsgründer Chlodwig, im Jahre 508 in Tours die ihm vom oströmischen Kaiser angetragene Würde eines Konsuls akzeptiert: »Damals erhielt er vom Kaiser Anastasius ein Patent als Konsul und legte in der Kirche des heiligen Martinus den Purpurrock und Mantel (*clamide*) an und schmückte sein Haupt mit dem Diadem« (Gregor von Tours, Historia II, 38; Übers. nach R. Buchner). Gregor von Tours zählt also die Gegenstände auf, die von den kaiserlichen Gesandten überbracht werden. Doch dazu gehörte nicht nur das Diadem, bei dem es sich zweifellos nicht um ein Diadem aus Chlodwigs Besitz handelte, sondern genauso die Fibel (*porpe*), mit der die Chlamys auf der rechten Schulterseite geschlossen wurde; sie war notwendiger Bestandteil dieses Ornats, wird aber nicht erwähnt.

Diese Episode macht deutlich, daß die historische Überlieferung zur Entstehungsgeschichte von Herrschaftszeichen bei aller Detailtreue Lücken aufweisen kann. Die fragmentarische archäologische Überlieferung findet darin ihre Entsprechung. Sie ist vor allem durch die Tatsache bestimmt, daß die fränkischen Gräber – und fast ausschließlich in Form von Grabbeigaben gelingt uns die Zuordnung zu historischen Personen – oft genug kurz nach der Bestattung geplündert wurden. Und was vor dem Zugriff der Zeitgenossen verschont blieb, das haben dann noch moderne »Grabräuber«, wie im Fall des erwähnten Childerichgrabes, nachgeholt. So gehören die beiden 1959 entdeckten unberührten fränkischen Gräber unter dem Kölner Dom, neben dem zeitgleich zutage getretenen Sarkophag der Königin Arnegundis in der Basilika von St. Denis bei Paris, zu den wichtigsten Zeugnissen fränkischer Reichskultur.

Weder im Grabensemble der im Alter von etwa 28 Jahren verstorbenen Frau noch unter den Beigaben des etwa sechsjährigen Knaben ließ sich ein namentlich gekennzeichneter Siegelring nachweisen, wie er z. B. bei Childerich oder Arnegundis gefunden wurde. Doch wenn der Ausgräber Otto Doppelfeld mit seiner versuchsweisen Deutung der Dame als langobardische Prinzessin Wisigardis und Braut des fränkischen Königs Theudebert recht hat, dann könnte ein entsprechender Ring zwar in Auftrag gegeben, die vorgesehene Trägerin aber vor der Ausführung verstorben sein. Der Knabe war dafür sicher noch zu jung, doch immerhin wurde ihm ein Fingerring in das Grab gelegt, auf dessen freiem Spiegel später eine Inschrift Platz gefunden hätte. Auch das Vorkommen eines Stuhls in diesem Zusammenhang könnte als kindgemäße oder spielerische Form eines Thronsitzes gesehen werden.

Andere Stücke der beiden Grablegen lassen weniger fragwürdige Schlüsse zu. Die Stirnbinde (Kat.Nr. 1 · 21) der Dame kann in der Sicht Doppelfelds durchaus als »Brautkrone«, ggf. auch als »Totenkrone« oder einfach als exzeptionelles Kennzeichen einer freien Frau im Sinne einer überragenden sozialen Stellung gesehen werden; in jedem Fall paßt sie widerspruchslos zu dem für Chlodwig belegten Diadem. Der Armring (Kat.Nr. 1 · 22) in dieser speziellen Ausformung gehört so sehr zur üblichen Grabausstattung der fränkischen und z. T. auch anderer völkerwanderungszeitlicher Oberschichten, daß die Deutung als Herrschaftszeichen allgemein anerkannt ist.

Der vermutlich als Szepter anzusprechende gedrechselte Holzstab (Kat.Nr. 1 · 23) aus dem Knabengrab ist in dieser Auslegung natürlich nur dann glaubwürdig, wenn die Gesamtinterpretation der Bestattung so akzeptiert wird, denn Vergleichsfunde gibt es dazu nicht – zumindest nicht aus dem unmittelbaren Kulturkreis.

Der 1980 in einem Grab unter der Vierung des Kölner Domes gefundene Schmuckstein (1 · 24) ist ebenfalls als Überrest einer fränkischen Grabbeigabe zu deuten. Auch wenn wir die ursprüngliche Fassung – durch Form des Stückes nachgewiesen – nicht kennen, so führen die Parallelen nach Material und Form doch genau in das Umfeld der Fibeln, die, mit Hängeschmuck (Pendilien) versehen, bei Mitgliedern der kaiserlichen Familien West- und Ostroms die Chlamys oder das längere Paludamentum verschließen. Wie sehr sie fast unbewußt und meistens ungenannt zum Symbolgut herrschaftlicher Tracht wurden, das zeigt die ikonologische Benutzung über die Antike und das gesamte Mittelalter hinaus: Den kaiserlichen Brustbildern auf antiken Münzen, die in aller Regel dieses Detail zweifelsfrei erkennen lassen, entspricht die Darstellung der Kaiserin auf den bekannten Mariatheresientalern.

GH

1 · 25
Sogenannter Thron des Königs Dagobert

fränkisch, 9. Jh.
Bronze, H 115
Original: Paris, Bibliothèque Nationale de France, Cabinet des Médailles et des Antiquités
Kopie: Paris, Bibliothèque Nationale de France

Der zusammenklappbare, mit Löwenköpfen und -tatzen ausgeschmückte Bronzestuhl ist zumindest in Teilen karolingisch. Die noch

1 · 25

sichtbaren Spuren der ursprünglichen Vergoldung heben seine Bedeutung als Thron hervor. Im 12. Jh. faßte Abt Suger von St. Denis († 1151) ihn als Thron des Merowingerkönigs Dagobert († 638/39) auf; unter diesem Namen wurde er in St. Denis bis zur Französischen Revolution aufbewahrt.

HN

1 · 26
Eiserne Krone von Monza

Abb. S. 5

Mailand (?), 2. Viertel 9. Jh.
Gold, Edelsteine, Zellenschmelz, Eisenring, H 5,3, D 15
Original: Monza, Dom
Kopie: Wuppertal, Kronen- und Insigniensammlung Abeler

Ihren Namen verdankt die in der »Capella di Teodolinda« des Domes von Monza aufbewahrte Krone einem schmalen eisernen Reif, auf dem die sechs mit Treibarbeiten, Email und gefaßten Edelsteinen gezierten und durch Scharniere verbundenen Goldplatten montiert sind. Der Legende nach ist der Eisenring aus einem dem Kreuz Christi entnommenen Nagel geschmiedet, weshalb die Krone seit dem 16. Jh. vor allem als Kreuznagelreliquie verehrt wird.

Karl der Große soll mit dieser Krone zum König von Italien gekrönt worden sein. Da die Ausführung der Emailarbeiten eine Verbindung mit dem Mailänder Paliotto aus San Ambrogio aufweisen, spricht jedoch vieles für eine Datierung erst in das zweite Viertel des 9. Jhs.

Die mittelalterliche Vorstellung einer eisernen Krone als Insignie für das *Regnum Italiae* wurde Mitte des 15. Jhs. auf die Monzeser Krone bezogen. Bei der Kaiserkrönung Karls V. 1530 in Bologna fand sie daher erstmals Verwendung und noch 1805 ließ sich Napoleon I. mit ihr in Mailand zum König von Italien krönen.

In der jüngeren Forschung wird die Eiserne Krone aufgrund ihres geringen Durchmessers als Votivkrone gedeutet, die dazu diente, in der Kirche aufgehängt zu werden.

KH

Karl der Große und Aachen

Max Kerner (Aachen)

Karl der Große und die Grundlegung Europas

Einleitung

1200 Jahre trennen uns heute von der Herrschaftszeit Karls des Großen (768–814), von seiner Persönlichkeit, die einer ganzen Epoche Gestalt und Namen gegeben hat. Trotz dieser weiten zeitlichen Distanz ist die Erinnerung an sein Lebenswerk, an die geschichtliche Bedeutung seines Reiches niemals verlorengegangen. Dafür haben die zeitgenössischen Quellen genauso gesorgt wie die späteren Legenden oder auch die vielfältigen Formen politischen, literarischen und kultischen Nachlebens. In diesem geschichtlich gewachsenen Karlsbild überwiegen naturgemäß die stolze Anerkennung, die staunende Bewunderung, ja die glühende Verehrung. Seltener dagegen sind die Vorbehalte und Zweifel. Aber hier wie dort gibt es mancherlei Verzerrung und Übersteigerung. Eine historisch-kritische Betrachtung über Karl den Großen wird dies zu beachten und sich in strenger Anbindung an die verläßlichen Ergebnisse der historischen Forschung um ein möglichst glaubwürdiges Geschichtsbild zu bemühen haben.

Die Quellen und deren Kritik

Den Ausgangspunkt für eine solche historische Annäherung bilden die karolingischen Quellen und deren Kritik, also genauer Karls des Großen (teilweise ge- bzw. verfälschte) Königs- und Kaiserurkunden, seine Reichsgesetze, die von ihm verschriftlichten Volksrechte, die offiziösen Reichsannalen sowie die Vielzahl weiterer erzählender Quellen, zeitgenössischer Briefe und panegyrischer Texte, die alle auf Karl den Großen und seinen leitenden wie prägenden Gestaltungswillen bezogen sind.

Das diesbezüglich berühmteste literarische Zeugnis ist wohl Einhards »Vita Karoli Magni« aus den 20er Jahren des 9. Jahrhunderts. Einhard – ein enger Vertrauter und Berater Karls des Großen – wollte nach eigener Aussage (»Vita Karoli«, Prolog) die Taten Karls des Großen erzählen. Wie man weiß, tat er dies in formaler Abhängigkeit von den antiken Kaiserbiographien Suetons und insbesondere von dessen »Vita Augusti«. Während noch Leopold von Ranke darüber geklagt hatte, daß Einhard auf diese Weise den Frankenherrscher Karl zu einem römischen Imperator entstellt habe, ist man heute davon überzeugt, daß Einhard – trotz dieses antikischen Schimmers, der dadurch über Karls Gestalt gekommen sei (P. Lehmann), – ein insgesamt eigenständiges wie lebendiges und weitgehend auch wahrheitsgetreues Lebensbild Karls gezeichnet habe: zunächst über dessen äußere wie innere Politik und danach über dessen Lebensgewohnheiten. Karl sollte der eigenen Gegenwart wie der Nachwelt als ein bewunderter Herrscher vor Augen geführt werden, der in seinem Denken wie Handeln eine besondere Großherzigkeit gezeigt und einen stets unerschütterlichen Gleichmut bewiesen habe.

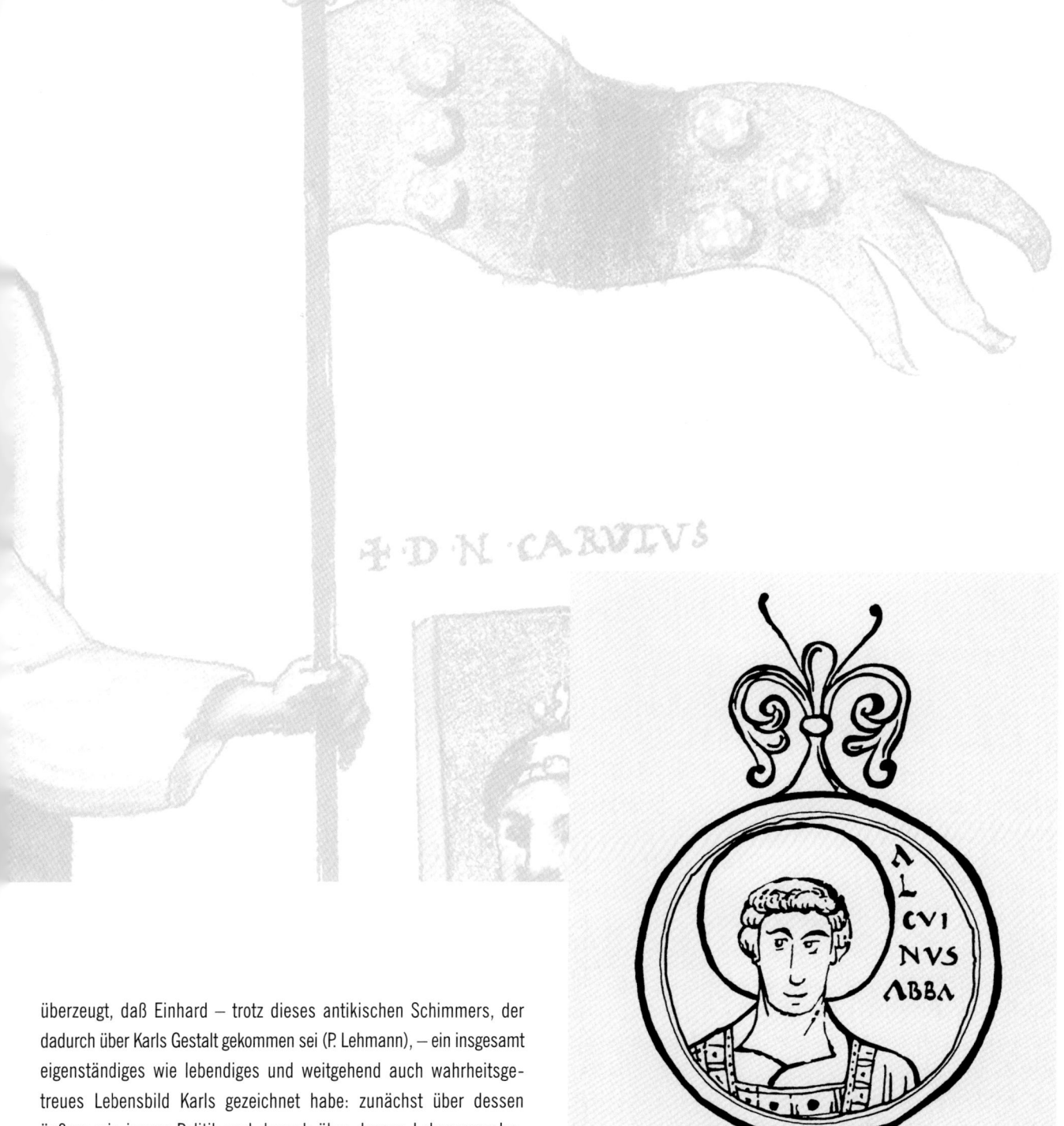

An der geschichtlichen Bedeutung der Karlsvita Einhards ist nicht zu zweifeln, nicht nur weil sie im Mittelalter die Herrscherbiographie als Literaturgattung begründete und zu den sprachlich hervorragenden Denkmälern der karolingischen Bildungsreform gehören dürfte, sondern weil sie vor allem das literarische Bild Karls des Großem auf Jahrhunderte hin entscheidend bestimmte. Andere Ansätze und Vorbehalte wurden auf diese Weise zurückgedrängt, so etwa die in der klösterlichen Welt verbreitete Vorstellung von Karls menschlichen Schwächen, zum Beispiel von der ihm unterstellten sündhaften Sinnlichkeit, für die er nach Auffassung der fast

Abb. 1
Idealdarstellung Alkuins (735–804), des Leiters der Aachener Hofschule, aus der sogenannten Alkuin-Bibel, mit Versen, die ihn als Auftraggeber bezeichnen. Pergamenthandschrift Tours bzw. wahrscheinlich Marmoutier, 834/837. Bamberg, Staatsbibliothek, Msc. Bibl.I, fol. 5ᵛ

gleichzeitig entstandenen »Visio Wettini« im Fegefeuer zu büßen hatte.

Für ein idealisierendes Karlsbild sind aber neben Einhard auch die »Gesta Karoli Magni« des Notker von St. Gallen vom Ende des 9. Jahrhunderts wichtig geworden. Hier wird ebenfalls ausführlich und nicht ohne Kritik an der eigenen Zeit von Karls Feldzügen, von seinen Bemühungen um Kirche und Geistlichkeit, von seinen Bildungsbestrebungen berichtet, dieses und anderes aber mehr in farbigen Anekdoten dargeboten. Die in gleicher Weise unterhaltenden wie belehrenden Erzählungen Notkers haben im Ergebnis – so hat es Paul Lehmann ausgedrückt – Karl den Großen unversehens in eine märchenhafte Ferne versetzt bzw. das Karlsbild Einhards in eine verklärende und trivialisierende Perspektive gerückt: Karl ist damit nicht nur zum überragenden Staatsmann und Kulturpolitiker stilisiert worden, sondern auch zum hausbackenen Schulmeister und fürsorglichen Hausvater, in dem einen wie anderen Fall zu einer legendären Gestalt.

Wichtige Phasen und Perspektiven

Es gehört zu den wohl augenfälligsten und gewaltigsten Leistungen des 748 geborenen und 768 zur Macht gelangten Karl des Großen, daß er das in der Zeit der Völkerwanderung zwischen 400 und 700 entstandene romanische und germanische Europa zu einer neuen karolingisch geführten und fränkisch geprägten Einheit zusammengefaßt hat. Dazu bedurfte es einer ausgreifenden und heute mitunter umstrittenen Expansionspolitik, die sich gegen die Langobarden in Italien, gegen die Sachsen zwischen Weser und Elbe, gegen die Bayern südlich der Donau, gegen die christlichen Basken und heidnischen Sarazenen im Pyrenäenraum sowie schließlich gegen die verschiedenen Grenzvölker von den Dänen im Norden bis zu den Awaren im Südosten des Reiches richtete. Die historische Bedeutung dieser militanten Politik lag in Italien darin, den byzantinischen Einfluß zurückgedrängt, ein lateinisch-germanisches Zusammenleben in Oberitalien entwickelt sowie den päpstlichen Kirchenstaat in Mittelitalien gefestigt zu haben. Im nördlichen Spanien wurde mit einer fränkischen Grenzmark der Kern des späteren Katalonien und Aragon geschaffen bzw. der Grundstein für die hochmittelalterliche Reconquista, die Rückeroberung des islamischen Spaniens, gelegt. Zu dieser Expansionspolitik zählen aber auch Karls Sachsenkriege: 772 wurde die Irminsul, ein altsächsisches Heiligtum zerstört, 782 den Sachsen das harte Besatzungsrecht der »Capitulatio de partibus Saxoniae« auferlegt. Gegen dieses organisierte Herzog Widukind einen Aufstand, der von Karl dem Großen mit dem sogenannten Blutbad von Verden an der Aller beantwortet wurde. 785 ließ sich Widukind dann in Attigny taufen, 797 wurde das »Capitulare Saxonicum« erlassen, das den Sachsen den anderen Völkern des Frankenreiches gleichstellte. 802 wurde das sächsische Stammesrecht aufgezeichnet, nachdem bereits 785 eine umfassende Christianisierung auf den Weg gebracht worden war, die an den Bistumsgründungen in Münster, Paderborn, Osnabrück, Minden und Bremen abzulesen ist. An dieser Sachsenpolitik Karls des Großen ist in der geistigen Nachfolge des französischen Aufklärers Voltaire bzw. seiner intellektuellen Nachfahren vieles kritisiert, manches auch verurteilt worden. Wie immer dies im Einzelnen wissenschaftlich auch gesehen werden mag, eines wird man am Ende nicht bestreiten können: erst die Einbeziehung der Sachsen ins Frankenreich, die Karl vollzogen hat und die ihn schon bald zum Apostel der Sachsen werden ließ, hat das für das Mittelalter so zentrale germanisch-romanische Zusammenwachsen vollendet. Bekanntlich waren es 911 neben den Franken, Schwaben und Bayern die Sachsen, die das Deutsche Reich begründeten und mit den sächsischen Ottonen dessen frühe Herrscher stellten. Als in den ersten Jahren des NS-Regimes Karl der Große nicht zuletzt wegen seiner Sachsenpolitik aus der deutschen Geschichte verdrängt werden sollte und acht deutsche Mediävisten diesem Angriff 1935 mit einer weithin mutigen Streitschrift über »Karl den Großen oder Charlemagne« begegneten, fand einer von ihnen, Martin Lintzel, zu Karls Sachsenkriegen eine Antwort, die verdient, hier wörtlich angeführt zu werden: »Wir wollen den tragischen Freiheitskampf des sächsischen Volkes und seines Herzogs achten und ehren, und wir haben auch Grund, manche von den Handlungen Karls zu bedauern. Aber wir dürfen nicht vergessen, daß die Entstehung des Deutschen Reiches ihren Ausgang nicht von Widukind, sondern von Karl genommen hat.« Nimmt man zu diesen Sachsenkriegen noch die weiteren Stationen der gewaltigen Ausdehnung des Frankenreiches – also neben der Eroberung Pavias 774 und neben dem weniger erfolgreichen Spanienfeldzug 778 (Überfall bei Roncesvalles und Tod des bretonischen Markgrafen Roland) – vor allem das Ende des Stammesherzogtums Bayern bzw. den Sturz und die Verurteilung von dessen letztem Herzog Tassilo III. (Hoftag zu Ingelheim 788) und die Unterwerfung der Awaren 795 hinzu, dann ist leicht zu erkennen, daß sich die Gewichte des Frankenreiches unter Karl dem Großen von der romanischen zur germanischen Welt hin verschoben haben. Die Rheinachse wird zur Mitte des karolingischen Imperiums (vgl. die Rheinpfalzen Straßburg, Worms, Mainz, Ingelheim und Frankfurt) und Aachen ab 794/5 zur häufigen Winterpfalz bzw. ab 806 zur ständigen Residenz, zur »prima sedes Franciae« (Nithard), ausgebaut.

Karls des Großen innere und äußere Reformen

Karls augenfällige Leistung der Jahre bis 800 hat offenkundig darin bestanden, fast den ganzen Westen des europäischen Kontinents mit Ausnahme Englands, Süditaliens, Siziliens und der iberischen Halbinsel unter seine Hoheit gebracht zu haben. Diese stark »imperialistische« Perspektive übersieht allerdings Karls Aktivitäten im Inneren seines Reiches, wo er nicht nur die Gerichtsverfassung verbesserte, sondern auch kirchliche, kulturelle und wirtschaftliche Reformen in

Gang setzte. Das hier wichtigste Zeugnis ist die »Admonitio generalis« von 789. Nach dieser allgemeinen Weisung will Karl, wie es heißt, »das Fehlerhafte verbessern, das Unnütze beseitigen und das Richtige bekräftigen« und im Sinne dieses Zieles die kirchliche Ordnung jenem Kirchenrecht anpassen, das ihm Papst Hadrian I. in Form einer bedeutenden Kanonessammlung (»Collectio Dionysio-Hadriana«) 774 hatte zukommen lassen (vgl. cc. 1–59 der »Admonitio generalis«). Auch durch praktische Vorschläge will er dieses Ziel zu erreichen suchen, wenn er etwa fordert, daß die geistlichen und weltlichen Gewalten einträchtig zusammenwirken sollen (c. 62) oder an den Bischofskirchen und in den Abteien Schulen errichtet und mit Sorgfalt biblische und liturgische Texte kopiert bzw. emendiert werden sollen (c. 72). Karls kirchlicher Erneuerungswille scheint demnach vor allem auf eine vereinheitlichende und nach Rom hin orientierte Kirchenordnung ausgerichtet gewesen zu sein. Zu diesem Zweck hatte er sich bereits um 785/6 die römische Form der Liturgie, genauer die Meßtexte des gregorianischen Sakramentars, übersenden lassen; aus dieser Absicht heraus ließ er dann 787 in Monte Cassino den authentischen Text der benediktinischen Klosterregel abschreiben, und mit diesem Ziele hat er vielleicht auch später (791) die Korrespondenz der Päpste mit den Karolingern, den »Codex Carolinus«, zusammentragen lassen.

Über diese Linie einer bereits durch Bonifatius begründeten und jetzt durch Karl intensivierten Romverbundenheit der fränkischen Kirche gehen Karls kirchliche Reformbemühungen aber noch entscheidend hinaus, indem sie in ihrer Sorge um Schrift und Sprache die karolingische Minuskel und damit die Grundlage unserer heutigen Schrift geschaffen sowie über eine an den Kirchenvätern orientierte Latinität zur literarischen Hochsprache des Mittelalters geführt haben. Wie groß der persönliche Anteil Karls an all diesen Reformen gewesen ist, läßt sich heute nicht mehr genau ausmachen. Daß er aber über die bloße Weisung und den allein anordnenden Anstoß hinausging, belegen verschiedene Hinweise. Einmal die Bemerkung Einhards, daß Karl zu lesen und sich lateinisch wie fränkisch auszudrücken verstand, ja sogar etwas Griechisch konnte (»Vita Karoli« c. 25). Zu diesen Sprachkenntnissen sind weiter auch Karls Buchwünsche, seine Augustinuslektüre, seine Schreibübungen sowie schließlich die von ihm in Aachen begründete Hofbiliothek hinzunehmen. Auch daß Karl sich mit seinen Beratern und gelehrten Freunden literarisch und theologisch auszutauschen pflegte, spricht für eine aktive und mitgestaltende Anteilnahme. Der hier deutlichste Beleg findet sich 791 in den Randnotizen der fränkisch-theologischen Stellungnahme (»Libri Carolini«) zum VII. Ökumenischen Konzil von Nikäa (787) bzw. zu dem dort debattierten Bilderstreit: nach Ansicht der Forschung gehen diese Randnotizen auf persönliche Äußerungen Karls zurück und dokumentieren damit sein sachkundiges Interesse. Andererseits aber wäre das gewaltige Werk der karlischen Bildungsreform, die sich neben den bereits genannten Inhalten auch um eine breite Überlieferung der lateinischen Autoren – der heidnischen wie christlichen Klassiker, der literarischen (Cicero, Vergil, Ovid) wie technischen (Plinius des Älteren und Vitruv) Texte – bemühte, niemals ohne die entscheidende Mithilfe zahlreicher Lehrmeister und Mitstreiter aus Literatur und Wissenschaft gelungen, die wir im übrigen – ganz im Gegensatz zu Karls politischen oder auch militärischen Mithelfern – recht gut kennen. Im einzelnen sind dies die italienischen Grammatiker Petrus von Pisa und Paulinus von Aquileja, der langobardische Geschichtsschreiber Paulus Diaconus, der westgotische Theologe Theodulf und vor allem der angelsächsische Universalgelehrte Alkuin, Leiter der damals im christlichen Europa berühmten Kathedralschule von York. Karl hatte diesen Yorker Lehrmeister 781 in Parma während seiner zweiten Ita-

Abb. 2   Kat.Nr. 2 · 1
Münze, Kaiser Karl der Große als Imperator mit Lorbeerkranz (KAROLUS IMP. AUG.), wahrscheinlich aus Mainz, nach 800. Paris, Bibliothèque Nationale de France, Münzkabinett, 981

lienfahrt kennengelernt und von dort an seinen Hof berufen. Alkuin wurde der führende Vertreter seiner Hofschule, ja nach einem Wort von Paul Lehmann der »Kultusminister« des Frankenreiches. Er verfaßte eine Schrift über die Orthographie sowie mehrere Arbeiten zu den Schulfächern der Grammatik, Rhetorik, Dialektik und Astronomie. Er war es, der das Latein der Kirchenväter, insbesondere Papst Gregors des Großen, zum Vorbild machte und der in der Hofschule sowie später auch in Tours, wo er 796 Abt des angesehenen Klosters St. Martin wurde, an der Entwicklung der karolingischen Minuskel mitwirkte und die sprachliche Revision des Bibeltextes auf den Weg brachte. Das Programm der karlischen Bildungsreform, wie es uns in der »Admonitio generalis« von 789 greifbar wird, dürfte zu großen Teilen auf diesen offenkundig einflußreichsten Berater des Königs in allen kirchlichen und pädagogischen Fragen zurückgehen. Mit Alkuin und den anderen Hofgelehrten, die aus Italien, Spanien, Irland und England kamen, ist allerdings der fränkische Anteil an dieser frühen Erneuerung des geistigen Lebens deutlich unterrepräsentiert. Denn von den Franken sind hier eigentlich nur der Dichter Angilbert oder auch Karls späterer Biograph Einhard zu nennen, der zwar Nachfolger Alkuins in der Leitung der Hofschule wurde bzw. die Bauten in der Aachener Pfalz zu beaufsichtigen hatte, der aber mit seinen literarischen Arbeiten schon mehr der Zeit nach Karls Tod zuzurechnen ist.

Neben Karls kirchlicher und kultureller Reform im ausgehenden 8. Jahrhundert ist auch seine kirchenpolitische und wirtschaftspolitische Aktivität hervorzuheben. Die erstere verbindet sich mit der fränkischen Reichssynode 794 in Frankfurt, wo die theologische Frage der religiösen Verehrung der geistlichen Bilder diskutiert und entschieden wurde. In dieser Frage hatte Papst Hadrian I. mit der byzantinischen Kaiserin Irene und ohne Beteiligung der fränkischen Reichskirche auf dem Konzil von Nikäa (787) eine Regelung gefunden, die eine Anbetung der Bilder verbot, deren Verehrung jedoch zuließ. Karl und seine Theologen versuchten in Frankfurt, sich erfolgreich in diese Sachdebatte einzubringen bzw. staatskirchlich zu behaupten. Für Papst Hadrian I. war es danach auf längere Sicht nicht mehr möglich, den Primat Petri und die römische Vorrangstellung im Osten wie im Westen gleichzeitig wahrzunehmen.

Ähnlich erfolgreich handelte Karl der Große auf wirtschaftlichem Felde. 792 hatte eine große Hungersnot die Mißstände der königlichen Domänen deutlich werden lassen und ernsthafte Versorgungsrisiken für den Königshof wie für das fränkische Heer erbracht. Um diesen materiellen Gefahren in Zukunft besser begegnen zu können, erließ Karl 795 das »Capitulare de villis«, eine Landgüterordnung, die in der älteren Forschung von all seinen Reichsgesetzen am meisten diskutiert wurde. Karl wollte mit dieser Verfügung den wirtschaftlichen Ertrag seiner Krongüter sowie den Unterhalt von Hof und Heer sicherstellen.

Karls des Großen Kaisertum – Ausdruck einer neuen Weltordnung

Das fränkische Großreich Karls des Großen hatte am Ende des 8. Jahrhunderts nach innen wie nach außen eine politische und kulturelle Einheit erhalten, eine weithin sichtbare Vormachtstellung, die aus den frühmittelalterlichen Stammesreichen erwachsen war. Diese beispiellose Ausdehnung der karlischen Macht hatte Karls Reich gleichrangig neben die beiden anderen Weltmächte treten lassen: neben das östliche Kaisertum in Byzanz und neben die abassidische Kalifenherrschaft in Bagdad. In Byzanz regierte die griechische Kaiserin Irene, die zunächst seit 780 die Herrschaft ihres minderjährigen Sohnes Konstantin VI. – für den sie eine kurze Zeit lang ein Verlöbnis mit Karls Tochter Rotrud anstrebte – führte, dann aber ihren inzwischen erwachsenen Sohn 797 vom Thron stieß und blenden ließ. 798 suchte Irene einen erneuten Ausgleich mit Karl. Auch mit dem Kalifen Harun-al-Raschid hatte Karl 797 Gesandtschaften getauscht. Später sollte er von dort nicht nur den vielbestaunten Elefanten »Abulabaz« erhalten, sondern auch die Schutzzusage für die Christen in Jerusalem, deren Patriarch sich an Karl gewandt hatte.

Ganz im Sinne dieser Weltstellung des fränkischen Großkönigs war es, wenn sich dieser in der Denkschrift zur Frankfurter Synode, in den »Libri Carolini«, als »Frankenkönig titulieren ließ, der Gallien, Germanien, Italien und die angrenzenden Provinzen regiert«, oder wenn Alkuin im Sommer 799 in einem Brief an Karl den Großen diesen zu den »drei höchsten Personen auf der Welt« zählte, von denen nach Papst und byzantinischem Kaiser nur er (Karl) noch übriggeblieben sei, um die Situation der christlichen Welt zu regeln: »Auf dir allein beruht das ganze Wohl der Kirche Christi«.

Um dieser neuen Weltordnung in einer auch förmlichen Kaiserwürde einen sichtbaren Ausdruck zu verleihen, bedurfte es lediglich eines äußeren, hier eines stadtrömischen Anstoßes, der dann jene Ereignisse auslöste, die am Weihnachtstage 800 in der römischen Peterskirche zur Kaiserkrönung Karls führten. In Rom war nach dem Tode Papst Hadrians I. 795 ein Außenseiter zum Pontifikat gekommen: der wahrscheinlich nichtadlige und aus dem Vestiarium des Lateran – d. h. aus der päpstlichen Güterverwaltung – hervorgegangene Leo III., der bereits von dieser Herkunft und Laufbahn her in einen Gegensatz geraten mußte zu den stadtrömischen und innerkurialen Adelsvertretern, die die einflußreichen Ämter in der päpstlichen Kurie und vor allem in der dortigen Finanzverwaltung innehatten. Die Führer dieser Opposition gegen Leo III. sind uns bekannt: Campulus, der Schatzmeister im Lateran (*sacellarius*) und Paschalis, der Vorsteher der päpstlichen Kanzlei (*primicerius notariorum*). Ob diese aristokratische und kuriale Opposition auch eine politische Verbindung nach Byzanz besaß, wird heute eher bezweifelt. Was immer diese Gegner dem neuen Papst vorzuwerfen hatten – die fränkischen Quellen sprechen von Meineid und moralischen Vergehen – am 25. April 799 kam es in der Nähe des Griechenklosters San Silvestro in Capite zu einem Attentatsversuch auf Leo III., bei dem man ihn zu blenden und zu verstümmeln sowie nach dieser Form der Amtsentsetzung auch einzukerkern versuchte, ebenfalls in einem griechischen Kloster und dieses Mal auf dem Monte Celio in San Erasmo. Aus dieser Haft konnte sich der Papst allerdings mit Hilfe seines Kämmerers Albinus befreien und über Spoleto ins Frankenreich zu Karl fliehen, der sich zu dieser Zeit in Paderborn aufhielt. Hierhin kamen im Sommer 799 aber auch die römischen Gegner Leos III., die den Papst offenbar mit Hilfe des Frankenkönigs zum Selbstverzicht bewegen wollten. Eine solche päpstliche Autodeposition lehnte aber vor allem Alkuin ab, für den nach kirchenrechtlicher Tradition der römische Bischof von niemandem gerichtet werden durfte. Trotz Alkuins grundsätzlicher Bedenken entschloß sich Karl jedoch zu einer näheren Untersuchung des päpstlichen Streitfalles. Eine Kommission unter Leitung der Erzbischöfe Hildebald von Köln und Arn von Salzburg, die den Papst im Spätherbst 799 nach Rom geleiteten, begann hier im römischen Lateran, genauer in dessen wichtigstem Repräsentationssaal (Triclinium), ein Informativverfahren, an dessen Ende die Gegner Leos III. verurteilt und ins Frankenreich abgeführt wurden.

Aber auch nach dieser römischen Untersuchung kam die Sache nicht zur Ruhe, so daß sich Karl ein Jahr später im August 800 entschloß, selbst nach Rom zu ziehen und dort unter seinem Vorsitz auf einer Synodalversammlung Anfang Dezember in der Peterskirche die Vorwürfe gegen den Papst behandeln zu lassen. Über diese vieldiskutierten Dezemberereignisse des Jahres 800 sind uns vor allem drei zeitgenössische Quellen erhalten, die den Hergang des Geschehens

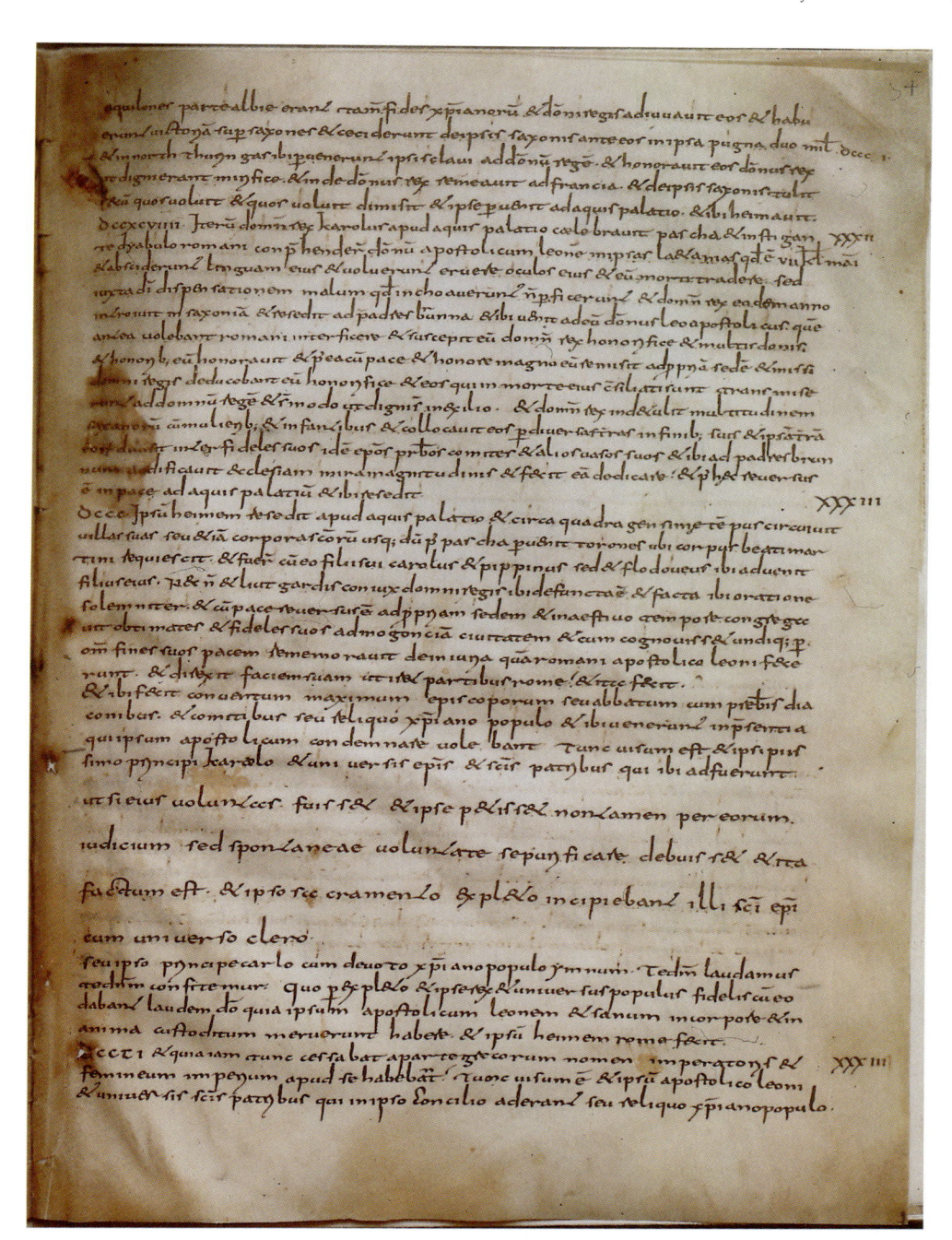

Abb. 3 Kat.Nr. 2·2
Die von 703 bis 803 reichenden Lorscher Annalen (Annales Laureshamenses) bieten zahlreiche, nur hier überlieferte Nachrichten zur Geschichte des Frankenreiches.
St. Paul im Lavanttal, Stiftsmuseum, Cod. 8/1

gut rekonstruieren, die genauen Absichten und leitenden Ideen der Hauptbeteiligten allerdings nur mit Schwierigkeiten erfassen lassen. Es sind dies: die papstfreundliche »Vita Leonis III.« im »Liber Pontificalis«, dann die offiziösen Reichsannalen mit dem Standpunkt des Hofes und schließlich die Lorscher Annalen, die früher mit Erzbischof Richbod von Trier, vorher Abt von Lorsch und Freund wie Schüler Alkuins, in Zusammenhang gebracht wurden, heute aber aufgrund jüngerer paläographischer Befunde in dieser Provenienz nicht mehr als gesichert gelten können.

Nach dem Bericht der Reichsannalen war Karl in Rom durch den Papst am 12. Meilenstein in Mentana *(apud Nomentum)* empfangen worden. Eine solche Aufwartung pflegte der römische Bischof nur einem Kaiser zu machen. Ein Patrizius wurde wesentlich bescheidener in die Stadt geleitet, wie Karl es 774 selbst erlebt hatte, als ihn die Re-

gionsrichter und später auch die Miliz sowie die Schuljugend vor der Stadt erwartet, der Papst ihn aber erst vor der Peterskirche empfangen hatte. Jetzt, Ende November 800, wurde Karl offenkundig als kaisergleicher Vertreter begrüßt und behandelt. Die Grenze zwischen dem bisherigen königlichen Patrizius und dem zukünftigen Kaiser schien nun – jedenfalls im Zeremoniell – überschritten zu werden.

Aber trotz aller zeremoniellen Feierlichkeit galt es, die Vorwürfe gegen Leo III. ernsthaft zu prüfen. Dies war schon in der Frage des Vorgehens ein schwieriges Unterfangen, da sich die Gegner und Befürworter eines förmlichen Verfahrens gegen den Papst unversöhnlich gegenüberstanden. Die Prozeßgegner beriefen sich nach Aussage des »Liber Pontificalis« auf die für sie von alters her tradierte Nichtjudizierbarkeit des römischen Bischofs und waren lediglich zu einem Reinigungsverfahren bereit, in dem sich Leo III. nach Art seiner Vorgänger von den falschen Vorwürfen freischwören sollte. Die Befürworter eines Papstprozesses strebten dagegen – so die Lorscher Annalen – eine förmliche und ausdrückliche Verurteilung des Papstes an, die sie jedoch nicht erreichen konnten, da Karl – wie es heißt – erkannte, daß nicht wirkliche Rechtsgründe, sondern mißgünstige Absichten ihr Handeln bestimmten. Da nach dem Text der Reichsannalen aber »niemand als Erhärter der Anklagen auftreten wollte«, kam die römische Synode in ihren wochenlangen Beratungen über eine außerprozessuale Untersuchung nicht hinaus und konnte am Ende ihre Verhandlungen lediglich durch einen Reinigungseid beenden, den Leo III. am 23. Dezember 800 auf dem Ambo der Peterskirche ablegte und dessen Text uns in inhaltlich unterschiedlichen Fassungen erhalten ist, was wiederum zeigt, wie schwierig offenbar die rechtliche Immunität des Papstes und die konkrete Anklagesituation gegen Leo III. in Übereinstimmung zu bringen waren.

Folgt man den Lorscher Annalen, dann ist es dieses römische Konzil gewesen, das nach dem Ende des Papstverfahrens beschloß, »Karl, den König der Franken, Kaiser zu nennen«. Daraufhin habe dieser – so der Lorscher Bericht – in aller Demut vor Gott und auf Bitten des Klerus und des ganzen christlichen Volkes am Tage der Geburt des Herrn Jesus Christus mit der Weihe durch den Papst den Kaisernamen angenommen. Die Lorscher Annalen deuten ebenfalls die Motive für diesen Beschluß an: in Konstantinopel sei das *nomen imperatoris* durch das Weiberkaisertum Irenes als vakant anzusehen und deswegen auf jenen Herrscher zu übertragen, der Rom und die übrigen Kaisersitze in Italien, Gallien und Germanien innehabe, also nach der heute gängigen Deutung Mailand, Ravenna, Arles und Trier besitze. Ob es sich bei diesen Motivüberlegungen der Lorscher Annalen – die im übrigen in keiner anderen Quelle eine Bestätigung oder Ergänzung finden und zudem bezüglich der germanischen Kaisersitze, die es bekanntlich nicht gegeben hat, Deutungsschwierigkeiten bereiten – um ein Räsonnement des fränkischen Hofes oder um eine persönliche Einschätzung des unbekannten Annalisten handelt, wird man bei der angedeuteten Herkunftsunsicherheit der »Annales Laureshamenses« nur schwer ausmachen können; der jüngeren Forschung jedenfalls gilt die Lorscher Argumentation als glaubwürdig und unverdächtig.

Zwei Tage nach der Aufforderung durch die römisch-fränkische Synode kam es dann während der Weihnachtsmesse in St. Peter zur Kaiserkrönung. Der Papst setzte dem Frankenkönig die Krone auf, das römische Volk akklamierte dem neuen Kaiser der Römer (*imperator Romanorum*), und der römische Bischof erwies dem neuen Herrn nach den Lobrufen *more antiquorum principum* die Proskynese – so berichten es die Reichsannalen. Was sie mit diesen wenigen Bemerkungen andeuteten, betraf inhaltlich die Ausrufung eines uneingeschränkten römischen Kaisertums und damit die endgültige politische Emanzipation des lateinischen Westens von Byzanz. Dieses westliche Kaisertum hatte zudem eine neue rechtliche Grundlage erhalten, indem nämlich gegenüber der byzantinischen Vorlage die Krönung in ihrem zeitlichen Ablauf wie offenbar auch in ihrem inhaltlichen Gewicht der Akklamation vorgezogen und diese ihrerseits mit der Tradition der fränkischen Königslaudes verbunden worden war. Papst Leo III. schien der eigentliche »Kaisermacher« zu sein, wenn er auch in der Proskynese seine Unterordnung deutlich bekundete – eine Geste der Unterwürfigkeit in Form eines Kniefalls oder einer tiefen Verbeugung, die der »Liber Pontificalis« allerdings schweigend überging und die auch später bei den päpstlichen Kaisererhebungen nie wiederholt wurde. Mit dieser Krönungs- und Erhebungszeremonie hängt wohl auch Einhards bekanntes Wort vom anfänglichen Unwillen Karls gegen das *nomen imperatoris* zusammen. Karl hätte – so Einhard – an diesem Tage, obgleich es ein hohes Fest war, die Kirche nicht betreten, wenn er von des Papstes Absicht vorher gewußt hätte. Mißfiel dem neuen Kaiser die übereilte Vorgehensweise des Papstes oder die Abfolge der einzelnen Erhebungsakte, die für ihn vielleicht peinliche Proskynese oder die bestimmende Rolle des römischen (und nicht etwa fränkischen) Reichsvolkes? Wir wissen es nicht. Sicherlich wird man den hier berichteten Unmut Karls über den Papst auch nicht einfach als literarischen Bescheidenheitstopos Einhards abtun dürfen. Ein »Kaiser wider Willen« ist Karl weder im literarischen noch im politischen Sinne gewesen.

Dies belegt auch Karls Kaisertitel. Während der »Liber Pontificalis« und die fränkischen Reichsannalen überliefern, daß Karl am Weihnachtstage zum *imperator Romanorum* gekrönt worden sei, hat der neue Kaiser selbst vom Frühjahr 801 bis zum Ende seiner Herrschaft in seinen Urkunden eine andere Formulierung gewählt: »Karolus (...) imperator Romanum gubernans imperium, qui et per misericordiam Dei rex Francorum atque Langobardorum«. Vor den fränkischen und langobardischen Königstitel ist eine Kaiserbezeichnung gesetzt, die die Stadtrömer als Reichsvolk offenkundig auszuschließen suchte, andererseits aber die römische Wurzel dieses Kaisertums in Anlehnung an eine entsprechende spätantike Formel aus dem römisch-byzantinischen Italien durchaus herausstellen wollte.

Karls Kaisertitel, der die übergreifende Institution des römischen Reiches mit dem Personenverband der Franken und Langobarden verbinden sollte, mußte allerdings in Byzanz als Usurpation und Provokation aufgefaßt werden, weil in diesem Kaisertitel für byzantinische Ansprüche kein Platz mehr blieb. Karl beanspruchte nämlich in seinen Urkundenprotokollen wie in seinen Bullenumschriften (*Renovatio imperii Romani*) das *imperium Romanum* ohne jede Einschränkung. Man kann deshalb gut verstehen, daß in Byzanz Karls Kaiserkrönung nicht ernst genommen, ja lächerlich gemacht wurde, wenn beispielsweise in der einzig größeren erzählenden Geschichtsquelle dieser Zeit, in der Chronographie des Mönches Theophanes, Karls Kaiserkrönung in Anlehnung an die Letzte Ölung als eine Salbung von Kopf bis Fuß geschildert und von der im byzantinischen Zeremoniell konstitutiven Akklamation erst gar nicht gesprochen wird.

Ganz im Gegensatz zu dieser byzantinischen Einschätzung steht Karls eigene Auffassung vom Kaisertum. Er hatte durch Krönung und Akklamation das *nomen imperatoris* erhalten, was sicherlich mehr

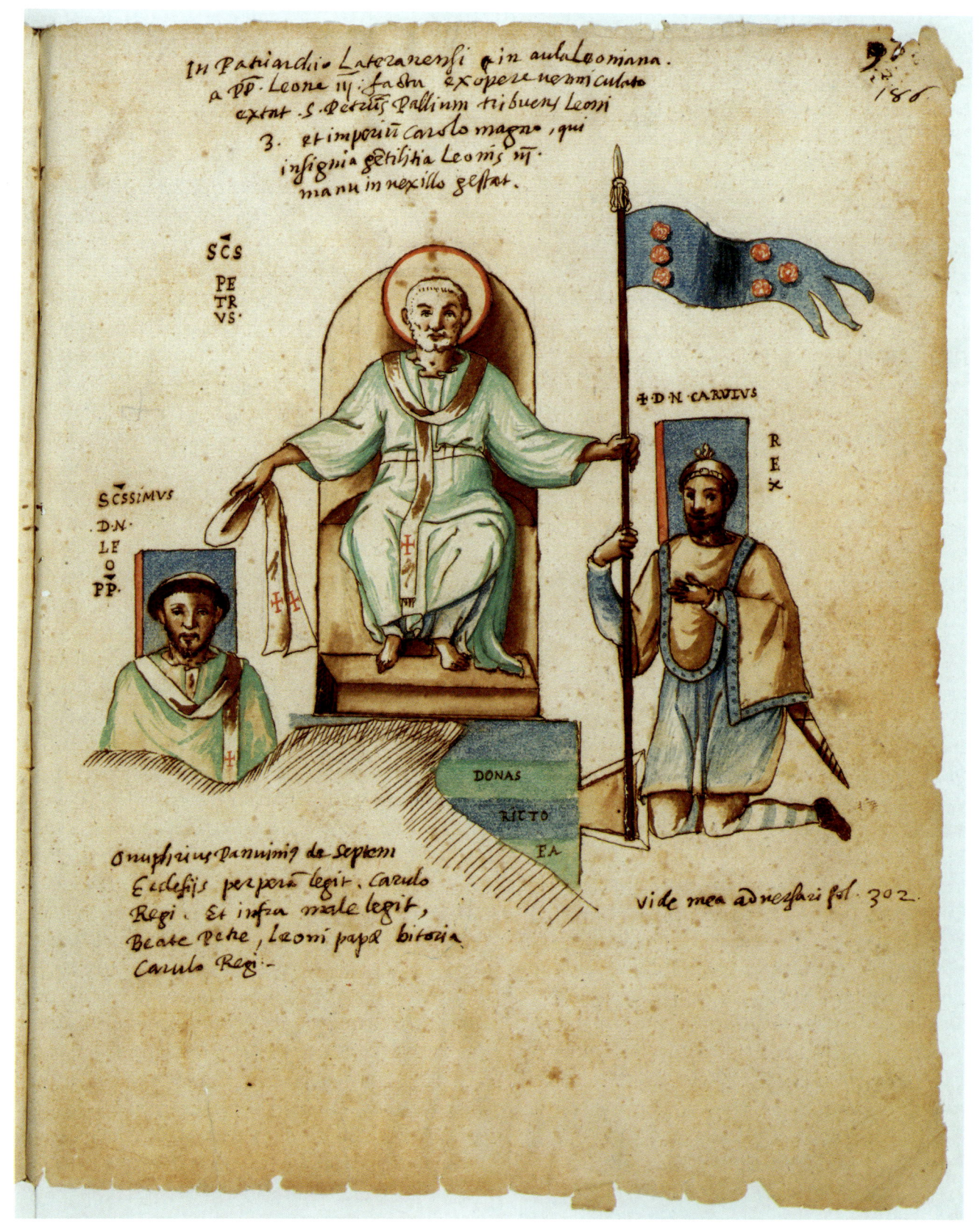

Abb. 4
Alfonso Ciacconio, Kopie der rechten Stirnseite des Tricliniummosaiks im Lateran mit der Darstellung der Investitur Papst Leos III. und Karls des Großen durch Petrus, kolorierte Federzeichnung, Rom nach 1595. Rom, Vatikanische Bibliothek, Vat. Lat. 5407, fol. 186ʳ

bedeutete als einen bloßen neuen Titel. Wie schon bei seinem Vater Pippin ein halbes Jahrhundert vorher durch die Königserhebung die Diastase von *nomen* und *potestas* aufgehoben und die rechte Ordnung wiederhergestellt worden war, so jetzt auch bei Karl selbst. Seine Herrschaft über Italien, Gallien und Germanien, über die kaiserlichen Sitze in Ravenna und Mailand, in Trier und Arles – so hatten es die Lorscher Annalen angedeutet – bedurfte eines entsprechenden *nomen*, um auch hier Namen und Sache in Übereinstimmung zu bringen. Die nächsten Jahre mußten allerdings beweisen, ob sich diese Übereinstimmung in ihrem rechtlichen Anspruch wie in ihrer politischen Realität auch wirklich durchhalten ließ und damit in Karls letzter Herrschaftsphase zum leitenden Gestaltungsprinzip werden konnte.

Karl der Große hat eine solche Übereinstimmung bei den unterschiedlichsten Maßnahmen der kommenden Jahre zu verwirklichen gesucht: bei der Verurteilung der Papstattentäter von 799 als Majestätsverbrecher (800), bei der Revision der Stammesrechte (802/3), bei dem Treueid der Untertanen (802), bei dem Reichsteilungsgesetz 806, bei dem Ausgleich mit Byzanz (812), bei der Erhebung Ludwigs des Frommen zum Mitkaiser (813) und schließlich bei dem umfassenden Friedens- und Einheitsgebot kurz vor seinem Tod (813).

Tod und Grablegung

Am 28. Januar 814 ist Karl der Große im Alter von noch nicht 66 Jahren in Aachen gestorben und noch am gleichen Tag in der von ihm bei seiner Pfalz errichteten Marienkirche beigesetzt worden. Einhard berichtet uns (»Vita Karoli« c. 31), daß man anfangs uneinig war, wo man ihn beisetzen sollte, da er selbst zu seinen Lebzeiten nichts darüber bestimmt hatte; schließlich jedoch seien alle der Auffassung gewesen, daß er nirgendwo eine würdigere Grabstätte hätte finden können als in jener Basilika, die er aus Liebe zu Gott und zu unserem Herrn Jesus und zu Ehren der heiligen und ewigen Jungfrau Maria mit eigenem Aufwand an eben diesem Ort erbaut hatte. Wo aber Karl dort genau sein Grab gefunden hat, ist bis heute strittig. Nach allen uns verfügbaren Nachrichten dürfte dieses Karlsgrab nicht im engeren Innenraum der Marienkirche, sondern an deren Schwelle, im vorgelagerten Atrium, zu suchen sein, wo spätestens seit 936 auch ein (wenn nicht gar der heute noch erhaltene) Karlsthron Aufnahme gefunden hat.

In dieser Aachener Marienkirche ist auch die geschichtliche Erinnerung an ihren Gründer am stärksten erhalten geblieben. Hier waren nicht nur die Kanoniker des gleichnamigen Stiftes gehalten, für Karls Seelenheil zu beten, hier haben sich aus Reverenz vor dessen Thron und Grab auch mehr als 30 deutsche Könige des Mittelalters krönen lassen. Hier ließ sich Kaiser Otto III. aus Verehrung für Karl im Jahre 1002 beisetzen, und hier hat schließlich Kaiser Friedrich I. Barbarossa 1165 in demonstrativer Weise seinen fernen Vorgänger heiligsprechen lassen. Bei dieser Kanonisation sind dann auch Karls Gebeine feierlich erhoben und ein halbes Jahrhundert später in jenen kostbaren Schrein gelegt worden, der 1215 feierlich aufgestellt und von Friedrich II. verschlossen wurde

In der Aachener Marienkirche lassen sich demnach bis heute die verschiedenen Aspekte der Gestalt Karls des Großen – sein Leben, sein Kult und sein Schrein – aufs beste miteinander verbinden, und es ist von daher gut zu erklären, daß sich an dieser »capella, quae Aquis est sita« – wie sie in einem Diplom Kaiser Lothars I. von 855 (DLo I, 136) genannt wird – auch die heutige französische Namensform Aachens (Aix-la-Chapelle) orientiert hat.

Karlsbilder gestern und heute

Was aber hat die Mythographie der letzten 1200 Jahre nicht alles aus Karl den Großen gemacht? Die Zeitgenossen priesen ihn als den Vater Europas, als einen großen König, als einen *magnus et orthodoxus imperator*, das Hochmittelalter verehrte ihn als heiligen Bekenner und die spätmittelalterlichen Jahrhunderte machten ihn zum Gründer der Pariser Universität sowie des deutschen Kurfürstenkollegs, zum Idealtypen eines mittelalterlichen Herrschers schlechthin. Seit der frühen Neuzeit schwanken die wissenschaftlichen und politischen Urteile über diesen großen Karolinger: die einen preisen ihn als Begründer und Wegbereiter der karolingischen Bildungsreform oder auch als Mustergermanen, andere beschimpfen ihn als »Sachsenschlächter«, als einen halbgebildeten Analphabeten mit kümmerlichen Lateinkenntnissen, als einen erfolgreichen Bandenchef. Was aber ist Karl der Große am Ende wirklich und wahrscheinlich gewesen – ein bedeutender Europäer, das Monument eines germanischen Helden, ein antimuslimischer Heros? Die wissenschaftliche Forschung unseres Jahrhunderts hat trotz der brüchigen Quellenlage und trotz der immer wieder spürbaren Tendenz zu inhaltlichen Überhöhungen ein kritisches Karlsbild zu erschließen sowie die Frage nach Karls historischer Größe zu beantworten gesucht. Das vierbändige, 1965 anläßlich der 800. Wiederkehr der Heiligsprechung Karls des Großen publizierte Karlswerk hat hier eine wichtige Bilanz gezogen sowie danach zahlreiche Weiterungen erfahren (vgl. Literaturverzeichnis). Dabei ist das Einmalige und Besondere von Karls geschichtlicher Leistung bestätigt (vgl. etwa die Schaffung eines sprachlichen wie schriftlichen Kommunikationssystems), aber auch manche Grenze, manches Unfertige und Brüchige (vgl. zum Beispiel Karl der Große und die Sachsen, Auflösung des Karlsreiches vor 814) erkannt worden. Eine solche Grenzziehung hat am Ende den Eindruck verstärkt, daß Karl der Große das Fundament jener Geschichte gelegt hat, um die sich die moderne Historie Europas bis heute bemüht: »die Geschichte europäischer Gemeinsamkeit und nationaler Sonderung, staatlicher Ordnung und gesellschaftlicher Gliederung, christlicher Sittlichkeit und antiker Bildung, verpflichtender Überlieferung und lockender Freiheit« (Arno Borst).

Von der jüngeren Literatur nach 1965 (vgl. Karl der Große. Lebenswerk und Nachleben, hg. von Wolfgang Braunfels, Bd. 1–5, Düsseldorf 1965–1968.) seien hier abschließend nur wenige ausgewählte Titel zusammengestellt:

Becher, Matthias: Karl der Große, München 1999.

Classen, Peter: Karl der Große, das Papsttum und Byzanz. Die Begründung des karolingischen Kaisertums, Sigmaringen ²1988.

Falkenstein, Ludwig: Der Lateran der karolingischen Pfalz zu Aachen, Köln 1966.

Ders.: Karl der Große und die Entstehung des Aachener Marienstiftes, München 1981.

Ders.: Charlemagne et Aix-la-Chapelle, in: Byzantion. Revue internationale et études byzantines 61 (1991), S. 231–289.

Favier, Jean: Charlemagne, Paris 1999.

Flach, Dietmar: Untersuchungen zur Verfassung und Verwaltung des Aachener Reichsgutes von der Karlingerzeit bis zur Mitte des 14. Jahrhunderts, Göttingen 1976.

Fried, Johannes: Elite und Ideologie oder die Nachfolgeordnung Karls des Großen vom Jahre 813, in: R. Le Jan (Hg.): La Royauté et les Élites dans l'Europe carolingienne (du début du IXe aux environs de 920), Villeneuve d'Ascq 1998, S. 71–109.

Hägermann, Dieter: Karl der Große. Herrscher des Abendlandes, Berlin – München 2000.

Kahl, Hans-Dietrich: Karl der Große und die Sachsen. Stufen und Motive einer historischen »Eskalation«, in: Politik, Gesellschaft, Geschichtsschreibung hg. von H. Ludat und R. Ch. Schwinges, (Festschrift František Graus), Köln-Wien 1982, S. 49–130.

Werner, Karl Ferdinand: Karl der Große oder Charlemagne? Von der Aktualität einer überholten Fragestellung, München 1995 (Sitzungsberichte der Bayerischen Akademie der Wissenschaften, Heft 4).

Ders.: Karl der Große in der Ideologie des Nationalsozialismus. Zur Verantwortung deutscher Historiker für Hitlers Erfolge, in: Zeitschrift des Aachener Geschichtsvereins 101 (1997/98), S. 9–64.

Kurzfassung

Die politische und kulturelle Grundlegung Europas um 800 hat Karl den Großen zu einer Schlüsselfigur unserer Geschichte gemacht. Diese historische Bedeutung wurde erreicht durch eine ausgreifende und nicht immer planvolle sowie umstrittene Expansionspolitik des Frankenherrschers: gegen die Langobarden, Sachsen und Bayern, gegen die Basken und Sarazenen, gegen die Dänen und Awaren. Dadurch wurde ein karolingisches Großreich geschaffen: von der Nordsee bis nach Mittelitalien, von den Pyrenäen bis an die Elbe, mit einem Kernbereich zwischen Rhein und Seine (Francia) sowie mit Sondergebieten (Aquitanien und Mittelitalien) und Randzonen (Bretagne und Benevent). Dieses politische Gebilde war gentil gedacht, faktisch regionalisiert, insbesondere in den germanischen Landesteilen, und ist mit Hilfe des weltlichen und kirchlichen Rechtes vereinheitlicht und durch die Königsboten (missi dominici) zentralisiert worden. So entstand ein gemeinsames System der Gewichte, der Maße und der Münze sowie im kirchlichen Bereich eine nach Rom ausgerichtete Liturgie und Kirchenordnung, die nicht zuletzt durch besondere Privilegien zusätzlich ausgezeichnet wurde.

Auf kulturellem Gebiet hat Karl der Große eine neue und einheitliche Schrift, die karolingische Minuskel, entwickeln lassen, die zur Grundlage unserer Schreibschrift geworden ist. An seinem Hof haben die bedeutendsten europäischen Gelehrten der Zeit – Iren, Angelsachsen, Langobarden, Westgoten und Franken – eine Bildungsreform der unterschiedlichsten Wissensbereiche verwirklicht. Zu dieser gehörten nicht allein die sprachlichen Verbesserung des Bibeltextes und die Hebung der Lateinkenntnisse, sondern auch die Übernahme der literarischen wie natur- und technikwissenschaftlichen Klassiker der Antike: von der Naturgeschichte Plinius des Älteren über die Architekturbücher Vitruvs bis hin zu den Texten eines Sueton und eines Vergil.

Die 1200jährige Wiederkehr der Kaiserkrönung Karls des Großen – des Höhepunktes von Karls Herrschaft und der karolingischen Geschichte insgesamt – läßt es geboten erscheinen, die Welt um 800, die stadtrömischen Unruhen um Papst Leo III. sowie die Ereignisse, die zu Karls Kaisertum führten, als einen besonderen Schwerpunkt darzustellen.

Résumé

La fondation, vers l'an 800, de l'Europe politique et culturelle a fait de Charlemagne l'une des figures clés de notre histoire. Une importance acquise grâce à une politique de grande envergure, dont la planification laissa néanmoins souvent à désirer. Dans ce contexte, le chef des Francs poursuivit une politique d'expansion qui fut souvent l'objet de critiques acérées. Car Charlemagne, infatigable et insatiable, mena le combat sur tous les fronts : du nord au sud et de l'est à l'ouest. Il combattit les Lombards, les Saxons, les Bavarois, et même les Basques et les Sarrasins ; il s'en prit avec la même ardeur aux Danois et aux Avars. C'est ainsi que naquit le grand empire carolingien : de la mer du Nord à l'Italie centrale, de l'Elbe aux Pyrénées. Un empire qui rayonnait à partir du noyau central compris entre le Rhin et la Seine – la »Francia« –, flanquée d'états distincts tels l'Aquitaine et le centre de l'Italie, et de »marches« comme la Bretagne et Bénévent. Basée sur la pensée nobiliaire, reposant en fait, surtout dans les régions germaniques, sur la régionalisation, cette construction politique fut unifiée en faisant appel aux droits séculier et ecclésiastique : les envoyés royaux, les missi dominici, assurèrent sa centralisation. Ainsi furent élaborés, peu à peu, un système de poids et de mesures et un système monétaire. Dans le domaine religieux, on assista à l'introduction d'une liturgie alignée sur Rome, ainsi qu'à la mise en place d'une hiérarchie ecclésiastique dont les privilèges n'étaient pas la moindre caractéristique.

Au plan culturel, Charlemagne chargea Alcuin et son école de mettre au point les caractères minuscules carolingiens, base de notre écriture : on leur doit aussi les lettrines et les initiales des enluminures qui ornent les manuscrits médiévaux. Les plus grands esprits de son temps, les érudits européens les plus éminents, ont été reçus à la cour de Charlemagne : Irlandais, Anglo-Saxons, Lombards, Wisigoths et Francs, tous ont contribué à réformer la culture, l'instruction et l'éducation dans les domaines scientifiques les plus divers. Des réformes qui concernaient tout autant les corrections linguistiques du texte de la Bible que la remise à l'honneur des grands hommes de l'Antiquité : poètes, écrivains, philosophes, physiciens, naturalistes ou techniciens, tous ont suscité l'intérêt de Charlemagne qui, épris de culture, avait à cœur de favoriser le progrès. De l'»Histoire naturelle« de Pline l'Ancien aux œuvres de Suétone ou de Virgile, en passant par le »De architectura« de Vitruve, nul ne fut oublié.

Le douze-centième anniversaire du couronnement de Charlemagne marqua l'apogée du règne de l'empereur et de l'histoire carolingienne. Dès lors, il devenait incontournable de tirer de l'oubli le monde tel qu'il se présentait vers l'an 800, sans oublier d'évoquer les troubles qui entourèrent, à Rome, le pontificat tumultueux de Léon III, ni tous ces autres événements qui devaient aboutir au couronnement de Charlemagne : période attachante s'il en est, le règne de Charlemagne méritait largement de revivre sous nos yeux.

Samenvatting

Karel de Grote heeft rond 800 de politieke en culturele basis voor Europa gelegd. Dit maakt hem tot een sleutelfiguur voor onze geschiedenis. Deze historische betekenis werd door een grootscheepse, niet altijd goed doordachte en omstreden expansiepolitiek van de Frankische heerser bereikt: tegen de Langobarden, Saksen en Beieren, tegen de Basken en Saracenen, tegen de Denen en Awaren. Zo schiep hij een Karolingisch superrijk: van de Noordzee tot aan Midden-Italië, van de Pyreneeën tot aan de Elbe, met een kerngebied tussen de Rijn en de Seine (Francia), met bijzondere gebieden (Aquitanië en Midden-Italië) en randgebieden (de Bretagne en Benevent). Dit politieke gewrocht was aardig bedacht maar feitelijk regionaal gestructureerd, vooral in de Germaanse landsdelen. Met behulp van het wereldlijk en kerkelijk recht is er eenheid in gebracht en door middel van de koningsboden (*missi dominici*) kon het gecentraliseerd worden. Er ontstond bijvoorbeeld een gemeenschappelijk systeem voor gewichten, maten en de munt. Op godsdienstig gebied een op Rome georiënteerde liturgie en kerkorde, die niet in de laatste plaats door speciale privileges extra luister kreeg.

Op cultureel gebied had Karel de Grote een nieuw en universeel schrift laten ontwikkelen, de karolingische minuskel, waarop het huidige schrijfschrift in Europa is gebaseerd. Aan zijn hof hebben de belangrijkste Europese geleerden van die tijd – Ieren, Angelsaksen, Langobarden, Westgoten en Franken – een onderwijsvernieuwing van de meest uiteenlopende kennisgebieden gerealiseerd. Afgezien van een verbetering van de taal van de bijbelteksten en de bevordering van de kennis van het Latijn hebben zij ook de literaire en natuur- en technisch-wetenschappelijke klassiekers van de Oudheid overgenomen: van de »Naturalis historia« van Plinius de Oudere en de architectuurboeken van Vitruvius tot de teksten van een Suetonius en een Vergilius.

Bij de 1200 jaarviering van de keizerkroning van Karel de Grote – het hoogtepunt van Karels macht en van de gehele karolingische geschiedenis – ligt het voor de hand de wereld rond 800, de stadroomse onrusten rond paus Leo III en de gebeurtenissen die tot het keizerdom van Karel leidden, met bijzondere nadruk te tonen.

Shrnutí

Vytvoření politického a kulturního základu Evropy kolem roku 800 učinilo z Karla Velikého jednu z klíčových postav našich dějin. Tohoto historického významu dosáhl francký vládce dalekosáhlou a ne vždy plánovitou, sporně hodnocenou expanzní politikou: proti Langobardům, Sasům a Bavorům, proti Baskům a Saracénům, proti Dánům a Avarům. Takto byla vytvořena veleříše Karlovců, která sahala od Severního moře až po střední Itálii, od Pyrenejí až k Labi, s centrem mezi Rýnem a Sienou (Francia), se zvlášť přičleněnými oblastmi (Akvitánie a střední Itálie) a okrajovými oblastmi (Bretaň a Benevent). Tento politický útvar byl založen na šlechtických dvorech a fakticky regionalizován, zvláště v germánských částech země; sjednocen byl pomocí světského a církevního práva a centralizován královskými posly (*missi dominici*). Tak vznikla společná soustava vah, měr a mincí a také liturgie církevního řádu, který se řídil podle Říma a vyznačoval se určitými privilegii.

V kulturní oblasti podpořil Karel Veliký vznik nového jednotného písma, karolinské minuskule, která se stala základem našeho písma. Na jeho dvoře uskutečnili nejvýznamnější evropští učenci tehdejší doby – Irové, Anglosasové, Langobardi, Západní Góthové a Frankové – reformu vzdělání v nejrůznějších oblastech vědění. Tato reforma se týkala nejen jazykového vylepšení textu bible a zlepšení znalostí latiny, ale také převzetí vědomostí od literárních a vědeckotechnických klasiků antiky: od přírodních dějin Plinia staršího přes Vitruviovy knihy o architektuře až po texty Suetona a Vergilia.

Oslava 1200 let od císařské korunovace Karla Velikého – vrcholu Karlovy vlády a dějin Karlovců vůbec – se tedy právem soustředí na obraz světa kolem roku 800, římské nepokoje kolem papeže Lva III. a události, které vedly k vzniku Karlova císařství.

Summary

The political and cultural foundations of Europe around 800 have made Charlemagne a key figure in history. This historical importance was achieved through the politics of expansion of the Frank ruler which were extensive and not always well-planned and also controversial: against the Longbeards, Saxons and Bavarians, against the Bavarians, against the Basques and Saracens, against the Danes and Awares. This is how a Carolinian Great Empire was created: from the North Sea to Central Italy, from the Pyrennees to the Elbe, with the core area between the Rhine and the Seine (Francia) and with special areas (Aquitaine and Central Italy) and peripheral areas (Brittany and Benevent). This political formation was thought out in a gentile way, regionalised factually, especially in the Germanic parts of the country, and was standardised with the help of worldly and Church law and centralised through royal ambassadors (*missi dominici*). Thus a common system of measurements, coinage and weights developed, and in churches liturgy and church orders were copied from Rome that was often encouraged by being granted additional special privileges.

On the cultural side, Charlemagne allowed a new and standard script, the Carolinian minuscule, to be used, which has become the basis of our joined-up writing. At his court the most important scholars in Europe at the time created an educational reform within various areas of knowledge – Irish, Anglo-Saxons, Longbeards, West Goths and Franks. This reform did not only include an improvement of the language of the bible and of Latin knowledge, but also of arousing interest in literary and technical and scientific classical writings of Antiquity: from Plinius' the Elder's »Natural history« to Vitruvs' book on architecture to the texts of Sueton and Virgule.

1200 years have passed since Charlemagne was crowned emperor – the climax of Charles' rule and of Carolinian history altogether – and this is an opportunity to depict the world around 800, the urban Roman unrest around Pope Leo III. and the events which led to Charles' becoming emperor, as a very important focus.

Rudolf Schieffer (München)

Die europäische Welt um 800: Byzanz – Rom – Islam und die Kaiserkrönung in Rom

Abb. 1 vgl. Kat.Nr. 4 · 10
Statue Karls des Großen aus Stuck, mit späteren Ergänzungen aus Rauhwackestein und Stuck, 12. Jh., Ergänzungen um 1490. Müstair, Klosterkirche St. Johann

Das Umfeld des Karlsreiches

Als Neubeginn, als Auftakt einer durch die Jahrhunderte fortwirkenden Tradition pflegen wir die Kaiserkrönung Karls des Großen zu sehen, ganz passend zum Bild des Frankenherrschers als Gründergestalt der mittelalterlichen Welt. Dabei brauchte das römische Kaisertum im Jahre 800 weder erfunden noch wiedererrichtet zu werden, denn es existierte in ungebrochener Kontinuität seit Caesar und Augustus, allerdings nicht mehr in Rom, sondern in Byzanz, der östlichen Reichsmetropole, die Kaiser Konstantin um 330 am Berührungspunkt von Europa und Asien begründet und nach sich selbst benannt hatte: Konstantinopel.

Dort am Bosporus lebte weiter, wozu das Caesarentum sich mit der Zeit entwickelt hatte: die umfassende Herrschaft über das Reich der Römer (auch wenn seine Bewohner inzwischen überwiegend griechisch sprachen) an der Spitze eines differenzierten Hofstaates, gestützt auf die Macht eines stehenden Heeres und eine schriftlich wirkende Verwaltung. Da das Imperium auf dem Höhepunkt seiner Geschichte rund um das Mittelmeer die gesamte »zivilisierte« Menschheit (von Britannien bis Mesopotamien) umfaßt hatte, ver-

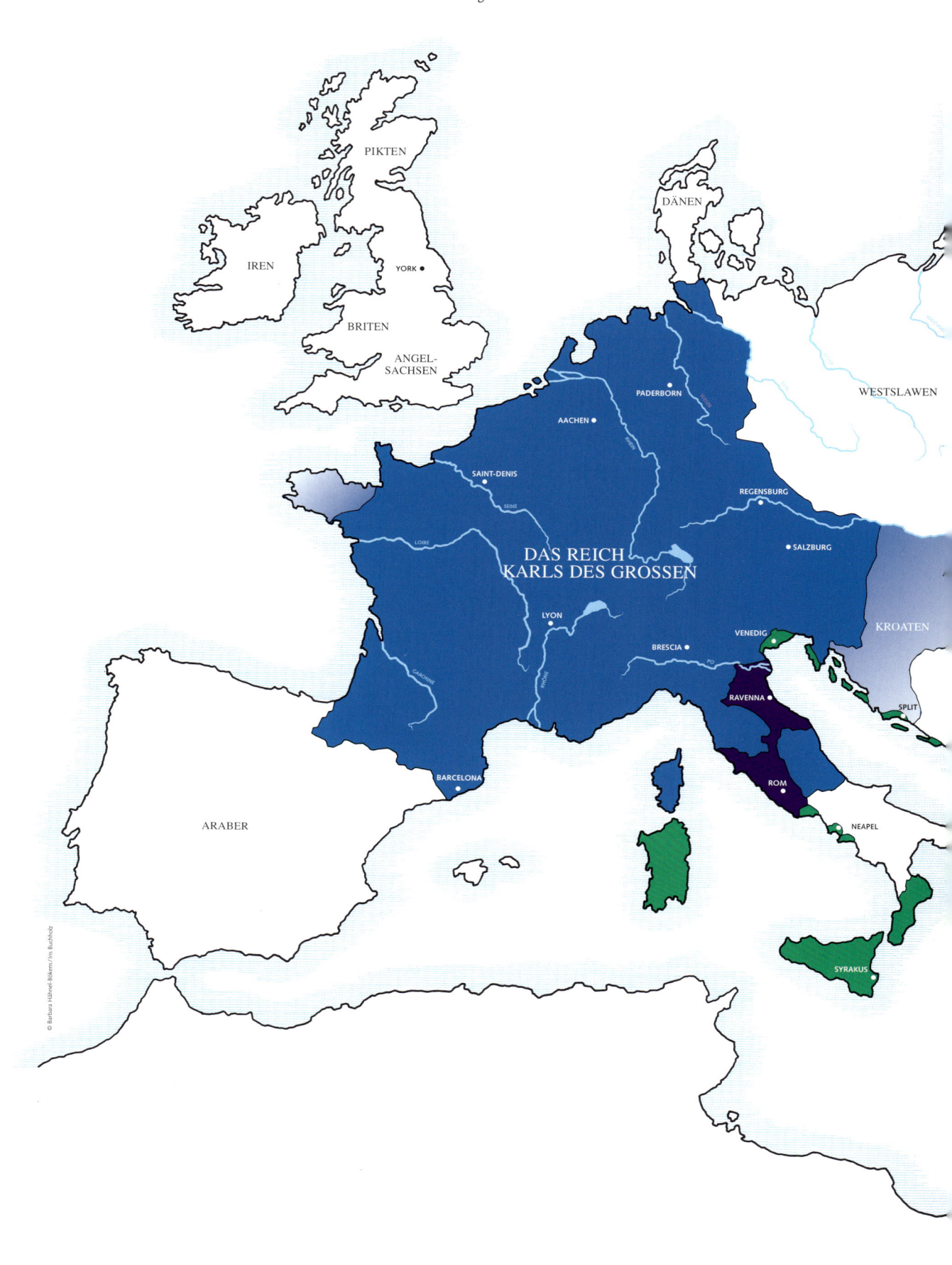

Karl der Große und Aachen · Der historische Hintergrund

PIKTEN
DÄNEN
IREN
YORK
BRITEN
ANGEL-SACHSEN
WESTSLAWEN
PADERBORN
AACHEN
SAINT-DENIS
REGENSBURG
SEINE
LOIRE
SALZBURG
DAS REICH KARLS DES GROSSEN
LYON
VENEDIG
KROATEN
BRESCIA
PO
RAVENNA
SPLIT
GARONNE
RHÔNE
BARCELONA
ROM
NEAPEL
ARABER
SYRAKUS

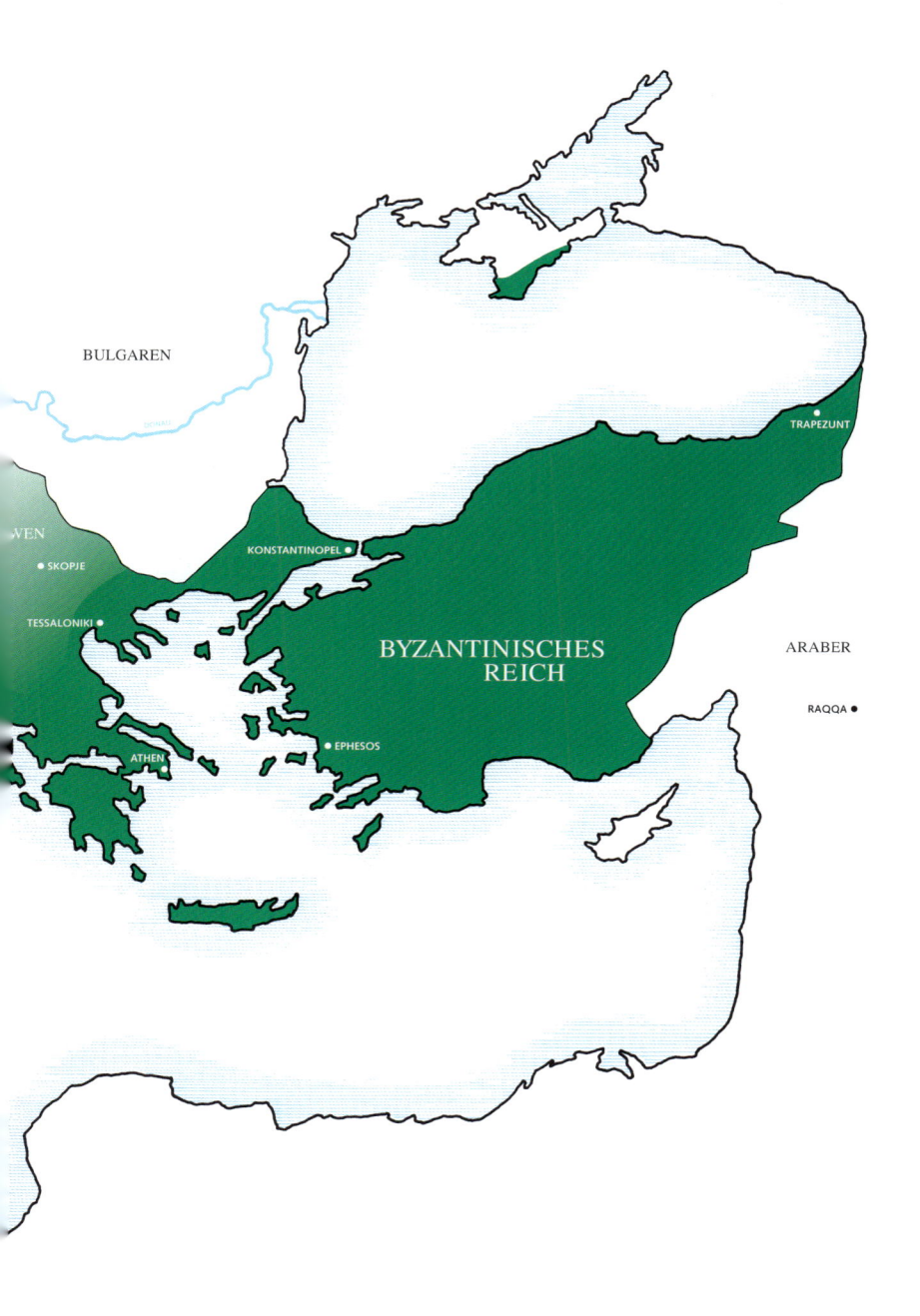

Die europäische Welt um 800: Byzanz – Rom – Islam und die Kaiserkrönung in Rom

Abb. 2
Das Reich Karls des Großen um 800

band sich seit jeher mit dem Kaisertum die Vorstellung von der Weltherrschaft, unter christlichen Vorzeichen umgedeutet zur göttlichen Erwählung des Kaisers mit dem Anspruch, oberster Gebieter und Schutzherr der Christenheit zu sein. Rechtsbegründend war nach byzantinischer Praxis die Ausrufung und Schilderhebung des Kaisers durch die Truppen und nicht die (erst mit der Zeit aufgekommene) nachträgliche Krönung im liturgischen Rahmen der Kirche.

Von einer Hoheit über die ganze Welt oder doch die Christenheit war man indes um 800 in Konstantinopel weit entfernt. In den vierhundert Jahren seit der endgültig gewordenen Reichsteilung von 395 hatte die östliche Hälfte des römischen Imperiums im Unterschied zur westlichen zwar ihr Überleben sichern können und in Italien sogar wichtige Positionen hinzugewonnen, aber dabei anderwärts schlimmste Einbußen hinnehmen müssen, so daß die faktische Reichweite der Kaisermacht auf den größeren Teil Kleinasiens und das heutige Griechenland mit unsicherem nördlichen Vorfeld, dazu Unteritalien mit Sizilien und weiteren Küstengebieten, beschränkt war. Auf dem Balkan hatten nämlich zuerst germanische, später slawische Völker den Byzantinern immer mehr Land entrissen und waren die Bulgaren gerade um 800 der ärgste Feind, doch weit schwerer wog, was im 7. Jahrhundert die arabische Expansion dem Kaiser und der Christenheit zugefügt hatte. Gleich nach Mohammeds Tod (632) waren seine Anhänger unter Führung der Kalifen zu einem beispiellosen Sturmlauf aufgebrochen, der innerhalb von nur drei Generationen den riesigen Raum von Persien und Mesopotamien über Syrien, Palästina, Ägypten und weiter entlang der Nordküste Afrikas bis nach Spanien, das noch 711 eingenommen wurde, ihrem Gott Allah und der Lehre seines Propheten unterwarf.

Das so entstandene Kalifenreich, die staatliche Organisation der Muslime, war im 8. Jahrhundert bei schwindendem aggressiven Elan die stärkste Macht am Mittelmeer. Es beruhte auf der Herrschaft einer aus Arabien stammenden Führungsschicht über die Bevölkerung der eroberten Länder; ihr wurde die Hinwendung zum Islam nicht direkt abverlangt, doch bewirkten die den »Ungläubigen« auferlegte mindere Rechtsstellung und die Abgabenpflicht, daß sich überall die neue Religion und mit ihr tiefgreifende Wandlungen des Zusammenlebens, des Rechts, des Denkens und der Kunst in breitem Umfang durchsetzten. Mit der politisch-militärischen Losreißung vom christlichen Römerreich ging daher das Auseinanderbrechen der antiken Einheit des Mittelmeerraumes in zwei Kulturkreise einher, die sich vorerst ziemlich beziehungslos gegenüberstanden. Nachdem die letzten Vorstöße gegen Konstantinopel gescheitert waren, verlagerte innerhalb der arabischen Welt der Sturz der Omajjaden-Dynastie durch die Abbasiden (750) den Sitz des Kalifen von Damaskus nach Bagdad, was die Abspaltung des islamischen Spanien unter dem omajjadischen Emir von Cordoba zur Folge hatte.

Der Aufstieg der fränkischen Macht

Gemessen an den beiden Großreichen im Osten und Süden hat der lateinische Westen, wo das Kaisertum bereits 476 erloschen war, erst spät zu neuer Bündelung der Kräfte gefunden. Am vitalsten unter den verschiedenartigen Reichsbildungen germanischer Völker auf dem Boden des Imperiums erwies sich das Frankenreich, das seit etwa 500 durch König Chlodwig und seine merowingischen Nachfolger die religiöse Einheit erlangt hatte und zur Vormacht in Gallien aufgestiegen war. Nach einer langen Phase der Stagnation und des inneren Zwists vermochte vom Beginn des 8. Jahrhunderts an die neue Dynastie der Karolinger, zunächst noch in der Rolle von Hausmeiern der Könige, die fränkische Zentralgewalt wieder zu festigen und ihren Radius beständig zu erweitern. Eine wichtige Etappe war erreicht, als Pippin, der Vater Karls des Großen, 751 das Einverständnis des Papstes dafür gewann, den letzten Merowingerkönig abzusetzen und selbst an seine Stelle treten zu dürfen, wobei die erstmals praktizierte geistliche Salbung gewissermaßen die fehlende königliche Abstammung wettmachen sollte. Schon drei Jahre später empfing Pippin Papst Stephan II. im Frankenreich und erfüllte sogleich dessen Wunsch nach militärischem Eingreifen gegen die Langobarden in Italien, woraus die Anfänge des Kirchenstaates, eines eigenen Machtbereichs des Papstes von Ravenna bis Rom, erwuchsen.

Karl, der 768 dem Vater als König nachfolgte und nach dem frühen Tod des Bruders Karlmann seit 771 allein regierte, betrat die geschichtliche Bühne zu einem günstigen Zeitpunkt. Er konnte an die offensiven Erfolge seiner Vorfahren in Friesland, Alemannien und Aquitanien anknüpfen und ein sieggewohntes Vasallenheer übernehmen, das nach weiterer Expansion drängte. So war es ihm möglich, ohne ein im einzelnen durchdachtes Programm während der folgenden Jahrzehnte ganz unterschiedliche Chancen zur Machtausweitung zu nutzen und dabei weit über den Rahmen des merowingischen Frankenreiches auszugreifen. Mit einem einzigen Feldzug beseitigte er 774 die Eigenständigkeit des Langobardenreiches und machte sich in Pavia selbst zum »König der Franken und Langobarden«. Weit mühsamer verlief das Ringen mit den noch heidnischen Sachsen, die im Verlauf von dreißig Jahren unter manchen Rückschlägen bezwungen und ins christliche Frankenreich integriert wurden. Während der Vorstoß über die Pyrenäen an den Nordrand des muslimischen Spanien 778 ohne Erfolg blieb und erst mittelbar zur Gewinnung eines fränkisch kontrollierten Vorfeldes bis Barcelona führte, gelang 787/88 auch die volle Einbeziehung Bayerns und des süditalischen Herzogtums Benevent in Karls Reich. Seinen letzten großen Krieg führte der Frankenkönig, unterstützt von seinem Sohn Pippin, bis 796 an der mittleren Donau, wo es um die Zerstörung des Awarenreiches und um reiche Beute ging.

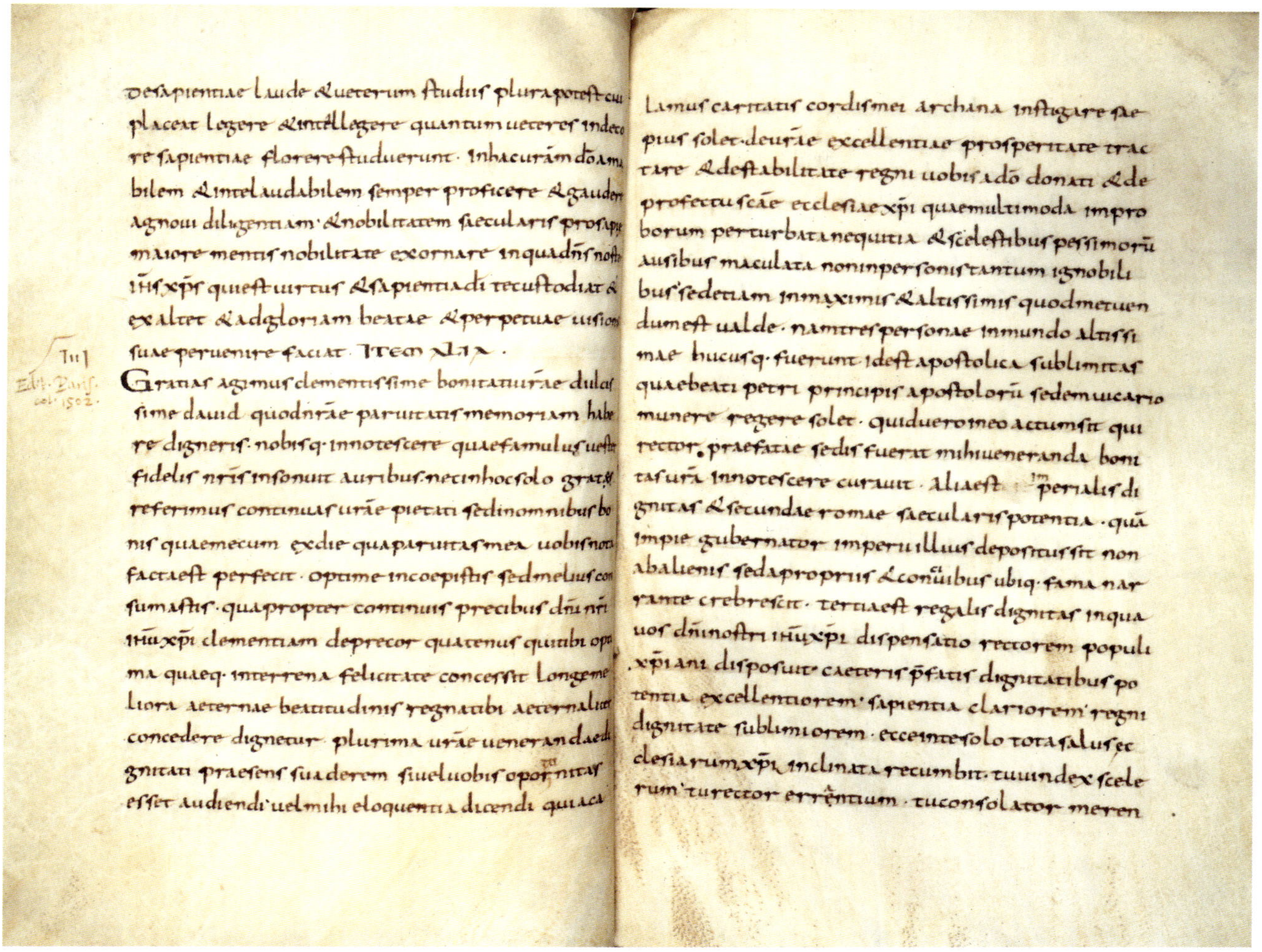

Abb. 3
Brief Alkuins von 799, in dem dieser die Macht Karls des Großen mit der des Papstes und des oströmischen Kaisers vergleicht. Abschrift aus dem 3. Viertel des 9. Jhs., entstanden in St. Vaast (Arras). London, British Library, Ms. Royal 8 E.XV, fol. 14ᵛ–15ʳ.

Karls Verhältnis zu Rom, Konstantinopel und Bagdad

Rom war in diesen rastlosen Jahren mehrfach das Reiseziel Karls, nicht etwa in Erinnerung an die antiken Kaiser, sondern als Stätte der Apostelgräber des Petrus und des Paulus sowie als Sitz des Papstes, dem die Franken hohe Verehrung entgegenbrachten, ohne ihm doch die tatsächliche Leitung ihres Kirchenwesens zu überlassen. So nahm ihr König in Rom auch nicht auf dem Palatin der Caesaren Wohnung, vielmehr erbaute er sich eine Pfalz unweit von St. Peter und den Herbergen der auswärtigen Pilger. Empfangen wurde er als »Patricius« der Römer im zeremoniellen Rang der Exarchen, der früheren höchsten Bevollmächtigten des byzantinischen Kaisers in Italien, als er zu Ostern 774 als erster fränkischer Herrscher überhaupt am Tiber erschien, um das Petrusgrab zu verehren und mit Papst Hadrian I. die politische Lage während des Langobardenkriegs zu besprechen. Der zweite Besuch zu Ostern 781 brachte dann bereits die Krönung zweier Söhne des Königs und wohl auch Karls selbst durch den Papst – der erste Akt dieser Art in der fränkischen Geschichte, der sicher bezeugt ist – und zudem die Aufnahme näherer Beziehungen zu Byzanz, denn die Kaiserin Eirene, die seit 780 im Namen ihres minderjährigen Sohnes Konstantin VI. am Bosporus regierte, bot durch eine Gesandtschaft ein Verlöbnis ihres Sohnes mit Karls kleiner Tochter Rotrud an. Das entsprach der byzantinischen Übung, nicht-römische Herrscher in die »Familie der Könige« mit dem Kaiser an der Spitze einzubeziehen, und konnte von Karl als Anerkennung seiner neuen Vormachtstellung in Italien verstanden werden. Gleichwohl kam die Verbindung bei seinem dritten Rombesuch 787 aus ungenannten Gründen doch nicht zustande, vermutlich weil Eirene aus Verärgerung über weiteres fränkisches Vordringen im Süden Italiens von der Verabredung zurücktrat, aber auch Karl aus Verstimmung über den Ausschluß der Franken vom eben damals in Nicaea anberaumten ökumenischen Konzil die Übergabe der herangewachsenen Tochter verweigerte.

Als Herrscher über viele Völker, der seit den 790er Jahren über nahezu die gesamte lateinische Christenheit des europäischen Festlands gebot und einen im Sinne der Zeit internationalen Kreis von Gelehrten um sich geschart hatte, fühlte sich Karl zunehmend berechtigt, der Traditionsmacht Byzanz als ebenbürtiges Oberhaupt des

Westens gegenüberzutreten. Die vom Papst an sich begrüßte theologische Entscheidung des Konzils von Nicaea gegen die Unterdrückung des Bilderkults verwarf er in einer von seiner Umgebung erarbeiteten Denkschrift, die ihren Auftraggeber bedachtsam als den »Frankenkönig, der Gallien, Germanien, Italien und die angrenzenden Provinzen regiert«, bezeichnete.[1] Auf dieser Basis versammelte er 794 in Frankfurt außer zwei Legaten des Papstes Bischöfe aus allen Teilen des Reiches und offenbar auch aus Spanien (Asturien) und England zu einer großen Synode, die durch eine Verlautbarung Karls den «Griechen« im Namen des Okzidents die Antwort erteilte[2] und damit exakt das herkömmliche Instrument römischer Kaiserherrschaft über die Kirche widerspiegelte. Von einem »imperium Christianum«, dessen Leitung Karl und seinen Söhnen von Gott übertragen sei, schrieb 798 Alkuin, der gelehrte Berater des Königs[3], meinte damit aber wohl weniger ein politisches Kaiserreich als die gesamte, zumindest die lateinische Christenheit, die der schützenden und lenkenden Hand Karls bedürftig sei.

Verschiedene Ereignisse brachten es mit sich, daß sein universaler Rang immer spürbarer hervortrat. In Rom folgte auf den Ende 795 verstorbenen Papst Hadrian Leo III., der nicht denselben aristokratischen Kreisen entstammte wie seine Vorgänger und aus sichtlicher Sorge vor innerstädtischen Gegnern von vornherein engen Rückhalt an Karl suchte. Aus Konstantinopel hörte man gar, daß Eirene, die bei den Franken ohnehin als häretisch gebrandmarkte Kaiserin, 797 ihren inzwischen erwachsenen Sohn Konstantin vom Thron gestoßen und geblendet hatte, um fortan gegen alle Tradition als Frau im eigenen Namen zu herrschen. Sie suchte sich ihrerseits diplomatisch abzusichern und schickte Boten nach Aachen, die anscheinend die Anerkennung fränkischer Hoheit in früher byzantinischen Gebieten Italiens anboten. Karl durfte sich auch hier als der Überlegene betrachten und knüpfte zur selben Zeit im Rücken der Oströmer einen Gesandtenaustausch mit dem Kalifen Harun-al-Raschid in Bagdad an. Von dort erhielt er das vielbestaunte, majestätische Geschenk eines lebenden Elefanten, aber auch die Zusage wohlwollenden Schutzes für die Christen in Jerusalem, deren Patriarch sich hilfesuchend an den mächtigen Herrscher im Westen gewandt hatte.

Die Ereignisse von 799/800

Daß all dies schließlich in ein neues Kaisertum von eigener Art einmündete, wurde durch das Attentat ausgelöst, das auf Papst Leo am 25. April 799 von städtischen Gegnern verübt oder auch nur versucht wurde. Obwohl der Papst allenfalls leicht verletzt war und rasch in Sicherheit gebracht wurde, lösten die ersten Meldungen im Frankenreich große Bestürzung aus, und Alkuin mahnte Karl in einem berühmten Brief (Abb. 3), seinen Zug nach Sachsen abzubrechen: Von den drei »höchsten Personen auf der Welt« sei nur noch er übrig, nachdem die erste, der Papst, vertrieben und die andere, der Kaiser (in Konstantinopel), frevlerisch gestürzt sei; Karl aber, von Christus zum »Lenker des christlichen Volkes« bestellt, übertreffe die anderen an Macht, Weisheit und Würde, auf ihm allein beruhe jetzt das Heil der Kirche Christi.[4] Trotz dieses Appells verließ der Frankenkönig Sachsen nicht, sondern empfing Leo III., der bei ihm Schutz und Hilfe gegen seine Widersacher (und die von ihnen erhobenen Vorwürfe) suchte, im Sommer 799 in Paderborn, wo er als siegreicher Eroberer und Ausbreiter des Christentums auftreten konnte. Über den Inhalt der dort geführten Verhandlungen ist nichts ausdrücklich überliefert, doch muß es um die Lage in Rom, um ein erneutes Erscheinen Karls in der Stadt und um eine autoritative Handhabe gegen die Gegner Leos gegangen sein.

Wie die naheliegende Rangerhöhung zu vollziehen wäre, war nicht so leicht zu klären. Oberhalb des »Patricius« der Römer, der Karl ja schon war, gab es nur noch die Würde des Kaisers, doch kam eine bloße Wiederherstellung des längst untergegangenen weströmischen Kaisertums oder eine exakt nachahmende Verdopplung des byzantinischen kaum in Betracht, schon weil das römische Heer nicht vorhanden war, das die Grundlage hätte sein müssen. Überhaupt läßt die in fränkischen Quellen erkennbare Sprachregelung, wonach Karl 800 den »Titel eines Kaisers« empfangen habe, deutlich spüren, welchen Wert man an seinem Hof darauf legte, daß er die Vormachtstellung bereits mitgebracht und nicht etwa dem Papst zu verdanken hatte. Andererseits war bei allem fränkischen Selbstbewußtsein das Kaisertum nur in Verbindung mit Rom denkbar und gegenüber den »Griechen« ein Vorteil gerade darin zu sehen, daß die auch für ihr Reich namengebende Stadt mittlerweile unter der Hoheit des Frankenkönigs stand. Die Kaisererhebung hatte also nicht allein wegen ihrer aktuellen Veranlassung durch die dortigen Wirren jedenfalls in Rom stattzufinden, wobei vorauszusehen war, daß neben einem akklamatorischen Akt der Ausrufung stärker als in Byzanz eine liturgische Weihehandlung des Papstes ins Gewicht fallen würde, wie es ohnehin der karolingischen Salbungs- und Krönungspraxis der vorangegangenen Jahrzehnte entsprach.

Derlei schwierige Fragen werden über längere Zeit bedacht worden sein, während der Papst ehrenvoll nach Rom zurückgeleitet wurde, seine Attentäter den Gang in die Verbannung antreten mußten und Karl noch ein ganzes Jahr sein Reich nördlich der Alpen bereiste. Auch nachdem er im November 800 am Tiber eingetroffen war, scheint noch kein festes Einvernehmen bestanden zu haben, wie sich aus der berühmten Äußerung seines Biographen Einhard ergibt, Karl habe rückblickend über den Tag seiner Kaiserkrönung geäußert, er würde trotz des hohen Festtags die Kirche nicht betreten haben, wenn er des Papstes Plan hätte vorauswissen können.[5] Das bezieht sich gewiß nicht auf das Kaisertum als solches, denn schon bei der Ankunft in der Stadt hatte der Frankenkönig das Empfangszeremoniell nicht mehr für den »Patricius«, sondern für den (byzantinischen) Kaiser erlebt. Und als nach einer Untersuchung der Anschuldigungen gegen Leo III. unter seinem Vorsitz, die mit einem Eid des Papstes über seine völlige Unschuld beendet wurde, der Weihnachtstag anstand, muß klar gewesen sein, daß dies der zeremonielle Höhepunkt des

Abb. 4
Stiftmosaikfußboden aus verschiedenfarbigem Marmor; verlegt um 800, wohl unter Verwendung von Spolien; man versuchte mit diesem Muster das geometrisch kompliziertere antike Plattenmosaik nachzuahmen. Aachen, Dom, Lapidarium

Kat.Nr. 2 · 7

Besuchs sein würde. Zumindest ein Teil der Vorbereitungen ließ sich auf das Vorhaben beziehen, Karls ältesten Sohn Karl den Jüngeren ebenso wie früher schon zwei seiner Brüder durch den Papst in St. Peter zum fränkischen König salben und krönen zu lassen, aber schon dies erforderte eine gleichzeitige »Festkrönung« auch des anwesenden, längst gesalbten und gekrönten Vaters, wofür eine Krone natürlich mitgebracht werden mußte. Spielraum für Überraschungen und Meinungsverschiedenheiten bot also allenfalls der zeremonielle Ablauf, der in römischen wie fränkischen Berichten einhellig so geschildert wird, daß der Papst dem König während der Meßfeier am Vormittag des 25. Dezember eine kostbare Krone aufsetzte, über deren Gestalt und Verbleib wir nichts wissen, und das versammelte Volk der Römer sodann Hochrufe auf »Karl, den Augustus, den von Gott gekrönten, großen und friedenstiftenden Kaiser« ausbrachte, bevor Leo ihm durch Kniefall huldigte und den jüngeren Karl zum König krönte.[6]

Die Wirkungen der Kaisererhebung

Mag das vom Papst sakral legitimierte Kaisertum auch nicht in allen Einzelheiten den Wünschen Karls entsprochen haben, so hat er es sich doch bereitwillig zu eigen gemacht; erst dadurch konnte die Krönungsfeier zu einem Ereignis von traditionsbildender Kraft werden. Die unmittelbaren Folgen zeigten sich bereits wenige Tage später, als Karl in Rom gegen die Rädelsführer des Anschlags auf Leo einen neuen Prozeß nach antikem Kaiserrecht führte, und auf andere Weise nach der Rückkehr in Aachen, wo der neue Kaiser seine Gesetzgebung zur Vereinheitlichung und Verchristlichung des Lebens aller Untertanen erheblich intensivierte. Gestört war naturgemäß das Verhältnis zu Byzanz, wo man im Bewußtsein der alleinigen Staatskontinuität des römischen Imperiums die von einem Papst vermittelte höhere Würde des Frankenkönigs als barbarische Anmaßung empfinden mußte. Da dieser Usurpator indes anders als frühere keine Anstalten machte, gewaltsam nach der Herrschaft in Konstantinopel zu greifen, legte sich rasch die anfängliche Sorge vor einem bewaffneten Konflikt, zumal seit dem Sturz der Eirene Ende 802 wieder ein allseits anerkannter Kaiser am Bosporus regierte. Erst ein paar Jahre später kam es in Venetien und Dalmatien, wo sich beide Imperien am Nordrand der Adria berührten, zu regional begrenzten Kämpfen mit wechselvollem Verlauf. Die 810 einsetzenden Verhandlungen über deren Beilegung, die sich zu einer generellen Bereinigung des wechselseitigen Verhältnisses ausweiteten, führten dazu, daß die byzantinischen Gesandten 812 in Aachen den fränkischen Verzicht auf Venetien mit der Akklamation Karls als »basileus« bzw. »imperator« honorierten. Die Anerkennung betraf allerdings nur die Gleichheit im Kaisertum, nicht im

Römertum, denn seither verschwand, offenbar vereinbarungsgemäß, jeder römische Bezug aus Karls Kaisertitel, während man im Osten bald den offiziellen Gebrauch des zuvor nur literarischen Titels »Kaiser der Römer« aufnahm.

Was als spezifischer Ausdruck für Karls einmalige Machtfülle entstanden war, begann erblich zu werden, als der Kaiser im Herbst 813, wenige Monate vor seinem Tod, in Aachen die Würde ohne Beteiligung des Papstes an seinen Sohn Ludwig den Frommen weitergab und dieser bereits 817 auf ähnliche Weise seinen Sohn Lothar zum Mitkaiser und Nachfolger einsetzte. Anders als das seit jeher teilbare fränkische Königtum war das Kaisertum seinem Wesen nach universal und duldete daher in jeder Generation nur einen Inhaber. Dies bewirkte bei der fortschreitenden Zersplitterung des Frankenreiches unter den rivalisierenden Nachfahren Karls, daß die Päpste spätestens seit 875 die Verfügungsgewalt über die Kaiserkrone dauerhaft zurückgewannen und eine innerfamiliäre Erbregelung allein nicht mehr hinreichte. Zugleich wurde die eigene Machtbasis der Kaiser zusehends schmaler und schrumpfte nach 900 zu einer Teilherrschaft in Italien zusammen. Erst der Neuansatz durch Otto den Großen, der 962 in seine Kaiserkrönung das ostfränkisch-deutsche Reich nördlich der Alpen in Verbindung mit Nord- und Mittelitalien einbrachte, festigte auf weitere Sicht die auf Karl zurückgehende Tradition. Sie bestand fortan in einer höchsten, vom Papsttum einzeln verliehenen Herrscherwürde, die sich ideell auf das ganze Abendland bezog, tatsächlich aber nur auf das Reich in der Mitte Europas stützte, aus dem die Kaiser regelmäßig hervorgingen. Eine gelehrte Geschichtstheorie vom Fortbestand des römischen Imperiums, das einst durch das römische Volk oder den Papst von den Griechen auf die Franken (und die Deutschen) übertragen worden sei, wurde allmählich zum Ersatz für konkrete Erinnerung an die besonderen Zeitumstände, die im Jahre 800 die Erhebung des Frankenkönigs zum Kaiser herbeigeführt hatten.

---

[1] Opus Caroli regis contra synodum (Libri Carolini), hg. von Ann Freeman, in: MGH Concilia, Bd. 1, Suppl. 1, Hannover 1998, S. 97.

[2] Capitulare Francofurtense c. 2, hg. von Albert Werminghoff, in: MGH Concilia, Bd. 2,1, Hannover-Leipzig 1906, S. 165.

[3] Alkuin, Brief 148, hg. von Ernst Dümmler, in: MGH Epistolae, Bd. 4, Berlin 1895, S. 241.

[4] Alkuin, Brief 174, ebenda S. 288.

[5] Einhard, Vita Karoli Magni c. 28, hg. von Oswald Holder-Egger, in: MGH Scriptores rerum Germanicarum in usum scholarum [25], Hannover-Leipzig 1911, S. 32.

[6] Annales regni Francorum ad a. 801, hg. von Friedrich Kurze, in: MGH Scriptores rerum Germanicarum in usum scholarum [6], Hannover 1895, S. 112; Vita Leonis III c. 23, hg. von Louis Duchesne, in: Le Liber Pontificalis, Bd. 2, Paris 1892, S. 7.

Anton, Hans Hubert: Beobachtungen zum fränkisch-byzantinischen Verhältnis in karolingischer Zeit, in: Beiträge zur Geschichte des Regnum Francorum, hg. von Rudolf Schieffer, Sigmaringen 1990, S. 97–119.

Borgolte, Michael: Der Gesandtenaustausch der Karolinger mit den Abbasiden und mit dem Patriarchen von Jerusalem, München 1976.

Classen, Peter: Karl der Große, das Papsttum und Byzanz. Die Begründung des karolingischen Kaisertums, hg. von Horst Fuhrmann und Claudia Märtl, Sigmaringen 1985.

Fried, Johannes: Der Weg in die Geschichte. Die Ursprünge Deutschlands bis 1024, Berlin 1994.

McKitterick, Rosamond (Ed.): The New Cambridge Medieval History, Bd. 2: c. 700 – c. 900, Cambridge 1995.

Schieffer, Rudolf: Die Karolinger, Stuttgart ²1997.

Kurzfassung

Die Kaiserkrönung Karls des Großen an Weihnachten 800 vollzog sich in einem politischen Umfeld, das von der traditionellen Macht der oströmischen Kaiser in Byzanz und dem im 7. Jahrhundert aufgestiegenen islamischen Großreich der Kalifen mit Zentrum inzwischen in Bagdad bestimmt war. Demgegenüber ging die politische Formierung des lateinischen Westens unter fränkischer Führung langsamer vonstatten und erreichte den Gipfelpunkt unter Karl dem Großen, der seit den 790er Jahren ein Großreich von der Unterelbe bis zum Tiber und vom Ebro bis zum Plattensee beherrschte. Er trat 774 (und danach noch öfter) als erster fränkischer Herrscher auch in Rom auf, knüpfte von dort aus wechselvolle Beziehungen zu Byzanz an und stand von 797 bis 802 sogar im Gesandtenaustausch mit dem Kalifen Harun-al-Raschid in Bagdad. Seine überragende Stellung war die Voraussetzung dafür, daß der in der Stadt Rom angefeindete Papst Leo III. ihm 800 die Rangerhöhung zum Kaiser gewährte, wobei über den zeremoniellen Rahmen anscheinend bis zuletzt kein völliges Einvernehmen bestand. Obgleich aus einer einmaligen und unwiederholbaren Situation hervorgegangen, ist das Kaisertum zu einem langfristig bestimmenden Leitbild der mittelalterlichen Welt geworden.

Résumé

Lors du couronnement de Charlemagne, le jour de Noël de l'an 800, deux grandes puissances occupaient depuis des lustres le devant de la scène politique : l'empire byzantin – l'empire romain d'Orient –, dont la suprématie avait résisté à l'épreuve du temps, et l'empire arabe islamique qui avait pris son essor au VIIème siècle. Face à eux, sous la conduite des Francs, l'Occident latin avait, lentement mais sûrement, commencé à jeter les bases d'un empire qui atteignit son apogée sous Charlemagne : cet immense empire, dont la conquête s'acheva vers 790, s'étendait de l'embouchure de l'Elbe au Tibre et de l'Ebre au lac Balaton. En 774, Charlemagne fut le premier souverain franc à se rendre à Rome – un voyage qui ne fut que le premier d'une longue série. Il en profita pour nouer des contacts fructueux avec Byzance. De 797 à 802, ces relations amicales aboutirent même à des échanges de délégations entre Charlemagne et le calife Haroun-al-Raschid de Bagdad. Dès cette époque, Charlemagne occupa une situation prépondérante : il put ainsi soutenir le pape Léon III qui faisait à Rome l'objet de graves accusations. Cette intercession permit au pape de partir pour Aix-la-Chapelle où, en l'an 800, il éleva Charlemagne à la dignité impériale. Il semble toutefois que, jusqu'au dernier moment, le rituel du cérémonial n'ait pu faire l'unanimité. Né d'une situation exceptionnelle, l'empire carolingien, unique dans les annales, devint, au fil des siècles, l'une des figures de prouve du monde médiéval.

Samenvatting

De kroning tot keizer van Karel de Grote kerstmis 800 in Rome vond in een politieke context plaats die werd bepaald door de traditionele macht van de Oost-Romeinse keizers in Byzantium en de in de 7e eeuw opgekomen islamitische supermacht van de kaliefen met als centrum intussen Bagdad. Daartegenover voltrok zich de politieke aaneensluiting van het Latijnse Westen onder Frankische leiding langzamer en bereikte zijn hoogtepunt onder Karel de Grote, die sinds de jaren 790 een supermacht van de benedenloop van de Elbe tot aan de Tiber en van de Ebro tot aan het Plattenmeer beheerste. Hij trad in 774 (en daarna nog vaker) als eerste Frankische heerser ook in Rome op en begon van daaruit wisselvallige betrekkingen met Byzantium en had van 797 tot 802 zelfs een uitwisseling van gezanten met de kalief Harun-al-Raschid in Bagdad. De verlening van de hogere rang aan Karel, door de binnen de stad Rome aangevallen Paus Leo III, was alleen mogelijk door de vooraanstaande positie van de koning, toen de Paus hem 800 tot keizer kroonde. Daarbij bestond tot het laatste moment enige onenigheid over de ceremoniële omlijsting. Het keizerdom is, hoewel uit een eenmalige en niet herhaalbare situatie voortgekomen, tot een langdurig en bepalend instituut voor de middeleeuwse wereld geworden.

Shrnutí

Císařská korunovace Karla Velikého o Vánocích roku 800 se konala v politickém osvětí určovaném tradiční mocí východořímského císaře v Byzanci a v 7. století vzniklou veleříší kalifů s centrem tehdy již v Bagdádu. Politické formování latinského Západu pod vedením Franků postupovalo naproti tomu pomaleji a dosáhlo vrcholu za Karla Velikého, který od 90. let 8. století ovládal veleříši od dolního Labe po Tiberu a od Ebra až po Balaton. Roku 774 (a pak ještě několikrát) vystoupil Karel Veliký jako první francký panovník také v Římě, kde navázal mnohostranné vztahy s Byzancí a v letech 797–802 si dokonce s kalifem Harun-al-Rašidem v Bagdádu vyměňovali vyslance. Jeho jedinečné postavení bylo předpokladem toho, že papež Lev III., který měl v Římě mnoho nepřátel, svolil roku 800 k jeho povýšení na císaře, přičemž zřejmě do poslední chvíle nebylo definitivně rozhodnuto o povaze obřadu. Ačkoliv císařství vzešlo z jedinečné a neopakovatelné situace, stalo se dlouhodobě určujícím faktorem středověkého světa.

Summary

The coronation of Charlemagne as Emperor at Christmas 800 took place in a political environment determined by two factors: the traditional power base of the Eastern Roman emperor in Byzantium, and the growing Islamic empire of the caliphs, then based in Baghdad. In contrast the political formation of the Latin West under Frankish leadership made slower progress, reaching its zenith under Charlemagne, who, from the 790s onwards, reigned over the vast empire stretching from the Lower Elbe down to the Tiber and from the Ebro across to Lake Balaton. In 774 he had become the first Frankish ruler to visit Rome, and this trip was followed by several subsequent visits. In Rome he established various relations with Byzantium, and between 797 and 802 he even exchanged ambassadors with Harun-al-Rashid, the caliph in Baghdad. Charlemagne's exceptional position was the crucial reason why Pope Leo III, who had many enemies in Rome, made him Emperor in 800. The plans for the coronation ceremony were apparently finalised only at the last moment. Although the Empire originated in a unique and therefore unrepeatable situation, it became a long-lasting symbol of the medieval world.

Egon Boshof (Passau)

Die Kaiserkrönungen von Ludwig dem Frommen bis Ludwig II.

Abb. 1
Pippin d. J., Christus und Karl der Große – (unten) Ludwig der Fromme, Lothar I., Ludwig der Deutsche und Karl der Kahle auf dem vorderen Deckel des Goldenen Buches von Prüm, vergoldete und gravierte Kupferplatte, Trier/Prüm, um 1100. Trier, Stadtbibliothek, Cod. 1709

Das »Erbe« Karls des Großen (800–814)

Äußere Umstände und Ablauf der Kaiserkrönung Karls in Rom am Weihnachtstage des Jahres 800 haben bekanntlich schon bei den Zeitgenossen unterschiedliche Vorstellungen über Inhalt und rechtliche Geltung dieser Würde hervorgerufen und beim Hauptbetroffenen für Irritationen gesorgt, die die Forschung bis heute beschäftigen, und es lag offenbar nicht nur an der politischen Lage, in erster Linie dem ungeklärten Verhältnis zu Byzanz, daß der Frankenherrscher sich schwertat, die mit dem neuen Rang entstandenen Probleme mit der ihm eigenen Selbstsicherheit und Entschlußkraft zu lösen. Die Nachfolgeregelung von 806 – heute als »Divisio regnorum« (Reichsteilung) bezeichnet[1] – spiegelt das Dilemma wider, in dem er sich befand. Er teilte das Reich nach den traditionellen fränkischen Rechtsvorstellungen unter seine drei legitimen Söhne, aber ein zentrales Problem wurde nicht gelöst: die Kaiserfrage. Auch wenn man der Auffassung, daß der jüngere Karl, weil ihm die fränkischen Kernlande zugewiesen wurden, für die Nachfolge im Kaisertum ausersehen war, eine gewisse Plausibilität nicht absprechen will, so bleibt um so unverständlicher, daß der Vater eine entsprechende Verfügung nicht ausdrücklich getroffen hat. Das bedeutet freilich nicht, daß der Karolinger die Rangerhöhung lediglich als eine nur für seine Person bestimmte und damit zeitlich befristete angesehen hätte. Gewisse Formulierungen der »Divisio« lassen keinen Zweifel daran, daß er das Reich als Imperium verstand, in dem seine Söhne seine Nachfolge antreten sollten; sie erscheinen als Erben der königlichen wie der kaiserlichen Herrschaft, als »imperii vel regni nostri heredes«. Aber das konnte nun auch nicht bedeuten, daß alle drei Söhne den Kaisertitel führen sollten; denn das Kaisertum war als universale Würde unteilbar. Möglicherweise ist die Kaiserfrage auch Gegenstand der Erörterungen gewesen, als Papst Leo III. um die Jahreswende 804/805 das Frankenreich aufsuchte, aber wir wissen nichts darüber. Karl hat jedenfalls eine eindeutige Willensentscheidung vermieden, und es tut seiner Größe sicher keinen Abbruch, wenn aus alledem zu schließen ist, daß es eine klare Konzeption, wie sich die Prinzipien des germanischen Hausrechtes, die eine Teilung nach dem Gleichheitsgrundsatz erforderten, mit dem aus der Idee des Kaisertums als einer universalen Würde folgenden Grundsatz von der Unteilbarkeit des Reiches vereinbaren ließen, noch nicht gab. Für die Franken war das Kaisertum noch nicht eine Selbstverständlichkeit. Karl hat sich den Ausweg offengehalten, die »Divisio« zum Nutzen und Vorteil der Söhne abändern und auch mit Zusätzen versehen zu können, wenn sich die Notwendigkeit dazu ergeben sollte. Die Regelung blieb also offen, in gewissem Sinne unfertig, auf eine bestimmte politisch-dynastische Konstellation bezogen.

Der Tod der beiden älteren Söhne, Pippins von Italien am 8. Juli 810 und Karls des Jüngeren am 4. Dezember 811, machte die Thronfolgeordnung von 806 hinfällig. Wieder, wie so oft in der fränkischen Geschichte, war der dynastische Zufall dafür verantwortlich, daß eine vorgesehene Teilung nicht durchgeführt wurde, die Einheit des Reiches also gewahrt blieb. Eigentümlicherweise hat Karl sich aber dennoch schwergetan, die alleinige Nachfolge seines jüngsten legitimen Sohnes, Ludwigs des Frommen, ohne weiteres zu akzeptieren; der Vater scheint gegenüber dem Sohn, dem er bereits 781 das Unterkönigreich Aquitanien übertragen hatte, ein gewisses Mißtrauen nie völlig überwunden zu haben. Noch ehe die Thronfolgeordnung der neuen Situation angepaßt wurde, traf der Kaiser eine überraschende Verfügung für Italien. Im Jahre 812 bestellte er Pippins einzigen, noch unmündigen und nicht vollbürtigen Sohn Bernhard zum Unterkönig für diesen Reichsteil. Für ihn sollte der Abt Adalhard von Corbie, ein Italienexperte, die Regentschaft führen, und der Graf Wala – beide waren illegitime Karolinger und Vettern Karls – wurde ihm als Berater zur Seite gestellt.

Die fortschreitende Altersschwäche hat den Kaiser dann gezwungen, die notwendig gewordene Revision der »Divisio regnorum« in die Wege zu leiten. Im August 813 berief er Ludwig aus Aquitanien nach Aachen, und im September trat hier die Reichsversammlung zusammen. Den Großen legte er seinen Vorschlag, Ludwig den Kaisertitel zu übertragen, zur Beratung vor und befragte sie – nach der Darstellung des Ludwigbiographen Thegan – »vom Ranghöchsten bis zum Geringsten« um ihre Meinung. Er erhielt die Zustimmung, und wenn dem Ermoldus Nigellus, der ein Lobgedicht auf Ludwig verfaßt hat, Glauben zu schenken ist, dann hat sich vor allem Einhard warmherzig für diesen als geeigneten Nachfolger eingesetzt. Am 11. September, einem Sonntag, wurde die formelle Erhebung zum Mitkaiser in der Marienkirche vor der heiligen Messe vollzogen.[2] Karl selbst ging unter Krone in die Kirche; vor dem Salvatoraltar, auf den er eine Krone hatte legen lassen, ermahnte er den Sohn zur Gottesfurcht, zur Barmherzigkeit gegenüber allen Mitgliedern der Familie und zu gerechter Herrschaft über Kirche und Volk, ließ sich noch einmal Gehorsam versprechen und setzte ihm dann die Krone auf. Nach den kleinen Lorscher Annalen überreichte er ihm darüber hinaus ein Szepter. Das Volk akklamierte, aber von einer Mitwirkung der Geistlichkeit verlautet nichts; die im Anschluß an die Krönung gefeierte Messe bildete lediglich den liturgischen Rahmen.

Abweichend von den anderen einschlägigen Quellen berichtet Thegan, daß Karl den Sohn angewiesen habe, sich zur Erinnerung an die ihm erteilten Ermahnungen selbst zu krönen – eine wenig einleuchtende Begründung, die die Darstellung insgesamt unglaubwürdig erscheinen läßt, zumal eine Selbstkrönung nicht in das Zeremoniell paßt.

Einer Erklärung bedürfen die Beratungen auf der Reichsversammlung, denn daß Karl selbst die fällige Entscheidung getroffen hat, kann nicht zweifelhaft sein. Eine Grundsatzentscheidung über die Fortsetzung des Kaisertums herbeizuführen war sicher nicht beabsichtigt, und es ging auch nicht um die Person Ludwigs. In beiden Fällen gab es keine Alternative. Ungeklärt aber war bisher die Frage der formalen Regelung der Nachfolge. Für die Franken stellte sich zum erstenmal das Problem der Weitergabe der Kaiserwürde. So dürfte die Institution des Mitkaisertums und die Übernahme der byzantinischen Praxis, die sich allein als Vorbild anbot, Gegenstand der Diskussion gewesen sein. Die bereits zitierten Lorscher Annalen deuten an, daß man sich im Zeremoniell an den Brauch der Kaisererhebung – das kann eben nur der byzantinische gewesen sein – gehalten habe. Anders als bei Karls eigener Kaiserkrönung war der Papst nicht beteiligt. Im Verständnis des Frankenherrschers war die Vergabe des Kaisertums prinzipiell eine rein weltliche Angelegenheit und nicht an Rom gebunden.

Mit den byzantinischen Rechtsgewohnheiten war man sicher vertraut, und vielleicht haben die fränkischen Gesandten, die im Jahre 811 zu Friedensverhandlungen in Byzanz weilten, sogar die Erhebung des Theophylaktos zum Mitkaiser durch den Hauptkaiser und Vater Michael I. miterlebt. Um die Mitte des Jahres 812 war der Konflikt mit den Griechen beigelegt worden; Gesandte Kaiser Michaels I. hatten Karl in Aachen als Kaiser akklamiert. Byzanz hatte damit ein westliches Kaisertum anerkannt. Das war eine nicht unwesentliche Voraussetzung für das Aachener Geschehen im September 813.

Abb. 2 vgl. *Kat.Nr. 2 · 19*
Ludwig der Fromme als Miles Christi,
aus: Hrabanus Maurus, Liber de laudibus
sanctae crucis, Fulda um 840.
Rom, Vatikanische Bibliothek, Reg. lat. 124,
fol. 4ᵛ

Wie sehr Karl die Sorge um eine gute Behandlung aller Familienmitglieder durch den künftigen Kaiser am Herzen lag, wird auch daran deutlich, daß er seinen Enkel Bernhard auf der Reichsversammlung noch einmal offiziell als König von Italien bestätigen ließ. Danach entließ er Ludwig nach Aquitanien, eine Maßnahme, die schwer verständlich ist. Der Sohn hatte bisher nur sporadisch Kontakt zum Hofe gehabt, war also sicher mit den Machtstrukturen in der Umgebung des Kaisers nicht besonders gut vertraut; Regierungsverantwortung hatte er nur in seinem Unterkönigreich getragen. Es hätte nahegelegen, daß Karl ihn auch angesichts seines Gesundheitszustandes in seiner Nähe behalten und auf seine künftige Aufgabe vorbereitet hätte. Daß er anders entschied, läßt sich wohl nur aus dem Mißtrauen gegenüber Ludwig erklären, das er auch jetzt noch nicht überwunden hatte.

Das Kaisertum Ludwigs des Frommen bis zur »Ordinatio imperii« (813–817)

Der Regierungswechsel vollzog sich dann nach Karls Tod im großen und ganzen reibungslos; allerdings ersetzte der neue Kaiser die Führungselite, die unter seinem Vorgänger die Politik mitbestimmt hatte, weitgehend durch eigene Vertrauensleute.

Der Wechsel auf der *cathedra Petri* nach dem Tode Leos III. am 12. Juni 816 und die instabile Lage in der Ewigen Stadt rückten nun auch das Papsttum wieder in das engere Blickfeld Ludwigs. Die Initiative ging allerdings von dem neuen Pontifex, Stephan IV., aus. Er hatte sofort nach seiner Erhebung die Römer einen Treueid auf den Kaiser ablegen lassen, zeigte Ludwig seine Wahl an und regte ein persönliches Treffen an einem Ort, der ihm genehm sei, an. Der Kaiser entschied sich für Reims, die Stadt, mit der die christliche Geschichte der Franken seit der Taufe seines gleichnamigen merowingischen Vorgängers schicksalhaft verbunden war und wo Leo III. bei seiner Reise ins Frankenreich im Dezember 804 Karl den Großen aufgesucht hatte, ehe sich beide gemeinsam nach Aachen begeben hatten. Mit allen Ehren wurde der Papst, den Ludwig durch den König Bernhard geleiten ließ und dem er eine hochrangige bischöfliche Gesandtschaft entgegenschickte, Anfang Oktober empfangen.[3] Der Kaiser begrüßte ihn mit der dreimaligen Proskynese und half ihm aus dem Sattel, eine Ehrenbezeugung, die traditionsbildend wirkte. Bereits Pippin hatte bei seiner Begegnung mit Stephan II. 754 in Ponthion den Zügeldienst geleistet. Beide Akte der Ehrerbietung gegenüber dem Stellvertreter des heiligen Petrus verbanden sich schließlich zu dem – nicht unumstrittenen – Marschalldienst, dem *officium stratoris et strepae*. Der Papst und seine römische Begleitung ehrten ihrerseits den Kaiser, indem sie ihm in der Kirche von Saint-Remi die Laudes darbrachten. Auch das war in ähnlicher Form bereits Bestandteil des Empfangszeremoniells von Ponthion gewesen.

In den Verhandlungen der folgenden Tage konnten alle offenen Fragen geklärt werden, das karolingisch-päpstliche Freundschaftsbündnis wurde erneuert, und Ludwig ließ die getroffene Vereinbarung urkundlich festschreiben. Das Dokument ist nicht erhalten, dürfte sich aber inhaltlich kaum von dem »Pactum Hludovicianum« unterschieden haben, das der Kaiser dem Nachfolger Stephans, Paschalis I., im folgenden Jahre ausstellte. Darüber hinaus schenkte der Karolinger dem Papst ein Gut in der Champagne und gewährte allen, die im Jahre 799 den Aufstand gegen Leo III. angezettelt hatten und ins Frankenreich verbannt worden waren, die Rückkehr in ihre Heimat.

Übereinstimmend vermelden die Quellen, daß der Papst mit den Ergebnissen der Zusammenkunft sehr zufrieden gewesen sei. Seine Gegenleistung war die feierliche Krönung und Salbung Ludwigs wohl am 5. Oktober, einem Sonntag – nach Thegan vor, nach dem Astronomus während der heiligen Messe – in der Kathedrale Notre-Dame vor dem Marienaltar, der sich eine Krönung der kaiserlichen Gemahlin Irmingard anschloß. Daß für das Zeremoniell bereits ein fertiger Ordo verwandt wurde, ist kaum anzunehmen, aber die hier gesprochenen Gebete und einzelne Akte könnten später in Teilen als Vorlage für den sogenannten Westlichen Ordo der Kaiserweihe gedient haben. Konstitutive Bedeutung kam dieser päpstlichen Krönung nicht zu, denn Ludwig war Kaiser seit dem Jahre 813. Die »Vita Stephani« im »Liber Pontificalis«, der Chronik der Päpste, berichtet von der Reise Stephans ins Frankenreich und den für ihn so erfolgreichen Verhandlungen, die Krönung Ludwigs jedoch erwähnt sie mit keinem Wort. In der päpstlichen Kanzlei hat man Ludwigs Kaiserjahre vom Regierungswechsel von 814, nicht von der Reimser Krönung an gerechnet. Einige Quellen bringen die Nachricht, daß der Papst die kostbare Krone, die er Ludwig aufsetzte, selbst mitgebracht habe, und Ermoldus Nigellus liefert in seiner ausufernden Schilderung noch eine spektakuläre Einzelheit: Es sei die Krone Konstantins gewesen. Wenn Stephan sie tatsächlich als solche bezeichnet hat, dann hat er dabei wohl nicht im Sinne des in der Konstantinischen Schenkung ausgesprochenen kaiserlichen Verzichts auf die Herrschaft in Rom einen Rückzug des Kaisers aus der Ewigen Stadt anmahnen, sondern eher die enge Verbindung des Papstes Silvester mit Konstantin in Erinnerung rufen wollen. Ludwig hat ähnlich gedacht, wenn er den Papst an die ihnen beiden gemeinsame Aufgabe der Leitung des christlichen Volkes gemahnte und ihn – wie die Bischöfe seines Reiches – als seinen Helfer (*adiutor*) bei diesem Werk apostrophierte. Für den Karolinger hatte die päpstliche Krönung keine staatsrechtliche Bedeutung; er bedurfte für seine weltliche Herrschaft keiner zusätzlichen Legitimation. Aber indem er die Weihe zuließ, betonte er die Sakralität der kaiserlichen Würde und gab gewissermaßen der Vergeistlichung seiner Herrschaft Ausdruck, was ganz auf der Linie seiner Reformbemühungen lag. Auf päpstlicher Seite setzte man die Akzente etwas anders. Stephan IV. hat offensichtlich die Konzeption Leos III. aufgenommen und mit seiner Reimser Aktion den Anspruch unterstreichen wollen, daß die päpstliche Krönung für die Begründung des Kaisertums unverzichtbar und konstitutiv sei. Damit war aber ein Präzedenzfall geschaffen, der für die Zukunft durchaus auch die Möglichkeit des Konfliktes in sich barg. Für die Reimser Kirche war der Papstbesuch ein denkwürdiges Ereignis. Zur Erinnerung daran hat der Erzbischof Ebo die Bildnisse von Kaiser und Papst – wohl als Mosaiken – an der Kathedrale, vielleicht über dem Hauptportal, anbringen lassen.

In Aachen war Ludwig der Fromme 813 zum Mitkaiser erhoben worden; die Pfalz war auch der Ort, an dem er auf einer im Juli 817 abgehaltenen Reichsversammlung seine eigene Nachfolge regelte. Sie war Teil einer umfassenden Konzeption, die mit den traditionellen Rechtsvorstellungen einer genossenschaftlichen Teilung unter den legitimen Söhnen brach und die Einheit des als Abbild des in dem einen Glauben geeinten Corpus Christi verstandenen Reiches für die Zukunft sichern sollte. Was 814 dem dynastischen Zufall zu verdanken gewesen war, sollte nun ideell begründet und gesetzlich verankert werden. Der unmittelbare Anlaß mag das Unglück in der Aachener Pfalz am Gründonnerstag gewesen sein, bei dem der hölzerne Gang, der die Marienkirche mit der Pfalz verband, durch fortwährende Nässe verfault und durch Alter morsch geworden, zusammenbrach und der Kaiser erheblich verletzt wurde. Die tiefere Begründung aber liegt darin, daß die ersten Regierungsjahre Ludwigs von einer beispiellosen Reformtätigkeit bestimmt waren, der Elan der führenden Männer in der Umgebung des Kaisers sich noch nicht erschöpft hatte und die dauerhafte Verwirklichung der Reichseinheit geradezu den krönenden Abschluß des Reformwerkes darstellen sollte. Die Neuregelung der Thronfolge war zugleich der Prüfstein für die Durchsetzung einer Auffassung von Herrschaft, die diese als göttlichen Auftrag verstand und das Reich nicht im Sinne patrimonialen Denkens mit dem Besitz der regierenden Dynastie gleichsetzte. Ludwig hat dies so ausgedrückt, daß er nicht aus Liebe zu seinen Söhnen die Einheit des ihm von Gott unversehrt bewahrten Reiches habe zerstören wollen. Die Einzelbestimmungen über die Abschichtung der jüngeren Söhne – Pippin erhielt Aquitanien, Ludwig Bayern, beide mit dem Königstitel – und die Umschreibung ihres Verhältnisses zum älteren Bruder, dem sie untergeordnet waren, wurden in einem Thronfolgegesetz niedergelegt, das in der modernen Forschung die Bezeichnung »Ordinatio imperii« trägt.[4] Die neue Ordnung war in der engsten Umgebung Ludwigs beraten worden; die endgültige Entscheidung in der Reichsversammlung wurde nach umfassenden kirchlich-zeremoniellen Vorbereitungen, dreitägigem Fasten mit Gebeten und Almosen, getroffen und als von Gott inspiriert stilisiert: Auf den Wink des allmächtigen Gottes, so heißt es in der Präambel der »Ordinatio«, geschah es, daß Ludwigs Stimme und die Voten seines ganzen Volkes sich in der Wahl seines erstgeborenen Sohnes Lothar vereinigten. Lothar wird zum Mitkaiser (*consors imperii*) erhoben und zum Nachfolger bestellt, der Vater krönt ihn, »so wie es feierlicher Brauch« ist.

Das Ereignis wird in den einschlägigen Quellen nur knapp vermerkt; anders als im Jahre 813 stellte es nicht mehr ein staatsrechtliches Novum dar. Ermoldus Nigellus hat gar keine Notiz davon genommen. Sehr klar schildert das »Chronicon Moissiacense« den Ablauf des Geschehens in aller Kürze und nimmt dabei ausdrücklich auf die Erhebung Ludwigs zum Mitkaiser durch Karl den Großen Bezug. Der Kaiser teilt dem Volk seinen Entschluß (»mysterium consilii sui«) mit und findet Zustimmung; nach dreitägigem Fasten und Gebet erwählt er Lothar zum Mitkaiser, setzt ihm eine goldene Krone aufs Haupt, und das Volk akklamiert. Der Astronomus schließlich verwendet in seiner Schilderung zum erstenmal den Titel »Mitkaiser« (»coimperator«). Im Kaisertum war also künftig die Einheit des Reiches verwirklicht. Einer der radikalsten Verfechter der Einheitsidee, der Erzbischof Agobard von Lyon, hat den Inhalt der »Ordinatio« und den mit ihr herbeigeführten Verfassungswandel in einem Schreiben an den Kaiser knapp so formuliert: Euren übrigen Söhnen habt ihr jeweils einen Teil des Reiches zugewiesen, aber damit dieses als eine Einheit existiere und nicht in drei geteilt sei, habt Ihr den, den Ihr zum Teilhaber Eures Titels gemacht habt, den anderen vorgezogen.

Lothar selbst hat später – nach der Aussage des »Epitaphium Arsenii«, der »Biographie« Walas – seine Kompetenzen als Mitkaiser so umschrieben, daß er, unbeschadet der Stellung des Vaters mit voller Gewalt und Würde (»in omni potestate et honore«) sowie mit allen Befugnissen die Teilhabe am Reich erhalten habe. An den Regierungsgeschäften war er allerdings zunächst nicht beteiligt. Erst nach der im Oktober 821 in Diedenhofen abgehaltenen Reichsversammlung, auf der die »Ordinatio imperii« bekräftigt wurde und er sich mit Irmingard, der Tochter des Grafen Hugo von Tours, vermählte, trat er stärker an die Öffentlichkeit, und im Herbst 822 erhielt er dann seine erste große politische Aufgabe: Er wurde in sein Unterkönigreich Italien geschickt, um hier die Zentralgewalt wieder zur Geltung zu bringen, die nach dem Sturz Bernhards in die Defensive geraten war.

Abb. 3
Herrscherbild aus dem Psalter Lothars I., Hofschule Kaiser Lothars, kurz nach 842. London, British Library, Add. Ms. 37768, fol. 4ʳ

Herrschaftskrise und Mitkaisertum:
Ludwig der Fromme und Lothar (817–833)

Die »Ordinatio imperii« hatte die erste ernstere Krise für die Herrschaft Ludwigs heraufbeschworen. Bernhard, Pippins Sohn, war in ihr nicht berücksichtigt; über das *regnum Italiae* war lediglich allgemein verfügt worden, daß es »in allem« Lothar als dem Nachfolger im Kaisertum unterstellt bleibe – so wie es für Karl gegolten hatte und jetzt für Ludwig galt. Am Rechtsstatus des Unterkönigreiches änderte sich daher nichts, aber die personelle Leitung blieb unerwähnt. Bernhards Verhältnis zum Oheim war, nachdem er ihm nach dem Regierungswechsel von 814 gehuldigt hatte, von Spannungen frei; der Neffe erwies sich als loyal. Nun aber sah er seine Stellung bedroht und setzte sich zur Wehr. Er sperrte die Klausen, die Übergänge im Gebiet der westlichen Alpen, und ließ sich von den Städten seines Herrschaftsbereiches einen Treueid leisten. Aber er fand nicht die volle Unterstützung von Adel und Kirche, und unter den raschen und energischen Gegenmaßnahmen des Kaisers brach sein Widerstand schnell zusammen. Er wurde inhaftiert und nach Ostern 818 als Empörer zum Tode verurteilt; Ludwig aber wandelte die Todesstrafe in einem Gnadenakt in Blendung um. Der junge König hat diese Verstümmelung nicht überlebt.

Abb. 4
Herrscherbild Kaiser Lothars I. aus dem Evangeliar Lothars I., Tours, zwischen 849/851. Paris, Bibliothèque Nationale de France, Ms. lat. 266, fol.1ᵛ

Es dauerte also bis zum Herbst 822, ehe sich Ludwig nun den italienischen Verhältnissen wieder intensiver zuwandte, nachdem er zuvor auf der Reichsversammlung von Attigny im August unter anderem auch für seine Mitschuld am Tode Bernhards öffentlich Kirchenbuße geleistet hatte. Lothar wurden Wala und der Obertürwart Gerung als Ratgeber zur Seite gestellt. Seine Herrschaftsbefugnisse entsprachen denen eines Unterkönigs: Er verkündete Kapitularien in eigenem Namen, stellte Urkunden aus, in denen er den Kaisertitel führte, aber in der Intitulatio und der Datierung auf Ludwig Bezug nahm, und verfügte über eine eigene Kanzlei. An der Oberhoheit des Vaters, der ihn im Sommer 823 zur Berichterstattung nach Frankfurt zitierte und auch selbst durch Königsboten die italischen Verhältnisse kontrollierte, bestand also kein Zweifel. Am 5. April 823, am Osterfest, empfing er in Rom aus den Händen Paschalis' I. Salbung und Krönung.[5] Die Initiative war vom Papst ausgegangen; er hatte Lothar in die Ewige Stadt eingeladen und mit allen Ehren empfangen. Das wird kaum ohne Wissen und Zustimmung Ludwigs des Frommen und Walas, des Repräsentanten des kaiserlichen Hofes, vor sich gegangen sein, und konstitutiver Charakter kam der päpstlichen Handlung auch jetzt nicht zu. Auch in diesem Falle hat der »Liber Pontificalis« vom Geschehen keine Notiz genommen. Die knappen Berichte in den fränkischen Quellen erwecken freilich den Eindruck, als habe Lothar vom Papst die kaiserliche Krone und den Titel des Augustus empfangen; den Autoren fehlte es offensichtlich an einer gewissen Sensibilität gegenüber der Brisanz des Aktes. Thegan erwähnt die Krönung allerdings nicht, und der Verfasser des »Epitaphium Arsenii«, Paschasius Radbertus, hat hier vielleicht bewußt eine nicht unwesentliche Korrektur vorgenommen, wenn er Lothar die Worte in den Mund legt, daß Ludwig ihn an den apostolischen Stuhl geschickt habe, um bekräftigen zu lassen, was er selbst zuvor bereits verordnet habe, nämlich das Mitkaisertum des Sohnes. Die Weihe, die der Papst mit Zustimmung und Willen (»ex consensu et voluntate«) des Kaisers vorgenommen habe, interpretiert er so, daß er zum Teilhaber nicht nur der kaiserlichen Gewalt, sondern auch des sakralen Charakters der Würde (»consors non minus sanctificatione, quam potestate et nomine«) geworden sei. Er fügt dann noch hinzu, daß der Papst ihm ein Schwert überreicht habe, was er als Hinweis auf die Aufgabe, den Schutz über die römische Kirche und das Reich zu übernehmen, versteht.

Am kaiserlichen Hof wird man die päpstliche Aktion wahrscheinlich nicht ungern als eine zusätzliche Bestätigung der »Ordinatio« – aber auch nicht mehr – interpretiert haben; aber von römischer Seite hatte man erneut die Auffassung zur Geltung bringen können, daß die Kaiserwürde ohne eine Beziehung zum Papst und zu Rom nicht zu denken war. Ein römischer Beobachter der Ereignisse hat die Krönung so gedeutet, daß Paschalis Lothar die Gewalt über das römische Volk, so wie sie die Kaiser einst ausgeübt hatten, zugestanden habe, und Leo IV. hat um 852 in einem Schreiben an die Bischöfe Galliens, das im Zusammenhang mit dem Streit um die Reimser *cathedra* steht, die Salbung Lothars durch Paschalis I. in eine längere Tradition gestellt: Nach der Sitte seiner apostolischen Vorgänger – »more predecessorum apostolicorum«– habe dieser den Kaiser geweiht.

Das Scheitern der »Ordinatio imperii« und das Kaisertum Ludwigs II. (833–850)

Die Reichskonzeption Ludwigs des Frommen ist in den Auseinandersetzungen der dreißiger Jahre und den Bruderkämpfen nach dem Tod des Kaisers gescheitert. Mit dem Vertrag von Verdun 843 setzte sich das Teilungsprinzip durch. Das an Lothar I. gefallene Mittelreich war ein in vielerlei Hinsicht heterogenes staatliches Gebilde und schwer regierbar. Der Kaiser, der seine hochgespannten Ansprüche aufgegeben hatte, hielt sich nach 843 in der Regel in Aachen auf, das nun eindeutig die Funktion einer Residenz gewann. Italien hat er nach 840 nicht mehr aufgesucht. Im Jahre 844 schickte er seinen Sohn Ludwig dorthin, um die bei der Erhebung des Papstes Sergius mißachteten kaiserlichen Rechte erneut zu sichern. Ludwig erledigte seinen Auftrag und wurde von Sergius zum König der Langobarden gesalbt und gekrönt; den Treueid legten die Römer aber auf Geheiß des Papstes auf Lothar ab.⁶ Offensichtlich in tendenziöser Absicht hat der Autor der »Vita Sergii« im »Liber Pontificalis« die Ereignisfolge umgekehrt: Er läßt Ludwig erst nach der päpstlichen Krönung Regierungsbefugnisse wahrnehmen. Sechs Jahre später, wahrscheinlich an Ostern 850, krönte Leo IV. den Karolinger in Rom zum Kaiser⁷; danach übernahm dieser – bis zum Tode des Vaters unter dessen Oberhoheit – auch formell die Regierung Italiens. Auch jetzt handelte Ludwig im Auftrag des Vaters. Die Initiative ging also in beiden Fällen, bei der Königs- wie bei der Kaiserkrönung, vom Herrscher, von Lothar aus. Eine weltliche Erstkrönung aber hatte nicht mehr stattgefunden. Mit der Kaiserkrönung von 850 war – wie sich erweisen sollte, endgültig für Jahrhunderte – die Entscheidung darüber gefallen, daß eine Vergabe des Kaisertums ohne den Papst und ohne eine Bindung an Rom nicht möglich war. Leos III. Konzeption, von Stephan IV. und Paschalis I. dem Anspruch nach mitgetragen, hatte sich durchgesetzt.

---

1 Divisio regnorum: MGH Capitularia, Bd. 1, hg. von Alfred Boretius, Viktor Krause, Hannover 1843, S. 126, Nr. 45 (806 Febr. 6).
2 BM² 476b und 479a.
3 BM² 633a.
4 Ordinatio imperii: MGH Capitularia, Bd. 1, hg. von Alfred Boretius, Viktor Krause, Hannover 1843, S. 270, Nr. 136 (817).
5 BM² 770a und 1018a.
6 BM² 1115a und 1177d.
7 BM² 1152a und 1179a.

Böhmer, Johann F.: Regesta imperii, Bd. 1. Die Regesten des Kaiserreiches unter den Karolingern 751–918. Nach J.F. Böhmer neu bearb. von Engelbert Mühlbacher, Innsbruck ²1908, ND Hildesheim 1966 (zitiert als BM² mit Nummer).
Boshof, Egon: Einheitsidee und Teilungsprinzip in der Regierungszeit Ludwigs des Frommen, in: Charlemagne's Heir. New Perspectives on the Reign of Louis the Pious (814–840), ed. by Peter Godman and Roger Collins, Oxford 1990, S. 161–189.
Ders.: Ludwig der Fromme, Darmstadt 1996.
Brühl, Carlrichard: Fränkischer Krönungsbrauch und das Problem der »Festkrönungen«, in: Historische Zeitschrift 194 (1962), S. 265–326.
Fried, Johannes: Ludwig der Fromme, das Papsttum und die fränkische Kirche, in: Charlemagne's Heir. New Perspectives on the Reign of Louis the Pious (814–840), ed. by Peter Godman and Roger Collins, Oxford 1990, S. 231–273.
Noble, Thomas F.X.: Louis the Pious and the Papacy: Law, Politics and the Theory of Empire in the Early Ninth Century (Ph.D. Michigan State University), Ann Arbor 1974.
Schieffer, Rudolf: Die Karolinger, Stuttgart-Berlin-Köln 1992.
Schlesinger, Walter: Kaisertum und Reichsteilung: Zur Divisio regnorum von 806 [1958], Wiederabdruck in: Ders.: Beiträge zur deutschen Verfassungsgeschichte des Mittelalters, Bd. 1, Göttingen 1963, S. 88–138.
Sickel, Wilhelm: Die Kaiserkrönungen von Karl bis Berengar, in: Historische Zeitschrift 82 (1899), S. 1–37.
Simson, Bernhard: Jahrbücher des Fränkischen Reiches unter Ludwig dem Frommen, Bd. 1–2, Leipzig 1874–76.
Wendling, Wolfgang: Die Erhebung Ludwigs des Frommen zum Mitkaiser im Jahre 813 und ihre Bedeutung für die Verfassungsgeschichte des Frankenreiches, in: Frühmittelalterliche Studien 19 (1985), S. 201–238.

Kurzfassung

Mit der Erhebung seines Sohnes Ludwig (des Frommen) zum Mitkaiser 813 in Aachen nach byzantinischem Zeremoniell gab Karl der Große seiner Vorstellung vom Kaisertum deutlich Ausdruck: Anders als bei seiner eigenen Krönung am Weihnachtstage des Jahres 800 war der Papst nicht beteiligt; die Vergabe des Kaisertums stellte sich dar als ein rein weltlicher Akt ohne eine Bindung an Rom. Nach diesem Vorbild hat Ludwig 817 wiederum in Aachen seinen Sohn Lothar zum Mitkaiser erhoben und in der sogenannten Ordinatio imperii den mit Unterkönigreichen ausgestatteten Brüdern Ludwig und Pippin übergeordnet. Jedoch hatte bereits im Jahre zuvor der Papst Stephan IV. auf seiner Reise ins Frankenreich Ludwig den Frommen in Reims gesalbt und gekrönt und damit den Anspruch unterstrichen, daß die päpstliche Krönung für die Begründung des Kaisertums unverzichtbar sei. Ebenso handelte der Papst Paschalis I. im Jahre 823 an Lothar, den er nach Rom eingeladen hatte. Die beiden päpstlichen Krönungen hatten keine konstitutive Bedeutung, aber als Lothar seinen Sohn Ludwig (II.) im Jahre 850 durch Leo IV. zum Kaiser krönen ließ, ohne daß zuvor eine weltliche Erstkrönung stattgefunden hatte, war die Entscheidung dafür gefallen, daß die Vergabe des Kaisertums im Abendland ohne den Papst und ohne eine Bindung an Rom nicht möglich war.

Résumé

En 813, Charlemagne fait couronner son fils, Louis le Pieux, à Aix-la-Chapelle selon le rite byzantin : de son vivant, l'empereur, par ce »double couronnement«, transmet son titre d'empereur à son fils. Une cérémonie qui illustre de façon univoque la conception que Charlemagne se faisait de l'Empire. Contrairement à ce qui s'était passé lors du couronnement du grand empereur, le jour de Noël de l'an 800, le Pape n'avait pas été mandé : la transmission de la dignité impériale devenait donc un acte purement laïc où Rome n'avait pas à intervenir. En 817, suivant l'exemple de son père, Louis le Pieux fera lui-même couronner son fils Lothaire à Aix-la-Chapelle : aux termes de l'»Ordinatio imperii«, Lothaire devient donc à son tour »co-empereur«, tandis que ses frères Louis et Pépin, rois vassaux, se trouvent désormais placés sous son autorité. Néanmoins, un an auparavant, lors d'un voyage en France, le Pape Étienne IV avait personnellement sacré et couronné empereur Louis le Pieux à Reims : ce faisant, il avait souligné la nécessité absolue de la participation du pape au couronnement, ce geste étant seul à même de ratifier le titre de l'empereur. En 823, le pape Pascal Ier n'agira pas autrement à l'égard de Lothaire qu'il avait invité à Rome. Certes, les deux couronnements papaux étaient dépourvus de toute valeur constitutionnelle. Mais lorsque Lothaire fera sacrer empereur son fils Louis II en 850 – sans avoir fait célébrer auparavant de couronnement laïc –, il deviendra évident que dorénavant, en Occident, l'élévation à la dignité impériale, pour être valable, devra être entérinée par le Pape et corroborée par l'existence de liens indéfectibles avec Rome.

Samenvatting

Met de verheffing van zijn zoon Lodewijk (de Vrome) tot medekeizer naar byzantijns ceremonieel in 813 in Aken, gaf Karel de Grote duidelijk uitdrukking aan zijn voorstelling van het keizerschap: anders dan bij zijn eigen kroning op de kerstdag van het jaar 800 had hij de Paus er niet bij betrokken; de toekenning van het keizerschap was hier een zuiver profane aangelegenheid, zonder enige binding met Rome. Naar dit voorbeeld verhief Lodewijk zijn zoon Lothar in 817, weer in Aken, tot medekeizer, waarbij hij hem door de »Ordinatio Imperii« boven de over onderkoninkrijken heersende broers Lodewijk en Pippijn stelde. In het jaar daarvoor was Lodewijk de Vrome echter door paus Stephanus IV bij diens reis naar het Frankenrijk in Reims gezalfd en gekroond, waarmee deze onderstreepte dat de kroning door de paus voor het keizerschap van essentieel belang is. Zo handelde later ook paus Paschalis I in het jaar 823 met Lothar, die hij voor de gelegenheid naar Rome had uitgenodigd. Deze beide pauselijke kroningen hadden geen constitutief karakter. Toen Lothar zijn zoon Lodewijk (II) in het jaar 850 door paus Leo IV echter tot keizer liet kronen zonder dat er van tevoren een profane eerste kroning had plaatsgevonden, viel de beslissing dat het toekennen van het keizerschap in West-Europa zonder de paus en een binding met Rome niet mogelijk was.

Shrnutí

Povýšením svého syna Ludvíka (Pobožného) na spolucísaře roku 813 v Cáchách podle byzantského obřadu vyjádřil Karel Veliký jasně své chápání císařství. Na rozdíl od jeho vlastní korunovace o vánočním dnu roku 800 se papež této korunovace nezúčastnil; předání císařské hodnosti bylo čistě světským aktem bez návaznosti na Řím. Podle tohoto vzoru povýšil opět Ludvík v roce 817 v Cáchách svého syna Lothara na spolucísaře a nadřadil jej v tzv. Římském řádu (Ordinatio imperii) jeho bratrům Ludvíkovi a Pipinovi, kterým přidělil podkrálovství. Avšak rok předtím pomazal a korunoval Ludvíka Pobožného v Remeši papež Štěpán IV. při své cestě do Francké říše, čímž zdůraznil, že papežská korunovace je nezbytná jako základ císařství. Právě tak jednal i papež Paskal I. v roce 823, když pozval Lothara do Říma. Žádná z těchto papežských korunovací neměla konstitutivní význam, ale když Lothar nechal korunovat na císaře svého syna Ludvíka (II.) v roce 850 papežem Lvem IV., aniž by se předtím konala světská první korunovace, bylo rozhodnuto, že udělování císařství v západních zemích se neobejde bez papeže a bez vztahu k Římu.

Summary

With the elevation of his son Louis (the Pious) to co-emperor in Aachen in 813 according to a Byzantine ceremonial, Charlemagne clearly expresses his idea of the empire: unlike his own coronation on Christmas Day in 800, the Pope did not participate in the latter coronation; assignment of the empire was a secular act without relation to Rome. Following this example, Louis elevated his son Lothar to co-emperor in Aachen 817 and, in the »Ordinatio imperii«, he pronounced Lothar superior to his brothers Louis and Pipin who had obtained sub-kingdoms. However, a year earlier, the Pope Stephan IV had, on his way to Frankenreich, anointed and crowned Louis the Pious in Reims, thereby emphasising that a coronation from the Pope should be indispensable for the foundation of the empire. The Pope Paschalis I acted in the same manner in 823, when he invited Lothar to Rome. Both of theses papal coronations lacked constitutional significance, however, when Lothar allowed the Pope Leo IV. to crown his son Louis (II) as an emperor, the decision was made that the assignment of the empire in Occident would be impossible without the Pope and the relation to Rome.

Sven Schütte (Köln)

Überlegungen zu den architektonischen Vorbildern der Pfalzen Ingelheim und Aachen

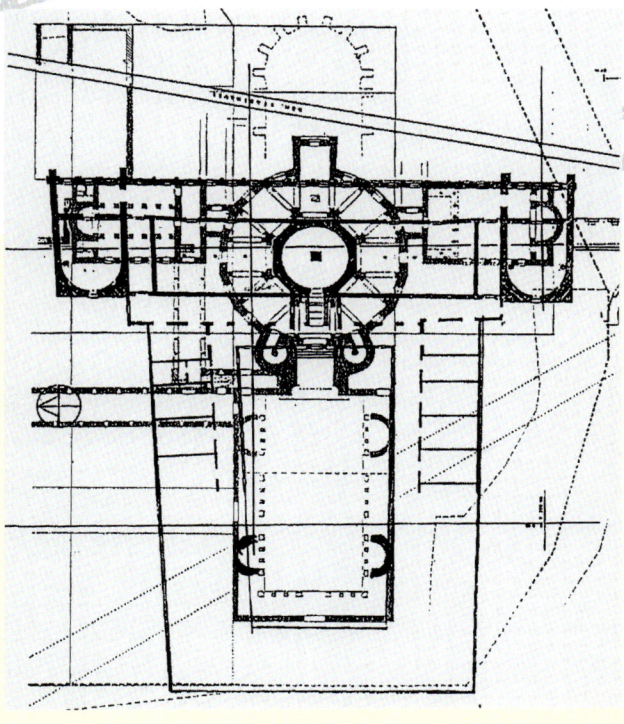

Abb. 1
Maßstabsgleiche Projektion: Grundriß der Pfalzanlage Aachen und Grundriß des Prätoriums Köln überlagert

Die Forschung zweier Jahrhunderte hat sich mit den Vorbildern der Aachener Pfalz beschäftigt. Eine Fülle von Literatur ist zu diesem Thema erschienen. Die Summe der Bemühungen gipfelte in der umfangreichen Studie von Günter Bandmann, der 1965 erschöpfend sämtliche möglichen, damals bekannten Vorbilder des Baus darstellte. Auf Bandmann verweisen seitdem die meisten Autoren, zuletzt Günther Binding (1998) und Matthias Untermann (1999).

Schon die Forscher des 19. Jahrhunderts hatten unter dem Eindruck der karolingischen Schriftquellen Italien – vor allem Ravenna – und Byzanz als Orte möglicher Vorbilder in den Mittelpunkt ihrer Untersuchungen gerückt. Schon Bandmann wies jedoch darauf hin, daß auch Ravenna lediglich als Anregung, nicht aber als Vorlage für Aachen gedient haben könne.

Zu den Vorbildern anderer Pfalzen des karolingischen Reiches wurden nur selten Nachforschungen angestellt. Die vorliegende kleine Studie möchte daher auf der Basis neuerer baugeschichtlicher und archäologischer Untersuchungen mögliche Vorbilder nicht nur der Aachener, sondern auch der Ingelheimer Pfalz zur Diskussion stellen. Hier sei auf eine ausführliche Studie des Autors verwiesen, die parallel zur Ausstellung erscheint.

Neuere Forschungen

Neuere, in Köln durchgeführte Forschungen werfen heute ein anderes Licht auf die Ursprünge der beiden wichtigsten karolingischen Pfalzen Aachen und Ingelheim. Sie erlauben es, neue Hypothesen zu Entstehung und Vorbildern aufzustellen. Die Grundlagen dafür schufen Gundolf Prechts Untersuchungen zum Kölner Praetorium, Forschungen von Stefan Neu und Maureen Carroll-Spillecke zum Kölner Forum, Studien Marianne Gechters und des Verfassers zu Umgebung und Entstehung des Kölner Rathauses sowie ein Aufsatz des Verfassers zu Sankt Gereon in Köln.

Das Kölner Forum

Seit Ende des 19. Jahrhunderts wurden im Bereich der Schildergasse immer wieder monumentale Reste des Kölner Forums entdeckt und dokumentiert. Doch erst seit der Mitte des 20. Jahrhunderts bildeten sich Vorstellungen des tatsächlichen Erscheinungsbildes der Anlage heraus. Eine erste Rekonstruktion ist Stefan Neu zu verdanken, der sich Anfang der neunziger Jahre mit dem Kölner Forum beschäftigte, Grabungen in der zweiten Hälfte der neunziger Jahre erbrachten weitere Erkenntnisse: Es fand sich eine große Exedra (Abb. 2a) von fast 140 Metern Durchmesser, die von einer Ringkryptoporticus umgeben war. Inzwischen ist diese Anlage in großen Teilen bekannt, doch noch immer ist sie nicht gründlich erforscht. So läßt sich vor allem über das Innere der Ringkryptoporticus noch keine endgültige Aussage machen. Fragmentarisch und daher schwer rekonstruierbar ist auch der Bereich östlich der Exedra bis hin zur römischen Stadtmauer. Mauerreste und Pfeilerstellungen deuten auf eine große, quergelagerte Forumsbasilika hin, die sich nord-südlich erstreckte und möglicherweise an ihren Enden mit Apsiden abgeschlossen war. Hierfür liegen allerdings bislang keine Belege vor.

Betrachten wir die Exedra näher: Das halbrunde Bauwerk besaß ein Untergeschoß, das in seiner Mittelachse von einer Säulenreihe gestützt wurde. An der Außenseite begleitete ein Belüftungskanal das Halbrund. Fünf Türme mit rechteckigem Grundriß saßen auf der Außenseite, während das Innere von einer Säulen-Porticus umstanden war.

Vermutlich durch ein Erdbeben wurde die Anlage im vierten Jahrhundert beschädigt und das Untergeschoß daraufhin aufgegeben. Das Obergeschoß blieb jedoch erhalten und hatte bis ins Hochmittelalter Bestand. Wann es aufgegeben wurde, ist unklar. Möglicherweise wurde das Kölner Forum bei einem weiteren Erdbeben Ende des 8. Jahrhunderts (siehe unten) erneut beschädigt und schließlich im 10. Jahrhundert endgültig beseitigt. Darauf mögen auch Funde rot bemalter Pingsdorfer Keramik unterhalb massiver Gewölbebruchstücke hindeuten.

Ob der in spätkarolingischen Quellen überlieferte Begriff »Forum Iulii« mit diesem Forum identifiziert werden kann, ist unsicher. Zumindest scheint er die Existenz einer größeren Platzstruktur im neunten Jahrhundert zu belegen. Die Identifikation mit dem Atrium des alten Doms erscheint meines Erachtens nicht wahrscheinlich. Der Begriff »Forum Iulii« kann kaum mittelalterlich sein und reicht sehr wahrscheinlich in die Antike zurück. Der in den Quellen ebenfalls unsicher und spät belegte Begriff »Forum Oratorium« ließe sich vage auf den gleichen Bereich beziehen, genauer vielleicht sogar auf den Bereich östlich der Forumsbasilika.

Die Gesamtheit der Befunde erlaubt heute eine relativ genaue Rekonstruktion der Exedra und eine grobe Rekonstruktion der Gesamtanlage (Abb. 2a) läßt den Teil östlich der Basilika aus Gründen der Einfachheit weg. Was uns im Zusammenhang mit den Pfalzen interessiert ist – unabhängig von den Details – die Grundstruktur: Exedra mit fünf Türmen, Platzfläche und rahmende Bauten mit quergelagerter Basilika.

Ingelheim – Köln im Vergleich

Wie Stefan Neu herausstellte, ist die Kölner Anlage in ihrer speziellen Bauform mit Annextürmen in der antiken Welt singulär. Ebenso einzigartig ist grundsätzlich die säulenumstandene Exedra Ingelheims in der mittelalterlichen Welt. Trotz der Unsicherheiten über die Details des Kölner Forums ist dessen Grundstruktur klar erkennbar: Die gesamte Anlage ist auf die Mittelachse der antiken Stadt ausgerichtet. In karolingischer Zeit bestand die Exedra mit den fünf Türmen, die orthogonale Struktur östlich davon und die vorgelagerte Basilika.

Obwohl Ingelheim nicht fertiggestellt wurde und spätere Planänderungen die eigentliche Form verunklärten, macht der Vergleich ihrer beiden Grundrisse (Abb. 2a und 2b) die Übereinstimmungen mit Köln deutlich: Wie in Köln findet sich eine Exedra mit Türmen, allerdings sind diese hier rund und über ein Zwischenteil mit dem Hauptbau verbunden. Der in Köln etwas breitere Turm im Scheitel der Exedra ist in Ingelheim durch zwei eng beieinander stehende Türme ersetzt.

Eine große Formähnlichkeit drückt sich auch im Grundriß der der Ingelheimer Exedra vorgelagerten Basilika aus. Da der spätantike Kölner Bau in der Karolingerzeit definitiv noch stand und die geographische Entfernung zwischen Köln und Ingelheim entlang des Rheins relativ gering ist, deutet Vieles auf eine Beziehung zwischen Grundrissen und natürlich den schwerer erschließbaren Aufrissen hin. Allerdings handelt es sich dabei um eine reine Form-, nicht um eine Funktionsähnlichkeit. Welche Funktion das Kölner Forum im Mittelalter hatte, ist unbekannt. Sollte der Begriff »Forum Iulii« eben dieses Forum bezeichnen, ließe sich ihm zumindest ein öffentlicher Charakter zubilligen.

Die These, die Pfalz Ingelheim orientiere sich architektonisch an einem Kölner Bau, ist naheliegend. Man griff ein existierendes, spätantikes Vorbild aus Köln auf und transformierte den Kult- und Marktbereich zur Königsresidenz mit Kirche um. Warum dies so ist,

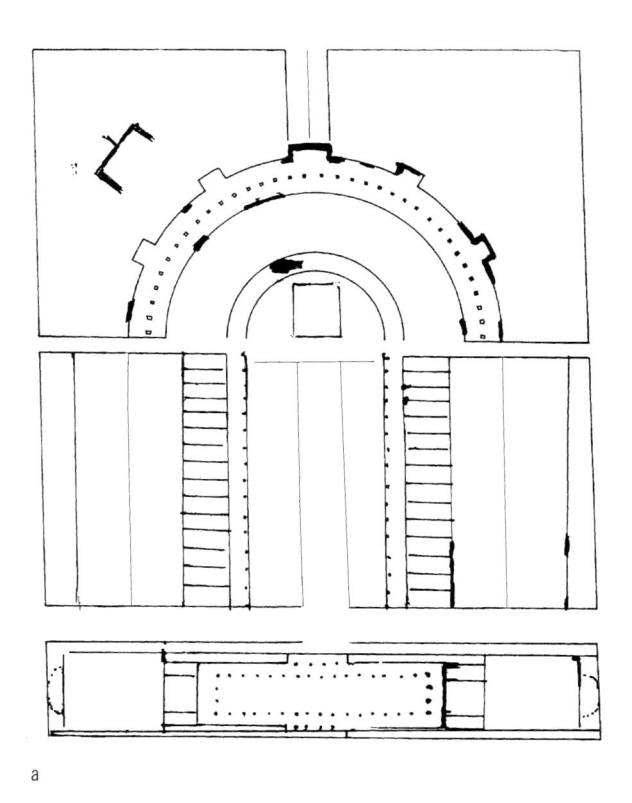

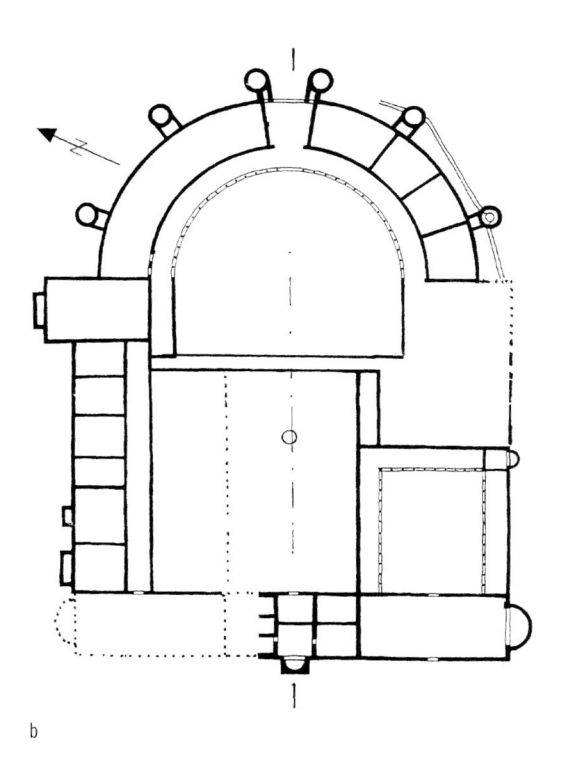

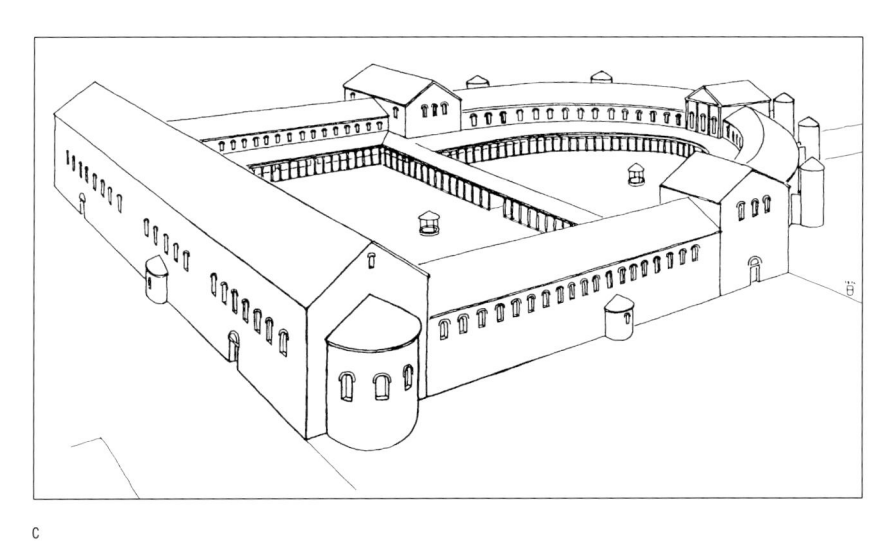

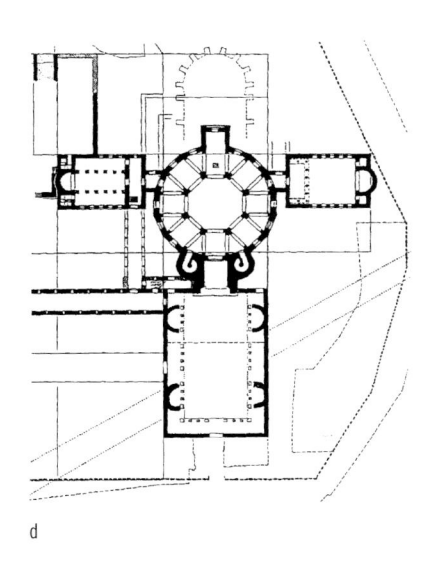

Abb. 2
a) Köln, Grundriß des Forumbereiches mit Exedra und Basilika, Schütte 1999 (Maßstab 1 : 1000) – Befunde und Vollsignatur
b) Ingelheim, Grundriß der Pfalz, älteste Phase nach Binding, bearbeitet und ergänzt durch Schütte 1999 (gleicher Maßstab, Befunde und Vollsignatur)
c) Ingelheim, Isometrie der Anlage nach Binding 1997
d) Aachen, die Aachener Marienkirche zur Zeit Karls des Großen nach Hugot, ergänzt durch Kreusch

und warum ausgerechnet Köln zum Vorbild wurde, obwohl es im Itinerar Karls des Großen nur kurz als Station während der Sachsenkriege eine Rolle spielte, läßt sich nur vermuten. Die Erörterungen zur Aachener Pfalz (siehe unten) bringen möglicherweise weitere Hinweise.

Sankt Gereon, das Kölner Praetorium und die Pfalz in Aachen

In den fünfziger Jahren grub Otto Doppelfeld das Kölner Praetorium aus. Sein Vorbericht lieferte eine grobe Skizze der Baugestalt, jedoch noch keine Rekonstruktion. Erst die Arbeiten Gundolf Prechts nach 1968 und seine Publikation 1973 erbrachten handfeste Resultate zum Aussehen des antiken Bauwerks. Bandmanns Schrift war zu dieser Zeit bereits erschienen, andere Untersuchungen über Aachen ließen das Praetorium unberücksichtigt. W. Boeckelmanns Arbeit »Von den Ursprüngen der Aachener Pfalzkapelle« wies 1958 zwar auf das Bauwerk hin, interessierte sich jedoch mehr für Konstruktion und Grundrißgestaltung der Marienkirche als für ihre Vorbilder und Ursprünge.

Auch Sankt Gereon in Köln wurde bereits von Bandmann als eines der möglichen Vorbilder in Betracht gezogen, doch spielte die Kirche in seinem Werk eine eher untergeordnete Rolle. Zur Zeit der Forschungen Bandmanns war allerdings weder die Struktur des Atriums (Abb. 3b) noch die innere Struktur der Kirche bekannt. Viele der heutigen Erkenntnisse über ersteres sind erst Günther Binding und Johannes Deckers zu verdanken. Der Kölner Statiker Otmar Schwab kündigte 1965 eine Dissertation über seine Forschungen in Sankt Gereon an, die bis heute nicht erschienen ist. In der Literatur fanden sich noch drei Jahrzehnte lang Verweise auf diese Arbeit, die verhinderten, daß Verbindliches über die innere Struktur der Kirche veröffentlicht wurde. Die Forschungen von Gretz und Koch aus dem Jahr 1939 wurden immer wieder zitiert, gerieten jedoch unberechtigterweise weitgehend in Vergessenheit, da die Autoren damals eine allzu farbige Rekonstruktion Sankt Gereons vorgelegt hatten.

Aus den Restaurierungsakten der kirchlichen Denkmalpflege in Köln und aus den sehr detaillierten Beobachtungen von Gretz und Koch läßt sich heute eine zumindest schemenhafte Rekonstruktion des Innenraums vornehmen: Die Forschungen Armin von Gerkans nach der Kriegszerstörung der Kirche ergaben erste Eindrücke von der Gestalt des sogenannten »Urbaus« des vierten Jahrhunderts. Anders als bei Gretz und Koch basierten seine Erkenntnisse auf Ausgrabungen und genauer Vermessung. Von Gerkan rekonstruierte den Bau mit einer Flachdecke, weil er annahm, daß die Außenwände das Gewicht einer Kuppel nicht hätten tragen können. Schwab beobachtete ein leichtes Ausweichen der Wände und argumentierte mit guten Gründen für einen Kuppelbau. Bandmann stand aber nur die Rekonstruktion von Gerkans zur Verfügung, so daß er Sankt Gereon nur mittelbar in die Reihe der Vorbilder der Aachener Marienkirche aufnahm.

Betrachten wir den eingangs genannten Bau des Kölner Praetoriums etwas genauer, bevor wir näher auf Sankt Gereon eingehen:

Die Phase IV (nach Doppelfeld und Precht) des Kölner Praetoriums stammt aus dem vierten Jahrhundert. Zur Zeit Karls des Großen sah man darin in erster Linie die Regia der merowingischen Könige in Köln, für die der antike Palast noch bis in die Zeit der Hausmeier genutzt wurde.

In der Antike war der Palast Kaiserresidenz. Ob nun Konstantin I. oder erst seine Nachfolger das Bauwerk errichteten, sei dahingestellt. Aus der Sicht Karls des Großen lag es nahe, eine Entstehung in der Zeit seines großen Vorbildes Kaiser Konstantin I. anzunehmen. Die Kölner Könige und die Hausmeier verbanden die konstantinische Tradition zeitlich mit der der Karolinger.

Der Kölner Palast wurde bis zu seiner Zerstörung am Ende des 8. Jahrhunderts von den fränkischen Königen genutzt. Er besaß einen oktogonalen Zentralraum (Abb. 3a), den Precht wohl mit Recht für überkuppelt hielt, und nördlich und südlich flankierende zweigeschossige Säle, an die sich ihrerseits zwei ostwestlich ausgerichtete Apsidensäle anschlossen. Im Westen war der Anlage eine repräsentative Kryptoporticus vorgelagert, im Osten ein geräumiges Atrium mit Säulenstellungen. Diese Elemente finden sich in gleicher Anordnung auch in Aachen wieder: das Oktogon in der Mitte mit den – hier um 90 Grad geschwenkten – Apsidensälen, der zentral vorgelagerten Atriumsanlage und Kryptoporticen, die den Bau mit anderen Teilen der Anlage verbinden. Die sofort erkennbaren Unterschiede sind der 16-eckige Umgang des Oktogons und die unterschiedliche Anordnung der weiteren Säle und Kryptoporticen.

Während in Aachen eine Kirche im Mittelpunkt des Baukomplexes steht, ist es in Köln wohl ein Thronsaal. (Selbst wenn das in den Quellen erwähnte »conventiculum ritum christiani« an der Westseite des Atriums auf den Vorgängerbau von Sankt Laurentius bezogen sein wird, trägt der Palast doch einen rein profanen Charakter.) Unabhängig davon sind die Übereinstimmungen zwischen dem Kölner Praetorium und der Aachener Marienkirche augenfällig. Projiziert man die beiden Pläne in gleichem Maßstab übereinander, stellt sich heraus, daß Atrium und Apsidensäle der beiden Grundrisse sich im wesentlichen decken, das Kölner und das Aachener Oktogon sich sogar paßgenau entsprechen (Abb. 1). (Kleinere unerhebliche Abweichungen entstehen durch Putzoberflächen, Marmorverkleidungen, Meßungenauigkeiten usw.) Wie im Falle Ingelheims kann es sich dabei kaum um Zufall handeln. Auch hier spricht die geographische Nähe Kölns zu Aachen zusätzlich für bauhistorische Zusammenhänge.

Ebenso überraschende Übereinstimmungen ergeben sich, wenn man die maßstabsgleichen Pläne der Aachener Marienkirche und Sankt Gereons übereinander projiziert (Abb. 3c): Nicht nur die Atrien entsprechen einander, sondern auch die Außenkonturen und der von Gerkan ermittelte Radius der Oktogone. Daß Sankt Gereon im Grundriß nahezu ein Oval bildet, ist nur scheinbar ein Widerspruch, denn die Form führt zu einer weiteren Entsprechung: An den Schmalseiten des Kölner Ovals ergeben sich breitere Nischen als im Innenraum. In der östlichen Wand der Vorhalle von Sankt Gereon findet sich eine besonders breite Nische oberhalb des Eingangs, die zum Kircheninneren geöffnet war. Dadurch entstand eine zweigeschossige Vorhalle mit Empore (Abb. 3d), die – wie in Aachen – über eine heute noch erhaltene Wendeltreppe zugänglich ist.

Sankt Gereon in Köln ist mit seinen goldenen Mosaiken, die Gregor von Tours im sechsten Jahrhundert erwähnt, die austrasische Königskirche der Region, die in Bau und Ausstattung alles im Umkreis von 500 Kilometern übertrifft. Ein Kuppelbau mit Goldmosaiken, ein Zentralbau mit Emporen, Vorhalle und Atrium, genau wie wir es in Aachen finden.

Ein weiteres wichtiges Element der Ausstattung von Sankt Gereon waren die Säulen, die in den Quellen oft erwähnt worden. Möglicherweise ist die zweite Säulenreihe, von der Venantius Fortunatus um 560 spricht, durchaus auf Sankt Gereon zu beziehen. Von

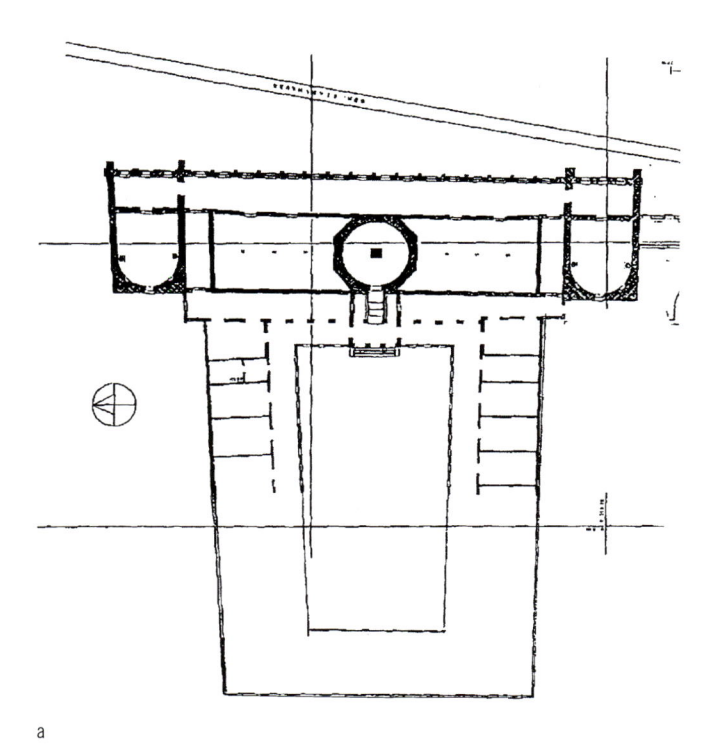

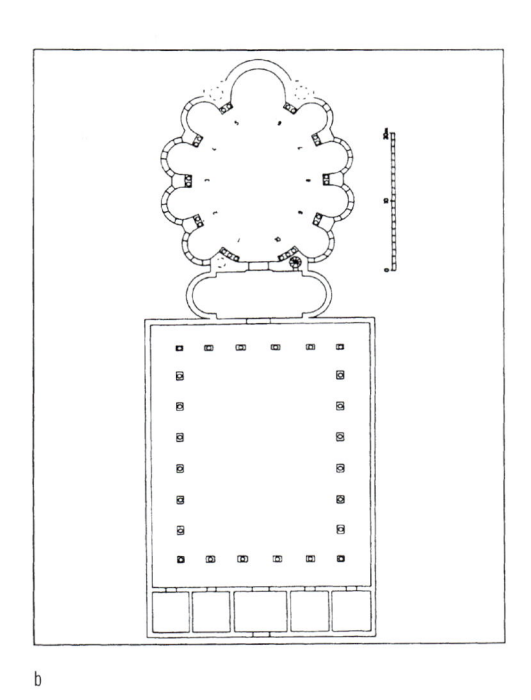

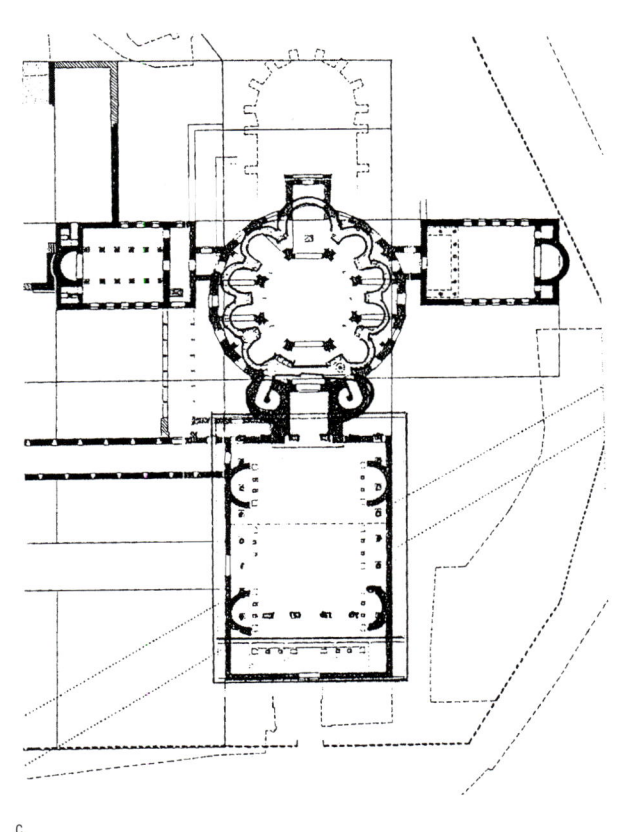

Überlegungen zu den architektonischen Vorbildern der Pfalzen Ingelheim und Aachen

Abb. 3
a) Köln, Prätorium Phase IV nach Precht und Doppelfeld, ergänzt durch Schütte 1998
b) Köln, St. Gereon nach Deckers
c) Maßstabsgleiche Projektion: Aachener Marienkirche zur Zeit Karls des Großen und Kirche St. Gereon nach Deckers, Schütte (gleicher Maßstab)
d) Köln, St. Gereon, Rekonstruktion des Nord-Südschnittes – versetzt Nische/Pfeiler (Ansicht von Osten) nach Befund Schütte 1998 mit eingesetzten Säulen (Maße entsprechen den Aachener Säulen)

Gerkan hat die Säulenpaare anhand der Plinthen und der einbindenden Kämpfersteine rekonstruieren können.

Zwei Kapitelle römischen Ursprungs, die sich noch heute dort befinden, entsprechen in den Maßen genau und in den Formen im großen und ganzen den 13 antiken Aachener Kapitellen. Das trifft auch auf ihr Material zu, mediterranen Marmor. Im Jahr 1794 transportierten die Franzosen bei der Besetzung Kölns nicht nur zahlreiche Kunstschätze, sondern auch zwei wertvolle Marmorsäulen aus Sankt Gereon ab. Aller Wahrscheinlichkeit nach handelt es um die beiden, die heute in der Salle d'Auguste (heute Salle des Empereurs) des Louvre fest eingebaut sind. In Form und Material stimmen sie vollkommen mit den Säulen überein, die die Franzosen aus der Marienkirche in Aachen abtransportierten. Buchkremer konnte sie bei seinen beiden Besuchen in Paris nicht von denen aus Aachen unterscheiden.

Eine Schriftquelle des 14. Jahrhunderts berichtet, daß Karl der Große Säulen aus Sankt Gereon entfernt habe, um sie beim Bau der Aachener Marienkirche zu verwenden. In der Kölner Kirche befanden sich mindestens 18 Säulen im unteren und weitere 16 oder 18 im oberen Geschoß (Abb. 3b, 3d). Hinzuzurechnen sind zwei etwas größere für die Apsis sowie eine unbekannte Anzahl für Vorhalle und Atrium. Auffällig ist, daß die Kölner Säulen und Kapitelle sogar in ihrer Anzahl mit den Aachenern übereinstimmen. Bei den Ausgrabungen Norberts von Xanten im Jahr 1121 beschreibt der Abt Rudolf von Sankt Pantaleon an der Fundstelle explizit einen Pfeiler, nicht etwa eine Säule. Marianne Gechter weist in ihrer Quellenedition ausdrücklich auf diesen Umstand hin. Spätestens im zwölften Jahrhundert befanden sich also keine Säulen mehr in Sankt Gereon. Mit aller gebotenen Vorsicht könnte man nun der Quelle, die den Transfer von Köln nach Aachen beschreibt, durchaus mehr historischen Wert zubilligen als bislang geschehen.

Warum aber Köln?

Wie bereits erwähnt, spielt in karolingischen Itineraren Köln keine besondere Rolle. Wie neuere Forschungen ergeben haben, hatte Köln seine städtische Kontinuität in der Merowingerzeit nicht verloren. Es blieb Sitz der Hausmeier. Hier befand sich die Königskirche der Austrasier, die noch dazu mit der Gründungslegende durch die Heilige Helena behaftet war. Hier befand sich ein konstantinischer Palast, in dem die fränkischen Könige residierten. Hildebold, Erzkappelan Karls des Großen, war Erzbischof von Köln, verantwortlich für Sankt Gereon und dort auch bestattet. Schon hierüber ergeben sich direkte Verbindungen nach Aachen.

Die Marienkirche in Aachen spiegelt zum einen die Tradition eines konstantinischen Palastes wider, in dem die Rechtsvorgänger Karls des Großen von der Nachantike (Konstantin) bis zu seiner Zeit residierten, zum anderen die der austrasischen Königskirche, die ihr zentrales Heiligtum beherbergte. Nicht nur die Planübertragung 1:1, sondern wohl auch die physische Übertragung von Spolien und die Imitation der Ausstattung scheinen dies, bei aller Vorsicht, nahezulegen.

Selbstverständlich wurde hinsichtlich Baumaterialien und -formen auch Ravenna, speziell San Vitale rezipiert, ebenso die byzantinischen Kirchen Konstantinopels und die übrigen, von Bandmann ins Feld geführten Beispiele. Die Untersuchungen lassen darauf schließen, daß Rom und Ravenna Baumaterial, Reliquien, Ausstattungsstücke sowie Anregungen für Baudetails lieferten, Köln dagegen die Grundkonzeptionen von Kirche und Palast sowie Spolien.

Das Kölner Erdbeben Ende des 8. Jahrhunderts und seine Folgen

Ist die Rolle Kölns aufgrund dieser Erkenntnisse anders zu bewerten als bislang? Welche Rolle spielte die Stadt im siebten und achten Jahrhundert? Welche direkten Verbindungen bestanden zwischen Karl dem Großen und Köln? Die Karolinger dürften schließlich seit den Vorfällen mit Plectrudis, der Stiefmutter Pippins, nicht besonders gut auf Köln zu sprechen gewesen sein. Vor allem aber: Warum blieb man nicht, wenn sich doch Kirche und Palast mit bester Ausstattung schon dort befanden?

Zumindest auf die letzte Frage findet sich wohl eine Antwort: Die Erdbebenforschung verhalf dabei zu überraschenden Erkenntnissen. Bereits Doppelfeld und Precht beobachteten große Risse am Praetorium, die Precht auf Setzungsschäden zurückführte. Die neuesten Forschungen ergeben, daß am Ende des 8. Jahrhunderts ein großes Erdbeben Köln traf, bei dem zahlreiche Bauten schwer beschädigt wurden. Das Beben fand vermutlich zwischen den Jahren 770 und 790 statt. Daß die Reichsannalen hierüber nichts berichten, ist angesichts der lückenhaften Überlieferung nicht verwunderlich. Trotzdem ist nicht auszuschließen, daß sich auch in den Annalen ehemals Nachrichten über ein Beben befanden, welches möglicherweise in anderen Quellen überliefert ist. Über Bauschäden, seismische Untersuchungen und Schriftquellen ist es sehr wahrscheinlich nachweisbar. Das Erdbeben scheint ein Anlaß dafür gewesen zu sein, die Stadt umzustrukturieren. Der Aufstieg Kölns zum Erzbistum, der Rückzug der Königsmacht und der Aufstieg der Aachener Königsresidenz quasi aus den Trümmern des Kölner Praetoriums fanden jedenfalls zur gleichen Zeit statt.

Die geschilderten Vorgänge, die archäologisch belegbaren Neubauaktivitäten um 800 und der Wandel der antiken zur mittelalterlichen Stadt werfen ein interessantes Licht auf diese Epoche im Aachen-Kölner Raum. Gleichzeitig müssen neue Fragen geklärt werden, bei denen der Archäologie des Rheinlandes eine besondere Rolle zufällt. Die vorliegenden kurzen Ausführungen skizzieren das Ergebnis der Forschungen, die in einer ausführlichen Publikation erscheinen werden.

Fakten und Thesen

Fassen wir nach den bisherigen Ausführungen noch einmal die Fakten und die daraus abgeleiteten Hypothesen zusammen:

Die spätantiken Bauten des Kölner Forums weisen eine große formale Ähnlichkeit mit den Bauten der Ingelheimer Pfalz auf. Beide waren jeweils einzigartig in ihrer Epoche.

Der spätantike Kölner Palast des Praetoriums, von dem man glaubte, er sei unter Kaiser Konstantin I. errichtet worden, entspricht in vielen inhaltlichen und formalen Aspekten, in absoluten Maßen, Raumdisposition und zentralem Oktogon der Aachener Pfalz.

Die spätantike Kirche Sankt Gereon in Köln war wie die Marienkirche in Aachen ein mit Goldglasmosaiken geschmückter, überkuppelter Zentralbau. Ihr reicher Säulenschmuck kam in Maß und Zahl dem in Aachen gleich. In der Region war die Kirche mit der späteren Helenatradition die wichtigste austrasische Königskirche.

Folgende Thesen wurden daraus abgeleitet:

Die Pfalz in Ingelheim geht direkt auf ein antikes Kölner Vorbild zurück, ohne daß Gründe hierfür ins Feld geführt werden können.

Die Pfalz in Aachen vereint die Kölner Vorbilder der austrasischen Königskirche und des konstantinischen Herrscherpalastes in Form direkter und indirekter Planübertragung. Im Fall von St. Gereon kommt es wohl auch zur direkten Inkorporation von Spolien. Einer der Gründe für die Errichtung des Aachener Hofes könnte das Kölner Beben des 8. Jahrhunderts gewesen sein. Alle anderen Vorbilder, wie etwa San Vitale in Ravenna, spielen eine geringere Rolle und/oder sind Lieferanten für antikes Spolienmaterial.

Karl der Große verbindet in diesen Bauten die eigene familiäre Königstradition mit der seines antiken Vorbilds, des ersten christlichen Kaisers Konstantin I. und seiner Mutter Helena. Dies findet auch in der Reliquienverehrung Ausdruck. Die »renovatio« findet ihren Ausdruck sowohl durch die Übertragung von Bauidee und Bauelementen als auch durch die Anknüpfung an tatsächliche Bauten, die – so vielleicht die Meinung der Zeitgenossen – durch göttliche Fügung untergegangen seien.

Im Gegensatz zu Italien oder Trier hat Köln die Königstradition und Vorfahren Karls sowie die antike architektonische Tradition vorzuweisen. Zur Verstärkung und Untermauerung der Macht und der Dokumentation eines umfassenden Herrschaftsanspruches auf das alte Weströmische Reich dient aber auch die Übernahme externer Zeichen und Vorbilder aus Italien (Ravenna/Theoderich) bzw. Byzanz.

Die Pfalzen in Ingelheim und Aachen sind einerseits als Endpunkt einer Bautradition zu verstehen, die sich als selbstverständlich empfundene Fortsetzung der Antike sah – vorausgesetzt, man hält die vermeintlichen Umbrüche und Krisen der Epochen für weniger gravierend, als man dies noch vor Kurzem tat. Andererseits begründen sie eine mittelalterliche Bautradition, die ihren Ausdruck in Vorromanik und Romanik finden sollte. Das ist abhängig von der jeweiligen Sichtweise. Von Seiten der Karolinger war der »renovatio«-Aspekt sicher bedeutender als der Wunsch, eine neue, in die Zukunft gerichtete Tradition begründen zu wollen.

Fazit: Die architektonischen und historischen Vorbilder in Köln sind erheblich wichtiger als bisher angenommen. Die Tradition der eigenen Familie Karls und ihre Verknüpfung mit dem spätantiken römischen Kaisertum muß wesentlich stärker berücksichtigt werden. Eine »renovatio« hat hier regelrecht auch physisch stattgefunden.

Das gibt Anlaß zu Diskussionen und wirft weitere Fragen auf, die neue Felder der Forschung eröffnen könnten.

Bandmann, Günter: Die Vorbilder der Aachener Pfalzkapelle, in: Wolfgang Braunfels (Hg.): Karl der Große. Lebenswerk und Nachleben, Bd. 3, Düsseldorf 1965, S. 424–462.

Binding, Günther u. a.: Die Aachener Pfalz Karls des Großen als archäologisch-baugeschichtliches Problem, in: Zeitschrift für Archäologie des Mittelalters 25/26 (1997/98), S. 63–85.

Ders.: Zur Ikonologie der Aachener Pfalzkapelle nach den Schriftquellen, in: Mönchtum – Kirche – Herrschaft 750–1000, hg. von Dieter Bauer u. a., Sigmaringen 1998, S. 187–211.

Ders.: Deutsche Königspfalzen von Karl dem Großen bis Friedrich II. (765–1240), Darmstadt 1996.

Boeckelmann, Walter: Von den Ursprüngen der Aachener Pfalzkapelle, in: Wallraf-Richartz-Jahrbuch 19 (1957), S. 12 ff.

Buchkremer, Josef: Bericht über die Reise nach Paris, inbetreff der nach Paris überführten Kunstwerke des Domes zu Aachen. unpubl. Manuskript 1942, Domarchiv Aachen, Bl. 3 (Säulentypen), Bl. 7 (St. Gereon), Musée National du Louvre, Paris.

Deckers, Johannes: St. Gereon in Köln. Ausgrabungen 1978/79, in: Jahrbuch für Antike und Christentum 25 (1982), S. 102–131.

Doppelfeld, Otto: Römische Großbauten unter dem Kölner Rathaus. Vorbericht über die Rathausgrabung 1953, in: Germania 34 (1956), S. 83–101.

Gechter, Marianne: Frühe Quellen zur Baugeschichte von St. Gereon in Köln, in: Kölner Jahrbuch für Vor- und Frühgeschichte 23 (1990), S. 531–562 (dort insbesondere Quellen 1, 2 und 4: Venantii Fortunati carminum liber III (um 560), in: MGH Auctores Antiquissimi, Bd. 4,1, hg. von Friedrich Leo, 1881, ND München 1981, Nr. 14, S. 68; Gregor von Tours (um 590): »Liber in gloria martyrum«; Passio gereonis (vor 1000).

Dies./Schütte, Sven: Ursprung und Voraussetzung des mittelalterlichen Kölner Rathauses, in: Krings, Ulrich/Geiss, W.: Stadtspuren, Bd. 26 (Das gotische Rathaus), Köln 1999, S. 83–209.

Gerkan, Armin von: Der Urbau der Kirche St. Gereon zu Köln (Vorbericht), in: Germania 29 (1951), S. 251–253.

Gretz, Gertie/Koch, Otto: St. Gereon zu Köln, Bonn 1939.

Kier, Hiltrud/Schütte, Sven (Hgg.): Archäologie in Köln, Bd. 1, Köln 1992.

Kubach, Hans Erich/Verbeek, Albert: Romanische Baukunst an Rhein und Maas. Katalog der vorromanischen und romanischen Denkmäler, Bd. 1, Berlin 1976.

Rhoen, C.: Inventarisierung der im Münster zu Aachen befindlichen Säulen und Säulenstücke aus Granit und Marmor. Unveröffentlichtes Manuskript im Domarchiv Aachen März 1883.

Schütte, Sven: »träumen zwei Kapitele von besseren Zeiten«. Baugeschichtliche Anmerkungen zur frühen Geschichte von St. Gereon in Köln. Thesen zur Diskussion zum Erscheinungsbild des »Urbaus« der Kirche. Colonia Romanica, in: Jahrbuch des Fördervereins Romanische Kirchen Köln 14 (1999), S. 53–66.

Ders.: »... nach eigenem Entwurf und besser als die alten Bauten der Römer ...«. Der Thron und die Vorbilder der Marienkirche in Aachen, Aachen 2000.

Untermann, Matthias: »opere mirabili constructa« Die Aachener »Residenz« Karls des Großen, in: 799. Kunst und Kultur der Karolingerzeit. Karl der Große und Papst Leo III. in Paderborn, hg. von Christoph Stegemann und Matthias Wemhoff, Bd. 3, Mainz 1999, S. 152–164 (besonders Bibliographie S. 163 f.).

Kurzfassung

Die Vorbilder der Aachener Marienkirche sind anläßlich der Karls-Ausstellung 1965 durch Günter Bandmann sehr eingehend bearbeitet worden. Inzwischen hat es neue Untersuchungen zu weiteren möglichen Vorgängerbauten gegeben, die das bisherige Bild ergänzen und erweitern: Projeziert man zwei maßstabsgleiche Pläne von zwei hier untersuchten Kölner Bauten über den Grundriß der Aachener Marienkirche, zeigt sich eine sehr enge Verwandtschaft.

Die Raumanlage des Praetoriums, Kölner Sitz des Statthalters Roms und später Residenz der austrasischen Könige der Merowingerzeit, ähnelt derjenigen der Aachener Marienkirche. Das zentrale Oktogon des Kölner Palastes entspricht der »lichten Weite« des Aachener Oktogons. Wie in Aachen gab es auch in Köln zwei Flügelbauten, denen jeweils ein Apsidensaal angegliedert ist. Beiden lagerte zudem ein Atrium vor, dessen Ausmaße in beiden Fällen übereinstimmen.

Bei dem zweiten mit Aachen vergleichbaren Kölner Bau handelt es sich um Sankt Gereon, der im vierten Jahrhundert entstandenen Kirche der austrasischen Könige und wichtigsten Königskirche der Region. Der ovale Kuppelbau besaß goldene Mosaiken, die bereits bei Gregor von Tours erwähnt werden. Säulen der Kölner Kirche sind sehr wahrscheinlich in der Karolingerzeit nach Aachen übertragen und hier wiederverwendet worden. Zumindest legen dies die Schriftquellen und die mündliche Tradition nahe. Zudem belegen neue Untersuchungen, daß diese Säulen aus St. Gereon und Aachen, heute im Pariser Louvre, aus demselben Bauzusammenhang stammen. Dies trifft auch für St. Gereon zu.

Ohne die Rolle von Ravenna und Byzanz schmälern zu wollen, werfen die frappierenden Ähnlichkeiten zwischen diesen Bauten doch die Frage auf, warum gerade Köln für Aachen eine ebenfalls nicht unbeträchtliche Vorbildfunktion zukommt.

Auffälligerweise stammt ein weiteres Pfalzen-Vorbild der Karolingerzeit ebenfalls aus Köln: die Pfalz Ingelheim ähnelt auffällig dem antiken Kölner Forum. Auch hier findet sich eine Exedra mit angestellten Türmen, der eine »Basilika« vorgelagert ist. Der Vergleich zwischen diesen genannten Bauten gibt der Suche nach Vorbildern für Aachen neue Impulse.

Résumé

A l'occasion de l'exposition Charlemagne de 1965, Günter Bandmann a consacré une étude fouillée aux édifices qui ont servi de modèles à la construction de la cathédrale Notre-Dame. De nouvelles recherches sont venues depuis compléter et élargir ce survol, montrant que la célèbre cathédrale s'était peut-être inspirée d'autres modèles architecturaux. Ont été examinés dans ce contexte deux édifices de la ville de Cologne qui ont permis de faire des découvertes surprenantes : en effet, si l'on superpose les plans des deux constructions en question à ceux de la cathédrale aixoise – tous ces plans étant bien entendu établis à la même échelle –, on constate qu'ils présentent une étroite parenté.

Le prétoire de la ville de Cologne, qui devint par la suite la résidence des rois austrasiens de l'époque mérovingienne, présente des similitudes frappantes avec la cathédrale aixoise. L'octogone central du palais de Cologne correspond à l'espace aérien et lumineux de l'octogone aixois. Il existait à Cologne – tout comme à Aix-la-Chapelle – deux ailes flanquées toutes deux d'un déambulatoire absidal. Toutes deux étaient en outre précédées d'un atrium de dimensions identiques dans les deux cas.

Le deuxième édifice de Cologne auquel il est possible de comparer Aix-la-Chapelle est l'église Saint-Géréon, construite au IVème siècle par les rois austrasiens : le principal sanctuaire royal de la région. Grégoire de Tours parle déjà avec admiration des mosaïques dorées qui ornaient la coupole ovale. Selon toute vraisemblance, des piliers de l'église de Cologne ont été transportés à Aix-la-Chapelle et réutilisés : c'est du moins ce que suggèrent les sources écrites et la tradition orale. Des recherches récentes ont par ailleurs démontré que ces colonnes de Saint-Géréon et d'Aix-la-Chapelle, qui se trouvent aujourd'hui au Louvre, provenaient d'un même ensemble architectural. Une constatation qui vaut également pour l'église Saint-Géréon.

Sans vouloir minimiser le rôle de Ravenne et de Byzance, les ressemblances frappantes entre ces édifices amènent pourtant à se demander pourquoi l'architecture de Cologne a elle aussi largement inspiré les maîtres d'Iuvres aixois.

Comment d'ailleurs, dans ce contexte, ne pas citer un autre exemple emprunté une fois de plus à la ville de Cologne ? Il est en effet frappant de voir à quel point un autre château impérial, celui d'Ingelheim, ressemble à l'antique forum de Cologne. Ici encore, on se trouve en présence d'une exèdre couronnée de tours et précédée d'une basilique. La comparaison établie entre ces différents édifices donne de nouvelles impulsions à la recherche dédiée aux modèles aixois.

Samenvatting

De vraag naar de voorbeelden waarop de Akense Mariakerk gebaseerd zou kunnen zijn, is naar aanleiding van de expositie rond Karel in 1965 nog eens diepgaand door dhr. Günter Bandmann geëxploreerd. Sindsdien heeft er verder onderzoek naar mogelijke als voorbeeld dienende gebouwen plaatsgevonden. De oude voorstellingen hierover kunnen worden aangevuld en uitgebreid: wanneer men twee plattegronden van twee hier onderzochte Keulse gebouwen in dezelfde schaal boven op die van de Akense Mariakerk projecteert, blijken deze bijzonder nauw met elkaar verwant te zijn.

De ruimtelijke opzet van het pretorium, de Keulse residentie van de stadhouder van Rome en later van de Austrasische koningen uit de tijd van de Merowingers, lijkt op die van de Akense Mariakerk. De centrale octogoon van het Keulse paleis komt overeen met de 'lichte wijdte' van de Akense octogoon. Net als in Aken waren er ook in Keulen twee vleugels aangebouwd, waarbij eveneens allebei de vleugels aan de voorkant een atrium hadden. De afmetingen kloppen ook aan allebei de kanten.

Het tweede met Aken vergelijkbare Keulse gebouw is St. Gereon, de in de vierde eeuw verrezen kerk voor de austrasische koningen en de belangrijkste koningskerk in de regio. De ovale overkoepelde kerk bezat gouden mozaïeken, die reeds door Gregorius van Tours werden genoemd. Er zijn zuilen uit de Keulse kerk naar Aken getransporteerd en daar opnieuw gebruikt. Zo beweren in ieder geval de schriftelijke bronnen en de volksmond. De nieuwste onderzoeksresultaten bewijzen bovendien, dat deze zuilen uit de St. Gereon en uit Aken, die zich heden in het Louvre in Parijs bevinden, uit dezelfde bouwsubstantie afkomstig zijn. Dit geldt ook voor St. Gereon.

Zonder daarom de rol van Ravenna en Byzantium tekort te willen doen, roepen de opvallende overeenkomsten tussen de genoemde gebouwen nochtans de vraag op, waarom juist Keulen voor Aken een dergelijk belangrijke voorbeeldfunctie had.

Opvallend is, dat er nog een voorbeeld voor later gebouwde paltsen in de regio Keulen te vinden is: de palts Ingelheim lijkt erg op het antieke Keulse forum. Ook hier bevindt zich een exedra met aangebouwde torens, met een basilica ervoor. De vergelijking tussen de genoemde gebouwen geeft de zoektocht naar voorbeelden voor Aken nieuwe impulsen.

Shrnutí

Předlohy mariánského dómu v Cáchách zpracoval velice podrobně Günter Bandmann u příležitosti výstavy o Karlu Velikém v roce 1965. Od té doby poukázaly nové výzkumy na další možné předchůdce této stavby, čímž se dosavadní obraz doplnil a rozšířil: Promítneme-li plány dvou kolínských staveb v témže měřítku na půdorys cášského mariánského dómu, ukazuje se jejich blízká příbuznost.

Prostorové uspořádání praetoria, kolínského sídla velitele města Říma a pozdější rezidence austrasijských králů doby Merovejců, se podobá uspořádání mariánského dómu v Cáchách. Centrální oktogon kolínského paláce odpovídá »světelné šíři« cášského oktogonu. Stejně jako v Cáchách existovala i v Kolíně dvě přistavená křídla, kterým byl vždy přiřazen jeden apsidový sál. Před oběma stavbami byla atria, jejichž rozm ry si v obou případech odpovídají.

Druhou kolínskou stavbou srovnatelnou s Cáchami je Sankt Gereon, kostel austrasijských králů ze čtvrtého století a nejvýznamnější královský kostel této oblasti. Oválná stavba s kopulí měla zlaté mozaiky, o kterých se zmiňuje již Gregor z Tours. Sloupy z kolínského kostela byly s velkou pravd podobností v době Karlovců převezeny do Cách a zde znovu použity. Přinejmenším tomu nasvědčují písemné prameny a ústní tradice. Kromě toho nové výzkumy dokazují, že sloupy ze St. Gereonu a z Cách, které jsou dnes v pařížském Louvru, pocházejí ze stejného stavebního souboru. Totéž platí i pro St. Gereon.

Aniž bychom chtěli snižovat význam Ravenny a Byzance, staví nás tato nápadná podoba zmíněných budov před otázku, proč právě Kolín má pro Cáchy jako předloha nezanedbatelný význam.

Je nápadné, že další předloha paláce z doby Karlovců pochází rovněž z Kolína: palác v Ingelheimu se očividně podobá antickému fóru v Kolíně. I zde nacházíme exedru s připojenými věžemi, před kterou stojí »bazilika«. Srovnání jmenovaných staveb přináší nové podněty k hledání vzorů pro Cáchy.

Summary

The models of the Aachen Mary Church were thoroughly examined by Günter Bandmann for the Charles exhibition in 1965. In the meantime there have been more investigations about further possible former buildings which extend and complement the picture so far: If you project two designs with the same measurements of two buildings which have been dealt with here in cologne, on to the outline of Aachen's Mary Church, there is a very close relationship.

The room arrangement of the praetorium, the Cologne seat of the Roman governor and the later residence of the Austrasian kings during the Merowingian times, is similar to the one of the Aachen Mary Church. The central octagon of the palace in Cologne corresponds with the »bright Width« of the Aachen octagon. As in Aachen, there were also two wings in Cologne, to both of which an apsid hall is attached. Both also had an atrium, whose measurements agree in both cases.

The second building in Cologne which can be compared to Aachen, is the building of Saint Gerona, a Church which was built in the 4th century for the Austrasian kings and the most important royal church of the area. The oval dome-shaped building had golden mosaics which had already been mentioned by Gregory from Tours. Pillars of the Cologne Church were probably transferred to Aachen during Carolinian times and re-used here. This is at least what scripts and oral rendering seem to suggest. Furthermore, recent investigation seem to prove that these pillars from Saint Gerona and Aachen, which are kept today in the Louvre in Paris, originate from the same building context. This is also the case for Saint Gerona.

Without intending to diminish the parts played by Ravenna and Byzantine, these striking similarities between the constructions do pose the question why precisely Cologne had this exemplary meaning for Aachen.

It must be noted that a further Palatine-model of the Carolinian times equally stems from Cologne: the palace Ingelheim resembles the antique forum in Cologne in a conspicuous way. Here too there is an exedra with towers which have a »basilica« to the front. The comparison between these constructions gives Aachen's search for models new impulses.

Sven Schütte (Köln)

Der Aachener Thron

Abb. 1 vgl. Kat.Nr. 2 · 23 und 2 · 17
Der Aachener Thron nach dem Abbau des Nikasius-Altars durch Josef Buchkremer 1899, Photographie nach Glasplattenpositiv. Aachen, Domarchiv

Auf dem »Thron Karls des Großen«, wie er zumeist genannt wurde, einem marmornen Thron im oberen westlichen Umgangsjoch der Aachener Marienkirche, wurden seit der Krönung Ottos I. 936 bis zur Krönung Ferdinands I. 1531 dreißig deutsche Könige inthronisiert.

Dieser Thron war seit dem neunzehnten Jahrhundert Gegenstand zahlreicher Erörterungen. Während man sich zunächst mehr mit der Bedeutung des Throns befaßte, war Josef Buchkremer 1899 der erste, der sich eingehend mit der Baugeschichte und dem Erscheinungsbild des Thrones auseinandersetzte. Dies geschah im Hinblick auf eine erste Restaurierung zwischen Februar und Sommer 1899.

Buchkremer sollte bis 1936 noch weitere Restaurierungen am Thron und insbesondere Veränderungen der Treppenanlage des Throns vornehmen. Buchkremers Beobachtungen am Thron von 1899 stellen bis heute die Grundlage jeder Erörterung dar.

Nach Buchkremers Publikationen (1899/1942) wurden am Thron weitere Beobachtungen gemacht, die sich in Aufsätzen von Felix Kreusch (1958), Horst Appuhn (1964) und Leo Hugot (1976) niederschlagen.

Die dendrochronologische Untersuchung der Hölzer im Inneren des Throns 1967/68 durch Ernst Hollstein rief Zweifel an der bis dahin unbestrittenen karolingischen Datierung des Throns wach; die Ansicht von Leo Hugot, die er 1976 hierzu äußerte, wurde zur allgemeinen Fachmeinung: Der Thron sei erst zur Krönung Ottos I. auf der Empore aufgestellt und benutzt worden.

Ziemlich genau ein Jahrhundert nach Buchkremer, von Februar 1999 bis Frühjahr 2000, untersuchte und dokumentierte der Verfasser im Auftrag des Domkapitels Aachen erneut eingehend den Thron und seinen Unterbau. Die Resultate werden begleitend zur Ausstellung in einer Monographie dargestellt, in der eine eingehendere Erörterung möglich ist und auch Detailergebnisse zur Datierung und zur Provenienz des Thronmaterials vorgelegt werden.

Der Aufbau des Throns

Die Thronanlage steht auf einem Fußboden aus Marmorplatten. Westlich einer sechsstufigen Treppenanlage ruhen vier Steinpfeiler paarweise im Osten und Westen auf zwei Plinthen. Sie sind auf der Oberseite durch ein vernietetes Kreuz aus Eisen miteinander verbunden, auf dem die Plinthe des eigentlichen Throns liegt. Sie besteht aus zwei quaderförmigen Kalksteinblöcken, die auf der Oberseite durch zwei bleivergossene Eisenklammern und einen hölzernen Schwalbenschwanz miteinander verbunden sind. In die umlaufende Nut auf der Oberfläche der Plinthe sind im Norden, Osten und Westen die marmornen Wangenplatten und die Frontplatte des Thrones eingelassen, die im Aufgehenden durch Bronzebänder miteinander verbunden sind. An diesen drei Platten ist, ebenfalls mit Bronzebändern, die marmorne Rückplatte des Thrones befestigt. Unter dieser befand sich ursprünglich mindestens eine weitere Platte, die in die dort heute leere Nut eingelassen war. In das Innere des Throns war bis 1949 eine heute durch eine Kopie ersetzte Holzkonstruktion aus zwei Wangen und einem Sitzbrett eingestellt. Die ursprüngliche steinerne Sitzfläche ist nicht mehr vorhanden. Der obere Abschluß der Rückenlehne wurde zu Anfang des 19. Jahrhunderts verändert.

Im unmittelbaren Anschluß an die beiden westlichen Steinpfeiler des Thronunterbaus wurde 1305 der Nikasiusaltar errichtet.

Die Befunde

1. Der Boden unter dem Thron

Als Buchkremer 1899 den Nikasius-Altar vollständig abbaute (Abb. 1), wurde dabei der unterhalb des Altares gelegene abgenutzte karolingische Fußboden freigelegt. Daraus schloß Hugot anhand der Fotografien, die Buchkremer hatte anfertigen lassen, und anhand der Originalreste unter dem Altar, daß der Thron selbst bereits auf einem abgenutzten Boden, d. h. lange Zeit nach Verlegung der Bodenplatten, errichtet worden sei. In gleicher Weise deutete Hugot die Beschädigungen des karolingischen Fußbodens unterhalb der Treppenanlage während Buchkremer in ihnen lediglich Indizien für eine frühere Veränderung der Treppenanlage gesehen hatte. Hugot argumentierte weiterhin, daß man ein so schweres Bauwerk wie den Thron nicht auf einem Plattenboden errichtet hätte, wenn Thron und Boden zu gleicher Zeit entstanden wären.

Gegen Hugots These spricht der erhaltene Befund: Der originale Plattenboden ist zwar in der Tat unterhalb des erst 1305 errichteten Nikasiusaltars stark abgenutzt. Der Befund unterhalb des Thrones und unterhalb der Treppenanlage zeigt hingegen keinerlei Abnutzungsspuren. Die Oberfläche ist frisch und unbenutzt.

Betrachtet man die Konstruktion genauer, so zeigt sich, daß man vor der Errichtung des Altares durch die Stützen des Throns hindurch Einblick auf den Boden zwischen den Stützen und unter den Stufen hatte. Es war also durchaus eine Erfordernis, das Fußbodenmuster unter dem Thron fortzusetzen.

Die fehlende Abnutzung des Bodens unter dem Thron zeigt, daß diese Fläche vom Zeitpunkt der Verlegung des Bodens an nicht mehr zugänglich war: Der Thron muß sehr bald nach Verlegung des Bodens an dieser Stelle errichtet worden sein. An der karolingischen Datierung des Bodens sind bisher keine Zweifel geäußert worden.

Dies wirft allerdings neue Fragen auf, denn ein wiederverwendeter antiker möglicherweise aus Ravenna oder anderen Stätten importierter Boden müßte alte Abnutzungsspuren aufweisen, was nicht der Fall ist.

Was die Beschädigung des Fußbodens unterhalb der Treppenanlage betrifft, ist aus heutiger Sicht zweifellos Buchkremers Argumentation zu folgen, daß diese bei einer der mehrfachen späteren Veränderungen der Treppenanlage (s.u.) erfolgte.

Auch in statischer Hinsicht gab es gerade seines Gewichtes wegen keine Notwendigkeit, die Substruktion des Throns durch den Fußbodenbelag hindurch zu verankern.

2. Die beiden Plinthen der vier Steinpfeiler

Die vier steinernen Pfosten, die den Thron tragen, stehen auf zwei rechteckigen Kalksteinplinthen, deren westliche im ursprünglichen Zustand erhalten ist, während die östliche eine Reparatur aufweist: Das ursprüngliche Stück war in der Mitte zerbrochen, und man drehte die beiden Bruchstücke jeweils um 90 Grad von der nordsüdlichen in ostwestliche Richtung und verband sie mit einem roh bearbeiteten neuen Mittelstück — eine Reparatur, die zweifelsfrei nach der ersten Aufstellung des Throns erfolgte und über deren Datierung noch zu sprechen sein wird. Die Plinthen unter den Pfosten des Throns weisen eine Profilierung auf, die karolingischen Vergleichsstücken im Aachener Münster entspricht.

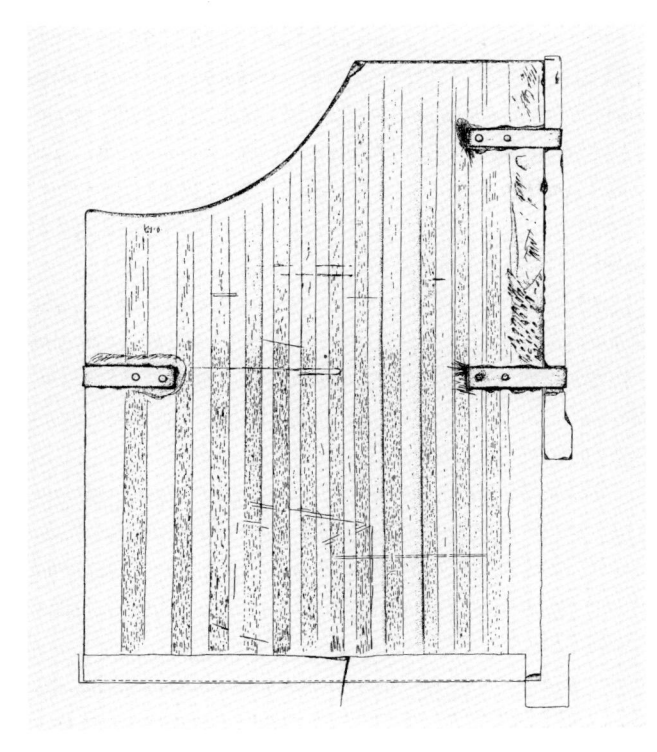

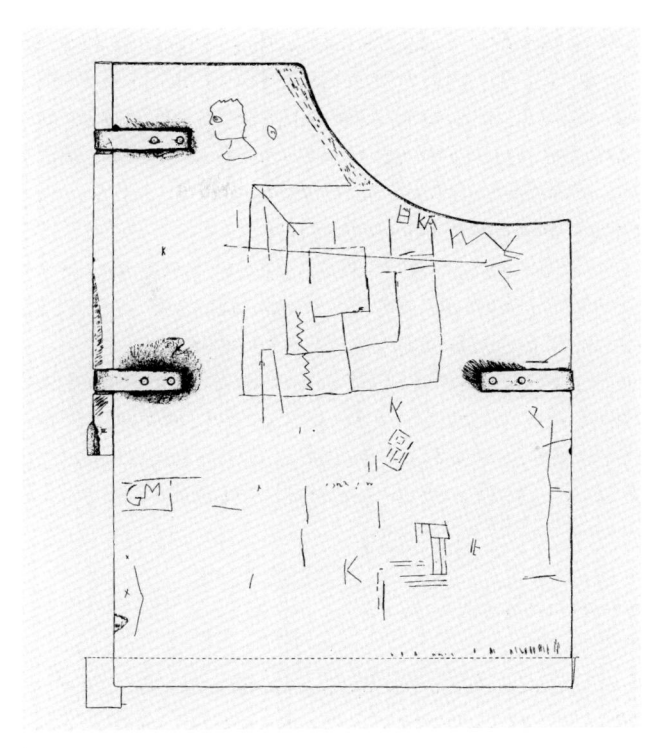

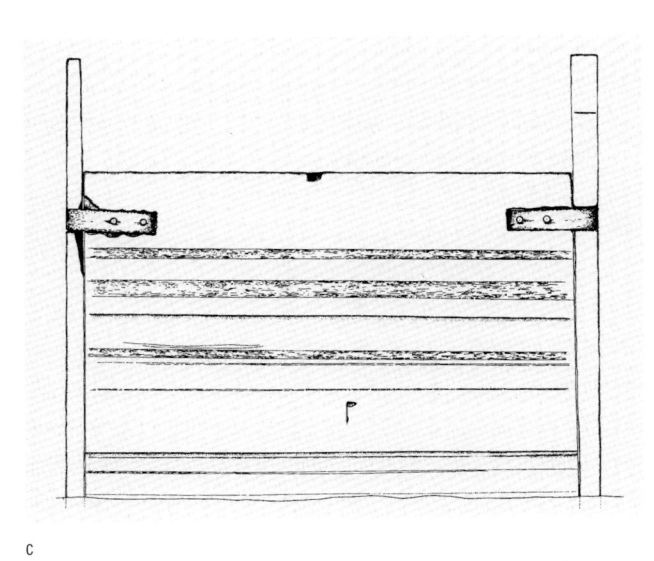

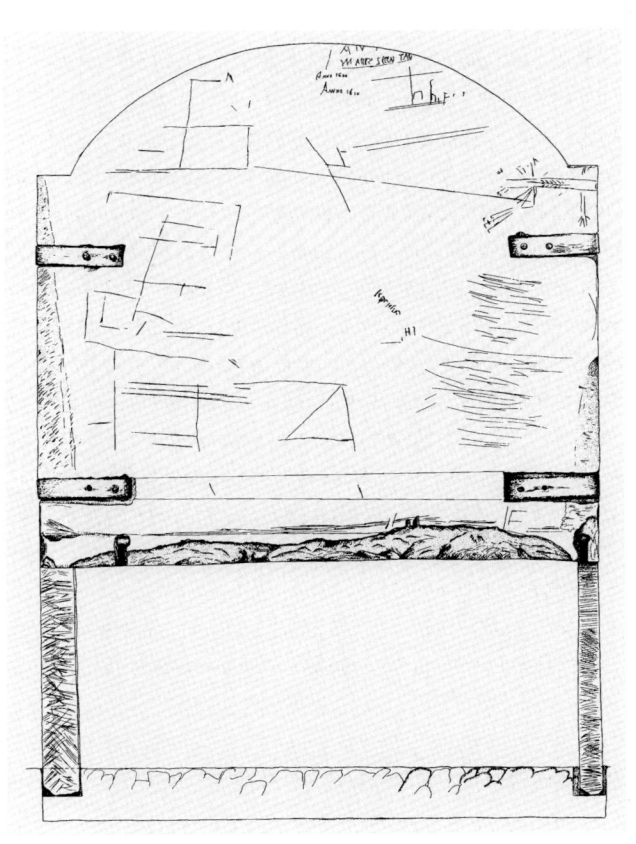

Abb. 2
Die Außenseiten der Marmorplatten des Aachener Thrones
a) nördliche Wange
b) südliche Wange
c) Frontplatte
d) Rückplatte

3. Die Pfosten

Die vier Pfosten, auf denen die Plinthe des Throns ruht, bestehen aus Kalkstein und sind möglicherweise wiederverwendetes antikes Material. Sie zeigen nördlich und südlich nicht nur Spuren von Türen, die offensichtlich früher den Durchgang zwischen den Pfosten verschlossen haben, sondern westlich und östlich auf den zueinander gewandten Flächen auch eine intensive Abnutzung durch die unter dem Thron durchkriechenden mittelalterlichen Pilger.

Die Pfosten haben an ihrer Oberseite eine Ausnehmung in die jeweils ein Haken der eisernen, kreuzförmigen Unterstützung der Plinthe des Throns einrastet. Diese Eisenkonstruktion ist notwendig, da die Plinthe aus zwei Blöcken besteht, die ohne dieses eiserne Kreuz keinen Halt finden würden.

4. Die Treppe

Die Treppe des Throns wurde, wie erwähnt, mehrfach verändert. Die Beschädigungen des karolingischen Fußbodens unter der Treppe deuten auf mindestens eine, wenn nicht zwei Änderungen der Treppe schon vor den Veränderungen durch Buchkremer seit 1899 hin.

Die heutige Fassung der Treppenanlage wurde 1938 von Buchkremer aufgrund von bildlichen Darstellungen des Thrones vor Veränderung der Rückenlehne geschaffen. Sie berücksichtigt auch die literarische Nachricht und den Befund, daß die unterste Stufe aus Blaustein bestanden hat.

Doch hatte schon Hugot berechtigte Zweifel an der Gültigkeit dieser Rekonstruktion, da sie in offensichtlichem Widerspruch zum Befund steht. Die Plinthe des Throns hat an der Vorderseite eine Nut, in die die oberste Stufe einst eingesetzt war. Dieser Befund wurde in der Rekonstruktion von 1938 ignoriert und wird daher heute durch die damals vorgesetzte, neue oberste Stufe verdeckt. Die erhaltene alte 46,5 cm breite Blausteinstufe wird wohl tatsächlich der Antritt der ursprünglichen Treppenanlage gewesen sein, allerdings nicht in der heutigen breiten, plattenartigen Form, zu der sie von Buchkremer vor 1908 erweitert wurde.

Vier Marmorstufen der Treppe bestehen, wie schon Buchkremer 1899 feststellte, aus einer zerschnittenen antiken Säulentrommel. Aus Höhe und Format dieser ursprünglichen Stufen hatte Buchkremer 1899 seine Erkenntnisse für eine erste Rekonstruktion der Stufenanlage als Anastylose gewonnen, das heißt als Versuch, die vorhandenen Originalreste in einen erkennbaren Zusammenhang zurückzuführen. Trotz dieser bescheidenen Absicht, die auf einen Wiedergewinnungsversuch des ehemals intakten Erscheinungsbildes verzichtete, entsprach die Rekonstruktion von 1899 fast allen älteren Abbildungen. Aus heutiger Sicht ist es sehr wahrscheinlich, daß die Rekonstruktion von 1899 dem ursprünglichen Erscheinungsbild der Treppenanlage wesentlich näher kam als deren 1938 entstandene heutige Fassung.

Der zerschnittenen Marmorsäulentrommel muß eine besondere Bedeutung – vielleicht hatte sie Reliquiencharakter – zugekommen sein, ohne daß identifizierbar wäre, aus welchem Kontext sie ursprünglich stammt.

5. Die Plinthe des Throns

Die Marmorplatten des Throns stehen auf einer Kalksteinplinthe, die aus zwei rechteckigen Blöcken besteht. Der gelbliche Kalkstein unterscheidet sich von dem Kalkstein, der sonst im Aachener Münster verwendet wurde. Seine Provenienz ist noch ungeklärt.

Die beiden Blöcke sind durch zwei bleivergossene Eisenklammern und einen hölzernen Schwalbenschwanz miteinander verbunden. Konstruktiv hat dieser Schwalbenschwanz keinen Sinn. Als die Blöcke zusammengefügt wurden, hatte das Holzstück jedoch seine Funktion, da es, mit Wasser begossen und aufgequollen, eine erste exakte und enge Verbindung der beiden Blöcke vor der Anbringung der Eisenklammern herstellte. Diese antike Technik findet sich auch an römischen Bauwerken des Rheinlandes.

In statischer Hinsicht war es nicht sinnvoll, die eigentliche Plinthe des Throns aus zwei Blöcken herzustellen, da dies die schon erwähnte eiserne Unterkonstruktion notwendig machte. Herkunft und ursprünglicher Zusammenhang dieser beim Aachener Thron sekundär benutzten Plinthe müssen so bedeutsam gewesen sein – hatte sie Reliquiencharakter? –, daß man diesen Nachteil in Kauf nahm.

Die Plinthe wird an den Seiten und auf der Rückseite des Throns von einem karolingischen Karniesprofil umzogen, das auf den Seiten in Höhe der Vorderseite des Marmorthrons endet. Das Profil entspricht ebenfalls karolingischen Vergleichsstücken im Aachener Münster.

Die Rückseite der Plinthe im Westen ist für das spätere Vorsetzen eines Altarretabels des Nikasius-Altars etwas abgearbeitet worden, die Stirnseite der Plinthe im Osten ist offensichtlich später verkürzt worden.

Die Plinthe ist auf ihrer Unterseite und an ihren Flanken durch die Berührungen der Pilger stark abgenutzt und weist zahlreiche Beschädigungen auf, die in der Neuzeit mittels Steinvierungen und Ergänzungen mit Gips und Mineralmasse restauriert wurden. An der Nordseite und an der Südseite befinden sich unterhalb des Karniesprofils je drei eiserne Haken, die einst als Auflager eines hölzernen Schutzkastens des Throns dienten. Zwei tiefe, gegenständige Bohrungen auf der Nord- und Südseite der Plinthe in Höhe der obersten östlichen Stufe der Treppenanlage sind in ihrer Funktion ungeklärt.

Im Inneren des Throns hat ein späterer Scherbruch an der Nahtstelle der beiden die Plinthe bildenden Blöcke deren Kanten abgespalten. Auch eine Reparatur der bleivergossenen Eisenklammern durch einen zweiten Bleiverguß ist feststellbar. Man kann daraus schließen, daß es eine Beschädigung gab, die zwar die Blöcke und ihre Verklammerung nicht trennte, aber lockerte. Dieser Befund kor-

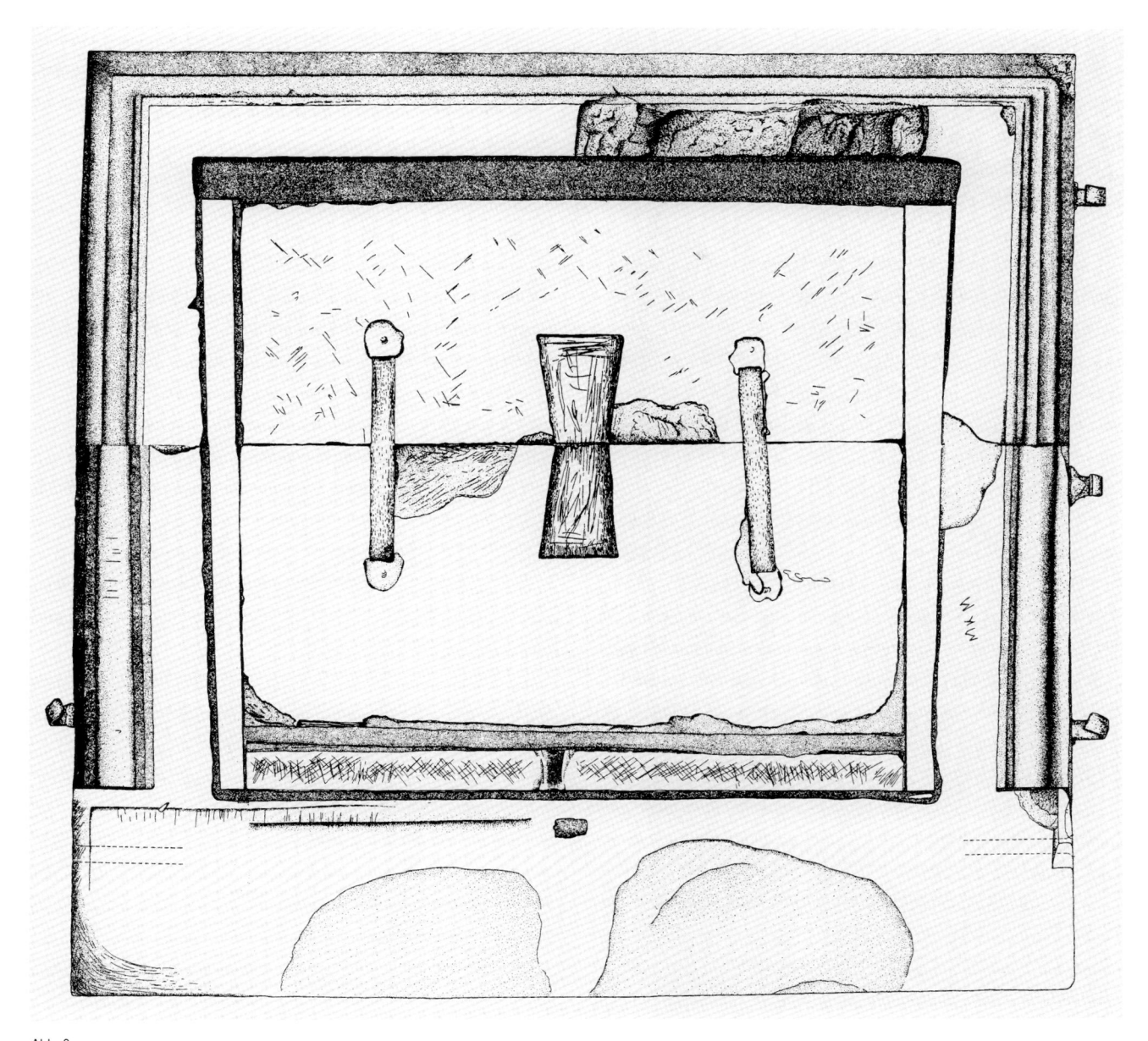

Abb. 3
Grundriß des Aachener Thrones

respondiert möglicherweise mit der Beschädigung und Reparatur der östlichen unteren Plinthe unter den Steinpfosten, auf denen die eigentliche Thronplinthe ruht.

6. Die Marmorplatten des Throns

In die umlaufende Nut von 6 bis 7 Zentimetern Tiefe auf der Oberfläche der Plinthe sind im Norden, Osten und Westen die marmornen Wangenplatten und die Frontplatte des Thrones eingelassen. Die Platten stehen senkrecht in der Nut, in der sie mit Holzstückchen und Steinchen verkeilt und mit einem weißen, mit feinem Ziegelsplit versetzten Kalkmörtel fixiert sind. Die Zusammensetzung des Mörtels entspricht dem karolingischen Ziegelsplitmörtel antiker Herstellungsweise, wie er auch ansonsten in der Aachener Marienkirche anzutreffen ist.

An den drei in der Nut stehenden Platten ist die marmorne Rückplatte des Thrones befestigt. Die vier Marmorplatten sind an den Kanten stumpf mit Bronzeklammern verbunden, die mit Bronzenieten am Marmor befestigt sind und die ursprünglich eiserne Konterplatten auf der Innenseite aufwiesen.

Bis auf die Nieten der Rückplatte sind fast alle Nieten noch original. Bei deren Veränderung nach 1804 wurden die Bronzeklammern nicht entfernt, sondern nur aufgebogen.

Alle vier Platten des Thrones bestehen aus ostmediterranem, wohl parischem Marmor. Sie weisen alle auf je einer Seite eine feine, später abgeschliffene Streifung auf. An einigen Platten ist auch eine Abarbeitung von Profilen, die parallel zu den Streifen lagen, festzustellen. Die jeweils gegenüberliegende Seite ist teils glatt gearbeitet, teils grob geglättet. Trotz des späteren Abschliffs ist zu erkennen, daß für die ursprüngliche Streifung Meißel und glatte »Fläche« als Werkzeuge eingesetzt wurden.

Alle vier erhaltenen Platten stammen aus der gleichen Serie und standen ursprünglich zweifelsfrei in einem gemeinsamen Zusammenhang. Es handelt sich mit Sicherheit um antikes Material. Die Streifen imitierten möglicherweise ein Holzmuster oder eine verwandte Dekoration, wie es für antike steinerne Wandverkleidungen oder die Steintüren von Mausoleen belegt ist.

Nachdem die Streifen abgeschliffen wurden sind zahlreiche Graffiti in die Platten eingeritzt worden, darunter sechs Mühlespiele und – auf der Rückplatte – eine Kreuzigungsszene. Viele dieser, teilweise durch die Konstruktion des Throns angeschnittenen Graffiti müssen auf die Platten gekommen sein, als die einst vertikale stehenden Platten in einer zweiten Verwendung horizontal – als Fußbodenplatten? – eingebaut waren. Durch die Stratigraphie der Oberflächenbearbeitung ergibt sich zweifelsfrei, daß die Marmorplatten sich am Thron in mindestens dritter Verwendung befinden. Den Aachener Platten in Material und Stratigraphie der Oberflächenbearbeitung eng vergleichbar sind drittverwendete antike Marmorplatten in der Jerusalemer Grabeskirche. Es sei an dieser Stelle wiederum auf die Monographie zum Thron verwiesen, die sich mit dem Ursprung des Materials differenziert auseinandersetzen wird.

Auch bei den Marmorplatten müssen Herkunft und einstiger Zusammenhang so bedeutsam gewesen sein, daß man ihres »Reliquiencharakters« wegen Nachteile wie deren unregelmäßige Stärke in Kauf nahm. Dafür spricht auch die geringe tertiäre Bearbeitung der Platten für den Thron, lediglich an der Innenseite der nördlichen Wange sind auf kleiner Oberfläche Spuren der Bearbeitung mit einer Zahnfläche von ca. 2,5 cm Schneidenbreite festzustellen. Der Verzicht auf eine Entfernung der Graffiti, sowie der Verzicht auf eine erneute Dekoration des Marmormaterials im Zusammenhang mit der Nutzung als Thron lassen sich letztlich nur als Achtungserweis vor dem Reliquiencharakter des Plattenmaterials verstehen.

Aus der Position der erhaltenen ursprünglichen Bronzeklammern auf der Rückplatte und aus dem umlaufenden Abdruck der heute verlorenen (s.u.) inneren Sitzplatte des Throns geht ohne jeden Zweifel hervor, daß sich die Rückplatte des Throns noch heute in ihrer ursprünglichen Position befindet. Überdies würde der untere Abschluß der Platte nur mit Gewalt in die Nut der Plinthe passen, die aber keinerlei entsprechende Schleifspuren aufweist.

Es kann keinen Zweifel geben, daß unterhalb der *in situ* erhaltenen Rückplatte der untere Teil der Rückseite des Throns aus mindestens einer, wahrscheinlicher zwei weiteren Platten bestanden hat. Die Reste zweier bleivergossener Eisendübel verschiedenen Querschnitts an der Unterkante der erhaltenen Rückplatte belegen, daß sich ein verschließbares Fach im Inneren des Throns befand. Ob die fehlende Platte oder fehlenden Platten aus Holz, Metall oder Marmor bestanden, läßt sich nicht mehr feststellen, doch scheint die Nut daraufhin zu deuten, daß sich ursprünglich an dieser Stelle eine Marmorplatte befand. Das Zwischenstück zwischen der erhaltenen oberen und der in der Nut stehenden unteren Marmorplatte hätte dann eine verschließbare Klappe gebildet, durch die das Innere des Throns zugänglich war.

Ein 1999 aufgefundener kleiner, vergoldeter Kupfernagel im Thron belegt, daß zumindest zeitweise ein Gegenstand von der Größe eines Buches oder Reliquiars mit einer Verkleidung aus Edelmetall über einem Holzkern im Inneren des Throns aufbewahrt wurde. Zur Analyse des Kupfernagels und weiterer im Thron aufgefundener Holzfragmente sei auf die Monographie zum Thron verwiesen.

Es läßt sich nicht entscheiden, ob nach 1804 ästhetische Gründe oder tatsächlich eine Beschädigung dafür verantwortlich waren, daß der durch Abbildungen belegte ursprünglich trapezförmige obere Abschluß der Rückplatte des Thrones zur Rundung verändert wurde. Man orientierte sich bei dieser Formgebung offenkundig an Darstellungen antiker Throne, wie beispielsweise der auf dem ehemals aus Essen stammenden Elfenbeindiptychon des Probianus aus dem 4. Jahrhundert (Museum für Spätantike und byzantinische Kunst, Berlin).

Die Unterkante der Rückplatte und die darunter befindliche Nut der Plinthe weisen langflächige Scherbrüche auf, die nur den Schluß zulassen, daß es hier zu einer gewaltsamen Öffnung des Throninneren gekommen ist.

Bemerkenswert ist auch, daß entlang der Bronzeklammern, die die Platten des Throns zusammenhalten, kleine Scherbüche zu sehen sind, die dem Befund an der Rückplatte, der Thronplinthe und der westlichen Pfeilerplinthe unter dem Thron entsprechen. Es ist also sehr wahrscheinlich, daß zu einem bestimmten Zeitpunkt eine gewaltsame Beschädigung des Throns stattgefunden hat, bei der das Rückfach erbrochen wurde und der gesamte Thron zwar nicht zerstörenden, aber beschädigenden Kräften ausgesetzt waren. Spuren der daraufhin erfolgten Reparatur finden sich im Bleverguß der Thronplinthe und an der östlichen Pfeilerplinthe unter dem Thron.

7. Die verlorene Sitzplatte

Auf den Innenseiten der vier Marmorplatten des Throns befindet sich exakt in der Höhe der oberen Abschlußkante der östlichen Platte, also in Sitzhöhe, ein umlaufender Streifen in Stärke der vorhandenen Marmorplatten, der eine graue Verschmutzung und Schleifspuren aufweist. Der Streifen schließt bündig ringsherum ab. Seine Unterkante liegt unmittelbar oberhalb des Holzsitzes. Es kann kein Zweifel daran bestehen, daß es sich hier um die negative Spur einer ursprünglich auf der Holzkonstruktion aufliegenden marmornen Sitzplatte des Throns handelt.

Wann diese Sitzplatte entfernt wurde, läßt sich nicht ermitteln: Auf einer undatierten Zeichnung des Thrones im Britischen Museum, London, die noch den trapezförmigen Abschluß der Rücklehne zeigt, ist in der Legende vermerkt, daß der Thron einen hölzernen Sitz habe. Die Sitzplatte verschwand also bevor die Rücklehne umgearbeitet wurde.

Übrigens vermerkt Victor Hugo wie schon früher die Brüder Boisserée, die Kaiserin Josephine habe sich beim Besuch Napoleons in Aachen im Sommer 1804 anmaßenderweise auf den Thron gesetzt und sich dabei erkältet, dies spricht nicht gerade für einen Holzsitz mit Kissen.

8. Die hölzerne Innenkonstruktion des Throns

Die hölzerne Innenkonstruktion des Throns wird bereits im 17. Jahrhundert erwähnt. Man glaubt, daß dieses Holz eine Reliquie der Arche Noah sei. Auch später wird das Holz regelmäßig genannt. Die Holzkonstruktion, die ursprünglich aus zwei Wangenbrettern, einer zweigeteilten Sitzplatte mit Dübelverbindung und einem zur Aussteifung dienenden heute verlorenen Querbrett bestand, hatte allein die Funktion, die Marmorsitzplatte zu unterstützen.

Noch 1938 war dieser Holzsitz in der Lage, das Gewicht des Reichsmarschalls Göring zu tragen. 1942 wurde der Thron nach den ersten schweren Luftangriffen auf Aachen eingemauert. Hierzu umhüllte man ihn mit Ölpapier und mauerte im Abstand von ca. 2 cm eine Backstein-Mauerschale vor, die sogar noch einige Jahre nach Kriegsende erhalten blieb. In diesen Jahren bildete sich im Inneren der gemauerten Kammer durch Kondenswasser ein feuchtwarmes Mikroklima, das auf die Hölzer durch Pilzbefall und den Abbau von Lignin zerstörerisch wirkte. Daher wurden sie im Thron selbst 1949 von Felix Kreusch durch die noch vorhandenen Kopien ersetzt. Die heute im Depot der Domschatzkammer Aachen aufbewahren Originale waren zuletzt derart fragil, daß sie ohne Substanzverlust nicht einmal berührt werden konnten. Eine Restaurierung erfolgte erst im Vorfeld dieser Ausstellung im Jahr 2000.

Zur Datierung der Holzkonstruktion

An den Holzbrettern entzündete sich seit den fünfziger Jahren des zwanzigsten Jahrhunderts die Diskussion um die Datierung des Throns. Bereits 1958 zählte Felix Kreusch die Jahresringe der Hölzer, freilich, ohne daraus irgendeine Schlußfolgerung ziehen zu können.

Erst durch die dendrochonologische Methode, an deren Entwicklung Ernst Hollstein, Trier, maßgeblich beteiligt war, eröffnete sich vermeintlich eine Möglichkeit, das Alter der Aachener Thronhölzer jahrgenau zu bestimmen. Ein Datierungsversuch mit Hilfe der 14C-Methode schien zunächst ausgeschlossen, da die Hölzer mit Chemikalien behandelt worden waren. Eine dennoch durchgeführte Analyse wies in die Zeit vor Karl den Großen.

1967 wurde Ernst Hollstein durch Felix Kreusch mit einer dendrochronologischen Untersuchung der Thronhölzer beauftragt. Angesichts des Ergebnisses sah man sich veranlaßt, eine zweite Meinung der Dendrochronologie in Hohenheim (Becker) einzuholen. Erst 1976 veröffentlichte Leo Hugot, nach ihm auch Ernst Hollstein selbst, die Ergebnisse.

Für die Messung standen insgesamt fünf Holzstücke zur Verfügung. Da die Anzahl der Ringe der einzelnen Stücke für eine Datierung nicht ausreichend war, bildete Hollstein eine Mittelkurve der Hölzer und datierte diese Mittelkurve insgesamt. Obwohl das ermittelte Datum »um 900« lag, wurden die bis zur Außenkante des Stammes fehlenden Jahresringe so geschätzt, daß die Krönung Ottos I. 936 als wahrscheinliche Datierung für die Hölzer angenommen werden konnte.

Die Messung stammte zwar aus der Frühzeit, den »Kinderschuhen«, der dendrochronologischen Methode, wurde aber bis 1999 nicht angezweifelt. Erst dann erweckten der sehr frühe Zeitpunkt der Untersuchungen und parallele Fälle, bei denen sich in dieser Zeit gewonnene Datierungen als zweifelsfrei nicht haltbar erwiesen, Bedenken und führten dazu, das Problem erneut anzugehen.

Die damals beteiligten Labors (Trier, Hohenheim) wurden gebeten, die alten Messungen erneut zu überprüfen, andere (Köln, Hamburg, Göttingen), neue Messungen vorzunehmen und zu versuchen, eine Datierung zu erzielen.

Abb. 4
Aachener Thron, Holzstich aus dem Werk von Franz Bock, Karls des Großen Heiligthümer in Aachen, Köln-Neuß 1867

Die Resultate können wie folgt zusammengefaßt werden: Ernst Hollsteins Datierung kann nicht mehr nachvollzogen werden, die Unterlagen für die Datierung Beckers sind nicht mehr vorhanden. Aus der Sicht der heutigen Dendrochonologie mit ihrer wesentlich weiter entwickelten Methodik und wesentlich strengeren Maßstäben ist die bisherige dendrochronologische Datierung der Aachener Thronbretter definitiv nicht mehr vertretbar. Die Aussage, die hölzerne Innenkonstruktion des Throns sei zur Krönung Ottos I. 936 errichtet worden, ist nicht länger haltbar.

Im Jahre 2000 wurde in Kiel eine erneute 14C-Analyse der Hölzer durchgeführt, da die Tränkung der Hölzer mit Chemikalien für die heutige, weiterentwickelte Methodik kein grundsätzliches Problem mehr darstellt.

Was deren Ergebnisse und die Ergebnisse erneuter dendrochronologischer Untersuchungen der Hölzer betrifft, sei auf die Separatpublikation zum Thron verwiesen.

Resultate

Erste Resultate der neuen Untersuchungen zum Aachener Thron lassen sich im hier gegebenen Rahmen wie folgt zusammenfassen:

Der Thron wurde definitiv nicht auf einem schon abgenutzten Fußboden errichtet, denn der Fußboden unter dem Thron weist keinerlei Abnutzungsspuren auf.

Der Fußboden war ursprünglich auch unterhalb des Throns einsehbar, so daß durchaus die Notwendigkeit bestand, ihn auch im Bereich des Throns selbst zu verlegen.

Die Profile sämtlicher Plinthen des Throns korrespondieren mit karolingischen Profilen der Aachener Marienkirche.

Die Marmorplatten des Throns sind mit »karolingischem« Mörtel in der Nut der Plinthe fixiert.

Die Marmorplatten des Throns sind antiker, ostmediterraner Herkunft und in Aachen in dritter Verwendung verbaut.

Eine wohl bis in den Beginn des 19. Jahrhunderts vorhandene marmorne Sitzplatte zeigt, daß der Holzkonstruktion im Inneren des Thrones noch überwiegend eine rein stützende Funktion zukommt.

Die Rückplatte des Throns befindet sich *in situ* und wurde nach 1804 lediglich in ihrem oberen Abschluß verändert.

Es gab im Inneren des Thrones ein Fach, in dem zumindest zeitweise ein Gegenstand wie ein Buch oder ein Reliquiar mit einer Verkleidung aus Edelmetall über einem Holzkern aufbewahrt wurde.

Bei einer Beschädigung des Throns wurde u. a. das Fach im Thron gewaltsam erbrochen.

Bei mindestens einer anschließenden Reparatur wurde der Bleierguß der beiden Eisenklammern in der Thronplinthe verstärkt und die Plinthe der beiden östlichen Thronpfeiler sowie die Treppenanlage in jeweils veränderter Form wiederhergestellt.

Ist schon die Gleichsetzung der Datierung der hölzernen Innenkonstruktion des Throns mit dessen Entstehungsdatum nicht einsichtig, so ist deren Datierung auf das 4. Jahrzehnt des 10. Jahrhunderts definitiv hinfällig geworden.

Schlußfolgerung

Aus den genannten, ersten Resultaten der erneuten Untersuchung des Thrones 1999/2000 läßt sich mit aller gebotenen Vorsicht folgendes Bild zeichnen:

Der Aachener Thron wurde mit großer Wahrscheinlichkeit im Zusammenhang mit der Erbauung der Aachener Marienkirche errichtet, darf also wieder als karolingisch gelten. Für bestätigende, neue Forschungen zur räumlichen Situation des Throns insbesondere zum Standort der karolingischen Bronzegitter sei auf die Monographie zum Thron verwiesen.

Anderweitig nicht dokumentierte Beschädigungen und Reparaturen in einem derartigen Ausmaß, wie sie der Befund zeigt, sind vom zehnten Jahrhundert an, nach der Krönung Ottos des Großen, schwer denkbar. Wahrscheinlich ist, daß die Beschädigung des Thrones 881 (Normannen) und danach die Reparatur erfolgte.

Die Reliquienschenkung von 799 aus Jerusalem spricht ausdrücklich vom »Ort der Auferstehung des Herrn«, das heißt vom Heiligen Grab. Eine Gleichsetzung der Marmorplatten mit diesen Reliquien ist weder explizit noch implizit auszuschließen.

Josef Buchkremers Theorie, die Stephansburse der Reichsinsignien habe bei Krönungen im Thron gestanden, von Horst Appuhn in den sechziger Jahren des vorigen Jahrhunderts erneut vertreten und von der Forschung radikal abgelehnt, erhält durch den Fund des vergoldeten Kupfernagels neuen Diskussionsstoff, denn definitiv hat es im Thron ein Fach gegeben und definitiv befand sich zumindest zeitweise im Thron ein hölzerner Gegenstand, der mit Edelmetall beschlagen war.

Nachwort

Die wechselnden Theorien zum Thron sind aus der bei diesem Gegenstand in der Forschungsgeschichte stets mitschwingenden Nationalgeschichte leicht erklärbar. Erstaunlicherweise haben sich manche »Mythen«, die sich nicht auf Grund von Befunden, sondern vager oraler Traditionen zufolge gebildet haben, wie die Theorie der Aufbewahrung eines Reliquiars im Thron durch Funde und Befunde nun bestätigt. Dennoch hat Leo Hugot 1976 selbstverständlich zu Recht diese unwissenschaftlich entstandenen »Mythen« entschieden abgelehnt. Andere Mythen haben sich nicht bestätigt: Der »germanische« Holzthron im »römischen« Marmorthron ist nach dem Nachweis der steinernen Sitzplatte obsolet geworden. Auf der anderen Seite läßt sich heute mit aller gebotenen Vorsicht wieder eine karolingische Entstehung des Aachener Throns vertreten, damit aber stellt sich auch erneut die Frage des Zusammenhangs zwischen Architektur und Thron. So mag die genaue Betrachtung des Vorhandenen heute eine objektivere Sicht auf das mit Legenden befrachtete Denkmal des deutschen Königtums in Aachen ermöglichen.

Appuhn, Horst: Zum Thron Karls des Großen, in: Aachener Kunstblätter (1964), S. 127–136.
Beissel, Stephan: Der Aachener Königsstuhl, in: Zeitschrift des Aachener Geschichtsvereins 9 (1887), S. 14–41.
Bock, Cornelius Peter: Bericht über die baulichen Altertümer des Aachener Doms. MS Abschrift Domarchiv Aachen.
Buchkremer, Josef: Vom Königstuhl und seiner Umgebung, in: Zeitschrift des Aachener Geschichtsvereins 21 (1899), S. 135–194.
Ders.: Vom Königstuhl und seiner Umgebung. Dom zu Aachen. Beiträge zur Baugeschichte, Bd. 2, Aachen 1942.
Hugot, Leo: Der Königsthron im Aachener Dom, in: Koldewey Gesellschaft. Beiträge über die 29. Tagung für Ausgrabungswissenschaft und Bauforschung vom 26.–30.5. 1976 in Köln (1978), S. 36–42.
Kreusch, Felix: Über Pfalzkapelle und Atrium zur Zeit Karl des Großen, in: Dom zu Aachen Beiträge zur Baugeschichte 4 (1958), S. 85–100.

Kurzfassung

Der Aachener Thron ist vielfach Gegenstand der Forschung gewesen: u. a. Josef Buchkremer (1899, 1942), Felix Kreusch (1958), Horst Appuhn (1964) und Leo Hugot (1976) haben sich im Verlauf eines Jahrhunderts intensiv mit dem Thron auseinandergesetzt.

In den Jahren 1999/2000 wurde der Thron im Auftrag des Domkapitels Aachen erneut eingehend und dokumentiert. Hieraus ergaben sich neue Ergebnisse.

Der Thron wurde kurz nach Verlegung des karolingischen Fußbodens, der daher keine Abnutzungsspuren aufweist, ohne Fundamentierung auf diesem errichtet.

Die Profile der Sockel (Plinthen) unter den Stützen und unter dem eigentlichen Thronsitz entsprechen karolingischen Profilen innerhalb der Aachener Marienkirche.

Der Thron wurde mit großer Wahrscheinlichkeit 881 durch die Normannen beschädigt und das Fach im Inneren gewaltsam erbrochen. Zumindest zeitweise wurde in diesem Fach ein hölzerner, mit Edelmetall verkleideter Gegenstand aufbewahrt. Die hölzerne Konstruktion im Innern des Thrones stützte ursprünglich eine noch zu Beginn des 19. Jahrhunderts vorhandene steinerne Sitzplatte.

Die Ergebnisse der ersten dendrochronologischen Analyse, die in die Zeit Ottos I. zu verweisen schien, sind aufgrund verbesserter Methoden heute nicht mehr aufrechtzuerhalten.

Die Rückplatte des Throns befindet sich *in situ* und wurde nach 1804 lediglich in ihrem oberen Abschluß nach antiken Vorbildern umgearbeitet.

Die Marmorplatten des Throns sind zweifelsfrei antiken Ursprungs und für den Thron in tertiärer Verwendung benutzt.

Die Marmorplatten des Throns, seine Plinthe und die Plinthen seiner Stützpfeiler, vielleicht auch diese selbst und vier Stufen seiner Treppenanlage haben eindeutigen Reliquiencharakter.

Résumé

De nombreuses recherches ont été consacrées au trône d'Aix-la-Chapelle. Citons en particulier celles de Josef Buchkremer (1899, 1942), Felix Kreusch (1958), Horst Appuhn (1964) et Leo Hugot (1976) qui tous, au cours du siècle dernier, se sont penchés sur le problème du trône.

En 1999–2000, le trône, à la demande du Chapitre de la cathédrale, fut l'objet d'une nouvelle étude qui permit de faire plusieurs découvertes intéressantes.

A peine le pavement carolingien était-il achevé que le trône fut mis en place : le siège fut placé à même le sol, sans que l'on coule un fondement quelconque : cela explique que les dalles ne présentent pas la moindre trace d'usure.

Les profils du socle qui se trouve sous le soutènement – ainsi que sous le siège du trône proprement dit – sont en tout point identiques aux profils carolingiens de l'intérieur de la Cathédrale Notre-Dame.

Selon toute vraisemblance, le trône fut détérioré par les Normands vers 881 : les envahisseurs allèrent même jusqu'à forcer le coffret qui avait été aménagé à l'intérieur. Il est également certain que ce coffret a renfermé – au moins provisoirement – un objet en bois, orné d'un placage en métal précieux. Le coffrage en bois qui se trouve à l'intérieur du trône supportait à l'origine la plaque de marbre qui faisait office de siège et qui y resta jusqu'au début du XIXème siècle.

Selon les conclusions de la première analyse dendrochronologique, il semblait que le trône remontât au règne d'Otton Ier : une datation récusée par les méthodes de recherche modernes.

La plaque arrière du trône se trouve *in situ* : seul son rebord supérieur fut remanié après 1804 à partir de modèles antiques.

Les plaques de marbre du trône sont sans aucun doute d'origine antique : il s'agit en fait d'un matériau de réemploi.

Les plaques de marbre du trône, son socle, le socle de ses piliers de soutènement, ainsi d'ailleurs peut-être que ces piliers et la volée de quatre marches, ont – de manière univoque – valeur de reliques.

Samenvatting

De Akense troon is bijzonder vaak onderzocht: o.a. Josef Buchkremer (1899, 1942), Felix Kreusch (1958), Horst Appuhn (1964) en Leo Hugot (1976) hebben zich in de loop van de afgelopen eeuw intensief met de troon beziggehouden.

In de jaren 1999/2000 werd de troon in opdracht van het domkapittel in Aken opnieuw grondig onderzocht en beschreven. De nieuwste resultaten luiden als volgt:

De troon werd onmiddelijk na het leggen van de Karolingische vloer en zonder een fundament op de vloer opgebouwd, die zodoende geen sporen van slijtage vertoond.

De profielen van de sokkel (plinten) onder de steunen en onder het eigenlijke zitvlak van de troon komen overeen met Karolingische profielen in de Akense Mariakerk.

De troon werd met grote waarschijnlijkheid in 881 door de Noormannen beschadigd en het vak binnenin met geweld opengebroken. Tenminste tijdelijk werd in dit vak een houten, met edelmetaal bekleed voorwerp bewaard. De houten constructie in het binnenste van de troon ondersteunde oorspronkelijk een nog tot het begin van de 19e eeuw aanwezige stenen zitplaat.

De resultaten van de eerste dendrochronologische analyse, die naar de tijd van Otto I schenen te verwijzen, zijn op grond van verbeterde methoden tegenwoordig op losse schroeven komen te staan. De rugplaat van de troon bevindt zich *in situ* en werd na 1804 slechts in haar bovenste aansluiting volgens antieke voorbeelden veranderd.

De marmeren platen van de troon hebben ongetwijfeld een antieke oorsprong en zijn voor de troon voor de derde maal opnieuw gebruikt. De marmeren platen van de troon, de plint en de plinten van de steunpilaren van de troon, mogelijk ook de steunpilaren zelf en vier treden van de trap hebben een duidelijk reliekkarakter.

Shrnutí

Cášský trůn byl mnohokrát předmětem zkoumání: mimo jiné Josef Buchkremer (1899, 1942), Felix Kreusch (1958), Horst Appuhn (1964) a Leo Hugot (1976) se v průběhu století trůnem intenzívně zabývali.

V letech 1999/2000 byl trůn z podnětu cášské kapituly znovu podrobně zkoumán a popsán. Tím se dospělo k novým výsledkům.

Trůn byl vybudován bez základů na podlaze z doby Karlovců bezprostředně po jejím položení, takže podlaha nevykazuje žádné opotřebování. Profily podstavce (Plinthen) pod opěrami a pod vlastním sedadlem trůnu odpovídají karlovským profilům v cášském mariánském kostele.

Trůn byl s velkou pravděpodobností roku 881 poškozen Normany a vnitřní přihrádka byla násilně vyrvána. Po jistou dobu byl v této přihrádce uchováván dřevěný předmět s povrchem z ušlechtilého kovu. Dřevěná konstrukce uvnitř trůnu podepírala původně kamenné sedátko, které zde bylo ještě počátkem 19. století.

Výsledky dendrochronologické analýzy, které zdánlivě poukazovaly na dobu Oty I., je třeba díky vylepšeným metodám považovat za překonané.

Deska opěradlo trůnu je v přirozené poloze (in situ) a byla roku 1804 pouze v horní části přetvořena podle antických vzorů.

Mramorové desky trůnu jsou bezpochyby antického původu a byly pro trůn použity terciárně.

Mramorové desky trůnu, jeho podstavec a podstavce jeho podpěrných sloupů, možná i sloupy samy a čtyři stupně »schodiště« trůnu mají zjevně charakter relikvií.

Summary

There has been a lot of research done on the Aachen throne: among others Josef Buchkremer (1899, 1942), Felix Kreusch (1958), Horst Appuhn (1964) and Leo Hugot (1976) have dealt with the throne over the course of a century.

In the years 1999/2000 the throne was once again documented by order of the dome chapter. This resulted in new discoveries being made.

The throne was erected on the Carolinian floor immediately after it was laid without any fundaments, which is why there are no usage marks.

The profiles of the pedestals (plinths) below the supports and under the real throne seat, are the same as Carolinian profiles within Aachen's Mary Church.

The throne was most likely damaged in 881 by the Normans and the partition within was violently broken into. At least some of the time, this compartment contained a wooden object that was coated by precious metals. The wooden construction inside the throne originally supported a seating plate that was still in existence at the beginning of the 19th century.

The results of the first dendrochronological analysis which seems to point to the period of Otto I., cannot be accepted as being correct because of today's improved methods.

The back of the throne is in situ and was only altered after 1804 according to antique models in the upper section.

The marble plates of the throne are without any doubt of antique origin and are being used for the throne for the third time.

The marble plates of the throne, its plinth and the plinths of its supporting pillars, possibly these too, as well as four steps of its stairway, are definitely relics.

Harald Müller (Berlin)

Karolingisches Aachen

Abb. 1
Josef Buchkremer, Rekonstruktionszeichnung der Aachener Marienkirche von Osten aus gesehen; im Vordergrund sind der ehemalige karolingische Chor und die nicht mehr erhaltenen Annexbauten dargestellt, 1921. Aachen, Photosammlung des Instituts für Kunstgeschichte der RWTH Aachen

Nirgends ist Karolingisches so präsent wie in Aachen. Die Reste der Pfalzanlage und der Zentralbereich der heutigen Domkirche manifestieren noch heute die Bedeutung des Ortes, der einst die bevorzugte Residenz Karls des Großen war und so zeitweilig zur Mitte des Frankenreichs wurde. In diesem einzigartigen Bauensemble konkretisiert sich eine ferne, von einer überragenden Herrschergestalt bestimmte Vergangenheit. Ihre Strahlkraft war und ist beträchtlich, denn sowohl die hoch- und spätmittelalterliche Rolle Aachens als Krönungsort der deutschen Könige als auch die aktuellen europapolitisch inspirierten Akzente, die sich mit der Stadt verbinden, wurzeln letzten Endes in bestimmten Vorstellungen von einem ›karolingischen Aachen‹. Was aber verbirgt sich hinter diesem Schlagwort?

Der Versuch, ein Panorama Aachens in der Karolingerzeit zu entwerfen, gelangt über Außenansichten nicht hinaus, denn es existiert für diese frühe Zeit noch keine eigenständige Aachener Geschichtsschreibung. Was über die Siedlung in Erfahrung zu bringen ist, entstammt vornehmlich dem Kontext herrscherlichen Handelns, dessen Schauplatz Aachen im 9. Jahrhundert in wechselnder Häufigkeit war. Eine Annäherung kann daher zunächst nur darauf zielen, die Bedeutung Aachens im politischen Gefüge der Zeit zu skizzieren. Andererseits erlaubt die Überlieferung mehr als nur das Auszählen von Herrscheraufenthalten und politischen bzw. kirchlichen Großereignissen. Archäologische Befunde und einige Schriftquellen lenken den Blick auf die bauliche Gestalt der Pfalzanlage und auf organisatorische Strukturen der Siedlung.

Doch das karolingische Aachen war zweifellos mehr als nur die mit einer beeindruckenden Baukulisse versehene Bühne politischer Aktion der fränkischen Herrscher. In ihm glaubten Zeitgenossen und spätere Betrachter gleichermaßen den zentralen Sitz des Reiches zu erblicken – sei es real oder in idealisierender Rückschau auf die Zeit Karls des Großen. Damit eröffnet sich ein zweites wichtiges Betrachtungsfeld. In seinem Zentrum steht die Frage nach dem Mythos des karolingischen Aachen, der vom Mittelalter bis in die Gegenwart das Geschichtsbild entscheidend mitgeprägt hat.

Die Rolle Aachens im Frankenreich

In »Aquis villa« verbrachte Pippin der Jüngere 765 das Weihnachts- und das darauffolgende Osterfest. So vermelden es die fränkischen Reichsannalen und richten damit erstmals für das Mittelalter den Focus der schriftlichen Überlieferung auf Aachen.[1] Die Nachricht ist dürftig und in ihrer lakonischen Art typisch für die annalistische Geschichtsschreibung; mehr als den Namen der Siedlung erfährt man nicht. Die Bezeichnung *villa* läßt jedoch erkennen, daß es sich um eine königliche Domäne handelte, einen landwirtschaftlich geprägten dörflichen Komplex, dessen Größe und Infrastruktur aber eine Überwinterung des Herrschers samt Gefolge zuließ. Drei Jahre später weilte Pippins ältester Sohn und Nachfolger Karl zu Weihnachten in derselben Pfalz und überwinterte dort erneut 788/89. Nur dreimal verbrachte er von 794 bis zu seinem Tod den Winter nicht in Aachen, und er verließ es nach 806 überhaupt nur im Ausnahmefall.

Daß Karl auf diese Weise allmählich in der Pfalz am Nordrand der Eifel seßhaft wurde, ist ungewöhnlich. Die Aufgabe der Reiseherrschaft, jener im gesamten Früh- und Hochmittelalter üblichen und angesichts der Unverzichtbarkeit persönlicher Präsenz des Herrschers in den Gegenden seines Reichs kennzeichnenden Form unmittelbaren Regierens, brach eindeutig mit dem Herkommen. Sie wurde möglich, als nach der Unterwerfung der Langobarden und Sachsen sowie nach der weitgehenden Beseitigung innerer Unruhen in Aquitanien und Bayern eine Phase der Konsolidierung eintrat, in der Karl nicht unablässig zum Aufsuchen neu entflammter Krisenherde genötigt war. Erst jetzt, so scheint es, bestanden die Rahmenbedingungen für eine Herrschaftsausübung, die statt der militärischen Aktivität des Herrschers stärker die Koordination der Kräfte in den Vordergrund rückte. Aachen drängte sich als Stützpunkt hierfür keineswegs auf. Die unvorteilhafte Verkehrslage abseits des Fernstraßennetzes und ohne Anbindung an einen schiffbaren Fluß lassen es weder im Hinblick auf die Nachrichtenübermittlung noch auf den Transport von Versorgungsgütern für den Hof als weitsichtige Wahl erscheinen. Lediglich der durch die Eroberungen nach Osten verschobenen Mitte des Karlsreichs mag die Verlagerung des favorisierten königlichen Aufenthaltsorts, etwa von dem in pippinischer Zeit häufig besuchten Quierzy an der Oise und den von Karl bislang bevorzugten Pfalzen im Maasgebiet um Lüttich (Herstal) nach Aachen Rechnung tragen.

Karls Biograph Einhard rückt statt politisch-strategischer Erwägungen allein persönliche Beweggründe in den Mittelpunkt: Karl schätzte Aachens heiße Quellen und liebte es, darin zu schwimmen – oftmals auch mit großem Gefolge.[2] Solch individuelle, durchaus eigenwillige Seiten Karls begegnen mehrfach in Einhards Vita, und es gibt keinen Anlaß, ihre Glaubwürdigkeit in Frage zu stellen. Sie deuten bei der Wahl der Aachener Pfalz auf ein situationsbezogenes Handeln, das sich den Kategorien vorausschauender Planung und eingehender Nutzenabwägung einer »Hauptstadtentscheidung« im modernen Sinne entzieht. Karls Seßhaftwerden in Aachen scheint weniger die Folge eines Herrschaftskonzepts zu sein als zunächst das Resultat einer sich verstetigenden Nutzung der neu und repräsentativ ausgebauten, ihm vielfältige Annehmlichkeiten bietenden Pfalz.

Aachen entwickelte sich von der Landpfalz zum bevorzugten Winterquartier und infolge der Dauerpräsenz des Hofes schließlich für einen begrenzten Zeitraum zum bedeutendsten Kristallisationspunkt des karolingischen Reichs. Beginnend mit der sogenannten »Admonitio generalis« des Jahres 789, weisen die Urkunden Karls immer häufiger den Ausstellungsort Aachen auf, ist die Pfalz bevorzugter Schauplatz von Reichsversammlungen und Synoden. Deutlich zeigt sich dies auch im Kontakt zu auswärtigen Mächten. Von acht Gesandtschaften des griechischen Kaiserreichs und Persiens, die zwischen 797 und 812 den Hof des Frankenkönigs aufsuchten, erreichten fünf Karl in seiner Aachener Residenz, darunter als letzte die des Byzantiners Michael I., die dem Karolinger die Anerkennung der (konkurrierenden) Kaiserwürde brachte.[3]

So deutlich das dauerhafte Verweilen des Kaisers in Aachen die Pfalz zum Mittelpunkt des Reiches machte, so ungewiß war freilich, wie lange dieser Zustand anhalten würde. Allein die Person des Herrschers einte das Reich, und mit seinem Tod konnten sich die Verhältnisse abrupt ändern. Daß Ludwig der Fromme 814 allein und unbestritten das Erbe Karls antrat, fügte das Schicksal durch den Tod der beiden Brüder. Anscheinend problemlos fand er in das Amt, das er wie sein Vater von Aachen aus versah, solange die politische Situation dies zuließ. Die Pfalz blieb somit Schauplatz zahlreicher Ereig-

Abb. 2
Plattenmosaikfußboden aus verschiedenfarbigem Marmor; wiederverlegt um 800, unter Verwendung von in Ravenna abgetragenen Spolien. Aachen, Dom, Lapidarium

Kat.Nr. 2 · 6

nisse von reichspolitischer Bedeutung: Ludwigs Krönung zum Mitkaiser (813) ist ebenso mit dem Namen Aachen verbunden wie die großen Reformsynoden von 816 und 817 und die unter dem Titel »Ordinatio imperii« bekannt gewordene programmatische Nachfolgeregelung desselben Jahres. Sie alle sind von Normierungstendenzen geprägt, deren visionäres Ziel allem Anschein nach die Erhaltung von Reich und Kirche in innerer wie äußerer Einheit war. Ludwigs Nachfolgeregelung respektierte fränkische Erbteilungstraditionen, trug aber durch eine hierarchische Struktur dafür Sorge, daß das Reich nach dem Tod des Kaisers trotz der Aufgliederung in drei Teilherrschaften als Gesamtkomplex unter der Führung des ältesten Sohnes Lothar bestehen bleiben konnte. Ein kühner, vielleicht nicht zeitgemäßer Plan. Sein baldiges Scheitern an den politischen Realitäten, an der späten Geburt eines weiteren Sohnes, an Familien- und Erbstreitigkeiten ist bekannt. An seine Stelle traten echte Teilungen, an die Stelle des Karlsreichs in einem lang gestreckten Prozeß die Vorläufer Deutschlands und Frankreichs.

Die Veränderungen der politischen Situation wirkten unmittelbar auf Aachen. Schon 822 mußte Ludwig der Fromme den Thron dauerhaft mit dem Sattel vertauschen, um seine immer wieder bedrohte Herrschaft durchzusetzen. Oft kehrte er nach Aachen zurück, doch spricht die Statistik der Gesandtschaften auch hier eine deutliche Sprache: Von acht Missionen aus dem Osten empfing Ludwig der Fromme nur noch zwei in der Pfalz seines Vaters (814, 816). Unter Ludwigs Sohn und Enkel, Lothar I. und Lothar II., behauptete Aachen eine herausgehobene Stellung im Herrscheritinerar, doch ist der Bezugsrahmen bereits auf das Mittelreich verengt. Wie ein Fanal wirken aus heutiger Sicht die Ereignisse des Jahres 842, als Lothar I. sich von seinen Brüdern Karl und Ludwig derart bedrängt sah, daß er den königlichen Schatz und die Kostbarkeiten der Marienkirche zusammenraffte, wertvolle Stücke zerschneiden und unter die wenigen ihm verbliebenen Getreuen verteilen ließ und schließlich aus Aachen floh. Als Karl und Ludwig davon erfuhren, bemächtigten sie sich umgehend der alten Karlsresidenz, weil sie als die »prima sedes Frantiae«, als die vornehmste Residenz des fränkischen Kernlandes galt.[4] Dessen ungeachtet ordnete sie sich im seit 843 dreigeteilten Karolingerreich in die Reihe der Pfalzen ein, die nur hin und wieder aufgesucht wurden. Bei der Aufteilung des Mittelreiches unter Ludwig den Deutschen und Karl den Kahlen im Vertrag von Meerssen (870) wurde Aachen, genau genommen das *districtum Aquense*, ein aus der Territorialgliederung gelöster Sonderbezirk, und die *abbatia de Aquis*, das Marienstift, schließlich dem ostfränkischen Teilreich zugeschlagen und rückte damit geographisch wie politisch an die Peripherie. Ost- und Westfrankenreich fanden ihre Zentralräume weit abseits der alten Karlsresidenz.

Die Brandschatzung durch die Normannen im Winter 881/882 markiert den Tiefpunkt der karolingischen Geschichte Aachens. Die in den Fuldaer Annalen verzeichnete Anekdote, die Eindringlinge hätten die Marienkirche als Pferdestall mißbraucht, scheint ebenso skandal- wie symbolträchtig.[5] Im Itinerar der karolingischen Herrscher spielte die Pfalz Karls des Großen danach jedenfalls keine nennenswerte Rolle mehr.

Pfalz, *vicus* und Marienstift

Das Erscheinungsbild des karolingischen Aachen ist von jenen Monumentalbauten geprägt, die Karl der Große wohl vom Ende der

780er Jahre an errichten ließ und welche die funktionale und repräsentative Kulisse des Herrschens am festen Ort bildeten. Vor dieser Zeit waren die Ausmaße deutlich bescheidener. Es läßt sich aus archäologischer Sicht nicht mit Sicherheit behaupten, daß das nach dem römisch-keltischen Quellgott Grannus *Aquae Granni* genannte römische Militärbad bis zu den ersten schriftlichen Nachrichten des 8. Jahrhunderts kontinuierlich besiedelt war. Von der Pfalz, die Pippin den Jüngeren im Winter 765/66 beherbergte, sind allein Fundamente der Kirche nachweisbar. Karl der Große ersetzte sie durch einen Neubau. Bewußt wurde dabei die Altarstelle der Vorgängerin als sakraler Mittelpunkt beibehalten, die neue Kirche ansonsten aber konsequent nach Osten ausgerichtet. So entstand eine Orientierungslinie, die von den Fluchten der älteren Bebauung deutlich abwich und die den gesamten neuen Pfalzkomplex bestimmte. Diese Ost-West-Achse konstituierte den Kernbereich der Pfalz als Rechteck, das nach Norden und Süden durch die parallel zueinander stehenden Kirche und Königshalle, nach Westen durch eine beide verbindende Portikus mit einem zweigeschossigen Querbau und nach Osten vermutlich durch Funktionsbauten begrenzt wurde; eine Vorstellung dieser Grundstruktur vermitteln die Bauten rund um den Katschhof noch heute.

Da die bauliche Gestalt der Pfalz an anderer Stelle eigens behandelt wird, erübrigt sich hier ein Eingehen auf Details. Es ist jedoch festzuhalten, daß sich die Gesamtanlage einer zuverlässigen Rekonstruktion weitgehend entzieht, weil nur wenige Bauten in Stein errichtet wurden und zudem die archäologische Erforschung als unbefriedigend bezeichnet werden muß. Die Schriftquellen können diese Lücken nicht schließen, sie geben vielmehr ihrerseits Rätsel auf. Ungeachtet dieser prekären Ausgangslage suggerieren mehrere Modelle, daß die Pfalzanlage Karls des Großen in Gestalt und Konzeption durchschaut sei oder daß man sie auf dem Rechenwege wiedererstehen lassen könne.[6]

In noch stärkerem Maße sind solche Erkenntnisvorbehalte für die Siedlung Aachen geltend zu machen. Einige Hinweise auf die Bevölkerungsstruktur und auf baulich-organisatorische Grundlagen bietet das Kapitular Ludwigs des Frommen über die Ordnung der Aachener Pfalz (»Capitulare de disciplina Aquisgranensis palatii«) von ca. 820.[7] Es nennt Hintersassen (*servi*) der königlichen Grundherrschaft Aachen und erinnert damit an die agrarische Funktion einer Landpfalz. Die Beherbergung des Herrscherhofs war ohne ausreichende Versorgung mit Nahrungsmitteln, Handwerksprodukten und Dienstleistungen undenkbar. Schon die *villa Aquis*, in der Pippin 765 überwinterte, muß all dies bereitgehalten haben. Ortsansässige Handwerker, ein Markt und ein Wirtschaftshof sind daher vorauszusetzen, obwohl gerade das Herzstück agrarischer Verwaltung, der zentrale Wirtschaftshof, bislang nicht lokalisiert werden kann. Das grundherrschaftliche Gepräge wurde durch den zeitweiligen Daueraufenthalt der Herrscher nachhaltig erweitert. Der Hof war Dienstort für Funktionsträger aus dem gesamten Reich, Anziehungspunkt für Bittsteller und Ziel von Gesandtschaften. Zudem hatte Karl der Große in seinen letzten Jahren das königliche Hofgericht zur zentralen Instanz der Rechtsprechung gemacht und damit vielen Untertanen die Reise nach Aachen aufgebürdet. Das Kapitular Ludwigs des Frommen beleuchtet die praktischen Folgen dieser Entwicklung. Es führt Unterkünfte königlicher Amtsträger (*actores*) auf und Gemeinschaftsherbergen, die den Großen des Reiches bei deren Aufenthalt als Unterkunft dienten. Andere besaßen Privathäuser, wie Einhard, der regelmäßig in der Winterzeit den Hof in Aachen aufsuchte. Die Anziehungskraft des Hofes dokumentieren ferner die in der Verfügung genannten Kaufleute (*mercatores*). Sie bereicherten den bestehenden grundherrschaftlichen Markt, der vorrangig dem Austausch agrarischer Erzeugnisse diente, durch ein Angebot hochwertiger Waren, als deren Abnehmer der Königshof und die Zugereisten besonders in Betracht kamen. Die Gebäude, die den aufgeführten Personengruppen Unterkunft boten, befanden sich mitsamt dem Markt im sogenannten *vicus Aquensis*. Er war wirtschaftlich und wohl auch topographisch eng mit der Pfalz verknüpft und dürfte sich nicht allein über den Höhenrücken entlang der Jakob- und Großkölnstraße erstreckt haben. Pfalz und *vicus* waren schließlich vom ausgreifenden Gefüge der Grundherrschaft, dem Fiskus umgeben, der auch die umliegenden Dörfer einbezog. Wie andere karolingische Pfalzen war Aachen nicht mit einer Mauer befestigt. Lediglich ein eigener Bann- und Rechtsbezirk grenzte sie vom *vicus* ab. Daß trotz dieser Dreigliedrigkeit des Siedlungskomplexes sich *Aquis palatium*, also ›Aachenpfalz‹, als Ortsname im 9. Jahrhundert durchsetzte, unterstreicht die dominierende Rolle der Pfalz im Bewußtsein der Zeitgenossen.

Unübersehbar war der Hof der entscheidende Stimulus für Handwerk und Handel. Rückgang oder Verlust der Herrscherpräsenz mußten daher nachteilig auf die Situation der Siedlung wirken; den Stand der Karlszeit dürfte sie kaum gehalten haben. Es ist vielmehr durch das Fernbleiben der Herrscher für Pfalz und Siedlung ein paralleler Bedeutungs- und Vitalitätsverlust anzunehmen. Ein Indiz hierfür liefert die von Ludwig dem Frommen gegründete Friedhofskirche auf dem Salvatorberg. 870 fand sie Ludwig der Deutsche verfallen und nicht dotiert vor. Die Gründe hierfür bleiben unklar, doch scheint sich in dieser (Fehl-)Gründung der Niedergang Aachens widerzuspiegeln.

Ein Zwischenresümee an dieser Stelle fällt ernüchternd aus. Weder städtisches Gepräge noch zentralörtliche Bedeutung sind für das karolingische Aachen nachzuweisen. Aachen war in erster Linie königliche Pfalz und somit davon abhängig, welche Rolle die jeweiligen Herrscher ihr zumaßen. Dank der persönlichen Vorliebe Karls gelang Aachen der Aufstieg über das bevorzugte Winterquartier zur Hauptresidenz; zur »Hauptstadt« führte der Weg aber nicht. Dazu fehlt die planvolle und dauerhafte Konzentration zentraler Einrichtungen der Reichsverwaltung, wie sie für spätere Hauptstädte charakteristisch ist. Auch die Gemeinschaftsunterkünfte (!) der Großen in Aachen tragen provisorische Züge und sind mit den festen Dependancen an den Regierungssitzen späterer Zeit nicht zu vergleichen. Man kann sogar fragen, ob Aachen mit den Aufgaben einer dauerhaften Residenz nicht überfordert war. Zumindest deuten einige Bestim-

Abb. 3
Aquarellierte Darstellung eines Fundstücks karolingischer Wandmalerei, 1870 in Originalgröße aufgenommen. Aquarell auf Karton. Malereifund 1. Aachen, Archiv der Dombauleitung, Buchkremer-Nr. 90

Kat.Nr. 2 · 10

mungen des »Capitulare de disciplina Aquisgranensis palatii« darauf hin, daß die große Anziehungskraft des Hofes Probleme der öffentlichen Ordnung aufwarf. In jedem Fall aber dokumentiert das Zurücksinken in die relative Bedeutungslosigkeit einer selten besuchten Landpfalz, daß die Zeit der Hauptresidenz nur eine eng begrenzte Phase in der Geschichte des karolingischen Aachen ist.

Je klarer die Abhängigkeit Aachens von der Präsenz der Herrscher zutage tritt, desto deutlicher sticht das Marienstift von diesem Bild ab. Es kann über Blüte- und Krisenzeiten der karolingischen Periode hinweg geradezu als Kontinuitätssymbol gelten. Bereits in der zeitgenössischen Geschichtsschreibung nimmt die Marienkirche eine herausragende Position ein. Die Chronik der südwestfranzösischen Abtei Moissac vermerkt zum Jahr 796, daß der König sich in der neuerbauten Pfalz Aachen niederließ, doch erscheint dem Verfasser dabei vor allem jene Kirche von imposanter Größe bemerkenswert.[8] Präziser berichtet Einhard: Gold, Silber und Leuchter zierten den Bau, dazu Türen und Gitter aus Bronze. Mit den Pfalzen in Nimwegen und Ingelheim sowie der Rheinbrücke in Mainz zählt er sie zu den herausragenden Großbauprojekten des Kaisers.[9] Die kostbare Ausstattung der Marienkirche bestand ferner aus importiertem Bauschmuck wie jenen Säulen, die Alkuin 798 in einem Brief erwähnt und damit einen Anhaltspunkt für die Bauzeit der Kirche liefert.[10] Für eine genaue Datierung von Baubeginn und Fertigstellung reichen weder dieser Hinweis noch die anderen verfügbaren Zeugnisse aus, doch dürften Entwurf und Ausführung im Wesentlichen eindeutig vor Karls Kaiserkrönung erfolgt und damit schwerlich in ein imperiales Repräsentationsprogramm einzuordnen sein. Auch zur Weihe der Marienkirche — wenn man eine solche nach deren Fertigstellung annehmen möchte — existiert kein unmittelbares Zeugnis. Die Festkalender der Region erinnern mit der Feier der *dedicatio Aquensis* am 17. Juli an die Kirchweihe. Unterstellt man, daß ein solch feierlicher Akt nur sonntags vollzogen wurde, so böte sich der 17. Juli 802 als Weihetermin besonders an. Die bereitwillig aufgegriffene Nachricht von einer Konsekration der Marienkirche durch Papst Leo III. am Dreikönigsfest 805 findet dagegen keine Bestätigung in den Festgewohnheiten und ist wohl unzweifelhaft in das Reich der (Karls-)Legende zu verweisen.

Die bewunderte Kirche, die dem Bauherrn – von diesem unbeabsichtigt, aber nicht unpassend – zur letzten Ruhestätte erkoren wurde, ist Sinnbild jener Blüte karolingischer Herrschaft in Aachen, die Zeitgenossen und moderne Historiker gleichermaßen in ihren Bann gezogen hat. Der prunkvolle Neubau hat hinsichtlich seiner Funktion unterschiedliche, ja kontroverse Interpretationen hervorgebracht, die in hohem Maße davon abhängig sind, welche Bedeutung man dem Daueraufenthalt des alternden Kaisers in Aachen beimessen will.

Die von Karl erbaute Kirche knüpfte durch die Beibehaltung der Altarstelle baulich, aber auch funktional an den pippinischen Vorgängerbau an. Wie diese war sie Pfarrkirche im Fiskus Aachen und behauptete diese Position das gesamte Mittelalter hindurch. Gleichzeitig war die Marienkirche als Kanonikerstift verfaßt. Sie besaß also eine feste Klerikergemeinschaft, die liturgische Aufgaben wahrnahm und ihren Unterhalt aus den Erträgen eines eigens dafür bestimmten Stiftungsvermögens bezog. Nach heute weitgehend akzeptierter Ansicht geht auch die Einrichtung als Stift bereits auf Karl den Großen zurück. Die bezeugte karolingische Ausstattung des Neubaus und die Verfassung der Kirche weisen eindeutig über die Funktion einer bloßen Fiskalkirche hinaus. Es liegt also nahe, einen weiter reichenden Plan des Erbauers anzunehmen.

Eine Kapelle zur Feier des Herrschergottesdienstes gehörte zur Grundausstattung einer Pfalz. In ihr wurde auch der mitgeführte Reliquienschatz des Reiches aufbewahrt, von dessen Prunkstück, der *cappa* genannten Mantelreliquie des heiligen Martin, diese Gebäude(-teile) ihren Namen (*capella*) haben. Der herrscherliche Gottesdienst wie die Sorge um die Reichsreliquien oblagen der Hofkapelle, einer eigenständigen Klerikergruppe im Gefolge des Königs, deren Name ebenfalls auf die Martinsreliquie zurückgeht. Die Kapelläne versahen ihren liturgischen Dienst am jeweiligen Aufenthaltsort des Kaisers. Ausgehend von dieser Grundüberlegung, ist auch die Marienkirche stets als Karls privates Herrscheroratorium, als Aachener ›Pfalzkapelle‹ angesprochen worden. Ihre Entwicklungschancen schienen allerdings einzigartig. War bislang der Gottesdienst je nach Aufenthaltsort des Herrschers in wechselnden Pfalzen vollzogen worden, so bot die Konzentration auf eine Residenz unter Karl dem Großen die Möglichkeit zur institutionellen Verfestigung und zu neuen Formen repräsentativer Manifestation der Religiosität. Die Vorstellung eines planmäßigen Ausbaus der Aachener Pfalz zur ›Hauptstadt‹ hat dabei die Idee von der Marienkirche als der Hauptkirche des Karlsreichs inspiriert, in der Herrschergottesdienst und Hofkapelle ihr dauerhaftes Zentrum fanden.

Diese wirkmächtige These, die das Marienstift genetisch ausschließlich in den »Funktionszusammenhang von Hofgeistlichkeit, königlichem Reliquienschatz und Pfalzkapelle« (Josef Fleckenstein)[11] bindet, muß heute als überholt gelten. Mit der Gründung eines Kanonikerstifts in Aachen verfolgte Karl vielmehr Ziele der eigenen Memoria: »Um das kontinuierliche Gebet für sein Seelenheil, für das seiner Familienangehörigen und für den Bestand des Reiches sicherzustellen, richtete er ein Kapitel von zwölf Kanonikern unter der Leitung eines Abtes ein.« (Ludwig Falkenstein)[12]. Die Zelebration des Herrschergottesdienstes in derselben Kirche war durch diese Verfügung nicht ausgeschlossen, doch bildet sie keineswegs die vorrangige oder gar konstitutive Aufgabe des Stifts. Hofkapelle und Stiftsklerus sind vielmehr in demselben Maße als getrennte Korporationen zu begreifen, wie der Kirchenschatz von St. Marien schon damals nachweislich von dem des Reiches verschieden war. Für eine verfassungsmäßig bestimmte personelle Verflechtung beider Klerikerkollegien läßt sich zudem aus karolingischer Zeit kein Beleg beibringen. Erst 972 wurde festgelegt, daß der Vorsteher der Marienkirche aus den Mitgliedern der Hofkapelle gewählt werden solle.

Daß die Marienkirche von alters her auch Pfarrkirche Aachens war, mag im Vergleich zu anderen Pfalzen ungewöhnlich erscheinen, Zweifel daran können aber nicht mehr bestehen. Selbst die doppelgeschossige Anlage des Zentralbaus, dessen Untergeschoß dem Gottesdienst des Stifts vorbehalten war, während im Obergeschoß, den Emporen anderer Kirchen gleich, die Meßfeier und Sakramentenspendung für die Pfarrangehörigen erfolgte, bestätigt diese zweifache Aufgabenstellung.

Die Charakterisierung St. Mariens als Kirche dreifacher Funktion, als Pfarrkirche Aachens, als Stift, dessen vornehmliche Funktion das Gebet für den königlichen Stifter und das Reich war, zudem gegebenenfalls als Sakralraum für den Herrschergottesdienst, räumt den lokalen Aachener Notwendigkeiten und der unübersehbaren persönlichen Religiosität Karls des Großen Priorität gegenüber ausgreifenden Herrschafts- und Hauptstadtkonzeptionen ein und wird mit diesem bescheideneren Ansatz den historischen Entwicklungen eher gerecht. Als von der Präsenz des Königs und der Hofkapelle unabhängiges Stift mit Pfarrfunktion verkörpert die Marienkirche die Kontinuität Aachens auch in Zeiten, in denen Herrscheraufenthalte, zumal dauerhafte, dort selten geworden waren. Als Kirche Karls des Großen ist sie ferner ein bedeutender Anknüpfungspunkt für die mittelalterliche Rückbesinnung auf die Blütezeit des Karolingerreichs.

Der Mythos ›karolingisches Aachen‹

Der bewußte Rückgriff auf Karl den Großen bescherte dem karolingischen Aachen ein dauerhaftes Nachleben. Bereits der westfränkische König Karl der Kahle trug schwer daran, daß er die Residenz seines Großvaters in den Teilungsverträgen von 843 und 870 jeweils einem seiner Halbbrüder überlassen mußte. Dieses Los beklagend, richtete er 877 in seinem eigenen Herrschaftsbereich, in der Pfalz Compiègne, das Stift St-Corneille ein und stattete es in derselben Weise aus, wie Karl der Große es in Aachen getan hatte. Angesichts der Tatsache, daß Karl erst wenige Monate zuvor in der Schlacht von Andernach (876) das Scheitern seines Plans hatte hinnehmen müssen, die eigene Herrschaft weit in das ostfränkische Reich hinein auszudehnen, erscheint die programmatische Ausrichtung der Gründung in Compiègne am Aachener Vorbild wie die Kompensation eines Verlustes: St-Corneille sollte durch exakte Nachahmung das unerreichbare Marienstift ersetzen. Hinweise auf eine generelle Projektion karolingischer Groß- und Gesamtreichsreminiszenzen in den Namen Aachen sind hieraus aber nicht abzuleiten. Denn Ludwig der Deutsche hatte Zugang zu Aachen und gründete dennoch mit Frankfurt und Regensburg Pfalzstifte im Kernbereich seiner eigenen Herrschaft. Kaiser Karl III., dem es letztmalig gelang, die fränkischen Teilreiche in einer Hand zu vereinen, hat zwar der historiographischen Beschäftigung mit seinem gleichnamigen Vorfahren Impulse gegeben, wie die Karlsvita Notkers von St. Gallen zeigt, ein Aufenthalt in Aachen ist für ihn aber ebensowenig bezeugt wie für seinen Nachfolger Arnulf von Kärnten.

Erst die Ottonen führten Aachen ins Rampenlicht reichsweiter Beachtung zurück. Die Krönung Ottos I. am 8. August 936 begründete nicht nur eine Folge von Herrschererhebungen in Aachen, sie knüpfte auch dezidiert an das Königtum Karls des Großen an. Selbst wenn man dem Bericht Widukinds von Corvey über den Ablauf der Ereignisse und die dabei erfolgte Beachtung fränkischer Traditionen nicht mehr uneingeschränkt Glauben schenken mag, so bleibt doch der de-

Abb. 4   Kat.Nr. 2 · 4 und 2 · 5
Granitsäulen mit Bronzebasis und Marmorkapitell, mittelmeerisch, spätantik. In Aachen ursprünglich zur Säulenstellung auf der Empore der Marienkirche gehörend, wurden die Säulen 1794/95 nach Paris abtransportiert und seit 1843 mit einigen Ausnahmen wieder eingebaut. Aachen, Dom, Lapidarium

monstrative Akt am Thron Karls und in der von ihm begründeten Kirche unbestritten. Er manifestierte die liudolfingische Herrschaft im unsicheren Lothringen und demonstrierte diesen Anspruch gegenüber dem Westreich, wo wenige Wochen zuvor mit Ludwig IV. erneut ein Herrscher aus karolingischem Geschlecht den Thron bestiegen hatte. Widukind verankerte das ottonische Königtum in der Tradition der Karolinger, konkret in der alten Karlsresidenz. Sie wurde zum ›rechten Ort‹, von dem die Königsherrschaft künftig immer wieder neu ihren Ausgang nehmen sollte. Der bei Nithard fast hundert Jahre zuvor formulierte Gedanke der »prima sedes Frantiae« erhielt so in Gestalt des Aachener Throns eine aktuelle Bedeutung. Wohl nicht von ungefähr nennt eine Urkunde Ottos I. für das Marienstift 966 die Pfalz Aachen den vornehmsten Königssitz diesseits der Alpen (»precipua cis Alpes regia sedes«).[13]

Otto III. fügte den Bezügen auf die Karolingerzeit ein weiteres Element hinzu, als er im Jahre 1000 das in Vergessenheit geratene Karlsgrab öffnen ließ. Bereits vorher ist sein Bemühen um eine angemessene Ausstattung Aachens mit Kirchen festzustellen. Eine Rangerhöhung scheint bevorgestanden zu haben, und man ist geneigt anzunehmen, daß Aachen neben dem von Otto bevorzugten Rom als *sedes* wiedererstehen sollte. Ob in diesem Zusammenhang der Graböffnung eine weiterreichende Absicht zugrunde lag, ist freilich ebensowenig sicher zu bestimmen wie der Ort in oder wahrscheinlicher: vor der Kirche, an dem Karl der Große seine letzte Ruhe fand.

In der Bedeutung, die Thron und Grab Karls des Großen als Bezugspunkten der Königs- und Kaiserherrschaft zugemessen wird, zeigt sich der Mythos des karolingischen Aachen. Im Sinne eines absichtsvoll konstruierten und instrumentalisierten Geschichtsbildes tritt er am deutlichsten in der Heiligsprechung Karls des Großen am 29. Dezember 1165 zutage. Mit ihr demonstrierte der bedrängte Barbarossa politische Handlungsfähigkeit und versuchte zugleich unter Ausnutzung der Symbolkraft des großen Frankenherrschers, die auseinanderstrebenden Kräfte seines Reichs zu bündeln. Die wenige Tage jüngere Urkunde, die detailliert über die Kanonisation berichtet und Aachen zur Hauptstadt des Reiches erklärt, gibt ein vermeintliches Privileg Karls des Großen im Wortlaut wieder. Von der wundersamen Auffindung der alten Granusthermen durch den Frankenherrscher über Bau und Weihe der Marienkirche bis hin zur Bezeichnung des karolingischen Aachen als Haupt Galliens (»caput Galliae«) bietet dieses als Fälschung aus dem Umfeld des Marienstifts erkannte Karlsdekret eine komplette, freilich legendarische Frühgeschichte des Ortes.[14] Die Bedeutung dieses späten Reflexes der Karolingerzeit liegt vor allem in der mythischen Überhöhung. Hier wurde von interessierter Seite gleichsam Karls eigener Gründungsbericht als höchste Legitimation genutzt – ein Konzept, das augenscheinlich aufgegangen ist, denn seit der Mitte des 12. Jahrhunderts ist das Bild Aachens in der Historiographie deutlich weniger von den bescheidenen Fakten geprägt als von der Strahlkraft Karls des Großen. »Aachens glanzvolle Geschichte ist unter diesem Blickwinkel überhaupt nur sein lebendig fortwirkendes Vermächtnis« (Erich Meuthen).[15]

Treffender läßt sich auch ein Gesamturteil über das karolingische Aachen kaum einleiten; zu dominant ist der Einfluß des Kaisers. Der Ausbau der Pfalz, die Stiftung der Marienkirche und das lange Verweilen des Herrscherhofes in Aachen gehen auf die persönliche Initiative Karls zurück und sind untrennbar mit seinem Namen verbunden. Als Karl dem Großen nach dem Zerfall des fränkischen Reiches immer deutlicher die Rolle des verklärten Universalherrschers zuwuchs, erlangte mit ihm auch Aachen neue Bedeutung. Dort stand der Thron, von dem Karl – zumindest in der Vorstellung der Zeitgenossen Ottos I. – regiert hatte, und nur dort, an seinem Grab, konnte Karl zum Schutzheiligen des Barbarossareichs erhoben und verehrt werden. Vornehmlich in diesem ideellen Sinne ist Aachen als *caput*, als Hauptstadt, zu verstehen: Dort fanden die Stricke, mit denen das eigene Königtum an einem idealisierten Herrschervorbild verankert werden sollte, ihren materiellen Haltepunkt.

Schon früh ist der Blick auf das karolingische Aachen von dieser Perspektive bestimmt, die in der Pfalzanlage die Blüte des Karlsreiches und die Manifestation des ihr zugrunde liegenden Programms lokalisiert. Sie bietet indes nur einen spektakulären Ausschnitt, der jegliche längerfristige Entwicklung vernachlässigt. Die zeitweilige Bedeutung Aachens als königliche Residenz darf die grundsätzliche Bedeutung des residierenden Herrschers für Aachen nicht überdecken. Das Fernbleiben der Könige nahm der Pfalz letztlich ihre wichtigste Aufgabe. In Aachen war man fortan darauf angewiesen, von der Erinnerung an glanzvolle Tage zu zehren.

[1] Vgl. Böhmer, Johann Friedrich: Regesta Imperii, Bd. 1, neu bearb. von Engelbert Mühlbacher, Innsbruck ²1908, Nr. 101a, b.

[2] »Delectabatur etiam vaporibus aquarum naturaliter calentium, frequenti natatu corpus exercens (...). Ob hoc etiam Aquisgrani regiam exstruxit ibique extremis vitae annis usque ad obitum habitavit.«; Einhardi Vita Karoli Magni, ed. Oswald Holder-Egger (MGH Scriptores rerum Germanicarum in usum scholarum [25]), Hannover-Leipzig 1911, S. 27, c. 22.

[3] Vgl. Berschin, Walter: Die Ost-West-Gesandtschaften am Hof Karls des Großen und Ludwigs des Frommen (768–840), in: Karl der Große und sein Nachwirken. 1200 Jahre Kultur und Wissenschaft in Europa, hg. von Paul. L. Butzer, Max Kerner und Walter Oberschelp, Turnhout 1997, S. 157–172, bes. S. 168–171.

[4] Nithardi historiarum liber IV.1, recensuit Ernst Müller (MGH Scriptores rerum Germanicarum in usum scholarum [44]), Hannover 1907, S. 40.

[5] »Vastaverunt (...) Aquense palatium, ubi in capella regis equis suis stabulum fecerunt«; Annales Fuldenses ad annum 881, ed. Friedrich Kurze (MGH Scriptores rerum Germanicarum in usum scholarum [7]), Hannover 1891, S. 96–97.

[6] Auch die Modelle der Vor-Computerzeit stellen eine virtuelle Pfalz vor. Es sei ausdrücklich betont, daß es legitim und hilfreich ist, unzureichende Grabungsbefunde durch die Anwendung historischer architektonischer Konstruktionsprinzipien zu ergänzen. Hier eröffnet sich seriöser fachübergreifender Forschung ein wichtiges Feld. Allerdings darf man nicht der Illusion erliegen, aus wenigen Bruchstücken – dem »genetischen Fingerabdruck« gleich – ein komplexes System scheinbar vollständig rekonstruieren zu können. Das Konstrukt ist stets anhand der Befunde und Quellen zu überprüfen. Gerade hierin lassen einige Versuche zur Gestalt der Aachener Pfalz leider erheblich zu wünschen übrig. Zur Pfalz vgl. den Beitrag von Sven Schütte in diesem Band.

[7] Capitularia regum Francorum, Bd. 1, hg. von Alfred Boretius (MGH Capitularia, Bd. 1), Hannover 1883, S. 297–298, Nr. 146.

[8] »Nam ibi firmaverit sedem suam atque ibi fabricavit ecclesiam mirae magnitudinis, cuius portas et cancella fecit aerea«; Chronicon Moissiacense ad annum 796, ed. Georg H. Pertz, in: MGH Scriptores, Bd. 1, Hannover 1826, S. 302.

[9] »(...) plurimae pulchritudinis basilicam Aquisgrani exstruxit auroque et argento

et luminaribus atque ex aere solido cancellis et ianuis adornavit«; Einhardi Vita Karoli Magni, (wie Anm. 2) S. 30–31, c. 26. Ebd. S. 20, c. 17: *basilica sanctae Dei genitricis Aquisgrani opere mirabili constructa*.

[10] Alcuini epistolae, recensuit Ernst Dümmler, MGH Epistolae, Bd. 4, Berlin 1895, S. 241–245, 798 Juli 22.

[11] Fleckenstein, Josef: Art. Hofkapelle, in: Lexikon des Mittelalters 5 (1991), S. 71.

[12] »Pour assurer le salut de son âme et de celles des membres de sa famille, et la stabilité de son royaume, il y installa pour garantir la continuité de la prière, un chapitre de douze chanoines, ayant un abbé à leur tête.«; Falkenstein (1991), S. 253.

[13] DO I 316, 966 Jan. 17, Rheinisches Urkundenbuch, Bd. 1, bearb. von Erich Wisplinghoff, Bonn 1972, S. 34–36, Nr. 23. Einflußnahme des Marienstifts auf das Diktat ist anzunehmen.

[14] Aachener Urkunden 1101–1250, bearb. von Erich Meuthen, Bonn 1972, S. 81–119, Nr. 1–2. Dazu Meuthen (1975); Groten, Manfred: Studien zum Aachener Karlssiegel und zum gefälschten Dekret Karls des Großen, in: Zeitschrift des Aachener Geschichtsvereins 93 (1986), S. 5–30.

[15] Meuthen (1965), S. 382.

Falkenstein, Ludwig: Karl der Große und die Entstehung des Aachener Marienstifts, Paderborn 1981.

Ders: Die Kirche der Hl. Maria zu Aachen und Saint-Corneille zu Compiègne. Ein Vergleich, in: Celica Ihervsalem. Festschrift für Erich Stephany, hg. von Clemens Bayer, Theo Jülich und Manfred Kuhl, Köln-Siegburg 1986, S. 13–79.

Ders.: Charlemagne et Aix-la-Chapelle, in: Le souvérain à Byzance et en Occident du VIIIe au Xe siècle. Actes du colloque international organisé par l'Institut des Hautes Études de Belgique en collaboration avec la Section d'Histoire de l'Université Libre de Bruxelles (27–28 avril 1990), édités par Alain Dierkens et Jean-Marie Sansterre (= Byzantion 61), Brüssel 1991, S. 231–289.

Flach, Dietmar: Untersuchungen zu Verfassung und Verwaltung des Aachener Reichsgutes von der Karlingerzeit bis zur Mitte des 14. Jahrhunderts, Göttingen 1976.

Ders.: Pfalz, Fiskus und Stadt Aachen im Lichte der neuesten Pfalzenforschung, in: Zeitschrift des Aachener Geschichtsvereins 98/99 (1992/93), S. 31–56.

Fleckenstein, Josef: Über das Aachener Marienstift als Pfalzkapelle Karls des Großen. Zugleich als Besprechung einer neuen Untersuchung über die Entstehung des Marienstifts, in: Festschrift für Berent Schwineköper zu seinem 70. Geburtstag, hg. von Hans Patze und Helmut Maurer, Sigmaringen 1982, S. 19–28.

Meuthen, Erich: Aachen in der Geschichtsschreibung (bis 1800), in: Speculum historiale. Geschichte im Spiegel der Geschichtsschreibung und Geschichtsdeutung, hg. von Clemens Bauer u. a., Freiburg-München 1965, S. 372–392.

Ders.: Barbarossa und Aachen, in: Rheinische Vierteljahrsblätter 39 (1975), S. 28–59.

Schieffer, Rudolf: Hofkapelle und Aachener Marienstift bis in staufische Zeit, in: Rheinische Vierteljahrsblätter 51 (1987), S. 1–21.

Ders.: Vor 1200 Jahren: Karl der Große läßt sich in Aachen nieder, in: Karl der Große und sein Nachwirken. 1200 Jahre Kultur und Wissenschaft in Europa, hg. von Paul. L. Butzer, Max Kerner und Walter Oberschelp, Turnhout 1997, S. 3–21.

Kurzfassung

Pippin der Jüngere verbrachte den Winter 765/66 *Aquis villa*. Diese Notiz der fränkischen Reichsannalen bietet nicht nur die erste Nennung Aachens im Mittelalter, sie ist Auftakt einer Folge von Herrscheraufenthalten in der dortigen Pfalz. Anfangs nur sporadisch aufgesucht, entwickelte sie sich von 794 an zum bevorzugten Winterquartier Karls des Großen und war schließlich seit 806 stetiger Aufenthaltsort des Herrschers. Auch dessen Sohn Ludwig der Fromme regierte eine Zeitlang von dieser festen Residenz aus, doch zwangen ihn zunehmende Spannungen in Reich und Herrscherfamilie, zur traditionellen Form ambulanter Herrschaftsausübung zurückzukehren. Infolge dessen verlor Aachen seine Funktion als Hauptsitz des fränkischen Königs. Das Auseinanderbrechen des Karlsreichs in mehrere Teilreiche rückte die einstige Residenz allmählich geographisch wie politisch an die Peripherie.

Die gesamtpolitische Entwicklung hat entscheidend auf Aachen gewirkt. Der vermutlich bereits Ende der 780er Jahren begonnene großzügige Neubau der Pfalzgebäude verlieh dem Ort ein außergewöhnliches Gepräge und hob ihn aus den bescheidenen Verhältnissen einer fränkischen Landpfalz deutlich empor. Die dauerhafte Anwesenheit des Herrschers förderte das Wachstum der Siedlung. Königliche Amtsträger und die Großen des Reiches strömten zum Hof, Handwerker und Kaufleute wurden benötigt. Sie alle waren in der Nähe der Pfalz unterzubringen und zu versorgen. Mit dem allmählichen Ausbleiben der Könige seit 822 aber verlor Aachen seine Anziehungskraft. Als Kontinuitätssymbol kann allein die von Karl dem Großen erbaute Marienkirche gelten, die aufgrund ihrer Verfassung als Kanonikerstift und in ihrer Funktion als Pfarrkirche in geringerem Maße von der Präsenz des Herrscherhofs abhängig war als die Handwerker- und Kaufleutesiedlung.

Das Bild vom ›karolingischen Aachen‹ wird indessen schon im Mittelalter allein von der relativ kurzen Blütephase zu Beginn des 9. Jahrhunderts beherrscht. Die von Karl erbaute Pfalzanlage symbolisiert den Höhepunkt des Karolingerreichs. Dort befanden sich Thron, Kirche und Grab Karls des Großen. Wer an die Tradition des mythisch verklärten Kaisers anknüpfen wollte, konnte auf dieses ›karolingische Aachen‹ kaum verzichten.

Résumé

Pépin le Bref passa l'hiver 765–766 à »Aquis villa«: un nom qui nous est révélé par les Annales royales franques. Pour la toute première fois, un écrit médiéval mentionne Aix-la-Chapelle. Les Annales nous apprennent par ailleurs que ce séjour ne fut que le premier d'une longue série : de toute évidence, les souverains appréciaient leur château aixois. Charlemagne, quant à lui, ne tarda pas à en découvrir les avantages. Dès 794, il prit l'habitude d'établir ses quartiers d'hiver dans ce château royal qui, à l'origine, ne recevait que bien rarement des visites. Dès 806, il en fit sa résidence permanente. Son fils, Louis le Pieux, tenta même d'y établir son gouvernement à demeure. Mais les dissensions qui se faisaient jour dans le royaume et au sein de sa propre famille le contraignirent à voyager – comme ses ancêtres – par monts et par vaux, reprenant ainsi la forme de gouvernement itinérante traditionnelle. Entretemps, Aix-la-Chapelle avait été déchue de sa fonction de capitale du royaume franc. Triste conséquence du morcellement de l'empire de Charlemagne, l'ancienne résidence impériale perdit peu à peu son lustre d'antan : géographiquement et politiquement, elle ne fut plus désormais qu'une cité de second plan.

Le sort d'Aix-la-Chapelle a toujours dépendu de l'échiquier politique. Commencée vraisemblablement dès la fin des années 780, la rénovation du château royal franc transforma en une somptueuse demeure ce qui n'était à l'origine qu'un modeste bâtiment. La présence permanente du souverain favorisa l'expansion de la cité. Les officiers de la Maison de l'Empereur et les grands du Royaume affluèrent à la Cour, on engagea des artisans et on fit appel à des négociants. Et il fallait bien loger tout ce monde … La ville s'agrandit et connut la prospérité. Hélas, à partir de 822, il fallut déchanter. Les rois s'éloignèrent d'Aix-la-Chapelle qui perdit de son éclat et rentra dans l'ombre. Ne subsista, comme symbole de la pérennité, que la cathédrale Notre-Dame, construite par Charlemagne. En tant qu'église du Chapitre et église paroissiale, elle eut moins à pâtir du départ des souverains que la cité des commerçants et des artisans.

L'heure de gloire de la fière cité carolingienne ne dura qu'un temps. Relativement courte, son apogée se situe au début du IXème siècle : le palais impérial bâti par Charlemagne en constitue le symbole. C'est là que se trouvaient le trône, l'église et le sépulcre du souverain. C'est là que plane encore l'ombre du grand Empereur – inséparable de sa capitale : avec elle, il est entré dans l'Histoire et dans la Légende.

Samenvatting

In 765 verbleef Pippijn, koning van de Franken, in »Aquis Villa«. Deze mededeling in de Rijksannalen is méér dan de eerste vermelding van Aken in de Middeleeuwen - ze vormt tevens het begin van een reeks verblijven van de vorst in de palts. Aanvankelijk werd de Akense palts slechts sporadisch bezocht, maar vanaf 794 ontwikkelde Aken zich tot meest geliefde residentie van Karel de Grote en vanaf 806 was dit waarschijnlijk de permanente residentie van de keizer. Zijn zoon, Lodewijk de Vrome, regeerde eveneens vanuit de Akense palts, maar toenemende spanningen in het Rijk en in de familie dwongen hem terug te keren tot de traditionele vorm van ambulante machtsuitoefening. Hierdoor verloor Aken zijn functie als zetel van de Frankische koning. Het uiteenvallen van het Karolingische rijk in meerdere deelgebieden maakte dat de voormalige residentie langzaam maar zeker in geografisch en in politiek opzicht naar de achtergrond werd verdrongen. De algehele politieke ontwikkelingen waren beslissend voor Aken. De waarschijnlijk al aan het einde van de jaren 780 begonnen royale nieuwbouw van de palts gaf de stad haar bijzondere karakter en verhief haar duidelijk boven de bescheiden omstandigheden van een Frankische dorpspalts. De voortdurende aanwezigheid van de vorst bevorderde de groei van de nederzetting. Aken werd het centrum van de Karolingische cultuur, koninklijke ambtsbekleders en belangrijke persoonlijkheden verbleven aan het hof, ambachtslieden en kooplui werden aangetrokken. Deze mensen moesten allemaal in de buurt van de palts ondergebracht en onderhouden worden. Vanaf 822 verloor Aken echter zijn aantrekkingskracht doordat er steeds minder vaak vorsten verbleven. Als symbool van continuïteit komt enkel de door Karel de Grote gebouwde Mariakerk in aanmerking. Deze was door haar dubbele functie als parochiekerk en kanunnikenklooster immers in mindere mate afhankelijk van de aanwezigheid van het koningshof dan de nederzetting van ambachtslieden en kooplui dat was.

Het beeld van Aken ten tijde van de Karolingen wordt evenwel reeds in de Middeleeuwen door de relatief korte bloeiperiode aan het begin van de negende eeuw bepaald. De bouw van de palts door Karel de Grote symboliseert het hoogtepunt van het Karolingische rijk. In dit gebouw zijn de troon, de kerk en het graf van Karel de Grote ondergebracht. Wie in de loop van de geschiedenis op de traditie van de gemythiseerde Karel de Grote wilde inhaken, kon dan ook niet aan het Karolingische Aken voorbij gaan.

Shrnutí

Pipin Mladší strávil zimu 765/66 v *Aquis villa*. Tento záznam franckých říšských letopisů představuje nejen první zmínku o Cáchách ve středověku, ale také zahájení řady panovnických pobytů v tamním paláci. Zpočátku byly Cáchy navštěvovány jen sporadicky, později se však staly oblíbeným zimním sídlem Karla Velikého a konečně, od roku 806, panovníkovou trvalou rezidencí. Také jeho syn Ludvík Pobožný vládl po určitou dobu z této trvalé rezidence, ale stále napjatější vztahy v říši a v panovnické rodině ho donutily vrátit se k tradiční formě vlády z různých míst. V důsledku toho ztratily Cáchy svou funkci hlavního sídla franckého krále. Po rozpadu Karlovy říše v několik částí se bývalá rezidence náhle dostala geograficky i politicky na periferii.

Všeobecný politický vývoj měl na Cáchy silný vliv. Nová, velkoryse pojatá výstavba budovy paláce, která byla zahájena patrně již v 80. letech 8. století, dodala místu vyjímečný ráz a výrazně je vyzdvihla ze skromných poměrů franckého venkovského sídla. Stálá přítomnost panovníka si vyžádala růst sídliště. Královští nositelé úřadu a velcí muži říše proudili ke dvoru, bylo třeba řemeslníků a kupců. Všichni museli být ubytováni a zaopatřeni v blízkosti paláce. Díky stále častější nepřítomnosti králů ztrácely však Cáchy od roku 822 svou přitažlivost. Za symbol kontinuity je možno považovat pouze kostel Panny Marie, který postavil Karel Veliký a který jakožto kanovnické zařízení a farní kostel byl méně závislý na přítomnosti panovnického dvora než byla sídliště řemeslníků a obchodníků.

Obraz »karlovských Cách« je tedy určován již ve středověku pouze relativně krátkým obdobím rozkvětu na začátku 9. století. Komplex paláce, který vybudoval Karel Veliký, symbolizuje vrchol karlovské říše. Zde byl trůn, kostel a hrob Karla Velikého. Chtěl-li někdo nazázat na tradici myticky glorifikovaného císaře, nemohl se obejít bez »karlovských Cách«.

Summary

Pipin the Younger spent the winter 765/66 in »Aquis villa«. This note in the Franconian annals (Reichsannalen) not only represents the first mention of Aachen in the Middle Ages, but also the beginning of sovereigns staying regularly at the imperial palace there. Initially only seldom visited, in 794 the palace became the favourite winter residence of Charlemagne and, in 806, finally became the sovereign's permanent residence. His son Louis the Pious also ruled from this permanent residence for some time, but growing tensions within the empire and within the family forced him to return to the traditional form of local rule. As a consequence, Aachen lost its function as the main residence of the Frankish kings. The disintegration of Charlemagne's empire into several partial kingdoms gradually pushed the former residence to the periphery both in a geographical and political sense.

The overall political development had a significant impact on Aachen. The new large-scale construction of the palace building, which had probably begun as early as the 780s, bestowed the place with its extraordinary character, distinctly elevating it from the modest conditions of a Frankish country palace. The sovereign's permanent presence required growth of the settlement. Royal officials and great men of the empire flocked to the court, and craftsmen and traders were required. They all had to be accommodated and maintained near the palace. Due to the gradual absence of the kings, Aachen lost its attraction from 822 onwards. Only the church of the Virgin Mary built by Charlemagne can be regarded as a symbol of continuity. The church, because of its status as a canonical monastery, and because of its function as a parish church, was less dependent on the presence of the royal court than were the craftsmen and traders' settlements. The image of »Carolingian Aachen« was thus characterized, as early as in medieval times, by the relatively short period of prosperity at the beginning of the 9th century. The palace complex built by Charlemagne symbolises the high-point of the Carolingian empire. Charlemagne's throne, church and tomb were located there. Those who wanted to refer to the mythically glorified emperor could not do so without »Carolingian Aachen«.

Katalog

2 · 1
Bildnismünze Karls des Großen

Abb. S. 177

Mainz (?), kurz nach 800
Silber, geprägt, (rechts leicht ausgebrochen), D 2
Paris, Bibliothèque Nationale de France, Cabinet des Médailles, Inv.Nr. 981

Alle Bildnismünzen Karls des Großen sind Silberdenare (Pfennige). Sie sind allesamt äußerst kostbare Raritäten, weltweit existieren nur noch etwa 30 Exemplare. Das hier gezeigte gehört trotz seiner leichten Beschädigung zu den beiden schönsten dieser Münzbildnisse. Die Umschrift lautet KAROLUS IMP AVG. und weist Karl somit als römischen Kaiser aus. Der Denar gehört damit zu jener besonderen Gruppe der Bildnismünzen Karls, die anläßlich oder kurz nach seiner Kaiserkrönung in Rom Weihnachten 800 entstanden sind. Auf diesen ist Karl der Große nach dem Vorbild der römischen Kaiser im Profil mit Lorbeerkranz dargestellt. Karl trägt das Palludamentum, den Mantel der römischen Kaiser, der mit einer Brosche über der Schulter zusammengehalten wird. Es handelt sich bei diesen Münzen um die einzigen noch zu seinen Lebzeiten gefertigten Bildnisse des Kaisers. Sie weisen eine große Ähnlichkeit mit dem Kopf und der Schulter der Metzer Statuette auf (vgl. Kat.Nr. 2 · 22). Auf der Rückseite der Münze ist ein Gebäude in der Form eines antiken Tempels abgebildet, in dessen Inneren und auf dessen Dach sich jedoch ein Kreuz befindet, und das somit als christliche Kirche bezeichnet ist. Die Umschrift XPICTIANA RELIGIO (»christliche Religion«) ist in programmatischer Absicht aus griechischen und lateinischen Buchstaben zusammengesetzt. Sie verweist auf Karls Führungsanspruch und auf das Bündnis, welches Kaiser und Papst durch die Krönung Karls des Großen 800 vollendeten.

CW/MK

2 · 2
Lorscher Annalen (Annales Laureshamenses)

Abb. S. 179

Reichenau, 835
Pergament, Blattmaß: 31,3 x 23,2
St. Paul im Lavanttal, Bibliothek des Stifts, Inv.Nr. Cod. 8/1

Innerhalb ihres Berichtszeitraums (703–803) stützen sich die Annales Laureshamenses vor 785 auf die Annales Mosellani, besitzen für die Jahre bis 785 – 803 aber einen hohen Quellenwert, weil sie zahlreiche Informationen enthalten, die in keiner anderen Quelle überliefert sind, z. B. bezüglich der Vorverhandlungen zur Kaiserkrönung Karls des Großen: Am 23.12. 800 habe der versammelte fränkische und römische Klerus mit Papst Leo III. († 816) an der Spitze beschlossen, daß man Karl Kaiser nennen müsse, was dieser demütig und auf Bitten des Klerus wie Volk angenommen habe. Als Gründe für eine Vergabe des Kaisertitels an Karl werden sowohl die Vakanz des Amtes (»Weiberkaisertum« in Byzanz) als auch die »sedes«-Theorie (Karl der Große habe die antiken Kaisersitze des Westens unter seiner Herrschaft) genannt.

Die vorliegende, im Jahr 835 auf der Reichenau entstandene und wohl von einem einzigen Mönch geschriebene, schlichte Abschrift besitzt nur eine Initiale am Anfang des Textes, überliefert als einzige Handschrift aber den vollen Text der Lorscher Annalen.

HN

2 · 3
Tricliniumsmosaik mit Darstellung des Petrus, Leos III. und Karls des Großen

Kopie Benedikts XIV. von 1743
Rom, Lateran, Scala Santa
Fotografische Reproduktion, 18 x 24

Im Laufe des Jahres 800 ließ Papst Leo III. das Triclinium des Laterans mit drei Mosaiken ausschmücken: in der Apsis Christus die Apostel aussendend, auf der Stirnwand links der thronende Christus, der dem knienden hl. Petrus das Pallium und dem gleichfalls knienden Kaiser Konstantin († 337) das Labarum verleiht; als Parallele dazu an der rechten Seite der hier gezeigte thronende Petrus, der Papst Leo III. († 816) (zu seiner Rechten kniend) das Pallium und Karl dem Großen (zu seiner Linken kniend), der hier noch als »rex« bezeichnet wird, ein »vexillum«, ein antikes Feldzeichen, als Zeichen weltlicher Macht übergibt. In dieser Gestaltung kommt die politisch-theologische Auffassung Leos III. von Papst- und Kaisertum zum Ausdruck: wie Leo III. zu Petrus, so wird Karl der Große in eine Parallele zu Konstantin, dem Begründer des christlichen Kaisertums, gebracht.

HN

2 · 4 / 2 · 5
Zwei Säulen mit Bronzebasen und Kapitellen

Abb. S. 229

Säulen und Kapitelle: Italien (?), spätantik, und Aachen, karolingisch, um 800, Basen: Aachen, karolingisch, um 800
Grüner Porphyr, Marmor, Bronze, Säulen 233 x 30–33, Kapitelle 47 x 56 x 56, Basen 40 x 40
Aachen, Domschatzkammer

Karl der Große ließ in Rom und Ravenna antiken Bauten und wohl auch aus der Kölner Kirche St. Gereon (s. Beitrag Schütte) Säulen und Kapitelle für seine Aachener Kirche entnehmen. Ergänzt um karolingische Kopien antiker Kapitelle, wurden sie in den Kirchenbau eingefügt, wo Alkuin sie im Jahre 798 sieht und in einem Brief erwähnt. Die Säulen haben keine statische Funktion, sie repräsentieren die römische Antike und im Zusammenspiel mit dem Kirchengebäude das christliche Reich auf antiker Grundlage. Vier Säulen, die den östlichen oberen Umgang gegen den ursprünglichen karolingischen rechteckigen Ostabschluß der Kirche abgrenzten, waren in besonde-

2·8

rer Weise durch Bronzebasen, von denen sich drei erhalten haben, ausgezeichnet. Diese Säulen standen in unmittelbarer Nähe des bedeutendsten Altars der karolingischen Kirche, des Salvatoraltars, an dem Karl der Große 813 seinen Sohn Ludwig den Frommen zum Mitkaiser erhob. Die ausgestellten Säulen und Kapitelle gelangten erst 1969 aus dem Louvre zurück nach Aachen.

GM

2·6 – 2·8 *Abb. 2·6: S. 225; Abb. 2·7: S. 191*
Karolingische Fußbodenfragmente

Italien (?), spätantik, um 800 verlegt
Marmor, Ziegel, 43 x 76, 30 x 49, 42 x 85
Aachen, Dom

An einigen Stellen der Kirche und im Depot des Domes haben sich Reste des karolingischen Fußbodens erhalten. Kostbare Steinsorten sind nach dem Vorbild repräsentativer italienischer Fußböden der Spätantike zu geometrischen Stift- bzw. Plattenmosaikmustern gelegt. Daß es sich bei dem Bodenmaterial um antike Spolien handelt und sich im sog. Theoderichspalast in Ravenna ein ähnliches Plattenmosaik nachweisen läßt, korrespondiert mit Einhards Bemerkung, Karl habe für den Aachener Kirchenbau Säulen und Marmor aus Rom und Ravenna besorgen lassen.

GM

2·9
Mosaiksteine des ehemaligen karolingischen Kuppelmosaiks der Aachener Marienkirche

Aachen (?), karolingisch, um 800
Glas, Blattgold, 0,8–1,5 x 1–1,8
Aachen, Dom

Das mit großer Wahrscheinlichkeit karolingische, allerdings erst 1130 nachzuweisende Kuppelmosaik des karolingischen Oktogons fiel 1719 der Barockisierung der Kirche zum Opfer und wurde 1880/1881 durch Jean Bethune nach Zeichnungen des 17. Jhs. sowie nach 1869/1870 bei der Abnahme des barocken Stucks in der Kuppel entdeckten Malereien erneuert. Im Besitz des Domes befindet sich ca. ein Kubikmeter, d. h. ca. 290 000 Mosaiktesserae, die etwa 42 m^2 Mosaikfläche entsprechen. Sie wurden 1719 beim Abschlagen des Kuppelmosaiks und 1869/1870 bei der Entfernung des barocken Stucks, in dem mittelalterliche Tesserae wiederverwendet worden waren, gesammelt, möglicherweise allerdings später mit überzähligen Tesserae der Mosaikrekonstruktion von 1880/1881 vermischt. Da letztere den mittelalterlichen Tesserae nachgestaltet wurden, ist eine Scheidung heute nicht mehr möglich. Naturwissenschaftliche Analysen der Tesserae führten bislang zu keinem Erfolg.

GM

2 · 10
Reste des alten Mosaiks der Aachener Marienkirche

Abb. S. 227

Karolingische Malereireste in der Oktogonkuppel
Aachen, 1870
Aquarell auf Papier, 108 x 130
Aachen, Dom

Nachdem beim Abschlagen des barocken Stuckes 1869 in der Oktogonkuppel Malereireste entdeckt wurden, wurden diese 1870 in Originalgröße als Aquarelle aufgenommen. Die Befunde selbst wurden bei der Mosaikausstattung 1880/1881 zerstört. Es fanden sich zwei übereinanderliegende Malschichten, die kurz nacheinander vor der mittelalterlichen Mosaizierung der Kuppel entstanden sind. Die untere zeigt in Rötel skizzenhaft gegebene Figuren (rechter Teil des ausgestellten Blattes); die darüberliegende mehrfarbige (linker Teil des ausgestellten Blattes) gibt in Thema und Gestalt bereits das zeitlich nachfolgende Mosaik mit den vierundzwanzig Ältesten vor. Zu den dokumentierten Rötelskizzen gehört die hier ausgestellte, in dieser Form singuläre und rätselhafte Darstellung einer stehenden Madonna mit Kind im Typus einer stehenden Hodegetria. Karls des Großen Aachener Marienkirche wies wohl von Beginn an in ihrem Inneren eine Darstellung der Gottesmutter auf, da Wehling nachweisen konnte, daß die Skizze zwischen etwa 800 und dem Ende des Pontifikats Papst Gregors IV. 844 von einem römischen Maler geschaffen worden sein muß.

GM

2 · 11
Textilfragment

Byzanz, 6. Jh.
Seide, 7,6 x 30
Aachen, Domschatzkammer, Inv.Nr. T 010611

2 · 12/2 · 13
Textilfragmente

Vorderer Orient oder Byzanz, 8./9. Jh.
Seide, 12 x 23, 12 x 32
Aachen, Domschatzkammer, Inv.Nr. G 13, G 21

Ein schmaler byzantinischer Seidenstreifen des 6. Jhs. zeigt auf grünem und rotem Grund ein hellgrünes und weißes Muster. Kleine Quadrate bilden ein Gitter, dessen Kreuzungsstellen mit größeren, ineinandergeschachtelten Quadraten besetzt sind. In die Mittelfelder sind aus je vier Herzblättern gebildete Rosetten gesetzt. Das Muster entspricht einem Vorhangmuster auf dem Theodoramosaik in San Vitale, Ravenna. Zum Vergleich eignet sich der Seidenstoff Museo Sacro Vaticano 1235.

Bei der sogenannten Jägerseide sind auf kirschrotem Grund Kreismedaillons durch Rosetten miteinander verbunden. Auf dem erhaltenen Fragment stehen im Inneren des Medaillons zwei Krieger in Gladiatorentracht, von denen der eine den Fuß auf den Rücken eines seitwärts springenden Löwen setzt. Stücke der Aachener Seide befinden sich heute in Maastricht und Paris.

Das Fragment eines byzantinischen goldbroschierten grünen Seidenstoffes zeigt in blauer und weißer Musterfarbe zwei sich zum Sprung duckende Panther, deren Köpfe sich zu einem vereinen. Von einem darunter dargestellten Tier, womöglich ein Löwe, ist nur der Schwanz mit Quaste erhalten. Die Darstellung befand sich ursprünglich in einem Medaillon, von dessen blattornamentiertem Rahmen sich am rechten Rand des Stofffragmentes ein Teil erhalten hat.

Ein Zeitgenosse Karls des Großen schrieb, daß die Aachener Marienkirche eine so große Anzahl kostbarer Gewänder besitze, daß nicht einmal die Pförtner während des Gottesdienstes Alltagskleidung trügen. So reich habe Karl diese Kirche ausgestattet. Von diesen kostbaren, wohl meist byzantinischen Seidengewändern hat nichts die Zeiten überdauert, es sei denn, daß einige der Seidenfragmente im Domschatz von solchen Gewändern stammen. Die meisten von ihnen werden allerdings als Reliquienhüllen gedient haben. Die drei ausgestellten Seiden sind in Material, Herkunft, Farbigkeit und Thematik allerdings von ausgesprochen imperialem Charakter.

GM

2 · 14
Bergkristall, Kreuzigung

Karolingisch, Hofschule Aachen, um 800
Bergkristall, 6,5 x ca 5,5
Paris, Bibliothèque Nationale, Münzkabinett, Inv.Nr. BN Méd. intaille 2167 ter.
Collection Eugène Müller

2 · 15
Bergkristall, Hl. Paul

Karolingisch, Hofschule Aachen, um 800
Bergkristall, 4,5 x ca. 3,7
Paris, Bibliothèque Nationale, Münzkabinett, Inv.Nr. BN Méd. H 3416
Collection Wasset

Die antike Steinschneidekunst (Glyptik) bearbeitete Edelsteine und weichere Schmucksteine, später auch Bergkristall und Glaspasten. Dabei war die Ritztechnik des Kristallschnitts sehr beliebt, wobei die Ritzung auf der Rückseite beiderseits flacher Platten oder nur einseitig flach geschliffener Mugel erfolgte. Diese Technik erlebte schon im 6./7. Jh. eine Renaissance in Byzanz, wobei die Kreuzwachen oder die Verkündigung an Maria beliebte Themen waren. In merowingischer Zeit nicht belegt, wird die Ritztechnik in karolingischer Zeit auch im Westen wieder bekannt, im Umfeld der Hofschule Karls d. Gr. Bei diesen geschnittenen Bergkristallen unterscheidet man die Siegelstempel – vgl. den Lotharstein am Lotharkreuz (Kat.Nr. 3 · 36) – von den reinen Motivsteinen, wie die beiden hier gezeigten. Dabei sind wiederum Kreuzigungsszenen ein häufig gezeigtes Motiv, während der hl. Paulus ohne Parallele ist. Stilistisch sind all diese Bergkristalle so eng miteinander verwandt, daß man keine einzelnen Schulen voneinander unterscheiden kann, sondern insgesamt eine Herkunft aus dem Rhein-Maas-Gebiet annimmt. Mit dem Ende der Karolingerzeit setzte auch ein schneller Verfall der Bergkristallschneidetechnik ein.

HN

2 · 16
Sogenannter Talisman Karls des Großen

Aachen, 9. Jh. (?)
Goldfassung, Saphire, Perlen, Edelsteine, D 7
Reims, Musée du Palais du Tau, Inv.Nr. G 7

Der sog. Talisman gehört zu den drei Reliquiaren, die Karl der Große bei der legendären Graböffnung durch Otto III. im Jahre 1000 am Halse getragen haben soll. Der Talisman enthielt ursprünglich wohl Haare Mariens. Er ist seit dem 16. Jh. im Schatz der Aachener Marienkirche nachweisbar. 1804 wurde er mit anderen Reliquien von Bischof Berdolet der Kaiserin Joséphine überreicht. Heute befinden

2 · 14

2 · 15

2 · 16

sich Partikel vom Kreuze Christi in dem Reliquiar. Der Austausch der Reliquien könnte um 1804 erfolgt sein. In diesem Jahr erhielt Kaiserin Joséphine während ihres Aufenthaltes in Aachen den Talisman vom Aachener Bischof Berdolet zum Geschenk. Durch Joséphines Tochter Hortense gelangte der Talisman in den Besitz Napoleons III. Dessen Gattin, die ehemalige Kaiserin Eugénie, übergab das wertvolle Kunstwerk 1919 dem Reimser Kardinal Luçon.

CW

2 · 17

2 · 17
Hölzerne Innenkonstruktion des Thrones

Aachen, um 800 (?)
Eichenholz, südliche Wange: ca. 59 x 39 x 3,8; nördliche Wange: ca. 60 x ca. 39 x 4; Sitzplatte: ca. 70 x 59,5 x 3,5 (zwei Bretter)
Aachen, Dom

Der Marmorthron enthielt im Innern zwei Wangenbretter, ein zweigeteiltes Sitzbrett und ein (heute verlorenes) Querbrett. 1942 wurde der gesamte Thron zum Schutz vor Bombenangriffen eingemauert. Das so entstandene feuchte Mikroklima führte zur bräunlichen Verfärbung des Marmorthrons und zu einem zerstörerischen Pilzbefall der Hölzer. Diese wurden 1949 im Thron durch Kopien ersetzt. Die im Depot der Schatzkammer seitdem aufbewahrten Hölzer waren so fragil, daß sie ohne Substanzverlust nicht einmal berührt werden konnten. Anläßlich der Ausstellung »Krönungen« wurden sie restauriert und erneut untersucht. Seit der ersten dendrochronologischen Analyse 1967 datierte man den Thron ca. auf das Jahr 935 und somit in die unmittelbare Vorzeit der Königskrönung Ottos I. Zudem ging man davon aus, daß das obere Brett mit einem (ebenfalls verlorenen) Sitzkissen versehen die Sitzfläche bildete, auf der alle in Aachen gekrönten Könige Platz nahmen. Beide Annahmen haben sich als falsch erwiesen. Nach den neueren, technisch ausgereifteren Untersuchungen von 1999/2000 läßt sich die Datierung auf 935 nicht mehr aufrechterhalten. Viele weitere Indizien sprechen dafür, daß es sich beim Aachener Thron tatsächlich um den Thron Karls des Großen handeln könnte, da das Datum definitiv vor 860 anzusetzen ist. Das obere Brett war bis zum Beginn des 19. Jhs. von einer marmornen Sitzplatte bedeckt, deren Verbleib unbekannt ist.

MK

2 · 18 vacat

2 · 19 vgl. *Abb. S. 197*
Hrabanus Maurus, »Liber de laudibus sanctae crucis« (in honorem sanctae crucis)

Salzburg (?), 2. H. 9. Jh.
Illuminierte Handschrift auf Pergament, Blattmaß: 40 x 30
Wien, Österreichische Nationalbibliothek, Inv.Nr. Codex Vindobonensis 911, fol 1ᵛ

Die Figurengedichte des »Liber de laudibus sanctae crucis« entstanden um 810/14 und gehören damit dem Frühwerk des Fuldaer Abtes und späteren Mainzer Erzbischofs Hrabanus Maurus († 856) an. Sie greifen die spätantike Tradition des Figurengedichts, das entweder den Umriß eines Gegenstandes nachbildet oder in ein quadratisches

2 · 19

Gitter eingesetzt ist, auf. Hrabanus erweitert dieses Konzept durch die Einbringung farbig ausgemalter Darstellungen in unerhört komplizierter Weise. Die hier gezeigte Dedikationsseite, die den übrigen 28 Gedichten später hinzugefügt wurde, zeigt Ludwig den Frommen († 840) als »miles christianus«: Die innerhalb der farbig gestalteten Flächen (Kreuz, Nimbus, Schild) befindlichen Buchstaben bilden eigene Sinneinheiten. Da die Gedichte durch ihre komplizierte Anlage nur schwer verständlich sind, fügte Hrabanus im zweiten Teil der Handschrift eine Erläuterung der Texte hinzu. Dieser nie wieder erreichte Höhepunkt mittelalterlicher Figurendichtung wurde in 81 bekannten Handschriften reproduziert und seit dem 16. Jh. mehrfach gedruckt. Die vorliegende Handschrift entstand in der 2. Hälfte des 9. Jhs. im deutschsprachigen Raum, vielleicht in Salzburg.

HN

2 · 20   vacat

2 · 21   Abb. S. 123
Sakramentar-Fragment

Hofschule Karls des Kahlen, 869 (?)
Illuminierte Handschrift auf Pergament, Blattmaß: 27 x 21
Paris, Bibliothèque Nationale de France, Département des Manuscrits, Inv.Nr. Ms lat. 1141

Im Mittelpunkt der Darstellung auf fol. 2ᵛ der Handschrift steht ein Herrscher, der von der Hand Gottes eine Krone empfängt und der von zwei heiligen Bischöfen flankiert wird. Der junge König trägt einen purpurfarbenen, mit Gold verzierten Mantel über einer goldenen

Tunika. Vermutlich entstand die Handschrift im Umfeld der Krönung des westfränkischen Königs und späteren Kaisers Karls des Kahlen zum König von Lotharingien in Metz im Jahr 869. Unklar bleibt, wer dargestellt ist. Sollte der König der junge Karl der Kahle sein, so wären die Bischöfe Adventius von Metz und Hinkmar von Reims, die diese Krönung vollzogen haben. Auch eine Darstellung Karls des Großen wurde nicht ausgeschlossen. Anläßlich der Krönung Karls des Kahlen 869 hatte Erzbischof Hinkmar von Reims die um 498 vollzogene sagenumwobene Taufe Chlodwigs erwähnt und dessen Taufe mit einer Königsweihe gleichgesetzt. Die Reimser Kirche behauptete, noch etwas von jenem »heiligen Salböl« zu besitzen, das bei Chlodwigs Weihe ähnlich wie hier die Krone vom Himmel herabgekommen sei. Damit wollte er die Herrschererhebung der westfränkischen Nachfolger des ersten fränkischen Königs Chlodwigs an Reims binden. Bei der Darstellung handelt es sich somit wahrscheinlich um die drei historischen »Prototypen« der 869 Beteiligten: Chlodwig als Vorfahr Karls des Kahlen, der heilige Arnulf als Vorfahr des Bischofs von Metz und der heilige Remigius, der Chlodwig einst getauft hatte, als Vorfahr Hinkmars.

MK

2 · 22
Reiterstatuette

Metz, um 870
Bronze, H 23,5
Original: Paris, Musée du Louvre
Abguß: Paris, Musée du Louvre

Die berühmte Metzer Statuette gilt als Bildnis Karls des Großen. Sie gibt heute noch Rätsel auf. Reiter, Pferd und der Kopf des Herrschers sind getrennt voneinander gegossen und dann zusammengefügt worden. Der Herrscher in fränkischer Tracht trägt einen von lilienartigen Verzierungen bekrönten Kronreif. Das Pferd, aber auch das Herrschaftszeichen des Globus gehen auf römisch-antike Traditionen zurück. Diese Aneignung antiker Vorbilder ist erst seit der Zeit Karls des Kahlen nachweisbar. Auch stilistische Vergleiche mit Werken der Metzer Elfenbeinkunst deuten auf eine Entstehung um 870. Die Statuette hatte wohl die Funktion eines Erinnerungsbildes an Karl den Großen und wurde bis zur Französischen Revolution in der Metzer Kathedrale als solches verehrt. Wenn Karl der Kahle sie in Auftrag gegeben hat, dann im unmittelbaren Umfeld seiner Krönung zum König von Lotharingien in Metz 869. Bereits 870 mußte er den östlichen Teil Lotharingiens und damit auch Metz wieder an seinen ostfränkischen Bruder abtreten. Stimmt diese Datierung, so fallen im Herrscherbild der Metzer Statuette Typ und Prototyp des Dargestellten zusammen: Karl der Kahle ließ sich als neuer Karl der Große darstellen. In jedem Fall ist die legendäre Statuette ein einzigartiges Zeugnis der imperialen karolingischen Kunst und eine Wiederbelebung der antiken Tradition des kaiserlichen Porträts.

MK

2 · 23 Dom
Thron

Abb. S. 3, 35, 136, 213, 215, 217, 219, 265, 269

Aachen, karolingisch, um 800 (?)
Parischer Marmor, Kalkstein, 243 x 109 x ca.210
Aachen, Dom

Über vier Pfeilern erhebt sich der Thron aus weißen Marmorplatten, von Bronzeklammern gehalten. Sechs, teils aus einer antiken Säule geschnittene Stufen führen zum Thronsitz hoch. Ein Mühlespiel auf einer der Thronwangen erinnert daran, daß die Marmorplatten des Thrones aus einem antiken Gebäude stammen. Die Platten des Aachener Thrones stammen möglicherweise von den heiligen Stätten Jerusalems und hatten dadurch Reliquiencharakter. Während der Heiligtumsfahrten krochen tausende Menschen unter dem Thron hindurch, so daß die ihn tragenden Pfeiler an den Innenseiten völlig glatt geschliffen sind. Die Aachenpilger verehrten auf diese Weise den Thron als »Reliquie« Karls des Großen, so wie man auch unter auf Pfeilern stehenden Reliquienschreinen durchkroch. Wie die Reliquienschreine war der Thron mit einem hölzernen Schutzgehäuse umschlossen, das nur an hohen Festtagen und während der Wallfahrt geöffnet bzw. bei Krönungen entfernt wurde. 1305 wurde an den Thron ein Altar zu Ehren des hl. Nicasius angebaut. Seit der ersten Krönung in Aachen 936 (Otto I.) bestieg der neue König während der Krönungszeremonie den Thron und ergriff damit Besitz von der Herrschermacht (Inthronisation).

GM

2 · 24 Dom
Bronzegitter

Aachen, karolingisch, um 800
Bronze, 122 x 419–429
Aachen, Dom

Laut Einhard hat Karl seine Aachener Marienkirche mit Türen und Gittern aus massivem Metall geschmückt. Zum Oktogon hin schließen acht in karolingischer Zeit in Aachen, zwei davon als Hohlgüsse, in jeweils einem Stück gegossene Bronzegitter von außerordentlicher Qualität und Schönheit den oberen Umgang ab. In ihrer Gestaltung sind die einander gegenüberliegenden Gitter paarweise aufeinander bezogen. Die Herstellung der karolingischen Bronzen in Aachen hat sich wohl über Jahre hingezogen, denn die Ornamentik der Gitter zeigt eine wachsende Abkehr von klassisch-antiken Vorlagen.

GM

Kat.Nr. 2 · 22 – 2 · 24

2 · 24

2 · 26

2 · 25 Dom
Bronzetüren

Aachen, karolingisch, um 800
Bronze, Wolfstür 395 x 135 und 392 x 134, kleine Türen 238 x 73
Aachen, Dom

Das Hauptportal wie auch die Nebeneingänge der Kirche waren und sind teils noch mit in Aachen gegossenen karolingischen Bronzetüren geschlossen. Jeder Flügel der nach dem benachbarten Standort der spätantiken Tierbronze sog. Wolfstüren wiegt 2,5 Tonnen und wurde bis auf den Löwenkopf in einem Stück gegossen! Der Guß der Türen erfolgte auf dem zentralen Platz der Aachener Pfalz, dem heutigen Katschhof, wie dort aufgefundene, heute verschollene Reste der Gußformen belegen. Die Aachener Bronzetüren, die ersten Bronzetüren des Mittelalters, sind in Gestalt und Technik so deutlich an römischantiken Vorbildern orientiert, daß wohl italienische Künstler sie in Aachen geschaffen haben. Separat gegossene, an antiken Vorbildern orientierte Löwenköpfe hielten einst eiserne Ringe, die als Türklopfer dienten. Zugleich zeigten sie an, daß der Teufel, der »umhergeht wie ein brüllender Löwe und sucht, wen er verschlingen könne«, aus dem Kirchenraum verbannt ist. Von den einst vier kleineren bronzenen Türpaaren der Nebeneingänge der Kirche haben sich drei erhalten. Anders als bei der Wolfstür sind bei ihnen die Löwenköpfe, die eiserne Ringe als Türklopfer halten, mit den Türflügeln in einem Stück gegossen. Die Herstellung der karolingischen Bronzen in Aachen hat sich wohl über Jahre hingezogen, denn die zunächst als Vorlage dienenden, an antiken Vorbildern orientierten Löwenköpfe der Wolfstür werden bei den kleinen Bronzetüren zunehmend stilisiert.

GM

2 · 26 Dom
Sogenannte Wölfin

Abb. S. 62

Italien, spätantik (?)
Bronze, H 80
Aachen, Dom

Ein wohl spätantiker Bronzeguß hat, möglicherweise als Darstellung einer Bärin oder eines Molosserhundes gedacht, als sog. Wölfin wahrscheinlich innerhalb des Atriums als Brunnenfigur in Analogie zur kapitolinischen Wölfin auf Rom verwiesen. Karls des Großen Aachener Pfalz mit ihren imposanten Großbauten ist ein Bild Roms. Das Atrium, der Vorhof der karolingischen Kirche, war ein ummauerter, seitlich von überbauten Pfeilern umgebener offener Platz, dessen Mitte ein Springbrunnen bildete. Je zwei große Nischen unterbrachen an den beiden Langseiten die Folge der Pfeiler, während im Westen eine einfache Mauer mit einem Durchgang und im Osten die Kirche das Atrium begrenzten. Der heutige Domhof umschreibt exakt das einstige karolingische Atrium, das bei der Krönung Ottos I., der ersten Krönung in Aachen am 7. August 936, eine besondere Rolle spielte: »Hier versammelten sich die Herzöge und Grafen mit den vornehmsten Rittern und setzten den neuen Herrscher auf einen hier aufgestellten Thron. Hier huldigten sie ihm, versprachen ihm Treue und Hilfe gegen seine Feinde und machten ihn so zum König.« Der Kopf der Tierbronze hat möglicherweise die Gestaltung der Löwenköpfe auf den sog. Wolfstüren beeinflußt.

GM

2 · 27 Dom
Pinienzapfen

Aachen, karolingisch, oder Hildesheim, ottonisch (?)
Bronze, 91 x 68
Aachen, Dom

Den Brunnen im Atrium bekrönte ein bronzener, nach der Sockelinschrift von einem Abt Udalricus gestifteter Pinienzapfen mit durchbohrten Spitzen. Auf den Ecken des Sockels saßen weitgehend zerstörte Personifikationen der vier Paradiesflüsse. Bezogen auf den einst ebenso gestalteten Atriumsbrunnen von St. Peter in Rom, wird in dem Aachener Pinienzapfen ein Symbol der geistlichen und in der Wölfin in Analogie zur kapitolinischen Wölfin ein Symbol der weltlichen Macht Roms gesehen. Seitdem die Funktion als Brunnenskulptur aufgegeben war, flankieren Pinienzapfen und sog. Wölfin als bronzene Standbilder den Eingangsbereich der Kirche. Bei der Krönung Maximilians I. 1486 ist eine besondere Funktion der beiden Bronzebildwerke belegt: Zwei Mitglieder des Stiftes bedeuten dem König, er werde ein Reich beherrschen, in dem es so viele Sprachen wie »Zungen« am Pinienzapfen gebe, und er möge sein Reich so schützen wie die Wölfin ihre Jungen.

GM

2 · 27

2 · 28

2 · 28 Domschatzkammer
Proserpinasarkophag

Rom, frühes 3. Jh.
Carrara-Marmor, 220 x 64 x 58
Aachen, Domschatzkammer, Inv.Nr. G 3

Das Hochrelief des Sarkophages zeigt den antiken griechisch-römischen Mythos vom Raub der Proserpina. Der heute deckellose Sarkophag gehört wohl zu jenen antiken Kunstwerken, die Karl aus Italien nach Aachen bringen ließ. Mit an Sicherheit grenzender Wahrscheinlichkeit barg er von der Bestattung am 28. Januar 814 an bis zur Heiligsprechung 1165 die sterblichen Überreste Karls des Großen: Karl wurde einem antiken weströmischen Herrscher gleich bestattet. Später wurde der leere Sarkophag, wohl zusammen mit der ausgestellten hölzernen Karlsfigur, Bestandteil einer Karlsmemorie im unteren Oktogonumgang. Während der französischen Besetzung Aachens gelangte der Sarkophag 1794 zusammen mit den antiken Säulen des Münsters nach Paris. 1815 wurde er nach Aachen zurückgebracht; beim Versuch, ihn auf die Michaelsempore der Nikolauskapelle zu hieven, wurde er 1843 schwer beschädigt. Eine Restaurierung erfolgte 1999 in Berlin. Nächstverwandt ist ein Sarkophag im Kapitolinischen Museum, Rom.

GM

2 · 29 Domschatzkammer
Quadrigastoff

Byzanz, Ende 8. Jh.
Seide, 76 x 75
Aachen, Domschatzkammer, Inv.Nr. G 9

Der in Aachen nur noch zum Teil erhaltene purpurgefärbte Seidenstoff, das älteste und bedeutendste byzantinische Figurengewebe, war möglicherweise ein byzantinisches Geschenk an Karl den Großen, das bei seiner Bestattung am 28. Januar 814 als Leichentuch benutzt wurde. Der Stoff zeigt in einem Kreismedaillon eine Quadriga, ein Viergespann, darunter schütten zwei Knaben als Allegorie kaiserlicher Freigebigkeit Münzen aus Säcken. In den Zwickeln

2 · 29

zwischen den Kreismedaillons stehen Steinböcke, die Zweige im Maul haltend. Ein fast gleichgroßes, 1850 abgetrenntes Stück der Seide befindet sich seitdem in Paris.

GM

2 · 30 Domschatzkammer
Jagdmesser

England oder Skandinavien, Messer 8. Jh., Scheide 10./11. Jh.
Damasziertes Eisen, Horngriff mit Messingbeschlag, Leder; Messer 52,5 x 4,5, Scheide 46,7 x 7,5
Aachen, Domschatzkammer, Inv.Nr. G 12

Nach der Legende bewahrt der Aachener Domschatz mit diesem karolingischen Messer das Jagdmesser Karls des Großen, dessen Leidenschaft die Jagd war. Zweihundert Jahre später schuf der Künstler Byrhtsige die kostbare Messerscheide und »signierte« sie.

GM

2 · 31 Domschatzkammer
Elfenbeindiptychon

Aachen, Anfang 9. Jh. (Elfenbein) und 14. Jh. (Silberrahmen)
Elfenbein; Silber, 31,7 x je 10,8
Aachen, Domschatzkammer, Inv.Nr. G 8

In quadratischen, von Akanthusblattornament und Perlrand gerahmten und deutlich voneinander abgetrennten quadratischen Feldern sind auf vorderem und rückwärtigem Buchdeckel sechs Begebenheiten nach der Auferstehung Christi (Lk 24) dargestellt. Die Reihenfolge

Kat.Nr. 2 · 30 – 2 · 31

2 · 30

2 · 31

2 · 32

stimmt nicht ganz mit der Textreihenfolge überein; ohnehin scheint sich der Künstler bei der einzigartigen Aachener Folge an verschollenen spätantiken Vorlagen aus einem weit umfangreicheren Zyklus, der nachösterliche Ereignisse bei Johannes einschloß, orientiert zu haben: So ist die Darstellung des seine Wundmale zeigenden Christus offensichtlich eine in den Außenraum verlegte Thomasszene (Joh 20) und das Emmausmahl das in einen Innenraum verlegte Mahl am See Tiberias (Joh 21,12ff). Das Format des Diptychons entspricht dem eines karolingischen Sakramentars in Cambrai, das inschriftlich als exakte Kopie des authentischen Aachener Urexemplars des Sakramentars Hadrians I. (»Gregorianum«) bezeichnet ist. Die im 14. Jh. wiederverwendeten Aachener Tafeln bildeten also mit großer Wahrscheinlichkeit dessen ursprünglichen Einband. Zeitlich und stilistisch stehen die Aachener Elfenbeintafeln einer Elfenbeintafel mit der Kreuzigung Christi in Narbonne und einem Elfenbein mit der Himmelfahrt Christi in Darmstadt sowie, was die Rahmenornamentik betrifft, dem Lorscher Evangeliar nahe.

GM

2 · 32   Domschatzkammer
Karolingisches Evangeliar

Aachen, Anfang 9. Jh.
Pergament, 280 Blätter, 30,5 x 24
Aachen, Domschatzkammer, Inv.Nr. G 4

Die Handschrift enthält die Texte der vier Evangelien mit den entsprechenden Argumenten (Vorreden) sowie den Hieronymusprolog (fol.2^r–5^r) und den sog. Damasusbrief (fol. 5^v–7^v). Sie sind einspaltig in karolingischen Minuskeln geschrieben, Titel und Überschriften sind in Capitalis rustica hervorgehoben. Den Evangelien sind auf zwölf Seiten (fol. 8^v–14^r) Kanontafeln in antiken Architekturrahmen, die eine Vorlage der Zeit um 400 n. Chr. widerspiegeln und als einzige innerhalb der karolingischen Buchmalerei den sog. Gebälktypus aufweisen, und eine ganzseitige Miniatur (fol. 14^v) vorangestellt. Dargestellt sind ungewöhnlicherweise alle vier Evangelisten auf einer Seite in einer Hügellandschaft mit hochgezogenem Horizont, die um jeden von ihnen einen illusionären Raum bildet. Die Evangelisten, dargestellt in verschiedenen Lebensaltern und als Verkörperungen der vier Temperamente, sind in weiße, weit gebauschte Togen gekleidet. Doch sind sie im Gegensatz zu den antiken Autorenbildern der Vorlage nicht autonom, sondern stehen deutlich im Dienste eines Höheren, wie die Anwesenheit ihrer Symbole bezeugt. Der gemalte goldene Rahmen mit illusionistischem Filigran- und Edelsteinschmuck betont die Kostbarkeit des Gotteswortes. Die Evangelisten sind voneinander abgewandt und gehören doch zueinander, wie Rahmen und Landschaft anzeigen. Ihre vier Evangelien geben in ihrer Zusammengehörigkeit und Übereinstimmung das sichere Zeichen für die Wahrheit des einen Evangeliums, das sie zusammen bilden, gleichsam wie nach Augustinus die vier Teile der Erde nur zusammen die eine Welt bilden. Tatsächlich verweist die Anordnung der Evangelisten in den vier Ecken einer Landschaft auf die vier Weltgegenden als Geviert. Die Evangelisten definieren die Weltorte und stellen ihre Ordnung dar. Ihre vier Symbole verweisen auf die viergestaltige Erscheinungsform des Logos in der Welt. Die Miniatur wurde von einem gräcoitalischen, mit der Malerei der Spätantike vertrauten Künstler geschaffen. Außer einer Zierseite mit dem Titel des Matthäusevangeliums (fol. 19^v) in goldener und silberner Capitalis rustica auf Purpurgrund in einem Ornamentrahmen enthält die in buchmalerischer Hinsicht unvollendet gebliebene Handschrift keine weitere Miniatur. Auf den letzten Seiten dieses sog. Schatzkammerevangeliars, das zur ursprünglichen liturgischen Ausstattung der Aachener Marienkirche gehört, befindet sich das Capitulare Evangeliorum (fol. 258^r). Die Handschrift gehört stilistisch gesehen zur Gruppe des sog. Krönungsevangeliars in Wien, das sich bis 1794 ebenfalls im Aachener Domschatz befand. Bis zur Neubindung 1972 bildete der Goldene Buchdeckel den vorderen, bis 1870 der Silberne Buchdeckel den rückwärtigen Einband des Evangeliars.

GM

Renovatio Imperii und Investiturstreit

Renovatio Imperii und Investiturstreit

Johannes Fried (Frankfurt am Main)

Politik der Ottonen im Spiegel der Krönungsordnungen

Die Gesellschaft der Ottonenzeit

»Politik«, das geistige Konzept menschlichen Handelns vom Gemeinwesen aus und auf das Gemeinwesen zu, erfand, soweit es das Abendland betrifft, erst das 13. Jahrhundert in Folge der späten Aristoteles-Rezeption. Die Zeit der Ottonen war davon noch Jahrhunderte weit entfernt. Ihre Großen dachten nicht in »politischen« Kategorien, dachten überhaupt nicht kategorial, sondern in Zeichen, Ritualen, angelehnt an augenfällige Äußerungen von Handeln und Geschehen. Adel und Besitz, Forst- und Bannrechte, Abgaben und Dienste hießen die Kriterien, nach denen sie einander maßen, Rang und Status folgten daraus. Die Todsünde der Habgier lenkte mit starkem Arm ihr Tun, gehemmt allenfalls von kirchlichen Normen, welche die Macht des Begehrens in Schranken zu weisen suchten. Nur zaghaft hielt eben, im 10. Jahrhundert, ein an aristotelischer Dialektik orientierter Vernunftgebrauch Einzug in die Schulen. »Innenpolitik«, »Außenpolitik« waren dem 10. und frühen 11. Jahrhundert gänzlich fremde Begriffe; niemand hätte sie verstanden, niemand ihnen ein spezifisches Verhalten zuordnen, niemand es einzufordern vermocht. Die Organisation des menschlichen Zusammenlebens folgte anderen Ordnungsmustern.

Gott und Mensch, Teufel und Sünder, Kosmos und menschliches Tun redeten da miteinander. Himmel und Erde, Diesseits und Jenseits durchdrangen sich wechselseitig. Adelige Machtgier, Unterdrückung der Armen, sündiges Verhalten riefen vermeintlich Naturkatastrophen hervor, lockten Feinde ins Land und ließen sie triumphieren, die Leute heillos sterben. Gottes strafende Gerechtigkeit schreckte und warnte mit Zeichen wie Sonnenfinsternissen und Seuchen, reißenden Wölfen, doppelköpfigen Kälbern. Jedermann sah sie und bekam ihre Folgen zu spüren. Kundige Interpreten wußten sie im nachhinein zu deuten. Die Frommen erschraken, flehten mit Bittgebeten, Litaneien und Prozessionen um Erbarmen und Gnade, suchten auch durch begütigende Gaben und Stiftungen dräuendes Unheil abzuwenden. Die Bereitschaft zum Investieren in die Beter, in die Mönche strengster Observanz, wurde ständig geschürt; Klöster wurden gegründet, ausgestattet, gegen Bedrängnis in Schutz genommen. So verhallte die

Forderung nach irdischer Gerechtigkeit auch unter den Mächtigen der Welt nicht. Sie weckte Skrupel, ja, wuchernde Angst vor Gottes strafender Allmacht.

Unermüdliche Pflege der Religion, Heiligenkult, Gottesdienst erschienen als unabdingbare Notwendigkeit des Lebens in der Gemeinschaft. Dem kirchlichen Kultus, dem Gebet und der Liturgie kam höchste Bedeutung zu. Sie erflehten das göttliche Erbarmen, welches Leben spendete und seine Ordnung erhielt, baten um die fortwährende Hilfe der Heiligen gerade für ein gesegnetes Leben hier, im Diesseits, nicht nur zur ewigen Seligkeit und gegen die Schrecken des Jüngsten Gerichts. Der König unterwarf sich den heiligen Geboten und bekundete es durch die regelmäßige Teilnahme am Vollzug des Kultus. Wenn etwas als Politik hätte eingestuft werden können, dann wäre es diese Teilhabe am Gottesdienst, am Gebet, an den Segnungen der Kirche gewesen. Auch die Königssalbung wäre, so gesehen, höchste Politik gewesen, der liturgische Ordo, nach dem sie sich vollzog, geradezu ein Leitfaden für das »politische«, nicht bloß für das moralische Verhalten, ein politischer Traktat in Gebetsform: »All-

Abb. 1 *Kat.Nr. 3 · 16*
Siegel König Ottos II., Deutschland (?), vor 963. Während Otto II. kurz nach seiner Aachener Krönung vom 26.5. 961 noch das Siegel seines Vaters benutzte, ist das vorliegende Siegel vor 963 entstanden und war bis zur Kaiserkrönung Ottos II. Weihnachten 967 in Verwendung. Hannover, Niedersächsisches Hauptstaatsarchiv, Cal. Or. 100 Hilwartshausen, Nr. 1

mächtiger, ewiger Gott, der Du Deinen Knecht zum Gipfel des Königtums zu erhöhen geruhtest, gewähre ihm, wir bitten Dich, im Wandel dieser Zeit das Heil der ganzen Gemeinschaft zu ordnen, ohne vom Pfad Deiner Wahrheit abzuirren.« So betend eröffneten die Bischöfe die Krönungsfeierlichkeiten, wie sie die unter Otto dem Großen in Mainz zusammengestellte maßgebliche liturgische Formelsammlung, das »Pontifikale Romano-Germanicum«, festhielt. [1]

Die folgenden Gebetsformeln erläuterten das Gemeinte. Sie alle spiegelten die Sorgen und Nöte, die Hoffnungen der Zeitgenossen. Hier wurde ein Handeln entworfen, das dem Herrscher zur Gnade Gottes verhelfen und damit seine Herrschaft segensreich für alles Volk machen sollte. »Gewähre ihm vom Tau des Himmels und vom Fett der Erde Überfluß an Getreide, Wein und Öl und Reichtum an allen Früchten, aus der Freigebigkeit göttlicher Gabe durch lange Zeit, auf daß unter seiner Regierung die Leiber im Land gesund, der Friede im Reich ungeschmälert sei. (...) Gewähre ihm, allmächtiger Gott, daß er der tapferste Schützer des Landes, der Trostspender der Kirchen und zumal der Klöster der Heiligen sei mit der Güte königlicher Großzügigkeit, daß er der stärkste der Könige sei, Triumphator über die Feinde zur Unterdrückung aufrührerischer und heidnischer Völker, daß er seinen Feinden aus höchster Macht königlicher Stärke fürchterlich sei.«[2] Fortgesetzt mahnten die Gebete während der Krönung zu Friede und Eintracht, zu Liebe und Treue, zur Abwehr der Begehrlichkeit und zu Gerechtigkeit.

Die Menschen bedurften derartiger Beharrlichkeit. Denn auch der Teufel schlief nicht; wieder und wieder verschaffte er sich Gewalt über ihre Taten und Seelen. In alles mischte er sich ein. Die Zuordnungen von Besitz nach ganz uneinheitlichem Recht, mit bald enger, bald weiter Nutzungsbefugnis heizte die Begehrlichkeit an, ließ Haß und Neid, Raffgier und Wucher toben, Betrug und jede Art unrechter Gewalt. Der Reiche, der Mächtige neidete seinesgleichen, was er besaß, der Arme dem Armen; ein jeder suchte, sich am anderen schadlos zu halten. Der Ärmere buhlte um des Reicheren Gunst. Behemot, Satan und wie die verderbenbringenden Geister alle hießen, nisteten sich in ihrer Gemeinschaft ein, bedrohten deren Ordnung und Lenkung. Das Böse schwoll an; und kündigte damit das Nahen des Jüngsten Gerichtes an. Es war die Zeit der Grundlegung der künftigen Fürstentümer. Wer jetzt daran nicht partizipierte, hatte später kaum mehr eine Chance. Hohe Instabilität kennzeichnete dieses soziale System. Im Machtkampf mitzuspielen war lebensgefährlich. Gewaltsamer Tod verschonte auch und gerade Königssöhne nicht. Jeder Herrscherwechsel gefährdete aufs höchste die zuvor etablierte und notdürftig befriedete agonale Gemeinschaft. Andere Personengruppen drängten jetzt an den Hof, in die Umgebung des neuen Herrschers; neue Zielsetzungen bedrohten das bislang Erreichte. Jedermann mußte um Status und Besitz bangen; und wehe, man setzte auf die falsche Partei.

Um so argwöhnischer belauerten alle einander. »Sei auf der Hut, Leo!«[3] So mahnte sich der treue Paladin der Ottonen in Italien, Bischof Leo von Vercelli, selbst zur Vorsicht — voll Argwohn gegen seinen eigenen Herrn, hieß dieser Otto III. oder Heinrich II. Kein Sachwalter verdiente uneingeschränktes Vertrauen, kein Fürsprecher handelte uneigennützig, kein Herrschaftsaufbau oder -ausbau vollzog sich neidlos, streitlos, gewaltlos. Wie hier rechte Herrschaft üben? Wie hier Gottes Barmherzigkeit nicht verspielen?

Die Krönungsordnung wies den Weg, ein Leitfaden wahren Königtums. »Gewähre, daß die Völker (dem König) die Treue halten, seine Großen Frieden genießen, die Liebe lieben, von Gier sich fernhalten, gerechtes Recht sprechen, die Wahrheit wahren; und daß sich so das Volk unter seiner Herrschaft mehre, vereint mit dem Segen der Ewigkeit«. — »Dir sei er in Furcht ergeben, Dir diene er in Ruhe; Dein Schild schütze ihn mit seinen Großen und überall sei er mit Deiner Gnade Sieger. Ehre ihn vor allen Königen der Heiden. Glücklich regiere er die Völker, glücklich mögen ihn die Nationen schmücken. Hochgemut lebe er unter den Scharen der Heiden. Einzigartig recht und billig seien seine Urteile. Beschenke ihn mit reicher Hand. Fruchtbarkeit möge er seinem Lande bringen. Erquicke ihn in seinen Kindern. Gib langes Leben ihm und Gerechtigkeit erhebe sich in seinen Tagen.«[4]

Diese Machtelite, die mit oder neben dem König herrschte und die gewöhnlich zugleich die Bildungselite stellte, war klein und leicht zu überschauen. Mancherlei Beziehungen — Verwandtschaft und Verschwägerung, Besitzgemeinschaft, Vasalität und Lehen — verband sie. Widukind, der hochadelige Mönch von Corvey beispielsweise, die Geschichte des ottonischen Sachsen etwa von Heinrich I. bis zum Tod Ottos des Großen erzählte, nannte für diese gut sechzig Jahre insgesamt knapp einhundertdreißig handelnde, zumeist männliche Zeitgenossen geistlichen und weltlichen Standes in den Grenzen des ottonischen Reiches beim Namen. Der Bischof Thietmar von Merseburg, gleichfalls von höchstem sächsischen Adel mit einer ausgedehnten, weit nach Franken reichenden Sippschaft und einem ausgeprägten Familienbewußtsein, erwähnte für die etwa elf Jahrzehnte bis zu seinem Tod im Jahr 1018 immerhin über fünfhundert Personen, darunter etwa ein Fünftel Frauen. Andere Geschichtsschreiber der Zeit bestätigten derartige Zahlen für die herrschende Schicht. Diese Wenigen bestimmten das Geschehen im ottonischen Reich. Sie kannten einander von Angesicht zu Angesicht. Ihr Herrschaftsverband glich einer ausgedehnten Face-to-Face-Gesellschaft.

Der Horizont des Wissens in der Ottonenzeit

Was aber wußte man von Land und Leuten, über die sich die Herrschaft erstreckte oder erstrecken sollte? Weite Regionen galt es zu erfassen. Sie erforderten zureichende Orientierung im Raum. Diese indessen unterlag im 10. Jahrhundert stärkster Beschränkung. Die geographischen Vorstellungen speisten sich allein aus unmittelbaren Erfahrungen, die nur allzu selten über die engere Heimat hinauswiesen. Allenfalls der Adel im Königsdienst kannte mehr von der Welt. Die damaligen Gelehrten verfügten zwar in beschränktem Umfang über antikes Wissen; doch dasselbe war in keiner Weise auf die aktuelle Herrschaftswaltung anzuwenden. Die bewohnte Erde zeichnete sich da als kleine Insel ab, vom Ozean umspült. Altüberlieferte Kartenbilder, etwa die Zonenkarte im Kommentar des Macrobius zu Ciceros »Somnium Scipionis«, stellten es so dar. Derartige Imaginationen zeichneten den ganzen irdischen Kosmos und gaben gerade keine Möglichkeit zur übersichtlichen Kontrolle von Land oder Leuten in einzelnen Regionen an die Hand. Bestenfalls brüteten Schriftkundige über der Wahrheit, die sie verkündeten. »Politik« war mit solchen Entwürfen nicht zu machen. Strategische oder logistische Planung, eine dem tatsächlichen Handeln vorauseilende Einsicht in räumliche Gegebenheiten, war unter diesen Umständen unmöglich. Das Kartenwissen blieb Gelehrten- und mündete nicht in Handlungswissen. Pragmatisches Wissen manifestierte sich statt dessen in Tagen und Wochen, die benötigt wurden, um das Land zu durchqueren. Karten mit Entfernungsangaben nach definiertem Maßstab kamen erst im 15. Jahrhundert auf. Der Raum war Wald und Flur, Fluß und Gebirge, verstreute Siedlungsinseln; der Raum, das waren die Leute, die ihn belebten und bewirtschafteten, die Abgaben, die dort einzutreiben waren. An Ort und Stelle mußte die Begehrlichkeit sich entzünden und der Erfolg erzwungen werden. Herrschaft war sichtbar, gegenwärtig und bedrohlich, aber auch abhängig von den Grenzen des Wissens.

Die Angaben der Geschichtsschreiber weisen kaum über ihre nähere Umgebung hinaus. Der Sachse Widukind beispielsweise kannte keineswegs das ganze Siedelgebiet seines Volkes gleichmäßig gut, obgleich er dessen Geschichte zu schreiben vorgab. Die Angaben eines Thietmar von Merseburg, Chronist und Bischof, dehnten sich bei mancherlei Variationen im Detail nicht viel weiter aus. Eher noch enger verharrte der Horizont der Annalistin von Quedlinburg. Das »Reich« manifestierte sich als ein Wissen um Zuordnungen unterschiedlichster Intensität zur Herrschaft des Königs, war trotz seiner Grenzen kein einheitliches Territorium, keine gleichmäßig beherrschte Fläche, kein politisches Raumkonzept, vielmehr ein Bereich immer wieder neu zu aktualisierender Ansprüche von höchst differenzierter Qualität.

Kaum ein Herr wußte, was er besaß. Karl der Große hatte zwar eine reichsweite Bestandsaufnahme des Königsgutes angeordnet; vollendet worden aber war sie nie. Die hohe Fluktuation des Besitzes hätte sie zudem ständiger Überarbeitung unterworfen. Derartiger Bürokratismus beherrschte diese frühmittelalterlichen Jahrhunderte nicht. Die Ottonen machten ohnehin keine vergleichbaren Anstrengungen; keiner ordnete ein Verzeichnis seiner Besitzungen an oder verlangte die Schriftlichkeit von deren Verwaltung. Um zu erfahren, was der König besaß, mußten seine Leute ihm bei Bedarf von Mal zu Mal weisen, wo und wie die Grenzen der Fronhöfe und Forsten liefen, welche Abgaben und Rechte ihm zustanden, wer zu dienen hatte und in welchem Umfang. Kein König kannte seinen Besitz, keine königliche Zentralverwaltung wußte Bescheid. Den Fürsten und übrigen Grundherren erging es nicht besser. Eine paradoxe Situation. Herrschaft,

Abb. 2
Aquarell der Krone Ottos II. aus dem Halleschen Heiltumsbuch von 1526/27. Die zwischen 961 und 983 entstandene Krone bekrönte ein Büstenreliquiar Johannes' des Täufers. Zwischen 1532 und 1540 verlorengegangen, ist sie in mehreren älteren Heiltumsbüchern abgebildet, besonders genau aber in dem vorliegenden. Aschaffenburg, Hofbibliothek, Ms. 14, fol. 173^v

soweit sie jenseits personaler Bindungen lag, vollzog sich in Abhängigkeit vom lokalen Wissen der Beherrschten, sie mochten frei oder hörig sein, arm oder reich. Streit und Fehden, Gewalt gegen die Leute ließen infolgedessen nicht lange auf sich warten; sie waren systemisch bedingt. Erst im späteren Mittelalter begann es sich zu ändern.

Gewiß, Klima, Fülle oder Mangel an Siedelland, der Druck einer rasch wachsenden Bevölkerung, Feindeinfälle, kulturelle Rahmenbedingungen und dergleichen objektive Faktoren mehr wirkten auf den Ausbau adeliger oder königlicher Herrschaft ein. Registriert wurde es nur selten, etwa wenn es galt, Vorzeichen und ihre Folgen festzuhalten. Herrschaft aber unterlag vor allem dem sozialen, technischen, politischen Wissen und dessen ungleicher Verteilung. Sie manipulierte und lenkte unmerklich das Handeln, provozierte Spannungen und Besitzstreitigkeiten, schwor Fehden herauf oder konnte Konsens erwirken. Das Ausgreifen der ottonischen Könige nach Italien unterlag den nämlichen Bedingungen und nimmt sich gleichfalls nicht zuletzt als ein Phänomen von Wissen und Wissenstransfer aus. Wer schon kannte die weit entfernten Regionen? Die Wege zu den fremden Fürsten? Die römischen Straßenkarten, die es einstmals gab, waren längst vergessen. Die Fahrt an den Kalifenhof in Cordoba war ein gefährliches Abenteuer, wie die Gesandtschaftsreise des Johannes von Gorze im Dienste Ottos des Großen lehrt. Sie führte von Toul über »Langres, Beaune, Dijon, Lyon«, von dort zu Schiff die Rhône abwärts in Richtung Spanien; zwei Wochen wartete man in Barcelona auf die Einreisegenehmigung, um endlich über Tortosa nach Cordoba zu gelangen. Bis zum nahen Lyon sind die Etappen detailliert, danach nur noch vage angegeben. Erleichtert wurde die Orientierung unterwegs, insofern gewöhnlich nur ein einziger Weg zum Ziel führte; und der ließ sich von den Ortskundigen erfragen. Die übliche Reisegeschwindigkeit, die Dynamik der Raumdurchdringung paßten sich dem Tempo der Ochsenkarren an, die zum Transport auch des Kriegsgerätes dienten. Der Verkehr über die Alpen drängte sich auf zwei Straßen zusammen. Neben dem Brenner waren nur die kurrätischen Pässe erschlossen. Selten waren noch Römerstraßen intakt. Es waren kleine, überschaubare Gruppen, die derartiges Wissen besaßen und souverän mit ihm umzugehen vermochten. Die Politik aber war darauf angewiesen.

Das Wissen verteilte sich auf zwei unterschiedliche Ebenen: auf die volkssprachliche, mündliche Kultur und auf das literate, an Schrift und Buch gebundene Gelehrtenwissen, das sich ausschließlich der lateinischen Sprache bediente. Beide berührten sich nur partiell. Jenes war ohne besondere Vorkehrungen flüchtig, nur dieses auf Dauer gestellt. Zumal das kanonische Wissen der Kirche, die heiligen Bücher, die Schriften der Väter, die liturgischen Bücher verlangten nach Verschriftung, um gegen Verfälschung und Verformung gefeit zu sein. Ihnen verdankte man den Fortbestand von Leben, Herrschaft, Glück und Segen. Sie wurden kontinuierlich abgeschrieben. Weltliche Herrschaft indessen bediente sich keiner Schrift. Sie vollzog sich mündlich, inszenierte Rituale, um die herausragenden und in Überkommenes eingreifenden Geschehnisse erinnerlich zu halten, und stützte sich ansonsten auf die Gewohnheit. Traditionale Herrschaft vermochte dadurch flexibel auf die Anforderungen des Augenblicks zu reagieren, war ansonsten aber so flüchtig, so gefährdet wie das Leben auf Erden selbst. Sie zu festigen und zu mehren galt als vordringlichstes Ziel frühmittelalterlicher Königsherrschaft. Schrecken und Liebe dienten dafür als probate Mittel. »Gegen die Großen und Erhabenen, die Adeligen und Getreuen seines Reiches sei er hochherzig, liebenswert und fromm, auf daß er von allen gefürchtet und geliebt werde«[5], baten die Bischöfe nach der Salbung von des Königs Händen.

Mythischer Anfang: das Königtum Heinrichs I.

Zur nämlichen Zeit, als der Krönungsordo des ottonischen Pontifikale in Mainz zusammengestellt wurde, oder bald hernach regte sich auch die Geschichtsschreibung wieder, die ein halbes Jahrhundert zuvor zum Erliegen gekommen war. Mainz mag auch dabei den Anstoß gegeben haben. Die Bilder der Vergangenheit, die nun gezeichnet wurden, folgten den sich immerfort wandelnden Erinnerungen und unterlagen den Darstellungsmustern, die zur Verfügung standen. Gesichertes Faktenwissen, gar Objektivität stand nicht zu erwarten. Gerade die Anfänge der sächsisch-ottonischen Königsherrschaft um 920, als Heinrich auf den Thron gelangte, zerflossen im Meer des Vergessens. Die Zeitgenossen selbst erinnerten sich nur mehr dunkel und ungenau an diese Vergangenheit, als sie um 960/70 begannen, deren Geschichte schriftlich zu fixieren. So überwucherten mündliche Erzählungen das Geschehene. Sie wurden für ein künftiges Gedächtnis und nach Kriterien konstruiert, die nicht den einstigen Tatsachen, sondern den aktuellen Bedürfnissen des ihrem Vortrag lauschenden Publikums genügen mußten.

Gerade die Geschichte der Königssalbung kann es verdeutlichen. Denn dieser Heinrich war ungesalbt. Vermutlich hatten die besonderen Umstände seiner Königserhebung keine Gelegenheit zur Benediktion geboten. Am Ende des 10. und zu Beginn des folgenden Jahrhunderts aber, als drei oder vier Ottonen zu Königen und Kaisern gesalbt worden waren und die Salbung sich wiederholt, nämlich 984 und 1002, als entscheidender Vorteil im Thronstreit erwiesen hatte, wurde ihr Fehlen als Mangel empfunden. Die Unterlassung verlangte nun nach Erklärung, wenn Heinrichs Salbung nicht einfach, wie von der Quedlinburger Annalistin, hinzuerfunden werden sollte. Man fand, was man suchte, in einem ätiologischen Geschichtchen, das wohl von Mainz aus in Umlauf gesetzt und etwa 972/73 durch Widukind von Corvey aufgezeichnet worden war. Der Erzbischof Heriger von Mainz habe danach Heinrich nach dessen Königswahl die Salbung angeboten, dieser sie aber zurückgewiesen, um sie seinen größeren Nachfolgern – gemeint waren Otto der Große und Otto II. – vorzubehalten. Der Sinn dieser älteren Erzählung war unmißverständlich. Sie sollte keineswegs erklären, weshalb jener Heinrich ungesalbt war; sie sollte vielmehr begründen, weshalb der Mainzer, obgleich er tatsächlich 930 die erste Salbung an einem Ottonen, nämlich dem jungen Otto I., in Mainz vollzogen hatte, dessen Vater Heinrich nicht hatte salben dürfen und folglich kein exklusives Salbungsrecht oder sonst ein Vorrecht bei der Salbung besaß. Fabriziert worden war sie, als die Erzbischöfe von Köln, zu dessen Provinz Aachen gehörte, von Mainz und Trier um eben dieses Recht gestritten, sich alle drei Prälaten auch nur mühselig geeinigt hatten und der Mainzer Metropolit mit seinem Anspruch gegen die beiden lotharingischen Konkurrenten unterlegen war. Im Laufe von drei Jahrzehnten hatte die Geschichte von Herigers Salbungsangebot ihren Sinn verkehrt und war aus dem abgewiesenen Erzbischof ein König mit sakralem Defekt geworden. Salbung und Krönung hatten sich in der Zwischenzeit als unverzichtbare Initiation des Königtums etabliert.

Das 10. Jahrhundert zog trist herauf. Unsicherheit und Gefahr lauerten allenthalben. Das karolingische Königtum hatte sich verbraucht und sank kraftlos in sich zusammen. Die Konradiner, damals

Abb. 3
Fragment einer Prachthandschrift, Reichenau, Ende 10. Jh. Das erhaltene Doppelblatt zeigt Kaiser Otto II. umgeben von Erzbischöfen und Reichsfürsten, während ihm die vier Allegorien der Italia, Germania, Gallia und Sclavinia huldigen. Bamberg, Staatsbibliothek, Class. 79

die nächsten am Thron, konnten ihn nicht halten. Hier wie da lähmte familiäre Uneinigkeit die Königsfamilie. Der Aufstieg des Adels zu Partizipation an der Königsmacht vollzog sich unaufhaltsam. Fremde Völker wie Vikinger und Magyaren bedrohten Land und Leute, Klöster und Kirchenschätze. Der erste der Ottonen auf dem Thron des östlichen Frankenreiches, aus dem einst Deutschland hervorgehen sollte, Heinrich I., vermochte, den Niedergang aufzuhalten und die Königsmacht neu zu etablieren. Seine Familie, die Liudolfinger, stand schon seit langem im Umkreis des Königtums. Verwandtschaft und Verschwägerung mit den Karolingern selbst und mit anderen führenden Familien ebneten ihm den Weg. Gleichwohl waren Konsequenzen aus dem Wechsel im Königtum zu ziehen. Der Adel trug nun das »Reich« mit, war weithin zum Teilhaber am karolingischen Königsgut geworden, das ihm der Liudolfinger nicht mehr entreißen konnte.

Klug teilte der Sachse seine Kräfte ein. Nie ließ er sich überstürzt in Kriege ziehen, gern wich er aus, verstand zu warten, bis sich die rechte Chance bot, die er dann skrupellos nutzte. Statt Kriege zu führen und Schlachten zu schlagen, einte er sich mit den Gegnern. Seine größten Leistungen bestanden in konsensstiftenden Freundschaftsbündnissen und Friedensverträgen. Erst brachte er die potentiellen Konkurrenten im Kampf um die Krone, Arnulf von Bayern, Burchard von Alemannien, den Lothringer Giselbert, zur Anerkennung seines Königtums, sodann die westfränkischen Könige Karl und Rudolf, endlich verpflichtete er sich auch den einheimischen Adel durch Bündnisse; zuletzt schloß er einen neunjährigen Waffenstillstand mit den gefährlichsten Feinden, den Magyaren. Derartige »Freundschaften« gestatteten ihm, die Kräfte zu mobilisieren, die ihn die größte Herausforderung seiner Zeit, der die kraftvollsten Fürsten nördlich und südlich der Alpen nicht gewachsen waren, eben die Ungarngefahr, zu bannen. Er nutzte die Frist, die der Waffenstillstand gewährte, zu Burgenbau und Heeresreform. Als die Ungarn wiederkehrten, war Heinrich gerüstet. Sein Sieg an der Unstrut sicherte für zwei Jahrzehnte den Frieden.

Allein im Osten weitete er die Grenzen seines Reiches gegen die slawischen Siedlungsgebiete aus. Die Mittel, derer er sich dabei bediente, waren brutal. Überfälle auf Dörfer, Versklavungen, Verkauf in die Fremde, wie etwa an die Muslime nach Spanien oder nach Konstantinopel an die Byzantiner und weiter ins Reich der Kalifen, folgten einander. Derartiges füllte die Schatztruhen des Königs, gestattete ihm, die Zahl der eigenen Helfer und mit ihnen seine Macht zu mehren, derweil die slawischen Familien zertrennt und in alle Winde zerstreut wurden. Ob sie sich freudig zum Christentum bekehrten? Den Chronisten Thietmar, der als Bischof von Merseburg selbst über derartige Slawen regierte, dauerten die Leute noch nach Jahrzehnten. Doch ändern konnte er nichts und auf den Nutzen verzichten, den sein Bistum aus der Unterwerfung gezogen hatte, gedachte er noch weniger. Friedliche Ackerbauern, die sie waren, stand die kollektive Organisation der Slawen noch auf einem vergleichsweise schlichten Niveau. Sie waren in kleinen Stammesbünden organisiert, wohl um Kultzentren geschart. Insgesamt einte sie noch keine starke, reichsbildende Macht, die den Widerstand gegen die Sachsen hätte koordinieren können. Erst im Laufe des 10. Jahrhunderts etablierte sich in Böhmen und Oberschlesien ein tschechisches Herzogtum und dann an Oder und Warthe bis ins frühe 11. Jahrhundert ein erstes polnisches Königtum.

Die Krönung Ottos I. in Aachen (936) und Widukind von Corvey

Heinrichs Sohn Otto setzte die Expansion fort. Über ihm waltete von Anfang an der Segen der Geistlichkeit. Vermutlich wurde er zweimal gesalbt, gewiß in Mainz 930, sodann vielleicht in Aachen 936. Eilends wurde damals der Thron Karls des Großen, oder was man dafür ausgab, hergerichtet. Doch liegt nur ein teleskopierender Rückblick Widukinds von Corvey vor, über dreieinhalb Jahrzehnte nach Ottos Thronbesteigung und Krönung geschrieben, so daß ungewiß ist, was im einzelnen geschah. Gleichwohl wurde die erzählte Version epochemachend für ein halbes Jahrtausend. Erinnernd wurde hier die Tradition des »Aachener Königtums« geschaffen, die ungebrochen bis ins 13. Jahrhundert Bestand haben sollte und zum Inbegriff des »deutschen Reiches« wurde. Bei der Krönung 936 (fraglich, spätestens wohl 961) wurde der König gefragt, ob er das untertänige Volk gerecht und fromm zu regieren gedenke: »Willst du den Glauben, den katholische Väter dir tradierten, wahren und mit rechten Werken achten?« »Ich will es!« — »Willst du der heiligen Kirchen und ihrer Diener Vormund und Schützer sein?« »Ich will es!« — »Willst du das Reich, das Gott dir gab, nach der Gerechtigkeit deiner Väter regieren und schützen?« »Ich will es und verspreche, in allem treu zu handeln, soweit ich es mit Gottes Hilfe und dem Beistand aller Seiner Getreuen vermag.« Danach wandte sich der Bischof an das Volk: »Willst du dich diesem Fürsten und Leiter unterwerfen, sein Königtum festigen, mit fester Treue stärken und seinen Befehlen gehorchen?« Worauf Klerus und Volk dreifach gelobten: »So sei es! So sei es! Amen!«[6] Das »Volk« repräsentierten Fürsten und Adel, der »Klerus« bestand in Bischöfen und Äbten. Sie schlossen hier mit dem Princeps vor seiner Weihe eine Art Herrschaftsvertrag. Der erklärte Wille des (künftigen) Königs und die bekräftigte Unterwerfung des Volkes errichteten oder erneuerten in heiligem Ritual den Herrschaftsverband. Salbung, Krönung und feierliche Thronbesteigung, die den Erklärungen folgten, manifestierten diesen Vertrag.

Seinen Inhalt verkündeten die Bischöfe nach der Salbung und bei Übergabe der Insignien mit immer neuen Gebetsformeln: »Gott, der Du der Ruhm der Gerechten und die Barmherzigkeit der Sünder bist, der Du Deinen Sohn sandtest, mit seinem Blut das Menschengeschlecht zu erlösen, der Du die Kriege vernichtest und der Vorkämpfer der an Dich Glaubenden bist, und in dessen Willen die Macht aller Königreiche begründet liegt, Dich bitten wir demütig: Segne [Otto] Deinen Knecht auf diesem Königsthron, der Deiner Barmherzigkeit vertraut, und gewähre ihm gnädig Deine Hilfe, auf daß er, von Deinem Schutz geschützt, stärker als alle Feinde sei. Laß ihn, Herr, selig sein und Sieger über seine Feinde. Kröne ihn mit der Krone der Gerechtigkeit und Frömmigkeit, auf daß er aus ganzem Herzen und mit allem Verstand an Dich glaube, Dir diene, Deine heilige Kirche schütze und erhöhe, daß er das Volk, das Du ihm anvertrautest, gerecht regiere und niemand ihn durch böse Nachstellungen zur Ungerechtigkeit verleite. Entzünde, Herr, sein Herz zur Liebe Deiner Gnade durch dieses Salböl, mit dem Du die Priester, Könige und Propheten salbtest, auf daß er die Gerechtigkeit liebe und das Volk den Pfad der Gerechtigkeit führe und er nach Vollendung der von Dir gewährten Jahre in königlicher Erhabenheit zur ewigen Seligkeit zu gelangen verdiene.«[7] Siegreicher Feldherr und gerechter Richter, Friedensspender und Wohltäter seines Landes sollte der christliche König sein.

Hier wurde alles angesprochen: Die Heilsnotwendigkeit des Königtums ebenso wie das persönliche Seelenheil des Königs, der Schutz der Kirche und das Wohl des Volkes, die Frieden stiftende Stärke der Königsmacht wie der Triumph über die Feinde, Gerechtigkeit und Glaubensfestigkeit, die Gnade und Barmherzigkeit Gottes. Mehr oder anderes bedurfte es nicht. In diesem Licht erschien die rechte Herrschaft; und kein König wagte, davon Abstand zu nehmen. Der Bund mit der Kirche erschien dringlicher als der mit dem Volk. Als ihm das Kronjuwel aufs Haupt gedrückt wurde, ward der König von den Bischöfen gemahnt, daß »diese Krone die Glorie der Heiligkeit bezeichnet, die Ehre und das Werk der Tapferkeit, daß er durch sie am Priesteramt teilzuhaben wisse, so nämlich, daß, wie wir (die Bischöfe) die Hirten und Lenker des Seeleninnern sind, du (der König) im Äußeren der wahre Verehrer Gottes und ein starker Schirmherr der Kirche Christi gegen alle Widrigkeiten bist«; »Mittler nämlich zwischen Gott und Menschen« die einen, »Mittler zwischen Klerus und Volk« aber der König, wie es an anderer Stelle des Krönungsordo hieß.[8] Gesegnete Herrschaft schlug die Brücke von der Welt zur rechten Gottesverehrung, vermittelte vom Mittler zu den Mittlern.

Die Königsherrschaft Ottos I.

Zunächst freilich schien der Krönungsbund sein Ziel zu verfehlen. Kämpfe brachen aus. Aufstände und Fehden bedrohten Ottos Herrschaft. Die eigenen Brüder erhoben sich wider ihn — erst der ältere Thankmar, dann der jüngere Heinrich —, kämpften um ihren Anteil am Königtum, am Erbe des Vaters. Die Herzöge der Franken und der Lotharingier, Eberhard und Giselbert, widersetzten sich, vielleicht um selbst nach der Krone zu greifen. Zuletzt, als der Vater eben ein zweites Mal gefreit hatte und ein Sohn geboren war, bangte der ältere

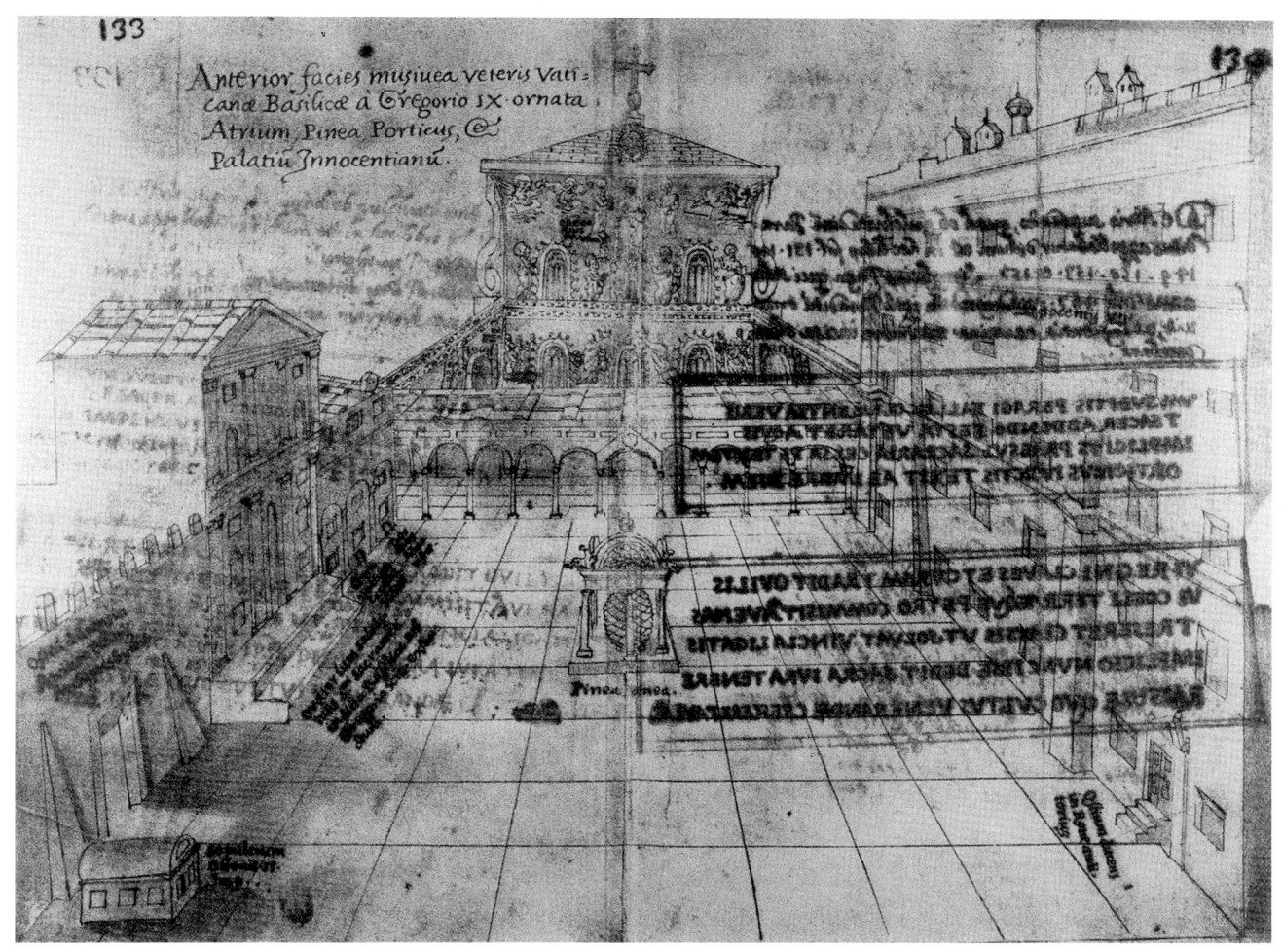

Abb. 4
Zeichnung des Grabes Ottos II., der laut Thietmar von Merseburg im Jahr 983 im Atrium von St. Peter beigesetzt wurde; aus dem Bericht Grimaldis zur Grabesöffnung im Jahre 1610. Rom, Vatikanische Bibliothek, Cod. Vat. Barb. lat. 2733, fol. 241ʳ

Sohn Liudolf aus der Ehe mit der englischen Prinzessin Edgitha um seine Rechte und unterwarf sich nur nach schlimmen Fehden dem Vater. Ottos zweite Gemahlin war Adelheid, die italische Königin-Witwe und Tochter des Königs von Burgund. Mit ihr gelangte eine andere Adelsclique zu Einfluß am Königshof als zuvor. Konradiner und Salier, die mit Liudolf verbunden waren, wurden in die Opposition gedrängt; der Königsbruder Heinrich, mittlerweile Herzog der Bayern, gewann nun eine herausragende Stellung. Den mutterlosen Liudolf soll er laut verspottet haben.

Sich der Fülle seiner Gegner zu erwehren, erforderte die Anspannung aller verfügbaren Kräfte. Glücklicherweise fielen die Ungarn nicht ins Land. Als sie nach langer Zeit, im Jahr 955, wiederkehrten, wurden sie am Tag des heiligen Laurentius unter dessen Mithilfe, geblendet vom Glanz der heiligen Lanze, vernichtend geschlagen. Otto verstand diesen Sieg auf dem Lechfeld bei Augsburg propagandistisch zu nutzen. In Erfüllung war gegangen, worum die Krönenden gebeten hatten: »daß er den Triumph des begehrten Sieges glücklich erlange, den Terror seiner Macht die Heiden spüren lasse und freudig den Frieden den Gott Dienenden bringe.« – Gott (...), Lenker des Kaisertums, Kraftspender des Königtums (...) erfülle diesen gegenwärtigen König mit seinem Heer durch die Intervention aller Heiligen mit reichem Segen und binde ihn an den Thron des Königtums mit sicherer Festigkeit.« – »Laß' ihn Triumphator über die Feinde sein zur Unterwerfung der Rebellen und heidnischen Völker.«[9] In der Tat, der Sieg festigte Ottos Königtum sondergleichen. Dankgottesdienste im ganzen Reich hielten die Erinnerung an ihn fest. Noch auf dem Schlachtfeld scheint das Heer den Feldherrn als »Imperator« begrüßt zu haben. Die Ordnung der Kirche in Sachsen – der König hatte sie dem heiligen Laurentius gelobt – sollte folgen, die Stiftung nämlich eines Erzbistums.

Klerus und Volk, Witwen und Waise setzten ihre Hoffnung auf diesen König. Immer häufiger erwirkten sie Privilegien von ihm. Es war ein untrüglicher Indikator für die Akzeptanz und die Effizienz seiner Herrschaft, für die »Liebe«, die ihr entgegenschlug. Der eigene Bruder Brun hatte die Königskanzlei reformiert, Otto lohnte es mit dem Erzbistum Köln und dem Herzogtum Lotharingien. Wie Brun, so dienten eine ganze Reihe hervorragender Bischöfe, »Reichsbischöfe«, dem König. Die Geschichtsschreibung setzte nun wieder ein, erst zaghaft um die Mitte des 10. Jahrhunderts in Mainz, dann mit bedeutenden Werken im Umkreis des ottonischen Hofes selbst.

Das Klosterwesen erfuhr neuerlichen Aufschwung durch die von Otto unterstützten Reformbestrebungen. Deren Zentren lagen (jenseits der Reichsgrenzen) in Cluny und (auf Reichsgebiet) in Gorze bei Metz. Allerdings widersetzten sich die alten Großklöster aus karolingischer Zeit wie Lorsch, St. Gallen oder die Mönche der Reichenau den Neuerungsbestrebungen. Ihre Gemeinschaften blühten ohne jegliche Reform. Vor allem gewann der Gedanke der Heidenmission nun wieder Raum, »um das Evangelium des ewigen Gottes zu predigen«, wozu Gott das Imperium Romanum bereitet hat, wie es in der römischen Messe für den Imperator hieß.[10] Die Botschaft sollte nun nicht nur, wie früher die Dänen oder die grenznahen Slawen erreichen. Mit dem Plan eines Erzbistums in Magdeburg verbanden sich zeitweise wohl weit nach dem Osten, bis in die Rus' ausgreifende Pläne. Der zähe Widerstand des Erzbischofs von Mainz und Bischofs von Halberstadt gegen die Neugründung trübte derartige Erwartungen freilich; doch ließ er sich allmählich überwinden.

Der Griff nach der Kaiserkrone

Bis nach Italien und Rom verbreitete sich der Ruhm des Ungarnsiegers. Dort sah sich der Papst, Johannes XII., von den italischen Königen bedroht. Wie einst Stephan II., Hadrian I. oder Leo III. Schutz bei den Frankenkönigen Pippin und Karl gesucht hatten, so rief Johannes nun den Heidenbesieger zur Hilfe. Besser als seine Vorgänger hätte er die Folgen abschätzen können. Otto jedenfalls war bereit zum Italienzug und zur Erneuerung des Kaisertums, zur Unterwerfung Italiens und zum Bau eines großen Reiches. Er folgte dem Ruf, zog nach Italien, griff nach der Caesarenkrone. Hätte er sich besser bloß um die Belange seines nordischen Reiches gekümmert? Skepsis und Kritik am Ausgreifen nach Italien irritierten die weiseren unter den Beratern der Könige im 9. und 10. Jahrhundert durchaus; neunhundert Jahre später entspann sich eine heftige Kontroverse um diese Frage. Dennoch: eine wirkliche Alternative gab es für den König aus Sachsen nicht. Der Hilferuf des Papstes bekundete, daß die einstigen Barbaren sich zu Trägern der Hochkultur gewandelt hatten. Otto hätte ihn schwerlich mißachten können; er wollte der Kirche Schützer sein. Auch langwierige Unternehmungen ließen sich nun mit gestärkter Autorität vorantreiben. Die Neuordnung der sächsischen Kirche etwa fand von Italien aus mit der Gründung des Erzbistums Magdeburg nach bald fünfzehnjährigem Ringen endlich, im Jahr 968, einen vorläufigen Abschluß. Adalbert, ein Mönch aus St. Maximin in Trier, der der lothringischen Reformbewegung nahestand und sich auf einer heiklen, wenn auch erfolglosen Mission nach Rußland bewährt hatte, wurde der erste Metropolit.

Die Wirkung der Italienzüge reichte freilich tiefer, als Otto es je hatte erwarten können. Sachsen und Franken, Alemannen und Bayern, zogen nach Süden, »Deutsche« aber kehrten zurück. Die Heere Ottos und seiner Söhne einten die Völker, die ihm angehörten, machte sie zu einem neuen Volk. Dort, in Italien, hatte man sie erstmals die »Deutschen« geheißen, von dort brachten sie das Wissen um ihre Gemeinsamkeit mit; es manifestierte sich im importierten Namen, belastete sie aber auch. »Schrecklich war ihr Anblick, krumm ihr Gang, wenn sie daherkamen; in der Schlacht standen sie wie Eisen.« Da, im Süden, wütete der »Furor Teutonicus« aufs neue. »Wehe Roma, die du bedrückt und erniedrigt warst von so vielen Völkern. Jetzt hat dich der sächsische König genommen. Dein Volk hat er mit dem Schwerte gerichtet und deine Stärke zunichte gemacht. Dein Gold und Silber schleppen sie in ihren Beuteln fort«, klagte der römische Mönch Benedikt von S. Andrea.[11] Falsch war das nicht, doch einseitig. Der Kaiser zog materiellen Gewinn aus dem Land; er vermochte wieder mit Gold zu beschenken. Doch Otto suchte mit starkem Arm das in sich zerrissene Land zu befrieden. Jahr um Jahr weilte er nun im Süden; die Sachsen zürnten darob. Dauerhafter Erfolg war ihm dennoch nicht beschieden. Für die Lombarden war der Deutsche keiner der Ihren. Dazu drohte die Auseinandersetzung mit Byzanz, dem wahren »Imperium Romanum«. Die Spannungen, die schon unter den Karolingern die Beziehungen der beiden sich römisch dünkenden Kaiser getrübt hatten, erneuerten sich nun. Doch einigte man sich friedlich und Otto durfte für seinen gleichnamigen Erben eine Braut aus Konstantinopel erbitten: Theophanu. Die Hochzeit ward prachtvoll zu Rom gefeiert. War es der Gipfel? Begann fortan der Abstieg?

Gescheiterte Herrschaft: Otto II.

Otto starb binnen Jahresfrist. Sein gleichnamiger Sohn – 961 zum König, 967 zum Kaiser gesalbt – folgte umgehend seinem Vater in der Herrschaft nach. »Gegen alle sichtbaren und unsichtbaren Feinde verwalte er machtvoll und königlich das Regiment Deiner (göttlichen) Macht, zur Eintracht wahren Glaubens und Friedens forme er mit Deiner Hilfe den Verstand (der ihm anvertrauten Völker), auf daß er durch die gebührende Untertanenschaft dieser Völker gestützt und in rechter Liebe gepriesen, würdig durch Dein Erbarmen den väterlichen Thron zu besteigen verdiene«, so beteten die krönenden Bischöfe vielleicht gerade für ihn.[12] Indes, dieser Otto wurde einer der kriegerischsten Könige des 10. Jahrhunderts. Spannungen zeichneten sich frühzeitig in Differenzen zwischen den Kaiserinnen Adelheid und Theophanu ab, hinter denen sich konkurrierende Parteigruppierungen sammelten. Im Osten unterstützte Otto nicht mehr wie sein Vater die Premysliden in Böhmen, vielmehr stärkte er den Piasten gegen die Tschechen den Rücken. Viel Energie verwandte das Kaiserpaar zur Gründung des Klosters Memleben. Von seinem gewaltigen Kirchenbau mit Ost- und Westkrypta aus sollte sich die Bestimmung des Römerreiches erfüllen: die Verbreitung des Evangeliums des ewigen Gottes, das Missionswerk nämlich östlich der Oder, im Bistum Posen, dessen Bischof Unger zugleich Abt von Memleben wurde. Gefahr braute sich auch im Westen zusammen. Der Karolinger Lothar III. streckte seine Hand erobernd nach den Kernlanden seines Geschlechts. Ein Kampf um Aachen entbrannte, den Otto mit Mühe für sich entscheiden konnte.

Auch Byzanz forderte der Sachse in jugendlichem Übermut heraus. Anmaßend nannte er sich »Kaiser der Römer«, was sein Vater vermieden hatte, und traf damit das Selbstbewußtsein der Byzantiner empfindlich. Denn Römer, Ῥωμαῖοι, waren einzig sie selbst. Der wahre Kaiser der Römer hieß Basileus, fortan bewußt Βασιλεύς τῶν Ῥωμαίων. Ottos Tatendrang kannte kein Ende. In Süditalien wollte er sein Reich gegen die Muslime ausdehnen, getreu dem Salbungsgebet Triumphator über die Heiden sein, die sich dort seit dem 9. Jahrhundert zu etablieren begonnen, und die die Byzantiner nur ungenügend abzuwehren vermocht hatten. Der Basileus sah es mit Argwohn. Ganz im Süden des Stiefels, bei Cotrone, am Golf von Tarent, kam es zur Schlacht. Sie endete mit einer fürchterlichen Niederlage des lateinischen Kaisers. Kaum rettete er das eigene Leben. Nach einem halben Jahr war er tot. Ein dreijähriges Knäblein ließ er als Erben zurück. Doch weh dem Land, dessen König ein Kind.

Gleichwohl, Ottos II. Regierungszeit glänzte durch kulturelle Leistungen. Stimulierte die Gegenwart der Griechin unter den sächsisch-deutschen Barbaren? Ihr Brautschatz konfrontierte sie mit der Kunst des Orients. Es regte zur Nachahmung an. Bereits die Heiratsurkunde der Theophanu vermag es zu verdeutlichen – gemalt, geschrieben vielleicht von der herausragenden Künstlergestalt der Epoche, dem Meister des »Registrum Gregorii«. Die Buchmalerei blühte in der Folge auf; überregional einflußreiche Malschulen entstanden auf der Reichenau, in Trier, in Echternach oder in Fulda. Reichenauer Werke strahlten zurück nach Italien, wo sie bald Nachahmer fanden. Überhaupt ist eine Erneuerung der Buchkultur zu regi-

Abb. 5 Kat.Nr. 3 · 38
Widmungsblatt des Liuthar-Evangeliars, Reichenau, Ende 10. Jh. Das Doppelblatt zeigt rechts Otto III., durch Gott gesegnet und über einer Terra thronend, von den vier Evangelistensymbolen sowie – untergeordnet – von Königen, Erzbischöfen und Reichsfürsten umgeben; links eine Darstellung des Schreibers Liuthar mit Widmungsinschrift. Aachen, Domschatzkammer G 25, fol. 15ᵛ / 16ʳ

strieren. Die Könige hatten als Auftraggeber und Empfänger tätigen Anteil daran. Buchproduktion war herrschaftliches Handeln. Anspruchsvolle Herrscherbilder konnten die Bücher schmücken, wie einst unter den Karolingern. Büchergaben galten als Herrschaftsgeste. Das Bild sorgte für die sichtbare Gegenwart des tatsächlich abwesenden Herrn, der in die Gebetsgemeinschaft der Empfänger aufgenommen war. Gold- und Silberschmiede bekamen neuerlich zu tun. Die Dichtkunst regte sich wieder, wenn auch nur auf Latein und nicht in der Volkssprache. Hrotsvith von Gandersheim mag erwähnt werden oder das lateinische Heldenepos »Waltharius«. Auch die Wissenschaft erhob ihr Haupt aufs neue. Berühmt wurde der Disput vor dem Kaiser zwischen Gerbert von Aurillac und Ohtrich von Magdeburg über die Einteilung der Wissenschaft; die ganze Hofgesellschaft hörte zu und erlebte – die Niederlage des sächsischen Schulmeisters.

Indes, das alles kann nicht darüber hinwegtäuschen, daß der Höhepunkt ottonischer Machtentfaltung überschritten war. Die Wende läuteten schlimme Niederlagen und herbe Rückschläge ein. Hatten die Sachsen sich übernommen? Die Gefahren Italiens unterschätzt? Gar zu würdigen nicht verstanden? Die Heere wurden von Seuchen dahingerafft. Die zerstrittenen Lombarden und Römer ließen sich durch keinen Herrn aus dem Norden versöhnen; ihr Parteienhader laugte die Kaisermacht aus. Otto II. bekam die verheerende Wirkung all dessen als erster zu spüren. Sein vorzeitiger Tod konnte zur Warnung dienen und wurde doch als solche nicht begriffen. In Rom bestattete Theophanu ihren Gemahl – der einzige der deutschen Imperatoren, der in St. Peter sein Grab finden durfte (Abb. 4). Sein Sohn Otto trat, dreijährig, ein schweres Erbe an. Der eigene Oheim, Heinrich der Zänker, drohte, ihn vom Thron zu stoßen.

Gipfel und Tragik ottonischer Herrschaft: Otto III.

»Steh' fest und behalte fortan den Platz, den du in väterlicher Sukzession besitzt, der dir nach Erbrecht und gemäß dem Willen des allmächtigen Gottes und durch unsere, nämlich aller Bischöfe und der übrigen Diener Gottes gegenwärtige Gabe übergeben ist. Je näher du den Klerus den heiligen Altären siehst, um so höhere Ehren gedenke ihm am rechten Ort zu erweisen, auf daß er, der Mittler zwischen Gott und Menschen, dich, den Mittler zwischen Klerus und Volk, auf diesem Thron des Reiches stärke und Jesus Christus, unser Herr, der König der Könige und der Herr der Heerscharen, dich im ewigen Reich mit sich regieren lasse.« Es ist, als besäße die Thronsetzungsformel des Krönungsordo[13], das letzte der Gebete während der Krönungsfeierlichkeiten, in besonderer Weise Gültigkeit für Otto III. Kein anderer der ottonischen Könige ward so in seinem Erbrecht bedroht wie er, keiner so von Geistlichen umsorgt, so von ihnen geformt und geprägt, wie dieser letzte der sächsischen Ottonen. Vielleicht den geringsten Einfluß noch übte der Erzbischof Willigis von Mainz, obgleich gerade er im Verein mit den Kaiserinnen Theophanu und Adelheid dem Kinde den Thron gerettet und für den minderjährigen Knaben gemeinsam erst mit der Mutter, dann mit der Großmutter das Regiment geführt hatte. Viel stärker noch müssen die Erzieher und Lehrer auf ihn gewirkt haben, die ihm die Mutter gab: der Grieche Johannes Philagathos und der spätere Bischof von Hildesheim, Bernward; dann holte der jugendliche Kaiser den gelehrten Aquitanier Gerbert von Aurillac an seinen Hof, hielt engen Kontakt zu strengen Asketen und Mönchen, an ihrer Spitze Nilus, vor dem er beichtete, dann Brun von Querfurt, endlich Falco, mit dem der Kaiser gemeinsam wochenlange Buße pflegte und den er zum Bischof von Worms erhob, und Heribert, der die Kölner Erzwürde empfing, und endlich in besonderer Weise Adalbert, der Bischof von Prag. Sechs von ihnen verehrt die Kirche als Heilige, zwei als Märtyrer, zwei wurden Päpste; er selbst, der Jüngling, begehrte, Mönch zu werden und jubelte auf, als er vom Martyrium des heiligen Adalbert erfuhr, und dankte Gott, ihn erwürdigt zu haben, mit Heiligen Freundschaft pflegen zu dürfen. Eine einzigartige Konstellation ließ Ottos kurzes Leben und Herrschen sich erfüllen.

Der Sohn der Rhomäerin, der Kaiser der Römer, der jugendliche Herr über Rom begehrte, das Römerreich zu erneuern. »Renovatio imperii Romanorum« lautete bedeutungsschwer die Devise der ersten Kaiserbulle des sechzehnjährigen Caesaren: »Erneuerung des römischen Reiches«. Otto intendierte es als ein »Christus«, als ein Gesalbter des Herrn, der gemäß dem Krönungsordo begehrte, »mit dem Erlöser der Welt, dessen Typus er dem Namen nach vergegenwärtigte, ohne Ende regieren zu dürfen«, als »Knecht Jesu Christi, der nach dem Willen Gottes, des Erlösers und Befreiers Kaiser der Römer« war.[14] So lautete sein Herrschertitel, als er zum Grab des jüngsten Märtyrers der Kirche nach Gnesen pilgerte. Titel und Devise, die Gebetsformel der Schwertübergabe im Krönungsordo blieben keine leeren Gesten, waren vielmehr Programm tatsächlichen Handelns. Rom galt neben Aachen und Magdeburg wieder als Zentrum des Kaisertums. Otto residierte regelmäßiger dort, als alle seine mittelalterlichen Vorgänger und Nachfolger, in einem neu errichteten oder renovierten Palast auf dem Palatin. Die Erneuerung des Reiches vollzog sich zugleich mit der Erneuerung der Kirche, in deren Leitung sich der Knabe auf dem Weltenthron persönlich einschaltete. In neuer Weise förderte er die Einbindung der westslawischen Völker und der Ungarn in die universale Kirche und in die christliche Familie der Könige, in die Hochzivilisation am Mittelmeer. Er betrieb die Erhöhung Stephans des Heiligen und Boleslaws Chrobry zu Königen und förderte die Gründung von Erzbistümern in Esztergom und Gnesen. Im Jahre 1000 pilgerte er selbst dorthin, an das Grab des heiligen Adalbert, um über ihm das Erzbistum zu stiften. Von Gnesen eilte er in Begleitung Boleslaws nach Aachen, um dort ein Adalbertsstift zu gründen und um die Gebeine Karls des Großen zu erheben. Bei allem orientierte er sich an Byzanz, das unlängst die Rus zur Taufe hatte bewegen können und sich mit einer Schar von Königen oder königsgleichen Fürsten umgab. Im Westen kündeten einige hochtrabende Titel von diesem Vorbild.

Der Gipfel ottonischer Kultur wurde unter Otto III. und seinem Nachfolger Heinrich II. erklommen. Elfenbeinkunst und Buchmalerei standen nun auf strahlender Höhe, dem Kaisertum nahe. Das waren die Gaben des Friedens, Ehre, Glanz, Seligkeit im Werk, wie sie die Krönungsgebete erflehten. Der Ekbert-Schrein entstand, das sogenannte Gero-Kruzifix wurde kurz vor der Jahrtausendwende geschaffen, auch die Essener Madonna und vieles mehr – durchweg Werke, die unter den Zeitgenossen auf einen neuen Sinn für irdische Schönheit verwiesen. Religion, Herrschaft und Kunst, Wissen und Ästhetik vereinten sich da. Zahlreiche Handschriften von exquisiter Qualität wurden geschrieben und illuminiert: das Liuthar-Evangeliar in Aachen (Abb. 5), das Evangeliar Ottos III. in München, die Bamberger Apokalypse und andere. Vom Westen strömte die Dialektik ein, ein entscheidender Schritt in der Verwissenschaftlichung des Abendlandes. Gerbert von Aurillac machte den Kaiser selbst mit ihr vertraut. Seine knappe Schrift »Vom Vernünftigen und dem Gebrauch der Vernunft« (»De rationali et ratione uti«) diente ihrem Autor zugleich dazu, sich bei Otto als Propagator römischen Selbstbewußtseins zu empfehlen: Denn, so schrieb er im Widmungsbrief: »Unser, unser ist das römische Reich«.[15] Das war der Ton, der Otto behagte. Die Slawen-Mission empfing durch Adalberts Martyrium neuerliche Impulse. Brun von Querfurt strebte dem Märtyrer nach, missionierte wie dieser im Osten, bei den »Schwarzen Ungarn«, und krönte sein Leben zuletzt gleich seinem erhabenen Vorbild durch das Martyrium. Zuvor war er frommer Gefährte und schärfster Kritiker der Könige. Otto III. aber wäre nicht von so vielen Klerikern erzogen worden, hätte er nicht auch eine entsprechend religiöse Prägung empfangen. Lebhafte Bußgesinnung zeichnete ihn aus. Die Empfehlungen des Krönungsordo fielen bei ihm auf fruchtbaren Boden. Endzeiterwartung erfüllte auch ihn wie so viele seiner Zeitgenossen um die Jahrtausendwende. Sie artikulierte sich nicht zuletzt in Neubauten und Pilgerfahrten nach Jerusalem, aber auch in ersten Judenverfolgungen in Rom und in Mainz. Vermutlich gehörte auch die Suche nach dem Karlsgrab dazu, die wohl einer geplanten Heiligsprechung des Karolingers, des Sachsenapostels, vorausging. Otto begehrte wirksame Fürsprache beim Jüngsten Gericht. Die Kanonisation scheiterte, weil der kaiserliche Jüngling alsbald selbst ins Grab sank. Otto starb mit einundzwanzig Jahren, als eben gerade die Braut aus Konstantinopel in Italien gelandet war. Die Zeitgenossen erkannten in seinem vorzeitigen Tod eine Strafe des Himmels – sei es für die frevelhafte Öffnung des Grabes, sei es einer anderen Sünde wegen.

Herrschaftswechsel: das Königtum Heinrichs II.

Im folgenden Thronstreit erlangte Heinrich II. die Krone. Die Salbung, die ihm noch vor dem endgültigen Triumph der Erzbischof Willigis – in Mainz, nicht in Aachen – gespendet hatte, brachte den entscheidenden Vorteil. Auch Heinrichs Gegenspieler, Hermann von Schwaben, mußte es hinnehmen. Heinrich war zum Kleriker erzogen, doch dann dem weltlichen Stand zurückgegeben worden. Zeit seines Lebens blieb er den kirchlichen Belangen seines Reiches eng verbunden. »Eifere David nach. Liebe die Gerechtigkeit, hasse die Ungerechtigkeit, denn deshalb hat dich Gott gesalbt, dein Gott, nach dem Vorbild jenes, den Er vor der Zeit mit dem Öl der Freude vor seinen Gläubigen salbte, Jesus Christus, unseren Herrn«.[16] Die Klosterreform wurde energisch vorangetrieben. Jetzt konnten sich auch die großen alten Klöster nicht widersetzen. Das Kirchenrecht suchte Heinrich zu stärken, wie keiner seiner sächsischen Vorfahren und Vorgänger. »Bereite den Irrenden den Weg, reiche den Gefallenen deine Hand, richtige die Übermütigen zu Grunde, erhöhe die Demütigen«.[17] Der König hielt sich daran und zog seine Lehren aus der Geschichte. Er hat die Erfahrungen als Herzog der Bayern, der er vor seiner Wahl war, auf die Königsherrschaft übertragen und die Zügel des Reiches straff geführt, er hat die Italienzüge seiner Vorgänger nicht fortgesetzt, gewarnt durch das Scheitern Ottos II. und Ottos III. Er begnügte sich mit indirekter Herrschaft im Süden der Alpen, mit kurzen Italien- und eiligen Romzügen nur mehr zur Kaiserkrönung. Mehr als eine Art Herrschaftsgestus waren sie nicht. Gleichwohl blieb das Land nicht ganz sich selbst überlassen.

Wieder spiegelte die Haltung zu den slawischen Fürsten den Wechsel der Ziele. Statt die Polen, mit deren Fürsten und König Boleslaw Chrobry Heinrich jahrzehntelang Krieg führte, unterstützte er die Tschechen, deren Herzog dem König als Vasall huldigte. Der einstige Herzog der Bayern wandte sich da von den sächsischen Interessen ab und den bayerischen zu. Den Adel seines Reiches suchte er von Anfang an und immer wieder unter schärfstem Druck zur Beachtung der kanonischen Verwandtschaftsgrade des Eherechts zu zwingen. Berüchtigt war der Hammersteiner Eheprozeß, der den Kaiser in schlimme Fehden führte und den er auch nicht für sich entscheiden konnte. Bleibende Tat war die Gründung des Bistums Bamberg, das unmittelbar dem apostolischen Stuhl unterstellt wurde; der Papst Benedikt VIII. empfing es in Bamberg selbst aus des Kaisers Hand. Doch nahm Heinrich Abstand von den Reformplänen, die Otto III. gehegt hatte, als er aufs engste mit dem Nachfolger Petri zusammenwirkte. Heinrich bereitete den Erwerb Burgunds vor, den dann sein Nachfolger Konrad II. zu realisieren vermochte. Neue soziale Kräfte regten sich; das Hofrecht des Bischofs Burchard von Worms handelte davon. Die Leute verließen ihre armseligen Hofstellen und wanderten aus, um in der Fremde ihr Glück zu machen. Die langsam aufblühenden Städte lockten sie an. Bald lernte man, wohl in Anlehnung an Platon, die Gesellschaft im Bild funktionaler Dreigliederung zu erfassen, einer Scheidung nämlich nach Arbeitern, Kriegern und Betern. Der genannte Burchard kompilierte – vielleicht noch in Mainz – die bald führende Sammlung des Kirchenrechts, das »Dekret«, in dem sich die neuen Kräfte rechtlich gewürdigt fanden, und das auch Heinrich zu würdigen wußte. Durch nichts konnten die Gebete des Krönungsordo um den Schutz der Kirche, um Gerechtigkeit und Frieden besser verwirklicht werden als durch die Sammlung des Kirchenrechts und seine Anwendung.

Die Krönungsordnung erwies sich als Spiegel der »Politik« des 10. und frühen 11. Jahrhunderts, als Leitfaden rechten Verhaltens und als Darstellungsmuster gottgefälliger Königsherrschaft. Sie verwertete ältere paränetische Anweisungen und Gebetsformeln und stellte mit ihnen den Zeitgenossen der Ottonen eine »politische« Sprache zur Verfügung, die sie verstanden und deren Implikationen sie zu erfüllen bestrebt waren, die gleichwohl die universale Sprache der Kirche war und damit über das Reich dieser Ottonen weit hinauswies bis hin in die Ewigkeit königlicher Mitherrschaft im Himmel.

[1] Vogel/Elze (1993), S. 246, Z. 5 ff.
[2] Vogel/Elze (1993), S. 253, Z. 10 ff.
[3] Dormeier (1997), S. 19.
[4] Vogel/Elze (1993), S. 252, Z. 2 ff. und S. 250, Z. 9 ff.
[5] Vogel/Elze (1993), S. 253, Z. 27 ff.
[6] Vogel/Elze (1993), S. 249, Z. 2 – S. 250, Z. 2.
[7] Vogel/Elze (1993), S. 254, Z. 26 – S. 255, Z. 11.
[8] Vogel/Elze (1993), S. 257, Z. 12 ff. und S. 250, Z. 25 f.
[9] Vogel/Elze (1993), S. 251, Z. 12 ff. und S. 253, Z. 20 ff.
[10] Vogel/Elze (1993), S. 267, Z. 4 f.
[11] Zuchetti (1920), S. 186, Z. 2 ff.
[12] Zuchetti (1920), S. 251, Z. 6 ff.
[13] Zuchetti (1920), S. 250, Z. 20 ff., S. 259, Z. 3 ff.
[14] Zuchetti (1920), S. 256, Z. 11 ff.
[15] Gerbert von Aurillac: Opera – Œuvres de Gerbert, hg. von A. Olleris, Paris 1867, S. 298.
[16] Vogel/Elze (1993), S. 257, Z. 5 ff.
[17] Vogel/Elze (1993), S. 256, Z. 23 f.

Dormeier, Heinrich: Die ottonischen Kaiser und die Bischöfe im Regnum Italiae. Antrittsvorlesung an der Universität Kiel, 11. Juni 1997, Kiel 1997.

Erdmann, Carl: Forschungen zur politischen Ideenwelt des Frühmittelalters, Berlin 1951.

Fried, Johannes: Der Weg in die Geschichte. Die Ursprünge Deutschlands bis 1024, Berlin 1994.

Görich, Knut: Otto III. Romanus Saxonicus et Italicus. Kaiserliche Rompolitik und sächsische Historiographie, Sigmaringen 1993.

Havet, Julien: Lettres [lat.] de Gerbert (983–997), Paris 1889.

Vogel, Cyril/Elze, Reinhard: Le Pontifical Romano-Germanique du Xème siècle, Città del Vaticano 1993.

Zuchetti, Giuseppe: Il chronicon di Benedetto. Monaco di S. Andrea del Soratte e il libellus imperatoria potestate in urbe Roma, Rom 1920.

Kurzfassung

Der Leser des Aufsatzes »Politik der Ottonen im Spiegel der Krönungsordnungen« erhält einen Einblick in die einzelnen Phasen ottonischer Politik von den Anfängen der sächsisch-ottonischen Königsherrschaft um 920 bis hin zur Regierungszeit Heinrichs II. Aufgezeigt werden schwerpunktmäßig die spezifischen Ordnungsmuster und Denkkategorien der Zeit, die sich in den Auszügen der Krönungsordnungen manifestieren und von dem ab dem 13. Jahrhundert zu verzeichnenden, abstrakten Politikbegriff abzugrenzen sind.

Résumé

La contribution »Les *ordo* du couronnement, reflets de la politique des empereurs ottoniens« propose au lecteur un survol des phases successives de la politique ottonienne : un survol qui, partant des premiers temps de la souveraineté ottonienne, vers 920, avec l'avènement d'Henri Ier l'Oiseleur, nous amène au règne d'Henri II le Boiteux – ou le Saint –, qui régna jusqu'en 1024. Mettant en relief les points essentiels, l'exposé aborde le système de références et les modes de pensée propres à l'époque, tels qu'ils ressortent des *ordo* du couronnement qui régissaient le rituel de la cérémonie. Car le cérémonial établissait les droits et les devoirs du souverain – qui se devait de gouverner avec piété et équité. Ce sont ces adjurations qui, dès le XIIIème siècle, seront consignées et traduites sous forme de concepts politiques abstraits.

Samenvatting

De lezer van de bijdrage »De politiek der Ottonen gespiegeld aan de kroningsverordeningen« krijgt uitleg over de verschillende fasen van de ottoonse politiek vanaf het begin van de saksisch-ottoonse koningsmacht rond 920 tot aan de regering van Hendrik II. Aandachtspunten zijn de specifieke ordeningssystemen en denkcategorieën die in de loop van de tijd optreden en uit uittreksels van kroningsverordeningen spreken. Deze moet men los van de abstracte opvatting van politiek zien, die vanaf de 13e eeuw opkomt.

Shrnutí

Čtenář článku »Politika otonské dynastie v zrcadle korunovačních řádů« se seznamuje s jednotlivými fázemi otonské politiky od počátků sasko-otonského království kolem roku 920 až po dobu vlády Jindřicha II. Specifické způsoby pořádání a kategorie myšlení této doby, které se manifestují v úryvcích z korunovačních řádů a které je třeba odlišit od abstraktního pojmu politky (jak se prosazoval od 13. století), jsou hlavním tématem článku.

Summary

The reader of the paper above is given an insight into the single phases of Ottonic politics from the beginning of the Saxon-Ottonic royal reign around 920 up to Henry II's government. The specific patters of order and thought categories of the time are listed that are manifested in excerpts of the coronation order and ought to be separated from the abstract political concept that emerged after the 13th century.

Hagen Keller (Münster)

Die Einsetzung Ottos I. zum König (Aachen, 7. August 936) nach dem Bericht Widukinds von Corvey

Abb. 1
Innenansicht des karolingischen Oktogons des Aachener Münsters mit Blick nach Westen. Auf der Empore des Umgangs ist, zwischen antiken Marmorsäulen und hinter einem karolingischen Bronzegitter, der Thron zu erkennen.

Die Erhebung Ottos I. zum König in der Aachener Pfalz

[Widukind von Corvey, Sachsengeschichte, 2. Buch, Kapitel 1–2:]

Nachdem nun also der Vater des Vaterlandes und der größte und beste der Könige, Heinrich, verschieden war, da erkor sich das ganze Volk der Franken und Sachsen den, der schon vor langem vom Vater als der künftige König benannt worden war, seinen Sohn Otto, zum Oberhaupt. Und als sie den Ort der allgemeinen Wahl bekannt gaben, bestimmten sie, daß es die Pfalz zu Aachen sein solle. Es liegt aber jener Ort nahe bei Jülich, das nach seinem Gründer Julius Cäsar benannt ist. Und als man dorthin gekommen war, da setzten die Herzöge und die ersten der Grafen mit der übrigen Schar der vornehmsten Vasallen, in dem zur Basilika Karls des Großen gehörenden Säulenhof versammelt, den neuen Anführer auf den dort errichteten Thron und machten ihn, indem sie ihm durch Handgang huldigten und Treue versprachen und ihre Hilfe gegen alle Feinde gelobten, nach ihrer Sitte zum König. Während dies von den Herzögen und den übrigen Amtsträgern vollzogen wurde, erwartete der höchste Bischof mit allen Rängen der Priesterschaft und dem ganzen Volk im Innern der Basilika den

Aufzug des neuen Königs. Als dieser näherkam, trat ihm der Bischof entgegen, berührte mit seiner Linken die Rechte des Königs, selbst in der Rechten den Krummstab führend, mit der Albe bekleidet, in Stola und Meßgewand; und als er bis in die Mitte des Heiligtums geschritten war, hielt er inne, und zum Volk gewendet, das ringsumher stand – es waren nämlich in dieser Basilika, einem Rundbau, Säulengänge unten und oben, so daß er von allem Volk gesehen werden konnte – sagte er: »Sehet, ich führe zu euch den von Gott erkorenen und vom mächtigen Herrscher Heinrich einst benannten, nun aber von allen Fürsten zum König erhobenen Otto; wenn euch diese Wahl gefällt, so bezeugt dies mit der zum Himmel erhobenen Rechten.« Darauf hob alles Volk die Rechte zum Himmel und wünschte mit lautem Zuruf dem neuen Lenker Heil. Sodann schritt der Erzbischof mit dem König, der mit eng anliegendem Gewand nach fränkischem Brauch bekleidet war, zum Altar, auf dem die königlichen Insignien deponiert waren, das Schwert mit dem Wehrgehenk, der Mantel mit den Armspangen, der Stab mit dem Zepter und die Krone. Zu dieser Zeit war der oberste Bischof ein Mann namens Hildebert, von Geburt Franke, dem Stande nach Mönch, von Kind an erzogen und ausgebildet im Kloster Fulda und verdientermaßen zu der Ehre aufgestiegen, daß er zu dessen Abt bestellt, hernach des höchsten Bischofsamtes auf dem Erzstuhl von Mainz für würdig befunden wurde. Dies war ein Mann von staunenswerter Heiligkeit und über die natürliche Weisheit seines Geistes hinaus als Gelehrter hochangesehen. Man rühmt an ihm, daß er unter anderen Gnadengaben auch den Geist der Weissagung empfangen habe. Und als sich ein Disput bezüglich der Königsweihe zwischen den Bischöfen erhob, nämlich zwischen dem Trierer und dem Kölner – der eine brachte vor, daß sein Bischofssitz der ältere und gleichsam vom heiligen Petrus gegründet sei, der andere, daß der Ort zu seinem Sprengel gehöre; und deshalb meinte jeder, daß in diesem Falle ihm das Weiherecht zustehe –, so verzichteten sie dennoch beide angesichts der allen bekannten Ehrwürdigkeit Hildeberts. Dieser aber trat zum Altar, nahm von dort das Schwert mit dem Wehrgehenk und sprach zum König gewendet: »Empfange dieses Schwert, auf daß du mit ihm austreibst alle Widersacher Christi, die Heiden und schlechten Christen, da durch Gottes Urheberschaft dir alle Macht im ganzen Imperium der Franken übertragen ist, zum sichersten Frieden aller Christen.« Sodann nahm er Armspangen und Mantel und bekleidete ihn damit, indem er sagte: »Durch die zum Boden fallenden Säume des Mantels sollst du ermahnt werden, im Eifer des Glaubens zu glühen und den Frieden beharrlich zu schützen bis in den Tod.« Darauf nahm er Zepter und Stab und sprach: »Durch diese Zeichen ermahnt, sollst du die dir Untergebenen in väterliche Zucht nehmen, und vor allem den Dienern Gottes, den Witwen und den Waisen die Hand des Erbarmens reichen; und niemals möge dein Haupt des Öls der Barmherzigkeit ermangeln, auf daß du in Gegenwart und Zukunft mit ewigem Lohne gekrönt wirst.« Nachdem er sogleich mit dem heiligen Öl gesalbt und mit dem goldenen Diadem gekrönt worden war von den Bischöfen Hildebert und Wichfried und so die ganze Weihe in rechtmäßiger Form vollzogen war, wurde er von eben diesen Bischöfen zum Thron geleitet, zu dem man über eine Wendeltreppe hinaufstieg, und dieser war zwischen zwei Marmorsäulen von wunderbarer Schönheit so errichtet, daß er selbst von hier aus alle sehen und von allen gesehen werden konnte.

Nachdem dann das Gotteslob gesungen und das Meßopfer feierlich begangen war, ging der König hinunter zum Palast; und an die marmorne, mit königlicher Pracht geschmückte Tafel herantretend nahm er Platz mit den Bischöfen und dem ganzen Volk; die Herzöge aber leisteten ihm Dienst. Als Herzog der Lothringer ordnete Giselbert, zu dessen Amtsbereich jener Ort gehörte, die gesamte Veranstaltung; Eberhard war für die Tafel verantwortlich, der Franke Hermann für die Mundschenken, Arnulf für das Reitergefolge und für die Wahl und Absteckung des Heerlagers; Siegfried aber, der Sachsen trefflichster und der zweite nach dem König, Schwager des verstorbenen Königs und deshalb dem jetzigen durch Verwandtschaft verbunden, verwaltete für diese Zeit Sachsen, damit nicht unterdessen ein Einfall von Feinden geschehen könne, und hatte als Erzieher den jungen Heinrich bei sich. Der König aber ehrte zum Schluß einen jeden Fürsten königlicher Freigiebigkeit gemäß mit dem jeweils angemessenen Geschenk und entließ die vielen Leute in aller Fröhlichkeit.*

Drei Jahrzehnte nach den Ereignissen schilderte der Corveyer Mönch Widukind, wie Otto I. im Jahre 936 in Aachen zum Nachfolger König Heinrichs I. erhoben wurde. Aus der gesamten Zeit der Ottonen, Salier und Staufer gibt es nur wenige so ausführliche Berichte über die Einsetzung eines neuen Königs, und keine andere Schilderung erreicht dieselbe Anschaulichkeit und, wie es scheint, eine vergleichbare Präzision. Zwar erwähnen die anderen Geschichtsschreiber aus dem Umfeld des ottonischen Hofes die Aachener Vorgänge nicht, doch der Bericht in Widukinds Sachsengeschichte erfährt insofern eine Bestätigung, als Otto I. am 8. August 936 urkundlich in Aachen nachzuweisen ist und sich aus seinen Urkunden errechnen läßt, daß er seine Regierungsjahre vom 7. oder 8. August 936 an zählte. Wohl am Sonntag, dem 7.VIII., hat demnach der König in Aachen offiziell die Herrschaft angetreten. Trotzdem werden die beiden Eingangskapitel zum zweiten Buch der Sachsengeschichte sehr unterschiedlich beurteilt. Während manche Forscher sie als Bericht eines wohlinformierten Gewährsmannes einstuften, zeigten andere Skepsis bis hin zum Urteil: »als Quelle für die faktischen Ereignisse ist er wertlos« (C. Brühl 1990). Gibt Widukind Selbsterlebtes bzw. die Erzählungen von Augenzeugen relativ verläßlich wieder – oder hat er die geschilderten Szenen aufgrund vager Anhaltspunkte mehr oder weniger frei erfunden? Einen Konsens der Forschung gibt es in dieser Frage derzeit nicht.

Die Angaben zum Geschehen

Bevor man die »historische Zuverlässigkeit« der Angaben erörtern kann, gilt es genau hinzuhören, was Widukind berichtet. In den beiden Kapiteln über die Vorgänge in Aachen führt er seinen Lesern gewissermaßen einen »Staatsakt in drei Aufzügen« vor, die jeweils in einem eigenen Raum spielen: in der Vorhalle des Münsters, im Münster selbst, im Prunksaal der Pfalz. Hervorgehoben wird, daß ein solch offizieller, gemeinsamer Akt – eine *universalis electio* – stattfand; daß er konstitutive Bedeutung besaß, lehrt eben die Tatsache, daß Otto selbst das Aachener Ereignis als Herrschaftsantritt, als Beginn seiner Regierung betrachtete.

Als erste Szene schildert Widukind die Lehnshuldigung der Herzöge, mächtigsten Grafen und großen Vasallen. Sie wurde damals nur von Weltlichen in dieser Form vollzogen. Als Widukind nach 973 sein zunächst nur bis 968 reichendes Werk weiterführte bis zum Tode Ottos I., berichtet er in teilweise identischen Worten, wie die anwesenden Großen am Morgen nach dem Hinscheiden des Vaters dem Sohn Otto II. die Lehnshuldigung leisteten und ihn, der »schon vor langem« – es war 961 geschehen – zum König gesalbt und – Weihnachten 967/68 – vom Papst mit dem Kaisertitel ausgezeichnet worden war, als neues Oberhaupt anerkannten. Die Parallele macht deutlich, daß auch für 936 nicht ein Akt der Entscheidungsfindung, eine Wahl nach unserem Verständnis beschrieben wird, sondern ein Ritual aus der Sphäre des Lehnswesens, das die Bindung der Großen – der weltlichen Vasallen – an den neuen König sichtbar machte, d. h. ihre Anerkennung Ottos als Oberhaupt verbindlich publizierte. Erkennt man den Vorgang als Treuegelöbnis des gesamten Heeresverbandes, so erklärt sich, weshalb Widukind hier die Geistlichkeit mit keinem Wort erwähnt.

Während in der Vorhalle nur Laien agieren, wobei als aktiv handelnd die Fürsten, der König dagegen in einer passiven Rolle geschildert werden, führt in der Kirche die Geistlichkeit Regie, an ihrer Spitze der Erzbischof von Mainz. Daß der Konsekrator mit der Geistlichkeit den künftigen Herrscher am Kirchenportal empfängt und daß dieser von Bischöfen an der rechten und der linken Hand in die Kirche geführt wird, entspricht dem üblichen Brauch bei Königs- und Kaiserkrönungen. Ebenso wird die rituelle Zustimmung des Volks auch sonst im Rahmen der kirchlichen Weihe eingeholt. Allerdings ist bei Widukind nicht die Rede von der Befragung des zu weihenden Königs und dessen Versprechen gerecht zu regieren, an welches dann erst die Frage des Bischofs an das Volk anschließen würde, ob es einem solchen Herrscher untertan sein und seinen Anweisungen gehorchen wolle. Vielmehr stellt der Erzbischof Otto noch vor jeder liturgischen Handlung als den bereits erhobenen König vor – von Gott auserwählt, vom Vater bestimmt, von den Fürsten zum König gemacht – und fordert das Volk auf, mit Hand und Mund sein Einverständnis mit der – bereits vollzogenen – Erhebung Ottos zum König zu bekunden.

In der anschließend geschilderten Sequenz liturgisch-ritueller Handlungen ist die übliche Reihenfolge in einem wichtigen Punkt »gestört«. Die Salbung müßte am Anfang stehen; durch sie und die folgenden Weihehandlungen wird der künftige Herrscher erst voll zum König. Doch sie wird zum Schluß zusammen mit der Krönung nur kurz und »beiläufig« erwähnt. Breit wird dagegen geschildert, wie am Altar der Erzbischof von Mainz den neu erhobenen Herrscher mit den Zeichen der Königswürde einkleidet. Widukind beginnt mit dem Schwert und läßt den Erzbischof eine Formel sprechen, die – im Anschluß an den Akt in der Vorhalle – erneut den König als Heerführer vorstellt, von Gott mit dem Schutz der Christenheit und der Wahrung des Friedens beauftragt. »Alle Macht über das gesamte Imperium der Franken«, erklärt Hildebert, sei nach Gottes Willen Otto übergeben. Mit dem Schwert überträgt der Erzbischof dem Sohn König Heinrichs, der doch 936 »nur« zum König über das ostfränkische Reich und Lothringen erhoben wurde, eine Herrschaft imperialen Charakters und die volle Nachfolge der Frankenkaiser. Auch beim nächsten Akt, der Investitur mit Armringen und Mantel, klingt mit an, daß Königsherrschaft neben Glaubenseifer kriegerische Stärke zum Schutz des Friedens verlangt; in den Krönungsordines der Zeit wird zusätzlich der Ring genannt, der in Widukinds Schilderung fehlt. Schließlich übergibt der Erzbischof dem König das Zepter und den Stab; wie in den Krönungsordines spielt die Investiturformel auf die Salbung an. Diese aber, eigentlich der erste und entscheidende Akt der Königsweihe, wird erst hier, in eine Partizipalkonstruktion gedrängt, erwähnt zusammen mit der Krönung. Doch anders als bei der Überreichung der übrigen Insignien gibt Widukind zum Aufsetzen der Krone keinen Einweisungsspruch wieder – die »Einkleidung« mit dem wichtigsten Herrschaftszeichen des Königtums, d. h. die Krönung, ist in seinem Bericht auf drei Worte reduziert, während er der Schwertreichung 36 Wörter widmete.

Widukinds Darstellung entbehrt nicht einer inneren Logik: Als Otto in die Kirche einzieht, ist er bereits zum König erhoben; das Volk bezeugt seine Zustimmung zur Übertragung der Königsherrschaft an Otto, und dann wird der König am Altar mit den Zeichen seiner Würde bekleidet, und zwar in einleuchtender Abfolge: über das eng anliegende fränkische Gewand werden ihm Schwertgurt und Schwert angelegt, dann folgen die Armspangen sowie der Mantel, dann werden

Abb. 2
Kaiser Otto I., sogenanntes 3. Kaisersiegel. Dieses Siegel zeigt den Herrscher, anders als die älteren Königssiegel, frontal im Schmuck der königlich-kaiserlichen Insignien: Krone, Kreuzzepter und Reichsapfel. Magdeburg, dunkelbraunes Wachs, Deutschland (?) um 965. Magdeburg, Landeshauptarchiv Sachsen-Anhalt, Rep. U I, Tit. I Nr. 23

ihm Zepter und Stab in die Hände gegeben. Schließlich wird dem neuen König von den Erzbischöfen von Mainz und Köln das Salböl über das Haupt gegossen und die goldene Krone aufgesetzt, worauf sie ihn zum Thron auf die Empore führen, wo er, von zwei besonders schönen Säulen eingerahmt, in vollem Ornat, d. h. in den Zeichen seiner Würde, von allen gesehen werden kann. Danach wird – mit einem Te Deum eingeleitet – das Hochamt gefeiert, wie es dem kirchlichen Ritus bei Bischofsweihen oder Krönungen entspricht.

Noch einmal wechselt der Ort der Handlung, und erstmals erscheint der König selbst in einer aktiven Rolle: Er steigt hinab in die Pfalz, er tritt zur gedeckten Tafel, er nimmt mit den Bischöfen und dem ganzen Volk Platz. Außer dem König agieren noch die Herzöge, die – gewissermaßen als Repräsentanten der dem Sachsen Otto unterstellten Völker im ostfränkischen Reich – die Hofämter des Kämmerers, Truchsessen, Mundschenken und Marschalls versehen; doch dann tritt wieder der König auf: Er beschenkt die Fürsten königlich und entläßt die ganze Versammlung.

Die kritische Würdigung des Berichts

Widukinds Bericht über die Einsetzung Ottos zum König in der Aachener Pfalz läßt an wichtigen Stellen eine gute Kenntnis durchscheinen. Der »Staatsakt« hat nachweislich in Aachen stattgefunden. Alle von Widukind namentlich erwähnten Personen – die Erzbischöfe von Mainz und Köln, die Herzöge von Lothringen, Franken, Schwaben und Bayern, der Stellvertreter des Königs in Sachsen – haben 936 amtiert. Daß der Erzbischof von Mainz, vom Kölner Oberhirten assistiert, die Weihe vollzog, ist nicht nur deshalb glaubhaft, weil beide 961, bei der Krönung Ottos II., in derselben Rolle genannt werden; vielmehr wäre die Entwicklung des Krönungsrechts in Deutschland während der ottonisch-salischen Zeit nicht erklärbar, wenn man nicht schon 936 dem Mainzer auch in Aachen, d. h. in der Kölner Erzdiözese, einen Vorrang eingeräumt hätte. Die Reihenfolge bei der Insignienübergabe – Schwert, Armspangen und Mantel, Zepter und Stab, Krone – stimmt mit dem etwa zur Abfassungszeit der Sachsengeschichte im ottonischen Pontifikale aufgezeichneten Ritus so genau überein, daß in der Forschung diskutiert wurde, ob Widukind diesen Krönungsordo benutzt hat oder ob in ihm aufgrund des Widukindschen Berichts die Reihenfolge der Insignien im Vergleich zu früheren Festlegungen verändert worden war. Auch in den von Widukind formulierten Sätzen bei der Übergabe der Insignien gibt es Anklänge an das Gedankengut der Übergabeformeln in den Ordines. Die Anschaulichkeit der Ortsbeschreibung läßt zudem den Schluß zu, daß Widukind Aachen aus eigenem Augenschein kannte; auch um die Nachbarschaft zu Jülich könnte Widukind aus eigener Erfahrung gewußt haben. Die Frage ist nur: War der Corveyer Mönch, ein Verwandter der Königsfamilie, bei der Einsetzung Ottos I. zugegen, konnte er aufgrund von damals Erlebtem oder von Dritten Gehörtem dreißig Jahre später noch so genau berichten? Für ganz ausgeschlossen wird man dies nicht halten, auch wenn viel – unter anderem auch ein möglicher Anhaltspunkt für Widukinds Lebensalter (geboren um 925?) – dagegen spricht.

Auf jeden Fall muß man aber damit rechnen, daß in Widukinds Bericht Angaben enthalten sind, die auf die persönliche Teilnahme an der nächsten Krönung in Aachen, nämlich derjenigen Ottos II. am 26. Mai 961, dem Pfingsttag, zurückgehen. Daß der Mann bei Ottos II. Erhebung zum König zugegen war, der 968 dessen Schwester Mathilde die Sachsengeschichte mit ihrer in Details gehenden, oft eigenwillig gedeuteten Darstellung ottonischer Familienangelegenheiten widmen konnte, ohne daß es eines Vermittlers bedurfte, hat einige Wahrscheinlichkeit für sich. Dann hätte Widukind in Aachen Abläufe miterlebt, die in seinem Bericht wiederkehren. Als Otto II. 961, erst wenig mehr als sechs Jahre alt, in Worms auf einem Hoftag zum Nachfolger des Vaters bestimmt wurde, waren die Lothringer nicht beteiligt. Sie holten die »Wahl« 14 Tage später in Aachen nach, unzweifelhaft in den Formen, die Widukind als Lehnshuldigung der Großen des ganzen Reiches in der Vorhalle beschreibt. Die Erzbischöfe von Mainz, Köln und Trier vollzogen den Weiheakt, gewiß nicht ohne Diskussion darüber, wem dabei welche Rolle gebührte. Und daß man sich bei der Krönung Ottos II. an das hielt, was in jenen Jahren unter Aufsicht des Erzbischofs Wilhelm von Mainz, eines vorehelichen Sohnes Ottos I., als Ordnung für die Königskrönung im Muster-Pontifikale des ottonischen Reiches fixiert wurde, darf vorausgesetzt werden. Auch eine Lücke in Widukinds Bericht könnte so eine Erklärung finden. Er erwähnt bei den Aachener Vorgängen von 936 die Königin Edgith nicht, die angelsächsische Königstochter, von der Otto damals bereits zwei Kinder hatte, darunter den Sohn Liudolf. Die Weihe der Königin war in Westeuropa längst üblich, auch in Edgiths Heimat, und eine Ordnung für die Weihe der Königin wurde als selbstverständlich auch in das ottonische Pontifikale aufgenommen. Fehlt Edgith in Widukinds Schilderung, weil er 961 bei der Krönung eines Kindes die Weihe einer Königin nicht miterlebt hatte? Rührt die »imperiale« Tönung der Königsweihe in Widukinds Bericht auch daher, daß Widukind Ähnliches 961 in Aachen vernommen hatte, als Otto I. im Begriff war, zur Kaiserkrönung nach Rom zu ziehen?

Doch auch wenn Widukind über die Vorgänge von 936 nach dem Muster der 25 Jahre später erlebten Krönung Ottos II. berichtet hätte, würde dies noch nicht heißen, daß seine Angaben »als Quelle für die faktischen Ereignisse wertlos« sind. Ein Einsetzungszeremoniell gewinnt ja Legitimationskraft gerade daraus, daß es beim neuen Herrscher in ungefähr den Formen wiederholt wird, in denen bereits der oder die Vorgänger eingesetzt worden waren. 936 mußte man in der Tat Neues finden: Es gab keine Tradition für einen Herrschaftsbeginn in Aachen; für einen Krönungsakt in der Marienkirche hätte man sich allenfalls auf die ganz anders verlaufenen Mitkaisererhebungen der Jahre 813 und 817 beziehen können; und niemals hatten die ostfränkischen Großen bisher ihren Herrscher auf lothringischem Boden erhoben. Um so mehr mußte bei der nächsten Königserhebung und

Die Einsetzung Ottos I. zum König (Aachen, 7. August 936) nach dem Bericht Widukinds von Corvey

Abb. 3   Kat.Nr. 2 · 23
Thron der römisch-deutschen Könige in der Aachener Marienkirche. Antike Marmorplatten und Säulenfragmente aus dem Mittelmeerraum in Wiederverwendung. Neuere Forschungen schließen seine Aufstellung bereits in der Zeit Karl des Großen nun nicht mehr aus. Antike Marmorplatten, tertiäre Verwendung in Aachen um 800 (?). Aachen, Dom, Empore des karolingischen Oktogons

Krönung in Aachen der Akt von 936 ein Muster für die einzuhaltenden Rituale sein. Mit Bezug auf das Weiherecht ist der »Präzedenzfall« sicher erörtert worden, und auch sonst wurde gewiß an das erinnert, was 936 getan worden oder geschehen war. Falls Widukind 961 an der Weihe Ottos II. teilgenommen hat, dürfte er gerade bei dieser Gelegenheit manches über die Vorgänge von 936 erfahren haben. Nur: wie läßt sich entscheiden, was aus solchen Berichten in die Sachsengeschichte eingeflossen ist – und was Widukind selbst hinzugefügt oder absichtlich weggelassen hat?

Das Mißtrauen vieler Historiker gegenüber der Darstellung der Aachener Herrschereinsetzung ist noch gewachsen, als neue Quellen erschlossen wurden, die ein anderes Bild von der Thronfolge Ottos I. ergaben als das, das die Forschung bis dahin aufgrund von Angaben Widukinds entworfen hatte. Ganz unterschiedliche, voneinander unabhängige Quellen lassen erkennen, daß die Entscheidung über die Nachfolge Heinrichs I. schon 929/930 getroffen wurde, als dessen ältester Sohn Otto sich mit der angelsächsischen Königstochter Edgith vermählte. Diese Vorgeschichte der Aachener Vorgänge ist für die Beurteilung von Widukinds Bericht von Belang. Sie würde einleuchtend erklären, weshalb eine Wahl durch die geistlichen und weltlichen Großen nicht inszeniert werden mußte, sondern die Anerkennung Ottos auf den Huldigungsakt der Vasallen reduziert bleiben konnte. Die Szene in der Vorhalle entspricht dem, was 961 sicher stattfand. Dabei könnte Widukind gehört haben, wie es »damals« war: weil man den Akt 961 möglichst in den Formen von 936 wiederholte.

Zur Klärung dessen, was 936 in Aachen wohl geschah, ist eine weitere Nachricht zu den Vorgängen von 930 relevant, derzufolge Otto damals in Mainz zum König geweiht (*benedictus*) wurde. Aus einer verlorenen Quelle des 10. Jahrhunderts wurde die Angabe mit weiteren Notizen in eine Sammlung des 13. Jahrhunderts abgeschrieben; sie fügt sich aber gut ein in die Nachrichten, die den Aufenthalt des Hofes um Ostern 930 am Mittelrhein belegen. Wurde Otto, als man ihn zum Nachfolger bestimmte, gesalbt, vielleicht ähnlich wie die frühen Karolinger ihre Söhne salben ließen, ohne ihnen dabei schon Herrschaft zu übergeben? Falls dem so war, so hätte man die Salbung 936 nicht wiederholen müssen. Man hätte sich mit einer Befestigungskrönung begnügen können, wie es sie auch sonst gegeben hat, zu der aber die »Einkleidung« des Königs mit den Insignien einschließlich der Krone gehörte. Von hier her würde auch verständlicher, weshalb der Erzbischof von Mainz bei der Königsweihe in der Kölner Erzdiözese diese Rolle spielen konnte. Widukinds Schilderung könnte so mehr vom genauen Ablauf der »Krönung« im Jahr 936 wiedergeben, als man zunächst vermuten möchte. Aber war er darüber wirklich so differenziert informiert?

Es dürfte schwer fallen, sicher zu scheiden, was in Widukinds Bericht den Vorgängen des Jahres 961 abgeschaut ist und was auf Erinnerungen an die Einsetzung Ottos I. im Jahr 936 zurückgeht. Man darf aber voraussetzen, daß Handlungen, wie er sie beschreibt, unter Otto dem Großen in Aachen im Zuge der Königserhebungen stattgefunden haben. Die Zeremonien von 936 und 961 waren es, welche die örtlichen Traditionen für entsprechende spätere Akte begründeten; sie sind für die Geschichte der Krönungen in Aachen konstitutiv. Ins Blickfeld rückte die Pfalz Karls des Großen schon, als Heinrich I. 929/930 im Einvernehmen mit den Großen seinen Sohn Otto zum Nachfolger bestimmte. Hielt sich der Hof – vermutlich mit dem künftigen Thronfolger und seiner Gemahlin – zunächst um Ostern in den alten karolingischen Stätten am Mittelrhein auf, so kam er dann zu Pfingsten nach Aachen. Es ist dies der einzige Beleg für einen Aufenthalt Heinrichs I. am Ort der vornehmsten karolingischen Königspfalz. Das ehemalige Teilreich Lothringen stand erst seit wenigen Jahren unter die Herrschaft Heinrichs, und so darf man voraussetzen, daß 930 beim Besuch in Aachen die Zustimmung der Lothringer zur Thronfolge Ottos eingeholt wurde, nachdem die Großen der anderen Stämme bereits um Ostern an einem fränkischen Ort ihre Zustimmung gegeben hatten – so ist es ja auch 961 bei der Königserhebung Ottos II. auf Versammlungen in Worms und Aachen gemacht worden, und diese Abfolge von repräsentativen Akten am Mittelrhein und in Aachen im Zuge des Herrschaftsantritts läßt sich in ottonischer Zeit auch später noch beobachten.

Vor diesem Hintergrund hebt sich nun die von Widukind geschilderte *universalis electio*, der »Staatsakt« zur Einsetzung des längst zum Nachfolger bestimmten Otto in die Königsherrschaft, als einmaliges Ereignis ab. Nie wieder ist es in Aachen zu etwas Vergleichbarem gekommen; und insofern gilt es vor allem diese *universalis electio* – ein gesichertes »Faktum« in Widukinds Angaben – zu erklären. War sie schon 930 ins Auge gefaßt worden, um im Zuge der Entscheidung für die Unteilbarkeit des Reiches und die Individualsukzession des ältesten Königssohnes zugleich die Unauflösbarkeit der Verbindung Lothringens mit dem ostfränkischen Reich, die Zusammenfassung beider *regna* im *imperium* Heinrichs I. und seiner Nachfolger, zu verdeutlichen? Oder wurde die Entscheidung für einen gemeinsamen Akt des ganzen Reiches im lothringischen Aachen aus der Situation des Jahres 936 geboren, um diese Einheit eines neuen Königreiches nach außen oder nach innen zu betonen? Im westfränkischen Reich war Mitte Juni 936 überraschend noch einmal ein Karolinger zur Königsherrschaft gelangt, der in England aufgewachsene Ludwig IV. Würde Ludwig Ansprüche auf Lothringen erheben, das einst, von Heinrich I. im Bonner Vertrag anerkannt, zum Reich seines Vaters, Karls des Einfältigen, gehört hatte? Unter den Großen Heinrichs und selbst in seiner Familie gab es nach dem Tod des Königs Stimmen, die gern Ottos jüngeren Bruder Heinrich als König gesehen hätten, der damals im 15. Lebensjahr stand. Konnte man das Reich Heinrichs nicht unter seine Söhne teilen, wenn es ohnehin aus zwei erst seit kurzem vereinigten Königreichen bestand? In jedem Fall war die Aachener Königserhebung im Jahr 936 eine Demonstration, daß Otto die Herrschaft über das ganze Reich seines Vaters allein übernehmen wollte, und die Herzöge zeigten in der Vorhalle und beim Krönungsmahl, die rheinischen Erzbischöfe beim Weiheakt öffentlich, daß sie diese Entscheidung mittrugen.

Mit dem Herrschaftsantritt Ottos I. im Jahr 936 wird die Ablösung der Karolinger durch ein neues, ein sächsisches Königsgeschlecht offenkundig. Schon 929, als König Heinrich, wie es in der Zuweisung des Witwenguts an seine Gemahlin Mathilde heißt, »sein Haus mit Gottes Hilfe ordnete«, fiel für das ostfränkisch-lothringische Reich eine weitreichende Strukturentscheidung: die Begründung eines neuen »Königshauses«, in dem die Königsherrschaft ungeteilt vom Vater auf nur einen seiner Söhne – nicht mehr auf alle Söhne wie bei den Karolingern – übergehen sollte. Sieht man vom selbstgeschaffenen Herrschaftskomplex der Rudolfinger-Könige in Hochburgund ab, so war es noch in keinem der nachkarolingischen Reiche gelungen, eine neue Dynastie zu begründen. Wollte man gerade diesen Erfolg in Aachen demonstrieren, wo Karl der Große einst seinem Sohn Ludwig, dieser seinem Sohn Lothar das Kaisertum durch die Erhebung zum Mitkaiser übertragen hatte? Man darf jedenfalls dessen gewiß sein, daß die Rituale und Zermonien für den »Staatsakt« von 936 mit großem Bedacht gewählt worden sind, und darf wohl auch als sicher annehmen, daß man auf sie Bezug nahm, als unter der Herrschaft des 936 in Aachen zum König gemachten Otto 961 dessen noch im Kindesalter stehender Sohn ebenfalls an diesem Ort mit Salbung und Krönung voll in das Königtum eingesetzt wurde.

Der Stellenwert der Schilderung in Widukinds Deutung des ottonischen König- und Kaisertums

Um Widukinds Darstellung der Einsetzung Ottos I. in Aachen ganz zu verstehen, muß man sich jedoch ins Bewußtsein rufen, daß er nicht einfach berichten will, was »damals« geschehen war. Er erzählt Geschichte nicht um ihrer selbst willen. Er gibt – an die Tochter Ottos des Großen adressiert – eine Deutung dessen, was im Übergang des Königtums von den Franken auf die Sachsen, und das heißt vor allem: in der Begründung und im Erfolg der neuen ottonischen Königsdynastie, »eigentlich« geschehen war. Kunstvoll hat er in sein ganzes Werk mit starken Bildern die Botschaft eingewebt, daß dies alles von Gott selbst bewirkt worden war; und deshalb kann er in der Widmung an die Kaisertochter selbstbewußt schreiben, daß sie, die Erhabenste und Ruhmreichste, durch seine Darstellung noch erhabener und ruhmreicher erscheinen werde. Seine Botschaft vermittelt Widukind vor allem auch in der Schilderung der Herrschaftsübergänge. Man muß die Eingangskapitel des 2. Buches der Sachsengeschichte in diese Reihe stellen, um sie wirklich zu verstehen. Dann erkennt man zugleich, was ein Mensch aus dem Umfeld der Königsfamilie und ein Mönch aus dem vornehmsten sächsischen Männerkloster in die Aachener Ereignisse des Jahres 936 hineindeuten oder aus ihnen herauslesen konnte.

Die Darstellung des Geschehens in Aachen steht bei Widukind in einer sich steigernden Serie von glückhaftem Gelingen, die nicht nur auf Zufall und menschliche Kräfte zurückgeführt werden kann. Hinweise sieht er bereits in der früheren Geschichte seines Volkes. Dann, als die Karolinger, die Frankenkönige, ausstarben, habe »das ganze Volk der Franken und Sachsen«, dem Sachsenherzog Otto die Krone angeboten. Der habe aus Altersgründen abgelehnt und auf seinen Rat hin sei Konrad zum König gesalbt worden; allerdings sei die eigentliche Macht bei Otto verblieben. Als der große Herzog Otto starb, habe er seinem erhabenen und ruhmvollen Sohn Heinrich die Herzogsherrschaft über ganz Sachsen hinterlassen. Vergeblich habe König Konrad versucht, Heinrichs Machtposition zu schmälern und ihn gar umbringen zu lassen; auch sonst habe Konrad seinen Herrschaftsanspruch nicht durchsetzen können. Vom Zug gegen Herzog Arnulf von Bayern, wie man erzähle, verwundet zurückgekehrt, zog er auf dem Totenbett eine ernüchternde Bilanz: Trotz aller Machtmittel fehle ihm und den Franken das Glück und die Durchsetzungskraft, die zur Königsherrschaft gehören. Dies besitze Heinrich, die Macht im Reich liege bei den Sachsen, deshalb solle Eberhard, sein Bruder, als Repräsentant der Franken zu Heinrich gehen und ihm die königlichen Insignien – die heilige Lanze, die goldenen Armspangen mit dem Mantel, das Schwert der alten Könige und die Krone – überbringen: Heinrich werde wahrhaft König sein. Das »Volk der Franken und Sachsen« versammelt sich in Fritzlar; von Eberhard wird Heinrich als König benannt; der Erzbischof von Mainz bietet Salbung und Krönung an, doch Heinrich verzichtet; das »ganze Volk« nimmt dies beifällig auf und akklamiert dem König mit der erhobenen Rechten durch Heilrufe – so wie dies 936 dann in der Kirche geschieht. Widukind erwähnt nicht, daß dem Herrschaftsübergang wohl eine Übereinkunft von 915 zugrundelag, obwohl er von den Ereignissen erzählt, die zu ihr führten; genau so übergeht er die Nachfolgeregelung von 929/930, obwohl er die Pracht der »königlichen Hochzeit« von Otto und Edgith hervorhebt. Ihm kommt es auf die Herrschaftsübergänge an.

Mit der Szene am Sterbebett Konrads kontrastiert er die letztwillige Bestimmung Ottos zum Nachfolger am Krankenlager Heinrichs I.: Heinrich habe seinem noch größeren Sohn ein großes und weites Reich hinterlassen, das er allein gewonnen und von Gott allein empfangen habe. Die Darstellungen der Einsetzung Heinrichs zum König und derjenigen Ottos sind unmittelbar aufeinander bezogen. Während der gesalbte König Konrad zum Schluß sein Scheitern anerkennen muß, kann der ungesalbte König Heinrich eine gefestigte Herrschaft an den Sohn Otto weitergeben. Der wird in aller Form in Aachen vom ganzen Reich zum König erhoben: unter Mitwirkung der Herzöge, die sein Vater – vom Frankenherzog Eberhard abgesehen – alle erst durch Feldzüge und, im Falle Giselberts von Lothringen, auch durch kluge politische Schachzüge hatte unterwerfen müssen. Diejenigen, von denen sein Vater einst die Huldigung erzwungen, die er aber auch zu seinen »Freunden« gemacht hatte, die huldigen seinem Sohn freiwillig in einem gemeinsamen feierlichen Akt und »dienen« ihm öffentlich beim Krönungsmahl. Die Salbung und Krönung, die sein Vater nicht angenommen hatte, die wird an Otto in der von Karl dem Großen erbauten Pfalzkirche vollzogen; und die Insignien, die Konrad durch seinen Bruder dem Sachsenherzog Heinrich einfach überbringen ließ, die empfängt Otto im Aachener Münster vom Altar aus der Hand des *summus pontifex*. Der »höchste Priester«, wie Widukind den Erzbischof von Mainz nennt, dem man die Gabe der Prophetie nachsagte, spricht aus, was Widukind sagen will: Gott selbst hat den Führern der Sachsen, hat Heinrich und Otto wahres Königtum und die Herrschaft über das Frankenreich, das *imperium Francorum*, gegeben.

Die Szene in Aachen ist aber für Widukind auch so etwas wie die Vorankündigung von etwas Größerem, das Otto erlangen würde – trotz vieler Anfechtungen und Bedrohungen seiner Herrschaft, die im zweiten und dritten Buch geschildert werden, ja die zusammen mit den Ungarnkämpfen den Hauptinhalt der »Taten der Sachsen« bilden. Nach Widukinds Darstellung wird Otto im Aachener Münster Karls die Herrschaft über das Imperium der Franken schon zugesprochen, die ihm nach vielen Kämpfen und Prüfungen am 10. August 955 auf dem Lechfeld im von Gott gegebenen Sieg über die Ungarn endgültig verliehen wird. Nach diesem Sieg habe das Heer Otto öffentlich als »Vater des Vaterlandes und Imperator« gefeiert, und von da an ist Otto für Widukind »Kaiser«, wird er in der Sachsengeschichte nicht mehr als *rex*, sondern als *imperator* bezeichnet. Von der Kaiserkrönung in Rom am 2. Februar 962 sagt Widukind hingegen nichts, obwohl er den Italienzug, zwei Siege über die Römer und eine Eroberung Roms erwähnt. So geht es in Widukinds Darstellung der Einsetzung Ottos I.

zum König, d. h. in der Schilderung der Aachener Ereignisse vom August 936, nicht nur und vielleicht nicht einmal primär um die damaligen Vorgänge, sondern zugleich um das 962 erworbene Kaisertum, dessen Bedeutung an Weihnachten 967 in Rom durch die Krönung Ottos II. zum Mitkaiser noch mehr ins Licht gestellt wurde. Wo hätte der Corveyer Mönch die Berufung der Ottonen zum Kaisertum, die sie Gott verdankten und die Gott im Scheitern ihrer Gegner und in den Ungarnsiegen offenbar machte, für den Leser besser inszenieren können als in Aachen, in der Vorhalle der von Karl dem Großen errichteten Kirche, im Münster selbst und dann in der Pfalz? Aus dem, was später noch geschah, erhielt die Einsetzung Ottos zum König für Widukind eine providentielle Bedeutung, die er an ihren Ritualen und Zeichen sichtbar machen wollte. Diese Absicht ist der Grund, weshalb wir von ihm so ausführlich über die Vorgänge erfahren.

* revidierte Übersetzung: Hagen Keller

Edition:
Die Sachsengeschichte des Widukind von Korvei, hg. von Paul Hirsch und Hans-Eberhard Lohmann (MGH Scriptores rerum Germanicarum in usum scholarum [60]), 1935, ND Hannover 1989, S. 63–67.

Zweisprachige Ausgaben:
Widukind von Corvey, Res gestae Saxonicae/Die Sachsengeschichte, Lat./dt., übers. und hg. von Eckehart Rotter und Bernd Schneidmüller, Stuttgart 1981, S. 104–109.
Quellen zur Geschichte der sächsischen Kaiserzeit, neu bearbeitet von Albert Bauer und Reinhold Rau (Ausgewählte Quellen zur deutschen Geschichte des Mittelalters. Freiherr vom Stein-Gedächtnisausgabe, Bd. 8) Darmstadt 1971, S. 84–91.

Althoff, Gerd: Die Ottonen. Königsherrschaft ohne Staat, Stuttgart 2000.
Beumann, Helmut: Widukind von Korvei. Untersuchungen zur Geschichtsschreibung und Ideengeschichte des 10. Jahrhunderts, Weimar 1950.
Brühl, Carlrichard: Deutschland – Frankreich. Die Geburt zweier Völker, Köln ²1995.
Falkenstein, Ludwig: Otto III. und Aachen, Hannover 1998.
Hoffmann, Hartmut: Ottonische Fragen, in: Deutsches Archiv für Erforschung des Mittelalters 51 (1995), S. 53–82.
Keller, Hagen: Die Ottonen und Karl der Große, in: Frühmittelalterliche Studien 34 (2000) (im Druck).
Ders.: Widukinds Bericht über die Aachener Wahl und Krönung Ottos I., in: Frühmittelalterliche Studien 29 (1995), S. 390–453.
Schmid, Karl: Die Thronfolge Ottos des Großen, in: Zeitschrift der Savigny-Stiftung für Rechtsgeschichte, Germanistische Abteilung 81 (1964), S. 80–163.
Schramm, Percy Ernst: Kaiser, Könige und Päpste. Gesammelte Aufsätze zur Geschichte des Mittelalters, Bd. 3, Stuttgart 1969.

Kurzfassung

Einige Jahre nach der Kaiserkrönung Ottos I. 962 in Rom und der Erhebung Ottos II. zum Mitkönig 961 in Aachen schilderte Widukind in seiner »Geschichte der Sachsen« für Ottos des Großen Tochter Mathilde, wie ihr Vater 936 in Aachen zum König erhoben worden war. Der ausführliche und anschauliche Bericht wird in der Forschung allerdings unterschiedlich bewertet. Hat Widukind die Szenenfolge des Aachener «Staatsakts» weitgehend erfunden oder spiegelt sein Bericht Vorgänge, die so ähnlich stattgefunden haben? In manchen Angaben zeigt sich der Geschichtsschreiber gut informiert; bei anderem scheinen Abläufe aus dem Kontext der Aachener Krönung Ottos II. im Jahr 961 durchzuschlagen. Bei ihrer Durchführung hat man sich aber gewiß auf das Vorbild von 936, den einzigen Präzedenzfall, bezogen, der damals ausführlich erörtert worden sein dürfte. Was Widukind schildert, sind jedenfalls Akte, die unter Otto I. in Aachen wohl stattgefunden haben. Die einmalig gebliebene *universalis electio* von 936 war eine programmatische Demonstration. Doch Widukind geht es in seinem Bericht nicht einfach darum, zu erzählen, was damals vorgefallen ist. Er gibt vielmehr in seinem ganzen Werk und insbesondere bei der Darstellung der Herrschaftsübergänge eine Deutung des ottonischen König- und Kaisertums aus der Geschichte. Hier besaß für ihn die Einsetzung Ottos I. zum König in der Aachener Pfalz einen besonderen Stellenwert. Diesem Interesse verdanken wir seinen ausführlichen Bericht.

Résumé

En 962, Otton Ier est couronné empereur à Rome. Un an auparavant, Otton II, conjointement à son père, avait été couronné roi à Aix-la-Chapelle. Quelques années plus tard, Witikind, dans son »Histoire des Saxons«, relate, à l'intention de Mathilde, fille d'Otton le Grand, la cérémonie du couronnement de son père en 936 à Aix-la-Chapelle : un compte rendu clair et détaillé qui a donné lieu à des jugements divers dans les milieux scientifiques. Witikind aurait-il fabulé, au moins jusqu'à un certain point ? Le déroulement de l'intronisation à Aix-la-Chapelle – telle qu'il la décrit – correspond-il aux faits ? Ou devons-nous au contraire penser que Witikind se contente de décrire d'autres cérémonies qui se seraient déroulées d'une façon analogue ? Certaines données inclinent à penser que le chroniqueur était bien informé ; d'autres, au contraire, semblent empruntées à certains épisodes au couronnement d'Otton II à Aix-la-Chapelle en 961. Mais pour mettre en place certains éléments du cérémonial de 961, il a certainement fallu se référer au modèle de 936, seule jurisprudence dont on disposât et dont on a sans doute largement débattu à l'époque. Ce que Witikind décrit se rapporte en tout cas à des événements qui ont eu lieu à Aix-la-Chapelle sous Otton Ier. L'universalis electio, unique dans les annales, était en fait une démonstration de programme étatique. Mais pour Witikind, il ne s'agit pas seulement de rapporter des faits. Dans toute son œuvre, et plus particulièrement lorsqu'il décrit la passation des pouvoirs dans le contexte des successions dynastiques, il propose une interprétation du royaume et de l'empire ottoniens vus sous l'angle de l'histoire. A ses yeux, le fait qu'Otton Ier ait été élevé à la dignité royale dans le cadre du château impérial revêtait une signification toute particulière. C'est l'intérêt dont il a témoigné à cet égard qui nous a valu une chronique aussi exhaustive.

Samenvatting

Enkele jaren voor de keizerkroning van Otto I in 962 in Rome en de installatie van Otto II tot medekoning in 961 in Aken beschreef Widukind in zijn »Geschiedenis der Saksen« voor Mathilde, de dochter van Otto de Grote, hoe haar vader in 936 in Aken tot koning was verheven. Het uitvoerige en levendige bericht wordt door de wetenschap echter verschillend gewaardeerd. Heeft Widukind de verschillende scenes van deze 'handeling van staat' vergaand verzonnen of geeft zijn bericht geeurtenissen weer, die zo ongeveer werkelijk hebben plaatsgehad? Wat sommige gegevens betreft, blijkt de geschiedschrijver goed geïnformeerd te zijn geweest, in andere gevallen lijkt het, alsof handelingen uit de context van de Akense kroning van Otto II in het jaar 961 in de vertelling terecht zijn gekomen. Bij de uitvoering van de laatste kroning zal de eerste zeker als voorbeeld hebben gediend. Dit was immers het enige precedent, dat toentertijd beslist uitvoerig zal zijn geanalyseerd. Hetgeen Widukind beschrijft, zijn in ieder geval gebeurtenissen die onder Otto I in Aken zeker zijn voorgekomen. De eenmalig gebleven universalis electio van 936 was een richtinggevende demonstratie. Widukind gaat het er in zijn bericht niet eenvoudig om een beschrijving van de toenmalige gebeurtenissen te geven. In zijn gehele werk en vooral bij de beschrijving van de machtsoverdrachten geeft hij een duiding van het ottoonse koning- en keizerdom in de geschiedenis. Hierbij had de installatie van Otto I als koning in de Akense palts een speciale betekenis voor hem. Aan het belang dat hij hieraan hechtte, danken wij zijn uitvoerige beschrijving.

Shrnutí

Několik let po císařské korunovaci Oty I. v Řím roku 962 a povýšení Oty II. na spolukrále roku 961 v Cáchách popsal Widukind ve své »Historii Sasů«, věnované dceři Oty Velikého Matildě, jak byl její otec roku 936 korunován v Cáchách. Tato podrobná a názorná zpráva je však historickou vědou různě hodnocena. Vymyslel si Widukind průběh cášského »státního aktu« nebo jeho zpráva popisuje děj, který se opravdu takto podobně odehrál? V některých bodech se zdá být dějepisec dobře informován; do jiných údajů se však patrně mísí události cášské korunovace Oty II. v roce 961. Tato korunovace se však již konala podle vzoru události z roku 936, jediného precedenčního případu, který byl tehdy dopodrobna znám. To, co Widukind líčí, jsou v každém případě jednání, která se odehrála za Oty I. v Cáchách. Universalis electio z roku 936 bylo programatickou demonstrací a zůstalo jedinečným. Ale Widukindovi nejde jen o vylíčení toho, co se tehdy odehrálo. V celém svém díle a zejména v popisu předávání vlády podává výklad historického významu otonské královské a císařské vlády. Korunovace Oty I. v cášském paláci měla pro něj obzvláštní význam. Jeho zájmu vděčíme za tuto podrobnou zprávu.

Summary

Several years after Otto I. was crowned emperor in Rome in 962 and Otto II. was elevated in Aachen in 961 as fellow-king, Widukind in his »story of the Saxons« wrote an account for Otto the Great's daughter Mathilde of how her father had become king in Aachen in 936. This detailed and thorough account however is evaluated by researchers in different ways. Did Widukind to a large degree simply invent the series of scenes of the Aachen stately procedure or does his account really reflect things which happened in a similar way? In some details the historian seems to have been well-informed; in other passages certain procedures taken from the context of Otto II. 's coronation in Aachen in the year 961 seem to show through. However when these were carried out people would have been looking back to the model of 936 which was after all the only precedent to look back to and had been well documented at the time. What Widukind described were in any case acts which did occur in Aachen under Otto I. The unique universalis electio of 936 was a programmatic demonstration. However Widukind is not only concerned with mentioning what happened. On the contrary, in all of his work he gives a rendering of the importance of the Ottonic royalty and empire in history by portraying the change of rulers. This is precisely where Otto I. 's being made king in the palace of Aachen was an important marker. We can be grateful for the thorough account which he passed on due to his interest.

Knut Görich (Tübingen)

Kaiser Otto III. und Aachen

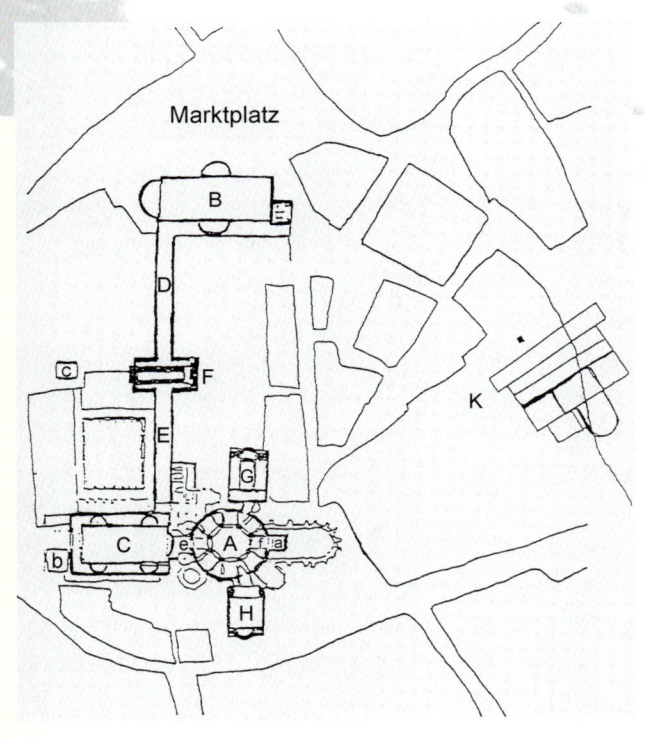

Abb. 1
Skizze der Aachener Pfalz mit Angabe der von Ludwig Falkenstein rekonstruierten Aufstellung der Altäre: A = Marienkirche, B = Große Halle, C = Vorhof der Kirche, D-E = doppelgeschossiger Gang, G = nördlicher Annexbau der Kirche, H = südlicher Annexbau der Kirche, K = Bücheltherme, a = Marienaltar, b = Taufkapelle, c = angenommener Ort für die Aufstellung der Theoderichstatue, e = Taufstein (Empore), f = Erlöseraltar (auf der Empore).

Die Bevorzugung Aachens

Als Kaiser Otto III. im März des Jahres 1000 aus Gnesen in Begleitung des polnischen Herrschers Boleslaw Chrobry (* 965/67, † 1025) zurückkehrte, hielt er sich zur Feier des Osterfestes in Quedlinburg auf und zog von dort aus über Mainz und Köln nach Aachen. Im Kanonissenstift Quedlinburg, einer Gründung der Königin Mathilde (* ca. 886, † 968), gab es sicher Frauen, die lesen und auch schreiben konnten. Es dürfte daher eine Frau gewesen sein, die in den Quedlinburger Annalen eine Beobachtung festhielt, die ihr besonders auffällig erschien – daß Otto III. (* 980, † 1002) nämlich stets darauf hingewirkt habe, nach Rom vor allen anderen Städten Aachen den Vorzug zu geben.[1] In Quedlinburg hielten sich die ottonischen Herrscher häufiger auf, meist zur Feier des Osterfestes; mit dieser Praxis ortsbezogener Herrschaftsausübung war die anonym gebliebene Verfasserin der Annalen natürlich vertraut, und ihre Kenntnis der Gewohnheiten machte sie auch sensibel für die auffallende Bevorzugung Aachens durch Otto III. Mit ihren Worten läßt sich der Befund, den die moderne Mittelalterforschung gewinnt, in noch immer gültige Form fassen.

Die Bevorzugung Aachens ist um so auffälliger, als dem Kaiser der Jahrtausendwende mit den kaum acht Jahren zwischen 994 und 1002, die er eigenverantwortlich regierte, ein nur verhältnismäßig kurzer Zeitraum zur Verfügung stand, um charakteristische Akzente zu setzen. Zwar fand schon die Königskrönung des dreijährigen Otto durch die Erzbischöfe Willigis von Mainz (* ca. 940, † 1011) und Johannes von Ravenna in der Aachener Marienkirche (25. Dezember 983) statt; das war nach der Königskrönung Ottos I. (* 912, † 973) im Jahre 936 und der Erhebung Ottos II. (* 955, † 983) zum Mitkönig seines Vaters im Jahre 961 schon Fortsetzung einer Tradition. Nur wenige Tage nach Weihnachten 983 traf in Aachen die Nachricht vom Tod Kaiser Ottos II. ein. Nach Beilegung des Thronstreits mit Heinrich dem Zänker führte von 984 bis 994 zunächst die Mutter Theophanu (* ca. 960, † 991), nach deren Tod die Großmutter Adelheid (* ca. 931, † 999) die Regentschaft für den minderjährigen König. In dieser Zeit spielte Aachen als Aufenthaltsort des königlichen Hofes kaum eine Rolle. Lediglich für 992 ist ein längerer Aufenthalt Ottos in Aachen bezeugt, wo er das Osterfest feierte und wo unter Leitung eines Papstlegaten die Vorgänge um die Besetzung des erzbischöflichen Stuhls von Reims untersucht werden sollten. Wie schon zu Zeiten seines Vaters und Großvaters waren es auch in diesem Fall westfränkische Angelegenheiten, die den König nach Lothringien und in die Aachener Pfalz führten. In solchen Zusammenhängen stand auch die Schenkung der beiden königlichen Domänen Jupille und Herstal an das Marienstift; sie geschah wohl in Folge der Zerstörung der Festung und Abtei Chèvremont, und es scheint, daß aus diesem Anlaß auch die dortigen zwölf Kanoniker in das Marienstift integriert wurden, dessen Gemeinschaft sich damit verdoppelte. Jedenfalls ließe sich so die Nachricht aus dem mittleren Aachener Totenbuch plausibel erklären, daß Otto III. die Präbenden der Brüder verdoppelt habe.[2] Weil diese seit der Gründung des Marienstifts durch Karl den Großen erste erkennbare personelle Erweiterung aber in die Zeit der Minderjährigkeit Ottos fällt, dürfte die Initiative dafür wohl kaum von dem damals etwa siebenjährigen Jungen ausgegangen sein, sondern eher von Bischof Notger von Lüttich († 1008), zu dessen Diözese Aachen gehörte und der an der Zerstörung von Chèvremont lebhaftes Interesse gehabt hatte.

Daß sich Otto nach Erreichen seiner Volljährigkeit fünfmal in Aachen aufhielt, zeigt, daß der Ort zunehmend wichtig wurde. Ebenso häufig hielt er sich nördlich der Alpen nur in der bedeutenden Pfalz Ingelheim auf.[3] Dürfte noch der erste Aufenthalt im April 995 wieder von der Reimser Streitfrage veranlaßt gewesen sein, so läßt sich ein solcher Zusammenhang mit westfränkischen Angelegenheiten für den zweiten Aufenthalt im November 995 ebensowenig belegen wie für die beiden anderen von Februar bis Mitte April und von Ende September bis Anfang November 997 oder für den letzten von Ende April bis Ende Mai 1000. Während dieser Aufenthalte suchten den Kaiser in Aachen nicht nur Bittsteller aus der näheren Umgebung auf wie etwa die Äbte von Mouzon, Helmarshausen oder Echternach, sondern auch Erzbischof Landulf von Mailand, Abt Leo von SS. Alessio e Bonifacio in Rom, die Bischöfe von Mantua und Cremona oder deren Gesandte. Sie alle erhielten in Aachen ausgestellte Kaiserurkunden, und der über bloß regionale Bezüge hinaus deutlich erweiterte Empfängerkreis zeigt, daß die Aachener Pfalz mehr als je zuvor in ottonischer Zeit als herrscherliches Zentrum fungierte.

Die Erhöhung Aachens und des Marienstifts

In Aachen wurden auch die wichtigsten Schenkungen für das Marienstift ausgestellt. Am 12. Oktober 997 übertrug Otto III. dem Münster die Orte Dortmund und Tiel. Dabei handelte es sich nicht um bedeutungslose Königshöfe, sondern um Handelszentren in königlicher Hand, die verkehrsgeographisch überaus günstig lagen. Aus diesen Schenkungen sollten dem Marienstift in erster Linie offenbar nicht landwirtschaftliche Erträge zufließen, sondern stetige Einkünfte aus Zolleinnahmen. Otto III. hoffte auf jenseitigen Lohn dafür, daß er sich im Diesseits bemühte, »solche Kirchen, die durch irgendein Unglück oder durch Nachlässigkeit in Verfall geraten sind, mit Eifer (...) wieder zu erneuern, wiederherzustellen und mit ihrem Vermögen zu mehren«.[4] Die Einkünfte aus beiden Schenkungen waren zunächst einem einzigen Altar der Marienkirche vorbehalten, und zwar dem Erlöseraltar, der damals im Hochmünster stand, genauer gesagt, im östlichen Joch des sechzehneckigen Umgangs. Der Inhaber dieses Altars war der Stiftsabt, und die Einkünfte schufen offenbar ein Sondervermögen, das ihm zur Verfügung stand. Noch im 14. Jahrhundert gehörte es zu den Pflichten des Stiftsabts bzw. seines Nachfolgers, des Stiftspropstes, die finanziellen Lasten baulicher Maßnahmen zu übernehmen. Man darf annehmen, daß diese Zuständigkeit mit der Schenkung Ottos III. begründet wurde – freilich ohne daß wir wüßten, an welche konkreten Bauvorhaben gedacht wurde. Bekannt ist lediglich, daß Otto – wahrscheinlich 997 – die Ausmalung des damals angeblich noch schmucklosen Innenraumes angeordnet haben soll; damit beauftragt war ein gewisser Johannes, »nach Herkunft und Sprache ein Italiener«[5], der später die Altarschranken im Dom zu Lüttich geschaffen haben soll und dort auch gestorben und beigesetzt worden sein soll. Mit dieser freilich erst den Jahren um 1100/1110 entstammenden Nachricht verbindet man die heute verlorene Ausmalung der Westempore des Doms. Unter barockem Stuck und jüngerer Tünche wurden um 1870 einige wenige Überbleibsel einer geometrisierenden Ornamentik sowie Reste monumentaler Medaillonbilder freigelegt, die auf die Zeit Ottos III. zurückgehen dürften. Was die Funktion des Erlöseraltars angeht, so läßt sich anhand des zwischen 1337 und 1358 redigierten, ältesten »Liber ordinarius« des Marienstifts zeigen, daß auf der Empore im Westbau, den erst das 19. Jahrhundert in seiner romantischen Mittelalterschau zur »Kaiserloge« machte, ursprünglich der Pfarrgottesdienst für die Laien der Aachener Pfarrei stattfand. Das ist wichtig für das Verständnis der Schenkungen Ottos III., die mit den drei Kirchenstiftungen des Kaisers in Aachen und ihren Auswirkungen auf das Marienstift zusammenhingen. Nur

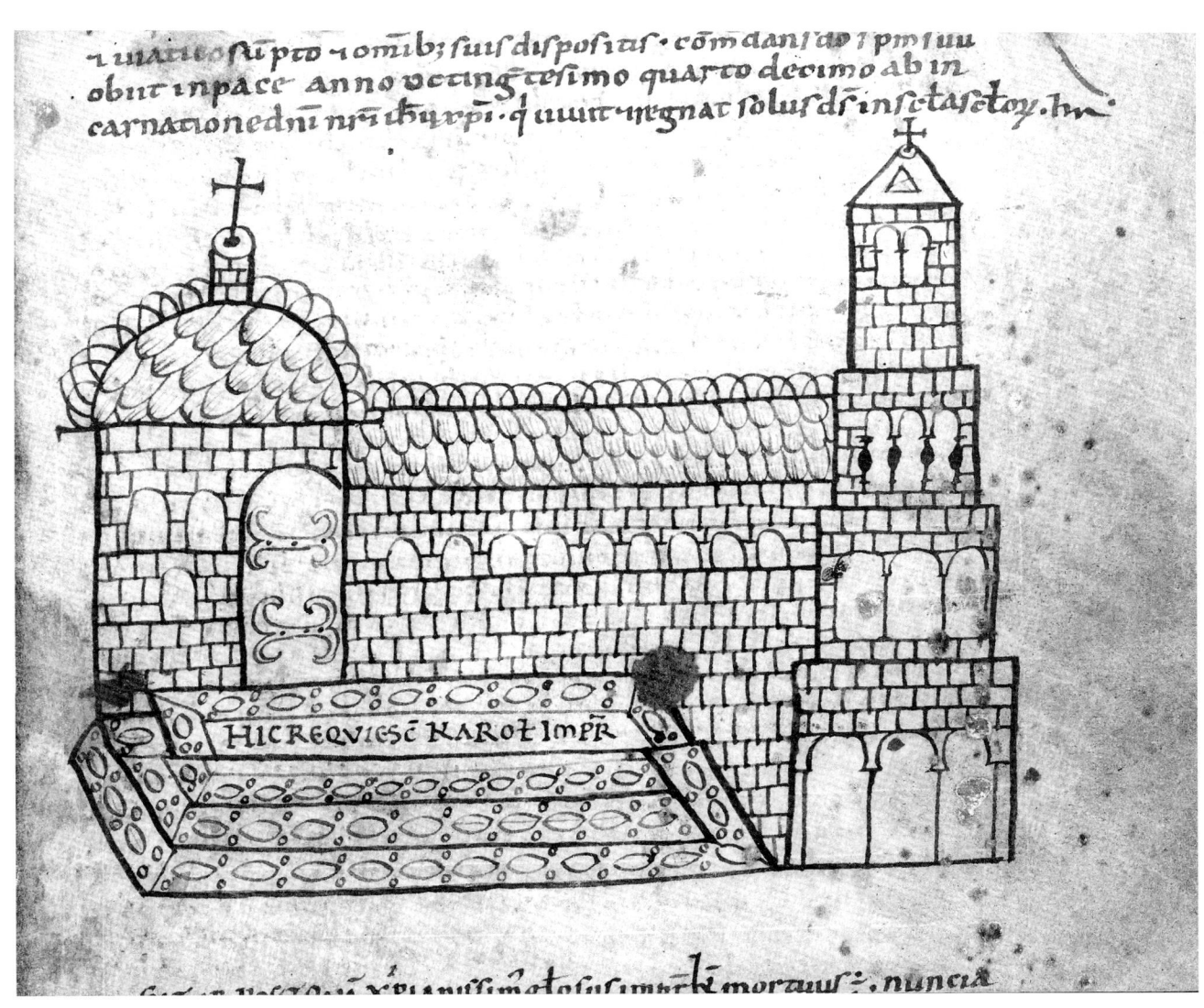

Abb. 2
Ademar von Chabannes, Federzeichnung des Aachener Münsters mit dem Grab Karls des Großen. Die Illustration befindet sich in der »Historia« des Ademar von Chabannes, in der auch das Begräbnis sowie die Grabesöffnung Karls des Großen geschildert werden. 1. Hälfte 11. Jh. Rom, Vatikanische Bibliothek, Cod. Vat. Reg. lat. 263, fol. 235ʳ

wenige Tage nach den Schenkungen an das Marienstift wurden auch Urkunden für das Frauenkloster auf dem Salvatorberg und für das Kanonikerstift St. Adalbert ausgestellt. Wahrscheinlich war zum damaligen Zeitpunkt auch schon die Entscheidung zur Gründung der Mönchsabtei Burtscheid und zur Berufung Gregors von Kalabrien als ihrem Abt gefallen. Alle drei Neugründungen sollten nicht nur vermögensrechtlich eigenständig sein, sondern auch unabhängig von der bisherigen Pfarrhoheit des Marienstifts. Damit waren für das Marienstift zwar nur wenig aktuelle Verluste aus den Zehnteinnahmen verbunden, zumal die Bereiche von St. Adalbert und Burtscheid sich zu einem guten Teil auf noch nicht erschlossene Ländereien erstreckten; aber zukünftige Einnahmen nach der Erschließung waren durch die beabsichtigte Auspfarrung ausgeschlossen. Wahrscheinlich sollte die Übertragung von Dortmund und Tiel an den Erlöseraltar den Inhaber der Aachener Pfarrei für Verluste zukünftiger Einkünfte entschädigen. Die Ausstattung nur des Stiftsabtes mit so hohen Einkünften dürfte den inneren Frieden der Kanonikergemeinschaft aber gefährdet haben. Wohl deshalb übertrug Otto III. den Hof Andernach (18. Juli 998) sowie den Hof Nierstein und den zuvor dem Stiftsabt zugewiesenen Ort Tiel auf die Kanoniker des Marienstifts (6. Februar 1000).

Die Erhöhung Aachens begann noch vor Ottos Schenkungen und Kirchengründungen mit einer päpstlichen Verfügung. Auf persönliche Initiative des Kaisers stellte Papst Gregor V. (* 969/972, † 999), ein Vetter Ottos III., am 8. Februar 997 in Pavia dem Marienstift ein Privileg aus; diese Papsturkunde mit anhängendem Bleisiegel war noch im Jahr 1686 erhalten. Ihre auffallendste Bestimmung neben der Aufnahme des Marienstifts in den apostolischen Schutz ist die besondere Privilegierung des Marienaltars als dem ranghöchsten Altar der Stiftskirche: an ihm sollten künftig nur sieben Kardinaldiakone und sieben Kardinalpriester, die aus dem Kreis der Stiftskanoniker bestimmt wurden, sowie der Erzbischof von Köln als zuständiger Metropolit und der Bischof von Lüttich als zuständiger Ortsbischof die

Messe lesen dürfen.⁶ Diese Anlehnung an die stadtrömische Liturgie sollte den besonderen Rang des Stifts demonstrieren. Beabsichtigt war vielleicht auch eine Nachahmung des für Rom typischen Stationsgottesdiensts, der sich an besonderen Feiertagen des Kirchenjahres in Gestalt von Prozessionen zu den einzelnen Stationskirchen vollzog. Jedenfalls könnte Ottos Kirchenneugründungen so eine bestimmte Absicht zugeschrieben werden. Sollte diese Überlegung Ludwig Falkensteins richtig sein, dann müssen Ottos Pläne bereits in die Zeit vor das Papstprivileg von 997 und damit in das Jahr seiner römischen Kaiserkrönung 996 zurückreichen. Dafür spricht ein auffälliges Indiz: in der Urkunde Gregors V. wurde als vom Marienstift jährlich an Rom zu entrichtender Zins ein Pfund reinsten Goldes festgesetzt. Für eine so astronomisch hohe Zinssumme gibt es keine zeitgenössische Parallele; sollte sie einen realen Hintergrund gehabt haben, und dieser Annahme steht nichts entgegen, dann muß sie in sicherer Erwartung erheblicher Einnahmen des Marienstifts, also wohl bereits im Hinblick auf Ottos großzügige Schenkungen im Oktober 997, festgesetzt worden sein. Noch dieser Zins bestätigt, was Adelbold von Utrecht knapp zwanzig Jahre nach Ottos Tod niederschrieb – daß dieser die Marienkirche auf einzigartige Weise geliebt und mit großem Vermögen ausgestattet habe.⁷

In der Zusammenschau ergibt sich ein konsequent verwirklichtes Vorhaben zur Erhöhung des Marienstifts und zum Ausbau der präurbanen Siedlung Aachen zu einem wahren »Sitz des Reiches« (sedes imperii). Ottos Verfügungen sprechen für genaueste Kenntnis der lokalen Verhältnisse. Darf man sie aber vom Kaiser selbst erwarten? Zwar sind die Urkunden in seinem Namen ausgestellt, jedoch muß nicht jede Bestimmung seiner persönlichen Initiative entsprungen sein. Die Beteiligung Notgers von Lüttich als des zuständigen Diözesanbischofs ist wahrscheinlich, und man darf darüberhinaus annehmen, daß die besondere Bevorzugung des Marienstifts und des Stiftsabtes vielleicht auch nicht ganz unbeeinflußt vom damaligen Amtsinhaber selbst vonstatten ging. Umso empfindlicher machen sich an diesem Punkt die Überlieferungslücken bemerkbar, die uns eine genaue Kenntnis dieses Personenkreises verwehren und damit auch das Wissen um ihre Herkunft und ihre Stellung im lokalen und regionalen Machtgefüge.⁸ Das Wissen um solche Einflüsse wäre aber wichtig zur Beurteilung von Ottos persönlichem Anteil am Geschehen.

Die Öffnung des Karlsgrabes

Auch bei der Öffnung des Grabes Karls des Großen zu Pfingsten des Jahres 1000 handelte Otto III. nicht allein.⁹ Denn wenn, wie allgemein angenommen wird, das Karlsgrab damals nicht besonders gekennzeichnet war, dann wußte der Kaiser selbst sicher am wenigsten, wo es sich befand; ohne Hilfe der Stiftsgeistlichen, in deren Gemeinschaft das Wissen um die Lage des Grabes seit karolingischer Zeit nicht abgerissen sein dürfte, hätte die Suche schwerlich erfolgreich sein können. Unwahrscheinlich ist, daß Karl sitzend bestattet aufgefunden wurde – wenngleich gänzlich unklar ist, wie das Motiv der Sitzbestattung in zwei voneinander unabhängige Quellen Eingang finden konnte. Thietmar von Merseburg (* 975, † 1018) berichtet, das Grab sei »heimlich« geöffnet worden¹⁰ – also wahrscheinlich nachts und vor nur wenigen Zeugen, am ehesten in Gegenwart des Diözesanbischofs Notger von Lüttich und des Erzbischofs Heribert von Köln (* 970, † 1021). Ein solches Vorgehen war bei der Öffnung von Heiligengräbern üblich. Mit dem Vorstellungsbereich der Heiligenverehrung verbunden scheinen auch die Nachrichten, wonach der Kaiser dem Grab entweder unzerstörte Gewandreste und ein goldenes Kreuz wie Berührungsreliquien oder aber sogar Zahn und Fingernägel als teilbare Körperreliquien entnommen habe. Folgte der Auffindung eines Heiligen üblicherweise jedoch die Erhebung der Gebeine am Fundort und ihre Niederlegung bei einem Altar oder sogar in ihm, so unterblieb eine solche Anerkennung Karls als eines Heiligen und die Integration seines Kults in das liturgische Geschehen; sein Grab wurde wieder geschlossen, und noch Ende der zwanziger Jahre des 11. Jahrhunderts wurde an ihm nurmehr der beim Totengedächtnis übliche Anniversartag gefeiert. Allerdings standen einem Heiligenkult um Karl den Großen auch gewichtige Hindernisse entgegen. Zwar war insoweit eine Grundlage dafür vorhanden, als er dem 10. Jahrhundert als Apostel der Sachsen, als ihr Bekehrer zum Christentum und Organisator ihrer Kirchenorganisation in Erinnerung war. Gleichzeitig aber konnte nach der Vorstellung der Zeit ein der Verehrung würdiger Märtyrer nur sein, wer um des Glaubens willen einen gewaltsamen Tod erlitt oder sich einem asketischen Leben verschrieb, was beides auf den Karolinger nicht zutraf. Auch gibt es keinen Hinweis darauf, daß sich am Karlsgrab vor seiner Öffnung ein Kult gebildet hatte. Und doch könnte die Graböffnung gleichsam erstes Glied in einer von Otto vorgesehenen Kette aufeinanderfolgender Handlungen gewesen sein und nur vorbereitenden Charakter gehabt haben. Generell war das Wissen um die genaue Lage des Grabes und um das Vorhandensein der Gebeine die unverzichtbare Voraussetzung eines Heiligenkults. Ein Kult um einen heiligen Kaiser wäre aber aus den erwähnten Gründen nicht leicht in die kirchliche Tradition integrierbar gewesen. Hielten Otto III. und die Bischöfe eine Zustimmung des Papstes für erforderlich? Zwar war das Recht der Heiligsprechung damals noch lange nicht in Rom monopolisiert, aber erst wenige Jahre zuvor hatte die päpstliche Bestätigung der Heiligenverehrung Ulrichs von Augsburg (* 890, † 973) gezeigt, daß ein Kult durch die römische Zustimmung ausdrücklich Gültigkeit in der Gesamtkirche und damit größeres Ansehen erlangen konnte. Über die Motive der Graböffnung ist abschließende Gewißheit nicht zu erlangen; aber die Indizien sprechen dafür, daß Otto III. eine Heiligsprechung Karls des Großen beabsichtigte – über eineinhalb Jahrhunderte vor der unter Kaiser Friedrich Barbarossa (* um 1122, † 1190) im Jahre 1165 erfolgten Kanonisation des Karolingers.

Der Graböffnung vorausgegangen war Ottos immer intensivere Anknüpfung an die Karlstradition: sie steigerte sich in den Urkunden für Aachener Empfänger von Stiftungen zum Seelenheil des Karolin-

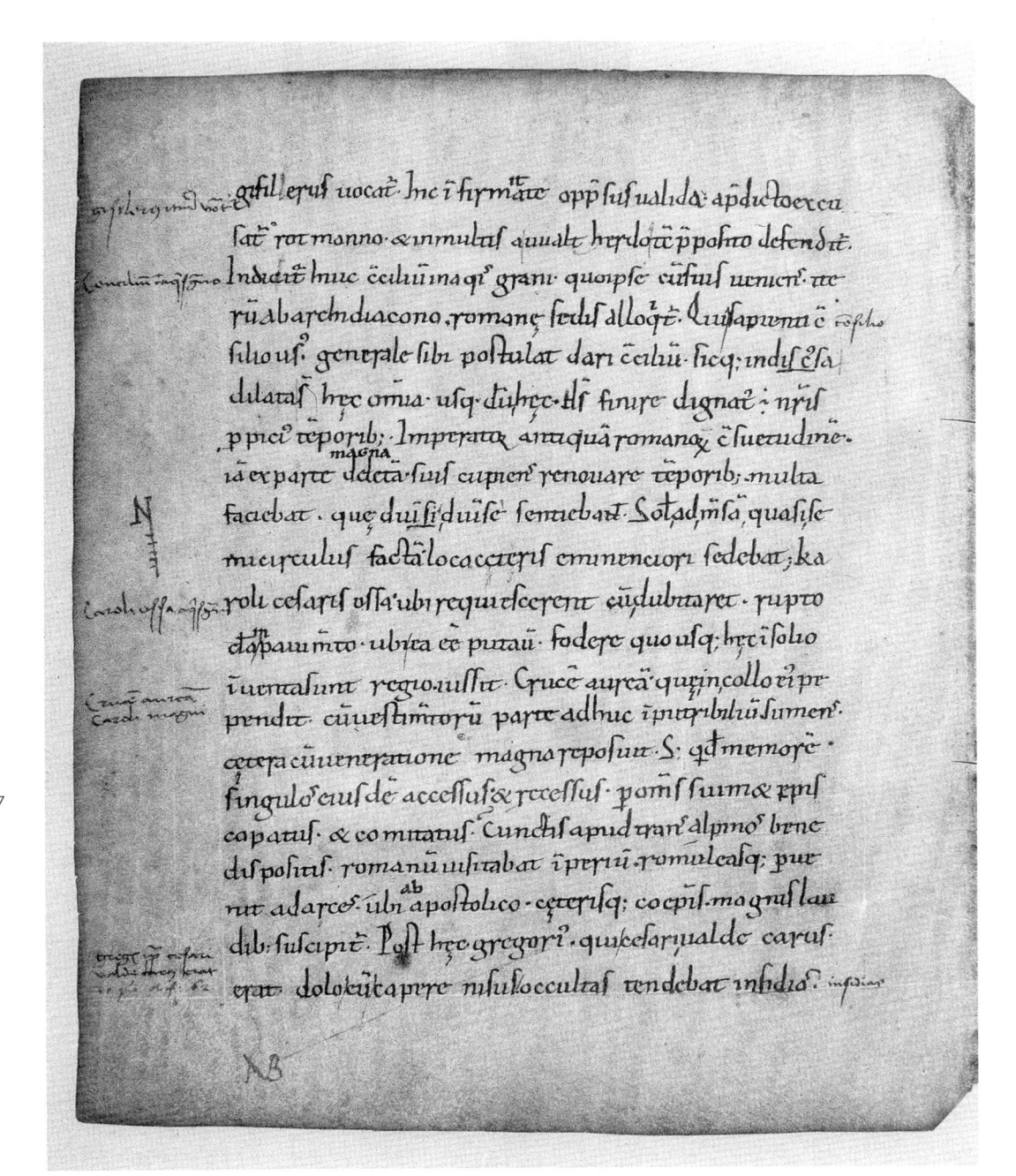

Abb. 3   Kat.Nr. 3 · 7
Faksimile der Chronik des Thietmar von Merseburg. Merseburg, 1012–1014, mit handschriftlichen Ergänzungen Thietmars. Die Abbildung zeigt die Textstelle, an der Thietmar die Öffnung des Grabes Karls des Großen durch Otto III. im Jahr 1000 beschreibt. Dresden, Sächsische Landesbibliothek, ehemals Msc. Dresd. R 147

gers (Oktober 997) über die ausdrückliche und erstmalige Erwähnung des Aachener Thronsitzes als des Thrones Karls des Großen (Februar 1000) bis zur Öffnung des Karlsgrabes (Mai 1000). Die Karlsverehrung war zweifellos auch der Hintergrund für Ottos Zuwendungen an das Marienstift und für seine Aachener Neugründungen, die den Ort auszeichneten, der das Karlsgrab barg und vor allem dadurch mit seinem Andenken verbunden war. Ob Otto ganz bewußt eine städtische Entwicklung des Ortes einleiten wollte, ist schwer zu sagen; die Entwicklungspotentiale seiner Maßnahmen können auch jenseits seines Horizonts gelegen haben, das Ziel der Erhöhung Aachens zum ehrenden Andenken an Karl den Großen erklärt sein Handeln durchaus hinreichend. So klar die Karlsverehrung als wesentliches Motiv Ottos benannt werden kann, so unklar bleibt, wie und durch wen es ihm vermittelt wurde. Ganz allgemein war sicher die Kaiserkrönung Ottos I. im Jahre 962 in Rom und die damit verbundene Erneuerung des Kaisertums die Voraussetzung dafür, daß die Erinnerung an den Karolinger neu belebt wurde.

Der Zeitpunkt der Graböffnung, das Pfingstfest, läßt einen weiteren Aspekt in Ottos Auffassung von seinem Kaisertum erkennen. Pfingsten ist das Fest der Ausgießung des Heiligen Geistes über die Apostel, und das in der Apostelgeschichte überlieferte Sprachwunder steht für die Universalität der christlichen Verkündigungsaufgabe. Es fällt schwer, den Abschluß der Gnesenfahrt in Aachen zu diesem Kirchenfest als zufällig oder gar bedeutungslos anzusehen. Während der Gnesenfahrt nannte sich Otto nach dem Vorbild der Apostel »Diener Jesu Christi« (servus Jesu Christi) und »durch den Willen Gottes,

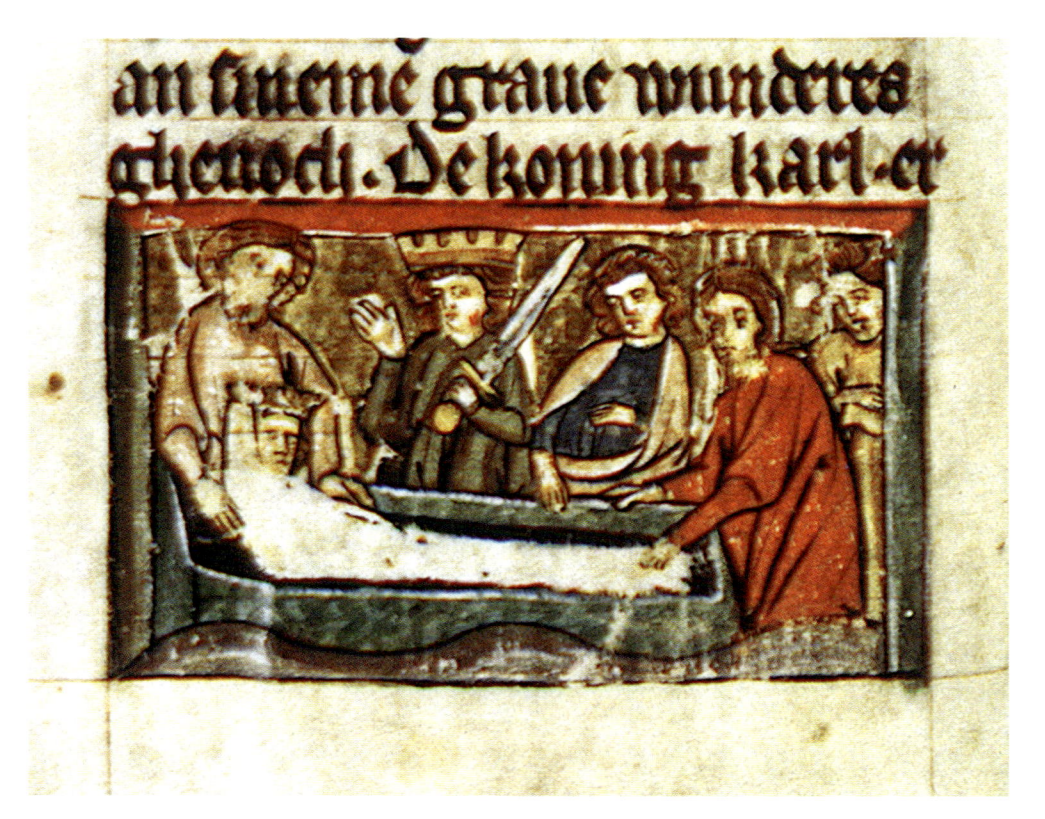

Abb. 4
Älteste bekannte Darstellung der Öffnung des Grabes Karls des Großen durch Kaiser Otto III. in der Aachener Marienkirche im Jahr 1000. Miniatur in einer nach 1260 im norddeutschen Raum (Bremen oder Hamburg) entstandenen Handschrift der »Sächsischen Weltchronik«.
Bremen, Staats- und Universitätsbibliothek Ms. a. 33, fol. 68[v]

des Erlösers und unseres Befreiers Kaiser der Römer und Augustus« (»Romanorum imperator augustus secundum voluntatem Dei salvatoris nostrique liberatoris«); Glaubensverbreitung als kaiserliche Aufgabe und ganz persönliches Sündenbewußtsein verbanden sich in seinem Handeln zu einer Einheit, universales Heilsgeschehen und politisches Handeln flossen ineinander.[11] Sollte die aus unsicherer Überlieferung stammende Nachricht, Boleslaw Chrobry habe als Gegengabe für die Adalbertsreliquien von Otto einen im Karlsgrab gefundenen Thronsitz erhalten, einen irgendwie wahren Kern haben, und sollte Boleslaw Chrobry tatsächlich, wie angenommen wird, Otto bis nach Aachen begleitet haben, dann fungierten Adalbert und Karl der Große geradezu als Patrone sowohl der zwischen dem ottonischen und polnischen Herrscher in Gnesen geschlossenen Freundschaft wie auch der als gemeinsame Aufgabe begriffenen Glaubensverbreitung unter den heidnischen Slawen. Daß das 10. Jahrhundert Karl den Großen als Bekehrer der Sachsen kannte, wurde schon gesagt. Mit der Graböffnung zu Pfingsten behandelte Otto Karl den Großen nicht nur wie einen Heiligen, sondern ehrte damit auch einen Amtsvorgänger, der seiner Vorstellung nach die kaiserliche Aufgabe der Glaubensverbreitung vorbildlich erfüllt hatte.

Von Otto III. zu Heinrich II.: eine Wende auch für Aachen?

Nicht einmal zwei Jahre nach der Aachener Graböffnung war Otto III. gestorben. Mit ihm sanken auch Pläne ins Grab – wahrscheinlich die Heiligsprechung Karls des Großen und vielleicht sogar eine Erhebung Aachens zum Bistum.[12] Zwischen Ottos Tod am 23. oder 24. Januar in Italien und seiner Beisetzung in Aachen am Ostersonntag 1002 vergingen mehr als zwei Monate. Sein Leichnam wurde – wie es heißt, in »wohlriechenden Kräutern einbalsamiert«[13] – unter der Führung Erzbischofs Heribert von Köln über die Alpen gebracht. Weil in Augsburg auf Anordnung seines späteren Nachfolgers, Heinrichs II., jedoch schon seine Eingeweide in zwei Behältnissen beigesetzt worden waren, ist anzunehmen, daß der Leichnam bereits in Italien »nach Art der Deutschen« (»more teutonico«) behandelt wurde; so bezeichneten die Italiener die durch Kochen erzielte Ablösung des Fleisches von den Knochen – eine in der damaligen Zeit bei Leichentransporten über längere Strecken gebräuchliche Maßnahme. Die Beisetzung von Herrschern an verschiedenen Orten war auch üblich, so wurden etwa die Eingeweide Ottos I. in Memleben beigesetzt, der Leichnam selbst in Magdeburg. Und von den vier im Dom von Speyer bestatteten salischen Kaisern liegt dort keiner mit seinem ganzen Körper. Soweit bekannt, wurde Otto III. zunächst vor dem Marienaltar im Erdgeschoß des Münsters, ziemlich genau unter dem Erlöseraltar auf der Empore, beigesetzt und dann im 15. Jahrhundert in den neuerbauten gotischen Chor umgebettet. Während der napoleonischen Kriege wurde sein Grab wohl 1803 geöffnet, die angeblich nach Paris übersandten Gebeine sind verschollen.[14]

Daß es Ottos Wunsch war, in Aachen beigesetzt zu werden, steht in der erst vier Jahrzehnte nach seinem Tod vom Deutzer Mönch Lantbert verfaßten Lebensbeschreibung des Kölner Erzbischofs Heribert. Man hat vermutet, die Bestattung in Aachen könnte auch Heriberts Initiative entsprungen sein, da die Verfügung über den Leichnam eine wichtige Bedeutung im beginnenden Streit um die Nachfolge Ottos III. gehabt haben könnte. Weil eine ausdrückliche Anweisung Ottos in Quellen, die von der Interessenlage Kölns unabhängig sind, nicht überliefert ist, wird auch in dieser Frage völlige Sicherheit kaum zu erlangen sein. Festzuhalten bleibt aber, daß die Beisetzung Ottos III. angesichts seiner zu Lebzeiten bewiesenen Wertschätzung und Bevorzugung dieses Ortes nur konsequent scheint.[15]

Manche sahen Ottos frühen Tod als Zeichen Gottes: in Hildesheim galt er als Strafe für die Öffnung des Karlsgrabes. Inwieweit diese Meinung repräsentativ war, wissen wir nicht; ein anderer Zeitgenosse sah Ottos Feldzug gegen die Apostelstadt Rom als strafwürdig an. Fiel durch Ottos Tod der Schatten des Frevels auf die Graböffnung und ihre Intentionen, und konnte deshalb auch Heinrich II. (* 973/978, † 1024) nicht an die Karlsverehrung seines Vorgängers anknüpfen? Wir wissen es nicht. Heinrich verfolgte mit seinen jahrelangen blutigen Fehden gegen Boleslaw Chrobry und vollends durch sein Bündnis mit den heidnischen Elbslawen gegen den christlichen Herrscher Polens[16] aber auch eine Politik, die Ottos Plan einer gemeinsamen Glaubensverbreitung unter den Slawen ad absurdum führte. Damit entfiel gewiß ein Hauptgrund, das Andenken an Karl den Großen als heiligmäßigen Bekehrungskaiser weiter zu aktualisieren. Heinrich II. machte darüber hinaus auch Ottos großzügige Schenkungen rückgängig und entschädigte das Marienstift dafür mit einer umfassenden liturgischen Ausstattung; über seine Motive läßt sich nur spekulieren.

Aus dem Schweigen der Aachener Quellen über die Karlsgraböffnung wurde geschlossen, sie sei von den Aachener Stiftsgeistlichen selbst verurteilt worden.[17] Nun läßt die spärliche Aachener Überlieferung für diese frühe Zeit freilich manches im dunkeln. Den schlagenden Beweis dafür, daß die Erinnerung an Ottos Graböffnung aber noch im 12. Jahrhundert lebendig war, liefert denn auch keine Schriftquelle, sondern das Armreliquiar Karls des Großen, das Friedrich Barbarossa 1165 stiftete. Auf seiner rechten Schmalseite zeigt ein silbernes Flachrelief das mit der Umschrift »Wunder der Welt« (»mirabilia mundi«) versehene Brustbild Ottos III. Schwerlich dürfte es für diese Darstellung eine andere Erklärung geben als das ehrenvolle Gedenken an den Amtsvorgänger Barbarossas, der seinerseits die Karlsverehrung gefördert, ja der Heiligsprechung von 1165 mit der unvergessenen Graböffnung im Jahr 1000 geradezu den Weg gewiesen hatte. Offenbar wurde die Erinnerung an das Geschehen im Jahre 1000 innerhalb der Aachener Stiftsgemeinschaft mündlich weitergegeben, so daß zur Zeit des Stauferkaisers noch nicht vergessen war, welche Verbindung zwischen Otto III. und der Verehrung Karls des Großen bestanden hatte. Sie klingt auch an in der Notiz des venezianischen Diakons Johannes, der anläßlich der Beisetzung Ottos III. in Aachen notierte, daß der Kaiser dort zusammen mit seinem Vorgänger Karl frommen Angedenkens den Tag des Jüngsten Gerichts erwarte.[18]

[1] Annales Quedlinburgenses, ed. Georg Heinrich Pertz, in: MGH Scriptores, Bd. 3, Hannover 1839, S. 77, Z. 30–34.
[2] Falkenstein (1998), S. 42–54.
[3] Zotz (1997), S. 349–386, hier S. 360–362.
[4] MGH Diplomata, Bd. 2,2: Die Urkunden Ottos III., bearb. von Theodor Sickel, Hannover 1893, Nr. 257, S. 674 f. – Zu Ottos Schenkungen für Aachen jetzt grundlegend Falkenstein (1998), S. 69–169.
[5] Vita Balderici episcopi Leodiensis cap. 13, ed. Georg Heinrich Pertz, MGH Scriptores, Bd. 4, Hannover 1841, S. 729, Z. 30–31. Dazu Exner (1998), S. 103–135, bes. S. 110–132.
[6] Die Urkunde ist ediert bei Zimmermann, Harald: Papsturkunden 896–1046, Bd. 2, Wien ²1989, Nr. 340, S. 663 f.
[7] Adalbold von Utrecht, Vita Heinrici secundi imperatoris cap. 4, ed. H. van Rij, Amsterdam 1983, S. 50.
[8] Meuthen (1966/67), S. 5–95, bes. S. 18 f.
[9] Dazu ausführlich Görich (1998), S. 381–430.
[10] Sitzbestattung erwähnt bei Ademar von Chabannes, Chronicon III,31, ed. J. Chavanon, Paris 1897, S. 153 f. und im Chronicon Novaliciense III,32, ed. Gian Carlo Alessio, Torino 1982, S. 182. – Thietmar von Merseburg, Chronicon IV,47, ed. Robert Holtzmann, MGH Scriptores rerum Germanicarum Nova Series, Bd. 9, Berlin 1935, S. 184, Z. 34.
[11] Die Urkunden Ottos III. (wie Anm. 4), Nr. 344, 346–48, 350, 352–53, 355, 358–59, 361, 366 und 375. – In Ottos Gnesenfahrt vermutet Fried (1998), S. 41–70 typologische Nachahmung biblischer Vorbilder.
[12] Diese Vermutung bei Hehl (1997), S. 169–203, bes. S. 192–203; ablehnend Falkenstein (1998), S. 91–97.
[13] Chronica Monasterii Casinensis II,24, ed. Hartmut Hoffmann, MGH Scriptores, Bd. 34, Hannover 1980, S. 209, Z. 30–31.
[14] Dazu Buchkremer (1907), S. 68–211, hier S. 193 f.
[15] Für eine Initiative Heriberts vgl. Ehlers (1997), S. 47–76, 58–64; für eine frühzeitige Entscheidung Ottos III. für Aachen vgl. Hehl (1997), S. 196 und 198.
[16] Dazu Görich (1997), S. 95–167.
[17] Beumann (1967), S. 9–38, zitiert nach dem Wiederabdruck in: Ders. (1972), S. 347–376, hier S. 372.
[18] Johannes Diaconus, Cronaca Veneziana, ed. Giovanni Monticolo, Roma 1890, S. 165, Z. 3–5.

Althoff, Gerd: Otto III., Darmstadt 1996.
Beumann, Helmut: Grab und Thron Karls des Großen, in: Karl der Große. Lebenswerk und Nachleben, Bd. 4: Das Nachleben, hg. von Werner Braunfels und Percy Ernst Schramm, Düsseldorf 1967, S. 9–38 (wieder abgedruckt in: Ders.: Wissenschaft vom Mittelalter. Ausgewählte Aufsätze, Köln-Wien 1972, S. 347–376).
Buchkremer, Josef: Das Grab Karls des Großen, in: Zeitschrift des Aachener Geschichtsvereins 29 (1907), S. 68–211.
Ehlers, Joachim: Magdeburg – Rom – Aachen – Bamberg. Grablege des Königs und Herrschaftsverständnis in ottonischer Zeit, in: Otto III. – Heinrich II. Eine Wende?, hg. von Bernd Schneidmüller und Stefan Weinfurter, Sigmaringen 1997, S. 47–76.
Exner, Matthias: Ottonische Herrscher als Auftraggeber im Bereich der Wandmalerei, in: Herrschaftsrepräsentation im ottonischen Sachsen, hg. von Gerd Althoff und Ernst Schubert, Sigmaringen 1998, S. 103–135.
Falkenstein, Ludwig: Otto III. und Aachen, Hannover 1998.
Fried, Johannes: Der hl. Adalbert von Gnesen, in: Archiv für Mittelrheinische Kirchengeschichte 50 (1998), S. 41–70.
Ders.: Otto III. und Boleslaw Chrobry. Das Widmungsbild des Aachener Evangeliars, der »Akt von Gnesen« und das frühe polnische und ungarische Königtum, Stuttgart 1989.
Görich, Knut: Otto III. öffnet das Karlsgrab in Aachen. Überlegungen zur Heiligenverehrung, Heiligsprechung und Traditionsbildung, in: Herrschaftsrepräsentation im ottonischen Sachsen, hg. von Gerd Althoff und Ernst Schubert, Sigmaringen 1998, S. 381–430.
Ders.: Eine Wende im Osten: Heinrich II. und Boleslaw Chrobry, in: Otto III. – Heinrich II. Eine Wende?, hg. von Bernd Schneidmüller und Stefan Weinfurter, Sigmaringen 1997, S. 95–167.
Ders.: Otto III. Romanus Saxonicus et Italicus. Kaiserliche Rompolitik und sächsische Historiographie, Sigmaringen ²1995.

Hehl, Ernst-Dieter: Herrscher, Kirche und Kirchenrecht im spätottonischen Reich, in: Otto III. – Heinrich II. Eine Wende?, hg. von Bernd Schneidmüller und Stefan Weinfurter, Sigmaringen 1997, S. 169–203.

Meuthen, Erich: Die Aachener Pröpste bis zum Ende der Stauferzeit, in: Zeitschrift des Aachener Geschichtsvereins 77 (1966/67), S. 5–95.

Zotz, Thomas: Die Gegenwart des Königs. Zur Herrschaftspraxis Ottos III. und Heinrichs II., in: Otto III. – Heinrich II. Eine Wende?, hg. von Bernd Schneidmüller und Stefan Weinfurter, Sigmaringen 1997, S. 349–386.

Kurzfassung

Häufige Aufenthalte in Aachen, reiche Schenkungen an das Marienstift und die Neugründung von drei Kirchen im Laufe von nur knapp acht Jahren kennzeichnen die große Bedeutung, die Aachen für Otto III. hatte. Hintergrund dieser Maßnahmen war seine besondere Verehrung Karls des Großen, die in der Öffnung des Karlsgrabes zu Pfingsten des Jahres 1000 gipfelte – unmittelbar nach der Rückkehr Ottos III. von seiner Pilgerreise nach Gnesen an das Grab des heiligen Adalbert. Die Graböffnung sollte wahrscheinlich der Vorbereitung einer Heiligsprechung des Karolingers dienen, der offenbar zusammen mit Adalbert geradezu als Schutzpatron der von Otto III. und dem polnischen Herrscher Boleslaw Chrobry betriebenen Christianisierung im Osten fungieren sollte. Allerdings war nicht allen Planungen Ottos Erfolg beschieden: sein früher Tod verhinderte ihre konsequente Umsetzung, und schon sein Nachfolger Heinrich II. machte die reichen Schenkungen wieder rückgängig, ohne daß seine Motive dafür hinreichend deutlich erkennbar sind.

Résumé

De fréquents séjours à Aix-la-Chapelle, les généreuses donations dont il combla le Chapitre Notre-Dame, la fondation de trois églises en huit années à peine, tout prouve l'importance qu'Otton III attribuait à la cité carolingienne. Et il est vrai que l'empereur ne faisait pas mystère de la vénération qu'il vouait à Charlemagne : un sentiment qui trouvera son apogée lorsqu'il fera ouvrir le sépulcre de son illustre prédécesseur le jour de la Pentecôte de l'an 1000. En effet, l'empereur, homme pieux, prenant son bourdon de pèlerin, était allé se recueillir sur la tombe de Saint Adalbert à Gnesen. Dès son retour, il avait fait célébrer cette cérémonie qui, sans nul doute, devait préluder à la canonisation de Charlemagne. Car Otton III avait conçu un plan grandiose : l'œuvre de christianisation qu'il avait entreprise avec le concours du souverain polonais Boleslas Ier le Vaillant devait être placée sous la sainte protection de Charlemagne et d'Adalbert. Hélas, les grands projets d'Otton III tournèrent court. Sa mort prématurée empêcha leur réalisation. Et son successeur, Henri II, annula les somptueuses donations pour des motifs qui demeurèrent d'ailleurs assez obscurs.

Samenvatting

Geregelde verblijven in Aken, rijke schenkingen aan het Marienstift en de stichting van drie nieuwe kerken in nog geen acht jaar tijd kenmerken de grote betekenis die Aken voor Otto III had. Deze handelwijze kwam voort uit zijn bijzondere verering van Karel de Grote – die met de opening van diens graf met Pinksteren van het jaar 1000 zijn hoogtepunt bereikte. Otto III keerde toen net terug van zijn pelgrimstocht naar het graf van de heilige Adalbert te Gniezno (Gnesen). De opening van het graf van Karel diende waarschijnlijk ter voorbereiding van een heiligverklaring van de Karolinger, die kennelijk samen met Adalbert als beschermheiligen van de door Otto III en de Poolse heerser Boleslaw Chobry bedreven christianisering van het Oosten moesten dienen. Niet alle plannen van Otto werden echter met succes bekroond: zijn vroege dood verhinderde de consequente omzetting ervan en reeds zijn opvolger, Hendrik II, maakte de rijke schenkingen weer ongedaan, zonder dat zijn motieven dienaangaande voldoende duidelijk aan te wijzen zijn.

Shrnutí

Časté pobyty v Cáchách, štědré dary mariánskému církevnímu zařízení (Stift) a založení tří nových kostelů během pouhých necelých osmi let ukazují, jak velký význam měly Cáchy pro Otu III. Pozadím těchto opatření byl jeho velký obdiv ke Karlu Velikému, který vyvrcholil v otevření Karlova hrobu o svátku letnic roku 1000 – bezprostředně po návratu Oty III. z poutní cesty k hrobu svatého Vojtěcha v Hnězdnu (Gnesen). Otevření Karlova hrobu mělo pravděpodobně sloužit přípravě kanonizace Karla Velikého, který byl spolu s Vojtěchem patronem šíření křesťanství na východě, které prováděli Ota III. a polský panovník Boleslav Chrabrý. Avšak ne všechny Otovy plány se setkaly s úspěchem: předčasná smrt zabránila jejich důslednému prosazení a již jeho následník Jindřich II. si vyžádal zpět bohaté dary, aniž by své motivy dostatečně objasnil.

Summary

His frequent stays in Aachen, rich donations to the Virgin Mary monastery and his foundation of three churches within only eight years mark the great significance attached to Aachen by Otto III. The background to these actions was his immense worship of Charlemagne, which culminated in the opening of Charlemagne's tomb at Whitsuntide of the year 1000. This event took place immediately after Otto's return from his pilgrimage to St. Adalbert's tomb in Gnesen. The opening of Charlemagne's tomb was probably to have been in preparation for the Carolingian's canonisation. Together with Adalbert, Charlemagne was the patron saint of christianization in Eastern Europe, carried out by Otto III and the Polish ruler Boleslaw Chrobry. However, not all of Otto's plans were successful: his premature death prevented their completion and even his successor Henry II cancelled the rich donations, although his motives for so doing remained unclear.

Rainer Kahsnitz (München)

Herrscherbilder der Ottonen

Abb. 1
Elfenbeinrelief mit Stifterbild Ottos I., der Christus ein Modell des Magdeburger Doms überreicht, und von Mauritius, Michael, Petrus sowie zwei weiteren Heiligen begleitet wird. Ehemals wohl Teil eines Elfenbein-Antependiums, das für Magdeburg angefertigt wurde. Schon Mitte des 11. Jhs. finden sich einzelne Platten in Zweitverwendung. Mailand, zwischen 967 und 973. New York, Museum of Modern Art, Gift of George Blumenthal 1941, Acc. No. 41 100 157

Um die Jahrtausendwende gibt es keine Bilder im Sinne späterer Bildnisse, die das tatsächliche Aussehen der Herrscher festhalten sollten – das lag der Bildvorstellung der Zeit völlig fern –, aber doch Bildnisse, die sie vergegenwärtigen sollten, weniger äußerlich abbilden denn als Person in ihrer herrscherlichen Würde und als konkreten König oder Kaiser vorstellen. Soweit uns überhaupt Bilder überliefert sind, zeigen sie keine Darstellungen von Ereignissen aus ihrem Leben, auch nicht der wichtigsten, wie etwa der Krönungen. Quellen berichten allerdings gelegentlich von historischen Darstellungen und Schlachtenbildern in den königlichen Pfalzen; aber davon ist nichts erhalten. Auch bleiben die Erwähnungen so allgemein, daß wir keine Vorstellung vom Aussehen dieser Wandmalereien gewinnen können.

Erhalten haben sich Darstellungen der ottonischen Herrscher – abgesehen von Siegeln und Münzen – nur in liturgischen Handschriften, als Buchmalereien, auf Goldschmiedearbeiten und Elfenbeinreliefs, die durchweg auch zum Schmuck der zum Gottesdienst bestimmten Codices oder anderer Gegenstände der Altarausstattung gehört haben. Figürliche Grabdenkmäler kannte die Zeit noch nicht.

Die Könige und Kaiser begegnen uns auf ihren Bildern in der Form, in der das Mittelalter am ehesten zeitgenössische, lebende Personen dargestellt hat: als Stifter von Büchern oder anderen Objekten, die sie verehrungsvoll Christus oder einem Heiligen darbringen, aber auch als Empfänger solcher Buchdedikationen. Erstaunlicherweise gibt es gerade in ottonischer Zeit auch reine Thronbilder, die den Herrscher im Kreise seines Hofstaates und huldigender Personifikationen von Provinzen des Reiches zeigen, auch sie eingefügt in Bücher, die zum Gottesdienst bestimmt waren. Kaiserbilder in Evangeliaren oder anderen liturgischen Büchern sind ein auffallendes Phänomen, das wir nach Vorläufern in karolingischen Bibeln und Psaltern nur aus ottonischer und salischer Zeit kennen. Einige Bilder thematisieren darüber hinaus die Herkunft der kaiserlichen Macht von Gott, die Legitimierung der Herrschergewalt durch direkte Verleihung Christi sowie die Hilfe der Heiligen.

Stifterbilder

Von Otto dem Großen gibt es nur ein, allenfalls zwei Darstellungen. Auf einem kleinen Elfenbeinrelief, das ursprünglich Zentrum einer großen Reihe gleich großer Reliefs mit Szenen aus dem Leben Christi war (Abb. 1), sieht man den Kaiser vor dem auf einer Lorbeer-Sphaira thronenden Herrn, in den verhüllten Händen ein Kirchenmodell darbringend. Der heilige Mauritius hat ihn mit seinen Armen umfaßt und führt ihn Christus zu; dahinter wird der heilige Michael sichtbar. Rechts erkennt man Petrus und zwei weitere Heilige. Die Tafel muß Bestandteil eines sehr großen Gegenstandes aus Elfenbein im Dom zu Magdeburg gewesen sein; 16 Platten haben sich davon erhalten, zwei weitere sind aus Abbildungen bekannt. Nach Anzahl und Thema der zufällig überlieferten Szenen dürfte der Zyklus zum Leben Christi ursprünglich nicht weniger als 40, vielleicht noch mehr solcher Reliefs umfaßt haben. Man hat an ein Antependium für den Hochaltar gedacht; jedenfalls muß die Folge an einer zentralen Stelle des Domes angebracht gewesen sein, die für den Dom als Ganzes stehen konnte. Denn der Kaiser hält in seiner Hand ein Modell der Kirche und nicht nur der Elfenbeinplatten; gemeint ist also die Erbauung des Domes und die Errichtung des Erzbistums durch Kaiser Otto den Großen im Jahre 967. Zwischen diesem Datum und dem Tod Ottos des Großen 973 müssen die Elfenbeinreliefs, und zwar aus stilgeschichtlichen Gründen in Mailand, im Auftrage des Kaisers angefertigt worden sein.

Eine stilistisch verwandte, noch heute in Mailand befindliche Elfenbeintafel zeigt die kaiserliche Familie kniend in Verehrung vor dem thronenden Christus, empfohlen durch den heiligen Mauritius und die Gottesmutter[1]; Mauritius war Patron des Magdeburger Domes, aber, in ottonischer Zeit vielfach verehrt, auch anderer Kirchen. Der Kaiser, inschriftlich bezeichnet als »Otto Imperator«, hat den rechten Fuß Christi ergriffen, um ihn zu küssen. Ihm gegenüber kniet die Kaiserin, die ihren ebenfalls gekrönten kleinen Sohn in den Armen hält, um ihn Christus zu präsentieren. Gemeint ist entweder Otto der Große mit seiner Gemahlin Adelheid und dem minderjährigen, aber schon 962 zum König gekrönten Otto II. oder Otto II. selbst mit der Kaiserin Theophanou und der kindliche, als Dreijähriger zum König gewählte und dann auch gekrönte Otto III. Das Relief dürfte ursprünglich zum Schmuck eines Buchdeckels gedient haben, auf dem es die Stiftung des Codex durch den Kaiser dokumentieren sollte. Solche Familienbildnisse sind sonst nicht bekannt. Nur auf Zierseiten ottonischer Handschriften gibt es gelegentlich Medaillons mit der Folge der Herrscher.

Nach dem Bericht des sächsischen Geschichtsschreibers Thietmar von Merseburg[2] schenkte Kaiser Otto II. dem Dom zu Magdeburg, als er ihm 978/80 das Recht der freien Wahl des Erzbischofs garantierte, ein Buch, in dem sich ein Bild Ottos II. und der Kaiserin Theophanou in glänzendem Golde befand, offenbar also in Treibarbeit auf dem Buchdeckel. Das Buch enthielt – vielleicht unter anderem – das kaiserliche Privileg, das der Erzbischof nach dem Evangelium aus diesem Codex öffentlich im Dom verlas. Hier erscheint also das Kaiserpaar offenbar nicht nur als frommer Stifter, sondern wie auf einem Siegelbild als Garant des verliehenen und in dem Buch dokumentierten Rechts.

Nicht immer präsentieren Stifter den geschenkten Gegenstand, indem sie ihn in den Händen halten oder Christus überreichen. Auf dem zwischen 983 und 991, wahrscheinlich 985/87 in Trier entstandenen Gold-Elfenbein-Buchdeckel des in Nürnberg befindlichen Codex aureus aus Echternach schließen sich die Kaiserin Theophanou und der junge Otto III. den dort dargestellten Heiligen an, ohne als Stifter besonders gekennzeichnet zu sein. Auf dem Baseler Antependium, einer goldenen Altarvorsatztafel, die Heinrich II. möglicherweise aus Anlaß der Weihe dem Dom zu Basel im Jahre 1019 geschenkt hat – jedenfalls stammt die Tafel dorther und ist seit dem späten Mittelalter dort bezeugt –, erscheinen er und seine Gemahlin Kunigunde mit betend ausgebreiteten Händen als kleine Figuren kniend zu Füßen der übergroßen Christusgestalt. Im Perikopenbuch Heinrichs II. wird sogar nur in den das Bild begleitenden Versen auf die Stiftung durch König Heinrich nach Bamberg hingewiesen. Dargestellt ist die Krönung des Königs.

In dem in Mainz um 990 für den jungen Otto III. geschriebenen und mit drei Königsbildern versehenen Gebetbuch Ottos III. (Abb. 2)[3] hat sich der junge König in der byzantinischen Demutsgeste der Proskynese vor dem in einer Himmelsglorie thronenden Christus niedergeworfen. Auf einem zweiten Bild wird ihm das Buch von einem Kleriker überreicht, während er selbst, mit Krone geschmückt, als große schwere Figur auf einem Thron sitzt. Interessanter ist das dritte Bild, mit dem das Gebetbuch Ottos III. eröffnet wird. Einer Kreuzigung von ausgeprägt byzantinischem Charakter gegenüber sehen wir auf einer zweiten Seite oben eine Deesis: Christus steht mit Buch und Segensgestus zwischen Maria und Johannes dem Täufer, unten Petrus und Paulus. Zwischen ihnen betet mit ausgebreiteten Armen der junge Otto III., wiederum ohne Krone, in zeitgenössischer Tracht mit Schuhen an den Füßen. Er steht im Kreise der Heiligen, die für ihn beten, nur so kann der Bildgehalt verstanden werden. Das alte, bis in die vorikonoklastische Zeit des 6. bis 7. Jahrhunderts zurückreichende byzantinische Bildschema der Fürbitte, schon in mittelbyzantinischer Zeit als Deesis bezeichnet, wird im Gebetbuch Ottos III. zum erstenmal im Westen rezipiert. Maria und Johannes der Täufer wenden sich, für die Menschheit betend, dem in der Mitte stehenden Christus zu. Später wird die Bildfigur vor allem im Kontext von Weltgerichtsbildern im Westen und im Osten größte Bedeutung erlangen. Im 10. Jahrhundert hat sie aber offenbar noch keinen eschatologischen Gehalt. Ein byzantinisches Elfenbeinrelief, das die Gruppe ebenfalls in der altertümlichen, im 10. Jahrhundert bereits weitgehend aufgegebenen Anordnung der Gottesmutter auf der linken Seite Christi und Johannes den Täufer rechts zeigt, war für den byzantinischen Kaiser Konstantin VII. Porphyrogennetos (913–921/22 und 944–959) bestimmt. Eine begleitende Inschrift erläutert den Sinn: Christus redet mit Maria und Johannes (wie mit seinen Ratgebern), trägt darauf seinen Jüngern auf, Konstantin von jedem Übel zu befreien; Christus selbst verspricht ihm Ruhm und Macht. Zwar eignet dem Bildschema der Deesis kein spezifisch imperialer Charakter; doch sind aus Konstantinopel erstaunlich viele Darstellungen aus kostbarem Material aus dem höfischen Bereich überkommen. Zeigt das byzantinische Relief unter der Deesis sechs Apostel, so trifft das Gebetbuch Ottos III. eine markante Auswahl. Petrus und Paulus werden als weitere Fürbitter dem jungen König zugeordnet. Petrus und Paulus, die als Interzessoren andere Heilige oder Stifter dem im Zentrum erscheinenden Herrn zuführen, kennen wir vor allem aus den Monumentalkompositionen römischer Kirchen. Die sogenannten Apostelfürsten, die in Rom ihr Martyrium erlitten hatten, stehen, gerade wenn sie in der »concordia apostolorum« zusammen erscheinen, für Rom, das auch außerhalb der Propaganda der römischen Kirche seit Leo dem Großen als Stadt der Apostel schlechthin galt. Wenn sie hier im Gebetbuch Ottos III. zum erstenmal in einem deutschen Herrscherbild dargestellt werden, so kann dies nur als Hinweis auf die römische Komponente der Herrschaft Ottos III., also auf die anzustrebende oder mit Hilfe der Apostel zu erlangende römische Kaiserwürde verstanden werden.

Thron- und Huldigungsbilder

Neben solchen Bildern, die die Herrscher als Stifter oder betend zeigen, gibt es eine Serie künstlerisch miteinander in Verbindung stehender in Trier und auf der Reichenau entstandener Thronbilder. Den Anfang bildet ein heute loses, aus einer Handschrift herausgeschnittenes Pergamentblatt in Chantilly.[4] Es zeigt in zeitlos jugendlicher Schönheit einen unbärtigen Herrscher mit Krone und in kostbarer Gewandung, mit hohem Stabszepter und riesigem Globus im Arm, auf einem kissenbelegten Thron unter einem Baldachin sitzend. In flüchtiger Majuskelschrift steht darüber: »Otto imperator august(us)«. Vier ge-

Abb. 2   Kat.Nr. 3 · 14
Gebetbuch Ottos III. Ein Kleriker überreicht das Buch einem thronenden Herrscher, dessen Name nicht genannt wird. Aus stilistischen Gründen kommt nur Otto III. in Betracht, der als Dreijähriger Weihnachten 983 in Aachen zum König gekrönt wurde. Das Gebetbuch entstand unter Ebf. Williges von Mainz (975–1011), der zunächst gemeinsam mit der Kaiserinmutter Theophanu, nach deren Tod 991 mit der Großmutter und Witwe Ottos II. die Regentschaft für den unmündigen König führte. Mainz, Ende 10. Jh. München, Bayerische Staatsbibliothek, Clm 30111, fol. 43ᵛ

krönte weibliche Figuren umstehen seinen Thron und bringen ihm Globen dar, also Personifikationen von Provinzen oder Stämmen, bezeichnet als »Germania, Francia, Italia, Allamannia«. Die Malerei ist von ungewöhnlichem Schmelz, subtiler Farbabstufung und plastischer Modellierung, wie sie in ottonischer Zeit nur diesem einen Maler möglich war. Er stand im Dienst Erzbischof Egberts von Trier (977–993). Wir nennen ihn nach seinem Hauptwerk, einem Bild des heiligen Gregor, den Meister des »Registrum Gregorii«, oder kurz, den Gregormeister. Er war unbestritten einer der größten seiner Zeit, beherrschte die Malerei in Trier, sein Werk wurde schulbildend in Echternach und in Teilen auch für Köln. In einer bisher nicht überzeugend erklärbaren Weise sind seine Schöpfungen, aber auch die ihm zur Verfügung stehenden Vorlagen der ottonischen Buchmalerei auf der Reichenau zugänglich gewesen. In einem noch in Trier liegenden Doppelblatt hat sich ein Gedicht erhalten, in dem Erzbischof Egbert den Tod Ottos II. beklagt. Er preist, unter anderem mit einem langen Zitat aus Vergils »Aeneis«, die Herrschaft Ottos, dessen Pate und Kanzler er war, als eine Zeit heiteren Friedens und der Gerechtigkeit, während Krieg, Streit und Gewinnsucht sich jetzt breitmachten. Er berichtet auch, daß dieser Band mit den Briefen Gregors des Großen zu Lebzeiten Ottos II. in seinem, Egberts, Auftrag für den heiligen Petrus, also den Dom in Trier, geschrieben oder doch begonnen worden sei und mit einem Deckel aus Gold und Edelsteinen geschmückt werde. Die außerordentlich ähnliche Malweise des zugehörigen Gregorblattes, ein ähnliches Format der Bildfelder haben seit langem zu der Annahme geführt, das Blatt in Chantilly stamme aus dieser Trierer Handschrift. So wie das Klagegedicht auf Otto II. Zeugnis der Erinnerung Egberts an den toten Kaiser ist, ist offenbar auch das Bild Ottos II. nach seinem Tode angefertigt und von Egbert in den noch in Arbeit befindlichen oder gerade fertiggestellten Trierer Codex eingefügt worden.

Das Trierer Bild sollte reiche Nachfolge in der Reichenauer Buchmalerei finden. Der Maler einer der wichtigsten Bilder Ottos III. und Künstler, die für Heinrich II. arbeiteten, haben davon gezehrt, die Komposition des Gregormeisters übernommen und abgewandelt. Das Kaiserbild im Evangeliar Ottos III., das aus dem Bamberger Domschatz stammt[5], wiederholt in den wesentlichen Bildelementen diese Komposition: Ohne irgendwelche geistlichen oder christlichen Bildelemente thront Otto III. in völliger Frontalität mit Krone, hohem Stabszepter und Globus unter einem Baldachin, rechts und links umstehen ihn je zwei Personen als Thronassistenten. Die Komposition wird auf zwei Seiten ausgedehnt, die huldigenden Personen »Roma, Gallia, Germania, Sclavinia« sind auf das Blatt gegenüber verwiesen. Das ermöglicht es dem Maler, das kaiserliche Gefolge ins Bild zu bringen; links zwei Erzbischöfe, rechts zwei Krieger, ein älterer und ein jüngerer Mann mit Schwert, Schild und Lanze, wohl nicht als Leibwächter, sondern in Analogie zu den Bischöfen als weltliche Große des Reiches zu verstehen. Im einzelnen gibt es mancherlei Änderungen, die im wesentlichen stilistischer Natur sind. Die räumlichen Werte werden ausgeschieden, besonders deutlich beim Baldachin, die Farbigkeit wird härter, die natürliche Plastizität der Kaiserfigur ist stark reduziert. Sie ist jetzt viel größer und weiter nach vorn an den Bildrand gerückt. Sie wird in der Fläche ausgebreitet, die Arme werden in ihrer V-förmig erhobenen Stellung einander symmetrisch angeglichen. Das entspricht der Entwicklung zu größerer Flächenhaftigkeit und Monumentalität in der Reichenauer Buchmalerei um die Jahrtausendwende, die sich zunehmend von den räumlich-plastischen Idealen des Gregormeisters entfernt. Von allen Kaiserfiguren der Reichenau kommt diese in ihren Details bis in die Anordnung des Mantels über den Knien und die Haltung der Arme dem Kaisersiegel Ottos III. vom Oktober 997 am nächsten.

Es gibt noch eine zweite sehr ähnliche Darstellung, einem Flavius Josephus-Codex der Bamberger Staatsbibliothek[6] vorgeheftet. Die Unterschiede zum Evangeliar sind minimal. Wir sehen sehr schnell, daß das Doppelblatt stilistisch und in der Entwicklung der Komposition offenbar dem Evangeliar Ottos III. vorausgeht; die Figur des Thronenden und der Baldachin entsprechen bis in Einzelheiten dem Bild Ottos II. in Chantilly. Die Komposition ist wiederum auf zwei Blätter verteilt, neben dem Thron stehen die Würdenträger des Reiches. Die huldigenden Provinzen nahen von links, jetzt statt von Roma durch Italia angeführt; es folgen Germania, Gallia und Sclavinia. Aber der perspektivische Baldachin, der weit im Bildinneren thronende Herrscher, die Anordnung des Mantels des Kaisers, vor allem der im Schoß gehaltene Globus statt des hoch erhobenem Armes entsprechen noch ganz dem Bild Ottos II. Das insgesamt nicht gut erhaltene Doppelblatt weist über die ganze Breite im oberen Teil einen Knick auf, der entstanden sein muß, bevor das Blatt in den Flavius Josephus-Codex eingefügt worden ist. Diese Handschrift stammt von Reichenauer Schreibern. Die einfachste Erklärung scheint, daß der Codex zu jenen Bücherabgaben gehörte, mit denen die Klöster des Reiches auf Verlangen Heinrichs II. zum Aufbau der Bamberger Dombibliothek beitragen mußten. Zu diesem Zweck mag man die Handschrift mit einem offenbar im Reichenauer Skriptorium liegengebliebenen, älteren, noch aus der Zeit vor dem Evangeliar Ottos III. stammenden Kaiserbild versehen haben und trug über dem Haupt des Kaisers kurzerhand den Namen des jetzt regierenden und die Bücher für Bamberg anfordernden HEINRICHVS ein – ein bemerkenswertes Faktum, eine Warnung, für alle diejenigen, die bestimmte Kopftypen für feststehenden Kennzeichen einer einzelnen Herrscherpersönlichkeit halten, wenn die Bilder von den Zeitgenossen so problemlos umgetauft werden konnten.

Daß der Kaiser auf dem Bild keinen Bart hat, störte die Reichenauer im Gegensatz zu den Historikern des 20. Jahrhunderts offenbar nicht. Vor allem Percy Ernst Schramm hat stets daran festgehalten, daß alle unbärtigen ottonischen Herrscherbilder als Otto III. zu identifizieren sein. Wir sehen aber, daß dasselbe Skriptorium oder die doch in engsten Beziehungen stehenden Trierer und Reichenauer Maler die Kaiser von Otto II. bis Heinrich II. im selben Bildtyp abbilden konnten, und zwar bartlos, nicht weil einer von ihnen keinen Bart getragen hätte – warum sollte eigentlich der zwanzigjährige Otto III. bartlos gewesen sein? –, sondern allein deshalb, weil das spätantike Kaiserbild, nach dem die mittelalterlichen Maler ihr Bild geformt haben, einen glattrasierten Kaiser zeigte. Wie die Zeit in solchen Dingen dachte, erhellt schlaglichtartig der Umstand, daß auf dem ersten Königssiegel Ottos III. – zu einer Zeit, als der Herrscher ungefähr vier Jahre alt war – eine bärtige Königsbüste erscheint, die doch den Herrscher konkret bezeichnen sollte, obwohl jedermann wußte, daß er ein Kind war.[7]

Die Bildquellen sind seit langem bekannt. Es muß sich um eine spätantike Kaiserdarstellung gehandelt haben, wie sie uns heute am deutlichsten im Missorium Theodosius' I. aus dem Jahre 388 überliefert ist, einem großen Silberteller in Madrid. In völliger Frontalität thront der Kaiser unter einer Bogenarchitektur, zusammen mit den jungen Augusti Arcadius und Valentinian II. Der thronende Arcadius kommt mit Stabszepter und Globus dem ottonischen Bild besonders nahe. Rechts und links vor den Säulen der Architektur stehen gestaffelt je zwei Leibwächter mit Schilden und Lanzen. Fragmente ähnlicher spätantiker Silberteller mit einem Kaiser im Kreise seiner Leibwächter sind auch in Deutschland gefunden worden, und zwar in Groß Bodungen im Eichsfeld.[8] Die hintereinander gestaffelten huldi-

Abb. 3
Huldigungsbild Ottos III. aus dem Evangeliar Ottos III. Das Doppelblatt zeigt rechts Otto III. thronend, von Erzbischöfen und Reichsfürsten umgeben, während auf der linken Seite die vier huldigenden Provinzen dargestellt sind. Reichenau, Ende 10. Jh. München, Bayerische Staatsbibliothek, Clm 4453, fol. 24ʳ

genden *gentes* im Evangeliar Ottos III. (Abb. 3) und auf dem Blatt der Flavius Josephus-Handschrift gehen dagegen auf Darstellungen tributbringender Provinzen im spätantiken Staatshandbuch der »Notitia dignitatum« aus dem späten 4. oder dem 5. Jahrhundert zurück, von dem eine karolingische Kopie im Mittelalter im Dom in Speyer belegt ist, die ihrerseits durch mehrere spätgotische Kopien überliefert ist.[9]

Huldigende Provinzen und Leibwächter hatte es schon in karolingischen Herrscherbildern gegeben. Der Codex aureus aus St. Emmeram in Regensburg, um 870 in der Hofschule Karls des Kahlen entstanden, ordnete dem Herrscher die Provinzen Gothia und Francia mit Füllhörnern in den Händen zu. Die sogenannte Viviansbibel, 845/46 in Tours ebenfalls für Karl den Kahlen geschaffen[10], zeigt den Leibwächtern mit Lanze und Schwert unmittelbar neben dem Thron zwei vornehme Laien, die die Thronlehne des Königs – stützend – berühren, so wie der vordere der Erzbischöfe im Evangeliar Ottos III. das Kissen des Kaisers anfaßt. Auch die karolingischen Handschriften verarbeiteten ohne Zweifel antikes Bildmaterial. Doch scheinen die wenigen uns erhaltenen karolingischen Werke kaum geeignet, als Vermittler dieser antiken Motive an die ottonischen Maler in Frage zu kommen. Zu andersartig erscheinen dieselben Personen in den ottonischen Evangeliaren dargestellt, zu groß ist die direkte Nähe der ottonischen Bilder zu den uns noch erkennbaren antiken Vorlagen.

Neben diesen im mittelalterlichen Kontext auffallend weltlich erscheinenden Bildern Ottos II., des III. und Heinrichs II. hat die Reichenau in den letzten Jahren des 10. Jahrhunderts ein Bild Ottos III. geschaffen, das die Erhöhung des Kaisers in göttliche Sphären in einer Form vorführt, wie es sie bis dahin noch niemals gegeben hatte (Kat.Nr. 3 ·38)[11]. Vor Goldgrund thront in einer Aureole, wie sie sonst die Gestalt Christi umgibt, hoch über alle Menschen erhaben, der Augustus Otto, wie ihn die Widmungsinschrift bezeichnet, auf einem Thron, der von der Erde getragen wird. Die Hand Gottes, ihrerseits von einem Kreisnimbus umgeben, setzt ihm die Krone aufs Haupt. Die vier Evangelistensymbole breiten vor der Brust des Kaisers ein weißes Tuch aus, so unmittelbar den Segenswunsch der gegenüberstehenden Widmungsverse ausführend: »Hoc auguste libro tibi cor Deus induat Otto« – »mit diesem Buch, Kaiser Otto, möge Gott Dir das Herz bekleiden«. In Anlehnung an das Wort aus den Sprüchen Salomons (21,1), das auch in die Krönungsordines aufgenommen wurde, daß das Herz der Könige in der Hand Gottes ruhe, hat der Konzeptor von Bild und Versen die sonst nicht belegte, eindrucksvolle und unmittelbar verständliche Bildfigur entwickelt, daß das Herz, die Brust, des Königs vom Evangelium umhüllt werde, damit er, ganz von der göttlichen Heilsbotschaft durchdrungen, aus ihrem Geiste handele und so selbst Teil des göttlichen Heilsplanes und der Heilsgeschichte werde. Nicht der reale Codex in der Hand des widmenden Mönches Liuthar, wie die Fortsetzung der Inschrift nahelegt, sondern das Evangelium als solches hüllt in Form von den Vier Lebenden Wesen gehaltenen Buchrolle den Herrscher ein und läßt ihn zugleich mit Haupt und Schultern in die obere göttliche Sphäre hineinragen. Unten stehen zwei Geistliche, durch Pallium als Erzbischöfe gekennzeichnet; die weltlichen Krieger mit Lanze, Schild und Helm ihnen gegenüber können wir nur als den Erzbischöfen im Rang Gleiche, also als die weltlichen Großen des Reiches, verstehen. Zwei Könige nähern sich mit geschulterten Fahnenlanzen und verneigen sich tief.

Auch die Erde, die den Thron des Kaisers trägt, stammt letztlich aus der antiken Kaiserikonographie. Als fruchtbringend lagerte sie unter dem kaiserlichen Thron auf dem Missorium des Theodosius. Auf anderen Denkmälern stützt sie den Fuß des Kaisers. Sie gehört dem antiken Cäsarenkult an; im Mittelalter erscheint sie sonst niemals in Zusammenhang mit dem Bild eines christlichen Kaisers, aber auf einem ottonischen Trierer Elfenbein unter dem Kreuz Christi.

Daß die Hand Gottes unmittelbar und real dem Kaiser das Diadem auf das Haupt drückt, durchbricht Schranken, die offenbar über Jahrhunderte strikt eingehalten worden waren. Auch auf karolingischen Herrscherbildern schwebt die Hand Gottes über dem Haupt des Kaisers, so Wohlgefallen und Schutz, vielleicht auch die göttliche Herkunft der kaiserlichen Herrschaft andeutend. Aber die Hand ist nur auf den König gerichtet, oft noch durch ein Velum deutlich von ihm getrennt und so als im Himmel befindlich gekennzeichnet. Einmal hält sie in einem Sakramentar aus der Hofschule Karls des Kahlen um 870 über dem Haupt des Kaisers ein edelstein- und perlenbesetztes Diadem.[12] Es ist dies eine Bildformel, die zum erstenmal auf einer Goldmünze Konstantins des Großen erschienen war[13], um die göttliche Herkunft der Herrschaft des Kaisers, dessen Vorstellungen noch stark von der gottgleichen Natur der spätantiken römischen Kaiser geprägt waren, zu dokumentieren. In der Spätantike und vom frühen Mittelalter bis in ottonische Zeit begegnet das Motiv häufiger als Siegeskranz der Passion, den die Hand des Vaters über den sterbenden Christus am Kreuz herabsenkt.[14]

Das Aachener Bild ist in seiner konkreten Ausgestaltung ohne Parallele und, soweit wir nach dem Erhaltenen urteilen können, ohne Nachfolge geblieben. Es ist immer als Inbegriff unerhörter Steigerung kaiserlicher Majestät und Selbsteinschätzung imperialer Erhöhung durch Otto III. angesehen worden. Die Handschrift gehört, solange wir wissen, dem Aachener Münsterschatz, sie mag als Geschenk des Kaisers dorthin gelangt sein. Die Widmung des Reichenauer Mönches Liuthar richtet sich unmittelbar an ihn; wir können davon ausgehen, daß Otto III. das Bild und die ihm darin angetragene Stellung akzeptiert hat. Es entstammt einer Entwicklungsphase der Reichenauer Buchmalerei in den letzten Jahren des 10. Jahrhunderts, in der eine Reihe ungewöhnlich kühner und großartiger Kompositionen erarbeitet wurden, die weitausgreifend und voller Inventionskraft schwierige und niemals oder kaum dargestellte Inhalte zu Bildern von hoher künstlerischer Qualität gestaltet haben. Ob die Bezeichnung Ottos als Augustus ihn so eindeutig wie der sonst übliche Titel Imperator als Kaiser bezeichnet, die Handschrift also erst nach der Kaiserkrönung 996 entstanden sein kann, ist in der Literatur umstritten. Unzweifelhaft aber entstammt sie dem letzten Jahrzehnt des 10. Jahrhunderts.

Im Perikopenbuch Heinrichs II. (Abb. 4), das der König 1007 zur Gründung des Bistums oder 1012 zur Weihe des Domes nach Bamberg schenkte, nimmt das Herrscherbild nur eine Seite ein[15]; ihm gegenüber steht ein langes Widmungsgedicht. Oben thront Christus und setzt mit ausgebreiteten Armen den kleinen Gestalten von Heinrich und Kunigunde Kronreifen aufs Haupt; König und Königin werden von den Apostelfürsten Petrus und Paulus empfehlend herangeführt. Die unten huldigenden Provinzen variieren die bekannte Thematik der Insignien und Schalen herbeibeitragenden *gentes*. Die Inschrift, die sich auf die sechs Füllhörner tragenden Personifikationen im Hintergrund bezieht, spricht von geschuldeter Steuerzahlung. Die Krönung durch den auf derselben Ebene stehenden, wenn auch durch seine Größe erhabenen Christus geht in ihrer Direktheit weit über das hinaus, was das Evangeliar Ottos III. gewagt hatte, wenn hier auch alle kosmologischen Bezüge fehlen. Die Interzession durch Petrus und Paulus folgt einem Bildschema, wie es von römischen Apsis-Mosaiken allgemein bekannt war. Man denke etwa an Sti. Cosma e Damiano am

Herrscherbilder der Ottonen

Abb. 4
Perikopenbuch Heinrichs II. In der oberen Bildzone Heinrich und Kunigunde von Christus gekrönt, hinter ihnen die Bamberger Patrone Petrus und Paulus. Die untere Bildzone nehmen huldigende Gestalten sowie die Personifikationen der Roma, Gallia und Germania ein. Reichenau, um 1007 oder 1012. München, Bayerische Staatsbibliothek, Clm 4452, fol. 2r

Kat.Nr. 3 · 25

römischen Forum. Der Rombezug ist unverkennbar, auch wenn Petrus einer der Hauptpatrone des Bamberger Domes war und Paulus in einigen der Schenkungsurkunden Heinrichs anläßlich der Gründung des Bistums ebenfalls als Patron genannt wird.

Die Bildfigur der unmittelbaren Krönung des Kaisers durch Christus war der wenig älteren byzantinischen Elfenbeinkunst bekannt, wie zwei Elfenbeinreliefs belegen: Christus setzt dem vor ihm stehenden Konstantin VII. Porphyrogennetos (913–921/22 und 944–959) das Diadem auf das Haupt. Das Motiv begegnet offenbar zum erstenmal kurz zuvor auf einer Münze Kaiser Romanos I. Lakapenos (921/22–944). Auf einem zweiten Elfenbeinrelief krönt Christus Romanos II. und seine Gemahlin Eudokia, eine Arbeit aus den vierziger Jahren des 10. Jahrhunderts.[16] Diese Zentralkomposition weist in besonderer Weise auf das Perikopenbuch. Möglicherweise ist ein weiteres Elfenbeinrelief dieses Bildtyps mit der Krönung Ottos II. und seiner Gemahlin Theophanou durch den stehenden Christus, das westliche und östliche Züge vermengt, in Süditalien entstanden, wenn es denn zeitgenössisch ist.[17]

Im Westen ging dem Perikopenbuch seit langem, aber auch ausschließlich das Bild der Heiligenkrönung voraus: Christus krönt zwei Heilige mit den Kronen des Ewigen Lebens, ein Bildschema, das sich bis in die altchristliche Kunst zurückverfolgen läßt.[18] Auch das Reichenauer Skriptorium hat um 1020 dieses Bildschema in einer Komposition zum Allerheiligenfest verwandt.[19] Wahrscheinlich gab es in Rom Apsiskompositionen, bei denen das Motiv der Heiligenkrönung, wie wir es aus San Vitale in Ravenna kennen, wo Christus je ein Diadem für die zwei sich ihm nahenden Heiligen bereithält, mit der Intercession der zu Krönenden durch die Apostelfürsten Petrus und Paulus verbunden war. Jedenfalls weist diese Intercession auch für die Herkunft des Bildformulars der Krönung von Heiligen durch den thronenden Christus auf Rom, so daß die Komposition von dem Reichenauer Maler von dorther als ganze für sein Bild der Krönung Heinrichs und Kunigundes übernommen werden konnte. Das Widmungsgedicht, in dem wie so oft die irdische Herrschaft als Vorstufe mit der Seligkeit über den Sternen in Beziehung gesetzt wird, mag die Übernahme des Bildschemas erleichtert haben.

Die Verbindung weltlicher und himmlischer Herrschaft wird besonders deutlich in der Bamberger Apokalypse angesprochen[20]: »Utere terreno, caelesti postea regno« – »Nutze die irdische und später die himmlische Herrschaft«. Bekanntlich ist die Datierung der Handschrift in der Wissenschaft seit langem umstritten. Während aus dem jugendlichen Aussehen des Herrschers auf Otto III. geschlossen wurde – so nachdrücklich Percy Ernst Schramm –, sah sich die Kunstgeschichte aus stilgeschichtlichen Gründen weitgehend genötigt, eine Entstehung innerhalb des Reichenauer Skriptoriums nach dem Perikopenbuch, etwa 1020, anzunehmen; die Handschrift ist, wie die Inschrift auf dem verlorenen Deckel bezeugt hatte, von Heinrich und Kunigunde dem Stift St. Stephan in Bamberg geschenkt worden, dessen Kirche 1020 geweiht wurde. Die Gaben bringenden, gekrönten Personifikationen sind aus den vorausgehenden Herrscherbildern bekannt; auch die Bildung der Figur des thronenden Königs stammt aus älteren Quellen. Sie folgt aber nicht dem Evangeliar Ottos III. mit dem erhobenen linken Arm, der den Globus hochhält, sondern in diesem wie in anderen Motiven, etwa der Bildung des Mantels, dem ältesten Werk der Serie, dem Bild Ottos II. in Chantilly. Daher dürfte auch die Bartlosigkeit stammen.

Inhaltlich am interessantesten ist, was freilich am schwersten zu verstehen ist: die Krönung des Herrschers durch Petrus und Paulus. Die Apostelfürsten waren als römische Heilige dem Königtum besonders verbunden. Wir kennen sie schon aus dem Gebetbuch Ottos III. und als Interzessoren aus dem Perikopenbuch Heinrichs II. Eine Königs- oder Kaiserkrönung durch Heilige gibt es in der Bildtradition aber im Westen nicht und auch sonst nur völlig vereinzelt. Im byzantinischen Bereich begegnet gelegentlich die Krönung des Kaisers durch die Gottesmutter, was mit ihrer besonderen Stellung als Schutzherrin Konstantinopels in Zusammenhang gebracht wird.[21] Später, im 12. Jahrhundert, ließen sich byzantinische Kaiser gelegentlich auf Münzen von ihren Namenspatronen krönen.[22] Dies meint wohl in erster Linie den besonderen Schutz, den diese Heiligen dem Kaiser gewähren und nicht die Verleihung von Herrschermacht und Regierungsgewalt. Eine Krönung von Heiligen mit der Krone des Ewigen Lebens durch Maria zeigt eine westliche Handschrift aus Fulda vom Ende des 10. Jahrhunderts, die durch ihre griechischen Inschriften bereits auf ihre östliche Quellen weist: Maria krönt die Jungfrauen Margarethe und Regina.[23] Eine Krönung durch Petrus und Paulus, und dazu noch die eines lebenden Herrschers, kennen wir sonst nicht. Sie kann in der Bamberger Apokalypse nur verstanden werden als Verleihung der Krone durch die römischen Heiligen Petrus und Paulus, also als unmittelbaren Hinweis auf Rom und die Kaiserkrone.

Deutliche Rombezüge gibt es auch bei der ottonischen Elfenbeinsitula des Aachener Münsterschatzes (Kat.Nr. 3 · 37).[24] In der oberen Reihe thronen zwischen Säulen der heilige Petrus zwischen Kaiser und Papst. Ihnen schließen sich in den übrigen Interkolumnien zwei durch das Pallium bezeichnete Erzbischöfe, zwei Bischöfe und ein Abt an. Unten stehen in geöffneten Toren Krieger mit Helm, Lanze und Schild. Die niedrige Architektur suggeriert mit wechselnden Gebäuden das Bild einer Stadt. Ob der Herrscher mit Otto III. oder Heinrich II. identifiziert werden kann, ist umstritten; sichere Argumente gibt es nicht. Das Bildprogramm mit der geistlichen Hierarchie, an deren Spitze Kaiser und Papst sich um den heiligen Petrus gruppieren, da sie als Häupter der Christenheit das Römische Reich und die Römische Kirche regieren, wobei das Zentrum dieses Herrschaftssystems – Rom – durch den heiligen Petrus verkörpert wird, würde sowohl der politischen Gedankenwelt Ottos III. wie Heinrichs II. entsprechen, auch wenn deren Reichspolitik und der dabei der Rom-Idee eingeräumte Rang sich im einzelnen nicht unwesentlich unterschieden haben. Die Architektur im mittleren Streifen und die kriegerischen Wächter in den acht Toren weisen wohl ebenfalls auf die Ewige Stadt. Für die gleichwertige Zuordnung der Träger der obersten geistlichen und weltlichen Gewalt zum heiligen Petrus gab es jedenfalls in Rom seit karolingischer Zeit eine gewisse Bildtradition; zu erinnern ist nur an das Mosaik im Triklinium Leos III. am Lateran.

Aus dem unmittelbaren Herrschaftsbereich Heinrichs II., aus Regensburg, stammt das in seiner Königszeit, also zwischen 1002 und 1014, entstandene Sakramentar (Abb. 5).[25] Das eine der beiden Herrscherbilder bezeugt, wenn auch in veränderter stilistischer Gestalt, die Übernahme der Komposition aus dem Bild Karls des Kahlen im Codex aureus, der damals in St. Emmeram in Regensburg lag. Das Gewand des Königs ist bereichert; die beiden Engel über dem Baldachin sind ebenfalls in huldigende Provinzen umgedeutet, wodurch die aus den Reichenauer Handschriften bekannte Vierzahl erreicht wird, werden im einzelnen jedoch nicht namentlich bezeichnet. In den beiden Bewaffneten wird man, karolingischem Brauch entsprechend, nur Leibwächter zu sehen haben. Mit der für die karolingischen Herrscherbilder üblichen Dezenz gegenüber der Überweltlichkeit des Göttlichen erscheint die Hand Gottes vom König durch ein *velum* getrennt.

Auf dem anderen Bild steht König Heinrich, von den heiligen Ulrich und Emmeram gestützt, frontal unterhalb der in einer Aureole erscheinenden Gestalt Christi, der ihm die Krone aufs Haupt setzt, wobei Heinrich mit Kopf und Schultern in die Mandorla hineinreicht. Engel haben dem König Lanze und Schwert gebracht, die er mit erhobenen Händen ergreift. Die Lanze ist durch ein aufgesetztes Kreuz eindeutig als Heilige Lanze gekennzeichnet, die bei der Erringung der Königswürde durch Heinrich und bei seiner Einsetzung im sächsischen Merseburg eine besondere Rolle gespielt hatte und hier zum erstenmal in einem Herrscherbild dargestellt wird. Durch die Knospen ist sie gleichzeitig als Stab Aarons gekennzeichnet. Daß Engel Insignien bringen, ist sonst aus byzantinischen Kaiserbildern bekannt. Daß Heilige dem König bei der Ausübung seiner Herrschaft helfen, ist hier durch die Anspielung auf Exodus 17,12 konkretisiert, wo Aaron und Hur die Arme des betenden Moses stützen, um so durch die Fortdauer seines Gebets den Sieg gegen die Amalakiter zu sichern. Dem Stil der Regensburger Buchmalerei entsprechend durchziehen umfangreiche, die Darstellung erläuternde und begleitende Verse die Komposition des Bildfeldes.

In ottonischer Zeit gab es im Gegensatz zur karolingischen keine Hofwerkstätten. Skriptorien, die in der Lage waren, aufwendige Prunkhandschriften mit Bildern herzustellen, befanden sich an den großen Bischofssitzen – am deutlichsten erkennbar in Trier, aber wahrscheinlich auch in Köln, weniger bedeutend in Mainz – und in einzelnen Klöstern, allen voran auf der Reichenau, aber auch in St. Emmeram in Regensburg. Fast alle großen ottonischen Skriptorien haben ihren Beitrag zum Herrscherbild geleistet, der Situation der ottonischen Kunst entsprechend oft in sehr unterschiedlicher Form. Nur die Buchmalerei des sächsischen Kernlandes hat sich dem Thema verweigert; doch ist der Anteil figürlicher Kompositionen in ihren Handschriften ohnehin gering. In der reichen, stark karolingischer Tradition verpflichteten Fuldaer Buchmalerei ist ebenfalls kein

Abb. 5
Sakramentar Heinrichs II. Die Darstellung Heinrichs II. unter einem Baldachin, gesegnet von der Hand Gottes und umgeben von Waffenträgern und den Gestalten der huldigenden Provinzen, ahmt das Bild Karls des Kahlen im Codex aureus von St. Emmeram nach. Regensburg, zwischen 1002 und 1014. München, Bayerische Staatsbibliothek, Clm 4456, fol. 11ᵛ

Königsbild entstanden. In Köln hat man sich darauf beschränkt, nach Trierer Vorbild eine Zierseite mit kleinen Medaillonbildern der kaiserlichen Familie auf den Anfangsseiten eines Evangeliars zu schmücken. Aus dem bayerischen Seeon ist immerhin ein Bild des stehenden Heinrich II. überliefert, den zwei Bischöfe beim liturgischen Einzug geleiten. Auf der Widmungsseite eines kleinen Evangeliars überreicht Heinrich II. der Gottesmutter das von ihm gestiftete Buch. Die gedanklich und künstlerisch anspruchsvollsten Kompositionen sind auf der Reichenau und in Regensburg entstanden. Das Reichenauer Skriptorium hat die unterschiedlichsten Konzeptionen entwickelt. Das reine Thron- und weltliche Huldigungsbild übernahm man aus Trier. Der völlige Verzicht auf jeden Hinweis der quasi-geistlichen Würde des Königs, der durch Gott verliehenen Herrschaftsmacht läßt diese Handschriften im mittelalterlichen und besonders im ottonischen Kontext als vereinzeltes und nicht leicht verständliches Phänomen erscheinen, zumal auch diese Bilder in Evangelienhandschriften eingefügt sind. Im Aachener Ottonencodex ist die kaiserliche Stellung zwischen Himmel und Erde und seine unmittelbar von Gott stammende Majestät zu sonst nie gekannter Höhe und Großartigkeit gesteigert worden. Die Gottunmittelbarkeit, die Hilfe der den König umgebenden Heiligen sind – in künstlerisch gänzlich anderer Form – auch das Thema des Regensburger Bildes im Sakramentar Heinrichs II.

1. Schramm/Mütherich (1983), Kat.-Nr. 93; dort auch alle weiteren genannten ottonischen Kaiserbilder. – Farbabbildungen eines großen Teiles der erhaltenen Kaiserbilder in: Das Evangeliar Heinrichs des Löwen und das mittelalterliche Herrscherbild (Bayerische Staatsbibliothek, Ausstellungskatalog 35), München 1986.
2. Thietmar von Merseburg: Chronik III, 1.
3. München, Bayerische Staatsbibliothek, clm 30111; Bayerische Staatsbibliothek. Gebetbuch Ottos III., clm 30111 (Kulturstiftung der Länder, Patrimonia H. 84). München 1995. – Das erwähnte byzantinische Elfenbeinrelief bei Goldschmidt, Adolph/ Weitzmann, Kurt: Die byzantinischen Elfenbeinskulpturen des 10. bis 13. Jahrhunderts, Berlin 1934, Nr. 31.
4. Chantilly, Musée Condé; Schramm/Mütherich (1983), Kat.-Nr. 106.
5. München, Bayerische Staatsbibliothek, clm 4453; Hoffmann, Konrad: Das Herrscherbild im »Evangeliar Ottos III.«, in: Frühmittelalterliche Studien 7 (1973), S. 324–341. – Neuerdings glaubt Ulrich Kuder (1998), S. 137–218, den Herrscher als Heinrich II. identifizieren zu können.
6. Bamberg, Staatsbibliothek, Msc. Class. 79; Schramm/Mütherich (1983), Kat.-Nr. 109.
7. Schramm/Mütherich (1983), Kat.-Nr. 76.
8. Madrid, Real Academia; zuletzt Meischner, Jutta: Das Missorium des Theodosius in Madrid, in: Jahrbuch des Deutschen Archäologischen Instituts 111 (1996), S. 389–432. – Halle, Museum für Vorgeschichte; Grünhagen, W.: Der Schatzfund von Groß Bodungen, Berlin 1954.
9. Alexander, J.J.G.: The Illustrated Manuscripts of the Notitia Dignitatum, in: Aspects of the Notitia Dignitatum, hg. von R. Goodburn und P. Bartholomew, Oxford 1976, S. 11–25.
10. München, Bayerische Staatsbibliothek, clm 14000 und Paris, Bibliothèque nat. de France, ms. Lat. 1; Schramm/Mütherich (1983), Kat.-Nr. 36 und 40.
11. Messerer, Wilhelm: Zum Kaiserbild des Aachener Ottonencodex, in: Nachrichten der Akademie der Wissenschaften Göttingen, 1. Phil.-Hist. Kl. 1959, Nr. 27–36. – Fried, Johannes: Otto III. und Boleslaw Chrobry. Das Widmungsbild des Aachener Evangeliars, der »Akt von Gnesen« und das frühe polnische und ungarische Königtum. Eine Bildanalyse und ihre historischen Folgen. Stuttgart 1989.
12. Paris, Bibliothèque nat. de France, Ms. lat. 1141; Schramm/Mütherich (1983), Kat.-Nr. 39.
13. Ott (1998), Kat.-Nr. 1.
14. Zahlreiche Beispiele bei Ott (1998).
15. München, Bayerische Staatsbibliothek, clm 4452; Ott, Joachim: Regi nostro se subdit Roma benigno. Die Stiftung des Perikopenbuches Heinrichs II. (clm 4452) für den Bamberger Dom vor dem Hintergrund der bevorstehenden Kaiserkrönung, in: Jahrbuch für fränkische Landesforschung 54 (1994), S. 347–370.
16. Goldschmidt/Weitzmann (wie Anm. 3), Kat.-Nr. 34–35. – Ott (1998), Abb. 81, 279 und 80 (Münze).
17. Goldschmidt/Weitzmann (wie Anm. 3), Kat.-Nr. 85. – Ott (1998), Kat.-Nr. 92.
18. Zahlreiche Beispiele jetzt bei Ott (1998).
19. Hildesheim, Beverina, Ms 688; Kahsnitz, Rainer: Coronas aureas in capite. Zum Allerheiligenbild des Reichenauer Kollektars in Hildesheim, in: Per assiduum studium scientiae adipisci margaritam. Festgabe für Ursula Nilgen zum 65. Geburtstag, St. Ottilien 1997, S. 61–97.
20. Bamberg, Staatsbibliothek, Msc. Bibl. 140; Schramm/Mütherich (1983), Kat.-Nr. 122.
21. Ott (1998), Kat.-Nr. 76, 132. – Spatharakis, Johannis: The Portrait in Byzantine Illuminated Manuscripts, Leiden 1976, Abb. 118a, 124f,h, 126d.
22. Spatharakis (wie Anm. 21), Abb. 118e, 120a–c.
23. Ott (1998), Kat.-Nr. 88.
24. Zuletzt Bernward von Hildesheim und das Zeitalter der Ottonen, hg. von Michael Brandt und Arne Eggebrecht, Bd. 2, Hildesheim-Mainz 1993, Kat.-Nr. II-31.
25. München, Bayerische Staatsbibliothek, clm 4456; Schramm/Mütherich (1983), Kat.-Nr. 124.

Hoffmann, Hartmut: Buchkunst und Königtum im ottonischen und frühsalischen Reich, Stuttgart 1986.
Kahsnitz, Rainer: Ein Bildnis der Theophanu? Zur Tradition der Münz- und Medaillon-Bildnisse in der karolingischen und ottonischen Buchmalerei, in: Kaiserin Theophanu. Begegnung des Ostens und Westens um die Wende des ersten Jahrtausends. Gedenkschrift des Kölner Schnütgen-Museums zum 1000. Todesjahr der Kaiserin, hg. von Anton von Euw und Peter Schreiner, Bd. 2, Köln 1991, S. 101–134.
Keller, Hagen: Herrscherbild und Herrscherlegitimation. Zur Deutung der ottonischen Denkmäler, in: Frühmittelalterliche Studien 19 (1985), S. 290–311.
Kuder, Ulrich: Die Ottonen in der ottonischen Buchmalerei. Identifikation und Ikonographie, in: Herrschaftsrepräsentation im ottonischen Sachsen, hg. von Gerd Althoff und Ernst Schubert, Sigmaringen 1998, S. 137–218.
Mütherich, Florentine: Das Evangeliar Heinrichs des Löwen und die Tradition des mittelalterlichen Herrscherbildes, in: Das Evangeliar Heinrichs des Löwen und das mittelalterliche Herrscherbild (Bayerische Staatsbibliothek, Ausstellungskatalog 35), München 1986, S. 25–52.
Ott, Joachim: Krone und Krönung. Die Verheißung und Verleihung von Kronen in der Kunst von der Spätantike bis um 1200 und die geistige Auslegung der Krone, Mainz 1998.
Schramm, Percy Ernst/Mütherich, Florentine: Die deutschen Kaiser und Könige in Bildern ihrer Zeit, 751–1190, München 1983.

Kurzfassung

In ottonischer Zeit gibt es keine Bildnisse, die in modernem Sinne das tatsächliche Aussehen der Herrscher festhalten sollten, wenn in den relativ wenig erhaltenen Beispielen auch immer ein konkreter König oder Kaiser gemeint ist. Neben einzelnen Elfenbeinreliefs haben sich Herrscherbilder hauptsächlich in der Buchmalerei erhalten; die wichtigsten sind auf der Reichenau, einige auch in Regensburg entstanden. Neben bloßen Stifterbildern stehen anspruchsvolle Kompositionen, in denen die Herkunft der königlichen Herrschaft aus göttlicher Verleihung in unterschiedlicher Form – teils unter Benutzung und in Anlehnung an antike Bildschemata, teils als Neuschöpfungen mit spezifisch christlichem Bildgehalt – thematisiert werden.

Résumé

Il n'existe, du temps des Ottoniens, pas d'effigies de souverains au sens moderne du terme : les rares exemplaires qui nous ont été conservés, même s'ils sont censés représenter tel ou tel souverain, ne visent nullement à immortaliser fidèlement leurs traits. Outre quelques sculptures ciselées en ivoire, la représentation iconographique des souverains nous a essentiellement été transmise par les enluminures des manuscrits, ceux de Reichenau en particulier, auxquels viennent s'ajouter quelques manuscrits composés à Ratisbonne. On trouve, à côté de statues qui se contentent de représenter les monarques dans leur rôle de donateurs et de fondateurs d'édifices sacrés, des compositions plus élaborées qui symbolisent, tantôt en se référant à des modèles empruntés à la statuaire antique, tantôt en créant une nouvelle symbolique plastique d'inspiration chrétienne, la monarchie de droit divin.

Samenvatting

In de Ottoonse tijd waren er geen afbeeldingen die op de moderne manier het echte uiterlijk van de vorst weergaven, al wordt in de weinige behouden voorbeelden wel altijd een concrete koning of keizer bedoeld. Afgezien van enkele ivoren reliëfs zijn vorstenafbeeldingen vooral in de boekschilderkunst behouden gebleven. De belangrijkste zijn op het eiland Reichenau in het Bodenmeer, enkele andere in Regensburg vervaardigd. Naast eenvoudige stichterbeelden vindt men kunstvaardige composities, waarin de oorsprong van de koninklijke macht vanuit een goddelijke overdracht in verschillende vormen wordt weergegeven: gedeeltelijk met gebruik van en geïnspireerd door klassieke beeldmotieven, gedeeltelijk in een nieuwe vorm met een specifiek christelijk beeldgehalte.

Shrnutí

V období otonské dynastie neexistovala zobrazení, jejichž cílem by bylo zachycení skutečné podoby panovníka v moderním smyslu, i když oněch několik málo zachovných příkladů se vždy vztahuje k určitému králi nebo císaři. Vedle nemnohých reliéfů ze slonové kosti najdeme obrazy vládců především v knižní malbě. Nejvýznamnější z nich vznikly v Reichenau, některé také v Regensburgu (Řezně). Vedle jednoduchých zobrazení zakladatelů zde najdeme též náročné kompozice, které nejrůznějším způsobem poukazují na božský původ královské moci – zčásti napodobením antických schémat, zčásti pomocí nového, specificky křesťanského obsahu.

Summary

During the Ottonic there were no pictures which were supposed to show how the rulers looked in our modern sense, even if in the relatively few preserved examples a certain king or emperor is meant. Apart from individual ivory reliefs pictures of rulers have been mainly taken from book paintings; the most important ones were created on the Reichenau, some also in Regensburg. Alongside simple pictures of founders, there are sophisticated compositions where the origin of royal rule through godly conferment is made the subject in different ways – partly by using and sticking to antique schemes, partly by creating new forms using specifically Christian contents.

Jürgen Hoffmann (Aachen)

Der junge Kaiser und der Heilige – Otto III. und die Anfänge des Adalbertskultes in Aachen

Abb. 1
Reliefdarstellung des hl. Adalbert auf einer Brunneneinfassung in der heutigen Kirche St. Bartholomäus in Rom. Diese Kirche wurde ursprünglich von Otto III. während seines dritten Romzuges zu Ehren des hl. Adalbert gegründet und mit Reliquien ausgestattet. 11. Jh. Rom, Kirche St. Bartholomäus

Nachdem Kaiser Otto III., der bereits als dreijähriges Kind in Aachen als Nachfolger seines Vaters Ottos II. in Aachen zum König gekrönt worden war, in Rom eine Urkunde zugunsten des Klosters Farfa ausgestellte hatte, brach er nach dem Weihnachtsfest 999 mit großen Gefolge zu einer Reise auf, die weitreichende Veränderungen in der Reichsgeschichte zur Folge hatte.[1]

Über Ravenna und Regensburg führte der Weg nach Gnesen, wo der Kaiser so ehrenvoll und großartig von dem polnischen Herzog Boleslaw Chrobry empfangen wurde, daß jede Beschreibung unglaubwürdig klingen würde. So jedenfalls berichtet es Thietmar, der Bischof von Merseburg, in seiner Chronik. Als Grund für die Reise gibt der Chronist an, daß Otto von den Wundern gehört habe, die von seinem geliebten Märtyrer Adalbert bewirkt worden seien. Deshalb sei er dorthin gereist, »um zu beten«. Darauf wird später noch einmal zurückzukommen sein.[2] Der polnische Herzog Boleslaw Chrobry und spätere König († 1025) aus dem Geschlecht der Piasten erwarb die Reliquien des Heiligen und brachte sie nach Gnesen. In seine Herrschaftszeit fiel die kirchliche Angliederung Polens an das lateinische Christentum. Aus dem bereits früher christianisierten Böhmen entstammt Adalbert von Prag. Nach seiner Ernennung zum Prager Bischof wurde sein Pontifikat durch Aufenthalte in dem römischen Kloster St. Bonifacius und Alexius unterbrochen. Nach einer erneuten Demission aus Prag avancierte er mit päpstlicher Erlaubnis zum Missionar der Pruzzen, bei denen er 997 den Märtyrertod fand.

Dieses Treffen des Kaisers mit dem polnischen Herzog im März des Jahres 1000 zählt nach wie vor zu den Ereignissen in der Herrschaftsepoche der ottonischen Kaiser und Könige, das sowohl von der polnischen als auch der deutschen Geschichtswissenschaft am heftigsten und intensivsten diskutiert worden ist und immer noch wird. Im Zentrum der Diskussion steht die Frage, ob es bei dieser Zusammenkunft zu einer Krönung des polnischen Herzogs durch den römischen Kaiser gekommen ist. Da die zeitgenössischen Quellen über den »Akt von Gnesen« nicht viel berichten, stützt sich die Wissenschaft auf den aus dem 12. Jahrhundert stammenden Bericht des »Gallus Anonymus«, der in ausführlicher Erzählung das Ereignis schildert.

Der prunkvolle Empfang Ottos durch Boleslaw wurde bereits angesprochen und ist auch bei Thietmar belegt. In einer von zahlreichen Metaphern durchsetzten Schilderung rühmt der Chronist den Reichtum des polnischen Herzogs. Otto und seine Begleiter seien so beeindruckt gewesen, daß der Schreiber dem Kaiser folgende Worte in den Mund gelegt hat: »Es ziemt sich nicht, daß ein so großer und bedeutender Mann wie jener von den Fürsten Herzog oder Graf genannt werde, sondern daß er, ehrenvoll mit einem Diadem umwunden, auf einen Königsthron erhoben werde« (»Non est dignum tantum ac virem talem sicut unum de principibus ducem aut comitem nominari, sed in regale solium glorianter redimitum diademate sublimari«). Und um seinen Worten Taten folgen zu lassen, »nahm er das kaiserliche Diadem seines Hauptes, setzte es zum Freundschaftsbund auf Boleslaws Haupt und gab ihm anstelle des Triumphbanners einen Nagel vom Kreuz des Herrn mit der Lanze des heiligen Mauritius zum Geschenk, wofür ihm Boleslaw seinerseits einen Arm des heiligen Adalbert schenkte« (»Et accipiens imperiale diadem capitis sui, capiti Bolezlavi in amicicie fedus inposuit et pro vexillo triumphali clavum ei de cruce Domini cum lancea sancti Mauritij dono dedit, pro quibus illi Bolezlavus sancti Adalberti brachium sublimari«).[3]

Nach diesem feierlichen Akt, der Chronist spricht im weiteren Verlauf von einer »glanzvollen Königserhebung«, und dem Austausch der Geschenke seien anschließend kirchliche Angelegenheiten besprochen worden und es folgte ein großes, dreitägiges Fest. Da aber in den zeitgenössischen Quellen nichts von einer Königserhebung berichtet wird, ist dieser aus dem 12. Jahrhundert stammende Bericht des »Gallus Anonymus« von der Forschung mit viel Mißtrauen betrachtet worden.[4] Gerd Althoff hat in seiner letzten Arbeit über Otto III. den Kontext dieser »Königserhebung« eingehend untersucht und darauf hingewiesen, daß die Art der Krönung – nämlich das Aufsetzen des kaiserlichen Diadems durch Otto selbst – keiner zeitgenössischen Konvention entsprochen habe. Ganz zu schweigen von dem Fehlen jeglicher kirchlicher Zeremonien und Maßnahmen. So sei seiner Ansicht nach für das Verständnis der Erzählung der Kontext der Rangerhöhung entscheidend. So berichtet der Chronist, daß der Kaiser das Diadem »zum Freundschaftsbund« (»in amicicie fedus«) auf das Haupt des polnischen Herzogs gesetzt habe. Dies verbunden mit der Erzählung des ehrenvollen Empfanges seien Elemente, die sich in mittelalterlichen Schilderungen über Freundschaftsbündnisse vergleichbar wiederfinden lassen, mit Ausnahme der erfolgten »Krönung« des Herzogs mit Hilfe des kaiserlichen Diadems, das in dieser Form nur singulär überliefert worden ist. So sei es nach Althoff denkbar, daß spätere Chronisten diesen »Akt« als Krönung mißverstanden hätten.[5]

Doch ist dies nur eine von vielen diskutierten Hypothesen. Zwar herrscht über die Interpretation des »Aktes von Gnesen« in der Forschung Dissens, doch ist man sich zumindest darüber einig, daß es zu einer Rangerhöhung des polnischen Herzogs Boleslaw gekommen sei. So kommentiert bereits Thietmar in seiner Chronik, »Gott möge mit dem Kaiser nachsichtig sein, weil er aus einem Tributpflichtigen einen Herrn machte« (»Deus indulgeat imperatori quod tributarium faciens dominum«).[6]

Wie dieses Ereignis auch immer zu verstehen sein mag, es ist nicht unwichtig, sich die beiden erwähnten Geschenke, die nach der »Krönung« ausgetauscht worden sind, noch einmal in Erinnerung zu rufen. So habe der Kaiser nach der Rangerhöhung des polnischen Herzogs diesem die Lanze des heiligen Mauritius mit einem Nagel vom Kreuz des Herrn übergeben. Daß es sich dabei nicht um die von den ottonischen Herrschern so hochgeschätzte Heilige Lanze selbst gehandelt hat, sondern um eine Kopie, die heute im Krakauer Domschatz verwahrt wird (Abb. 2), steht außer Frage.[7]

Als Gegengabe erhielt Kaiser Otto eine Reliquie des damals jüngsten Märtyrers der Christenheit, des von ihm so hoch verehrten heiligen Adalbert. Die Verehrung Adalberts durch den Kaiser zeigte sich nicht nur in dem Erwerb der Reliquie: Otto stiftete noch während seines Gnesenaufenthaltes einen Altar und schuf damit ein neues religiöses Zentrum.[8]

Der Adalbertskult in Aachen

Es darf hier daran erinnert werden, daß diese Maßnahmen des Kaisers mit der Aussage Thietmars korrespondieren, Otto sei nach Gnesen gezogen, »um zu beten«. Doch ist die in Gnesen erfolgte Stiftung nicht die einzige, die auf den Kaiser zurückgeht. Bereits im Jahre 997 traf der Kaiser Vorbereitungen zur Gründung eines Kanonikerstiftes in Aachen, die freilich erst durch seinen Nachfolger Heinrich II. zum Abschluß kamen. Daß die Wahl auf Aachen fiel, dürfte mit der Verehrung des Kaisers und besonderen Fürsorge für die Gründung Karls des Großen in Verbindung stehen. An dieser Stelle sei an die von dem Kaiser nach seiner Rückkehr aus Gnesen initiierte Öffnung des Karlsgrabes erinnert. Knut Görich hat auf die hagiographischen Elemente der Überlieferung hingewiesen und die Möglichkeit einer von Otto veranlaßten Heiligsprechung Karls des Großen diskutiert. Im Kontext der Gnesenfahrt mit der Gründung eines Altares und der Verehrung Adalberts durch den Kaiser könnte durch die geplante Kanonisation Karls an das Entstehen eines Doppelheiligtums in Aachen vergleichbar mit Gnesen gedacht werden.[9]

Otto III., als dreijähriges Kind in Aachen zum König gekrönt, versuchte, wie aus zahlreichen Urkunden ersichtlich wird, sowohl die städtische Entwicklung als auch das durch den großen Karolinger gegründete Marienstift zu fördern. Beispielsweise gehen mehrere Kirchengründungen auf ihn zurück, die sich wie ein Kranz um das Stift legen. Durch den frühen Tod des Kaisers und die Abkehr seines Nachfolgers Heinrich II. von der Politik seines Vorgängers wurde zwar nur ein Teil dessen umgesetzt, dennoch lassen die Planungen den Umfang der Maßnahmen erkennen.[10]

Neben seinen Herrscheraufenthalten ist ein weiteres Zeichen für sein besonderes Verhältnis zu Aachen der überlieferte Wunsch des Kaisers, in Aachen seine letzte Ruhestätte zu finden. Seinem Wunsch gemäß wurde sein Leichnam nach der Rückführung aus Italien 1002 in der Aachener Marienkirche beigesetzt. Heute befindet sich sein Grab innerhalb des gotischen Chores.

So zählt also Aachen durch die Gründung des Kanonikerstiftes zu den frühesten Stätten des Adalbertskultes. Doch zeigte sich die Verehrung des Heiligen durch den Kaiser nicht nur in der Gründung von Kultstätten und dem Erwerb von Reliquien, sondern auch in der Entstehung einer Vita, die nach dem Wortlaut einer italienischen Quelle auf Initiative des Kaisers selbst geschrieben worden ist.[11]

Dies geschah, obwohl Adalbert als Märtyrer starb und daher das Verfassen einer Vita als Grundlage der Kanonisation nicht notwendig gewesen wäre. Diese Lebensbeschreibung wird in der Forschung als »ältere Vita« (»Vita prior«) bezeichnet und ist von der polnischen Forschung auf breiter Quellengrundlage in drei Redaktionen ediert worden.[12]

Den neuesten Forschungsergebnissen von Johannes Fried zufolge ist diese Vita nicht wie bisher angenommen in dem römischen Kloster St. Bonifatius und Alexius von dem Mönch Johannes Canaparius verfaßt worden, sondern der Entstehungsort sei in der Lütticher Diözese zu finden: entweder in Lüttich oder in Aachen. Den Ausgangspunkt seiner These bildet eine bislang unbekannt gebliebene »Vita Adalberti«, die sich in einem im Domarchiv Aachen verwahrten Passionale (Handschrift G9) befindet (Abb. 3).

Zwar erwähnt bereits Odilo Gatzweiler in seinem nach wie vor unentbehrlichen Werk über die liturgischen Handschriften des Münsterstiftes in der Inhaltsangabe des Passionales die Adalbertsschrift, doch hat die Forschung diesen Hinweis bislang nicht aufgegriffen.[13]

So ist es wohl zu erklären, daß in der polnischen Edition der »Vita

Abb. 2 vgl. Kat.Nr. 3 · 1
Kopie der Heiligen Lanze, die Otto III. wahrscheinlich im Jahr 1000 anfertigen ließ, um sie während seiner Gnesen-Fahrt dem polnischen Herzog Boleslaw Chrobry zu schenken. Krakau, Domschatz

Adalberti« die in Aachen verwahrte Handschrift keine Berücksichtigung gefunden hat.

Wie die Forschungen ergeben haben, handelt es sich um eine der ältesten erhaltenen Handschriften überhaupt. Die folgenden Angaben und Überlegungen entstammen den Vorbereitungen des Autors für die Edition der in Aachen erhaltenen »Vita Adalberti«. Eine Kurzstudie über die Handschrift wird demnächst in der Zeitschrift »Deutsches Archiv für die Erforschung des Mittelalters« (DA) publiziert.

Der bereits von Gatzweiler formulierte Datierungsansatz auf um 1200 läßt sich weiterhin aufrechterhalten. Der Textcorpus der Vita ist vollständig erhalten, wenn sich auch das Schlußkapitel bedingt durch ein falsch eingeheftetes Doppelblatt an anderer Stelle des Codex befindet (fol. 102^v-113^v und 118^{r-v}). Da in der vorhandenen Fassung alle slawischen Namen vollständig überliefert sind, ist die Handschrift der Gruppe zuzurechnen, die dem Archetypus am nächsten steht.[14]

Aus dieser Handschriftengruppe können vor allem zu zwei anderen Manuskripten enge Bezüge festgestellt werden. Dabei handelt es sich zum einen um den Codex aus dem Lütticher Laurentiuskloster, der heute in der Königlichen Bibliothek in Brüssel verwahrt wird (Königliche Bibliothek Nr. 409); die andere Handschrift befindet sich in der österreichischen Nationalbibliothek zu Wien (Cod. ser. Nr. 12807). Bevor das Verhältnis der beiden Codices zur Aachener Vita an einigen Beispielen erläutert wird, sollen zunächst einige abweichende Textstellen exemplarisch zur Sprache kommen, für die es keine Entsprechung in anderen Handschriften gibt. Zwar sind diese Textstellen in erster Linie durch Schreibergewohnheiten oder -fehler zu erklären, doch existieren darüber hinaus ein paar erwähnenswerte Abweichungen. So überrascht die scheinbare Unkenntnis des Schreibers über das Herkunftsland des Prager Bischofs, das er als »sclavonica« statt »sclavonia« bezeichnet (fol. 102vb). Das hier verwendete Adjektiv wirkt im Textzusammenhang sinnentstellt. Bemerkenswert ist die singuläre Variante einer Stelle im zweiten Kapitel, bei der es sich den Forschungen der polnischen Edition zufolge um eine Paraphrase eines Horazzitates handelt: »Nec mens mihi, nec color certa sede manent.« Während in den der Edition zu Grunde liegenden Handschriften das Zitat in den Textzusammenhang gestellt ist (»sevit dolor inter viscera matris, nec vox, nec animus, nec color sede manent«), hat der Kopist des Aachener Codex den Schlußteil des Zitates durch einen Punkt getrennt. Daß es sich hierbei nicht nur um ein einfaches Versehen handelt, wird dadurch deutlich, daß der Schreiber die Form des Verbs den grammatikalischen Regeln folgend von Plural in Singular verändert hat: (...) »nec vox, nec animus. Nec color certa sede manet.« Eventuelle Unwissenheit über das ursprüngliche Horazzitat könnte die Ursache gewesen sein.

Als Schreibernachlässigkeit zu erklären ist eine Textstelle zu Beginn des zwölften Kapitels, die, inhaltlich ernst genommen, eine andere inhaltliche Färbung zur Folge hätte. Nachdem im vorherigen Abschnitt Adalberts Wirken und Taten als Bischof geschildert worden sind, wird hier nun ausführlich betont, daß Adalbert durch die Tugend des Mitfühlens, der *compassio*, ausgezeichnet sei: »singulis compassione proximus« (»dem einzelnen stand er durch Mitgefühl nahe«). In der Aachener Fassung steht nun statt »compassione« »cum passione«, d. h. das Leiden! Diese veränderte Textstelle wäre dann wie folgt zu übersetzen: »dem einzelnen stand er durch Leiden nahe« (fol. 106va). Aufgrund der bisher gezeigten Beispiele spricht vieles dafür, auch hier an einen Schreibfehler zu denken.

Wie bereits kurz angedeutet worden ist, gibt es zahlreiche enge Bezüge zwischen dem Aachener Codex und den oben genannten Handschriften aus Brüssel und Wien. Anhand einiger exemplarischer Stellen soll dieser Zusammenhang dokumentiert werden. Im zweiten Kapitel wird über die Entscheidung von Adalberts Eltern berichtet, ihren Sohn für eine weltliche Erziehung vorzusehen. Daraufhin sei der Säugling krank geworden. Während nun in der edierten Fassung von einem »pius error«, einem verzeihbaren Fehler, die Rede ist, wurde die Textstelle in den drei Codices aus Aachen, Brüssel und Wien so umgestaltet, daß es sich nicht nur – »non solum« – um eine Fehlentscheidung der Eltern handelt, sondern unmittelbar auf deren Nachlässigkeit zurückführen gewesen sei, die letztlich durch Gottes Zorn korrigiert worden sei.

Ein weiteres Beispiel für die enge Zusammengehörigkeit der drei Handschriften befindet sich im zehnten Abschnitt. Neben seinen seelsorgerischen Taten wird in diesem Kapitel über Adalberts Einhaltung monastischer Regeln berichtet.[15] Während nun in der Edition beschrieben wird, wie Adalbert schweigend mit der Mitra bekleidet – »infulatus« – die Messe feierte, fehlt in den drei genannten Handschriften der Zusatz über das bischöfliche Gewand. Dadurch wird das monastische Element, das sich thematisch durch das ganze Kapitel zieht, noch mehr betont. Es ließen sich noch weitere zahlreiche Beispiele für übereinstimmende Formulierungen oder auch Kürzungen innerhalb der drei Handschriften gegenüber der Edition feststellen, doch soll dies an dieser Stelle nicht weiter fortgeführt werden.

Abschließend verdient noch ein Passus besondere Aufmerksamkeit, der sich sonst nur noch in der heute in Wien befindlichen und aus dem Kloster Rouge-Cloitre stammenden Abschrift wiederfinden läßt. Die Wiener Handschrift ist Bestandteil der von Johannes Gielemans verfaßten Heiligensammlung (»Sanctilogium«), die in die Mitte des 15. Jahrhunderts datiert wird.

Die auffälligste Abweichung gegenüber den anderen Handschriften findet sich im fünfzehnten Kapitel. Adalbert, von einer persönlichen Krise gezeichnet, bittet um Aufnahme in das römische Kloster St. Bonifatius und Alexius auf dem Aventin. Nach Aussage der Vita sei Adalbert von Mönchen des Klosters gefragt worden, ob er, da er ja die Bischofswürde innehabe, bereit sei, für die Kongregation Kirchen zu weihen. Während Adalbert auf diese Anfrage nun mit einer harschen Antwort wütend reagiert – »utrum me hominem vel asinum putatis« (»glaubt ihr denn, ich sei ein Esel«) –, ist in den beiden Handschriften in Aachen und Wien eine abweichende Version enthalten: »cognoscat sanctitas vestra hoc penitus a mea remotum voluntate« (»eure Heiligkeit möge wissen, daß dies ganz und gar fern von

Abb. 3
Initiale E in einer Handschrift der Vita des hl. Adalbert, um 1200. Bei diesem in einem Passionale überlieferten und bisher kaum beachteten Text dürfte es sich um eine der ältesten Handschriften dieser Vita handeln.
Aachen, Domarchiv, Hs. 69, fol. 102ᵛ

meinen Wünschen ist«). Auch ist es nicht Zorn (*ira*), der ihn antworten läßt, sondern Demut (*humilitas*).

Ferner gibt es zahlreiche übereinstimmende Formulierungen und Passagen, die den Zusammenhang beider Handschriften deutlich zeigen. Dadurch, daß beide Handschriften in der Diözese Lüttich entstanden sind, besteht ein regionaler Zusammenhang. Es handelt sich folglich um zwei Manuskripte, die Übereinstimmungen enthalten, die offenbar nur in einer bestimmten Gegend vorkommen, aber dennoch in ihrer Gesamtheit dem Archetypus sehr nahe stehen. Die Frage nach dem Zeitpunkt dieser textlichen Transformationen kann zwar nicht beantwortet werden, doch handelt es sich vor allem bei der »Eselsstelle« um eine redaktionelle Überarbeitung eines Passus, der als störend empfunden wurde. Immerhin können diese Änderungen durch die im Aachener Domarchiv verwahrten Handschrift bis in die Zeit um 1200 zurückgeführt werden.

Durch die Entdeckung der Aachener »Vita Adalberti« konnte einerseits eine Lücke in der Handschriftenüberlieferung geschlossen werden, andererseits führte der Fund zu einer Diskussion über den Entstehungsort der »Vita Adalberti«. Das hohe Alter und die Art des überlieferten Textes lassen Rückschlüsse auf die Anfänge des Adalbertskultes in Aachen zu. Neben der Gründung einer eigenen Kongregation, des Adalbertsstiftes, fand die Verehrung des Heiligen auch Eingang in die Liturgie des Münsterstiftes.

Die Verbreitung des Adalbertskultes

Es ist wohl auf den frühen Tod Ottos III. (1002) zurückzuführen, daß der Adalbertskult vor allem im westlichen Europa letztlich eher unbedeutend blieb. Dagegen avancierte der Prager Bischof seit dem zwölften Jahrhundert zu einem Heiligen, dessen Kult in den osteuropäischen Ländern große Verehrung und Verbreitung erfuhr. Dies gilt in erster Linie für Polen, für das die Verehrung des heiligen Adalberts nicht ganz grundlos ein national stiftendes Element beinhaltet.[16] In Rom, wo die deutschen Könige die kaiserliche Würde erlangten, wurde Otto III., der den Königsthron in dynastischer Reihenfolge bereits dreijährig bestiegen hatte, zum Kaiser gekrönt. Dorthin brachte Otto III. die in Gnesen erworbene Reliquie des heiligen Adalbert und gründete auf der Tiberinsel ihm zu Ehren eine Kirche, die heutige St. Bartholomäuskirche.

Schon zuvor veranlaßte er in der ewigen Stadt liturgische Feierlichkeiten für den »herrlichen Märtyrer« Adalbert von Prag, der am Ende seines Lebens die von ihm so sehnlich gewünschte Märtyrerkrone erlangt hatte und dessen Kult von Otto III. in die christliche Welt getragen wurde.[17] Hier sei noch einmal an die eingangs erwähnte Stelle bei Thietmar erinnert, der als Grund der Reise nach Gnesen angab, daß der Kaiser »um zu beten« zum polnischen Herzog Boleslaw aufgebrochen sei.

---

[1] MGH Diplomata, Die Urkunden der deutschen Könige und Kaiser, Bd. 2,2: Die Urkunden Otto des III., bearb. von Theodor Sickel, 1893, ND München 1980, S. 97, Nr. 340.

[2] Thietmar von Merseburg, Chronicon, hg. von Robert Holtzmann (MGH Scriptores rerum Germanicarum, nova series, Bd. 9), Berlin 1955. Übersetzt von Werner Trillmich (Freiherr-von-Stein-Gedächtnis-Ausgabe, Bd. 9), Darmstadt 1957, Kap. IV, 45: »Qualiter autem cesar ab eodem tunc susciperetur et per sua usque ad Gnesin deduceretur, dictu incredibile ac ineffabile est.« Und Kap. IV, 44: »Postea cesar auditis mirabilibus, quae per dilectum sibi martyrem Deus fecit Aethelbertum, orationis gratia eo pergere festinavit.«

[3] Gallus Anonymus, Chronicae et gesta ducum sive principum Polonorum I, 6, S. 18ff, ed. Karol Maleczynski (Monumenta Poloniae historica, Nova Series, Bd. 2), Krakau 1952.

[4] Althoff (1996), S. 142.

[5] Althoff (1996), S. 143ff. Da über den »Akt von Gnesen« in der Geschichtsforschung zahlreiches Schrifttum existiert, soll hier neben dem Buch von Gerd Althoff stellvertretend für eine andere These das Werk von Johannes Fried mit weiterführender Literatur genannt werden: Fried (1989). Kürzlich Fried (1998).

[6] Thietmar von Merseburg (wie Anm. 2). Übersetzt von Werner Trillmich (wie Anm. 2), Kap. V, 10.

[7] Über die Kopie der heiligen Lanze siehe Bernward von Hildesheim und das Zeitalter der Ottonen (1993), S. 81, Nr. II-33.

[8] Thietmar von Merseburg (wie Anm. 2). Übersetzt von Werner Trillmich (wie Anm. 2), Kap. IV, 45: »Factoque ibi altari sanctas in eo honorifice condidit reliquias.«

[9] Görich (1998), S. 381–430.

[10] Falkenstein (1998), S. 119ff, 129ff.

[11] MGH Scriptores, Bd. 4, hg. von Georg Heinrich Pertz, 1841, ND Stuttgart 1982, S. 575f., Anm. 21: Translatio Abundii et Abundantii AA SS Sept. 5, S. 36: »rex (...) ortum eius, actus et passionem mira arte composuit et in libello scribi fecit (...).«

[12] S. Adalberti Pragensis episcopi et martyris Vita prior (Vpr), ed. Jadwiga Karwasinska, Warszawa 1969 (Monumenta Poloniae historica Series nova, t. 4, fasc. 1), S. LIVff. Es werden die folgenden drei Redaktionen unterschieden: *Redactio A imperialis vel ottoniana*, *Redactio B Aventinensis altera* und *Redactio C Redactio Cassinensis*. Die folgenden Ausführungen beziehen sich alle auf die Handschriften der Redaktion A.

[13] Gatzweiler (1924/26), S. 54.

[14] S. Adalberti Pragensis episcopi et martyris Vita prior (wie Anm. 11), S. Lf.

[15] Lotter, Friedrich: Das Bild des heiligen Adalberts in der römischen und sächsischen Vita, in: Henrix (1997), S. 77–107, v.a. 87–97.

[16] Fried (1998).

[17] Thietmar von Merseburg (wie Anm. 2). Übersetzt von Werner Trillmich (wie Anm. 2), Kap. IV, 28: »Imperator autem Rome certus de hac re/effectus, condignas Deo supplex retulit odas, quod suis temporibus talem sibi per palmam martirii assumpsit famulum.«

Althoff, Gerd: Otto III., Darmstadt 1996.

Bernward von Hildesheim und das Zeitalter der Ottonen (Katalog der Ausstellung Hildesheim 1993), Hildesheim – Mainz 1993.

Falkenstein, Ludwig: Otto III. und Aachen, Hannover 1998.

Fried, Johannes: Otto III. und Boleslaw Chrobry. Das Widmungsbild des Aachener Evangeliars, der »Akt von Gnesen« und das frühe polnische und ungarische Königtum. Eine Bildanalyse und ihre historische Folgen, Wiesbaden 1989.

Ders.: Der hl. Adalbert und Gnesen, in: Archiv für Mittelrheinische Kirchengeschichte 50 (1998), S. 41–70.

Gatzweiler, Odilo: Die liturgischen Handschriften des Aachener Marienstiftes, in: Zeitschrift des Aachener Geschichtsvereins 46 (1924/26), S. 1–222, v. a. S. 53ff.

Görich, Knut: Otto III. öffnet das Karlsgrab in Aachen. Überlegungen zu Heiligenverehrung, Heiligsprechung und Traditionsbildung, in: Herrschaftsrepräsentation im ottonischen Sachsen, hg. von Gerd Althoff und Ernst Schubert, Sigmaringen 1998, S. 381–430.

Henrix, Hans Hermann (Hg.): Adalbert von Prag. Brückenbauer zwischen dem Osten und Westen Europas, Baden-Baden 1997.

Kurzfassung

Im Jahre 1000 kam es zu der denkwürdigen Begegnung zwischen dem Kaiser Otto III. und dem polnischen Herzog Boleslaw. Das durch den »Akt von Gnesen« bezeichnete Treffen hatte für die Reichsgeschichte weitreichende Auswirkungen, um deren Interpretation die Historiker eine immer noch intensive Diskussion führen. Doch neben diesen politischen Aspekten spielt Gnesen auch die Verbreitung des Adalbertskultes eine bedeutende Rolle. So erwarb der Kaiser Reliquien und stiftete ihm zu Ehren einen Altar. Bereits vorher gründete Otto in Aachen im Jahre 997, kurz nachdem Adalbert von Prag bei seinem Missionierungsversuch der Pruzzen erschlagen worden war, für den Märtyrer eine eigene Stiftskirche, wodurch Aachen zu den frühesten Stätten des Adalbertskultes zählte.

Ebenfalls mit dem ottonischen Herrscher wird die Entstehung der älteren »Vita Adalberti« in Zusammenhang gebracht.

Von dieser Vita hat sich eine Abschrift in einem Passionale erhalten, das dem Besitz des Münsterstiftes zuzurechnen ist. Die Forschungen haben ergeben, daß diese bislang unbekannt gebliebene Handschrift zu den ältesten erhaltenen Viten überhaupt gezählt werden kann. Die Besonderheiten der Aachener Handschrift und ihre Einordnung werden im Beitrag kurz vorgestellt und erläutert.

Résumé

C'est en l'an de grâce 1000 qu'eut lieu une rencontre mémorable entre l'empereur Otton III et le duc polonais Boleslav. Cette rencontre, connue sous le nom d'»Acte de Gnesen«, eut des répercussions considérables sur l'histoire de l'Empire : de nos jours, son interprétation continue à passionner les historiens. Outre ces aspects politiques, Gnesen a exercé une influence considérable sur la vénération qui entoure Saint Adalbert. C'est cette rencontre qui poussa l'empereur à acquérir des reliques et à édifier un autel en souvenir du saint missionnaire. Peu de temps auparavant, Otton avait fondé à Aix-la-Chapelle, en 997, une église votive en l'honneur du martyr – car cette même année Adalbert de Prague avait trouvé la mort en Prusse en tentant de convertir au christianisme les peuplades païennes de la région. Aix-la-Chapelle fut donc l'un des premiers hauts lieux de la vénération de Saint Adalbert.

La présente contribution associe par ailleurs le souverain ottonien à la genèse de la première version de la *Vita Adalberti*.

Il existe en effet une chrestomathie qui a conservé une copie de cette hagiographie : elle appartient au chapitre de la cathédrale. Les recherches ont montré que ce manuscrit, inconnu jusqu'à maintenant, faisait partie des toutes premières hagiographies. La contribution se penche également sur les particularités du manuscrit aixois et la place qu'il convient de lui attribuer.

Samenvatting

In het jaar 1000 vond de gedenkwaardige ontmoeting tussen keizer Otto III en de Poolse hertog Boleslaw plaats. De als de »Akt von Gnesen« benoemde ontmoeting had voor de geschiedenis van het rijk verstrekkende gevolgen. De historici voeren nog steeds een intensieve discussie over de juiste interpretatie ervan. Maar afgezien van deze politieke aspecten, speelt Gnesen (Gnezno) een belangrijke rol voor de verspreiding van de verering van de heilige Adalbert. Zo verwierf de keizer er relieken en stichtte een altaar ter ere van Adalbert. Reeds daarvoor stichtte Otto in Aken in het jaar 997 – kort nadat Adalbert van Praag was gedood bij een poging de 'Pruzzen' (Pruisen) te evangeliseren – een eigen kapittelkerk voor de martelaar, waardoor Aken één van de eerste plaatsen is, waar Adalbert vereerd werd.

Het ontstaan van de oudere »Vita Adalberti« wordt ook met de Ottoonse heerser in verband gebracht.

Een afschrift van deze Vita is in een Passionale bewaard gebleven, dat bij de bezittingen van het domkapittel behoort. Onderzoek heeft uitgewezen, dat dit tot nog toe onbekende handschrift tot de oudste bewaard gebleven vitae überhaupt gerekend mag worden. De bijzonderheden van het Akense handschrift en de classificering ervan worden in de bijdrage kort aangegeven en verklaard.

Shrnutí

V roce 1000 došlo k památnému setkání císaře Oty III. s polským knížetem Boleslavem. Setkání zachycené v »aktu z Hnězdna« (»Akt von Gnesen«) mělo pro říši dalekosáhlé důsledky, o jejichž interpretaci se stále ještě mezi historiky intenzivně diskutuje. Avšak kromě těchto politických hledisek hraje Hnězdno také významnou roli pro šíření kultu sv. Vojtěcha. Císař získal jeho relikvie a věnoval na jeho počest kostelu oltář. Již dříve, roku 997, krátce poté, co byl Vojtěch Pražský při svém misionářském pokusu zabit Prusy, založil Ota v Cáchách kostel zasvěcený tomuto mučedníkovi, čímž se Cáchy staly jedním z nejstarších míst kultu svatého Vojtěcha.

S otonským panovníkem se také spojuje vznik staršího Vojtěchova životopisu, »Vita Adalberti«.

V pasionálu z majetku chrámového zařízení se zachoval opis tohoto životopisu. Výzkumy prokazují, že tento doposud neznámý rukopis patří k vůbec nejstarším zachovaným životopisům světců. Příspěvek se zabývá specifickými rysy cášského rukopisu a jeho historickým zařazením.

Summary

In the year 1000 there was a dubious encounter between the emperor Otto III. and the Polish duke Boleslaw. This meeting which is called »act of Gnesen« had far-reaching implications for the history of the empire, which historians today are still debating intensively. However, apart from these political aspects, Gnesen also played an important part in spreading the Adalbert cult. The emperor managed in this way to acquire relics, and founded an altar to honour them. Previously Otto had founded his own church in Aachen in the year 997, shortly after Adalbert of Prague had been killed during his attempt to evangelise the Prussians, i.e. a church for a martyr, which made Aachen count as one of the earliest places of the Adalbert cult.

The development of the »vita Adalberti« can equally be connected to the Ottonic ruler. A copy of this vita has been preserved in liturgical passion writings which are reckoned to belong to the minster foundation. Research has shown that these scripts which have so far been unknown, can be taken to be one of the oldest kept vita. The special features of the Aachen manuscript and its placement within history are briefly presented and examined in this contribution.

Wilfried Hartmann (Tübingen)

Heinrich IV. (1054–1106)

Abb. 1   Kat.Nr. 3 · 29
Heinrich kniet vor einem Abt und der Markgräfin Mathilde von Tuszien. Vom 25.–27.1. 1077 ist Heinrich IV. Gast bei Mathilde von Tuszien und erwirkt in Canossa von Papst Gregor VII. die Lösung des Kirchenbannes. Farbige Buchmalerei aus der Vita Mathildis des Donizo, Oberitalien vor 1114. Rom, Vatikanische Bibliothek, Cod. Vat. lat. 4922, fol. 49ʳ

Einleitung

In der deutschen Geschichte gilt die zweite Hälfte des 11. Jahrhunderts als Wendezeit, in der eine ganze Reihe von folgenschweren Veränderungen sich vollzogen haben oder wenigstens ankündigten. Diese Veränderungen betrafen auch die Stellung des Königs, die in den Auseinandersetzungen des sogenannten Investiturstreits ganz grundsätzlich angegriffen wurde. Um die Investitur der Bischöfe, die – nicht nur in Deutschland und Italien – gegen die Regeln des Kirchenrechts durch den König durchgeführt wurde, ging es in diesem Streit eigentlich erst seit den päpstlichen Investiturverboten von 1078 und 1080; die Kirchenreform, die seit der Mitte des 11. Jahrhunderts auch das Papsttum erreicht hatte, richtete sich nämlich in erster Linie auf andere Ziele, vor allem auf die Durchsetzung des Zölibats für Kleriker der höheren Weihegrade und auf den Kampf gegen die Simonie, also den Erwerb geistlicher Ämter durch Geldzahlungen.

In der Zeit Heinrichs IV. vollzogen sich aber nicht nur die Kämpfe zwischen Papst und Kaiser, sondern der König versuchte auch seine

Herrschaft auf neue Grundlagen zu stellen, um eine größere Unabhängigkeit vom Adel und von den Fürsten zu gewinnen.

Die Anfänge: Regentschaft der Kaiserin Agnes

Beim Tode seines Vaters, Kaiser Heinrich III. († 5. Oktober 1056), war dessen einziger Sohn Heinrich erst sechs Jahre alt (* 11. November 1050). Er war allerdings bereits Anfang November 1053 in Tribur zum König gewählt und am 17. Juli 1054, also mit dreieinhalb Jahren, in Aachen vom Kölner Erzbischof Hermann zum König gekrönt worden. Die Wahl des kleinen Heinrich zum Nachfolger seines damals 36jährigen Vaters war nach dem Bericht einer Quelle (Hermann von Reichenau) allerdings mit einer bis dahin nie gemachten Einschränkung versehen worden: Die Wähler erklärten, dem jungen König nur gehorchen zu wollen, wenn er sich als gerechter Herrscher erweise.

Heinrich III. hatte auf seinem Sterbebett die anwesenden weltlichen und geistlichen Großen noch einmal auf seinen Sohn verpflichtet und ihn dem besonderen Schutz von Papst Viktor II. anvertraut, der zugleich noch Reichsbischof (Gebhard von Eichstätt) war. Der Papst konnte aber noch die Königsherrschaft Heinrichs IV. und auch die Regentschaft der Kaiserinwitwe Agnes von Poitou vorbereiten, indem er sich mit der Witwe und dem kleinen Heinrich auf den Königsumritt begab. In Aachen setzte der Papst den kleinen König auf den Thron Karls des Großen und dokumentierte damit den Beginn der Herrschaft des neuen Königs.

Die Verhältnisse im Reich hatten sich bereits in den letzten Regierungsjahren Heinrichs III. krisenhaft zugespitzt. Probleme gab es vor allem in Sachsen, aber auch in Lothringen und Bayern hatte sich eine Gruppe von mächtigen und unzufriedenen Adeligen gegen den König verbündet. Es gelang Viktor II., auf einem Hoftag in Köln im Dezember 1056 eine Aussöhnung der unzufriedenen Lothringer mit dem neuen König zu erreichen, und an Weihnachten 1056 brachte der Papst in Regensburg auch einen Ausgleich mit den Bayern zustande. In Sachsen allerdings soll es nach dem Bericht Lamperts von Hersfeld zu einer großen Verschwörung gegen Heinrich IV. gekommen sein, die aber durch die Regentin und die Fürsten niedergeschlagen werden konnte.

Auch die Position der Regentin Agnes wurde durch Viktor II. gestärkt, der die Fürsten dazu brachte, der Kaiserin durch einen Eid zuzugestehen, daß sie im Fall des vorzeitigen Todes Heinrichs IV. eine Designation für einen neuen König vornehmen dürfe. Aus diesem Eid kann geschlossen werden, daß Agnes als Haupt des salischen Hauses galt.

Schwierig war es, nach dem Tode Papst Viktors II. († 28. Juli 1057) Berater zu finden, die die Regentin bei ihrer schwierigen Aufgabe unterstützen konnten. Wie bereits unter Heinrich III. wurden hohe geistliche Würdenträger herangezogen, aber auch Ministerialen, also unfreie königliche Dienstleute. Die Ministerialen Kuno und Otnand waren es auch, die als Erzieher des jungen Königs wirkten. Unter den beratenden Bischöfen ragten Anno von Köln (Bischof seit 1056) und Heinrich von Augsburg hervor. Dessen allzu großer Einfluß auf die Kaiserin Agnes wurde schon von den Zeitgenossen beklagt.

In der Forschung wurde immer wieder kritisiert, daß Agnes am Beginn ihrer Regentschaft die Herzogtümer Schwaben, Bayern und Kärnten an Personen vergab, die sich im weiteren Verlauf des 11. Jahrhunderts als Gegner des salischen Königtums entpuppen sollten. Sie hatte aber sicherlich gehofft, durch die Ernennung von Herzögen sich mächtige Personen und deren Anhang zu verpflichten. Noch 1057 ernannte sie Rudolf von Rheinfelden zum Herzog von Schwaben und zum Regenten in Burgund. 1061 wurden Berthold von Zähringen mit Kärnten und der Sachse Otto von Northeim mit Bayern belehnt. Rudolf von Rheinfelden wurde auch durch die Verlobung mit der Schwester des jungen Königs, Mathilde, an das salische Haus gebunden.

Reichsregiment Annos von Köln und Adalberts von Bremen

Anfang April 1062 kam es zu einem Staatsstreich, den Erzbischof Anno von Köln zusammen mit Herzog Otto von Bayern und Graf Ekbert von Braunschweig geplant hatten: sie entführten den zwölfjährigen König, der sich gegen die Entführer durch einen Sprung in den Rhein zu retten versuchte. Agnes zog sich jetzt von der Regierung zurück, und Anno von Köln übernahm die Erziehung des jungen Königs und die Führung der Regierungsgeschäfte. Das bedeutete vor allem auch, daß im Namen des Königs Urkunden ausgestellt wurden, in denen dieser die Attentäter mit Rechten und Gütern ausstattete und sie damit gleichsam für ihre Tat belohnte. Seit Mitte 1063 erscheint auch Erzbischof Adalbert von Bremen neben Anno von Köln als Reichsregent; auch er erhielt jetzt eine ganze Reihe von Vergünstigungen.

Eigentlich hätte der junge König schon an seinem 14. Geburtstag für mündig erklärt werden können, aber die beiden Regenten Anno von Köln und Adalbert von Bremen sowie Kaiserin Agnes, die sich seit 1064 wieder verstärkt in die Regierung eingeschaltet hatte, konnten sich wohl nicht einigen. Kurz vor der Erreichung der Mündigkeit im Frühjahr 1065 wird Anno von Köln aus der Reihe der engsten Berater des Königs hinausgedrängt. Wenige Wochen nach der Schwertleite ihres Sohnes verließ Agnes im Frühjahr 1065 Deutschland und reiste nach Rom.

Sie starb dort am 14. Dezember 1077.

Anfänge der selbständigen Regierung: 1065–1075. Der Sachsenkrieg

Der Anfang der selbständigen Regierung Heinrichs IV. war nicht sehr erfolgreich. So wurde er Anfang 1066 von den Fürsten gezwungen, seinen wichtigsten Ratgeber, Adalbert von Bremen, zu entlassen. Auch in seinem persönlichen Leben hatte der junge König Probleme. Im Juli 1066 fand die Eheschließung mit Bertha von Turin statt, mit der er bereits im Kindesalter verlobt worden war. Nur drei Jahre später verlangte Heinrich von den Bischöfen des Reiches, daß die Ehe wieder getrennt werden solle. Kardinal Petrus Damiani, der als päpstlicher Legat bei der Reichsversammlung anwesend war, konnte Heinrich überreden, auf sein Verlangen zu verzichten. Soweit wir sehen können, hat Heinrich von da an eine harmonische Ehe mit Bertha geführt.

Das Königtum Heinrichs IV. schien sich auf eine Katastrophe zuzubewegen, als sich die Konfrontationen mit den Fürsten immer mehr häuften. 1070 wurde Otto von Northeim als bayrischer Herzog abgesetzt und an seiner Stelle Welf IV. erhoben, aber das Verhältnis zu Bayern verbesserte sich dadurch nicht. Rudolf von Schwaben und Berthold von Kärnten fühlten sich vom König übergangen. Der Schwerpunkt des Widerstands war aber Sachsen. Dort hatten sich schon zur Zeit Heinrichs III. nicht nur die Großen über die Tyrannei des Königs beklagt. Es ging letztlich um das Verständnis der königlichen Herrschaftspraxis. Heinrich IV. versuchte anscheinend, die königlichen Besitzrechte in Sachsen konsequent geltend zu machen, und er wollte sie durch Burgen sichern. Zu ihrer Erbauung wurden die umwohnenden sächsischen Bauern zu Arbeitseinsätzen gezwungen, und die Burgen wurden mit landfremden Ministerialen bemannt, die allein dem König verpflichtet waren. Die Rechte der Krone wurden durch ein neuartiges Inquisitionsverfahren festgestellt; die Wiederherstellung der königlichen Besitzrechte faßten die Sachsen als Anschlag auf ihre althergebrachte Freiheit und als Rechtsbruch auf.

Im Sommer 1073 kam es in Sachsen zum offenen Aufruhr, an dem sich alle sozialen Schichten beteiligten: weltliche Große wie Otto von Northeim, Bischöfe wie Werner von Magdeburg und Burchard von Halberstadt, der Neffe Annos von Köln, aber auch Bauern. Heinrich IV. wurde auf der Harzburg eingeschlossen und konnte nur mit Mühe fliehen. Die süddeutschen Herzöge waren nicht bereit, dem König zu helfen. Er konnte sich nur noch auf einige Städte am Rhein verlassen, vor allem auf Worms, wo er Ende 1073 Zuflucht fand.

Mit einem kleinen Heer zog Heinrich Anfang 1074 nach Sachsen, wo er wenigstens einen Kompromißfrieden erreichen konnte. Demnach sollten die königlichen Burgen geschliffen werden. Dabei kam es zu einem Exzeß der sächsischen Bauern, die die Schloßkirche auf der Harzburg verwüsteten und die Gräber von zwei jung verstorbenen Königssöhnen schändeten. In dieser Situation waren die Fürsten zur Unterstützung des Königs bereit, so daß dieser ein großes

Abb. 2   Kat.Nr. 3 · 30
Grabplatte des Gegenkönigs Rudolf von Schwaben (reg. 1077–1080). Im Jahre 1080 kam es zur Schlacht an der Elster zwischen Heinrich IV. und König Rudolf, in der dieser zwar siegte, aber an den Folgen seiner Verwundungen starb. Seine Parteigänger begruben den Leichnam im Dom zu Merseburg. Merseburg, Dom

Heer versammeln und die Sachsen am 9. Juni 1075 bei Homburg an der Unstrut vernichtend schlagen konnte.

Die Besiegten verloren ihren Besitz; die königlichen Burgen wurden wieder aufgebaut. An Weihnachten 1075 wurde in Goslar der am 12. Februar 1074 geborene Konrad zum zukünftigen König designiert: die Herrschaft im Reich und die Dynastie schienen gesichert.

König und Papst

Am 22. April 1073 war der Archidiakon Hildebrand auf irreguläre Weise zum Papst erhoben worden; er nahm den Namen Gregor VII. an. Seine Vorstellungen von der Rolle des Papsttums sind in 27 Sätzen formuliert, dem sogenannten »Dictatus Papae«, die im März 1075 ins päpstliche Briefbuch eingetragen wurden. Hier wird die Sonderstellung der römischen Kirche und ihres Bischofs betont und sein Recht hervorgehoben, Kaiser absetzen und die Untertanen ungerechter Herrscher vom Treueid entbinden zu dürfen. Diese Rechte wollte der Papst vor allem zur Durchsetzung der Hauptanliegen der kirchlichen Reform benutzen, nämlich zur Beseitigung des Übels der Simonie, d. h. der Erlangung geistlicher Ämter durch Geldzahlungen, und zur Durchsetzung des Zölibats, der Ehelosigkeit der Priester. Anfänglich war Gregor zu einer Zusammenarbeit mit dem deutschen König bereit, und auch Heinrich IV. hat sich in einem äußerst devoten Brief am Beginn von Gregors Pontifikat dem Papst geradezu unterworfen. Im Herbst 1075 jedoch kam es zu einer heftigen Konfrontation, als Heinrich IV. einen Angehörigen seiner Hofkapelle zum Erzbischof von Mailand erhob. Im Dezember 1075 schrieb der Papst nämlich einen drohenden Brief an den König und forderte ihn auf, dem Apostelfürsten Petrus zu gehorchen.

Viele deutschen Bischöfe waren mit Gregor VII. unzufrieden, weil er sich massiv in die deutschen Verhältnisse einmischte, und daher waren sie bereit, mit dem König zusammen gegen Gregor vorzugehen. Eine Reichsversammlung in Worms kündigte am 26. Januar 1076 dem Papst den Gehorsam auf. Als Begründung wurde genannt, daß er unrechtmäßig ins Amt gelangt sei und daß er die Ordnung der Kirche umgestürzt habe. Der König bezeichnet sich als »Gesalbter des Herrn« (christus domini), der nur von Gott gerichtet werden dürfe. Auch dürfe er wegen keines Verbrechens abgesetzt werden, es sei denn, er falle vom Glauben ab. Damit hatte der deutsche König ein neuartiges Bild vom Königtum formuliert, das sich in zentralen Aussagen am Vorbild des Papsttums orientierte.

In einem Brief an die weltlichen Fürsten warf Heinrich Gregor vor, daß dieser sich neben der geistlichen auch die weltliche Gewalt angemaßt habe, obwohl Gott zwei getrennte Gewalten eingerichtet habe. Die Aussage Christi über die zwei Schwerter (Lukas 22,38) wird hier so ausgelegt, daß das geistliche Schwert die Menschen zum Gehorsam gegenüber dem König zwingen solle, während das weltliche dazu diene, die äußeren Feinde Christi zu vertreiben. Erstmals war damit die Zweischwerterlehre formuliert worden, allerdings in einer durchaus konservativen Form, die sich an die Aussagen des Papstes Gelasius I. (492–496) anschloß, der schon von der Gleichberechtigung der beiden Gewalten gesprochen hatte.

Heinrich IV. und die Bischöfe hatten sicher nicht mit einer so heftigen Reaktion des Papstes gerechnet, wie sie am 15. Februar 1076 eintrat, als Gregor VII. auf einer Synode in Rom in Anwesenheit der Kaiserin Agnes den deutschen König in den Bann tat, ihm die Herrschaft über das Reich untersagte und die Untertanen von ihrem Eid löste. Zum ersten Mal in der Geschichte war ein deutscher König exkommuniziert worden, und der eben noch so selbstbewußte Heinrich wurde rasch von vielen verlassen, die sich im Januar noch mit ihm zusammen gegen den Papst gewandt hatten. Zum Abfall der meisten Bischöfe kam ein erneuter Aufstand in Sachsen, und auch die süddeutschen Herzöge stellten sich erneut gegen den König. Im Oktober 1076 gab Heinrich klein bei, indem er sich dem Papst unterwarf und damit die Absage vom Januar widerrief. Aber das genügte den Fürsten nicht; sie verlangten, daß er bis zum Jahrestag seiner Exkommunikation die Lossprechung vom Bann erreicht haben müsse. Schon für den 2. Februar 1077 war eine neue Königswahl anberaumt.

Heinrich kam dieser Absicht jedoch zuvor, indem er im Winter 1077 die Alpen überschritt und Ende Januar vor der Burg Canossa erschien, um beim Papst die Aufhebung des Bannes zu erreichen. Drei Tage stand der König im Büßergewand und barfuß vor dem Burgtor, um durch solche Bußleistungen den Papst zur Rücknahme des Bannes zu bewegen. Zwar konnte Heinrich dieses Ziel erreichen und seine Krone damit retten, aber er hatte auch den Anspruch aufgegeben, den er im Januar 1076 formuliert hatte, daß nämlich der König als Gesalbter des Herrn keinem irdischen Richter verantwortlich sei. Wie ein gewöhnlicher Laie hatte Heinrich eine Kirchenbuße auf sich genommen.

In der Forschung ist es umstritten, ob mit der Buße von Canossa die sakrale Stellung des Königs ins Mark getroffen war. Gregor VII. hat sicherlich den Königen überhaupt nie eine irgendwie geartete geistliche Stellung zubilligen wollen, vielmehr war er der Meinung, daß sie unter dem niedrigsten geistlichen Weihegrad, nämlich dem eines Exorzisten stehen (Brief an Bischof Hermann von Metz vom 15. März 1081, Register VIII,21).

Gegenkönig Rudolf von Schwaben (1077–1080)

Obwohl der Papst Heinrich vom Bann gelöst hatte und ihn wieder als König ansah, versammelte sich der harte Kern von Heinrichs Gegnern – vor allem die drei süddeutschen Herzöge und Otto von Northeim, aber auch mehrere Erzbischöfe und Bischöfe – im März 1077 in Forchheim und wählte Herzog Rudolf von Schwaben zum König. Dieser verzichtete ausdrücklich darauf, seinen Sohn zum Nachfolger zu designieren: auch der künftige König sollte durch die freie Wahl bestimmt werden. Am 26. März 1077 wurde Rudolf in Mainz gekrönt.

Wenige Wochen später setzte Heinrich Rudolf als Herzog von Schwaben ab und nahm auch Berthold von Kärnten und Welf IV. von Bayern ihre Herzogtümer weg. 1079 wurde Schwaben an Friedrich von Staufen übertragen.

Die kriegerischen Auseinandersetzungen der Jahre 1077 bis 1080 brachten Heinrich IV. mehrere Niederlagen. In den Kämpfen stützte er sich eher auf den niederen Adel, auf die Städte und auf die Bauern als auf die Reichsfürsten; auch der niedere Klerus stand auf seiner Seite. Wichtig war auch die Hilfe Herzog Wratislaws von Böhmen, der 1085 als Dank für diese Unterstützung mit der persönlichen Königswürde belohnt wurde.

Gregor VII. stellte sich erst Anfang 1080 eindeutig auf die Seite Rudolfs und erneuerte den Bann gegen Heinrich IV. Gleichzeitig bedrohte der Papst alle Herrscher mit dem Bann, die es wagten, einen Bischof oder einen Abt in ihr Amt einzusetzen (zu investieren), nachdem er bereits im November 1078 in allgemeinen Worten die Investitur von Bischöfen durch Laien verboten hatte.

Der neue Bann gegen Heinrich schwächte aber seine Stellung diesmal nicht, vielmehr konnte er die Gegner Gregors VII. unter den deutschen und italienischen Bischöfen in Brixen versammeln, wo der Papst am 25. Juli 1080 aufgefordert wurde sich selbst abzusetzen. Sonst müsse er mit Gewalt vertrieben werden. Es wurde auch bereits ein Nachfolger präsentiert, nämlich Erzbischof Wibert von Ravenna, der Heinrich als Kanzler für Italien gedient hatte und den Gregor VII. 1078 abgesetzt hatte.

Am 15. Oktober 1080 fiel auch die Entscheidung zwischen Heinrich und Rudolf: zwar erlitt das Heer Heinrichs wieder eine Niederlage, aber Rudolf starb an seiner Verletzung, die er auf dem Schlachtfeld erlitten hatte: er hatte seine rechte Hand verloren, mit der er Heinrich einst den Treueid geschworen hatte. Heinrichs Anhänger legten dies als Gottesurteil aus.

Kaisertum Heinrichs IV. und neue Kämpfe

Heinrich fühlte sich jetzt stark genug, nach Italien zu ziehen, wo er nach vergeblichen Versuchen 1081 und 1082 endlich 1083 die Leostadt und St. Peter erobern konnte. Anfang 1084 wurde Gregor VII. durch eine Synode der von ihm abgefallenen Kardinäle abgesetzt. Der in Brixen nominierte Wibert von Ravenna wurde zum Papst gewählt; er nahm den Namen Clemens III. an und krönte am Osterfest 1084 Heinrich IV. und seine Gemahlin Bertha mit der Kaiserkrone. Der neue Kaiser konnte sich aber nicht in Rom halten, da Gregor VII. die Normannen zu Hilfe gerufen hatte. Diese wüteten aber dermaßen in Rom, daß Gregor sich bei ihrem Abzug nicht mehr halten konnte und mit den Normannen nach Salerno zog, wo er am 25. Mai 1085 starb.

Wieder in Deutschland mußte Heinrich erneut um seine Herrschaft kämpfen. Zwar konnte sich der 1081 zum Gegenkönig erhobene Hermann von Salm († 1088) nicht durchsetzen, aber im Reich dehnte sich das Schisma aus, indem sich die Anhänger des Kaisers bzw. der Partei Gregors VII. gegenseitig absetzten und exkommunizierten. In vielen Bistümern im Reich gab es für eine ganze Reihe von Jahren zwei Bischöfe, von denen einer der Obödienz Clemens' III., der andere der Gregors VII. anhing.

Auch in Sachsen mußten die Kämpfe wieder aufgenommen werden, wobei Heinrich mehrere Niederlagen erlitt und es nicht schaffte, das dortige Krongut wieder zu gewinnen. Immerhin konnte Heinrich 1087 die Erhebung seines Sohnes Konrad zum Mitkönig erreichen; Konrad wurde am 30. Mai 1087 in Aachen durch Erzbischof Siegwin von Köln gekrönt. Noch in diesem Jahr verstarb Heinrichs Gemahlin Bertha; 1089 schloß er eine zweite Ehe mit Praxedis von Kiew.

Abb. 3 Kat.Nr. 4 · 17
Kaiser Heinrich IV. auf dem Thron mit Krone, Szepter und Reichsapfel, Zeichnung nach einer Buchmalerei in der Weltchronik des Ekkehard von Aura, 1113. Cambridge, Corpus Christi College, Ms. 373, fol. 60a

Im gleichen Jahr brachte der übernächste Nachfolger Gregors VII., Urban II. (1088–1099) eine Ehe zwischen der dreiundvierzigjährigen Mathilde von Tuszien und dem 17jährigen Welf V. zustande. Dadurch war ein Bündnis zwischen den wichtigsten Gegnern Heinrichs IV. nördlich und südlich der Alpen geschmiedet.

1090 zog Heinrich nach Italien und konnte dort anfangs einige Erfolge gegen die Markgräfin Mathilde von Tuszien erzielen. Aber dann häuften sich die Rückschläge: 1093 fiel der älteste Sohn des Kaisers von seinem Vater ab und ließ sich in Mailand zum König von Italien krönen. Wichtige oberitalienische Städte, wie Mailand und Cremona, verbanden sich zu einem lombardischen Städtebund, der die Alpenpässe sperrte. Anfang 1095 trat die zweite Gemahlin Heinrichs vor einer Synode auf und beschuldigte ihren Gatten perverser Handlungen. Papst Urban II. traf sich in diesem Jahr mit dem aufständischen Konrad und sicherte ihm die Kaiserkrönung zu, sobald er von den deutschen Fürsten zum König gewählt worden sei.

Aber in Deutschland fand Konrad keinen großen Anhang; vielmehr gelang es seinem Vater, auf einem Reichstag in Mainz 1098 Konrad die Nachfolge zu entziehen und seinen Bruder Heinrich zum künftigen König designieren zu lassen. Am 6. Januar 1099 wurde Heinrich V. in Aachen zum König gekrönt. Zuvor hatte er einen Eid leisten müssen, Leben und Sicherheit des Kaisers nicht anzutasten und sich nicht in die Regierungsgeschäfte einzumischen.

Kreuzzugsplan und Reichslandfrieden

Heinrich IV. befand sich immer noch im Kirchenbann. Und auch der Nachfolger Papst Urbans II., Paschalis II. (1099 – 1118), war nicht bereit, den Kaiser loszusprechen. Auf einem Reichstag in Mainz, Anfang 1103, gab Heinrich seine Absicht bekannt, eine Bußwallfahrt nach Jerusalem zu unternehmen. Im Zusammenhang mit diesem Plan steht der Landfrieden, der in Mainz erlassen wurde. Er sollte im ganzen Reich für vier Jahre gelten. Bestimmte Delikte (Diebstahl, Raub und Brandstiftung) wurden mit Blendung oder Verlust der rechten Hand bedroht; die vorgesehenen Strafen sollten für Freie und für Unfreie gleichermaßen gelten. Außerdem wurden einige Gruppen der Bevölkerung, darunter zum erstenmal auch die Juden, unter den Schutz des Königs gestellt. Bereits in der Zeit der inneren Kämpfe in den achtziger Jahren hatten zuerst in Köln und Lüttich, dann auch in Mainz unter Einbeziehung des Königs, endlich 1093 in Bayern und Schwaben geistliche oder weltliche Fürsten ein Friedensgebot erlassen. Neu war 1103, daß der Landfriede vom Kaiser garantiert wurde.

Aufstand Heinrichs V.

Bereits im kommenden Jahr brach aber der Anschein der unangefochtenen Herrschaft Heinrichs IV. zusammen. Ende 1104 sagte sich der vorgesehene Nachfolger, Heinrich V., von seinem Vater los und stellte sich an die Spitze einer Fürstenrevolte. Diese Empörung des Sohnes gehört in den Zusammenhang einer Oppositionsbewegung gegen den Kaiser, die ihr Zentrum wieder in Sachsen, aber auch in Bayern hatte. Eine Gruppe von Adligen aus der Oberpfalz, die als Förderer der Kirchenreform hervorgetreten war, hatte Heinrichs V. Unterstützung gewinnen können, da dieser befürchten mußte, nach dem Scheitern der Versöhnungsversuche Heinrichs IV. mit dem neuen Papst Paschalis II. (seit 1099) könnten die Salier überhaupt das Königtum verlieren.

Nachdem der Sohn den alten Kaiser durch eine List hatte gefangen nehmen können, erklärte dieser vor einer Fürstenversammlung in Ingelheim am 31. Dezember 1105 seinen Verzicht auf die Herrschaft. Ein öffentliches Schuldbekenntnis, wie es die päpstlichen Legaten von ihm verlangt hatten, wollte er aber nicht ablegen. Wenig später konnte Heinrich IV. fliehen und er richtete Briefe an die Reichsfürsten und an den französischen König, die er beschwor, ihm zu helfen. Mit Hilfe der Bürger der rheinischen Städte und einiger lothringischer Fürsten konnte der Kaiser wieder ein Heer aufstellen; ehe es aber zu einem Kampf gegen den Sohn kommen konnte, starb Heinrich IV. am 7. August 1106.

Obwohl er im Bann verstorben war und deshalb nicht in einer geweihten Kirche bestattet werden durfte, gab es zahlreiche Zeichen einer geradezu magischen Verehrung des Volkes gegenüber dem toten Herrscher. Anscheinend hatten weder der Gang nach Canossa noch die Gerüchte über Heinrichs unmoralischen Lebenswandel den Nimbus seines Herrschertums beeinträchtigen können. Auch die Vita Heinrichs IV. macht deutlich, daß er von seinen engsten Anhängern geradezu geliebt wurde.

Gesamtwürdigung

Heinrich IV. war sicher kein Vertreter einer laizistischen Auffassung vom Königtum, der gegen den Papst kämpfte, um die Autonomie des weltlichen Bereichs durchzusetzen. Vielmehr war er als Kind seiner Zeit von einer tiefen Religiösität geprägt.

Seine Regierung weist jene Unsicherheit und jenes Schwanken zwischen scheinbar gesicherter Herrschaft und fast vollkommener Machtlosigkeit auf, das typisch ist für die Situation des Königtums im früheren Mittelalter: in Ermangelung eines Apparats von Beamten und einer festen Residenz war die königliche Herrschaft oft genug nur wirksam, wenn der König persönlich anwesend war. Heinrich IV. scheint sich über diese Schwäche im klaren gewesen zu sein, und er hat erste Maßnahmen getroffen, dies zu ändern. So versuchte er seine materielle Basis zu verbessern, indem das Königsgut durch Burgen geschützt und durch nur dem König gegenüber verpflichtete Ministerialen verwaltet wurde. Es gibt auch Hinweise darauf, daß Heinrich die Städte als mögliche Verbündete des Königs ernst nehmen wollte.

Weiterhin hat er erkannt, daß das römische Recht für eine theoretische Fundierung der Königsherrschaft und für die Praxis des königlichen Gerichts benutzt werden konnte. In der Zeit Heinrichs IV. wurden die ersten Schritte auf dem Weg zur Ausbildung einer säkularen Herrschaftstheorie getan und damit wurde die Voraussetzung für die Entstehung des staufischen Kaisergedankens geschaffen.

Ein wesentlicher Grund für das letztliche Scheitern der Regierung Heinrichs IV. war die Tatsache, daß es ihm nicht gelungen ist, sein Verhältnis mit den Fürsten auf eine tragfähige Basis zu stellen.

Abb. 4
Thronender Kaiser mit Krone, Reichsapfel und Szepter (Heinrich IV. oder Heinrich V.?), Darstellung aus dem Evangeliar aus St. Emmeram in Regensburg, jetzt in Krakau, Bibliothek des Domkapitels 208, fol 1^r

Sein Mißtrauen gegen die Fürsten geht vielleicht auf seine Erlebnisse in der Zeit der Minderjährigkeit zurück, obwohl wir uns hüten müssen, nach psychologischen Erklärungen für das Verhalten eines Königs im 11. Jahrhundert zu suchen. Dies ist vor allem deshalb schwierig, weil wir über die hinter den Handlungen des Herrschers stehenden Motive meist nichts aussagen können, da es fast keine Selbstzeugnisse von Königen aus dieser Zeit gibt.

Auch aus den Briefen, die in seinem Namen geschrieben wurden, können solche Selbstaussagen nicht entnommen werden. Ein Teil der zweiundvierzig Briefe Heinrichs IV. steht im Verdacht, für die Schule formuliert worden und damit unecht zu sein. Die wichtigen programmatischen Schreiben vom Januar 1076 wurden mit Sicherheit vom späteren Propst Gottschalk von Aachen formuliert; ob sie (auch) die Ansichten des Königs wiedergeben, können wir nicht beweisen.

Boshof, Egon: Heinrich IV. Herrscher an einer Zeitenwende, Göttingen ²1990.
Hartmann, Wilfried: Der Investiturstreit, München ²1996.
Leyser, Karl: The Crisis of Medieval Germany, in: Proceedings of the British Academy 69 (1983), S. 409–443.
Struve, Tilman: Heinrich IV. Die Behauptung einer Persönlichkeit im Zeichen der Krise, in: Frühmittelalterliche Studien 21 (1987), S. 318–345.
Tellenbach, Gerd: Die westliche Kirche vom 10. bis zum frühen 12. Jahrhundert, in: Die Kirche in ihrer Geschichte. Ein Handbuch, Lieferung F1, Göttingen 1988.
Weinfurter, Stefan: Herrschaft und Reich der Salier. Grundlinien einer Umbruchzeit, Sigmaringen 1991.

Kurzfassung

Die Zeit Heinrichs IV. war eine Wendezeit: es kam nicht nur zum Kampf zwischen Papst und deutschem König um die Einsetzung der Bischöfe, sondern der König versuchte auch, seine Herrschaft neu zu verankern. Die Ausgangslage war ungünstig: Beim Tode seines Vaters (1056) war Heinrich erst sechs Jahre alt; während der Minderjährigkeit führte seine Mutter die Regentschaft, die von ihren Beratern, vor allem

Anno von Köln, abhängig war. Im Frühjahr 1065 begann Heinrich IV. selbständig zu regieren; sein wichtigster Ratgeber war Adalbert von Bremen, den er 1066 entlassen mußte. Es kam zu schweren Spannungen mit den Fürsten, und als im Sommer 1073 in Sachsen ein Aufstand losbrach (wegen der königlichen Burgenpolitik), schien die Katastrophe nahe. Nach dem Sieg über die Sachsen begann bereits die Auseinandersetzung mit Papst Gregor VII. Dieser bannte den König und setzte ihn ab (Februar 1076), aber der Gang nach Canossa (Januar 1077) verschaffte Heinrich wieder politischen Spielraum. Er konnte trotz erneutem Bann 1080 den Gegenkönig besiegen. Ostern 1084 wurde er durch den Gegenpapst Clemens III. in Rom zum Kaiser gekrönt. Der Italienzug 1090–96 war dann ein völliger Fehlschlag; 1093 ging sein Sohn Konrad auf die päpstliche Seite über. Am 6. Januar 1099 wurde an dessen Stelle Heinrich V. in Aachen zum König gekrönt. Aber auch dieser Sohn sagte sich Ende 1104 von seinem Vater los. Ehe es zu einem Kampf kommen konnte, starb Heinrich IV. (7. 8. 1106). Das Schwanken zwischen scheinbar gesicherter Herrschaft und fast vollkommener Machtlosigkeit ist typisch für das frühmittelalterliche Königtum. Heinrich IV. versuchte gegenzusteuern, indem er das Königsgut mit Burgen schützte und durch Ministerialen verwalten ließ; zudem auch die Städte als mögliche Verbündete heranzog. Auch erste Ansätze einer säkularen Herrschaftstheorie sind zu erkennen. Da Heinrich IV. aber zu den Fürsten kein tragfähiges Verhältnis gewinnen konnte, gelang ihm die Erneuerung der Königsherrschaft nicht.

Résumé

Époque charnière, le règne d'Henri IV apparaît comme un tournant de l'histoire. Un véritable bras de fer s'engagea entre le pape et le souverain allemand : il est resté dans l'histoire sous le nom de »querelle des investitures«. Le roi ne bornait d'ailleurs pas ses ambitions à l'investiture des évêques : il entendait bien affermir également sa puissance personnelle. Pourtant, au départ, la situation d'Henri IV n'a rien d'enviable. Lorsque son père meurt en 1056, il n'a que six ans. Pendant sa minorité, la régence est confiée à sa mère, Agnès de Poitiers, entièrement dépendante de ses conseillers, en particulier de l'archevêque Anno de Cologne. Au printemps 1065, Henri IV prend lui-même les rênes du pouvoir : son principal conseiller sera l'ambitieux Adalbert de Brême qu'il se verra contraint de renvoyer en 1066. Suit alors une période de tensions pendant laquelle on assiste à une véritable levée de boucliers de la part des princes. Pendant l'été 1073, la tension est à son comble : la politique féodale menée par le roi met le feu aux poudres. Une révolte éclate en Saxe : dès lors, il semble que la catastrophe soit imminente. Las, à peine Henri IV est-il venu à bout des Saxons que la lutte s'engage avec le pape Grégoire VII qui frappe le roi de bannissement et le dépose en février 1076. En janvier 1077, il contraindra le roi à aller le trouver à Canossa : une entrevue humiliante qui permettra tout de même au roi d'avoir à nouveau le champ libre au plan politique. Banni une nouvelle fois, il réussira tout de même à vaincre l'antiroi en 1080. Le jour de Pâques 1084, il sera même couronné empereur à Rome par l'antipape Clément III. Par contre, la campagne d'Italie (1090–1096) se soldera par un échec total ; en 1093, son propre fils Conrad passera dans le camp du pape. Le 6 janvier 1099, c'est son autre fils qui, sous le nom d'Henri V, sera couronné roi à sa place à Aix-la-Chapelle. Mais Henri V finira lui aussi par désavouer son père. Le père et le fils auraient sûrement fini par en venir aux mains : seule les en a empêchés la mort du vieux souverain, survenue le 7 août 1106.

Cette perpétuelle valse-hésitation entre un pouvoir apparemment solidement établi et une incapacité d'agir presque absolue est la caractéristique essentielle de la royauté du Haut Moyen Age. Henri IV a tenté de ramer à contre-courant en protégeant le domaine royal par des châteaux forts et en confiant l'administration à des ministériaux ; il a également cherché à se concilier les cités. Sans nul doute, sa politique recèle les prémices d'une théorie du pouvoir séculier. Malheureusement, Henri IV n'est pas parvenu à s'allier les princes : en dernière analyse, c'est ce qui l'empêcha de réformer le pouvoir royal.

Samenvatting

De tijd van Hendrik IV was een keerpunt in de geschiedenis: er ontstond niet alleen strijd tussen de paus en de Duitse koning om wie bisschoppen mocht aanwijzen, de zog. investituurstrijd, maar de koning probeerde ook, zijn macht nieuwe draagkracht te geven. De uitgangssituatie was ongunstig: toen zijn vader in 1056 stierf, was Hendrik pas zes jaar oud. Zolang hij minderjarig was, oefende zijn moeder het regentschap uit. Zij was daarbij van haar raadgevers, in het bijzonder Anno van Keulen, afhankelijk. In het voorjaar van 1065 begon Hendrik IV zelfstandig te regeren. Zijn belangrijkste raadsman was Adalbert van Bremen, die hij in 1066 moest ontslaan. Er ontstonden grote spanningen met de vorsten en toen er in de zomer van 1073 in Saksen een opstand losbarstte (vanwege de koninklijke burchtenpolitiek) leek het op een catastrofe uit te draaien. Direct na de overwinning op de Saksen begon alweer het conflict met paus Gregorius VII. Deze deed de koning in de ban en zette hem af (februari 1076), maar de 'Gang naar Canossa' (boetetocht naar de paus aldaar) in januari 1077 gaf Hendrik weer enige politieke bewegingsvrijheid. Ondanks het feit dat hij opnieuw in de ban werd gedaan, slaagde hij erin, de tegenkoning te verslaan. De tegenpaus, Clemens III, heeft hem vervolgens in het jaar 1084 met Pasen in Rome tot keizer gekroond. Zijn veldtocht in Italië van 1090 tot 1096 werd dan weer een fiasco. In 1093 koos zijn zoon Koenraad de kant van de paus. Op 6 januari 1099 werd in diens plaats Hendrik V in Aken tot koning gekroond. Maar ook deze zoon brak tegen het eind van 1104 met zijn vader. Voordat het tot echte gevechten kon komen stierf Hendrik IV (op 7-8-1106). Deze voortdurende wisseling tussen een schijnbaar zekere machtspositie en bijna volledige machteloosheid is kenmerkend voor het vroegmiddeleeuwse koningdom. Hendrik IV probeerde tegen te sturen door de koninklijke goederen met burchten te beschermen en ze door ministerialen te laten besturen. Verder probeerde hij de steden als medestanders voor zich te winnen. Aangezien Hendrik IV er echter nooit in is geslaagd een goede relatie met de vorsten op te bouwen, heeft hij de koningsmacht niet werkelijk kunnen vernieuwen.

Shrnutí

Doba Jindřicha IV. byla obdobím přelomu: nejen že došlo k boji mezi papežem a německým králem o dosazování biskupů, ale král se také pokusil svou vládu nově upevnit. Výchozí situace byla pro něj nevýhodná. Když jeho otec zemřel (roku 1056), bylo Jindřichovi teprve šest let; v době jeho neplnoletosti byla vláda jeho matky závislá na poradcích, především na Annovi z Kolína. Na jaře roku 1065 začal Jindřich IV. samostatně vládnout; jeho nejvýznamnějším poradcem byl Adalbert z Brém, kterého musel propustit roku 1066. Došlo k vážným neshodám s knížaty a když v létě roku 1073 vypuklo v Sasku povstání (kvůli královské hradní politice), hrozila zdánlivě již katastrofa. Po vítězství nad Sasy začal spor s papežem Řehořem VII. Ten dal krále do klatby a sesadil ho (v únoru roku 1076), ale jeho pouť do Canossy (v lednu 1077) mu znovu opatřila prostor pro politické působení. Přes novou klatbu roku 1080 porazil svého protikrále. O velikonocích roku 1084 byl protipapežem Klementem III. korunován v Římě císařem. Válečné tažení do Itálie (1090–96) skončilo naprostým neúspěchem; roku 1093 přešel jeho syn Konrád na stranu papeže. 6. února 1099 byl místo něj v Cáchách korunován Jindřich V. Ale i tento syn se koncem roku 1104 otce zřekl. Než mohlo dojít k boji, zemřel Jindřich IV. (7. 8. 1106). Kolísání mezi zdánlivě zabezpečenou mocí a téměř úplnou bezmocností je typické pro raně středověké kralování. Jindřich IV. se pokusil tomu čelit tím, že své královské sídlo chránil hrady a nechal spravovat ministeriály; a také se obracel na města jako na možné spojence. Za Jindřicha IV. jsou též patrny první známky sekularizované teorie vlády. Protože se však Jindřichovi nepodařilo získat příznivé vztahy s knížaty, nemohl svou královskou moc obnovit.

Summary

Henry IV's time was a tuning point: not only was this a time of struggle between the pope and the German king about the task of the bishops, but the king was also eager to once again fix his reign more firmly. The starting point was not favourable: When Henry's father died (1056), he was only six years of age; while he was under age his mother ruled, who was dependent on her advisors, particularly on Anno of Cologne. In the Spring of 1065 Henry IV. started to rule independently; his most important advisor was Adalbert from Bremen who he had to dismiss in 1066. There were serious conflicts with the princes, and when in the summer of 1073 a revolt broke out in Saxony (because of the royal castle politics), a catastrophe loomed. After the victory over the Saxons a fight started with Pope Gregory VII. He banned the king and removed him from office (February 1076), but the procession to Canossa (January 1077) once again gave Henry room to move politically. Despite a new ban in 1080 he was able to defeat the counter-pope. In Easter 1084 he was crowned emperor in Rome by the counter-pope Clement III. The Italian move 1090–96 then was a complete failure; in 1093 his son Conrad went over to the papal side. On the 6th of January 1099 Henry V. was crowned king in Aachen instead of him. However this son too by the end of 1104 broke away from his father. Before a battle could result, Henry IV. died (7.8.1106). This fluctuation between purported strong rule and almost complete powerlessness is typical for the early Middle Ages and royalty. Henry IV. tried to react by defending royal ownership with castles and allowing ministerial administering; he also attracted towns as possible allies. The Beginnings of sacral theories of reigning are noticeable. Since Henry IV. however was not able to get along with the princes he was not successful in renewing royal reign.

Rolf Lauer (Köln)

Kunst und Herrscherbild in der Salierzeit

Abb. 1   Kat.Nr. 3 · 19
Schaffhauser Pontifikale, der thronende Herrscher. Die Handschrift enthält den Text des Mainzer Krönungsordo, Federzeichnung, mittel-/südostdeutsch, Mitte 11. Jh.
Schaffhausen, Stadtbibliothek, Ministerialbibliothek, Min. 94, fol. 29ᵛ

Bildende Kunst der Salierzeit

Die bildende Kunst im Reichsgebiet in der Zeit der salischen Herrscher von Konrad II. ab 1024 bis zum Ende der Regierungszeit Heinrichs V. 1125 zeigt ein vielfältigeres und uneinheitlicheres Bild als die ottonische Kunst des 10. und frühen 11. Jahrhunderts. Dies liegt sicher nicht nur an der besseren Denkmälerüberlieferung, sondern auch an der stärkeren Differenzierung der kirchlichen und weltlichen Strukturen. Größere Besiedelungsdichte erforderte mehr Kirchenbauten und damit eine größere Zahl von künstlerischen und liturgischen Ausstattungsstücken. Monumentale hölzerne und steinerne Bildwerke, Wand- und erste Zeugnisse der Glasmalerei schmücken die Kirchenbauten, Altarausstattungen, liturgische Geräte und Bücher entstehen in reicher Fülle, auch in neuer, vielgestaltigerer Form.

    Stilistisch und ikonographisch ergibt sich ebenfalls kein einheitliches, das gesamte 11. und frühe 12. Jahrhundert prägende Bild, so daß mit noch weniger Recht als bei den Ottonen ein an das Herrscherhaus gebundener Epochenbegriff wie »salische Kunst« angewandt werden kann. Bis weit über die Jahrhundertmitte hinaus werden noch ottonische Traditionen weitergeführt. Dies läßt sich etwa in Köln, einem der künstlerischen Zentren des Reiches, besonders gut verfolgen. Die Bildproduktion der »ottonischen Kölner Malerschule« (Bloch-Schnitzler) endet in den 60er und 70er Jahren des 11. Jahrhunderts mit der »strengen Gruppe«, bei der an die Stelle einer malerisch reich abgestuften, antikem Illusionismus, karolingischer und frühottonischer Kunst verpflichteten Bildsprache, eine flächige, von harten Linien bestimmte Darstellungsweise getreten ist.

Ein ähnlicher Stilwandel findet sich bei der Monumentalskulptur (Wesenberg). Am Anfang steht das Gerokreuz im Kölner Dom (vor 976). Karolingische, byzantinische und antike Anregungen sind bei diesem Gründungswerk der ottonischen Skulptur zu erstaunlich naturnaher Vergegenwärtigung des Leidens verschmolzen. Ein Jahrhundert später ist der Kruzifix aus der Kölner Kirche St. Georg entstanden (Köln, Schnütgenmuseum). Stilisierung der Körperlichkeit und Linearität verbinden das Werk mit der »strengen Gruppe« der Kölner Malerschule.

Trotz der größeren Vielfalt und des geschilderten Stilwandels läßt sich die bildende Kunst in der Regierungszeit der salischen Herrscher bis um 1070 als Weiterführung der ottonischen Tradition deuten, auch wenn seit der Jahrhundertmitte stärkere Stilisierung, Verhärtung des Lineaments und Reduktion der Farbigkeit anzeigen, daß die prägende Kraft der ottonischen »Hofkunst« erlahmt und die Entwicklung zu einem Ende gekommen ist. In den folgenden Jahrzehnten bis um 1100 entstehen keine großen, repräsentativen Bilderhandschriften mehr, ebenso fehlen weitgehend bedeutende Werke der Elfenbeinschnitzerei oder der Goldschmiedekunst, also die charakteristischen Schöpfungen der ottonischen und salischen Schatzkunst. Erst nach 1100 setzt eine neue Entwicklung ein, die mit dem Stilbegriff »romanische« Kunst bezeichnet wird und die nach der Mitte des 12. Jahrhunderts in der Regierungszeit der Stauferkaiser Friedrich Barbarossa und Friedrich II. ihre größte Blüte erlebt.

Die Gründe für das unterschiedliche Erscheinungsbild der Kunst in der Zeit der Salier liegen auch im Wandel der politischen Situation. Bei Konrad II. und Heinrich III. war das Verhältnis von staatlicher und kirchlicher Macht, das ottonische Reichskirchensystem, noch einigermaßen intakt. Es war die Grundlage der »Kaiserkunst« (Suckale), die weitgehend vom Hof und den ihm verbundenen kirchlichen Institutionen, Bischöfen und Klöstern, bestimmt wurde. Die Auftraggeber entstammten diesem Kreis und die bedeutendsten Werke spiegelten in den Inhalten, dem prunkvollen Erscheinungsbild und dem an der Antike, sowie der karolingischen und byzantinischen Hofkunst geschulten Stil, deren inhaltlichen und ästhetischen Anspruch wider.

Mit dem Auseinanderbrechen des Zusammenspiels von Herrschern und Kirche im Investiturstreit unter Heinrich IV. war einer bildenden Kunst, die eine geordnete, durch die christliche Heilsgeschichte bestimmte Welt mit dem von Gott sanktionierten Herrscher an der Spitze abbildete, die organisatorische, ideologische und stilistische Grundlage entzogen.

Die den Herrschern verbundenen Reichsklöster verloren ihre frühere Bedeutung und es bildeten sich neue geistige Zentren in den Klöstern, die zu Trägern der gegen die weltlichen Herrscher gerichteten kirchlichen Reformbestrebungen wurden. Die veränderte Aufgabe, die der bildenden Kunst im Rahmen dieser Reformbestrebungen zugemessen wurde, ist am deutlichsten am Wandel der Buchillustration abzulesen. Statt farbiger Bilder in Prunkhandschriften finden sich nun überwiegend schlichte Federzeichnungen, die nicht affirmativ das Zusammenspiel von göttlicher und weltlicher Ordnung verherrlichen, sondern argumentativ den Text in den vermehrt am Ende des 11. Jahrhunderts auftretenden Streitschriften unterstützen.

Ein Herrscherbildzyklus zum Mainzer Krönungsordo

Der geschilderte Zusammenhang zwischen politischer und gesellschaftlicher Struktur und der bildenden Kunst im 11. Jahrhundert hat auch in den Herrscherdarstellungen, der bildlichen Vergegenwärtigung der Herrschertheologie, einen deutlichen Niederschlag gefunden.

Darstellungen der Herrscher, seien es Repräsentations- oder Historienbilder, gehören zu den bedeutendsten Schöpfungen der karolingischen und ottonischen Kunst. Vor allem bei den Bildern Ottos III. und Heinrichs II. in Trierer, Reichenauer und Regensburger Handschriften, aber auch bei Elfenbeinschnitzereien und Goldschmiedearbeiten, erscheinen die künstlerischen und inhaltlichen Bestrebungen der Zeit wie in einem Brennspiegel zusammengefaßt. Die auch in salischer Zeit wichtigen Bildtypen waren um 1000 voll ausgebildet: Das Dedikationsbild, das den Herrscher entweder bei der Übergabe des Widmungsgegenstandes an Christus oder andere heilige Personen, oder ihn selbst als Empfänger des Geschenkes zeigt, das Devotionsbild mit dem Kaiser oder König in Verehrung vor Christus, Maria oder einem Heiligen, und das Thronbild, bei dem der Herrscher frontal auf einem Thron sitzend wiedergegeben wird, oft begleitet von Repräsentanten oder Personifikationen der von ihm Beherrschten. Neben diesen repräsentativen, überzeitlichen Herrscherdarstellungen sind regelrechte Historienbilder, die einen realen Vorgang wie etwa die Krönung zeigen, seltener.

Eines der wenigen Beispiele aus salischer Zeit ist Teil eines künstlerisch eher anspruchslosen, ikonographisch jedoch außerordentlich wichtigen Herrscherbildzyklus in einer Pontifikalehandschrift der Schaffhausener Ministerialbibliothek aus der Mitte des 11. Jahrhunderts. Die drei Federzeichnungen der Handschrift, die den Text des Mainzer Krönungsordo enthält, nach dem die deutschen Könige gekrönt wurden, repräsentieren fast alle wichtigen Herrscherbildtypen, die wir schon aus ottonischer Zeit kennen: Dargestellt ist der thronende Herrscher (Abb. 1), die Übergabe des Buches an den Herrscher durch einen Geistlichen, also ein Dedikationsbild, und ein Krönungsbild, bei dem der Herrscher in der Mitte steht, während zwei ihn flankierende Erzbischöfe mit ausgestrecktem Arm die Krönung

Kunst und Herrscherbild in der Salierzeit

Abb. 2
Perikopenbuch Heinrichs III., Einzug Heinrichs III. Der Kaiser trägt Krone, Szepter und Reichsapfel. Er wird von zwei Geistlichen und mehreren weltlichen Männern und Frauen begleitet. Echternach 1039 – 1043. Bremen, Universitäts- und Staatsbibliothek, Codex B 21, fol. 3ᵛ

Kat.Nr. 3 · 25

Abb. 3
Reichskrone, Ansicht des Bügels mit dem Kreuz, Gold, Filigran, Email, Edelsteine und Perlen, westdeutsch, um 962, Bügel gestiftet von Konrad II. (reg. 1024 – 1039), Kronenkreuz, Anf. 11. Jh. (Datierung umstritten), rote Samthaube 18. Jh. Wien, KHM, Weltliche Schatzkammer, XIII 1

vgl. *Kat.Nr. 1 · 1*

vollziehen. Die drei Bilder sind zwar in salischer Zeit, wohl in der Regierungszeit Heinrichs III. entstanden, zeigen jedoch keinen benennbaren Kaiser oder König, sondern sind Idealdarstellungen, die den Herrscher in einen Funktionszusammenhang einordnen. Ihr Auftauchen im Text des um 960 im Mainzer Kloster St. Alban entstandenen Krönungsordo legt die Vermutung nahe, daß in der Schaffhausener Handschrift zumindest teilweise eine ottonische Illustrationsfolge zum Krönungsordo überliefert ist (Lauer), auch wenn dem in jüngster Zeit widersprochen wurde (Ott). Die enge ikonographische Verwandtschaft der Schaffhausener Bilder mit den frühottonischen Illustrationen des ebenfalls in Mainz um 983 entstandenen Königsgebetbuches für Otto III. (ehem. Pommersfelden, heute Staatsbibliothek München) zeigt, daß dieser nur in späteren Widerspiegelungen und Kopien überlieferte Bildzyklus zum Krönungsordo eine wichtige Bildquelle für die bedeutende Reihe der ottonischen und salischen Herrscherbilder in den berühmten Reichenauer und Echternacher Prunkhandschriften war.

Auffällig ist, daß bei allen drei Herrscherbildern jeder Hinweis auf die göttliche Herkunft der Herrschaft, sei es durch die Darstellung von Christus selbst wie etwa beim Krönungsbild im Sakramentar Heinrichs II. in München oder der »Manus Dei« wie beim Thronbild im Aachener Evangeliar Ottos III., fehlt. Vor allem im Vergleich des Schaffhausener Krönungsbildes mit dem Krönungsbild im Sakramentarfragment Karls des Kahlen (869) in der Pariser Nationalbibliothek

Kunst und Herrscherbild in der Salierzeit

wird dies deutlich. Im karolingischen Krönungsbild, vielleicht eine »historische« Darstellung der Krönung Chlodwigs durch Remigius von Reims und Arnulf von Metz als Präfiguration der 869 erfolgten Krönung Karls des Kahlen, bei der das Pariser Sakramentar verwendet wurde, flankieren die Bischöfe, ohne selbst tätig zu werden, den stehenden König, die Krone wird ihm von der Hand Gottes aufgesetzt. Beim salischen Krönungsbild des Schaffhausener Pontifikale vollziehen zwei Erzbischöfe die Krönung, wie dies ja in Wirklichkeit auch durch den Mainzer Erzbischof als Coronator und den Kölner als Assistenten der Fall war. Florentine Mütherich erklärt diesen Wandel des Krönungsbildes durch die beginnenden Auseinandersetzungen zwischen Kaisertum und Papsttum. Die Schaffhausener Darstellung wäre dann ein Propagandabild der Papstpartei, die den Herrscher dem Vorrang der Kirche unterworfen sieht und nicht als nur Gott verantwortlich und deshalb symbolisch von ihm gekrönt. Auch das Fehlen von Personifikationen und von Hinweisen auf die göttliche Herkunft der Herrschaft beim Thronbild, das nur den thronenden Herrscher in einer Arkade zeigt, könnte in diese Richtung deuten.

Vielleicht gibt es aber noch eine weitere Erklärung für das Fehlen jeden symbolischen und göttlichen Bezuges bei den Schaffhausener Bildern. Falls die Vorlage wirklich eine Illustrationsfolge des Krönungsordo war, so hätten sich die Bilder auf die Wiedergabe des realen Vorgangs beschränkt und erst mit der Übernahme der Bildtypen in andere, repräsentativere Zusammenhänge in den Prunkhandschriften wären sie durch Zufügung göttlicher Personen, von Symbolen und Personifikationen der Herrschaft in eine Selbstdarstellung des Herrschers und eine Vergegenwärtigung der Herrschertheologie transponiert worden. Dafür spricht auch das unerklärliche Auftauchen eines Herrscherdedikationsbildes in der Schaffhausener Handschrift, die ja keinen konkreten Herrscher darstellt und allem Anschein nach keine herrscherliche Stiftung ist. In der als Vorlage vermuteten repräsentativen ottonischen Handschrift des Mainzer Ordo, die bei der Krönung verwendet wurde, war ein solches Dedikationsbild sicher enthalten und wurde deshalb, ohne tieferen Sinn, im Schaffhausener Codex übernommen.

Trotz einiger, vielleicht auch politisch begründeter Veränderungen stehen die Herrscherbilder des Schaffhausener Pontifikale noch in ottonischer Tradition, wie dies ja auch für die bildende Kunst der Salierzeit bis über die Mitte des 11. Jahrhunderts hinaus nachweisbar ist.

Abb. 4
Reichsschwert, Scheide, Herrscherdarstellungen mit 14 stehenden Herrscherfiguren, ausgestattet mit Krone Szepter und Reichsapfel, byzantinische oder byzantinisierende Emails, Olivenholz mit Goldblech, Emailplatten, Granaten, konturierende Perlenreihen verloren, deutsch, 2. Drittel 11. Jh., Schwert, deutsch, zw. 1198–1218, Klinge aus Stahl, Knauf und Parierstange schwach vergoldet, Griff mit Silberdraht umwickelt. Wien, KHM, Weltliche Schatzkammer, XIII 17, Kopie von Paul Beumers, Düsseldorf 1915, Aachen, Krönungssaal des Rathauses. Aachen, SLM, RCK 6

Kat.Nr. 3 · 28

Herrscherbilder der Salierzeit von Konrad II. bis Heinrich III.

Dies trifft teilweise auch für die künstlerisch bedeutendsten und inhaltlich anspruchsvollsten Herrscherdarstellungen dieser Zeit in drei Echternacher Prunkhandschriften zu.

Die beiden ganzseitigen Herrscherbilder im Evangeliar, das von Heinrich III. zwischen 1043 und 1046 für den Dom zu Speyer gestiftet wurde (Escorial), sind keine Krönungsbilder, sondern repräsentative Darstellungen, bei denen verschiedene ältere Bildtypen kombiniert werden. Eine Darstellung zeigt eine »Majestas Domini«, bei der die verstorbenen Eltern des Stifters und Begründer des Speyerer Domes, Konrad II. und seine Frau Gisela, in Proskynese zu Füßen Christi knien. Der angedeutete Fußkuß und die Devotionshaltung verweisen auf byzantinischen Einfluß. Tatsächlich geht das Motiv der Herrscherproskynese vor Christus auf ein Mosaik im Narthex der Hagia Sophia in Konstantinopel zurück (10. Jahrhundert), der Krönungskirche der byzantinischen Kaiser. Schon bei der berühmten Elfenbeintafel (Mailand, Castello Sforzesco) mit dem Kaiserpaar Otto II. und seiner Gemahlin, der byzantinischen Prinzessin Theophanu, die vor dem thronenden Christus knien, ist das Motiv aufgegriffen worden, ebenso beim Devotionsbild im Pommersfeldener Gebetbuch Ottos III. und der Baseler Altartafel Heinrich II. (Paris, Musée de Cluny). Der Bedeutungsgehalt ist klar: wie bei den zeitgenössischen Herrscherdevotionsformeln, etwa der Bezeichnung als *servus servorum dei*, wird hier auf die direkt von Gott verliehene Herrschaft verwiesen, also das Gottesgnadentum des irdischen Herrschers. Über die ottonischen und byzantinischen Vorbilder hinaus ist die Herrscherdevotion jedoch durch die Einbindung in die »Majestas Domini« in eine kosmologische Dimension gesteigert und damit das Amt des Herrschers sakralisiert.

Auch im Dedikationsbild des Speyerer Evangeliars wird der traditionelle Bildtypus abgewandelt. Empfänger des Buches ist nicht der Herrscher, sondern Heinrich III. überreicht seine Stiftung an die thronende Muttergottes, die Patronin des Domes zu Speyer. Der auf der rechten Seite stehenden Gemahlin Heinrichs, Agnes, hält Maria, fast wie bei einem Krönungsbild, die Hand schützend über das Haupt. Das Herrscherpaar steht, in bedeutungsvoller Rangabstufung zur demütigen Proskynese der Eltern Heinrichs vor Christus, nur leicht gebeugt vor Maria.

Die beiden Herrscherbilder Heinrichs III. und seiner Gemahlin Agnes im Echternacher Evangeliar für ihre Stiftung, den Dom zu Goslar (um 1051, Uppsala, Universitätsbibliothek Cod. 7), erweitern das Bild nicht wesentlich. Beim Devotionsbild stehen Heinrich III. und seine Gemahlin Agnes zu Seiten des thronenden Christus der »Majestas Domini«, der ihnen segnend die Hände auf das Haupt legt. Vorbildlich war wohl wieder ein ottonisches Werk, die 982/83 entstandene Elfenbeintafel mit dem stehenden Christus, der Otto II. und Theophanu ebenfalls segnend die Hände auf das Haupt legt. Auch hier bedeutet der Wechsel vom byzantinisch geprägten stehenden Christus des Elfenbeins zur »Majestas Domini« wieder eine Bedeutungssteigerung wie beim Majestasherrscherbild des Speyerer Codex. Das zweite Herrscherbild des Evangeliars aus Goslar, ein Dedikationsbild, bietet gegenüber dem Dedikationsbild des Speyerer Evangeliars keine neuen Aspekte, nur daß Heinrich das von ihm gestiftete Buch nicht Maria, sondern den Patronen des Goslarer Domes, Simon und Juda, überreicht.

Zwei der drei Herrscherbilder in der dritten Echternacher Handschrift, dem Evangeliar in der Bremer Universitätsbibliothek (zwischen 1039 und 1043), zeigen einen neuen, bisher nicht bekannten Bildtypus. Das Dedikationsbild mit dem thronenden Herrscher, dem ein Schriftstück von einem Geistlichen überreicht wird, steht in der Tradition dieser Bildformel. Ungewöhnlich und ohne Vorbild bei ottonischen Herrscherdarstellungen sind jedoch die Bilder Heinrichs III. mit zwei Geistlichen und mehreren weltlichen Begleitern (Abb. 2) und seiner Mutter, der Kaiserin Gisela, die von zwei Geistlichen und weltlichen Männern und Frauen begleitet wird. Offensichtlich handelt es sich um die Wiedergabe des feierlichen Einzuges des Herrschers in eine Kirche, des »adventus«. In verknappter Form, nur auf zwei den Herrscher an den Armen stützende Bischöfe und den Herrscher selbst mit Krone, Szepter und Reichsapfel beschränkt, findet sich das Thema schon im Evangeliar Heinrichs II. (Seeon, zwischen 1012 und 1014, Bamberg, Staatsbibliothek). Die Einfügung eines Schwertträgers, des *spataferius*, und weiterer Begleiter geht auf die zahlreichen Trabantenbilder aus karolingischer und ottonischer Zeit zurück, die den Herrscher thronend, umgeben von Repräsentanten der Hofämter, zeigen. Neu ist nicht nur die Kombination von Elementen aus verschiedenen Bildtypen, die den Herrscher als obersten Repräsentanten weltlicher Macht aber auch als Protektor der Kirche zeigen, neu ist vor allem der erzählende, fast reportagehafte Charakter, der im motorischen Duktus des Bildaufbaues zutage tritt. Trotz der Bedeutung des Herrschereinzuges im Hofzeremoniell, deutet sich hier vielleicht doch schon eine Abkehr vom durch Symbole und Personifikationen bestimmten Repräsentationsbild der ottonischen Herrschertheologie hin zum mehr erzählenden »Historienbild« an.

Herrscherbilder der Salierzeit von Heinrich IV. bis Heinrich V.

Parallel zum Verlust der kaiserlichen Macht, dem Erstarken des Papsttums und der kirchlichen Reformbestrebungen vor allem in den Klöstern, parallel auch zur Ablösung der repräsentativen, durch Prachtentfaltung gekennzeichneten Hofkunst durch eine mehr inhaltsbetonte, argumentative Erzählweise, verliert das Herrscherbild die Fähigkeit, die im Kaiser oder König kulminierende Weltordnung darzustellen. So verwundert es nicht, daß es von Heinrich IV., der als Gegenspieler von Papst Gregor VII. den Investiturstreit ausgelöst hat, und von seinem Nachfolger Heinrich V., dem letzten salischen Herrscher, kaum mehr repräsentative Herrscherbilder gibt.

Besonders aufschlußreich ist das Dedikationsbild in dem späten Reichenauer Evangelistar in Berlin (Kupferstichkabinett). Ein unter einer dreigeteilten Arkade thronender Herrscher nimmt von einem Geistlichen das Buch entgegen, in der rechten Arkade steht ein Schwertträger. Zwar greift die Darstellung auf die repräsentativen Reichenauer Herrscherbilder Ottos III. und Heinrichs II. zurück, doch werden nur Einzelelemente aus verschiedenen Bildtypen kombiniert, deren ursprünglicher Sinnzusammenhang jedoch ist verlorengegangen. So ergibt der Schwertträger, der ja im Trabantenbild die weltliche Gewalt des Herrschers legitimiert, in einem Dedikationsbild keinen Sinn. Auch fehlt jeder Hinweis auf die göttliche Herkunft der Herrschaft.

Die Datierung der Handschrift und damit auch die Identifizierung des Herrschers ist nicht gesichert. Vergleicht man das inhaltlich gegenüber den früheren Reichenauer Schöpfungen eher dürftige Berliner Bild mit den prunkvollen und komplexen Echternacher Herrscherbildern Heinrichs III., so erscheint die Identifizierung mit Heinrich IV. überzeugender als die früher angenommene Verbindung der Handschrift mit Heinrich III. (Schramm).

Noch deutlicher tritt der Wandel des Herrscherbildes unter Heinrich IV. in den wenigen bis zum Ende der Regierungszeit Heinrichs V. entstandenen Beispielen zutage. Bei den zwei Herrscherbildern im Krakauer Evangeliar (Regensburg, um 1100 oder zwischen 1106 und 1111) fehlen sowohl symbolische Bezüge als auch der Hinweis auf die göttliche Herkunft der Herrschaft. Das Thronbild greift zwar immer noch auf frühere Repräsentationsbilder zurück, beschränkt sich jedoch auf die Wiedergabe des Herrschers (Heinrich IV. oder Heinrich V.) mit den Insignien (Krone, Szepter, Reichsapfel). Von dem Hoheitsmotiv der Arkadenarchitektur der Vorbilder sind nur zwei Velen geblieben, die in kurioser Weise um die Rahmenbordüre geschlungen sind.

Auch im zweiten Bild scheint noch in der Komposition – zwei übereinanderstehende Reihen von Standfiguren unter Dreierarkaden – der Repräsentationscharakter der Herrscherdarstellungen der 1. Hälfte des 11. Jahrhunderts auf, doch zeigt die Figurenreihe – Kaiser Heinrich IV. zwischen seinen Söhnen Heinrich und Konrad als Königen – daß hier die Rechtmäßigkeit der Herrschaft nicht durch die Einbindung in einen kosmologischen Zusammenhang, sondern durch die dynastische Erbfolge, also durch Geschichte begründet wird.

Diese »historische« Fundierung der Herrschaft war auch schon Thema der wohl unter Heinrich III. angefertigten Herrscherdarstellungen auf der Scheide des Reichsschwertes in Wien (Abb. 4). Ob es sich bei den insgesamt 14 stehenden Herrscherfiguren mit den Insignien Krone, Szepter und Reichsapfel um reale Herrscher von Karl dem Großen bis zu Heinrich III. handelt oder um eine ideale Herrschergenealogie, die die »Amtsheiligkeit« verdeutlichen soll, ist nicht zu klären, da namensgebende Beischriften fehlen. Die Inschrift »Cristus vincit, Cristus regnat, Cristus inperat« stellt Herrschaft aber auch in einen sakralen Begründungszusammenhang, der in der Funktion des Schwertes zum Ausdruck kommt. Es ist nicht Gerät, das zur Kleidung des Herrschers gehört, sondern Insignie, die ihm bei der Krönung vorangetragen wurde.

Diese Sinngebung scheint bei den letzten salischen Herrscherbildern ganz zu fehlen. So zeigt das Dynastenbild im Berliner Exemplar (Staatsbibliothek) der Weltchronik des Ekkehard von Aura den thronenden Konrad II. als den Begründer des salischen Hauses, der den Stammbaum seiner Nachfolger in Form von Medaillonporträts in Händen hält. Der Darstellung, die nur als Federzeichnung ausgeführt ist, fehlt jeder repräsentative, die Herrschaft überhöhende Charakter. Ebenso fehlt der Hinweis auf deren göttliche Herkunft. Das Herrscherbild ist hier nicht mehr Vergegenwärtigung einer übergeordneten Herrschertheologie als Teil der Heilsgeschichte, sondern bloße Illustration von Geschichte.

Auch die Krönungsbilder der Weltchronik geben den Vorgang äußerst lapidar wieder. War bei ottonischen und frühsalischen Krönungsbildern die Handlung durch Personifikationen, Vertreter der weltlichen und geistlichen Stände und durch das Eingreifen der göttlichen Macht ins Überzeitliche transponiert, so wird die Königskrönung Heinrichs V. nur als Übergabe der Insignien Krone, Szepter und Reichsapfel durch Heinrich IV. an seinen Sohn vergegenwärtigt. Selbst die Kaiserkrönung Heinrichs V. durch Papst Paschalis II. in einem weiteren Exemplar der Weltchronik in Cambridge ist auf die Wiedergabe der beiden Hauptpersonen und die Übergabe der Insignien, also eine Illustration der historischen Tatsache beschränkt.

Nichts kennzeichnet den Verlust der Herrschaftsautorität unter den späten Saliern und das damit einhergehen Absinken des Herrscherbildes in die rein illustrative Bedeutungslosigkeit besser als die berühmte Darstellung des Bußganges Heinrichs IV. nach Canossa im Jahre 1077 in der »Vita Mathildis« der Vatikanischen Bibliothek (1114–1115). Der Kaiser kniet vor seinem Gegenspieler im Investiturstreit, Papst Gregor VII., und bittet, im Beisein und mit Unterstützung der Markgräfin Mathilde, um Lösung vom Kirchenbann. Auch wenn die Illustration ein Bilddokument der papsttreuen, kaiserfeindlichen Partei ist, bezeugt sie den Bedeutungswandel des Herrscherbildes vom Beginn der salischen Herrschaft bis zu ihrem Ende. Das Bild ist nicht mehr Teil der Herrschertheologie und bekräftigt den umfassenden Anspruch des Herrschers, sondern dient als Mittel der Propaganda, ist Waffe in der politischen Auseinandersetzung.

Bloch, Peter/Schnitzler, Hermann: Die ottonische Kölner Malerschule, Düsseldorf 1967.
Lauer, Rolf: Schaffhauser Pontifikale, in: Bernward von Hildesheim und das Zeitalter der Ottonen, Katalog der Ausstellung Hildesheim 1993, Bd. 2, S. 176–178, Nr. IV-28.
Mütherich, Florentine: Das Evangeliar Heinrichs des Löwen und die Tradition des mittelalterlichen Herrscherbildes, in: Das Evangeliar Heinrichs des Löwen und das mittelalterliche Herrscherbild, München 1986, S. 25–34.
Ott, Joachim: Krone und Krönung. Die Verheißung und Verleihung von Kronen in der Kunst von der Spätantike bis um 1200 und die geistige Auslegung der Krone, Mainz 1998.

Pamme-Vogelsang, Gudrun: Die Ehen mittelalterlicher Herrscher im Bild. Untersuchungen zu zeitgenössischen Herrscherpaardarstellungen des 9. bis 12. Jahrhunderts, München 1998.

Das Reich der Salier 1024–1125, Katalog der Ausstellung Speyer 1992, Sigmaringen 1992.

Schramm, Percy Ernst: Die deutschen Kaiser und Könige in Bildern ihrer Zeit 751–1190, München 1983.

Ders./Mütherich, Florentine: Denkmale der deutschen Könige und Kaiser, München 1962.

Suckale, Robert: Kunst in Deutschland von Karl dem Großen bis heute, Köln 1998.

Wesenberg, Rudolf: Frühe mittelalterliche Bildwerke, Düsseldorf 1972.

Kurzfassung

In der Entwicklung der bildenden Kunst der Salierzeit läßt sich eine deutliche Cäsur in den 70er Jahren des 11. Jahrhunderts feststellen. Die erste Phase in der Regierungszeit von Konrad II. und Heinrich III. steht noch ganz in der Tradition der repräsentativen ottonischen Kaiserkunst. Mit dem Beginn des Investiturstreites um 1070 unter Heinrich IV. tritt an ihre Stelle eine von den kirchlichen Reformbestrebungen geprägte, mehr der inhaltlichen Aussage als dem prachtvollen Erscheinungsbild verpflichtete Kunst.

Dieser Bedeutungs- und Stilwandel läßt sich auch bei Krönungs- und Herrscherdarstellungen des 11. und frühen 12. Jahrhunderts feststellen. Die Bilder der in kaiserlichem Auftrag entstandenen Echternacher Prunkhandschriften der Jahrhundertmitte zeigen den Herrscher, wie in karolingischer und ottonischer Zeit, als von Gott eingesetzten Garanten der irdischen Ordnung. Mit dem Auseinanderbrechen des Reichskirchensystems und den Streitigkeiten zwischen weltlicher und geistlicher Macht unter Heinrich IV. wird dem die bestehende Ordnung verherrlichenden Herrscherbild der Boden entzogen. Die Auftraggeber der Herrscherdarstellungen – häufig die päpstlich orientierten Reformklöster – ergreifen Partei, das Bild wird Argument in der politischen Auseianandersetzung.

Résumé

Sous les Saliens, l'évolution des arts plastiques accuse une nette césure entre 1070 et 1080. Si la première phase des règnes de Conrad II et d'Henri III s'inscrit de façon univoque dans la tradition de l'art impérial caractéristique des Ottoniens, elle fait place, vers 1070, sous l'empereur Henri IV, dès le début de la querelle des investitures, à un art marqué au sceau des courants ecclésiastiques empreints d'esprit réformiste. Désormais, la splendeur, la portée esthétique de l'Œuvre d'art cèdent le pas à la nouvelle vocation de l'art, vecteur de message.

Au XIème siècle et au début du siècle suivant, l'iconographie des couronnements et des souverains subit elle aussi le contrecoup de cette évolution – qui porte à la fois sur la signification et sur le style des Œuvres d'art. Vers le milieu du siècle, les enluminures des prestigieux manuscrits d'Echternach, commandés par l'empereur, nous montrent un souverain qui, comme aux époques carolingienne et ottonienne, est le garant de l'ordre et de l'harmonie terrestres. Sous Henri IV, empereur d'Allemagne, le déclin du système ecclésiastique impérial, auquel vinrent s'ajouter des luttes acharnées entre les pouvoir temporel et spirituel, empêcha de continuer à sublimer l'image d'un souverain gardien de l'ordre établi. A cette époque, les commandes d'œuvres d'art représentant les souverains émanaient souvent de cloîtres favorables au pape, fermement décidés à introduire coûte que coûte les réformes qui s'imposaient au sein de la vie monastique : l'occasion pour les donateurs de prendre parti. Dorénavant, l'œuvre d'art – peinture ou statue – servira d'argument dans les discussions politiques.

Samenvatting

In de ontwikkeling van de beeldende kunst in de tijd van de Saliers treedt een duidelijke breuk in de jaren 70 van de 11e eeuw op. De eerste fase, in de regeringstijd van Koenraad II en Hendrik III, staat nog geheel in de traditie van de representatieve Ottoonse keizerkunst. Met het begin van de investituurstrijd rond 1070, onder de regering van Hendrik IV, komt hiervoor in de plaats een door kerkelijk reformeringsstreven bepaalde, meer aan de inhoudelijke boodschap dan aan het prachtige uiterlijk gewijde kunst.

Deze verandering qua betekenis en stijl blijkt ook uit de vormgeving bij afbeeldingen van de kroning en de heerser. De prenten in de – in keizerlijke opdracht vervaardigde -pronkhandschriften uit Echternach van het midden van de eeuw, tonen de heerser, net als in de Karolingische en Ottoonse tijd, als door God geïnstalleerde bewaker van de wereldlijke orde. Toen het rijkskerksysteem uiteenviel en de competentiestrijd tussen de wereldlijke en de geestelijke macht onder Hendrik IV losbarstte, kwam de heerserafbeelding waarin de bestaande orde verheerlijkt wordt, op losse schroeven te staan. De opdrachtgevers van voorstellingen van de heerser – nu vaak de pausgezinde hervormingskloosters – kiezen partij, de afbeelding wordt argument in een politiek dispuut.

Shrnutí

Ve vývoji výtvarného umění období sálské dynastie lze pozorovat zřetelný přelom v 70. letech 11. století. První fáze z doby vlády Konráda II. a Jindřicha III. je ještě zcela pod vlivem tradice reprezentativního umění otonského císařství. S počátkem sporu o investituru kolem roku 1070, za vlády Jindřicha IV., je vystřídalo umění ovlivně né reformačními snahami, které usilovalo spíše o obsahovou výpověď než o nádherný vnější vzhled.

Tato významová a stylová proměna je patrná také na korunovačních obrazech a zobrazeních panovníků v 11. a raném 12. století. Obrazy skvostných rukopisů z Echternachu, které vznikly na objednávku císaře, ukazují vládce podobně jako v době karlovské a otonské dynastie jako Bohem pověřeného ochránce pozemského pořádku. V důsledku rozkolu systému říšských církevních institucí a sporů mezi světskou a duchovní mocí za vlády Jindřicha IV. ztrácí obraz panovníka oslavující daný pořádek své opodstatnění. Ti, kdo objednávají obrazy panovníků – často reformační kláštery orientované na papeže – se přidávají na určitou stranu a obraz se stává nástrojem politických sporů.

Summary

Within the development of art during the period of the Salians there appears to be a marked caesurae in the 70s of the 11th century. The first phase during Conrad II's and

Henry III.'s rule is still entirely along the lines of representative Ottonic imperial art. However this was replaced at the beginning of the investiture fights around 1070 under Henry IV, by a style of art that was influenced by the church reforms and was more concerned with the content and its message than with appearances of splendour.

This change in significance and style can also be seen by the way coronations and rulers were represented in the 11th and early 12th centuries. The images within the Echternach Scripts which were commissioned by the emperor in the middle of the century, show the ruler, as in Carolinian and Ottonic times, as a God-given guarantor of earthly order. However, once the imperial church system collapsed and conflicts arose between secular and worldly powers under Henry IV., the existing order and its representations of a glorified ruler also disintegrated. The commissioners of representations of rulers – frequently the papal oriented reform cloisters – now took sides, and the representations became a cause for political conflicts.

Katalog

3 · 1   vgl. *Abb. S. 297*
Heilige Lanze

Karolingisch, 8. oder 9. Jh.
Stahl, Eisen, Messing, Silber, Gold, Leder, L 50
Original: Wien, Kunsthistorisches Museum
Kopie: Paul Beumers, 1915, Aachen, Stadt Aachen, Inv.Nr. RCK 2

Als Herrschaftszeichen und Reliquie zugleich war die Hl. Lanze, nicht zuletzt wegen ihrer Verweiskraft auf die militärische Stärke des Besitzers, jahrhundertelang die wichtigste Reichsinsignie überhaupt.

Ursprünglich galt sie als Lanze des Legionärs Mauritius, der im Jahre 284/85 zusammen mit 6000 christlichen Legionären unter Kaiser Maximilianus wegen Befehlsverweigerung den Märtyrertod erlitt. Die überaus aufwendig gearbeitete Lanze stammt jedoch erst aus karolingischer Zeit. Sie gelangte 921 oder 926 in den Besitz König Heinrichs I. (919–936), der sie gegen Ländereien vom Burgunderherzog Rudolf II. eintauschte. Ihre erste ausführliche Beschreibung findet sich 961 bei Liudprand von Cremona. Dieser bestätigt, daß die Lanze damals schon zum Reliquienträger umgearbeitet worden war: Man stemmte aus dem Lanzenblatt den Mittelgrat heraus und fügte an dieser Stelle einen geschmiedeten Eisenstift oder Dorn ein, der als Partikel eines Kreuznagels vom Kreuz Christi verehrt wurde. 1354 führte die Kirche das Fest der Heiligen Lanze und der Kreuznägel ein.

Schon der Sohn Heinrichs I., der spätere Kaiser Otto I., nutzte den Besitz der Heiligen Lanze bei seinem Sieg gegen die Ungarn 955 auf dem Lechfeld bei Augsburg. Angeblich war es der Glanz der Lanze, der den Gegner blendete und so den Sieg herbeiführte. Der Triumph festigte sein Königtum. Noch auf dem Schlachtfeld pries das Heer den Feldherrn als »Imperator«. Otto III. ließ sich die Lanze bei seiner Kaiserkrönung in Rom 996 vorantragen. Seit Konrad II. wurde sie in Friedenszeiten im Querarm des Reichskreuzes (Kat.Nr. 3 · 27) aufbewahrt. In der Folgezeit verlor die Lanze an Bedeutung; erst unter Karl IV. kam sie erneut zu Ansehen, fortan jedoch eher als religiöses Symbol denn als Herrschaftszeichen.

WC

3 · 1a
Ottonische Siegesfahne

Norditalien, um 960 (?)
Seide mit farbiger Seidenstickerei, beschädigt, ca. 33 x 33
Köln, Domschatzkammer

In der Mitte steht Christus mit dem langen Kreuzstab, über seinem Haupt erscheint die Hand Gottes. Rechts und links der Christusgestalt erkennt man oben zwei Engel, darunter in Medaillons links die Sonne mit der Sonnenkrone und einem Szepter und rechts den Mond. Darunter stehen in Priestergewändern der heilige Hilarius und der heilige Baso. Unter Christus liegt der niedergeworfene Graf Regenard

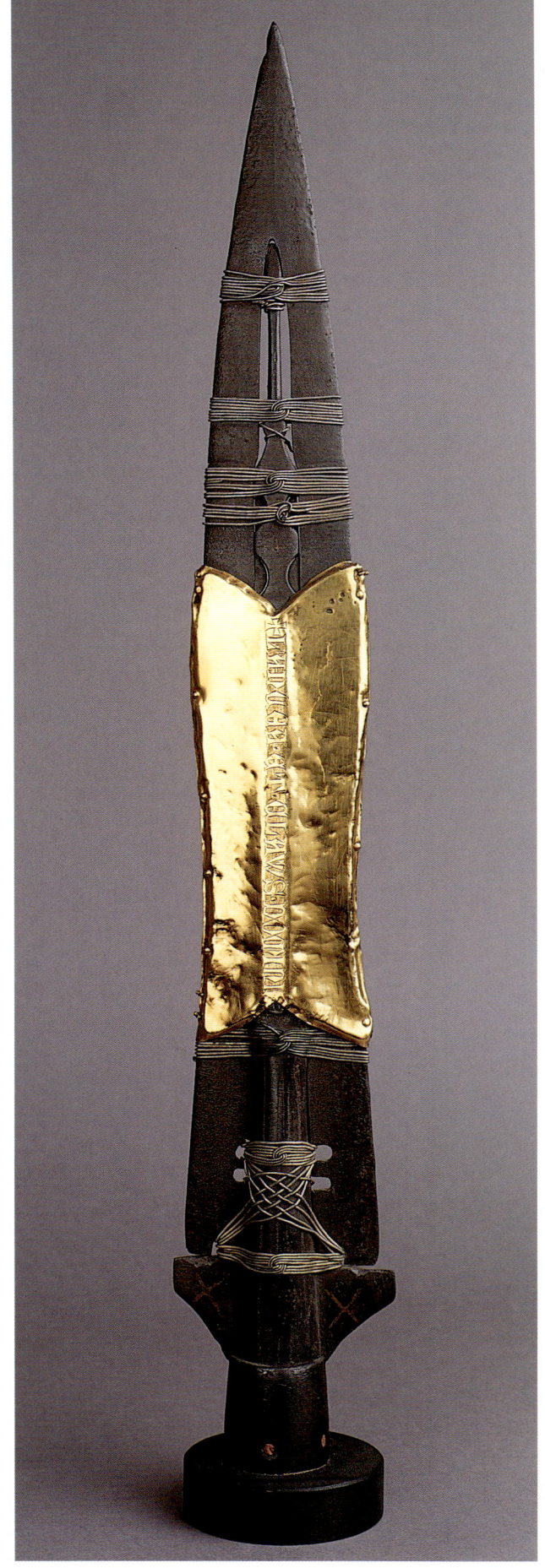

3 · 1

3 · 1a

in betender Haltung. Die Inschrift darunter lautet GERBERGA ME FECIT.

Gerberga war die Schwester des 936 in Aachen gekrönten Otto I. und des Kölner Erzbischofs Bruno. Sie war verheiratet mit dem westfränkischen karolingischen König Ludwig IV. und mit diesem ebenfalls 936 in Laon gekrönt worden, wo auch die heiligen Hilarius und Baso verehrt wurden. Nachdem Ludwig 954 an den Folgen eines Reitunfalles gestorben war, übernahm Gerberga im westfränkischen Reich in enger Abstimmung mit ihren Brüdern faktisch die Regentschaft für ihren minderjährigen Sohn Lothar. 957 besiegten Erzbischof Bruno von Köln und Gerberga den Grafen Reginard und ließen ihn mit Einwilligung Ottos I. nach Böhmen verbannen. Vermutlich ließ Gerberga die Siegesfahne für ihren Bruder Bruno von Köln anfertigen, möglicherweise anläßlich der Kaiserkrönung Ottos I. 962 in Rom. Nach dem Tod Gerbergas und Ottos griffen 976 die Söhne des besiegten Reginard gemeinsam mit dem nun volljährigen westfränkischen König Lothar Niederlothringen an. Das Ziel des Karolingers Lothars war die Rückeroberung des lotharingischen Mittelreiches für das westfränkische Reich. Dabei stützte er sich auf seine Abstammung von Karl dem Großen. 978 eroberte er kurzzeitig Aachen, von wo der Hof Ottos II. im letzten Augenblick geflüchtet war.

In Italien hatte Bruno von Köln die Reliquien des heiligen Gregor von Spoleto erworben und dürfte die Siegesfahne seiner Schwester den Reliquien beigegeben haben. Dies würde erklären, warum sie später in den Kölner Dreikönigenschrein (vgl. Kat.Nr. 4.23) gelangte.

Die Fahne entstand in Pavia oder Mailand. Die Siegesfahne zeigt

3 · 2 Vorderseite

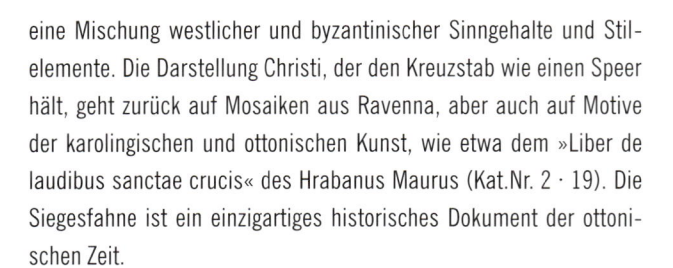

3 · 2 Rückseite

eine Mischung westlicher und byzantinischer Sinngehalte und Stilelemente. Die Darstellung Christi, der den Kreuzstab wie einen Speer hält, geht zurück auf Mosaiken aus Ravenna, aber auch auf Motive der karolingischen und ottonischen Kunst, wie etwa dem »Liber de laudibus sanctae crucis« des Hrabanus Maurus (Kat.Nr. 2 · 19). Die Siegesfahne ist ein einzigartiges historisches Dokument der ottonischen Zeit.

MK

3 · 2
Sog. Brustkreuz Karls des Großen

Lüttich (?), 11./12. Jh. (?)
Silber, graviert und vergoldet, Edelsteine, Perlen, 8,5 x 5,5
Aachen, Domschatzkammer, Inv.Nr. G 34

Nach der Legende ist der im Aachener Domschatz aufbewahrte kapselförmige Kreuzanhänger bzw. das in ihm enthaltene Reliquienkreuzchen jenes goldene Kreuz, das Kaiser Otto III. nach dem Bericht Thietmars von Merseburg bei der Öffnung des Karlsgrabes im Jahre 1000 vom Hals des Toten nahm. Während der Kruzifixus der Vorderseite auf karolingische Vorbilder zurückgehen könnte, verbietet es die (nachträgliche?) spätromanische Rankenwerkgravur der Rückseite, das heutige Erscheinungsbild der Kreuzkapsel vor das 12. Jh. zu da-

tieren. Das schlichte eigentliche Reliquienkreuzchen für einen Splitter des Kreuzesholzes erhielt in der Mitte des 14. Jhs. seine heutige Perlen- und Edelsteinfassung in der Aachener Werkstatt, die auch für die nach der Tradition ebenfalls aus dem Grab Karls des Großen stammende sogenannte Lukasmadonna eine neue Fassung schuf.

GM

3 · 3
Abguß der sog. Lukasmadonna Karls des Großen

Original Byzanz, 11. Jh., Aachen, Mitte des 14. Jhs., Abguß Aachen, vor 1804
Ton, 6,4 x 5,5
Aachen, Domschatzkammer, Inv.Nr. G 33

Das Original der sog. Lukasmadonna befindet sich heute im Cleveland Museum of Art. Nach der Legende, so besagt es auch die Inschrift ihrer jetzigen, in der Mitte des 14. Jhs. in Aachen entstandenen perlenbesetzten Silberfassung, ist der byzantinische Steatitschnitt der Madonna mit Kind in Halbfigur jenes von dem Evangelisten, Arzt und Maler Lukas geschaffene authentische Marienbild, das Kaiser Otto III. im Jahre 1000 dem Grab Karls des Großen entnahm. Die Lukasmadonna wurde am 21. August 1804 zusammen mit dem sog. Talismann Karls des Großen, dessen Reliquieninhalt allerdings stillschweigend ausgetauscht worden war, Kaiserin Joséphine als Geschenk überreicht. Zuvor fertigte man den hier gezeigten Abguß, der seinerseits als Model gedient hat.

GM

3 · 4
Stephansburse

Reims (?), 1. D. 9. Jh.
Goldblech über einem Holzkern, Rückseite vergoldetes Silber, Edelsteine, Perlen, H 32
Original: Wien, Kunsthistorisches Museum, Weltliche Schatzkammer
Kopie: Bernhard Witte (1868–1947), 1914, Aachen, Stadt Aachen, Inv.Nr. RCK 1

Der Holzkern des Originals der Stephansbursa enthält Auslassungen, in denen sich ursprünglich die mit dem Blut des Märtyrers Stephan getränkte Erde befunden haben soll. Die Form der Bursa, der Pilgertasche, ist schon aus vorkarolingischer Zeit bekannt. Das Reliquiar ist auf der Schauseite mit Edelsteinen, Perlen und Goldbuckeln besetzt, die auf den ersten Blick unregelmäßig verteilt wirken. Bei genauerem Hinsehen bilden die äußeren, in gerader Linie liegenden Steine den Rahmen der Fläche, die durch ein ebenfalls von Edelsteinen gebildetes Kreuz unterteilt wird. Dessen Mitte bildet eine antike Gemme, als Zeichen der Verschmelzung von Kaiser- und Christentum. Die Stephansbursa gehört zu den ältesten Bestandteilen der Reichskleinodien und wurde wie das Reichsevangeliar (vgl. Kat.Nr. 7 · 51) und wie später auch der Säbel Karls des Großen (vgl. Kat.Nr. 3 · 6) in Aachen aufbewahrt. Bei der Krönungszeremonie im Oktogon der Marienkirche wurde die Stephansburse mit den übrigen Insignien auf einem Tisch präsentiert. Zusammen mit den o. g. beiden anderen »Aachener« Bestandteilen der Reichskleinodien gelangte sie Ende des 18. Jhs. auf der Flucht vor den anrückenden Franzosen zunächst nach Paderborn und dann nach Wien. Die originalgetreue Kopie aus echten Materialien entstand 1914 im Rahmen der Vorbereitungen zu der für 1915 geplanten Aachener Krönungsausstellung.

CW/MK

3 · 5
Mittelalterlicher Nagel und Holzpartikel

Nagel: Kupferlegierung, feuervergoldet, 11,2 mm
Holzpartikel: 2,3 x 3,6
Fundort: Thron, 1999
Aachen, Domschatzkammer

Bei der eingehenden Untersuchung des Aachener Throns wurden beim Sieben des Staubs aus dem Thron nicht nur zahlreiche Holzpartikel, Haare, herabgetropfe Salbenreste und Schmutz entdeckt, sondern auch ein kleiner Nagel aus einer Kupferlegierung mit Feuervergoldung. Der nur 8 mm lange Nagel hat einen pilzförmigen Kopf und eine leicht gestauchte Spitze, die seine Verwendung beweist. Es kann aufgrund des Materials und des Fundorts kein Zweifel daran bestehen, daß es sich um einen Nagel handelt, der ursprünglich dazu diente, ein Edelmetallblech auf einem Holzkern zu fixieren. Zu denken ist beispielsweise an einen Bucheinband oder an ein Reliquiar. Der Fund läßt keine Rückschlüsse zu, wann das Stück in den Thron gelangte, doch ist der Nagel zweifellos mittelalterlich.

Josef Buchkremer stellte 1941 die These auf, die Stephansburse habe möglicherweise im Fach unter dem Thron gestanden. Diese Hypothese wurde von Horst Appuhn 1964 aufgegriffen und untermauert, jedoch später von der Forschung vehement abgelehnt (Hugot, 1976).

Der Fund des Nagels und eines kleinen Eichenholzbrettchens, das möglicherweise zugehörig ist, geben nach dem eindeutigen Nachweis des Faches im Thron der alten Hypothese nun erneut Aktualität. Die Nägel gleichen formell Nägeln der Stephansburse in Wien, doch dauern die vergleichenden Untersuchungen zur Zeit (März 2000) noch an.

SS

3 Renovatio Imperii und Investiturstreit · Die Salier

3 · 6
Sog. Säbel Karls des Großen

Ungarn oder Osteuropa, 1. H. 10. Jh.
Säbel: Stahlklinge mit teilvergoldeten Kupfereinlagen, Holz, Fischhaut, Gold, vergoldetes Silber, Edelsteine
Scheide: Holz, Leder, Gold, L. 90,5
Original: Wien, Kunsthistorisches Museum, Weltliche Schatzkammer
Kopie: Paul Beumers, 1915, Aachen, Stadt Aachen, Inv.Nr. RCK 5

Der Legende nach handelt es sich um den »Säbel Karls des Großen«. Man brachte ihn mit Karls Awarenbeute, mit einem legendären Säbel Attilas oder mit den Geschenken Harun-al-Raschids an Karl den Großen in Verbindung. Hierzu hat das exotische Aussehen der Waffe sicher beigetragen. Der Säbel entspricht den Prunkwaffen, die osteuropäische Steppenvölker seit der ersten Hälfte des 10. Jhs. benutzt haben. Ungewiß ist, wann die Waffe nach Aachen gelangte. Berichtet wird von einer Auffindung durch Otto III. im Jahr 1000 in der Gruft Karls des Großen. Belegt ist, daß der Säbel für eine Karls-Reliquie gehalten und daher bei den Aachener Krönungen zur Gürtung des Königs benutzt wurde.

MK

3 · 7
Cronica
Abb. S. 279

Thietmar von Merseburg, 11. Jh.
Pergament, Blattmaß: 22 x 18,5
Original: Dresden, Sächsische Landesbibliothek, Inv.Nr. Mscr. Dresd. R 147
Fotografische Reproduktion: Dresden, Sächsische Landesbibliothek

Geschrieben für seine Nachfolger im Bischofsamt, bietet die Chronik des Thietmar von Merseburg († 1018) einen tiefen Einblick in die Reichsgeschichte seit den 80er Jahren des 10. Jhs. und gewinnt für die Zeit Heinrichs II. († 1024) geradezu den Rang einer Leitüberlieferung. Auch für die Herrschaft Ottos III. ist Thietmar eine wichtige Quelle, die die Öffnung des Karlsgrabes schildert (fol. 66ᵛ). Das vorliegende Faksimile zeigt den Codex Thietmars mit Randbemerkungen von dessen eigener Hand. Das Original der Handschrift wurde 1945 durch Kriegseinwirkung in weiten Teilen zerstört.

HN

3 · 8
Das Münster in Aachen mit dem Grab Karls des Großen
Abb. S. 277

Ademar von Chabannes, 11. Jh. (vor 1033)
Federzeichnung, 60 x 46
Original: Rom, Biblioteca Apostolica, Inv.Nr. Cod. Vat. Reg. lat. 263, fol. 235ʳ.
Fotografische Reproduktion: Aachen, Privatsammlung

3 · 6

In der Redaktion C seiner Historia schildert Ademar von Chabannes († 1034) sowohl Beerdigung als auch Grabesöffnung Karls des Großen, letztere stark mit Erzählmustern aus Heiligenviten durchsetzt und mit verschiedenen Einzelheiten ausgeschmückt, die nur Ademar überliefert. Auf fol. 235ʳ der vorliegenden Handschrift findet sich eine Skizze, die die Lage des Grabes Karls des Großen in Aachen bezeichnen soll.

HN

3 · 9
Urkunde Ottos III. mit Schenkung des Ortes Dortmund an das Marienstift Aachen

Abschrift aus dem 13. Jh.
Tinte auf Pergament, 26,5 x 41,2
Aachen, Stadtarchiv, Inv.Nr. K St. Marien 200

3·9

Am 12. Oktober 997 schenkte Kaiser Otto III. († 1002) während eines Aachen-Aufenthaltes der Aachener Marienkirche den Ort Dortmund. Im Text wird ausdrücklich Kaiser Karl der Große als Gründer der Marienkirche angesprochen und diese Stiftung auch zu seinem Gedächtnis vorgenommen. Wie die Geschichte Dortmunds aber zeigt, wurde die Schenkung entweder nicht durchgeführt oder bald zurückgenommen. Die Urkunde ist in einer Abschrift aus dem 12. Jh. und – hier vorliegend – aus dem 13. Jh. überliefert.

HN

3 · 10
Otto II. und Theophanu werden von Christus gekrönt

Italien (Mailand?), 982–983
Elfenbein, 18 x 10,3
Paris, Musée National du Moyen Age – Thermes de Cluny, Inv.Nr. Cl 392.

Am 14. April des Jahres 972, dem Sonntag nach Ostern, heiratete Otto II. in Rom die byzantinische Prinzessin Theophanu, eine Nichte des Kaisers von Byzanz. Ort der Trauung war Alt-St. Peter. Verschiedene zeitgenössische Berichte über die Feierlichkeiten lassen den Schluß zu, daß der Papst *gleichzeitig* mit der Trauung auch die Krönung Theophanus vollzog. Sollte dies tatsächlich der Fall gewesen sein, so wäre die Kombination von Trauung und Krönung als religions- und kulturgeschichtlich beispielloser Akt anzusehen.

Die Elfenbeintafel im Musée Cluny bereichert das Ausstellungsthema »Krönungen« um eine ikonographische Variante insofern, als nicht etwa ein Papst als Koronator erscheint, sondern Christus, der seine Hände segnend auf die Häupter der beiden kleineren Gestalten des Herrscherpaares Otto II. und Theophanu legt. Die Kronreife verweisen auf den hohen Rang der Dargestellten, die durch griechische Inschriften ausgewiesen sind. Mit der Gebärde des Handauflegens wurde im Mittelalter die Erhebung oder Rangerhöhung von Herrschern gestisch vollzogen, daher läßt sich die Tafel auch als Darstellung eines Krönungsaktes interpretieren. Die Tafel war eine Stiftung des italienischen Reichskanzlers Johannes Philagathos. Eine vergleichbare Krönungsdarstellung findet sich auf einer um 945–949 entstandenen byzantinischen Elfenbeintafel, die die Krönung des Kaisers Romanos II. und seiner Gemahlin Eudokia durch Christus zeigt (Paris, Bibliothèque Nationale, Cabinet des médailles).

WC

3 · 11
Otto II. und Theophanu mit Otto III. knien zu Füßen Christi, der Jungfrau Maria und des hl. Mauritius

Mailand (?), zwischen 980–983
Elfenbein, 14 x 9,5
Mailand, Civiche Raccolte d'Arte, Castello Sforzesco, Inv.Nr. A. 15.

Anders als auf der Elfenbeintafel im Musée Cluny (Kat.Nr. 3 · 10) wird in der wohl ebenfalls auf einen byzantinischen Künstler zurückgehenden Mailänder Tafel kein konkretes historisches Ereignis illustriert. Vielmehr erscheint das Kaiserpaar hier als Fürbitter. Zu den Füßen des thronenden Christus, flankiert von zwei schwebenden Engeln und den stehenden Figuren des hl. Mauritius und der Jungfrau Maria, beide durch lateinische Inschriften auf der Rahmung bezeichnet, erscheinen die in demutsvoller Bitthaltung kauernden Gestalten Kaiser Ottos II. und der Theophanu. Beide sind symmetrisch zueinander im Profil dargestellt; sie knien auf einer Plinthe mit der Inschrift »Otto Imperator«, wodurch eine Datierung der Tafel in die Kaiserzeit Ottos II. gesichert ist. Halb unter ihrem Mantel verborgen hält die Kaiserin den künftigen Thronerben Otto III. vor sich. Otto III. war 983 im Alter von drei Jahren in Begleitung seiner Großmutter Adelheid in Aachen gekrönt worden. Der als »kleiner Erwachsener« Dargestellte trägt eine ähnlich gestaltete Krone wie der Vater, dem er die Hände entgegenstreckt. Die Gebärde des Kindes kann auch als »Griff nach der Krone« und somit als Anspielung auf die rechtmäßige Nachfolge verstanden werden.

Trotz gravierender Unterschiede in Gruppierung und stilistischer Auffassung zeugen die heute in Paris respektive Mailand befindlichen Elfenbeine vom Einfluß byzantinischer Kunst in ottonischer Zeit. Der Import oströmischer Kleinkunst wird zu einem Großteil Kaiserin Theophanu zugeschrieben.

WC

3 · 12
Ottonisches Evangeliar

Köln, um 990–1000
Initialzierseite zum Matthäusevangelium mit Bildnismedaillons
Pergament, Blattmaß: 32,8 x 24,2
Köln, Historisches Archiv der Stadt Köln, Inv.Nr. Cod. W 312

Dieses früheste bekannte Werk der ottonischen Kölner Malerschule enthält die vier Evangelien, unterbrochen bzw. eingeleitet von einer Reihe reich illuminierter Zierseiten.

3 · 10

3 · 11

Die Initiale des Matthäus-Evangeliums (fol. 22ʳ) mit dem Textbeginn *Liber ge(nerationis)* gibt der Forschung bis heute Rätsel auf: In den mehrfach gestuften Rahmen aus Goldleisten, purpurnen und blauen Farbstreifen sowie einem olivfarbenen Blattfries sind vier Medaillons mit figürlichen Darstellungen eingefügt. Außer dem Lamm Gottes (oben) erscheinen drei Personen, die in Ermangelung fehlender Attribute weder als Personifikationen noch als Heilige gedeutet werden können. Es handelt sich um die von Goldgrund hinterfangenen Büsten eines jungen Mannes und zweier weiblicher Figuren mit verschleierten Häuptern. Die neuere Forschung sieht in den Medaillons Bildnisse Ottos III., seiner Mutter Theophanu sowie seiner Großmutter Adelheid, der Witwe Ottos I. Die angewendete Bildform der *imago clipeata* entstammt dem römischen Ahnenbild. Nach ihrer christlichen Umdeutung in spätantiker Zeit, etwa für Apostelzyklen, wurde sie im Mittelalter zur geläufigen Formel einer genealogischen Programmatik und Kontinuität.

Somit illustriert die Initiale des Kölner Evangeliars auch einen konkreten politisch-rechtlichen Tatbestand, denn nach dem frühen Tod Ottos II. bedurfte die Anwartschaft seines Sohnes auf den Thron einer starken Legitimation: Otto III. war 883 im Alter von drei Jahren in Aachen zum König gekrönt worden. Mutter und Großmutter übernahmen, zusammen mit Erzbischof Willigis von Mainz, bis zur Mündigkeit des Knaben die Regentschaft, die es u. a. gegen den Bayernherzog Heinrich den Zänker, nach damaliger Rechtsauffassung *patronus legalis* Ottos III., zu verteidigen galt. Erst 894 wurde Otto III., inzwischen vierzehn Jahre alt, auf dem Reichstag in Solingen für mündig erklärt und konnte zum römischen Kaiser gekrönt werden.

WC

3 · 14

3 · 13   vacat

3 · 14
Gebetbuch für König Otto III.

Abb. S. 285

Mainz, zwischen 983 und 986
Illuminierte Handschrift, Pergament, Blattmaß: 15x12
München, Bayerische Staatsbibliothek, Inv.Nr. clm. 30111

Das Gebetbuch für König Otto III. ist neben dem Gebetbuch Karls des Kahlen das einzige erhaltene Königsgebetbuch des frühen Mittelalters. Es war für den privaten Gebrauch des Königs bestimmt und enthält nicht nur Schriften (Gebete, Litanei, Widmungsgedicht), die von den Texten des um 960 in Mainz entstandenen Königskrönungsordo beeinflußt sind, sondern auch fünf ganzseitige Illustrationen. Neben dem hier gezeigten Dedikationsbild (fol 43^v) taucht der junge König noch zweimal auf: einmal im Devotionsbild in Proskynese vor der Majestas Domini, zum andern in einer zweizonigen, unmittelbar von einem byzantinischen Vorbild angeregten Christusdarstellung.

Das Dedikationsbild zeigt den bartlosen jungen König, der inmitten einer palastähnlichen Architektur thronend das Gebetbuch aus der Hand eines Geistlichen entgegennimmt. Der König wird im Text als jung und unverheiratet bezeichnet, daher muß es sich um Otto III. handeln. Nur auf dieser Darstellung trägt Otto eine Krone, denn auf den beiden anderen ist er zusammen mit dem Himmelskönig Christus abgebildet. Die Königsdarstellung des Dedikationsbildes wird von den entsprechenden Widmungsversen begleitet.

3 · 14

Trotz der nicht sehr hohen künstlerischen Qualität wird durch das Material (Purpurseiten und Goldschrift) und die Herrscherikonographie der Bildseiten höchster inhaltlicher Anspruch formuliert. Das Gebetbuch ist unter direktem Einfluß des Mainzer Erzbischofs Willigis, des zeitweiligen Erziehers des noch unmündigen Königs, und seiner Mutter, der byzantinischen Prinzessin Theophanu entstanden. Dadurch erklärt sich einerseits der enge Zusammenhang der Herrscherbilder des Gebetbuches mit einem rekonstruierbaren Bildzyklus zum Mainzer Krönungsordo, andererseits der ungewöhnlich starke Einfluß byzantinischer Herrscherbilder und der byzantinischen Kaisertheorie.

RL

Dieses Siegel Ottos II. (König von 961 bis 983, Kaiser von 967 bis 983) entstand vor 963 und wurde während der ganzen Regierungszeit bis zur Kaiserkrönung im Jahre 967 verwendet. Bei dem in Stein geschnittenen Typar handelt es sich um das letzte früh- und hochmittelalterliche Siegel, das in dieser Technik hergestellt wurde. Die auffallend kleine Darstellung zeigt die Büste des Königs ohne die sonst üblichen Insignien Szepter und Reichsapfel nur mit Mantel und Krone. Bemerkenswert ist die trotz des sehr kleinen Motivs hochwertige und exakte künstlerische Ausführung. Da es jedoch nur sehr geringe Kenntnisse über die deutsche Steinschneidekunst zur Zeit der Ottonen gibt, ist eine genaue Zuordnung zu einem bestimmten Künstler nicht möglich.

MM

3 · 15
Münze Ottos III. (983–1002)

Harz, Quedlinburg, ab 983
Silber, D 2
Münster, Privatsammlung

3 · 16
Urkunde mit Siegel Ottos II.

Abb. S. 253

Deutschland, vor 963
Pergament, Wachs, Urkunde 37 x 45,8, Siegel D 4,8
Hannover, Niedersächsisches Hauptstaatsarchiv, Inv.Nr. Cal. Or. 100 Hilwartshausen Nr. 1

3 · 17
Urkunde mit zweitem Siegel Ottos III. (983–1002)

Deutschland, 985
Pergament, Wachs, Urkunde 37,8 x 45,8, Siegel D 6,5
Hannover, Niedersächsisches Hauptstaatsarchiv, Inv.Nr. Cal. Or. 100 Hilwartshausen Nr. 7

Das sog. zweite Königssiegel Ottos III. (König von 983–1002, Kaiser von 996 bis 1002) wurde ab dem Jahre 985 benutzt. Die Darstellung zeigt die Büste des jungen Königs mit Spitz- und Schnurrbart. Dies erscheint insofern ungewöhnlich, als Otto III. zur Zeit der Entstehung allenfalls vier Jahre alt gewesen sein kann. Die Erklärung hierfür findet sich in der zeitgenössischen Bildvorstellung. Es war weniger das tatsächliche Aussehen als vielmehr die hierarchische Stellung des Dargestellten ausschlaggebend. Neben diesen körperlichen Merkmalen ist der König mit Krone, Szepter und Reichsapfel ausgestattet und trägt ein weites Gewand. Ein bemerkenswertes Detail der Darstellung ist das dünne, quer vor der Brust gehaltene Szepter. Wie ausschließlich an diesem Abdruck zu erkennen ist, handelt es sich um ein Kreuzszepter. Dieses war jedoch bis dahin nur in den Darstellungen der byzantinischen Herrscher gebräuchlich. Man darf also vermuten, daß bei dieser Darstellung der Einfluß Theophanus, der Mutter Ottos III., eine Rolle gespielt hat.

MM

3 · 18
Bericht über die Krönung Ottos I. in Aachen 936

Widukind von Corvey, um 967/68, ergänzt nach 973
(Toninstallation)

Widukind von Corvey widmete seine Sachsengeschichte (»Res Gestae Saxonicae«) Mathilde, der Tochter Ottos I. Sein darin enthaltener Bericht über Ottos Krönung in Aachen entstand etwa 30 Jahre nach diesem Ereignis. Unklar ist, ob Widukind, der die Krönung selbst kaum miterlebt haben kann, sich von Augenzeugen den Verlauf dieser ersten Aachener Königskrönung berichten ließ. Vielleicht stützte er sich auch auf einen nicht mehr erhaltenen Krönungsordo oder beeinflußte sogar selbst mit seinem Bericht den etwa gleichzeitig entstandenen ältesten erhaltenen Krönungsordo. Miterlebt hat Widukind vermutlich die Krönung des fünfjährigen Otto II. 961 in Aachen und die Kaiserkrönung Ottos I. 962 in Rom. Womöglich floß seine Kenntnis dieser beiden Ereignisse mit in die nachträgliche Schilderung der Krönung von 936 ein. Fest steht, daß Widukinds Bericht die seltene detaillierte Schilderung des Ablaufs der Aachener Königskrönungen wiedergibt, wie sie sich im 10. Jh. herausgebildet hatten und wie sie in der Folgezeit verbindlich blieben.

MK

3 · 19
Schaffhauser Pontifikale

Abb. S. 49 und 313

Südostdeutschland, Mitte 11. Jh.
Pergament, 22 x 16,5
Schaffhausen, Stadtbibliothek Schaffhausen, Ministerialbibliothek, Inv.Nr. Min. 94

Eines der wenigen Beispiele bildhafter Herrschertheologie in salischer Zeit ist Teil eines ikonographisch außerordentlich wichtigen

3 · 19

Herrscherbildzyklus in einer Pontifikalhandschrift, die um die Mitte des 11. Jhs. in einem Skriptorium des südostdeutschen Raumes hergestellt wurde und heute in Schaffhausen aufbewahrt wird. Die Handschrift enthält die liturgischen Texte bischöflicher Weihehandlungen, darunter auch den um 960 entstandenen Mainzer Krönungsordo. Der bildliche Schmuck besteht aus drei ganzseitigen Federzeichnungen: ein Herrscherdedikationsbild auf fol. 2ᵛ, das hier gezeigte Krönungsbild auf fol 29ʳ, auf dem der Herrscher zwischen zwei durch das Pallium gekennzeichneten Erzbischöfen steht, die ihm Krone und Szepter reichen, und ein Herrscherthronbild auf fol. 29ᵛ. Die drei Bilder spiegeln möglicherweise einen um 960 in Mainz aus karolingischen und frühottonischen Vorlagen kompilierten Bildzyklus zum Mainzer Krönungsordo wider, der auch in den Illustrationen des ebenfalls in Mainz entstandenen Gebetbuches für Otto III. als Vorlage verwendet wurde. Die Herrscherbilder des Pontifikale gelten als zentrale Zeugnisse der Herrschertheologie des 10. und 11. Jhs.

RL

3 · 20
Münze des Willigis

Ende 10. Jh.
Silber, D 1,9
Münster, Privatsammlung

3 · 23

3 · 21   Abb. S. 106
Münze des Erzbischofs Pilgrim von Köln

Münzstätte Köln, um 1030
Silber, D 2
Köln, Dom, L 310

3 · 22
Münze des Kölner Erzbischofs

Köln, 11. Jh.
Silber, D 2
Münster, Privatsammlung

Willigis, von 975 bis 1011 Erzbischof von Mainz, verkörperte den Höhepunkt des Machtanspruchs der Mainzer Kirche. Er stand in enger Verbindung zur Kaiserin Theophanu, der Frau Ottos II., und war beteiligt an der Zurückdrängung des Einflusses der Kaiserinmutter Adelheid. Otto II. war 961 in Aachen als fünfjähriges Kind noch gemeinsam von den Erzbischöfen von Mainz, Köln und Trier gekrönt worden. 975 erhielt Willigis ein päpstliches Privileg, das ihm u. a. das alleinige Krönungsrecht des römisch-deutschen Königs zusprach. Ihm und dem Erzbischof von Ravenna vertraute man den dreijährigen Königssohn Otto III. an, um ihn 983 in Aachen zu krönen. Der Tod Ottos II. löste im gleichen Jahr eine Reichskrise aus. Willigis nahm am Italienzug und der Kaiserkrönung Ottos III. 991 teil, hat aber vermutlich dessen Öffnung der Gruft Karls des Großen im Jahre 1000 nicht zugestimmt. Die Krönung Heinrichs II. vollzog er 1002 in Mainz, die Krönung von dessen Gattin Kunigunde im gleichen Jahr in Paderborn. Das Privileg des Krönungsortes drohte Aachen verlorenzugehen.

Unter seinem Nachfolger Aribo, der Konrad II. 1024 in Mainz krönte – lediglich eine Thronsetzung in Aachen wurde nachgeholt –, kam es zu Auseinandersetzungen mit der Kurie. Aribo weigerte sich, Konrads Gattin Gisela zu krönen, weil diese in eine Affäre verstrickt war. Dies war die Stunde des Konkurrenten Aribos, des von 1021 bis 1036 amtierenden Kölner Erzbischofs Pilgrim, der Gisela im Kölner Dom krönte. Der Papst verlieh Pilgrim wichtige Rechte, vermutlich auch das Recht der Krönung der römisch-deutschen Könige. Die Krönung Heinrichs III. 1028 in Aachen durch Pilgrim von Köln begründete den Anspruch der Kölner Erzbischöfe, die Königskrönung in Aachen innerhalb ihres Erzbistums selbst durchzuführen. Die meisten Aachener Krönungen wurden von nun an von den Kölner Erzbischöfen vollzogen.

MK

3 · 23
Grabkrone Heinrichs III. (1028–1056)

nach 1056
Kupferblech, D 20,2 x H 4,1
Speyer, Domschatzkammer, Inv.Nr. D 6

3 · 24
Reichsapfel Heinrichs III. (1028–1056)

nach 1056
Holz mit schwarzem Lederüberzug, H 13,5
Speyer, Domschatzkammer, Inv.Nr. D 509

Die hier gezeigten Grabbeigaben stammen aus den Gräbern der salischen Herrscher im »Kaiserdom« zu Speyer, die dort im Mittelschiff, im sog. Königschor, zu finden sind. Aus dem Grab Kaiser Heinrichs III. († 5. Oktober 1056 in der Pfalz Bodfeld/Harz), der am 28.10. 1056 in Speyer bestattet wurde, stammen die Krone und der Reichsapfel. Bedeutend sind in diesem Zusammenhang die Insignien der toten Herrscher, da sie sich hier in einer neuen Qualität, nämlich als Grabbeigaben, zeigen. Die Grabkronen, die sich ebenfalls in den anderen Saliergräbern in Speyer finden, sind aus Kupferblech gearbeitet, also schlicht ausgestattet, aber ihrer Form nach – mit Lilien und Kreuzen verziert – den tatsächlichen Herrscherkronen eng nachempfunden. Aber nicht nur die Krone, sondern auch der Reichsapfel wird, aus Holz und mit schwarzem Lederüberzug, als Grabinsignie nachgebildet. In der Schlichtheit von Material und Ausführung kommt eine gewisse Demut dem Tod gegenüber zum Ausdruck, während in der generellen Anwesenheit der Insignien im Grab der Kaiser aber über seinen Tod hinaus als Herrscher definiert wird.

HN

3 · 24

3 · 25
Perikopenbuch Heinrichs III. (1028–1056)
Abb. S. 289 und 315

Echternach, zwischen 1039 und 1043
Pergament, Blattmaß: 19,4 x 14,7
Bremen, Stadtbibliothek, Inv.Nr. Cod. B 21

Die in Kloster Echternach entstandene Handschrift ist eine der besterhaltendsten und prächtigsten der salischen Zeit. Die Prunkhandschrift enthält neben einem umfangreichen Zyklus von Evangelienszenen, Evangelistenbildern und der Majestas Domini auch drei Herrscherbilder: auf fol. 3ʳ den Einzug Kaiserin Giselas, der Mutter des Königs, auf fol. 125ʳ ein Herrscherdedikationsbild Heinrichs III. und auf dem hier gezeigten fol. 3ᵛ den feierlichen Einzug (*adventus*) König Heinrichs III.

Die Darstellung seiner Mutter Gisela läßt darauf schließen, daß Heinrich III. zur Zeit der Entstehung der Handschrift unverheiratet gewesen ist, was für die Jahre 1039 bis 1043 zutraf. Begleitet von zwei Äbten und zahlreichem Gefolge zieht der 1028 in Aachen Gekrönte in eine Kirche ein. Die beiden Einzugsbilder sind sicher nicht Wiedergabe eines realen Ereignisses, sondern mit der Wiedergabe des »adventus« des Herrschers, eines auch im antiken und byzantinischen Hofzeremoniell bedeutsamen Vorganges, auch Repräsentationsdarstellungen. Vor allem die Darstellungen der Insignien (Krone, Szepter, Reichsapfel) und von Repräsentanten von Hofämtern (Schwertträger) verleihen den Bildern einen überzeitlichen Charakter.

RL

3 · 27
Reichskreuz
Abb. S. 819

Kreuz: Fulda (?), 1. Viertel 11. Jh. bis um 1030, Fuß: 14. Jh.
Eichenholz mit Goldblech beschlagen, an der Vorderseite Edelsteine und Perlen, an den Seitenwänden Niello, H 77
Original: Wien, Kunsthistorisches Museum, Weltliche Schatzkammer
Kopie: Bernhard Witte (1868–1947), 1914–1919/20, Aachen, Stadt Aachen, Inv.Nr. RCK 4

Das Reichskreuz wurde, wie die Inschrift erweist, unter Kaiser Konrad II. vollendet und den Reichsinsignien zugefügt. Im Inneren werden eine der wichtigsten Reichsreliquien, die Hl. Lanze, und Kreuzpartikel aufbewahrt. Das Kreuz wurde dem Herrscher bei feierlichen Anlässen (Krönung, *adventus*) vorangetragen. Die Vorderseite ist als Edelsteinkreuz gestaltet, die Rückseite zeigt ein Bildprogramm mit dem Lamm Gottes im Zentrum, sitzenden Aposteln und den Evangelistensymbolen.

RL

3 · 28
Reichsschwert
Abb. S. 317 und 399

westdeutsch, 11. und 13. Jh.
Stahl, Knauf und Parierstange vergoldet, Griff mit Silberdraht umwickelt, Scheide aus Olivenholz mit Goldblech verkleidet, Emailplatten, L 110
Original: Wien, Kunsthistorisches Museum, Weltliche Schatzkammer
Kopie: Paul Beumers, 1915, Aachen, Stadt Aachen, Inv.Nr. RCK 6

Das Reichsschwert war wichtige Insignie und wurde dem Herrscher, wie zahlreiche Darstellungen in Handschriften erweisen, mit der Spitze nach oben vorangetragen. Auf der Scheide sind 14 stehende Herrscher mit Krone, Szepter und Reichsapfel dargestellt. Es handelt sich vielleicht um historische Herrscher von Karl den Großen bis zu Heinrich III., in dessen Regierungszeit die Scheide wohl entstanden ist.

RL

3 · 29
Vita der Mathilde von Canossa
Abb. S. 303

Mönch Donizo, Canossa, 1111–1115
Original: Rom, Biblioteca Apostolica Vaticana
Pergament, Blattmaß: 21 x 16
Faksimile: Eschweiler, Sammlung Steinberger

Die Darstellung illustriert den Bußgang Heinrichs IV. (Kg. 1056, Ks. 1084, † 1106) nach Canossa. Nach jahrzehntelangen Auseinandersetzungen über die Investitur, die kirchliche Ämterverteilung, die zunehmend von den weltlichen Herrschern in Anspruch genommen

3 · 29

worden war, eskalierte die Situation, als sich Papst Gregor VII. (1073–1085) vehement gegen jegliche Laieninvestitur aussprach. Im Laufe des Streites setzte der König den Papst ab, der im Gegenzug den König am 14. Februar 1076 mit dem Bann belegte. Der Konflikt konnte erst vorübergehend beigelegt werden, als Heinrich sich auf den Weg nach Canossa machte. Dort hatte der Papst bei Mathilde, Markgräfin von Tuszien (1046–1115), die seine Kirchenreformen unterstützte, Zuflucht gefunden. Im Büßergewand und mit nackten Füßen erschien Heinrich demütig vor den Toren der Festung und erlangte nach drei Tagen vergeblichen Wartens am 27. Januar 1077 vom Papst die Lösung des Banns.

Auf der Miniatur aus der Handschrift der Vita Mathildis (fol. 49ʳ) kniet Heinrich IV. zu Füßen seiner Cousine Mathilde von Tuszien und bittet sie, beim Papst für ihn zu intervenieren. Hinter dem König sitzt dessen Taufpate, Abt Hugo von Cluny, und weist auf die Vermittlerin zwischen Papst und König. Diese thront unter einem baldachinartigen Architekturelement, das die Burg Canossa symbolisiert. Den linken Zeigefinger tadelnd erhoben, hält sie den Besuchern die Rechte als Willkommensgruß entgegen. Mathilde war dem Papst bis zum Ende ihrer Regentschaft als Markgräfin von Tuszien treu. Ihrer Rolle als Stütze der katholischen Kirche gegen die Machtansprüche des weltlichen Herrschers hat der Mönch und spätere Abt Donizo in der Vita Mathildis Rechnung getragen. Ihr Stellenwert äußert sich auch in der hierarchischen Bildkomposition, in der sie höher als Abt und König thronend dargestellt ist.

VvL

3 · 30   Abb. S. 305
Grabplatte Rudolfs von Schwaben

Merseburg, kurz nach 1080
Bronze, 197 x 69 x 4
Original: Merseburg, Dom
Abguß: Berlin, Deutsches Historisches Museum, Inv.Nr. MK 80/76

Der 1077 in Mainz zum Gegenkönig gekrönte Rudolf von Schwaben starb in Merseburg nach schwerer Verwundung im Kampf gegen den 1054 in Aachen gekrönten Heinrich IV. Seine Grabplatte im Merseburger Dom ist eines der ältesten erhaltenen monumentalen figürlichen Grabmäler des Mittelalters. Dargestellt im Flachrelief ist Rudolf mit den Insignien der königlichen Macht, dem Szepter und dem Reichsapfel. Die vertieften Teile der aus einem Guß entstandenen Bronzeplatte waren ursprünglich vergoldet, die Augen bestanden aus (heute verlorenem) Email, auch in den Kronreif waren Emails oder Edelsteine eingelassen. Die lateinische Inschrift lautet: »Rex hoc Rodulfus patrum pro lege peremptus // Plorandus merito conditur in tumulo. // Rex illi similis, si regnet tempore pacis, // Consilio gladio non fuit a Karolo. // Qua vicere sui, ruit hic sacra victima belli: // Mors sibi vita fuit, ecclesiae cecidit.« (König Rudolf, für das Gesetz der Väter getötet // als verdientermaßen zu Beklagender wurde er zu Grabe getragen. // Als König [wäre er] jenem [Karl dem Großen] ähnlich [gewesen], wenn er in Friedenszeit[en] geherrscht hätte, // [und auch] an Ratschluß, an Kampfkraft stand er Karl [dem Großen] nicht nach. // Wo die Seinen siegten, dort starb er als heiliges Opfer [auch Opferlamm, vgl. Christus] des Krieges. // Der Tod war ihm das Leben, [so] fiel er [dieser, d. h. der Merseburger] Kirche anheim.) Auch die Gegenkönige stellten sich in die Tradition des großen Karl.

MK/WT

3 · 31
Goldmünze des Konstantinos IX. Monomachos

Byzanz, 1042–1055
Gold, Fassung Silber, D 3,3
Köln, Schnütgen-Museum, Inv.Nr. G 279

1042 stürmte eine wütende Volksmenge den byzantinischen Kaiserpalast, blendete den verhaßten Kaiser Michael und setzte die von ihm in ein Kloster verbannte Adoptivmutter Zoe und deren Schwester Theodora auf den Thron. Die Streitigkeiten zwischen den beiden Schwestern veranlaßte Zoe schließlich zur Heirat mit dem Senator Konstantinos IX. Monomachos (= der Einzelkämpfer; 1042–1055). Das Triumvirat vergeudete gemeinsam den Staatsschatz. Nach dem Tod Zoes (1050) und Konstantinos (1055) regierte Theodora noch bis 1056 alleine. Da sie ohne Nachkommen blieb, starb mit ihr die makedonische Dynastie aus.

CW

Dagewesene. Alexios hatte unvorsichtigerweise 1095 auf der Synode von Piacenza den Papst um Hilfe gegen die Moslems gebeten. 1098 erschien das Heer des ersten Kreuzzuges in Byzanz. Der Kaiser jedoch hatte dienstwillige Söldner erwartet, keine selbständigen Heere. Byzanz wurde von den Kreuzfahrern bedroht. Nach der blutigen Eroberung Jerusalems durch das Kreuzfahrerheer 1099 eignete sich einer der Anführer des Kreuzzuges, Bohemund von Tarent, Antiochia an. Bohemund betrieb in Europa im Namen des Kreuzes Propaganda gegen das christliche Byzanz, das 1204 von Kreuzfahrern erobert wurde.

MK

3 · 32
Goldsolidus des Alexios I.

Byzanz, 1092–1118
Gold, D 3,3
Ravenna, Museo Nazionale, Inv.Nr. 2666

Mit der Regierungszeit des Kaisers Alexios, der sich auf dieser prachtvollen Münze als selbstbewußter Herrscher zeigt, begann der Wiederaufstieg von Byzanz. Zwar wurde die machtvolle Stellung des oströmischen Kaisers aus der Zeit um 1000 nicht mehr erreicht, doch übertraf die Ausstrahlung der byzantinischen Kultur alles bisher

3 · 33   Dom
Pala d'oro

Deutschland, 1000–1020
Gold, 82 x 125
Aachen, Dom

Das Antependium des karolingischen Hochaltares besteht aus neunzehn getriebenen Tafeln aus reinem Gold, die zwischen 1000 und

3 · 33

3 Renovatio Imperii und Investiturstreit · Die Salier

1024 als wohl unter Otto III. begonnene, aber erst unter Heinrich II. († 1024) vollendete Stiftung an die Krönungskirche entstanden. Der stilistische Unterschied zwischen den oberen und den unteren Tafeln mag einem zeitlichen Unterschied entsprechen. Die Reliefs zeigen die Leidensgeschichte Christi vom Einzug in Jerusalem bis zum leeren Grab am Ostermorgen. Im Zentrum thront Christus in der Mandorla, flankiert von Maria und Michael und umgeben von den Symbolen der vier Evangelisten. Die Pala d'oro gehört zu einer um 1000 entstandenen Neuausstattung des Altarraumes, von der sich noch der Ambo, die Elfenbeinsitula, das Lotharkreuz, das ottonische Evangeliar und der goldene Buchdeckel erhalten haben, dessen Kreuzigungs- und Auferstehungsszene von der Hand des gleichen Künstlers stammen, der die entsprechenden Reliefs der Pala d'oro schuf. Die heutige Anordnung der Reliefs ist, wie deren beschnittene Ecken beweisen, nicht die ursprüngliche, sondern sie geht auf eine spätgotische Neumontage für den Altar der Chorhalle zurück.

GM

3 · 34 Dom
Ambo

Westdeutschland, vor 1024
Eichenholz, Elfenbein, vergoldetes Kupfer, Edelsteine, 146 x 115
Aachen, Dom

Nach der Widmungsinschrift am oberen und unteren Rand wurde die kleeblattförmige Evangelienkanzel von Kaiser Heinrich II. gestiftet. Ihren Mittelpunkt bildet eine *crux gemmata*, bei der möglicherweise der Mitgift der Kaiserin Theophanu entstammende Gegenstände, eine oberägyptische Bergkristalltasse samt zugehöriger Untertasse, sowie byzantinische Schachfiguren aus Achat und Chalzedon und zwei Achatschalen (die untere erneuert) wie Edelsteine gefaßt wurden. Eine römische Glasschale ersetzt heute in der Mitte des Kreuzes einen vielleicht ursprünglich dort angebrachten, heute in Wien aufbewahrten römischen Adlerkameo. In die Winkel der Kreuzarme sind silbervergoldete Reliefdarstellungen (drei sind erneuert) der vier Evangelisten gesetzt, während auf den seitlichen Rundungen spätantike Elfenbeinreliefs des 6. Jhs. angebracht sind. Sie wurden möglicherweise ungeachtet ihrer Darstellungen als Reliquien aufgefaßt. Das erneuerte Lesepult des Ambo wird von einer vereinfachten Kopie der ottonischen Elfenbeinsitula getragen, da die Situla sich bis zum Ende des 19. Jhs. an dieser Stelle befand. In die Hohlkehle des Buchpultes war eine kostbare mittelalterliche Schmuckkette (heute im Depot der Domschatzkammer) eingelegt. Die Situla mag als königliche Stiftung daran erinnert haben, daß der König während der Krönungszeremonie vom Ambo aus das Evangelium sang. Bis zur Vollendung der gotischen Chorhalle 1414 befand sich der 1815–1817 und 1926–1937 durchgreifend restaurierte Ambo innerhalb des karolingischen Oktogons.

GM

3 · 35

3 · 35 Dom
Grab Kaiser Ottos III. († 1002)

Foto: Aachen, Oktober 1910
Sarkophag Sandstein, Gedenkplatte schwarzer Marmor, 220 x 105
Aachen, Dom

Als Kaiser Otto III. im Jahre 1002 mit zweiundzwanzig Jahren in Italien starb, wurde sein Leichnam, seinem Wunsch entsprechend, in Aachen bestattet. Im Jahre 1414 wurde das bis dahin vor dem Altar befindliche Grab in die gotische Chorhalle verlegt. Das Grab wurde in der Nacht vom 10. zum 11. Oktober 1910 geöffnet, untersucht und wieder verschlossen. Der Sarkophag aus rotem Sandstein enthielt zerfallene Überreste von Gebeinen und Gewändern. Ein 1513 errichteter Grabaufbau wurde 1803 abgebrochen, der schmucklose Grabstein, eine dunkle Marmorplatte, mit der Messinginschrift »Carolo Magno« versehen und in der Mitte des Oktogons neu verlegt (heute im Garten vor der Südseite der Chorhalle). 1843 entstand die heutige Grabplatte aus schwarzem Marmor.

GM

3 · 36 Domschatzkammer
Lotharkreuz

westdeutsch (Köln ?), um 1000
Holzkern, Gold, vergoldetes Silber, Email, Edelsteine und Perlen, 50 x 38,5 x 2,3
Aachen, Domschatzkammer, Inv.Nr. G 22

Das Lotharkreuz gilt traditionell als Krönungsgeschenk Kaiser Ottos III., das bei den späteren Aachener Krönungen vor dem König einhergetragen wurde. Die Christusseite des Kreuzes zeigt in einer Gravur, die die Kenntnis des Kölner Gerokruzifixes voraussetzt, Christus im Augenblick seines Todes. In Gestalt einer Taube schwebt die Seele Christi gen Himmel, von Gottes Hand mit dem Lorbeerkranz des Sieges empfangen. Die Augustusseite des Kreuzes entwirft mit Edelsteinen, Perlen, Email und Filigranen ein Bild himmlischer Herrlichkeit und feiert das Kreuz Christi als Zeichen seines Sieges. Im Schnittpunkt der Kreuzbalken erscheint in einem antiken Steinschnitt mit dem Bild des römischen Kaisers Augustus Christus als lorbeerbekrönter Sieger über den Tod und als das Adlerszepter tragender Herrscher im Himmel. Die äußeren Edelsteine sind wie Mauern einer Stadt gefaßt, die inneren wie Gebäude mit Arkaden: Das Bild der

3·37

Himmelsstadt ist auf die Fläche des Kreuzes projiziert. Ein Bergkristallsiegel mit der lateinischen Inschrift »Christus hilf König Lothar« gab dem Lotharkreuz seinen Namen. Man hat die Darstellung Christi im Bild des Augustus auf die Salbung mit Chrisam bei den Krönungen, durch die der Herrscher ein »alter Christus«, ein »anderer Gesalbter« wird, bezogen und das Kreuz selbst als Sinnbild der »renovatio imperii Romanorum« sehen wollen. Die Doppelansichtigkeit des Kreuzes ist durch seine Funktion als Vortrage- und Altarkreuz bedingt, die Christusseite des Kreuzes trägt deutlich eucharistische Bezüge.

GM

3·37 Domschatzkammer
Elfenbeinsitula

Mittelrhein?, um 1000
Elfenbein, edelsteinbesetzte Metallbänder, 17,5 x 12,5, D 9,5–12,5
Aachen, Domschatzkammer, Inv.Nr. G 26

Das zweigeschossige, achtseitige Weihwassergefäß ist aus einem Elefantenstoßzahn geschnitten und in tiefem Relief geschnitzt. Der ausgezeichnete Erhaltungszustand, die Kostbarkeit und die für ein Weihwassergefäß Ungeeignetheit des Materials lassen den Schluß zu, daß diese Elfenbeinsitula möglicherweise zum einmaligen Gebrauch bei einer Krönung bestimmt war. Vor ihrer Wiederherstellung 1863 befand sie sich als Schaft des Buchpultes am Ambo Heinrichs II. Die Gestalt des Gefäßes hat eine Parallele im karolingischen Aachener Oktogon: Zweigeschossigkeit, Achtseitigkeit, Säulenstellungen im Obergeschoß. In der unteren Zone stehen mit Kettenhemd, Mantel und Helm bekleidete und mit Lanze und Schild bewaffnete Wächter vor sieben geöffneten und einem geschlossenen Stadttor. Über den Toren ist in Abbreviatur eine Stadt- bzw. unter dem sitzenden König eine Portikusarchitektur dargestellt. Die Darstellungen des einzigartigen Gefäßes werden meist mit Bezug auf die Himmelsstadt gedeutet: »Öffnet eure Tore, Fürsten, und tut euch auf ewige Tore und einziehen wird der König der Ehren.« (Psalm 23,7). Dem Außenraum vor den Toren ist in der oberen Zone ein Innenraum zugeordnet. Zwischen korinthischen Säulen mit Basen und Kapitellen, um die Vorhänge geschlungen sind, sind fünf stehende und drei thronende Gestalten dargestellt, bei denen es sich links um einen Erzbischof mit Pallium, in der Mitte um eine segnende Gestalt mit Buch in – als einzige – ahistorischer Kleidung und rechts um einen König mit Krone, Zepter und Sphaira handelt. Die unter dem mittleren Edelsteinband in das Elfenbein geritzten Buchstaben S(AN)C(TU)S unter der mittleren thronenden Gestalt, OTTO unter dem König und drei senkrechte Striche unter der links thronenden Gestalt haben zu der Annahme geführt, in ihnen seien Papst Sylvester II., Petrus und Kaiser Otto III. dargestellt. Vielleicht ist durch diese prominente Stellung des Königs zu Seiten des hl. Petrus die »servus apostolorum«-Amtsauffassung Ottos III. dokumentiert. Bei den Stehenden handelt es sich nach ihren Attributen um zwei Erzbischöfe, zwei Bischöfe und einen Abt. Ausgehend von der Deutung der thronenden Gestalten hat man in dem Erzbischof links neben Kaiser Otto dessen Kanzler Willigis von Mainz sehen wollen. Den oberen Rand des Gefäßes bildet ein Rankenfries mit Jagdszenen, unterbrochen von zwei Masken in Form bärtiger Männerköpfe an den Henkelansätzen. Obwohl sich stilistisch nahe verwandte Werke nicht erhalten haben, wurde zum Vergleich auf eine Elfenbeintafel mit der Vision des Jesaja, London, die Kreuzigungsdarstellung auf dem Buchdeckel des Codex Aureus, Nürnberg, eine Tafel mit der Majestas Domini bzw. eine Tafel mit Moses und Thomas, Berlin, und eine Elfenbeintafel mit der Darstellung des Paulus, Paris, verwiesen.

GM

3 · 38 Domschatzkammer
Ottonisches Evangeliar

Abb. S. 261

Reichenau, vor 1000
Pergament, 256 Blätter, 31 ganzseitige Miniaturen, 29,8 x 21,5
Aachen, Domschatzkammer, Inv.Nr. G 25

Die Handschrift enthält die Texte der vier Evangelien nach der Vulgata des Hieronymus mit den entsprechenden Argumenten sowie einem Perikopenverzeichnis. Sie sind einspaltig in karolingischer Minuskel mit schwarzer Tinte geschrieben, Titel und Überschriften sowie Randziffern sind in goldener Capitalis hervorgehoben. Zahlreiche spätere Einträge zeigen, daß das wohl im Jahre 1000 bei der Gründung des Königskanonikates durch Otto III. dem Aachener Krönungsstift geschenkte Evangeliar jahrhundertelang als Schwurevangeliar für die römisch-deutschen Könige als Kanoniker und für alle Kanoniker des Aachener Marienstiftes diente. Die 21 Miniaturen mit Szenen aus dem Leben Christi sind – manchmal in zwei übereinander liegenden Registern – erstmals in der Buchmalerei konsequent hochformatig angelegt. Die Szenen werden von kapitellbekrönten Säulenarkaden gerahmt und sind – ebenfalls erstmals – alle mit Goldgrund hinterfangen. Die Darstellungen sind aus spätantiken, mittelbyzantinischen und Trierer Vorlagen kompiliert. Von besonderer Bedeutung ist das den Evangelien vorangestellte doppelseitige Widmungsbild. Auf der linken Seite steht in einem auf die Spitze gestellten Vierpaßquadrat, hingewandt zu dem auf der gegenüberliegenden Seite thronend dargestellten Herrscher, ein Mönch mit dem Evangelienbuch in seinen Händen. Die darüber und darunter zweizeilig in goldener Capitalis auf Purpurgrund in leoninischen Hexametern formulierte Widmungsinschrift lautet zu deutsch: »Mit diesem Buch möge Gott dir, Kaiser Otto, das Herz bekleiden. Erinnere dich, daß du es von Liuthar empfängst.« Das gegenüberliegende Bild wird von einer breiten Purpurarkade gerahmt. In ihr thront vor Goldgrund, in antik-weströmisch-kaiserlicher Manier bekleidet mit Tunika und Chlamys, der Herrscher auf einem von Terra getragenen Thron. Die sonst dem thronenden Christus vorbehaltene Mandorla umfängt den durch die Krönung zum Christus, zum »Gesalbten«, gewordenen. In einem kreisförmigen blauen Nimbus erscheint über dem Kreuz die Hand Gottes und krönt den Kaiser. Der Gekrönte hat die Arme in der Haltung des gekreuzigten Christus ausgebreitet, die Rechte hält den Reichsapfel, die Linke ist geöffnet, um von Liuthar das Buch zu empfangen. Die Symbole der Evangelisten halten den weißen Evangelienrotulus vor die Brust des Kaisers und »bekleiden sein Herz« damit. Zu beiden Seiten des Thrones stehen zwei huldigende Könige mit Lehensfähnchen an ihren Lanzen. Man hat in ihnen Boleslaw Chrobry und König Stephan den Heiligen, der im Jahre 1000 durch Otto zum König erhoben wurde, sehen wollen. Im unteren Register nähern sich zwei weltliche Würdenträger mit Helm, Lanze und Schild und zwei geistliche Würdenträger, Erzbischöfe in Albe, Kasel und Pallium, mit Schreibgeräten. Diese sog. Apotheose Ottos III. ist, unter byzantinischem Einfluß, eine einzigartige Abwandlung der Majestas-Domini-Darstellung: Der Kaiser erscheint als von Gott gekrönter, von der Erde getragener Stellvertreter Christi, dem die Mächtigen der Welt huldigen.

GM

3 · 39 Domschatzkammer
Goldener Buchdeckel

Byzanz, 10. Jh., westdeutsch, um 1020
Gold, Edelsteine, Email, 30,3 x 24,3
Aachen, Domschatzkammer, Inv.Nr. G 24

Bis 1972 bildete der Goldene Buchdeckel den vorderen Einband des karolingischen Evangeliars, doch mag er ursprünglich als Einband des ottonischen Evangeliars gedient haben. In der Längs- und Querachse verlaufende Stege bilden innerhalb des Rahmens eine edelstein- und emailgeschmückte *crux gemmata*, in deren Ecken getriebene Goldreliefs der Evangelistensymbole und Szenen aus dem

3 · 40

Leben Christi, nämlich der Geburt Christi, der Kreuzigung, der Frauen am leeren Grab und der Himmelfahrt, gesetzt sind: Der Inhalt des Buches ist, aufgeschrieben von den Evangelisten, die Lehre und das Leben Christi. Die Mitte des Deckels bildet ein byzantinisches Elfenbeinrelief der Hodegetria. Die Goldreliefs sind in der Werkstatt der Pala d'oro entstanden, die Aufteilung der Deckelfläche steht in der Tradition karolingischer Buchdeckel.

GM

3 · 40 Domschatzkammer
Olifant

Unteritalien, um oder nach 1000, oder orientalisch, 11. Jh.
Elfenbein, Bogenweite D 58, untere Öffnung 13
Aachen, Domschatzkammer, Inv.Nr. G 11

Das aus einem Elefantenstoßzahn als Signalhorn für die Jagd geschnittene Elfenbeinhorn wird legendär als Jagdhorn Karls des Großen betrachtet, das diesem von Harun al Raschid geschenkt wurde bzw. von Abul Abbas, dem Elefanten am Hofe Karls, stammt. Auch Roland benutzte vor seinem Tod in der Schlacht von Roncevalles ein solches Signalhorn – in der Sage des 12. Jhs. heißt es Olifant –, um Karl zu Hilfe zu rufen. In Klöstern und Stiften wurden solche Hörner seit karolingischer Zeit benutzt, um die Gebetszeiten anzukündigen. Die Mündung des Jagdhorns zeigt zwei einander zugewandt kauernde Rehe mit umgewandten Köpfen und zwei voneinander abgewandt laufende Stiere. Ein schmaler vergoldeter Silberring schützt die Öffnung vor Splitterung.

GM

Sacrum Imperium:
Das Reich der Staufer
und Friedrich I. Barbarossa

Odilo Engels (Köln)

Karl der Große und Aachen im 12. Jahrhundert

Im Mittelpunkt des Themas steht die Kanonisation des großen Kaisers, die am 29. Dezember des Jahres 1165 in der Aachener Marienkirche vollzogen wurde. Sie ist schon mehrfach behandelt worden, so daß hier ein geraffter Überblick genügen kann.

Kaiser Friedrich Barbarossa hielt sich zum Weihnachtsfest und noch am 9. Januar 1166 in Aachen auf. In seiner Begleitung befand sich der Kölner Erzbischof Rainald von Dassel, der einflußreichste Ratgeber des Kaisers und zugleich der Metropolit der Kölner Kirchenprovinz. Ebenfalls anwesend waren der Lütticher Bischof, der als Diözesanbischof auch für Aachen zuständig war, und die Bischöfe von Cambrai, Minden, Paderborn und Utrecht. Aachen war ein beliebter Aufenthaltsort der Herrscher des Reiches an Hochfesten, so daß man von daher zu der Vermutung kommen könnte, das Weihnachtsfest war der eigentliche Anlaß für den Aachener Aufenthalt und die Heiligsprechung Karls wurde als günstige Gelegenheit nebenbei wahrgenommen. Dagegen spricht jedoch schon das Datum; am 29. oder andernorts am 30. Dezember wurde das kirchliche Fest des Königs David begangen, als Gesalbter des Herrn und Stammvater Christi: der Archetyp des mittelalterlichen Herrschers. Nicht nur die Wahl dieses Tages fällt ins Gewicht, sondern weit mehr noch die von Barbarossa selbst stammende Nachricht, die Kanonisation sei mit Zustimmung und Legitimation des Papstes Paschalis III. geschehen. Dieser Papst hielt sich in Italien auf: doch das erforderte nicht unbedingt eine dem Weihnachtsfest vorausgehende längere Vorbereitungszeit. Daß der Papst dem Heiligsprechungsakt persönlich nicht beiwohnte, sollte nicht irritieren. Ursprünglich nämlich war es Sache des Ortsbischofs, eine in der Volksfrömmigkeit aufkommende Heiligenverehrung durch seine Genehmigung zu sanktionieren. Seit dem Ende des 10. Jahrhunderts konnte auch der Papst die Heiligkeit eines Verstorbenen in amtlicher Eigenschaft verkünden; obligatorisch wurde die päpstliche Erlaubnis zur Verehrung eines Heiligen jedoch erst im frühen 13. Jahrhundert. Zwischen diesen beiden Eckdaten befand sich das Kanonisationsverfahren in einem Übergangsstadium; man beteiligte den Papst mit einem »placet« an dem Verfahren, vielleicht um dem Akt ein höheres Gewicht zu geben, aber formalrechtlich einwandfrei wäre der Vorgang auch ohne die päpstliche Legitimation aus der Ferne gewesen. Insofern ist auch der Tatbestand, daß Paschalis III. der Gegenpapst des im französischen Exil lebenden

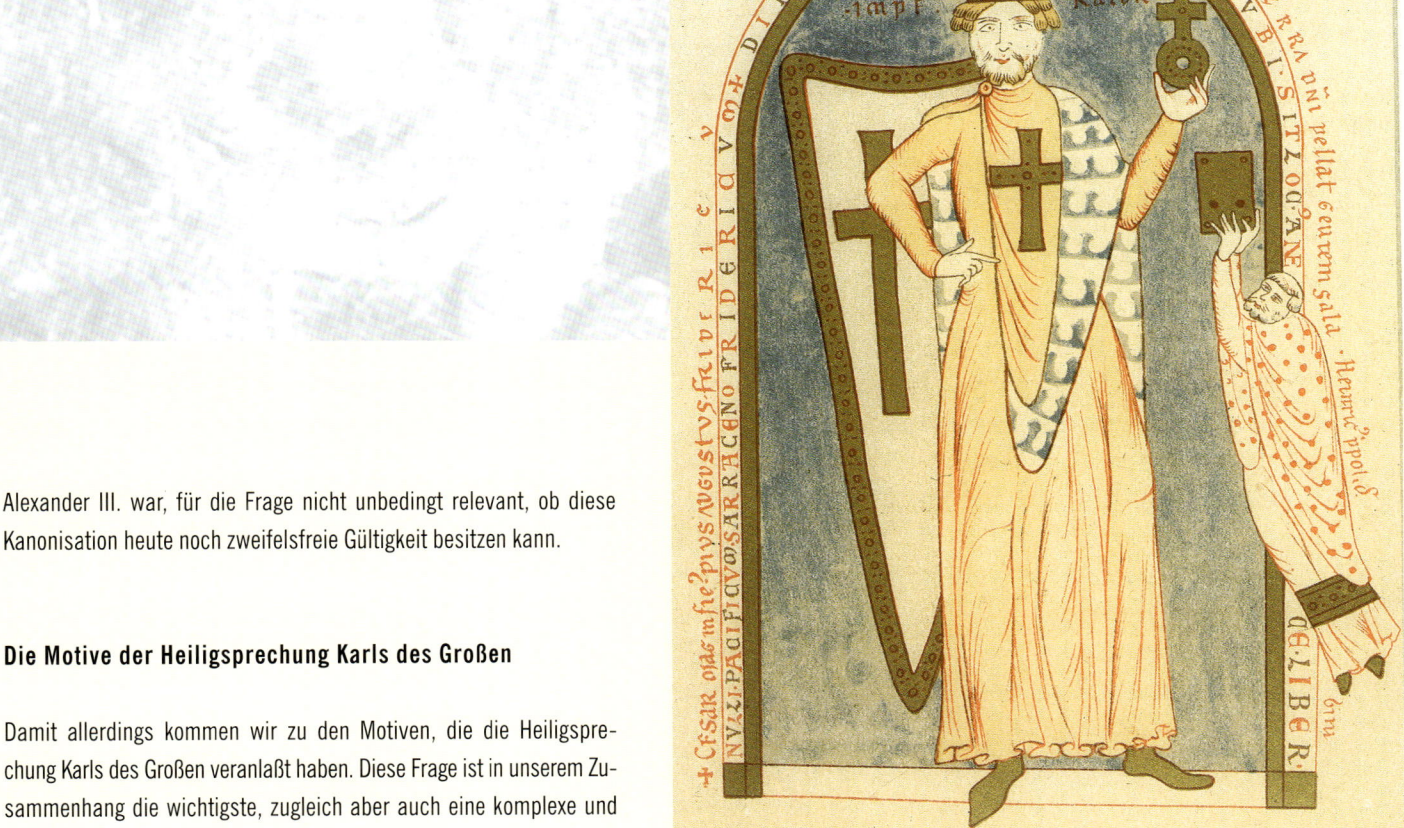

Alexander III. war, für die Frage nicht unbedingt relevant, ob diese Kanonisation heute noch zweifelsfreie Gültigkeit besitzen kann.

Die Motive der Heiligsprechung Karls des Großen

Damit allerdings kommen wir zu den Motiven, die die Heiligsprechung Karls des Großen veranlaßt haben. Diese Frage ist in unserem Zusammenhang die wichtigste, zugleich aber auch eine komplexe und mit Unsicherheiten behaftete Frage.

Die nach dem Kanonisationsakt festgestellte Heiligkeit des größten Karolingerherrschers wurde nicht durch ein eigens zu diesem Zweck verfaßtes Schreiben der christlichen Welt mitgeteilt. Kenntnis von dem Vorgang jedoch gibt ein Privileg Friedrich Barbarossas vom 8. Januar 1166, in welchem dieser eine Privilegierung der in Aachen ansässigen Kleriker und Laien durch Karl den Großen in Form einer wörtlichen Wiederholung des »alten« Textes bestätigt. Um diesen Kern legt sich wie ein Mantel der von Barbarossa stammende zusätzliche Text, der einleitend vom Kanonisationsvorgang berichtet und

Abb. 1
Friedrich I. Barbarossa stehend mit Krone und Reichsapfel als Kreuzfahrer mit dem Kreuz auf Mantel und Schild dargestellt, Widmungsblatt mit Übergabe der Schrift durch Propst Heinrich von Schäftlarn (1164–1200) aus der Handschrift des Robert von St. Remi, Historia Hierosolymitana, süddeutsch um 1189. Rom, Vatikanische Bibliothek Vat. Lat. 2001, fol. 1r

von der Absicht des Staufers, die Gründung des Karolingers durch Bekräftigung ihres Rechtsstandes auszuzeichnen; im Anschluß an den Karlstext erläutert Barbarossa mit eigenen Worten, womit er im Grunde einen Teil des Karlsprivilegs nur wiederholt, daß es sich hinsichtlich Aachens um die Zierde des Römischen Reiches und das Haupt des deutschen Königreiches handle, er alle Rechte und Freiheiten bestätige, die der heilige Karl und seine Nachfolger dieser Stadt verliehen hätten, und daß keiner ihre Bürger in ihrer Freiheit beeinträchtigen dürfe.

Es darf nicht unerwähnt bleiben, daß Friedrich Barbarossa noch am 8. Januar und am 9. Januar 1166 je eine weitere Urkunde ausgestellt hat. Die erste bestätigt den Kanonikern des Aachener Marienstiftes Einkünfte, die ihnen von ihren Pröpsten zugewiesen worden seien; die zweite gewährt der Stadt zwei Jahrmärkte mit voller Zollfreiheit für die Kaufleute und trifft Anordnungen über die Münzprägung in Aachen, beides sei der Grabstätte Karls des Großen und der Krönungsstätte der deutschen Könige angemessen. Die Aufteilung auf drei Urkunden hatte offenkundig einen Sinn, wenn man sie aus dem Blickwinkel der Themen beurteilt. Der Karlstext mit dem ihn umgebenden Barbarossatext richtet sich auf die Vergangenheit; Karl der Große habe seine Gründung zu dem gemacht, was sie heute noch sei. Die Urkunde vom 9. Januar wandte sich dagegen der Zukunft zu; sie legte den Grund für einen wirtschaftlichen Aufschwung der Stadt. Diese beiden Urkunden können hier außer Betracht bleiben.

Insoweit erweckt die – nennen wir sie jetzt so – Kanonisationsurkunde den Eindruck, als sollte die Heiligsprechung der krönende Abschluß dessen sein, was Aachen dank der großen Freigiebigkeit des ersten Kaisers für das Reich bedeutete. Erhebliche Bedenken stellen sich jedoch ein, wenn man liest, daß es sich beim Karlstext in der Kanonisationsurkunde um eine Fälschung handelt. Dies ist einhellige Meinung, nicht nur weil es sich gar nicht um eine kaiserliche Urkunde handelt, sondern formal eher um ein dem Karolingischen Capitulare nachempfundenen Dekret, das in eine Kaiserurkunde zwecks Bestätigung wörtlich zu inserieren im 12. Jahrhundert noch recht selten war. Weit schwerer wiegt der Inhalt; daß Papst Leo III. die Pfalzkapelle konsekriert haben soll, entstammt einer späteren Legende, und die römischen Kardinäle und Ordensleute in dessen Begleitung waren in dieser Bezeichnung zur Zeit Karls des Großen noch nicht üblich bzw. überhaupt noch nicht möglich. Einig ist man sich darin, daß die Fälschung von einem Aachener Stiftskanoniker stammen muß und nicht vor dem 12. Jahrhundert formuliert worden sein dürfte, wann genau im 12. Jahrhundert, ist allerdings umstritten. Das Privileg Papst Hadrians IV. vom 22. September 1158 für den Dekan Richer und das Aachener Marienstift muß den Karlstext schon gekannt haben, denn es bezieht sich auf ihn und stimmt vereinzelt wörtlich mit ihm überein. Bemerkenswert ist der Hinweis im Hadrianspriveg auf den königlichen Stuhl, den Karl der Große habe aufstellen lassen, und auf Aachen, das der Kaiser als das »Haupt des transalpine Gallien« (»caput transalpine Gallie«) angesehen habe. Dieser Hinweis findet sich im Karlstext ausführlicher; der Aufstellung des königlichen Stuhles und dem Ansehen Aachens als (jetzt) »Haupt Galliens jenseits der Alpen« (»caput Gallie trans Alpes«, Gallien damals die Bezeichnung für den linksrheinischen Teil des Reiches) folgt der Zusatz, daß auf dem königlichen Stuhl die Könige, ihre Nachfolger und Erben des Reiches durch Krönung eingesetzt würden und infolgedessen einen Anspruch auf die Erlangung der kaiserlichen Majestät in Rom ohne jeden Einspruch besäßen. Einschließlich dieses Zusatzes findet sich der Hinweis auch in einer Abschrift des Karlstextes, die von Mönchen der Abtei Stablo vermutlich in Aachen gemacht worden ist, und zwar auf die noch einzig freie Seite eines Codex mit Abschriften der Werke Gregors des Großen; der Text Karls des Großen bricht dort ab, wo der Kaiser Verfügungen für den Ort Aachen getroffen hat. Ob diese Abschrift vor 1158 vorgelegen hat (so daß der Zusatz in der in Rom vorgelegten Kopie des Karlstextes ausgelassen worden sein muß oder von der Kanzlei Hadrians bei der Verwendung für das Papstprivileg unterdrückt wurde) oder nach 1158 getätigt wurde, läßt sich auf dem paläographischen Wege offenbar so einfach nicht entscheiden. Immerhin ist die Formulierung »trans Alpes« verdächtig; einen Sinn hatte sie eigentlich nur, wenn der Aussteller der Urkunde in Italien lebte. Sollte keine zur Kurie mitgebrachte Konzeptvorlage der Aachener Kanoniker existiert haben, wäre die Formulierung »trans alpes« seitens des Papstes eine Provokation gewesen, insofern sie der Tendenz seit dem Reformpapsttum entsprach, Deutschland und Italien als bislang nur Teile des Gesamtreiches möglichst weit voneinander zu trennen. Dann aber müßte man sich wundern, warum Friedrich Barbarossa den angeblichen Karlstext durch feierliche Bestätigung sich zu eigen machte.

Vorbilder in England und Frankreich

Noch mehr Aufmerksamkeit beansprucht der Hinweis Barbarossas selbst in der sogenannten Kanonisationsurkunde, er habe die Heiligsprechung »auf Bitten unseres liebsten Freundes Heinrich, des erhabenen Königs Englands« (»peticione karissimi amici nostri Heinrici illustris regis Anglie«) unternommen. Das Aachener Geschehen von 1165 befand sich in einer Phase, in der Kanonisationen berühmter Herrscher in Erwartung eines politischen Nutzens für den gegenwärtig lebenden Monarchen häufiger waren. Man braucht nur an Stephan I. von Ungarn zu erinnern, den Ladislaus I. aus demselben Geschlecht 1083 heiligsprechen ließ, oder an die Kanonisation Heinrichs II. im Jahre 1146. Gewöhnlich wird auf zwei Vorgänge hingewiesen, die dem Aachener Akt als Vorbild gedient haben können. Der Neubau des Chores von Saint-Denis bei Paris war 1144 der Anlaß, ihre Hauptheiligen aus der Krypta in den Hochchor zu verlegen; in der feierlichen Prozession trug König Ludwig VII. von Frankreich persönlich die Reliquien des heiligen Dionysius, was Ludwig in der späteren Bestätigungsurkunde für Saint-Denis ausführlich zu erwähnen nicht unterließ. Die Heiligsprechung Eduards des Bekenners am 7. Februar 1161 in der Westminsterabtei folgte dem französischen Vorbild; man wartete mit dem abschließenden Akt, bis König Heinrich II. von England von seinem Festlandsbesitz zurückkehrte, um am 13. Oktober 1163 persönlich an der Überführung des Schreines mitzuwirken. Damit bringt man die »Anregung« Heinrichs II. in der Aachener Kanonisationsurkunde in Verbindung. Man braucht sich nicht daran zu stoßen, daß im Bericht Barbarossas von einer Prozession mit einer besonderen Funktion des Kaisers keine Rede ist (auch nicht von einem Sarkophag, in dem Karls Gebeine bisher geruht hätten), sondern nur von einer Erhebung und einer der Verehrung gemäßen Aufstellung (»elevavimus et exaltavimus«) der Gebeine. Doch fragt man sich, welches Interesse Heinrich II. an einer Kanonisation haben konnte, die einer Festigung der Stellung Friedrich Barbarossas dienlich sein sollte, auch wenn die traditionsreiche und formelhafte Wendung »zum Erstarken des Römischen Reiches« (»ad corroborationem Romani imperii«) so wörtlich nicht genommen werden muß.

Die »petitio« Heinrichs II. war mehr als nur eine Anregung oder ein Ratschlag; hinter der Bitte nämlich steht die Nähe zur Forderung. In der Tat legt der politische Kontext Überlegungen in dieser Richtung nahe. Schon vor der Mitte des 12. Jahrhunderts beanspruchte die römische Kommunalbewegung die Herrschaft über die Stadt Rom und machte sie dem Papsttum streitig; da Rom schon seit der Antike die Quelle des Kaisertums sei und es auch dem Kaiser (in diesem Falle Konstantin I.) nicht gestattet sei, wesentliche Teile des Reiches zu verschenken, folgerte sie daraus das Recht der Kaiserkrönung an Stelle des Papstes. Friedrich Barbarossa setzte dem seinen Standpunkt entgegen, wonach seine Amtsvorgänger Karl der Große und Otto der Große auf einen Hilferuf der Römer hin sich der Stadt bemächtigt hätten, so daß er der Eigentümer Roms sei. Hadrian IV. suchte in dieser Situation den päpstlichen Anspruch zu retten, indem er 1157 auf dem Reichstag zu Besançon die Kaiserkrone als ein Lehen des Papstes erklären ließ, also als eine vom Papst verliehene Würde. In erboster Reaktion darauf verkündete Barbarossa die schon seit dem Investiturstreit vertretene Gottunmittelbarkeit seiner Würde; die alleinige Berechtigung zur Kaiserwahl sei vom römischen Senat der Antike auf die Großen seines Reiches übergegangen, nur die deutsche Königserhebung sei konstitutiv. Daraus resultiert offenkundig im Karlstext die Bezeichnung Aachens, des Ortes der Königskrönung, als Haupt des Reiches mit dem Zusatz, auf die Königskrönung erfolge widerspruchslos in Rom die Kaiserkrönung.

Der unmittelbare historische Kontext

In eine neue Phase trat die Auseinandersetzung 1159, als nach dem Tod Hadrians sich das Kardinalskollegium, gespalten in eine kaiserfreundliche und kaiserfeindliche Partei, nicht auf einen einzigen Nachfolger einigen konnte. Ein anschließendes Konzil in Pavia suchte vergeblich eine Entscheidung herbeizuführen. Sie scheiterte am Willen Barbarossas, nur Viktor IV. zu dulden, der sich für eine Zusammenarbeit von »Imperium« und »Sacerdotium« aussprach, d. h. für den

Abb. 2 vgl. Kat.Nr. 4 · 23
Rainald von Dassel, Darstellung des Kölner Erzbischofs und einflußreichsten Ratgebers von Kaiser Friedrich I. Barbarossa, der die Gebeine der Heiligen Drei Könige im Jahre 1164 von Mailand nach Köln übertrug, getriebene Halbfigur aus dem trapezförmigen Zwickelfeld der Rückseite des Dreikönigenschreins im Kölner Dom, Silber vergoldet, Köln um 1181 bis um 1230. Köln, Hohe Domkirche

Standpunkt des Kaisers, während sich die nicht vom Kaiser erreichbaren Länder wie Sizilien, Spanien, Frankreich und England für Alexander III. entschieden. Den französischen König, in dessen Reich Alexander Zuflucht gefunden hatte, 1162 für Viktor gewinnen zu können, scheiterte; die Streitigkeiten Heinrichs II. von England mit Thomas Becket, dem Erzbischof von Canterbury, wegen der Konstitutionen von Clarendon (Januar 1164), die alte Königsrechte gegen päpstliche Ansprüche wieder in Erinnerung rufen sollten, ließen hingegen den Übertritt Englands zum kaiserlichen Papst als realisierbar erscheinen. Doch am 20. April 1164 starb Viktor IV. und nur zwei Tage später sorgte (eigenmächtig?) Rainald von Dassel für die Fortsetzung des Schismas, indem er in Paschalis III. einen neuen Gegenpapst wählen ließ.

Von diesem Ereignis ab folgen die Gesamtdarstellungen zwei in der Interpretation unterschiedlichen Wegen. Der eine läßt Barbarossa dem Pontifikat Paschalis III. vorbehaltlos zustimmen. Die Flucht des Erzbischofs von Canterbury in das vom französischen König beherrschte Gebiet steigerte die Aussichten, den englischen König zum Anschluß an den kaiserlichen Papst bewegen zu können. Rainald von Dassel übernahm die Verhandlungen darüber am englischen Königshof; und mit ihm nahmen in der Tat zwei englische Gesandte auf dem Reichstag in Würzburg zu Ende Mai/Anfang Juni 1165 teil. Dieser Reichstag erlangte Berühmtheit, weil auf ihm alle Teilnehmer ein-

4 | Sacrum Imperium: Das Reich der Staufer und Friedrich I. Barbarossa

schließlich des Kaisers beeiden mußten, Alexander III. und dessen künftige Nachfolger als Schismatiker abzulehnen und nur Paschalis III. als einzig legitimem Papst zu gehorchen. Eine derart massive Maßnahme läßt vermuten, daß sich der Kaiser seiner Sache nicht mehr sicher sein konnte.

Diesen Akzent legt der zweite, nicht minder diskutable Weg nahe. Zumindest drei Erzbischöfe des Reiches – Konrad von Mainz, Wichmann von Magdeburg, Eberhard I. von Salzburg – waren mit der Fortsetzung des Schismas nicht einverstanden; die Großen Burgunds vom Südrand der Vogesen bis zur Rhônemündung tendierten zu Alexander III. und stärkten so den Einfluß des französischen Königs Ludwig VII. Angesichts der militärischen Notlage im Heiligen Land hatte Alexander III. im Januar 1165 zu Spenden aufgerufen, was in England und Frankreich auf ein entgegenkommendes Echo stieß. Ein Kreuzzug selbst konnte allerdings nicht stattfinden, bevor nicht das Papstschisma bereinigt war. Das scheint die Überlegung Barbarossas gewesen zu sein, bevor Rainald von Dassel mit dem englischen und anschließend mit dem französischen König über »den Zustand der Gesamtkirche und über den Fortbestand der gefährdeten Kirche im Orient« verhandeln sollte. Weil Heinrich II. einen Ausgleich mit Thomas Becket weit von sich wies, statt dessen aber den Übertritt zusammen mit 50 englischen Bischöfen zur Oboedienz Paschalis III. anbot, ersparte sich Rainald seine Weiterreise an den französischen Königshof, um mit dem nun veränderten Konzept der Planung Würzburg aufzusuchen. Während der Reichstag noch im Sinne der alten Planung begonnen hatte, traf Rainald dort verspätet ein und löste mit seinem Verhandlungsergebnis einen Aufruhr aus. Die Teilnehmer waren nur durch den Eid Rainalds, sich als schon 1158 zum Erzbischof Gewählter endlich zum Priester und Bischof in Kürze weihen zu lassen, zu beruhigen. Und die schon erwähnte Vereidigung aller Teilnehmer auf die Anerkennung Paschalis III. geschah auf Verlangen der beiden englischen Gesandten.

Wegen seines französischen Festlandbesitzes lebte der englische König in ständiger Spannung mit Ludwig VII. Es ist verständlich, daß Alexander III. für den französischen König zur Last wurde. Gedrängt von seinen Kardinälen, kehrte Alexander im September 1165 nach Rom zurück, wo er sich gegen Ende November niederließ.

Hier ist die Kanonisation Karls des Großen einzuordnen. Sie ist offenbar in gedrängter Eile in Absprache mit Heinrich II. beschlossen worden, um den einmal beschrittenen Weg auch auf der religiösen Ebene abzusichern. Die Aufstände der normannischen Barone in Süditalien drängten zum nächsten Schritt seitens des Kaisers, zur Eroberung Roms, der Gefangennahme Alexanders III., zur anschließenden Niederwerfung des sizilischen Königreiches der Normannen. Nachdem das Heer der Stadtrömer im Mai 1167 ver-

Abb. 3   Kat.Nr. 4 · 19
Friedrich I. mit Bügelkrone, Reichsapfel und Szepter thront zwischen seinen Söhnen König Heinrich VI. (Kaiser 1191–97) mit Königskrone und Herzog Friedrich V. von Schwaben mit Herzoghut, Welfenchronik aus Weingarten, zwischen 1185 und 1190/91. Fulda, Hessische Landesbibliothek, Cod. D. 11, fol. 14ʳ

Abb. 4   Kat.Nr. 4 · 6
Münze Friedrichs I. Barbarossa, der 1166 die Rechnung nach (Zähl-)Mark einführte. Das von ihm vorgeschriebene neue Münzbild sollte Bild, Name und Titel des 1165 heiliggesprochenen Karls des Großen zeigen, auf der Rückseite entsprechend Barbarossa selbst. Meist sind die Prägungen jedoch Denare nach schwerem Kölner Schlag mit einem Architekturbild, das Rom, das Haupt der Welt, das die Zügel des runden Erdkreises hält, darstellt (»Roma caput mundi tenet orbis frena rotundi«). Aachen, Verein Aachener Münzfreunde e. V., Münzsammlung Museum Burg Frankenberg

nichtend geschlagen war, konnte der Kaiser im Juli in die Ewige Stadt einziehen, seinen Papst Paschalis III. feierlich inthronisieren und seine Gattin Beatrix von diesem zur Kaiserin krönen lassen. Doch Alexander III. war in heimlicher Flucht entkommen. Und, was noch schwerer wog, im August 1167 wurde das kaiserliche Heer infolge einer plötzlich ausgebrochenen Epidemie dezimiert, alle Erfolge waren fürs erste vernichtet.

Dieses Geschick spiegelt sich in den Texten wider. In der Kanonisationsurkunde wird Karl der Große als ein Förderer der Kirchen und des christlichen Kultes gepriesen. Als Bekämpfer der Heiden in Sachsen, Friesland, Westfalen und Spanien durch Predigt und Schwert habe er sich als wahrer Apostel erwiesen. Obwohl er nicht eines gewaltsamen Todes gestorben sei, hätten ihm die leidvollen Mühen, die gefährlichen Kämpfe und die tägliche Bereitschaft, für die Bekehrung der Ungläubigen zu sterben, zum Märtyrer gemacht. Ihm sei er, Friedrich Barbarossa, in der Wahrung des Rechts und der Unversehrtheit des Reiches stets gefolgt. Die auf Kampf eingestellte Absicht – sei es die Wahrung alter Reichsrechte auch gegenüber dem Papsttum oder der Gedanke des Heidenkampfes, der die Kreuzzugsbewegung mittlerweile einschloß – ist deutlich zu erkennen.

Eine Aachener Vita Karls des Großen

Kurz nach der Kanonisation verfaßte ein wahrscheinlich Aachener Kanoniker ein ausführliches Lebensbild Karls des Großen, wie man allgemein annimmt, um 1169/1170. Er tat es auf Geheiß Friedrich Barbarossas, damit sich der Kaiser sicherer über die Heiligkeit des Lebens und der Lebensweise des großen Vorbildes freuen könne. Obwohl ein Lebensbild in der Regel längst vor der Kanonisation zum Beweis der Heiligkeit erstellt wurde, hatte dieses Lebensbild den Beweis gewissermaßen nachzuliefern. Und obwohl die Kanonisationsurkunde einschließlich des Karlstextes in das Lebensbild aufgenommen wurde, verfolgt dieses eine andere Intention. In der Einleitung schreibt der unbekannte Autor ausdrücklich, daß er die herausragenden Taten und die triumphreiche Geschichte der Kriege Karls anderen Darstellungen überlassen wolle. Worauf er sich statt dessen konzentriert, ist die Gründung und Fürsorge für Kirchen und Klöster, der unermüdliche Reliquienerwerb und die freigebige Weitergabe solcher Reliquien, Karls Aufenthalt in Konstantinopel sowie in Jerusalem und seine erfolgreiche diplomatische Hilfe für die dortigen Christen, und noch ausführlicher Karls Reise nach Spanien, wo sich ihm der Apostel Jacobus zu erkennen gegeben, Karl ihm eine Basilika erbaut und die Hilfe des Heiligen erfleht habe, um die Stadt Pamplona erobern und somit die Reconquista in die Wege leiten zu können. In Wirklichkeit ist der Karolinger nie in Konstantinopel oder Jerusalem gewesen, und von Santiago de Compostela konnte er noch nichts wissen. Aber es ist erstaunlich, wie viel der Verfasser an erreichbaren Nachrichten zusammengetragen hat. Heute sind wir ziemlich genau über Kontakte in den Jahren 797 bis circa 808 zwischen dem karolingischen Hof, dem Kalifen in Bagdad und dem Patriarchen von Jerusalem unterrichtet. Auf völlig unblutige Weise hatte Karl den Christen im Heiligen Land eine vorübergehend ungefährdete Stellung vermittelt und Karl wurde deshalb mit wertvollen Reliquien bis hin zum angeblichen Dorn aus der Dornenkrone Christi belohnt. Der Feldzug Karls in das nördliche Spanien (Saragossa) hat tatsächlich stattgefunden; doch gäbe es keinen Grund, ihn ausführlicher als nur mit einem Satz zu erwähnen, so wie die Eroberung der Sachsen oder Friesen, wenn der »Liber sancti Jacobi« den gutgläubigen Verfasser nicht »verführt« hätte. Es handelt sich um eine im früheren 12. Jahrhundert in Santiago entstandene, breite Werbung für die Pilgerfahrt zum Grab des heiligen Jacobus, in die auch als 4. Buch der sogenannte Pseudo-Turpin eingegangen ist, eine dem Reimser Erzbischof Turpin (748/49 – 794) zugeschriebene, in Wirklichkeit aber erst um 1140 im Kloster Saint-Denis bei Paris entstandene Darstellung, die Karl dem Großen zuschreibt, den Zugang zum Apostelgrab durch die Bekämpfung der Mauren geschaffen und der Kirche von Santiago zum Vorrang in ganz Spanien verholfen zu haben.

In diesem Gesamtbild ist von einer Behauptung von Reichsrechten oder von Aachen als dem politischen Haupt des Reiches kaum noch die Rede. Die Katastrophe des kaiserlichen Heeres von 1167 und die Erkenntnis, dem eigenen Papst die allgemeine Anerkennung nicht verschaffen zu können, zumal Heinrich II. von England seit der Rückkehr Thomas Beckets aus dem Exil im Jahre 1170 an das Versprechen seines Übertritts nicht mehr denken konnte, andererseits die Furcht Barbarossas, das Gesicht zu verlieren, wenn er den Beschluß des Würzburger Reichstages widerrufe, ließen das Problem unerledigt und bis zu einem gewissen Grade entschärft. Vor diesem Hintergrund verschob der Autor seine Intention auf eine ganz andere Ebene. Karl der Große bildet nunmehr die Klammer zwischen den beiden großen Pilgerzielen der Christenheit, nämlich Jerusalem und Santiago, nachdem Rom seit 1030 etwa als Pilgerziel in den Hintergrund getreten war. Noch war Aachen kein überregionales Pilgerziel, aber auf die Art und Weise hin, wie der alte Kaiser zu sehen vorgestellt wurde, bestanden Aussichten, sich den beiden anderen Pilgerzentren zuzuordnen, zumal Aachen dank Karls Erwerbungen wichtiger Reliquien gerade aus Jerusalem nicht auf die Anziehungskraft Karls des Großen allein angewiesen war.

Der Karlsschrein

Einen weiteren Niederschlag der Verehrung Karls des Großen beobachtet man in Verbindung mit dem 1182 begonnenen Aachener Karlsschrein. Es ist wohl kein Zufall, daß Friedrich II. am Festtag des heiligen Jacobus, dem 27. Juli 1215, den letzten Nagel in den Schrein schlug, womit die Arbeit an diesem Reliquienbehälter endgültig abgeschlossen war, und daß der junge König im selben Akt einen Kreuzzug unter seiner Führung gelobte ohne Absprache mit dem gleichzeitig tagenden IV. Laterankonzil, das einen kaiserlichen Kreuzzug für die Zukunft ablehnte. Auch daß die Seitenwände des Schreins statt der üblichen Apostelfiguren mit den Kaiserstatuen von Ludwig dem Frommen an bis zu Friedrich II. einschließlich geschmückt wurden (die heutige Reihenfolge ist nicht ursprünglich), erscheint wie ein Rückgriff auf die Position Friedrich Barbarossas, allerdings nicht mehr mit einer gegen den Papst gerichteten Spitze; denn die Auswahl der Amtsnachfolger Karls scheint über die Karolinger des lotharingischen Mittelreiches ab Heinrich I. die Könige der ostfränkisch-deutschen Amtssukzession zu berücksichtigen, die allein eine Anwartschaft auf die Kaiserwürde besaßen. Die Dachreliefs des Schreins hingegen folgen dem Lebensbild des großen Kaisers von 1169/70 sowohl hinsichtlich der Taten in Spanien als auch der Besuche in Konstantinopel und Jerusalem; man muß es so formulieren, denn der Pseudo-Turpin ist erst durch den nach Aachen gelangten »Liber sancti Jacobi« in Deutschland bekannt und im Zuge der Karlsverehrung verbreitet worden. Auf diese Weise wurden beide Intentionen, die des Kanonisationsaktes und die des Lebensbildes, miteinander vereint der Nachwelt überliefert.

Appelt, Heinrich (Hg.): Die Urkunden der deutschen Könige und Kaiser, Bd. 10,2 (MGH Diplomata Friderici I.) Hannover 1979, Nr. 501–505.
Borgolte, Michael: Der Gesandtenaustausch der Karolinger mit den Abbasiden und mit den Patriarchen von Jerusalem, München 1976.
Engels, Odilo: Stauferstudien. Beiträge zur Geschichte der Staufer im 12. Jahrhundert, Sigmaringen ²1996.
Georgi, Wolfgang: Friedrich Barbarossa und die auswärtigen Mächte. Studien zur Außenpolitik 1159–1180, Frankfurt a. Main 1990.

Groten, Manfred: Studien zum Aachener Karlssiegel und zum gefälschten Dekret Karls des Großen, in: Zeitschrift des Aachener Geschichtsvereins 93 (1986), S. 5–30.

Ders.: Die Urkunde Karls des Großen für St.-Denis von 813 (D 286), eine Fälschung Abt Sugers?, in: Historisches Jahrbuch 108 (1988), S. 1–36.

Herbers, Klaus/Plötz, Robert: Nach Santiago zogen sie. Berichte von Pilgerfahrten ans »Ende der Welt«, München 1996.

Ders.: Der Jakobuskult des 12. Jahrhunderts und der »Liber sancti Jacobi«, Wiesbaden 1984.

Hehl, Ernst-Dieter: Was ist eigentlich ein Kreuzzug?, in: Historische Zeitschrift 208 (1994), S. 297–336.

Karl der Große, hg. von Wolfgang Braunfels und Percy Ernst Schramm, Bd. 5: Das Nachleben, Düsseldorf 1967.

Karl der Große und sein Schrein in Aachen, hg. von Hans Müllejans, Mönchengladbach 1988.

Laudage, Johannes: Alexander III. und Friedrich Barbarossa, Köln 1997.

Meuthen, Erich: Aachener Urkunden 1101 – 1250, Bonn 1972.

Petersohn, Jürgen: Saint-Denis – Westminster – Aachen. Die Karlstranslation von 1165 und ihre Vorbilder, in: Deutsches Archiv 31 (1975), S. 420–454.

Rauschen, Gerhard: Die Legende Karls des Großen im 11. und 12. Jahrhundert, Leipzig 1890.

Kurzfassung

Das wichtigste Ereignis im Nachleben Karls des Großen war seine Heiligsprechung in Aachen am 29. Dezember 1165. Es handelte sich um ein rechtsförmlich korrektes Verfahren in Anwesenheit Kaiser Friedrich Barbarossas mit Zustimmung des abwesenden kaiserlichen Gegenpapstes. Problematisch ist die Motivation Barbarossas, das Verfahren in offenkundiger Eile durchzuführen. Mit Sicherheit spielte die Legitimation der vom antikaiserlichen Papst angefochtenen Gottunmittelbarkeit der Kaiserwürde eine entscheidende Rolle; die Grabstätte Karls und endgültig seit dem 11. Jahrhundert die Krönungskirche der deutschen Könige eigneten sich hervorragend als demonstratives Symbol; überdies war aus demselben Grund die Formel »Sacrum Imperium« seit 1157 in Gebrauch. Als weiteres Motiv kommt vielleicht ein vom Kaiser zusammen mit dem englischen König Heinrich II. geplanter Kreuzzug, der zur Entmachtung des antikaiserlichen Papstes beitragen sollte, hinzu, weswegen Karl in der Kanonisationsurkunde auch als unermüdlicher Heidenkämpfer gepriesen wird. Der Autor der wenige Jahre nach der Kanonisation verfaßten Heiligenvita Karls stellte diesen Aspekt jedoch zugunsten der vom alten Kaiser favorisierten Wallfahrtsziele Jerusalem und Santiago unter gutgläubiger Verwendung legendärer Vorlagen zurück, so daß Aachen als aufkommender dritter großer Wallfahrtsort – und Karl gewissermaßen als Klammer aller drei Orte – in Erscheinung treten konnte. Der Karlsschrein und seine Fertigstellung im Jahre 1215 wiederum vereinigt alle drei Momente: die Selbstachtung des Reiches, die Bemühungen Karls um Jerusalem und Santiago, die Wiedereroberung des Heiligen Grabes unter kaiserlicher Führung (nunmehr durch Friedrich II.).

Résumé

Le 29 décembre de l'an de grâce 1165, Charlemagne fut canonisé à Aix-la-Chapelle : pour la postérité, il s'agissait là d'un événement marquant, destiné à perpétuer le souvenir du grand empereur. Au plan juridique, la démarche fut sans reproche : elle se déroula en présence de l'empereur Frédéric Barberousse, avec l'approbation de l'antipape impérial – qui n'assistait d'ailleurs pas à la cérémonie. Une cérémonie bâclée qui, organisée à la va-vite, pose tout de même un problème : pourquoi Barberousse a-t-il fait preuve d'une telle hâte ? Certes, il convenait de légitimer dare-dare le principe de la monarchie impériale de droit divin, combattue par le pape anti-impérial. Et le plus tôt serait le mieux … Le sépulcre de Charlemagne et, depuis le XIème siècle, la cathédrale du couronnement, se prêtaient idéalement à une démonstration symbolique de premier ordre ; de plus, la formule »Sacrum Imperium« avait été introduite dans le même but en 1157. Sans doute peut-on également arguer que l'empereur voulait entreprendre, avec le roi d'Angleterre, Henri II, une croisade destinée à anéantir la puissance du pape anti-impérial : c'est d'ailleurs la raison pour laquelle l'acte de canonisation chante les louanges de Charlemagne – qui n'a cessé de combattre les païens. L'auteur de l'hagiographie de Charlemagne, rédigée quelques années après la canonisation, minimise pourtant cet aspect en mettant l'accent sur les pèlerinages à Jérusalem et à Compostelle, utilisant de bonne foi à cet effet des sources légendaires : Aix-la-Chapelle pouvait ainsi apparaître comme le troisième lieu de pèlerinage, Charlemagne faisant office de trait d'union entre les trois cités offertes à la vénération des fidèles. Terminée en 1215, la châsse de Charlemagne réunit ces trois éléments : la haute opinion que l'empire avait de lui-même, les efforts accomplis par Charlemagne à Jérusalem et à Saint-Jacques-de-Compostelle et la reconquête du Saint Sépulcre sous la conduite de l'empereur – un empereur qui était à l'époque Frédéric II.

Samenvatting

De belangrijkste gebeurtenis die de nagedachtenis van Karel de Grote heeft voortgebracht was zijn heiligverklaring op 29 december 1165. Het ging hierbij om een juridisch correcte handeling in aanwezigheid van keizer Frederik Barbarossa en met toestemming van de afwezige keizerlijke tegenpaus. Problematisch is de haast waarmee Frederik Barbarossa de procedure liet doorvoeren, hieruit blijkt namelijk zijn tactische motivatie. Zeker speelde de legitimatie van de, door de anti-keizerlijke paus aangevochten, positie van de keizer, door God en niet door een paus aangesteld te zijn, een doorslaggevende rol. De laatste rustplaats van Karel en zeker de sinds de 11e eeuw als kroningskerk van de Duitse koningen dienstdoende Kapel waren uitermate geschikt als symbool, bovendien was om dezelfde reden de formule »Sacrum Imperium« sinds 1157 in zwang. Nog een motief is mogelijk een door de keizer samen met de Engelse koning Hendrik II geplande kruistocht, die mede bedoeld was om de macht van de anti-keizerlijke paus te verzwakken. Daarom ook wordt Karel in de canonisatieoorkonde als onvermoeibaar bestrijder van de heidenen geprezen. De auteur van de enkele jaren na de canonisatie opgestelde hagiografie van Karel liet dit aspect enigszins links liggen ten gunste van de door de oude keizer gefavoriseerde bedevaartsoorden Jeruzalem en Santiago – met goedgelovig gebruik van legendarische voorbeelden – waardoor Aken als opkomende derde bedevaartsplaats en Karel als het ware als rode draad tussen deze drie plaatsen ten tonele konden worden gevoerd. De karelschrijn en diens afronding in 1215 verenigden wederom alle drie de aspecten: het zelfrespect van het rijk, de bemoeienissen van Karel ten aanzien van Jeruzalem en Santiago en de herovering van het Heilige Graf onder keizerlijke leiding (nu door Frederik II).

Shrnutí

Nejdůležitější událostí v posmrtném působení Karla Velikého bylo jeho svatořečení dne 29. prosince 1165 v Cáchách. Z právního hlediska bylo přitom postupováno správně, za přítomnosti císaře Fridricha Barbarossy a za souhlasu nepřítomného císařského protipapeže. Problematické jsou však motivy Barbarossova rozhodnutí postupovat přitom ve zjevném spěchu. Významnou roli určitě hrál problém bezprostředně Bohem daného charakteru císařské hodnosti, který byl popírán proticísařským papežem. Karlův hrob a od 11. století nesporně též korunovační kostel německých králů sehrály vhodně roli demonstrativního symbolu; navíc se od roku 1157 z téhož důvodu používalo výrazu »Sacrum Imperium«. Dalším motivem mohla být křížová výprava, kterou císař plánoval společně s anglickým králem Jindřichem II. a která měla přispět k sesazení proticísařského papeže. Proto je Karel Veliký v kanonizační listině chválen jako neúnavný bojovník proti pohanům. Autor Života svatého Karla Velikého (napsaného několik let po Karlově svatořečení) však ukazuje tento aspekt v souvislosti s oblíbenými poutními cíli dřívějších císařů, Jeruzalémem a Santiagem, přičemž v dobré víře poukazuje na legendární předlohy a Cáchy se tak stávají třetím velkým poutním místem; Karel je v určitém smyslu spojnicí všech tří míst. Karlova truhla, dotvořená v roce 1215, opět sjednocuje všechny tři prvky: sebeúctu říše, Karlův zájem o Jeruzalém a Santiago a znovudobytí svatého hrobu pod vedením císaře (nyní Fridricha II.).

Summary

The most important event in the aftermath of Charlemagne was his canonisation in Aachen on the 29th of December 1165. This occurred during a politically correct procedure in the presence of Emperor Frederick Barbarossa with the consent of the absent imperial counter-pope. What was problematic was Barbarossa's motivation to get the procedure over and done with in a hurry. With certainty it was the legitimisation of the emperor's immediacy to God which was attacked by the counter-pope, that played an important part; Charles' grave and finally since the 11th century the coronation Church of the German kings, were very apt to demonstrate this symbol; moreover, since 1157 for the same reason the words »sacrum imperium« were in use. As a further motive there was a crusade that was planned by the emperor together with the English king Henry II to deprive the anti-imperial pope of power, which is why Charles is praised as having been an untiring soldier against heresy in the certificate of his canonisation. The author of the »holy life of Charles« that was written some years after his canonisation however, downgraded this aspect in favour of the places of pilgrimage which the old emperor had chosen, Jerusalem and Santiago, using legendary stories naively, so that Aachen appeared as third place of pilgrimage – and Charles on the periphery in all three places. The Charles' shrine and its completion in 1215 in turn unified all three moments: the self-esteem of the Reich, Charles' efforts in Jerusalem and Santiago, the re-conquest of the holy grave under imperial leadership (now via Frederick II.)

Ursula Nilgen (München)

Herrscherbild und Herrschergenealogie der Stauferzeit

Abb. 1
Königssiegel Friedrichs I. Barbarossa an einer Urkunde von 1154. Die beiden überlieferten Siegeltypen Friedrichs I. zeigen eine Steigerung der Herrscherwürde durch die Pracht von Gewand und Thron. Maasgebiet/Lüttich, 1152. Marburg, Hessisches Staatsarchiv, Kl. Annaberg 1154, Mai 3 (St. 3685)

Kat.Nr. 4 · 3

Die Herrscher-Ikonographie der Siegel und Münzen in der frühen Stauferzeit

Wichtigster Ort für das Bild des lebenden Herrschers, des Königs oder Kaisers, waren im hohen Mittelalter Siegel und Münzen. Die Münzen verbreiteten meist eine sehr summarische Darstellung des herrscherlichen Kopfes – frontal oder im Profil – mit grober Angabe der Insignien und Barttracht; die sorgfältig ausgearbeiteten Siegel und Goldbullen gaben den Herrscher als frontal thronende Ganzfigur oder als Halbfigur wieder, meist mit ostentativ vorgewiesenen Insignien und genauer Angabe der Barttracht. Porträtähnlichkeit im modernen Sinne war nicht angestrebt, wohl aber die Wiedergabe eines durch das Individuum vertretenen Typus. Dieser Typus mochte sehr allgemein auf den realen Zügen des jeweiligen Herrschers beruhen; er konnte aber – wie auch die persönliche Stilisierung des individuellen Aussehens – ebenso einer bewußten Wahl, etwa der Angleichung an einen bedeutenden Vorgänger, entsprechen.[1]

Münzen und Siegel der staufischen Herrscher lehnen sich zunächst weitgehend an die Praxis ihrer Vorgänger aus dem salischen Herrscherhaus an, mit dem sie über die Mutter Konrads III. (1138–1152) ja auch direkt verwandt waren. Doch gibt es schon unter Konrad III. erste Neuerungen. So lehnt sich das Siegel zwar in der strikt frontalen Haltung des thronenden Königs in langer Tunika und gefiebeltem Mantel, die Bügelkrone mit Pendilien auf dem Haupt und mit dem Lilienzepter in der seitlich ausgestreckten Rechten, eng an die Siegel seiner unmittelbaren Vorgänger Heinrichs V. und Lothars III. an, doch wird die bisher übliche, symmetrisch nach beiden Seiten ausgebreitete Haltung der Arme abgemildert, indem nun die Linke mit dem Reichsapfel im Schoß ruht. Die Tracht wird durch Gürtel- und Bordürenschmuck bereichert, der Mantel nicht mehr auf der rechten Schulter, sondern vorn am Hals und nur wenig zur Rechten verschoben geknüpft, so daß er in einem spitzen Winkel zwischen die Knie fällt. Vor allem der Thron ist nun reich geschmückt und mit einer hohen Rücklehne versehen, ein bis dahin im Westen nicht übliches, wohl aus der byzantinischen Kaiser-Ikonographie übernommenes Detail.[2]

Diese Steigerung der Herrscherwürde durch die Pracht von Gewand und Thron nehmen beide überlieferten Siegeltypen Friedrichs I. Barbarossa auf, wobei nun die Rücklehne des Throns leicht nach oben gebogen und damit der Rundung der Siegelform harmonischer eingepaßt ist. Vor allem das Königssiegel (Abb. 1), dessen Typar Abt Wibald von Stablo unmittelbar nach der Königskrönung 1152 im Auftrag Friedrichs von einem ausgezeichneten maasländischen Goldschmied besorgte, übernimmt wesentliche Züge in der Gestaltung der Tracht, erreicht in der Komposition und Gestaltung der Figur aber ein bisher unerreichtes künstlerisches Niveau. Konrads gelassene Haltung des Globus im Schoß wird aber zugunsten der traditionellen symmetrischen Vorweisung der Insignien wieder aufgegeben, besonders im ebenfalls durch Wibald 1154/55 besorgten Kaisersiegel Barbarossas. Trotz der engen Anlehnung an das Königssiegel wirken hier Komposition und Einzelformen in zeremonieller Symmetrie verhärtet, doch hat die Figur an Größe und Volumen gewonnen. – Die ebenfalls über Wibalds Vermittlung beschafften Goldbullen der Königs- bzw. Kaiserzeit Friedrichs I. nehmen den für Lothar III. bezeugten Typus von 1137 auf: die Halbfigur des Herrschers mit symmetrisch vorgewiesenen Insignien aus einem Mauerkranz aufragend, und auf der Rückseite ein stilisiertes Stadtbild der AUREA ROMA, nun erstmals mit dem Rundbau des Kolosseums in der Mitte. Das Bildnis Barbarossas ist jeweils durch kurzes lockiges Haupthaar, einen kurzen glatten Backenbart und einen in diesen hinein verlaufenden, hängenden Schnurrbart gekennzeichnet.[3] Damit entspricht es ganz allgemein der für unsere Zwecke wenig detaillierten Beschreibung, die Rahewin im Schlußkapitel der 1160 vollendeten »Gesta Frederici« vom Kaiser bietet: »(...) sein Haar ist blond und oben an der Stirn etwas gekräuselt, die Ohren werden kaum durch darüberfallende Haare verdeckt, da der Barbier aus Rücksicht auf die Würde des Reichs das Haupthaar und den Backenbart durch dauerndes Nachschneiden kürzt. Seine Augen sind scharf und durchdringend, die Nase ist schön, der Bart rötlich, die Lippen sind schmal und nicht durch breite Mundwinkel erweitert, und das ganze Antlitz ist fröhlich und heiter.« (Gesta Frederici, 708–709).

Der Cappenberger Kopf

Angesichts des durch diese vorzüglichen Siegelabdrücke und Goldbullen eindeutig belegten, »authentischen Bildnisses« Friedrichs I. Barbarossa erstaunt es, wenn das berühmteste, von der Forschung einhellig als solches interpretierte »Portrait« dieses Kaisers, der Cappenberger Kopf (Abb. 2), einen doch deutlich andersartigen Typus wiedergibt und auch von der Beschreibung Rahewins abweicht. Der unterlebensgroße, vergoldete Bronzekopf, der m.E. ursprünglich mit einem nicht erhaltenen Sockel verbunden war und möglicherweise erst anläßlich seiner Verschenkung an Graf Otto von Cappenberg seinen jetzigen Untersatz erhielt,[4] stellt einen Imperator dar, dessen Form und Insignie sich auffallend antikisch geben: Statt einer mittelalterlichen Krone trug der Herrscher einen aus edlem Metall separat gefertigten, heute verlorenen Lorbeerkranz oder ein Diadem, das am Nacken mit Bändern geknüpft war; der mit dem Kopf in einem Stück gegossene, stark stilisierte Knoten dieser Knüpfung ist deutlich zu sehen. Das kurz gehaltene Haupt- und Barthaar ist in extrem eng gedrehten Locken wiedergegeben, die ebenfalls von antiken Portraits angeregt scheinen. Die Gesichtszüge haben etwas merkwürdig Angestrengtes, das vor allem in den vierfachen Lid- und Brauenbögen, der scharfen Nasolabialfalte und den erweiterten Winkeln des winzigen Mundes mit dem querstehenden Schnurrbart zum Ausdruck kommt. Von den typischen Zügen der Siegel- und Bullenbilder Barbarossas findet sich hier kaum etwas: dort sind die Haare zwar auch kurz aber nur weich gelockt, der kurze Bart ist glatt, der Schnurrbart wie auch sonst im Hochmittelalter üblich hängend und in den Wangenbart verlaufend wiedergegeben. Mit Rahewins Beschreibung stimmt allenfalls die Kürze von Haupt- und Barthaar überein, aber die dicht gedrängten Schneckenlocken erwecken keine Assoziation an das »an der Stirn etwas gekräuselte Haar« Friedrichs, und vor allem spricht Rahewin weder von Locken des Bartes noch von einem so ungewöhnlich geformten Schnurrbart. Dieser betont quer stehende Schnurrbart findet sich bei hochmittelalterlichen Herrscherbildern des Reichs überhaupt nur noch ganz selten, und zwar bei »Bildnissen« Karls des Großen: so auf dem später als Siegel der Stadt

Abb. 2   Kat.Nr. 4 · 13
Sog. Cappenberger Kopf, gilt als Bildnis des Kaisers Friedrich Barbarossa. Angesichts des durch Siegelabdrücke und Goldbullen eindeutig belegten »authentischen Bildnisses« Friedrichs I. Barbarossa erstaunt es, wenn das berühmteste, von der Forschung einhellig als solches interpretierte »Portrait« dieses Kaisers, der Cappenberger Kopf, einen doch deutlich andersartigen Typus wiedergibt. Bronze, vergoldet, nach 1152. Dortmund, Museum für Kunst- und Kulturgeschichte, Selm-Cappenberg, Schloß Cappenberg, Stiftskirche St. Johannes

Herrscherbild und Herrschergenealogie der Stauferzeit

Aachen verwendeten Karlssiegel, das schon 1134 nachgewiesen ist, und am Aachener Karlsschrein.[5] Die Forschung hat daraus zu schließen gesucht, daß das Karlsbild dem des regierenden Kaisers, der sich als »neuer Karl« empfand, nachgebildet worden sei, eine gewagte These, die bezüglich des Karlssiegels auf Schwierigkeiten hinsichtlich der Datierung stößt und der die glatten Barthaare des Karl am Karlsschrein widersprechen.

Für die Identität des Cappenberger Kopfes hat all dies m.E. Konsequenzen. Seine Identifizierung mit Barbarossa beruht einzig und allein auf dem keineswegs eindeutigen Text des sogenannten Testaments Ottos von Cappenberg, das dieser als Propst von Cappenberg (1156–71) für zukünftige Generationen, wie er selbst sagt, verfaßte. Dort führt er die Schätze an, die er seiner Kirche vermacht, so ein goldenes Gemmenkreuz, »quin et capud argenteum ad imperatoris formatum effigiem cum sua pelvi nichilominus argentea«, sowie einen Kelch, den ihm der Bischof von Troyes geschickt hatte. Der Text erwähnt Friedrich I. nicht; er spricht nur von einem nach dem Bild des – oder eines – Kaisers geformten silbernen (!) Kopf. Die als zugehörig erwähnte Schale, im Berliner Kunstgewerbemuseum erhalten, zeigt eine nachträglich eingravierte Darstellung der Taufe Friedrichs, bei der Otto als Pate mitwirkte, und eine umlaufende Inschrift, die »hec munera«, »diese Geschenke« erwähnt, die Kaiser Friedrich seinem Paten Otto übergab und die dieser Gott weihte. Mit ihnen sind, so muß man annehmen, Kopf und Schale gemeint (Grundmann 1959. – Zeit der Staufer, Bd. 1, 1977, Nr. 536. – Schramm 1983, Nr. 212). Der Kopf steht also zweifellos in enger Beziehung zu Barbarossa und ist »nach dem Bild eines Kaisers geformt« – aber ist es das Bild des regierenden Kaisers? Oder ist es nicht vielmehr das Bild des Kaisers schlechthin, dem Friedrich I. ausdrücklich nacheiferte, Karls des Großen? Für eine solche Identifizierung sprechen mehrere Gründe: Einmal ist es der quer stehende Schnurrbart, der übrigens, abgesehen von den beiden zitierten Werken, auch schon in zeitgenössischen Bildern Karl charakterisiert zu haben scheint, wie man einigen Nachzeichnungen nicht erhaltener römischer Mosaiken mit Darstellungen Karls als Stifter entnehmen kann.[6] Zum anderen entspricht der (verlorene) antike Kranz des Cappenberger Kopfes den Münzbildern Karls des Großen im Lorbeerkranz, die übrigens auch einen betont abgesetzten, aber hängenden Schnurrbart zeigen.[7] Und schließlich war spätestens mit dem Aachener Karlssiegel außer dem quer stehenden Schnurrbart auch gelocktes Haupt- und Barthaar in die Karls-Ikonographie eingeführt worden.

Auch als »Bildnis« Karls des Großen würde dem Cappenberger Kopf seine Einzigartigkeit bleiben, und auch zu einer solchen Identifizierung würde der m.E. nachträglich für diesen Kopf geschaffene Sockel inhaltlich gut passen. Herrmann Fillitz hat mit Recht auf die konzeptionelle Nähe des aus dem Zinnenkranz ragenden Kopfes zu den Goldbullen Friedrichs I. hingewiesen. Aber nicht nur Barbarossa, sondern schon Lothar III. und möglicherweise auch seine unmittelbaren Vorgänger hatten sich auf ihren Goldbullen als Halbfigur aus dem Mauerkranz der »Aurea Roma« ragend darstellen lassen, und für Karl, den ersten in Rom gekrönten Kaiser des Mittelalters, wäre eine solche Konzeption erst recht angemessen.

Bemerkenswert bleibt, daß dieses einzigartige Bildwerk in keiner Quelle eindeutig bezeichnet ist. Es trägt zwar eine Inschrift, die Otto von Cappenberg auf Kopf und Untersatz anbringen ließ, aber diese wendet sich an den »Apocalista« Johannes, dessen Haar-Reliquien Otto in dem Kopf barg, und suggeriert so eine Identität des Apostels und Evangelisten Johannes mit dem Imperatorenkopf – eine offensichtlich künstliche und dem Bildwerk nicht angemessene Benennung, die aber ihre Gründe haben dürfte. Denn es scheint, daß mit diesem »Bildnis« des Kaisers, dessen Identität möglicherweise bewußt im Unklaren und daher zwischen Urbild (Karl) und zeitgenössischer Aktualisierung (Friedrich I.) schillernd gelassen worden war, Grenzen des allgemein Akzeptierbaren berührt worden waren; daß vielleicht schon die Verschenkung des für einen anderen Zweck bestimmten Kopfes an Otto von Cappenberg mit dem Fallenlassen eines als inopportun erkannten Plans zusammenhängt, und daß Otto eiligst ein Johannes-Reliquiar daraus machte, um die Brisanz des Objekts zu entschärfen.[8]

Das Armreliquiar Karls des Großen ehemals in Aachen

Ein wichtiges Zeugnis staufischer Herrscherdarstellung bietet das Armreliquiar Karls des Großen (Kat.Nr. 4 · 16), das wahrscheinlich schon im Vorfeld der geplanten Erhebung der Karls-Gebeine (am 29.12.1165) 1165 im Auftrag Friedrichs I. und seiner Gemahlin Beatrix von Burgund von einem hervorragenden maasländischen Goldschmied geschaffen und dem Aachener Marienmünster geschenkt wurde.[9] Auf der Innenseite des Deckels bezeichnet eine Inschrift die ehemals darin geborgene Reliquie. Die Seiten des schmalrechteckigen Kastens sind durch niedrige Arkaden gegliedert, unter denen inschriftlich bezeichnete Heilige und Herrscher in Halbfigur als silberne Treibreliefs erscheinen: auf der Vorderseite flankieren Barbarossa und Beatrix die von Engeln verehrte, gekrönte Muttergottes mit dem Christuskind, die Patronin des Aachener Münsters; der Kaiser hält Globus und Zepter in Händen, Beatrix präsentiert in verhüllter Hand ein Doppelkreuz, offenbar ein Reliquiar mit einer Kreuzreliquie, die sie nachweislich dem Aachener Marienstift schenkte.[10] Auf der Rückseite sieht man König Konrad III. und Herzog Friedrich von Schwaben, vermutlich Barbarossas Vater (oder Großvater), zu seiten des von Petrus und Paulus flankierten, segnenden Christus.[11] Die Apostelfürsten, die weder im Aachener Patrozinium noch in den dortigen hochmittelalterlichen Reliquienschätzen einen prominenten Platz eingenommen zu haben scheinen, dürften hier in ihrer Rolle als Patrone des Papsttums und als Hinweis auf die (gegen)päpstliche Genehmigung der Karls-Erhebung eingefügt sein. An den Schmalseiten des Kastens erscheinen in strikt frontaler Haltung Kaiser Ludwig der Fromme, der Sohn Karls des Großen, der den Vater in Aachen beerdigen ließ, und der jugendliche Kaiser Otto III., der schon einmal das Grab Karls hatte öffnen lassen. Die gekrönten Herrscher präsentieren ihre Insignien, Globus und Zepter, der in der Rüstung wiedergegebene Herzog hält die Fahnenlanze. Haltung und Insignien der Herrscher schließen sich eng an die Siegel- und Bullenbilder an; das gilt auch für den Kopftyp Barbarossas mit seinem glatten kurzen Bart und in diesen hinein hängenden Schnurrbart.

Die Versammlung einer solchen Serie von Herrschern, die nicht als Heilige verehrt wurden und, abgesehen von Barbarossa und Beatrix, auch nicht als Stifter gelten können, an einem Reliquiar ist völlig singulär und bedarf der Erläuterung. Die Auswahl der Dargestellten definiert sich nach unterschiedlichen Gesichtspunkten: nach der Verbindung zu Karl dem Großen einerseits (Ludwig und Otto), nach der Blutsgenealogie des Stifters andererseits (Barbarossas Vater bzw. Großvater und Onkel). Doch sind Ludwig, Otto und Konrad zugleich Amtsvorgänger des regierenden Kaisers, so daß sich eine abgekürzte, aber die wichtigen Dynastien berücksichtigende und von Karl auf Barbarossa zuführende »Amtsgenealogie« abzeichnet, die, wenigstens mit Ludwig und Otto, die Vormachtstellung des Kaisertums im lateinischen Westen nachdrücklich demonstriert. Dies sind neue Akzente am sonst den Heiligen vorbehaltenen liturgischen Gerät.

Der Arnulfschrein in Metz

Um die gleiche Zeit, in den Jahren kurz vor 1167, wurde in Metz ein Reliquiar mit erheblich ausführlicheren Herrscherreihen geschmückt, in denen Barbarossa ebenfalls seinen Platz hatte. 1164 hatte man dort eine auf den karolingischen »Spitzenahn« (und späteren Metzer Bischof) St. Arnulf ausgerichtete Genealogie verfaßt, die von dessen merowingischen Vorfahren ausging und seine Nachkommen vor allem unter den westfränkischen und lothringischen Herrschern und Fürsten auflistete, aber auch Verästelungen in die ostfränkisch-deutsche Linie berücksichtigte (Genealogia, MGH Scriptores, Bd. 25, S. 381–384. – Guenée 1978, S. 462. – Nilgen 1985, Anm. 13). Möglicherweise geschah dies schon im Hinblick auf den mit dem Datum 1167 verbundenen Reliquienschrein dieses heiligen Metzer Patrons, über dessen Bildprogramm uns eine Beschreibung des 17. Jahrhunderts informiert (AA.SS. Julii IV, S. 425. – Kroos 1985, Anm. 372, S. 122 mit Anm. 415. – Nilgen 1985, Postscriptum S. 231): Hier waren die zahlreichen Herrscher in zwei Serien als Köpfe um den Schrein verteilt und offenbar inschriftlich benannt. Die obere Serie begann, der sagenhaften Herleitung des Frankenstammes aus Troja entsprechend, mit König Priamus und frühfränkischen Königen und betrat mit den Merowingern und Karolingern historischen Grund; Karl der Große bildete den Schlußpunkt einer Schreinsseite (oder war er auf der rückwärtigen Schmalseite zu sehen?). Auf der Gegenseite setzte die Serie sich fort mit Ludwig dem Frommen und den übrigen Karolingern und Kapetingern vorwiegend der französischen Linie bis auf den regierenden König Ludwig VII. Am »Sockel« (»pes«) des Schreins erschien, ausgehend von dem Schreinsinhaber Bischof Arnulf (der vermutlich an der Stirnseite zu sehen war), eine zweite, mit Arnulfs Sohn Anchisus weiterführende und über die Pippine, Karl Martell und Karl den Großen in die ostfränkische, deutsche Linie überleitende Herrscherserie, die mit den Staufern Konrad III. und dem regierenden Kaiser Friedrich I. Barbarossa endete. Hier traten die Karolinger, die über das Gesamtreich geherrscht hatten, erneut auf. Das Programm zeugt, trotz der postulierten sagenhaften Ursprünge, von einem ausgewogenen historischen Bewußtsein, das den Ansprüchen sowohl des Reichs als auch Frankreichs auf die großen karolingischen Amtsvorgänger gerecht zu werden sucht. Bemerkenswert ist, daß auf diesem inschriftlich auf Juni 1167 datierten Reliquiar der zwei Mal vorkommende »Carolus Magnus Imperator«, im Gegensatz zu dem Schreinsinhaber »Sanctus Arnulphus«, nicht als Heiliger bezeichnet ist, obwohl die Kanonisation Karls von 1165 der (damals natürlich zum Reich gehörenden) Metzer Kirche sicher nicht verborgen geblieben war.

Der Karlsschrein in Aachen

Fast zeitgleich mit Metz dürfte ein analoges, in seiner politischen Ausrichtung aber anders akzentuiertes Programm eines Reliquienschreins konzipiert worden sein, das des Aachener Karlsschreins (Abb. 3), dessen Ausführung aber laut dendrochronologischer Datierung des Holzkerns erst in den frühen 1180er Jahren begonnen wurde und sich bis 1215 hinzog.[12] Während auf den Stirnseiten die Madonna zwischen Erzengeln und Karl der Große zwischen Papst Leo III. und Erzbischof Turpin von Reims thronen, sind unter den je acht Arkaden der Langseiten nicht, wie sonst bei derartigen Reliquienschreinen üblich, Heilige, sondern 16 Kaiser und Könige dargestellt, die (bis auf einen) im inneren Arkadenbogen inschriftlich benannt sind. Die Anordnung dieser Inschriften entspricht weder der chronologischen noch einer anderen sinnvollen Folge, ist aber, wie die rezenten Untersuchungen ergaben, die ursprüngliche; die Herrscherfiguren dagegen wurden bei älteren Reparaturen mehrfach umgesetzt. Wenn je – was angesichts des Durcheinanders der Inschriften bezweifelt werden kann – bestimmte durch Siegelbilder bekannte Typen von Herrschern diesen auch zugeordnet waren, so ist eine solche Zuordnung nicht mehr rekonstruierbar. Dies gilt natürlich nicht für die größere und nie von ihrem Platz verrückte Stirnseitenfigur Karls des Großen (Abb. 4), deren signifikanter Kopftyp oben schon zur Sprache kam.

Die 15 Namensinschriften der Langseiten bezeichnen – hier chronologisch geordnet – folgende Herrscher mit ihren Titeln: die Kaiser Ludwig den Frommen, Lothar und Karl (III., den Dicken), König Zwentibold, König Heinrich I., die Kaiser Otto I., II. und III., den heiligen (»beatus«) Kaiser Heinrich II., die Kaiser Heinrich III., IV., V. und VI. und Otto IV. sowie König Friedrich II. Dies sind also vier über das gesamte Karolingerreich bzw. über Lothringen und das ostfränkische

Abb. 3

Karlsschrein, Längsseite; an den Längsseiten des Schreins sind 16 Kaiser und Könige dargestellt, die (bis auf einen Verlust) im inneren Arkadenbogen inschriftlich benannt sind. Auf dem Karlsschrein konzentriert sich das Bildprogramm nach Karl dem Großen und seinem Sohn ganz auf die ostfränkisch/deutsche Herrscherfolge. Eichenholzkern, Silberblech vergoldet, Filigrane mit Steinbesatz, Grubenschmelzplatten und Stanzstreifen, Aachen, ca. 1183 – 1215. Aachen, Dom

Kat.Nr. 4 · 29

Reich herrschende Karolinger, ferner die vollständige Reihe der sächsischen und, mit Ausnahme von Konrad II., der salischen Herrscher und dann, nach einer noch merkwürdigeren, Lothar von Süpplingenburg und Friedrich I. Barbarossa umfassenden Lücke, Sohn und Enkel Barbarossas sowie der Welfe Otto IV. Da eine Inschrift fehlt, könnte in dem 16. Herrscher Friedrich I. dargestellt gewesen sein. Das Programm muß, wie schon gesagt, unter Barbarossa konzipiert worden sein – wenn nicht, wie ich annehme, schon bald nach der Karls-Erhebung, so doch spätestens in den frühen 1180er Jahren, als man den inneren Holzschrein mit der Arkadenstruktur fertigte. Daher können die beiden jüngeren Staufer und der Welf nur als Nachträge ins Programm eingeschoben worden sein, denen einige der früheren Herrscher weichen mußten, so offenbar die zu einer vollständigen deutschen Serie fehlenden Lothar von Süpplingenburg, Konrad II. und Konrad III.[13] Bei den langen Unterbrechungen der Arbeit nach Anfertigung des Holzkerns – es vergingen gut 30 Jahre bis zur Vollendung – und den schließlich notwendigen Veränderungen dürfte die original geplante chronologische Anordnung, die ja auch auf dem Metzer Arnulf-Schrein eingehalten war, durcheinandergeraten sein. An Staufer-»Bildnissen« waren auf dem Schrein also ursprünglich Konrad III. und Barbarossa vorgesehen, jetzt thronen dort (Barbarossa), Heinrich VI. und Friedrich II. (Abb. 3). Doch wissen wir nicht, welche der 16 Figuren zu diesen Namen gehörten.

Das Programm ist, trotz der Analogie zum Metzer Arnulfschrein, durchaus ungewöhnlich. Dort lag die Begründung der zahlreichen, nur als Köpfe auf dem Schrein erscheinenden Herrscher in der wichtigen politischen Funktion Arnulfs als »Spitzenahn« der Karolinger sowie daraus resultierend der französischen und deutschen Herrscherfolge, wobei die Blutsgenealogie über die Dynastiebrüche beim Aussterben der Karolinger hinweg jeweils in eine Amtsgenealogie mündete. Auf dem Karlsschrein dagegen konzentriert sich das Programm nach Karl dem Großen und seinem Sohn ganz auf die ostfränkisch/deutsche Herrscherfolge, wieder vornehmlich eine Amtsgenealogie, aber nun unter Ausschluß Frankreichs. Außerdem haben die Herrscher rein formal ein neues Gewicht gewonnen, da sie, wie sonst an solcher Stelle nur die Heiligen, unter Arkaden thronend die Reliquien ihres Amtsvorgängers umgeben. Gerade im Vergleich mit Metz wird der allein das »Sacrum Imperium« hervorhebende, die französischen Ansprüche auf Karls-Nachfolge abweisende, aber die deutsche Herrscherreihe in die Aura der »Amtsheiligkeit« hebende Charakter dieses Programms deutlich, das nicht von einem ausgewogenen historischen Verständnis, sondern eher von einem hochgespannten und im übrigen Europa damals schon nicht mehr akzeptierten Selbstbewußtsein zeugt. Das chronologische Durcheinander bei der schließlichen Anbringung der Herrscherserie zeugt allerdings von bemerkenswerter Gleichgültigkeit und einem dem ursprünglichen Anspruch nicht mehr gewachsenen Nachlassen des konzeptionellen Niveaus.[14]

Das Fenster-Programm des Straßburger Münsters

Möglicherweise noch zu Lebzeiten Barbarossas, um 1180/90, wurde in der Kathedrale von Straßburg ein amtsgenealogischer Herrscher-

Abb. 4
Karlsschrein, Vorderseite, Ausschnitt, Karl der Große. Karl der Große thront zwischen Papst Leo III. und Erzbischof Turpin von Reims. Karls Bedeutungsgröße erklärt sich aus seiner Rolle als Schreinsheiliger. Eichenholzkern, Silberblech vergoldet, Filigrane mit Steinbesatz, Grubenschmelzplatten und Stanzstreifen, Aachen, ca. 1180 – 1215. Aachen, Dom

Kat. Nr. 4 · 29

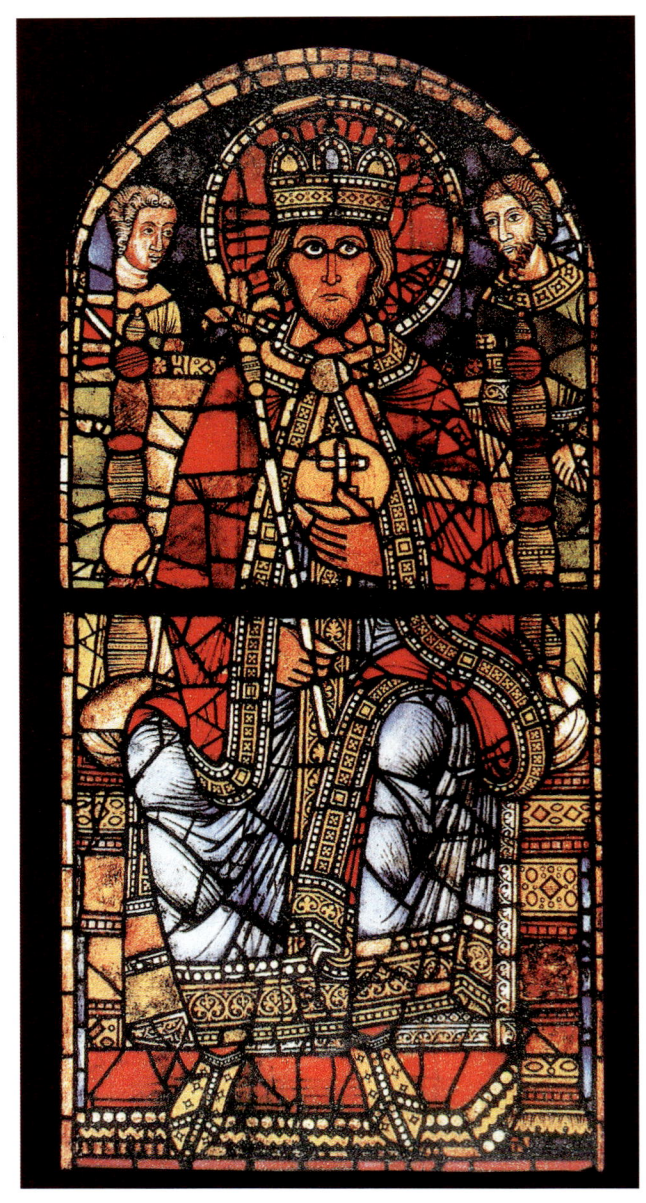

Abb. 5
Straßburg, Glasfenster mit Darstellung eines thronenden Herrschers (vermutlich Karl der Große). Möglicherweise noch zu Lebzeiten Barbarossas, um 1180/90, wurde für das Münster von Straßburg ein auf Karl den Großen bezogener Glasmalereizyklus mit amtsgenealogischen Darstellungen römisch-deutscher Könige geschaffen. Straßburg, Musée de Strasbourg, MAD XLV

zyklus in das Fenster-Programm des Sakralraums selbst eingefügt (Abb. 5). Einige Fenster dieser Serie sind im gotischen Neubau wiederverwendet worden; sie zeigen frontal in feierlichem Ornat stehende deutsche Herrscher, alle mit großen Nimben ausgezeichnet, auf denen ihre Namen und merkwürdigerweise durchgehend nur der Titel »rex«, König, steht. Fridjof Zschokke konnte überzeugend als ursprüngliches Programm eine Reihe von 12 deutschen Herrschern rekonstruieren, die von Heinrich I. bis zu Friedrich Barbarossa reichte und sich im nördlichen Seitenschiff befand (im südlichen Seitenschiff standen den Königen 12 alttestamentarische Propheten gegenüber). Zugeordnet war die Herrscherreihe dem möglicherweise in zentraler Position im alten Westbau des Münsters thronenden Karl dem Großen (Abb. 5) (Schramm 1983, Nr. 221. – Nilgen 1985, S. 226–230, Anm. 40, 41). Sowohl diese Ausrichtung als auch die Vollständigkeit der Serie von Heinrich I. bis zu Friedrich Barbarossa sowie die Sakralisierung der Herrscher, hier durch die großen Nimben, im Sinne der »Amtsheiligkeit« erinnern an die ursprüngliche Konzeption des Aachener Karlsschreins und weisen darauf hin, daß diese Konzeption lange vor dessen Vollendung bekannt war. Auch in dieser Fensterserie waren also die Staufer Konrad III. und Friedrich I. dargestellt; die imposante Gestalt Barbarossas – nun mit langem Haupt- und Barthaar – ist erhalten.

Herrscherdarstellungen der späteren Staufer bis zu Friedrich II.

Friedrich I. Barbarossa, dem ja eine exzeptionell lange Regierungszeit gegeben war (1152–1190), wurde noch öfters zu seinen Lebzeiten und später dargestellt, als Wohltäter an Kirchenportalen, z. B. am Freisinger Dom, sowie in der Buchmalerei, so in der zwischen 1185 und 1190/91 in Weingarten entstandenen Welfenchronik, der ein repräsentatives Bild des mit den Welfen versippte Kaisers vorausgeht, der zwischen seinen Söhnen König Heinrich VI. und Herzog Friedrich von Schwaben thront (Zeit der Staufer, Bd. 1, Nr. 339. – Schramm 1983, Nr. 214, auch Nr. 215–219 und S. 269). Besonders interessant ist eine nach Barbarossas Tod entstandene, reich illustrierte Handschrift, der »Liber ad honorem Augusti«, ein Preisgedicht, das Petrus de Ebulo für den inzwischen zum Kaiser gekrönten Heinrich VI. 1195/96 verfaßte und das die Eroberung Siziliens durch diesen aus der Sicht der Staufer zum Thema hat. Einige der Illustrationen zeigen Barbarossa bei seiner letzten großen Unternehmung, auf dem Kreuzzug, zu dem er 1189 mit seinem Heer aufbrach (fol. 143[r]), und seinen Tod 1190 bei der Durchquerung des Flusses Saleph, wo ein Engel seine Seele direkt in den Himmel trägt (fol. 107[r]).[15] Außerdem enthält die Handschrift zahlreiche Darstellungen Heinrichs VI. (1190–97), seiner Gemahlin Konstanze und selbst des kleinen Sohnes Friedrich als gekröntes Wickelkind (fol. 157[r]). Heinrich VI. wird jugendlich und bartlos dargestellt (z. B. fol. 139[r], 146[r], 147[r]), was auch seiner im Stil der zeitgenössischen Brakteaten (= einseitig geprägter Hohlpfennige) geschaffenen Goldbulle sowie seinen Siegelbildern entspricht, die sich ansonsten eng an das zweite Siegel Barbarossas anlehnen. (Das gilt auch noch für das Siegel des jüngsten Barbarossa-Sohnes, König Philipps von Schwaben (1198–1208); – Zeit der Staufer, Bd. 1, Nr. 32–35). Heinrichs herrscherlicher Ornat unterscheidet sich in der süditalienischen Handschrift jedoch merklich von dem älterer Stauferbildnisse: Er entspricht dem von den normannischen Königen Siziliens übernommenen und an byzantinische Kaisertracht angelehnten Gewand mit breiten, in der Art eines Loros geschlungenen Schmuckstreifen.

Es ist genau dieser sizilisch-normannische Ornat, den auch der jugendliche Friedrich II. (1198–1250) auf seinen ältesten, in Sizilien hergestellten Siegeln als König von Sizilien, aber auch als gewählter römischer Kaiser (1211–1212) trägt (Zeit der Staufer, Bd. 1, Nr. 43, 45). Schon die leicht spitzovale Form und das relativ kleine Format dieser Siegel weicht von deutschen Herrschersiegeln ab, erst recht der lehnenlose Thron, der Ornat und die Form und Haltung der Insignien, die stattdessen in der normannisch-sizilischen Tradition stehen. Auf den dann seit 1212 in Deutschland hergestellten Siegeln und Bullen des nun auch deutschen Königs und späteren Kaisers (seit 1220) greift man jedoch sofort auf die Darstellungsweise der Siegel Barbarossas und Heinrichs VI. zurück, ohne zunächst deren Qualität zu erreichen (Zeit der Staufer, Bd. 1, Nr. 46, 47). Erst mit dem zweiten, seit 1215 gebrauchten Siegel von hervorragender Qualität und der zweiten Goldbulle der Königszeit wird der durch die Tradition geheiligte Typus mit neuem, von frühgotischen Stilformen geprägten Leben erfüllt. Der jugendlich und bartlos dargestellte Herrscher mit vollen Wangen trägt nun lange Locken und eine mit ausladenden Zacken geschmückte Krone. Die Knüpfung des Mantels ist in die Mitte, an die Stelle der Halsgrube, gerückt. Der Stoff umspielt in freieren, fließenden Formen die Gestalt.[16]

Eine programmatische Neuerung führt Friedrich II. in der Münzprägung ein, die hier wegen ihrer weit über das geläufige Maß hinausgehenden Bildnis-Qualität erwähnt werden muß. Seit 1231 werden in den Münzstätten Brindisi und Messina Goldmünzen mit der antikischen Profilbüste des Kaisers im Lorbeerkranz in Umlauf gesetzt, die sogenannten »Augustalen«. Trotz der für Friedrich II. typischen Bartlosigkeit dürften diese idealisierten Profilbildnisse nicht von antiken Münzen des Kaisers Augustus, sondern eher von solchen Karls des Großen inspiriert sein, die ja schon der Cappenberger Kaiserkopf reflektiert (Zeit der Staufer, Bd. 1, Nr. 855. – Willemsen 1977, Abb. 66–71).

Der idealisiert jugendliche Kopftyp, allerdings nun mit einer mittelalterlichen Zackenkrone, charakterisierte auch noch die ganz außerordentliche, lebensgroße Sitzstatue Friedrichs II., die am Grenzübergang ins sizilische Königreich, dem Brückenkastell von Capua, den aus dem Kirchenstaat Kommenden empfing. Das 1234/39 geschaffene Bildwerk von antikischem Habitus ist nur als Torso, der Kopf nur als Gipsabguß erhalten (Capua, Museo Provinciale Campano. – Zeit der Staufer, Bd. 1, Nr. 842. – Willemsen 1977, Abb. 78 ff.). Das große Skulpturen- und Inschriftenprogramm der Brückentor-Schauwand proklamierte den Kaiser als den Garanten des Rechts und strengen Ahnder der Treulosigkeit. Der Anspruch fand in einer einmaligen Symbiose von antikischer monumentaler Form und gotischer Idealisierung seinen Ausdruck.

---

[1] Schramm (1983), bes. S. 124–132, 253–270. – Zeit der Staufer (1977), Bd. 1, S. 17–42 (Siegel), 108–188 (Münzen), Bd. 2, Abb. 93–127 (Münzen), Bd. 3, S. 87–102 (Münzen), Abb. 1–30 (Siegel).

[2] Schramm (1983), Nr. 202–203, vgl. Nr. 180–181, 193. – Zeit der Staufer (1977), Bd. 1, Nr. 27. – Ähnlich trägt schon Heinrich IV. den Mantel in einer wohl von Siegelbildern abhängigen Zeichnung in der um 1112/14 entstandenen Anonymen Kaiserchronik in Cambridge, Corpus Christi College, Ms. 373, fol. 60ʳ (Schramm 1983, Nr. 174).

[3] Deér (1961), S. 54–71. – Schramm (1983), Nr. 206–209, vgl. auch Nr. 194 und den Hinweis auf eventuelle spätsalische Vorbilder. – Zeit der Staufer (1977), Bd. 1, Nr. 28–31.

[4] Dies ist aus den ursprünglichen, aber für die heutige Montierung unnötig großen und störenden Zapfen unten am Kopf zu entnehmen, mit denen dieser auf dem Untersatz befestigt ist. Vgl. dazu Falk (1991/93), S. 171–175. – Grundmann (1959). – Fillitz (1963). – Appuhn (1973). – Zeit der Staufer (1977), Bd. 1, Nr. 535. – Schramm (1983), Nr. 213. – Fillitz (1998), S. 25–27.

[5] Zum Karlssiegel: Meuthen (1965). – Zeit der Staufer (1977), Bd. 1, Nr. 133. – Kahsnitz (1994). – Groten (1986). – Fillitz (1998), S. 26 f. – Es wäre zu erwägen, ob das erhaltene Typar nicht ein etwas später geschaffenes Ersatzstück für einen Vorgänger im gleichen Typus ist, der an einer Urkunde von 1134 beschrieben wird; die relative Tiefenräumlichkeit und Freiheit der Bewegung sprechen für eine etwas spätere Datierung. – Zum Karlsschrein zuletzt: Grimme (1988), S. 127 f. – Fillitz (1998), S. 26 f.

[6] Es handelt sich um die Apsismosaiken ehemals im Triklinium Leos III. im Lateran und in Santa Susanna, man vergleiche die (unterschiedlich genauen) Nachzeichnungen und Stiche bei Schramm (1983), Nr. 7a–m und 8a–d, wo sich der querstehende Schnurrbart Karls deutlich von dem hängenden, im Backenbart verlaufenden des Papstes unterscheidet.

[7] Schramm (1965), S. 15–23, sowie Grierson (1965), S. 501–536. – Schramm (1983), Nr. 5 i, 6. – Ein vereinzeltes Münz-Exemplar zeigt übrigens Friedrich I. bartlos und im antikischen Diadem, vgl. Schramm (1983), Nr. 210/15.

[8] Fillitz (1963), Anm. 51, erwägt schon – aus anderen Gründen – die Entstehung von Kopf und Schale lange vor der Schenkung an Otto von Cappenberg. – Erwägenswert wäre auch eine ursprüngliche Bestimmung des Kopfes als Reliquiar Karls des Großen. Daß der Kopf trotz heute fehlenden Verschlusses ursprünglich dazu geeignet war, zeigt die Deponierung der Johannes-Reliquien in ihm.

[9] 1804 an Napoleon ausgehändigt, Paris, Louvre. – Deér (1961). – Zeit der Staufer (1977), Bd. 1, Nr. 538. – Schramm (1983), Nr. 211. – Kroos (1985), S. 100 f. – Nilgen (1985), S. 217 f. – Pamme-Vogelsang (1998), S. 239–257 (mit unrichtiger Darstellung bisheriger Forschungsmeinungen).

[10] Beatrix ist als »Imperatrix« bezeichnet, doch zwingt dies m.E. keineswegs zu einer Datierung nach dem 1. August 1167 (Datum ihrer Kaiserkrönung), da Beatrix als zweite Gemahlin des Kaisers (seit 1156) selbstverständlich als Kaiserin angesehen war und ihre Krönung nur vom Termin des nächsten Romzugs abhängig war. Vgl. dazu auch die Bezeichnung Mathildes von England, der nie zur Kaiserin gekrönten Gemahlin Kaiser Heinrichs V. (seit 1114), als »Imperatrix«. – Zur Reliquienstiftung der Kaiserin vgl. Kroos (1985), Anm. 191. Form und Dekor des dargebrachten Doppelkreuzes entsprechen den im 12. Jahrhundert verbreiteten Kreuzreliquiaren aus Jerusalem, vgl. Meurer (1985), S. 65–76.

[11] Konrad ist analog zu seinem Siegel als »Conradus II (sic!) Romanorum Rex« bezeichnet. – Mit dem Herzog Friedrich von Schwaben könnte auch Barbarossas 1105 gestorbener Großvater (und Vater Konrads III.) gemeint sein. Die Deutung von Pamme-Vogelsang (1998), S. 252 ff. auf den Sohn Konrads III. und Neffen Barbarossas und angeblichen Stifter halte ich für abwegig.

[12] Kroos (1985), S. 120–123. – Nilgen (1985), S. 218–220, mit älterer Literatur in Anm. 10. – Grimme (1988), S. 124–135. – Kroos (1994), S. 49–61. – Der Schrein Karls des Großen (1998). – Kroos (1999), S. 302–309. – Ich halte diese Annahme gegen Kroos (1994), S. 51, 57, für durchaus begründet, da das in einer Quelle genannte »locellum ligneum«, ein Holzschrein, in dem die Karls-Reliquien zunächst geborgen wurden (Nilgen (1985), S. 218, Anm. 9), nur als Provisorium angesehen worden sein kann, das so bald wie möglich durch einen prächtigeren Schrein zu ersetzen war, und da schließlich auch das durch den Holzkern des jetzigen Schreins gebotene, den realen Arbeitsbeginn markierende Datum bald nach 1182 noch gut in die Regierungszeit Barbarossas fällt. Die Anwesenheit des Kaisers selbst in Aachen ist selbstverständlich keine Bedingung für eine Programm-Konzeption in seinem Sinne.

[13] Vgl. zur Rekonstruktion des ursprünglich geplanten Programms Nilgen (1985), Anm. 11; vgl. auch die durchaus vollständige Serie am Metzer Arnulfschrein, s. o. S. 361.

[14] Die schwindende Akzeptanz des mit Barbarossas Vorstellung vom »Sacrum Imperium« verbundenen Anspruchs wird in der Kritik von Zeitgenossen außerhalb des Reichs deutlich, vgl. Diskussion und Belege bei Nilgen (1985), S. 217, 220, Anm.

2, 13, 14. – Die These von Kroos (1994), S. 51, 57–60, das Programm des Karls-schreins sei von den Interessen des Aachener Marienstifts geprägt und stelle in den Herrschern die »Wohltäter« des Stiftes dar – was übrigens in dieser Form auch ganz exzeptionell wäre – ist unzureichend begründet, da nur die Hälfte der dargestellten Herrscher unter diese Rubrik fallen könnte (vgl. Kroos 1994, Anm. 50). Allenfalls in der Schlußphase mit ihren Veränderungen und Verwirrungen dürfte das Stift – offenbar nicht sehr kompetent – eingegriffen haben.

[15] Schramm (1983), Nr. 220. – Petrus de Ebulo: »Liber ad honorem Augusti sive de rebus Siculis«, Codex 120 II der Burgerbibliothek Bern, hg. von Th. Kölzer und M. Stähli, Sigmaringen 1994. – Zu diesem und dem Folgenden vgl. auch Willemsen (1977), Abb. 37–39, 44.

[16] Zeit der Staufer (1977), Bd. 1, Nr. 48–51. – Vgl. auch die ähnlichen Siegel und Bullen der Söhne Friedrichs II., Heinrichs (VII.) und Konrads IV., Zeit der Staufer (1977), Bd. 1, Nr. 52–54. – Willemsen (1977), Abb. 45–60, 108–113, zu allen Siegeln und Bullen Friedrichs II. und seiner Söhne.

1. Quellen:

AA.SS. = Acta Sanctorum Julii IV (= Bd. 31).

Genealogia ex stirpe sancti Arnulfi descendentium Mettensis, hg. von Johannes Heller, in: MGH Scriptores, Bd. 25, 1880, ND Stuttgart 1974, S. 381–384.

Gesta Frederici = Bischof Otto von Feising und Rahewin, Die Taten Friedrichs oder richtiger Cronica, übersetzt von Adolf Schmidt †, hg. von Franz-Josef Schmale, Darmstadt 1986.

2. Sekundärliteratur:

Appuhn, Horst: Beobachtungen und Versuche zum Bildnis Kaiser Friedrichs I. Barbarossa in Cappenberg, in: Aachener Kunstblätter 44 (1973), S. 129–192.

Deér, Josef: Die Siegel Kaiser Friedrichs I. Barbarossa und Heinrichs VI. in der Kunst und Politik ihrer Zeit, in: Festschrift Hans R. Hahnloser zum 60. Geburtstag 1959, hg. von Ellen J. Beer, Basel-Stuttgart 1961, S. 47–102.

Falk, Birgitta: Bildnisreliquiare. Zur Entstehung und Entwicklung der metallenen Kopf-, Büsten- und Halbfigurenreliquiare im Mittelalter, in: Aachener Kunstblätter 59 (1991/93), S. 99–238.

Fillitz, Hermann: Der Cappenberger Barbarossakopf, in: Münchner Jahrbuch der bildenden Kunst, 3.F., 14 (1963), S. 39–50.

Ders.: Die kunsthistorische Stellung des Karlsschreins, in: Der Schrein Karls des Großen. Bestand und Sicherung 1982–1988, hg. vom Domkapitel Aachen, Aachen 1998, S. 11–27.

Grierson, Philip: Money and Coinage under Charlemagne, in: Karl der Große, Lebenswerk und Nachleben, Bd. 1: Persönlichkeit und Geschichte, hg. von Helmut Beumann, Düsseldorf 1965, S. 501–536.

Grimme, Günther: Das Bildprogramm des Aachener Karlsschreins, in: Karl der Große und sein Schrein in Aachen, hg. von Hans Müllejans, Mönchengladbach 1988, S. 124–135.

Groten, Manfred: Studien zum Aachener Karlssiegel und zum gefälschten Dekret Karls des Großen, in: Zeitschrift des Aachener Geschichtsvereins 93 (1986), S. 5–30.

Grundmann, Herbert: Der Cappenberger Barbarossakopf und die Anfänge des Stiftes Cappenberg, Köln-Graz 1959.

Guenée, Bernard: Les généalogies entre l'histoire et la politique: La fierté d'être Capétien, en France, au Moyen Age, in: Annales 33 (1978), S. 450–477.

Kahsnitz, Rainer: Städte- und Kaisersiegel. Das Bild des Königs und Kaisers auf Siegeln mittelrheinischer Städte im 13. Jahrhundert, in: Festschrift zum 125jährigen Bestehen des »Herold« zu Berlin 1869–1994, hg. von Bernhart Jähnig und Knut Schulz, Berlin 1994, S. 45–68.

Karl der Große, Lebenswerk und Nachleben, Bd. 1: Persönlichkeit und Geschichte, hg. von Helmut Beumann, Düsseldorf 1965.

Kroos, Renate: Der Schrein des heiligen Servatius in Maastricht und die vier zugehörigen Reliquiare in Brüssel, München 1985.

Dies.: Zum Aachener Karlsschrein. »Abbild staufischen Kaisertums« oder »fundatores ac donatores«?, in: Karl der Große als vielberufener Vorfahr. Sein Bild in der Kunst der Fürsten, Kirchen und Städte, hg. von Liselotte E. Saurma-Jeltsch, Sigmaringen 1994, S. 49–61.

Dies.: Rezension von: Der Schrein Karls des Großen, in: Kunstchronik, Juli 1999, S. 302–309.

Meurer, Heribert: Zu den Staurotheken der Kreuzfahrer, in: Zeitschrift für Kunstgeschichte 48 (1985), S. 65–76.

Meuthen, Erich: Zur Datierung und Bedeutung des älteren Aachener Karlssiegels, in: Zeitschrift des Aachener Geschichtsvereins 77 (1965), S. 5–16.

Nilgen, Ursula: Amtsgenealogie und Amtsheiligkeit. Königs- und Bischofsreihen in der Kunstpropaganda des Hochmittelalters, in: Studien zur mittelalterlichen Kunst 800–1250. Festschrift für Florentine Mütherich zum 70. Geburtstag, hg. von Katharina Bierbrauer, Peter K. Klein und Willibald Sauerländer, München 1985, S. 217–234.

Pamme-Vogelsang, Gudrun: Die Ehen mittelalterlicher Herrscher im Bild (9.–12. Jahrhundert), München 1998.

Schramm, Percy Ernst: Karl der Große im Lichte seiner Siegel und Bullen sowie der Bild- und Wortzeugnisse über sein Aussehen, in: Karl der Große, Lebenswerk und Nachleben, Bd. 1: Persönlichkeit und Geschichte, hg. von Helmut Beumann, Düsseldorf 1965, S. 15–23.

Ders.: Die deutschen Kaiser und Könige in Bildern ihrer Zeit 751–1190, Neuauflage hg. von Florentine Mütherich, München 1983.

Der Schrein Karls des Großen. Bestand und Sicherung 1982–1988, hg. vom Domkapitel Aachen, Aachen 1998.

Willemsen, Carl A.: Die Bildnisse der Staufer, Göppingen 1977.

Die Zeit der Staufer. Geschichte – Kunst – Kultur, Ausst. Kat., hg. von Reiner Haussherr, Stuttgart 1977.

Kurzfassung

Das offizielle »Bildnis« des lebenden Herrschers (im Sinne des durch das Individuum vertretenen Typus) wurde im hohen Mittelalter vor allem durch die sorgfältig ausgearbeiteten Siegel und Goldbullen verbreitet, die den Herrscher frontal thronend oder als Halbfigur mit ostentativ vorgewiesenen Insignien wiedergeben. Das typenhafte Aussehen der Staufer von Konrad III. bis zu Friedrich II. ist durch vorzügliche Siegelbilder überliefert. Außerdem werden Herrscher als Stifter und Wohltäter auf liturgischen Gegenständen der Schatzkunst, z. B. Friedrich I. Barbarossa und seine Gemahlin Beatrix auf dem Armreliquiar Karls des Großen, oder an Kirchenportalen dargestellt. Auch in der Buchmalerei kommen Herrscherbildnisse als Illustration zu historischen Texten vor, wie z. B. in der Welfenchronik und in dem Preisgedicht, das Petrus de Ebulo über die Eroberung Siziliens durch Heinrich VI. schrieb. An einigen herausragenden Gegenständen werden die Darstellungen des lebenden Herrschers in eine Serie von Verwandten und Amtsvorgängern eingereiht, wie am Armreliquiar Karls des Großen und besonders am (nicht erhaltenen) Metzer Arnulfschrein und am Aachener Karlsschrein sowie in den Straßburger Fenstern, wo die Herrscherreihe zu einer den eigenen Status legitimierenden, bis in die Karolingerzeit zurückgreifenden Amtsgenealogie ausgeweitet ist. Einmalig und von größter Bedeutung sind Stücke wie der möglicherweise zu Unrecht als Bildnis Friedrichs I. Barbarossa interpretierte Cappenberger Kopf aus vergoldeter Bronze oder die lebensgroße Sitzstatue Friedrichs II. vom Brückentor in Capua.

Résumé

Pendant le Moyen Age, l'effigie officielle du souverain régnant n'avait cure de ressemblance. En fait, elle était connue par les sceaux et bulles d'or, réalisés avec un soin minutieux. Certains représentaient le souverain de face, siégeant sur son trône, tandis que d'autres proposaient un portrait en buste du souverain arborant ses insignes royaux. L'aspect caractéristique des Staufen, de Conrad III à Frédéric II, nous est connu par des sceaux d'une remarquable précision. De plus, les souverains figuraient souvent en tant que bienfaiteurs et donateurs sur des objets d'art sacré destinés aux trésors des églises : on retrouve ainsi Frédéric Ier Barberousse et son épouse Béatrice sculptés sur le reliquaire du bras de Charlemagne ou sur les porches des églises. Les manuscrits des anciennes chroniques nous ont laissé eux aussi, au hasard des enluminures ou des descriptions, des portraits de souverains : pensons, par exemple, à la Chronique des Guelfes ou à l'Ode écrite par Petrus de Ebulo à l'occasion de la conquête de la Sicile par Henri VI. Sur quelques œuvres exceptionnelles, les portraits du souverain régnant viennent s'insérer dans la série de ses parents et de ses prédécesseurs : ils figurent sur le reliquaire du bras de Charlemagne, sur la châsse messine d'Arnoul – malheureusement perdue, ou encore sur la châsse aixoise de Charlemagne. Sans oublier les prestigieux vitraux de la cathédrale de Strasbourg qui légitime leur lignée en une impressionnante série généalogique qui les fait remonter aux temps carolingiens. Et comment conclure cette énumération sans citer – à tout seigneur tout honneur –, la tête en bronze doré, fascinante, censée peut-être à tort autrefois représenter Frédéric Ier Barberousse, et cet autre chef-d'œuvre qu'est la statue grandeur nature, représentant Frédéric II, trônant à l'entrée du pont de Capoue ?

Samenvatting

De officiële »beeltenis« van de levende heerser (een het individu typiserende afbeelding) werd in de hoge middeleeuwen vooral door de zorgvuldig uitgewerkte zegels en gouden bullen verspreidt, die de heerser frontaal tronend of als halffiguur met ostentatief vooruitgestrekte insignes weergeven. De typiserende eigenschappen van de Staufen van Koenraad III tot en met Frederik II zijn door uitstekende zegelbeeltenissen overgeleverd. Bovendien worden heersers als schenker en weldoener op liturgische voorwerpen uit de schat voorgesteld, zo bijv. Frederik I. Barbarossa en zijn echtgenote Beatrice op de armreliek van Karel de Grote, maar ook op kerkportalen. Verder zijn er uit de boekdrukkunst beeltenissen van heersers bekend als illustratie bij historische teksten, zoals bijvoorbeeld in de Welfenkroniek en in het Prijsgedicht, dat Petrus de Ebulo over de verovering van Sicilië door Hendrik VI schreef. Bij enkele belangrijke voorwerpen worden de afbeeldingen van de levende heersers in een serie met familieleden en voorgangers afgebeeld, zoals op het armreliek van Karel de Grote en vooral op de (niet behouden) Metzer Arnulfschrijn en de Akener Karelsschrijn en in de ramen van de kathedraal van Straatsburg, waar de opvolging van heersers is uitgebreid tot een de eigen status bevestigende, tot op de karolingentijd teruggrijpende ambtsgenealogie. Eénmalig en zeer belangrijk zijn stukken zoals het mogelijk ten onrechte als beeltenis van Frederik I Barbarossa geduide Cappenberger hoofd van verguld brons of het levensgrote standbeeld van Frederik II in zittende houding van de bruggenpoort in Capua.

Shrnutí

Oficielní »podobizna« žijícího vládce (ve smyslu typu zastupovaného individuem) byla ve vrcholném středověku šířena především prostřednictvím pečlivě vypracovaných pečetí a zlatých bul, které ukazovaly trůnícího vládce z pohledu zepředu nebo jako poloviční postavu s ostentativně zdůrazněnými insigniemi. Typizovaný vzhled Štaufů od Konráda III. po Fridricha II. je dochován ve vynikajících pečetních zobrazeních. Kromě toho jsou vládci zobrazeni jako zakladatelé a dobrodinci na liturgických předmětech z pokladnice, např. Fridrich I. Barbarossa a jeho manželka Beatrix na relikviáři paže Karla Velikého nebo na kostelních portálech. Také v knižní malbě najdeme podobizny vládců jako ilustrace k historickým textům, např. ve Welfské kronice a oslavné básni, kterou napsal Petrus de Ebulo o dobytí Sicílie Jindřichem VI. Na některých významných předmětech je žijící panovník zařazen mezi své příbuzné a královské předchůdce, jak je tomu na relikviáři paže Karla Velikého a na Arnulfov truhle z Metzu (která se nedochovala), na cášské Karlově truhle a rovněž na oknech ve Štrasburku, kde je řada vládců rozšířena a tvoří »rodokmen vládců«, který sahá do doby Karlovců a opravňuje vlastní status. Jedinečné a velice významné jsou předměty jako hlava z Cappenbergu (možná nesprávně interpretovaná jako podobizna Fridricha I. Barbarossy) z pozlaceného bronzu a sedící socha Fridricha II. v životní velikosti před mosteckou bránou v Capui.

Summary

The official image of the living ruler (in the sense of the type that the individual represents) was popularised in the peak of the Middle Ages particularly via the seals and the golden bulls that were carefully worked, portrayed the ruler from the front on the throne or as half a figure with the ostentatiously shown insignia. The typical appearance of the Staufer from Conrad III. to Frederick II. has been passed on via exemplary images of seals. Apart from that rulers were portrayed as founders and benefactors on liturgical objects of treasures, e.g. Frederick I. Barbarossa and his wife Beatrice on Charlemagne's arm relic, or on church doors. In book paintings too there are pictures of rulers that illustrate historical texts, such as in the Welf chronicle and in the prize poem which Peter de Ebulo wrote about Henry VI.'s defeat of Sicily. On some prominent objects the representation of the living ruler is included in a series of relatives and predecessors, as on Charlemagne's arm relic and particularly on the (no longer preserved) Arnulf shrine from Metz, or on the shrine of Charlemagne in Aachen, as well as in the Strasbourg windows where the row of rulers has been extended to an official genealogy that legitimises the current status right back to Carolingian times. Unique and of great significance are pieces such as the image of the Cappenberger Head made of gold plated bronze which has perhaps unrightfully been interpreted as portraying Frederick I. Barbarossa, or else the life-size seated statue of Frederick II. of the bridge gate in Capua.

Wolfgang Schenkluhn (Halle)

Monumentale Repräsentation des Königtums in Frankreich und Deutschland

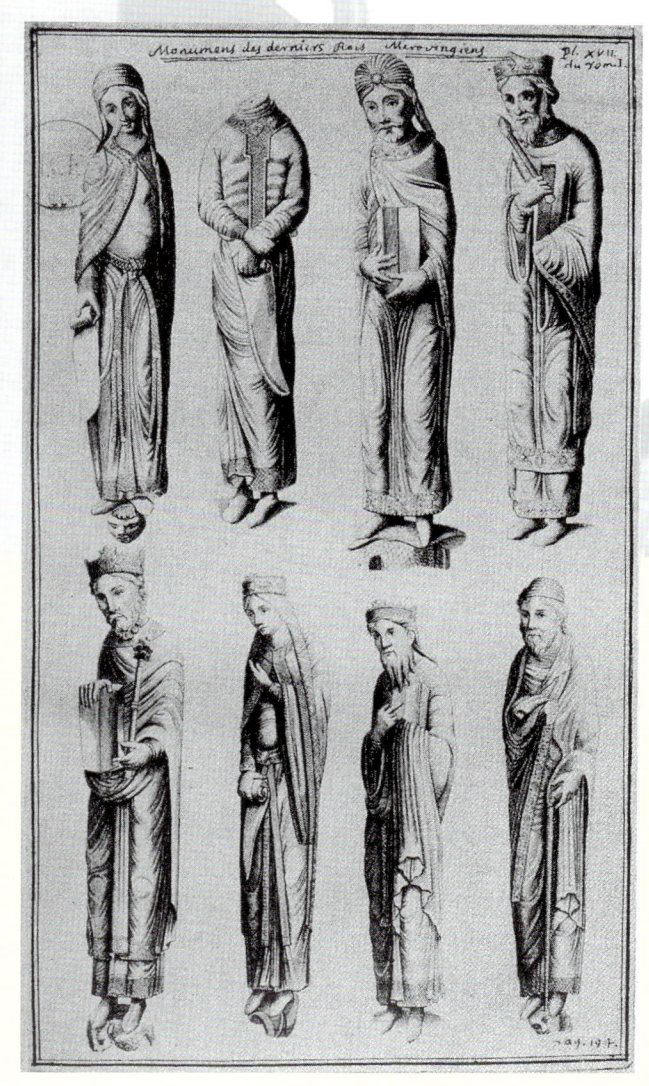

Abb. 1
Gewändefiguren des linken Westportals von St. Denis. Die Interpretation der alttestamentlichen Gewändefiguren als Porträts zeitgenössischer Herrscher geht auf das 17. Jh. zurück. St. Denis, Abteikirche, vor 1140, Nachzeichnung als Stich aus: Dom Bernard de Montfaucon, Les monumens de la monarchie françoise, Paris 1729, Bd. 1, Taf. 16

Krönungsort und Herrschergrablege

Königliche Herrschaft im Mittelalter ruht nicht nur auf materieller und politischer Macht, sondern auch auf sichtbaren Zeichen, die ihr in den Augen der Gesellschaft die notwendige Legitimität verlieh. Dabei denkt man zuerst an die »Herrschaftszeichen«, an Krone, Stab und Reichsapfel, die bei der Krönung eine wichtige Rolle spielten. Ihr Besitz stellte eine Voraussetzung für den Machtantritt eines jeden Königs dar, für die Rechtmäßigkeit seiner Herrschaft waren sie im Unterschied zum legitimen Krönungsort und Krönungspersonal jedoch nicht ausschlaggebend.

In Deutschland und Frankreich lagen Aachen und Reims als Krönungsorte schon frühzeitig fest. Auch wenn Reims seinen Anspruch erst durchsetzen mußte, so war die Stadt der heiligen Ampulle seit Anfang des 12. Jahrhunderts bis zum Ende der Monarchie der einzig rechtmäßige Krönungsort. Die Salbung des zukünftigen Königs mit dem heiligen Chrisma durch den Reimser Erzbischof wiederholte an historischer Stelle den legendären Akt der Taufe Chlodwigs (482–511), wodurch sich der Anwärter in einen geistlich legitimierten Monarchen verwandelte. Dabei verlieh ihm und seinen Nachfolgern das Öl die Kraft, unmittelbar nach dem Ritual Skrofeln zu heilen. Von den Herrschaftszeichen hingegen, in deren Glanz sich königliche Macht und Herrlichkeit repräsentierte, gingen keine magischen Kräfte aus, weshalb das himmlische Salböl mehr zu den rituellen (unwandelbaren), das Herrschaftszeichen zu den zeremoniellen (auswechselbaren) Mitteln des Krönungsvorgangs zählt.[1]

Der Ort der Weihe, die Kirche selbst, steht gleichsam dazwischen: sie ist nicht nur ein Schauplatz der Zeremonie, sondern ein wesentliches Element des Rituals. In Reims ist es der Ort der »Chlodwigstaufe«, die aus jedem französischen Herrscher einen christlichen König macht, in Aachen die Wirkstätte und Grablege Karls des Großen, der dem deutschen König den Anspruch auf das kaiserliche Erbe verleiht. Von daher kommt dem Ort eine Teilhabe an der legitimierenden Kraft der Krönung zu und eröffnet die Möglichkeit, über die Gestaltung der Architektur und den Einsatz von Kunst das Königtum in ganz spezifischer Weise zu veranschaulichen.[2] In bezug auf die Repräsentation des Königtums kommen im Bereich der Sakralräume den Krönungsorten nur noch die Herrschergrablegen gleich.

Die Anfänge der Gotik in Frankreich: St. Denis

Es verwundert nicht, daß die gotische Kirchenarchitektur in Frankreich schon im 19. Jahrhundert in engem Zusammenhang mit dem Aufstieg des kapetingischen Königshauses gesehen wurde und man sogar einige Bauten jener Zeit als »Königskathedralen« bezeichnete. Zwar ist diese Vorstellung in ihrer Zuspitzung so einseitig wie die Auffassung, die gotische Kathedrale stelle allein das Himmlische Jerusalem dar, doch ist die Parallele beider Phänomene nicht von der Hand zu weisen. So begleitet den Aufstieg des französischen Königs zum unumstrittenen Herrscher Frankreichs und »allerchristlichsten König« (*rex christianissimus*) der katholischen Welt die Entstehung der gotischen Baukunst im unmittelbaren Herrschaftsbereich des Königs, der Ile-de-France, und ihre Verbreitung über weite Teile Europas.

Einer der ersten gotischen Kirchenbauten war die dem heiligen Dionysius geweihte Benediktiner-Abteikirche bei Paris. Als alte Kultstätte und Grablege der karolingischen Dynastie, seit Anfang des 12. Jahrhunderts auch ständiger Aufbewahrungsort der Kroninsignien, war sie für die französische Monarchie von hoher Bedeutung. Doch ging die Initiative für den Neubau nicht vom König, sondern vom Vorsteher des Klosters, Abt Suger (1122–1151), aus. Der Abt nahm die erhöhte Aufmerksamkeit der Gläubigen für den Titelheiligen der Kirche zum Anlaß, um ab 1137 Westeingang und Chor der Kirche zu erneuern. Es entstanden ein blockartiger, zinnenbewehrter Westbau mit Turmaufsätzen, skulpturenbesetzter Dreiportalanlage und repräsentativer Eingangshalle, sowie über der umgebauten Krypta ein weiträumiger, durchlichteter Chor mit doppeltem Umgang und Kreuzrippengewölbe auf schlanken Säulen. Beide Neubauteile wurden mit dem alten Langhaus, das als Basilika des Abteigründers König Dagobert (629–639) galt, verbunden und rahmten es wie eine Spolie ein.

Im Zentrum des neugestalteten Kultbereiches standen die Reliquien des heiligen Dionysius und seiner beiden Begleiter Rusticus und Eleutherius. Die Gunst der Stunde nutzend, wurde der heilige Dionysius zum »Apostel Frankreichs« und »Schutzherrn der Krone« stilisiert. Die in der Kirche verstreut liegenden Königsgräber blieben zu dieser Zeit vermutlich ohne monumentale Ausgestaltung und wohl auch ohne Bezug zur Heiligenmemorie. Ob eine als fränkischer König Dagobert überlieferte Sitzfigur neben dem Hauptaltar aufgestellt war, ist wenig wahrscheinlich, da sie, soweit die Quellen reichen, immer in der Westvorhalle stand. Denkbar hingegen ist, daß sich im Chor als Zeichen des Abteigründers der sogenannte Thron Dagoberts befand. Der Westbau ist der traditionelle Ort des Herrschers, weshalb die aus Nachzeichnungen bekannte Dagobertstatue, die dem Typus einer »Maiestas Domini« auffallend ähnlich ist, dort von Anfang an ihren Platz gehabt haben wird.[3]

Die der Halle vorgelagerten, in der Französischen Revolution ihrer Säulenfiguren beraubten Portale galten lange Zeit als »Königsportale« (Abb. 1), also als ein unmittelbarer Ausdruck des Königtums. Diese Auffassung geht allerdings auf die Interpretation einiger benediktinischer Gelehrter des 17. Jahrhunderts zurück, die erstmals die Gewändestatuen als Darstellung französischer Könige und Königinnen identifizierten. Dabei war man bemüht, mit den Figurenprogrammen Gründungsdaten und alte Rechte der Abteien zu belegen. Doch bemerkte man bald, daß es sich bei den Figurenreihen nicht um merowingische oder karolingische Herrscher, sondern um alttestamentliche Propheten, Priester, Könige und Königinnen handelte, da sich in St. Denis und an anderen Portalen jeweils eine Mosesfigur unter den Statuen befand. Damit waren aktuelle Bezüge jedoch nicht ausgeschlossen. Denn über ihre Bedeutung als Vorläufer Christi hinaus stellen die gekrönten Häupter des Alten Testaments zugleich die geistigen Vorväter der französischen Herrscher dar, was zahlreiche liturgische Texte belegen. Insbesondere in den Krönungsordines lassen sich Vergleiche der Thronanwärter mit alttestamentlichen Vorfahren finden. Aber auch bei anderen Gelegenheiten wurden die Herrscher immer wieder als Erneuerer der Zeiten Davids, Salomons u. a. angesprochen, so etwa Ludwig VII. vor dessen Kreuzzug 1148 durch den Abt von Cluny.

Mit dieser doppelten Bedeutung der Gewändestatuen, die in dieser Weise erstmals in St. Denis vorkommen, wird ein sichtbares Band zwischen Königtum und Priesterschaft geknüpft, was in jener Zeit besonders Abt Suger zur Stärkung beider Institutionen anstrebte. Dabei könnte die Idee, priesterliche und königliche Ahnen Christi und der zeitgenössischen Regenten als Gewändestatuen aufzustellen, über ältere Bildwerke vor Ort genährt worden sein.[4] Denn für die Errichtung der Westfassade mußte in St. Denis der Vorbau über dem Grab Pippins, den Karl der Große hat aufführen lassen, niedergelegt werden. An diesem war der Überlieferung nach eine Herrscherreihe dargestellt. Daß die Abtei, die das Gedenken an die Karolinger pflegte,

Abb. 2
Chlodwigstaufe. Im Figurenprogramm der Kathedrale von Reims sind die insgesamt 56 Figuren der Königsgalerie in unverkennbare Beziehung zur Taufe Chlodwigs gesetzt. Ausschnitt aus der Königsgalerie, 14. Jh. Reims, Kathedrale Notre-Dame

die Erinnerung an ein solches Denkmal gänzlich getilgt haben sollte, ist kaum anzunehmen; sie dürfte in die Statuenreihe übergegangen sein.

Indem sich St. Denis mit der Erneuerung der Dagobertsbasilika, der Wallfahrt zum heiligen Dionysius, der Gedächtniskulte um Dagobert, Karl den Großen und Karl den Kahlen, in der Konkurrenz der königsnahen Klöster als die bedeutendste darzustellen wußte, bot sie sich der Krone wie von selbst als ihr wichtigstes Kultzentrum an. Keiner anderen Abtei gelang es, den Anspruch der Kapetinger, als rechtmäßige Nachfolger der Karolinger zu gelten, so sichtbar zum Ausdruck zu bringen wie St. Denis. Insofern ist der Neubau Abt Sugers auch ein Monument der französischen Monarchie.

Figurenportale und Königsgalerien

Die Bauvorgänge in St. Denis stehen mit am Anfang eines »Baubooms« in den seit Jahrzehnten architektonisch darniederliegenden Kronlanden und wurde für einige Kathedralprojekte vorbildlich. Insoweit muß man St. Denis schon als eine Orientierungsgröße im Sinne eines Leitbaus, aber nicht unbedingt als Initial für die »Geburt« der Gotik ansprechen. Die klare Gliederung seiner Westfassade und der doppelte Chorumgang sind u. a. von Notre-Dame in Paris rezipiert worden, die, als größtes Bauprojekt der Zeit, zum Ausdruck des Königtums par excellence geworden ist. Merkwürdigerweise fehlen Quellen, die eine aktive Förderung des Neubauvorhabens durch Ludwig VII. (1137–80), der Paris zur ständigen Residenz erhoben hat, bestätigen. Dies ist um so rätselhafter, als sich in Paris Bischofskirche und königliche Residenz einander unmittelbar gegenüberliegen und der König in der Schule von Notre-Dame erzogen worden war. Möglich, daß das Epitheton von der »Königskathedrale« konkret erst mit einer Korrektur des Fassadenplans zu tun hat, nämlich der nachträglichen Einfügung einer Königsgalerie gegen 1220/30, die wie ein Emblem das Gesicht der Kirche prägt.

Bei der Reihe der einst 28 Figuren, von denen sich Fragmente erhalten haben, handelt es sich wie bei den Gewändestatuen nicht um die Genealogie eines der Herrscherhäuser, sondern um Statuen alttestamentlicher Könige. Dabei ist offen, ob nicht doch einige davon Könige aus der Geschichte Frankreichs darstellten. Die Bevölkerung von Paris identifizierte sie jedenfalls schon am Ausgang des 13. Jahrhunderts mit den französischen Königen und ihren Vorgängern seit den Zeiten von Troja. Darüber hinaus ist es nicht unwichtig zu bemerken, daß die »Königsgalerie« als neue monumentale Aufgabe unmittelbar nach der berühmten Schlacht bei Bouvines im Jahre 1214 auftaucht, die bekanntermaßen die englisch-anjouvinische Herrschaft auf dem Festland brach und die Durchsetzung der französischen Monarchie gegen die Kronvasallen brachte. Hier wurde der Grundstein für die Einigung weiter Teile Frankreichs und für das kaisergleiche Ansehen der französischen Krone gelegt.

Trotzdem sind die bekannten Königsreihen an den französischen Kathedralen von Chartres, Amiens und Reims in so unterschiedlicher Weise und mit wechselnder Figurenzahl ausgeführt, daß eine eindeutige ikonographische Aussage eher unwahrscheinlich ist.[5] Vielmehr werden die Königsstatuen der Galerien, in einem stärkeren Maße wie die der Portale, auf die aktuelle Königsherrschaft verwiesen haben. Eine wichtige Voraussetzung für die Entstehung der Königsreihen bildeten ohne Frage die Figurenportale selbst.[6] So zeigt zum Beispiel das Nordquerhausportal von St. Denis ausschließlich Königstatuen unter einem Tympanon mit dem Martyrium des heiligen Dionysius. In Reims, wo die Königsgalerie weithin sichtbar um die Türme der Westfassade gelegt wurde und mit 56 Figuren die umfassendste ihrer Art darstellt, stehen die Könige in unverkennbarer Beziehung zur Taufe Chlodwigs (Abb. 2) und damit zur Krönungsfunktion der Kathedrale. Die Ausführung dieser Galerie gehört jedoch schon dem 14. und beginnenden 15. Jahrhundert an.

Königsstatuen und Grabmäler

Sind Figurenportal und Königsgalerie Formen vermittelter Repräsentation des Königtums am Außenbau der Kirchen, so erwartet man von der Ausgestaltung der Herrschermemoria im Innern eine direktere Sprache. Doch waren die Königsgräber in St. Denis zur Zeit Abt Sugers, wie erwähnt, bildnerisch nicht gestaltete Orte, wiewohl vieles durch Umbau und spätere Veränderung nicht mehr sicher zu rekonstruieren ist. Anscheinend hat man erst in St. Remi in Reims und in St. Germain-des-Prés in Paris, beides traditionsreiche Orte der französischen Monarchie, spezifische Erinnerungsmale errichtet. In Reims wurden Sitzstatuen für die beiden karolingischen Könige Lothar und Ludwig IV. angefertigt und seitlich des Hochaltares aufgestellt.[7] Sie waren im Bild des thronenden Herrschers aufgefaßt, wie er aus der frühmittelalterlichen Buchmalerei bekannt ist, die wiederum auf das Motiv der »Maiestas Domini« zurückgeht. Ihre Throne deuteten auf David und Salomo, so daß auch hier, aber in einer Art Rückverweis auf die Vorläufer, der biblische Zusammenhang von Herrschaft hergestellt wurde. Sind die beiden vorbildlosen Statuen schon um 1130/35 entstanden, wie man heute gerne annimmt, so gehen sie sogar den Skulpturen in St. Denis voraus und wären zum Beispiel für die Dagobertstatue Vorbild gewesen. Aufgestellt hat man sie jedenfalls, als Bischof Hinkmar, der die Legende vom heiligen Salböl in die Welt gesetzt hatte, ein neues Grabmal erhielt.[8] In diesem Kontext von Salbungslegende und Herrschertum versinnbildlichen die Königsstatuen die Bedeutung von St. Remi für die Monarchie und waren ein repräsentativer Ausdruck des Königtums.

In St. Germain-des-Prés stellte man im Anschluß an die Vorgänge in St. Denis und St. Remi die merowingische Tradition heraus, indem man figürliche Grabplatten für das merowingische Gründerpaar Childebert und Chilperich mit seiner Frau Fredegunde anfertigen ließ. Es ist sogar anzunehmen, daß der 1163 geweihte Chorneubau der Abteikirche insgesamt eine Folge dieser Bemühungen um eine erneuerte Herrschermemorie war.[9] Die in Relief gehaltenen Königsfiguren ähneln denen an den Säulenportalen, wobei die Grabmalform eine allgemeine, auch für Bischöfe übliche Grabplatte darstellt.

Übertroffen wurden St. Remi und St. Germain-des-Prés durch die Neuanlage der Königsgräber in St. Denis im späteren 13. Jahrhundert. Dem ging ab 1231 der Neubau des Langhauses der Abteikirche voraus, der auch Querhaus und Binnenchor miteinschloß und die Kirche Sugers im Innern vollständig verwandelte. Wie hundert Jahre zuvor, wurde St. Denis damit wiederum zu einem Quellpunkt für Sakralbauten in und um Paris, zu denen vor allem die Ste. Chapelle, die Hofkapelle Ludwig IX. (1226–80), zu zählen ist, einst Aufbewahrungsort bedeutender Reliquien der Christenheit. Diese Bauten gelten in der Kunstgeschichte zu Recht als Ausdruck eines spezifischen »Hofstils«.[10]

Auftraggeber der 1264 beendeten Umgestaltung in St. Denis waren der Abt Mathieu de Vendôme (1258–86) und der König selbst. Die Absicht der Translation der in der Kirche verstreut beigesetzten Könige und Königinnen in die Vierung der neuen Kirchenanlage war die, die Genealogie der herrschenden Kapetinger in einer monumentalen Grabanlage sichtbar zu machen, was zugleich das Begräbnisprivileg der Abtei wirksam unterstrich.[11] Dafür wurden die Sarkophage unter den Vierungsbögen in Richtung Chor paarweise aufgestellt, im Norden die der kapetingischen, im Süden die der karolingischen Linie. Nur das Grab Karls des Kahlen, der für die Abtei eine besondere Bedeutung hatte, lag im Joch vor der Vierung zwischen dem Mönchsgestühl auf der Hauptachse der Kirche. Die erhaltenen Grabplatten zeigen fast vollplastische Einzelfiguren, die mit Krone und Szepter dem Darstellungstypus der Herrscher in den Königsgalerien der Kathedralen folgen und wie diese stehend dargestellt sind. Zentrum des Gegenübers der Herrscherhäuser aber war das Grabmal Philipp II. Augustus (1180–1223), das vor der Vierungsmitte stand. Als Sohn einer Karolingerin verband er nicht nur in der bildlichen Aufstellung, sondern auch realiter beide Herrscherlinien. Links von ihm lag sein Sohn Ludwig VIII. (1223–26) bestattet, rechts neben ihm sollte sein Enkel Ludwig IX. folgen. So war das Gesamtprogramm zugleich eine Huldigung des Auftraggebers an seinen Großvater, den Sieger der Schlacht bei Bouvines, den die Geschichtswissenschaft noch heute für einen der bedeutendsten Herrscher Frankreichs im Mittelalter hält.

Interessant ist, daß das ebenfalls von Ludwig IX. in Auftrag gegebene Kenotaph König Dagoberts am Rande des Programms bleibt. Unter der südwestlichen Umgangsarkade freistehend aufgestellt, aber im Typus eines aufwendigen Wandgrabmals gestaltet, unterscheidet es sich schon formal deutlich von den Einzelfiguren der Grabanlage in der Vierung. Der Gekrönte liegt in fürbittender Haltung auf der Seite, darüber Szenen der Errettung seiner Seele, wobei ihm der heilige Dionysius mit seinen Gefährten zur Hilfe eilt. Grab und Grabmal des königlichen Abteigründers stehen dem Kultzentrum zwar am nächsten, jedoch nicht auf der Hauptachse der Kirche, also nicht in unmittelbarer Beziehung zur Heiligenmemorie wie die Gräber der drei letzten Kapetinger und das Grab Karls des Kahlen, wobei die Dreizahl der Könige in bezug auf die drei Märtyrer im Chor besonders bemerkenswert ist. So ergibt sich in St. Denis ein geschlossenes, zugleich aber auch komplexes Programm der Sichtbarmachung dynastischer und religiöser Beziehungen und Genealogien, das in dieser Form weder wiederholt noch jemals übertroffen wurde. Die Heiligsprechung Ludwigs IX. 1297 hat diese einmalige Anlage jedoch schon bald wieder einschneidend verändert.

Herrscherrepräsentation auf Grabbildern der deutschen Könige

In Deutschland hat sich im Gegensatz zu Frankreich kein zentraler Grablegeort für die Kaiser und Könige herausgebildet, auch kein mit St. Denis oder St. Germain-des-Prés vergleichbares Programm herrscherlicher Repräsentation. Das hängt nicht unwesentlich mit dem in Deutschland geübten Wahlkönigtum zusammen, das, im Unterschied zur französischen Erbmonarchie, überraschende Wechsel in der Herrscherfolge, Doppelwahlen und Thronstreite zuließ. So regierten im 12. und 13. Jahrhundert in Deutschland im Unterschied zu Frankreich mehr als ein Dutzend Herrscher. Sie wurden an den verschiedensten Orten beigesetzt, wegen der Todesumstände auch außerhalb ihrer engeren Heimat, wie zum Beispiel Friedrich I., Heinrich VI. und Friedrich II. Darüber hinaus war es in Deutschland, wohl in Anlehnung an die Bestattung Karls des Großen in der Aachener Marienkirche, zunächst üblich, sich in eigenen Gründungen beisetzen zu lassen, wie Otto I. im Magdeburger, Heinrich II. im Bamberger und Konrad II. im Speyerer Dom. Allein Otto III., der in Mittelitalien verstorben war, ließ sich unmittelbar an der Seite Karls des Großen beerdigen. Alle Kaisergräber waren in Bischofskirchen angesiedelt und reine Stiftergrablegen ohne bildliche Ausgestaltung. Nur Kaiser Lothar III. († 1137) fand seine letzte Ruhestätte in Königslutter, einer von ihm gegründeten Klosterkirche, der im übrigen letzten neuen kaiserlichen Grablege.

Von den genannten Orten avancierte allein Speyer durch Umbau in der Mitte des 11. Jahrhunderts zu einer dynastischen Grablege. Die offene Anlage, eine nur leicht im Boden vertiefte längsrechteckige Zone, beanspruchte das östliche Drittel des Hauptschiffs. In ihr waren die schlichten Steinsarkophage mit schmucklosen Grabdeckeln in Reihe aufgestellt. Die Bestattung der Kaiser und Kaiserinnen in Speyer endete mit Heinrich V. († 1125), dem letzten Salier, und wurde punktuell fortgeführt durch die Beisetzung des glücklosen Stauferkönigs Philipp von Schwaben († 1208), sowie der drei nach dem Interregnum regierenden Könige Rudolf I. von Habsburg († 1291), Adolf von Nassau († 1298) und Albrecht I. († 1308), dem Sohn Rudolfs.

Aus der geschlossenen Reihe bildloser Grabplatten deutscher Kaiser und Könige fallen das »Grabdenkmal« Rudolfs von Schwaben († 1080) und das Grabbild für den eben erwähnten Rudolf I. von Habsburg heraus, die, neben der zufälligen Namensübereinstimmung, beide aus Südwestdeutschland stammten.

Rudolf von Schwaben starb als Gegenkönig im siegreichen Kampf gegen den amtierenden Heinrich IV., indem er auf dem Schlachtfeld an der Elster die Schwurhand verlor und verblutete, was für die Anhänger des Saliers einem Gottesurteil gleichkam. Bestattet wurde er im nahegelegenen Merseburger Dom, wo man ihm in der Vierung eine bronzene Bildplatte auf niedrigem Sockel errichtete, die ihn in vollem Ornat mit Krone, Szepter und Reichsapfel zeigt, wie aus der Buchmalerei und Kleinkunst der Zeit geläufig, obwohl er zu Lebzeiten nicht im Besitz der Reichsinsignien war und sich mit Nachbildungen begnügen mußte.[12] Die Umschrift am Plattenrand stellt ihn auf eine Stufe mit Karl den Großen, hätte er nur in Friedenszeiten herrschen können. Für den sächsischen Adel war Rudolf von Schwaben nicht der gescheiterte »Pfaffenkönig«, wie ihn seine Gegner titulierten, sondern ein Vorbild, das sein Gegenkönigtum wie ein *rex saxonus* vertrat, den es in Wirklichkeit gar nicht gab. Sein Grab in einer, wenn auch nicht von ihm selbst gestifteten Bischofskirche folgte der Tradition kaiserlicher Memorien und versuchte diese mit seinem Bildnis zu übertreffen. So war das erste und für lange Zeit einzige Bildnisgrab eines deutschen Königs, das auch lange vor den Herrscherbildern in Frankreich entstand, mehr ein politisches Erinnerungsmal denn ein Grabdenkmal.

Das Grabbild Rudolfs von Habsburg, das zweihundert Jahre später den Bildtypus der Merseburger Grabplatte reaktivierte, zeichnet sich durch eine porträthafte Darstellung des Herrschers aus, der einen bis dahin nicht gekannten Grad von Individualisierung erreicht. Der Habsburger war im Gegensatz zu Rudolf von Schwaben der erste nach Jahrzehnten der Thronwirren wieder einträchtig gewählte Herrscher. Doch errang der in seiner langen Regierungszeit an der Reichspolitik weitgehend desinteressierte Monarch weder den Kaisertitel, noch konnte er die Thronfolge für sein Haus sichern. So holte sein Grabbild, dessen Porträthaftigkeit schon den Zeitgenossen auffiel, an kaiserlicher Begräbnisstätte den verfehlten Titel ein und verlieh seiner Person am dynastischen Bestattungsort eine Dauer, die ihm zu seiner Zeit nicht beschieden war.[13] So sind beide Bildplatten, die am Anfang und Ende unseres Betrachtungszeitraums stehen, weniger der Ausdruck von Machtfülle der Dargestellten als vielmehr Visualisierungen uneingelöster Ansprüche der Verstorbenen.

Die kultische Verehrung von Herrschern und die Kirchenarchitektur in Deutschland

In der Fülle der bildlosen Grabanlagen deutscher Herrscher stellen die beiden Grabdenkmäler eine markante Ausnahme dar. Ihre bloße Existenz weist auf ein Festhalten an memorialen Präsentationsformen in einer Zeit hin, in der sich in Frankreich mit Hilfe von Architek-

Abb. 3
Heinrich II. und Kunigunde. Mit dem Bamberger Figurenpaar erscheint erstmals das römisch-deutsche Kaisertum in Gestalt französischer Gewändefiguren, vor 1237. Bamberg, Dom, Adamspforte

tur und Skulptur ein grundsätzlicher Wandel in der Selbstdarstellung des Königtums vollzieht. Auch die Kirchenarchitektur in Deutschland bleibt von den Neuerungen im Nachbarland zunächst im wesentlichen unbeeindruckt. Bis weit ins 13. Jahrhundert hinein bestimmt die karolingisch-salische Tradition, die Anlehnung an die imperialen Vorbilder in Aachen und Speyer, die Szene und das Baugeschehen verwandelt sich in staufischer Zeit in einen reichen Spätstil. Neubauten wie das Baseler Münster, die Dome in Bamberg, Magdeburg und Naumburg sowie der Mainzer Westchor lassen konzeptionelle wie strukturelle Bezüge zur Gotik Frankreichs weitgehend vermissen.

Ursache hierfür war nicht zuletzt die entgegengesetzte Entwicklung, die das Königtum in beiden Ländern nahm. In dem Maße, wie sich im 12. und 13. Jahrhundert aus schwachen Anfängen heraus die französische Monarchie konsolidierte, was etwa in der monumentalen Grablege in St. Denis einen fulminanten Ausdruck fand, verfiel in Deutschland die Macht der Kaiser und Könige, beginnend mit dem Investiturstreit und verstärkt schließlich durch den staufisch-welfischen Thronstreit. Aus dem Macht- und Autoritätsverlust der Krone gingen die geistlichen und weltlichen Territorialherren gefestigt hervor. Insbesondere den Bischöfen wuchs als *principes imperii* immer mehr die Vertretung der Königsmacht in Deutschland zu. Bis zu dem Zeitpunkt der entscheidenden Auseinandersetzungen zwischen Papst und Kaiser um die Vorherrschaft in der westlichen Christenheit hielten sich die untereinander rivalisierenden Bischöfe an die bewährten Traditionen und beteiligten sich an einer ideellen Überhöhung des geschwächten Kaisertums.

Nach der Heiligsprechung Heinrich II. 1146 folgte 1165 die Kanonisation Karls des Großen, die mit der Überführung der Reli-

Abb. 4
Reiterstandbild Ottos I. Zwei Jahrhunderte nach dem Tod Ottos II. beruft sich der Magdeburger Erzbischof mit dem kaiserlichen Reiterbild auf seine Stadthoheit und setzt durch die Darstellung des kaiserlichen Gründers ein steinernes Zeichen seiner erzbischöflichen Legitimation als Stadt- und Territorialherr, um 1240.
Magdeburg, Alter Markt

quien der Heiligen Drei Könige nach Köln zusammenfiel. Damit wurde nicht nur die Gnadenbasis des Reiches und der Herrschaftsanspruch der Staufer als legitime Nachfolger der Karolinger gestärkt, was eindeutig gegen die französische Monarchie und den in St. Denis betriebenen Karlskult gerichtet war, sondern auch die Stellung des Kölner Metropoliten und sein Anspruch auf das Krönungsrecht in Aachen, das traditionell auch sein Mainzer Kollege beanspruchte, obwohl der Krönungsort zum Kölner Sprengel zählte. Zur Translation der Gebeine Karls des Großen 1165 entstand in der Umgangswand der Aachener Marienkirche südlich des Chors eine Memoriennische, die den Sarkophag und eine Sitzstatue des Kaisers aufnahm. Von der Statue hat sich leider nichts erhalten, so daß über Beziehungen zu den französischen Königsbildern in St. Remi und St. Denis nur Vermutungen angestellt werden können.[14]

Der im Gegenzug zu Frankreich aktivierte Kult in Aachen hatte auch Auswirkungen auf das Baugeschehen bis ins 13. Jahrhundert, u. a. auf den Neubau des Magdeburger Doms, die Gründung und Grablege Otto I., der auffälligerweise unter den kanonisierten Kaisern fehlt, obgleich noch im Jahre 1200 Kunigunde, die Frau Kaiser Heinrichs II., heiliggesprochen wurde. Der nach dem verheerenden Brand von 1207 als erstes errichtete Umgangschor mit Kapellenkranz überrascht dabei mehr durch sein traditionelles Vokabular, wie zentralbauartige Grundgestalt, eckige Binnenchorpfeiler, gratige Umgangsgewölbe, aufwendiger Emporenbau und an die Wand gestellte Spoliensäulen als durch die Rezeption der Gotik, wie man mit Blick auf den Grundriß immer gerne behauptet. Hinter dem leicht modernisierten Konzept steht die imperiale Bautradition im Dienste der Neugestaltung und Aufwertung der kaiserlichen Grablege.[15]

Der mit Spolien instrumentierte neue Chor wurde so angelegt, daß der schlichte Sarkophag des Kaisers in der Hauptachse der neuen Kathedrale, am Eingang des Sanktuariums, und die Tumba der Kaiserin in der Verlängerung vor der Stirnkapelle Aufstellung fanden. Diese einzigartige Einbindung des kaiserlichen Stifterpaares im Binnenchor und Umgang einer Bischofskirche gab gewiß dem Wunsch des Magdeburger Kathedralklerus nach Kanonisation desselben Ausdruck.

Wahrscheinlich gehören in diesen Zusammenhang auch die zwei in der Polygonalkapelle des Langhauses befindlichen Sitzstatuen, die Kaiser Otto I. und seine Frau Editha darstellen, möglicherweise vermittelt über das Bild von Sponsus und Sponsa. Das aus der Mitte des 13. Jahrhunderts datierende Paar steht zeitlich zwischen den kaiserlichen Stifterfiguren am Bamberger Dom (Abb. 3), Heinrich II. und Kunigunde (vor 1237), und den Standbildern Ottos I. und seiner zweiten Frau Adelheid im Presbyterium des Meissener Doms (1250/60). Mit dem Bamberger Figurenpaar erscheint erstmals das Kaisertum in Form französischer Gewändestatuen, konkreter: der Skulptur der Reimser Krönungskirche, was einem »Paradigmenwechsel« gleichkommt, den die Kathedralarchitektur in Deutschland erst mit dem Neubau des Langhauses des Straßburger Münsters und des Kölner Domchors in den vierziger Jahren des 13. Jahrhunderts vollzieht. Das ursprünglich an der Adamspforte des Bamberger Doms dem ersten Menschenpaar gegenübergestellte kaiserliche Stifterpaar macht im Hinblick auf den Magdeburger Domchor noch einmal deutlich, daß hier zum letzten Mal eine Kaisergrablege mit den traditionell imperialen Mitteln gestaltet worden ist.

Mit dem Niedergang des staufischen Kaiserhauses geht aber nicht nur eine Neuorientierung an Vorbildern des Kronlandes einher, sondern es entstehen auch Zeugnisse herrscherlicher Repräsentation, wie sie in Frankreich undenkbar gewesen wären. So zeigt das Grabdenkmal des Mainzer Erzbischofs Siegfried III. von Eppstein († 1249) das Bild des Bischofs als »Königsmacher«.[16] Im gängigen Typus der Liegefigur krönt Siegfried in der drangvollen Enge der hochrechteckigen Platte die ihm seitlich in Kindergröße beigesellten Gegenkönige Heinrich Raspe († 1247) und Wilhelm von Holland (1247–56). Der Vorgang gewinnt noch an Brisanz, wenn man weiß, daß Heinrich Raspe nur neun Monate nach seiner Wahl ungekrönt gestorben und der Coronator des Grafen von Holland nicht sicher überliefert ist. Das Vakuum, das der Niedergang der Königsmacht mit sich brachte, ließ Rangfragen vor allem unter den Erzbischöfen entstehen, die sich an der politisch bedeutungsvollen Königsweihe entzündeten. Übertrumpft wurde das Grabdenkmal Siegfrieds nur von dem Grabbild des Peter von Aspelt († 1320), eines Nachfolgers auf dem Mainzer Stuhl, das diesen als Coronator dreier Könige zeigt: von Heinrich VII. (1308), Johann von Böhmen (1310) und Ludwig IV. des Bayern (1314), die er im übrigen auch wirklich gekrönt hat. Unbekannt waren in Frankreich auch Bildwerke wie das berühmte Reiterstandbild Otto I. auf dem Markt in Magdeburg (Abb. 4). Bei ihm handelt es sich weder um eine kaiserliche »Selbstdarstellung« noch um ein gegen den Bischof aufgestelltes Bildwerk der Bürgerschaft. Der Magdeburger Erzbischof gemahnt vielmehr mit dem kaiserlichen Reiterbild an seine Stadthoheit und setzt mit dem Gründer von Stadt und Erzbistum ein steinernes Zeichen seiner Legitimation als Stadt- und Territorialherr.[17]

Unterschiede zwischen Deutschland und Frankreich

Trotz vieler Überlieferungslücken ist die unterschiedliche Entwicklung in der monumentalen Repräsentation des Königtums in Frankreich und Deutschland evident. Während man in Frankreich im Laufe des 12. Jahrhunderts zur bildlichen Darstellung der Monarchie an den Kathedralen und den königlichen Grablegen findet, dabei einen Figurentypus des Gekrönten kreiert, der die Gestaltung der Portale, Galerien und Grabdenkmäler bestimmt, herrscht in Deutschland bei der bildlichen Inszenierung des Königtums auffallende Zurückhaltung. So bleibt die Bronzegrabplatte Rudolfs von Schwaben, die vor allen Bildwerken der Monarchie in Frankreich entstanden ist, für lange Zeit völlig isoliert. Erst durch die Rivalität zwischen Kapetingern und Staufern um das karolingische Erbe kommt es ab der zweiten Hälfte des 12. Jahrhunderts zu Rezeptionen. Ein entscheidendes Ereignis dürfte die mit der Kanonisation Karls des Großen in Aachen erfolgte Aufstellung einer, leider verlorenen, Sitzfigur des Kaisers[18] gewesen sein. Allerdings griff diese Form visuellen Gedenkens nicht auf die anderen Kaiser- und Königsgrablegen in Deutschland über. Kleinere Werke, mehr »Erinnerungsmarken« an kaiserliche Stiftertätigkeit, finden sich bis zur Jahrhundertwende in Abteien an verschiedenen Orten, wobei vielfach Funktion und Bedeutung bis heute unbekannt geblieben sind.[19] Auch die französische Vorbilder rezipierenden Kaiserstatuen in Bamberg, Meissen oder Magdeburg (Otto I. als Trumeaufigur am Westportal) sind mehr Hinweise auf Gründungsakte als direkte Gestaltungspunkte der Grablegeorte. Wahlkönigtum und dynastischer Wechsel führten in Deutschland, wie schon öfters bemerkt wurde[20], zu einer größeren Spannbreite der Erscheinungsformen, der Bildprogramme und der architektonischen Lösungen. Aus dem historischen Kontext heraus kam es sogar zur Darstellung eines der Geistlichkeit unterworfenen Königtums, wohingegen in Frankreich die Denkmäler auf die Entfaltung einer Zentralmacht hinweisen. Trotzdem sind die Herrscherbilder, ob in Deutschland oder Frankreich, weniger wirklichkeitsspiegelnde als vielmehr die Wirklichkeit interpretierende und anspruchsetzende Zeichen, die in der Regel nicht von der weltlichen Macht selbst gefordert, sondern von der Geistlichkeit gesetzt werden. Insofern sind es, genau genommen, nicht Denkmale des Königtums, sondern Denkmale für das Königtum.

---

[1] Deshalb auch die Möglichkeit, mit Ersatzinsignien zu krönen, siehe: Petersohn (1993).
[2] Kunst/Schenkluhn (1994).
[3] Kramp (1995), S. 137–148.

[4] Hoffmann (1985), S. 29–38.
[5] Prinz von Hohenzollern (1965).
[6] Kramp (1995), S. 248.
[7] Hamann-McLean (1983), S. 158–200.
[8] Hamann-McLean (1983), S. 201–254.
[9] Kramp (1995), S. 202.
[10] Branner (1965).
[11] Teuscher (1994), S. 617–631.
[12] Hinz (1996).
[13] Körner (1997), S. 128–132.
[14] Hamann-McLean (1983), S. 160. Die Annahme einer Sitzstatue oder Reliefdarstellung Karls des Großen geht auf Überlegungen von Joseph Buchkremer zurück.
[15] Möbius/Sciurie (1984), S. 90–129. Auch die Aufstellung der zunächst wohl für ein Portal vorgesehenen Heiligenfiguren im Chorrund auf Emporenhöhe folgt keiner französischen Gepflogenheit.
[16] Bauch (1976), S. 94 f. Vgl. auch den Katalogbeitrag von Ernst-Dieter Hehl.
[17] Schubert (1974), S. 287–293.
[18] Siehe Anm. 14.
[19] Zum Beispiel die Königsköpfe von Obermarsberg, Freckenhorst und Hecklingen, vgl. Hamann-McLean (1983), S. 187–182 (über die Hecklinger Königsköpfe bereitet der Verfasser einen Aufsatz vor); oder die merkwürdige, schwer datierbare Karlsstatue in Müstair, sowie die Reliefs in Freising und Reichenhall, vgl. Legner (1996), Abb. 180/181.
[20] Möbius/Sciurie (1984), S. 127.

Bauch, Kurt: Das mittelalterliche Grabbild, Berlin-New York 1976.
Branner, Robert: St Louis and the Court Style in Gothic Architecture, London 1965.
Hamann-McLean, Richard: Die Reimser Denkmale des französischen Königtums im 12. Jahrhundert. Saint-Remi als Grabkirche im frühen und hohen Mittelalter, in: Beiträge zur Bildung der Französischen Nation im Früh- und Hochmittelalter, Sigmaringen 1983, S. 158–200.
Hinz, Berthold: Das Grabmal Rudolfs von Schwaben. Monument der Propaganda und Paradigma der Gattung, Frankfurt a. Main 1996.
Hoffmann, Konrad: Zur Entstehung des Königsportals in Saint-Denis, in: Zeitschrift für Kunstgeschichte 48 (1985), S. 29–38.
Körner, Hans: Grabmonumente des Mittelalters, Darmstadt 1997.
Kramp, Mario: Kirche, Kunst und Königsbild. Zum Zusammenhang von Politik und Kirchenbau im capetingischen Frankreich des 12. Jahrhunderts am Beispiel der drei Abteien Saint-Denis, Saint-Germain-des-Prés und Saint-Remi/Reims, Weimar 1995.
Kunst, Hans-Joachim/Schenkluhn, Wolfgang: Die Kathedrale in Reims. Architektur als Schauplatz politischer Bedeutungen, Frankfurt a. Main ²1994.
Legner, Anton: Romanische Kunst in Deutschland, München 1996.
Möbius, Friedrich/Sciurie, Helga: Symbolwerte mittelalterlicher Kunst, Leipzig 1984.
Petersohn, Jürgen: Echte und falsche Insignien im deutschen Krönungsbrauch des Mittelalters? Kritik eines Forschungsstereotyps, Stuttgart 1993.
Prinz von Hohenzollern, Johann Georg: Die Königsgalerie der französischen Kathedrale. Herkunft, Bedeutung, Nachfolge, München 1965.
Schubert, Dietrich: Von Halberstadt nach Meißen. Bildwerke des 13. Jahrhunderts in Thüringen, Sachsen und Anhalt, Köln 1974.
Teuscher, Andrea: Saint-Denis als königliche Grablege. Die Neugestaltung in der Zeit König Ludwigs IX., in: Beck, Herbert/Hengevoss-Dürkop, Kerstin (Hg.): Studien zur Geschichte der Skulptur im 12. und 13. Jahrhundert, Berlin 1994, S. 617–631.

Kurzfassung

Monumentale Repräsentation des Königtums im Mittelalter knüpfte sich an Orte von besonderer Bedeutung, vor allem an Sakralräume, die mit zeremoniellen und rituellen Funktionen von Herrschaft zu tun hatten. Von ihnen, dem Krönungsort oder der Herrschermemorie, ging eine legitimierende Kraft für aktuelle Herrschaft aus. Die visuelle Ausgestaltung dieser Orte verlief im Hochmittelalter in Frankreich und Deutschland jedoch höchst unterschiedlich. Während man in Frankreich im Laufe des 12. Jahrhunderts zur bildlichen Darstellung der Monarchie an den Kathedralen und den königlichen Grablegen fand, dabei einen Figurentyp des gekrönten Herrschers kreierte, der die Gestaltung der Kirchenportale, -galerien und Grabdenkmäler bestimmte, hielt man sich in Deutschland bei der bildlichen Inszenierung des Königtums auffallend zurück. Mit Ausnahme kleinerer Bildwerke und einer mutmaßlichen Sitzstatue Karls des Großen am Grab des Kaisers in Aachen, die sich aus der Rivalität zwischen Kapetingern und Staufern um das karolingische Erbe erklären ließe, kam es zu keiner mit Frankreich vergleichbaren Ausgestaltung. Erst Wahlkönigtum und dynastischer Wechsel führten in Deutschland im 13. Jahrhundert zu einer größeren Spannbreite der Erscheinungsformen, der Bildprogramme und der architektonischen Lösungen. Blieb das Bild des Königs dabei doch weitgehend im Darstellungsrahmen eines Stifters, so kam es in der Jahrhundertmitte auf einigen bischöflichen Grabplatten zur Darstellung eines der Geistlichkeit unterworfenen Königtums, wohingegen die Denkmäler in Frankreich auf die Entfaltung einer Zentralmacht hinweisen (Königsgräber in St. Denis). Trotzdem sind die Herrscherbilder, ob in Deutschland oder Frankreich, weniger wirklichkeitsspiegelnde als vielmehr die Wirklichkeit interpretierende und anspruchsetzende Zeichen, die in der Regel nicht von der weltlichen Macht selbst gefordert, sondern von der Geistlichkeit gesetzt wurden. Insofern handelt es sich im Hochmittelalter, genau betrachtet, nicht um Denkmale des Königtums, sondern um Denkmale für das Königtum.

Résumé

Au Moyen Age, la représentation plastique et monumentale de la royauté était associée à des lieux qui revêtaient une importance toute particulière, essentiellement à des lieux sacrés qui, d'une façon ou d'une autre, étaient liés à des fonctions à caractère cérémoniel ou rituel, elles-mêmes en rapport avec l'exercice du pouvoir. Car le lieu du couronnement – la ville du sacre –, voire l'endroit auquel restait attaché le souvenir du souverain défunt, constituaient en quelque sorte le garant et la légitimation du pouvoir du nouveau monarque. Ces lieux de vénération virent s'épanouir un nouvel art : une statuaire qui, dès le Haut Moyen Age, proposait au peuple une représentation visuelle de son souverain. Toutefois, cette évolution ne se poursuivit pas parallèlement en France et en Allemagne. En France, on assiste dès le XIIème siècle à la floraison des représentations plastiques de la monarchie : sur les porches des cathédrales ou sur les sépulcres royaux, l'artiste médiéval sculpte le roi, un roi qui est tout simplement le roi couronné – tel qu'il l'imagine et loin de tout souci de ressemblance, mais un roi si important qu'il conditionne désormais l'aménagement des portails, des galeries et des monuments funéraires des églises. Une mise en scène à la fois plastique et symbolique de la royauté qui ne vient même pas effleurer l'artiste germanique. Certes, on trouve quelques sculptures d'envergure réduite. On peut également faire état d'une statue qui représente probablement Charlemagne siégeant sur son trône : cette statue, placée devant le sépulcre de l'empereur à Aix-la-Chapelle, pourrait s'expliquer par la rivalité entre les Capétiens et les Staufen qui se disputaient l'héritage carolingien. Mais, hormis ces quelques Ïuvres, il n'existe rien qui soit comparable au foisonnement de la production française. En Allemagne, il faudra attendre, au XIIIème siècle, les premières élections royales et le changement de dynastie pour trouver des Ïuvres plus diversifiées, plus élaborées, des solutions architectoniques et des programmes iconographiques plus structurés. Dans ce contexte, le roi apparaît la plupart du temps sous les traits d'un fondateur ou d'un donateur ; pourtant, vers le milieu du siècle, on découvre, sur quelques tombes épiscopales, la représentation d'une royauté soumise au pouvoir ecclésiastique. Les artistes français ne leur emboîteront pas le pas. Ils symboliseront quant à eux un pouvoir central en plein essor : c'est ainsi que les tombes royales de Saint-Denis verront le jour. Pourtant, que l'on considère la France ou l'Allemagne, l'artiste ne s'efforcera guère de représenter fidèlement son souverain. Car il s'agit, non de refléter la réalité, mais d'en proposer une interprétation : un langage significatif hautement symbolique, qui, en général, loin d'être encouragé par la puissance séculière, émanait bel et bien de l'Église. En ce sens, nous n'avons pas affaire à des monuments royaux, mais à des monuments élevés à la royauté.

Samenvatting

De monumentale representatie van het koningschap in de middeleeuwen was met plaatsen van bijzondere betekenis verbonden, vooral met godsdienstige ruimtes, die met de ceremoniële en rituele functies van de macht van doen hadden. Van deze plaatsen, waar gekroond werd of die ter nagedachtenis dienden, ging een legitimerende kracht voor de actuele macht uit. De visuele vormgeving van deze plaatsen verliep in de bloeitijd van de middeleeuwen in Frankrijk en in Duitsland echter zeer verschillend. Terwijl men in Frankrijk in de loop van de 12^e eeuw tot een uitbeelding van de monarchie aan de kathedralen en de koninklijke begraafplaatsen kwam en daarbij een typologie van de gekroonde heerser ontwikkelde, die de vormgeving van kerkportalen, -galerieën en grafmonumenten bepaalde, hield men zich in Duitsland in dit opzicht opvallend terug. Met uitzondering van enkele kleinere sculpturen en vermoedelijk een sculptuur van de zittende Karel de Grote aan het graf van de keizer in Aken, die verklaard zou kunnen worden uit de rivaliteit tussen de Kapetingers en de Staufers om de opvolging van het Karolingisch erfgoed, heeft er nooit een met Frankrijk vergelijkbare ontwikkeling plaatsgevonden. Pas de koningsverkiezingen en de wisseling van de dynastie leidden in het Duitsland van de 13^e eeuw tot een grotere reikwijdte van verschijningsvormen, beeldprogramma's en architectonische oplossingen. Hierbij bleef de afbeelding van de koning echter nog vergaand binnen het kader van de stichter zelf. Tegen het midden van deze eeuw zien we op enkele bisschoppelijke grafstenen de voorstelling van een aan de geestelijkheid onderworpen koningschap, terwijl de monumenten in Frankrijk op de ontwikkeling van een gecentraliseerde macht wijzen (koningsgraven in St. Denis). Toch zijn de voorstellingen van de heersers, zowel in Duitsland als in Frankrijk, niet zozeer een weergave van de werkelijkheid als wel interpretaties en wensvoorstellingen van de werkelijkheid, die in de regel niet door de wereldlijke macht zelf bevolen, maar door de geestelijkheid neergezet werden. Zodoende zien we in de bloeiperiode van de middeleeuwen, strikt genomen, niet zozeer monumenten van het koningdom, maar eerder monumenten voor het koningdom.

Shrnutí

Výtvarné znázornění království ve středověku bylo spojeno s místy zvláštního významu, především sakrálními prostorami, které souvisely s obřadnou a rituální funkcí vlády. Místo korunovace či panovnického obřadu jakoby mělo moc zákonit opravňovat tu kterou vládu. Zařízení těchto míst se však v Německu a ve Francii vrcholného středověku od sebe velmi lišila. Ve Francii bývala v průb hu 12. století monarchie výtvarně znázorněna na katedrálách a královských hrobech, přičemž se vytvořil typ postavy korunovaného vládce, důležitý pro výzdobu kostelních portálů, kostelních ochozů a náhrobků. Německo bylo nápadně zdrženlivé ve výtvarném znázornění královské moci. S výjimkou malých výtvarných děl a jedné sedící sochy (pravděpodobně) Karla Velikého na císařově hrobě v Cáchách, kterou lze vysvětlit rivalitou mezi Štaufy a kapetovskou dynastií o dědictví Karlovců, nelze v Německu nalézt výtvarné vyjádření království srovnatelné s Francií. Teprve královská volba a výměna královských rodů vedly v Německu ve 13. století k rozšíření výtvarných pojevů, programů a architektonických řešení. Obraz panovníka byl však většinou omezen na jeho vyobrazení jakožto zakladatele a v polovině století se dokonce na některých náhrobcích biskupů objevuje obraz království podrobeného duchovní moci, zatímco na památkách ve Francii je vyjádřen motiv centralistické vlády (královské hroby v St. Denis). Přesto nejsou zobrazení panovníků v Německu a ve Francii ani tak obrazy skutečnosti jako spíše symboly, které skutečnost interpretují a vyjadřují určité nároky, které většinou nepožadoval sám držitel světské moci, nýbrž které určilo duchovenstvo. Při bližším zkoumání lze tedy říci, že vrcholný středověk netvoří pomníky království, ale spíše pomníky pro království.

Summary

Monumental representation of royalty in the Middle Ages was linked to places of special importance, especially to sacred places which were connected with the ceremonial and ritual functions of rule. A legitimising power to rule emanated from these places, i.e. place of coronation or of remembrance. The visual arrangement of these places was very different in the peak of the Middle Ages in both France and Germany. While in France during the 12th century pictures of the monarchy were preferred in cathedrals and royal tombstones, thus creating a type of figure for the crowned ruler that determined the design of church portals, galleries and tombstones, Germany was more reticent about portraying royalty in pictures. Apart from minor pictures and, what is presumed to be a sitting statue of Charlemagne at the grave of the emperor in Aachen, which can be explained via rival claims of the Capetingians and the Staufers to the Carolinian heir, there was no arrangement that was in any way comparable with France. It was only when the king was elected and there was a change in dynasty in Germany in the 13th century that a broader range of representation, i.e. pictures and architecture, emerged. Although in the way he was represented the king remained a founder, in the middle of the century on some bishops' gravestones royalty is depicted as been subject to the clergy, whereas the monuments in France seem to refer more to the creation of a central power (kings' gravestones in St Denis). It must be said that such depictions of power deal more with reflecting reality rather than with interpreting reality and make demands on reality, whether in France or ion Germany. This reality which was created was not insisted upon by the worldly powers but was fixed by the clergy. In this sense, when you look at the Golden Age of the Middle Ages, the monuments were not of royalty but for royalty.

Katalog

4 · 1
Sog. Schwert Karls des Großen

vgl. *Abb. S. 409*

Frankreich, Parierstange: 12. Jh., Knauf: 10.–11. Jh. (?)
Gold, Stahl, Perlen, Parierstange: L 97,5, Knauf B 21,8 x 6
Original: Paris, Louvre
Kopie: Aachen, Museum Burg Frankenberg, Inv.Nr. KK1415

Das Schwert besteht aus unterschiedlichen Materialien verschiedener Epochen. Der Knauf geht auf die Kunst der Zeit des 10. und 11. Jhs. zurück, die beiden Drachenköpfe der Parierstange sind ein Werk des 12. Jhs. Möglicherweise wurde es in seiner heutigen Form erstmals anläßlich der Königsweihe Philippe II. Augusts 1179 benutzt. Da man es als Schwert Karls des Großen betrachtete, hatte es bei der Weihe der französischen Könige in Reims eine ähnliche Funktion wie der sogenannte Säbel Karls des Großen bei den Krönungen in Aachen.

MK

4 · 1

4 · 2
Urkunde von 1138 mit Siegel König Konrads III.

Deutschland, 1138
Dunkelbraunes Wachs auf Pergament, D 8
Koblenz, Landeshauptarchiv, Inv.Nr. Best. 180, Nr. 23: 1143

Dieses Siegel wurde von Konrad III. während seiner gesamten Regierungszeit von 1138 bis 1152 benutzt. Die hier gezeigte Darstellung des thronenden Herrschers war seit der Zeit der Ottonen üblich für deutsche Königs- und Kaisersiegel. Aufgrund der Armhaltung der Figur, die sich von früheren eher statischen Abbildungen unterscheidet, kann man davon ausgehen, daß das Siegel in Anlehnung an das vor 1134 entstandene Aachener Stadtsiegel entstand. Daneben ist die ungewöhnlich detaillierte Gestaltung des Gewandes, des Thrones sowie der Herrschaftsinsignien Krone, Reichsapfel und Szepter bemerkenswert.

MM

4 · 3
Urkunde mit Goldbulle Friedrichs I. Barbarossa

Maasgebiet, 1152
Pergament, Gold, Füllmasse (Wachs oder Pech), rote Seidenschnur, Urkunde: 47 x 53, D 5,9
Wolfenbüttel, Niedersächsisches Staatsarchiv, Inv.Nr. I Urk. I: 1154, Juni (St. 3692)

Die Goldbulle König Friedrichs I. Barbarossa (König von 1152 bis 1190, Kaiser seit 1155) ist die einzige von fünf erwähnten Goldbullen, die sich erhalten hat. Bei den gezeigten Darstellungen wird besonders der Bezug zu den römisch-antiken Wurzeln der königlichen und kaiserlichen Herrschaft deutlich. Auf der Vorderseite ist Barbarossa als Herrscher über die Stadt Rom dargestellt. Ausgestattet mit Krone, Szepter und Reichsapfel wird er von einer Stadtmauer umgeben.

Das auf der Rückseite gezeigte Motiv stellt zum ersten Mal auf einer mittelalterlichen Bulle ein identifizierbares römisches Gebäude dar. Im Kreis der von Türmen bewehrten Mauer zeichnet sich deutlich der Rundbau des Colosseums von Rom ab. In früherer Zeit war es eher üblich, die Stadt Rom nur in Symbolen darzustellen, etwa durch die Stadtgöttin Roma.

MM

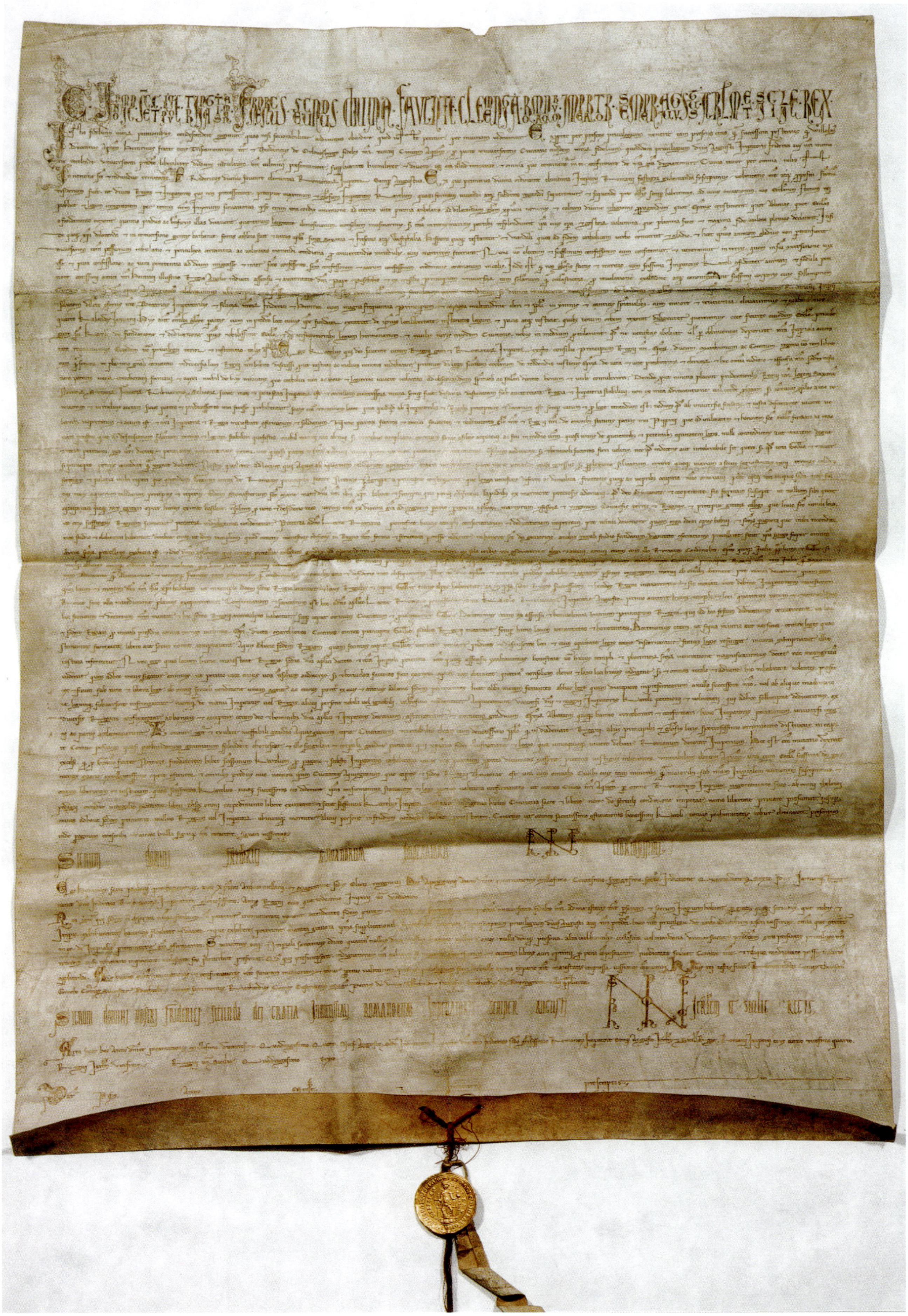

5

4 · 4
Handschrift mit inseriertem Karlsprivileg

Stablo, Mitte 12. Jh.
Pergament, 34,1 x 24,4
Brüssel, Bibliothèque Royale, Inv.Nr. Ms II 2567

In dieser Handschrift findet sich die älteste Überlieferung des sog. »Karlsprivilegs«, das die Gründung Aachens durch Karl den Großen schildert, ihn als Gesetzgeber preist sowie vor allem die Würde und Bedeutung Aachens als »caput«, als Haupt des Reiches, postuliert und behauptet, die Aachener Marienkirche sei durch Papst Leo III. († 816) geweiht worden. Dieser Text soll angeblich von Karl dem Großen selbst stammen, ist aber eine spätere Fälschung. Der Codex entstand in Stablo und enthält in zwei Teilen, die erst nachträglich zusammengebunden wurden, Werke Gregors des Großen († 604). Der erste Teil stammt aus dem 11. Jh., der zweite aus dem 9. Jh., während auf der ursprünglich freien Seite fol. 1^r später das Karlsprivileg eingetragen wurde, das mitten im Wort »convenerant« abbricht, ohne an einer anderen Stelle der Handschrift weitergeführt zu werden. Da die Schrift des Privilegs auf die Mitte des 12. Jhs. verweist, kommt für die Fälschung des Textes die 1. Hälfte des 12. Jhs. in Betracht.

HN

4 · 5
Kaiser Friedrich II. (1212/15–1250) bestätigt die Urkunde Friedrichs I. vom 8. Januar 1166 mit dem Privileg Karls des Großen (mit Goldbulle Friedrichs II.)

Pisa, August 1244
Pergament: 80 x 60, Goldbulle: D 4,7
Aachen, Stadtarchiv, Inv.Nr. A I 4

Mit der Heiligsprechung Karls des Großen, die am 29.12. 1165 in Aachen stattfand, wurde das Römische Reich zum Heiligen Römischen Reich und Karl der Große zum Reichspatron. In einer Urkunde vom 8.11. 1165 schildert Friedrich I. Barbarossa († 1190), auf dessen Initiative hin und in dessen Anwesenheit die Heiligsprechung stattfand, den Vorgang und nennt die Gründe für Karls des Großen Heiligsprechung: zu Christi Lob und Ruhm, zur Festigung des Reiches und zum Heil seiner Frau Beatrix († 1184), sowie seiner Söhne Friedrich und Heinrich. In den Text dieser Urkunde ist auch das – gefälschte – Karlsprivileg inseriert, das die Rolle Aachens innerhalb des Reiches hervorhebt und sich als älteste Überlieferung in einer Stabloer Handschrift (vgl. Kat.Nr. 4 · 4) befindet. Diese Urkunde Friedrich Barbarossas, die er für das Aachener Marienstift ausstellte, ist allerdings nicht als Original überliefert, sondern als Abschrift in einer Urkunde Kaiser Friedrichs II. († 1250), die dieser 1244 auf Wunsch der Aachener Bürger ausstellte, die ebenfalls ein Exemplar dieses für Aachen so wichtigen Schriftstückes besitzen wollten.

HN

4 · 6
Münze Friedrichs I.
Abb. S. 353

Deutschland, 12. Jh.
Silber, D 6,6 mm
Aachen, Museum Burg Frankenberg, Verein Aachener Münzfreunde e. V.

Kaiser Friedrich I. Barbarossa sitzt mit geschultertem Schwert und Reichsapfel auf einem Löwenthron, die Füße auf einem doppelten Bogen aufgestützt. Die Umschrift ist z.T. unleserlich, läßt sich jedoch durch Vergleiche zu »Av. FREDERICS IMPERATOR« ergänzen. Für die Rückseite läßt sich »ROMA CAPVT MVNDI« nachweisen, der Anfang des Spruches »Roma caput mundi regit orbis frena rotundi« (Rom, das Haupt der Welt, hält die Zügel des runden Erdkreises). Dargestellt ist ein Palast mit zwei großen und zwei kleinen Kuppeltürmen.

CW

4 · 7
Krümme eines Bischofsstabes aus einem Bischofsgrab des Trierer Domes
Abb. S. 116

Trier, Dom, 12. Jahrhundert
Blei, Holz, H 18,2
Trier, Bischöfliches Dom- und Diözesanmuseum, Inv.Nr. L 401

Die vierkantige Krümme aus einer Bleiplatte ist über einem kantigen Formholz gebogen und zusammengelötet; am unteren Teil der Krümme ist der Knauf separat als runder hohler Wulst aufmontiert. Im Grab wurden ferner zwei Teile des hölzernen Stabes sowie ein Kelch mit Patene, ebenfalls aus Blei, aufgefunden. Bei der Eröffnung (1846/1852) des Grabes (Grab 31) im östlichen Teil der heutigen Marienkapelle des Trierer Domes glaubte man, die Grablege Erzbischofs Hillin († 1169) vor sich zu haben. 1910 wurde die Krümme aus dem Grab 22 geborgen, so daß man im 19. Jh., offensichtlich bei der Eröffnung der Gräber 31 und 22, die Beigaben, nachdem man sie gezeichnet hatte, beim Zurücklegen verwechselte. Heute wird das Grab 31 als Grablege des Trierer Erzbischofs Gottfried († 1128) identifiziert. Gottfried war von 1124 bis 1127 Erzbischof von Trier und wurde wegen des Vorwurfs der Simonie, des Ämterkaufs und der Bereicherung, gezwungen, sein Amt niederzulegen.

Wie die Könige sich auch im Grab mit den Insignien ihrer Macht und ihres Amtes auszeichnen ließen – die königlichen Grabbeigaben der in Speyer begrabenen Salier (vgl. Kat. Nr. 3 · 23 und 3 · 24) zählen zu den ältesten bekannten Beispielen dieser Tradition – so taten

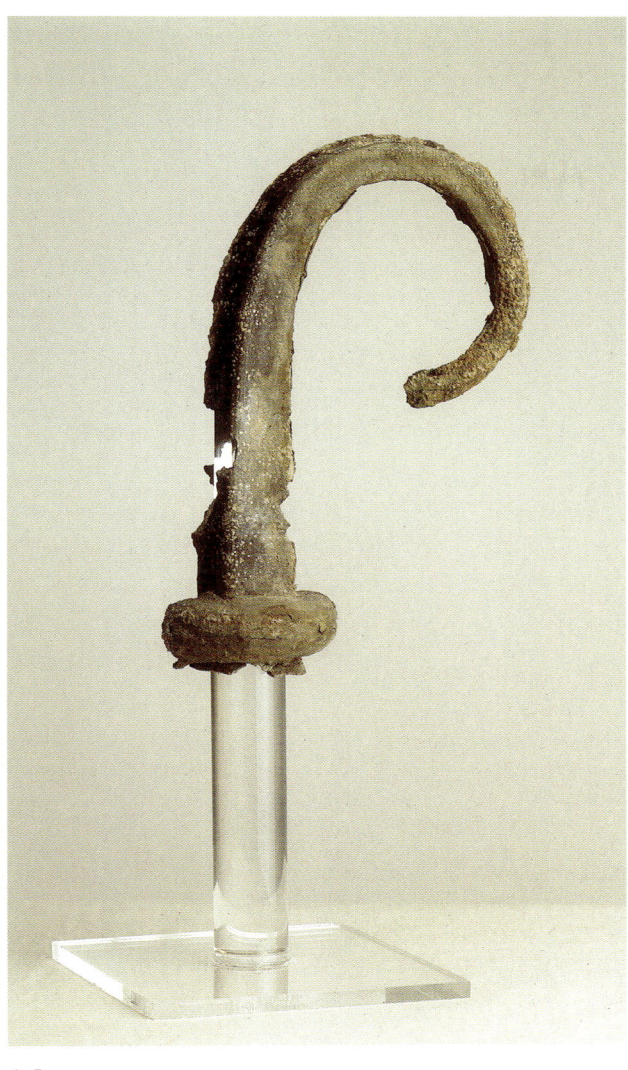

Das Rundsiegel mit der Umschrift: »+ MEINER(us) . D(e)I . GRA(ti)A . TREVIROR(um). ARCHIEP(iscopu)S« zeigt den auf einer Thronbank sitzenden Erzbischof in Pontifikaltracht mit Pallium, dem Zeichen seiner erzbischöflichen Würde, die Füße auf einem Suppedaneum. Der Erzbischof ist nach links gewandt, die Rechte zum Segensgestus erhoben, in der Linken hält er den Bischofsstab schräg vor dem Körper. Der thronende Erzbischof ist bei den Trierer Siegeln nach den Brustbildern des 11. Jhs. – das Siegelbild des stehenden Erzbischofs Udo (1066–1078) ist eine Ausnahme – eine neue Repräsentationsform. Sie ist im Hinblick auf die Beilegung des sog. Investiturstreits wohl auch als Ausdruck eines neuen Selbstbewußtseins der kirchlichen Würdenträger zu werten.

WW

4 · 7

4 · 9
Siegel des Trierer Erzbischofs Albero von Montreuil (1131–1152)

Trier, 1139/40
Wachs, 9,6 x 7,3
Original: Trier, Stadtbibliothek
Kopie: Trier, Bischöfliches Dom- und Diözesanmuseum, Inv.Nr. N 408

Im spitzovalen Feld des Siegels mit der Umschrift: »+ ALBERO . DEI . GR(ati)A . TREVERORV(m) . ARCHIEP(iscopu)S« ist der Erzbischof in Pontifikaltracht mit Pallium in strenger Frontalansicht auf einem Faltstuhl sitzend dargestellt, die Rechte ist im Segensgestus seitlich weggestreckt, die Linke hält den Bischofsstab. Die Füße des Erzbischofs stehen auf einem Suppedaneum. Vom Faltstuhl (Faldistorium) sind seitlich der Knie und in Höhe des Saumes der Kasel Tierköpfe bzw. -füße sichtbar.

Albero von Montreuil begleitete den in Aachen 1125 zum König gekrönten Lothar III. von Supplinburg auf dessen Italienzug 1133 und wird bei der Kaiserkrönung Lothars in Rom anwesend gewesen sein. Lothar konnte sich jedoch gegen den staufischen Gegenkönig Konrad III. nicht durchsetzen und starb auf seinem zweiten Italienzug 1137. Die Krönung Konrads III. 1138 in Aachen hätte von Albero vollzogen werden können, da dessen Konkurrenten, die Erzbischöfe von Mainz und Köln, noch nicht im Amt waren. Die Krönung in Aachen wurde jedoch vollzogen vom päpstlichen Legaten Kardinalbischof Dietwin.

WW

es auch die geistlichen Kurfürsten. Daß Krümme und Kelch samt Patene aus Blei gearbeitet wurden, zeigt, daß man diese Gegenstände eigens für die Bestattung aus unedlem und billigem Material angefertigt hat. Es war wichtig, den Erzbischof mit seinen Insignien zu bestatten. Die eigentlichen Insignien verblieben meist im Domschatz; sie wurden nur ausnahmsweise dem Verstorbenen ins Grab gelegt. Zu den Insignien gehören auch die liturgischen Gewänder und Rangabzeichen, die jedoch nur selten in den Gräbern gut erhalten sind.

WW

4 · 8
Siegel des Trierer Erzbischofs Meginher von Fallemagne (1127–1130)

Trier, 1129
Wachs, 9,6 x 7,3
Original: Koblenz, Landeshauptarchiv, Urkunde des Trierer Domkapitels vom 2. Mai 1129
Kopie: Trier, Bischöfliches Dom- und Diözesanmuseum, Inv.Nr. N 407

4 · 10   *Abb. S. 185*
Statue Karls des Großen aus St. Johann, Müstair

Schweiz, 12. Jh. mit späteren Ergänzungen
Gips, 210 x 77 x 45
Kopie: Aachen, Museum Burg Frankenberg, Inv.Nr. SK 881

Der Legende nach soll Karl der Große das Kloster St. Johann bei seiner Rückkehr von Rom 801 gegründet haben. Tatsächlich muß aber in dieser Zeit schon ein Benediktinerkonvent in Müstair bestanden haben. Die Statue Karls des Großen stammt aus dem 12. Jh. und besteht aus Stuck, mit späteren Ergänzungen (um 1490) aus Rauhwackestein und Stuck.

HN

4 · 11
Sog. Thron von Minden

Westfalen (Helmarshausen), um 1170
Eichenholz, 106 x 121,5 x 100,5
Minden, Dom

1932 wurde die Holzvertäfelung eines romanischen Möbelstücks im Keller des Mindener Doms entdeckt. Es handelt sich um den ein-

4 · 10

4 · 11

4 · 12

zigartigen Rest eines mittelalterlichen Möbels aus dem 12. Jh., der von der Fachwelt als Rückwand eines Thrones aus staufischer Zeit gedeutet wurde. In vier Feldern finden sich aufwendig gearbeitete ornamentale Holzschnitzereien. Minden markierte geographisch den Übergang vom staufischen Herrschaftsbereich Friedrichs I. Barbarossa zum welfischen Herrschaftsbereich Heinrichs des Löwen. Der »Mindener Thron« könnte von Barbarossa benutzt worden, oder aber – was wahrscheinlicher ist – im Jahre 1168 anläßlich der Hochzeit Herzog Heinrichs des Löwen mit Mathilde, der Tochter König Heinrichs II. von England, angefertigt worden sein. Die Holztafel besaß ursprünglich zwei Beine. 1959 wurde ein Bein verkürzt, um es dem anderen, inzwischen abgefaulten, anzugleichen. 1971/72 wurde die Holztafel in einen Choraltar eingebaut, dabei beide Beine abgesägt, drei neugeschnitzte Wände hinzugefügt und der so entstandene Altar mit einer Marmorplatte abgedeckt. Anläßlich der Ausstellung »Krönungen« stellt der Dom von Minden seinen gesamten Altar mit der eingebauten staufischen Holzvertäfelung als Leihgabe zur Verfügung.

CW/MK

4 · 12
Albe Kaiser Friedrich Barbarossas

Sizilien, Mitte 12. Jh.
Leinen, Brokat, 180 x 140
Utrecht, Rijksmuseum Het Catharijneconvent, Inv.Nr. OKM t.91

Abgeleitet vom priesterlichen Ornat, gehört die fußlange, in der Hüfte mit einer Kordel geschnürte Albe als Untergewand zum kaiserlichen bzw. zum Krönungsornat. Die Utrechter Albe aus feinstem weißem Leinen ist am unteren Saum, am Halsausschnitt, an den Ärmeln und am Ansatz der Ärmel und der beiden seitlichen Gieren ungewöhnlich reich mit Goldbrokat-Brettchenborten verziert, in die stilisierte Tier- und Pflanzenmotive eingewebt sind, die die Albe als ein Erzeugnis sizilianischer Werkstätten der Mitte des 12. Jhs. erkennen lassen. Mit an Sicherheit grenzender Wahrscheinlichkeit wurde die Prachtalbe durch Kaiser Friedrich Barbarossa der Utrechter St. Janskirche geschenkt.

GM

4 · 13

4 · 13

4 · 13
Sog. Barbarossakopf

Abb. S. 9 und 359

Deutschland, um 1150/60, Basis um 1170 hinzugefügt
Bronze vergoldet, Augen: versilbert und nielliert, H 31,4 x 16 x 16
Cappenberg, Schloßkirche Cappenberg St. Johannes Evangelista

Das unter der Bezeichnung »Cappenberger Barbarossakopf« bekannte Kopfreliquiar wird traditionell als Bildnis Friedrichs I. Barbarossa gedeutet. Zusammen mit einer heute in Berlin befindlichen Taufschale (Kat. Nr. 4 · 14) gelangte der Kopf als Geschenk Barbarossas in den Besitz des Prämonstratenser-Stiftes Cappenberg, das 1122 vom Taufpaten des Kaisers, Graf Otto von Cappenberg, gegründet wurde. In einer undatierten Urkunde, dem sog. Testament des 1171 Verstorbenen, heißt es, die Büste sei »nach dem Antlitz des Kaisers« gearbeitet. Auf der Taufschale ist Friedrich als FRIDERIC(VS) I(M)P(ERA)T(OR) bezeichnet, weshalb gewöhnlich beide Werke in die Zeit nach Friedrichs Kaiserkrönung datiert werden. Später wurde der Kopf zu einem Reliquiar für Sekundärreliquien des Evangelisten Johannes umgearbeitet, wie eine gravierte Inschrift auf der Halsbinde bezeugt: »Hic q(vo)d servetvr de crine ioh(ann)is habetvr te p(re)ce pvlsantes exavdi sancte ioh(ann)es.« (»Was hier bewahrt wird, ist vom Haar des heiligen Johannes. O heiliger Johannes, erhöre die Dich durch Gebet Bedrängenden.«). Versmaß, Inhalt und Buchstabenform entsprechen weitgehend einer zweiten, auf den Zinnen des Unterbaus angebrachten Inschrift, die das Reliquiar als Geschenk eines Stifters Otto (wohl Otto von Cappenberg) ausweist, der die Fürbitte des Johannes erfleht: »Apostolica datvm tibi mv(nvs) svs(cipe gr)atvm (e)t p(i)vs ottoni svccvrre precando datori.«

Das nur 31,4 cm hohe Reliquiar besteht aus mehreren Teilen. Das Haupt, in einem Stück aus Bronze gegossen und feuervergoldet, ist durch zwei mitgegossene Zapfen mit der oberen Platte des Sockels verbunden. Trotz der Paßgenauigkeit der Zapfen ist die Zugehörigkeit des Kopfes zum architektonischen Unterbau strittig; vielleicht wurde der Kopf nachträglich auf den Sockel montiert. Der auf vier Drachenköpfen ruhende Untersatz bildet einen achteckigen Mauerkranz mit vier Ecktürmen. Drei Engel – eine vierte Figur ist heute verloren – tragen einen weiteren Zinnenkranz, auf den das

Kopfreliquiar aufgesetzt ist. Während der Untersatz formal an Leuchter- oder Kreuzfüße des 12. Jhs. erinnert, läßt seine Verbindung mit der Büste an das Motiv des Himmlischen Jerusalem denken: Auf Münzbildnissen Friedrichs I. erscheint in ähnlicher Weise die Büste des Herrschers inmitten der von einem Mauerkranz symbolisierten himmlischen Stadt. Möglicherweise spielte die Assoziation des Himmlischen Jerusalem auch bei der Montage des Kopfes auf den Unterbau eine Rolle, zumal der vom Kaiser dem Aachener Marienstift geschenkte Barbarossaleuchter ebenfalls dieses Motiv aufgreift.

Der Barbarossakopf ist das vielleicht bekannteste Denkmal der staufischen Kaiserzeit. In ihm verbinden sich geistliche und weltliche Repräsentation in singulärer Weise. Die in der Forschung immer wieder angestellten Mutmaßungen über eine bestehende Porträtähnlichkeit zu Friedrich I. müssen allerdings mit Skepsis betrachtet werden. Naturgetreue Porträts im heutigen Sinne waren dem Mittelalter unbekannt. Mit ihren idealisierten Gesichtszügen und der ornamentalisierten Behandlung von Haupthaar, Bart und Augenpartie ist die Cappenberger Büste eher Kultbild als Porträt. Nach einer neueren These (vgl. Beitrag Nilgen) könnte es sich in diesem Sinne um das Idealbild eines Kaisers handeln, das sowohl Züge Karls des Großen als auch Barbarossas trägt. Eine heute verlorene, separat gegossene Stirnbinde, von der am Hinterkopf noch der Knoten vorhanden ist, umschloß ehemals als Reif die glatt belassene Aussparung im gelockten Haar. Ähnliche Binden waren auch das Hoheitszeichen der römischen Imperatoren. Über seine nachträgliche Nutzung als Reliquienträger hinaus ist der Barbarossakopf auch als mittelalterliche Umdeutung und Weiterführung spätantiker imperialer Herrschaftsikonographie anzusehen.

WC

4 · 14
Sog. Taufschale Kaiser Friedrich Barbarossas

Deutschland, um 1150/60
Gravierung Aachen nach 1155
Silber teilvergoldet, getrieben und graviert, H 4,4 x D 24,4
Berlin, Kunstgewerbemuseum SMPK Berlin, Inv.Nr. 33, 25

Die Gravur im Schalenboden zeigt eine Taufzeremonie in Form der *immersio*, des dreimaligen Untertauchens des Täuflings. Jener ist als FRIDERIC(VS) I(M)P(ERA)T(OR) bezeichnet. Der das Sakrament vollziehende Bischof ist im Moment des Handauflegens, der als OTTO benannte Taufpate beim Herausheben des Täuflings aus der Fünte dargestellt. Dem Bischof assistiert ein Diakon, hinter OTTO stehen zwei weitere Zeugen. Die Szene ist von Inschriften umgeben, deren innere sich auf den läuternden Sinn der Taufe bezieht. Die äußere lautet übersetzt: »Friedrich, Kaiser und Mehrer des Reiches, hat diese Geschenke seinem Paten Otto überreicht, jener weihte sie Gott«. Eine Urkunde des Grafen Otto von Cappenberg, dem Mitbegründer und späteren Propst des Prämonstratenser-Stifts Cappenberg, bestätigt, daß dieser »das silberne Haupt nach dem Antlitz des Kaisers« (vgl. Kat.Nr. 4 · 13) »mit seiner gleichfalls silbernen Schale« dem Cappenberger Stift schenkte. Da die Urkunde Ottos, sein sog. Testament, undatiert ist, bezeichnet erst dessen Sterbejahr 1171 den spätesten Zeitpunkt für die Veranlassung der Gravur. Die Friedrich beigefügten Titel IMPERATOR und CESAR ET AVGVSTVS setzen formal die am 18. Juni 1155 erfolgte Kaiserkrönung voraus, zumindest aber die Wahl zum König am 5. März 1152. Es besteht kein Anlaß, an der Mitteilung über die Herkunft der noch ungravierten Schale aus kaiserlichem Besitz zu zweifeln. Fraglich bleibt indes, ob es sich tatsächlich um ein bei der Taufe Friedrichs um 1122/24 benutztes Gerät handelt.

LL

4 · 15 vacat

4 · 16
Abb. S. 72 und 73
Armreliquiar Karls des Großen

maasländisch (Lüttich) (?), 1165–1173
getriebenes, gestanztes und vergoldetes Silberblech, Bronze gegossen graviert, ziseliert und vergoldet auf Eichenholzkern, Grubenemails, alle Beschläge ergänzt, 13,6 x 54,8 x 13,5
Paris, Musée du Louvre, Département des Objets d'Art, Inv.Nr. D 712

Der Reliquienkasten ist das älteste erhaltene Denkmal einer Heiligenverehrung Karls des Großen. Seine Anfertigung steht im Zusammenhang mit der Heiligsprechung Karls des Großen. Bei der Graböffnung durch Friedrich I. Barbarossa im Jahr 1165 trennte man einen Armknochen von den übrigen aufgefundenen Gebeinen – schließlich symbolisierte gerade dieser Körperteil Stärke und Herrschergewalt. Fortan diente der formal in der Tradition romanischer Tragaltäre stehende Kasten als Aufbewahrungsort des »Brachium Sancti et gloriosissimi imperatoris Karoli« (so der Wortlaut der Inschrift auf der gleichfalls silberbeschlagenen Innenseite des Deckels). Das Reliquiar befand sich im Schatz des Aachener Münsters, ehe es von der französischen Verwaltung nach Paris überführt wurde, allerdings ohne seinen Inhalt. Während der ausgelagerte Aachener Schatz 1804 auf Veranlassung Napoleons I. fast vollständig nach Aachen zurückkehrte, verblieb das mit der Karlsverehrung aufs engste verbundene Armreliquiar in Paris.

Das Reliquiar war vermutlich eine Schenkung Friedrichs I. und seiner zweiten Gemahlin Beatrix von Burgund. Die kaiserlichen Stifter erscheinen als halbfigurige Reliefs in den beiden äußeren Arkaden der Vorderseite, wo sie die zentrale Marienfigur und die zwei in Adorantenhaltung dargestellten Erzengel Gabriel und Michael flankieren. Maria ist als Himmelskönigin dargestellt, ihre Rechte hält ein

4 · 14

Lilienszepter, die Linke das Kind. Die ›Marienseite‹ des Reliquiars ist ein frühes Zeugnis für die seit Mitte des 12. Jhs. zunehmende Verschmelzung von Karlskult und marianischer Frömmigkeit. Die gegenüberliegende Längsseite, die ›Christusseite‹, zeigt als zentrale Figur den Salvator Mundi, flankiert von den Aposteln Petrus und Paulus. In den äußeren Arkaden sind zwei Herrscher mit besonderem Bezug zum kaiserlichen Stifter dargestellt: Friedrich von Schwaben, Barbarossas Vater, und Konrad III., der auf seinem Sterbebett den späteren Stauferkaiser als Nachfolger empfohlen hatte.

An den Schmalseiten erscheinen zwei Herrscher, die den Kult um Karl den Großen gefördert bzw. für die Herrschaftslegitimation nutzbar gemacht hatten: Ludwig der Fromme, Sohn Karls des Großen, und Otto III., der durch die Graböffnung im Jahr 1000 die ersten Schritte zu einer kultischen Verehrung des Karolingers eingeleitet hatte. Das Figurenprogramm des Armreliquiars nimmt zentrale Punkte der Karlsverehrung vorweg, die wenige Jahrzehnte später in den beiden Aachener Schreinen kulminieren sollten.

WC

4 · 17
Abb. S. 307
Ekkehard von Aura: Weltchronik

Genealogie der Karolinger aus dem Zweig des heiligen Arnulf
12. Jh.
Pergament, Blattmaß: 28 x 18
Paris, Bibliothèque Nationale de France, Département des Manuscrits,
Inv.Nr. BN Ms lat. 4889

Im Werk des Ekkehard von Aura († nach 1125) kommt seine Stellungnahme für das Reformpapsttum zum Ausdruck, woraus für ihn die völlige Ablehnung Kaiser Heinrichs IV. folgte. Er ist aber trotz des Investiturstreites und der Verurteilung Heinrichs V. als Parteigänger Heinrichs V. († 1125) einzuordnen. Aufzählungen und Erklärungen von Stammbäumen innerhalb von Chroniken sind schon seit dem Frühmittelalter zu beobachten, während die graphischen Darstellungen etwas später einsetzen. Wichtig ist dabei jeweils, auf welche Ahnen das jeweilige Herrschergeschlecht zurückgeführt wird, wobei vor allem Heilige oder historisch-legendäre Persönlichkeiten ausgewählt werden. Karl der Große stand dabei oft im Zentrum der Aufmerksamkeit. Auf dem hier gezeigten fol. 194 der Handschrift erkennt man den Stammbaum der Karolinger, beginnend mit dem heiligen Arnulf von Metz, der als ganze Figur rechts zu sehen ist. Arnulf galt durch die Heirat seines Sohnes mit der Tochter des Hausmeiers Pippins des Älteren als einer der Gründungsväter der Karolinger. Er war von 614 bis 627 Bischof von Metz. In der Mitte des Blattes, ablesbar von oben nach unten, folgen in Medaillons die karolingischen Herrscher. Das sechste Medaillon ist Karl dem Großen gewidmet, der in einer zugefügten Erklärung als »Erster Kaiser im Frankenreich« bezeichnet wird. Die dann folgende Aufteilung des Stammbaumes in drei Zweige reflektiert die fränkischen Reichsteilungen: links werden die Könige Italiens und Lotharingiens dargestellt, in der Mitte die westfränkischen Karolinger und rechts die in der Handschrift des 12. Jhs. bemerkenswerterweise als »Könige Deutschlands« bezeichneten Nachfolger Karls des Großen im ostfränkischen Teilreich.

HN/MK

4 · 18

Thronender Christus

Limoges, 12. Jh.
Bronze gegossen und graviert, Türkise, 15,5 x 8,5
Köln, Schnütgen-Museum, Inv.Nr. G 560

Wie ein Herrscher sitzt Christus als Himmelskönig auf dem Thron, die rechte Hand zum Segensgestus erhoben und in der linken ein Buch haltend. Er trägt ein kostbares Gewand und eine mit akanthusähnlichem Dekor verzierte Krone. Die Figur und die Krone aus Bronze sind mit Gravuren und eingelegten Türkisen verziert. Diese Darstellung der Majestas Domini war im 12. Jh. ein weitverbreitetes Motiv, auch in der Form monumentaler Steinreliefs in den Bogenfeldern der Portale bedeutender Wallfahrts- und Kathedralkirchen – meist im Zusammenhang mit der Darstellung des Jüngsten Gerichts. Christus wird dargestellt wie ein König, doch umgekehrt galt ein König durch die Krönung und Salbung in Aachen als »Vicarius Dei«, als »Gesalbter Christi«. Königsbild und Christusbild waren miteinander verschmolzen.

MK

4 · 18

4 · 19 Abb. S. 352

Welfenchronik

Weingarten, zwischen 1185 und 1190/91
Illuminierte Handschrift auf Pergament, Blattmaß: 32,5 x 22
Fulda, Hessische Landesbibliothek, Inv.Nr. Cod. D 11

Herzog Welf VI. gab diese prächtige Handschrift in Auftrag. Sie enthält eine Geschichte des welfischen Hauses (»Historia Welforum«) und einen Nekrolog mit den Namen der Angehörigen des welfischen Hausklosters Weingarten. Gleichzeitig dokumentiert sie den seit 1178 erfolgten Übergang des Klosters an die Staufer. Daher geht der »Historia Welforum« ein staufisches Herrscherbild (fol. 14ʳ) voran. In der Mitte des Bildes thront Friedrich I. Barbarossa, seit seiner Aachener Krönung 1152 König und seit 1155 Kaiser. Er wird in der Überschrift als kaiserlicher Vater bezeichnet. Deutlich erkennbar ist der rote Bart des Kaisers. Er führte zu seinem Beinamen Rotbart bzw. Barbarossa, den schon die Zeitgenossen benutzten. Diese Darstellung ist daher in der Forschung als früher Beleg eines Bildnisses mit Porträtcharakter bewertet worden. Barbarossa hält Szepter und Reichsapfel als Insignien seiner Herrschaft. Rechts und links erkennt

Sacrum Imperium: Das Reich der Staufer und Friedrich I. Barbarossa

man seine Söhne Heinrich VI. und Friedrich von Schwaben. Friedrich von Schwaben trägt den Herzoghut, Barbarossa und Heinrich tragen Kronen. Heinrich war zur Zeit der Entstehung der Handschrift bereits designierter Nachfolger und hatte 1169 in Aachen die Königskrone erhalten.

MK

4 · 20   vakat

4 · 21
Chronica S. Pantaleonis

Köln, 1150–1200
Illuminierte Handschrift, Pergament, Blattmaß: 28,5 x 19,5
Wolfenbüttel, Herzog August Bibliothek, Inv.Nr. Cod. Guelf. 74.3 Aug. 2°

Diese im Kölner Kloster St. Pantaleon entstandene Weltchronik kompiliert antike, früh- und hochmittelalterliche Quellen, wobei vor allem die ältere Kölner Königschronik Verwendung fand. Von 1200 an schrieb der Autor als Zeitgenosse und liefert zahlreiche stadtkölnische Nachrichten, bis zum Ende des Textes im Jahre 1237. Die Miniaturen, mit denen der Codex ausgestattet ist, zeigen neben biblischen Gestalten und antiken Herrschern Verwandtschaftstafeln der Karolinger, Ottonen, Salier und Staufer, was ein aktives Interesse an königlicher Genealogie bezeugt.

HN

Das hier gezeigte, um 1200 entstandene Blatt (fol. 114^v) der Handschrift stellt eine Verwandtschaftstafel der römisch-deutschen Könige dar. Oben beginnt die Stammtafel mit den Ottonen und endet unten mit den Staufern. Im größten mittleren Medaillon erkennt man Heinrich I. mit seiner Gattin, mit dem der Beginn der Herrschaft der Sachsen nach den Karolingern einsetzte. Darunter ist mit Krone und Szepter der erste in Aachen gekrönte römisch-deutsche König Otto I. abgebildet. Die Genealogie über die Salier fortsetzend, endet die Reihe der Könige und Königinnen mit Friedrich I. Barbarossa, mit Heinrich VI. im mittleren Medaillon, mit Friedrich II. und Philipp von Schwaben. Dargestellt sind nur die Staufer, Otto IV. wird nicht berücksichtigt. So konnte die Herrschaft der Staufer direkt auf die Ottonen und Salier zurückgeführt und damit legitimiert werden.

MK

4 · 22
Kaiserevangelistar

12. Jh., Silbereinband J. F. Weissweiler, Köln, Ende 17. Jh.
Pergament, 27,5 x 19,9
Köln, Erzbischöfliches Diözesan- und Dombibliothek, Inv.Nr. Dom Cod. 269

Das Evangelistar des 12. Jhs. enthält auf fol. 1^r die Eidesformel der deutschen Könige und Kaiser als Mitglieder des Kölner Domkapitels (»Wir, durch Gottes Gnade und Güte allzeit erhabener Römischer König und Kanoniker dieser heiligen Kölner Kirche...«). Mit diesem Eid wurden die Privilegien des Kapitels bestätigt. Auch in Aachen waren die Herrscher Mitglieder des Stiftskapitels.

RL

4 · 23   Abb. S. 351
Halbfigur des Erzbischofs Rainald von Dassel von der Rückseite des Dreikönigenschreines

Köln, um 1200
Silber, vergoldet, 21,5 x 11,6
Köln, Hohe Domkirche
Kopie: Köln, Dombauverwaltung

Durch den Kölner Erzbischof Rainald von Dassel wurden am 23. Juli 1164 die in Mailand erbeuteten Reliquien der Heiligen Drei Könige in den Kölner Dom übertragen. Die ersten christlichen Könige spielten, als Vorläufer und Vorbilder der mittelalterlichen Könige, in der Herrschertheologie eine wichtige Rolle. Bei der Krönung in Aachen wurde die Messe des 6. Januar, also des Dreikönigstages gefeiert. Nach der Krönung kamen die Könige auch nach Köln, um in das Kölner Domkapitel aufgenommen zu werden und vor dem Dreikönigenschrein zu beten. Wie die Darstellung des von dem Kölner Erzbischof Adolf 1198 gekrönten Gegenkönigs Otto IV. an der Vorderseite des Schreines im Gefolge der Heiligen Drei Könige zeigt, verliehen die Reliquien dem Herrscher auch zusätzliche Legitimität, darin der Dornenkrone Christi vergleichbar, die als »Staatsreliquie« der französischen Könige in der Sainte-Chapelle in Paris aufbewahrt wurde.

RL

4 · 24
Relief von der Porta Romana

Mailand, um 1171
Marmor, 115 x 48 x 39
Mailand, Civiche Raccolte d'Arte, Castello Sforzesco, Inv.Nr. 776

4 · 25
Relief von der Porta Tosa

Mailand, 2. H. 12. Jh.
Stein, 114 x 65
Mailand, Civiche Raccolte d'Arte, Castello Sforzesco, Inv.Nr. 528

1162 war die Stadt Mailand als Hauptsitz der lombardischen Opposition gegen Friedrich I. Barbarossa von den kaiserlichen Truppen eingenommen und geplündert worden. Zur Kriegsbeute gehörten auch die Gebeine dreier Weisen (*magi*) aus der Mailänder Kirche St. Eustorgio. Barbarossa übergab diese als die der Heiligen Drei Könige verehrten Reliquien seinem Freund und Kanzler Rainald von Dassel, der sie 1164 nach Köln transportierte. Mailand errichtete nach der Zerstörung eine neue Stadtmauer, an deren Toren die hier gezeigten Reliefs angebracht wurden: ein bärtiger Mann mit grotesk überkreuzten Beinen auf einem Drachen an der Porta Romana, und an der Porta Tosa eine gekrönte Frau, die ihre Tunika hebt und auf ihre Genitalien weist. Der örtlichen Tradition zufolge handelt es sich um Spottreliefs, die Barbarossa und seine Frau Beatrix darstellen und somit um eine Art bildgewordene Rache der Mailänder für die Zerstörung und Plünderung ihrer Stadt. Die ältesten Belege für diese Deutung stammen allerdings erst aus dem frühen 14. Jh. Es ist unklar, ob mit den Reliefs von Anfang an eine sichere Identifizierung konkreter Herrscher verbunden werden kann, oder ob diese drastischen Darstellungen nicht auch die allgemeine apotropäische Funktion hatten, etwaige Angreifer der Stadt nach dem Wiederaufbau abzuschrecken. Nach seiner Niederlage gegen den lombardischen Städtebund mußte Barbarossa dem wiederaufgebauten Mailand 1183 eine weitgehende

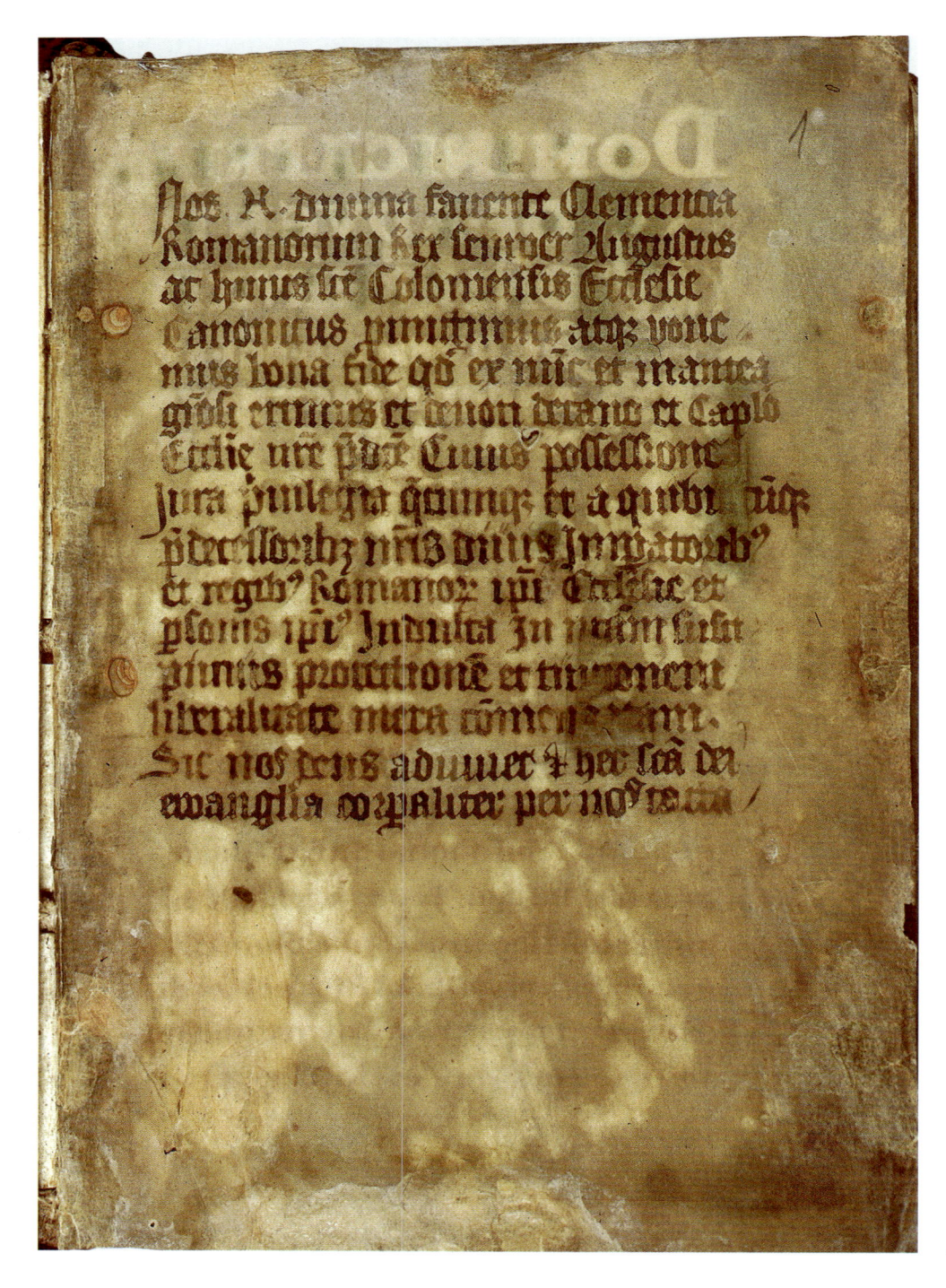

4 · 24

4 · 25

Selbständigkeit zugestehen. Köln wurde durch die Reliquien der Heiligen Drei Könige zum führenden Pilgerzentrum. Der Kult um die seit dem 13. Jh. in einem kostbaren Schrein aufgebahrten Heiligen zog zahlreiche Besuche gekrönter Häupter im Kölner Dom nach sich. So wurde es Sitte, daß diese nach ihrer Krönung in Aachen nach Köln pilgerten.

MK

4 · 26
Denare und Obole aus dem »Münzschatz des Barbarossa«

Prägeort Aachen (?), Ende 12. Jh.
Gold, D ca. 1,5
Aachen, Museum Burg Frankenberg, Verein Aachener Münzfreunde e.V.

Der sog. »Barbarossa-Fund« wird mit dem Dritten Kreuzzug eng in Verbindung gebracht. Nach einer Rast am Fluß Saleph während des dritten Kreuzzugs kam es zu dem tödlichen Unfall Friedrich Barbarossas, über dessen Hergang zwei verschiedene Versionen verbreitet wurden. Angeblich wollte der Kaiser, der im hinteren Teil des Zuges ritt, an die Spitze, die sein Sohn, Herzog Friedrich VI. von Schwaben, anführte. Da die Brücke über den Fluß Saleph in Kleinasien sehr

4 · 26

schmal war und der Zug ins Stocken geriet, sprang der Kaiser mit seinem Pferd in den Fluß und wurde vom Wasser fortgerissen. Als man ihn barg, war er bereits tot. Die andere Geschichte beschreibt, daß der Kaiser zu baden wünschte, um sich zu reinigen und die ungewohnte Hitze zu lindern. Dabei ertrank er, möglicherweise infolge eines Herzschlags, im Saleph. Das Heer wurde von Herzog Friedrich VI. weitergeführt, der jedoch, nachdem man im Januar 1190 Akkon erreicht hatte, nach kurzer Krankheit verstarb. Das deutsche Heer zerstreute sich und machte sich auf getrennten Routen auf den Heimweg. Die genaue Herkunft des mehr als 5000 Münzen umfassenden Münzfundes ist unklar. Bekannt ist nur, daß er aus dem Nahen Osten stammt und möglicherweise dort auf dem Rückzug des Kreuzzugsheeres vergraben worden ist.

CW

4 · 27
Urkunde mit Siegel Heinrichs VI. für die Aachener Marienkirche, vor 1185

Maasgebiet (Lüttich), 1183
dunkelbraunes Wachs
Pergament, 60 x 47, Siegel D 7,9
Düsseldorf, Hauptstaatsarchiv, Inv.Nr. Urk. 17: 1185, Okt. 25 (St. 4577)

Mit dieser Urkunde schenkt Kaiser Heinrich VI. († 1197) der Aachener Marienkirche und ihren Kanonikern das bei Herstal gelegene Reichslehen Tilice, welches er zuvor für 215 Mark Silber von Herzog Gottfried von Lothringen zurückgekauft hatte. Als Zeugen werden so prominente Persönlichkeiten wie der Kölner Erzbischof, die Bischöfe von Lüttich und von Münster, der Pfalzgraf bei Rhein und zahlreiche weitere Adlige aufgeführt.

HN

4 · 28 Dom
Barbarossaleuchter

Abb. S. 63

Aachen, um 1165/1170
Kupfer, graviert und feuervergoldet, Eisen, D 416
Aachen, Dom

Wie die Inschrift auf dem Leuchter sagt, stifteten Kaiser Friedrich I. Barbarossa und seine Gemahlin Beatrix den 48 Kerzen tragenden Kronleuchter, der in seiner Form und in seinen Maßen auf die Architektur des Kirchengebäudes bezogen ist. Das Totenbuch des Marienstifts aus dem 13. Jh. erwähnt, daß ein Meister Wibertus »die größte Mühe und Arbeit auf den Kronleuchter gewendet und alles glücklich zustande gebracht« habe. Mit seinen Türmen, Toren und Mauern ist der Barbarossaleuchter ein Abbild der Himmelsstadt. Die sechzehn Türme des Leuchters tragen gravierte Bodenplatten mit Szenen aus dem Leben Christi und den Seligpreisungen. Der Leuchter mag aus Anlaß der Heiligsprechung Karls des Großen 1165 initiiert worden sein, befanden sich doch die Lade und seit 1215 der Schrein mit den Gebeinen Karls bis 1414 auf dem unmittelbar unter dem Leuchter stehenden Altar, gleichsam »bekrönt« durch den Leuchter.

GM

4 · 29 Dom
Karlsschrein

Abb. S. 362, 363, 401

Aachen, 1182–1215
Eichenholz, vergoldetes Silber, Edelsteine, Email; 94 x 57 x 204
Aachen, Dom

Am Weihnachtsfest des Jahres 1165 wurde Karl der Große auf Veranlassung Kaiser Friedrich Barbarossas in Aachen heiliggesprochen, seine Gebeine wurden dem Proserpinasarkophag entnommen und in einem hölzernen Schrein auf einem Altar in der Mitte des Oktogons deponiert. Im Jahre 1215 wurden die Gebeine durch Barbarossas Enkel Friedrich II. am Tag seiner Krönung in Aachen in den in der Tradition rhein-maasländischer Reliquienschreine in Aachen entstandenen Karlsschrein gelegt, der sie seitdem birgt. Unter dem Segen Gottes thront Karl der Große als irdischer Stellvertreter Christi auf der Stirnseite, flankiert von Papst Leo III., der ihn in Rom zum Kaiser krönte und als legendärer Konsekrator der Aachener Kirche galt, und Erzbischof Turpin von Reims, in dem man fälschlich den Verfasser der für die Heiligsprechung maßgeblichen Karlsvita sah. Szenen aus dem Pseudo-Turpin sind auf den Dachreliefs des Schreines dargestellt. Auf der Stirnseite aber wird der Vorrang des heiligen Herrschers vor den Vertretern der Kirche betont. Möglicherweise trägt Karl die Gesichtszüge des am 9. März 1152 in Aachen zu seinem Amtsnachfolger gekrönten Friedrich Barbarossa. Auf den Langseiten des Schreines sind insgesamt sechzehn Könige als irdische Stellvertreter der Apostel dargestellt. Das Heilige Römische Reich, begründet von Karl, dem heiligen Herrscher, findet in Karls Amtsnachfolgern seine Fortsetzung. Ihr Herrscheramt ist ein Apostelamt in der Stellvertretung Christi. Auf der bei der ursprünglichen Aufstellung des Schreines in der Mitte des Oktogons dem Marienaltar zugewandten zweiten Stirnseite ist die Gottesmutter dargestellt. Die besondere Akzentuierung Karls und Mariens auf den Stirnseiten findet ihre Deutung auf einem der Dachreliefs: Karl kniet vor der thronenden Gottesmutter und übergibt ihr die Aachener Kirche. Am 28. Januar 1414, dem 600. Todestag Karls des Großen, wurde der Karlsschrein in die neuerrichtete Chorhalle an seinen heutigen Platz in der Mitte der Chorapsis übertragen.

GM

4 · 30 Domschatzkammer
Silberner Buchdeckel

Byzanz, 10. Jh., Oberrhein, um 1170/80
Elfenbein, Silber, 30,8 x 23,7
Aachen, Domschatzkammer

Bis 1870 bildete der Silberne Buchdeckel den rückwärtigen Einband des karolingischen Evangeliars, von 1870 bis 1972 den vorderen Einband des ottonischen Evangeliars. Zwei schmale Elfenbeintafeln mit den Heiligen Johannes der Evangelist, Johannes der Täufer, Theodor und Georg, die einst als Seitenflügel zu der Elfenbeintafel des goldenen Buchdeckels gehörten, bilden die Mitte des Deckels. Um sie sind in halbrunden Bogenfeldern die vier schreibenden Evangelisten angeordnet. Seitlich begleiten sie zwei Engel.

GM

Doppelwahlen und europäische Konflikte

Doppelwahlen und europäische Konflikte

Hans Martin Schaller (Zorneding)

Der deutsche Thronstreit und Europa 1198–1218
Philipp von Schwaben, Otto IV., Friedrich II.

Die Geschichte des deutschen »Heiligen Römischen Reiches« ist von seinen Anfängen im 10. Jahrhundert bis zu seinem Ende im Jahre 1806 entscheidend geprägt gewesen durch den Dualismus von König und Fürsten. Dieser fand seinen Ausdruck schon darin, daß der deutsche König – bei aller Bedeutung des Geblütsrechts – von den geistlichen und weltlichen Fürsten bzw. einer besonderen Gruppe derselben gewählt werden mußte. Dieses Wahlkönigtum beruhte natürlich darauf, daß das deutsche Reich keine einheitliche ethnische Grundlage hatte; es war ja im 9. und 10. Jahrhundert mit dem Zerfall des karolingischen Frankenreiches aus der Vereinigung verschiedener Volksstämme allmählich entstanden. Und in diesen Stammesherzogtümern gab es seit langem mächtige Adelsfamilien, die sich der Sippe des Königs ebenbürtig fühlten.

Der staufisch-welfische Gegensatz

Das deutsche 12. Jahrhundert war wesentlich bestimmt durch den Gegensatz zwischen den beiden ursprünglich schwäbischen Familien der Staufer und der Welfen. Die Staufer waren erst unter Kaiser Heinrich IV. hochgekommen, hatten im Streit um das Erbe der Salier gesiegt und mit Konrad III., Friedrich I. und Heinrich VI. bereits drei deutsche Herrscher gestellt. Die Welfen waren ein viel älteres und vornehmeres Geschlecht, aber ihr bedeutendster Sproß, Heinrich der Löwe, Herzog von Bayern und Sachsen, der wahrscheinlich selbst nach der Königswürde strebte, war in der Auseinandersetzung mit Friedrich I. unterlegen. Und gegen den übermächtigen Kaiser Heinrich VI. hatten die Welfen erst recht keine Chance. Eine solche bot sich erst, als der Staufer am 28. September 1197 in Messina, im Alter von nur 32 Jahren, völlig unerwartet verstarb.

Der Tod eines Monarchen führte im Mittelalter zwar oft zu Unruhen, Gewalttaten und Aufständen, denn das Gemeinwesen hing viel stärker als heute an der Person des Herrschers. Aber für eine Wahlmonarchie konnte der Tod des Königs geradezu verhängnisvoll sein, wenn der Thron längere Zeit verwaist blieb. Heinrich VI. hatte seinen Sohn Friedrich nach dem Scheitern seines Erbreichsplans zwar schon im Sommer oder Herbst 1196 in Frankfurt am Main von den deutschen Fürsten zum König wählen lassen, aber dieser war beim Tode des

Vaters noch nicht ganz drei Jahre alt und daher regierungsunfähig. Und so brach denn auch die staufische Macht im Königreich Sizilien und in weiten Teilen Reichsitaliens zusammen und war auch nördlich der Alpen gefährdet. Der nächste Verwandte des verstorbenen Kaisers, sein jüngerer Bruder Philipp, Herzog von Schwaben, eilte aus Mittelitalien nach Deutschland und beriet sich mit seinen Anhängern zu Weihnachten 1197 im elsässischen Hagenau. Der ehrenhafte Philipp wollte zunächst die deutschen Fürsten bewegen, die Wahl seines Neffen Friedrich von Sizilien zum König von 1196 zu bestätigen, für den er dann die Regentschaft übernommen hätte. Da das nicht gelang, kandidierte er im Interesse des staufischen Hauses selbst und ließ sich im März 1198 von einer Fürstenversammlung im thüringischen Mühlhausen zum König wählen; genauer: *in imperaturam*, also zur Verwaltung des Kaisertums. Damit beschritt Philipp einen diplomatischen Mittelweg zwischen der staufischen Kaiseridee, welche den deutschen König zugleich als künftigen Kaiser betrachtete, und der päpstlichen Auffassung, die sich ein Approbationsrecht vorbehielt. Auf jeden Fall war er jetzt erwählter König und zeigte sich in der Osterwoche in Worms bereits mit der Krone auf dem Haupt. Viel-

Abb. 1   Kat. Nr. 3 · 28
Reichsschwert, auf dem Knauf dargestellt ist neben dem Reichsadler das Wappen Kaiser Ottos IV. Daher ist anzunehmen, daß der Knauf und auch das Schwert unter seiner Regentschaft (1198 – 1218) als Ersatz eines älteren angefertigt wurde. Klinge aus Stahl, Knauf und Parierstange schwach vergoldet, Griff mit Silberdraht umwickelt, deutsch, zwischen 1198 und 1218. Wien, KHM, Weltliche Schatzkammer, XIII 17

leicht hoffte er noch auf eine Verständigung mit der Opposition, denn er ließ sich nicht sogleich, sondern erst viel später, am 8. September in Mainz durch den Erzbischof von Tarentaise (Burgund) krönen. Der Mainzer Erzbischof befand sich noch im Heiligen Land.

Der Ausbruch des deutschen Thronstreites

Zu dem verhängnisvollen deutschen Thronstreit kam es aber, weil die unter Heinrich VI. ohnmächtig gewesene welfisch-niederrrheinische Fürstenopposition ebenfalls einen König wählen wollte. Dabei spielte der Kölner Erzbischof Adolf von Altena eine führende Rolle. Zunächst hatte man noch keinen Kandidaten, dachte an Herzog Bernhard von Sachsen, dann an Herzog Berthold von Zähringen, schließlich, wohl auf Drängen des englischen Königs Richard Löwenherz, der auch Lehnsträger des Reiches war, an einen Welfen. Der älteste Sohn Heinrichs des Löwen, der Pfalzgraf Heinrich, stand nicht zur Verfügung, da er noch im Heiligen Land weilte, und so einigte man sich auf den zweitgeborenen Sohn, den etwa zwanzigjährigen Otto, Herzog von Aquitanien und Graf von Poitou, der sich damals gerade in der Normandie aufhielt. Seine Parteigänger riefen ihn nach Deutschland und wählten ihn am 9. Juni 1198 in Köln zum König. Am 10. Juli gelang es ihm, die Stadt Aachen einzunehmen, am 12. Juli wurde er dort vom Kölner Erzbischof gekrönt.

Damit hatte Otto, rein staatsrechtlich gesehen, die besseren Karten. Er war auf fränkischer Erde gewählt und am rechten Ort vom rechten Coronator gekrönt worden. Philipp dagegen war auf thüringisch-sächsischer Erde gewählt worden und hatte die Krone an einem falschen Ort von einem dafür nicht zuständigen Coronator empfangen. Die ältere Forschung hat freilich gemeint, im Gegensatz zu Otto habe Philipp die richtige Krone, nämlich die heute in Wien aufbewahrte Reichskrone besessen. Aber erstens wissen wir überhaupt nichts über die damals in Köln bzw. Mainz verwendeten Insignien, und zweitens gab es damals auch noch keine bestimmte Krone, die für eine rechtmäßige Krönung zwingend erforderlich gewesen wäre.[1] Darüber hinaus gab es 1198, anders als bei früheren Königswahlen, zwar schon eine Gruppe von Fürsten, denen allein das Wahlrecht zustand, aber wer im einzelnen zu dieser Gruppe gehörte, können wir nur vermuten.[2] Philipp hatte die Mehrheit der Reichsfürsten hinter sich, ebenso die meisten Bischöfe. Dafür gehörten zu Ottos Anhängerschaft die drei rheinischen Erzbischöfe (Köln, Mainz, Trier) und der Pfalzgraf bei Rhein, und schon damals hielt man anscheinend eine Wahl ohne die Teilnahme dieser vier Fürsten, die ja später den Kern des Kurfürstenkollegs bildeten, für ungültig. Aber das war noch nicht gesetzlich geregelt, und der Gewählte mußte auch noch nicht die Mehrheit der Stimmen auf sich vereinigt haben. Und was das Geblütsrecht betraf, so schien zwar Philipp als Bruder des verstorbenen Kaisers und Glied der schon seit 1138 herrschenden Familie besonders zur Thronfolge berufen zu sein, aber auch sein Gegner konnte sich kaiserlicher und königlicher Vorfahren rühmen.

Und so gab es nun in Deutschland zwei legitime Könige; rein theoretisch sogar drei, denn in Palermo lebte ja der unmündige, 1196 zum deutschen König gewählte Friedrich von Sizilien. Es kam also darauf an, wer sich im Kampf um das Reich durchsetzen würde.

Otto, Sohn Heinrichs des Löwen und der englischen Königstochter Mathilde, nannte sich der IV. und knüpfte damit an die sächsischen Kaiser an. Aufgewachsen war er am englischen Königshof in der Normandie, wo sein Vater als Verbannter lebte. Er war kein Reichsfürst, sondern besaß nur ein Drittel der welfischen Eigengüter um Braunschweig und Lüneburg. Otto war groß und kräftig, abenteuerlustig und tollkühn, arrogant und schroff, bisweilen aber auch ins Gegenteil verfallend und dann hilflos-deprimiert. Frömmigkeit und kirchliche Gesinnung konnte man ihm nicht absprechen, aber höhere Bildung fehlte ihm. Dennoch förderte er an seinem späteren Hof in Braunschweig die Künste und Wissenschaften und stand in Verbindung mit bedeutenden Persönlichkeiten wie dem Magister Gervasius von Tilbury.[3]

Philipp, der fünfte Sohn Kaiser Friedrichs I. aus der Ehe mit Beatrix von Burgund, nannte sich amtlich Philipp II., da es in der Reihe der römischen Kaiser, die das Mittelalter fortsetzen wollte, schon einmal einen Philippus (Arabs, 244–249) gegeben hatte. Der Staufer war ein zarter Jüngling mit feinen Umgangsformen, mild, heiter, leutselig und liebenswürdig. Ursprünglich war er zum Geistlichen bestimmt gewesen und hatte eine entsprechende Bildung genossen. Heinrich VI. hatte ihn aber dem geistlichen Stand entzogen und ihn 1196 mit dem Herzogtum Schwaben belehnt. An Tatkraft und politischen Fähigkeiten reichte Philipp an seinen kaiserlichen Bruder aber bei weitem nicht heran.

Zu einer raschen Entscheidung zwischen Otto und dem zunächst viel mächtigeren Philipp kam es aber nicht, da das Reich durch den Thronstreit fast von Anfang an in den großen Konflikt zwischen England und Frankreich verwickelt wurde und diese beiden Länder in den innerdeutschen Bürgerkrieg massiv eingriffen. Die englischen Könige aus dem Hause Anjou beherrschten damals, zum Teil freilich als Vasallen des französischen Königs, weite Teile Frankreichs; Besitzungen, die von der Normandie und der Bretagne bis zu den Pyrenäen reichten, und drohten das kapetingische Königtum zu erdrücken. Zur Sicherung seiner Besitzungen auf dem Festland betrieb der englische König Richard Löwenherz (1189–1199) die Wahl seines Neffen Otto zum deutschen König und unterstützte ihn mit riesigen Geldbeträgen, mit denen man Fürsten bestechen und Soldritter anwerben konnte. Auch sein Bruder und Nachfolger Johann ohne Land (1199–1216) hielt nach einigem Schwanken am Bündnis mit seinem Neffen Otto fest, zumal der französische König Philipp II. August (1180–1223) 1204 die Normandie und andere Gebiete in Nordfrankreich zurückerobern konnte. Wegen ihrer engen wirtschaftlichen Beziehungen zu England konnte das englisch-welfische Bündnis auch auf Unterstützung durch Flandern, Niederlothringen und die Stadt Köln zählen. Insbesondere eine Gruppe von reichen Kölner Bürgern finanzierte die Wahl des Welfen, dessen Macht rasch anwuchs.

Der deutsche Thronstreit und Europa 1198–1218 · Philipp von Schwaben, Otto IV., Friedrich II.

Abb. 2
Darstellung Friedrichs II. auf der Längsseite des Karlsschreins. In den zwei Tagen nach der Krönung Friedrichs II. am 25.7. 1215 wurden die Gebeine des hl. Karl des Großen überführt. Friedrich selbst legte nach dem Bericht des Chronisten Reiner von St. Jacques in Lüttich seinen Königsmantel ab und verschloß den Schrein mit goldenen Nägeln. Als einziger Herrscher hält Friedrich II. auf dem Karlsschrein statt des Szepters ein Kreuz in seiner rechten Hand (spätere Veränderung). Längsseite, Silberblech vergoldet, Filigrane mit Steinbesatz, Grubenschmelzplatten und Stanzstreifen, Aachen, zwischen 1180 – ca. 1220. Aachen, Dom

Kat. Nr. 4 · 29

Unter diesen Umständen sah sich Philipp von Schwaben genötigt, die Hilfe Frankreichs zu suchen. Das war keineswegs selbstverständlich, denn Heinrich VI. hatte noch geplant, im Bunde mit seinem Vasallen Richard Löwenherz auch Frankreich seiner Oberhoheit zu unterwerfen. Nun schloß Philipp im Juni 1198 einen Freundschaftsbund mit dem französischen König und verpflichtete sich darin, diesen gegen König Richard, Otto von Poitou, den Grafen von Flandern und den Erzbischof von Köln zu unterstützen.

Die Rolle Papst Innocenz' III. im deutschen Thronstreit

Beide Parteien bemühten sich, auch die Unterstützung des Papstes zu erlangen. Die weltliche Macht des Papstes in Gestalt des Kirchenstaates (»Patrimonium Petri«) war zwar bescheiden; er herrschte um 1200 zumindest theoretisch über Rom, Latium, Umbrien und die Romagna; praktisch konnte er sich öfters nicht einmal in der Ewigen Stadt behaupten. Seit der kirchlichen Reformbewegung und dem Pontifikat Gregors VII. im 11. Jahrhundert waren jedoch die moralische Autorität des Papsttums und seine Macht über die Kirchen in den einzelnen Ländern erheblich gewachsen. Und da die Bischöfe in Deutschland zugleich auch weltliche Fürsten waren, mußte die Einflussnahme des Papstes auf die Besetzung eines Bistums auch von großer politischer Bedeutung sein. Und so sandten beide Parteien ihre Wahlanzeigen an den Papst; auch, um dessen Zustimmung zur künftigen Kaiserkrönung ihres Kandidaten zu bekommen.

Zum Papst hatten die Kardinäle am 8. Januar 1198 ihren jüngsten Mitbruder gewählt, den erst 37jährigen Kardinaldiakon Lothar aus dem Hause der Grafen von Segni, die den Süden der römischen Campagna beherrschten. Der neue Papst nannte sich Innocenz III. Theologisch und juristisch war er in gleicher Weise gebildet, aber berühmt wurde er nicht durch seine religiösen Traktate, sondern durch seine scharfsinnigen Rechtsentscheidungen: einer der größten Juristen auf dem Stuhle Petri. Persönlich bedürfnislos, war er rastlos tätig, dabei niemals von Leidenschaften, sondern immer von der Vernunft beherrscht. Ein außergewöhnliches Selbstbewußtsein erfüllte ihn. Er empfand sich als Mittler zwischen Gott und den Menschen, weniger als Gott, aber mehr als jeder Mensch, und als Statthalter Christi auf Erden; wie Melchisedek König und Priester zugleich. Zwei Schwerter, so glaubte Innocenz, habe ihm der Herr anvertraut, das geistliche und das weltliche. Das weltliche habe der Papst den Königen weiterverliehen, könne es ihnen aber im Fall einer Todsünde wieder entziehen. Eine Todsünde ließ sich in der Politik natürlich leicht konstruieren, und so konnte der Papst theoretisch über alle Könige herrschen.

Innocenz III. hatte zunächst dem deutschen Thronstreit ziemlich gleichgültig zugesehen, da er durch ihn freie Hand bei der Erweiterung des Kirchenstaates durch die sogenannten Rekuperationen hatte. Er eroberte das Herzogtum Spoleto und die Mark Ancona und wollte das »Patrimonium Petri« auf ganz Mittelitalien ausdehnen. Er mobilisierte das italienische Nationalgefühl gegen die deutsche Fremdherrschaft und hatte dabei wahrscheinlich das Ziel, ganz Italien unter päpstlicher Herrschaft zu vereinigen. Als sich aber 1199 und 1200 die Lage Ottos IV., politisch und militärisch verschlechterte, gab der Papst seine neutrale Haltung auf. Einen Sieg Philipps wollte er nicht dulden. Darin bestärkte ihn sicher die sogenannte Speyerer Erklärung vom 28. Mai 1199, in der die Anhänger Philipps ihn aufforderten, nicht weiter die Rechte des Reiches in Italien zu verletzen, und ihm drohten, demnächst mit aller Macht nach Rom zu kommen, um Philipps Kaiserkrönung zu erwirken. Auch Otto IV. hatte zunächst nicht die Absicht, dem Papst irgendwie entgegenzukommen, aber die Verschlechterung seiner Lage zwang ihn schließlich dazu. Bei Verhandlungen im Jahre 1200 verpflichtete er sich, die territorialen Ansprüche der römischen Kirche anzuerkennen und auch auf das Spolienrecht zu verzichten, also auf den Rechtsanspruch des Königs auf den Nachlaß eines Bischofs.

Daraufhin entschloß sich der Papst zur Anerkennung Ottos IV., nachdem er im November 1200 in einer Ansprache im Konsistorium der Kardinäle, anscheinend ganz neutral, die Ansprüche aller drei Kandidaten – er zählte auch Friedrich von Sizilien zu diesen – geprüft hatte. Den Staufer Philipp aus dem Geschlecht der Verfolger der Kirche hatte der Papst allerdings gleich ausgeschlossen, da auch er die Kirche verfolgt habe. Otto IV. beurkundete nun am 8. Juni 1201 in Neuss die früheren Zugeständnisse an die römische Kirche: die päpstlichen »Rekuperationen« in Italien, die päpstliche Lehnshoheit über das Königreich Sizilien und den Verzicht auf das Spolien- und Regalienrecht in der deutschen Kirche. Der Kardinalbischof von Palestrina, Guido, ging als päpstlicher Legat nach Deutschland und exkommunizierte alle Anhänger Philipps. Eine Zeitlang befand sich der Staufer in einer schwierigen Lage, da viele seiner Anhänger von ihm abfielen, aber 1204 kam es wieder zu einem Umschwung. Unter dem Eindruck französischer Siege traten sogar der Erzbischof von Köln und die niederrheinischen Fürsten zur staufischen Partei über. Am 6. Januar 1205 konnte sich Philipp daher nochmals krönen lassen, und zwar am rechten Ort Aachen und durch den rechten Coronator, den Erzbischof von Köln. Im November 1206 mußte sich auch die Stadt Köln unterwerfen, und Otto IV. zog sich nach Braunschweig zurück.

Nun entschloß sich Innocenz III., seine bisherige Politik zu revidieren. Im August 1207 löste er Philipp vom Bann, erkannte ihn als König an und versprach ihm die Kaiserkrönung; zugleich mußte er in Reichsitalien erheblich zurückstecken: der Papst verzichtete auf die Rekuperation der Toscana, des Herzogtums Spoleto und der Mark Ancona. Philipp schien nun dicht vor dem Endsieg zu stehen. Im Sommer 1208 versammelte er in Bamberg das Reichsheer zum Vorstoß gegen die welfischen Kernlande um Braunschweig. Da wurde er am 21. Juni in der Bamberger Königs- und Bischofspfalz von dem bayerischen Pfalzgrafen Otto von Wittelsbach ermordet; angeblich, weil er die Verlobung des Pfalzgrafen mit seiner Tochter gelöst habe. Tatsächlich aber hatte der Wittelsbacher ein politisches Motiv. Er stand in enger Verbindung mit den Andechs-Meraniern Bischof

Abb. 3 vgl. Kat. Nr. 5 · 13
Krone Friedrichs II. Die Krone wurde 1781 bei der Graböffnung im Dom von Palermo im Grab der Gemahlin Friedrichs II., Constanze, gefunden. Wahrscheinlich handelt es sich um die Krone des Kaisers, die Constanze nach ihrem Tod 1222 mit ins Grab gegeben wurde. Bei einer Graböffnung im Jahr 1998 wurde festgestellt, daß die Krone, die man Friedrich II. beigegeben hatte, inzwischen gestohlen worden war.
Palermo, 13. Jh. Palermo, Domschatz

Ekbert von Bamberg und Markgraf Heinrich von Istrien, die ihre territorialen Interessen durch Philipp bedroht sahen und daher einen Staatsstreich planten. Gemeinsam mit Landgraf Hermann I. von Thüringen und im Einvernehmen mit dem französischen König, dessen Verhältnis zu Philipp stark abgekühlt war, wollten sie den Herzog Heinrich I. von Brabant zum König erheben.[4] Aber die Verschwörer fanden keine weitere Unterstützung. Otto von Wittelsbach flüchtete, wurde aber aufgespürt und getötet. Bischof Ekbert, Markgraf Heinrich und andere retteten sich ins Exil. Das berühmte Reiterstandbild im Bamberger Dom stellt höchstwahrscheinlich König Philipp dar, dem damit eine Memoria, ein Erinnerungsmal gesetzt wurde.

Der Kampf um das Reich zwischen Otto IV. und Friedrich II.

Der Thronstreit war jetzt erst einmal zugunsten Ottos IV. entschieden. Die Reichsministerialität und die Reichskanzlei gingen zu ihm über. Er selbst verlobte sich mit Beatrix, der ältesten Tochter König Philipps. Im Speyrer Pakt vom 22. März 1209 bestätigte er seine Zugeständnisse an den Papst, der ihn nach Rom einlud und am 4. Oktober 1209 zum Kaiser krönte. Aber sein Schützling enttäuschte ihn bald bitter, denn Otto IV. blieb in Italien und setzte die imperiale Politik Heinrichs VI. fort. In Mittelitalien beanspruchte er wieder die alten Reichsrechte; er besetzte das Herzogtum Spoleto und die Mark An-

Abb. 4
Kat. Nr. 5 · 11
Schuhe Friedrichs II. Sie gehören zu den Krönungsgewändern der Könige und Kaiser des Heiligen Römischen Reiches. Handschuhe und Schuhe werden allgemein mit Friedrich II. in Verbindung gebracht. Brettchengewebe mit Goldfäden, roter Samt, antiker Glasstein, Perlen, Amethyste, Saphire, Sohle aus Rindsleder. Original: Palermo, 12./13. Jh., umgearbeitet, deutsch, Anf. 17. Jh. Wien, KHM, Inv. Nr. XIII 13, Kopien vom Ende des 20. Jhs., Rijswijk, Sammlung Brus, 175

cona und marschierte im November 1210 in Süditalien ein; vermutlich auch, um ein mögliches Gegenkönigtum Friedrichs von Sizilien endgültig auszuschalten. Im Herbst 1211 stand Ottos Heer, von der pisanischen Flotte unterstützt, in Calabrien, um auf die Insel Sizilien überzusetzen. Im Hafen von Palermo lag schon eine Galeere bereit für Friedrichs Flucht nach Nordafrika. Seine Rettung kam von außen. Schon am 18. November 1210 hatte Innocenz III. den Kirchenbann über den Welfen verhängt, und in seiner Not mußte er sich nun für die Wahl eines staufischen Gegenkönigs einsetzen, des jungen Friedrich, den ihm der französische König und die um den Erzbischof Siegfried von Mainz gescharte innerdeutsche Opposition empfohlen hatten. Im September 1211, in Nürnberg, wählten mehrere Reichsfürsten, darunter König Ottokar I. von Böhmen und der Landgraf Hermann von Thüringen, den erst siebzehnjährigen Staufer zum König. Die Nachricht davon veranlaßte Otto IV. zum eiligen Rückzug nach Norden. Der deutsche Thronstreit flammte wieder auf.

Der am 26. Dezember 1194 in Jesi (Mark Ancona) geborene Friedrich II., Sohn Heinrichs VI. und der normannischen Königstochter Konstanze, hatte seine Mutter schon im November 1198 verloren. Unter der Vormundschaft des Papstes, tatsächlich aber in der Obhut wechselnder deutscher und italienischer Machthaber, wuchs er in Palermo auf und übernahm 1208, mit 14 Jahren mündig geworden, die Herrschaft über das Königreich Sizilien, ohne sich jedoch auf dem süditalienischen Festland durchsetzen zu können. Anfang 1212 folgte er dem Ruf der staufischen Partei, reiste zu Schiff nach Gaeta, wurde in Rom von Innocenz III. und den Römern ehrenvoll empfangen, und erreichte auf zum Teil abenteuerliche Weise im September 1212 Konstanz. Die staufischen Gebiete in Süddeutschland und am Oberrhein gingen zu ihm über, dem der Zauber seines Namens und seiner Jugend (»Kind von Apulien«) zugutekam. Außerdem halfen ihm die geistlichen Fürsten und reiche französische Hilfsgelder. Am 5. Dezember 1212 wurde Friedrich II. in Frankfurt am Main von zahlreichen Fürsten erneut zum König gewählt und am 9. Dezember in Mainz durch Erzbischof Siegfried gekrönt. Auf einem Reichstag in Eger im Juli 1213 mußte er sich für die Hilfe der Kirche erkenntlich zeigen. Er erkannte die territorialen Ansprüche des Papstes in Italien an und verzichtete in Deutschland auf das Spolien- und Regalienrecht sowie auf jede Mitwirkung bei den Bischofs- und Abtswahlen.

Die Macht Ottos IV. brach allerdings erst zusammen, nachdem er, verbündet mit dem englischen König, 1214 gegen Frankreich zu Felde gezogen war und am 27. Juli bei Bouvines (südöstlich von Lille) eine vernichtende Niederlage erlitten hatte. Nun konnte sich Friedrich II. am 25. Juli 1215 am rechten Ort, in Aachen, nochmals durch den Erzbischof von Mainz, krönen lassen; der eigentlich zuständige Erzbischof von Köln hielt sich an der päpstlichen Kurie auf. Die Krönung fand – gegen alle Tradition – an einem Samstag, also einem Werktag, statt; aber es war der Tag des Apostels Jacobus des Älteren, des Patrons der Pilger und der Heidenbekämpfer. Und nach der Messe ließ sich der junge König in frommer Begeisterung das Kreuz anheften und legte damit ein Kreuzzugsgelübde ab. Am folgenden Sonntag wohnte er den Kreuzpredigten bei. Am Montag, übrigens dem 1. Jahrestag der Niederlage Ottos IV. bei Bouvines, wurden die Gebeine des 1165 heiliggesprochenen Karl des Großen in den neuen, damals gerade fertiggestellten kostbaren Schrein umgebettet. An diesem feierlichen Akt nahm Friedrich II. selbst teil; er legte seinen Königsmantel ab, ergriff einen Hammer und verschloß den Sarg mit goldenen Nägeln; wohl in Nachahmung Kaiser Konstantins, der nach dem Bericht des »Constitutum Constantini« die Kreuze auf den Schreinen der Apostel Petrus und Paulus mit goldenen Nägeln befestigt hatte. Bemerkenswert ist auch, daß Friedrich II. als einziger Herrscher auf dem Aachener Karlsschrein statt des Szepters ein Kreuz in seiner Rechten hält.

Otto IV. konnte sich bald nur noch in seinen braunschweigischen Stammlanden halten, doch erst mit seinem Tod am 19. Mai 1218 war der deutsche Thronstreit endgültig vorbei. Die Bilanz dieser zwanzig Jahre war für Deutschland katastrophal. Der lange Bürgerkrieg brachte in Stadt und Land Verwüstungen mit sich. Die staufische Thronfolge, die vielleicht praktisch zu einer Erbmonarchie geführt hätte, wurde unterbrochen. Die Macht des Königs wurde für immer erheblich geschwächt durch die Verschleuderung des Reichsguts an die jeweiligen Parteigänger und durch den Verzicht auf wichtige Rechte zugunsten der geistlichen und weltlichen Fürsten. Und die massive Einmischung der Westmächte und des Papsttums in die deutschen Angelegenheiten setzte sich nun fort und belastete weiterhin die deutsche Geschichte.

Friedrich II. und Deutschland

Nach der Aachener Krönung blieb Friedrich II. noch fünf Jahre in Deutschland, dann zog er 1220 nach Rom, wo er am 22. November aus der Hand Papst Honorius' III. die Kaiserkrone empfing. Sein weiteres Leben berührt die deutsche Geschichte nur am Rande. Er reorganisierte sein Südreich, unternahm 1228/29 einen Kreuzzug, auf dem er Jerusalem durch Verhandlungen zurückgewann, und verzehrte sich bis zu seinem Tode (13. Dezember 1250) im Kampf gegen die italienischen Städte und in fast ununterbrochenem Streit mit den Päpsten wegen seiner sizilischen Kirchenpolitik und seiner Bestrebungen, ganz Italien seiner Herrschaft zu unterwerfen. Die Nachwelt fasziniert er bis heute durch seine vielseitige, genialische Persönlichkeit. An seinem Hof versammelte er Dichter, Künstler, Literaten und Gelehrte. Er selbst glänzte als Gesetzgeber (»Constitutiones« für das Königreich Sizilien), dichtete in der sizilianischen Volkssprache, schuf bedeutende Bauwerke, verfaßte ein Lehrbuch der Vogelkunde und beschäftigte sich mit philosophischen und naturwissenschaftlichen Fragen sowie okkulten Wissenschaften wie Astrologie, Alchimie und Physiognomik.

In Deutschland weilte Friedrich II. nur noch einmal vom Mai 1235 bis zum September 1237. Damals hat er unter anderem seinen rebellischen Sohn König Heinrich (VII.) abgesetzt, das wichtige Mainzer Landfriedensgesetz erlassen und auch den Streit zwischen Staufern und Welfen endgültig beigelegt durch die Errichtung des Herzogtums Braunschweig, mit dem er im August 1235 einen Neffen Kaiser Ottos IV., Otto von Lüneburg, belehnte.

1 So Petersohn, Jürgen: »Echte« und »falsche« Insignien im deutschen Krönungsbrauch des Mittelalters? Kritik eines Forschungsstereotyps, Stuttgart 1993.
2 Vgl. zuletzt Faußner, Hans Constantin: Die Thronerhebung des deutschen Königs und die Entstehung des Kurfürstenkollegiums, in: Zeitschrift für Rechtsgeschichte 108 Germanistische Abteilung (1991), S. 1–60.
3 Vgl. Schaller, Hans Martin: Das geistige Leben am Hofe Kaiser Ottos IV. von Braunschweig, in: Ders., Stauferzeit. Ausgewählte Aufsätze, Hannover 1993, S. 165–195.
4 Vgl. Hucker, Bernd Ulrich: Der Königsmord von 1208 – Privatrache oder Staatsstreich?, in: Die Andechs-Meranier in Franken. Europäisches Fürstentum im Hochmittelalter, Mainz 1998, S. 111–127.

Hampe, Karl: Deutsche Kaisergeschichte in der Zeit der Salier und Staufer, bearb. von Friedrich Baethgen, Darmstadt [11]1963.
Hucker, Bernd Ulrich: Kaiser Otto IV., Hannover 1990.
Kantorowicz, Ernst: Kaiser Friedrich der Zweite, Berlin 1927, Ergänzungsband 1931, ND Düsseldorf 1963.
Kempf, Friedrich: Papsttum und Kaisertum bei Innocenz III. Die geistigen und rechtlichen Grundlagen seiner Thronstreitpolitik, Roma 1954.
Stürner, Wolfgang: Friedrich II., Teil 1: Die Königsherrschaft in Sizilien und Deutschland 1194–1220, Darmstadt 1992.
Winkelmann, Eduard: Philipp von Schwaben und Otto IV. von Braunschweig, Bd. 1–2, Leipzig 1873–1878, ND Darmstadt 1963.

Kurzfassung

Im 12. Jahrhundert rangen in Deutschland zwei Adelsfamilien um die Vorherrschaft, die Staufer und die Welfen. Von 1138 bis 1197 hatten die Staufer den deutschen Königsthron inne. Nach dem frühen Tod Kaiser Heinrich VI. 1197, der nur einen zweijährigen Sohn Friedrich (II.) hinterließ, sahen die Welfen wieder eine Chance, die Staufer abzulösen. Mit Hilfe des englischen Königs Richard Löwenherz wurde dessen Neffe Otto, ein Sohn Heinrichs des Löwen, von einer niederrheinisch-welfischen Fürstenopposition zum König gewählt und 1198 gekrönt. Die staufische Partei wählte den jüngeren Bruder Heinrichs VI., den Herzog Philipp von Schwaben, zum König, der sich ebenfalls 1198 krönen ließ. Er konnte auf die Unterstützung des französischen Königs Philipps II. zählen, der einen Verbündeten gegen den englischen König suchte. In Deutschland brach ein Bürgerkrieg aus, in den sich bald auch Papst Innocenz III. zugunsten des Welfen einmischte. Als Philipp nach jahrelangen wechselvollen Kämpfen die Oberhand gewonnen hatte, wurde er 1208 aus politischen Gründen in Bamberg ermordet. Die Stauferanhänger gingen zu Otto IV. über, der 1209 in Rom die Kaiserkrone erlangte, aber nun das Königreich Sizilien angriff, um den letzten Gegner, den jungen Friedrich II. in Palermo auszuschalten. Daraufhin fielen die Stauferanhänger wieder von Otto IV. ab und wählten 1211 Friedrich zum König. Dieser zog 1212 nach Deutschland, konnte sich mit französischer und päpstlicher Hilfe schon im Dezember zum König krönen lassen und kämpfte erfolgreich gegen den Welfen, dessen Macht aber erst nach der Niederlage bei Bouvines 1214 gebrochen war. Friedrich ließ sich 1215 nochmals krönen und war nach Ottos IV. Tod 1218 in ganz Deutschland anerkannt; er konnte sich 1220 in Rom zum Kaiser krönen lassen und weilte nur noch einmal, 1235–1237, in Deutschland. Der deutsche Thronstreit 1198–1218 ist eine der Katastrophen der deutschen Geschichte.

Résumé

L'Allemagne du XIIème siècle fut mise à feu et à sang par la rivalité de deux familles nobles qui se disputaient le pouvoir : les Guelfes et les Staufen, appelés également Gibelins. De 1138 à 1197, ce sont les Staufen qui régnèrent sur l'Empire. Mais lorsque l'empereur Henri VI meurt prématurément en 1197, il ne laisse qu'un fils âgé de deux ans, le futur Frédéric II. Pour les Guelfes, c'est l'occasion rêvée de se débarrasser des Staufen. Aidé par son oncle le roi d'Angleterre, Richard Cœur de Lion, Otton, l'un des fils d'Henri le Lion, est élu roi par l'Assemblée des princes guelfes bas-rhénans qui s'étaient rangés dans l'opposition : il est couronné en 1198. Le parti des Staufen élit quant à lui le frère cadet d'Henri VI, le duc Philippe de Souabe, qui se fait couronner lui aussi en 1998. Il sait qu'il peut compter sur l'appui du roi de France Philippe Auguste qui cherche un allié contre le roi d'Angleterre. Une guerre civile éclate alors en Allemagne : bientôt, le pape Innocent III entre lui aussi dans le conflit, embrassant la cause des Guelfes. Lorsque Philippe de Souabe, après plusieurs années de combat dont l'issue demeurait indécise, vient enfin à bout de ses rivaux, il est assassiné en 1208 à Bamberg pour des motifs politiques. Sans hésiter, les partisans des Staufen passent alors dans le camp d'Otton IV, qui avait obtenu en 1209 à Rome la couronne impériale tant convoitée. Mais mal en prend alors au nouvel empereur qui, attaquant le royaume de Sicile, espère vaincre à Palerme son dernier adversaire, le jeune Frédéric II. Retournant leur veste, les Gibelins abandonnent une fois de plus Otton IV et choisissent Frédéric comme roi. En 1212, Frédéric II revient en Allemagne : avec l'aide du pape et de la France, il parvient à se faire couronner roi dès le mois de décembre. Il repart au combat, vainquant les Guelfes dont la puissance ne sera pourtant définitivement anéantie qu'après la mêlée de Bouvines en 1214. Frédéric II se fera couronner une nouvelle fois en 1215 : après la mort d'Otton IV en 1218, sa souveraineté sera reconnue dans toute l'Allemagne. En 1220, il parvient même à se faire couronner empereur à Rome. De 1235 à 1237, il fait un dernier séjour en Allemagne. La lutte pour le trône allemand, qui aura duré vingt ans – de 1198 à 1218 – apparaît aujourd'hui comme l'une des catastrophes de l'histoire allemande.

Samenvatting

In de twaalfde eeuw streden in Duitsland twee adellijke families om de heerschappij, de Hohenstaufen en de Welfen. Van 1138 tot 1197 was de macht in handen van een koning uit het geslacht der Hohenstaufen. Na het vroegtijdige overlijden in 1197 van keizer Hendrik VI, die slechts een tweejarig zoontje, Frederik II, achterliet, zagen de Welfen de kans schoon om de macht weer over te nemen. Met de steun van de Engelse koning Leeuwenhart werd diens neef Otto, een zoon van Hendrik de Leeuw, door de nederrijns-welfische oppositie tot opvolger gekozen en in 1198 gekroond. De Hohenstaufen verkozen Philips van Zwaben, broer van de overleden keizer Hendrik VI. Hij werd eveneens in 1198 gekroond. Philips kon volledig rekenen op de Franse koning Philip Augustus, die een bondgenoot zocht tegen de Engelse koning. In Duitsland brak een burgeroorlog uit waarin paus Innocentius III weldra partij koos voor de Welfen. Toen Philips na jarenlange bewogen gevechten de strijd in zijn voordeel had beslecht, werd hij in 1208 om politieke redenen vermoord in Bamberg. De Hohenstaufen schaarden zich toen achter Otto IV van Brunswijk, die in 1209 in Rome tot keizer werd gekroond. Toen hij echter de rechten van Frederik II op het koninkrijk Sicilië ging betwisten, keerden de Hohenstaufen zich weer tegen hem en in 1211 verkozen ze Frederik II tot Rooms-Duitse koning. Deze vertrok in 1212 naar Duitsland en kon zich met de steun van Frankrijk en van de paus reeds in december laten kronen. Hij streed met succes tegen de Welfen, maar zij werden pas definitief overwonnen in de beroemde slag bij Bouvines in 1214. Frederik liet zich in 1215 nogmaals kronen en na het overlijden van Otto IV werd hij in heel Duitsland erkend. In 1220 kon hij zich tot keizer laten kronen en verbleef hij nog maar één keer in Duitsland (1235–1237). De successieoorlog in Duitsland duurde van 1198 tot 1218 en is een zwarte bladzijde in de Duitse geschiedenis.

Shrnutí

Ve 12. století soupeřily v Německu dva šlechtické rody, Štaufové a Welfové, o nadvládu. Od roku 1138 do roku 1197 drželi královský trůn Štaufové. Po předčasné smrti císaře Jindřicha VI. (roku 1197), který zanechal pouze jediného, tehdy dvouletého syna Fridricha (II.), se Welfové opět chopili své šance na vystřídání Štaufů. S pomocí anglického krále Richarda Lví srdce byl jeho synovec Ota, syn Jindřicha Lva, volbou povýšen ze své pozice dolnorýnsko-welfského knížete na krále a korunován roku 1198. Štaufská strana zvolila mladšího bratra Jindřicha VI., knížete Filipa Švábského, za krále, který se rovněž nechal korunovat roku 1198. Mohl počítat s podporou francouzského krále Filipa II., který hledal spojence proti anglickému králi. V Německu vypukla občanská válka, do níž ve prospěch Welfa zasáhl i papež. Když Filip po dlouhodobém střídavě úspěšném zápase získal nadvládu, byl roku 1208 z politických důvodů v Bamberku zavražděn. Přívrženci Štaufů přešli k Otovi IV., který v roce 1209 získal v Římě císařskou korunu, ale nyní napadl království sicilské, aby zneškodnil posledního soupeře, mladého Fridricha II. v Palermu. Poté přívrženci Štaufů opět od Oty IV. odpadli a zvolili roku 1211 Fridricha za krále. Ten vtáhl roku 1212 do Německa, s papežskou a francouzskou pomocí se nechal korunovat králem již v prosinci a bojoval úspěšně proti Welfovi, jehož moc však byla zlomena teprve po porážce u Bouvines roku 1214. Fridrich se nechal znovu korunovat v roce 1215 a po Otově smrti v roce 1218 byl uznán v celém Německu. V roce 1220 se mohl nechat korunovat v Římě za císaře a pobýval už pak jen jednou, od roku 1235 do roku 1237, v Německu. Německý zápas o trůn v letech 1198–1218 je jednou z katastrof německých dějin.

Summary

In the 12th century two aristocratic families were struggling for hegemony, the Staufers and the Welfs. The Staufers held the German royal throne from 1138 to 1197. After the premature death of Emperor Henry VI in 1197 only leaving a two-year-old son Frederick (II), the Welfs saw their chance to overthrow the Staufer. With the help of the English king Richard Lionheart, his nephew Otto, a son of Henry the Lion, was chosen to be king by Lower Rhine Welf opponents of the king, and crowned in 1198. The Staufer party though elected the younger brother of Henry VI, the duke Philip of Schwaben, as king who also was crowned in 1198. He could count on support by the French king Philip II who was seeking an ally against the English king. A civil war broke out in Germany which Pope Innocent III soon got involved in too favouring the Welfs. When Phillip had gained the upper hand after years of different battles, he was murdered in 1208 in Bamberg for political reasons. The Staufer adherents turned coats and joined Otto I who got crowned emperor in Rome in 1209 and was now attacking the kingdom of Sicily in order to wipe out the last opponent, the young Frederick II in Palermo. This led the Staufer adherents to turn away from Otto IV and to elect Frederick as king in 1211. He moved to Germany in 1212, succeeded in being crowned king thanks to the Pope and French support, and successfully fought against the Welfs. His strength was only broken after the defeat at Bouvines in 1214. Frederick was crowned again in 1215 and was recognised in the whole of Germany after Otto IV's death in 1218; he was got crowned emperor in Rome in 1220 and lived in Germany from 1235 to 1237 for the last time. The German struggle for the throne between 1198 and 1218 has been one of the many catastrophes in German history.

Rolf Große (Paris)

Parallele und Kontrast: Reims und Aachen

Abb. 1
Die Sainte Ampoule, Behältnis für das himmlische Öl, wird in einer feierlichen Prozession zum Altar getragen. Darstellung aus dem Krönungsordo der Könige von Frankreich aus dem Jahr 1250. Paris, Bibliothèque Nationale de France, Ms. lat. 1246, fol. 4

Wenn in unserem historischen Bewußtsein Aachen und Reims als Krönungsstätten Deutschlands und Frankreichs fest verankert sind, so mag darüber leicht in Vergessenheit geraten, daß sie diese Stellung erst im Laufe eines längeren Prozesses und in konfliktreicher Auseinandersetzung mit rivalisierenden Orten erlangen konnten. Es war Ludwig der Fromme (814–840), Sohn und Nachfolger Karls des Großen, mit dem die Krönungen in Aachen wie in Reims einsetzten: Am 11. September 813 krönte Karl ihn mit Zustimmung einer nach Aachen einberufenen Reichsversammlung in der Marienkirche zum Mitkaiser. Nur drei Jahre später, am 5. Oktober 816, wurde Ludwig in der Reimser Kathedrale von Papst Stephan IV. erneut – diesmal zum alleinigen Kaiser – gekrönt und auch gesalbt. In Aachen folgten zunächst noch die Krönungen Lothars I. (817) und Judiths, der zweiten Gemahlin Kaiser Ludwigs (819?), doch brach die Reihe nun ab, und mehr als ein Jahrhundert sollte bis zur Thronsetzung Ottos des Großen 936 vergehen. Auch in Reims mußte man längere Zeit warten, ehe 888 eine Befestigungskrönung König Odos und 893 die Erstkrönung Karls des Einfältigen stattfinden konnten. Das Vorbild Ludwigs des Frommen reichte also weder in Aachen noch in Reims aus, um dauerhafte Ansprüche zu formulieren und auch durchzusetzen.

Reims als Krönungsort der französischen Könige: die Sainte Ampoule

Bleiben wir zunächst in Reims und werfen einen Blick auf seine Frühgeschichte. Schon von Caesar als Hauptort des gallischen Stamms der *Remi* erwähnt und verkehrsgünstig gelegen, nahm hier der Statthalter der römischen Provinz *Belgica* seine Residenz. Mitte des 3. Jahrhunderts wurde der Ort christianisiert und Sitz eines Bistums. Als Kaiser Diokletian (284–305) die Provinz *Belgica* teilte, wurde Reims Hauptstadt und ihr Bischof Metropolit der Provinz *Belgica secunda*, während Trier diese Rolle für die *Belgica prima* übernahm. In fränkischer Zeit war Reims vorübergehend *sedes regia*, verlor diese Funktion aber Ende des 6. Jahrhunderts an Metz. Mit Dagobert I., der 629 in Reims weilte, enden die Herrscheraufenthalte und setzen erst 804 wieder ein, als Karl der Große Papst Leo III. in der Abtei Saint-Remi empfing. Karl war es auch, der das zerfallene Metropolitansystem im Frankenreich erneuerte und die Reimser Kirchenprovinz wiederaufleben ließ.

Mag Reims nach dem Ereignis von 816 als Krönungsort zunächst in den Hintergrund getreten sein, so gilt dies nicht für seine Erzbischöfe, unter denen Hinkmar (845–882) hervorragt. Gleich dreimal fiel ihm die Rolle des Koronators zu: 856 in Verberie (13 km südlich von Compiègne) bei der Krönung Judiths, der Tochter Karls des Kahlen, zur Königin von Wessex; 869 in Metz bei der Krönung und Salbung Karls des Kahlen zum König von Lotharingien; und schließlich 877 in Compiègne ebenfalls bei der Krönung und Salbung Ludwigs II. des Stammlers zum König der Westfranken. Hinkmar, der an der Fassade seiner Kathedrale eine Darstellung von Kaiser Ludwig und Papst Stephan IV. anbringen ließ, eröffnete die Reihe der Reimser Krönungserzbischöfe (obwohl er niemals in der eigenen Stadt krönte) und sollte darüber hinaus in seinen Schriften auch das Material bereitstellen, um die Ansprüche Reims und seiner Metropoliten theoretisch zu begründen. Wichtig sind hier die »Annales Bertiniani« (die er für die Jahre ab 861 verfaßte) sowie seine Vita des heiligen Remigius. In den »Annales Bertiniani« lesen wir, Hinkmar habe 869 bei der Metzer Krönung Karls des Kahlen eine Ansprache gehalten und ihn als Nachfahren des fränkischen Königs Chlodwig I. (481/482–511) bezeichnet, »der durch die katholische Predigt des seligen Remigius, des Apostels der Franken, mit seinem ganzen Volk bekehrt, zusammen mit dreitausend Franken, ungerechnet die Kinder und Weiber, am Abend vor dem heiligen Osterfeste in der Metropole Reims getauft und mit dem vom Himmel entnommenen Öl, wovon wir noch besitzen, gesalbt und zum König geweiht wurde«.[1] Die Episode, auf die Hinkmar hier anspielt, ist ein Ereignis von immenser politischer Bedeutung: Nach seinem Sieg über die Alemannen 496/97 hatte sich der Frankenkönig Chlodwig entschlossen, zum katholischen Christentum überzutreten, und sich 498 (?) durch Remigius von Reims in dessen Bischofsstadt taufen lassen. Für diesen Akt habe man, so jedenfalls Hinkmar, ein Himmelsöl benutzt, in dessen Besitz er jetzt noch sei. Wenn der Bericht außerdem eine Königsweihe erwähnt, so handelt es sich wohl um einen Zusatz aus späterer Zeit, und man darf davon ausgehen, daß Hinkmar nur von einer Taufe, keineswegs aber einer Königssalbung gesprochen hat.[2] Die zweite in unserem Zusammenhang einschlägige Quelle, ebenfalls aus der Feder Hinkmars, ist die Vita des heiligen Remigius. Sie schildert, wie das Öl nicht rechtzeitig zu Chlodwigs Taufe herbeigeschafft werden konnte. Als Remigius unter Tränen den Himmel um Hilfe anflehte, sei plötzlich eine weiße Taube erschienen und habe in ihrem Schnabel ein mit heiligem Öl gefülltes Fläschchen gebracht.[3]

Wenngleich Hinkmar bei dieser Episode auf ältere Quellen zurückgreifen konnte, so gilt er doch als Schöpfer der Legende von der Sainte Ampoule, der heiligen Ampulle, die das himmlische Öl umschließe, mit dem Chlodwig bei seiner Taufe gesalbt worden sei, und die sich noch immer – so Hinkmar in seiner Metzer Ansprache – in Händen der Reimser Erzbischöfe befinde. Seit dem 12. Jahrhundert und bis zum Ende des Ancien Régime sollte die Sainte Ampoule für die Ideologie des französischen Königtums eine solche Bedeutung besitzen, daß man sie in der Französischen Revolution demonstrativ zerschlagen zu müssen glaubte. Angeblich wurde eine Scherbe gerettet, und man konnte das ihr anhaftende, vom Himmel gesandte Öl noch bei der Krönung Karls X. 1825 verwenden.

Zweifelsohne war der Besitz der Sainte Ampoule für den Reimser Erzbischof ein Pfund, mit dem er wuchern konnte. Aber dies allein reichte nicht aus, um sein exklusives Weiherecht und die Stellung von Reims als ausschließlichem Krönungsort durchzusetzen. Es kamen vielmehr noch andere Städte in Frage, und mit dem Erzbischof von Sens erwuchs ein mächtiger Konkurrent im Kampf um die Würde des Koronators. Die Rivalität zwischen Reims und Sens findet ihre Erklärung u. a. in der politischen Konstellation des ausgehenden 9. und 10. Jahrhunderts, als die (westfränkischen) Karolinger sich des immer mächtiger werdenden Adelsgeschlechts der Robertiner zu erwehren hatten. Während Reims als zuverlässiger Rückhalt der Karolinger galt, stand Sens auf Seiten der Robertiner. Zu einem Frontwechsel kam es erst, als Erzbischof Adalbero von Reims in Gegensatz zu Ludwig V. (979–987) geriet und nach dessen frühen Tod die Wahl des Robertiners Hugo Capet (987–996) betrieb. Sein Verhalten sicherte ihm das Recht, Hugo zu krönen, und dieses Privileg sollte fortan – bis auf ganz wenige Ausnahmen – immer beim Reimser bleiben.

Noch nicht geklärt war hingegen, an welchem Ort die Königsweihe stattzufinden hatte. Bis zum Beginn des 11. Jahrhunderts rivalisierte Reims vor allem mit Compiègne, daneben aber auch mit Orléans, Ferrières (35 km südlich von Fontainebleau), Soissons, Laon sowie Noyon und konnte sich erst seit der Weihe Heinrichs I. 1027 durchsetzen. Nur wenige Jahre zuvor hatte Graf Odo II. von der Champagne auf Druck des Königs die Grafschaftsrechte in Reims und Umgebung an den Erzbischof verkaufen müssen. Dies stärkte auch die Macht des Königs, gehörte Reims doch zu den Bistümern, in denen der Herrscher die Besetzung des erzbischöflichen Stuhles maßgeblich beeinflussen konnte. König Robert der Fromme (996–1031) stellte dann auch seine Autorität unter Beweis, als er 1027 seinen Sohn Heinrich in Reims weihen ließ. Hatten die Reimser Krönungen bislang zumeist in der Abtei Saint-Remi stattgefunden, so entschied sich Robert für die Kathedrale Notre-Dame und wirkte damit traditionsbegründend; denn bis zur letzten Krönung eines französischen Königs, der Karls X. im Jahre 1825, sollte diese Zeremonie fast ausschließlich in der Reimser Domkirche stattfinden. Und als sich Ludwig VI. 1108 in Orléans durch Erzbischof Daimbert von Sens weihen ließ, muß die Reimser Tradition schon so stark im Denken der Zeitgenossen verwurzelt gewesen sein, daß Ludwig bei einem der größten Rechtsgelehrten seiner Zeit, Bischof Ivo von Chartres, ein Gutachten in Auftrag gab, das die Gültigkeit seiner Weihe belegen sollte.[4] Die Reimser Schwächephase suchte Abt Suger von Saint-Denis (1122–51) zu nutzen, als er eine Urkunde auf den Namen Karls des Großen fälschte (D Karol. I 286), die u. a. behauptet, das gesamte Reich sei ein Lehen des heiligen Dionysius und die Abtei Saint-Denis Haupt aller Kirchen des Reiches, das »caput omnium ecclesiarum regni«: in ihr müsse der Herrscher gekrönt werden. Diese Ansprüche hat Ludwig VI. jedoch nicht akzeptiert und sich 1129 für Reims als Krönungsort seines Sohnes Philipp entschieden. Nach Philipps frühem Tod wurde auch dessen Bruder Ludwig in Reims geweiht. Saint-Denis hingegen, die Nekropole der Könige, wurde zum Aufbewahrungsort der königlichen Insignien und diente von 1491 bis 1610 als Schauplatz für die Weihe der französischen Königin.

Hatte die Sainte Ampoule bislang offenbar keine entscheidende Rolle gespielt, so vermerkt die Chronik des Klosters Morigny (50 km südlich von Paris, bei Etampes) zur Krönung Ludwigs VII. (1131) ausdrücklich, man habe das Himmelsöl verwendet, mit dem schon Chlodwig vom heiligen Remigius gesalbt worden sei.[5] Es dauerte jedoch noch ein gutes Jahrhundert, bis sich auch der Hof diese Legende zu eigen machte. Zeugnis hierfür legt Wilhelm der Bretone ab, der als Geschichtsschreiber Philipps II. August (1180–1223) in seinem 1224 veröffentlichten Epos »Philippis« das Reimser Salböl rühmt, das den französischen König aus der Reihe aller anderen Herrscher hervorhebe.[6] Diese Auszeichnung manifestierte sich in der dem König zugeschriebenen Fähigkeit, die Skrofeln, eine tuberkulöse Erkrankung der Lymphknoten des Halses, die auf Gesicht und Augen übergreifen und entstellend wirken konnte, durch Berührung mit den Händen zu heilen.[7] Man spricht deshalb von den »rois thaumaturges«, den wundertätigen Königen, in deren Tradition sich noch Karl X. stellte, als er 1825 im Anschluß an seine Krönung Skrofelkranken mit den Worten: »Der König berührt dich, Gott heile dich« die Hand auflegte. Aus der Bedeutung der Salbung erklärt sich auch, daß man den Gesamtakt der Herrschereinsetzung im Französischen als »sacre« bezeichnet, während man im Deutschen von der »Krönung« spricht. Die heilige Ampulle wurde nicht in der Kathedrale aufbewahrt, sondern in der Reimser Abtei Saint-Remi, der Grabstätte des heiligen Remigius, der im Mittelalter einer der bedeutendsten fränkisch-französischen Heiligen war. In seiner Kirche hatten auch die Krönungen Karls III. (893), Roberts I. (922) und Lothars (954) stattgefunden, bevor die Reimser Kathedrale Notre-Dame zum Krönungsort wurde. Darüber hinaus ließen sich mehrere Könige in Saint-Remi beisetzen: vielleicht Karlmann († 771), der Bruder Karls des Großen, mit Sicherheit Ludwig IV. (936–954) und Lothar (954–986). Unter Abt Odo (1118–51) wurde die Kirche großartig ausgestattet. Die Gräber Hinkmars, Ludwigs IV. und Lothars erhielten neue Skulpturen, in der Vierung wurde ein siebenarmiger Leuchter vom Wurzel-Jesse-Typus aufgestellt, im Mönchschor ein figürlicher Mosaikfußboden verlegt und in seiner Mitte ein Radleuchter aufgehängt. Gerade das ikonographische Programm des Hinkmargrabmals zeigt, worauf es Odo

Abb 2 vgl. Kat. Nr. 4 · 1
Das Schwert »La Joyeuse«. Das sog. Schwert Karls des Großen war fester Bestandteil des französischen Krönungszeremoniells. Das erstmals 1271 bei der Krönung Philipps III. des Kühnen belegte Schwert gehört zu den ältesten noch erhaltenen französischen Kroninsignien. Griff 10.–11. Jh., Schaft 12. Jh., Scheide Ende 13. / Anfang 14. Jh.
Paris, Louvre, Schatz von Saint-Denis, Inv. Nr. MS 84

Abb. 3
Chlodwigtaufe. König Chlodwig, umgeben von Chlothilde, dem Hofstaat und Klerikern, wird im Taufbecken von Bischof Remigius getauft (498?). Der Erzbischof von Reims erhält von einer Taube die heilige Ampulle mit himmlischem Öl, nach 1211. Reims, Kathedrale, Heiligenportal

von Saint-Remi ankam: es stellt Maria, die Patronin der Reimser Kathedrale, dar, die den Erzbischof von Reims mit der Krönung des französischen Königs beauftragt. Der Erzbischof trägt den Stab des heiligen Remigius und bedient sich für die Weihe des himmlischen Salböls.

Wir sprachen bereits an, daß die Legende der heiligen Ampulle erst zu Beginn des 13. Jahrhunderts vom Hofe akzeptiert wurde. Etwa zur gleichen Zeit wurde die Chlodwigtaufe an der Nordfassade, und zwar dem Heiligenportal, der ab 1211 neugebauten Reimser Kathedrale dargestellt und somit öffentlich propagiert (Abb. 3). Im 14. Jahrhundert sollte dieses Ereignis in der Königsgalerie, die die Westfassade schmückt, erneut aufgegriffen werden. Die Salböl-Legende fand auch Eingang in die sogenannten Ordines, die den Ablauf der Weihe regelten. Wegweisend ist hier der wohl um 1230 entstandene sogenannte Ordo von Reims, der bis zum Ende der französischen Monarchie in seinen Hauptzügen verbindlich blieb.[8] Er schreibt vor, daß zunächst am Übergang des Chors zum Schiff der Kathedrale Notre-Dame ein erhöhter, mit Stufen versehener Thron in der Nähe des Altars aufgestellt werden soll. Sobald der König in Reims eintrifft, wird er von der gesamten Geistlichkeit der Stadt empfangen und begibt sich am Vorabend der Weihe, die an einem Sonntag stattfinden muß, zum Gebet in die Kirche. Am nächsten Morgen hält er mit Gefolge seinen Einzug. In feierlicher Prozession nahen die Mönche des Klosters Saint-Remi mit der Sainte Ampoule. Der Erzbischof zieht ihnen bis zur (Reimser) Kollegiatkirche Saint-Denis entgegen und nimmt die Ampulle in Empfang. Die Weihehandlung kann nun beginnen: Krone, Schwert, Sporen, Szepter, Stab und Gewänder liegen auf dem Altar bereit, und neben ihm steht der Abt von Saint-Denis (bei Paris), in dessen Kloster die Insignien aufbewahrt werden. Der König leistet den Krönungseid, es werden ihm Schuhe angelegt, Sporen an- und sofort wieder abgeschnallt, er wird mit dem Schwert gegürtet, das er auf dem Altar darbringt und schließlich seinem Seneschall zum Tragen gibt. Der Erzbischof öffnet über dem Altar die heilige Ampulle, entnimmt ihr mit goldenem Stift einen Tropfen, vermischt ihn mit dem vorbereiteten Chrisma und salbt den knienden König am Haupt, der Brust, zwischen und auf den Schulterblättern, schließlich an den Armgelenken. Er reicht dem König, dem der Kämmerer zuvor die Krönungsgewänder angelegt hat, Szepter und Stab, nimmt die Krone vom Altar und setzt sie ihm auf. Die geistlichen und weltlichen Pairs[9] legen die Hand an die Krone, gemeinsam mit ihnen geleitet der Erzbischof den Herrscher zum Thron und vollzieht die Thronsetzung. Anschließend kehrt er zum Altar zurück, um die Weihe der Königin vorzunehmen, für die er allerdings kein Öl aus der heiligen Ampulle verwendet. Nach der Messe begibt man sich zum Festmahl in den Bischofspalast.

Mit der Schilderung des seit dem 13. Jahrhundert gültigen Zeremoniells wollen wir unseren Überblick über Reims beenden und der Frage nachgehen, ob sich bei dem Krönungsort Aachen eine ähnliche Entwicklung beobachten läßt. Für den direkten Vergleich dürfte es nützlich sein, die wesentlichen Elemente, die die Reimser Stellung begründeten, nochmals kurz ins Gedächtnis zu rufen: die aus römischer Zeit datierende Rolle als kirchliche Metropole, die Chlodwigtaufe und schließlich die Sainte Ampoule.

Aachen als Krönungsort der deutschen Könige: der Karlsthron

Im Gegensatz zu Reims spielte Aachen in der Antike nur eine Nebenrolle als Militärbad, das nicht einmal auf einer bekannten römischen Karte verzeichnet ist. An Bedeutung gewann der Ort erst in fränkischer Zeit, da er (erstmals 765/66 bezeugt) dem König als Pfalzort diente. Anders als in Reims residierte in Aachen kein Bischof, der das Krönungsrecht für sich hätte beanspruchen und in seiner Bischofsstadt ausüben können: Bis 1802 gehörte Aachen zur Diözese Lüttich und damit zur Kirchenprovinz Köln. Unter Karl dem Großen nahmen die Herrscheraufenthalte zu, die Pfalz wurde ausgebaut und gewann in der späten Regierungszeit Karls wie auch unter seinem Sohn Ludwig dem Frommen Residenzcharakter, den sie aber in der Folgezeit bald wieder verlieren sollte. Seit dem Teilungsvertrag von Verdun (843) gehörte Aachen zum lotharingischen Mittelreich, das nach einer wechselvollen Geschichte im Jahre 911 an den westfränkischen König Karl den Einfältigen fiel, sich aber bereits 925 dem ostfränkischen Herrscher Heinrich I. anschloß. Seit dieser Zeit lag Aachen im ostfränkischen, dem späteren deutschen Reich.

Bereits eingangs wurde erwähnt, daß die Aachener Krönungen Ludwigs des Frommen (813) und Lothars I. (817) zunächst keine Tradition begründet haben. Erst im Jahre 936 fand in Aachen wieder eine Herrschererhebung statt, die Ottos des Großen. Die Entscheidung gerade für Aachen dürfte vor allem eine politische gewesen sein, konnte sie doch die erst ein Jahrzehnt währende (erneute) Zugehörigkeit Lotharingiens zum Reich unter Beweis stellen. Und dies erschien um so dringlicher, als etwa zur selben Zeit in Laon mit Ludwig IV. – nach einer Unterbrechung durch Robert I. (922–923) und Rudolf (923–936) – wieder ein Karolinger den westfränkischen Thron bestieg und bei der Anhänglichkeit der Lotharinger an diese Dynastie die Gefahr einer Abfallbewegung bestand. Die Königserhebung Ottos, der übrigens fränkische Kleidung trug und damit Anklänge an die Tradition Karls des Großen zu erkennen gab, zerfiel in zwei Akte, die der Mönch Widukind von Corvey († nach 973) detailliert schildert.[10] Der weltliche Teil fand im Atrium vor dem Westportal der Marienkirche statt, wo die Herzöge und übrigen Großen Otto auf den dort stehenden Thron setzten, ihm Handgang und Treueid leisteten und »ihn so nach ihrem Brauche zum Könige« machten. Anschließend geleitete ihn Erzbischof Hildebert von Mainz in die Mitte des Oktogons und forderte die Anwesenden auf, der Wahl der Fürsten zuzustimmen. Nachdem dies durch Zuruf geschehen war, schritt Hildebert mit Otto hinter den Altar, auf dem die Insignien lagen, »das Schwert mit dem Wehrgehenk, der Mantel mit den Spangen, der Stab mit dem Zepter und das Diadem«. Er überreichte sie Otto und nahm, unterstützt von Erzbischof Wichfried von Köln, Salbung und Krönung vor. Danach führten die beiden Geistlichen den Herrscher über eine der beiden Wendeltreppen zum Thron im Obergeschoß, so »daß er von hier aus alle sehen und von allen wiederum gesehen werden konnte«. Im Anschluß an die Meßfeier begab sich der König mit seinem Gefolge zum Festmahl in die Pfalz, wo ihm die Herzöge aufwarteten.

Ein wichtiger Bestandteil des Krönungszeremoniells war die zweifache Thronsetzung, zuerst im Atrium (vielleicht über dem Grab Karls des Großen), dann auf der Empore des Münsters. Auf diese beiden Thronsitze bezog sich auch die Karlstradition, denn Otto I. rühmte in einer Urkunde, Karl habe Aachen »durch kaiserliche Sitze würdig erhöht« (D O I 417). Otto III. hingegen erwähnte nur noch einen Thron, der »von seinem Vorgänger, dem hochberühmten, erhabenen Kaiser Karl, aufgestellt worden« sei (D O III 347). Dieser Thron – zunächst wohl der im Atrium, erst später der des Obergeschosses – gewann für die Erhebung des ostfränkisch-deutschen Herrschers eine so zentrale Bedeutung, daß Wipo († nach 1046), der Biograph Kaiser Konrads II. (1024–39), »den von früheren Königen und ganz besonders Karl errichteten Thron« als »Erzstuhl des gesamten Reichs« bezeichnen konnte:[11] Hier werden transpersonale Vorstellungen faßbar, verkörperte das *archisolium* doch geradezu die Institution des Königtums.

Wie Reims sich auf Chlodwigtaufe und Sainte Ampoule berufen konnte, so Aachen auf die Tradition Karls des Großen, vor allem seinen Thron und sein Grab. Das bedeutete, daß in Aachen nur die Marienkirche als Ort der Krönung in Frage kam und es eine Alternative, die sich in Reims mit Saint-Remi bot, nicht gab. Wenn in Reims das Himmelsöl allein nicht genügte, um den Ort zur einzigen Krönungsstätte zu machen, so konnte auch der Karlsthron nicht verhindern, daß Aachen ernst zu nehmende Konkurrenten erwuchsen: Otto II. (961–983) und Otto III. (983–1002) wurden noch in Aachen gekrönt, Heinrich II. (1002–24) und Konrad II. (1024–39) hingegen in Mainz; aber wenn diese beiden eine Thronsetzung in Aachen nachholten, so unterstreicht das nur den hohen Rang des dortigen Stuhls. In diesem Zusammenhang stellt sich natürlich die Frage nach dem Koronator. Während in Frankreich die Metropoliten von Reims und Sens um dieses Privileg stritten, rivalisierten im Reich gleich drei Erzbischöfe: der Mainzer, der Kölner und der Trierer. Bei diesem Streit, der bereits anläßlich der Krönung Ottos I. zum Ausbruch kam, ging es über die Frage des Krönungsrechts hinaus um das grundsätzliche Problem des Vorrangs im deutschen Episkopat. Zunächst konnte sich der

Abb. 4
Die Salbung des Königs. Auf dem Altar liegen die Krönungsinsignien, die dem Gesalbten im Laufe der Zeremonie verliehen werden. Darstellung im Krönungsordo von 1250.
Paris, Bibliothèque Nationale de France, Ms. lat. 1246, fol. 19ʳ

Mainzer durchsetzen, doch geriet er ins Hintertreffen, als er sich 1024 aus nicht ganz geklärten Gründen weigerte, Gisela, die Gemahlin Konrads II., zu weihen. Für ihn sprang Erzbischof Pilgrim von Köln ein und krönte sie in seiner Bischofsstadt. Auch die Prärogative, den König zu weihen, ging in der Folgezeit auf ihn und seine Nachfolger über, und sie vollzogen diesen Akt in Aachen. Lediglich die Gegenkönige Rudolf von Rheinfelden (1077–80) und Hermann von Salm (1081–88) ließen sich vom Mainzer Erzbischof krönen, in Mainz bzw. in Goslar. Aber die Rolle des Kölners, dem Papst Leo IX. 1052 das Recht verbriefte, in seiner Provinz den König zu weihen,[12] sollte sich im Laufe des 11. Jahrhunderts so stark verfestigen, daß Erzbischof Adalbert von Mainz nach der Wahl Lothars III. (1125–37) dem Kölner das Krönungsrecht nicht mehr streitig machen wollte: Lothar wurde am 13.IX.1125 von Erzbischof Friedrich von Köln an der Stätte des *totius regni archisolium*, in Aachen, geweiht.

Die Karlsverehrung, die bereits für Otto III. charakteristisch war, erfuhr ihren Höhepunkt zweifelsohne mit der von Barbarossa (1152–90) betriebenen Heiligsprechung des Kaisers am 29.XII. 1165. Nur wenige Tage später stellte Friedrich I. dem Stift und der Stadt ein Diplom aus, das Aachen »Haupt und Sitz des deutschen Reichs«, »caput et sedes regni Theutonici«, nennt (D F I 502). Zugleich bestätigte die Urkunde ein (wohl 1114/21 gefälschtes) angebliches Dekret Karls des Großen (D Karol. I 295), demzufolge in der Marienkirche der Königsstuhl aufgestellt und alle Herrscher auf ihm eingeführt werden sollen; ferner bestimmte es, der Herrschaftsantritt an dieser Stätte begründe zugleich den Anspruch auf die Kaiserwürde. Die Rolle der Aachener Krönung wurde somit in ganz außerordentlicher Weise aufgewertet, und dies findet auch in der Karls-Sequenz: »Urbs Aquensis, urbs regalis, regni sedes principalis« seinen Ausdruck. Wenn Barbarossa Aachen als »heilige und freie Stadt«, als »sacra et libera civitas«, bezeichnet, so deutet das, wie weitere Formulierungen der Urkunde belegen, darauf hin, daß der Kaiser Aachen als Abbild des Himmlischen Jerusalem verstand. Derselbe Gedanke wird im Barbarossa-Leuchter aufgegriffen, der wohl anläßlich der Heiligsprechung Karls von Kaiser Friedrich und seiner Gattin Beatrix gestiftet wurde. Auch er symbolisiert, wie die Inschrift besagt, die »celica Iherusalem« und entspricht in seiner achteckigen Form dem Oktogon. Unter dieser Lichterkrone wurden die Karlsreliquien, zunächst in einem Holz-, später dem goldenen Karlsschrein aufgebahrt und der Heilige somit in das Himmlische Jerusalem miteinbezogen. Nur wenige Jahrzehnte zuvor hatte man in der Reimser Kirche Saint-Remi einen vergleichbaren Radleuchter aufgehängt. Und wie damals in Saint-Remi die Gräber Hinkmars, Ludwigs IV. und Lothars umgestaltet wurden, so gab auch Barbarossa für den heiligen Kaiser einen Schrein in Auftrag, der wohl um 1182 begonnen und am 27.VII.1215 von Friedrich II. (1212–50) feierlich verschlossen wurde. Zwar besitzt Aachen keine Königsgalerie wie Notre-Dame zu Reims, aber die Verbindung zum Königtum wird herausgestellt durch die sechzehn Herrscher, die auf den Langseiten des Karlsschreins thronen. Sie sind zwischen Maria mit dem Kinde, der Patronin der Krönungskirche, und Karl den Großen, der in seiner Rechten ein Modell des Münsters hält, gestellt. Mehrere Inschriften zieren den Schrein, von denen uns besonders die der Langseiten interessiert: sie gibt die zentrale Passage des gefälschten Karlsdekrets wieder, die Aachen und den Karlsthron zur Krönungsstätte macht.

Zwischen Beginn und Abschluß der Arbeiten am Schrein Karls des Großen lag die folgenschwere Doppelwahl des Jahres 1198 und der Konflikt zwischen dem Staufer Philipp von Schwaben

(1198–1208) und dem Welfen Otto IV. (1198–1218). Während Frankreich sich zur Erbmonarchie entwickelte und es seit dem 12. Jahrhundert keine Wahlhandlung mehr gab, blieb im deutschen Reich die Bedeutung der Kur erhalten. Für die Übernahme der Herrschaft im Reich waren folglich Wahl und Krönung erforderlich, und in der Regel fand nur letztere in Aachen statt. Die Rolle Aachens war aber inzwischen so entscheidend geworden, daß 1198 beide Kontrahenten versuchten, sich des Ortes zu bemächtigen. Philipp schickte sofort 300 Reiter in die Stadt, doch mußte Aachen sich ergeben, als Otto mit einer starken Streitmacht vor ihren Toren erschien. Er konnte sich von Erzbischof Adolf von Köln in der Marienkirche krönen und inthronisieren lassen. Einige Wochen später wurde auch Philipp zum König geweiht, allerdings in Mainz und – da der dortige Metropolit noch nicht vom Kreuzzug zurückgekehrt war – durch den Erzbischof Aimo von Tarentaise. In Mainz hatte man die echten Insignien verwenden können, während Otto IV. sich mit nachgebildeten begnügen mußte. Aber worauf es ankam, das war die Stätte der Krönung: Aachen. Dies betonte Papst Innocenz III., als er 1202 in der Dekretale »Venerabilem« seine Entscheidung für Otto und gegen Philipp damit begründete, dieser habe die Königsweihe am falschen Ort und vom falschen Geistlichen empfangen; jener hingegen am rechten Ort, »videlicet Aquisgrani«, und vom rechten Geistlichen, dem Erzbischof von Köln.[13]

Innocenz III. setzt den Schlußpunkt unter unsere Darstellung der Reimser und der Aachener Tradition. Hier wie dort knüpfte sie an Herrscher an, die dem jeweiligen Ort besonders verbunden waren: Chlodwig und Karl der Große. Faßbar war diese Tradition in Objekten, die für die Herrscherweihe unentbehrlich wurden: Sainte Ampoule und Karlsthron. Die französische Krone galt als erblich, im Reich hingegen verlor die Wahl niemals ihre Bedeutung und sollte die Krönung in den Hintergrund drängen. So ist es zu erklären, daß Reims seine Stellung bis ins 19. Jahrhundert bewahren konnte, Aachen sie aber bereits in der Frühen Neuzeit an Frankfurt, den Ort der Wahl, verlor.

---

1 Annales de Saint-Bertin, edd. Félix Grat/Jeanne Vielliard/Suzanne Clémencet avec une introduction et des notes par Léon Levillain, Paris 1964, S. 162 f. (zum Jahre 869). Übersetzung nach Rau, Reinhold (Bearb.): Quellen zur karolingischen Reichsgeschichte, Bd. 2, Darmstadt 1958, S. 199.

2 Vgl. Carozzi, Claude: Du baptême au sacre de Clovis selon les traditions rémoises, in: Rouche, Michel (Ed.): Clovis, histoire et mémoire. Le baptême de Clovis, son écho à travers l'histoire, Vol. 2, Paris 1997, S. 29–43.

3 Vita Remigii episcopi Remensis auctore Hincmaro, ed. Bruno Krusch, in: MGH Scriptores rerum Merovingicarum, Bd. 3, Hannover 1896, Kap. XV, S. 296 f.

4 ed. Migne PL 162, Nr. 189, Sp. 193–196. – Die Reimser Ansprüche waren bereits 1089 von Papst Urban II. anerkannt worden, als er dem Reimser Metropoliten nicht nur den Primat in der alten Provinz *Belgica secunda* erneuerte, sondern ihm auch das Krönungsrecht verbriefte (JL 5415; ed. Migne PL 151, Nr. 27, Sp. 309–311).

5 La chronique de Morigny (1095–1152), ed. Léon Mirot, Paris ²1912, S. 60: »Intrant ecclesiam, puerum ad altare presentant, et oleo quo sanctus Remigius per angelicam manum sibi presentato Clodoveum regem Francorum in christianum unxerat, puerulum (...) consecravit.«

6 Guillelmi Armorici Philippidos libri XII, in: œuvres de Rigord et de Guillaume le Breton, historiens de Philippe-Auguste, ed. H.-François Delaborde, Vol. 2, Paris 1885, S. 20 f.

7 Dieses Phänomen wurde grundlegend behandelt in dem erstmals 1924 erschienenen Buch von Bloch, Marc: Die wundertätigen Könige. Mit einem Vorwort von Jacques Le Goff. Aus dem Französischen übersetzt von Claudia Märtl, München 1998.

8 Sacramentaire et martyrologe de l'abbaye de Saint-Remy. Martyrologe, calendrier, ordinaires et prosaire de la métropole de Reims (VIIIᵉ–XIIIᵉ siècles), ed. Ulysse Chevalier, Paris 1900, S. 222–226; ohne die Krönungsvorschrift für die Königin gedruckt bei Brühl (1950), S. 77–79. Vgl. zur Datierung des Ordos Jackson, Richard A.: Les *ordines* des couronnements royaux au Moyen Age, in: Le sacre des rois. Actes du Colloque international d'histoire sur les sacres et couronnements royaux (Reims 1975), Paris 1985, S. 66 f.

9 Das Kollegium der zwölf Pairs entstand zu Beginn des 13. Jahrhunderts und umfaßte die Herzöge von Burgund, Normandie und Guyenne, die Grafen von Flandern, Toulouse und Champagne, den Erzbischof von Reims sowie die Bischöfe von Beauvais, Noyon, Châlons-sur-Marne, Laon und Langres.

10 Die Sachsengeschichte des Widukind von Korvei, edd. H.-E. Lohmann/Paul Hirsch (MGH Scriptores rerum Germanicarum in usum scholarum [60]), Hannover ⁵1935, Buch II/1–2, S. 63–67. Übersetzung bei Bauer, Albert/Rau, Reinhold (Bearb.): Quellen zur Geschichte der sächsischen Kaiserzeit, Darmstadt 1971, S. 85–91. – Zur Glaubwürdigkeit Widukinds vgl. jetzt Falkenstein, Ludwig: Otto III. und Aachen, Hannover 1998, S. 21–24.

11 »(...) usque ad locum qui dicitur Aquisgrani palatium pervenit, ubi publicus thronus regalis ab antiquis regibus et a Carolo praecipue locatus totius regni archisolium habetur« (Die Werke Wipos, ed. Harry Bresslau, (MGH Scriptores rerum Germanicarum in usum scholarum [61]), Hannover-Leipzig ³1915, Kap. VI, S. 28). Übersetzung bei Trillmich, Werner/Buchner, Rudolf (Bearb.): Quellen des 9. und 11. Jahrhunderts zur Geschichte der hamburgischen Kirche und des Reiches, Darmstadt ⁵1978, S. 557.

12 JL 4271; ed. Horst Wolter, in: Boshof, Egon/Wolter, Horst: Rechtsgeschichtlich-diplomatische Studien zu frühmittelalterlichen Papsturkunden, Köln-Wien 1976, S. 113 f.

13 Potthast 1653; ed. Regestum Innocentii III papae super negotio Romani imperii, ed. Friedrich Kempf, Rom 1947, Nr. 62, S. 171 f.: »Et quoniam dux predictus nec ubi debuit nec a quo debuit coronam et unctionem accepit, memoratus uero rex et ubi debuit, uidelicet Aquisgrani, et a quo debuit, scilicet a uenerabili fratre nostro (...) Coloniensi archiepiscopo, recepit utrumque, nos utique non Ph(ilippum), sed Ot(tonem) reputamus et nominamus regem, iustitia exigente.«

Bak, János M. (Ed.): Coronations. Medieval and Early Modern Monarchic Ritual, Berkeley – Los Angeles – Oxford 1990.

Beumann, Helmut: Grab und Thron Karls des Großen zu Aachen, in: Braunfels, Wolfgang (Hg.), Karl der Große. Lebenswerk und Nachleben, Bd. 4: Das Nachleben, Düsseldorf ²1967, S. 9–38.

Boshof, Egon: Aachen und die Thronerhebung des deutschen Königs in salisch-staufischer Zeit, in: Zeitschrift des Aachener Geschichtsvereins 97 (1991), S. 5–32.

Bur, Michel: Aux origines de la »religion de Reims«. Les sacres carolingiens: un réexamen du dossier (751–1131), in: Rouche, Michel (Ed.): Clovis, histoire et mémoire. Le baptême de Clovis, son écho à travers l'histoire, Vol. 2, Paris 1997, S. 45–72.

Brühl, Carlrichard, Reims als Krönungsstadt des französischen Königs bis zum Ausgang des 14. Jahrhunderts, Diss. phil. Frankfurt am Main 1950.

Le Goff, Jacques: Reims, Krönungsstadt. Aus dem Französischen von Bernd Schwibs, Berlin 1997.

Kramp, Mario: Zülpich – Reims – Paris. Die Chlodwiglegende, der Remigiuskult und die Herausbildung des französischen Königsmythos, in: Chlodwig und die »Schlacht bei Zülpich« – Geschichte und Mythos 496–1996 – Begleitbuch zur Ausstellung in Zülpich 30.08.–26. 10. 1996, Euskirchen 1996, 87–113.

Ders.: Kirche, Kunst und Königsbild. Zum Zusammenhang von Politik und Kirchenbau im capetingischen Frankreich des 12. Jahrhunderts am Beispiel der drei Abteien Saint-Denis, Saint Germain-des-Prés und Saint-Rémi/Reims, Weimar 1995.

Meuthen, Erich: Barbarossa und Aachen, in: Rheinische Vierteljahrsblätter 39 (1975), S. 28–59.

Ordines Coronationis Franciae. Texts and Ordines for the Coronation of Frankish and

French Kings and Queens in the Middle Ages, Vol. 1, ed. Richard A. Jackson, Philadelphia 1995.

Le sacre des rois. Actes du Colloque international d'histoire sur les sacres et couronnements royaux (Reims 1975), Paris 1985.

Schramm, Percy Ernst: Der König von Frankreich. Das Wesen der Monarchie vom 9. zum 16. Jahrhundert. Ein Kapitel aus der Geschichte des abendländischen Staates, Bd. 1–2, Darmstadt ²1960.

Schulte, Aloys: Die Kaiser- und Königskrönungen zu Aachen 813–1531, Bonn – Leipzig 1924; ND Darmstadt 1965.

Kurzfassung

Aachen wie auch Reims erlangten ihre Stellung als Krönungsstätten der französischen und deutschen Herrscher im Laufe eines längeren Prozesses und in Auseinandersetzung mit Orten wie Compiègne oder Mainz. Hatte Reims bereits in der Antike eine wichtige politische und kirchliche Rolle gespielt, so war Aachen erst in fränkischer Zeit hervorgetreten, ohne allerdings – wie Reims – Sitz eines Bischofs zu werden, der als Koronator fungieren konnte. 813 wurde in Aachen Ludwig der Fromme zum Mitkaiser und drei Jahre später in Reims zum alleinigen Herrscher gekrönt, doch vermochten beide Orte sich erst seit dem 11. Jahrhundert als exklusive Krönungsstätten durchzusetzen. Aachen verlor diese Funktion zu Beginn der Neuzeit an Frankfurt, den Ort der Königswahl, Reims hingegen wahrte seine Stellung in Frankreich (dessen Krone als erblich galt) bis ins 19. Jahrhundert. Die Frage, wer krönen durfte, wurde in Frankreich Ende des 10. und im Reich zu Beginn des 11. Jahrhunderts entschieden, als der Reimser Erzbischof den von Sens und der Kölner seinen Amtsbruder aus Mainz verdrängen konnte. In Reims wie in Aachen knüpfte die Krönungstradition an Herrscher an, denen man besonders verbunden war: Chlodwig und Karl den Großen. Die jeweiligen Traditionen ließen sich in Objekten fassen, die für die Königsweihe unentbehrlich wurden: Sainte Ampoule und Karlsthron. Im 9. Jahrhundert behauptete Erzbischof Hinkmar von Reims, Remigius habe bei der Chlodwigtaufe 498 (?) himmlisches Salböl aus einer heiligen Ampulle benutzt, die ihm eine Taube gebracht habe und in deren Besitz er, Hinkmar, jetzt noch sei. Der Hof machte sich diese Legende später zu eigen und betonte, das Reimser Salböl verschaffe dem französischen König einen Vorrang vor allen anderen Herrschern. Die zentrale Rolle der Salbung mit dem himmlischen Öl führte dazu, daß man in Frankreich vom »sacre«, in Deutschland hingegen von der »Krönung« spricht. Mit der Sainte Ampoule vergleichbar ist in Aachen der Karlsthron, der seit der Krönung Ottos des Großen 936 eine solche Bedeutung gewann, daß Wipo ihn im 11. Jahrhundert als »Erzstuhl des gesamten Reichs« bezeichnen konnte. Er verkörperte geradezu die Institution des Königtums, und als es 1198 zur Doppelwahl und dem Konflikt zwischen Philipp von Schwaben und Otto IV. gekommen war, da begründete Papst Innocenz III. seine Entscheidung für Otto mit dem Hinweis, dieser habe die Königsweihe am rechten Ort, nämlich in Aachen, und vom rechten Geistlichen, dem Erzbischof von Köln, empfangen.

Résumé

Avant que ne soit reconnu leurs statuts respectifs de »ville du sacre« ou de »ville du couronnement«, Reims et Aix-la-Chapelle, ont traversé bien des péripéties et se sont trouvées en butte aux rivalités de cités comme Compiègne ou Mayence. Si Reims, dès l'Antiquité, a joué un rôle capital au double plan politique et ecclésiastique, il n'en va pas de même d'Aix-la-Chapelle, dont l'importance ne remonte qu'à l'époque franque. Et encore ne pouvait-elle même pas se prévaloir – comme Reims – d'un évêque habilité à couronner les rois ou les empereurs. En 813 – du vivant de son père Charlemagne –, Louis le Pieux est couronné »co-empereur« ; trois ans plus tard, il est sacré à Reims et couronné »seul monarque souverain«. Néanmoins, il faudra attendre le Xème siècle pour que les cités puissent toutes deux s'imposer en tant que seules villes du sacre. Dès le début des temps modernes, Aix-la-Chapelle se verra contrainte de renoncer à ce privilège au profit de Francfort, tandis que Reims, au contraire, le conservera jusqu'au siècle dernier – la monarchie étant héréditaire en France. En effet, il s'agissait de savoir à qui était dévolu le droit de couronner : la question fut réglée en France à la fin du Xème siècle et dans l'Empire dès le début du Xème siècle, lorsque l'archevêque de Reims réussit à éliminer son rival l'archevêque de Sens et que, de même, l'archevêque de Cologne parvint à faire pièce à son homologue de Mayence. A Reims tout comme à Aix-la-Chapelle, la tradition du sacre était liées à des monarques que l'on chérissait tout particulièrement : Clovis et Charlemagne. Les traditions locales étaient centrées sur des objets miraculeux sans lesquels le sacre n'aurait même pas pu être célébré : la Sainte Ampoule à Reims et le trône de Charlemagne à Aix-la-Chapelle. Au IXème siècle, Hincmar, archevêque de Reims, affirma que Saint Remi, lorsqu'il baptisa Clovis en 498 (?), l'avait oint d'une huile miraculeuse contenue dans une Sainte Ampoule apportée du ciel par une colombe : heureusement, du moins selon ses dires, Hincmar détenait encore cette Sainte Ampoule. Par la suite, la Cour fit sienne cette légende, affirmant que le Saint Chrême de Reims conférerait au roi de France la primauté sur tous les autres souverains. C'est d'ailleurs ce même Saint Chrême qui induira le mot «sacre» à Reims alors que l'on parlera plutôt de »couronnement« à Aix-la-Chapelle. Le trône de Charlemagne constitue le pendant aixois de la Sainte Ampoule : un trône qui, au fil du temps, acquit une importance telle que Wipo, au Xème siècle, le qualifia de »trône des trônes de l'Empire tout entier«. Ce siège personnifiait alors au plus haut point l'institution de la royauté. A telle enseigne que lorsque Philippe de Souabe et Othon IV, tous deux élus, se disputèrent la couronne en 1198, le Pape Innocent III trancha la question en faveur d'Othon, seul souverain couronné dans la ville idoine – Aix-la-Chapelle – et sacré par le seul prêtre habilité à célébrer la cérémonie, à savoir l'archevêque de Cologne.

Samenvatting

Aken zowel als Reims verkregen hun positie als kroningsplaats v.d. Franse en Duitse heersers pas in de loop van een langdurig proces en na rivaliteit met plaatsen als Compiègne of Mainz. Reims speelde al in de klassieke oudheid een belangrijke politieke en kerkelijke rol. Aken daarentegen was pas sinds de Frankische tijd naar voren gekomen, zonder daarbij – als Reims – zetel van een bisschop te worden, die de kroningsplechtigheid dan zou kunnen voltrekken. Hoewel Lodewijk de Vrome 813 in Aken tot medekeizer en drie jaar later in Reims tot enige keizer werd gekroond, konden de twee plaatsen zich pas sinds de 11ᵉ eeuw als exclusieve kroningsplaatsen doorzetten. Aken verloor deze functie bij het begin van de moderne tijd aan Frankfurt, de plaats waar de koning werd gekozen. In Frankrijk behield Reims daarentegen zijn positie tot in de laatste eeuw (het koningschap was daar erfelijk). De vraag wie er mocht kronen werd in Frankrijk tegen het einde van de 10ᵉ eeuw en in Duitsland in het begin van de 11ᵉ eeuw beslist, toen de aartsbisschop van Reims die van Sens en de Keulse ambtsbroeder die van Mainz konden verdringen. Zowel in Reims als in Aken is de kroningstraditie met heersers verbonden, met wie men een bijzondere band heeft: Clovis en Karel de Grote. De naar hen verwijzende tradities werden door voorwerpen concreet gemaakt, die onontbeerlijk werden voor de inwijdingsplechtigheden: de Sainte Ampoule en de troon van Karel. In de 9ᵉ eeuw beweerde aartsbisschop Hinkmar van Reims dat de heilige Remigius bij de doop van Clovis in 498(?) hemelse zalfolie uit een heilige ampul zou hebben gebruikt, die hem door een duif zou zijn gebracht en die hij, Hinkmar, nu nog in zijn bezit zou hebben. Later maakte ook het hof zich deze legende eigen en benadrukte, dat de Reimse zalfolie de Franse koning voorrang boven alle andere heersers gaf. De centrale rol van de zalving met de hemelse olie zorgde ervoor, dat men in Frankrijk van het »sacre« en in Duitsland van de »Krönung« spreekt. Vergelijkbaar met de Sainte Ampoule is de troon van Karel te Aken, die sinds de kroning van Otto de Grote in 936 zulk een betekenis kreeg, dat Wipo hem in de 11ᵉ eeuw hem als »aartsstoel van het gehele rijk« betitelde. Hij belichaamde als het ware het instituut van het koningschap, en toen er in 1198 twee keizers werden gekozen en het conflict tussen Philips van Zwaben en Otto IV ontstond, gaf paus Innocentius III als reden voor zijn beslissing voor Otto, dat deze de inwijding tot koning op de juiste plaats, namelijk in Aken, en door de juiste geestelijke, de aartsbisschop van Keulen, had ontvangen.

Shrnutí

Cáchy i Remeš získaly své postavení jako místo korunovace francouzských a německých vládců v průběhu dlouhodobějšího procesu a v soupeření s městy jako Compiègne nebo Mohuč. Zatímco Remeš hrála již v období antiky důležitou roli v politickém i církevním smyslu, Cáchy nabyly významu teprve v době francké, aniž by zde však, na rozdíl od Remeše, sídlil biskup, který by mohl vystupovat jako korunující biskup. Roku 813 byl v Cáchách korunován Ludvík Pobožný na spolucísaře a o tři roky později v Remeši na jediného vládce, ale obě města se prosadila jako výsadní místa korunovací teprve od 11. století. Na počátku novověku ztratily Cáchy svou funkci, kterou převzal Frankfurt, místo královské volby. Remeš si naproti tomu své postavení v rámci Francie (kde byl titul krále dědičný) udržela až do 19. století. Otázka, kdo smí korunovat, byla ve Francii rozhodnuta koncem 10. a v říši začátkem 11. století, když remešský arcibiskup vytlačil svého kolegu ze Sens a kolínský arcibiskup svého kolegu z Mohuče. V Remeši stejně jako v Cáchách navázala tradice korunovací na ty panovníky, kterým byla města obzvláště zavázána: Chlodvík a Karel Veliký. Obě tradice byly vyjádřeny předměty nezbytnými ke královskému zasvěcení: *Sainte Ampoule* a Karlův trůn. V 9. století tvrdil arcibiskup Hinkmar z Remeše, že Remigius použil při křtu Chlodvíka roku 498 (?) nebeský olej ze svaté ampule, kterou mu přinesla holubice a kterou nyní on, Hinkmar, vlastní. Dvůr si později tuto legendu osvojil a zdůrazňoval, že remešský olej dodává francouzskému králi výsadní postavení mezi všemi ostatními vládci. Ústřední role pomazání nebeským olejem vedla k tomu, že ve Francii se obřad nazýval »sacre«, kdežto v Německu »korunovace«. Podobnou roli jako Sainte Ampoule hrál Karlův trůn v Cáchách, který od doby korunovace Oty Velikého v roce 936 nabyl takového významu, že ho Wipo v 11. století nazval »arcitrůnem celé Říše«. Ztělesňoval instituci království a když došlo roku 1198 ke dvojí volbě a ke konfliktu mezi Filipem Švábským a Otou IV., zdůvodnil papež Inocenc III. své rozhodnutí ve prospěch Oty tím, že Ota byl korunován na správném místě, v Cáchách, a správným duchovním, kolínským arcibiskupem.

Summary

Aachen and Reims gained their status of places of coronation for French and German rulers in the course of a long process and conflicts with places, such as Compiègne or Mainz. Where Reims had already played an important political and churchly part in antiquity, Aachen only came into its own in the Frank period, without however – as in Reims – becoming the seat of a bishop who could act as coronator. In 813 Louis the Pious was crowned fellow-emperor and three years late he was crowned the only ruler in Reims; still, both places only became exclusive places of coronation in the 11ᵗʰ century. Aachen gave this function to Frankfurt at the beginning of Modern Age, the place where the king was elected, Reims on the other hand kept its status within France (whose crown was taken to be inheritable) up to the 19ᵗʰ century. The question about who was allowed to crown, was decided in France at the end of the 10ᵗʰ century and within the Empire at the beginning of the 11ᵗʰ century, when the archbishop of Reims managed to oust his brother-in-office in Mainz. In Reims as in Aachen the royal tradition was connected to rulers who were very popular: Chlodwig and Charlemagne. The respective traditions were symbolised by objects which became indispensable for the coronation: Holy Ampoule and Charles' throne. In the 9ᵗʰ century the archbishop Hinkmar of Reims claimed that Remigus had used heavenly anointing oil from a holy ampoule during Chlodwig's baptism in 498 (?) which a dove had brought him, and which he, Hinkmar, still owned. The court later adopted this legend and claimed that the oil from Reims meant that the French king was favoured and must be given priority over all other rulers. The central role of anointing with heavenly oil, made the French use the word »sacre« (sacred) during coronations whereas the German word remained »Krönung« (coronation). The Charles' throne in Aachen which gained great significance after Otto the Great's coronation in 936 is comparable to the Holy Ampoule; this increase in significance made Wipo in the 11ᵗʰ century call the throne »the arch chair of the entire Empire«. This chair embodied the institution of monarchies, and when in 1198 there was a power struggle between Philip of Schwaben and Otto IV. during the election of two rulers, Pope Innocent III. justified his decision to chose Otto, giving the explanation that Otto alone had been crowned at the right place, i.e. in Aachen, and received the ordination by the rightful minister, i.e. the archbishop of Cologne.

Jan W.J. Burgers (Amsterdam)

Wilhelm von Holland (1248–1256)

Abb. 1   Kat. Nr. 5 · 25
Urkunde vom 14. Mai 1250. Wilhelm von Holland befiehlt von Brüssel aus der Stadt Aachen, die am 12. Mai 1249 geänderten und von ihr angenommenen Statuten zu beachten, Aachen, Stadtarch v, Urk. A I 6

Am 17. Februar 1247 starb Heinrich Raspe, Landgraf von Thüringen, der im Mai 1246 auf Drängen Papst Innocenz IV. von einer Minderheit der deutschen Kurfürsten zum Gegenkönig gewählt worden war. Es ging um die Vorherrschaft in Italien, wo der Papst die Stellung des Kaisers zu schwächen suchte, indem er ihn auch in Deutschland angriff. Im Jahre 1245 hatte er Friedrich II. mit dem Bann belegt und für abgesetzt erklärt. Der folgende Schritt, die Wahl eines Gegenkönigs, schien anfangs erfolgversprechend zu sein, denn Heinrich Raspe konnte einen Sieg gegen König Konrad IV., den Sohn Friedrichs, erringen. Danach hatte der erbitterte Widersacher Friedrichs nur noch wenig Schlachtenglück.

Die Wahl Wilhelms von Holland zum Gegenkönig (1247)

Nach dem Tode des Landgrafen war es dem Papst sehr wichtig, daß möglichst schnell ein neuer Gegenkönig gewählt wurde. Er bestellte daher den Kardinaldiakon Peter Capocci zum päpstlichen Legaten in Deutschland, mit dem Auftrag, die antistaufischen Fürsten zur

Königswahl zu bewegen. Die Verhandlungen blieben aber lange ohne Erfolg, da viele Kandidaten verzichteten. Letzten Endes lenkte Herzog Heinrich II. von Brabant die Aufmerksamkeit auf seinen Neffen Wilhelm II., den Grafen von Holland, einen noch jungen Mann, der als Ritter ohne Furcht und Tadel galt. Er wurde schließlich am 3. Oktober 1247 von nur wenigen geistigen und weltlichen Fürsten zum König gewählt. Daß geschah aber nicht, wie ursprünglich beabsichtigt, in Köln – die Stadt schließ schlichtweg die Pforten –, sondern man mußte nach Neuss ausweichen.[1]

Daß man Wilhelm von Holland wählte, war gewiß politisch motiviert. Der Papst sah in ihm einen Strohmann, der für ihn bereitwillig den Krieg gegen Friedrich führen würde; die Fürsten glaubten, er würde sie nicht daran hindern, im Reich ihre eigenen Interessen zu verfolgen. Der neue König war erst zwanzig Jahre alt. Er konnte sich nicht auf eine große Hausmacht stützen: die Grafschaft Holland war klein und lag an der Peripherie des Reiches. Holland war jedoch ein Land, das im Aufstieg begriffen war. Seit dem 11. Jahrhundert war durch Kultivierung ausgedehnter Hochmoore die Ackerfläche stark vergrößert worden, was eine stetige demographische und wirtschaftliche Aufwärtsentwicklung zur Folge hatte. Die im 12. Jahrhundert entstandenen Städte konnten gerade in der Herrschaftszeit Wilhelms ihre Stellung festigen, da er sie mit umfangreichen Stadtrechten ausstattete. Der Landesherr profitierte von dem zunehmenden Wohlstand, der Geld in seine Schatztruhe brachte. Auch die gräflichen Flußzölle im Mündungsgebiet des Rheins waren wichtige Einnahmequellen. Mit dem zunehmenden Reichtum der Grafen von Holland wuchs auch ihr Ansehen außerhalb ihres Landes. Seit der zweiten Hälfte des 12. Jahrhunderts nahmen sie mehr und mehr Einfluß auf die Reichspolitik. Probleme mit den Nachbargewalten, wie dem Herzog von Brabant, dem Grafen von Flandern und dem Bischof von Utrecht bestanden in der ersten Hälfte des 13. Jahrhunderts kaum noch. Selbst der chronische Streit mit den Westfriesen war zeitweilig in den Hintergrund getreten.[2] Für Wilhelm kam die Königswahl also im richtigen Moment: Er hatte freie Hand.

Es waren wohl persönliche Gründe, die Wilhelm zur Übernahme dieser schweren und undankbaren Aufgabe veranlaßten: Er war offenbar ehrgeizig und voller jugendlichem Übermut. Es ist auch möglich, daß er das Königtum als eine ritterliche Herausforderung betrachtete, stammte er doch aus einem heldenhaften Geschlecht, dessen Mitglieder häufig den Kampf gesucht hatten und infolgedessen nur selten im Bett verstorben waren. Vor einigen Jahren noch waren Wilhelms Vater und Onkel, Graf Floris IV. und dessen Bruder Wilhelm, auf Turnieren gefallen, was damals viel Aufsehen erregt hatte. Außerdem fühlte sich Wilhelm wahrscheinlich vom Prestige des Königtums angezogen, das sein Ansehen sowohl im eigenen Lande als auch im Ausland vergrößern würde.

Die Krönung in Aachen (1248)

Nach seiner Wahl bemühte sich Wilhelm am Niederrhein, wo die Mehrheit seiner Wähler ansässig waren, sowohl bei den Städten als auch bei den Fürsten um die Vergrößerung seiner Anhängerschaft, wenn nötig, mit Gewalt. Der Graf von Geldern hatte schon Nimwegen für den König erobert. Bald darauf trat Köln, die bedeutendste Stadt, zur Partei Wilhelms über. Ihm feindlich gesinnt blieb aber Aachen, wo traditionsgemäß die Krönung des römisch-deutschen Königs stattfinden sollte. Wilhelm unternahm deshalb einen Feldzug, auf dem zuerst die strategisch wichtige Burg Kaiserswerth und danach Aachen belagert wurden. Diese Unternehmungen wurden dadurch begünstigt, daß der Papst einem jeden Kämpfer gegen den Kaiser einen Kreuzzugsablaß gewährt hatte, was Teilnehmer von nah und fern in Wilhelms Heer führte. Außerdem zog der König während dieser Belagerungen durch die Niederlande, um Mannschaften anzuwerben. Dabei begleitete ihn der päpstliche Legat Capocci, woraus man schließen kann, daß Wilhelms Politik von der Kurie bestimmt wurde. Diese Reise wurde von einem Zwischenfall überschattet, der zeigte, daß der junge König nicht in hohem Ansehen stand. Als er und der Legat sich im Februar 1248 in Utrecht aufhielten, kam es nämlich zu Streitigkeiten zwischen ihren Gefolgsleuten und den Bürgern, aufgrund derer sie gezwungen waren, die Stadt Hals über Kopf zu verlassen.

Wilhelms Feldzug, der erste in einer lange Reihe, war nicht sofort erfolgreich. Die Belagerung von Kaiserswerth, die er Mitte Dezember 1247 begonnen hatte, erwies sich als eine langfristige Angelegenheit. Deshalb wurde Anfang Mai 1248 Aachen angegriffen, aber auch diese Stadt wehrte sich hartnäckig. Das Heer vor den Mauern wurde aber immer größer, der Druck auf die Verteidiger nahm zu. Die Einnahme gelang erst, nachdem die Aachener Bäche aufgestaut waren und weite Teile der Stadt überschwemmt wurden. Letzten Endes mußten die Aachener am 18. Oktober kapitulieren. Am 1. November 1248, Allerheiligen, wurde Wilhelm schließlich im Aachener Dom gekrönt, wahrscheinlich vom Erzbischof von Köln. Dabei wurde ihm übrigens nicht die Reichskrone auf das Haupt gesetzt. Die lag samt den übrigen Insignien des Reiches auf der staufischen Burg Trifels. Sofort nach den Festlichkeiten zog man erneut nach Kaiserswerth. Mitte Dezember ergab sich die Burg nach einer kurzen Belagerung. Auch die Reichsstadt Dortmund wechselte nun auf Wilhelms Seite.

Kampf um die Macht im Reich (1249–1252)

In den nächsten Jahren widmete sich Wilhelm sowohl dem Kampf um die Vorherrschaft im Reich als auch seinen Interessen in Holland. Anfang 1249 finden wir ihn mit einem Heer am Mittelrhein, wobei Mainz sein Stützpunkt war. In Juli folgte ein erfolgloser Feldzug gegen Frankfurt. Auch König Konrad war damals mit seinen Truppen in dieser Gegend, dennoch kam es zu keiner Schlacht. Beide Könige beschränkten sich auf Züge in die Länder des Gegners, bei denen viele Dörfer und Äcker verwüstet und Güter geraubt wurden. Es waren daher vornehmlich Bauern und Kaufleute, die die Bürde dieses Krieges zu tragen hatten. Der Tod Kaiser Friedrichs, am 13. Dezember 1250, änderte daran kaum etwas. Wichtiger sollte die Abreise König Konrads nach Italien im Herbst 1251 werden: Wie sich herausstellen sollte, würde nie wieder ein Staufer seinen Fuß auf deutschen Boden setzen. Im April 1251 war Wilhelm beim Papst in Lyon, wo er am Gründonnerstag von Innocenz IV. feierlich als König des römischen Reiches bestätigt wurde. Nachdem man gemeinsam das Osterfest gefeiert hatte, reiste Wilhelm nach Deutschland zurück, kurze Zeit später gefolgt vom neuen päpstlichen Legaten, Kardinal Hugo von S. Sabina. Ein neuer Feldzug kam nur mühsam in Gang; im Sommer belagerte man Boppard, das im Herbst erobert wurde.

Über Köln zog Wilhelm nun nach Braunschweig, wo die päpstliche Diplomatie einen wichtigen Erfolg errungen hatte: Am 25. Januar 1252 heiratete Wilhelm nämlich Elisabeth, eine Tochter Herzog Ottos von Braunschweig, der ein Nachkomme Kaiser Ottos IV. war. Die Festlichkeiten hätten beinahe ein übles Ende genommen, denn in der Hochzeitsnacht brach im Palast ein Feuer aus, und die Neuvermählten konnten sich nur mit Mühe und notdürftig bekleidet retten. Dabei führte die junge Königin ihren Gemahl, der der Gänge im Gebäude unkundig war, an der Hand hinaus. Wilhelms Sache erzielte nun Fortschritte im Nordosten: am 25. März unterwarfen sich der Herzog von Sachsen und der Markgraf von Brandenburg feierlich dem König und leisteten ihm Lehnseid und Mannschaft. Danach hielt Wilhelm Einzug in Goslar, Halle und Merseburg, wo sich ihm viele geistliche und weltliche Fürsten anschlossen.

Im Sommer und Herbst war Wilhelm wieder am Mittelrhein, um seinen dortigen gefährlichsten Gegner, den Pfalzgrafen, zu bekämpfen. Auch belagerte er vergeblich Frankfurt. Viele Anstrengungen scheiterten mangels Geld und Truppen. Sein eigener Jähzorn sorgte gelegentlich für Rückschläge. Als ihm zum Beispiel Dienstmannen des Erzbischofs von Trier in Konstanz Unannehmlichkeiten bereiteten, war Wilhelm so unvernünftig, sofort das Schwert zu ziehen. In dem entstehenden Scharmützel gingen er und seine Männer als Verlierer hervor, was nicht nur einen Gesichtsverlust zur Folge hatte, sondern auch – und das wog schwerer – die Beziehung zum Erzbischof, einem der bis dahin treuesten Anhänger Wilhelms, trübte. Weiterhin stieß der König mit dem Legaten und der Kurie zusammen, weil er einen Konflikt mit der Gräfin Margarethe von Flandern heraufbeschwörte.

Der Konflikt zwischen Holland und Flandern (1246–1254)

Zwischen den holländischen und den flämischen Grafen gab es seit langem Streit um Westseeland, das Grenzgebiet ihrer Länder. Im Jahre 1167 war in Brügge vereinbart worden, daß der holländische

Abb. 2 Kat. Nr. 5 · 26
Münze Wilhelms von Holland. Erste Aachener Denare Wilhelms von Holland tragen aus Unachtsamkeit noch den Namen Friedrichs, der später durch KAROLVS REX ersetzt wurde. Aachen, Verein Aachener Münzfreunde e.V., Münzsammlung, Museum Burg Frankenberg

Graf für dieses Gebiet Lehnsmann des flämischen Grafen sei und die Gerichtsbarkeit und die Einkünfte geteilt werden sollten. Versuche der holländischen Grafen, zugunsten ihrer Interessen Verbesserungen herbeizuführen, scheiterten. Nach der Wahl Wilhelms zum König wurde das Problem erneut akut. Erschwerend kam hinzu, daß Wilhelm als König wegen Reichsflandern Lehnsherr der flandrischen Gräfin Margarethe war, während er selbst als Graf für Westseeland Margarethe den Lehnseid schuldete! Außerdem wurde das Verhältnis vom erbitterten Kampf zwischen den Avesnes und den Dampierres getrübt: Die Söhne aus Margarethes erster Ehe mit Burchard von Avesnes waren von ihr zugunsten ihrer Söhne aus ihrer zweiten Ehe mit Wilhelm von Dampierre enterbt worden. 1246 wurde den Avesnes

Abb. 3
Wilhelm von Holland mit Reichsapfel, Szepter und Krone, Majestätssiegel Wilhelms von Hollands. Arnheim, Reichsarchiv in Gelderland

in einem Schiedsgericht die Grafschaft Hennegau versprochen, womit sie aber nicht zufrieden waren. Johann von Avesnes war fest entschlossen, den Kampf weiter zu führen und suchte Verbündete. Einen fand er in Wilhelm von Holland, dessen Schwester Adelheid er 1246 heiratete.[3]

In den nächsten Jahren kam es einige Male zu offenem Streit zwischen Margarethe auf der einen und Wilhelm und Johann auf der anderen Seite. Im Juli 1248 und abermals im Mai 1250 wurden Verträge geschlossen, aber der Friede blieb aus. Im Juni 1252 mußten wieder Verhandlungen aufgenommen werden, vor allem weil Margarethe Grund zur Klage über Verstöße ihrer Gegner gegen das letzte Abkommen hatte. Vermutlich forcierte König Wilhelm absichtlich den Bruch. Schon im Juli auf dem Hoftag zu Frankfurt erklärte er Margarethe ihrer Reichslehen verlustig, die nun Johann von Avesnes zugewiesen wurden.[4] Das bedeutete Krieg. Am 4. Juli 1253 erlitt ein flämisches Heer eine vernichtende Niederlage in der Schlacht bei Westcappel. Margarethe suchte daraufhin die Unterstützung Karls von Anjou, des Bruders des französischen Königs, dem sie als Gegenleistung die Grafschaft Hennegau schenkte. Karl rückte mit einem Heer in die Grafschaft ein und nahm Johann von Avesnes große Teile des Landes ab. Wilhelm eilte seinem Schwager zu Hilfe, aber es kam einmal mehr zu keiner Schlacht. Am 26. Juli 1254 vereinbarten beide Parteien einen Waffenstillstand. Er kam unter Vermittlung des Legaten Peter Capocci zustande, der vom Papst entsandt worden war, um den Streit zwischen seinen wichtigsten Parteigängern, Wilhelm und Karl, zu beenden. Einen echten Frieden konnte man allerdings nicht erreichen. Erst nach Wilhelms Tod wurde im Herbst 1256 ein Vertrag zwischen Flandern und Holland geschlossen, wobei der alte Zustand im großen und ganzen wiederhergestellt wurde. Wilhelms Anstrengungen waren umsonst gewesen. Der Streit zwischen den Avesnes und den Dampierres sollte noch bis ins 14. Jahrhundert die internationalen Beziehungen vergiften.

Wilhelms Bündnispolitik mit den rheinischen Städten (1254–1255)

Wegen des Krieges gegen Flandern war Wilhelm im Reich lange abwesend. Dort hatte im Frühjahr 1254 die antistaufische Partei den Plan gefaßt, Wilhelm zugunsten eines mächtigeren Mannes, nämlich König Ottokars von Böhmen, abzusetzen. Die treibende Kraft dieses Plans war der Erzbischof von Köln, einst Wilhelms wichtigster Bundesgenosse, nun aber mit ihm verfeindet, weil Wilhelm in lokalen Streitigkeiten gegen ihn Partei ergriffen hatte. Ottokar wollte das Königtum nur im Einverständnis mit Wilhelm und dem Papst übernehmen. Anfangs war Wilhelm anscheinend der Sache nicht abgeneigt, wenn nur sein Verlust in gebührender Weise ausgeglichen würde. Dann kam aber Ende Juli die Nachricht, sein großer Gegner, König Konrad, sei in Italien gestorben. Damit hatte sich die Situation erheblich verändert: Wilhelms politische Möglichkeiten und Aussichten waren mit einem Schlag erheblich günstiger geworden. Nach dem Waffenstillstand mit Flandern eilte er nach Deutschland, wo die wichtigsten Rheinstädte – Frankfurt, Worms, Speyer, Oppenheim – in sein Lager wechselten. Wilhelm faßte nun den Entschluß, seine Operationsbasis vom Niederrhein an den Oberrhein zu verlagern. Von da an stützte er sich nicht mehr in erster Linie auf die Fürsten, die sich als unzuverlässige Verbündete erwiesen hatten, sondern mehr und mehr auf die Städte. Die Rheinstädte hatten gerade einen Bund geschlossen, um ihre gemeinsamen Interessen wahrzunehmen. Sie waren vor allem bestrebt, dem aussichtslosen Krieg und den lokalen Kämpfen der Territorialfürsten, die den Handelsverkehr schwer behinderten, ein Ende zu setzen. Dazu brauchten sie einen starken König. Wilhelm seinerseits hatte einen Blick für die Wünsche der Städte.

Ende 1254 reiste Wilhelm erneut den Rhein entlang. In Neuss, wo er Verhandlungen mit dem Kölner Erzbischof führte, hatte er ein heikles Abenteuer zu überstehen. Der Kirchenfürst war noch immer derart über den König erzürnt, daß er das Haus, in dem sich dieser gemeinsam mit dem päpstlichen Legaten aufhielt, anzünden ließ. Zum zweiten Mal in seinem Leben konnte Wilhelm nur mit knapper Not dem Flammentod entkommen. Es kennzeichnet die Kräfteverhältnisse, wenn diese hinterlistige Tat, die auf den König und den Papst zielte, für den Erzbischof kaum Folgen hatte. Wilhelm zog weiter, und Anfang Februar 1255 schloß er auf einem Hoftag zu Worms ein Bündnis mit dem rheinischen Bund: ein wichtiger Erfolg für ihn. Danach setzte er seine Reise rheinaufwärts, ins Innere des Landes, fort. Auf der Burg Trifels erhielt er die richtigen Reichsinsignien, wie er entzückt vor Freude in einem Brief an seinen Vizekanzler, den Abt von Egmond, schrieb.[5] Über Hagenau kehrte Wilhelm wieder nach Holland zurück. Mitte Oktober 1255 war er wieder in Deutschland, zum letzten Mal, wie sich herausstellen sollte. Dort waren inzwischen noch mehr Städte und auch Fürsten dem rheinischen Bund beigetreten. Am 9. November wohnte Wilhelm in Oppenheim einer Bundesversammlung bei. Danach reiste er wieder in seine Erblande.

Feldzug nach Westfriesland und Tod Wilhelms von Holland (1254–1256)

Von Holland aus beschäftigte er sich bereits seit geraumer Zeit mit dem Kampf gegen die Westfriesen, die Bewohner der Gegend nördlich von Alkmaar. Die holländischen Grafen betrachteten sich als Herren von Friesland, aber seit dem Beginn des 12. Jahrhunderts war es ihnen trotz wiederholter Kriegszüge nicht gelungen, diesen Anspruch durchzusetzen: Die Friesen, von ihrem sumpfigen Land geschützt, wußten ihre Unabhängigkeit zu wahren. König Wilhelm war nun fest entschlossen, die widerspenstigen Landsleute endgültig zu unterwerfen. Schon im Vorjahr 1254 war er gegen sie marschiert und hatte am 11. Mai einen Sieg errungen. Danach führte er eine Strafexpedition in der Region durch und richtete ein Blutbad unter der Bevölke-

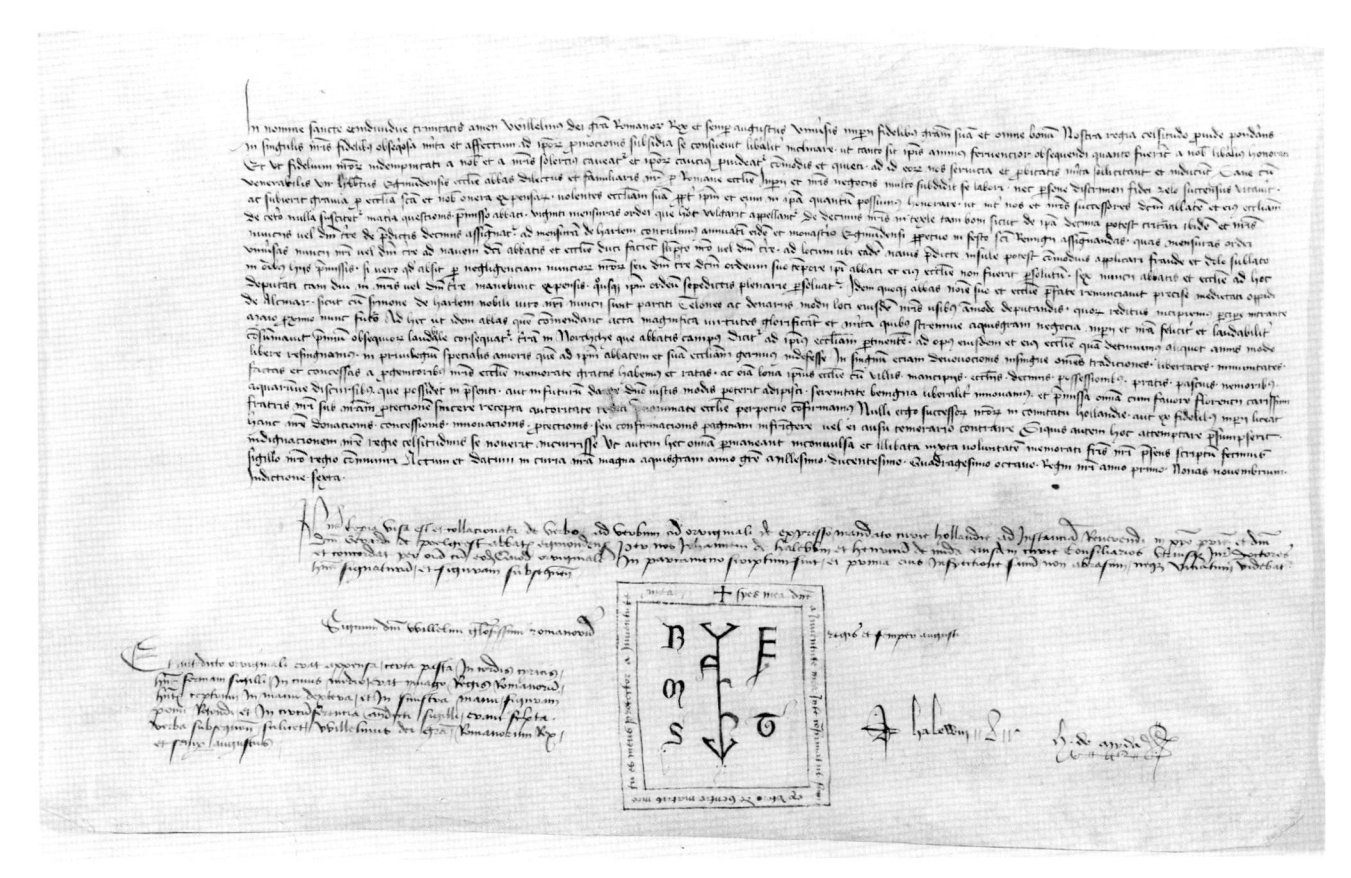

Abb. 4
Urkunde vom 5. November 1248 mit Monogramm Wilhelms von Holland. Harlem, Reichsarchiv Nord Holland, Egmond Nr. 437, Regesten-Nr. 39

rung an: Am 18. und 21. Mai urkundete er »im Lager während der Entvölkerung Westfrieslands« (»in castris in depopulatione Westfrisie«).[6] Zum Abschluß ließ er bei Alkmaar eine Zwingburg, die Torenburg, bauen. Damit war die Angelegenheit offensichtlich noch nicht erledigt, denn Anfang 1256 zog er aufs neue gegen die Friesen, begünstigt von einer bitteren Kälte, die das hartgefrorene Land für die schwere Kavallerie leichter zugänglich machte. Dann, am 28. Januar, schlug unerwartet das Schicksal zu. Tollkühn war Wilhelm dem Feind alleine entgegen geritten, als plötzlich sein Pferd auf dem Eis einbrach. Der wehrlose König wurde daraufhin von einigen friesischen Bauern niedergemacht. Als diese bemerkten, wen sie getötet hatten, versteckten sie die Leiche an einem geheimen Ort, unter dem Herd eines nahegelegenen Hauses. Dort lag Wilhelm in einem ehrlosen Grab, in ungeweihter Erde auf feindlichem Boden, bis sein Sohn, Graf Floris V., im Jahre 1284 den Leichnam fand. Der König wurde dann in der Abtei von Middelburg beigesetzt, wo er noch immer ruht.

Die historische Bewertung des Königtums Wilhelms von Holland

Damit hatte die Regierung Wilhelms von Holland ein jähes Ende genommen. Die Historiker bewerten sie überwiegend negativ. Es kommt nicht von ungefähr, daß der Zeitabschnitt ab 1250 das »Interregnum« genannt wird. Wilhelm konnte im Reich nur wenig zustande bringen. Ihm persönlich kann man das jedoch nicht vollständig zurechnen: Seine Machtmittel waren gering, die Verhältnisse ungünstig. Obgleich sich seine Position ab 1254 konsolidierte, ist es sehr fraglich, ob er, wäre ihm ein längeres Leben vergönnt gewesen, jemals der unbestrittene König des römischen Reiches geworden wäre. Die wirklichen Machthaber in Deutschland, die geistlichen und weltlichen Fürsten, hätten dies nicht gerne gesehen. Unter Kaiser Friedrich II., der sich fast ausschließlich um seine Italienpolitik gekümmert hatte, war in Deutschland faktisch ein Machtvakuum entstanden. Die Fürsten übten in ihren Territorien unbeschränkt die souveräne Gewalt aus und hatten nach Friedrichs Absetzung 1245 auch formal niemanden mehr über sich zu dulden. Diesen Zustand zu erhalten, strebten sie an. Die Wahl Wilhelms 1247 markierte den Beginn der Gewohnheit, schwache Könige zu berufen, die den Fürsten nicht hinderlich werden konnten. Deren eigenständige Ziele führten zu zahlreichen territorialen Streitigkeiten und Kriegen, deren Opfer die wehrlosen Landbewohner und die Städte mit ihren wirtschaftlichen Interessen waren. Die Städte waren die einzigen, die aufgrund ihrer Möglichkeiten zur Lösung der Herrschaftskrise beitragen konnten. Es war wohl ein Zeichen von Wilhelms strategischer Einsicht, daß er im Jahre 1254 versuchte, seine Position durch ein Bündnis mit den Städten zu festigen.

Das Königtum Wilhelms wirkte sich in seiner Grafschaft, wo sein Bruder Floris die Regierung übernahm, mehr aus als im Reich. In Holland wurden während der Zeit Wilhelms einige Verwaltungsreformen durchgeführt, auf die das Königtum Einfluß genommen hat. Hier entstand eine geregelte Kanzlei, und zum ersten Mal finden sich Spuren einer Beteiligung der Hofgeistlichen an der gräflichen Verwaltung. Auch tritt der gräfliche Rat deutlicher als bisher in den Vordergrund. Wilhelms Erfahrungen mit der fortschrittlichen Verwaltung des Reiches werden diese Entwicklungen initiiert haben.[7]

Das Königtum Wilhelms hatte noch eine weitere Auswirkung auf Holland. Es ist auffallend, daß gerade in den Jahren, als Wilhelm König war, die alten Konflikte mit den Nachbarn aufgerührt wurden. Nach einer Periode des Friedens kam es nun wieder zum Streit mit Flandern und mit den Westfriesen. Diese holländischen Kriege Wilhelms gingen natürlich zu Lasten seines Königtums. Es ist wohl bezeichnend, daß er nicht als König in Deutschland starb, sondern als Graf in Holland. Wir müssen daher annehmen, daß Wilhelm seine eigenen Territorialinteressen über die Reichspolitik setzte. In dieser Hinsicht gab es keinen Unterschied zwischen ihm und den übrigen Reichsfürsten. Das Königtum Wilhelms von Holland scheiterte deshalb nicht nur an seiner Schwäche und an dem Widerstand der deutschen Fürsten, sondern auch an den von ihm gesetzten Prioritäten. Letzten Endes betrachtete Wilhelm das Königtum nicht als das alles beherrschende Ziel, sondern als ein Instrument zur Stärkung seiner Position als Graf und werdender Landesherr.

---

[1] Über die Geschichte des Königs Wilhelm von Holland gibt es vornehmlich ältere Literatur: Zu nennen sind die Arbeiten von Hintze (1885), Hasse (1885) und Ulrich (1882).

[2] Für einen Überblick der Geschichte der Grafschaft Holland in der zweiten Hälfte des 12. und der ersten Hälfte des 13. Jahrhunderts, vgl. Boer/Cordfunke (1995), S. 49–70. Die Beziehungen zwischen den holländischen Grafen und dem Reich werden dargestellt bei Eickels (1996).

[3] Der Streit zwischen den Avesnes und den Dampierre ist beschrieben von Duvivier (1894).

[4] Argumente, daß Wilhelm bewußt auf Kollisionskurs mit Flandern ging, finden sich bei Hintze (1885), S. 108–114.

[5] Dieser Brief ist überliefert in der Chronik von Beke. Vgl. Bruch (1973), S. 211 (Caput 72 g).

[6] Kruisheer (1986), Nr. 1005, 1006.

[7] Zur königliche Kanzlei Wilhelms von Holland: Hägermann (1977); zur gräflichen Kanzlei: Kruisheer (1971) und Burgers (1995). Über die gräfliche Verwaltung und den Rat in Holland unter Wilhelm II., vgl. Burgers (1998).

Boer, Dick E.H. de/Cordfunke, Erich H.P.: Graven van Holland. Portretten in woord en beeld (880–1580), Zutphen 1995.

Bruch, Hette (Hg.): Chronographia Johannis de Beke, 's-Gravenhage 1973.

Burgers, Jan W.J.: De paleografie van de documentaire bronnen in Holland en Zeeland in de dertiende eeuw, Leuven 1995.

Ders.: De grafelijke raad in Holland in de dertiende eeuw. De evolutie van een centraal bestuursorgaan en de rol daarin van de grafelijke klerken, in: Datum et actum. Opstellen aangeboden aan Jaap Kruisheer ter gelegenheid van zijn vijfenzestigste verjaardag, red. Dick P. Blok u. a., Amsterdam 1998, S. 67–109.

Duvivier, Charles: La querelle des d'Avesnes et des Dampierre jusqu'à la mort de Jeanne d'Avesnes (1257), Bruxelles-Paris 1894.

Eickels, Klaus van: Die Grafen von Holland und das Reich im 12. und 13. Jahrhundert, in: Rheinische Vierteljahresblätter 60 (1996), S. 65–87.

Hägermann, Dieter: Studien zum Urkundenwesen Wilhelms von Holland. Ein Beitrag zur Geschichte der deutschen Königsurkunde im 13. Jahrhundert, Köln – Wien 1977.

Hasse, Theodor: König Wilhelm von Holland (1247–1256), Straßburg 1885.

Hintze, Otto: Das Königtum Wilhelms von Holland, Leipzig 1885.

Kruisheer, Jaap G. (Hg.): Oorkondenboek van Holland en Zeeland tot 1299, Bd. 2, Assen-Maastricht 1986.

Ders.: De oorkonden en de kanselarij van de graven van Holland tot 1299, 's-Gravenhage-Haarlem 1971.

Ulrich, Adolf: Geschichte des römischen Königs Wilhelm von Holland 1247–1256, Hannover 1882.

Kurzfassung

Am 3. Oktober 1247 wurde von nur wenigen rheinischen Fürsten der junge Graf Wilhelm von Holland zum Gegenkönig gewählt, der für sie und für den Papst den regierenden Staufer, Kaiser Friedrich II., bekämpfen sollte. Wilhelm, aus einer kleinen Grafschaft an der Peripherie des Reiches stammend, begann diese Aufgabe mit Mut. Nach einer langen Belagerung konnte er Aachen erobern, wo er am 1. November 1248 gekrönt wurde und den Stuhl Karls des Großen bestieg. In den nächsten Jahren wußte er jedoch wenig zustande zu bringen. Seine Hausmacht war gering und seine finanziellen Mittel waren unzureichend, so daß es ihm nie gelang, die königliche Gewalt ohne Anfechtung auszuüben. Dies gilt trotz einiger Erfolge im Nordosten Deutschlands und im Rheinland, wo er seit 1254 seine Autorität zur Geltung bringen konnte. Hier zeigte Wilhelm strategische Einsicht, indem er ein Bündnis mit dem rheinischen Städtebund schloß, denn die Städte waren verläßlichere Kräfte als die selbstsüchtigen Fürsten. Wilhelms letztendliches Versagen als König resultierte auch aus seiner ehrgeizigen Territorialpolitik in seinen Erblanden, wo er mit der Gräfin von Flandern und mit den Westfriesen Krieg führte. Bezeichnenderweise fiel er am 28. Januar 1256 im Kampf gegen die Westfriesen. Wie die anderen deutschen Fürsten seiner Zeit setzte Wilhelm seine Hausmacht über das Interesse des Reiches.

Résumé

C'est le 3 octobre 1247 que, chargés d'élire un »antiroi«, une poignée de princes-électeurs rhénans portèrent leur choix sur le jeune comte Guillaume de Hollande. La tâche essentielle du nouveau souverain consistait à défendre les intérêts communs du pape et des princes : en fait, il s'agissait donc pour lui de combattre le représentant régnant de la dynastie des Hohenstaufen, Frédéric II. Originaire d'une petite principauté située aux confins du royaume, prédestiné à l'obscure carrière d'homme de paille, Guillaume se lança pourtant avec ardeur et courage dans cette entreprise ardue. A l'issue d'un siège interminable, il parvint enfin à obtenir la reddition d'Aix-la-

Chapelle : il y fut couronné le 1er novembre de l'An de grâce 1248, montant ainsi sur le trône de Charlemagne.

Pourtant, au cours des années qui suivirent, on ne note guère de réalisations à son actif. L'exiguïté de ses biens héréditaires et la faiblesse de ses moyens financiers l'empêchaient d'exercer le pouvoir royal sans se heurter en permanence à des contestations. Un bilan que rien ne vient infirmer, mis à part quelques rares succès au nord-est de l'Allemagne et en Rhénanie oÛ il était parvenu à asseoir son autorité dès 1254. Dans ces régions, Guillaume fit preuve de discernement stratégique en signant un traité avec la Ligue des cités rhénanes : en effet, en ces temps troublés, marqués par une politique confuse, les villes constituaient des forces infiniment plus fiables que les princes imbus d'eux-mêmes et uniquement soucieux de leurs propres intérêts. En dernière analyse, l'échec de Guillaume en tant que roi s'explique vraisemblablement par la politique territoriale démesurément ambitieuse qu'il mena dans ses terres héréditaires, y combattant la comtesse de Flandre et les Frisons de l'ouest. Sa mort fut à l'image de sa vie : il tomba le 28 janvier 1256 au cours d'une bataille contre les Frisons. Tout comme les autres princes allemands de son temps, il avait subordonné les intérêts du royaume à ceux de ses biens héréditaires.

Shrnutí

3. října 1247 byl několika málo rýnskými knížaty zvolen protikrálem mladý hrabě Vilém Holandský, který měl za něa za papeže bojovat proti vládnoucímu Štaufovi císaři Fridrichu II. Vilém, který pocházel z malého hrabství na periférii Říše, zahájil tento svůj úkol statečně. Po dlouhém obléhání dobyl Cáchy, kde byl 1. listopadu 1248 korunován a dosazen na trůn Karla Velikého. V následujících letech však mnoho nedokázal. Jeho domácí moc byla malá a jeho finanční prostředky nedostatečné, takže se mu nikdy nedařilo vykonávat královskou moc bez problémů. Toto platí i přes jeho určité úspěchy na severovýchodě Německa a v Porýní, kde dokázal prosadit svou autoritu v roce 1254. Zde prokázal Vilém strategickou prozíravost, když uzavřel smlouvu s porýnským městským svazem, neboť města byla spolehlivějším spojencem než sobecká knížata. Vilémovo selhání jakožto krále bylo důsledkem jeho ctižádostivé teritoriální politiky v dědičných zemích, kde válčil proti hraběnce z Flander a proti západním Frísanům. Je příznačné, že padl 28. ledna 1256 v boji proti západnímu Frísku. Jako ostatní německá knížata nadřadil Vilém svou domácí moc zájmům Říše.

Samenvatting

Op 3 oktober 1247 wird door een handvol vorsten uit het Rijnland de jonge graaf Willem van Holland gekozen tot tegenkoning. Hij moest voor hen en voor de paus de strijd opnemen tegen de regerende keizer, Frederik II. Willem, afkomstig uit een klein graafschap aan de periferie van het Rijk, begon moedig aan die onderneming. Hij slaagde erin na een lange belegering Aken te veroveren, waar hij op 1 november 1248 op de stoel van Karel de Grote tot koning wird gekroond. In de volgende jaren wist hij evenwel weinig tot stand te brengen. Zijn huismacht was gering en zijn financiële middelen waren ontoereikend, zodat hij er niet in slaagde zijn gezag werkelijk te vestigen, dit ondanks enkele successen in het noordoosten van Duitsland en in het Rijnland, waar hij vanaf 1254 zijn invloed kon laten gelden. Hier betoonde Willem zijn strategisch inzicht door zich aan te sluiten bij de Stedenbond; de steden waren betrouwbaarder bondgenoten dan de zelfzuchtige vorsten. Willems uiteindelijk falen als koning werd ook in de hand gewerkt door zijn ambitieuze territoriale politiek in zijn erflanden, waar hij oorlog voerde met de gravin van Vlaanderen en met de Westfriezen. Het was tekenend dat hij daar, op 28 januari 1256, onverwacht sneuvelde tegen de Friezen. Ook voor Willem kwam, net als voor de andere Duitse vorsten van zijn tijd, de eigen huismacht vóór de belangen van het Rijk.

Summary

On the 3rd of October 1247 only a few Rhine Princes chose the young earl William of Holland as counter-king. He was supposed to defeat the governing Staufer, Emperor Frederick II, for the Princes and for the Pope. William who came from a small county on the periphery of the kingdom took on this task with courage. After a long occupation he managed to defeat Aachen where he was crowned on the 1st of November 1248 and took over the chair of Charlemagne's. In the next few years however he was not able to achieve much. His domestic powers were few, and his financial means were insufficient so that he never managed to carry out royal power without others appealing against him. This was the case despite several successes in the Northeast of Germany and in the Rhineland where he was able to prove his authority after 1254. It was here that William showed strategic insight by forming an alliance with the Rhine towns since the power of the towns was more reliable than that of the egocentric princes. William's failure in the end as king resulted from his ambitious territorial politics in his inherited countries, where he waged a war against the earl of Flanders and with the West Friesians. He fell on the 28th of January 1256 during a battle against the West Friesians. Like the other German princes of his time William placed his domestic powers above the interests of his kingdom.

Klaus Herbers (Erlangen-Nürnberg)

Alfons von Kastilien (1252–1284)

Abb. 1
Der Troubadour vor einem königlichen Ehepaar in einer Miniatur des 13. Jhs., aus dem Werk »Les cantiques de sainte Marie«. Madrid, El Escorial, Bibliothek, fol. 255ʳ

Einleitung

In der Zeit des Interregnums ist ein verstärktes Interesse »ausländischer Herrscher« am römisch-deutschen Reich erkennbar. Alfons der Weise ist hierfür ein Beispiel. Er betrat Deutschland nie und war folglich auch nie in Aachen. Dennoch, ja gerade deshalb gehört er in den in diesem Katalogband thematisierten Zusammenhang von Kaisertum, Universalismus und Europa.

»Die vollkommene Herrschaft über ein Reich erlangt man ebenso durch den Heldenmut der Krieger wie durch den weisen Rat der Gelehrten«[1]. Mit diesem Zitat aus einem Brief Alfons' an Papst Alexander IV. dürfte eine Grundüberzeugung des oft mit dem Epitheton »weise« versehenen kastilischen Herrschers getroffen sein. Die Herrschaftsvorstellungen Alfons' X. basieren hierauf. Seine Vorstellung vom Kaisertum wurzelt in spanischen und römisch-deutschen Traditionen; je nach Perspektive wird es deshalb unterschiedlich beurteilt. Dabei liegt die Bedeutung Alfons' X. sicher nicht nur in seinem Griff nach der Kaiserwürde und seinen universalen Vorstellungen, die schon grundsätzlich über iberische Zusammenhänge hinausreichten, sondern auch in seinem kulturellen Wirken. Viele Studien betonen sogar den angeblichen Bruch zwischen politischer und kultureller Bedeutung, so wollen einige Stimmen der amerikanischen Forschung inzwischen lieber die Bezeichnung »Alfons the Learned« verwenden, weil seine Politik angeblich weniger »weise« als »gelehrt« gewesen sei. Es ist aber zu fragen, ob eine Trennung zwischen Politik und Kultur dienlich ist. Worauf gründete das Kaisertum Alfons' von Kastilien, was bedeutete es für das Imperium, welche Hintergründe waren bestimmend, worin liegt die Bedeutung Alfons in kultureller und politischer Sicht?

Alfons' Kaisertum und die universalen Konzeptionen des kastilischen Herrschers

Alfons' Vater Ferdinand III. (1217–1252) hatte Kastilien und León wieder vereint und die sogenannte Reconquista im Süden Spaniens mit der Eroberung von Córdoba und von Sevilla weitgehend abgeschlossen. Schon 1219 hatte er mit Zustimmung Friedrichs II. die Tochter Philipps von Schwaben und Marias von Byzanz, Beatrix, geheiratet und damit die dynastischen Beziehungen zu den Staufern verstärkt.

Nach dem Tod des Staufers Konrad IV. am 21. Mai 1254 forderte Alfons als Erbe seiner Mutter durch Gesandte in Deutschland das Herzogtum Schwaben. Hierzu gewann er die päpstliche Unterstützung am 4. Februar 1255. Als etwa ein Jahr später die Nachricht vom Tod Wilhelms von Holland (Januar 1256) bekannt wurde, boten Vertreter Pisas 1256 dem kastilischen Herrscher das Kaisertum der Römer an. So wurde Alfons von den ghibellinischen Pisanern im Namen des Reiches zum römischen Kaiser und König gewählt.[2] Der Pisaner Bandino Lancia verwies in Soria am 18. März 1256 für die Legitimation dieser Würde auf östliche und westliche Kaisertraditionen, spielte also auf die Beziehungen zu den Staufern wie zu Byzanz an.[3] Zunächst schloß sich Marseille, das sich damit vielleicht der angevinischen Herrschaft in der Provence entziehen wollte, der Wahl an.[4] Schon am 5. Mai 1257 beauftragte Alfons seinen Vertrauten García Pérez mit der Wahrnehmung seiner Interessen in Deutschland.[5] Alfons selbst machte sich, trotz verschiedener Ankündigungen, nie nach Deutschland auf. Sichtet man die insgesamt nicht allzu reichlichen Quellen[6] » so zielen seine Absichtserklärungen in der Regel eher auf Italien als auf Deutschland.

Dennoch strebte Alfons, um eine ausreichende Machtbasis zu gewinnen, eine Wahl durch die deutschen Kurfürsten an. Während sich unter französischem Einfluß Erzbischof Arnold von Trier für eine Wahl des Kastiliers einsetzte, warnte der englische König die Kurie vor dem angeblich aus einer Wahl Alfons' resultierenden zunehmenden französischen Einfluß in Deutschland; für Richard von Cornwall als Kandidaten wurde vor allem der Kölner Erzbischof Konrad von Hochstaden gewonnen. Es kam zur sogenannten »Doppelwahl«. Als am 13. Januar 1257 der Kölner und der Mainzer Erzbischof nach Frankfurt zogen, um Richard zu wählen, ließen Arnold von Trier und der Sachsenherzog diese nicht in die Stadt hinein. Daraufhin wurde Richard von Cornwall vor den Toren der Stadt zum König erhoben; nachträglich stimmten Gesandte Ottokars von Böhmen der Wahl zu. Auf einem auf Palmsonntag (1. April 1257) durch Arnold von Trier anberaumten Treffen in Frankfurt folgte die Erhebung Alfons'. Arnold besaß Vollmachten von Sachsen und Brandenburg. Dieser Entscheidung schloß sich Ottokar von Böhmen ebenfalls an, der – so scheint es – auf jeden Fall auf der richtigen Seite stehen wollte.[7]

Die Päpste vermieden eine förmliche Stellungnahme im Thronstreit. Doch trotz einer zunächst anscheinend gleichen Ausgangslage verschaffte sich Richard durch wiederholte Besuche in Deutschland größere Anerkennung, vor allem im linksrheinischen Gebiet. Außer Köln öffnete auch Aachen die Tore für Richard, wo dieser am Himmelfahrtstag (17. Mai 1257) gekrönt wurde. Alfons wurde hingegen lediglich durch Gesandte im August 1257 in Burgos über seine Wahl informiert.[8] Alfons akzeptierte und bestellte Albert aus dem Arelat und von Vienne als Seneschall und den Bischof-Elekt Heinrich von Speyer als Kanzler. Bandino Lancia, der Pisaner Gesandte, firmierte in einem späteren Dokument als Protonotar.[9]

In Deutschland kümmerten sich die meisten Fürsten weder um den einen noch um den anderen Gewählten. Als Arnold von Trier 1259 verstarb, schwand Alfons' Einfluß weiter, jedoch gab er seine Ansprüche gegenüber Richard niemals auf. Vereinzelte Quellen lassen auf Amtshandlungen schließen, so z. B. das Diplom für den Kanzler Heinrich von Speyer 1258 und besonders der Akt von Oktober 1257, mit dem Herzog Heinrich von Brabant die Verteidigung aller »zur kaiserlichen Spitze« (»ad culmen imperiale«) gehörenden Vasallen, Städte und Orte übertragen wurde, die von Brabant bis an den Rhein gelegen sind, besonders Aachen, Sinzig, Landscron und Werth sowie weitere Orte.[10]

Als nach dem Tod Richards am 2. April 1272 schließlich Rudolf von Habsburg am 1. Oktober 1273 gewählt wurde und der Papst ankündigte, diesen 1275 zum Kaiser zu krönen, war Alfons' Traum von der Kaiserwürde beendet. Der Herrscher wurde wegen seines Kaisertums, des sogenannten »fecho del Imperio«, in Rom vorstellig und mußte im Sommer 1275 vorsichtig zum Verzicht gebracht werden, empfing hierfür aber durchaus Gegenleistungen.[11]

Politische Hintergründe für den Universalismus Alfons' von Kastilien

Es bliebe zu vordergründig, den Griff Alfons' X. nach dem Imperium allein mit dynastischen Ansprüchen zu erklären. Diese gaben ihm vielmehr Gelegenheit, seine universalen Vorstellungen in rechtlicher Form zu artikulieren. Es ist vielleicht kein Zufall, daß Alfons einerseits Deutschland nie betrat und andererseits 1275 in Rom selbst verhandelte. Deutschland war für ihn eher ein Nebenschauplatz im Gegensatz zu anderen Möglichkeiten, die er sich vom römischen Kaisertum erhoffte.

Abb. 2
Aveñares, Alfons X. in einer Initiale, Astrologische Handschrift, Ende 14. Jh.
München, Bayerische Staatsbibliothek, Clm. 826, fol. 27, Sp. 1

Einige programmatische Passagen des Rechtsbuches der sogenannten »Siete Partidas«, dessen erste Konzeption unter dem maßgeblichen Einfluß des kastilischen Königs entstanden sein dürfte, obwohl es in den 20 Jahren nach Alfons Tod überarbeitet wurde[12], verdeutlichen Zielvorstellungen der Herrschaftskonzeption Alfons des Weisen. Das Werk gleicht weniger den Gesetzbüchern, wie sie etwa in dieser Zeit Friedrich I. (1198–1250) oder Jakob I. der Eroberer (1218–1276) in Sizilien oder Aragón aufsetzten, sondern es atmet – vielleicht wegen einer frühzeitigen Rezeption aristotelischen Gedankengutes[13] – eher den Geist juristisch-philosophisch-moralischer Erörterungen. Im Vordergrund standen weniger gelehrte Rechtskommentare als allgemeine Maximen; praktisch anwendbare Sätze waren das Ziel. Nach dieser und anderer unter alfonsinischem Einfluß entstandenen Rechtssammlungen schulde der Herrscher nur Gott und dem Gemeinwohl Rechenschaft, niemand anderem. Es findet sich also die Konzeption einer großen, ungebundenen königlichen Gewaltenfülle.

Dieses Selbstverständnis wies über königliche Herrschaft hinaus. Nachdem Sevilla 1248 durch Ferdinand III. von den Muslimen zurückerobert worden war, gewannen Vorstellungen an Bedeutung, welche vor allem der Kanonist Vincentius Hispanus († 1248) vertreten hatte. Demnach hätten allein die Spanier das Imperium aus Tugendhaftigkeit erlangt. Anders als der römische Kaiser habe der spanische Kaiser das Schwert der weltlichen Herrschaft direkt von Gott empfangen. So faßte man zu Zeiten Ferdinands III. und Alfons X. zuweilen Sevilla als die eigentliche Kaiserstadt auf, obwohl Ferdinand III. nicht nach der Eroberung dort gekrönt wurde. Die dennoch bestehenden Vorstellungen von Sevilla als Kaiserstadt, die Gaines Post sogar als »Spanish National Imperialism«[14] bezeichnet hat, dürften zumindest das Streben Alfons des Weisen nach dem Kaisertitel beeinflußt haben.

Weiterhin dürften handfeste politische Interessen mitgespielt haben. Offensichtlich gehörte zu Alfons' Zielen auch die Eroberung Nordafrikas; dazu brauchte er Einfluß im westlichen Mittelmeerraum. Mit diesen Ambitionen geriet er jedoch auf der Iberischen Halbinsel zumindest indirekt mit Aragón in Konkurrenz, denn auch Aragón suchte im westlichen Mittelmeer und deshalb auch in Sizilien Einfluß zu gewinnen. Aragón konnte ebenso dynastische Beziehungen zu den Staufern nachweisen. Der Stauferkaiser Friedrich II. hatte 1209 Konstanze, die Tochter Alfons' II. von Aragón, geheiratet, und 1262 ehelichte Peter, Infant von Aragón, Konstanze, die Tochter des sizilischen Königs Manfred. Im westlichen Mittelmeerraum entwickelten sich zumindest latent konkurrierende Interessen zwischen Alfons X. und Jakob I. bzw. Peter II. Vor diesem Hintergrund werden auch die Auseinandersetzungen zwischen Kastilien und Aragón um Murcia einsichtiger, denn nur hier lag ein direkter Zugang Kastiliens zum Mittelmeer. Mittelfristig gewann Aragón die Oberhand, der alfonsinischen »Außenpolitik« war kein Erfolg beschieden. Sie förderte zudem die vielfach in der Forschung hervorgehobenen innenpolitischen Schwierigkeiten Alfons des Weisen.

Mit dem Kaisertum unterstrich Alfons jedoch auch den Anspruch seiner Führungsrolle auf der Iberischen Halbinsel. Ausdruck dieses Anspruches und seiner Kaiserpflichten war z. B. der Feldzug nach Nordafrika, um das sich dort, besonders in Marokko, neu formierende Christentum zu schützen. Damit stellte sich Alfons zugleich in die Tradition der antiken Kaiser. Seine Bemühungen, Glaubensfeinde zu bekämpfen, hatten zwar in Afrika keinen Erfolg, aber dem Nasridenreich Granada konnte er einige wichtige Orte – wie z. B. Cádiz – abringen.

Dienten diese universalen Kaiservorstellungen auch dazu, innenpolitische Schwierigkeiten zu überspielen? Alfons X. berief die sogenannten »Cortes« relativ häufig ein. Die Cortes, die sich aus der »Curia Regis« entwickelt hatten, ermöglichten die Mitsprache des Adels, der Bischöfe und der Städte. Während Alfons X. die Städte offensichtlich begünstigte, versuchte er demgegenüber den Adel, der nach der Eroberung Andalusiens dort große Seniorate besaß, in seinem Einfluß zu beschneiden und dessen Besitzungen durch Abgaben, durch Zerstückelung im Erbfall und ähnliche Maßnahmen unattraktiver zu machen. Dies führte zu diversen Adelsrevolten, von denen die bekannteste diejenige der Familie Lara im Jahre 1268 war.

Innenpolitisch hatte Alfons weiterhin, kurz nachdem er die Adelsaufstände vor allem durch Nachgiebigkeit gelöst hatte, mit Nachfolgefragen zu ringen. Ferdinand de la Cerda, der Thronfolger, starb 1275. In den »Siete Partidas« hatte Alfons festgelegt, nun solle einer der Söhne dieses Ferdinand Thronfolger werden. Alfons zweitgeborener Sohn Sancho war aber damit keinesfalls einverstanden. Er konnte sich mit seinen Ansprüchen auf die kastilische Tradition stützen. In einer Art »Bürgerkrieg« blieb Sancho mit Hilfe Portugals, Aragóns und des Königreiches Granada siegreich. Alfons. X. enterbte zwar seinen Sohn noch zugunsten des Enkels, aber als er 1284 starb, folgte ihm sein Sohn als Sancho IV. (1284–1295) auf den Thron.

Vielleicht hingen die Schwierigkeiten im Inneren auch damit zusammen, daß Alfons' politische Ziele eigentlich außerhalb der Iberischen Halbinsel lagen. Vielleicht deshalb hat Cayetano J. Socarrás in seiner Studie 1976 von »Imperialistic Frustration« gesprochen.

Die kulturellen Leistungen Alfons' X. von Kastilien

Obwohl die im engeren Sinne politische Leistung Alfons des Weisen zumeist eher skeptisch bewertet wird, weil imperiale und universale Ideen nicht durchgesetzt werden konnten, weiterhin Adelsrevolten und Thronfolgeprobleme die letzten Jahre seiner Regierungszeit begleiteten, so wird in der Regel seine kulturelle Leistung hoch eingeschätzt. Dabei scheint die Gegenüberstellung Politik hier, Kultur dort, eher problematisch: Sollte Kultur und deren Förderung apolitisch sein?

Das universale Programm des Königs wirkte z. B. bis in die offizielle Geschichtsschreibung hinein. Die »Primera Crónica General de España«, die erstmals auch in der Volkssprache ein geschlossenes Bild des geeinten Spanien bot, geht auf den kastilischen Herrscher zurück. Auch in der Förderung einer Art Kreuzzugsgeschichte (»Gran Conquista de Ultramar«), die – auffällig genug – etwa zu dem Zeit-

Abb. 3
Alfons X., Krönungszeremonien der Könige von Kastilien, Krönungsbuch, 1301/1400. Madrid, El Escorial, Bibliothek, fol. 7 und 10^v

Abb. 4
Alfons X. el Sabio, Libro de Acedrex, Dadros e Tablas (Das Schachzabelbuch Alfons' des Weisen), Der König beim Diktat, vollendet 1283. Madrid, El Escorial, Bibliothek, fol. 65

punkt abgebrochen wurde, als Alfons endgültig auf sein Kaisertum verzichten mußte, sind politische Zielvorstellungen erkennbar.

Alfons X. ist weniger unter seiner Ordnungszahl als unter seinem Beinamen, der Weise, »el Sabio«, in die Geschichte eingegangen. Wie Friedrich II. hatte er ein offenes Auge und Ohr für Astronomie und Astrologie, für Alchemie und andere Wissensliteratur. Die von ihm angeregten und initiierten Übersetzungen, die großen historiographischen Werke, die gesetzgeberische Tätigkeit sowie eigene literarische Betätigung rechtfertigen den ehrenden Beinamen. In diesen Gebieten legte er den Grund für Entwicklungen, die erst nach seinem Tod ihre volle Kraft entfalten sollten, also in hohem Maße politisch wurden.

Das Gesetzgebungswerk, die »Siete Partidas«, zeigt, daß er mit seinen Streben nach Vereinheitlichung vielleicht der Zeit voraus war. Der sogenannte »Espéculo«, der kastilische, leonesische und römische Rechtssätze zusammenfaßte, ließ sich zunächst nur für das königliche Gericht durchsetzen. Erst eine schon lange nach Alfons' Tod entstandene Fassung erhielt den Namen »Siete Partidas« (etwa 1325) und führte dann zur allgemeinen Anerkennung.

Alfons blieb nicht nur Rechtssetzer, sondern pflegte auch wissenschaftliche Interessen. Erst unter ihm wurde nach einer ersten Phase im 12. Jahrhundert wieder in großem Maße aus dem Arabischen übersetzt. Er förderte gelehrtes Arbeiten, nicht nur an der inzwischen bestehenden Universität Salamanca. Es ist unmöglich, die im Umkreis des Königs entstandenen Werke nur annähernd zu charakterisieren. Neben den schon genannten Rechtssammlungen und Gesetzbüchern fanden u. a. Geschichtsschreibung, Dichtkunst, Literatur, Wissenschaft sein Interesse. Zahlreiche Texte wurden von ihm selbst verfaßt, kompiliert, unter seinem Namen gefördert oder koordiniert. Wenn er als Autor erscheint, dann im mittelalterlichen Sinne als derjenige, der die Richtung eines Werkes festlegte.[15] In der zweiten Phase der sogenannten »Übersetzerschule« ließ Alfons vor allem astronomische und astrologische Werke nun sogar in die Volkssprache übersetzen.[16] Deshalb wird er seit langem als Vater der kastilischen Sprache bezeichnet.[17] Auch dies war zukunftsweisend. Unterstrich Alfons X. durch die neue Zielsprache königliche Macht und förderte die nationale Einigung, oder folgte er nur fast selbstverständlich neuen, zeitgemäßen Tendenzen? Vielleicht bedeuteten die Übersetzungen in das Kastilische einen Modernisierungsschub. Lag hier eine zunächst nur auf der Iberischen Halbinsel mögliche Neuerung, weil dort in den vergangenen vier Jahrhunderten Arabisch und nicht Latein die Sprache intellektuellen Fortschrittes gewesen war?[18]

Schon Zeitgenossen sahen eine Übersetzung in die Muttersprache als verständnisfördernd an: Alfons habe — so eine gleichzeitige

Äußerung des Johannes von Zamora – alle möglichen Schriften von Trivium und Quadrivium sowie solche anderer Wissensgebiete in die Muttersprache übertragen lassen, damit alle besser verstehen könnten, was in der lateinischen Sprache sogar Gelehrten verborgen bleibe.[19]

Francisco Márquez-Villanueva hat den didaktischen Impetus des weisen Alfons vor allem mit den Einflüssen averroistischen Gedankengutes auf den Herrscher erklärt. Aus dem Averroismus resultiere das Konzept eines Staates mit erzieherischen Aufgaben. Dies habe auch die praktischen Wissenschaften gefördert. Unter Alfons' Einfluß wurden besonders Werke zur Astrologie und Astronomie übersetzt. Nicht Metaphysik, sondern Naturphilosophie bestimmte das königliche Interesse. Die Astrologie besaß dabei wie für den Staufer Friedrich II. durchaus praktische Bedeutung, denn zutreffende Vorhersagen blieben nicht ohne politische Konsequenzen. Wie angesehen die Naturphilosophie war, zeigt das Rechtsbuch der »Siete Partidas«[20], das in dieser Zeit begonnen wurde. In »Partida« II,3,17 werden die Privilegien für Lehrer von Grammatik, Rhetorik, Dialektik, Physik und Recht auch auf die Philosophen ausgedehnt, die das Wissen von der Natur vermitteln.[21]

Einige Bemerkungen zu den Werken und Prologen seien erlaubt. Obwohl die astronomisch-astrologischen Werke bisher ungleichmäßig erschlossen sind[22], lassen sich einige Tendenzen erkennen. Alfons kümmerte sich um die in der Übersetzung führenden Juden, er ließ offensichtlich auch den Talmud übersetzen, er bestellte Fachleute, z. B. Physiker, zur angemessenen Übersetzung des »Lapidarium«[23], er schrieb die kastilische Sprache vor, so im Prolog zur »Alcora«[24], und seine Interessen an praktischer Umsetzung des Wissens verrät der Prolog zu den Schriften über Astrolab oder andere Instrumente.[25]

Die Durchführung der Übersetzungen hing nicht nur vom Herrscherwillen ab, sondern zugleich von den vorhandenen Voraussetzungen. Der Streit über den Charakter der spanischen Geschichte zwischen Américo Castro und Claudio Sánchez-Albornoz[26] erstreckte sich auch auf die alfonsinische Übersetzungsarbeit. Castro erklärt die Wahl des Kastilischen als Zielsprache mit seiner These von einer spanischen Mischkultur, die von Muslimen, Juden und Christen geprägt worden sei: Die königliche Nähe zu jüdischen Gelehrten, die mit dem Lateinischen wenig hätten anfangen können, habe folgerichtig das Kastilische begünstigt. Claudio Sánchez-Albornoz führte hingegen an, das Kastilische habe sich wegen der traditionell schwachen Stellung des Lateinischen in den nördlichen christlichen Reichen durchgesetzt. Beide in ihrer Ausschließlichkeit überzogenen Thesen benennen jedoch mit der Stellung der Juden und mit der gegenüber anderen europäischen Reichen geringeren Integrationskraft des Lateinischen auf der Iberischen Halbinsel durchaus ernstzunehmende Argumente, die aber ebenso wie die aus den Prologen erkennbaren politischen Intentionen Alfons' des Weisen jeweils nur einzelne Facetten beleuchten. Neuere Studien unterstreichen, welch eminente Rolle den Juden bei einzelnen dieser Projekte zukam.

Die neue Zielsprache war noch keine Fachsprache und gewann erst im Laufe der Übersetzungen neue Qualitäten. Dieser Prozeß ist am ehesten an verschiedenen Fassungen erschließbar und betraf vor allem die Notwendigkeit, in der eigenen Sprache neue Formen zu suchen. Die neuen Suffixbildungen der Substantive förderten klare Begriffsbildung, die das Kastilische gegenüber den anderen romanischen Sprachen der Iberischen Halbinsel künftig auszeichnete; sie dürfte hierdurch auch für Formen neuer Staatlichkeit den konkurrierenden iberischen Sprachen gegenüber überlegen gewesen sein.

Fazit

Eine Bilanz von Leben und Wirken Alfons' des Weisen ändert sich je nach der Perspektive, aus der sein Wirken betrachtet wird, nicht unerheblich. Seine Hauptleistungen liegen sicherlich in seiner »Kulturpolitik«. Aus deutscher Perspektive muß sein Griff nach dem Kaisertum als wenig einflußreich bewertet werden. Die wissenschaftlichen Werke, das teilweise römisch bestimmte Recht, die historiographischen Werke wie die »Primera Crónica general« unterstützten die Entwicklung einer hispanischen Identität, die erst am Ende des 15. Jahrhunderts Wirklichkeit wurde. Die Förderung des Kastilischen als Fach- und Landessprache wies in die Zukunft: der bekannte Verfasser der ersten kastilischen Grammatik, Elio Antonio de Nebrija[27], hob die Bedeutung der Sprache für die Einigung Spaniens hervor, obwohl der Topos, die Sprache sei immer Begleiter des Imperiums gewesen, vielleicht nicht überstrapaziert werden darf. Wenn somit Modernisierung vor allem in Sprache, Kultur, Recht und Verwaltung gefördert wurde, so ist es vielleicht eine gewisse Tragik, daß die universalen Möglichkeiten, die das Kaisertum bot, hierbei wenig helfen konnten und Alfons vielleicht wider Willen eher »national« als universal gewirkt hat.

---

[1] Brief an Alexander IV. vom 22. 9. 1255, in der deutschen Übersetzung zitiert nach Domenec, J. E. Ruiz: Salamanca, in: Cardini, Franco/Fumagalli, Marieteresa/Rigoselli, Mady: Universitäten im Mittelalter, München 1991, S. 94–103, 86.

[2] MGH Constitutiones, Bd. 2, hg. von Ludwig Weiland, 1896, ND Hannover 1963, n. 392/5; Regesta Imperii, Bd. 5,2, bearb. von Julius Ficker und Eduard Winkelmann, Innsbruck 1882–92, *5483e und 5484.

[3] Socarrás (1976), n. 9–10.

[4] MGH Constitutiones, Bd. 2, hg. von Ludwig Weiland, 1896, ND Hannover 1963, S. 498f. n. 395.

[5] Giese (1984), S. 572.

[6] Regesta Imperii, Bd. 5,2 (wie Anm. 2), 5483b – 5528e.

[7] Laut Giese (1984) war der Reichstag vom 8. 9. 1256 für die Ausbildung des Kurfürstenkollegs wichtig.

[8] Regesta Imperii, Bd. 5,2 (wie Anm. 2), *5488c.

[9] Vgl. z. B. Regesta Imperii, Bd. 5,2 (wie Anm. 2), 5496.

[10] Regesta Imperii, Bd. 5,2 (wie Anm. 2), 5493.

[11] Regesta Imperii, Bd. 5,2, (wie Anm. 2), *5525a – *5528d, zu Zugeständnissen *5528d.

[12] Vgl. Burns, Robert I.: Stupor Mundi, in: Ders. (1990), S. 6 zur Forschung.

[13] Ferreiro Alemparte (1986).

[14] Post (1954), S. 206.

[15] Niederehe (1975), S. 16.

16 Herbers (1999), S. 236, Anm. 23 (Lit.)
17 Vgl. Niederehe (1975), S. 1 f.
18 Márquez-Villanueva, Francisco: The Alfonsine Cultural Concept, in: Márquez-Villanueva/Alberto Vega (1990), S. 76–109, bes. S. 83.
19 O'Callaghan (1993), S. 135.
20 Burns (1990), S. 6.; O'Callaghan (1993), S. 133.
21 Márquez-Villanueva (wie Anm. 18), S. 90.
22 Niederehe (1975), S. 23.
23 Roth (1990), S. 60 f.
24 Roth (1990), S. 63.
25 Roth (1990), S. 68.
26 Castro (1948/³1984/1957); Sánchez-Albornoz (1958/⁸1983).
27 Braselmann (1991), S. 89 f.

Ballesteros y Beretta, Antonio: Alfonso (X), emperador electo de Alemannia, Madrid 1918.
Braselmann, Petra: Humanistische Grammatik und Volkssprache. Zur »Gramática de la lengua castellana« von Antonio de Nebrija, Düsseldorf 1991.
Burns, Robert I. (Ed.): Emperor of Culture. Alfonso X the Learned of Castile and His Thirteenth-Century Renaissance, Philadelphia 1990.
Castro, Américo: España en su historia. Cristianos, moros y judíos, Buenos Aires 1948, Barcelona ³1984; dt. Übersetzung: Ders.: Spanien – Vision und Wirklichkeit, Köln – Berlin 1957.
Estepa Díez, Carlos: Alfonso X y el fecho del Imperio, in: Revista de Occidente 43 (1984), S. 43–54.
Ferreiro Alemparte, Jaime: Acercamiento mutuo de España y Alemania con Fernando III y Alfonso X el Sabio, in: España y Europa, un pasado jurídico común, hg. von Antonio Pérez Martín, Murcia 1986, S. 179–222.
Giese, Wolfgang: Der Reichstag vom 8. September 1256 und die Entstehung des Alleinstimmrechts der Kurfürsten, in: Deutsches Archiv für Erforschung des Mittelalters 40 (1984), S. 562–590.
Herbers, Klaus: Wissenskontakte und Wissensvermittlung in Spanien im 12. und 13. Jahrhundert: Sprache, Verbreitung und Reaktionen, in: Artes im Mittelalter, hg. von Ursula Schaefer, Berlin 1999, S. 232–248.
Márquez-Villanueva, Francisco/Alberto Vega, Carlos (Edd.): Alfonso X of Castile. The Learned King (1221–1284), Harvard 1990.
Niederehe, Hans-Josef: Die Sprachauffassung Alfons' des Weisen, Tübingen 1975.
O'Callaghan, Joseph F.: The Learned King: The Reign of Alfonso X of Castile, Pennsylvania 1993.
Ders.: Alfonso X, the Cortes and Government in Medieval Spain, Aldershot 1998.
Post, Gaines: »Blessed Lady Spain«. Vincentius Hispanus and Spanish National Imperialism in the Thirteenth Century, in: Speculum 29 (1954), S. 198–209.
Rodríguez Llopis, Miguel (Ed.): Alfonso X. Aportationes de un rey castellano a la construcción de Europa, Murcia 1999.
Roth, Norman: Jewish Collaborators in Alfonso's Scientific Work, in: Burns, Robert I. (Ed.): Emperor of Culture. Alfonso X the Learned of Castile and His Thirteenth-Century Renaissance. Philadelphia 1990, S. 59–71.
Sánchez-Albornoz, Claudio: España, un enigma histórico, Vol. 1–2, Buenos Aires 1958; Barcelona ⁸1983.
Ders.: Orígenes de la nación española. Estudios críticos sobre la historia de Asturias, Vol. 1–3, Oviedo 1972–1975.
Schwab, Ingo: Kanzlei und Urkundenwesen König Alfons' von Kastilien für das Reich, in: Archiv für Diplomatik 32 (1986), S. 569–616.
Socarrás, Cayetano J.: Alfonso X of Castile. A Study on Imperialistic Frustration, [o.O.] 1976.
Vones, Ludwig: Geschichte der Iberischen Halbinsel im Mittelalter 711–1480. Reiche. Kronen. Regionen, Sigmaringen 1993.
Walther, Helmut G.: Der westliche Mittelmeerraum in der zweiten Hälfte des 13. Jahrhunderts als Gleichgewichtssystem, in: »Bündnissysteme« und »Außenpolitik« im Mittelalter, hg. von Peter Moraw, Berlin 1988, S. 39–67.

Kurzfassung

Während des Interregnums gewinnen »ausländische« Herrscher ein verstärktes Interesse am römisch-deutschen Reich. Ein Beispiel dafür ist Alfons der Weise von Kastilien. Als Sohn einer Stauferin begründete Alfons seine Ansprüche auf die römische Kaiserwürde mit Hilfe dynastischer Argumente. Diese Ansprüche hielt er lange aufrecht, konnte sie aber auf Dauer nicht durchsetzen; im Sommer 1275 mußte er auf die Kaiserwürde verzichten.

Gleichzeitig basierten Alfons' Ambitionen auf einer spanischen Kaiseridee. Seine Gesetzgebung, wie etwa die »Siete Partidas«, spiegeln sein Verständnis eines starken Königtums wider; innenpolitisch war seine Stellung jedoch de facto eher schwach. Seine Außenpolitik war durch seine Konkurrenz mit den anderen christlichen iberischen Königreichen, zum Beispiel mit Aragón, gekennzeichnet sowie durch eine umfassende »Reconquista«-Politik, die ihn veranlaßte, in Nordafrika einzugreifen.

Besonders bemerkenswert waren Alfons' Leistungen in kultureller Hinsicht, die nicht von seiner Politik zu trennen sind. Recht, Wissenschaft und Literatur gelangten in der Regierungszeit dieses Königs zur Blüte. Das Kastilisch begann, sich gegenüber den anderen romanischen Sprachen der Iberischen Halbinsel als Fachsprache durchzusetzen. Diese bahnbrechenden kulturellen Errungenschaften blieben jedoch insgesamt eher von »nationaler« als von universaler Bedeutung.

Résumé

Pendant l'interrègne, les souverains »étrangers« témoignèrent d'un intérêt croissant pour l'Empire romain-germanique. Parmi eux, Alphonse X le Sage, roi de Castille, fils d'une descendante des Hohenstaufen. Avançant des arguments dynastiques, Alphonse X brigua longtemps la couronne romaine. En fin de compte, il dut néanmoins faire son deuil de ses espoirs : l'été 1275 le vit contraint de renoncer à la couronne impériale.

Parallèlement, Alphonse X de Castille basait ses ambitions sur la conception espagnole de l'Empire. Sa législation – les »Siete Partidas« par exemple – reflète l'idée qu'il se faisait d'un royaume puissant. Pourtant, au plan de la politique intérieure, il fit plutôt preuve de faiblesse. Sa politique extérieure fut quant à elle marquée par la rivalité avec les autres royaumes ibériques chrétiens, en particulier avec l'Aragon. Il mena en outre une vaste politique de »Reconquista« qui l'incita à intervenir en Afrique du Nord.

Ce que l'on retiendra surtout d'Alphonse le Sage, c'est son Ïuvre culturelle, d'ailleurs indissociable de sa politique. Durant son règne, le droit, les sciences et la littérature seront particulièrement florissants. Face aux autres langues romanes de la péninsule ibérique, le castillan commença à gagner du terrain et à s'imposer en tant que langue de travail. Toutefois, ces conquêtes culturelles, si elles ont fait date dans l'histoire »nationale« de son pays, n'auront jamais une portée universelle.

Samenvatting

Gedurende het interregnum krijgen »buitenlandse« heersers een groter interesse voor het Rooms-Duitse rijk. Een voorbeeld is Alfonso X de Wijze van Castilië. Als zoon van een Stauferse baseerde Alfonso zijn aanspraak op de Roomse keizerzetel met behulp van dynastische argumenten. Hij hield zijn aanspraak lange tijd staande, maar kon deze uiteindelijk toch niet doorzetten; in de zomer van 1275 moest hij definitief van zijn keizertitel afzien.

Tevens waren Alfonso's ambities gebaseerd op een Spaans keizeridee. Zijn wetgeving, zoals bijvoorbeeld de »Siete Partidas«, weerspiegelen zijn opvattingen van een sterk koningschap. Feitelijk was zijn positie op binnenlands politiek vlak echter maar zwak. Zijn buitenlandse politiek kenmerkte zich door de rivaliteit met andere Iberische koninkrijken, bijvoorbeeld met Aragón, en door de uitgebreide »Reconquista«-politiek, waardoor hij ook in Noord-Afrika actief werd.

Bijzonder opmerkelijk waren de prestaties van Alfonso in cultureel opzicht, die niet van zijn politiek gescheiden kunnen worden. Recht, wetenschap en literatuur kwamen tijdens de regering van deze koning tot bloei. Het Castiliaans begon belangrijker te worden dan de andere Romaanse talen van het Iberisch schiereiland. Deze baanbrekende culturele verworvenheden bleven echter, in hun geheel beschouwd, eerder van 'nationale' dan van universele betekenis.

Shrnutí

V době mezivládí sílí zájem »cizích« panovníků o římsko-německou říši. Příkladem je Alfons Moudrý Kastilský, syn matky z rodu Štaufů, který zdůvodnil svůj nárok na římské císařství rodovými argumenty. Tento nárok uplatňoval dlouho, avšak nedokázal jej na trvalo prosadit; v létě roku 1275 se musel císařské hodnosti vzdát.

Alfonsovy ambice byly také založeny na španělském pojetí císařství. Zákony, které vydal, jako např. »Siete Partidas«, odrážejí jeho smysl pro silné království; avšak z vnitropolitického hlediska bylo jeho postavení spíše slabé. Jeho zahraniční politika byla poznamenána soupeřením s ostatními křesťanskými královstvími na Iberském poloostrově, např. s Aragonskem, jakož i rozsáhlou politikou »Reconquista« (znovudobývání), která ho nutila zasahovat v severní Africe.

Obzvlásť vyznamná byla Alfonsova činnost v kulturní oblasti, kterou nelze oddělovat od jeho politiky. Právo, věda a literatura dosáhly v době jeho vlády rozkvětu. Kastilský jazyk se začal prosazovat jako odborný jazyk na celém Iberském poloostrově. Tyto převratné kulturní události však vcelku měly spíše »národní« než všeobecný význam.

Summary

During the interregnum »foreign« rulers gained a strong interest in the Roman-German Empire. Alfons the Wise of Castille is one example. As the son of a Staufer, Alfons used dynastic arguments to justify his claims to becoming Roman emperor. He held these claims for a long time, however he was not capable of achieving his aims; in the summer of 1275 he was denied imperial honour.

At the same time Alfons' ambitions were based on a Spanish imperial idea. His legislature, such as the »siete partidas«, reflect his understanding of a strong kingdom. Inner-politically however his position was rather weak. His foreign politics were marked by his competitiveness with the other Christian Iberian kingdoms, for instance Aragon, as well as by a comprehensive »Reconquista«-politics which made him intervene in North Africa.

Alfons' achievements were exceptional from a cultural point of view which cannot be separated from his politics. Law, science and literature came to blossom during his government. Castilian as a language started to be accepted as an official language instead of the other Roman languages on the Iberian peninsula. These pioneering cultural achievements however remained on the whole more relevant on a »national« level, rather than on a universal level.

Manfred Groten (Köln)

Richard von Cornwall (1257–1272)

Abb. 1
Fragmente einer Statue vom Aachener Grashaus, die einzigen Reste von sieben Figuren, die sich in den Blendarkaden im obersten Geschoß des Grashauses, des ehemaligen Rathauses, befanden. Ikonographisch werden diese Figuren häufig mit der Königswahl in Verbindung gebracht. Sandstein, vor 1300. Aachen, Museum Burg Frankenberg

Die Doppelwahl von 1257

Die Doppelwahl von 1257, die den Zeitraum eröffnete, den die staufische Propaganda als Interregnum (Zeit ohne legitimen Herrscher) abqualifizierte, ließ sowohl auf seiten der Wähler als auch auf seiten der Gewählten einschneidende Änderungen erkennen. Neu waren die faktische Reduzierung des Wählergremiums auf einen kleinen Kreis von geistlichen und weltlichen Fürsten und die europäische Dimension des Wahlgeschehens. Gewählt wurden in zwei getrennten Wahlakten Earl Richard von Cornwall, der Bruder des englischen Königs, und König Alfons X. von Kastilien.

Richard und Alfons repräsentierten einen neuen Herrschertypus, für dessen Auftreten der Zusammenbruch der staufischen Kaisermacht die Voraussetzung war. Richard von Cornwall hatte nie die Absicht, sich in der Nachfolge der Staufer an die Spitze des Reiches nördlich und südlich der Alpen zu stellen. Seine Ziele waren zugleich enger und weiter gesteckt. Er wollte Zentren der Herrschaftslegitimation (Aachen, Rom) und Kraftlinien auf Reichsgebiet (Rheinlinie, Savoyen mit den Alpenpässen) in seine Botmäßigkeit bringen, um aus diesen Bausteinen eine Herrschaft in europäischen Ausmaßen zu errichten, die auf gewachsene Strukturen keine Rücksicht mehr nahm. Die nationale Geschichtsschreibung in Deutschland wie in England hat ihm diese Haltung entschieden verübelt; aus den Bedingungen der Zeit heraus erscheint sie aber konsequent. Richards politisches Handeln muß zudem stets im Zusammenhang mit dem der anderen Vertreter des Hauses Plantagenet gesehen werden. Er verlor nie die Interessen seines Bruders Heinrichs III. von England und seiner Neffen Eduard und Edmund (seit 1255 vom Papst mit Sizilien belehnt) aus den Augen. Auch Richards eigene Söhne Heinrich und Edmund sollten wohl zu gegebener Zeit in diese Konzeption einbezogen werden.

Die deutschen Wähler haben eine solche Entwicklung, die die Einheit des Reiches gefährdete, weder von Anfang an intendiert noch auf Dauer hinnehmen wollen. Die Wahl Rudolfs von Habsburg 1273 lenkte wieder in traditionelle Bahnen zurück. So blieb das Königtum Richards von Cornwall Episode. Staufische und habsburgische Propaganda haben die Leistung Richards verdunkelt. Bezeichnend für diese Tendenzen ist das in der Chronik Ellenhards überlieferte Bonmot, die deutschen Fürsten hätten nicht Richard geliebt, sondern nur sein Geld.

Nach dem Tode König Wilhelms von Holland am 28. Januar 1256 herrschte unter den Fürsten des Reiches zunächst große Ratlosigkeit. Seit dem Ende des deutschen Thronstreits 1215 hatten sie nur zwei Wahltypen erlebt: staufische Sohneswahlen (1222, 1237) und Wahlen von Gegenkönigen durch kleine Gruppen oppositioneller Fürsten (1246, 1248). Im Jahre 1256 war das Feld weit offener, aber ein Kandidat, der auf allgemeine Anerkennung hoffen durfte, war nicht in Sicht. Ludwig von Wittelsbach, Herzog von Bayern und rheinischer Pfalzgraf, hatte zwar die Interessen seines Mündels Konradin zu vertreten, aber angesichts der ablehnenden Haltung Papst Alexanders IV. mußte der Versuch, den Sohn Konrads IV. auf den Thron zu bringen, aussichtslos erscheinen.

Die sächsischen Fürsten machten sich für Graf Hermann von Henneberg, den Schwager König Wilhelms, stark – aber auch das Konzept eines Königtums in den von Wilhelm von Holland gewiesenen Bahnen war zum Scheitern verurteilt, vor allem, weil der Kölner Erzbischof Konrad von Hochstaden, der 1248 die Wahl des Holländers herbeigeführt hatte, in den letzten Jahren zum erbitterten Gegner des zunehmend freier agierenden Königs geworden war. Erzbischof Konrad befand sich seit 1255 wegen eines heimtückischen Angriffs auf König Wilhelm und einen päpstlichen Legaten im Kirchenbann.

Erzbischof Gerhard von Mainz, dessen Aufgabe die Einberufung der Wahlversammlung war, befand sich zum kritischen Zeitpunkt als Gefangener in der Gewalt des Herzogs von Braunschweig.

Allen Schwierigkeiten zum Trotz verhandelten die Wahlfürsten am 23. Juni 1256 in Frankfurt, aber sie konnten sich nur auf einen neuen Wahltermin am 8. September einigen. Der Wittelsbacher wird vergeblich für Konradin plädiert haben. Am 26. Juli verbot Alexander IV. ausdrücklich die Wahl des jungen Staufers. Konrad von Hochstaden erhielt aus dem Kreis der Wähler offenbar ein Mandat für die Sondierung einer anderen Lösung. Er traf am 17. Juli mit großem Gefolge in Prag ein, um Otakar II. für eine Kandidatur zu gewinnen. Ob der Böhmenkönig allerdings je ernsthaft erwogen hat, auf die Werbung einzugehen, muß offen bleiben. Spätestens als die sächsischen Fürsten am 5. August seinen Schwager Otto von Brandenburg als Thronprätendenten vorstellten, war die Wahlfrage für Otakar erledigt. Die Aktionen der Wahlfürsten waren festgefahren, ihre Initiativen hatten sich gegenseitig blockiert.

In diese Pattsituation griff nun die europäische Politik ein. König Alfons X. von Kastilien hatte schon 1255 Anspruch auf das Herzogtum Schwaben als mütterliches Erbe erhoben. Nach dem Tode Wilhelms von Holland ließ er sich von Gesandten der Stadt Pisa zum römischen König wählen und entsandte einen Bevollmächtigten zur Einforderung seiner vermeintlichen Rechte nach Deutschland. Daß dieser Gesandte sich in Paris mit König Ludwig IX. ins Einvernehmen setzte, mußte die englische Diplomatie, die gegenüber den Vorgängen im Reich bis dahin eine rein beobachtende Haltung eingenommen hatte, aktiv auf den Plan rufen. Ein Bündnisblock, der sich von Kastilien und der Provence über Frankreich bis ins Reich erstreckte, hätte die englische Festlandspolitik in Frankreich und Sizilien zum Scheitern verurteilt. Die kastilische Offensive war für König Heinrich III. besonders irritierend, weil ihm ein Bündnisvertrag von 1254 gegenüber Alfons X. eine gewisse Zurückhaltung auferlegte.

In diesem Stadium schlug die Stunde Richards von Cornwall. Richard war einer der reichsten Fürsten Europas. Geldgier sagte man ihm nach, persönliche Eitelkeit und Sinn für Pomp. Richard (* 5. Januar 1209) war im Jahre 1256 47 Jahre alt, in zweiter Ehe verheiratet mit Sancha von der Provence, der Schwester der englischen Königin Eleonore. Von 1240 bis 1242 hatte er einen vielbeachteten Kreuzzug unternommen und auf der Rückreise aus der Levante seinen Schwager Kaiser Friedrich II. in Sizilien besucht. In den folgenden Jahren brachte Papst Innozenz IV. Richard wiederholt als Nachfolger für den verhaßten Staufer ins Gespräch und versuchte ihn seit 1252 zur Eroberung Siziliens zu animieren. Auf diese Angebote ging Richard aber nicht ein. Matthew Paris schreibt ihm die Äußerung zu, er wolle nicht den Mond geschenkt erhalten, wenn er ihn sich selbst vom Himmel holen müßte. Auch in der englischen Politik galt Richard als Realist, als guter Makler zwischen seinem weniger geschickten Bruder Heinrich und den unruhigen Baronen. 1253/54 führte er für den in Frankreich operierenden Heinrich III. erfolgreich die Regentschaft.

Richard und der englische Hof wurden über die Vorgänge im Reich vor allem durch den Schwager König Wilhelms von Holland, Johann von Avesnes, auf dem Laufenden gehalten. So erfuhr man in England auch rasch vom Scheitern der Wahlversammlung vom 8. September 1256 und den bedrohlichen Erfolgen der kastilischen Werbungen. Unverzüglich beauftragte Richard Johann von Avesnes zusammen mit Bischof Nikolaus von Cambrai, seine Wahl zum römischen König durch Stimmenkauf vorzubereiten. Richard war der

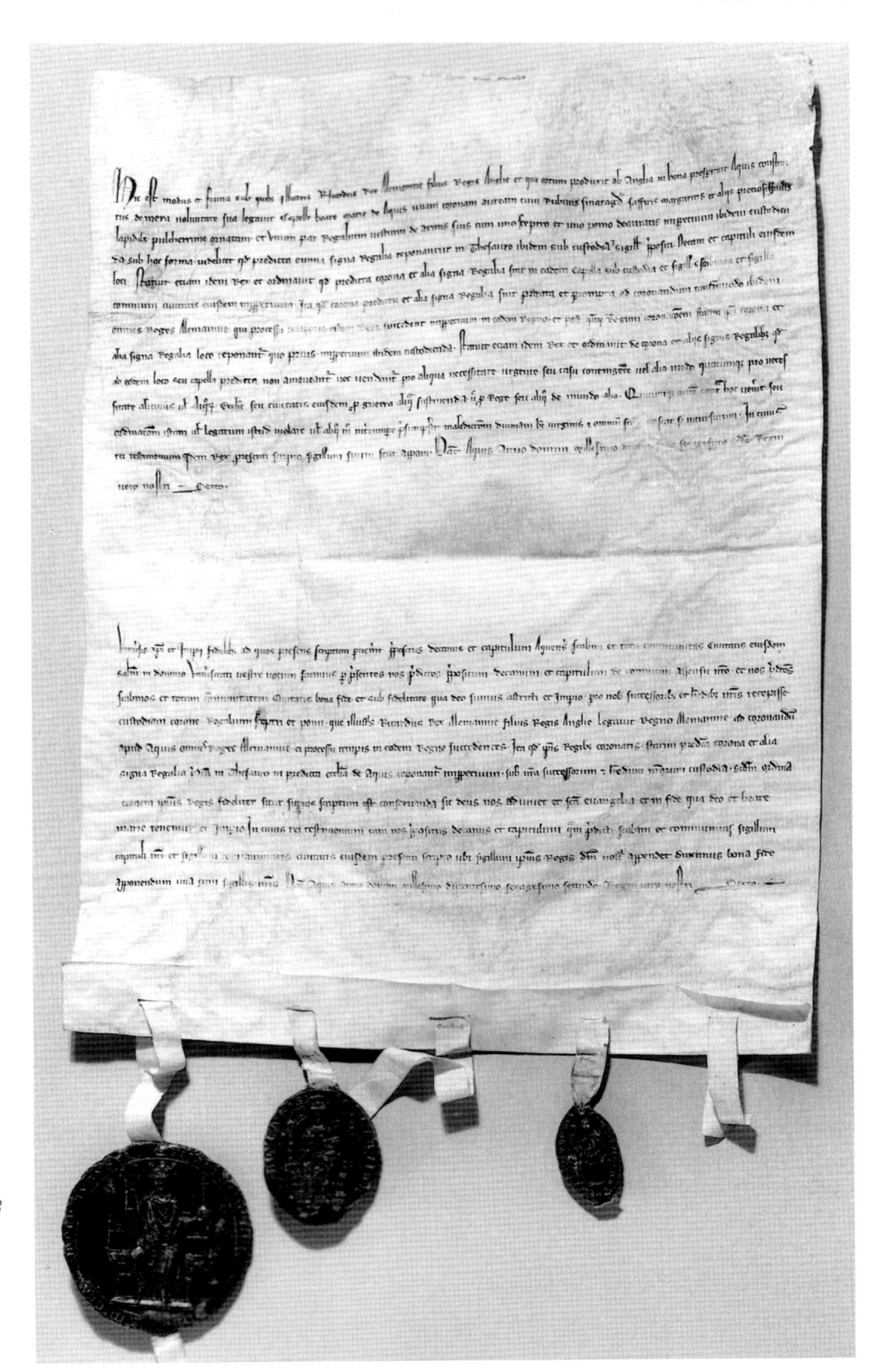

Abb. 2   Kat. Nr. 5 · 28
Urkunde Richards von Cornwall
von 1262. König Richard bestätigt,
daß die Krönungsinsignien nach
vollzogener Krönung in den Schatz
des Marienstifts zurückgelegt
werden.
Aachen, Stadtarchiv, Urk. A I 9

erste Thronbewerber, der als kühler Rechner aus der 1256 erkennbar werdenden Reduzierung des Wählerkreises die Konsequenzen zog. Nur wenn die Mindestzahl der erforderlichen Stimmen feststand, konnte sein kostspieliges Kalkül aufgehen. Als erster erlag Erzbischof Gerhard von Mainz den Verlockungen des englischen Geldes. 8000 Mark Sterling boten ihm die Unterhändler, wovon Gerhard 5000 für seine Freilassung aufwenden mußte. Bei Ludwig von Wittelsbach wurde das nackte Geldgeschäft mit einem Eheprojekt bemäntelt, das die Ehre des Herzogs wahren sollte. Immerhin mußte er die Sache Konradins verraten. Am 25. November versprach man ihm die Hand einer Nichte des englischen Königs, am folgenden Tag 12000 Mark, angeblich als Mitgift, aber zahlbar bis zur Königswahl. Als größte

435

5 Doppelwahlen und europäische Konflikte

Herausforderung erwies sich der Kölner Erzbischof Konrad von Hochstaden, dem es kaum genehm sein konnte, daß Richard von Cornwall sich auf die alten Anhänger Wilhelms von Holland im Nordwesten des Reiches stützte. Erst am 15. Dezember wurde man mit ihm handelseinig. Richard sollte als römischer König das Kölner Erzstift unter seinen besonderen Schutz stellen und in seinem Einflußgebiet keine eigenen politischen Ziele verfolgen. Weiterhin sollte er die Lösung Erzbischof Konrads von Kirchenbann erwirken. Über diese politischen Zugeständnisse hinaus verlangte der Kölner noch 8000 Mark Sterling für seine Stimme.

Nachdem die Unterhändler auf dem Londoner Weihnachtsparlament Bericht erstattet hatten, erklärte Richard am 26. Dezember öffentlich seine Bereitschaft, sich zum römischen König wählen zu lassen. Die Wahl wurde am Abend des 13. Januar 1257 von Erzbischof Konrad und Herzog Ludwig vor den verschlossenen Toren Frankfurts zugleich im Namen des Mainzer Erzbischofs vollzogen. Die konkurrierende Wahl des kastilischen Königs konnte erst am 1. April 1257 stattfinden, nachdem Alfons sich ebenfalls zum Stimmenkauf durchgerungen hatte.

Die Krönung Richards in Aachen (17. Mai 1257)

Zu dieser Zeit bereitete Richard von Cornwall schon seine Krönungsfahrt vor. Mit einem stattlichem Gefolge englischer Edelleute und Ritter zog er im April durch die Niederlande nach Aachen, wo er am Freitag, dem 11. Mai, unter dem Jubel der Bevölkerung Einzug hielt. Stolz berichtete Richard nach England, keinem seiner Vorgänger sei seit mehr als 200 Jahren ein solcher Empfang bereitet worden. Der erste Eindruck von der Krönungsstadt, der Stadt Karls des Großen, die nur Rom den Vorrang einräumen mußte, wie Richard feierlich bekundete, begründete eine außergewöhnlich enge Beziehung des Königs zu Aachen. Bei allen seinen Besuchen im Reich hat er dort einige Zeit residiert. Die feierliche Krönung Richards und Sanchas fand am Himmelfahrtstag (17. Mai) im Beisein von zwei Erzbischöfen, fünf Bischöfen und zahlreichen Fürsten und Adligen aus dem Westen des Reiches statt. Am folgenden Tag empfing der Königssohn Heinrich den Ritterschlag.

Die Konsolidierung der Herrschaft

Von Aachen zog König Richard über Köln rheinaufwärts. Sein Vormarsch kam allerdings bald ins Stocken. Boppard mußte bis in den August belagert werden. Hinter Mainz und Frankfurt behinderten die Städte Worms und Speyer das Vordringen nach Süden. Ziel des Zuges wäre wohl im günstigsten Falle ein Vorstoß nach Burgund gewesen, von wo aus Richard über das befreundete Savoyen hätte nach Italien, nach Rom zur Kaiserkrönung gelangen können. Aber sein nüchterner Realitätssinn bewahrte den König davor, diesem Traum rückhaltlos nachzujagen. Es gab noch zu viele Hindernisse. Papst Alexander hatte sich zu der Doppelwahl noch nicht definitiv erklärt, obwohl man ihm Sympathien für Richard nachsagte. In Weißenburg im Elsaß machte der König jedenfalls kehrt. Am 14. April 1258 residierte er wieder in Aachen. Ein zweiter Zug rheinaufwärts führte bis zum Oktober 1258 zur Unterwerfung der Städte Worms und Speyer. Nach diesen Erfolgen reiste Richard in seine Heimat zurück.

Abb. 3
Sog. Wappentruhe Richards von Cornwall, Zedernholz mit roter Lasur und 40 kupfervergoldeten Medaillons mit Email und Beschlagwerk, Limoges um 1258. Aachen, Domschatzkammer, G 52

Kat. Nr. 5 · 30

Richard von Cornwall (1257–1272)

Abb. 4 Kat. Nr. 5 · 29
Sog. Szepter Richards von Cornwall, Vortragestab in Szepterform, silbervergoldeter runder Hohlstab, um 1220 oder später. Aachen, Domschatzkammer, G 51

Von England aus entfaltete der König vielfältige diplomatische Aktivitäten in Burgund, in Norditalien und in Rom. Die Verhandlungen mit dem Papst gestalteten sich ermutigend. Die Romfahrt schien in greifbare Nähe gerückt. Im Juni 1260 zog Richard erneut den Rhein hinauf, kam diesmal aber nur bis Worms, bevor er Ende September nach England zurückkehrte.

Widerstände und Niederlagen

In Italien hatten sich die Dinge um diese Zeit gegen ihn gewendet. Der Bruder Alfons' X. arbeitete in Rom auf einen Stimmungsumschwung an der Kurie hin. Die Niederlage der Guelfen bei Montaperti (4. September 1260) veränderte die politische Landkarte Italiens. Da half es der Sache Richards wenig, daß der König 1261 zum Senator von Rom gewählt wurde, zumal die Wahl strittig war und auch Manfred, der Sohn Kaiser Friedrichs II., Anhänger fand. Am 25. Mai starb zudem der Richard wohlgesinnte Papst Alexander IV.

Der neue Papst Urban IV. zog sich in der Frage der Doppelwahl auf einen streng neutralen Standpunkt zurück. Er beanspruchte gegenüber den beiden Gewählten eine Schiedsrichterrolle. Nicht zuletzt wegen der Hinhaltetaktik Richards von Cornwall kam eine Entscheidung zu Lebzeiten Urbans († 2. Okt. 1264) und seines Nachfolgers Clemens IV. († 29. Nov. 1268) nicht zustande.

In Deutschland bereiteten Herzog Ludwig von Bayern und die staufischen Parteigänger im Jahre 1262 die Wahl Konradins zum König vor. Richard setzte daraufhin im Juni zum dritten Mal auf das Festland über. Ein Bündnis mit Otakar von Böhmen, den er mit Österreich und der Steiermark belehnte, machte den Ambitionen Konradins ein rasches Ende. Durch einen weiteren Zug an den Oberrhein stabilisierte Richard seine Autorität in seinem Einflußgebiet. Diesmal gelangte er vermutlich bis Basel. Einer der Zeugen in seinem im November in Schlettstadt für die Kirche von Basel ausgestellten Diplom war Graf Rudolf von Habsburg, der 1273 sein Nachfolger werden sollte.

Bei seinem Aufenthalt in Aachen stiftete Richard einen Krönungsornat, bestehend aus einer mit Edelsteinen und Perlen besetzten Krone, Gewändern, einem Szepter und einem Reichsapfel. Das

Marienstift und die Stadt sollten die Kleinodien gemeinsam für zukünftige Krönungen in Verwahrung nehmen. Nichts konnte die Zuversicht Richards und die Hoffnung auf die Fortsetzung seines Königtums (durch einen seiner Söhne) deutlicher zum Ausdruck bringen als diese beispiellose Stiftung. Der König konnte noch nicht wissen, daß sich für ihn zu diesem Zeitpunkt schon das Rad der Fortuna abwärts drehte.

In England wurde Richard immer tiefer in die Auseinandersetzungen König Heinrichs III. mit seinen Baronen verstrickt. Am 14. Mai 1264 geriet er in der Schlacht von Lewes in Gefangenschaft, aus der er erst am 6. September 1265 entlassen wurde. Der Wiederaufbau seiner Stellung in England hatte nach diesem Debakel für den Grafen von Cornwall Vorrang vor den deutschen Angelegenheiten, in die er nur noch gelegentlich eingriff. So urkundete er am 8. Oktober 1266 in Wallingford für die Stadt Aachen. Die Anrede seines Diploms brachte die Anerkennung der seit einigen Jahren bestehenden neuen Ratsverfassung der Krönungsstadt zum Ausdruck. Ob Richard auch den Bau des ersten Aachener Rathauses (des sogenannten Grashauses) gefördert hat, muß offenbleiben.

Erst, als im Jahre 1268 in Deutschland erneut Wahlpläne geschmiedet wurden, besuchte Richard im August zum vierten (und letzten) Mal das Reich. Noch einmal konnte der König seine Herrschaft entlang des Rheins zur Geltung bringen. Auf einem Reichstag zu Worms im April 1269 versammelten sich seine Anhänger in beeindruckender Zahl. Am 16. Juni heiratete der seit 1261 verwitwete Richard in Kaiserslautern Beatrix von Valkenburg, die Nichte des Kölner Erzbischofs Engelbert. Nach diesem festlichen Ereignis kehrte er nach England zurück, wo er am 2. April 1272 starb.

Bappert, Johann Ferdinand: Richard von Cornwall seit seiner Wahl zum Deutschen König 1257 – 1272, Bonn 1907.
Denholm-Young, Noël: Richard of Cornwall, Oxford 1947.
Groten, Manfred: Konrad von Hochstaden und die Wahl Richards von Cornwall, in: Köln, Stadt und Bistum in Kirche und Reich des Mittelalters. Festschrift für Odilo Engels zum 65. Geburtstag, hg. von Hanna Vollrath und Stefan Weinfurter, Köln – Weimar – Wien 1993, S. 483–510 (dort in den Anmerkungen weitere Literatur).
Lemcke, Georg: Beiträge zur Geschichte König Richards von Cornwall, Berlin 1909.
Regesta Imperii, Bd. 5,2 bearb. von Julius Ficker und Eduard Winkelmann, Innsbruck 1882–1892, S. 988–1024.
Weiler, Björn: Image and Reality in Richard of Cornwall's German Career, in: English Historical Review 113 (1998), S. 1111–1142.

Kurzfassung

Im Jahre 1257 lag die Königswahl zum ersten Mal in den Händen einiger weniger Wahlfürsten, der späteren Kurfürsten. Gewählt wurden in zwei getrennten Wahlakten Earl Richard von Cornwall, der Bruder König Heinrichs III. von England, und König Alfons X. von Kastilien. Die Wahl Richards erfolgte am 13. Januar 1257 im Namen der Erzbischöfe von Köln und Mainz und des Pfalzgrafen bei Rhein, deren Stimmen Richard gekauft hatte. Am 17. Mai 1257 wurde Richard in Aachen gekrönt. Der Krönungsstadt war er in besonderer Weise zugetan. 1262 stiftete Richard einen Krönungsornat, den Stadt und Stift zu Aachen gemeinsam hüten sollten. Der König hat nie versucht, seine Herrschaft flächendeckend gegenüber den Fürsten durchzusetzen. Ihm kam es zunächst auf die Beherrschung des Rheinstroms bis an den Oberrhein an. Das eigentliche Ziel war die rasche Erlangung der Kaiserkrönung in Rom, die eine Herrschaft in europäischen Dimensionen, wie sie Richard von Cornwall vorschwebte, erst unanfechtbar legitimiert hätte. Dieser Plan scheiterte aber am Widerstand der Gegner und den Ansprüchen des Papsttums einerseits und an den Verstrickungen Richards in innerenglische Konflikte andererseits. So blieb seine Herrschaft auf den Westen des Reiches beschränkt. In den 14 Jahren seines Königtums unternahm er vier Züge in das Reich (1257/58, 1260, 1262/63, 1268/69). Knapp vier Jahre weilte er auf deutschem Boden. 1268 heiratete Richard eine deutsche Adlige, Beatrix von Valkenburg. Er starb am 2. April 1272.

Résumé

C'est en 1257 que quelques princes électeurs – les futurs »Grand Électeurs« – se virent pour la première fois chargés de choisir un roi. Deux scrutins distincts aboutirent à la double élection du frère du roi Henri III d'Angleterre, le comte Richard de Cornouailles, et du roi Alphonse X de Castille. Richard fut élu le 13 janvier 1257 par les archevêques de Cologne et de Mayence, ainsi que par le comte Palatin, dont il avait acheté les voix. Il fut couronné le 17 mai 1257 à Aix-la-Chapelle. Très attaché à la ville du couronnement, il se montra à son égard d'une munificence inouïe, lui donnant, en 1262, un somptueux costume de sacre dont il confia la garde à la Ville et au Chapitre aixois : une couronne ornée de perles et de pierres précieuses, des vêtements d'apparat et un globe impérial, rien n'y manquait. Richard n'essaya pourtant jamais d'imposer sa volonté aux autres princes à seule fin d'assouvir ses ambitions territoriales. Il n'en demeure pas moins qu'il désirait ardemment acquérir la maîtrise du Rhin jusqu'au cours supérieur du fleuve. En fait, il souhaitait précipiter les événements et se faire couronner empereur à Rome : une cérémonie qui aurait légitimé de façon inattaquable la souveraineté à l'échelle européenne à laquelle il visait. Ce plan mirifique fut voué à l'échec : il se heurta à la résistance de ses adversaires, aux prétentions de la papauté et à l'implication de Richard lui-même dans les conflits intérieurs anglais. En fin de compte, le pouvoir de Richard se limita à l'ouest du Royaume. Pendant les quatorze années de son règne, il fit quatre fois campagne dans le Royaume (1257–1258, 1260, 1262–1263, 1268–1269). Il ne demeura que quatre années en territoire allemand. En 1268, il épousa une noble allemande, Béatrice de Fauquemont. Il mourut le 2 avril 1272.

Samenvatting

In het jaar 1257 lag de koningsverkiezing voor de eerste keer in handen van enkele weinige kiesvorsten, de latere keurvorsten. In twee afzonderlijke verkiezingsrondes werden Earl Richard van Cornwallis, de broer van koning Hendrik III van Engeland en koning Alfonso X van Castilië gekozen. De verkiezing van Richard vond op 13 januari 1257 plaats in de naam van de aartsbisschoppen van Keulen en Mainz en de Paltsgraaf aan de Rijn, wiens stemmen Richard gekocht had. Op 17 mei 1257 werd Richard in Aken gekroond. De kroningstad was hij in bijzondere wijze toegenegen. In

1262 gaf Richard een kroningsornaat weg, die de stad en het stift gemeenschappelijk in bewaring dienden te nemen. De koning heeft nooit geprobeerd zijn heerschappij tegen de vorsten in, over het gehele rijk uit te breiden. Voor hem was de beheersing van de Rijn tot aan de Bovenrijn belangrijk. Zijn werkelijke doel was zo spoedig mogelijk in Rome tot keizer gekroond te worden. Dan pas zou zijn regering werkelijk de Europese dimensie krijgen die hij nastreefde. Dit plan mislukte echter door de tegenwerking van de tegenstanders en de aanspraken van het pausdom enerzijds en de verwikkelingen van Richard in binnenengelse conflicten anderzijds. Zodoende bleef zijn macht tot het Westen van het rijk beperkt. In de 14 jaar van zijn koningschap ondernam hij vier reizen in het rijk (1257/58, 1260, 1262/63, 1268/69). In totaal verbleef hij een kleine vier jaar op Duitse bodem. In 1268 huwde Richard een Duitse edelvrouwe, Beatrix van Valkenburg. Hij stierf op 2 april 1272.

Shrnutí

V roce 1257 byla volba krále poprvé v rukách několika málo voličů – knížat, pozdějších kurfiřtů. Zvoleni byli ve dvou oddělených volebních aktech hrabě Richard Cornwallský, bratr anglického krále Jindřicha III., a Alfons X. Kastilský. Richardova volba se konala 13. ledna 1257 ve jménu kolínského a mohučského arcibiskupa a falckraběte rýnského, jehož hlas si Richard koupil. 17. května 1257 byl Richard korunován v Cáchách. Ke korunovačnímu městu měl obzvláštní náklonnost. Roku 1262 daroval Richard Cáchám korunovační ornát, který měl sloužit městu i církevnímu zařízení společně. Král Richard se nikdy nepokoušel prosadit na celém území svou moc proti ostatním knížatům. Záleželo mu nejprve na ovládnutí toku Rýna až po horní Porýní. Richardovým skutečným cílem bylo dosažení rychlé korunovace v Římě, která by nepochybně učinila jeho vládu právoplatnou v evropských rozm rech. Tento plán však ztroskotal jednak na odporu protivníků a na nárocích papeže, jednak na Richardov zabřednutí do vnitropolitických konfliktů v Anglii. Tak zůstala jeho vláda omezená na západ Říše. Během 14 let svého kralování podnikl čtyři výpravy do Říše (1257/58, 1260, 1262/63, 1268/69). Necelé čtyři roky strávil na německém území. Roku 1268 se oženil s německou šlechtičnou, Beatrix z Valkenburgu. Zemřel 2. dubna 1272.

Summary

In the year 1257 for the first time the election of the king was in the hands of several princes, the future elected princes. In two separate elections Earl Richard of Cornwall, the brother of Henry III of England, and King Alfons X. of Castille were elected. The election of Richard took place on the 13th of January 1257 in the name of the archbishops of Cologne and Mainz and of the palatinate earl near Rhein whose votes Richard had bought. On the 17th of May Richard was crowned in Aachen. He favoured the town of coronation in a special way. In 1262 Richard donated coronation regalia which the town and the foundation were to jointly guard. The king never tried to force his territorial reign onto the princes. For him the most important thing was to rule the river Rhine up to the Upper Rhine. His real aim was to obtain the imperial crown in Rome which would have legitimised ruling on a European dimension, which is what Richard envisaged, and made this rule incontestable. However, these plans failed in the face of the opposition and the papal claims on the one hand and in the face of Richard's involvement in conflicts within England on the other. That is why his rule remained restricted to the West of the empire. During the 14 years of his reign he undertook four journeys within the empire (1257/58, 1260, 1262/63, 1268/69). He resided on German soil for just under four years. In 1268 Richard married a German aristocrat, Beatrice of Valkenburg. He died on the 2nd of April in the year 1272.

Katalog

5 Doppelwahlen und europäische Konflikte

5 · 1

5 · 4

5 · 1
Sog. Ringsiegel König Ottos IV. (1198–1209)

England oder Frankreich, 1198–1209
Abguß nach verlorenem Typar
Gips, H 2,6 x B 2
Nürnberg, Germanisches Nationalmuseum, Inv.Nr. Si 4373

Bei diesem Exponat handelt es sich um eines der heute äußerst seltenen mittelalterlichen Ringsiegel. Da diese vor allem zum Verschließen von Briefen verwendet und beim Öffnen zerbrochen wurden, sind sie fast ausschließlich aus literarischen Überlieferungen bekannt. Die Darstellung zeigt den Kopf des bärtigen Königs mit den unter den langen Locken hervorkommenden Pendilien. Auf seinem Haupt befindet sich der mit einem Kreuz versehene Kronreif. Die Umschrift auf dem leicht abgeschrägten Rand des Siegels lautet: ODDO + REX. Der Entstehungsort des inzwischen verlorenen Typars ist entweder in Frankreich oder in England zu vermuten. Dafür spricht einerseits die dort bereits verbreitete Steinschneidekunst und zum anderen Ottos IV. enge verwandtschaftliche und politische Bindung sowohl an Frankreich als auch an England.

MM

Die Kugel besteht aus einem festen Kern aus Harzmasse, der mit feinem Goldblech überzogen ist. Die vier Bänder, die das Abbild der Erde in vier Teile aufgliedern, sind ebenso wie das aufgesetzte Kreuz mit Edelsteinen und Filigran besetzt. Seit der Antike bedeutete diese Kugelform das Abbild des Kosmos und der Erde. Sie symbolisierte die Weltherrschaft. Zusammen mit dem Kreuz erfuhr der Reichsapfel eine Umwandlung zum Zeichen der Herrschaft Christi über die vier Erdteile. Nach frühbyzantinischem Vorbild ließen sich bereits die Karolinger mit dieser imperialen Insignie darstellen. Seit dem 11. Jh. kennt man Reichsäpfel aus unedlen Materialien als Grabbeigaben (vgl. Kat.Nr. 3 · 24). Stilistisch läßt sich der Reichsapfel aus dem Bestand der Reichskleinodien in den Kölner Raum der Zeit um 1200 datieren. Er könnte für den Staufer Philipp von Schwaben (gekrönt in Aachen 1198) oder für dessen Gegenkönig, den Welfen Otto IV. (gekrönt in Mainz 1198), angefertigt worden sein.

CW/MK

5 · 2
Reichsapfel
Abb. S. 151

Köln (?), um 1200
Gold, Edelsteine, Perlen, H 21
Original: Wien, Kunsthistorisches Museum, Weltliche Schatzkammer
Kopie: Paul Beumers, 1915, Aachen, Stadt Aachen, Inv.Nr. RCK 9

5 · 3
Urkunde mit erster Goldbulle König Friedrichs II.

Deutschland (Mittelrhein?), 1212/13
Pergament, Gold an grüner und ehemals roter Seidenschnur, Urkunde 47 x 46, Siegel D 6,2, Schnur: L 12
Aachen, Stadtarchiv, Inv.Nr. RA A I 3: 1215, Juli 29 (BF 814)

Diese Goldbulle König Friedrichs II. wurde mindestens 16 mal bei Urkunden verwendet. Auf der Vorderseite ist der thronende Herrscher im Krönungsornat mit Reichsapfel, Szepter und Krone dargestellt. Die Rückseite zeigt eine Stadtansicht mit einem Torturm und zwei seitlich anschließenden Rundtürmen. Die ursprüngliche Datierung der Bulle besagte, daß sie erst ab dem Jahre 1215 gebraucht wurde, da bis dahin noch die sizilianische Königs-Goldbulle Friedrichs II. in Gebrauch gewesen sei. Dagegen geht die neuere Forschung davon aus, daß Friedrich II. die hier gezeigte Königsbulle bereits nach seiner ersten Krönung in Mainz 1212 benutzt hat und nicht erst nach seiner Königskrönung in Aachen 1215. Daher kann man von einer frühesten Nutzung im Jahre 1212, nach der ersten Krönung zum römisch-deutschen König in Mainz, jedoch vor der zweiten Krönung in Aachen im Jahre 1215 ausgehen.

MM

5 · 4
Denar Friedrichs II.

Prägeort Aachen, nach 1215
Silber, D 1,7 mm
Avers
Aachen, Museum Burg Frankenberg, Verein Aachener Münzfreunde e.V.

5 · 3

5·6

5·7

5·5
Denar Friedrichs II.

Deutschland, erste H. 12. Jh.
Silber, D 1,7
Revers
Münster, Privatsammlung

Die Vorderseite der Silberdenare zeigt Kaiser Friedrich II. mit Szepter, Schwert und Reichsapfel. Auf den Rückseiten erkennt man meist ein Kirchengebäude. Anstelle des Namens der Stadt steht, wenn die Silberdenare Friedrichs II. in Aachen geprägt wurden, die Umschrift »SANCTVS CAROLVS«, verbunden mit verschiedenen Architekturdarstellungen oder sogar dem Bildnis Karls des Großen. CW

5·6 – 5·7
Augustales Friedrichs II.

Königreich Sizilien, Münzstätten Messina und Brindisi, ab 1231 geprägt
Avers: Büste des Kaisers mit Lorbeerkranz und Paludamentum r.; IMP(erator) ROM(anorum) – CESAR AVG(ustus); Perlenkreis
Revers: Adler mit geöffneten Schwingen l. stehend; Kopf r.; FRIDE – RICVS; Perlenkreis
Gold, D 2
Wien, Kunsthistorisches Museum, Münzkabinett, Inv.Nr. 259aα/261aα

Der Augustalis Friedrichs II., ab 1231 in Messina und Brindisi geprägt, zählt zu den schönsten Goldmünzen des Mittelalters. In bewußter Anspielung auf die antike Tradition des Imperium Romanum zeigen die Münzen auf der Vorderseite das idealisierte Bildnis des Kaisers nach Art der römischen Augusti mit dem Lorbeerkranz sowie auf der Rückseite den Adler als Symbol staufischer Macht.

Mit dem Augustalis schrieb Friedrich gleichsam das Vorspiel zu einem neuen Kapitel abendländischer Münzgeschichte, das in seiner ganzen wirtschaftspolitischen Tragweite zwanzig Jahre später mit der Schaffung des Goldguldens 1252 in Genua und Florenz sowie mit der Ausprägung des ersten Dukaten 1284 in Venedig begann. Bis dahin hatte im christlichen Europa das von Karl dem Großen eingeführte monometallische Währungssystem dominiert, in dem der silberne Denar oder Pfennig mit seinem Halbstück, dem Obol oder Hälbling, die alleinigen Münzwerte darstellten. Dagegen standen die traditionellen Währungsblöcke des byzantinischen Kaiserreiches und der islamischen Staaten, in denen Gold stets kontinuierlich vermünzt wurde. Eine Ausnahme in Europa bildeten Süditalien und Sizilien, wo unter byzantinischem und arabischem Einfluß der Umlauf und die Ausprägung von Goldmünzen nie ganz zum Stillstand kamen.

Der Augustalis hatte ein Sollgewicht von 5,31 g, und sein Feingehalt von 20,5 Karat (854/1000) wurde dem der byzantinischen Goldmünzen (Hyperpyra) angepaßt. Die Scheidung der Münzstätten Messina und Brindisi ist nur über die Adler-Rückseiten möglich, wo Brindisi stets mit zwei Kugeln oberhalb der Adlerflügel signierte.

MA

5·8
Postume Erinnerungsprägung, Sonderaugustalis

Münzstätte Pisa (?), ab 1311 geprägt (?)
Avers: Büste Kaiser Friedrichs II. mit Krone und Paludamentum r.; IMP(erator) ROM(anorum) – CESAR AVG(ustus); Perlenkreis

Revers: Adler mit geöffneten Schwingen frontal stehend, Kopf l.; + FRIDE – RICVS; Perlenkreis
Gold, D 1,9
Wien, Kunsthistorisches Museum, Münzkabinett, Inv.Nr. 257aα

Neben den Augustales wurden in geringem Umfang auch Halbstücke geprägt sowie ein Sondertyp, von dem wir heute nur vier Exemplare kennen. Auf diesem trägt Friedrich nicht den Lorbeerkranz der römischen Augusti sondern eine Krone, und der Adler auf der Rückseite steht frontal mit nach links gewendetem Kopf. Auffallend ist auch der geringere Durchmesser, während das Gewicht des Sondertyps dem der normalen Augustales entspricht.

Die Fragen nach Herkunft und Datierung dieser einmaligen Münzen sind seit langem Gegenstand der wissenschaftlichen Diskussion, jedoch bis heute nicht endgültig beantwortet. Man sah in ihnen Probeprägungen, die Friedrich anfertigen ließ, bevor er sich für sein Bildnis mit Lorbeerkranz entschied. Wahrscheinlicher jedoch ist, daß es sich um keine zeitgenössischen Prägungen Friedrichs II. handelt, sondern diese wohl zu einem späteren Zeitpunkt entstanden sind. Es könnte sich dabei um jene »Augustarii« handeln, die auf Anordnung Kaiser Heinrichs VII. ab 1311/12 in Pisa zur Ausprägung gelangen sollten.

MA

5 · 9

5 · 9
Adlerfürspan

Mittelrhein (Mainz ?), 1. Drittel 13. Jh.
Goldblech getrieben ziseliert, Almandine, Glasflüsse, 5,2 x 3,6
Darmstadt, Hessisches Landesmuseum, Inv.Nr. Kg 31:10

Der Reichsadler war in staufischer Zeit, besonders unter Friedrich II., ein beliebtes Schmuckmotiv, namentlich in der Kleinkunst. Der 1885 in Mainz gefundene Fürspan nimmt den älteren Adlertypus der beiden ebenfalls in Mainz entdeckten Adlerfibeln auf. Der Greifvogel ist in strenger Frontalität wiedergegeben, den Kopf emporgereckt und zur Seite gedreht, die an den Enden volutenförmig eingerollten Schwingen ausgebreitet. Seine Fänge ruhen auf Zweigen mit stilisiertem Blattwerk.

Die Datierung des Schmuckstücks in die Stauferzeit wird durch den stilistischen Vergleich mit einem ähnlich gefiederten Adler erhärtet, der dem Schmuck der Goldenen Madonna des Essener Domschatzes im 13. Jh. hinzugefügt wurde. Auch der Adler vom Szepter Richard von Cornwalls im Aachener Domschatz (Kat.-Nr. 5 · 29) weist ein gleichartiges gebuckeltes Gefieder auf.

WC

5 · 10
Sog. Mantel Karls des Großen

Mantel: Sizilien, um 1200; Stab und Schild: Niederrhein, 16. Jh.
Seide, Goldstickerei, H 114, Saumlänge 304
Metz, Trésor de la Cathédrale

Das weithin wenig bekannte prachtvolle Gewand wird seit dem 17. Jh. in der Metzer Kathedrale als »Mantel Karls des Großen« verehrt. Es wurde erstmals anläßlich der Staufer-Ausstellung 1977 einem größeren Publikum vorgestellt. Die Forschung sieht seitdem im Metzer Mantel eine sizilianische Arbeit des ausgehenden 12. oder beginnenden 13. Jhs. Farbigkeit, aufwendige Gestaltung und die Technik der Ausführung weisen auf die Hofwerkstätten in Palermo. Der Mantel weist sowohl in der Verarbeitung der Metallfäden als auch motivisch eine enge Verwandtschaft zu den unter Friedrich II. entstandenen Textilien der heute in Wien aufbewahrten Reichskleinodien auf. So findet sich das seltene Motiv des nimbierten Adlers auch auf den Innenseiten der vor 1220 entstandenen Handschuhe der römisch-deutschen Kaiser. Das beherrschende Motiv des Adlers schließt eine Anfertigung für den Normannenkönig Roger von Sizilien aus und legt eine Anfertigung für einen römisch-deutschen König

5 · 10

oder Kaiser nahe. Für die Herstellung eines derart prächtigen Gewandes muß ein bestimmter Anlaß angenommen werden. Heinrich VI. hatte ab Ende November 1194 Zugriff auf die Hofwerkstätten in Palermo. Er wurde aber bereits einen Monat später zum König von Sizilien gekrönt. In diesem kurzen Zeitraum kann das Stück nicht fertiggestellt worden sein. Es liegt also nahe, seinen Nachfolger Friedrich II. als Auftraggeber zu vermuten. In der Forschung wird daher angenommen, der Mantel sei bei der Kaiserkrönung Friedrichs II. 1220 in Rom benutzt worden. Mit ebenso guten Gründen könnte der Mantel auch für Friedrichs Königskrönung in Aachen 1215 angefertigt worden sein. Belegt ist, daß Friedrich für seine Kaiserkrönung 1220 Krone, Schwert, Schuhe und Handschuhe in Palermo anfertigen ließ. Außer der Krone sind sie Bestandteile des in Wien aufbewahrten Krönungsornats. Dessen Benutzung bei Krönungen war jedoch erst seit dem Ende des 13. Jhs. verbindlich. Vorher war es durchaus üblich, daß einzelne Herrscher sich für die Krönung eigene Insignien oder Gewänder anfertigen ließen, die danach nicht alle in den Bestand der späteren Reichskleinodien übergingen. Seine Krone gab Friedrich zwei Jahre nach der Kaiserkrönung seiner verstorbenen Frau Konstanze in Palermo mit ins Grab. Der sog. Mantel Karls des Großen könnte über seinen Vertrauten, den Speyerer und Metzer Bischof Konrad von Scharfenberg, nach Metz gelangt sein.

MK

5 · 11
Krönungsschuhe des römisch-deutschen Kaisers
Abb. S. 404

Palermo, 12./13. Jh.
Seide, L 25,8, H 10,8
Original: Schatzkammer des Kunsthistorisches Museum, Wien
Kopie: Rijswijk, Collection Brus, Coll. Brus Nr. 175

Die gezeigten Krönungsschuhe gehören aufgrund stilistischer und technischer Übereinstimmungen zu jenen Bestandteilen der Reichskleinodien, die Ende des 12. bis Anfang des 13. Jhs. in den Hofwerkstätten von Palermo gefertigt wurden. Sie bestehen aus roter Seide und sind mit Edelsteinen und doppelreihigen Perlenschnüren besetzt. Auf den Vorderseiten ist eine Goldborte mit Vogel- und Pflanzenmotiven aufgenäht, auf den Rändern ist das Muster aus Sirenen und Greifen zusammengesetzt.

CW/WT

5 · 12
Zeremonialschwert
Abb. S. 155

Palermo, vor 1220
Schwert: Stahl, Holz, Goldblech, Email, Filigran, L 108,5
Scheide: Holz, Pergament, Leinenhülle, Goldplatten, Senkschmelz, Perlen, Rubine, L 92,5
Original: Wien, Kunsthistorisches Museum, Weltliche Schatzkammer
Kopie: Paul Beumers, 1915, Aachen, Rathaus, Inv.Nr. RCK 7

Das Schwert wurde wahrscheinlich für Friedrich II. geschaffen. Untersuchungen des Materials und des Stils weisen deutlich auf eine Entstehung in dessen Hofwerkstätten in Palermo hin. Anläßlich der 1220 in Rom vollzogenen Krönung Friedrichs hob Papst Honorius III. den symbolischen Charakter des herrscherlichen Schwerts ausdrücklich hervor: es sei von Rechts wegen dem Papst zu eigen und dem Kaiser nur zum Schutz der Kirche übertragen. Im 3. Viertel des 14. Jhs. ließ Karl IV. den Schwertknauf neu fertigen, der auf der einen Seite den Reichsadler und auf der anderen den böhmischen Löwen zeigt. Seit dem 15. Jh. ist die Bezeichnung »Zeremonialschwert«

überliefert, da mit ihm der König nach der Krönung im karolingischen Oktogon auf dem Thron sitzend den Ritterschlag erteilte.

CW

5 · 13
Sog. Krone Friedrichs II.

Abb. S. 403

Palermo, 1. Viertel 13. Jh.
H (mit Sockel) 43 x D 20
Original: Palermo, Tesoro della Cattedrale
Kopie: Frankfurt a. Main, Ascoli-Club der Messe Frankfurt a. Main

Als 1781 erstmals die Kaisergräber im Dom zu Palermo geöffnet wurden, fand man unter den Grabbeigaben der Kaiserin Konstanze, der Gemahlin Friedrichs II., jene formal stark vom üblichen abendländischen Typus abweichende Krone. Sie wurde zunächst als Krone der Konstanze angesehen, später erkannte man in ihr jene Krone, die Friedrich II. wahrscheinlich bei seiner Kaiserkrönung 1220 trug und die er nach dem Tod der Kaiserin 1222 ihrer Grablege hinzufügte.

Anders als bei anderen Kronen sind der untere Reif und die Bügel nicht fixiert, sondern ohne feste Unterlage aus Perlenschnüren und Goldemailplättchen miteinander verbunden. An den Seiten hängen kettenartige Pendilien aus Goldplättchen und Email herab. Nach J. Déer enstprechen Form und Montage der Krone dem byzantinischen Kamelaukion-Typus, den die normannischen Vorfahren Friedrichs II. seit ihrer Erhebung zu Königen (1130) übernommen hatten. Technische Details, etwa die lilienförmigen Emails am unteren Rand, der Filigran-Überzug der Kalotten und der reiche Perlenbesatz, weisen auf Sizilien als Entstehungsort hin. Stilistische und technische Übereinstimmungen mit dem Zeremonienschwert, den Handschuhen und den Schuhen aus dem Bestand der Reichskleinodien, sprechen dafür, die Krone als Bestandteil eines Herrscherornats zu deuten.

WC

5 · 14
Sog. Falkenskulptur

Süditalien, 1200–1210
Bronze, vergoldet, H mit Sockel 40 x 4–5 x 17
Original: New York, The Metropolitan Museum of Art
Kopie: Frankfurt a. Main, Ascoli-Club der Messe Frankfurt a. Main

5 · 12

5 · 14

5 Doppelwahlen und europäische Konflikte

5·15

Der schlanke Vogel mit stark gebogenem Hakenschnabel verharrt in hoch aufgereckter Haltung, die Flügel liegen an, seine Klauen umkrallen eine Kugel. Die Bestimmung der dargestellten Vogelart aus ornithologischer Sicht wird durch den starken Grad der Stilisierung ebenso erschwert wie die Lokalisierung der Kleinplastik: Zwar war das Adlermotiv in der mutmaßlichen Entstehungszeit zu Beginn des 13. Jhs. sehr populär, es erscheint u. a. auf den seit 1131 geprägten Augustalen Friedrichs II. und als Schmuckbesatz. Auch in der Bauskulptur Campaniens und Apuliens war das Adlermotiv verbreitet (z. B. Kanzel und Lesepult in der Kathedrale von Salerno). Angesichts der Datierung in die Regierungszeit Friedrichs II., eines begeisterten Jägers, kann nicht ausgeschlossen werden, daß ein Falke dargestellt ist.

Die Aushöhlung an der Unterseite der Kugel veranlaßte A. Goldschmidt zu der Annahme, der Vogel könne ursprünglich einen Stab, möglicherweise auch ein königliches Szepter bekrönt haben. Das bekannteste Beispiel für eine solche Verzierung einer königlichen Insignie ist das Szepter Richard von Cornwalls im Aachener Domschatz.

WC

5 · 16

5 · 17

5 · 15
»De arte venandi cum avibus«
(sog. Falkenbuch Friedrichs II.)

Unteritalien, um 1244 (verlorenes Original), Fassung König Manfreds: zwischen 1258 und 1264
Pergament, Blattmaß: 36 x 25
Original: Rom, Biblioteca Apostolica Vaticana
Faksimile: Frankfurt a. Main, Ascoli-Club der Messe Frankfurt a. Main

Die Falkenjagd galt im Mittelalter als Sport der Könige. Friedrich II. betrieb diese Jagd nicht nur mit großer Leidenschaft, sondern auch mit einer wissenschaftlichen Exaktheit, die noch heute in Erstaunen setzt. Seine gesammelten Kenntnisse über die Falknerei, die Aufzucht und Haltung von Falken, aber auch über die verschiedenen Vogelarten allgemein, sind in einer reich illuminierten Prachthandschrift mit dem Titel »Von der Kunst, mit Vögeln zu jagen« aufgezeichnet. In der Einleitung bezeichnet Friedrich sich selbst als Autor.

Das um 1244 zu datierende Original der Prachthandschrift ist verschollen, das vorliegende Faksimile folgt der sog. Manfred-Ausgabe, benannt nach dem Sohn Friedrichs II., der selbst die Abschrift überwachte, redigierte und fehlende oder lückenhafte Kapitel ergänzte. Die durchgängige Bezeichnung des Kaisersohnes als »Rex« oder »Rex Manfridus« läßt darauf schließen, daß die Handschrift nicht vor 1258 begonnen wurde, denn erst am 10. August dieses Jahres wurde Manfred in der Kathedrale von Palermo zum König des päpstlichen Lehnskönigreiches Sizilien gekrönt.

In der oberen der beiden Miniaturen auf der Rückseite des Eingangsblattes (fol. 1ᵛ), die formal dem von Münzbildern her bekannten hieratischen Darstellungsmuster des thronenden Herrschers folgen, ersetzt ein Falke den Reichsadler als Herrschaftsattribut. Die untere Darstellung zeigt zwei Falkner, die sich dem Thron nähern. Die stark beschädigten Darstellungen auf dem Eingangsblatt (fol. 1ʳ) – ein thronender Herrscher mit Lorbeerkranz und ein jüngerer Falkner – sind wohl als Friedrich II. und König Manfred zu identifizieren.

WC

5 · 16
Richterbüste vom Brückenkastell in Capua

Capua, 1234–1239
Marmor, 93 x 83 x 45
Original: Capua, Museo Campano
Abguß: Göppingen, Städtisches Museum

5 · 19

5 · 17
Kopf der Justitia vom Brückenkastell in Capua

Capua, 1234–1239
Gipsabguß, 83 x 50 x 53
Original: Capua, Museo Campano
Abguß: Göppingen, Städtisches Museum

Nur Reste haben sich von dem mächtigen Brückenkastell in Capua erhalten, das Kaiser Friedrich II. zwischen 1234 und 1239 hatte errichten lassen, um die alte Römerbrücke, die über den Volturno in die Stadt führte, zu sichern. Zwischen zwei massigen Türmen erhob sich eine prächtige Marmorfassade, die mit einer Fülle von Skulpturen ausgestattet war, von denen leider nur noch wenige Fragmente existieren. Den Mittelpunkt des Figurenprogramms bildete die Statue des thronenden Kaisers.

Unterhalb des Thronenden befanden sich um den Portalbogen gruppiert drei Büsten, die medaillonartig in drei kreisrunde Nischen eingelassen waren. Die Gipsabgüsse geben zwei der Köpfe wieder. Der weibliche, heute als »Iustitia imperialis« bezeichnet, befand sich über dem Scheitel des Portals. Seitlich darunter befanden sich zwei Richterbüsten. Eine überlieferte Inschrift, die die Nischen umgab, ist für das Verständnis des Figurenprogramms wichtig: Wer fehlerlos zu leben gewillt ist, soll das Tor gefahrlos durchschreiten, den Untreuen aber droht die Schrift mit Bann, Kerker und Tod. – Die antikisierende Gestaltung der Skulpturen untermauert ihren imperialen Anspruch.

MD

5 · 18
Goldene »sizilianische« Bulle Friedrichs II. vom 26.9. 1212

Urkunde, 46 x 28,3, Goldbulle D 5,5
Original: Prag, Staatsarchiv Ačk c. 4
Faksimile: Prag, Lobkowitz-Palais Abteilung für ältere Geschichte, Original Inv.Nr. ACK c.4

Mit dieser Urkunde, die Kaiser Friedrich II. († 1250) für den böhmischen König ausstellte, erneuerte er ein Privileg seines Onkels, König Philipp von Schwaben († 1208). Dieses Privileg beschreibt die Grenzen des Königreichs Böhmen, bestätigt die freie Wahl des böhmischen Königs und fixiert als dessen Pflichten die Teilnahme an Reichstagen in Bamberg, Nürnberg und Merseburg sowie die Bereitstellung von 300 Rittern für die Krönungsfahrt der römisch-deutschen Könige.

HN

5 · 20

5 · 19
Castel del Monte

Modell
Sperrholz, Gips, 37 x 90 x 91
Stuttgart, 1977
Göppingen, Städtisches Museum

Der architektonisch bemerkenswerteste unter den Burgbauten, die Friedrich II. unweit seiner Residenz Foggia im apulischen Binnenland und in der Basilikata errichten ließ, ist das Castel del Monte. Der Grundriß des Kastells ist aus einer einzigen geometrischen Figur, dem Achteck, entwickelt. Um den oktogonalen Innenhof gruppiert sich, ausgehend von den stumpfwinkeligen Ecken des Hofareals, eine trapezoid zulaufende Raumfolge aus acht kreuzrippengewölbten Kompartimenten (die Verwendung von Kreuzrippen war ein aus Frankreich importiertes architektonisches Novum). Die Außenansicht des Kastells wird von acht oktogonalen Türmen beherrscht.

Die Tatsache, daß mit einer Ausnahme (ein kaiserliches Dekret über den Bau des »castrum« vom 28. Januar 1240) keine Baunachrichten zum Castel del Monte vorliegen, hat viel zur Legendenbildung um den rätselhaften Bau beigetragen. Eine Nutzung als Jagdschloß wird durch Skulpturenreste mit Jagdszenen erhärtet. Die im Vergleich zu anderen Bauvorhaben Friedrichs II. in Süditalien extrem kostbare Innenausstattung (u. a. die Verwendung verschiedenfarbiger Marmorsorten und Bodenmosaiken) läßt aber auch Rückschlüsse auf eine repräsentative Funktion zu. Die verwinkelte, fast labyrinthische Raumfolge im Innern unterstreicht den wehrhaften Charakter der Anlage.

Ihre Fertigstellung erfolgte wahrscheinlich noch zu Lebzeiten Friedrichs II., dann diente das Kastell meist als Gefängnis: Nach seinem Sieg über König Manfred von Sizilien, den Sohn Friedrichs II., in der Schlacht von Benevent (1266) ließ Karl von Anjou, der Bruder Ludwigs IX. von Frankreich, Manfreds Söhne Friedrich, Heinrich und Enzio (Ansolinus) in Castel del Monte einkerkern.

WC

5 · 20
Grandes Chroniques de France, Chronique de Saint-Denis

Paris, um 1275
Karl der Große/Bau der Marienkirche (fol. 129ᵛ)
Illuminierte Handschrift, Blattmaß: 32 x 22
Paris, Bibliothèque Sainte-Geneviève, Inv.Nr. Ms. 782

5 · 21

Die Grandes Chroniques de France können als die offiziöse französische Königsgeschichtsschreibung verstanden werden. Ihr Ursprung liegt in Saint-Denis, wo sich aus der Tradition der lateinischen Geschichtsschreibung zur Zeit Ludwigs IX. († 1270) diese volkssprachliche Historiographie entwickelte. Die Grundlage ist der hier vorliegende »Roman des Roys« des Mönchs Primat († wohl nach 1280), der den Zeitraum ab dem legendären trojanischen Ursprung der Franken bis 1223 erfaßt. Hierbei verwandte Primat zahlreiche lateinische Chroniken und Texte. Ludwig IX. starb 1270, so daß Primat sein Werk in der vorliegenden Handschrift um 1275 dessen Sohn, Philipp III. (dem Kühnen) († 1285) überreichte. Es handelt sich um einen prachtvollen, mit 19 Initialen und 15 großen Miniaturen auf goldenem oder quadriertem Grund ausgestatteten Codex. Zu Karl dem Großen existieren fünf Miniaturen, u. a. die hier abgebildete Seite mit dem Bau der Marienkirche; die untere Szene zeigt den Brand der Rheinbrücke bei Mainz, der als eines der Vorzeichen des Todes Karls des Großen gedeutet wurde.

Das Werk Primats fand zahlreiche Fortsetzer und wurde im 14. Jh. mit dem Titel »Grandes Chroniques de France« versehen. Dies zeigt, wie sehr der nationale Aspekt in diesen Texten eine Rolle spielte und ein französisches Nationalempfinden mitprägte; nicht zufällig waren die Grandes Chroniques einer der ersten Texte, die in französischer Sprache gedruckt wurden.

HN

5 · 21
Gotisches Kronenfragment

Frankreich, letztes Drittel 13. Jh.
Gold, Edelsteine, Perlen, 2,7, x 9,4 (2 Fragmente)
Paris, Musée du Louvre, Inv.Nr. OA 57b

5 · 22
Gotisches Kronenfragment

Frankreich, letztes Drittel 13. Jh.
Gold, Edelsteine, Perlen, 2,8 x 19,2 (4 Fragmente)
Budapest, Ungarisches Nationalmuseum, Inv.Nr. 55.427.1-2-C

Die mit Edelsteinen und Filigranschmuck besetzten Goldplatten, deren Oberseiten alternierend stilisierte Lilienblüten bzw. vierblättrige Blüten zieren, gehören zu einer gotischen Krone, von der ein weiteres Fragment im British Museum in London aufbewahrt wird (Inv.Nr. AF 2681). Wie die jüngste Forschung dargelegt hat, haben diese Kronenfragmente wohl keine unterschiedliche Provenienz, sondern sind Teile ein und desselben Schmucks, der vermutlich im letzten Drittel des 13. Jhs. in Frankreich entstanden ist. Die bisher angenommene Herkunft der in Budapest aufbewahrten Fragmente aus einer ungari-

5 · 23

schen Werkstatt scheint nunmehr haltlos zu sein, da diese Annahme lediglich auf den Angaben eines französischen Sammlers aus dem 19. Jh., Baron Pichon, gründet. Die in Stil und Technik eng verwandten Objekte sind nicht nur in gleicher Art und Weise verziert, sondern besitzen zudem fast identische Maße. Einziger auffälliger Unterschied der beiden ausgestellten Fragmente ist die gerundete Form der Pariser Kronenplatten, die von der Mitte des 19. Jhs. erfolgten Umarbeitung zur Krone an der Elfenbeinmadonna aus der Sainte-Chapelle herrührt. Ob diese Goldkrone und eine dazugehörige Brosche, ebenfalls im Budapester Nationalmuseum aufbewahrt, nun eine bedeutende, hochverehrte Skulptur oder eine hochrangige Persönlichkeit schmückte, ist letztendlich nicht zu klären.

BL

5 · 23
Büstenaquamanile

Aachen, um 1215
Bronze, vergoldet, H 18,3
Aachen, Domschatzkammer, Inv.Nr. G 47

Im Maasland entstanden im 12. und 13. Jh. Gießgefäße aus Bronze, die bei der Händewaschung während des Gottesdienstes benutzt wurden. Die kleine Halbfigur trägt ein feingefälteltes antikes Gewand, aus dessen Überwurf unterhalb des Halsansatzes die linke Hand herausragt. Der Kopf ist starr geradeaus gerichtet. Das aus dem Typus der antiken Herrscherbüste entwickelte Gefäß und das um den Kopf gewundene Weinlaub lassen vermuten, daß dieses Gefäß Bacchus, den Gott des Weines darstellt, und zunächst zu profanem Gebrauch – bei einer Krönung? – diente.

GM

5 · 24
Königinnenfigur aus Schachspiel

Köln, 13. Jh.
Horn, H 9,8, D 1,8
Köln, Schnütgenmuseum, Inv.Nr. K282z

Die Geschichte des Schachspiels läßt sich bis zum Anfang des 7. Jhs. (Indien, Persien) zurückverfolgen, es ist aber wahrscheinlich älter. Zu Beginn des 11. Jhs. ist es in Europa belegt, entsprechend der asiatischen Tradition als Kriegsspiel. Das Auftreten der Figur der Königin, hervorgegangen aus dem neben dem König stehenden Minister (pers.-arab. *farzāne*, *firzan*) bezeichnet den Übergang vom Kriegsspiel zur Imitation der höfischen Gesellschaft im Schachspiel, schon früh belegt bei den äußerst kostbar gearbeiteten sog. »Charlemagne«-Figuren aus dem Schatz von Saint-Denis (Salerno/Amalfi um 1080–85, heute: Cabinet des Médailles, Paris, Bibliothèque Nationale de France). Die auf der Hebrideninsel Lewis 1831 gefundenen spätmittelalterlichen Schachfiguren (heute: Edinburgh, National Museum of Antiquities und London, British Museum) zeigen die Königinnen auf reich verzierten Thronen. Aus dem 16. Jh. sind auf Pferden im Damensitz reitende Königinnen erhalten (München, Bayerisches Nationalmuseum). Während im Mittelalter die Königin oder Dame (*fers*) lediglich ein Feld diagonal vorgehen konnte, wurde ihr Aktionsradius gegen Ende des 15. Jhs. beträchtlich erweitert: sie konnte nunmehr unbegrenzt gerade und schräg versetzt werden, was die Dynamik des Spiels erhöhte. Die hier dargestellte, aus einfachem Horn gearbeitete Schachfigur einer Königin aus Köln bezeugt die weitere Verbreitung und den Gebrauch des Spiels in spätmittelalterlichen Städten.

WT

5 · 25
Abb. S. 417
Urkunde König Wilhelms von Holland: Ermahnung des Rates und der Bürger Aachens

bei Brüssel, 14. Mai. 1250
Pergament, 8,5 x 18,1, Hängesiegel (weißes Wachs) D 9 plus Band 2
Aachen, Stadtarchiv, Inv.Nr. A I 6.

Wilhelm von Holland, römisch-deutscher König 1248–56, der erst nach halbjähriger Belagerung Aachens am 1. November 1248 gekrönt worden war, befiehlt in der vorliegenden Urkunde den Schöffen und Ministerialen wie auch allen Bürgern (*scabinis et ministeriali-* *bus, necnon et universis civibus*) der Stadt Aachen, die vom Rat der Stadt »vernünftigerweise von Neuem« (*de novo rationabiliter*) angenommenen Statuten (*statuta*), d. h. die Rechtsbestimmungen des Stadtrechts, zu beachten. Wer auch immer als »Friedensbrecher« (*transgressor*) in Erscheinung tritt, zieht nach Auskunft der Poenformel der Urkunde den Unwillen (*indignatio*) des Königs auf sich. Nach der Krönung Wilhelms von Holland wurden die aus dem älteren Gewohnheitsrecht (*consuetudines*) entstandenen Statuten Aachens, wie vermutlich schon früher wiederholt geschehen, reformiert. Der Rat legte die geänderten Statuten dem König zur Genehmigung vor. Diese wie auch ältere Statuten Aachens sind heute verloren.

WT

5 · 26 vacat

5 · 27 vacat

5 · 28
Abb. S. 435
Urkunde König Richards von Cornwall: Anweisungen an das Marienstift und die Stadt Aachen

Aachen, Juli/August 1262
Pergament 70 x 38 mit mehreren Siegeln
Aachen, Stadtarchiv, Inv.Nr. A I 9

Richard von Cornwall (1257–1272), der am 17.5. 1257 in Aachen zum deutschen König gekrönt worden war, vermachte bei seinem Aufenthalt in Aachen im Juli/August 1262 dem Marienstift mit der gezeigten Urkunde verschiedene Reichsinsignien – einen Krönungsornat, eine mit Edelsteinen und Perlen besetzte Krone, Gewänder, ein Szepter und einen Reichsapfel – zur dauernden Verwahrung (*imperpetuum ibidem custodiendam*). Die Kleinodien sollten gemäß dem vom König ausgestellten ersten Teil der Urkunde im Schatz der Marienkirche aufbewahrt werden und unter der Obhut des Propstes, des Dechanten und des Kapitels sowie auf städtischer Seite der Schöffen stehen. Die Insignien sollten jederzeit verfügbar sein und ausschließlich der Krönung der deutschen Könige dienen. Sie durften niemals das Kapitel der Marienkirche verlassen oder gar im Falle eines Krieges oder einer finanziellen Notlage veräußert werden. Der zweite Teil der Urkunde enthält die entsprechende Bekundung des Marienstiftes, der Schöffen und der gesamten Gemeinde der Stadt (*scabini et tota communitas civitatis eiusdem*), die genannten Kleinodien von König Richard als Vermächtnis übernommen zu haben, und den Eid der Aussteller, d. h. des Kapitels, der Stadt, des Propstes und des Dechanten, die königlichen Anweisungen zu befolgen. Die Urkunde ist mit den Siegeln des Königs, des Kapitels und der Stadt, des Propstes und des Dechanten versehen.

WT

5 · 29
Abb. S. 437

Szepter König Richards von Cornwall

England, 1220
Silber vergoldet, L 86
Aachen, Domschatzkammer, Inv.Nr. G 51

5 · 30
Abb. S. 436

Wappentruhe König Richards von Cornwall

Limoges, um 1258
Zedernholz mit roter Lasur, 40 kupfervergoldete Medaillons mit Email und Beschlagwerk, 38,5 x 79 x 40
Aachen, Domschatzkammer, Inv.Nr. G 52

Richard von Cornwall wurde am 17. Mai 1257 in Aachen zum König gekrönt. Zur Erinnerung daran versprach er im Jahre 1262, eine Krone, einen Reichsapfel und ein Szepter zu schenken. Bei letzterem handelt es sich der Tradition zufolge um das im Domschatz noch vorhandene, von einem Vogel bekrönte Szepter, das mit den anderen Insignien in der Wappentruhe verwahrt wurde. Siebzehn der vierzig vergoldeten Medaillons dieser Truhe zeigen Jagd- und Zweikampfszenen sowie Tierdarstellungen, die übrigen vier verschiedene Wappen französischer Herzöge des 13. Jhs. Während der Heiligtumsfahrt diente die Truhe der nächtlichen Aufbewahrung und dem Transport der Heiligtümer in den Turm. Vergleichbare Wappentruhen befinden sich in Conques, London und Tongeren.

GM

5 · 31
Abb. S. 433

Torsofragment einer Statue vom ersten Aachener Rathaus

Aachen, um 1270/80
Stein, 90 x 35 x 25
Aachen, Museum Burg Frankenberg

5 · 32

Rekonstruktion der Fassade des ersten Aachener Rathauses

Fotomontage
Aachen, Museum Burg Frankenberg

Die Statuen am Grashaus, dem ersten Aachener Rathaus, galten seit dem 19. Jh. als die älteste Darstellung der sieben Kurfürsten. Die Entstehung dieses Kollegs, das im Spätmittelalter den deutschen König und zukünftigen Römischen Kaiser wählen durfte, ist unklar. Nach den neuesten Forschungen (Armin Wolf) stellen die Figuren jedoch den König mit seinen jeweils drei ersten weltlichen und geistlichen Wählern dar, diejenigen, die – nach einer vergleichbaren Abbildungsbeschriftung im Sachsenspiegel (1291/95) – vor den anderen Fürsten den König wählen durften. Als Entstehungsjahr der Statuen galt bisher das Jahr 1267, eingemeißelt im oberen Sims des Erdgeschosses des Grashauses. Handelt es sich bei der mittleren Figur um einen König, was durch die Ausführungen Wolfs plausibel erscheint (die mittlere Nische ist höher, die Statue trug wahrscheinlich als einzige eine Lanze), sind die Figuren wohl kaum in die Regierungszeit Richards von Cornwall zu datieren, da diesem von drei der ersten Wähler die Stimme verwehrt wurde. Wahrscheinlich wurde das Obergeschoß und mithin die Reihe der Statuen erst nach der Wahl Rudolfs von Habsburg 1273 errichtet. Rudolf wurde von allen drei Ersten Kurfürsten gewählt. Die Herausbildung des Wahlkollegs der sieben Kurfürsten fällt also nicht, wie bisher angenommen, in die Zeit vor Richard von Cornwall und war auch unter Rudolf von Habsburg noch nicht abgeschlossen. Im 19. Jh. wurde die Fassade des Grashauses, des heutigen Stadtarchivs, durch Restaurierungen nachhaltig verändert. Ende des 19. Jhs. ersetzte man die Statuen durch zeitgenössische Kopien des Aachener Bildhauers Wilhelm Pohl. Die im Museum aufbewahrten Originale wurden – bis auf die hier gezeigten Fragmente der links des Königs stehenden Gestalt eines weltlichen Kurfürsten – 1944 bei einem Bombenangriff zerstört.

CW

5 · 33
Abb. S. 23

Krone aus dem Grab Otakars II. Přemysl

Prag, 1296
Silber, vergoldet, getrieben, gepunzt, H 14,7 x D 17,4
Prag, Hradschin, Kunstsammlung der Prager Burg, Inv.Nr. K-2

5 · 34
Abb. S. 23

Reichsapfel aus dem Grab Otakars II. Přemysl

Prag, 1296
Silber, vergoldet, getrieben, gepunzt, H 14,7
Prag, Hradschin, Kunstsammlung der Prager Burg, Inv.Nr. K-2

5 · 35
Abb. S. 23

Szepter aus dem Grab Otakars II. Přemysl

Prag, 1296
Silber, vergoldet, getrieben, gepunzt, L 48, D 1,9
Prag, Hradschin, Kunstsammlung der Prager Burg, Inv.Nr. K-2

Otakar II. Přemysl (ca. 1233–1278) war einer der bedeutendsten böhmischen Könige, dessen Prager Hof zum wichtigen kulturellen Zentrum wurde. Als König von Böhmen besaß er auch die Kurwürde und war an den Wahlen der römisch-deutschen Könige Richard von Cornwall und Alfons X. von Kastilien beteiligt. Sein größter Gegner war Rudolf von Habsburg, der 1273 gegen die Stimme Otakars gewählt und im selben Jahr zum König gekrönt wurde. In der Schlacht von Dürnkrut unterlag Otokar am 28. 8.1278 der habsburgischen und ungarischen Übermacht und wurde auf dem Schlachtfeld von einem persönlichen Feind getötet. Die Überführung des Leichnams König Otakars II. Přemysl von Znojmo (Znaim) nach Prag und seine zweite Bestattung im St. Veitsdom zu Prag hat Wenzel II., der Sohn des Königs, im Jahre 1296 veranlaßt. Dieser hat wahrscheinlich auch die Begräbniskleinodien in Auftrag gegeben. Aufgrund des Stils und der typisierten Maße bringt man die Entstehung der Insignien mit der höfischen Goldschmiedewerkstatt zu Prag in Verbindung, in der zehn Jahre später die Begräbniskleinodien des Königs Rudolf Kase (»Brei") und wahrscheinlich auch Wenzels eigene Krönungsinsignien hergestellt worden sind – denn zur Zeit des Begräbnisses seines Vaters bereitete sich Wenzel II. auf die eigene Krönung vor.

DS

5 · 36
Grabplatte einer böhmischen Königstochter

Prag, 1297 oder kurz danach
Plänerkalk, 86 x 42
Prag, Nationalmuseum, Lapidarium

Guta II. war das zehnte Kind des böhmischen Königs Wenzel II. Sie starb kurz nach ihrer Geburt 1297 und erhielt eine außergewöhnlich aufwendige Grabplatte mit eingravierter Zeichnung im gotischen Stil. In seiner Eleganz und den verfeinerten Formen erinnert der Grabstein an die Kunst im Umkreis des Pariser Hofes, wenn auch in bereits transponierter linearer Kalligrafie des nachklassischen Stils. Die Grabplatte, in den Prager Hofwerkstätten entstanden, ist ein Beleg für das gewachsene Repräsentationsbedürfnis des böhmischen Königshauses. Der Kurfürst und böhmische König Otakar II. Přemysl hatte bereits 25 Jahre zuvor Ansprüche auf den römisch-deutschen Königsthron angemeldet.

MK

5 · 37 vacat

5 · 38
Grabmal Rudolfs I. von Habsburg

Abb. S. 555

Hans Knoderer, 1508
Tempera auf Leinwand, 219,5 x 76
Wien, Kunsthistorisches Museum, Kunstkammer, Inv.Nr. P 9

Rudolf von Habsburg setzte sich bei der Königswahl gegen seinen Konkurrenten König Otakar II. Přemysl von Böhmen durch und wurde am 24.10. 1273 in Aachen zum römisch-deutschen König gekrönt. Seine Kaiserkrönung, obwohl mehrfach geplant, erfolgte nie. Rudolf, von einer Krankheit bereits gezeichnet, drängte die Kurfürsten vergeblich, seinen Sohn Albrecht zum Nachfolger zu wählen. Er starb in Speyer am 15.7. 1291 im Alter von 73 Jahren und wurde dort, in der Grablege der Salier, beigesetzt. Man errichtete ein monumentales figürliches Grabmal, auf dem Rudolf mit einer Krone aus acht Platten, den herrscherlichen Insignien und Wappen, dargestellt ist. Seine Regierung wurde im nachhinein als Grundlage für den Aufstieg des Hauses Habsburg angesehen. Maximilian I. erteilte daher 1508 seinem Hofmaler Knoderer den Auftrag, in Speyer den »künig abzumallen«. So entstand das hier gezeigte Temperabild. Maximilian plante im Sinne der Herrschermemoria, ein großes monumentales Kaiserdenkmal im Dom zu Speyer zu errichten, das jedoch nicht ausgeführt wurde. Das in Speyer »abgemalte« Grabmal seines großen Vorgängers diente in Innsbruck als Vorlage für die Anfertigung des Standbilds Rudolfs I. am Grabmal Maximilians.

MK

5 · 39
Kopffragment vom Grabmal eines Mainzer Erzbischofs

Abb. S. 102

Mittelrheinisch, nach 1305
Grüner Sandstein, 33 x 15
Mainz, Bischöfliches Dom- und Diözesanmuseum, Inv.Nr. PS 173

Das nur fragmentarisch als Kopf erhaltene Grabbild zeigt wahrscheinlich den Mainzer Erzbischof Gerhard II. von Eppstein (1289–1305). Der Erzbischof soll auf dem zerstörten Grabbild als »Coronator« zweier (?) Könige dargestellt gewesen sein. Auf der Mitra des Kopffragments ist ein besonderes Detail zu erkennen, das auf die Rolle des Mainzer Erzbischofs bei der Königswahl anspielt: eine von oben herabschwebende Taube, das Symbol des Heiligen Geistes. Die Königswahl, zu der der Mainzer Erzbischof einlud und bei der er das Erststimmrecht ausübte, begann mit der Anrufung des Heiligen Geistes, der die Wähler zu einer guten und einvernehmlichen Wahl führen sollte. Gerhard ließ sich auf seinem Grabmal als Leiter der Königswahl und somit als den eigentlichen »Königsmacher« darstellen. Ob er den König tatsächlich krönte, ist vor diesem Hinter-

indem er den König »krönt«: Siegfried III. von Eppstein († 1249) mit den Königen Heinrich Raspe und Wilhelm von Holland, Peter von Aspelt († 1320) mit Heinrich VII. und Ludwig dem Bayern (sowie dem böhmischen König Johann).

AF

5 · 40   Abb. S. 89
Erklärung über die Wahl Albrechts von Österreich

Frankfurt, 28.7. 1298
Pergament, Wachs, 25 x 34,5
Wien, Haus- Hof- und Staatsarchiv, Inv.Nr. AUR 28.7.1298

Diese Urkunde ist ein einzigartiges Dokument zur Wahl der römisch-deutschen Könige des Mittelalters. Sie ist die älteste erhaltene Urkunde mit den Siegeln aller sieben Kurfürsten. Die Bildnisse der Siegelreihe sind damit auch das älteste bildliche Denkmal dieses Kurfürstenkollegs. Es ist zugleich ein bedeutendes Dokument der gewachsenen Stärke dieses Gremiums. Vorher war nur von den wählenden »Fürsten« die Rede, nun werden sie erstmals Kurfürsten genannt. Der Aussteller, Kurfürst Otto, Markgraf von Brandenburg, und die sechs anderen Kurfürsten – der Mainzer Erzbischof Gerhard

5 · 41

grund weniger bedeutend. Auch vor und nach Gerhard propagierten Mainzer Erzbischöfe ihren Anspruch als »Königsmacher« im Bildprogramm ihrer Denkmäler. In engem Zusammenhang mit dem Kopffragment sind zwei weitere Grabdenkmäler im Mainzer Dom zu sehen. Auch sie zeigen den Mainzer Erzbischof als »Königsmacher«,

5 · 43

von Eppstein, der Trierer Erzbischof Boemund von Saarbrück-Warsberg, der Kölner Erzbischof Wicbold von Holte, König Wenzel von Böhmen, Herzog Albrecht von Sachsen zu Wittenberg und Pfalzgraf Rudolf bei Rhein, Herzog zu Bayern – geben darin die Königswahl Albrechts von Österreich bekannt und fordern alle Reichsangehörigen auf, diesen anzuerkennen. Bereits nach dem Tod Rudolfs von Habsburg 1291 hatte sich dessen Sohn Albrecht Hoffnungen auf die Nachfolge gemacht. Die Kurfürsten aber wählten damals den unscheinbaren Adolf von Nassau und ließen sich diese Wahl teuer bezahlen. Adolf wurde in Aachen gekrönt. Nur widerwillig übergab Albrecht die Reichskleinodien. Seiner Verpflichtung zum Krieg gegen Frankreich kam Adolf jedoch nicht nach, vermutlich war er vom französischen König Philipp dem Schönen bestochen worden. Statt dessen schloß er Bündnisse mit den Gegnern Albrechts und versuchte, seine eigene Hausmacht aufzubauen. So kam es am 23. Juni 1298 zu einem in der Reichsgeschichte bisher einmaligen Akt: der König wurde zu einem Prozeß nach Mainz geladen. Er erschien nicht. Daraufhin wurde ihm die Krone aberkannt, und man wählte Albrecht von Habsburg zum neuen König. In der Schlacht gegen Albrechts Truppen fiel Adolf von Nassau am 2. Juni 1298. Albrecht nahm seine widerrechtlich vollzogene Wahl der Kurfürsten nicht an und verlangte eine neue ordentliche Wahl. Diese erfolgte am 27. Juli 1298 in Frankfurt und gab den Anlaß der Ausfertigung der Urkunde. Albrechts Weg zur Krönung in Aachen am 24. August 1298 war frei.

MK

5 · 41
Münze Albrechts von Österreich

Prägeort: Aachen, um 1300
Silber, D 1,5 mm
Aachen, Museum Burg Frankenberg, Verein Aachener Münzfreunde e.V.

Der Herrscher sitzt auf einem Thron. Er trägt ein Szepter mit floraler Bekrönung und den Reichsapfel. Die Umschrift lautet ALBTVS ROM REX und weist Albrecht als römischen König aus, zu dem er am 24.8.1298 in Aachen gekrönt wurde. Die Rückseite zeigt den Ort seiner Krönung, die Aachener Marienkirche, mit der Umschrift VRBS AQVENSIS VINCE S M.

CW

5 · 42
Urkunde über die Kosten der Krönungsfeierlichkeiten in Aachen

Albrecht von Habsburg, 28.8.1298
Pergament, Siegel
Düsseldorf, Nordrhein-Westfälisches Hauptstaatsarchiv, Inv.Nr. Kurköln 199

Die Urkunde König Albrechts I. ist eine der wenigen, die uns über die Kosten der Krönungsfeierlichkeiten informiert. Der Kölner Erzbischof Wicbold von Holte, der Albrecht am 24.8.1298 in Aachen krönte, bekam nach den Angaben in diesem Dokument für die Auslagen, die er und sein Gefolge im Zusammenhang mit dem Aufenthalt hatten, »8000 Mark Sterlinge in guten Denaren, je 13 Schillinge 4 Denare auf die Mark gerechnet« ausbezahlt.

CW

5 · 43 Dom
Marienschrein

Aachen, um 1220 bis 1239
Eichenholz, vergoldetes Silber, Email, Edelsteine, 95 x 54 x 184
Aachen, Dom

Der in Aachen in der Tradition der spätromanischen rhein-maasländischen Reliquienschreine, jedoch mit Blick auf die gotische »Körperlichkeit« französischer Kathedralskulptur entstandene Schrein hat die Form einer einschiffigen Kirche mit Querhaus. Er zeigt auf den vier Giebelseiten Christus, Maria, Karl den Großen und Papst Leo III., der Karl zum Kaiser krönte und nach der Legende die Aachener Kirche weihte. An den Langhausseiten sitzen die zwölf Apostel. Silbergetriebene, vergoldete Reliefs auf den Dachflächen zeigen Szenen aus dem Leben Jesu, von der Verkündigung seiner Geburt bis hin zu seiner Grablegung. Der Schrein als Abbild himmlischer Herrlichkeit birgt seit 1239 die vier großen Heiligtümer. Seit dem 14. Jh. wird er alle sieben Jahre während der Heiligtumsfahrt geöffnet, um die Reliquien den Pilgern zu zeigen. Zu Beginn einer jeden Heiligtumsfahrt wird die Marienfigur vom Schrein entfernt. Hinter ihr befindet sich das Schloß, mit dem der Schrein verschlossen ist.

GM